[기초 · 원리 · 쟁점]

교육과정

Allan C. Ornstein · Francis P. Hunkins 공저

장인실 · 한혜정 · 김인식 · 강현석 · 손민호 · 최호성
김평국 · 이광우 · 정영근 · 이흔정 · 정미경 · 허창수 공역

Curriculum

학지사

Authorized translation from the English language edition, entitled
CURRICULUM: FOUNDATIONS, PRINCIPLES, AND ISSUES,
4th Edition, ISBN: 0205405649 by ORNSTEIN, ALLAN C., published
by Pearson Education, Inc, publishing as Allyn & Bacon,

역자 서문

교육과정학이 교육학의 한 영역으로 본격적으로 연구되기 시작한 1918년에 Bobbitt의 『The Curriculum』이 최초의 교육과정 저서로 출판되었으며, 국내에서도 1956년 정범모의 『교육과정』이 출판된 이후 수많은 교육과정 책이 저술되고 있다. 그러나 교육과정 영역의 이론과 실제를 포괄적으로 다루고 있는 저서는 그리 흔치 않아 대학과 대학원에서 교육과정 수업을 할 경우에 적절한 교재를 발견하기가 쉽지 않았다.

그러던 중에 Allan C. Ornstein과 Francis P. Hunkins이 쓴 『Curriculum: Foundataions, principles, and issues』(4th ed.)를 만나게 되었다. 이 책은 현재 미국 대학과 대학원에서 가장 많이 사용하고 있는 교육과정 교재로 미국 인터넷 서점인 아마존에서 교육과정 영역 중에 가장 먼저 소개되고 있기도 하다. 이 책은 4판으로 구성적인 측면에서는 1판과 유사하지만 내용적인 측면에서는 새로 삽입된 이론과 예들로 인하여 상이한 내용으로 구성되어 있다. 이 책은 크게 교육과정의 기초, 교육과정의 원리, 교육과정의 쟁점 부분으로 나뉘어 있다. 제1부 교육과정의 기초는 교육과정 이론에 영향을 미친 철학, 역사, 심리, 사회적 기초와 교육과정 이론 부분을 언급하고 있다. 교육과정의 기초 부분에서는 교육과정과 관련된 각 영역별로 막대한 분량의 주요 이론을 소개하고 있으며, 비교표를 작성하여 독자의 이해를 돕고 있다. 제2부 교육과정의 원리는 교육과정 개발, 설계, 목적, 실행, 평가에 대해 다루고 있다. 즉, 다양한 철학적 견해에 입각한 이론을 객관적 시각에서 제시하고 있으며, 실제적 적용 부분과 연계하여 설명하고 있다. 제3부에서는 교육과정의 쟁점과 추세로 현재 미국 교육과정 영역에서 쟁점이 되고 있는 교육 문제에 관해 언급하고 있다.

이 책이 나오기까지는 2년 여의 시간이 흘렀다. 열두 명의 교육과정 학자들이 번역에 참여하였는데, 용어 통일, 전체 맥락의 통일 등 역자들의 노력에도 불구하고 부족한 점이 발견될 것이다. 이는 앞으로 계속 수정·보완되어야 하는 작업이라 생각한다. 이 책은 교육과정을 공부하는 연구자나 이론가뿐만이 아니라 교사, 장학사, 교육행정가 등 교육의 전체적인 맥락을 이해하는 데 실제적인 도움을 제공할 수 있을 것이다.

이 책이 나오기까지 아낌없이 지원해 주신 학지사 사장님께 감사드리고, 교열과 교정에 진력해 주신 편집진에게도 감사를 드린다.

2007년 6월

역자 일동

저자 서문

『교육과정: 기초, 원리, 쟁점(Curriculum: Foundations, Principles, and Issues)』(제4판)은 교육과정 연구자, 이론가, 실천가를 위한 책이다. 이 책은 교육과정 개발과 설계, 또는 계획을 공부하는 사람들을 위한 기본서이며, 교육과정 구성에 참여하는 교사, 장학관, 행정가들의 참고서이기도 하다.

이 책은 교육과정의 기초, 원리, 쟁점을 포괄적으로 정리해 놓았는데, '교육과정 기초' 는 교육과정과 다른 분야이지만 교육과정에 영향을 미치는 학문의 내용을 가리킨다. 또한 '교육과정 원리' 는 교육과정 전반에 대한 숙고와 교육과정의 개발, 설계, 실행, 평가에 사용되는 수단과 방법을 가리키며, '교육과정 쟁점' 은 교육과정 분야에 영향을 미치는 이론과 추세를 가리킨다.

이 책은 교육과정 분야에 대한 소개를 담은 서론(제1장)을 시작으로 하여 교육과정의 기초, 원리, 쟁점을 다루는 세 부분으로 구성되었다. 교육과정의 기초를 다루는 제1부는 다섯 장으로 구성되었으며, 각각 철학적 기초, 역사적 기초, 심리학적 기초, 사회적 기초, 이론적 기초를 다룬다. 교육과정 원리를 다루는 제2부도 다섯 장으로 구성되며, 교육과정 개발, 교육과정 설계, 목적-목표-명세적 목표, 교육과정 실행, 교육과정 평가를 각각 다룬다. 마지막으로 제3부에서는 현재 교육과정 분야의 쟁점과 추세를 다룬다.

이 책은 다른 교육과정 텍스트와 여러 가지 면에서 다르다. 대부분의 교육과정 텍스트는 이론이나 실제 어느 하나에 초점을 맞추지만, 이 책에서는 교육과정의 이론과 실제를 균형 있게 다루고자 하였다. 대부분의 교육과정 텍스트 저자들은 교육과정의 기초, 원리, 쟁점 중의 어느 하나를 강조한다. 대부분은 원리를 강조하고, 그 다음으로 강조되는 것이 기초지만 이 책에서는 교육과정의 세 영역을 균형 있게 다루고자 하였다. 대부분의 텍스트는 특정한 철학적 · 이론적 관점을 견지한다. 그러나 우리는 다양한 철학적 · 이론적 관점을 제시하고자 하였다. 말하자면 독자에게 다양한 대안과 선택 가능성을 제시해 줌으로써 그들이 교육과정의 기초, 원리, 쟁점과 관련된 관점과 가치관을 스스로 정립하는 데 도움을 주고자 하였다.

또한 우리는 교육과정의 현재와 미래의 관점을 철학, 역사학, 사회학의 전통적 개념과 통합시킴으로써 발은 과거에 붙이고, 눈과 귀는 미래를 향하여 활짝 열어놓고자 하였다. 우리는 경쟁하는 다양한 이론, 모형, 패러다임을 분석함으로써 다양한 실제적 지침을 제시하고자 하였다. 말하자면 다양한 자료를 제공함으로써 교육과정 연구자, 이론가, 실천가들이 교육과정 영역의 과거, 현재, 미래를 자신의 의미로 해석하는 데 도움을 주고자 하였다.

수업과 학습에 도움이 되도록 하기 위한 '교육과정 도움말', '핵심 질문', '개관표'는 제4판에서도 그대로 유지하였다. '교육과정 도움말'은 연구에 실제적인 의미를 부여하고 교육과정 절차에 대한 통찰을 제공하기 위한 것이다. 각 장의 첫머리에 제시된 '핵심 질문'은 각 장을 읽기 전의 독자에게 초점을 제공하고, 각 장의 핵심 내용을 단계에 따라 밟아 나가도록 하기 위한 것이다. 대부분의 장에 제시되어 있는 '개관표'는 각 장의 학습을 보다 의미 있게 만들고, 각 장의 주요 개념과 원리를 요약해 주기 위한 것이다.

어떤 책이든 마찬가지지만 이 책의 출판은 많은 사람의 도움에 힘입었으며, 우리는 그 모든 사람에게 감사의 뜻을 전하고 싶다. 누구보다 이 책을 처음부터 끝까지 읽으면서 조언을 아끼지 않았던 서던 일리노이 대학의 Sharon Gilbert, 웨스턴 플로리다 대학의 Robin Largue, 풀러턴 캘리포니아 주립대학교의 Joyce Lee, 타우슨 대학교의 Elizabeth Wilkins에게 가장 큰 감사의 마음을 전한다.

또한 우리는 Allyn And Bacon 시리즈 편집을 맡은 Traci Mueller, 그리고 이 책의 출판을 맡은 Krista Price에게도 감사의 뜻을 전한다. 그들의 노력은 무엇에도 비할 길 없는 값진 것이었다. Omegatype Typogrophy, Inc.의 편집장인 Robert Howerton에게도 특별한 감사의 마음을 전한다.

A. C. O.

F. P. H.

차 례

제1부 교육과정의 기초

제2장 교육과정의 철학적 기초

제3장 교육과정의 역사적 기초

제4장 교육과정의 심리학적 기초

제5장 교육과정의 사회적 기초

제6장 교육과정 이론

제2부 교육과정의 원리

제7장 교육과정 개발

제8장 교육과정 설계

제9장 목적, 목표, 명세적 목표

제10장 교육과정 실행

제11장 교육과정 평가

제3부 교육과정의 쟁점

제12장 교육과정의 쟁점과 추세

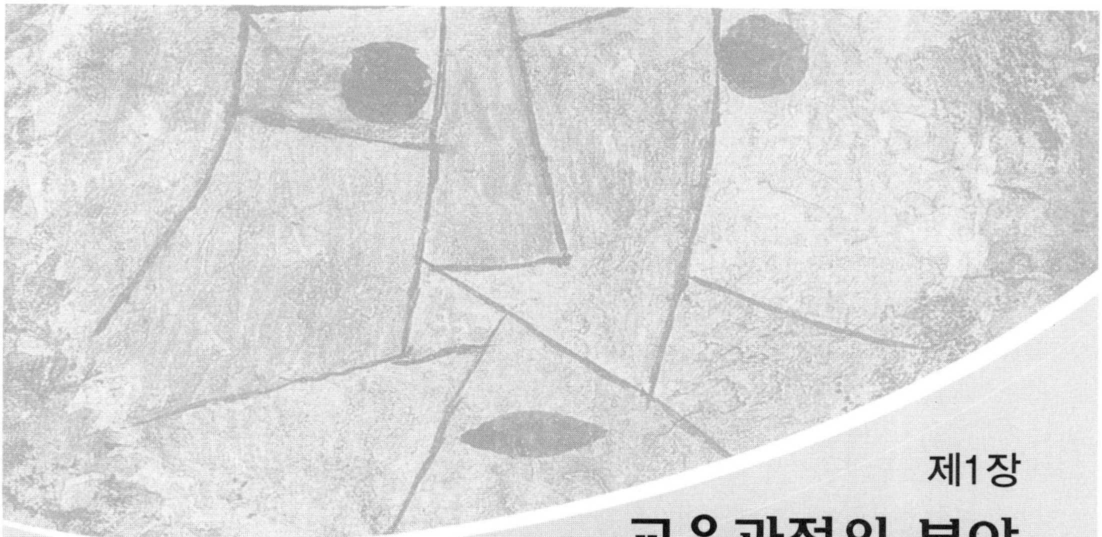

제1장

교육과정의 분야

핵심 질문

1. 교육과정은 어떤 분야인가?
2. 교육과정의 분야를 이해하는 것은 왜 필요한가?
3. 대부분의 교육자는 교육과정에 대하여 어떤 접근 방법을 채택하고 있는가? 그것은 왜 그런가?
4. 교육과정은 어떻게 정의할 수 있는가?
5. 대부분의 이론가들이 교육과정을 구체적인 교과 내용이 아닌 그것을 가르치고 배우는 과정, 혹은 그런 과정 속에 작용하는 일반적인 원리로 정의하는 이유는 무엇인가?
6. 교육과정의 분야를 안내할 수 있는 근본적인 질문은 무엇인가?
7. 교육학의 기초 이론은 교육과정에 어떠한 영향을 미치는가? 교육과정과 관련하여 특별히 중요한 교육학의 기초 이론은 무엇인가? 그것은 왜 그런가?
8. 교육과정 개발과 교육과정 설계의 차이는 무엇인가?
9. 교육과정을 계획할 때 이론과 실제는 어떻게 통합될 수 있는가?
10. 교육과정을 계획할 때 교장(또는 교사)의 역할은 무엇인가?
11. 재개념주의자와 포스트모더니스트는 교육과정 분야에 어떤 영향을 미치고 있는가?

교육학의 한 연구 분야로서 교육과정은 그것이 정확히 어떤 분야인지 파악하기 어려울 뿐만 아니라 연구 자체도 산발적으로 이루어지고 있기 때문에 매우 혼란스러운 분야로 인식되어 왔다. 이러한 인식이 확실히 맞는 부분도 많지만, 그렇다고 학교나 사회 전체의 건강과 관련된 하나의 연구 분야로서 교육과정이 가지는 중요성이 부정되어서는 곤란하다. 교육과정을 좁은 의미로 학교에서 가르치고 배우는 교과의 목록으로 보든, 넓은 의미로 개인이 사회에서 장차 완전하고 확실한 일익을 담당하도록 하는 데에 필요한 경험으로 보든, 교육과정은 교육과정 분야에 종사하는 사람들, 교사들, 다양한 과목의 교과 교육학자들, 일반 사회인 등 우리 모두에게 영향을 미치고 있음은 부인할 수 없다.

교육과정에 관한 저서나 논설, 그리고 학술 논문이 많은데도 우리는 여전히 혼란스럽다. 그렇기 때문에 이 분야에 종사하는 많은 사람은 좌절감마저 느낀다. 그러나 우리는 교육과정을 연구해야 할 이유에 대한 정확한 대답을 찾아서 무엇인가 확실하게 하려고 할 것이 아니라, 이론적인 동시에 실제적인 활동으로 이루어진 교육과정 분야의 복잡성이나 패러다임 전환의 성격을 이해하고자 노력해야 한다. 그러기 위해서는 무엇보다 교육과정이 사회적 활동의 결과물이라는 것을 인식할 필요가 있다. 교육과정 설계에 작용하는 목적에는 계획성과 돌출성이라는 두 가지 성격이 있다.[1] 특히, 오늘날의 사회는 구성원들 자체가 스스로 불확실성과 혼란을 드러내 보이는 역동적인 사회다. 교육과정 분야 역시 이와 같은 특성을 반영한다. 그러므로 우리는 교육과정 분야에 대해 연구하고 참여함으로써 불확실성에 놓여 있는 교육과정 분야의 역동성을 이해하는 데에서 위안을 찾아야 할 것이다. 많은 사람이 혼란이라고 규정하고 있는 것은 사실상 교육과정 분야가 역동적으로 움직이고 있다는 것, 즉 사람의 다양한 목소리가 풍부하게 존재하고 있다는 것을 의미한다.

교육과정의 의미가 무엇이고 그것에 어떤 내용이 포함되며, 교육과정과 관련을 맺는 사람은 누구고, 교육과정은 어떤 사람에게 이익을 주는가를 가장 잘 알기 위해서는 교육과정의 개념을 광범위한 맥락에서 분석해 보아야 한다. 이러한 이유로 우리는 접근 방법(지향점 또는 관점)과 정의라는 두 가지 측면에서 교육과정을 살펴보고자 한다. 또한 교육과정의 기초와 영역 간의 관계와 차이점, 교육과정의 이론과 실제, 그리고 교육과정의 영역에 관여하고 있는 사람들의 역할도 함께 고찰하고자 한다. 우리는 독자가 모두 교육과정 분야의 국외자의 입장에 있는 것이 아니라 교육과정 분야의 역동적인 체제 내에 몰입되어 있다는 사실을 인식하면서 교육과정에 대한 광범위한 그림을 그려 보고자 한다.

1. 교육과정의 접근 방법

교육과정에 대한 접근 방법은 우리가 실재로서 지각하는 것, 중요하다고 생각하는 가치, 그리고 소유하고 있는 지식의 양을 포함하여 우리의 세계관 전체를 반영한다. 하나의 교육과정 접근 방법은 교육과정의 기초(그 사람의 철학, 역사관, 심리학 및 학습이론, 사회적 쟁점), 교육과정의 영역(해당 분야 내의 공통적이고도 중요한 지식), 교육과정의 이론적 · 실제적 원리 등을 포함하는 '총체적' 입장 혹은 '초월적 지향점'을 반영하고 있다. 하나의 접근 방법은 교육과정의 개발과 설계, 교육과정 계획에서 학습자, 교사, 그리고 교육과정 전문가의 역할, 교육과정의 목적과 목표, 검토할 필요가 있는 중요한 쟁점 등에 대한 특정한 관점을 표명하고 있다.

교육과정의 접근 방법은 학교와 사회에 관한 우리의 견해를 반영한다. 이러한 견해를 강력하게 지지할 경우 그것은 모든 것을 포괄하는 관점이 되기도 한다. 한 사람의 교육과정 접근 방법과 그 사람이 몸담고 있는 학교나 학교 지역구의 주류 교육과정 접근 방법을 이해하게 되면 그 사람의 전문적인 견해가 공식적인 견해와 일치하는지, 충돌하는지를 결론지을 수 있다.

학교는 시간이 지남에 따라 어떤 특별한 교육과정 접근 방법에 전념하는 경향이 있지만, 많은 교육자는 한 가지 접근 방법에만 전적으로 매달리지 않는다. 대부분의 교육자는 단 하나, 혹은 순수한 접근 방법을 가지고 있지 않다. 오히려 어떤 상황에서는 한 가지 접근 방법을 강조하고, 다른 상황에서는 몇 가지 접근 방법을 주장하기도 한다. 또 어떤 경우에는 대부분의 교육자가 자신의 태도나 행동에서 어떤 특별한 교육과정 접근 방법을 따르고 있다는 것, 또는 자신들이 다양한 접근 방법의 영향을 받고 있다는 사실을 인식하지 못하기도 한다. 교육자는 교육과정 텍스트 저술가가 때로는 한 가지 이상의 교육과정 접근 방법에 의존하고 있다는 사실을 인식할 필요가 있다. 교육과정 전문가와 교육과정을 전공하는 학생도 자신이 어떤 접근 방법을 취하고 있는가를 검토해 볼 필요가 있다.

교육과정 접근 방법은 기술적인 관점과 비기술적인 관점 혹은 과학적인 관점과 비과학적인 관점에서 생각할 수 있다(비기술적, 비과학적이라는 용어는 부정적이거나 좋지 않은 접근 방법이라는 것을 의미하는 것이 아니라 오로지 대조를 위한 것이라는 것을 주목해야 한다). 기술적 · 과학적 접근 방법은 전통적인 교육 이론 및 모형과 일치하며, 동시에 기존의 형식적인 학교교육 방법을 반영한다.

이들 접근 방법의 대부분은 실증주의자 혹은

근대 사상가 진영에서 고찰할 수 있다. 비기술적이고 비과학적인 접근 방법은 전위적이며 실험적 교육철학과 교육정책의 일부로 발전된 것으로서 기존의 형식적인 교육 실제에 도전하는 경향이 있다. 이러한 비기술적인 접근 방법은 후기 실증주의자나 포스트모더니스트의 관점을 반영하며, 유동적이고 돌출적인 성격을 가진다.

이제부터는 다섯 가지 교육과정 접근 방법을 제시하고자 한다. 앞의 세 가지 접근 방법은 기술적 혹은 과학적 접근 방법으로 분류할 수 있고, 나머지의 두 가지 접근 방법은 비기술적 혹은 비과학적 접근 방법으로 분류할 수 있다.

1) 행동주의적 접근 방법

시카고 대학 학파(Bobbitt와 Charters에서 Tyler와 Taba에 이르기까지)에 뿌리를 두고 있는 이 접근 방법은 교육과정에 대한 가장 오래된 접근 방법으로 현재까지도 주된 접근 방법이다.[2)]

이 접근 방법은 수단-목적에 입각한 접근 방법으로서 논리적이며 처방적인 성격을 띤다. 이것은 기술적이고 과학적인 원리에 의존하고 있으며, 교육과정을 명료하게 설명하는 데 필요한 패러다임과 모형, 그리고 단계적 전략을 포함하고 있다. 또한 목적과 목표를 명세화하고 내용과 활동을 목표에 일치하도록 계열화하며, 목적과 목표에 비추어 학습 결과를 평가한다.

90년 이상 모든 교과에 적용되었던 이러한 교육과정의 접근 방법은 교육과정에 대한 다른 접근 방법과 대조되어 설명된다. 논리실증주의자, 개념적 경험주의자, 경험주의자, 합리화-과학적, 기술관료적[3)] 등 이 접근 방법을 지칭하는 데 사용되어 온 명칭은 이 접근 방법이 기술적이고 과학적이며, 이론가와 실천가를 위한 원리를 다루고 있다는 것을 나타낸다.

행동주의적 접근 방법은 경제 · 산업 분야의 영향을 받은 능률성이라는 아이디어와 시간-동작 연구의 결과에 비추어 공장의 능률성을 분석함으로써 각 노동자는 특정 시간의 기간 내에 생산된 단위로 측정하는 개인의 성과에 근거하여 임금을 받아야 한다고 결론을 내린 Frederick Taylor의 과학적 경영이 론과 함께 출발하였다. 각 학교(그리고 다른 사회체제)의 능률적인 운용—그들의 비판자들에 의해 기계이론(machine theory)이라고 불리기도 한다—은 1920년대의 주요 목표가 되었다.

학교의 능률성을 보장한다는 것은 소규모 학급을 없애고, 학생 대 교사의 비율을 늘리며, 행정가는 거의 채용하지 않고, 교사의 봉급은 줄이며, 운영비를 현 상태로 유지하거나 줄이는 것, 그리고 이런 결과에 의해 생기는 저비용을 보여 주기 위해 차트나 그래프를 준비하는 것 등으로 종종 생각되었다. 나중에 Raymond Callahan은 이런 아이디어를 '능률성의 숭배(cult of efficiency)'[4)] 라고 명명하였다. 이러한 능률성의 목표나 결과는 모든 학교와 교육과정을 더욱더 과학적—적어도 훨씬 더 정밀하게—으로 만들고, 교수-학습 과정을 측정 가능한 명확한 세부 활동으로 만들었다.

Franklin Bobbitt은 초등학교 학생을 위한 교과과정을 조직하려고 착수하였을 때 이러한 문제에 관해 '우리는 교육과정의 구성 원리를 필요로 한다. 우리는 먼저 사회적 요구에 관한 연구에서 목표를 결정해야 한다는 사실을 몰랐다. ……계획은 수단일 뿐 목적이 아니라는 것을 배우지 못했다.' [5]고 기술하였다.

1920년대 초 Bobbitt은 『교육과정을 어떻게 구성할 것인가(How to Make a Curriculum)』에서 목표 및 활동 접근 방법을 개발하였다. 그는 이 책 속에 예정된 학생의 요구와 부합되도록 하기 위해 800개 이상의 목표와 관련 활동을 개설해 놓았다. 이들 활동의 범위는 '자신의 치아, 눈, 코, 목을 돌볼 수 있는 능력부터 가전제품을 원활하게 작동할 수 있는 능력, 철자 및 문법에 대한 능력에 이르기까지 다양하였다.' [6] Bobbitt의 방법은 오늘날에는 아주 복잡한 것으로 여기고 있으며, 맥락을 무시하고 해석하면 그가 주창하였던 기계 혹은 공장 비유(유추)와 함께 그가 개설해 놓은 수백 개의 목표와 활동 목록은 쉽게 비난받을 만한 것이었다.

그렇게 세세하지도, 세밀하지도 않은 행동 목표의 필요성을 인식하게 되는 것은 시카고 대학에서 Bobbitt과 함께 많은 과목을 맡아 왔던 Ralph Tyler에게로 넘어갔고, 교육과정, 수업, 평가의 기본적인 기법은 단순한 계획으로 종합적으로 나타났다. Tyler의 아이디어는 '목표에 관해 의사 결정을 내릴 때' 해당 학교(혹은 학교 지역구)의 철학을 이용하는 것이었다. 그러면서 그는 교육과정 계획을 책임지고 있는 사람들에게 보다 큰 자유와 가치 판단을 제공하였다. Tyler의 접근 방법은 (목표를 중요하게 고려하는) Thorndike의 행동주의의 영향, (학습자의 요구를 강조하는) Dewey의 진보주의의 영향, 그리고 교육과정 분야에서 고전이라고 할 만한 Tyler의 책이 나오기 이전까지 진행되었던 '과거 30년 동안의 과학적 교육과정 운동'의 결합체라고 할 수 있다.[7]

현재 Pavlov와 Watson의 자극-반응(S-R)이론의 전통 속에 있는 교육학적 행동주의자는 거의 존재하지 않는다. 그러나 정확한 목표를 설정하고, 그 목표에 따라서 프로그램을 평가하며, 책무성 계획과 성과 중심 교육 및 기준 중심 교육을 촉구하는 행동주의의 다양한 음영과 옹호자는 여전히 많이 있다. 또한 아직도 직접 전달 수업, 실습 및 반복 연습, 학생 감시, 그리고 즉시적인 피드백을 신뢰하고 있는 사람도 많이 있다. 행동주의는 해를 거듭할수록 인간 학습의 복잡성을 드러내면서 발전하였고, 심지어는 인간의 마음 심층을 조사하는 연구까지 허용해 왔다.[8] 이러한 부류의 많은 교육자는 개인이 교육과정을 어떻게 학습하고 있는지에 관한 보다 완전한 그림을 얻기 위하여 개인의 인지적 능력을 사회적 맥락 안에서 기능하는 것으로 파악해야 한다는 것을 인식하고 있다.

학생은 동일한 교육과정이라도 각자의 문화적 환경과 선수학습 경험에 의거하여 각각을 고유한 방식으로 다르게 경험하고 반응한다. 하나의 자극은 모든 사람에게서 똑같은 반응을 이끌어 내지 않는다. 교육과정에 대한 행동주의적 접근 방법을 제대로 충분히 이해하고 나면 그것이 교육 프로그램을 창출하는 하나의 수단으로 그렇게 인기를 끌었던 이유를 지지할 수 있을 것이다. 패러다임의 변화에 관한 이야기가 많이 나오지만, 교육과정에 대한 행동주의적 접근 방법은 교육과정을 선정하고 조직하는 기술적 수단으로서 미래에도 여전히 우리에게 도움을 줄 수 있을 것이다.

2) 관리적 접근 방법

관리적 접근 방법은 학교를 하나의 사회 체제, 즉 학생, 교사, 교육과정 전문가, 기타 여러 사람이 어떤 규준과 행동에 따라서 상호 작용하는 곳으로 생각한다. 이 접근 방법에 의존하고 있는 교육자는 체계화된 방법과 프로그램, 스케줄, 공간, 자료, 설비, 인원, 자원 등에 비추어서 교육과정을 계획한다. 이것은 무엇보다도 교육과정 결정에 관여하는 사람을 선정하고 조직하며, 감독할 필요성을 강조한다. 또한 위원회와 집단 상호 과정, 인간관계, 지도력 스타일과 방법, 의사결정 등을 최우선적으로 고려한다.[9] 행동주의적 접근 방법의 한 지류인 관리적 접근 방법은 계획, 합리적 원리, 그리고 논리적 단계에 의존하고 있으나 반드시 행동주의적 접근 방법에 의존하는 것은 아니다. 접근 방법의 관리적 측면은 교육과정의 감독적 측면과 행정적 측면, 특히 조직의 과정과 실행의 과정에 목표를 맞추는 것이다(교육과정 도움말 1-1 참조).

이러한 접근 방법을 지지하거나 주창하는 사람은 변화와 개혁에 관심을 가지고 있으며, 동시에 교육과정 전문가와 장학사가 이러한 과정을 어떻게 용이하게 만들 수 있는가에 관심을 가지고 있다. 교육과정 전문가는 이론가가 아니라 변화를 도모하고 자료를 제공하며, 변화를 용이하게 만드는 실천가로 간주된다. 또한 교육과정 전문가는 행정가에게 보고서를 제출하고 학교의 임무와 목표를 따른다. 만약, 학교가 변화를 좋아하지 않는다면 변화 촉진자로서 교육과정 전문가의 역할은 최소화될 것이다. 그러나 학교가 개혁적이고 혁신적인 정신을 가지고 있다면 이들에게 변화 촉진자의 역할을 기대할 수 있으며, 학교 문화도 변화를 위한 문화를 창출하고 유지하려 할 것이다.[10] 만약, 학교가 '읽기, 쓰기, 셈하기'를 강조한다면 교육과정 전문가는 그것에 따라 새로운 계획을 내놓아야 한다. 변화든 안정이든 그것과 관련된 단서는 관리자에게서 하위 조직자(교사들)에게 공식적 혹은 비공식적(비문서화된 언어, 대화 등) 의사소통 통로를 통하여 전달된다.

관리적 접근 방법은 1900년대 초기의 학교 조직 및 행정적 모형 속에 뿌리를 두고 있다. 이 시기는 개별화, 세분화, 비등급화, 교실 합반, 학급 자치회, 노작 중심 교육 등 다양한 혁신적인 교육과정 및 수업 계획과도 결합되어 있다. 또한 이 시기는 학교의 수평적, 수직적 조직을 변형시키고자 각 학교장이 다양한 학교 지역구 계획을 소개하던 시기였다. 이러한 계획은 바타비아(뉴욕), 덴버(콜로라도), 엘리자베스(뉴저지), 푸에블로(콜로라도), 플래툰(게리, 인디애나), 포틀랜드(오레곤), 산타바바라(캘리포니아), 스터디 홀(뉴

교육과정 도움말 1-1

교육과정 감독자의 역할

교육과정 접근 방법과는 관계없이 어떤 기본적인 역할은 교육과정 감독자나 전문가에 의해 수행된다. 이러한 사람은 학교 내에서 혹은 학교 지역구 내에서 많은 중요한 과업을 수행해야 한다. 그 과업 중의 일부는 다음과 같다.

① 학교 혹은 지역사회의 교육 목적 개발을 돕는다.
② 학생, 학부모, 교사, 자원인사(후원자)와 함께 교육과정을 계획한다.
③ 학생 요구조사를 조정하거나 평가한다.
④ 학년 수준/교과 수준에 따라 연구의 프로그램을 설계한다.
⑤ 수업 계획을 세우거나 시간 계획을 짠다. 학사 일정표를 계획한다.
⑥ 교과 영역 내의 행동 목표를 교사진이 개발하거나 기술하도록 도와준다.
⑦ 학년 수준 혹은 교과 영역별 교육과정 지침서 혹은 교사용 지침서를 준비한다.
⑧ 새로운 자료 단원과 단원 계획을 세우거나 개정한다.
⑨ 교과서의 선정 및 평가에서 도움을 준다.
⑩ 수업 자료와 매체를 조직하고, 선정 혹은 주문한다.
⑪ 교사를 위한 자료 대리인으로서 활동한다.
⑫ 교사를 관찰하고 사전, 사후 관찰 회의를 개최한다.
⑬ 교사가 교실에서 교육과정을 실행하도록 도와준다.
⑭ 내용을 재정의하거나 개선하는 데 도움을 준다.
⑮ 인가서를 쓰는 데 교사진과 함께 일한다.
⑯ 교육과정을 개혁하고 변화시키도록 조장한다. 변화 대리인의 역할을 한다.
⑰ 교육과정 연구를 수행하고 혹은 학교 내의 교육과정 컨설턴트와 함께 연구를 수행한다.
⑱ 교육과정 및 수업평가의 기준을 개발한다.
⑲ 직원 개발 프로그램을 조정하거나 계획한다.
⑳ 학교(그리고 학교 지역구) 내의 관리자(감독자), 의장, 자원인사, 교육공학 전문가 그리고 교사와 함께 연구한다.

욕 시), 위네트카(일리노이) 등과 같이 그 지역의 이름을 따거나 조직의 이름을 따서 명명되었다. 장학관이나 부장학관은 교육과정의 결정권에 많은 부분 개입되어 있으므로, 한 학군을 위한 계획을 개발하고, 그러한 계획을 다른 새로운 학군에 적용할 때에는 그곳에 고용되기도 하였다. 이와 같이 행정가가 관리적 기능과 교육과정 결정 기능을 두루 겸하는 사례가 많이 있었다.[11)]

관리적 접근 방법은 1950년대와 1960년대의 지배적인 교육과정 접근 방법이다. 이 시기에는 교장이 교육과정과 수업의 지도자라는 생각이 보편화되어 있었으며, 여기에 일반적인 의미의 경영자라는 생각이 뒤섞여 있었다. 미국 중서부의 학교행정가들과 (행정적 배경을 가진) 교수들이 정책을 입안하고, 우선권을 결정하고, 변화와 혁신의 방향을 설정하며, 교육과정과 수업을 계획하고 조직하는 일과 관련하여 교육과정 분야를 지배하고 있었다.

이러한 행정가들은 정치적으로 상당히 활동적이었다. 이들은 자신의 생각을 공표하기 위하여 장학 및 교육과정 협의회, 저널과 연감을 이용하였다. Robert Anderson, Leslee Bishop, Gerald Firth, Arthur Lewis, 그리고 John McNeil과 같은 사람은 주요 대학의 교육과정 교수가 되었고, 또 어떤 사람은 교육과정, 장학, 행정에 주요 영향을 미쳤던 전문적 기관의 위원회 감독관이나 행정위원회의 일원으로 활동하였다. 그리고 많은 사람이 이 관리적 접근 방법의 관점을 표현한 교육과정 저서를 출판하였다.[12] 이러한 학교 행정가들은 교육과정의 내용보다는 조직이나 적용에 더 많은 관심을 가지고 있었다. 또한 이들은 교과나 교수 방법, 교육 자료보다는 전반적인 조직적 기반 위에서 정책이나 계획, 인원에 비추어 교육과정을 개선하는 일에 더 관심을 가졌다. 행정가는 자원을 관리하고 학교를 재구조화하는 것을 교육과정의 변화와 개혁으로 생각하였다.

학교 개혁과 재구조화에 관한 현재의 '새로운' 아이디어의 대부분은 변화와 혁신에 대한 1950년대와 1960년대의 아이디어에 그 뿌리를 두고 있다. 이때는 지역 통제가 신성불가침의 것이었던 반면, 지금은 각 주가 개혁의 주요 임무를 맡고 있을 뿐이다. 학교 관리 및 권한과 관련된 현재의 많은 계획은 1950년대와 1960년대의 직업적 위계와 차등적 직원 배치 모형에 그 근거를 두고 있다. 교육과정과 수업을 개선하기 위한 새로운 입법적·행정적 지원의 대부분은 1950년대와 1960년대에 꽃을 피우다가 현재 다시 부상하고 있는 교육과정과 수업의 지도자로서 장학관과 교장의 역할에 그 근거를 두고 있다.

3) 체제적 접근 방법

인원과 정책을 편성하는 관리적 접근 방법도 교육과정을 한 체제로 조직하는 일은 그렇게 어렵지 않다고 보고 있다. 체제라는 것은 조직의 여러 단위와 하위 단위를 전체와의 관련 속에서 보는 것을 가리킨다. 교육과정 계획을 소개하고 점검할 때는 조직 일람표, 순서도, 위원회 구조가 도표로 표시되는 경우가 많다. '교육과정 공학'이라고 언급하기도 하는 체제적 접근 방법은 교육장, 국장, 조정자, 교장과 같은 '공학자들'에 의해 교육과정을 계획하는 데 필요한 과정, 즉 *단계*(개발, 설계, 실행, 그리고 평가)와 *구조*(교과, 교과목, 단원 계획, 그리고 수업 계획)를 포함한다.

교육과정에 대한 체제적 접근 방법은 체제이론, 체제 분석, 그리고 체제공학의 영향을 받았다. 원래는 1950년대와 1960년대의 사회과학자에 의해 밝혀진 이들 개념은 행정 및 조직 이론의 일부로서 학교 관리자에 의하여 이용되고 널리 논의되어 왔다. 체제적 접근 방법의 주된 애용자는 군사, 사업, 산업 관계자다. 왜냐하면 이러한 분야의 모든 학습자는 자신이 수행하는 과제가 어떤 것이든 모두(국가 방위 혹은 회사의 수익은 주로 그 일을 수행하는 사람에 의존한다) 습득해야 하고, 더불어 체제를 도입하는 데 필요한 행동 개

시 비용을 감당할 수 있어야 하기 때문이다.[13)]

교육과정에 대한 체제적 접근 방법에서 전체 학교 지역구 혹은 학교의 각 부분은 서로에게 미치는 영향과 상호 관련성이라는 관점에서 면밀히 검토되어야 한다. 사람들의 행동과 기대에 변화를 일으키기 위해서는 부서, 인원, 장비, 예정표와 같은 구성 요소가 사람의 행위와 기대에 변화를 창출할 수 있도록 계획되어야 한다. 이때 정보는 대안과 선택 사항을 고려하는 행정가들에게 전달되는 것이 일반적이다.

학교 지역구의 조직표는 체제적 접근 방법의 한 예를 보여 준다. 이것은 인원의 위계적 관계를 보여 주며, 교육과정, 수업, 측정 및 평가, 인원, 예산 등과 같은 특정 영역과 관련된 의사 결정이 어떻게 이루어지는가를 보여 준다. 큰 학교 지역구(5만 혹은 그 이상의 학생)에서는 학교 혹은 지역 수준의 교사, 장학사, 그리고 교장은 학군 혹은 중앙 수준의 상급 행정부와 멀리 떨어져 있다. 그러나 작은 학교 지역구의 중앙부는 층이 그렇게 많지 않기 때문에 덜 관료적이다(지역 수준과 멀리 떨어져 있지 않다). Fred Lunenburg와 Allan C. Ornstein은 '큰 학교 지역구의 조직위계는 그리기가 어렵다. 10만 명 혹은 그 이상의 학생이 있는 큰 학교 지역구(모든 학교 지역구의 0.01%에 해당)는 한 페이지에 다 그릴 수 없으며, 대부분의 사람은 이러한 조직도를 이해하는 데에 어려움을 겪을 수밖에 없다. 그 이유는 사람들의 이해력이 부족하기 때문이 아니다.' 그보다는 (시 혹은 군에 해당하는) 큰 학교 지역구의 복잡한 체제와 위계적 배열 때문이라고 말한다.[14)]

체제적 접근 방법의 특별한 적용 사례의 하나는 랜드사(Rand Corporation)가 개발하여 정부기관으로부터 기업체로 신속하게 확산시킨 것인데, 이것은 계획(Planning), 프로그래밍(Programming), 예산짜기(Budgeting System)로 불리는 PPBS다. 그리고 이 PPBS는 계획(P), 프로그래밍(P), 예산짜기(B)의 각 요소를 체제의 구조, 기능, 그리고 역량과 결합시킨다. 우리의 경우 체제는 교육과정을 가리킨다.

현재 대부분의 학교에서는 사람이 일하고 있는 체제를 개선하는 데 필요한 Ed Deming의 14요점에 근거를 둔, 총체적 질 관리(total quality management: TQM)로 알려져 있는 체제적 접근 방법을 이용하고 있다. 이 접근 방법은 산업체에서 나온 것으로서 고객 우선을 강조하는 패러다임의 전환을 대표하는데, 우리의 경우에는 학생, 광범한 자료의 수집 및 분석, 자율 감시 및 검열, 협력, 의사소통, 협조, 그리고 팀 책임을 강조한다.[15)]

총체적 질 관리 접근 방법에 입각하여 교육과정 개발과 적용을 생각할 때, 연구팀의 참여자는 자신의 기능이 다음과 같은 '심오한' 지식의 획득과 적용에 의존한다는 사실을 알게 된다. 이러한 지식은 체제적 사고, 편차이론, 지식이론, 심리학적 지식이라는 네 가지 구성 요소로 이루어져 있다. '체제적 사고'는 연구팀의 참여자가 자신의 활동을 다른 사람의 행동과 상호 작용하도록 하고, 조직 전체는 다양한 기능이 상호 작용하고, 이러한 기능이 다시 많은 하위 과정을 소유하고 있는 역동체라는 사실을 깨닫게 해 준다.

'편차이론'은 교육과정 활동 속에는 공통적인 원인과 영향이 있지만 상이한 원인과 영향도 있다는 것을 나타낸다. 교육과정을 만들어 내는 학교라는 환경은 개인차를 드러내는 여러 개인이 만나서 이루어진 공동체다. 이 공동체 속에서 개인은 의사를 전달하거나 협력하는 방법, 다른 사람의 의견을 존중하는 방법, 그리고 합의에 도달하는 방법을 배워야 한다. 학교 수준에서는 학교장의 역할이 대단히 중요하고, 교육과정 담당 부서 수준에서는 장학사의 지도력이 중요하다.

'지식이론'은 체제 내의 지식과 연구의 참여자가 가지고 있는 지식이 교육과정이라는 게임에서 성공을 거두는 데에 필수적이라는 사실을 개인에게 주지시킨다. 총체적 질 관리 접근 방법에서 교육은 예언과 관계가 있다. 단기적 관점에서는 교육과정의 특정 내용을 강조하고, 교육과정을 고부담 평가(high-stakes assessment)와 국가 성취 표준에 맞추는 것이 중요하다. 또한 장기적인 관점에서 각 학교는 인지적 영역에만 초점을 맞추기보다는 학습의 다른 영역(정의적, 심동적, 도덕적 영역 등)에 더 강조점을 두는 경향이 있다. '심리학적 지식'은 참여자, 즉 교사와 학생의 참여와 학습을 최적화함으로써 체제적 사고를 관련된 사람들에게 적용한다는 점에서 총체적 질 관리와 맥을 같이 한다. 이 체제적 접근 방법을 성공적으로 활용하기 위해서 개인은 사람을 이해하고, 존경하며, 좋아해야 한다.

George Beauchamp는 최초의 교육과정 체제이론을 설명하였다. 그는 교육이론을 행정, 상담, 교육과정, 수업, 평가로 나누고, 이 다섯 개 분야가 모두 동등한 중요성을 가지고 있다고 보았다.[16] 그러나 (교육과정 이외의) 대부분의 교육학 교수는 이러한 다섯 개 분야가 모두 동일하게 중요하다고 생각하지 않는다. 왜냐하면 그들은 자기 자신의 분야를 주요 체제 혹은 연구 영역으로 간주하고, 교육과정을 주요 체제 중 하나의 구성 요소 혹은 하위 체제로 간주하기 때문이다. 예컨대, 학교 행정가는 자신의 지도성 역할을 주로 관리라는 측면에서 보는 경우 교육과정 문제를 다루는 감독관을 파견하는 일이 종종 있다. 그러나 교육과정 전문가는 교육과정을 주요 체제로 간주하고자 하며, 교수 · 수업 및 장학과 같은 관련 분야는 교육과정을 실행하는 데 도움을 주는 하위 체제로 보고자 한다.[17]

그러나 Beauchamp가 전달하려고 하였던 것은 앞의 다섯 개 분야를 다루는 이론이 교육학의 기초인 심리학, 사회학, 역사, 철학 등에서 도출된 지식의 응용 영역이라는 점이다. 주요 체제 혹은 하위 체제가 무엇인가를 논쟁하기보다는 실제 세계에 적용 가능한 절차를 설계하고, 교육 실천가에게 도움이 될 수 있는 이론이라면 어떤 것이든지 이용하는 것이 더 중요하다.

체제적 접근 방법을 평가하는 교육과정 전문가들은 교육과정에 관한 거시적 혹은 광범위한 관점을 취하면서, 단순히 특정 교과나 학년이 아닌 전체 학교 혹은 학교 체제와 관계 있는 교육과정 쟁점과 문제점에 관심을 가지고 있다. 이들은 교육과정이 다른 영역의 프로그램 또는 내용과 어떤 관련이 있고, 교육과정이 학교(혹은 학교 체제)의 위계나 조직상의 배열, 참여자의 요구와 훈련, 성과를 검사하고 평가하는 다양한 방법을 어느 정도 반영하고 있는지에 대하여 관심을 가지고 있다. 장기적인 계획은 단기적인 혹은 임시적인 계획과 결합되어 있다.

4) 학문적 접근 방법

때로는 전통적이고, 백과전서식이며, 개요적이고, 혹은 지식 지향적인 접근 방법이라고도 부르는 지적-학문적 접근 방법은 교육과정의 주요 입장, 경향, 개념 틀을 분석하여 종합하려는 시도다. 이 접근 방법은 역사적이거나 철학적인 경향을 띠고 있으며, 다소 사회적인 경향도 띠고 있다. 교육과정 구성에 관한 논의는 일반적으로 학문적이고 이론적인(실제적이지 않은) 경향을 띠며, 교육학 연구를 포함하여 학교교육의 광범위한 측면과 관련을 맺고 있다. 이와 같이 학교의 교과와 관련하여 교육과정의 범위를 확장하는 것과 교육과정을 지적 사고의 작업으로 간주하는 경향은 많은 배경 정보, 사태 및 사람, 그리고 사건에 관한 광범위한 설명 속에 반영되어 있다.

이 접근 방법은 John Dewey, Boyd Bode, 그리고 Henry Morrison의 철학적이고 지적인 작품 속에 뿌리를 두고 있다.[18] 이 방법은 1930년대부터 1950년대까지 널리 유행하였다. 이 기간 동안 이루어진 교육과정과 관련된 새로운 주제의 유입은 교육과정 분야를 확대시켰다. 또한 교육과정 분야 내에 다양한 경향과 쟁점을 포함하게 하고, 다양한 교수, 학습, 생활지도, 평가, 장학, 행정적 절차 등을 통합시켰다. 이미 교육과정 지식과 교과에 대한 지식이 상당히 축적된 저서가 출판되었기 때문에 교육과정 분야는 충분히 포괄적인 분야가 되었다.

1950년대 이후 교육과정의 주요 관심사는 학문의 구조와 질적 연구 방법을 중심으로 이루어지고 있다. 따라서 학문적 접근 방법은 교육과정 학자들 사이에서 큰 매력이 없었다. 그러나 20세기 후반에 들어서 학문적 접근 방법에 입각한 교육과정 서적(William Schubert, Daniel and Laurel Tanner, Robert Zais의 저작들)[19]이 출판되었다. 이러한 서적은 충분한 배경 정보와 교과에 관한 철학적 · 이론적 통찰이 부족한 초보의 교육과정 전공 학생을 매우 당황스럽게 만들었다. 그러나 교육과정 학자들은 동료 학자들과의 논의나 박사 과정 학생들과의 논의에서 여전히 이러한 접근을 사용하기도 하였다. Schubert, 더 최근에는 Sears와 Marshall은 교육과정 이론가들과 학자들이 어떻게 교육과정학적 사고에 영향을 미치고 교육과정 분야를 하나의 학문으로 정립하는 데 영향을 미치는가에 대한 포괄적인 평론을 발표하였다. 교육과정 분야에 대한 지식, 아이디어, 사상의 획득은 박사 과정 연구와 지도를 통하여 이루어지고 있다.[20] 이들의 전문적 논문은 역사적으로 침체되는 경우가 다소 있지만, 학문의 목표와 관심을 나타내는 데 기여하며, 학자들이 즐길 수 있는 많은 연구 과제를 제공한다.

최근 들어 교육과정 학자들이 교육과정을 포스트모던적 관점에서 보고자 함에 따라 학문적 접근 방법은 지식의 성격과 구조에 초점을 두고 다시 나타나는 경향을 보이고 있다. 즉, 지식은 어떻게 구성되고 해체되며 다시 재구성되는지, 지식과 관련된 이러한 활동이 교육과정의 개발과 확산에 주는 함의는 무엇인지를 이해하고자 하는 것에 관심이 모아지고 있다.

학문적 접근 방법은 교육과정 학자들과 이론가들이 주로 관심을 가지는 접근 방법이지만, 실천가들도 교육과정에 대한 학문적 연구와 분석에 참여해야 한다는 주장이 학자들 사이에서 제기되기도 한다. 실제로 William Pinar는 교육과정 분야가 이해하는 일에 몰두하게 됨에 따라 학문적 접근 방법이 우위를 점하게 되었다고 주장한다. Pinar에 의하면 교육과정 연구자는 더 이상 단순한 기술자, 즉 의문을 제기하지 않고 무조건 실천만 하는 사람으로 머무를 수 없다. 우리 모두는 대학과 교육 현장에서 교육과정의 현상과 교육과정 분야의 역동성을 이해하고자 노력해야 한다는 것이다.[21] 교육과정에 대한 이러한 접근 방법은 이 장에서 언급한 다른 접근 방법에 비하여 우위를 점할 것 같은 조짐을 보이기도 한다. 그러나 그것이 실천가들 사이에서도 과연 인기를 얻게 될 것인지는 의문의 여지가 있다.

교육과정에 대한 학문적 접근 방법은 우리의 관심을 교과와 교수법을 넘어선 경지까지 확대시키고 있다. 이러한 접근 방법은 교육과정과 관련된 다양한 기초적 지식(역사적, 철학적, 사회적, 정치적 등)을 망라하여 교육과정에 대한 포괄적 전망을 제공하고 있다. 최근 들어, 학문적 접근 방법의 몇몇 학자에 의하면 교육과정 분야는 전 세계에 그 근거를 두고 있으며, 전 세계적으로 영향을 받고 있다. 그러므로 교육과정 분야는 삶을 태어나서부터 죽을 때까지의 총체적인 관점에서 바라보아야 한다. 교육과정에 대한 이러한 포괄적 접근은 종교, 심리치료, 문학 비평, 언어학 등 원래는 교육과정 분야에 포함될 수 없는 측면까지 포함시키려고 한다. 많은 교육자에게 이러한 분야는 처음에는 매우 생소하게 보인다. 그러나 교육자들은 이제 점점 교육과정 분야를 다양한 담론의 장, 즉 다양한 텍스트 제작의 장으로 이해하기 시작하였다. 말하자면 교육과정에 대한 학문적 접근 방법에 관련된 모든 사람은 다양한 논쟁과 아이디어의 '사업'을 하고 있는 것이다.[22]

5) 인본주의적 접근 방법

몇몇 교육과정 지도자는 교육과정 분야에 대한 숙고를 통하여 그동안의 교육과정 접근 방법이 지나치게 기술관료주의적이고 경직된 것이라고 주장하였다. 교육과정 학자는 교육과정을 과학적이고 합리적으로 접근하려고만 하고 교육과정과 수업의 개인적이고 사회적인 측면은 간과해 왔다는 것이다. 그들은 교과의 예술적, 육체적, 문화적 측면을 무시하고 학습자들의 자기성찰과 자기실현의 필요성을 고려하지 않았으며, 그 결과 학급과 학교의 사회심리적 역동성을 간과하였다는 것이다.

이러한 견해는 1900년대 초의 진보주의 철학과 아동중심운동(John Dewey, Charles Judd, 그리고 Francis Parker가 시카고 대학교에서 학생의 자연적 발달과 호기심에 근거한 진보주의 교수 방법을 개발한 선구자들이다)[23]에 근거를 두고 있다. 1920년대와 1930년대 진보주의 교육운동은 동쪽으로 이동하여 콜롬비아 대학교 사범대학과 Frederick Bosner, Hollis Caswell, L. Thomas Hopkins, William Kilpatrick, Harold Rugg, 그리고 콜롬비아 대학교로 옮긴 John Dewey[24] 등에 의해 지배되었다. 이 접근 방법은 아동의 필요와 관심을 다루는 아동심리학 및 가치화, 자아 정체성, 심리적 건강, 학습의 자유, 자아실현 등의 문제를 다루는 인본주의 심리학의 성장과 함께 1940년대와 1950년대에 더 강한 추진력을 얻게 되었다.

이 운동에서 생활 경험, 집단 게임, 집단 프로젝트, 예술적 노력, 연극화, 현장 견학, 사회적 활동, 학습과 흥미 중심, 숙제 등에 입각한 수업과 개인 지도 담당 부서(또는 센터) 등 다양한 교육과정 활동이 주로 초등학교 수준에서 나타났다. 이러한 활동은 문제 해결과 능동적인 학생 참여를 포함하고 있으며, 가정과 학교 사이의 강한 유대뿐만 아니라 학생의 사회화와 생활 적응을 강조하였다. 이러한 활동은 Parker, Dewey, Kilpatrick, Washburne의 이상적 학교와 그들이 실천하였던 교육과정 활동을 대표한다. 이것들은 현재에도 시카고에 있는 파커학교와 시카고 대학교에 있는 Dewey의 실험학교, 일리노이 주 위네트카의 Washburne의 학군, Kilpatrick의 사범대학의 링컨학교는 물론, 미국 전역에 걸친 많은 사립학교와 대학의 실험학교와 몇몇 학군에서 여전히 시행되고 있다.

교육과정과 관련된 다양한 발달이론(Erikson, Havighurst, Maslow)과 아동 중심 교육 방법(Frobel, Pestalozzi, Neill)은 이러한 인본주의적 접근 방법에서 나온 것이다. 형식적 혹은 계획적 교육과정만이 유일한 교육과정은 아니며, 비형식적 혹은 잠재적 교육과정도 가치가 있다는 생각 또한 이러한 접근 방법에서 나온 것이다. 또한 인본주의적 접근 방법은 아동을 인지적 차원만이 아니라 총체적인 관점에서 바라본다. 인본주의적 학습이론은 행동주의적 · 인지적 학습이론과 동등하게, 때로는 더 강조되기도 한다. 음악, 미술, 문학, 건강 교육, 인문 교과도 과학이나 수학(그리고 기타 학문적 교과)만큼 중요하게 생각된다.

인본주의적 접근 방법을 옹호하는 교육과정 전문가는 경쟁적이고 교사 중심적인 학습이나 대집단 학습, 그리고 인지적 측면만을 강조하는 수업에 반대하고, 협동 학습, 자율 학습, 소집단 학습, 사회적 활동을 더 신뢰한다. 이 접근 방법에 의하면 각 아동의 목소리가 교육과정을 계획하고 입안하는 데에 상당 부분 투입되어야 하며, 각 아동은 그러한 과정에서 학부모, 교사, 교육과정 전문가들과 책임을 분담해야 한다. 이러한 접근 방법을 따르는 학교에서는 교육과정 지도자와 감독자가 교육과정 결정 과정에 교사들의 참여를 더욱 허용하는 경향을 띠며, 동료 간 전문적 협조와 멘토링 시스템이 더욱 권장된다. 교육과정위원회는 '위에서 아래로'가 아닌 '아래에서 위로'이며, 학생들은 교육과정 회의에 자주 참여하여 교육과정 개발과 관련된 내용과 경험에 관하여 자신들의 견해를 발표할 수 있는 기회

를 가진다.[25)]

인본주의적 접근 방법은 적합성, 급진적 학교 개혁, 개방 교육, 그리고 대안 교육이 교육개혁 운동의 일부가 되었던 1970년대에 다시 인기를 끌게 되었다. 그러나 오늘날 교육의 수월성과 학문적 생산성에 대한 요구가 늘어남에 따라 인간적 측면이 아닌 인지적 측면을, 예술이나 음악이 아닌 과학이나 수학과 같은 과목을 강조하는 경향이 점점 더 강해지고 있다. 그러므로 인본주의적 접근 방법은 교육과정 분야에서 소수 집단의 입장을 대표해 왔다고 볼 수 있다.

인본주의적 접근 방법은 학생이 미래에 성공하기 위해서는 주요 학문 교과에서 좋은 성적을 받아야 한다는 가정 아래 높은 학업 성취 기준을 강조하는 사람들의 계속적인 도전을 받을 것으로 생각된다. 미래는 '정서적으로 안정된 사람'보다는 인지적으로 뛰어난 사람을 필요로 한다고 생각하는 사람이 많다. 그럼에도 인본주의적 접근 방법은 사라지지 않을 것이다. 오히려 인지적 측면과 정의적 측면은 상호 의존적인 관계에 있다[26)]는 것을 사람들이 인식하게 됨에 따라 더욱 많은 지지를 얻게 될 것이다. 교육은 개인적인 것과 개인 간 상호적인 것 모두에 초점을 맞추어야 한다. 이러한 생각은 인지적인 것은 정서적인 것과 따로 동떨어진 것이라는 전통적인 생각에서 탈피할 것을 요구한다. 학생의 자아 개념, 자아 존중감, 개인적 정체성은 학습에서 매우 중요한 요소로 작용하며, 결국에는 이러한 것들이 사회적, 도덕적, 영성적(spiritual) 측면과 더불어 한 인간 전체를 결정하는 것이다.

6) 재개념주의자

어떤 교육과정 학자는 재개념주의자를 앞에서 말한 인본주의적 접근 방법의 확장으로 본다. 다른 교육과정 학자에 의하면 재개념주의자는 교육과정을 개발하고 설계하거나 기술적인 문제를 다루기 위한 모형을 가지고 있지 않기 때문에 그들의 관점을 하나의 접근 방법으로 보는 것은 어렵다. 그러나 이것은 접근 방법이라는 개념을 너무 좁게 보기 때문에 생기는 주장이다.

재개념주의자도 하나의 접근 방법을 가지고 있다. 그들은 교육(교육과정만이 아니라)의 보다 더 큰 이데올로기적이고 도덕적인 쟁점에 대한 관심을 가지고 교육과정 분야를 바라보며, 사회(학교만이 아니라)의 사회적, 경제적, 정치적 기관을 조사함으로써 그것에 영향을 미치고자 노력한다. 본질적으로 재개념주의자는 실제적인 지식을 활용하여 교육과정을 만들어 내는 일보다는 교육과정을 추상적으로 연구하는 데 더 관심을 가지고 있다는 점에서 교육과정에 대한 그들의 접근 방법은 학문적 접근 방법이라고 할 수 있다. 이러한 점에서 재개념주의자는 교육과정을 개발하는 것보다 이해하는 데 초점을 두고 있다고 말할 수 있다. 여기에서 더 나아가 Pinar는 교육과정 개발의 시대는 이미 과거[27)]라고까지 말한다.

이러한 Pinar의 관점은 교육 내용을 선정하고 조직하며, 교육과정을 계획하고 적용하는 일에 종사하는 실천가에게는 비실제적인 것으로 간주될 수 있다. 그러나 Pinar는 실천가들보다는 특별한 의미의 이론가들, 말하자면 이론가와 실천가 사이에 존재하는 '경계인' 에게 말하고 있다.

재개념주의자와 조금이라도 관련을 맺고 있는 교육과정 학자는 교육과정은 포스트모던적인 것이라는 입장을 견지하고 있다. 그들에 의하면 교육과정을 개발할 때 우리는 새로운 의식을 갖추고 있어야 한다. 교육과정을 개발하는 한 가지 정확하고 확실한 방법은 있을 수 없다. 교육과정 개발은 개방적이고 상호작용적이며 집단 대화적인 것이다.[28] 그러한 상호작용적인 대화에 참여함으로써 사람들이 변화하며, 교육과정을 개발하는 과정 그 자체도 변화하는 것이다. 교육과정 개발 행위는 혼란이 겉으로 드러날 때 시작된다. 교육과정 개발은 닫힌 체제가 아니라 열린 체제다. 포스트모더니스트는 행위의 열린 체제를 필요로 한다. 닫힌 체제는 그 자체가 그대로 전수되고 전이되는 반면, 열린 체제는 그 자체가 스스로 변형된다. 이러한 입장을 교육과정에 대한 접근 방법으로 보는 것에 불편함을 느끼는 사람들은 그 역시 특정한 관점과 특별한 방식을 가지고 교육과정 문제에 접근하는 하나의 태도나 경향이라는 것을 인정해야 한다.

재개념주의자와 포스트모더니스트는 교육과정이 정치적, 경제적, 사회적, 도덕적, 나아가 예술적 요소와 맺는 상호 작용에 관심을 가진다. 이 모든 요소는 우리가 교육과정을 개발하고 설계하는 방식에 영향을 미친다.[29] 그들에 의하면 학교는 세계와 동떨어져 그 자체로 존립하는 체제가 아니다. 학교는 세계 안에 존재한다. 그것은 정치적, 경제적, 사회적 체계 간의 상호 작용 속에 존재한다. 학교는 바로 세계 안에 존재하고 사회의 연장선상 속에 존재하는 것이기 때문에 그 목적은 학생을 세계 안으로, 또는 정적인 학교 안에 '적응' 시키는 데 있는 것이 아니라 학생을 변화시키고, 학생이 세계를 변화시키도록 하는 데 있다.

교육과정의 목적은 해방에 있다. 그러나 많은 재개념주의자에게 현재의 교육과정은 현재의 질서를 유지하기 위하여 모든 것을 통제하도록 설계되어 있는 것으로 보인다. 그들의 중요한 가정은 기존의 질서는 정적이며 억압적이라는 것, 이에 학교와 교육과정은 기존의 질서를 변화시키기 위하여 존재해야 한다는 것이다. 그러나 이러한 가정은 잘못된 것이다. 어떤 사회든 그것이 완전히 죽은 사회가 아니라면 개방적인 체제를 가진다. 현재 우리가 많은 대화를 나누고 있고 포스트모더니즘과 패러다임 전환을 논의하고 있다는 사실은 사회 전체가 진동하고 있다는 것을 의미한다. 움직임이 없고 닫혀 있으며 변화되지 않는 사회는 완벽한 조화를 이루고 있는 사회다. 그러나 그런 사회는 실제로 존재하지 않는다.

교육과정에 대한 재개념주의의 접근을 옹호하는 사람은 교육과정의 대화장에 매우 광범위한 목소리를 퍼뜨리려 하고 있다. 다양성에 대한 요구는 재개념주의에 의한 것이 처음이 아니다. 실제로 재개념주의는 Counts, Rugg, Benjamin[30]과 같은 초기 재건주의의 철학과 사회적 행동주의에 뿌리를 두고 있다. 이러한 학자들은 현재의 재개념주의자와 마찬가지로 교육과정 학자에게 교육과정에 대하여 다시 생각하고, 다시 고려하고, 다시 개념화할 것을 요구하였다.

재개념주의자의 가장 큰 특징은 아마도 그들이 가지고 있는 강렬한 정치적이고 이데올로기적인 입장일 것이다. 그들은 흔히 세상을 인종, 계층, 성문제와 관련시키며, 분노와 감정이 적재된 용어들, 예컨대 인종과 계층 그리고 성, 차별과 비교(非敎) 그리고 억압, 편견과 맥락 그리고 혼돈, 지배와 복종 등에 입각하여 바라본다. 그들 중 많은 사람은 자신의 관점이 옳다는 것을 너무 확신한 나머지 그러한 관점에 도전장을 내미는 사람들에게 어떤 정당성도 부여하려고 하지 않는다. 또한 많은 재개념주의자들은 이제는 거대담론에 기대어서는 안 된다고 말하면서도 정작 자신은 정치적, 사회적 거대담론에 사로잡혀 근시안적인 지적 안목을 드러내는 경우도 있다.

2. 교육과정의 정의

교육과정이란 무엇인가? 교육과정의 목적은 무엇인가? 교육과정은 학생과 교사에게 어떠한 영향을 미치는가? 대체적으로 교육과정을 정의하는 방법은 교육과정에 대한 접근 방법을 반영한다. 그러나 접근 방법과 정의의 관계는 완전히 일치하는 것도 아니고 완전히 상호 배타적인 것도 아니다. 접근 방법과 정의는 겹치는 부분이 있을 뿐이다. 여기에서는 교육과정의 기본적인 견해 혹은 정의를 다섯 가지로 설명하고자 한다. 교육과정의 정의로서 가장 널리 알려진 처음의 두 가지는 '구체적이고 처방적인 것' 대 '포괄적이고 일반적인 것' 이라는 두 극단을 나타낸다.

교육과정은 바람직한 목적 혹은 목표를 성취하기 위한 전략을 포함하는 활동 계획 또는 문서라 정의할 수 있다. 이것은 Tyler와 Taba가 대중화시킨 정의로서 교육과정에 대한 직선적인 관점을 예시한다. 계획자가 밟아야 할 단계는 미리 계열화되어 있고, 계획은 과정(또는 수단)뿐만 아니라 처음과 끝이 있으며, 처음은 끝으로 나아간다. 교육과정에 대하여 행동주의적, 관리적, 체제적 접근 방법을 옹호하는 대부분의 사람은 이러한 정의에 동의한다. 예를 들면, J. Galen Saylor는 교육과정을 '교육받을 사람을 위해 일련의 학습 기회를 제공하기 위한 계획'[31)]이라고 정의한다. David Pratt는 '교육과정이란 형식적 교육과 훈련 의도를 조직화해 놓은 것'[32)]이라고 기술하고 있다. Jon Wiles와 Joseph Bondi는 교육과정을 '목적, 설계, 적용, 평가'를 포함하는 4단계 계획으로 보고 있다. 교육과정 연구자의 목적은 '계획의 의도가 가능한 한 매우 충분한 정도로 실행되었는지'를 보는 데에 있다. 목적은 무엇이 중요한 것인지를 결정한다.[33)]

그러나 이와 달리 교육과정은 보다 포괄적으로 학습자의 '경험'을 다루는 것으로 정의하기도 한다. 이러한 관점은 학교에 있는 것이면 무엇이든지, 심지어 학교 밖에 있는 것(그것이 계획된 것인 한)도 교육과정의 일부로 간주한다. 이러한 견해는 교육과정은 '아동이 교사의 지도하에 가지게 되는 모든 경험'[34)]이라는 1930년대 이래의 Caswell과 Campbell의 견해뿐만 아니라 경험과 교육에 관한 Dewey의 정의 속에 뿌리를 두고 있다.

인간주의적 교육과정 학자들과 초등학교 교육과정 학자는 이 정의에 찬성하며, 해를 거듭하면서 이 정의는 교과서 저술가들에 의해 보다 포괄적으로 해석되고 있다. Shepherd와 Ragan은 '교육과정은 학교의 지도하에서 아동들의 계속적인 경험으로 구성된다.' 고 말한다. 즉, 교육과정은 '아동이 학교 안에서 능동적으로 참여함으로써 자기 실현을 성취하도록 도와주는 특별한 환경' [35)]이라는 것이다. Eisner에 의하면 교육과정은 '학교가 학생에게 제공하는 프로그램' 이다. 그것은 '사전에 계획된 일련의 교육적인 장애물과 아동이 학교 안에서 갖게 되는 전반적인 범위의 경험' [36)]으로 구성된다. 마지막으로 Marsh와 Willis는 교육과정을 '계획되고 실행된 교육 안에서의 모든 경험' 으로 간주하면서 학교에 의해서 계획된 것과 교사에 의해서 실행된 것[37)] 사이의 차이를 언급하고 있다. 그러나 여기에 학생에 의해 학습된 것을 첨가할 수 있다.

나머지 세 가지 정의는 앞에서 말한 공통적이면서도 거의 양극적인 두 가지 정의 사이에 위치해 있다. 우선, 교육과정은 사람과 제 과정을 다루기 위한 체제, 혹은 그 체제를 실행하기 위한 인원과 절차를 조직하는 것으로 정의할 수 있다. 체제는 직선적일 수도 있고 비직선적일 수도 있다. 직선적 체제는 단순한 수단-목적 관계로서 과정 혹은 수단은 바람직한 목적을 달성하기 위해 결정된다. 그러나 비직선적 체제는 교육과정 전문가가 융통성을 가지고 모형의 다양한 지점으로 들어가 몇몇 구성 요소나 부분을 생략하고 순서를 반대로 조작할 수 있도록 하며, 하나 이상의 구성 요소를 동시에 다룰 수 있도록 한다. 대부분의 관리적 · 체제적 교육과정 학자는 이 정의를 채택하고 있다.[38)]

네 번째로 교육과정은 그 자체의 연구, 이론, 원리와 이러한 지식을 해석할 수 있는 전문가를 가지고 있을 뿐만 아니라 그 자체의 기초와 지식의 영역을 포함하고 있는 하나의 '연구 분야' 로 정의된다. 이러한 의미의 교육과정에서 이루어지는 논의는 대체로 실제적인 것이 아니라 학문적이고 이론적이며, 광범위한 역사적, 철학적, 사회적 쟁점과 관련된다. Reid, Schubert, Tanner 들과 같은 학문적인 사람들은 이러한 교육과정의 견해에 자주 찬성한다.[39)]

마지막으로 교육과정은 '교과' (수학, 과학, 영어, 역사 등) 혹은 내용(정보를 조직하고 받아들이는 방식)으로 정의할 수 있다. 이러한 의미의 교육과정, 즉 교과 혹은 내용은 다양한 학년 수준에 걸쳐 논의될 수 있어야 한다. 그럼에도 불구하고 교육과정을 이와 같이 정의하는 경우 강조되는 것은 특정 교과나 교과군의 사실이나 개념, 그 특정 교과의 일반화일 뿐이며, 교육과정 전반에 걸친 교육과정 개발의 포괄적 개념이나 원리는 강조되지 않는다. 교육과정을 이와 같이 교과나 내용으로만 정의하는 접근 방법은 없으며, 어떠한 교육과정 접근 방법이라 하더라도 이 정의는 인정될 수 있다.

Beauchamp는 교육과정 정의 속에 계획, 체제, 그리고 연구의 분야를 포함하고 있는 경우에만 교육과정이라는 단어를 필수적이고 합법적으로 사용할 수 있다고 주장한다.[40] 그러나 교육과정을 경험이나 교과로 정의하는 두 가지 정의도 교육과정 이론과 실제에 훌륭하게 들어맞는다. 그렇지만 의아하게도 교육과정을 교과나 학년으로 생각하는 교육과정 연구자는 거의 없다. 나라 전체에 걸쳐 대부분의 학교체제가 다양한 교과와 학년에 비추어서 교육과정을 개발하기 때문에 교육과정을 교과와 학년에 비추어 정의하는 것이 다른 어떤 정의보다도 더 필요하다. 교사는 일상의 토대 위에서 교육과정을 교과나 학년에 비추어 생각하지만 이론가들은 그렇지 않다(그들은 대부분의 교과와 학년에 적용할 수 있는 일반적인 개념과 원리를 검토하기를 원한다)는 사실은 두 부류의 사람이 실제로 대화를 전혀 하지 않는다는 것을 시사한다. 대학의 교육과정 전공학과가 초·중등학교의 교육과정에 관한 강좌를 제공하고 있지만, 교과 교육과정—수학 교육과정, 과학 교육과정 등—강좌는 거의 제공하지 않는다(강좌가 개설된다고 해도 강좌 개설을 위한 최소한의 수강자 확보가 어려울 것이다).

1) 정의의 도전

교육과정에 대한 정의는 다양하게 존재한다. 어떤 사람에게는 이와 같은 다양성이 혼란을 일으키기도 한다. 그러나 이와 같은 혼란이 반드시 나쁜 것만은 아니다. 어떤 것이 다양하게 정의된다는 것은 그 해당 분야 내에서 다양한 목소리가 역동적으로 활동한다는 것을 의미한다. 이런 다양한 목소리는 특별한 사고 양식, 특수한 이념, 다양한 교수법, 독특한 정치적 경험, 그리고 여러 가지 문화적 경험을 이용함으로써 각기 다른 해석을 가능하게 한다. 이러한 다양한 목소리가 한 목소리를 내고 한 가지 패러다임과 한 가지 교육과정만 강조한다면 오히려 그것이 더 걱정스러운 일이다.

교육과정을 어떻게 정의할 것인가의 문제에 관하여 논쟁하는 것은 시간과 에너지가 많이 드는 일이며, 그러한 시간과 에너지를 더 실질적인 문제나 쟁점, 더 중요한 연구나 이론적 문제에 소비하는 것이 더 나을 것이다. 그러나 교육과정의 개념을 정의하고 재정의하는 데에 드는 시간은 결코 헛된 것이 아니다. 왜냐하면 그것은 우리가 교육과정의 역동적 변화 과정과 그것에 영향을 미치는 특정 운동에 참여하도록 하기 때문이다. 교육과정이 다양하게 정의되기 때문에 교육과정 학자는 서로 의사소통을 하는 데에 어려움을 겪는 것이 사실이다. 그러나 이러한 의사소통 문제를 해결하는 길은 주요 용어의 정의를 단순화하는 데 있는 것이 아니다. 오히려 그 해결은 용어의 다양한 언어적 의미를 받아들이고 교육과정학적 대화의 장에서 다양한 목소리가 존재한다는 것을 인정하는 데 있다. 우리는 교육과정 분야의 언어가 철학적으로든 정치적으로든 결코 중립적이지 않다는 사실을 인식해야 하며, 또 그 사실을 찬양해야 한다.[41]

언어와 용어의 사용은 의미하고자 하는 범위와 의도에 따라 다양하게 변화한다. 용어에 어떤 특정한 의미를 부여한다는 것은 곧 그것과 다른 의미를 생략하거나 무시한다는 것을 의미한다.

교육과정의 정의가 간결할수록, 예정된 계획이나 문서에 더 의존할수록, 교과 및 학습에 관련된 다른 요인—문서로 기록될 수 없는 것—을 생략하고 무시하며 간과할 가능성이 더 커진다. Doll이 지적하고 있는 바와 같이, '모든 학교는 사전에 계획되고 형식적으로 인정된 교육과정을 가지고 있다.' 그러나 학교는 이와 더불어 반드시 고려하여야 할 '계획되지 않고 비형식적이면서 동시에 잠재적인 교육과정'[42]도 아울러 가지고 있다. 계획적이고 형식적인 교육과정은 수업의 목적, 목표, 교과와 수업의 조직에 초점을 두며, 계획되지 않은 비형식적 교육과정은 교사와 학생 사이에서 일어나는 사회적 · 심리적 상호작용, 특히 그들의 감정, 태도, 행동을 다룬다.

만약, 계획된 교육과정, 즉 문서로 된 공식적 교육과정만을 고려하거나 교육과정을 너무 처방적인 관점에서만 접근한다면 수업 전달 중에 나타날 수 있는 수많은 긍정적 · 부정적 결과를 무시할 수 있다. 우리는 문서화되지 않은 교육과정의 일부로서 학생들이 학습할 수 있는 교육과정, 즉 잠재적 교육과정의 힘을 이해하지 못할 수도 있다. 어떤 내용이 교육과정에 포함되어 있다는 것 자체가 그러한 지식이 중요하고 가치 있다는 것을 공표하는 것이다. 교육과정을 너무 협소하게 정의해 버리면 Eisner의 용어인 '영 교육과정(null curriculum)'과 그것에서 학생들이 무엇을 학습하는가를 알지 못하게 된다.[43]

'영 교육과정'은 학교에서 가르치거나 배우지는 않지만 학생은 이미 알고 있고, 일반적인 방식으로 이미 존재하고 있는 내용이나 경험을 가리킨다. 학생은 영 교육과정에서 학교 교육과정에서 배제된 것은 가치 있는 것이 아니며, 학교교육의 목적으로 적합하지 않다는 사실을 암암리에 배우게 된다. 학교 교육과정에는 춤, 법과 같은 교과가 자주 제외되며, 그것은 과학이나 인문교과와 같은 기본적인 학문적 교과로 대치된다. 학생들은 잠재적 교육과정이나 영 교육과정에서 더 강력한 내용을 학습하게 되는 경우가 많이 있다. 때때로 학생들은 자신들의 구체적인 이야기나 문화가 학교의 공식적 교육과정과 동등한 가치를 가지는 것으로 인정되지 못한다는 것을 알아차리기도 한다. 그들은 학교 교육과정에서 제외된 것이 아니라 학교 교육과정에 포함되어 있는 내용을 가르치는 방식 때문에 학교를 싫어하게 되기도 한다. 학생들은 수학을 배우기도 하지만 수학을 싫어하는 것을 배우기도 한다. 문제는 계획적이며 공식적인 교육과정에 따라 빈 상자를 채우는 데에 급급하여 지나치게 경직되고 꽉 막힌 교육 방법을 채택해서는 안 된다는 것이다.

교육에는 우리가 미리 통제하거나 계획할 수 없는 많은 회색지대와 많은 인간적인 변인이 있다. 그러므로 교육과정은 언제나 변화의 선상에 있고, 학생, 교사, 교육과정 전문가에 의하여 계획될 수 없는 교실의 분위기와 소리, 교사의 직관적인 판단과 육감, 그리고 학생들의 필요와 흥미를 고려해야 한다.

그러나 교육과정을 학교에서 일어나는 모든 경험으로 정의하는 우산식 정의는 곤란하다. 이러한 정의에 의하면 학교 안에서 이루어지는 모든 것은 교육과정이라는 말로 규정하고 논의할 수 있다. 교육과정은 교육이라는 말과 동의어가 되기도 한다. 학교교육과 관련된 모든 연구 분야나 학문은 교육과정에 대하여 함의를 가지고 있으며, 교육과정 분야의 일부라고 주장하기도 한다. 학교 안에 있는 거의 모든 것과 교육 연구 안에 있는 거의 모든 것이 교육과정과 관련이 있다면 교육과정이 아닌 것은 무의미한 것으로 분류된다. 어떤 연구 분야든지 그 분야의 범위와 내용이 너무 확장되어서 다른 분야와 겹치게 되면 해당 분야를 한정하거나 그것을 다른 분야와 구별하기가 매우 어렵게 된다.

2) 교육과정 분야를 정의하는 데 필요한 배경 쟁점

교육과정 분야를 정의하는 데에 교육 내용이나 교과와 관련된 쟁점도 개입되어 있다. 사회 혹은 수학 교육과정에 관해 이야기하는 것이 적절한가, 아니면 일반적인 교육과정에 관해 이야기하는 것이 적절한가? 모든 교과에 적용되는 일반적인 교육과정의 원리가 있는가, 아니면 각각의 교과에 적용되는 각각의 원리가 있을 뿐인가? 교과는 분과 학문적으로 조직할 것인가, 아니면 간학문적 접근 방법과 중핵 접근 방법에 근거하여 조직할 것인가? 교과는 어느 정도로 학생의 선택, 전문가의 선택, 또는 학부모의 선택 문제인가? 교과는 지역사회, 주, 혹은 국가 중 어느 것에 의해 결정되어야 하는가? 교과는 학년제로 조직되어야 하는가, 아니면 무학년제로 조직되어야 하는가? 행동적 목표, 학생 활동, 전체 사회 혹은 지역사회의 가치, 미래의 직업을 중심으로 교과를 어떻게 조직할 것인가? 교양 교과, 전문 교과, 선택 교과의 비율을 어떻게 할 것인가? 공통 필수 교과 대 선택 교과의 비율을 어떻게 할 것인가? 특정 교과의 사실, 개념, 원리를 어느 정도로 강조해야 하는가? Beauchamp에 의하면 '교육과정의 내용과 관련된 입장은 교육과정 이론과 계획에 상당한 영향을 미친다.'[44] 실제로 교육과정의 내용과 교과와 관련된 입장은 교육과정을 개발 · 설계 · 적용 · 평가하는 문제와 교육과정 정책과 프로그램을 입안하는 문제에서 교육과정의 제 과정과 결과를 결정하는 문제에 이르기까지 전 과정에 수반되는 모든 측면에 중요한 영향을 미친다.

그 밖의 다른 쟁점으로는 사람과 관련된 것들이 있다. 누가 책임자인가? 학생, 교사, 학부모, 지역사회의 구성원은 교육과정 입안에 어느 정도 관여하는가? 왜 학교행정가들이 교육과정 문제에서 큰 역할을 맡고, 교육과정 전문가는 그에 비하여 작은 역할을 맡는가? 교육과정을 개발하는 경우 연구자와 실천가의 역할과 책임은 각각 무엇인가? 어떻게 하면 연구자와 실천가 간에 의사소통 과정을 개선할 수 있는가?

3) 근본적인 질문

올바른 질문을 한다는 것은 교육과정에 대한 기본적인 관심을 나타내는 데 중요하며, 기본적인 개념, 원리, 그리고 해당 분야의 연구 방법을 결정하는 데도 중요하다. 만일 잘못된 질문을 한다면 그것에 관한 논의는(그것에 대한 대답도) 아무런 가치가 없게 된다. 그러나 많은 근본적인 질문을 목록화하는 것은 그러한 근본적인 질문이 맹목적으로 따라야 할 일련의 원리 혹은 단계로 생각될 위험이 따른다. 적절한 질문은 교육과정 전문가가 이론상이나 실제적으로든, 혹은 양자 모두에서 반드시 드러내야 할 쟁점과 문제를 제기하는 데 필요한 근거로 사용할 수 있다.

교육과정에 관한 근본적인 질문의 첫째 목록은 전미교육연구회(NSSE)의 26번째 연감을 위해 조직된 교육과정 구성의 그 유명한 12인 위원회가 만든 것이다. 교육과정 구성 원리에 관한 일반적인 진술을 제시하기 위해 지금까지 소집된 위원회 중에서 가장 유명한 이 교육과정 전문가 집단은 그 시대의 '교육과정에 관한 쟁점과 문제점을 조명해 보는'[45] 근거로 기능하는 열여덟 개의 '근본적인 질문'을 담은 연감의 제2권을 출간하였다. 이러한 질문은 미국 사회에서 학교의 역할은 물론, 교과, 학습과 안내 목표, 활동, 그리고 교육과정의 성과를 중심으로 구성되었다.

최근의 질문은 50년이 훨씬 지난 뒤 제시되었는데 〈표 1-1〉에 나타나 있다. 이러한 질문은

〈표 1-1〉 근본적인 교육과정 질문

15개의 질문(1987)
① 교육과정은 어떻게 정의되는가?
② 의도적이든 비의도적이든 교육과정 분야 속에서 우리는 어떤 철학과 이론에 대하여 의사소통을 하고 있는가?
③ 어떠한 사회적 · 정치적 세력이 교육과정에 영향을 미치는가? 어떤 세력이 가장 적절한가? 어떤 세력이 교육과정을 제한하고 한계점을 부여하는가?
④ 학습은 어떻게 일어나는가? 학습자의 요구를 해소하는 데 가장 적절한 학습활동은 무엇인가? 그러한 학습활동을 가장 훌륭하게 조직할 수 있는 방법은 무엇인가?
⑤ 교육과정 지식의 영역은 무엇인가? 어떤 유형의 교육과정 지식이 중요한가?
⑥ 교육과정의 본질적인 부분은 무엇인가?
⑦ 교육과정 변화는 왜 일어나는가? 교육과정 변화가 교육과정에 어떠한 영향을 미치는가?
⑧ 교육과정 전문가의 역할과 책임은 무엇인가?
⑨ 어떻게 하면 교육과정을 가장 훌륭하게 조직할 수 있을까?
⑩ 교육과정을 조직하는 경우 교사와 학생의 역할과 책임은 무엇인가?
⑪ 우리의 목적과 목표는 무엇인가? 목적과 목표를 구체적 목표로 어떻게 번안할 것인가?
⑫ 교육적 필요를 어떻게 정의할 것인가? 누구의 필요인가? 교육적 필요의 우선순위를 어떻게 매길 것인가?
⑬ 어떠한 교과 혹은 내용이 가장 가치 있는 것인가? 가장 훌륭한 내용의 형태는 무엇인가? 내용을 어떻게 조직할 것인가?
⑭ 우리가 성취하려고 노력하는 것을 어떻게 측정하고 증명할 것인가? 누가 무엇에 대해서, 무엇 때문에, 누구에게 책임을 질 것인가?
⑮ 교육과정과 수업의 적절한 관계는 무엇인가? 교육과정과 장학의 관계는 무엇인가? 교육과정과 평가의 관계는 무엇인가?

출처: Allan C. Ornstein, "The Theory and Practice of Curriculum," *Kappa Delta Pi Record* (Fall 1987), p. 16.

교과의 위치와 기능, 학습 촉진에 필요한 방법과 자료, 교육과정 구성에 초점을 두고 있다. 더욱 중요한 것은 이러한 근본적인 질문은 Tyler가 교육과정의 '이론적 근거' 라고 불렀고, 그 후 Saylor, Alexander, 그리고 Lewis는 '목표' 라고 불렀으며, Schubert는 최근에 교육과정 분야의 연구를 어떻게 수행할 것인가를 결정하는 '패러다임' 으로 불렀다는 것이다.[46] '무엇' 과 '어떻게' 를 질문함으로써 교육과정 전문가들은 교육과정 분야에서 중요한 이론, 개념, 방법의 윤곽을 그릴 수 있게 된다.

3. 교육과정의 기초

교육과정이란 무엇인가, 교육과정 분야의 기초(혹은 범위)와 영역(지식)을 어떻게 그릴 수 있는가에 관한 논의는 계속되고 있다. 하나의 낙관적인 견해는 교육과정에 관한 지식은 전부는 아니지만 거의 모두가 문헌을 통하여 습득할 수 있다는 것이다. 그러나 현재로서는 그러한 교육과정에 관한 지식은 '광범하게 산재해 있으며', 교육과정을 가르치거나 실행에 옮기는 대다수의 사람에게 '아직까지도 알려지지 않았거나 읽혀지지 않은 상태' 다.[47] 하나의 비관적인 견해는 교육과정 분야는 주요 '원리, 지식, 기능' 을 포함하여 '다양한 다른 학문에서 내용을 빌려 사용하고 있기' [48] 때문에 목표와 방향이 결여되어 있다는 것이다. 이러한 견해는 대략 30년 전에 '교육과정 분야는 교육 이외의 분야에서 모든 이론을 차용하여 각 학교와 학급을 위한 목적과 절차를 도출해 내었기 때문에 빈사상태에 놓여 있다.' [49]며 불평을 털어놓았던 Joseph Schwab의 비판과 기본적으로 동일하다.

어떤 사람은 이러한 여러 가지 문제가 해결될 때까지 하나의 연구 분야로서 교육과정은 상당한 혼란과 갈등을 겪고 일관성이 결여될 것이며, 잘 조직된 전문적 지지층과 정치적 지지층을 계속해서 잃을 것이라고 주장하기도 한다. 그러나 더욱 낙관적인 견해는 이러한 개방성 혹은 폐쇄성의 결여를 풍부성과 도전의 원천으로 보는 것이다.

1) 주요 기초: 철학, 역사, 심리학, 그리고 사회학

교육과정의 기초는 교육과정 지식의 외적 범위를 결정해 주며, 교육과정 분야와 관련하여 승인된 이론, 원리, 아이디어가 생성되는 타당성 있는 정보원을 구성하는 것이 무엇인지를 정의해 준다.

공통적으로 승인된 교육과정의 기초는 철학적, 역사적, 심리학적, 사회학적(때로는 문화적, 정치적, 경제적 기초가 사회적 기초의 일부분으로서, 혹은 거기에서 분리된 부분으로서 포함된다) 지식 영역을 포함하고 있다. 교육과정 저술가들은 일반적으로 교육과정 기초의 영역에 관해서는 의견의 일치를 보이고 있으나, 이들 네 개의 영역을 철저하게 분석하거나 논의하고자 하는 사람은 거의 없다.

물론, 단순히 교육과정의 기초 영역만을 검토하는 것은 충분하지 않다. 교육과정 학자는 기초 영역과 교육과정의 관계를 제시해 줄 필요가 있다. 교육과정 학자는 교육과정 기초의 각각에 관해 알고 있는 것을 분석하고 종합하여 교육과정과 관련된 함의를 제시해 주어야 한다. 이러한 문제와 관련하여 Herbert Kliebard는 교육과정 분야는 개관적인 것이라고 주장한다. 교육과정 전문가는 교육과정과 관련하여 다른 분야에서 다양한 관점을 가져온다. 이 말은 교육과정 전문가는 철학자, 사학자, 심리학자, 사회학자, 경제학자, 그리고 정치학자가 활용하는 개념, 방법, 연구 도구를 검토하여 이용하고 있다는 것을 의미한다.[50)]

접근 방법, 철학적, 역사적, 사회적, 심리학적 견해와는 관계없이, 교육과정 전문가가 교육과정을 연구하고 실행하기 위한 수단으로서 기초 영역에 의존하는 것은 당연하다. 이 책에서는 교육과정과 관련하여 다른 분야에서 나오는 중요한 정보를 제시해 주기 위하여 네 가지 기초 영역(네 개의 장에 걸쳐서)에 대하여 검토하고자 한다. 이 책을 읽는 독자는 교육과정의 외연을 명확하게 결정하기 위하여 제시되는 네 가지 기초 영역에 대한 지식을 스스로 분석하고 해석해 보는 노력을 기울이는 것이 중요하다.

4. 교육과정의 영역

교육과정의 기초가 교육과정 분야의 외연을 제시해 준다면, 교육과정의 영역은 이미 출판된 저서, 소논문, 저널 등을 검토함으로써 연역적으로 추론해 낼 수 있는 교육과정 분야의 내연 혹은 승인된 지식을 제시한다. 교육과정 전문가는 일반적으로 교육과정 기초 영역에 관해서는 의견의 일치를 보이고 있으나, 교육과정의 영역 혹은 공통된 지식이 무엇인가에 관해서는 의견의 일치를 보이지 않을 때가 흔히 있다. 이것은 교육과정 분야는 학문적 단체가 아니며, 확고하게 정의된 지식체에 근거를 둔 완전한 전문 영역도 아니라는 것을 시사한다. 교육과정 분야의 범위를 개념화하거나 범위를 결정하는 데 도움이 되도록 하기 위해, 그동안 교육과정의 지식 기반과 지도를 구조화하기 위한 많은 노력이 있었다. 몇몇 사람들이 지적하는 교육과정의 문제는 지식이 다양한 원천으로 혼재되어 있고, 교육과정 원천으로서 인정되지 않는 지식도 많이 있다는 데에 있다. 이에 더하여 읽어야 할 문헌이 너무 많기 때문에 이미 알려져 있는 많은 문헌도 사람들이 전혀 읽지 못하고 있다는 것이다.[51)]

교육과정 영역에 관한 합의가 이루어지지 못하고 있음은 교육과정 전문가 자신들이 더 잘 드러내고 있다. 예컨대, George Beauchamp는 교육과정 지식을 계획, 적용, 평가로 구분하였다.[52)] 최근에 Fenwick English는 교육과정을 이데올로기적(혹은 철학적 · 과학적), 기술적(혹은 설계), 조작적(혹은 관리적) 쟁점으로 구분하고 있다.[53)] 마지막으로 Edmund Short는 교육과정의 영역을 정책 수립, 개발, 평가, 변화, 의사 결정, 연구 활동 혹은 분야, 그리고 탐구의 형태 및 언

어(혹은 이론)로 구분하여 설명하고 있다.[54)]

Linda Behar가 최초로 '교육과정 영역' (20년 이상 가장 영향력 있는 교육과정 교과서에 근거를 둔 광범한 지식의 영역)과 '교육과정 실제' (교사와 교육과정 전문가들이 교육과정에 관해 탐구하고 계획하고 실행하는 동안 종사하는 활동)를 확인하는 데 필요한 경험적 형식을 확립하였다. 타당성이 검증되고 전국의 교육과정 담당 교수에 의하여 중요하다고 평가된 교육과정 실제는 마흔아홉 개나 되었다. 이러한 교육과정 실제는 범주화되어 아홉 개의 교육과정 영역을 정의하고 정당화하기 위하여 사용되었다. 그것은 ① 교육과정 철학, ② 교육과정 이론, ③ 교육과정 연구, ④ 교육과정 역사, ⑤ 교육과정 개발, ⑥ 교육과정 설계, ⑦ 교육과정 평가, ⑧ 교육과정 정책, ⑨ 하나의 연구 분야로서 교육과정이다.[55)] 교육과정 영역을 규정하는 것은 이론가들에 따라서 다르다. 그렇기 때문에 교육과정 분야의 지식 근거에 대해 의견의 일치가 어렵지만, Behar의 연구는 교육과정 텍스트 속에 포함될 내용을 확립하는 데에 확실히 도움이 된다.

Allan Glatthorn은 다양한 방식으로 학교에 영향을 미치는 일곱 개 유형의 교육과정을 설명한다. 즉, ① 교육과정 학자들과 전문기관에 의한 '추천 대상으로서의 교육과정', ② 주 또는 학교 지역구의 문서로 나타나는 '문서로서의 교육과정', ③ 교사가 학교와 교실에서 적용하고 전달하고자 하는 '수업 내용으로서의 교육과정', ④ 교과서, 컴퓨터 등 교육과정의 적용을 지원하거나 도와주는 '지원 체제로서의 교육과정', ⑤ 측정되거나 검증되는 '평가 대상으로서의 교육과정', ⑥ 학습자가 실제로 배운 '학습 결과로서의 교육과정', ⑦ '잠재적 교육과정' 혹은 무의도적 교육과정이다.[56)] 전통적으로 교사는 대부분 학습 결과로서의 교육과정과 평가 대상으로서의 교육과정의 영향을 받았고, 수업 내용으로서의 교육과정에 대한 학생의 반응과 요구에 근거하여 교육과정을 결정하였다. Glatthorn의 구분을 넘어서서 '학습 결과로서의 교육과정'이 진정한 의미의 교육과정이고 나머지는 모두 이차적인 것이라고 할 수 있다. 최근의 학업성취운동은 학교 종사자들이 '문서로서의 교육과정', 즉 교육 내용을 '평가 대상으로서의 교육과정'이나 고부담 평가와 연결하는 데에 신경 쓰도록 만들고 있다.

이와 같이 교육과정 영역을 정의하는 데에 합의점은 없지만, 이론적 또는 실제적 교육과정 결정에 필수적으로 중요한 교육과정 지식인 교육과정 영역을 개념화하는 기본 틀을 확립하는 것은 무엇보다 중요하다. 그러나 문제는 교육과정 저술가들이 교육과정 지식의 영역과 관련하여 의견의 일치를 볼 수 없는 데에 있으며, 또 교육과정을 그 자체의 범위, 내적 구조, 관계, 그리고 활동을 가진 독립된 분야로 보는 기본적 관점도 존재하지 않는 데 있다. 그러나 모든 교육과정의 지식 영역 중에서 어떤 경우에도 중요한 영역은 교육과정 개발과 설계다. 이것을 교육과정의 이론적인 측면으로 부르는 사람이 있는가 하면 교육과정의 기술적인 측면으로 부르는 사람도 있다.

1) 교육과정 개발

개발이라는 관점에서 교육과정을 분석하는 것은 교육과정 분야에 대한 전통적이며 가장 공통적인 접근 방법이다. 이러한 관점은 교육과정을 구성하는 데 얼마나 다양한 인사, 과정, 절차가 포함되는가뿐만 아니라 교육과정이 어떻게 전개되고 어떻게 계획 · 실행 · 평가되는지를 보여 주고자 한다. 이와 같은 교육과정 개발은 논리적인 단계에 입각하여 검토되며, 교육과정에 대한 행동주의적 · 경영적 접근 방법과 교육에 대한 과학적 원리에 그 뿌리를 두고 있다. 이것은 곧 교육과정 개발의 원리는 일반화될 수 있다는 입장을 나타낸다. 오늘날 대부분의 교육과정 텍스트는 그 제목 속에 개발과 계획이라는 용어가 사용되는데, 이것은 바로 그러한 관점을 반영하는 것이다(교육과정 도움말 1-2 참조).

대부분의 전통적인 교육과정 텍스트에는 몇 가지 개발 모형, 개요, 혹은 계획이 제시되어 있다. 즉, 그것은 목적과 목표에 대한 철학에서 출

교육과정 도움말 1-2

교육과정 계획의 단계

다음의 질문은 교육 계획의 3단계인 개발, 실행, 평가에 근거를 두고 있다. 제시된 질문은 새로운 교육과정이나 개정된 교육과정을 개발하는 과정에서 필수적인 것들이다. 이 질문은 어떤 교과 혹은 학년에서든 교육과정 계획을 명료하게 하는 데 도움이 되는 출발점이나 지침이다.

① 학교 체제에서 새로운 교육과정을 개발하는 초기 단계에서
- a. 누가 우선순위를 결정하는가?
- b. 누가 계획을 세우는가?
- c. 누가 교육과정위원회에 회원을 지명하는가?
- d. 누가 교육과정위원회의 노력을 조정하는가?
- e. 누가 교육과정 개발 과정을 고안하는가?

② 교육과정으로 승인되고 결정된 이후에
- a. 누가 자료와 활동을 결정하는가?
- b. 누가 경비는 얼마나 필요한가를 결정하는가?
- c. 누가 새로운 교육과정의 이용을 위하여 교사를 연수시킬 연수자를 결정하는가?

③ 교육과정이 기대에 합당한가를 결정하는 마지막 단계에서
- a. 누가 교육과정 평가 방법을 결정하는가?
- b. 누가 평가 시행의 책임을 질 것인가?
- c. 누가 평가의 결과를 교사, 행정가, 학교위원회, 대중에게 전달하는 책임을 질 것인가?

출처: Michael Campbell, Judy Car, and Douglas Harris, "Board Members Needn't Be Experts to Play a Vital Role in Curriculum," *American School Board Journal* (April 1989), p. 30.

발하여 학생 진단 혹은 요구 조사, 내용 선정과 조직, 교육과정 적용 과정이 제시되며, 평가 문제로 결론을 맺는다. 이러한 각 단계는 적으면 네 단계(Tyler, Saylor 및 Alexander, Wiles와 Bondt), 많으면 일곱 단계(Hunkins), 심지어는 열한 단계(Doll)로 다양하게 나타난다. Glatthorn은 유일하게도 교육과정을 테스트와 관련시킬 필요를 강조하였다.[57)]

모든 교육과정 개발 모형은 교육과정이 다양한 결정, 활동, 과정과 어떤 관련을 맺고 있는지를 보여 주고자 한다. 그것은 교육과정 개발과 관련하여 우리의 사고를 명료화하는 데에 필요한 지침이나 구조를 제공한다. 또한 그것은 그래프나 그림으로 예시되기도 한다. 투입, 변형, 산출의 용어를 사용하여 단계적이고 합리적으로 제시된다. 교육과정은 총체적인 체제로 간주되며, 모형 안에 들어 있는 모든 단계는 그 하위 체제로 생각된다. 교육과정 개발 모형은 이론적이고 과학적이며, 교육과정과 관련된 사실, 상관성, 관계 등에 대한 이해를 증진시키기 위해 설계된 것이다. 교육과정 개발 모형은 사람이 모형에 제시된 용어를 충분히 이해할 수 있을 정도로 그 분야에 대하여 잘 알고 있다는 가정하에 전문적인 용어로 제시된다.

개발에 대한 지나친 강조는 위험이 따른다. 저술가들은 과학적이고 기술적인 용어로 이루어진 개발 모형에 몰두함으로써 교수와 학습의 인간적인 측면을 간과하는 경향이 있다. 구체적이고 처방적이며 측정 가능한 모형의 각 단계를 구성함으로써, 그들은 관찰되지 않고 측정되지 않으며 정확히 일관되지 않고 통제할 수 없는 측면이 있다는 사실을 인식하지 못한다. 그들이 자주 간과하는 것은 교수나 학습과 관련된 개인적 태도, 정서, 감정 문제와 교육과정 개발에 개입되어 있는 가치와 신념의 문제다.

교육과정 연구자들은 교육과정 개발 모형을 사용함으로써 목적이나 목표에 대한 철학적 가정에서 학습 성과나 결과에 대한 평가에 이르기까지 모든 단계에서 나타나는 선택을 강요하고 융통성을 제한하는 경향이 있다. 그들은 교육과정 개발의 과정은 사회적, 정치적 실재에 대한 다양한 용인, 교수 효용성, 교육 방법과 학습활동의 선택 가능성 등과 관련된 다양한 판단과 얽혀 있다는 사실을 간과하기 쉽다. 또한 그들은 어느 한 교육과정은 한 학교(일정한 규모의 학생과 교사 집단)에는 성공적일 수 있지만 다른 학교에는 그렇지 않다는 것을 인식하고 다양한 선택 가능성을 열어 놓아야 한다는 사실을 잊기 쉽다.

그러나 교육과정 개발 모형 중 하나 혹은 그 이상을 채택한다고 해서 이러한 위험에서 자유로워지는 것은 아니다. 몇몇 교육과정 개발 모형의 지지자는 체제적인 사고가 모형의 복잡한 체제 속에서 학생 요인을 고려하고 교육과정 활동의 역동성을 다룰 수 있게 해 준다고 주장한다. 더 나아가 그들은 자신들의 모형이 중다변인을 고려하고 있으며, 다양한 선택을 허용하고 있다고 주장하기도 한다.

오늘날 교육과정 개발 모형에 대한 논의는 더 이상 필요하지 않다고 주장하는 교육과정 연구자들도 있다. 우리는 이제 교육과정 개발을 어떻게 할 것인지는 충분히 알고 있다는 것이다. 현재 우리에게 필요한 것은 교육과정에 생명을 부여하기 위하여 인간과 개인을 이해하고, 학생들이 유용한 것을 배운다는 것이 얼마나 복잡한 일인가를 이해하는 데에 있다는 것이다. 그러나 '우리는 교육과정 개발을 어떻게 할 것인지를 충분히 알고 있다.' 고 말하는 것은 시대를 잘못 읽고 있는 것으로 생각된다. 확실히 우리는 교육과정 개발의 기술적 단계에 대한 문서를 충분히 가지고 있다. 그러나 아무리 '기술적인 줄무늬' 를 입고 있는 사람이라도 깔끔한 도표로 그려진 모형이 실제 세계에 그려진 그대로 깔끔하게 적용될 수 있다고는 생각하지 않는다.

교육과정 개발 모형의 지지자는 맹목적으로 모형을 적용할 수 있다고 생각하지 않는다. 그들은 모형을 적용하는 데에는 기술자 이상의 능력이 필요하다는 것을 잘 알고 있다. 흔히 포스트모던 시대로 일컬어지는 현 시대에 교육과정 개발 모형의 지지자는 교육과정과 평가에 반영되어 있는 지식의 의미에 대하여 반성해 보아야 하며, 교육과정 활동은 인간 상호 간에 일어나는 활동이라는 것을 명심해야 한다.

이 책에서는 비기술적인 모형에 관심을 많이 기울이고자 한다. 어떤 사람은 이러한 모형을 '비모형(nonmodel)' 이라고 말한다. 그러나 비기술적인 모형도 그 안에는 다소 모형화될 수 있는 의미를 가지고 있다. William Doll에 의하면 포스트모더니스트들 사이에서 흔히 들을 수 있는 것은 무(無)가 가장 근본적이라는 것, 즉 보편적 원리는 없다는 것이다. 모든 것은 관계와 맥락 속에서 파악되어야 한다. 마찬가지로 William Reid는 우리는 이제 합리적이고 논리적인 방법을 넘어서서 전통적 모형, 체제, 그리고 분류학을 넘어설 필요가 있다고 주장한다. 개발 모형에 대한 헌신과 명시된 전제에서 벗어나 앞으로 더 나아가기 위해서 우리는 다소 몽상에 잠길 필요가 있다. Reid는 미학, 도덕성, 영성에 비추어서 교육과정을 다시 생각하기도 한다.[58] 이제 이러한 문제에 대한 탐색의 필요성을 '평준화된' 교사나 교장에게 확신시키도록 노력해 보자. 높은 명성을 가지고 있는 Dewey, Tyler, Bruner, Goodlad 등과 같은 우리의 선배들의 예를 보건대, 현재 대다수의 교육실천가들이 과연 이러한 폭넓은 교육과정의 개념을 활용할 수 있을지 의심스럽다.

Doll과 Reid는 교육과정 개발에 참여하는 교육과정 개발자는 지식의 영역과 생생한 경험을 이해하는 일에 함께 참여함으로써, 한 개인이 세계 내에서 홀로 존재하면서 동시에 다른 사람과 더불어서 존재하는 것이 무엇을 의미하는가를 깨달아야 한다고 주장한다. 그들은 교육과정 개발의 상황 속에서 상황에 입각한 활동을 함으로써 시대를 초월하여 모든 시대에 들어맞는 교육과정이 아니라 특정 시기, 특정 학생에게 맞는 교육과정을 만들 수 있도록 해야 한다. 시간이 흐르면 그러한 교육과정은 해체되거나 재건될 것이다. 이것은 좁은 기술적 관점에 입각한 교육과정과 정면으로 대조된다. 기술적 체제 속에서는 도전과 혼란이 방해물이며, 비능률적인 것이기 때문이다.[59]

교육과정 개발을 모형이나 비모형이라는 용어보다는 개방 체제나 폐쇄 체제라는 용어로 규정하는 것이 더 좋을 것이다. 개방 체제는 역동적이며 끊임없이 진화되는 체제다. 그것은 자체의 기능을 위하여 혼란과 정지 지점을 필요로 하며, 혼란은 개방 체제를 작동시킨다. 폐쇄 체제는 정적이고 기능 정지, 종말, 죽음을 향해 나아간다. 폐쇄 체제는 그것의 존재에 독이 되는 혼란을 용인하지 않는다. 교육과정 개발에 관여하는 모든 사람은 교육과정 개발을 개방 체제로 생각해야 한다. 개방 체제로서 교육과정 개발은 도달점이나 목적지가 아닌 열정을 가지고 떠나는 여행 혹은 여행의 과정이라고 할 수 있다.

2) 교육과정 설계

교육과정 설계는 교육과정을 개발할 때 그 방향과 지침을 제공해 주기 위해 교육과정을 개념화하고, 그 주요 구성 요소(교과 혹은 내용, 수업방법 및 자료, 학습자의 경험과 활동)를 배열하는 것을 말한다. 대부분의 교육과정 저술가는 교육과정을 위한 단일 혹은 '순수한' 설계를 가지고 있지 않다. 그들은 다양한 접근 방법의 영향을 받는 것과 마찬가지로 다양한 설계의 영향을 받으며, 다양한 설계의 도움을 받아 세부적인 문제를 해결한다. 오직 하나의 접근 방법, 주변 세계를 분석하는 한 가지 가치 체계나 도구에만 너무 많이 집착하지 않는다면 그들은 절충적인 설계를 이용하거나 몇 가지 자원에서 나온 아이디어를 섞어서 이용하게 될 것이다.

교육과정을 설계하는 방식은 부분적으로 설계자 자신의 교육과정에 대한 접근 방식과 교육과정의 정의 속에 근거를 두게 마련이다. 예컨대, 교육과정을 행동주의적 용어로 처방된 계획 또는 일련의 학습 성과로 생각하는 사람은 사람들을 관리하고 그 관리 절차를 조직하는 체제로 교육과정을 생각하는 사람과 다르게 교육과정을 설계하려고 할 것이다. 교수 및 학습과 관련하여 심리학적 관점을 강하게 견지하고 있는 사람은 학교와 관련하여 강한 사회적 혹은 정치적 관점을 견지하는 사람들과는 다른 교육과정 설계를 제시할 것이다. 교육과정 개발은 기술적이고 과학적인 반면, 교육과정 설계는 훨씬 다양한 형태로 나타날 수 있다. 왜냐하면 교육과정 설계는 교육에 관한 교육과정 학자의 가치와 신념, 학교교육의 최우선, 그리고 학생들이 학습하는 방법에 근거를 두기 때문이다. 무엇을 위한 학교인가, 무엇을 가르칠 것인가, 어떻게 가르칠 것인가, 어떤 학습이론을 강조해야 할 것인가 등의 질문은 상당한 논란을 일으키는 문제다. 이러한 질문에 대하여 어떤 태도를 취하는가에 따라 교육과정 설계 방식이 달라지는 것은 당연하다.

이러한 질문은 따로따로 존재하는 것이 아니다. 학교와 교육과정의 목적에 관한 교육과정 학자의 관점은 사회적 맥락에 대한 그의 감각에 영향을 받는다. 세계를 어떻게 인식하는가는 어떤 교육과정 설계를 선호하는가에 영향을 미친다. 학문적 지식을 가장 중요하게 생각한다면 교육과정은 학문적 지식을 강조하는 방향으로 설계될 것이다. 지혜로운 행위에서 무엇보다 개인의 성장을 중요하게 생각한다면 교육과정은 개인을 한 사람, 그리고 다양한 공동체의 한 일원으로 키우는 데 더 주안점을 두는 방향으로 설계될 것이다.

일반적으로 교육과정 설계는 교육과정 개발의 참여 이후에 교육과정이 실제로 어떤 모습을 띠게 될 것인가를 계획하는 데 도움을 주는 기본적인 참고의 틀 혹은 원형을 제시해 주어야 한다. 교육과정을 그림에 비유한다면, 설계는 그림의 구도를 어떻게 잡을 것인가와 관련된다. 그림이 미술가의 접근 방법의 영향을 받는 것과 마찬가지로, 교육과정 설계는 교육과정에 대한 설계자의 접근 방법의 영향을 받는다. 설계자가 어떤 설계 방식을 선택하는가는 설계자의 세계관, 교수관, 학습관, 수업관 등에 의하여 결정된다.

20세기에 가르치는 일에 종사하다가 나중에는 교육과정 전문가가 된 대부분의 사람은 내용 중심의 교육과정을 옹호하였다. 그들은 핵심적인 학문적 교과를 강조하는 교육과정 설계를 선호하였다. 학문적 지식을 중요시하는 이러한 경향은 학교가 학생들에게 학문적 지식을 가르치는 교육과정을 구비하고 있어야 한다고 생각하는 대중에게 좋은 것으로 비춰졌다. 이러한 경향은 앞으로도 크게 변화될 것 같지 않다. 그러나 교육계 안팎에 내용보다는 학생에 더 초점을 맞추는 교육과정 설계가 이루어져야 한다고 생각하는 사람들이 있다. 자유주의적이고 인본주의적인 진영에서 이루어지는 많은 교육과정 설계가 이러한 시도를 하고 있지만 많은 지지는 얻지 못하고 있다. 가까운 미래에도 학교는 대중소설 등에 관심을 가지는 급진적인 교육과정 설계에 그다지 호의적이지 않을 것 같다. 이것은 그다지 놀랄 만한 일이 아니다. 미국뿐만 아니라 모든 지역의 학교는 전통적으로 사회의 기준에 입각하여 학생들을 사회화시키고(학교의 보수적 기능) 인지적으로 성장시켜야 하는(학교의 인지적 기능), 책임을 지는 곳이기 때문이다.

3) 교육과정의 기타 영역

교육과정을 연구하는 사람들은 항상 교육과정의 기타 영역에 대하여 관심을 가져야 한다. 어떤 교육과정 지식이 필수적인가에 대해서는 학자에 따라, 저술가에 따라 다르다. 교육과정 개발이나 설계 이외의 다른 영역이 교육과정에서 차지하는 지위와 범위에 대해서도 의견의 일치보다는 불일치가 더 많기 때문이다. Rosales-Dordelly와 Short가 말한 바와 같이, '교육과정학적 지식은 교육과정 분야의 학자에 의하여 무정형적이고 산만하며, 비일관적이고 단편적인 것으로 기술되어 왔다. …… 교육과정 분야에 대한 개념화는 거의 진전되지 않았다.'[60)]

이러한 혼란의 이유 중 하나는 아마도 교육과정이 다양한 맥락에서 개인적인 성찰이나 다양한 견해(혹은 관점)를 포함하고 있을 뿐만 아니라 가치, 선택권, 선택 사항 등을 포함하고 있다는 데 있다. 교육과정은 그때 그때 필요에 따라 만들어지는 것이기 때문에 우리는 그것을 느긋하게 여유를 가지고 만들거나 실행하지 않는다. 우리는 개인적이고 전문적인 신념에 따라, 그리고 학생에 미치는 영향에 대한 각자의 이해에 따라 특정한 방식으로 교과를 가르치고 경험을 조직한다. 따라서 우리의 가치, 선택, 성찰 과정은 좋은 교육과정과 적절한 교육과정 영역이 경쟁하는 장을 만든다.

교육과정에 대하여 우리가 얻을 수 있는 최소한의 합의는 교육과정 텍스트는 교육과정의 개발과 설계에 대한 논의를 포함해야 한다는 것이다. 어떤 사람은 거기에 교육과정 기초, 교육과정 변화와 개혁, 교육과정 연구와 탐구, 교육과정 분야를 이해하는 데 필요한 비판적 방법 등을 포함시켜야 한다고 주장할 수도 있다. Behar의 연구는 교육과정 텍스트에 어떤 내용이 들어가야 하는지를 결정하는 데에 큰 도움이 된다. 왜냐하면 그녀가 제시한 영역은 지난 20년 동안 교육과정 분야에서 가장 영향력 있는 텍스트에 대한 분석에 근거를 두고 있기 때문이다.[61] 앞으로 우리가 교육과정 분야에 필수적인 지식이라고 합의할 수 있는 지식이 있다면, 그것은 교육과정에서의 이론적 · 실제적 결정을 용이하게 하는 데에 기여할 것이다.

5. 교육과정의 이론과 실제

연구 분야는 그것이 어떤 분야든 기본적으로 이론적 지식과 실제적 지식을 동시에 포함한다. 이론은 일반화할 수 있고 다양한 상황에 적용할 수 있는 것으로서, 이용 가능하면서도 타당한 최신의 지식을 의미한다. 이론은 종종 연구 분야의 구조를 세워 주고, 해당 연구 분야 내의 연구자와 실천가가 자료를 분석 · 종합하고 개념과 원리를 조직하며 새로운 아이디어와 관련을 밝히고, 더 나아가 미래에 대해 성찰하도록 도와준다. Beauchamp에 따르면, '이론은 일련의 사태에 기능적인 의미를 부여하고 정의, 조작적 구성 개념, 가정, 추정, 가설, 일반화, 법칙 혹은 정리의 형태를 잡아 주는' 지식 및 진술로 정의할 수 있다. 교육과정 이론의 경우 그것은 '교육과정의 이용, 교육과정의 개발, 교육과정 설계 및 교육과정 평가에 관한 결정'을 포함한다.[62] 교육과정 이론에 대한 이러한 정의는 교육과정 개발과 교과서와 관련된 지식의 영역을 강조하는 과학적 · 기술적 접근 방법에 의거한 것이다.

좋은 교육과정 이론 또는 교육과정과 관련된 좋은 교육 이론은 그 분야 속에 들어 있는 다양한 관계를 기술하고 설명하는 이론이다. 또한 좋은 이론은 그 안에 예언 가능성을 포함하고 높은 개연성과 통제력을 가능하게 하는 강력한 법칙을 가지고 있는 이론이다. 취해야 할 행동을 처방해 줄 수 있는 이론이 좋은 이론이다. 그러나 우리는 언제나 실제 혹은 교육에서 이론을 생산적으로 활용하는 것은 아니다.

교수-학습 과정을 가변적이고 복합적이며 예언할 수 없는 것으로 볼수록 일반화에 대한 합의가 어렵고 성과에 대한 높은 예언 가능성을 획득하기가 어렵다는 신념을 가지게 된다. 교육의 다른 측면과 마찬가지로 교육과정은 법칙이나 원리 혹은 일반화와 상반되는 판단, 직감, 통찰의 활용이 요구되기도 한다. 교육과정은 완벽한 규제와 예언, 간결한 계획, 한 가지 원리나 과정, 혹은 여러 원리나 과정의 이론적 혼합의 결과로 나타나지 않을 때가 많다. 오히려 그것은 연속적인 진화의 과정 속에서, 다른 것으로 이어지는 하나의 행위 혹은 선택으로서 나타나며, 다양한 흥미가 생성됨에 따라, 또 교육자들이 자신들의 사고를 반성하고 조용하게 스스로 분석함에 따라 진화한다.

그럼에도 모든 교육과정 텍스트는 각각의 접근 방법 속에 체계적인 이론을 통합시키고 가치 있는 실제를 확립하기 위한 노력을 해야 한다. 사실상 Taba에 따르면, '교육과정과 같이 복잡한 사업은 그것을 안내해 줄 사고의 이론적 · 개념적 틀이 필요하다.'[63]

1) 이론에서 실제로

좋은 이론을 테스트해 보는 방법은 그것이 실제를 이끌어 갈 수 있는가의 여부를 보는 것이다. 그 반대도 성립한다. 즉, 좋은 실제는 이론에 근거를 두고 있는 실제다. 실제는 사람들이 능동적으로 임하고 있는 직업 세계에 적용되는 절차, 방법, 기술 등을 의미한다. 이러한 절차와 방법은 가르칠 수 있는 것이며, 다양한 상황에 적용할 수 있는 것이다. 효과적으로 적용할 경우 그것은 성공적인 실천가를 만든다.

어떤 이론과 상관없이 교육과정을 구성하고 만드는 일을 하는 사람은 반드시 실제를 다루어야 한다. 이런 사람으로는 행정가, 장학사, 교사, 교육과정 개발자와 교육과정 평가자, 교과서 저술가 및 교과서 제작자, 교육과정위원회, 자격인증기관, 학교위원회, 그리고 지방, 지역, 주 및 연방 교육기관에 임명된 개인 등을 들 수 있다. 이러한 실천가에게 실용적이고 의미 있는 이론, 즉 교실이나 학교의 실제 세계를 설명할 수 있고 그것에 적용할 수 있는 이론을 제공해 주어야 한다(교육과정 도움말 1-3 참조).

Elizabeth Vallance에 의하면 '이론과 실제가 괴리된 대화가 많다는 우려가 있으며, 전문적인 교육과정 연구자들에 대한 염려의 목소리도 많이 있다.' 문제의 핵심은 '교육과정의 개발, 설계, 적용, 평가와 관련된 매우 실제적인 질문들에 대하여 실제적인 대답을' 제공해 주는 데에 있다. Vallance에 의하면 교육과정의 이론과 실제의 구분은 부차적인 것이다. 왜냐하면 교육과정의 양 측면은 모두 '동일한 교육과정 문제'[64]에 초점을 두고 있기 때문이다.

그러나 문제는 대부분의 교육과정 학자는 텍스트 저술자를 포함하여, 이론과 실제를 연결하는 데에 많은 어려움을 겪고 있다는 데 있다. 이것은 현재 대부분의 교육과정 서적들이 어떤 식으로든 이론과 실제를 반영하기 위해 책 제목으로 '이론'과 '실제'[65] 혹은 '원리'와 '과정'[66]을 강조하고 있음에도 불구하고 사실이다. 교육과정 학자가 이론과 실제를 연결하는 데 곤란을 겪는 이유는 아마도 그들이 이론적 논의에는 매우 적합하지만 실제적 문제에는 적합하지 않은 탐구 방법을 사용하고 있기 때문이다. 교육과정 교수들(혹은 일반적으로 교육과정 연구 집단)에게 좋

교육과정 도움말 1-3

이론을 실제로 번역하기

이론을 실제와 결합시키는 것은 오래된 이상이다. 교육과정에서 이 목적을 실현하기 위해서는 몇 가지 기본적인 단계를 알아볼 필요가 있다.

① **관련 문헌을 읽어라.** 이론과 실제를 관련시키는 시도는 어떤 것이든 전문적인 문헌에 관한 지식에 근거를 두어야 한다.

② **주요 용어를 확인하라.** 교육과정 이론가와 실천가는 주요 구성 개념, 질문들을 토의를 위해 밝혀내고 의견의 일치를 볼 필요가 있다.

③ **현존 이론의 건전성을 점검하라.** 현존 이론은 타당성, 증거, 정확성, 근원적인 가정, 주장의 논리성, 일관성, 일반화 가능성, 가치, 그리고 편견이라는 점에서 분석할 필요가 있다.

④ **일시적 유행은 피하라.** 새로운 이론이나 심지어는 개혁 혹은 혁신을 가장하는 새로운 '유행물' 과 '열띤 주제' 는 교육실천가에게 소개되어서는 안 된다. 새로운 프로그램 혹은 방법을 전문적 문헌 속에 도입해 넣거나 어떤 전문적인 회의에서 소개할 때, 그 프로그램이나 방법은 시류에 영합할 때가 아니며, 더욱이 '이론' 이라고 부를 수 없다. 오히려 뒤로 물러서서 평가나 불평을 표면에 부각시켜야 한다.

⑤ **이론과 실제를 제휴하게 하라.** 이론은 각급 교실과 각급 학교의 실제적인 세계와의 전후 관계에서 고려되어야 한다. 즉, 이론은 실제에 비추어 그럴듯하고 적용 가능하고 현실적이어야 한다.

⑥ **이론을 검증하라.** 만일 이론이 믿음직하고 의미가 있는 것이라면, 실제로 그것을 실천해 보고 그 결과를 측정하여 경험적으로 검증해 보아야 한다. 먼저, 소규모 실험학교와 통제학교를 비교하여 소개해야 한다.

⑦ **이론을 해석하라.** 결과는 현실적으로 일정한 기간이 지난 후 현실적인 조건에 비추어서 검증되고 해석되어야 한다. 이론은 최소한 1년 동안은 각급 학교에서 평가되어야 하고, '쇠퇴' 시킬 것인가를 결정하는 데는 이상적으로 3년 이상의 기간이 필요하다.

⑧ **이론을 수정하고 그것의 복잡성을 줄여라.** 이론은 언어 혹은 양적 자료의 지지를 받는 일반화가 가능한 구성 개념이다. 그럼에도 불구하고 이론에서 실제로, 추상적인 세계에서 구체적인 세계로, 복잡한 개념에서 문외한도 이해할 수 있는 용어로 수정되어야 한다. 이론을 실제로 이동시킬 때는 그것이 적용 가능한 것이 되도록 많은 사람(그리고 자료)을 포함시켜야 한다. 이론을 아이디어의 수준에서 실제 행위로 변화시키기 위해서 그것을 사람에게 맞추어야(사람을 이론에 맞추는 것이 아니라) 한다.

은 이론은 열정을 바칠 만한 가치가 있는 것으로 생각된다. 그러나 이론가는 좋은 실제를 '요리책' 혹은 '주의 사항' 과 같이 하찮고 별로 중요하지 않은 것으로 잘못 이해하는 경우가 많다.

Decker Walker에 의하면 어떤 분야에서든 이론의 장점은 해당 분야에서 중요한 문제와 기법을 명료화하고 개념화할 수 있는 틀을 제공하는 데 있다. 그러나 '실제적인 의사 결정의 근거로서 정확하고 완전한 교육과정 이론은 존재하지 않는다.' 교육과정 학자를 포함하여 모든 교육자는 '이론을 이데올로기' 로 받아들이는 경향이 있다. 그럼에도 그들이 말하는 대부분의 것은 의심의 대상이 되고 우리가 '실제의 다른 측면과 다른 가치'[67]에 접근하도록 만든다.

대부분의 교육과정 텍스트는 실제적이라기보다는 훨씬 더 이론적이다. 그러나 사실 일반적인 교육학적 텍스트가 다 그러하다. 교육과정 학자들 본인은 그렇지 않다고 강변하겠지만, 그들은 이론에서 실제로, 텍스트나 대학 강좌에서 교실과 학교(혹은 다른 교육기관)로의 도약이 힘들어 보인다. 교육과정(그리고 교육학의 다른 분야)의 좋은 이론도 그것을 대학에서 공부한 실천가(말하자면 교사들)들이 교육 현장에서 일어나는 일상적인 문제를 해결하는 데에 적용하려고 할 때 아무런 의미를 가지지 못하는 경우가 많다.

이론을 실제로 번역하는 문제는 실제적인 면이 이론적인 면보다 더 가치 있다고 생각하는 실천가에 의해서 훨씬 더 왜곡된다. 대부분의 교사와 교장은 이론을 비실용적인 것으로 생각하고, 이론보다는 '어떻게 할 것인가'를 직접 제시하는 것이 더 도움이 된다고 생각한다. 말하자면 대부분의 이론가는 실천가를 무시하고, 대부분의 실천가는 이론가를 무시한다. 더구나 대부분의 교육과정에 관한 이론적 논의는 학급에서의 실제적인 응용과 동떨어져 있으며, 교육과정에 관한 실제적인 논의는 이론적인 관련성을 고려하는 경우가 드물다.[68]

실제는 좋은 이론처럼 여러 가지 다양한 상황에 적용되는 선택 전략과 규칙을 포함하고 있지만 모든 상황이 다 동일한 것은 아니다. 이것은 실천가들이 텍스트에서 학습한 이론을 적용하려고 시도할 때 더욱 분명해진다. 적절한 상황에 딱 들어맞는 방법을 채택한다는 것은 쉬운 일이 아니며, 이론적인 논의에서 학습할 수 없는 많은 감각과 경험을 필요로 하는 일이다. 아무리 과학적인 이론을 생각해 낸다고 해도 교육과정의 실제 속에는 쉽게 예상할 수 없고, 거기에는 어느 한 상황에서 다른 상황으로 일반화될 수 없는 직관적 판단이나 육감과 같은 예술적인 측면이 포함된다. 그리고 이러한 측면이 이론을 혼란스럽게 만든다.

그렇다면 교육과정 실제는 무엇을 포함하고 있는가? 이에 대한 답은 논란의 대상이지만, 교육과정 실제는 학교(혹은 다른 교육기관) 안에서 작용하는 제한점을 이해하고 학교의 목적과 우선 고려 사항, 학생과 교원의 요구를 파악하는 것 등을 포함한다. 또한 교육과정 실제는 학급(혹은 다른 공식적인 학습 집단)과 학교(혹은 다른 공식적인 교육기관)에 적용되는 절차와 과정을 계획하고 연구하는 것도 포함한다. 성공적인 교육과정 실천가는 교육과정을 개발·적용·평가할 수 있는 사람이다. 즉, 교육과정 실천가는 ① 목적과 목표, ② 교과, ③ 방법, 자료, 매체, ④ 학습자에게 적합한 학습 경험과 활동을 선택하고 조직할 수 있으며, ⑤ 이러한 모든 과정을 평가할 수 있는 사람이다.

마지막으로 이론가와 실천가는 무엇이 중요한가에 관하여 각각 다른 계획과 이해를 가지고 있다는 것을 인식하는 것도 교육과정 전문가의 의무다. 실천가는 이론가나 연구자의 연구 결과를 단순히 이용하는 사람이 아니지만, 이론가는 실천가에게 아무런 가치를 가지지 않는 지식에 관심을 가지는 경우가 많다. '반성적 실천가' 라고 부르는 교육과정 전문가의 역할은 이론가와 실천가 사이에서 대화를 불러일으키고 협력 관계를 세움으로써 양측에 모두 이익을 주는 것이다.[69]

2) 교육과정 전문 자격증

교육과정에는 전공자격증제(특수전문자격증)가 없다는 것도 교육과정에 대한 정의와 개념화 문제, 전문대학과 대학 수준의 교육과정 강좌에 관한 의견 일치 문제를 더욱 어렵게 한다. 교육과정은 현명한 교육과정을 결정할 수 있는 사람을 필요로 하기 때문에, 이러한 자격증의 부재 현상은 심각하게 고려되어야 한다.

전문 자격증에 가장 근접한 것은 장학사나 교장이 주는 보증서나 면허증이다. 교육과정 제작은 아무에게나, 혹은 아무 집단에게나 맡길 수 없는 복잡한 과정이다. 그러므로 우리는 자료 제공자와 의사 결정자의 역할을 모두 수행할 수 있는 일반 전문가와 특수 전문가를 필요로 한다. 그리고 각자의 교육 상품을 학교에 적용하고자 하는 다양한 이익집단 사이에서 목적, 교과, 학습활동에 비추어 교육과정에 대한 균형 감각을 유지할 수 있는 사람이 필요하다. 교육과정 전문 인력을 위한 최소한의 자격 요건은 미국의 각 주 간의 학교 체제뿐만 아니라 동일한 주 내의 학교 체제에 따라 다르며, 교육과정 프로그램도 전문대학과 대학에 따라 다르다. 교육과정 전문 인력의 자격 요건에 대한 합의된 규정이 없기 때문에, 각 교육대학은 자체적으로 자격 요건을 규정하고 그것을 충족시키기 위한 교육과정을 결정한다. 그 결과 선택할 수 있는 교육과정 프로그램은 늘어났지만 일반적으로 합의된 전문적 과정은 부족한 실정이다. 교육과정 강좌 이름은 비슷하지만 그 안의 내용과 수업의 수준은 천차만별이다.

어느 한 분야를 학생들에게 가르치기 위하여 필요한 교육과정의 내용과 경험에 대하여 이와 같이 커다란 혼란이 있다는 것은 아이러니컬한 일이다. 대학 수준에 좋은 교육과정 프로그램이 많다고 하더라도 그 교육과정 프로그램을 마친 교육과정 학자들이 교육과정의 개발, 적용, 평가의 방법을 알고 이론을 실제로 번역할 수 있다는 보장이 없다. 개발, 적용, 평가의 강좌를 선택하지 않는 학생들(특히, 행정전공의 학생들)도 있고, 그러한 몇 가지 강좌를 선택하는 학생들도 있다. 학교 혹은 학교위원회 임원이 교육과정 인력과 전문가를 선발하는 데 도움이 되는 어떤 테스트도, 적격 심사 장치도 존재하지 않는다. 이것은 교육과정 특수 전문가 혹은 일반 전문가는 누구며, 그들의 자격, 역할, 책임은 무엇인지를 정의하는 일을 더욱 어렵게 만든다. 장학사는 교육과정의 일반 전문가인가, 특수 전문가인가? 교육과정과 수업의 지도자인 교장은 어떠한가? 자원교사, 자문가, 혹은 감독자도 교육과정 전문가인가? 학교 교사는 어떠한가?

교수(教授), 상담, 교육심리학, 장학, 행정 등과 같은 기타 분야에서는 전문 자격증이 존재한다. 이러한 분야와 관련해서는 해당 분야와 관련된 직업이 어떤 직업이고, 그러한 자격을 갖추기 위해서는 어떤 교육과정을 거쳐야 하는가가 명확히 제시된다. 교육과정 분야의 경우, 학생들이 교육과정을 전공하기는 하지만 이것은 다소 위험한 일이다. 왜냐하면 교육과정과 관련된 직업이 무엇인지 정확히 정의되어 있지 않고 직업을 보호할 수 있는 자격 인정 요건이나 면허증 같은 것이 없기 때문이다. 교육과정과 관련된 직무는 학교, 대학, 지방이나 중앙 교육기관 등에 엄연히 존재하지만, 그러한 일은 교육과정 전공자 이외의 다른 사람이 자격증 없이도 할 수 있는 것이다.

실제로 학교에서 근무하고 있는 교육과정 전문가 중에는 다른 분야의 자격증 소지자가 많다. 이것은 그들의 직무 성실성은 교육과정과 관련된 것이 아니며, 그들의 교육 준비도와 전문적인 독서력도 교육과정 이외의 다른 분야와 관련된 경우가 많다는 것을 의미한다. 초등교육, 독서, 상담, 교육행정 등의 담당 교수와 달리, 교육과정 담당 교수는 대부분 교육과정 분야뿐만 아니라 다른 분야의 교육을 받은 사람들이다. 왜냐하면 교육과정 분야와 관련된 국가 수준의 기준도 없고 자격인증고사도 없기 때문이다. 이와 같이 교육과정 분야는 그것이 무엇을 포함하는가, 어떤 지식이 실질적으로 인정되는 교육과정 지식인가, 교육과정 분야에 포함되는 필수적인 내용과 경험은 무엇인가 등의 질문에 대하여 다양한 해석을 열어 놓고 있다. 이것은 교육과정 전문가 스스로가 자초한 일이다. 교육과정 분야에서 사용되는 용어도 계획과 개발, 개발과 설계, 경험과 활동, 적용과 수업, 변화와 개혁, 교육과정 연구자와 교육과정 전문가 등 상호 교환적으로 사용되는 용어가 많다.

자격인증제도가 없기 때문에 학교에서 교육과정 학자의 역할은 축소되고, 대학에서 교육과정 학자의 영향력도 약해진다. 그렇기 때문에 지방 정책 입안자와 입법자들이 학교 교육과정을 개발하고 설계하며 기준을 세우고 목적, 내용, 교과의 관점에서 프로그램을 인정하는 일이 생기기도 한다. 이러한 경향은 미국의 캘리포니아, 플로리다, 일리노이, 뉴욕, 텍사스 등의 큰 주에서 더욱 두드러진다. 이러한 주에서는 교육과정 기준과 프로그램이 권력 집단에 의해 자주 변화되기도 한다. 교육과정 분야에 대한 자격인증제도가 없기 때문에 교육과정 지도자의 책임은 모호하고 장황하며, 학교와 대학 수준에서도 강력하고 조직적인 지지층이 부족하게 되는 실정이다.

이러한 경향 때문에 교육과정을 개발하는 중앙 학구와 주 교육국의 교육과정 실천가들뿐만 아니라 교육과정 중심 기관(예컨대, 미국의 교육학회인 AERA의 B분과인 ASCD, Association for Supervision and Curriculum Development), 선도적인 교육과정 정기간행물(Journal of Curriculum Studies, Journal of Curriculum and Supervision), 그리고 선도적인 교육과정 전공교수(100명의 교육과정 전공교수)는 국가 또는 주 수준에 압력을 가하여 교육과정 정책과 자격인증제도를 수립하도록 노력하고 있다. 이는 교육과정 분야에서 직업적 기준을 강화하고 그것에 대한 합의를 이끌어 내고자 하는 개혁적 시도라고 할 수 있다.

6. 교육과정 연구자의 역할

교육과정 연구자의 역할과 책임에 관한 글은 많이 있다. 그러나 다음과 같은 몇 가지 이유에서 이 문제에도 혼란이 존재한다.

첫째, 교육과정 연구자라는 용어는 교육과정 감독관, 교육과정 지도자, 교육과정 조정자, 교육과정 전문가라는 용어와 상호 교환적으로 사용된다. 교육과정 연구자는 가장 일반적인 용어로서 교사부터 교육감에 이르기까지 다양한 교육자가 포함된다. 어떤 형태로든 교육과정 개발, 적용, 평가에 관여하는 사람은 교육과정 연구자다. 교육과정 감독관은 대체로 책임자, 교감, 혹은 교장으로서 학교 수준에서 일을 한다. 교육과정 지도자는 감독관 혹은 행정가가 될 수 있는데, 이들은 책임자 혹은 교장뿐만 아니라 교육과정 감독관 혹은 부감독관이 될 수 있다. 교육과정 조정자는 일반적으로 학군, 지역, 혹은 주 수준에서 프로그램을 이끌어 가는데, 이 프로그램은 특별한 정부 자금 지원 프로그램이거나 수학 혹은 영어를 포함하는 전통적인 교과 영역 프로그램이기도 하다. 교육과정 전문가는 학교 지역구 수준, 지역 혹은 주 교육국, 혹은 대학에서 보낸 전문적 조언자다. 이러한 사람은 때로는 학급에서, 일반적으로는 회합, 회의, 직원회의에서 조언이나 현직의 도움을 제공한다. 앞에서 말한 모든 사람의 책임과 기능뿐만 아니라 대부분 용어의 의미는 학군(혹은 주 교육기관)의 철학과 조직, 그리고 개인적 선호와 행정의 관점에 따라 달라진다.

둘째, 교육과정 개발 혹은 설계가 미국의 경우 지방이나 주 수준에서 이루어지는 것인지, 아니면 국가 수준에서 이루어지는 것인지에 관해서도 혼란이 있다. 과거에는 교육과정 개발이 학교 혹은 학교 지역구 수준에서 이루어졌으나, 1980년대 중반부터는 학교개혁운동이 교육과정 책임의 일부를 주 수준으로 이동시켰고, 더불어 국가 수준으로 이동시켜야 한다는 심각한 목소리도 나오고 있다. 1990년대의 주 및 국가 표준운동은 이러한 경향을 촉진시켰다(미국 이외의 대부분의 다른 나라에서는 중요한 교육과정 책임을 국가 수준의 교육부가 가지고 있다는 사실을 생각해 보라).

과거에는 교육과정 역할이 지역 수준에서 정의되었고, 교육과정 지도자를 계발시키는 의사결정도 교장 수준에서 이루어졌다. 대다수의 학교 지역구는 학교 인력(교사와 장학사)에 의존하여 교육과정을 개발하였으며, 방학 중이 아니라면 보수도 지급하지 않았다. 또한 학교 수준에서는 교육과정위원회에 학부모도 많이 참가하였다. 참가 인원 수도 제한되어 있어서 중앙기관에서 교육과정 전문가가 파견될 가능성이 거의 없었다. 설사 교육과정 전문가가 참여한다고 하더라도 오직 한 사람(두 사람까지 가능)뿐이었으며, 이러한 교육과정 전문가는 다른 책임 때문에 근무시간이 제한되었다. 큰 학교 지역구의 경우만 충분한 인원의 교육과정 전문가로 구성된 교육과정 부서를 갖추고 있었다. 이러한 학교 지역구의 교육과정 개발은 중앙 수준에서 이루어졌으며, 교사의 역할은 학교 지역구 교육청에 의하여 미리 결정되고 조직된 교육 자료를 전달하는 일에만 국한되어 있었다. 따라서 교사는 자신의 전문성을 발휘할 기회가 적다고 불평하기 일쑤였다.

1) 교육과정 연구자의 책임

교육과정 연구자의 책임은 무엇인가? 학교 내에서 교육과정 연구자의 책임은 중요하지만 그것이 정확히 무엇이며, 왜 중요한지는 불분명하다. 왜냐하면 교육과정 연구자 이외의 다른 사람들(교사, 장학사, 교장, 학구의 인력, 그 밖의 사람들)도 교육과정 연구자의 역할을 할 수 있다고 생각되기 때문이다. 그러나 이러한 각기 다른 지위의 사람은 각기 다른 전문적 책임, 요구, 기대를 가지고 있다. 각 역할에 대한 적응은 각 지위의 소지자에 의하여 이루어져야 한다. 예컨대, 일반적으로 교사의 중요한 역할은 어떤 다른 일 중에서도 수업에 있으며, 교장은 학교를 관리하고 교사들에게 도움을 주는 역할을 할 것으로 기대된다.

교육과정 연구자는 다른 많은 명칭을 가지고 있다. 그럼에도 불구하고 교사는 교육과정 팀의 한 일원으로서 장학사, 행정가와 함께 일을 할 수 있다. 교육과정 연구자의 능력을 갖추고 있는 교사를 조기에 발견하는 것은 교사 개인의 성장과 학교(그리고 학군)의 활력을 위해서 필수적인 일이다. 교육과정 연구자의 책임을 분명히 해야 할 필요가 있는 경우에는 다음과 같은 점을 고려해야 한다.

① 교육과정 연구자는 학교(학교 지역구 혹은 주 교육기관)에서 교육과정 계획을 실행할 수 있는 기술적인 방법과 도구를 개발해야 한다.

② 교육과정 연구자는 이론과 실제를 결합시켜야 한다. 교육과정 지식을 획득하여 교실과 학교라는 실제 세계에 적용해야 한다.

③ 교육과정 연구자는 교육과정 각 요소의 관련 문제를 포함하여 교육과정 개발과 설계에 어떤 것이 포함되어야 하는가에 관하여 합의해야 한다.

④ 교육과정 연구자는 교육과정, 수업, 장학 등 각 영역 간의 언어를 분명히 하고, 각 영역은 서로 어떻게 도움을 줄 수 있는지 등 세 분야 사이의 관계에 관하여 합의해야 한다.

⑤ 교육과정 연구자는 학교를 사회와의 관련 속에서 파악하는 개혁가로서 행위하여야 한다. 지역사회의 요구와 관점을 주 및 국가 수준의 목표 및 관심사와 균형을 이루도록 해야 한다.

⑥ 교육과정 연구자는 조직 내에서 방향과 초점을 제공할 수 있는 임무와 목표 의식을 창출해야 한다.

⑦ 교육과정 연구자는 새로운 교육과정 추세와 사상에 개방되어 있어야 한다. 다양한 제안을 검토하고 수정된 내용을 제시하면서도 일시적 유행이나 겉치레 혹은 특정 권력 집단의 희생물이 되어서는 안 된다.

⑧ 교육과정 연구자는 다양한 학부모 집단, 지역사회 집단, 그리고 전문가 집단과 상의하면서 인간관계의 기술을 가지고 다양한 집

단과 개인이 함께 일할 수 있어야 한다.

⑨ 교육과정 연구자는 동료나 다른 분야의 전문가가 각자의 문제를 잘 해결할 수 있도록 격려해 주어야 한다. 새로운 프로그램과 아이디어를 창안하고 숙지하며 이용할 수 있어야 한다.

⑩ 교육과정 연구자는 교육과정 개발, 적용, 평가에 필요한 프로그램을 개발하여야 한다.

⑪ 교육과정 연구자는 총체적인 교육과정 속에서 각 교과 영역과 학년 수준에 대한 균형을 유지하고 통합할 수 있어야 한다. 교과와 학년 수준에 따른 범위와 계열에 치밀한 주의를 기울여야 한다.

⑫ 교육과정 연구자는 수업 및 학습을 위하여 해당 학생에게 적절한 새로운 프로그램뿐만 아니라 수업 및 학습과 관련하여 최근에 이루어진 연구를 이해하고 있어야 한다.

2) 교사와 교육과정

Doll은 교육과정 전문가를 교장으로 간주하고 있는데도 교육과정을 개발하고 적용하는 데 있어 교사의 역할에 대해서는 세 가지 수준—학급, 학교, 학교 지역구—에서 관심을 가지고 있었다. 그의 견해에 의하면, 교사는 '구체적 목표, 자료, 내용, 방법' 의 계획을 포함하여 교육과정 구성의 '모든 단계' 에 관여해야 한다. 교사는 자신의 일을 통일하기 위한 교육과정 '조정 기구' 를 가지고 교육과정에 개입되어 있는 '장학사들 및 교사들과의 관계' [70]를 발전시켜야 한다.

Oliva는 교사의 역할에 관한 포괄적인 견해를 채택하고 있다. 그에게 있어 교사는 '교육과정 개발에서 일차적인 집단' 이다. 교사는 '교육과정위원회와 심의위원회의 과반수 혹은 전체' 를 이룬다. 교사의 역할은 교육과정을 개발하고 적용하며 평가하는 것이다. 그의 말에 의하면 교사는 위원회 안에서 일하면서 '제안을 발의하고 검토하며, 자료를 모으고, 연구를 수행하며, 학부모와 기타 외부 인사와 접촉하고, 교육과정 자료를 쓰거나 창작하며, 학습자들에게서 피드백을 받고, 프로그램을 평가한다.' [71]

Doll과 Oliva의 견해는 교육과정에 대한 '아래에서 위로의' 접근 방법을 시사하고 있다. 그것에 의하면 교사는 중요한 역할을 수행한다. 이러한 견해는 교육과정 개발에 관한 Taba의 고전적인 텍스트에 의하여 대중화되었다.[72] 그러나 실제로는 Harold Rugg에 의해 최초로 소개되고 정교화되었다. 그에 의하면 교사는 '교과과정을 준비하고, 자료를 모으고, 전체 교육과정의 개요를 만들기 위해서' 모든 학급의 잡무에서 해방되어야 한다. 그 이후 Caswell과 Campbell은 교사는 여름방학에는 학교, 학군, 주 수준에서, 때로는 학기 중 특별 임무로서 교육과정위원회에 참가해야 한다고 주장하였다.[73]

Beane은 교사에 대해 보다 중간적인 입장을 취한다. 교사가 교육과정 지도자의 역할을 할 수도 있지만, '행정 및 장학담당 인사가 주로 교육과정 개발 및 적용에서 지도력과 도움을 제공해야 할 책임을 져야 한다.' '예산 조성, 인가서 작성, 학교위원회와의 상호 작용' 같은 교육과정 연구의 다른 측면은 '교육과정 계획을 촉진시킬 수 있도록' 장학사와 행정가에 의해 실행되어야 한다. 그럼에도 교육과정 계획에 능통한 지원 인력을 확보할 궁극적 책임은 각 학교 지역구에 있으며, 이러한 인력에는 '교사, 학교, 일반 공무원, 시민 등' 이 포함될 수 있다.[74)]

이러한 입장과는 반대로 Glatthorn은 교육과정 개발 과정에 교사가 개입할 가능성을 완전히 배제하고 있다. 그는 학교 지역구 수준의 '조정자', 학교 수준의 교장, 교감의 역할에 대하여 논하고 있을 뿐이다. 오직 초등학교 수준에서만 교과 혹은 학년 수준에서 구성된 집단의 한 회원으로서 '교사 전문가' [75)]의 역할을 인정하고 있으나 이 역시 주로 '읽기와 수학' 에 한정되어 있다.

사회 조직과 개방 체제에 관한 기존의 이론과 효율적인 학교에 관한 최신의 이론에 근거하여 볼 때, 교육과정 구성과 관련된 교사의 역할에 관한 다음과 같은 해석이 주류적이라고 볼 수 있다. 교사는 모든 수준—학교, 학교 지역구, 주 수준—에서 장학사, 행정가(그리고 다른 동료들)와 함께 일하는 전문가 집단의 일원으로 생각된다. 중 · 소 규모 학군에서도 교사는 학부모와 함께 일한다. 중 · 소 규모 학군의 교육과정위원회는 교육과정에 대하여 문외한인 사람들이 대부분이다.

우리의 관점에서 볼 때 교사는 교육과정을 전체로 보고, 다양한 지점에서 자료 제공자와 대리인의 역할을 수행해야 한다. 즉, 위원회 안에서 교육과정을 개발하고, 그 교육과정을 교실에 적용하며, 전문가 집단의 일원으로서 교육과정을 평가한다. 교사는 과목과 학년별로 교육과정의 계속성, 통합성, 통일성을 확보하고 유지하기 위하여 교육과정에 능동적으로 관여해야 한다. 교수 및 학습, 학생의 요구와 관심, 그리고 현실적인 내용, 방법 및 자료에 대해 광범하고도 깊은 이해력을 가진 교사가 경험 있는 교사다. 이론 혹은 판단의 영역 밖에서 교육과정을 구성하고, 그 교육과정을 실제적으로 유용한 것으로 번역할 수 있는 최적의 기회를 가진 사람도 바로 교사(장학사나 행정가가 아닌)다. 장학사나 행정가는 이러한 교사의 임무가 제대로 이루어질 수 있도록 교사를 지원하고 조정하고 의사소통하는 촉진자의 역할을 수행한다. 거듭 강조할 것은 교육과정을 개발하고 적용하며 평가하는 데 중요한 역할을 수행하는 사람은 바로 교사라는 사실이다.

3) 교육과정 및 수업과 관련된 교장의 역할

교육과정 문헌을 보면 교장이 교육과정과 수업의 지도자라는 데는 별다른 이의가 없지만, 구체적으로 그것이 어떤 역할과 행동을 의미하는지, 교육과정 및 수업과 관련된 지도적 역할에 교장은 어느 정도의 시간을 할애해야 하는지에 대해서는 상당한 정도의 의견 불일치가 존재한다. 교장을 상대로 실시한 조사에 의하면, 그들은 교육과정 및 수업을 최우선 순위의 활동 영역으로 간주하고 있으며, 교육과정 개발과 수업 개발의 두 가지 전문적 영역과 관련된 일에 많은 시간을 투자할 필요를 인식하고 있다.[76)]

그럼에도 Glatthorn의 지적에 의하면, 역사적으로 학교 지도력(혹은 교장의 역할)을 검토해 온 '대부분의 전문가들은 수업 지도자로서 교장의 역할에만 초점을 맞추어 왔고 부당하게도 교육과정 지도자의 역할은 무시해 왔다.'[77] 국가 및 주 표준을 충족시킬 수 있도록 교육과정의 질을 높일 필요성을 인정한다면 교장의 관심과 주의는 교육과정에 점점 더 많이 맞춰져야 한다. 특히, 교장은 교육과정을 주의 학업 성취 표준과 고위험도 테스트에 맞추고 있는데, 이것은 학교의 명성과 관련되는 일이며, 때에 따라서는 교장의 자리(교사의 자리뿐만 아니라)까지 위협하는 일이 될 수 있기 때문에 매우 당연한 일이다.

그러나 이러한 원론적 진술과 실제 사태 사이에는 상당한 불일치가 존재한다. 자료에 따르면 교사들은 교육과정과 수업 지도력을 교장의 중요한 책임으로 보지 않고, 이러한 지도력을 가지고 있는 교장은 없다고 보며, 실제 그러한 지도력을 가진 교장이 있다고 하더라도 그러한 교장을 받아들이는 것을 싫어한다.[78] 교사와 교장은 그러한 지도력을 갖출 수 없다고 믿으며, 교육과정과 수업 영역에서 교장의 도움을 받는 것을 바라지도 않는다. 교사는 교육과정이나 수업과 관련하여 동료 교사 간에 조언을 받거나 동등한 자격으로 개발에 참여하는 것이 더 적절하다고 생각한다.[79]

역사적으로 볼 때에도 교장은 교육과정과 수업의 활동(두 가지가 결합된)을 조정하는 데 시간을 거의 소비하지 않으며(약 15~20%),[80] 교실의 교사를 관찰하는 데는 더 적은 시간을 소비한다 (3~10%).[81] 오히려 그들은 학교 관리와 학교의 일상을 운영하는 일, 특히 메모, 회의(예정된 것과 예정되지 않은 것) 참석, 전화받는 일에 거의 대부분의 시간을 허비한다고 불평한다.

이 점과 관련하여 20년 동안 교장에 관한 글을 써 온 Drake와 Roe(이들의 책은 현재 제6판까지 나와 있다)는 교육과정 및 수업과 관련된 지도력에 할애되는 이상적 시간과 실제 시간 사이에는 심각한 불일치가 있음을 지적하고 있다. 교장은 열네 개의 공통된 역할 중에서 교육과정 개발이 두 번째로 중요하다고 지목하였다. 그러나 실제는 교육과정 문제에 할애된 시간은 전체 시간의 평균 7.9%였다. 어떤 두 명의 행정가는 교장이 1년의 학사 과정을 효율적으로 시작하기 위하여 교육과정과 수업과 관련된 것을 제외하고도 반드시 수행해야 할 일들을 74개 항목으로 정리하여 제시하였다.[82] 이것을 보면 일상적인 장학 및 행정적인 과업이 교장들에게 얼마나 과도한 부담이 되는가를 정확히 알 수 있다. 그리하여 교장들은 교육과정, 수업, 프로그램 개발에 관한 많은 역할[83]—어떤 교육자도 학교 지도력, 학교발전, 학교개혁 등에 관한 논의 속에 포함시키지 않는 역할—을 교감이나 교무주임에게 전가하고 있다. 일단 학교교육의 목적이 검토되고 나면 대부분의 중등학교 교장은 교육과정의 개발, 적용, 평가와 관련된 업무를 다른 사람(교사나 장학사)에게 의뢰한다. 각도를 달리해 보면 교장은 학생, 교사, 학부모와 관련된 많은 문제와 쟁점을 다루어야 한다고 볼 수 있다. 교장은 이러한 문제나 쟁점을 피할 수 없으며, 그렇게 하면 교장으로서 살아남을 수 없다는 것이다. 이러한 경우 교육과정 문제는 뒷전으로 떠밀린다.

미국의 주요 교장협의회가 압도적으로 교장을 교육과정-수업 지도자로 간주하고, 이러한 생각이 계속적으로 (교장이 주로 읽는) 정기간행물에 소개되고 있지만, 실제적으로 교육과정과 수업이라는 이 두 영역의 지도력이 교장의 역할로 부각되기는 어렵다. 이 문제는 실제로 교육과정 분야에 중요한 공헌을 하고 있는 사람들은 교육과정 실천가가 아니라 교육과정 이론가라는 사실 때문에 더욱 복잡해진다. 교육과정 이론가는 과거로 돌아가 새로운 개념을 가져와 기존의 접근 방법에 적용한다. 그럼에도 불구하고 어떤 조건하에서 어떤 유형의 교육과정이 유용하고, 그것이 얼마나 성공적인가를 알고 있는 사람은 교육 실천가(교사, 장학사, 교장 등)다. 교장은 일단 그 자리에 앉으면 그 학교에서 '무엇이 중요한지'를 알 수 있는 지식과 경험을 가지고 있다. 교육과정 이론가는 교육과정의 다양한 수준—국가, 주, 학교 지역구, 학교, 교실—에서 일반적인 이론과 원리에 많은 관심을 가지고 있는 반면, 교장은 학교 지역구 수준에서 앞의 마지막 두 가지 수준, 즉 학교와 교실에 구체적인 관심을 가진다. 그들이 교육과정 문제에 주목하는 경우는 오로지 교육과정이 학교의 학습 수준을 올리거나, 아니면 그것이 평가나 자신의 수행력 및 책무성과 관련되는 경우다. 다시 말하여, 교장은 책임져야 할 다양한 과업과 쟁점을 가지고 있으며, 교육과정은 그러한 많은 과업 중의 하나일 뿐이라는 것이다.

7. 결 론

지금까지 우리는 여러 측면에서 교육과정을 논의하였다. 교육과정의 기초와 교육과정의 영역을 보여 주기 위하여, 그리고 이론과 실제가 교육과정과 어떤 관계가 있는가를 예시하기 위하여, 마지막으로 교육과정 연구자의 역할과 책임이 무엇인가를 말하기 위하여 교육과정을 정의해 보고자 노력하였다. 사실상 우리는 독자들이 교육과정의 접근 방법과 정의, 기초와 영역, 이론과 실제, 교육과정과 수업에 관심을 가지도록 하였다. 그러나 어느 누구도 교육과정의 전 분야를 완전히 정리할 수는 없을 것이다. 결국 우리 각자는 특정 접근 방법과 정의, 특정 철학 및 심리학, 특정 개발 및 설계 모형, 이론과 실제의 관계에 대한 특정 입장, 그리고 각자에게 맞는 교육과정과 수업 체제를 선택하게 될 것이다. 이 장은 그러한 선택의 가능성을 몇 가지 제시하였을 뿐이며, 이후의 장에서도 그러한 일은 계속될 것이다.

미 주

1) James A. Beane, *Curriculum Integration: Designing the Core of Democratic Education* (New York: Teachers College Press, 1997); Allan C. Ornstein, *Teaching and Schooling in America: Pre- and Post-September 11* (Boston Allyn and Bacon 2003).
2) Franklin Bobbitt, *The Curriculum* (Boston: Houghton Mifflin, 1918); W. W. Charters, *Curriculum Construction* (New York: Macmillan, 1923); Ralph W. Tyler, *Basic Principles of Curriculum and Instruction* (Chicago: University of Chicago Press, 1949); and Hilda Taba, *Curriculum Development: Theory and Practice* (New York: Harcourt Brace Jovanovich, 1962).
3) William Pinar, "Notes on the Curriculum Field," Educational Researcher (September 1978), pp. 5-12; William H. Schubert, *Curriculum Books: The First Eighty Years* (Lanham, Md.: University Press of America, 1980); and James T. Sears, and J. Dan Marshall, eds., *Teaching and Thinking about Curriculum* (New York: Teachers College Press, Columbia University, 1990).
4) Raymond Callahan, *Education and the Cult of Efficiency* (Chicago: University of Chicago Press, 1962).
5) Bobbitt, *The Curriculum*, p. 283.
6) Franklin Bobbitt, *How to Make a Curriculum* (Boston: Houghton Mifflin, 1924), pp. 14, 28.
7) Tyler, *Basic Principles of Curriculum and Instruction*, p. 4.
8) Linda Darling-Hammond and Jon Snyder, "Curriculum Studies and the Traditions of Inquiry: The Scientific Tradition," in Philip W. Jackson ed., *Handbook of Research on Curriculum* (New York: Macmillan Publishing Co., 1992), pp. 41-78; Reba N. Page, "Moral Aspects of Curriculum," *Journal of Curriculum Studies* (Fall 1998), pp. 1-26; Josh Radinsky et al., "Mutual Benefit Partnership: A Curriculum Design for Authenticity," *Journal of Curriculum Studies* (July-August 2001), pp. 405-430.
9) Allan C. Ornstein, "The Field of Curriculum: What Approach?" *High School Journal* (April-May 1987), pp. 208-216; Edward Pajak, "Clinical Supervision and Psychological Functions," *Journal of Curriculum and Supervision* (Spring 2002), pp. 189-205.
10) See Matthew B. Miles and Karen Seashore Louis, "Mustering the Will and Skill for Change," *Educational Leadership* (May 1990), pp. 57-61; Allan C. Ornstein and Daniel U. Levine, "School Effectiveness and Reform: Guidelines for Action," *Clearing House* (November-December 1990), pp. 115-118.
11) Allan C. Ornstein, "Analyzing Curriculum," *NASSP Bulletin* (1993).
12) Leslee J. Bishop, *Staff Development and Instructional Improvement* (Boston: Allyn and Bacon, 1976); Gerald R. Firth and Richard Kimpston, *The Curriculum Continuum in Perspective* (Itasca, Ill.: Peacock, 1973); Robert S. Gilchrist, *Using Current Curriculum Developments* (Alexandria, Va.: Association for Supervision and Curriculum Development, 1963); Arthur J. Lewis, and Alice Miel, *Supervision for Improved Instruction* (Belmont, Calif.: Wadsworth, 1972); John McNeil and William H. Lucio, *Supervision: A Synthesis of Thought and Action*. 2nd ed. (New York: McGraw-Hill, 1969); J. Lloyd Trump, and Dorsey Baynham, *Focus on Change* (Chicago: Rand McNally, 1961); and Glenys G. Unruh and William A. Alexander, *Innovations in Secondary Education*, 2nd ed. (New York: Holt, Rinehart and Winston, 1971).
13) Walter Dick, Lou Carey, and James Carey, *The Systematic Design of Instruction,* 5th ed. (Boston: Allyn and Bacon, 2001); Bruce Joyce, Marsha Weil, and Beverly Showers, *Models of Teaching*, 6th ed. (Boston: Allyn and Bacon, 2000).
14) Fred Lunenburg and Allan C. Ornstein, *Educational Administration: Concepts and Practices,* 4th ed. (Belmont, Calif.: Wadsworth, 2004), p. 323.
15) Leo H. Bradley, *Total Quality Management for Schools* (Lancaster, Pa.: Technomic, 1993); William G. Ouchi, *Theory Z: How American Business Can Meet the Japanese Challenge* (New York: Avon Books, 1993).
16) George A. Beauchamp, *Curriculum Theory*, 4th ed. (Itasca, Ill.: Peacock, 1981).
17) Allan C. Ornstein, "Curriculum, Instruction, and Supervision-Their Relationship and the Role of the Principal," *NASSP Bulletin* (April 1986), pp. 74-81.

18) John Dewey, *Democracy and Education* (New York: Macmillan, 1916); Henry C. Morrison, *The Practice of Teaching in the Secondary School* (Chicago: University of Chicago Press, 1926); and Boyd H. Bode, *Modern Educational Theories* (New York: Macmillan, 1927).

19) William H. Schubert, *Curriculum: Perspective, Paradigm and Possibility* (New York: Macmillan, 1986); Daniel Tanner and Laurel N. Tanner, *Curriculum Development: Theory into Practice,* 2nd ed. (New York: Macmillan, 1980); and Robert S. Zais, *Curriculum: Principles and Foundations* (New York: Harper and Row, 1976).

20) William H. Schubert et al., "A Genealogy of Curriculum Researchers," *Journal of Curriculum Theorizing* (Vol. 8 1988), pp. 137-183; James T. Sears and J. Dan Marshall, "Generational Influences on Contemporary Curriculum Thought," *Journal of Curriculum Studies* (March-April 2000), pp. 199-214.

21) William F. Pinar, William M. Reynolds, Patrick Slattery, and Peter M. Taubman, *Understanding Curriculum* (New York: Peter Lang, 1995); Pinar, *Contemporary Curriculum Discourses* (New York: Peter Lang, 1999).

22) Maxine Greene, "Imagining Futures: The Public School and Possibility," *Journal of Curriculum Studies* (March-April 2000), pp. 267-280; William A. Reid, "Rethinking Schwab: Curriculum Theorizing as Visionary Activity," *Journal of Curriculum and Supervision* (Fall 2001), pp. 29-41; and Pinar, *Contemporary Curriculum Discourses.*

23) John Dewey, *The Child and the Curriculum* (Chicago: University of Chicago Press, 1902); Charles Judd, *The Evolution of a Democratic School System* (Boston: Houghton Mifflin, 1918); and Francis W. Parker, *Talks on Pedagogics* (New York: Kellogg, 1894).

24) Frederick G. Bosner, *The Elementary School Curriculum* (New York: Macmillan, 1920); Hollis L. Caswell, *Program Making in Small Elementary Schools* (Nashville, Tenn.: George Peabody College for Teachers, 1932); L. Thomas Hopkins and James E. Mendenhall, *Achievement at the Lincoln School* (New York: Teachers College Press, Columbia University, 1934); William H. Kilpatrick, *Foundations of Method* (New York: Macmillan, 1925); and Harold Rugg and Ann Shumaker, *The Child-Centered School* (New York: World Books, 1928).

25) Allan C. Ornstein and Daniel U. Levine, "Urban School Effectiveness and Improvement," *Illinois School Research and Development* (Spring 1991), pp. 111-117; Ornstein and Levine, "School Effectiveness and Reform: Guidelines for Action."

26) Elliot W. Eisner, *The kind of Schools We Need* (Portsmouth, N. H.: Heinemann 1998).

27) Pinar et al., *Understanding Curriculum.*

28) A. Thatcher, ed., *Spirituality and the Curriculum* (London: Cassel, 1999).

29) Yvonna S. Lincoln, "Curriculum Studies and the Traditions of Inquiry: The Humanistic Tradition," in P. W. Jackson, ed., *Handbook of Research on Curriculum,* pp. 79-97.

30) George S. Counts, *Dare the School Build a New Social Order?* (New York: John Day, 1932); Harold O. Rugg, ed., *Democracy and the Curriculum* (New York: Appleton-Century, 1939); Rugg et al., *American Life and the School Curriculum* (Boston: Ginn 1936); and Harold Benjamin, *The Saber-Tooth Curriculum* (New York: McGraw-Hill, 1939).

31) J. Gaylen Saylor, *William M. Alexander, and Arthur J. Lewis, Curriculum Planning for Better Teaching and Learning,* 4th ed. (New York: Holt, Rinehart, 1981), p. 10.

32) David Pratt, *Curriculum Design and Development* (New York: Harcourt Brace, 1980), p. 4.

33) Jon Wiles and Joseph Bondi, *Curriculum Development: A Guide to Practice,* 6th ed. (Columbus, Ohio: Merrill, 2002), p. 131.

34) John Dewey, *Experience and Education* (New York: Macmillan, 1938); Caswell and Campbell, *Curriculum Development,* p. 69.

35) William B. Ragan and Gene D. Shepherd, *Modern Elementary Curriculum,* 4th ed. (New York: Holt, Rinehart, 1971), pp. 3-4.

36) Elliot W. Eisner, *The Educational Imagination,* 3rd ed. (Columbus, Ohio: Merrill, 2002), p. 26.

37) Colin J. Marsh and George Willis, *Curriculum: Alternative Approaches, Ongoing Issues,* 3rd ed. (Columbus, Ohio:

Merrill, 2003), p. 4.

38) David G. Armstrong, *Curriculum Today* (Columbus, Ohio: Merrill, 2003); Ronald C. Doll, *Curriculum Improvement: Decision Making and Process,* 9th ed. (Boston: Allyn and Bacon, 1996); and Peter F. Olivia, *Developing the Curriculum*, 5th ed. (Boston: Allyn and Bacon, 2001).

39) William A. Reid, *Curriculum as Institution and Practice* (Mahwah, N.J.: Erlbaum, 1999); Schubert, *Curriculum: Perspective, Paradigm and Possibility; and Tanner and Tanner, Curriculum Development.*

40) Beauchamp, *Curriculum Theory*, 4th ed.

41) Arthur W. Applebee, *Curriculum as Conservation* (Chicago: University of Chicago Press, 1996); Ian Westbury et al., *Teaching as a Reflective Practice* (Mahwah, N.J.: Erlbaum, 2000).

42) Doll, *Curriculum Improvement: Decision Making and Process*, p. 5. Also see Barry M. Franklin, *Curriculum and Consequence: Herbert M. Kliebard, and the Promise of Schooling* (New York: Teachers College Press, Columbia University, 2000).

43) Eisner, *The Educational Imagination.*

44) Beauchamp, *Curriculum Theory*, p. 81.

45) Harold Rugg, "Introduction," in G. M. Whipple, ed., *The Foundations of Curriculum Making, Twenty-Sixth Yearbook of the National Society for the Study of Education, Part II* (Bloomington, Ill.: Public School Publishing Co., 1930), p. 8.

46) Tyler, *Basic Principles of Curriculum and Instruction; Saylor, Alexander, and Lewis, Curriculum Planning for Better Teaching and Learning*; and Schubert, *Curriculum: Perspective, Paradigm, and Possibility.* Also see Elliot W. Eisner, "Those Who Ignore the Past," *Journal of Curriculum Studies* (March-April 2000), pp. 343-357.

47) Carmen L. Rosales-Dordelly, and Edmund C. Short, *Curriculum Professors' Specialized Knowledge* (New York: Lanham, 1985), p. 23.

48) Olivia, *Developing the Curriculum*, p. 15.

49) Joseph J. Schwab, "The Practical: A Language of Curriculum," *School Review* (November 1969), p. 1.

50) Herbert Kliebard, "Curriculum Theory as Metaphor," *Theory into Practice* (Winter 1982), pp. 11-17; Kliebard, "Problems of Definition of Curriculum," *Journal of Curriculum and Supervision* (Fall 1989), pp. 1-5.

51) William M. Reynolds, "Comprehensiveness and Multidimensionality in Synoptic Curriculum Texts," *Journal of Curriculum and Supervision* (Winter 1990), pp. 189-193; Sears and Marshall, "Generational Influences on Contemporary Curriculum Thought."

52) Beauchamp, *Curriculum Theory.*

53) Fenwick W. English, "Contemporary Curriculum Circumstances," in F. W. English, ed., *Fundamental Curriculum Decisions* (Alexandria, Va.: Association for Supervision and Curriculum Development, 1983), pp. 1-17.

54) Edmund C. Short, "Curriculum Decision Making in Teacher Education," *Journal of Teacher Education* (July-August 1987), pp. 2-12; Short, "Organizing What We Know about Curriculum," unpublished paper, 1984.

55) Linda Behar, "A Study of Domains and Subsystems in the Most Influential Textbooks in the Field of Curriculum 1970-1990," unpublished doctoral dissertation (Loyola University of Chicago, 1992).

56) Allan A. Glatthorn, *The Principal as Curriculum Leader*, 2nd ed. (Thousand Oaks, Calif.: Corwin Press, 2000).

57) Ibid.

58) William E. Doll, *A Post-Modern Perspective on Curriculum* (New York: Teachers College Press, Columbia University, 1993).

59) William A. Reid, "Rethinking Schwab: Curriculum Theorizing as a Visionary Activity," *Journal of Curriculum and Supervision* (Fall 2001), pp. 29-41.

60) Rosales-Dordelly and Short, *Curriculum Professors' Specialized Knowledge,* p. 22.

61) Behar, "A Study of Domains and Subsystems in the Most Influential Textbooks in the Field of Curriculum 1970-1990."

62) Beauchamp, *Curriculum Theory*, p. 58.

63) Taba, *Curriculum Development: Theory and Practice*, p. 413.

64) Elizabeth Vallance, "Curriculum as a Field of Practice," in English, ed., *Fundamental Curriculum Decisions*, p. 155.

65) John F. Miller and Wayne Seller, *Curriculum: Perspectives and Practice* (New York: Longman, 1985); Tanner and Tanner, *Curriculum Development: Theory Into Practice*; and Wiles and Bondi, *Curriculum Development: A Guide to Practice*.
66) Doll, *Curriculum Improvement: Decision Making and Process; Oliva, Developing the Curriculum*.
67) Decker Walker, *Fundamentals of Curriculum* (New York: Harcourt, Brace, 1990), p. 200.
68) Andy Hargreaves and Shawn Moore, "Curriculum Integration and Classroom Relevance: A Study of Teacher Practice," *Journal of Curriculum and Supervision* (Winter 2000), pp. 89-112; Allan C. Ornstein and Francis P. Hunkins, "Theorizing about Curriculum Theory," *High School Journal* (December-January 1989), pp. 77-82.
69) Reba N. Page, "Common Sense: A Form of Teacher Knowledge," *Journal of Curriculum Studies* (September-October 2001), pp. 525-533; Diane Y. Silva, "Collaborative Curriculum Encounters," *Journal of Curriculum and Supervision* (Summer, 2000), pp. 279-299.
70) Doll, *Curriculum Improvement: Decision Making and Process*, p. 334.
71) Olivia, *Developing the Curriculum,* p. 120.
72) Taba, *Curriculum Development: Theory and Practice*.
73) Caswell and Campbell, *Curriculum Development*; Harold Rugg, "The Foundations of Curriculum Making," in G. Whipple, ed., *The Foundations of Curriculum Making, Twenty-Sixty Yearbook of the National Society for the Study of Education,* Part II (Bloomington, Ill.: Public School Publishers, 1930), pp. 439-440.
74) Beane, Toepfer, and Alessi, *Curriculum Planning and Development*, pp. 355, 358.
75) Glatthorn, *Curriculum Leadership,* pp. 148-149.
76) Lynn Beck and Joseph Murphy, *Understanding the Principalship* (New York: Teachers College Press, Columbia University, 1992); Gordon A. Donaldson, *Cultivating Leadership in Schools* (New York: Teachers College Press, Columbia University, 2001); and H. Lynn Erikson, *Concept-Based Curriculum and Instruction* (Thousand Oaks, Calif.: Corwin Press 2002).
77) Glatthorn, *The Principal as Curriculum Leader*, p. 24.
78) Michael Fullan, Barrie Bennett, and Carol R. Bennett, "Linking Classroom and School Improvement," *Educational Leadership*. (May 1990), pp. 13-19; Michael Fullan, *Leading in a Culture of Change* (San Francisco: Jossey-Bass, 2001); and James G. Henderson and Kathleen R. Kesson, *Understanding Democratic Curriculum Leadership* (New York: Teachers College Press, Columbia University, 1999).
79) Robert J. Garmstron, "How Administrators Support Peer Coaching," *Educational Leadership* (March 1987), pp. 18-26; Leslie M. Inman and Joann Atkinson, "Evaluating School Administrator: Perceptions of Teachers and Principals," *NASSP Bulletin* (May 1993), pp. 87-90; and Ann Liberman and Lynn Miller, *Teachers-Transforming Their World and Their Work* (New York: Teachers College Press, Columbia University, 1999).
80) William L. Boyd, "What School Administrations Do and Don' t Do," *Canadian Administrators* (April 1983), pp. 1-4; and James T. Scarnati, "Beyond Technical Competence: Nine Rules for Administrators," *NASSP Bulletin* (April 1994), pp. 76-83.
81) Daniel Duke, *School Leadership and Instructional Improvement* (New York: Random House, 1987); Forest Parkay and Gene E. Hall, *Becoming a Principal* (Boston: Allyn and Bacon, 1992); and Roger Soder, *The Language of Leadership* (San Francisco: Jossey-Bass, 2001).
82) Beverly Findley and Dale Findley, "Gearing Up for the Opening of the School Year: A Check List for Principals," *NASSP Bulletin* (September 1998), pp. 57-62.
83) Boyd "What School Administrators Do and Don' t Do"; Ernestine Riggs and Ana G. Serafin, "The Principal as Instructional Leader," *NASSP Bulletin* (November 1998), pp. 78-85; Also see L. David Weller and Sylvia J. Weller, *The Assistant Principal* (Thousand Oaks, Calif.: Corwin Presss, 2001).

Curriculum

제1부

교육과정의 기초

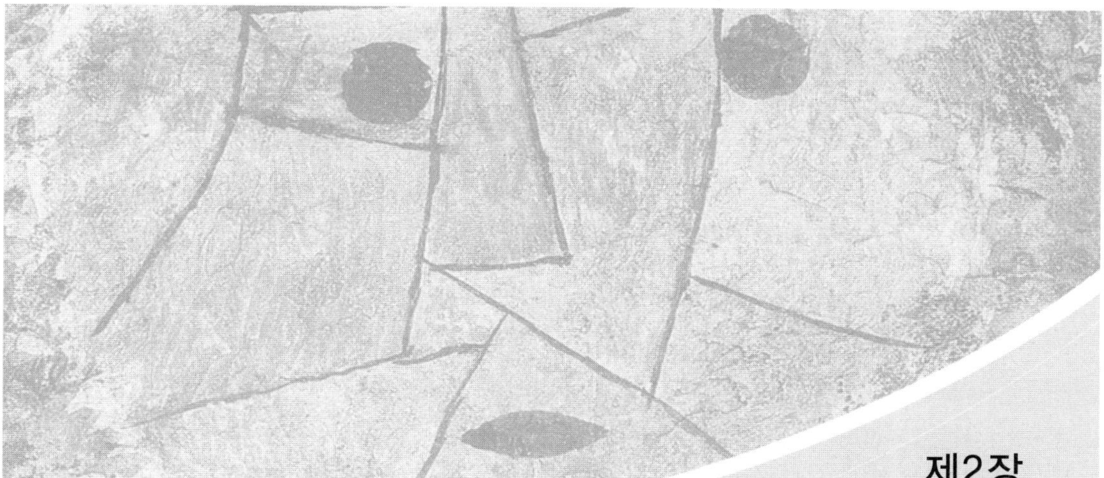

제2장

교육과정의 철학적 기초

핵심 질문

1. 철학은 교육과정 연구자에게 어떤 영향을 미치는가?
2. 철학은 교육과정의 제1원천인가, 아니면 여러 원천 중의 하나에 불과한가? 제1원천이라면 어떤 의미에서 그러하며, 여러 원천 중의 하나라면 어떤 의미에서 그러한가?
3. 지식의 개념과 가치의 문제에서 관념론, 실재론, 실용주의, 실존주의는 각각 어떤 견해의 차이를 보이는가?
4. 교육 내용과 교육 방법의 문제에서 항존주의, 본질주의, 진보주의, 재건주의는 각각 어떤 견해의 차이를 보이는가?
5. 학교교육은 평등과 수월성이라는 두 개의 목적을 동시에 실현할 수 있을까? 그렇다면 왜 그러하며, 그렇지 않다면 왜 그러한가?
6. 재건주의는 어떤 점에서 실재론과 관념론의 종합이라고 볼 수 있는가? 그것은 어떤 점에서 주류 보수적인 성격과 비주류 급진적인 성격을 동시에 가지고 있다고 볼 수 있는가?
7. 앞으로 교육과정 연구에 주요한 영향을 미칠 것으로 예상되는 철학적 입장은 무엇인가? 왜 그렇게 생각하는가?
8. 현재의 주류 교육에 대하여 가장 비판적인 입장을 취하는 철학적 입장은 무엇인가?

교육과정의 조직뿐만 아니라 교육과정의 목적과 내용은 특정 학교나 행정가의 철학에 의하여 결정된다는 점에서 철학은 교육과정 연구에서 매우 중요한 위치를 차지한다. 학교교육은 대개 몇몇 철학적 입장을 반영하여 이루어지며, 그러한 철학적 입장은 학교의 교육과정을 운영하는 원동력이 된다. 철학을 공부하는 것은 학교와 학교 교육과정을 이해하는 데에 도움이 될 뿐만 아니라 지각, 신념, 가치 등과 관련된 개인적인 인지 체계를 아는 것, 즉 외부 환경을 어떻게 이해할 것이며, 자신에게 중요한 것이 무엇인지를 정의하는 데에 도움이 된다. 다시 말하여, 철학은 우리가 누구며, 왜 존재하는지를 알도록 해 주며, 더 나아가 우리가 앞으로 어떻게 살아야 하는지에 대해서도 알도록 해 준다.

철학은 삶을 보다 포괄적으로 바라보는 것과 관련되며, 살면서 부딪히는 문제를 어떤 전망으로 바라볼 것인지, 그리고 우리의 생각과 사건을 어떻게 받아들일 것인지의 문제와 관련된다. 그것은 우리의 삶과 그 안에서 일어나는 문제를 총체적인 관점에서 바라보고자 노력할 것을 요구한다. 그것은 삶 속에서 일어나는 것의 원인, 관계, 그리고 앞으로에 대한 즉각적인 관심에서 한 발짝 뒤로 물러설 것을 요구한다. 또한 다른 사람의 생각에 대하여 문제를 제기할 뿐만 아니라 자기 자신의 생각에 대해서도 문제를 제기한다. 또한 기존의 가치를 정의하고 정당화하며, 자신의 신념과 태도를 명료화하고 의사 결정과 그것의 실행을 위한 이론적 틀을 마련하고자 한다.

철학적 쟁점은 시대를 불문하고 언제나 학교와 사회에 영향을 미쳐 왔으며, 현재에도 여전히 그러하다. 현재 사회와 그 안에서의 학교교육은 과거 어느 때보다도 훨씬 더 빨리, 그리고 더 근본적으로 변하고 있다. 이러한 평가와 재평가의 끊임없는 과정에서 긴급히 요청되는 것은 무엇보다 교육에 대한 철학적 안목이다. William Van Til이 말한 바와 같이, '우리가 방향을 잡는 원천은 우리를 이끄는 철학에 있다. 철학이 없다면 '자기 방에서 뛰쳐 나와 말을 타고 사방으로 미쳐 날뛰는' Stephen Leacock의 인물처럼 아무 생각 없이 말안장에 올라타는 것과 같다.'[1] 간단히 말하여, 교육에 대한 철학적 안목은 교육과 관련된 우리의 결정과 선택, 그리고 대안 모색에 상당한 정도로 영향을 미친다.

1. 철학과 교육과정

철학은 교육자, 특히 교육과정 연구자에게 학교와 교실을 조직하는 데에 필요한 이런저런 이론적 틀을 제공한다. 그것은 학교교육의 목적은 무엇이고 어느 과목이 배울 만한 가치가 있으며, 학생의 학습은 어떤 과정을 거쳐 이루어지고 어떤 교육 방법과 수업 자료를 사용할 수 있는가 등에 대한 대답을 찾는 데 도움을 준다. 다시 말해, 그것은 교육 목적과 교육 내용의 결정, 교육 내용의 조직, 교수-학습 과정, 학교와 교실에서 어떤 경험과 활동이 중요한지 등과 같은 교육의 포괄적 문제와 과업에 대한 이론적 틀을 제공한다. 또한 그것은 교육과 관련된 세부적 문제, 예컨대 어떤 교과서를 어떻게 사용할 것인지, 어떤 인지적 활동과 비인지적 활동을 어떻게 시행할 것인지, 어떤 숙제를 얼마나 부과할 것인지, 학생의 성취 정도를 어떻게 평가할 것인지, 평가 결과를 어떻게 활용할 것인지, 어떤 코스와 교과를 강조해야 할 것인지 등의 결정에 도움을 준다.

교육과정과 관련된 의사 결정에서 철학이 얼마나 중요한 위치를 차지하는가는 다음과 같은 L. Thomas Hopkins의 말에 잘 나타나 있다.

> 철학은 교육과정과 교수와 관련된 일체의 중요한 결정에 관여해 왔으며, 앞으로도 계속 교육과정과 교수와 관련된 중요한 결정에 토대가 될 것이다.
>
> 교육부가 교사에게 시간표를 제시할 때 여기에도 잠재적으로든 의식적으로든 철학이 관여되어 있다. 몇몇 선발된 교사들에 의하여 학교 교과과정이 미리 준비될 때 여기에도 철학이 관여된다. 왜냐하면 이러한 행위의 과정도 다양한 가치 중에서 취사 선택을 통하여 결정된 것이기 때문이다. 고등학교 교사가 학생에게 하루에 6시간 안에 할 수 있는 양보다 더 많은 숙제를 낸다면 여기에도 그 교사가 확실히 의식하고 있는 것은 아니더라도 특정한 철학적 입장이 개입되어 있다. 초등학교 교사가 학생들에게 지리 공부는 제쳐두고 셈 공부를 하도록 한다면 이것도 가치에 대한 선택이기 때문에 여기에도 어떤 철학적 입장이 개입되어 있다고 볼 수 있다. 또 교사가 교과의 난이도를 한 단계 올릴 때에도 철학이 개입된다. 평가 전문가가 평가에 대한 분석 결과를 교사들에게 전달할 때 그 분석된 사실도 어떤 가정에 입각한 것이기 때문에 여기에도 철학이 개입되어 있다. 학교에서 교사가 당면하는 일 중에서 철학이 개입되지 않는 경우는 단 한 번도 없다. 교육과정과 교수 행위가 아무런 철학적 안목도 없이 이루어진다면 그것은 교육적 경험 밖으로 던져진 한 무더기의 짚단에 불과한 것이다.[2)]

Hopkins의 이 말은 겉으로 드러나든 그렇지 않든, 우리가 의식하든 그렇지 않든 간에 철학이 교육과정 결정의 모든 측면에서 얼마나 중요한 위치를 차지하는지를 단적으로 말해 준다. 말하자면 교육과정의 모든 측면은 철학을 기반으로 하여 성립된다는 것이다. John Goodlad가 지적한 바와 같이, 철학은 교육과정 결정의 첫 시작이며 그 이후 교육과정과 관련하여 이루어지는 일체의 의사 결정을 위한 기본 토대를 제공한다.[3] 철학은 교육과정의 목적, 목표, 수단을 결정하는 데에 작용하는 기준이다. 목적은 철학적 신념에 입각한 가치에 대한 진술이며, 수단은 철학적 관점에 입각하여 취사 선택된 방법과 과정을 가리킨다. 또한 목표는 사실, 개념, 지식이나 행위의 원리, 그 밖에 학습에 필요하다고 생각되는 것을 뜻한다. 이러한 것도 모두 기본적으로 철학적 성격을 띤다.

1) 철학과 교육과정 연구자

교육과정 연구자의 철학에는 그 연구자 자신의 생활 경험과 상식, 사회경제적 배경, 교육, 인간에 대한 신념 등이 반영되어 있다. 개인의 철학은 그 자신이 성장과 발달에 따라, 그리고 경험을 통한 배움이 깊어짐에 따라 끊임없이 발전 · 변화한다. 개인이 가지고 있는 철학은 그 자신의 관점에 의거한 세상에 대한 기술, 설명, 평가를 의미하는 것으로 사회과학자들이 말하는 일명 '사회를 보는 눈' 을 가리킨다.

교육과정 연구자는 교육과정 결정의 여러 가지 원천에 눈을 돌리지만, 그들이 아무리 많은 원천에 눈을 돌리고 아무리 많은 공신력 있는 목소리에 귀를 기울이더라도 그 많은 설명과 진실을 받아들이고 받아들이지 않는 것은 오로지 그들의 판단에 맡긴다. 그들의 판단은 과거와 현재의 사건들, 그것에 영향을 주었던 경험, 그리고 그들이 속해 있는 사회 집단에 의해 결정된다. 그들의 판단은 그들 자신이 지지해 온 가치(태도와 신념), 사건, 그리고 사건의 원인과 결과에 대한 그들 자신의 지식과 해석에 달려 있다. 철학은 이러한 일련의 과정에서 기본적 원리로 작용한다.

어느 누구도 자신이 속한 문화적 · 사회적 배경에서 완전히 객관적일 수는 없다. 그러나 교육과정 연구자들은 자신의 지식과 경험의 폭을 넓혀 다른 사람이 가치 있다고 생각하는 것이 무엇인지 이해하고 다양한 관점에서 문제를 분석하려고 노력해야 한다. 또한 그들은 자신의 비판적 분석과 안목을 자신의 경험과 다른 사람의 경험에 비추어 수정할 수 있어야 한다. 학교행정가나 대다수의 학교 동료가 자신과는 다른 철학적 입장을 가지고 있는 경우, 자신의 관점만을 고집하고 다른 사람의 입장과 자신의 철학적 입장을 조율하려고 하지 않는 교육과정 연구자는 학교에서 갈등과 반목만 불러일으킬 뿐이다. Ronald Doll은 이것을 가리켜 '교육과정 연구자 사이의 갈등은 사람이 다양한 신념과 설득의 선상에서 각자의 입장을 고수할 때 나타난다.' 고 말하고 있다. 이 갈등이 심해지면 '교육과정 연구의 맷돌은 돌아가다 멈춘다.' 대부분의 경우 그러한 갈등은 해결되기도 하지만 '그것은 잠정적이고 즉각적인 과업을 마무리 하여야 한다는 필요에 따른 잠정적인 해결일 뿐이다. 철학적 입장이 다른 교사나 행정가는 오랜 시간 동안 밀착하여 함께 일을 할 수 없게 된다.'[4]

성숙하고 이해심이 많은 연구자일수록, 자기 위협성과 자아 지향성이 덜 강한 연구자일수록 자신의 철학을 재검토하고 수정하는 데, 그리고 다른 사람의 관점을 이해하는 데 더 적극적이다. 교육과정 연구자는 자신의 태도나 신념을 잠정적인 것으로 받아들이고 어떤 사실이나 경향이 자신의 신념이나 태도와 상충될 때마다 자신의 것을 재검토해 보는 것이 무엇보다 중요하다.

이와 반대되는 태도, 즉 어떤 철학적 입장도 지지하지 않는 우유부단한 성격 또한 마찬가지로 위험하다. 이러한 성격은 어떤 가치에 대해서도 헌신하지 못하는 태도로 나타난다. 완벽하게 객관적 태도를 취하는 것은 인간으로서 불가능하며, 어느 정도의 긍정적인 확신은 행동을 신중하게 하는 데에 필수적이다. 자신의 철학적 입장을 언제나 잠정적인 것으로 받아들이고 그것을 수정할 자세가 되어 있다는 것은 확실한 신념을 가지지 못하고 이리저리 휘둘려서 행동하는 것과는 엄연히 다르다. 교육과정 연구자는 현 상태에서 가장 최선의 근거에 입각하여 최선의 결론을 내려야 하며 그것보다 더 나은 근거가 부상될 때는 이미 내린 결론을 그것에 입각하여 수정할 수 있어야 한다.

2) 교육과정의 원천으로서 철학

교육과정 연구에서 철학의 기능은 ① 교육과정 개발의 기본 토대 혹은 출발점으로 생각되기도 하고, ② 교육과정 개발에 상호 작용하는 여러 다른 기능 중 하나로 생각되기도 한다. John Dewey는 이 두 가지 생각 중에서 전자를 대변한다. 그에 의하면 '철학은 교육에 대한 일반적 이론으로 정의할 수 있다.' '철학의 과업은 학교의 목적과 방법을 위한 이론적 틀을 제공해 주는' 데 있다. Dewey에게 철학은 우리의 삶과 사고방식에 일반화된 의미를 제공해 주는 기능을 한다. 그것은 '현 사회생활의 어려움을 대면할 정신적·도덕적 성향을 위한 이론적 틀을 제공한다.'[5)] 철학은 학교교육의 출발점일 뿐만 아니라 교육과정과 관련된 일체의 활동에 필수적인 것이다. Dewey에 의하면 '교육은 여러 철학적 입장이 구체화되고 실제적으로 검증되는 실험실이다.'[6)]

이와 달리 Ralph Tyler의 교육과정 이론에서 철학은 교육 목표를 선택하는 데 작용하는 다섯 가지 기준 중 하나로 제시되어 있다. 철학과 나머지 다른 기준—학습자에 대한 연구, 사회에 대한 연구, 교과 전문가의 제언, 학습심리학—사이의 관계는 [그림 2-1]에 잘 나타나 있다. 그림에서 철학은 출발점이 아닌 여러 다른 기준 중 하나인 것으로 나타나 있지만 사실 Tyler는 Dewey에게

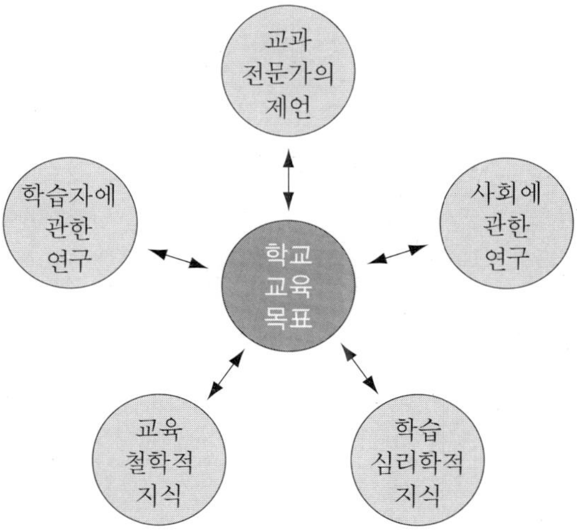

[그림 2-1] 학교교육의 목적과 관련된 철학에 관한 Tyler의 생각

많은 영향을 받았기 때문에 학교교육의 목표를 결정하는 데 작용하는 다섯 가지 기준 중에서 철학을 가장 중요한 것으로 생각하는 것으로 보인다. 그는 '학교가 기대는 교육철학과 사회철학은 사회적 프로그램 개발을 위한 첫 관문의 역할을 한다.' 고 말한다. 그는 '철학은 좋은 삶과 좋은 사회의 본질을 규명하고자 하며' 민주주의 사회에서 교육철학은 '학교교육에서도 민주주의적 가치를 강조한다.' 고 결론짓는다.[7)]

John Goodlad는 철학에 대한 심각한 논의가 이루어진 이후에 비로소 교육은 무엇인가에 대한 대답을 얻을 수 있다고 말한다. 교육이 무엇인가에 대한 합의가 이루어졌을 때 비로소 우리는 학교교육의 목적이 무엇인가를 물을 수 있다. 그 이후에 우리는 비로소 교육과정의 철학, 목적, 그리고 목표를 추구할 수 있다. Goodlad에 의하면 학교의 가장 중요한 책임은 사회적 질서, 즉 그의 용어로 '민족국가' 를 유지하는 데 있다. 그러나 현 사회에서 개인의 성장과 잠재력도 학교가 책임져야 할 중요한 목표다.[8)] '사회 대 개인' 이라는 이중적 목적은 수세기 동안 서구 사회의 중요한 철학적 쟁점으로 다루어 왔으며, Dewey의 연구에서도 매우 중요한 위치를 차지한다. Dewey에 의하면 우리는 '(훌륭한) 시민이나 사회의 일꾼을 기르는 것' 도 중요하지만 '개인이 자신의 삶을 최대한으로 신장시키며 살아갈 수 있도록 만드는 것' 도 중요하다.

이러한 두 가지 이중적 목적—국가에 대한 충성과 개인의 자아실현 신장—은 수단을 강구하는 데에서 시작하여 목표 달성에 이르기까지 모든 교육과정 연구 전문가를 안내하는 최고의 목적이다. 개인이 발전하고 융성하게 될 때 비로소 사회도 발전하고 융성하게 된다. 사회는 개인이 모여서 만드는 것이기 때문이다. 여기에서 Goodlad가 앞서 제기한 질문 '교육은 무엇인가?' 에 대한 질문에 답할 수 있다. 교육은 성장의 과정이며 성장의 의미는 개인과 사회에 의거하여 대답할 수 있다. 또한 교육은 (삶이 지속되는 한) 멈추지 않는, 끊임없는 과정이며 성장의 의미가 풍부해질수록 교육의 과정도 점점 더 나아진다.

2. 주요 철학 이론

철학사상이 교육과정에 미친 영향을 어떤 식으로 고려하든 철학사상을 몇 가지 유형으로 구분하는 것은 가능하다. 다음의 논의에서 사용된 유형별 구분이 철학사상을 설명하는 가장 우수한 구분은 아니지만 이 철학적 아이디어들은 교육과정 개발 과정에서 자주 거론되는 것들이다.

미국의 경우 교육에 영향을 미친 철학사상은 관념론, 실재론, 실용주의, 실존주의 네 가지다. 이제부터는 이러한 네 가지 철학사상에 대해 간단하게 논의할 것이다. 관념론과 실재론은 전통적인 것이며, 실용주의와 실존주의는 현대적인 것이다.

1) 관념론

Plato은 관념철학의 고전적 형태를 마련한, 생존했던 철학자 중에서 가장 오래된 철학자로 자주 거론된다. 독일 철학자 Hegel은 관념론에 입각하여 역사적 세계에 대한 총체적 관점을 확립하였다. 미국의 선험철학자인 Ralph Waldo Emerson과 Henry Thoreau는 실재가 무엇인가의 질문에 대한 관념적 기틀을 잡았다. 교육에서는 유치원의 창시자 Fredrich Froebel이 관념론적 교육학의 대가다. 세인트루이스와 미주리 지역 학교관리자로서 유치원운동으로 유명해졌고, 20세기 전환기 미국의 교육이사였던 William Harris가 교육행정의 철학적 근원으로 삼았던 것도 바로 관념론이었다. 대부분의 교육자는 미국 관념론을 주도한 사람은 J. Donald Butler라고 생각하지만, 이론가들은 가치와 덕목에 대하여 가장 강한 신념을 가지고 있었던 William Bennett라고 생각한다.[9)]

Plato와 Augustine의 영향을 강하게 받은 미국의 관념론자들은 삶의 최고 목적은 시간의 시험을 견딜 수 있는 진리와 가치를 추구하는 것이라는 데에 동의한다. 『국가론(Republic)』에서의 Plato과 그 이후 크리스트교 원리에 의하면 각각의 관념은 보편적 개념이나 각 관념에 의미를 부여하는 관념의 총체로 통합할 수 있다. 진리는 직관뿐만 아니라 추론, 심지어 신의 계시나 신에 대한 추구를 통하여 도달할 수 있다.[10)] Kant로 대표되는 관념론자들은 이러한 추론, 직관, 계시 등을 진리의 수준으로 파악하였지만 신을 추구하기보다는 도덕적이고 윤리적인 개념을 명확하게 하고자 하였다. 이렇게 하여 그들이 도달한 결론은 절대적이고 보편적인 진리에 도달하는 것은 불가능하다는 것이었다. 아마도 가장 영향력 있는 근대 관념론자라고 할 수 있는 Hegel은 자신이 완벽한 논리적 사고의 방법, 즉 정(正)과 반(反)이 충돌하고 그것이 결국에는 합(合)으로 통합되는 체계를 발견했다고 생각하였다. 그에 의하면 진리는 관념의 끊임없는 '통합화', 즉 사고가 채택되고 움직이고 성장하고 증가되는 과정을 통하여 확립될 수 있다.

관념론은 세계를 설명하는 주요 개념으로서 도덕적, 영성적 실재를 강조한다. 진리와 가치는 절대적인 것이며, 시간의 구애를 받지 않으며, 보편적인 것이다. 마음과 관념의 세계는 영원하고 균질적인 것이며 질서 정연한 것이다. 이것은 완벽한 질서를 나타낸다. 영원의 관념은 변화되지 않으며 시간의 구애를 받지 않는다. 안다는 것은 자신의 마음속에 이미 존재하는 잠재적 관념을 회상하는 것이다. 교사의 역할은 학생의 마음 안에 들어 있는 잠재적 지식을 의식의 표면으로 부상시키는 데 있다. 순전히 지적인 과정으로서 학습은 관념의 회상과 작업을 의미한다. 교육은 개념적 문제와 철저히 관련된다.

관념론의 편에 서 있는 교사는 각 교과에 들어 있는 관념이나 개념을 연결하는 교과의 조직 원리나 패턴을 중요하게 여긴다. 가장 중요한 주제와 최고 지식의 형식은 개념의 관계를 명백히 드러내어 보여 주고 개념을 유기적으로 통합한다. 이러한 관점에서 볼 때 교육과정은 위계적인 성격을 가지며, 인류의 문화적 유산으로 구성된다. 그것은 확립된 학문 체계에 기반을 두는 것으로 자유 교육의 교육과정이 그 대표적인 예라고 할 수 있다.

이러한 교육과정의 위계에서 최상위에 있는 것은 가장 보편적이고 추상적인 지식을 다루는 학문, 즉 철학과 신학이다. 철학적 지식과 신학적 지식은 시간과 공간, 상황에 걸쳐 광범위한 맥락과 경험에 적용되는 것이다. 수학도 추상적 사고력을 배양시킨다는 점에서 매우 중요하게 취급된다. 역사와 문학 또한 그것이 도덕적, 문화적 이상의 원천이라는 점에서 중요한 위치를 차지한다. 이러한 교육과정의 위계에서 하위의 위치에 속하는 것은 구체적인 사실에 대한 원인과 결과를 다루는 자연과학과 물리학이다. 언어도 의사소통과 사고의 개념화에 필요하다는 점에서 중요하게 취급된다.

2) 실재론

Aristotle는 관념론과 대비되는 또 다른 전통적 철학사상인 실재론의 계보에 속하는 것으로 흔히 파악된다. 실재론과 크리스트교 교리를 결합시킨 Thomas Aquinas의 철학은 토미즘이라고 부르는 실재론의 지류로 발전되었다. 오늘날의 가톨릭계 교육과 종교적 연구의 많은 부분이 여기에 기반을 두고 있다. 구체적인 사물에서 시작해서 추상적 개념으로 나아가야 한다는 Pestalozzi의 교수 원리도 이러한 실재론에 입각한 것이다. Harry Broudy와 John Wild는 현대 교육학을 주도하는 실재론자라고 할 수 있다.[11)]

실재론자는 세계를 사물과 물질에 입각하여 파악한다. 인간은 그의 감각과 이성에 의거하여 세계를 알 수 있다. 모든 것은 자연에서 유래되며 자연의 법칙에 종속된다. 인간 행동은 자연의 법칙에 순응하고 물리적 법칙과 사회적 법칙에 의하여 지배될 때 합리성을 가진다.

여기에서 제기할 수 있는 가장 중요한 질문은 사물과 목적을 어떻게 관련시킬 것인가 하는 것이다. Aristotle는 모든 것은 목적을 가지고 있다고 믿었다. 인간은 이성을 가지고 생각할 수 있는 유일한 피조물이다. 그러므로 그러한 능력을 잘 사용하는 것이 인간의 목적이다. '생각한다, 그러므로 나는 존재한다.'는 Decartes의 말과 같이 인간은 사고할 때 인간의 진정한 목적을 성취한다. 반면, 불교는 진정한 평화는 무엇인가에 대한 사고에서 오는 것이 아니라 무(nothing)에 대한 사고, —혹은 '진여(眞如, suchness)'의 상태에 있는 것—즉 절대적 공허함에서 온다고 말한다. Aristotle와 그 후의 Aquinas에 의하면 우주에는 일정한 계획과 질서가 있다. 사물은 목적에 따라, 그리고 순차적인 질서에 따라 일어난다. Aristotle에 의하면 우리는 세계의 목적을 공부함으로써 세계를 이해한다. Aquinas에 의하면 우리는 신의 목적을 앎으로써 신을 이해한다. Aristotle와 Aquinas에 의하면 우리가 그 목적에 위배되는 행동을 하게 되면 그것에 상응하는 결과를 감내해야 한다. Aristotle에 의하면 목적을 따르는 사람은 절제라는 합리적인 삶을 영위한다. 여기에서 양극단 사이의 타협, 즉 '중용'

이라는 개념이 도출된다.

관념론자와 마찬가지로 실재론자는 교육과정은 사물을 구분하는 지식과 내용, 잘 구분된 학과목으로 구성되어야 한다고 주장한다. 예컨대, 인류의 경험은 역사라는 과목을 구성하고, 동물은 동물학에서 공부할 수 있다. 관념론자와 마찬가지로 실재론자는 최고로 일반화되고 추상화된 지식의 과목을 교육과정의 위계상 최상위에 두고 구체적이고 변화되는 지식으로 구성된 과목은 하위에 둔다. 논리학과 마음을 도야시키고 이성적 사고를 연마시키는 훈련이 강조된다. 윤리적 사고, 정치적 사고, 경제적 사고 등과 관련된 개념과 개념 체계도 교육과정 속에 포함된다. 세 가지 교과(Three Rs: 읽기, 쓰기, 셈하기)도 개인의 기본 교육[12)]을 위하여 필수적인 것으로 간주된다.

관념론자들이 교육과정은 시간에 따라 변화되지 않는 고정적인 내용으로 구성되어야 한다는 생각에서 고전만을 최고의 교육 내용으로 간주하는 데 반해, 실재론자들은 교과 전문가를 권위의 원천으로 생각한다. 관념론자에게 지식은 영원의 이데아나 예술에 들어 있는 보편적 진리를 공부하는 것에서 추출될 수 있는 것인 반면, 실재론자들에게 실재와 진리는 과학과 예술에서 나오는 것이다.

3) 실용주의

전통적 철학사상과는 대조적으로 실험주의라 부르기도 하는 실용주의는 변화, 과정, 상대성 등의 개념을 기반으로 성립한다. 관념론과 실재론이 교과, 훈련, 내용이나 아이디어 자체를 강조하는 데에 반해, 실용주의는 실재가 끊임없이 변화되는 과정 그 자체를 지식으로 간주한다. 학습은 개인이 스스로 문제 해결의 과정에 참여함으로써 일어난다. 문제 해결의 과정에 참여함으로써 얻은 지식은 다양한 주제와 상황에 광범위하게 전이될 수 있는 것이다. 안다는 것은 학습자와 외부 환경 사이의 교섭이다. 이러한 교섭에서 무엇보다 중요한 것은 변화라는 개념이다. 학습자와 외부 환경은 끊임없이 변화되며, 그 사이의 교섭과 경험도 끊임없이 변화된다. 관념론자처럼 사회적 변화를 무시하고 변화되지 않는 것만을 중요하게 생각하거나, 실재론자처럼 우리의 문화유산만을 중요하게 생각하는 것은 비현실적이고 현명하지 못한 것이다. 전통적 철학자가 옹호하는 불변적 혹은 보편적 진리 같은 것은 신념에 의거한 것일 뿐이다. 사회와 환경과의 상호 작용 속에서 사람들을 안내해 주는 유일한 것은 일반적으로 확립된 지식이나 잠정적 주장이지만 이러한 것들도 이후의 연구와 검증에 의하여 얼마든지 변화가 가능하다.

실용주의자는 어떤 것이든 형식과 관련되지 않는 것은 지적인 것으로 생각하지 않는다. 전체는 부분에 영향을 미치고 부분과 전체는 상대적인 것이다. 가장 이상적인 교수 방법은 학생에게 생각할 무엇인가를 가르치는 것이 아니라 비판적으로 생각하는 것을 가르치는 것이다. 그리고 가르친다는 것은 설명적인 것이라기보다는 탐험적인 것이다. 여기서는 방법이 내용보다 중요하다. 무엇보다 필요한 것은 사회적 변화와 과학적 조사를 지적인 방식으로 다룰 수 있는 방법이다.

20세기 문턱에서의 과학적 발전은 실용주의 철학의 발전을 더욱 가속화하였다. 현상에 대한 과학적 설명과 변화의 힘에 대한 사회적 인정은 오랜 세월 유지되었던 전통적 철학사상인 관념론과 실재론에 도전장을 내밀었다. 1859년 Charles Darwin의 『종의 기원(Origin of the Species)』은 우주에 대한 전통적 관념을 송두리째 뒤흔들어 놓았다. 수학자 Charles Peirce와 심리학자 William James는 실용주의 원리를 발전시켰는데, 그것은 ① 선험적 진리와 영원의 가치라는 도그마를 거부하고, ② 아이디어의 측정과 검사 방법을 발전시키기 위한 것이었다. 이제 진리는 더 이상 절대적이고 보편적인 것이 아니며 사실과 경험, 또는 행위나 그 모든 것에 비추어 검증되어야 한다.[13)]

가장 위대한 실용주의 교육철학자는 John Dewey인데, 그는 교육을 인간의 조건을 (받아들이는 과정이 아니라) 발전시키는 과정으로 보았다. 학교는 사회 환경과 다른 것은 아니지만 보다 특수한 환경이다. 학교와 사회 사이의 구분은 사라진다. 학교의 교육과정은 아동의 경험과 관심을 기본으로 하여 구성되는 것이 이상적이며 아동이 자신의 미래 삶에 대한 준비를 하도록 해야 한다.[14)] 교육 내용은 분과 학문적인 것이기보다는 간학문적인 것이어야 한다. 잘 조직된 내용을 가르치는 것보다는 문제 해결의 과정에 참여하도록 하는 것이, 한 묶음의 사실이나 관점을 가르치는 것보다는 과학적 방법을 사용하는 것이 강조되어야 한다.

실용주의자들은 교수와 학습을 과학적 방법에 따라 경험이 재구성되는 과정으로 본다. 학습은 문제 해결의 과정에 개인별 혹은 그룹별로 참여하는 능동적인 과정 속에서 일어난다. 수업에서 다루는 내용이나 문제는 사회의 변화에 대한 대응에 따라 달라진다. 학습자에게 가장 중요한 것은 문제를 지적인 방식으로 해결하는 과정 속에서 그 방법을 익히는 것이다.

4) 실존주의

실용주의가 20세기 시작 바로 전에 미국에서 발생한 철학이라면 실존주의는 20세기가 시작되기 수년 전에 유럽에서 발생하여 제2차세계대전 이후에 유행한 철학이다. 미국 교육에서 개인주의와 개인적 자아실현[15)]을 강조한 것으로 잘 알려진 실존주의 교육철학자는 Maxine Greene, George Kneller, Van Cleve Morris다.

실존주의 철학에 의하면 사람은 다양한 취사선택의 상황 속에 내몰린다. 사소한 선택도 있고 중대한 선택도 있겠지만, 어떤 선택이든 그것은 오로지 개인의 것이며, 그 선택이 어떤 선택이냐 하는 것은 개인이 자신을 어떻게 생각하는가에 영향을 미친다. 내가 누구인가를 정의하는 주체는 개인이며, 개인은 자기 자신을 정의함으로써 자신의 정체를 인식해 나간다. 우리가 무엇을 선택하느냐 자체가 바로 우리 자신인 것이다. 각자가 인식하는 자신의 정체는 선택의 결과다.

그런 만큼 당연히 그것은 개인에 따라 다를 수밖에 없다.

실존주의자는 가르칠 내용을 선택하고, 무엇이 옳은지 결정하고, 그러한 결정을 뒷받침해 줄 기준을 찾기보다는 학습자를 자유롭게 놔둔다. 교육과정은 체계적 지식이나 구조화된 학문이 아니며, 학생은 다양한 학습 상황 속에서 자유롭게 선택하도록 허락된다. 학습자는 자신이 배우고 싶은 지식을 선택할 수도 있다. 교육 내용의 비체계성과 교육 내용에 대한 학습자의 자율적 선택이라는 두 가지 원리 때문에 실존주의 교육철학은 초등학교 수준에 적용되기에는 지나치게 비체계적이고 자유방임적이라는 비판을 받는다.

실존주의자에 의하면 가장 중요한 지식은 인간의 조건과 개인이 당면하게 되는 선택 상황에 대한 지식이며, 교육은 개인이 선택의 자유, 선택의 의미, 선택의 책임에 대한 인식을 넓혀 나갈 수 있도록 하는 과정[16]이 되어야 한다. 따라서 집단적 기준, 권위, 확고한 질서—사회적인 것, 정치적인 것, 철학적인 것, 종교적인 것 등 어느 것이든—와 같은 것은 거부된다. 실존주의자에게 기준, 관습이나 전통, 영원한 진리 같은 것은 전혀 인정되지 않는다. 이 점에서 실존주의는 관념론이나 실재론과 정면으로 배치된다.

어떤 사람(주로 전통주의자나 보수주의자)은 실존주의는 학교교육 철학으로서는 제한된 의미만을 가진다고 주장한다. 왜냐하면 현대 사회 속에서 교육은 제도화된 학습과 사회화의 요소를 가지며 집단화 교육과 개인의 행위에 대한 제한, 관료주의적 조직을 필요로 하기 때문이다. 학교교육은 학생의 자유를 제한하는 과정이며, 그것은 어른의 권위와 공통적인 문화의 규범과 신념에 바탕을 둔다. 그러므로 자기 자신의 의지와 선택을 실현시키고자 하는 실존하는 개인은 학교나 그 밖의 다른 형식화된 거대 조직 속에서 어려움에 부딪힐 수밖에 없다.

실존주의에 입각한 교육과정은 개인이 철학적 대화와 선택의 상황에 참여할 수 있도록 하는 경험과 주제로 구성된다. 이때 선택은 개인적이고 주관적인 것이기 때문에 감정적이고 심미적이며 철학적인 주제가 적합하다. 문학, 드라마, 영화, 예술 등은 인간의 조건과 선택의 상황을 드러내는 것이기 때문에 무엇보다 중요한 자료로 부각된다. 교육과정에서는 자기표현활동, 실험, 감정, 느낌, 통찰 등을 예시하는 방법이나 매체가 강조된다. 교실은 각 학생들이 자기를 표현하도록 하는 자료로 넘쳐나며, 학교는 교사와 학생이 각자의 삶과 선택에 관하여 대화하고 논의하는 장소로 비춰진다.[17]

이상에서 설명한 철학사상에 대한 비교는 〈표 2-1〉에 잘 나타나 있다.

3. 교육철학 이론

관념론, 실재론, 실용주의, 실존주의의 네 가지 철학 이론에서 다양한 교육철학 입장이 도출될 수 있겠지만 보통 이러한 다양한 입장은 몇

〈표 2-1〉 주요 철학사상 개관

철 학	실 재	지 식	가 치	교사의 역할	학습의 강조점	교육과정의 강조점
관념론	영성적 · 도덕적 · 정신적인 것, 변하지 않는 것	내재적 관념을 재생하는 것	절대적이고 영원한 것	내재적 지식이나 관념을 의식의 표면으로 불러오는 것, 도덕적 · 영성적 지도자	지식과 관념을 회상하는 것, 최고의 형식으로서 추상적 사고의 습득	지식 위주, 교과 중심, 고전이나 자유교과, 교과의 위계, 철학 · 신학 · 수학을 가장 중요시
실재론	자연법에 근거하고 객관적으로 존재하며 질료로 구성됨	감각자료와 추상화로 구성되는 것	절대적이고 영원한 것, 자연법칙에 근거한 것	합리적 사고를 가르치는 것, 도덕적이고 영성적인 지도자가 되는 것, 권위의 원천	마음의 도야, 최고의 사고 형식인 논리적 · 추상적 사고의 습득	지식 위주, 교과 중심, 예술과 과학, 교과의 위계, 인문 교과와 과학 교과
실용주의	개인과 환경의 상호 작용, 항상 변하는 것	경험에 근거, 과학적 방법을 활용하는 것	상황 맥락적이며 상대적인 것, 변화되고 검증 가능한 것	비판적 사고와 과학적 연구 과정을 가르치는 것	변화하는 환경을 다루고 과학적으로 설명하는 방법의 습득	영원한 지식과 교과는 없다는 점, 문화 전수, 개인이 변화에 대처할 수 있도록 하는 데에 적합한 경험, 문제해결학습에 적합한 주제
실존주의	주관적인 것	개인의 선택에 의거한 지식	자유로운 선택에 의한 개인의 지각에 근거하는 것	개인적 선택과 자아 정체감을 도와주는 것	인간의 조건에 대한 지식과 원리의 습득, 선택의 행위	폭넓은 교과목 선택 가능성, 감정적 · 심미적 · 철학적 교과

가지 유형으로 정리하여 제시된다. 일반적으로 합의되는 교육철학의 유형은 항존주의, 본질주의, 진보주의, 재건주의다. 이러한 네 가지 교육철학적 입장은 앞에서 말한 네 가지 철학이론 중 하나나 여러 개에 그 뿌리를 두고 있다. 예컨대, 항존주의는 관념론에, 본질주의는 관념론과 실재론에, 그리고 진보주의와 재건주의는 실용주의에 뿌리를 두고 있다. 재건주의 중에서도 몇몇 입장은 앎과 가르침에 대한 실존주의적 설명에 의존하고 있기도 하다(교육과정 도움말 2-1 참조).

1) 항존주의

가장 오래되고 가장 보수적인 교육철학 이론인 항존주의는 관념론에 그 뿌리를 두고 있다. 19세기 후반에 이르기까지 식민지 시대, 혹은 후식민지 시대의 미국 교육은 이러한 항존주의적 사고방식의 지배를 받아 왔다. 초등교육 수준에서는 도덕 교육과 종교 교육뿐만 아니라 읽기, 말하기, 셈하기의 세 가지 기본 교과 교육이 강조되었으며, 중등교육 수준에서는 라틴어, 희랍어, 문법, 수사학, 논리학, 기하학 등의 교과가 강조되었다.

교육과정 도움말 2-1

철학에 대한 검증

어떤 사람은 철학은 가치와 신념을 반영하는 것이므로 철학에 대해서는 옳음과 그름을 논할 수 없다고 주장한다. 가치와 신념은 수학 문제와 같이 맞는 답, 틀린 답을 결정할 수 없다는 것이다. 그러나 철학은 그것이 함의하는 행위 혹은 사고의 질을 결정하는 기준에 의거하여 판단할 수 있다. S. Thomas Hopkins가 60년보다 훨씬 전에 철학의 검증 방법으로 자신의 교육과정 교재에 제시한 것이 바로 후자의 방법이다. (철학을 검증하는 기준으로서 그가 제시한 것도 '좋은 것' 은 무엇인가에 대한 그의 신념과 확실히 관련되어 있다.)

① **명확성**: 좋은 신념은 모호하지 않다. 그 의미는 명확하다. 그것을 가진 사람은 받아들일 만한 몇 가지 해석에 동의할 수 있다.
② **사실과의 일관성**: 좋은 신념은 사실에 대한 포괄적이고 정확한 연구에 근거를 두고 있다. 그것은 즉각적인 판단이나 불충분한 정보, 계획적이거나 승인되지 않은 선전에 근거를 두지 않는다.
③ **경험과의 일관성**: 좋은 신념은 경험과 일치되어야 한다. 그것은 개인의 삶 속에서 의미 있게 작용함으로써 합리성을 보장받는다. 또한 그것은 그것에 의하여 경험이 향상될 때 그 건전성을 검증받는다.
④ **다른 신념과의 일관성**: 좋은 신념은 다른 신념과 일관성이 있어야 하며 경험에 의하여 진리임을 검증받아야 한다. 그것은 기존의 신념 중에서 경험에 의하여 검증되지 않는 신념은 받아들이지 않는다. 검증되지 않은 신념은 새로운 신념에 의하여 수정받아야 한다.
⑤ **유용성**: 좋은 신념은 다른 좋은 신념을 제안하는 데에 적극적으로 활용될 수 있어야 한다. 그것은 새로운 제안, 새로운 가정, 더욱 정확한 관찰, 사실과 선전 사이의 정확한 구별, 미래의 가능성에 대한 믿을 만한 예견 등을 가능하게 해야 한다.
⑥ **단순성**: 다른 조건이 동일하다면 가장 적은 가정과 가장 명확한 가설을 기반으로 한 신념이 가장 좋은 신념이다.

출처: L. Thomas Hopkins, *Interaction: The Democratic Process* (Boston: D.C. Heath, 1941), p. 191.

항존주의는 과거, 특히 보편적으로 합의된 지식과 사회적으로 인정되는 가치로 이루어진 과거의 문화유산에 의존하는 교육철학적 입장을 가리킨다. 그것은 시간의 검증을 견뎌 온 지식의 영원성과 존재의 도덕적 · 영성적 · 육체적 항구성을 지지하는 버팀목이다. 그것은 우주, 인간 본성, 지식, 진 · 선 · 미 등의 본질은 변하지 않는다는 견해를 대표한다. 항존주의의 오랜 옹호자인 Robert Hutchins에 의하면 '인간의 인간다움의 기준은 어느 사회나 동일하다. 교육제도의 목적은 그것이 존재하는 어느 시대, 어느 사회에서나 동일하다. 그 목적은 인간을 인간답게 만드는 것에 있다.' [18] 이러한 견해에 의하면 교육은 항구적인 것이며, 절대적이고 보편적인 것이다.

항존주의자에 의하면 교육과 관련된 일체의 질문에 대한 대답은 오로지 한 가지 질문, 즉 '인간의 본성은 무엇인가' 에 대한 대답에서 나온다.

항존주의자는 인간의 본성은 항상적인 것이라고 주장한다. 인간은 이성적 추론의 능력과 자연의 보편적 진리에 대한 이해 능력을 가진다. 교육의 목표는 학습자가 이성적 추론의 능력을 발달시키고 지성을 연마함으로써 보편적 진리를 드러낼 수 있도록 하는 데 있다. 또한 도덕적 · 영성적 존재로서의 발달을 위해서 인성 교육도 중요하게 생각한다.

항존주의자가 생각하는 교육과정은 교과 중심적인 성격을 띤다. 그것은 분과 학문이나 논리적으로 조직된 지식의 체계로 주로 이루어지며, 언어, 문학, 수학, 예술, 과학에 중점을 둔 '자유' 교육적인 성격을 띤다. 교사는 해당 분야의 권위자며, 그의 전문가적 지식과 견해는 의심의 여지가 없는 것으로 인정된다. 따라서 교사는 해당 학문의 대가여야 하며 해당 학문 분야에 대한 논의를 이끌 수 있는 능력을 가지고 있어야 한다. 교수, 즉 가르친다는 것은 다름 아닌 학문적 논의와 학생들의 이성적 추론 능력을 자극시키는 기술을 가리킨다. 기본적으로 교수는 구두적 질문, 설명, 강의 등으로 이루어지는 소크라테스식 대화법에 의존한다.

학생은 미성숙한 인간이며 배워야 할 지식과 가치를 결정할 수 있는 판단 능력이 결여된 사람으로 파악되기 때문에 교육과정을 개발하는 데에서 학생의 관심은 그다지 중요하게 취급되지 않는다. 학생이 주어진 교육 내용을 좋아하든 싫어하든 그것은 부차적인 문제다. 모든 학생에게 동일하게 가르칠 단 하나의 교육과정만 존재하며 거기에는 선택과목이나 직업교육 또는 기술교육을 위한 내용이 끼어들 여지가 전혀 없다. 항존주의는 진보주의 교육의 허점에만 주목하고 그것의 강점과 성공에는 전혀 주의를 기울이지 않는다.[19)]

항구적 공부 항구적 혹은 본질적 공부라는 개념이 오늘날 지식과 진리의 개념을 규정한다. 항존주의자에 의하면 인류의 지적 유산을 이루고 있는 것이 곧 항구적 공부다. 그것의 내용은 일반적으로 자유 교과라 부르는 것, 혹은 서구 사상과 과학적 · 문화적 지식의 기반을 이루고 있는, Robert Hutchins가 말하는 '위대한 책들'에 그 바탕을 두고 있다. 위대한 사상가의 위대한 저술을 읽고 토론하게 함으로써 마음을 도야하고 지성을 연마시켜야 한다는 것이다. 이러한 위대한 책들로는 Plato, Aristotle, St. Augustine, St. Thomas Aquinas, Erasmus, Shakespeare 등의 저서를 들 수 있다.

이 위대한 책들은 원어로 읽도록 되어 있기 때문에 학생들은 라틴어와 희랍어를 공부해야 한다. 고전 공부와 언어 공부에 더하여 Hutchins는 문법, 수사학, 논리학, 근대 수학, 철학뿐만 아니라 읽기, 쓰기, 셈하기의 세 가지 기본 교과 공부도 강조하였다.[20)] 이러한 교육과정은 기본적으로 과거의 것으로 구성된다. 그것은 인간의 본성을 이성적인 것으로, 지식은 절대적이고 변화되지 않는 것으로 본다. Hutchins에 의하면 이러한 교육은 '지성을 연마시키는 데에 그 목적이 있으며 전문교육이나 예비 직업교육과는 다른 것이다. 그것은 실용주의적 교육과도 다르며 정신을 도야시키기 위하여 마련된 교육이다.'[21] 그것은 개인이 생각하는 능력을 갖추도록 함으로써 여러 가지 다양한 직업에 대한 준비가 되도록 하고 삶과 현실 생활에 잘 적응할 수 있도록 준비시키는 보편적이고 폭넓은 교육이다. 과거의 위대한 사상을 공부함으로써 인간은 미래의 삶에 더욱 효과적으로 대처할 수 있게 된다는 것이다.

파이데이아 제안 항존주의의 부활은 Mortimer Adler의 『파이데이아 제안(Paideia Proposal)』의 출판에서 시작되었다. Adler는 지성을 계발하기 위한 세 가지 종류의 교육과정과 수업을 개발하였다. 그것은 설명식 강의법에 의한 기본 지식의 습득, 실습에 의거한 기본 학습 능력의 습득, 그리고 소크라테스식 교수법에 의거한 개념과 가치의 이해를 가리킨다.[22]

〈표 2-2〉에 자세하게 제시되어 있는 세 가지 영역의 집중적 교육과정 및 수업은 John Dewey의 『민주주의와 교육(Democracy and Education)』과 Ralph Tyler의 『교육과정과 수업의 기본 원리(Basic Principles of Curriculum and Instruction)』에 제시되어 있는 것과 동일하다.

일반 자유교육은 모든 학생에게 동일하게 적용될 수 있는 최선의 교육이다. 요컨대, 동일한 교육과정과 동일한 교수-학습 과정이 모든 학생에게 적용되어야 한다는 것이다. 이러한 비실용적 혹은 교양적 교육과정은 미래의 직업 생활을

〈표 2-2〉 파이데이아 공부 과정

교육과정과 교수 주안점	교수 방법	교육 내용
지식의 습득	설교식, 설명식 강의, 설명 기본 질문 실험적 시범 교과서 사용	언어a 문학 수학 과학 역사, 지리 미술
학습 기술	개인지도 연습, 문제 감독하의 연습 컴퓨터와 기타 교수 매체의 사용	읽기, 쓰기b 말하기, 듣기 관찰, 측정 추정 비판적 판단
아이디어와 가치	소크라테스식 대화 적극적 참여 철학 에세이와 논쟁 창의적 프로젝트c	교과서 이외의 필독서에 대한 토론 간학문적 교과(문학, 역사, 과학, 철학 등) 언어 활동과 예술 활동의 참여

출처: Mortimer J. Adler, *The Paideia Proposal: An Educational Manifesto* (New York: Macmillan, 1982), pp. 23-32.
a 전통적 대학 전공 교과, b 언어 기술, 수학 기술, 과학 기술, c 고도로 창의적이고 개별화된 프로젝트

위한 직업교육이나 전문기술 훈련과는 다른 의미에서 매우 실제적인 가치를 가지는 것이다. 특정 직업에 대한 훈련을 받은 사람이라도 실제 일을 시작할 때는 다시 재교육을 받아야 하는 경우도 있다. 모든 학생에게 필수적인 교과는 언어, 문학, 미술, 수학, 자연과학, 역사, 지리학 등이다. 파이데이아 그룹은 이러한 기본 교과를 강조하지만 그 자체를 목적으로 생각하지 않고 지적 능력을 연마할 수 있도록 해 주는 계기로 생각한다. 기본 지식의 습득 이후에 추구되는 지적 능력에는 읽기, 쓰기, 셈하기의 3R과 말하기, 듣기, 관찰, 측정, 추정, 문제 해결 등이 포함된다. 기본 지식의 습득과 기본 지적 능력의 습득은 보다 높은 수준의 학습과 반성, 그리고 인식을 가능하게 한다. Hutchins와 같이 Adler에게도 교육의 목적은 중요한 지식과 사고 능력을 연마하는 데에 있다. 파이데이아 교육 프로그램의 권장 도서는 '최고의 책들'—Hutchins의 표현으로는 '위대한 책들'—이다.

항존주의자들이 옹호하는 교육은 지적 엘리트주의를 강조하는 소수 교육자의 지지를 받는다. 그러한 교육자들은 학생의 학업 성취도 측정, 엄격한 학업 성취 기준의 적용, 우수한 학생의 선발을 강조한다. 보통 자유교과로 이루어진 공통 교육과정이 권장되며 학생들의 관심과 희망을 고려한 선택의 기회는 거의 제공되지 않는다. 항존주의자에게 교육의 진정한 평등은 모든 학생에게 동일한 종류의 교육, 다시 말해 지적으로 높은 수준의 교육을 제공함으로써 실현될 수 있는 것이다. 이런 점에서 어떤 학생에게 직업교육을 시키는 것은 교육 기회의 평등에 어긋난다. 진정한 교육의 평등은 양질의 교육, 즉 보편적·항구적 교육과정을 실시함으로써 실현될 수 있다는 것이다.

자유교과로의 복귀 몇 년 전 Allan Bloom은 『미국적 이성의 종말(The Closing of the American Mind)』에서 교육이 보편적 기준과 내용을 잃고 특정 시간과 장소에 따라 달라지고 있는 것에 대한 우려를 표명한 바 있다.[23] 다른 항존주의자와 마찬가지로 Bloom은 문화적 상대주의—현실적인 추구, 즉각적 결정, 적합성과 자아 존중감 등의 강조—가 미국 교육의 질을 하락시키고 있다고 주장하였다. 현재의 교육 매체와 제도는 안일하고 경박하다고 할 정도로 비판적 사고의 교육에 무관심하다. 진지한 자유 교과교육과 과학 교육이 이루어지지 않고 과거의 위대한 작품과 사상과 단절됨으로써 현재 미국의 젊은이들은 교육적으로 깊이가 없다는 것이다.

국가적 차원에서 Bloom은 현재 미국 사회는 교육적 허무주의, 즉 엄격한 학문적·비판적 사고를 경시하는 풍조로 치닫고 있다고 주장한다. 학교, 특히 대학은 진지한 사고를 교육하는 장소가 아니다. 현재 미국의 교육제도는 사람을 교육시키고 진지한 학습과 학문을 위한 장소를 제공한다는 기본적인 역할을 다하지 못하고 있다. 평등이라는 잘못된 이념이 지배하고 수월성이라는 보편적 기준을 배척하고 있다. 진리의 기준(물론, 이것이 누구의 진리인지는 물어볼 수 있다)에 입각하여 무엇이 옳고, 무엇이 그른지에 대한 입장을 분명히 하는 것을 무가치한 것으로 생각하고 오로지 실수 없는 선택을 하면 그만인 것으로 생각한다.

Bloom은 미국 교육이 어떻게, 어디에서 잘못 되었는지를 스스로 묻기를 원한다면 보다 근본적인 분석과 개혁이 필요하다고 제안한다. 미국 교육을 치유하고 문화적 상대주의가 야기한 문제를 완화시키기 위해서 Bloom은 60년보다 훨씬 전에 Hutchins가 한 것과 마찬가지로 위대한 사상가와 저서를 중심으로 교육받은 사람의 이상을 재정립하고 자유교육의 미덕을 재확립해야 한다고 주장한다.

Bloom은 그의 최근의 책에서 보다 도전적이고 국가적 문화의 보존에 필수적인 것을 중요시하는 교육에 대한 그의 요구를 강한 어조로 강조하고 있다.[24)]

2) 본질주의

항존주의와 함께 전통적이고 보수적인 교육철학의 하나는 본질주의다. 이것은 관념론과 실재론 두 가지에 뿌리를 두고 1930년대 진보주의에 대한 반격으로 부상하여 1950년대와 1960년대 냉전시대와 스푸트니크 쇼크 시대에 주도권을 잡았다. 본질주의의 아이디어는 컬럼비아 대학교의 William Bagley에 의하여 기초를 마련하였고 그 후 일리노이 대학교의 Arthur Bestor와 Admiral Hyman Rickover에 의하여 발전되었다.[25)]

본질주의자에 의하면 학교 교육과정은 기본과 본질에 충실해야 한다. 다시 말해, 초등학교 수준에서는 읽기, 쓰기, 셈하기의 3R 교육에 충실해야 하며, 중등학교 수준에서는 영어, 수학, 과학, 역사, 외국어 교육 5개 주요 교과에 충실해야 한다. 항존주의와 마찬가지로 본질주의도 교육과정의 내용을 강조하지만 과거의 문화유산에 뿌리를 두지 않고 동시대적인 것을 더 강조한다. 항존주의와 본질주의는 모두 미술, 음악, 체육, 가정 등의 교과를 배격하고 직업교육을 가벼운 것으로 치부해 버리며 한정된 교육 재정으로 충당할 수 있는 교과를 선호한다(왜냐하면 학문적 교과에 비하여 미술, 음악, 체육 등의 교과는 시설이나 재료, 교사 대 학생의 비율 면에서 훨씬 더 많은 비용이 들기 때문이다). 항존주의는 이러한 교과를 쓸데없고 의미 없는 것으로 철저히 배격하지만, 본질주의는 이러한 비주요 교과에 대하여 과목 수와 시간을 최소한으로 한정하는 방식으로 어쩔 수 없이 학교 교육과정에 수용하는 태도를 보인다. 그리하여 현재 중등 교육과정에서는 주요 교과와 비주요 교과가 평행을 이루는 경향이 있다.

항존주의가 학생의 마음을 지식을 흡수하는 스펀지로 간주하는 것과 마찬가지로 본질주의도 학생의 마음을 사실과 지식을 흡수하는 스펀지로 본다. 그러나 본질주의자들은 개념적 사고와 교과의 원리, 그리고 이론의 습득에도 관심을 가진다. 항존주의자와 본질주의자는 모두 모든 학생에게 개별적 능력과 관심에 상관없이 동일한 교육과정—지적 능력을 연마할 수 있는 내용—이 제공되어야 한다고 생각하지만 그 양과 정도는 학습자의 개별적 능력에 따라 달라져야 한다고 생각한다.[26)] 즉, 학생의 개별적 능력에 따라 학습의 진도가 조절되어야 한다는 것이다.

항존주의자와 마찬가지로 본질주의자는 각 교과의 기본을 이루고 있는 기본 능력, 사실, 개념의 완전한 습득을 강조한다. Admiral Rickover는 '모든 아동에게 교육의 과정은 각자의 능력을 최대한으로 발휘하여 사실적 지식을 흡수하는 과정이어야 한다.' 고 기술하고 있다.[27)] 학생의 개인적 관심이나 사회적 이슈를 고려하는 교육과정은 쓸데없으며, 심리학적 이론에 의거한 교수 방법도 마찬가지로 쓸모없다. Bestor가 주장하는 바와 같이, '청소년의 개인적 문제를 고려하다 보면 한도 끝도 없어서 결국 학교가 진정으로 관심을 가져야 할 학생들의 지적 발달 문제는 뒷전으로 밀려날 수도 있다.'[28)] 학교가 인지적 교육에 소홀하고 학생들의 사회적 · 심리적 문제에 주의를 기울일 때 학교는 그 본래의 역할에서 탈선한 것이다(학업적 수월성에 대한 최근의 특별 조사단 보고서는 이러한 판단을 잘 보여 준다). 교육과정은 엄격한 도야와 훈련, 많은 양의 숙제와 진지한 공부로 들어차야 한다. Rickover가 주장하는 바와 같이, '학생이 공부를 열심히 하도록 만들어야 하며 공부 이외에 어떤 다른 것에도 마음을 빼앗기지 않도록 해야 한다.'[29)]

교사의 역할에 대한 본질주의의 입장은 항존주의의 견해를 그대로 따른다. 교사는 특정 교과나 학문의 대가이며, 모방할 만한 모범이다. 교사는 자신의 지식과 자신이 따르는 삶의 기준에 의해 권위자로 존경받아야 한다. 교사는 교실 전체를 좌지우지하는 사람이며, 교실의 교육과정을 학생들의 견해를 최소화하면서 전적으로 결정할 수 있는 사람이다.

오늘날 본질주의는 학업 성취 기준을 올리고 학생의 공부와 마음을 더욱 발달시켜야 한다는 대중의 요구에 잘 반영되어 있다. 이것은 「위기에 선 국가(A Nation at Risk)」와 더 최근의 「낙오자 없는 학교(No Child Left Behind)」와 같은 보고서(이 밖에 제5장에서 논의되는 수월성과 관련된 다른 보고서들), Ernest Boyer의 『고등학교(High School)』과 Theodore Sizer의 『호라스의 타협(Horace's Compromise)』(이것도 고등학교에 대한 것이다) 등에 잘 나타나 있다. 현재의 본질주의 철학은 스푸트니크 시대보다—예컨대, 그 시대에 학업 성취도가 낮은 학생들에게 하였던 것보다—좀 완화되기는 했지만 여전히 (놀이보다는) 공부를 강조하고 (아동의 전인적 발달보다는) 인지적 사고를 강조한다. 또한 본질주의적 입장은 전반적인 학업 성취도 저하 현상에 대응하여 1960년대 후반에서 1970년대에 나타났던 앞서 간단히 언급하였던 두 가지 운동에도 반영되어 있다. 이 두 운동은 현재 몇몇 사람에 의하여 비판을 받고 있지만 교육자와 일반 대중의 지지가 충분하기 때문에 아마 미래에도 계속 유지되리라 생각한다.

기본 교육과정으로의 복귀 학업 성취도 미달 학생의 자동 진급, 쓸데없이 많은 선택과목, 공부보다는 재미를 위해 꾸며진 교과서 등이 학생의 기본 학업 능력을 저하시키는 주범으로 자주 언급된다. 오늘날의 걱정은 스푸트니크 시대 바로 직후에 들려왔던 걱정과 어느 정도 비슷한 것으로, 학업의 수월성이나 학구열보다는 기본으로의 복귀를 요구하는 것이다. 교육 개선방안에 대한 연간 갤럽의 여론 조사에 의하면 1976년 이후에는 '기본 교과를 가르치는 데에 보다 열의를 가져야 한다.' 거나 '교육과정 성취 수준을 높여야 한다.' 는 의견이 1위부터 5위까지의 대부분을 차지하였으며, 1980년대에는 이러한 의견이 매년 1, 2, 3위를 기록하였다.[30)]

2000년에는 미국 아이오와 주를 제외한 모든 주가 모든 과목은 아니더라도 몇몇 과목에 성취 기준을 정하였고, 44개 주는 영어, 역사, 수학, 과학 네 과목의 성취 기준을 정하였다. 2003년에는 주마다 기준이 달랐지만 26개 주에서 학생들이 주 단위 시험에 통과하지 못하면 고등학교를 졸업하지 못하도록 하였다. 13개 주에서는 초등학교에서 표준화 시험을 시행하여 월반 여부, 방과 후 수업이나 여름방학 수업 등의 보충수업 수강 여부를 가리고 재시험의 기회를 제공하기도 하였다.[31)] 이와 동일한 취지로 학생의 학업 성취도 향상과 관련된 교사의 인센티브제를 시행한 주도 많이 있다. 개별 우수 교사에 대한 보너스 지급, 성취 기준 도달 학교 교사 전원에 대한 보상, 학생들이 성취 기준을 만족시킨 도시 내의 모든 학교의 모든 교사에 대한 특별 급여 지급 등 그 구체적인 방식은 다양하다. 교사와 행정 관료에 지급된 보너스 액수는 1,000~5,000달러 정도였으며, 교장에게는 25,000~35,000달러의 보너스가 지급되었다.[32)]

이러한 운동의 일환으로 40개 이상의 주에서는 초임 교사에게 필기, 문법, 수학 등의 기본 능력과 영어, 사회과학, 과학 등 담당 과목에 대한 학문적 지식, 자격증 취득을 위한 교생 실습 등 최소 요구 능력을 갖추고 있다는 것을 증명해 보일 것이 요구되었다. 가장 큰 문제점 중 하나는 백인계 교사와 비백인계 교사 사이의 단순 교수 능력시험의 합격률 격차뿐만 아니라 아시아계 학생과 백인 학생 사이의 성취 능력 격차에 비하여 아프리카계 미국인 학생과 라틴 아메리카 학생 사이의 성취 능력 격차가 좀처럼 좁혀지지 않는다는 데에 있었다.[33)]

이러한 기본 교육과정으로의 복귀운동이 사람에 따라 여러 가지 의미로 해석할 수 있는데도 그것은 대체로 초등학교에서는 읽기, 쓰기, 수학을 강조하는 본질주의적인 교육과정을 뜻하는 것으로 여겨졌다. 영어, 역사, 과학, 수학과 같은 '중교과(solid subject)' 는 전 학년에 걸쳐 가르친다. 영어는 언어학이나 비표준 영어가 아닌 전통 문법을 가르친다. Shakespeare의 작품은 가르치지만 현대 소설가 Lolita의 작품은 가르치지 않는다. 역사는 아프리카계 미국인의 역사나 민족지학이 아닌 미국과 유럽 역사, 아시아, 아프리카 역사를 가르친다. 과학은 생물학, 화학, 물리학을 가르치며 생태학은 제외된다. 수학은 현대 수학이 아닌 전통 수학을 가르친다. 이러한 과목은 모든 사람이 배워야 할 것으로 규정된다. 선택 강좌나 단기 강좌는 말할 것도 없고 통합 사회과학 강좌나 교양과학 강좌는 '경교과(soft subject)' 로 간주되었다. 몇몇 사람에게 여전히 이러한 운동은 단순히 기준에 얽매어 있고 교육과정의 평가, 특히 고부담 평가(high-stakes test)에 적합한 내용으로 채우고 있는 것처럼 보이기도 한다.

그러나 이러한 운동을 옹호하는 사람은 글도 깨우치지 않은 많은 학생이 자동적으로 상급 학년으로 진급하고, 결국 졸업까지 하게 되면 고등학교나 단과대학 졸업장은 학업 성취 능력을 재는 척도의 기능을 상실하게 될 것이라고 우려한다. 이들은 최소한의 성취 기준은 정해야 하고 기본 학습 능력과 학문적 지식이 현대사회에서의 직장 생활과 생존에 필수적인 것으로 생각되어야 한다고 주장한다. 이러한 사람 중에는 개방형 입학제나 체험 학습 학점, 보충 학습 과정, 학점 인플레이션을 폐지하려는 대학 교수도 있다. 이들은 합당한 고등학교와 단과대학 교육 기준을 주장하며, 시간에 따른 교육적 기준의 검증을 위하여 시험을 실시할 것을 주장한다. 그리고 학생과 교사, 부모가 각자의 책임을 다하도록 압력을 가한다.[34]

이러한 운동이 확산되고 입법자나 대중도 최소한의 학업 성취 기준을 정할 필요성을 확신하고 있는 데도 여전히 다음과 같은 질문을 제기할 수 있다. 어느 선까지가 최소 학업 성취 기준인가? 그 기준에 도달하지 못한 학생들에 대하여 우리는 무엇을 해야 하는가? 그러한 학생은 학교가 잘 가르치지 못해서 그런 것인데 과연 그들에게 벌을 주어야 하는가? 거의 모든 경우에서 시험에 합격하지 못한 학생은 백인 학생보다 백인이 아닌 학생이 비율적으로 더 많은데 법원과 학교 지역구는 이 사실을 어떻게 다루어야 하며, 학교 지역구는 어떻게 정해져야 하는가? 최소 학업 성취 기준을 정하는 문제가 먼저인가, 아니면 교육 기회의 평등을 보장하는 문제가 먼저인가? 이러한 모든 것이 다 해결된다는 것은 교육적으로 말하여 학업의 수레바퀴를 완전히 다시 만드는 것을 의미하는 것은 아닌가?

이러한 운동에 우려를 표명하는 개혁가들은 교육에의 부모 참여는 급증하는 이혼율, 한부모 가정의 증가, 일하는 엄마의 증가와 그에 따른 나홀로 아동의 증가(지난 35년 동안 3배까지 증가하였다)[35] 등으로 나타나는 가족 구조의 변화 때문에 점점 기대하기 어려워지고 있다는 점을 지적한다. 이러한 가정의 부모는 자녀에게 기본 학습 능력을 교육하고 그것을 관리해 줄 시간과 에너지가 부족할 수밖에 없다.

내용 강조, 과정 소홀 국가적 베스트셀러의 하나인 E. D. Hirsch의 『문화적 문해(Cultural Literacy)』는 문화적(Hirsch는 이것을 '기능적' 이라고 부른다) 교양과 대중 사이의 효과적인 의사소통 능력을 갖추기 위하여 필요한 배경 '지식' 을 강조하고 있다. 역사, 지리, 문학, 과학, 공학 기술 분야를 망라한 5,000개의 필수 단어집의 편찬은 이러한 그의 주장을 잘 보여 준다.[36] 〈표 2-3〉에는 이 책에서 발췌한 것으로서 각자의 교양 정도를 시험해 보기 위한 50개의 사람 이름, 구, 개념(날짜는 기록되어 있지 않다)이 제시되어 있다.

이 책에는 과거와 현재, 국내와 국외의 이름,

〈표 2-3〉 교양인이 필수적으로 알아야 할 50개 이름, 구, 개념

Absolute monarchy	Centigrade
Acculturation	Chamberlain
Acid rain	Chekhov, Anton
Aeneas	Chernobyl
Aesop's fables	Cholesterol
Alien and Sedition Acts	Chutzpah
Apollo program	*Cid* (title)
Auxiliary verb	Clemens, Samuel
Babylon	Cobb, Ty
Bacillus	Cohan, George M.
Bangkok	Cologne
Bard of Avon	Colon
Bay of Biscay	Common Market
Becket, Saint Thomas á	Communist Manifesto
Berlin, Irving	Congressional Record
Bing Ben	Congress of Vienna
Black, Hugo	Cyclops
Brussels	Czar
Brutus	Damascus
Calvin, John	Dante
Candide (title)	Darrow, Clarence
Canterbury Tales	D-Day
Cape Hatteras	Degas, Edgar
Capital expenditre	Detente
Catch-22 (title)	Dien Bien Phu

출처: E. D. Hirsch, *Cultural Literacy: What Every American Needs to Know*, rev. ed. (Boston: Houghton Mifflin, 1987), Appendix.

사람, 장소, 어구 등을 나타내는 단어가 섞여 있는 것으로 추정되지만 대부분의 단어는 교양에 대한 보수적인 해석을 반영하고 있다. 즉, 전체 단어 중 80% 이상이 과거의 사건이나 사람, 장소를 가리키며, 약 25%는 고전에 나오는 내용과 관련되어 있다.

Hirsch는 교수 과정이나 학생들에게 생각하는 법을 가르치는 데에 강조점을 두기보다는 학교교육의 전 과정에 걸쳐 특정 정보의 중요성을 강조하고 있는 것으로 보인다. 그를 비롯한 점점 증가하는 다른 본질주의자들(Lynne Cheney, Chester Finn, Diane Ravitch 등)은 사실을 많이 알면 읽고 보고 듣는 것을 이해하는 학생들의 능력이 많이 자란다고 생각한다. 그들은 배경 지식 또는 본질적 지식의 핵심을 습득하는 것은 미래의 의사소통 활동과 전공 공부를 위하여 중요하

다고 생각한다. 이러한 본질주의자들은 교육 내용을 무시하고 교육의 과정이나 사고 기술을 강조하는 최근의 교육 경향으로 말미암아 국민의 교양 수준이 저하되었다고 주장한다.

Hirsch를 비롯한 본질주의자들은 생각하는 방법이나 심지어 읽는 방법을 배운다는 것이 교과 내용과 무관하게 어떤 특정 기술을 습득하는 과정으로 여기는 것은 매우 잘못된 것이라고 생각한다. 그런 생각은 학생들이 단순 교과를 넘어 정보 습득을 위하여 읽기 시작하는 순간 바로 무너진다는 것이다. 과정이나 기술은 전체 그림 중 일부에 불과하다. 교육받은 사람은 지식을 자유자재로 구사할 줄 아는 사람이다. 전통적 교육자들에게 교육의 목적은 젊은이들에게 미래에 대해 준비를 시키는 것을 의미할 뿐만 아니라 이것보다는 젊은이를 문명 세계로 입문시키는 것을 의미한다. 어른 사회에서 공유되는 지식과 가치를 다음 세대의 젊은이들에게 전수할 필요가 있다는 것이다. 그들에 의하면 공유된 문화유산이 젊은이에게 전수되지 않는다면 사회는 파편화되고 정보를 습득하는 능력, 그리고 다양한 계층의 사람들과 의사소통할 수 있는 우리의 능력은 상당한 정도로 제한될 수밖에 없다.

교육의 수월성 기본 교육과정으로의 복귀운동이 가져온 파급 효과는 1980년대 학교교육에서의 수월성 강조, 빡빡한 전공 과정으로 나타났다. 이러한 경향은 본질주의자들이 학교교육에 지대한 영향을 미쳤던 냉전시대 이후 스푸트니크 시대와 맥을 같이 하는 것이다. 현재 그것은 국방문제뿐만 아니라 과학 기술과 경제력 문제라는 보다 폭넓은 문제와 관련되어 있다. 학문의 질을 높여야 하는 문제가 얼마나 심각한 문제였는가는 교육 수월성과 관련된 정책 보고서 여러 편에서 발견된다. 그중 가장 유명한 보고서는 1980년대 중반에 발표된 「위기에 선 국가(A Nation at Risk)」와 1990년대 Bush 정부 때 발표되어 1994년과 1998년 Clinton 정부 때 수정되었던 「국가적 교육 목표(National Goals for Education)」다. 이 모든 보고서는 한결같이 미국 전역의 교육의 질 향상을 위한 개혁을 요구하고 스푸트니크 시대의 유물인 국제 '경쟁'과 '생존'을 강조한다. 결국에는 국가 성취도 기준의 향상을 강조하고 있다.[37)]

전반적으로 이러한 경향은 모든 학생(단지 대학생에만 국한된 것이 아닌)에게 해당 학문 분야에서의 최고의 성취 수준(단지 최소 능력이 아닌)을 요구하는 것이다. 이것은 인지적 측면의 성취(전인적 측면의 성취가 아닌), 엄격한 등급 매김, 측정, 훈련(느슨한 기준에 입각한 것이 아닌)을 강조하는 것을 의미한다. 또한 코스 합격과 졸업 자격 취득을 위한 보다 높은 기준의 강조를 의미한다.

몇몇 사람은 이러한 접근은 사고, 추리, 문제해결 등의 기본 능력을 강조하는 것 이상을 의미하는 것이라고 주장한다. 이것은 고등학교 수준에서 미적분, 물리학, 고급 외국어 등과 같은 어려운 과목을 가르쳐야 한다는 것을 의미하며, 기본 학습 능력이라는 개념 자체를 변화시켜 높은 수준의 학습 능력과 지식, 그리고 미래의 정보통신 세계에 대한 요구인 제4의 R로서 컴퓨터 관련 기능을 포함시켜야 한다는 것을 의미한다. 교수법 향상, 교사와 학교의 향상, 경제 분야에서의 경쟁력 향상을 위한 인적 자원의 활용 등이 강조된다. 여기에 생산성이 강조됨은 더 말할 나위가 없다. 더 나아가 국가적 경제와 정치의 건강성과 활력을 교육제도의 강화와 연결하는 것은 당연하다.

수월성이라는 개념에 대하여 보다 폭넓은 정의를 허락하고 수월성에 대한 다양한 모형과 기준을 제시하는 사람들도 있다. 학교교육에서 수학과 과학 과목의 수월성에 대한 지나친 강조, 그에 따른 다른 수월성, 즉 언어, 인문, 음악, 공간지각, 신체 동작, 도덕, 인간관계, 개인 심리, 정보 처리[38] 등의 수월성에 대한 경시 경향을 비판하는 사람도 여전하다. 또한 공평, 평등의 문제는 카펫 밑으로 들어가고 도덕적 지식이나 공동체적 봉사, 배려 등의 덕목도 희생된 채 학문적 기준만 지나치게 강조되어, 고등학교 낙제생은 묻혀 버리고 공부만 잘하는 학생만 부각되는 후기 스푸트니크 시대로의 복귀 현상을 염려하는 사람도 있다.[39] 또한 수월성의 강조가 실망감을 안겨 줄 것이라는 우려의 목소리도 들린다. 이에 의하면 시험을 자주 보고 코스 이수 조건을 늘리는 것이 자동적으로 학생의 수행 수준을 높여 준다는 생각은 틀린 생각이다. 학생의 수행 수준을 높이려면 이것 외에도 학생, 교사, 부모가 모두 동기 부여가 되어야 하며 학교와 학교 지역구 수준의 재정적 지원도 확실해져야 한다(교육과정 도움말 2-2 참조).

어쨌든 기본 교육과정으로의 복귀 운동의 보편적 주제는 적합성이 아닌 수월성, 즉 다양한 형태의 수월성이다. 그 초점은 생산성, 많은 시험, 많은 숙제, 보다 나은 교과서 선택, 능력 있는 교원 등에 있다. 교육자나 대중 사이에서 합의되는 사실은 학생은 기본 혹은 선수 학습 능력을 완벽하게 습득해야 할 뿐만 아니라 보다 뛰어나야 하고 창의적으로 사고하며 문제 해결 능력도 갖추고 각자의 잠재력을 최대한으로 발전시켜야 한다는 것이다. 이렇게 되면 대중도 학교교육의 실질적 개혁과 더 좋은 교육과정을 위해서 많은 자본을 기꺼이 투자할 것이다.

3) 진보주의

진보주의는 교육에 대한 항존주의적 사고방식에 대한 항거로써 실용주의 철학에서 발전하였다. 교육에서 진보주의 운동은 20세기 초 미국사회를 특징적으로 규정하는 정치사회적 개혁운동의 일환이라고 할 수 있다. 이것은 1920년대의 머크레이커(muckraker)운동뿐만 아니라 Rovert LaFollette, Theodore Roosevelt, Woodrow Wilson과 같은 진보주의적 정치사상가에게서 나왔다. 진보주의는 교육, 사회, 정치 분야의 현실개혁운동이라고 할 수 있다.

교육에서의 진보주의의 뿌리는 18세기의 Thomas Jefferson과 Benjamin Rush의 개혁서, 19세기의 Horace Mann과 Henry Barnard, 그리고 20세기 초기의 John Dewey의 저작으로 거슬러 올라간다.[40] Dewey는 그의 사상이 가장 포괄적으로 드러나 있는 『민주주의와 교육

교육과정 도움말 2-2

학문적 수월성의 판별과 보상

학교는 보다 높은 학업 성취 기준과 더불어 학생의 성취를 높이기 위한 학업 동기 부여 방법을 소개하고 있다. 학생들에게 높은 성취에 대한 동기를 부여하고 보상하는 몇 가지 방법적 제안을 제시하면 다음과 같다.

① 아동, 특히 저학년 아동의 학습에 부모를 참여시켜라. 아동의 학습을 어떻게 도와주고 어떻게 동기를 부여해야 하는지, 어떻게 주도적이고 독립적인 학습이 이루어지도록 할 수 있는지 등에 관하여 부모를 가르치는 강좌를 개설하라.
② 모든 과목을 A 받은 학생, 상을 가장 많이 받은 학생, 졸업생 대표 등과 같이 과거와 현재의 '공부 모범생' 명단을 우등생 벽보에 게시하라. 사진을 영구 게시하라.
③ 우등생 명수를 늘리고 개인별 성적표를 부모에게 보내고 학교 소식지에 이름을 실음으로써 얼마나 진보하고 성취하였는지를 통보하라.
④ 교사는 3개월이나 6개월에 한 번씩 각 학년별 1등을 선별하라. 상으로 상장, 상패, 메달, 트로피, 저축 증서, 고전 책 등을 수여할 수 있다.
⑤ 매 학기 학업 문제를 위한 특별회의를 개최하라. 지역 신문이나 잡지에 우등생 이름을 게시한다. 우등생과 그 부모를 특별 점심 혹은 저녁 식사모임으로 치하한다.
⑥ 초등교육 수준에서 특별 집중반을 개설하고 중등교육 수준에서는 공부를 잘하는 학생을 위한 특별 고급반이나 우등생 프로그램을 개발하라.
⑦ 낙제생이나 한두 가지 과목에서 보조를 필요로 하는 보통 학생을 위하여 가정 학습이나 개인지도 프로그램을 개발하라. 공부를 잘하는 학생을 동료 교사로 활용할 수도 있다.
⑧ 공부 잘하는 학생을 학교의 운동 선수만큼이나 띄워 주어라. 우등생 클럽을 만들어 지원자에게 지위를 부여하고 선전하라.
⑨ 지역 경제 산업체와 협력하여 공부를 잘하는 학생을 널리 알리고 포상하라.
⑩ 과거와 현재의 우등생을 포함하여 학생 지도자를 담은 영상물을 만들고 공부를 잘하는 것이 곧 성공적인 동문을 만드는 일임을 상기시켜라.
⑪ 학생들 사이에서의 학업에 대한 지나친 경쟁을 경계하라. 지적 목표와 사회적 목표 사이의 균형을 유지하도록 하고 (꼭 A만 받는 학생이 아니라) 능력 있는 학생을 판별하는 데에 힘을 쏟아라.
⑫ 특정 분야에 보조를 필요로 하는 학생이나 NAEP, ACT, SAT 시험을 대비하는 학생을 위하여 토요일이나 여름방학 동안 공부클럽, 독서클럽, 기타 다른 기술을 익히는 클럽을 마련하라.

(Democracy and Education)』에서 민주주의와 교육은 손잡고 함께 가야 한다고 주장하였다. 그는 민주주의 사회와 민주주의 교육은 어느 하나가 다른 하나의 준비이거나 어느 하나가 되면 반드시 다른 하나도 되는 절대적인 관계에 있는 것이 아니라 상호적이며 동시적인 관계에 있는 것이라고 주장하였다. Dewey에 의하면 학교는 학생이 민주주의적인 삶을 영위하는 데에 필요한 기술과 도구를 배우고 연마하는 민주주의 사회의 축소판이다.[41)]

진보주의 사상에 의하면 학습하는 데에 필요한 기술과 도구는 문제 해결 방법이며, 과학적 탐구 방법이다. 게다가 학습 경험에는 타인과의 협동 과정과 자기 훈련 과정이 동시에 포함되어야 하며, 이 두 가지는 민주주의적 생활 방식에서 중요한 것이다. 이러한 기술과 경험을 통하여 학교는 사회의 문화를 전수함으로써 학생들이 변화된 세계에 적응할 수 있도록 준비시킨다. 실재는 부단히 변화되는 것이기 때문에 Dewey는 항존주의자들이나 본질주의자들처럼 고정된 지식 체계를 강조하지 않는다. 진보주의는 '무엇을' 사고할 것인가가 아니라 '어떻게' 사고할 것인가를 강조한다. Dewey는 '교사는 무엇인가를 주입하고 학생들은 그것을 받아들이거나 흡수하는 식의 전통적 교육은 수동 축음기판에 음악을 새겨 넣어 암송이나 시험 때 버튼만 누르면 녹음된 것이 즉시 재생되도록 하는 것과 같다.' 고 말한다.[42]

Dewey를 비롯한 진보주의 사상가들에 의하면 교육과정은 성격상 간학문적인 것이어야 하며 책과 교과는 궁극적 지식의 원천이라기보다는 학습 과정의 한 부분이 된다. 이 때 교사의 역할은 진보주의적 사고 아래에서만 의미 있게 규정될 수 있다. 교사는 학생들의 문제 해결 과정이나 과학 프로젝트 수행 과정의 안내자다. Dewey와 William Kilpatrick은 모두 이러한 교사의 역할을 '그룹 활동의 리더' 라고 부른다. 교사와 학생은 함께 활동을 계획하며(후에 Dewey가 최종 권위자는 교사라는 사실을 강조하였지만) 학생들이 연구 주제를 정하고 자료를 분석·해석·평가하고 그들 나름의 결론을 도출하는 전 과정에 도움을 주어야 한다.[43]

이러한 진보주의 운동은 아동 중심, 활동 중심, 창의성, 신프로이트 학파 등 몇 가지 갈래로 나뉘는데, Dewey는 이러한 갈래의 그룹이 자신의 사상을 잘못 해석하고 적용하고 있다고 비판하였다. 그는 지식을 그 자체로 추구하는 과거 철학자들을 비판한 것과 마찬가지로 지식이 아무런 가치도 가지지 않는 것으로 생각하는 사람들도 비판하였다. Dewey는 침묵을 덕으로 치켜세우는 전통적 사상을 공격하였을 뿐만 아니라 아동을 어른의 권위와 사회의 통제에서 완전 해방시키고자 하는 사람 또한 격렬히 비판하였다. Dewey는 '극단적 진보주의' 와 '자유방임주의 철학' 은 진보주의의 근본 사상을 파괴하는 것이며, '무슨 무슨 주의라는 이름을 걸고 사고하고 행위하는 운동은 그것과 대립되는 주의에 반대하는 데에 빠지다 보면 결국은 자기도 모르게 그것들에 의하여 지배당하는 꼴을 당하게 된다.' [44]고 하였다.

이와 같이 진보주의 교육운동가들을 비판한 것은 Dewey뿐만이 아니었다. 진보주의 교육운동에 대한 비판이 정점에 달할 무렵 Dewey와 함께 진보주의 교육사상의 주도자 중의 한 사람인 Boyd Bode는 그의 책 『기로에 선 진보주의 교육(Progressive Education at the Crossroads)』에서 그의 동료들에게 진보주의 교육운동에 임박한 위기를 경고하였다.[45] 그는 '진보주의 교육운동은 기로에 서 있다.' 고 말하였다. 진보주의 교육운동은 '관심, 필요, 성장, 자유와 같은 개념에 의지하여 구체적인 교육 방안을 찾을 수 있다는 장밋빛 희망을 심어 주었다.' 학습에 대한 진보주의의 사회적 · 심리적 접근과 '아동에 대한 편향된 헌신은 오히려 아동을 망치고 아동에게서 적절한 교과 교육을 받을 권리를 빼앗아 버렸다.' 진보주의가 그것의 방향을 바꾸지 않은 채 이대로 계속 간다면 '그것은 사람들에게서 소외되고 뒤처질 것이다.'[46] 이러한 Bode의 예언은 그대로 적중하였다. 진보주의자들은 점증하는 비판에 대응해야 했고, 자기 변호적인 이론과 논리적 허술함과 오류를 가진 교육사상으로 변해 갔다.

진보주의 교육운동이 다양한 이론과 실제를 포함하고 있지만, 그것은 다음과 같은 전통적 학교교육의 실제에 반대한다는 점에서 공통점을 가진다. 진보주의 교육운동이 반대하는 것은 ① 권위적인 교사, ② 과도한 교과서 중심의 교수 방법, ③ 사실적 자료의 암기와 기술 훈련, ④ 세계의 변화성을 무시한 정적인 교육 목적과 교재, ⑤ 훈육의 방법으로 엄포와 체벌의 사용, ⑥ 개인적 경험과 사회적 실제와 유리된 교육 등이다. 그러나 진보주의 교육운동은 학교교육의 목표와 관련된 통일된 이론을 마련하지 못하고, 심지어 구체적인 교수 원리조차 확립하지 못함으로써 결국에는 스스로 몰락을 자초하였다.[47]

진보주의 교육은 미국 교육이라는 큰 틀 안에서 이루어진 실제적인 교육운동과 주입식, 암기식 교육 및 교과서의 권위를 강조하는 전통 교육에서 아동을 해방시키고자 한 교육 이론을 동시에 지칭하는 용어다. 전통적 교육과정의 틀에 박힌 내용에 반대하여 진보주의는 활동 중심, 경험중심, 문제 해결 중심, 프로젝트 방법 등 대안적인 교육과정 조직 형태를 과감히 실험하였다. 또한 진보주의 교육은 그 초점을 교과가 아닌 아동에 두었으며, 언어적 · 문학적 기능보다는 활동과 체험을 강조하였으며, 학습 과정에서 개인 간의 경쟁보다는 협동적인 그룹 활동을 권장하였다. 민주주의적 학교 교육과정의 실시는 공동체와 사회 개혁의 서곡으로 울려 퍼졌다. 이외에 진보주의는 전통적 가치에 대한 헌신을 비판적으로 사정하고 대부분의 경우 그것을 배격하는 문화적 상대주의를 촉진시켰다.

진보주의 교육의 주된 흐름은 1940년대와 1950년대에 이르러 본질주의의 출현과 함께 쇠퇴하였지만 그 철학은 여전히 교육과 오늘날의 학교에 강한 인상을 남겼다. 현재의 진보주의는 교육과정의 적합성, 인간주의적 교육, 급진적 학교교육 개혁 등의 다양한 운동 속에 그 흔적을 남기고 있다.

적합 교육과정 1960년대가 시작되자 학생들은 학생운동의 영향으로서 자신의 교육에 보다 적극적인 태도를 지니고 교과 중심 교육과정이 사회적 상황에 부적합하다는 것을 인식하고 보다 진보적이며, 학생 중심의 교육과정을 요구하였다. 말하자면 학습자에게 동기가 부여되어야 하고, 학습자 스스로가 배우는 일에 재미를 느껴야 하며, 교실은 생생한 삶의 경험을 체험할 수 있는 장이 되어야 한다는 것이다.

이러한 교육과정의 적합성에 대한 요구는 사실상 학생과 교사 양쪽에서 나온 것이다. 이러한 입장의 옹호자들은 ① 독립적 연구와 특별 프로젝트 등과 같은 교수 방법을 통한 개별 교수, ② 성 교육, 마약 중독, 인종 문제, 지역 차별 등 학생들의 관심에 맞는 교육과정 수정 및 신설, ③ 선택 교육과정, 단기 교육과정, 개방형 교실 등 교육적 대안 마련, ④ 교육과정의 영역을 학교 담장 밖으로 확대하여 직업교육 프로그램, 생활 경험에 대한 학점 인정, 교외 활동 교육과정, 특별 학위 프로그램 등의 획기적인 방안 마련, ⑤ 학업 성취 기준과 입학 기준의 완화 등의 필요성을 제시하였다.[48]

인간주의적 교육과정 인간주의적 교육과정은 과도한 교과 중심, 인지적 교육 중심의 경향에 대한 반향으로서 1960년대와 1970년대에 시작되었다. Charles Silberman은 그의 베스트셀러 『교실의 위기(Crisis in the Classroom)』에서 미국 학교를 '인간화' 할 것을 옹호하였다.[49] 그는 인지적 학습과 학생 훈련이 희생되더라도 학교는 개혁되어야 한다고 믿으며, 학교가 억압적이고 학생들에게 복종과 순종을 강요하고 있다고 고발하였다. 그는 초등교육에서는 영국 유치원에서 시행되는 교수 방법의 사용을, 중등교육에서는 독자적 공부, 동료 간 일대일 교수, 지역사회 경험과 노작 경험 등을 제공해야 함을 제안하였다.

이러한 인간주의적 교육 모형은 심리학에서 일어났던 인간의 잠재 가능성 연구에서 비롯되었다. 교육 분야에서 그것은 좋은 교수를 자아와 학생에 대한 지식과 연결한 Arthur Jersild의 저서와 자아 개념과 성취 동기에 대하여 연구한 Arthur Comb과 Donald Snygg의 저서에 그 뿌리를 두고 있다.[50] Comb과 Snygg는 자아 개념을 행동의 가장 중요한 결정 요인으로 보았다.

인간주의적 교육과정은 인지적 측면의 성취 결과보다는 정서적 측면을 더 강조한다. 그것은 Abraham Maslow와 Carl Rogers의 연구에 많이 의존하고 있다.[51] 인간주의 교육과정의 목적은 Maslow의 말처럼 '자아실현적인 사람', 혹은 Rogers의 말처럼 '전인적 인간'을 키우는 데 있다. 이 두 심리학자의 저서에는 '독립, 자기 결정, 통합, 자기 실현뿐만 아니라 유지, 분투, 향상, 체험' 등의 단어가 넘쳐난다.

인간주의적 교육과정의 옹호자는 현재의 학교 교육과정은 인간적 기준으로 볼 때 실패작이며 교사와 학교는 인지적 행동만을 강조하고 학생 자신의 이익을 위해서가 아니라 어른의 이익을 위해서 학생을 통제하도록 되어 있다고 주장한다. 그들은 정서적 과정을 더 강조하며 보다 높은 차원의 의식을 추구한다. 그들이 보기에 학교는 보다 높은 차원의 이해, 마음의 고양, 자기 지식 등에 대해서는 무관심하다.

인간주의적 교육과정의 옹호자들은 교사와 학생 사이의 관계를 의미 있는 관계로 만들고자 한다. 학생의 독립성과 자기 지향성을 장려하고 학생들이 자신과 다른 사람을 더욱 긍정적으로 받아들일 수 있도록 도우려 한다. 교사의 역할은 학습자가 자신의 심리적 요구와 문제에 대처할 수 있도록 해 주고, 스스로를 보다 잘 이해할 수 있도록 도와주며, 최대한으로 성장할 수 있도록 도와주는 데 있다.

이러한 인간주의적 교육과정 이론의 약점은 그것이 인지적 학습과 지적 발달에 대하여 응분의 주의를 기울이지 않는다는 데 있다. 교육과정의 효과성을 어떻게 평가할 것인가에 대한 질문에 대하여 인간주의적 교육과정 이론가들은 주로 학생과 교사의 증언이나 주관적 평가에 의존하여 대답한다. 그들은 학생 행동이나 태도에 나타난 '현저한 발전'을 말해 줄 수 있는 학생의 그림, 시, 말 등을 제시하기도 한다. 그러나 그들은 그들의 입장을 입증해 줄 만한 경험적 증거는 전혀 제시하지 못한다(교육과정 도움말 2-3 참조).

교육과정 도움말 2-3

학습 효과 향상을 위한 정서적 방법

진보주의 철학과 인간주의적 교육은 학생의 자기 이해와 자기 인식의 중요성을 부각시키고, 학생들이 학습을 개인화 · 개별화하도록 하며, 자신의 개인적 필요와 관심을 학문적 경험과 일치시키도록 한다(일치시키지는 못하더라도 적어도 관련시키게라도 한다). 교실은 수동성이 아닌 적극성, 경쟁이 아닌 협동, 교과서와 교사 중심의 분위기가 아닌 학생의 다양한 학습 경험으로 채워지게 한다. 다음에 제시하고 있는 것은 교사와 교육과정 연구자들이 진보주의적이고 인간주의적인 접근에 입각한 지도자 역할을 수행할 수 있도록 도와주기 위한 안내다.

① 각 학생들이 각자의 진짜 흥미와 관심을 표현하도록 하라.
② 학생들이 각자의 학습에서 개인적이고 적극적으로 참여할 수 있도록 종용하라. 그들이 학습에서 스스로 방향을 정하고 스스로 통제할 수 있도록 격려해 주어라.
③ 학생들이 각자의 목표를 정할 수 있도록 도와주어라. 스스로 선택한 목표를 실현하기 위해서 어떤 노력을 경주해야 하는지 판별할 수 있도록 해 주어라.
④ 학습활동을 학생 각자가 자신의 개인적 목표를 성취할 수 있도록 계획하라.
⑤ 교육 내용을 학생의 개인적 목표, 필요, 흥미와 관련시켜라.
⑥ 학생의 나이, 발달 정도, 능력 정도에 맞는 과업을 설정하라.
⑦ 구성적이고 교정적인 피드백을 제공하되, 학생 스스로 고칠 수 있도록 하는 구성적 피드백을 강조하라.
⑧ 필요하면 학생을 평가하되, 성적을 매기는 것은 될 수 있는 한 시기를 늦춰라(4~5학년까지).
⑨ 정보 수집과 문제 해결을 위한 자료는 가까운 곳에 있는 자원을 활용하라. 다양한 자료와 사람, 그리고 장소에 관한 학습에 학생들을 적극적으로 참여시켜라.
⑩ 다양한 학습 방법을 제시해 주어라. 암기, 주입식, 반복 활동을 최소화하라.
⑪ 학생들이 자신의 능력을 최대한으로 발휘할 수 있도록 도와주어라. 그들이 자신의 공부는 자신의 노력의 결과며, 자신이 책임져야 할 것임을 명심하게 하라.
⑫ 학생이 얼마나 진보하고 얼마나 성취하였는지를 알도록 하라.
⑬ 학생들이 그룹 내에서 자료와 정보를 공유하고 협동하도록 하라.
⑭ 학생들이 자신의 생각과 느낌을 서로 비판하거나 조롱하는 것이 아니라 서로를 받아들이고 지지하도록 하며, 도움을 필요로 하거나 느리게 학습하는 다른 학생에게 관대하도록 가르쳐라.

급진적 학교 개혁 1960년대 후반에서 1970년대에 이르는 동안 '급진적 낭만주의자' 혹은 '신진보주의자' 라고 부르는 급진적 교육 비판자들에 의하여 교사와 학교에 대한 극심한 공격이 행해졌다. 이들의 비판은 대중매체, 특히 『The Atlantic Monthly』, 『Harper's』, 『New Republic』, 『New York Times Magazine』, 『Saturday Review』 등의 잡지를 통하여 널리 퍼져 나갔다. 이러한 급진적 생각은 각자의 관점에 입각한 책으로 출판되어 널리 읽히기도 하였다.

Edgar Friedenberg, John Holt, Paul Goodman, A. S. Neil, Ivan Illich와 같은 대표적 급진주의자들은 학교의 틀에 박힌 교수 방법, 강압적 학교교육, 어른의 권위, 학교 규칙 등에 대하여 상당한 정도의 거부감을 표현하였다. 여기에서 더 나아가 Henry Giroux와 Peter McLaren 등의 비평가들은 그러한 거부감을 학교가 존재하고 있는 사회 자체에 대한 반감으로 발전시켜 표현하였다. 그들은 학생은 교도소의 죄수, 교사는 교도소 간수나 하수인, 그리고 학교는 학생들을 지적으로나 정서적으로 가두어 놓고 그들의 자유 표현 의사와 민주적 행위를 억압하는 교도소와 본질적으로 다르지 않다고 보았다. 학교는 사회적 계층 차이를 반영하는 다양한 직업의 인력 배치를 위하여 학생을 고르고 줄 세우는 고도의 차별적 체제로 간주된다. 또한 학교는 생산과 소비라는 자본주의적 사회 논리를 영구화하는 데에 참여하며 소수의 이익에 봉사하고 다수를 소외시킨다.[52)]

Friedenberg에 의하면 교사는 자신이 가르치는 학생을 '싫어하거나 불신하며' '자신이 완전히 통제할 수 없는 상황 속에서 학생들과 함께 있는 것을 두려워한다.' 교사는 '학생에 대한 억압된 반감' 과 '적의' 등 일종의 건전하지 못한 감정과 억압된 분노를 가지고 있으며, 학생들의 젊은 에너지와 자유에 대한 질투심을 가지고 있다.[53)]

『아동은 어떻게 실패하는가(How Children Fail)』는 John Holt의 책 중에서 가장 영향을 많이 끼친 책이다.[54)] 이 책에서는 교사와 학교교육에 대한 긍정적인 언급은 전혀 찾을 수 없다. 대신 교사와 학교가 어떻게 학생들의 흥미를 앗아가는지에 대하여 언급하고 있다. Holt는 교실의 일상을 '교사는 엄격한 규칙을 강요하고 학생은 올바른 정답을 강요받음으로써 바보가 되는 법을 배우고, 학습하는 법을 배우지 못한다.' 고 기술하고 있다. 또한 그는 학생들이 교사를 즐겁게 하기 위하여 두려움과 실패의 전략을 어떻게 채택하게 되는지를 다음과 같이 매우 상세하게 기술하고 있다. '성공적인 학생은 그 게임에서 어떻게 하면 교사보다 한 수 위에 서서 교사에게서 대답을 이끌어 내고, 그 대답을 그럴듯하게 꾸밀 것인가를 궁리하는 교활한 책략가가 된다.'

Paul Goodman에 의하면 우리 사회 자체가 병든 학교를 만드는 그릇되고 거짓된 가치들로 가득 찬 병든 사회다. 학교는 애초부터 교육이라는 것과 관련이 없는 곳이다. 단지 학교는 많은 사람에게 일자리를 제공해 주는 곳이며, 교과서 회사, 건축 청부업자, 교육대학 졸업자를 위한 시장일 뿐이다. 초등교육 단계에서 학교는 부모에게 '양육의 봉사' 를 제공함으로써 학교 밖으로부터 아이들을 지켜 주며, 중등교육과 대학교육 단계에서 학교는 '교육이사회의 관할 아래 교육 예산으로 지불되는 경찰관과 집단 수용소를 제공해 주는 경찰서와 같다.' 유치원부터 대학에 이르기까지 학교는 학생들에게 병든 사회에 적응하는 법을 가르치며 '전체주의적 덫을 만들어, 그 안에서 민주주의는 획일적 통제로 보이기 시작한다.'[55] Goodman의 해결책은 그의 말처럼 '반교육'인 강제적 교육을 없애는 것이며, '현재와 같은 지나친 통제적 교육은 자연에 위배되며 성장을 가로막는 것이기 때문에 형식적인 학교교육을 뿌리째 뽑아 버리는 것이다.'[56]

낭만주의적 진보주의자인 A. S. Neill은 영국의 서포크라는 곳에 서머힐이라는 자신의 학교를 직접 운영하는 것으로 해결책을 모색하였다. 그에 의하면 아동은 선천적으로 선함을 타고났으며 권위는 자유로 대치되어야 한다. 이 점에 대하여 Dewey도 다음과 같이 경고하고 있다.

> 우리는 아동이 그들 스스로일 수 있는 학교를 만들어야 한다. 이를 위해서 우리는 일체의 훈육, 지시, 제안, 도덕적 훈련을 포기해야 한다. …… 필요로 하는 모든 것은 악한 존재가 아닌 선한 존재로서 아동에 대한 완전한 믿음이다. 거의 40년 동안 아동의 선한 본성에 대한 이 믿음은 결코 흔들린 적이 없다. 오히려 그것은 궁극적 신앙이 되었다.[57]

Neill에 따르면 '아동은 선천적으로 현명하며 현실적이다. 어른의 어떤 제안도 없이 그 스스로 내버려 둔다면' 아동은 스스로 성장할 것이다. '학자가 될 아동은 학자가 될 것이고, 거리의 청소부가 될 아동은 거리의 청소부가 될 것이다.'[58] 그는 형식 교육에는 전혀 관심을 두지 않았고 시험이나 숙제 따위는 전혀 생각하지 않았다. 공부하기를 원하는 아동은 공부할 것이고, 공부하는 것을 싫어하는 아동은 교사가 어떻게 가르치든 어떤 말을 하든 하지 않을 것이다. 아동이 수업에 들어가기를 원한다면 그것은 다행스러운 일이다. 그러나 그렇지 않은들 그것이 어쨌다는 것인가? Neill의 성공 기준은 학교나 경제적 결과와 전혀 상관이 없다. 그것은 얼마나 '즐겁게 일하고' 얼마나 '적극적으로 사는가'와 관련이 있다. 이러한 지도 아래 서머힐을 다니는 대부분의 학생은 인생에서 성공한 것으로 전해진다.

또 다른 급진적 개혁주의자인 Ivan Illich는 학교 개혁 계획에서 동시대인을 훌쩍 뛰어넘는 면모를 보여 주었다. 그는 새로운 사회를 위하여 사전에 기존의 학교를 폐지할 것을 주장하였다.[59] 그는 살아 있는 대리인으로서 학교를 완전히 거부하였다. 학교가 폐지된다면 교육은 모든 사람에게 개방될 수 있고 인간 해방을 위한 진정한 도구가 될 수 있다는 것이다. 학교가 폐지되면 학습자는 더 이상 강요된 교육과정을 공부하지 않아도 되고, 제도적이고 자본주의적인 교화에서 해방될 것이다. 사회는 자격증의 소유에 따라 계급이 결정되고 차별받는 사회가 되지 않을 것이다.

Illich는 학교 대신 다음과 같이 소규모로 이루어지는 교육 네트워크를 제안하였다. 예컨대, '학습 장소'로서 가게, 도서관, 박물관, 화랑 등을 학습자에게 개방하는 것이다. 또한 특정 학습 활동에 참여하기를 원하는 학생들끼리 팀을 묶어 주는 '팀 매칭', 특정 기술을 가르치고 싶어 하거나 배우고 싶은 사람 간의 '기술 교환', 학생이나 부모 또는 지식인에게 조언을 줄 수 있는 상담자와 전체 교육망을 통괄할 행정가들로 구성된 '대표 교육인단' 등이 있다.

Henry Giroux는 공교육은 심각한 위기의 상태에 놓여 있다고 진단하였다. 그에 의하면 교육의 위기는 사회의 특정 측면에만 영향을 미치는 부분적 위기가 아니다. 교육의 위기는 우리의 민주주의 개념 자체에까지 부정적인 영향을 미치는 것이다. 흥미롭게도 그는 학교가 당면하고 있는 위기는 변형된 민주주의의 본질 자체에 이미 함축되어 있고 또 그것에 의하여 양산되고 있다고 지적하였다.[60] Giroux는 민주주의를 마르크스 이론에 입각하여 해석한다. 그에 의하면 현재의 민주주의 관행은 사회가 제시하는 장밋빛 미래에 대하여 다수의 사람을 소외시킨다는 점에서 포용적인 것이라기보다 배타적인 것이다. Giroux에게 가장 위험한 것은 '공교육이 사람들이 민주주의적 공적 세계에 대항하여 그것을 다시 재건할 수 있는 적극적인 비판적 의식을 가지도록 교육시키는 데에 주도적인 역할을 하지 못하도록 막고 있다는 것이다.'[61]

Peter McLaren은 이보다 매우 극단적인 입장을 견지한다. 그는 자본주의 사회에서 학교교육은 공식 교육과정을 통하여 욕망의 문화를 창출하는 데에 힘쓰며 공동체적 합의를 이끌어 내기보다는 사회적 계층 차이, 갈등과 모순, 차이에 대한 불관용 경향을 학교와 대중에게 은폐한다는 점에서 매우 사악한 것이다. 학교는 욕망의 유혹 과정에서 시민들에게 차이가 존재하는 영역을 은폐한다. McLaren에 의하면 '타락한 사람은 차이를 용납할 수 없다. 그렇기 때문에 차이 대신에 다소 비정상적일 정도의 완벽한 이미지를 창출한다.'[62] 이러한 타락한 사람에 의하여 운영되는 학교는 학생들에게 조화라는 환상을 심어 준다. 현재의 학교교육은 학생에게 능력 있고 고귀한 시민이 될 것을 종용한다. 그러나 '모든 학생에게 모두가 동일하게 되라는' 이러한 종용에는 '이미 기존의 행위 규범과 표준화된 가치관에 대한 철저한 복종의 요구가 선행되어 있는 것이다.'[63]

McLaren에 의하면 현재 이루어지고 있는 대로의 교육은 더 이상 경쟁력이 없다. 학생들은 소비의 대상으로 취급되고 동시에 소비의 주체로서 가치관을 배운다.[64] 그리하여 학교는 학생들이 불평등이라는 자본주의적 원리에 입각한 지배적인 사회관에 순종하도록 만드는 타락한 의식에 참여한다. 이러한 그의 생각은 앞서 말한 Paul Goodman의 '강제적인' 반교육이라는 아이디어와 많이 비슷하다.

4) 재건주의

재건주의 철학은 19세기에 나타난 초기 사회주의적·유토피아적 아이디어에 입각해 있다. 그러나 그것에 새로운 부흥과 활력을 부여한 것은 경제 불경기였다. 그 당시 진보주의적 교육운동의 인기가 절정에 달해 있었지만 진보주의 교육자 중 소수의 의식 있는 사람들은 미국 사회에 대한 환상을 벗어 던지고 개혁에 대한 갈망을 포기하지 않았다. 이러한 사람들에 의하면 진보주의는 놀이 이론과 사립학교를 가지고 개별 아동과 중산층에 봉사하는 아동 중심 교육을 지나치게 강조한다. 그러나 이것보다 더 시급한 것은 사회(개인의 필요가 아닌)와 모든 계층(오직 중산층만이 아닌)의 필요를 고려하는 사회 중심 교육이다.

1932년 진보주의 교육학회의 연례학회에서 George Counts는 진보주의 교육자에게 작금의 사회적·경제적 문제에 주목하고 학교가 사회를 개혁하는 데에 도움을 주어야 한다는 사실을 인식시켰다. 그는 '학교는 과연 새로운 사회적 질서를 창출할 수 있는가(Dare the School Build a New Social Order)' (이것은 나중에 책으로 출판되었다)라는 연설에서 학교가 사회적 변화의 주체가 되어야 하며 사회 개혁의 제도적 장이 되어야 함을 제안하였다. 수사학적이고 상당히 고무된 어조를 사용하여 Counts는 다음과 같은 말함으로써 진보주의 교육의 동료들을 고무시켰다.

> 진보주의 교육이 진정 진보적인 것이 되려면 그것은 모든 사회적 쟁점에 공평하고도 용기 있게 맞서 진짜 문제의 본질이 무엇인지를 생생하게 이해하고 공동체와의 유기적인 관계를 수립해야 한다. 또한 그것은 복지에 대한 보다 실제적이고 포괄적인 비전을 마련하고, 인간의 운명에 대한 보다 적극적이고 도전적인 인식을 창출해 나가야 하며, 강요와 교화의 타격에 지금보다 훨씬 더 의연하게 맞서 싸워 나가야 한다.[65]

Counts에 의하면 1930년대의 사회적 쟁점은 인종적·계층적 차별, 가난, 실업 등의 문제를 포함하고 있었지만 진보주의 교육은 이러한 쟁점을 간과하였다. 오늘날 사회적 쟁점은 이보다 항목이 좀 늘어났지만 비슷하다. 현재의 쟁점은 인종적·민족지적·성적 불평등 문제, 가난·실업·복지 문제, 컴퓨터와 기술공학 문제, 정치적 억압과 전쟁, 환경오염 문제, 질병 문제, 기아 문제, AIDS 문제, 지구 자원 고갈 문제 등이다.

1950년대 재건주의라는 말의 창시자로 여겨지는(실제로 그 말을 만든 사람은 Dewey다),[66] Theodore Brameld는 재건주의는 위기의 철학이며, 오늘날 미국 사회와 국제 사회의 본질인 위기에 처한 사회를 위한 정확한 처방이라고 주장하였다.[67] Brameld에 의하면 학교와 교사는 각자의 입장을 지켜야 할 뿐만 아니라 사회를 변화시키기 위한 변화의 주역임을 자임해야 한다. 객관적이고 과학적인 탐구라는 이름 아래 우리가 자주 사용하는 교실과 학교에서의 중립성은 이제 더 이상 민주적 절차에 적합한 개념이 아니다. 그는 '교사와 학생은 한쪽 편에 서서 자유롭고 세밀한 조사와 일체의 관련 증거에 대한 충분한 의사소통을 통하여 가장 합리적이고 가장 정통한 쪽의 의견을 지지해야 할 권리가 있다.' 고 기술하고 있다. 특히, 교사는 자신의 사회적 책임이 어디까지인가를 헤아릴 필요가 있다. '교직에 들어가기 전에 갖추어야 할 가장 시급한 일은 인류 대다수가 지향하는 이익을 위하여 학교에 대한 통제를 강화하는 일이다.'[68]

교육과정에 대하여 말하자면 그것은 새로운

사회-경제-정치 교육과 일치되는 방향으로 변화되어야 한다. 다시 말하여, 교육은 실제적인 개혁 전략을 세워야 한다. 재건주의자는 문제에 대한 분석, 해석, 사정만으로는 충분하지 않다고 생각한다. 여기에 학생과 교사의 헌신과 실천이 필요하다. 사회는 항상 변화하고 있으므로 교육과정도 그에 맞게 변화되어야 한다. 사회적 쟁점과 사회적 봉사에 입각한 교육과정이 가장 이상적인 교육과정이다.

Jonathan Kozol, Christopher Jenckes, Alvin Toffler 등 최근의 재건주의자를 포함하여 모든 재건주의자는 문화다원주의, 평등, 미래지향주의[69]를 강조하는 교육과정을 추구한다. 학생들은 다양한 국가의 세계 속에서 삶을 이해하는 법을 배운다. 재건주의자의 교육 프로그램에는 ① 세계 전체의 문화뿐만 아니라 한 나라의 문화적 유산에 대한 비판적 검토, ② 찬반이 갈리는 쟁점에 대한 과감한 검토, ③ 사회 구조 자체의 변화에 대한 주도 면밀한 헌신, ④ 실제 세계를 고려한 미래 설계 태도의 함양, ⑤ 교사와 학생에게 문화적 갱신과 문화 간 이해력을 고양시키기 위한 확실한 프로그램의 제공 등이 포함되어 있다. 이러한 교육 프로그램에서 교사는 사회적 변화, 문화적 갱신, 문화 간 이해를 주도하는 주체로 생각된다. 교사는 자신의 직업적 안전을 도모하는 사람이 아니라 학교에서 폭넓은 실험을 장려하고 낡은 사회 구조에 대항하는 사람으로 인식된다. 교사는 어떻게 보면 다소 이상주의적으로 보이기도 하는 새로운 사회질서의 선구자가 되어야 한다.

국제주의자 재건주의의 교육자는 국제적인 이슈에 매우 민감한 경향을 띠며 그것을 폭넓은 사회질서의 개념 속에서 분석한다. 역사적으로 볼 때 미국이 그동안 다른 나라에 비하여 독보적인 위치를 차지하고 있었다고 하더라도, 국가 간 상호 의존성이 점증하는 시대에 이제 미국은 다른 국가의 발전에 대한 무관심이 더 이상 허용되지 않는다. 현재 미국의 교육자들은 과거보다 훨씬 더 다른 국가와 다른 문화의 이해에 대한 강조의 필요성을 절감하고 있다.

'지구촌', '상호 협력의 지구', '축소된 세계', '온실효과' 등의 용어는 대양이 미국을 더 이상 보호해 주지는 못하며, 미국은 현 시대의 국제적 동향을 숙고해 보지 않을 수 없다는 미국의 새로운 관심을 반영한다. 교육과정 전문가들은 점증적으로 국가 교육과정 문제를 두고도 '국제적 요소'를 고려하는 경향이 있다. 이것은 공통적 교육과정을 추구하는 것이 아니라 각 국가의 학교 교육과정의 목적, 내용, 경험을 살펴봄으로써 국제 사회의 상호 이해와 국가 간 협력을 높이고자 하는 것이다. 때로 각 나라는 세계 교육과정, 보편적 중핵이라고 부르면서 자기 나라의 문화, 가치, 정치·경제적 시스템을 향상시키고자 하기도 하지만 학생들은 국제 평화와 협력에 필요한 세계 공통의 지식과 기술을 배운다.[70]

Kenneth Boulding는 이러한 국제적 교육과정의 옹호자 중 한 사람이다. 그는 학생들이 국제적 사건과 '세계 시스템'에 대한 이해력을 갖추도록 해야 한다고 주장한다. 세계 시스템은 사회적, 정치적, 경제적, 물리학적, 생물학적, 의

사소통적, 평가적 측면 등 다양한 측면을 가지고 있다.[71] 이러한 새로운 교육과정은 지구의 생태적 체계와 세계 문제를 이해하는 데에 초점을 두고 있다. 이러한 아이디어에 대하여 몇몇 사람은 비현실적이고 너무 포괄적이며 학교의 현재 조직 상태로는 실현 불가능하다고 비판한다. 미국의 경우 각 주에 50개의 교육학과가 있고 15,000개의 학군이 있어서 각자의 교육과정과 다양한 교과서, 나름대로의 이상적인 교수법이 존재한다. 아마도 이 모든 것을 완전히 고려하여 실시하기는 어려울 것이지만 모든 학생에게 필요한 핵심적인 것과 세계 보편적인 것은 생각할 수 있을 것이며, 고려해 볼 만한 가치가 있다.

정보통신기술의 발달로 전 세계가 하나의 공동체로 연결됨에 따라 이러한 성향의 교육과정은 앞으로 더 늘어날 것으로 생각된다. 미국인은 특히 2001년 9월 11일 사건 이후로 세계 전체와 그 안에서 미국이 차지하는 위치에 대하여 숙고해 보지 않을 수 없다. 미국의 GNP와 생활 수준, 그리고 안전은 세계 공동체와 불가분의 관계를 맺고 있으며 지구촌 활동의 영향을 받지 않을 수 없다.

재개념주의자 현재 미국 교육과정의 학문적 공동체 내에서 가장 영향력 있는 입장은 재개념주의자다. 그들은 모두가 한 가지에 대하여 한 목소리로 말하는 것이 아니라 교육과정 개발에 대한 기술적인 접근, 즉 타일러식 접근의 편협성에 대한 의견과 교육과정은 교육 자체에 대한 관심을 넘어서는 그 이상의 것이라는 의견을 공유하고 있는 것으로 보인다. 즉, 재개념주의자는 동일한 도그마나 철학을 가지고 있기 때문이 아니라 사유 방식이나 연구의 기본 방향이 동일하기 때문에 하나로 묶일 수 있는 것으로 보인다.[72]

재개념주의자는 인간의 내면적 감정이나 경험을 고려하지 않고 기술공학적 관료주의에 기반하며, 엄격한 수단-목적 접근을 따르는 대다수의 교육과정 학자를 비판한다. 더 나아가 그들은 사회를 폭넓은 안목에서 보지 않는 주류 교육과정 학자를 신랄하게 비판한다. 그렇다고 재개념주의자 이전의 전통적 교육과정 학자들이 사회적 요인을 고려하지 않고 교육과정 계획을 이론화한 것은 아니다. 전통적 교육과정 학자들이 사회적 요인을 고려하지 않은 것이 아니라 재개념주의자의 방식대로 사회를 보지 않은 것이라고 말하는 것이 더 정확할 것이다.

재개념주의자는 자신들의 관점을 정립하기 위하여 교육과정 분야를 확장한다. 이들은 교육과정의 학문적 논의 속에 직관적, 개인적, 신비적, 언어적, 정치적, 사회적, 영성적인 것까지 포함시킨다. 이들의 주장에 의하면 이러한 접근 방식은 사회의 다양한 문제와 쟁점을 다루는 데 필요하다. 현재의 사회는 심각한 소외현상, 집단의 다양성 무시, 학교와 사회가 보편적으로 요구하는 시민으로서 인간의 필요에 대한 개인적 무관심 등의 현상을 보인다.[73] 이들은 교육과정 활동에 대한 전통적이고 기술적인 접근이 학교 안에서나 밖에서 불평등을 더욱 영속화시키고 있다고 주장한다. 교육과정에 대한 이전의 전통적 접근은 삶을 단순화시키지만 그렇게 단순화된 삶은 세상 어디에도 존재하지 않는다는 것이다.

Pinar에 의하면 교육과정 분야는 이미 재개념화되었다. 탄탄한 운동으로 말미암아 이미 우리의 관심은 교육과정 개발에 대한 몰두에서 교육과정 이해에 대한 분투로 옮겨갔다.[74] 확실히 교육과정 분야와 그 안에 있는 교육과정 연구자들은 교육과정의 보다 폭넓은 개념을 염두에 두고 있다. 그러나 교육과정 분야가 재개념화되었다는 완료형의 표현은 정확한 표현이 아니다. 포스트모던적 관점을 견지하는 사람들은 교육과정 분야가 특정하게 고정된 관점을 가질 수는 없다고 주장한다. 교육과정 분야는 그 본질상 개방적 체계를 가지며 개념화와 재개념화가 반복되는 발전의 과정 속에 있다. 교육과정 분야의 이러한 역동성은 대부분의 재개념주의자가 가지고 있는 정치적 · 사회적 관점을 채택하지 않고도 충분히 받아들일 만한 것이다.

재개념주의자는 교육과정의 논의 속에 미학적이고 실존주의적인 관점, 논의, 연구 과정을 끌어들인다. 그들은 교육과정의 문제와 쟁점을 광범위하게 다룰 것을 강조한다. 그들 중에는 교육과정 분야 자체에 대하여 숙고, 정련, 재고, 재해석을 시도하고자 하는, 즉 그들의 용어로 재개념화하고자 하는 사람도 있다. 이러한 시도는 어느 정도 성공을 거두기도 하였다. 재개념주의자의 연구물을 읽어 보면 그들은 사회적 문제에 예민하고 정치적 문제에 관심을 가지면서 철학적 · 심리학적 · 정치적 · 경제적 함의를 가지는 중요한 쟁점을 숙고하고 정련화하는 지성인이라는 것을 알 수 있다. 그러나 교육과정 분야를 통틀어 오직 그들만 그렇다고 보기는 어렵다.

재개념주의자는 학습자 중심, 교육과정의 적합성, 인간주의 철학, 급진적 학교 개혁 등 진보주의 철학의 다양한 측면을 받아들이고 있다. 이들은 이러한 진보주의 철학을 반복하여 말하고 거기에 교수와 학습의 역동적 · 총체적 · 초월적 · 언어학적 · 예술적 의미에 대하여 조금 부연하고 있을 뿐이다. 이들은 개인적 자기 지식이나 내면의 자아, 개인적 반성, 의식의 심리학, 영성적 · 도덕적 성찰에 더 관심을 가지고 있다. 이들은 인간의 지식이나 앎에는 경험적이고 논리적인 것, 실증적 자료 이상의 무엇이 있다고 주장한다. 내면적 의식, 제3의 힘, 인본주의적 심리학, 실존주의적 아이디어 등은 이들의 관점을 위한 토대의 역할을 하고 있다.

언어와 의사소통 능력, 개인 전기, 예술, 시, 춤, 드라마, 문학, 심리학, 윤리학, 종교를 강조하는 내용이나 경험들, 그 밖의 미학적, 인간주의적, 영성적 자료는 재개념주의자의 교육과정 구성을 위한 소중한 자료다. 물론, 이러한 것들이 정규 교육과정의 한 부분은 아니며 주안점은 더욱더 아니다. Maxine Greene은 이러한 교육과정을 '개인적 표현', '미학적 아이디어', '지성적 인식', '반성적 자기 인식'[75]이라는 표현을 빌려 옹호한다. Paulo Freire는 이것을 세계를 변화시킬 잠재력을 가진 '인간 현상', '문제 상황', '인식의 토대'[76] 교육과정이라고 부른다. William Pinar에 의하면 이러한 교육 내용은 '자기 자신 되기', '자율', '영혼과 심장', '동료적 필요', '성숙한 인간성', '신의와 사랑', '자기 방향성', '감수성', '즐거움',[77] 다시 말하여 심리학적 · 철학적 · 영성적 · 실존주의적 태도와 행위 등과 관련되어 있다.

재개념주의자는 사회적 · 정치적 · 경제적 개념과 이데올로기에도 관심을 가지고 있는데, 이 점에서 재건주의 철학을 반영한다. Dewey, Counts, Rugg 등의 학교에 뿌리를 두고 있는 그들 생각의 많은 부분은 사회 · 경제적 관계, 성과 인종의 차이에 따른 역할과 태도, 노동과 자본의 관계, 정치적 권력의 결과와 관련된 불평등과 갈등 문제를 다루고 있다. 재개념주의자는 개인을 지배하고, 사람을 무능하게 만들고, 기계의 한 톱니바퀴로 전락시키는 현재의 기술 지배적이고 관료 중심적인 체제를 비판한다. 이들은 학교를 이런저런 관습과 그 이상의 것, 그리고 교수-학습 관행을 통하여 학생을 통제하고, 구속하고, 심지어 억압하는 사회의 억압적 도구로 본다.

몇몇 재개념주의자는 신마르크스주의자로 분류되기도 한다. 그중 한 사람인 Michael Apple은 개인에 대한 정치적 · 경제적 · 문화적 지배 문제를 학교와 사회와의 관련 속에서 부각시키고자 하였다. 개인에 대한 정치적 · 경제적 · 문화적 지배는 '표면적 구분과 관리를 통해서는 물론 사회 구성적 원리와 법, 특히 우리의 삶 이면에 들어 있는 공유 의식과 관습을 통하여 이루어진다.' [78] 다시 말하여, 학교를 포함하여 사회의 일상적 구조와 제도가 개인적 삶을 조형하고 개인을 통제하는 의미와 조건을 전달한다는 것이다. 지배적인 사회적 · 정치적 · 경제적 체제는 교육과정의 모든 비판적 시각의 대상이 된다.

이밖에도 Apple에 따르면 '경제적 자본이 불평등하게 분배되는 것과 마찬가지로 문화 자본의 분배도 동일한 체계로 이루어진다.' 기술 공학이 지배하는 사회에서 학교는 '이러한 문화자본의 분배자' [79]가 된다. 즉, 학교는 다양한 지식의 형식을 분배하는 데에 결정적 역할을 담당하며, 학교가 분배하는 지식은 권력과 타인에 대한 지배력으로 탈바꿈된다.

Illich와 Freire는 모두 학교보다 더 큰 체제인 사회가 억압적 성격을 띠므로 이것부터 철저하게 분석할 필요가 있다는 점에 동의한다. 급진적 비판론자로 알려진 Illich는 '인간 해방' 을 위하여 덜 제도화되고, 덜 형식적이며, 덜 차별적인 교육과정의 구도를 마련하였다. 그는 학생, 교사, 지역사회 구성원을 참여시키는 '풀뿌리(grass-roots)' 교육과정에 의존하였다.[80] 그는 학생과 가난한 자를 위하여 '억압받는 자들을 위한 교육학' 을 발전시켰으며, 궁극적으로 실천을 통하여 자신이 받는 억압을 극복하게 되기까지 사람들이 어떤 단계를 거쳐 발전하는가를 기술하였다. 근본적인 변화, 즉 Freire의 용어로 '비판적 변형 단계' 를 촉진하기 위하여 사람들은 사회적 질서의 변화를 목표로 하는 실천을 통하여 사회 안에서 자신의 위치를 변화시키는 데에 적극적으로 참여해야 한다. 그는 학생들이 변화의 필요성을 인식하는 어른과 대화하고 접촉하도록 하는 것을 권장하였다. 교육과정은 공동체, 국가, 국제 사회의 문제를 핵심으로 다루어야 하며, 중핵적 혹은 간학문적으로 구성되어야 한다.[81]

대체적으로 이러한 관점에 서는 재개념주의자는 사회과학—역사, 정치과학, 경제학, 사회학, 일부 심리학과 철학—을 강조하고 자연과학은 중요하게 생각하지 않는다. 인지적이고 지성적인 활동을 통한 개인적인 자기 실현과 자유를 실현하고자 하며, 그렇게 함으로써 인간을 사회의 속박과 제한, 통제에서 해방시키고자 하였다. 또한 지식에서 활동으로, 성찰에서 행동으로 옮겨가고자 하였다. 교육과정은 인간의 조건과 사회의 제도를 향상시키기 위한 새로운 조건과 환경을 창출할 수 있는 내용으로 구성된다. James Macdonald에 의하면 그것은 '일종의 이상주의적 형태, 또는 정치 · 사회적 철학화의 형태' 를 띤다.[82] Maxine Greene에 의하면 그것은 사고의 '지성적 · 도덕적 습관' 을 습득하는 것이며, 학생들이 '비판적 이해' 와 '실존적 갱신', 그리고 '다른 것의 발견' 에 동참하도록 하는 것이다. 또한 학생들이 변화하는 다문화적 공동체를 이해하도록 하며 주류 공동체에서 오랫동안 소외되어 온 많은 목소리에 귀 기울이고, 그것을 끌어안도록 가르치는 것을 의미한다.[83]

젊은 사람들, 가난한 사람들, 소외 계층, 여성 등 모든 억압받는 사람이 곧 변화의 주체다. 사실상 이러한 생각은 학생과 교사를 변화의 주체로 보는 전통적 재건주의의 현대적 해석판이라고 할 수 있다. 다만, 이러한 재건주의의 해석판인 재개념주의에서는 교사가 억압의 주체, 혹은 주류적이고 강압적인 사회의 대변자로 생각된다.

교육 기회의 평등 미국만큼 평등 문제를 심각하게 받아들이는 나라는 없을 것이다. 정치적으로 평등의 개념은 철학으로 재건주의가 출현하기 150년 전에 이미 미국의 헌법에 명시되어 있었다. 미국 공립학교의 시초 또한 기회의 평등 개념과 보편적인 무상 교육의 아이디어에서 비롯되었다. '보통 학교' 의 출현은 '일체의 출신 성분을 뛰어넘는 교육은 인간의 조건을 평등하게 하는 가장 위대한 장치며, 사회 전체의 균형을 이루는 바퀴다.'[84]라고 말한 Horace Mann에 의하여 이루어진 것이다.

여기서 교육 기회의 평등이란 결과의 평등까지 의미하지 않는다. 그것은 무계층 사회를 꿈꾸는 것이 아니다. David Tyack가 쓴 것과 같이 '대체적으로 말하여 노동자들은 부자들을 완전히 무너뜨리려고 하지 않았다. 그들이 추구하였던 것은 그들의 자녀에게 중요한 기회의 순간에 출발선을 동등하게 만들어 주려는 것이었다.'[85] 19세기에서 20세기 초기까지 기회의 평등은 모든 아동에게 첫 출발을 동등하게 만들어 주는 것을 의미하였고, 결과에서는 어떤 아동이 다른 아동보다 더 멀리 갈 수도 있다는 것을 가정하고 있었다. 동기나 운뿐만 아니라 능력과 배경의 차이는 개인 간의 결과 불평등을 창출할 수밖에 없는 것이지만, 학교는 어떤 계층의 가정에서 태어나든 다른 계층의 가정에서 태어난 아동이 성취하는 것만큼 성취할 수 있는 기회를 보장해 줄 수 있어야 한다고 생각하였다. 이러한 관점에는 '학교는 모든 계층의 모든 아동에게 목표 성취를 위한 수단 …… 그리고 성공을 향한 평등한 기회를 보장해 준다.'[86]는 생각이 함의되어 있다.

회고하건대, 학교는 그동안 이러한 역할을 완전하게 수행하지 못하였다는 사실이 몇몇 연구자에 의하여 밝혀졌다. 왜냐하면 학업 성취와 경제적 부는 사회 계층 및 가정 배경과 밀접하게 관련되어 있기 때문이다.[87] 그러나 학교가 없었더라면 사회 계층 이동의 가능성은 현재보다 더 많이 줄어들었을 것이다. 사회적 계층 이동을 촉진하는 데에서 보통 학교의 실패는 사회적 평등을 실현하는 데에서 학교의 역할 문제, 즉 인지적 · 경제적 성취에 영향을 미치기 위하여 학교가 할 수 있는 것과 할 수 없는 것이 무엇인가의 문제를 불러일으켰다.

1950년대에 나타나 1970년대를 거치는 동안 교육적 평등에 대한 현대적 관념은 과거보다 훨씬 진보하였다. 이와 관련하여 James Coleman은 교육 기회의 불평등을 다음과 같이 다섯 가지로 개념화하였다. 첫 번째를 뺀 나머지 네 가지는 재건주의 철학과 일맥상통한다. Coleman이 개념화한 교육 기회의 불평등은, ① 동일한 학교 시설 자원, 동일한 교육과정의 투입에도 불구하고 생기는 불평등, ② 학교 학생들의 인종 구성비의 차이에 의한 불평등, ③ 교사의 도덕성이나 학생에 대한 기대감과 같이 무형적 특성으로 야기되는 불평등, ④ 동일한 배경과 능력을 가진 학생에게서 나타나는 학업 성취 결과의 불평등, ⑤ 동일하지 않은 배경과 능력을 가진 학생들에게서 나타나는 학업 성취 불평등[88]이다.

첫 번째와 두 번째는 인종과 사회 계층, 세 번째는 명료화되기 어려운 개념, 네 번째는 학교 지출과 재정의 차이와 각각 관련되는 불평등이다. 마지막 다섯 번째를 불평등으로 규정하는 것은 다소 극단적인 해석이다. 이 불평등 개념에 의하면 평등은 학교교육의 결과가 주류 계층의 학생뿐만 아니라 소외 계층의 학생을 포함한 모든 학생에게서 비슷하게 나올 때만 성취될 수 있다고 보는 것이다.

평등한 성과(인지적인 것과 경제적인 것 모두)에 비추어 불평등을 정의할 때 비로소 인종적 · 종족적 · 종교적 집단의 비교가 시작된다. 그것은 미국과 같이 이질적 사회에서는 인적 자원에 어느 정도 투자를 해야 하는가, 사회적 · 교육적 프로그램의 비용 효과를 어떻게 결정할 것인가, 누가 세금을 내야 하며, 느리게 달리는 선수들이 종착점에 도달하도록 하기 위하여 빠르게 달리는(똑똑하고 능력 있는) 선수를 어느 정도로 잡아두어야 하는가, 차별 시정 조치가 오히려 역차별을 불러오는 것은 아닌가 등의 뜨거운 쟁점을 불러일으킨다.[89] 이러한 쟁점은 이러저러한 방식으로 우리 모두와 관련되어 있고 과거에 전쟁까지 일으켰던 문제와 관련되어 있기 때문에 결코 가볍게 처리할 수 있는 문제가 아니다.

John Gardner는 수월성과 평등의 문제와 관련된 자신의 책에서 민주주의 사회에서 집단 간 차이 문제는 오래 끌 수 없는 문제임을 지적하였다. Gardner에 의하면 그것은 무시됨으로써 해결된다. 그는 그 다음과 같이 딜레마를 기술하고 있다.

> 선천적 능력과 성취의 차이를 무시하는 극단적 평등주의—나는 오히려 이것을 잘못된 평등주의라고 부르고 싶다—는 민주주의의 발전에 기여하지 못한다. 그것을 너무 추구하면 인류의

최고 성취를 추구하고자 하는 수월성에 대한 열망이 끝을 보게 된다.

……개인의 수행 능력만을 극단적으로 강조하면 민주주의는 생명을 잃게 되고, 그렇다고 평등주의만을 극단적으로 지지하면 민주주의는 활력을 잃게 된다. 미국과 같은 나라는 모든 수준에서 그 나름의 인간 잠재력의 발전을 추구할 수밖에 없다. 복잡 다단한 정보통신 혁명의 사회를 경영하는 데에는 소수의 교육받은 엘리트보다 더 많은 것을 필요로 한다. 모든 근대 산업사회는 이러한 어려운 교훈을 배우고 있는 중이다.[90]

Gardner가 불러일으킨 이러한 쟁점은 곧바로 국가 사회 구조에 영향을 미쳤으며 지난 25년간 크게 메아리쳤다. 그것은 교육 평등과 기회 평등과 관련된 법률 제정으로 이어졌고 학교와 사회의 다양한 측면에 스며들었다. 누구보다도 재건주의자는 이것을 학교 인종 차별 금지, 보상 교육, 다문화 교육, 장애인 교육, 학교교육의 효과 증대, 차별 시정조치(누가 대학에 가는가, 누가 무슨 직업을 가지는가, 누가 사회를 관리하는가) 등 다양한 문제로 확대시켰다. 이러한 쟁점은 쉽게 해

〈표 2-4〉 교육철학 이론 개관

교육철학	철학적 토대	교육 목적	지 식	교육의 역할	교육과정의 초점	교육과정 관련 추세
항존주의	관념론	합리적 인간의 교육, 지성의 함양	과거와 항구적 공부 중심, 사실과 영원한 지식의 완전한 습득	교사는 학생의 합리적 사고를 도와줌, 소크라테스 방법, 구두 설명, 전통적 가치에 대한 명확한 교수	고전 교과, 문학적 분석, 항구적 교육과정	위대한 책, 파이데이아 제안, 자유교과로의 복귀
본질주의	관념론 실재론	개인의 지적 성장 향상, 능력 있는 인간의 교육	본질적 학습기술과 학문 교과, 교과의 개념과 원리에 대한 완전한 습득	교사는 자신이 가르치는 교과의 권위자, 전통적 가치에 대한 명확한 교수	기초 학습기술(3Rs)과 본질 교과(영어, 과학, 역사, 수학, 외국어)	기본으로의 복귀, 문화적 문해, 교육의 수월성
진보주의	실용주의	민주주의적인 사회적 삶의 향상	성장과 발전을 위한 지식, 생생한 학습의 과정, 적극적이고 적합한 학습 중심	교사는 문제 해결과 과학적 탐구를 위한 안내자	학생의 흥미에 대한 고려, 인간적 문제와 인간사에 적용 가능한 내용, 간학문적 교과, 활동과 프로젝트 중심	적합 교육과정, 인간주의적 교육, 급진적 학교 개혁
재건주의	실용주의	사회의 진보와 재건, 사회의 변화와 개혁을 위한 교육	사회의 문제점을 지적하고 개선하는 데에 필요한 기술과 교과, 적극적인 현재와 미래의 사회와 관련된 학습	교사는 변화와 개혁의 대리인, 프로젝트 지휘자, 연구 리더, 인간이 당면한 문제를 학생들에게 인식시키는 사람	사회과학과 사회적 연구 방법 강조, 사회적 · 경제적 · 정치적 문제에 대한 조사, 국내적 · 국제적 쟁점과 현재와 미래의 추세 반영	국제주의 교육, 재개념주의, 교육 기회의 평등

〈표 2-5〉 전통적 교육철학과 현대적 교육철학의 비교

전통적 교육철학 (항존주의, 본질주의)	현대적 교육철학 (진보주의, 재건주의)
사회와 교육	
① 형식 교육은 학교에서 시작된다. 학교는 아동의 교육을 위한 주요한 제도다. ② 학교는 공통의 문화를 전수한다. 개인은 사회적 역할을 수행함으로써 사회에 대하여 책임을 진다. 중요한 것은 순응과 협동이다. ③ 교육은 사회의 목적을 실현하기 위한 것이다. 교육은 권위를 가지며, 도덕적 제재를 가할 수 있다. ④ 교과와 지식은 학생들에게 민주주의와 자유를 가르친다. ⑤ 교육은 주로 인지적 목적에 의하여 이루어지며 학문적 교과 중심으로 이루어진다. ⑥ 가치와 신념은 객관적인 것이며 완전히 절대적인 것은 아니더라도 합의된 기준과 진리를 기반으로 한다.	① 형식 교육은 가정에서 시작된다. 부모는 아동의 교육에 가장 중요한 영향을 미친다. ② 학교는 사회의 발전에 이바지한다. 개인의 성취와 발달은 사회에 이익이 된다. ③ 교육은 개인의 잠재력을 발전시키고 개인적 선택에 참여할 다양한 계기를 마련해야 한다. ④ 학교에서의 민주주의 경험은 학생들에게 민주주의와 자유를 가르친다. ⑤ 교육은 사회적 · 도덕적 · 인지적 목적에 의하여 이루어지며 아동을 중심으로 이루어진다. ⑥ 가치와 신념은 개인의 세계관에 입각한 주관적인 것이다.
지식과 학습	
⑦ 지식과 정보 중심 ⑧ 교과(내용) 중심 ⑨ 교사에 의하여 선택되고 조직된 교과 ⑩ 과거 중심으로 단순한 것에서 복잡한 것으로 조직된 교과 ⑪ 주제와 개념 중심으로 조직된 단원/학습 계획 ⑫ 분야, 학문, 연구 분야에 따라 분류된 분과 학문적 교과	⑦ 문제 해결과 사회 환경적 기능 중심 ⑧ 학생(학습자) 중심 ⑨ 교사와 학생에 의하여 계획된 교과 ⑩ 현재와 미래 중심으로 이해의 순서대로 조직된 교과 ⑪ 문제와 학생 흥미에 따라 조직된 단원/학습 계획 ⑫ 하나 이상의 관련 교과를 포함하는 통합적 교과
교 수	
⑬ 교과서와 워크북 중심, 교실에서 주로 이루어지는 교수와 학습 ⑭ 대집단 학습, 고정된 스케줄, 동일한 학습 시간 ⑮ 동질적 집단화, 특별반 편성 ⑯ 학생은 수동적으로 교사와 교과서가 가르치는 것을 내면화한다. ⑰ 교실 경험과 교수 상황의 동일성 강조	⑬ 다양한 교수 자료, 지역사회의 자료를 포함하는 교수와 학습 ⑭ 대집단 학습, 소집단 학습, 개별 학습, 융통성 있는 스케줄과 학습 시간 ⑮ 이질적 집단화, 다양한 프로그램에 입각한 반편성 ⑯ 학생은 사용 가능하고 적용 가능한 정보를 적극적으로 찾는다. ⑰ 교실 경험과 교수 상황의 다양성 강조
교육 목표와 프로그램	
⑱ 자유교과와 과학 강조 ⑲ 전문적 지식과 학식 강조 ⑳ 규정된 교육과정, 선택의 여지가 거의 없음 ㉑ 수월성과 높은 기준, 고성취 학생에 대한 특별한 배려	⑱ 자유교과와 실제적 · 직업적 교과의 혼합 ⑲ 일반적 교양과 비전문인 강조 ⑳ 학생의 필요와 흥미에 의거한 교육과정, 선택 교육과정 ㉑ 평등과 융통성 있는 기준, 저성취 학생에 대한 특별한 배려

출처: Allan C. Ornstein, "Philosophy as a Basis for Curriculum Decisions," *High School Journal* (December-January 1991), pp. 196-107.

결할 수 있는 문제가 아니며 앞으로도 여전히 골치 아픈 문제로 남아 있게 될 것이다.

이상에서 논의한 네 가지 교육철학적 관점을 정리하면 〈표 2-4〉와 같다.

4. 결 론

철학은 인간의 결정과 행위에 의미를 부여한다. 철학이 없다면 교육자는 외부에서 강요하는 교육적 처방, 일시적 유행이나 변덕, 권위적 체계, 다른 사람의 철학적 신조 등에 좌지우지되기 십상일 것이다. 철학의 중요성을 누구보다도 뼈저리게 확신한 Dewey는 철학을 교육적 과정의 포괄적 측면, 즉 '자연과 인간을 대하는 기본 성향—지적이고 감정적인—을 형성하는 데에 필요한 것' 으로 규정한다. 이러한 Dewey의 결론을 받아들인다면 학교에서 일어나는 모든 것이 그런 것은 아니지만 교육과정의 다양한 측면은 철학을 중심으로 발달한다고 말해도 틀리지 않다. Dewey의 말이 다소 과장된 것이라고 할지라도 실재를 어떻게 볼 것인가, 어떤 지식과 가치관이 가치 있는가의 문제를 결정하는 데에, 그리고 일반적인 교육적 결단이나 구체적인 교육과정의 구성에서 철학이 광범위한 영향을 미친다는 것은 엄연한 사실이다.

관념론, 실재론, 실용주의, 실존주의 등 주요 철학적 관점은 전통적이고 보수적인 것과 현대적이고 자유주의적인 것을 양 끝으로 하는 연속적인 틀 속에서 바라보아야 한다. 이러한 일반철학 혹은 세계 철학은 교육적 이론이나 관점이라 부르기도 하는 교육철학에 동일한 연속적 틀—전통적이고 보수적인 것(항존주의와 본질주의) 대 현재적이고 자유주의적인 것(진보주의와 재건주의)—속에서 영향을 미쳐 왔다(〈표 2-5〉 참조). 오직 한 가지 철학적 입장을 채택하는 학교는 거의 없다. 실제적으로 대부분의 학교교육은 다양한 철학적 입장의 합성이라고 할 수 있다. 학교와 교육과정에 관련된 의사 결정을 안내하는 데에 전통적인 것이든 현대적인 것이든 어느 하나의 철학이 독보적인 역할을 하는 경우는 있을 수 없다. 이 장에서 언급한 모든 철학적 입장은 교육에 대한 동일한 한 가지 소망, 즉 교육의 과정을 개선시키고 학습자의 성취를 향상시키며 보다 훌륭하고 능력 있는 시민을 길러 내고 사회를 개선하고자 하는 소망을 담고 있다. 다만, 그들은 실재, 가치, 지식에 대한 관점이 다르기 때문에 이러한 한 가지 소망을 어떻게 실현시킬 것인가의 문제에서 합의가 어려울 뿐이다.

교육과정 연구자로서 우리가 할 일은 교과 대 학생, 인지적 발달 대 사회심리학적 발달, 수월성 대 평등의 어느 한 극단에 치우지지 않는 '중도' —이것은 포착하기 매우 어렵고 추상적인 개념일 수 있다—를 발견하는 것이다. 우리에게 필요한 것은 정치적 · 경제적으로 실현 가능하고 학생과 사회의 필요에 부응하는 분별 있는 학교교육철학이다. 이것은 다른 철학적 입장을 희생하면서까지 특정 철학적 입장을 고집하는 것은 오히려 해가 되며 갈등을 불러올 수 있다는 것을 의미한다. 개혁 혹은 다른 명분 아래 특정 철학적 입장을 얼마나 강조할 것인가 하는 것은 언제나 비판적 사고의 대상이 될 수밖에 없다. 왜냐하면 어떤 사회도 그것이 민주주의 사회인 한 특정 철학적 사조나 정치적 관점에 경도되어서는 안 되기 때문이다. 우리가 지향하는 사회가 어떤 사회인가는 교육적 구조 속에 어느 정도 반영되어 있으며, 그 교육적 구조는 우리가 궁극적으로 규정하고 발전시키는 철학이 무엇인가에 의하여 결정된다.

마지막으로 교육과정 연구자들은 자신들이 끊임없이 교육과정과 관련된 의사 결정에 당면하게 되며 그러한 과정에서 철학이 중요한 역할을 담당한다는 것을 명심해야 한다. 그러나 사실은 학교에 있는 사람들이 학교 교육철학이나 사명선언에 입각하여 교육과정을 재고해 보는 경우는 거의 없다. 포괄적인 학교 교육철학은 무시된 채 교사나 행정가에 의하여 긴 행동적 목표 목록이 작성되는 경우가 허다하다. 교육과정 연구자들은 학교와 지역사회의 철학과 일치되는 학교교육의 실제를 계획하고 개발하는 데 도움을 줄 수 있어야 한다. 교수, 학습, 교육과정은 학교교육의 실제 속에 모두 하나로 얽혀 있으며, 학교교육철학을 반영해야 한다. 학교에 몸담고 있는 사람들, 특히 교육과정 연구자들은 의사 결정과 실천 과정 속에 학교와 지역사회의 철학을 고려하는 것이 무엇보다 중요하다.

미주

1) William Van Til, "In a Climate of Change," in R. R. Leeper ed., *Role of Supervisor and Curriculum Director in a Climate of Change* (Washington, D.C.: Association for Supervision and Curriculum Development, 1965), p. 18.
2) L. Thomas Hopkins, *Interaction: The Democratic Process* (Boston: D.C. Health 1941), pp. 198-200.
3) John I. Goodlad et al., *Curriculum Inquiry* (New York: McGraw-Hill, 1979).
4) Ronald C. Doll, *Curriculum Improvement: Decision Making and Process,* 9th ed., (Boston: Allyn and Bacon, 1996), p. 27.
5) John Dewey, *Democracy and Education* (New York: Macmillan, 1916), pp. 186, 383-384.
6) Ibid., p. 384.
7) Ralph W. Tyler, *Basic Principles of Curriculum and Instruction* (Chicago: University of Chicago Press, 1949), pp. 33-34.
8) John I. Goodlad, *What schools Are For* (Bloomington, Ind.: Phi Delta Kappan Educational Foundation, 1979). See also Goodlad, *A Place Called School* (New York: McGraw-Hill, 1984).
9) J. Donald Butler, *Idealism in Education* (New York: Harper and Row, 1966).
10) Howard Ozman and Samuel Carver, *Philosophical Foundations of Education,* 6th ed. (Columbus, Ohio: Merrill, 2000).
11) Harry S. Broudy, *Building a Philosophy of Education* (Englewood Cliffs, N.J.: Prentice Hall, 1961); John Wild, *Introduction to a Realist Philosophy* (New York: Harper and Row, 1948).
12) Broudy, *Building a Philosophy of Education;* William O. Martin, *Realism in Education* (New York: Harper and Row, 1969).
13) Ernest E. Bayles, *Pragmatism in Education* (New York: Harper and Row, 1966); John L. Childs, *Pragmatism and Education* (New York: Holt, Rinehart and Winston, 1956).

14) John Dewey, *Experience and Education* (New York: Macmillan, 1938).

15) Maxine Greene, *Existential Encounter for Teachers* (New York: Random House, 1967); George F. Kneller, *Existentialism in Education* (New York: Wiley, 1958); and Van Cleve Morris, *Existentialism and Education* (New York: Harper and Row, 1966).

16) Harold Soderquist, *The Person and Education* (Columbus, Ohio: Merrill, 1966); Donald Vandenberg, *Human Rights in Education* (New York: Philosophical Library, 1983). See also Israel Scheffler, *Of Human Potential: An Essay in the Philosophy of Education* (Boston: Routledge and Kegan Paul, 1986).

17) Mexine Green, *Landscapes of Learing* (New York: Teachers College Press, Columbia University, 1978); Donald Vandenberg, "Human Dignity, Three Human Rights, and Pedagogy", *Educational Theory* (Winter 1986), pp. 33-44.

18) Robert M. Hutchins, *The Conflict in Education* (New York: Harper and Row, 1953), p. 68.

19) Diane Ravitch, *Left Back: A Century of Failed Reforms* (New York: Simon and Schuster, 2000).

20) Robert M. Hutchins, *The Higher Learing in America* (New Haven, Conn.: Yale University Press, 1936).

21) Robert M. Hutchins, *A Conversation on Education* (Santa Barbara, Calif.: The Fund for the Republic, 1963), p. 1.

22) Mortimer J. Adler, *The Paideia Proposal: An Educational Manifesto* (New York: Macmillan, 1982); Adler, *Paideia Problems and Possibilities* (New York: Macmillan, 1983); and Adler, *The Paideia Program: An Educational Syllabus* (New York: Macmillan, 1984).

23) Allan Bloom, *The Closing of the American Mind* (New York: Simon and Schuster, 1987).

24) Allan Bloom, in Brad Miner, ed., *Good Order: Right Answers to Contemporary Questions* (New York: Simon and Schuster, 1995).

25) See William Bagley, "Just What Is the Crux and the Conflict between the Progressives and the Essentialists?" *Educational Administration and Supervision* (September 1940), pp. 508-511; Arthur Bestor, *Educational Wastelands* (Urbana, Ill.: University of Illinois Press, 1953); and Hyman Rickover, *Education and Freedom* (New York: E. P. Dutton, 1959).

26) See Daniel Tanner, "Curriculum History," in H. E. Mitzel, ed., *Encyclopedia of Educational Research,* 5th ed., (New York: Macmillan, 1982), pp. 412-420.

27) Hyman G. Rickover, "European vs. American Secondary Schools," *Phi Delta Kappan* (November 1958), p. 61.

28) Arthur Bestor, *The Restoration of Learning* (New York: Knopf, 1955), p. 120.

29) Rickover, "European vs. American Secondary Schools," p. 61.

30) Stanley M. Elam, "The Gallup Education Surveys," *Phi Delta Kappan* (September 1983), p. 26. See also Gallup polls published in the September or October issues of *Phi Delta Kappan* 1984 to 2003.

31) Allan C. Ornstein, "Teaching and Teacher Accountability," in A. C. Ornstein, et al., *Contemporary Issues in Curriculum,* 3rd ed. (Boston: Allyn and Bacon 1993), pp. 248-261.

32) Anne Blackman, "School Testing," *Time* (September 11 2000), pp. 49-54; Ben Keller, "Most California Schools to Get Cash for Meeting Test Targets," *Education Week* (October 11, 2000), p. 24.

33) Christopher Jencks and Meredith Phillips, eds., *The Black-White Test Score Gap* (Washington, D.C.: Brookings Institution, 1998); Gary Orfield and Mindy Kornhaber, eds., *Raising Standards or Raising Barriers?* (Washington, D.C.: Brookings Institution, 2001); and Ornstein, *Teaching and Schooling in America: Pre- and Post-September 11.*

34) Gregory R. Anig, "Educational Standards, Testing, and Equity," *Phi Delta Kappan* (May 1985), pp. 623-625; David Hill, "What Has the 1980s Reform Movement Accomplished?," *Education Digest* (February 1990), pp. 3-6; and Daniel U. Levine and Allan C. Ornstein, "Research on Classroom and School Effectiveness," *Urban Review* (July 1989), pp. 81-95.

35) Kenneth H. Bacon, "Many Educators View Involved Parents as Key to Children's Success in School," *Wall Street Journal* (July 31 1990), pp. 1B, 4B.; Lynette Long, and Thomas L. Long, "Latchkey Adolescents: How

Administrators Can Respond to Their Needs," *NASSP Bulletin* (February 1989), pp. 102-108.

36) E. D. Hirsh, *Cultural Literacy: What Every American Needs to Know,* rev. ed. (Boston: Houghton Mifflin, 1987).

37) Larry Cuban, "Four Stories about National Goals for American Education," *Phi Delta Kappan* (December 1990), pp. 264-271; Allan C. Ornstein, "The National Reform of Education," *NASSP Bulletin* (May 1992); and Richard W. Riley, "Education Reform through Standards and Partnerships: 1993-2000," *Phi Delta Kappan* (May 2002), pp. 700-707.

38) Howard Gardner, "National Education Goals and the Academic Community," *Education Digest* (February 1990), pp. 41-43; Maxine Greene, "Imagining Futures: The Public School and Possibility," *Journal of Curriculum Studies* (March-April 2000), pp. 267-280.

39) John I. Goodlad, "Kudzu, Rabbits and School Reform," *Phi Delta Kappan* (September 2002), pp. 16-23; Nel Noddings, *Educating Moral People: A Caring Alternative to Character Education* (New York: Teachers College Press, Columbia University, 2002).

40) R. Freeman Butts, *Public Education in the United States* (New York: Holt, Rinehart and Winston 1978); Lawrence A. Cremin, *The Transformation of the School* (New York: Knopf 1961); and Ornstein, *Teaching and Schooling in America: Pre- and Post-September 11.*

41) John Dewey, *Democracy and Education* (New York: Macmillan 1916).

42) John Dewey, "Need for a Philosophy of Education," *New Era in Home and School* (November 1934), p. 212.

43) John Dewey, *How We Think,* rev. ed. (Lexington, Mass.: D. C. Heath, 1933); William Kilpatrick, *Foundations of Method* (New York: Macmillan 1925).

44) John Dewey, *The Child and the Curriculum* (Chicago: University of Chicago Press, 1902), pp. 30-31.

45) Boyd H. Bode, *Progressive Education at the Crossroads* (New York: Newson, 1938).

46) Ibid., p. 44.

47) Cremin, *The Transformation of the School*; Joel Spring, *The American School: 1642-1990* (New York: Longman, 1990).

48) Herber Kohl, *The Open Classroom* (New York: Random House, 1969); Jonathan Kozol, *Free Schools* (Boston: Houghton Mifflin, 1972); See C. M. Bowers and David J. Flinders, *Responsive Teaching* (New York: Teachers College Press, Columbia University, 1990).

49) Charles A. Silberman, *Crisis in the Classroom* (New York: Random House, 1971).

50) Arthur T. Jersild, *In Search of Self* (New York: Teachers College Press, 1952); Jersild, *When Teachers Face Themselves* (New York: Teachers College Press, 1955); Arthur Combs and Donald Snygg, *Individual Behavior,* 2nd ed. (New York: Harper and Row, 1959). See also Arthur Combs, ed., *Perceiving, Behavioring, Becoming* (Washington, D.C.: Association for Supervision and Curriculum Development, 1962); and Combs, *A Personal Approach to Teaching* (Boston: Allyn and Bacon, 1982).

51) Abraham H. Maslow, *Toward a Psychology of Being* (New York: Van Nostrand Reinhold, 1962); Maslow, *Motivation and Personality,* 2nd ed. (New York: Harper and Row, 1970); Carl R. Rogers, *Client Centered Therapy* (Boston: Houghton Mifflin, 1951); Rogers, *On Becoming a Person* (Boston: Houghton Mifflin, 1961); and Rogers, *Freedom to Learn for the 1980s,* 2nd ed. (Columbus, Ohio: Merrill, 1983).

52) Michael W. Apple, "The Politics of Official Knowledge in the United States," *Journal of Curriculum Studies* (July-August 1990), pp. 377-383; Eisner, "What Really Counts in Schools"; and Herbert Kohl, "Toward Educational Change and Economic Justice," *Phi Delta Kappan* (May 1991), pp. 678-681.

53) Edgar Z. Friedenberg, *The Vanishing Adolescent* (Boston: Beacon Press, 1959), pp. 26, 91 110; See also Edgar Z. Friedenberg, *Coming of Age in America* (New York: Random House, 1967); See also Peter McLaren, "Education as a Political Issue: What' s Missing in the Public Conversation," in Joel L. Kincheloe and Shirley R. Steinberg, eds., *Thirteen Question,* 2nd ed. (New York: Peter Lang, 1995), pp. 265-280.

54) John Holt, *How Children Fail* (New York: Pitman, 1964).

55) Paul Goodman, *Compulsory Mis-education* (New

York: Horizon Press, 1964), pp. 20-22.

56) Paul Goodman, *New Reformation* (New York: Random House, 1970), p. 86.

57) A. S. Neill, *Summerhill: A Radical Approach to Child Rearing* (New York: Hart, 1960), p. 4.

58) Ibid., pp. 4 14.

59) Ivan Illich, *Deschooling Society* (New York: Harper and Row, 1971).

60) Henry A. Giroux, *Teachers as Intellectuals* (West-port, Conn.: Bergin and Garvey 1988); Henry A. Groux, Colin Lankshear, Peter McLaren, and Michael Peters, *Counternarratives* (New York: Routledge, 1996).

61) Ibid., p. 296.

62) Peter McLaren, "Critical Pedagogy and the Pragmatics of Justice," in Michael Peters, ed., *Education and the Postmodern Condition* (Westport, Conn.: Bergin and Garvey, 1995), p. 91.

63) Ibid., p. 92.

64) Peter McLaren, " A Pedagogy of Possibility," *Educational Researcher* (March 1999), pp. 49-54.

65) George S. Counts, *Dare the School Build a New Social Order?* (New York: Day, 1932), pp. 7-8; See also Robert R. Sherman, "Dare the School Build a New Social Order-Again?," *Educational Theory* (Winter 1986), pp. 87-92.

66) See John Dewey, *Reconstruction in Philiosophy* (New York: Holt, 1920).

67) Theodore Brameld, *Ends and Means in Education* (New York: Harper and Row, 1950); Brameld, *Patterns of Educational Philosophy* (New York: World, 1950).

68) Theodore Brameld, "Reconstructionism as Radical Philosophy of Education," *Educational Forum* (November 1977), p. 70.

69) Mario D. Fantini, *Regaining Excellence in Education* (Columbus, Ohio: Merrill, 1986); Harold Shane, *Educating for a New Millenium* (Bloomington, Ind.: Phi Delta Kappan, 1981); and Alvin Toffler, *Previews and Premises* (New York: Morrow, 1983).

70) Ruud J. Garter, "International Collaboration in Curriculum Development," *Educational Leadership* (December-January 1987), pp. 4-7; David Hill, "Rediscovering Geography: It' s Five Fundamental Themes," *NASSP Bulletin* (December 1989), pp. 1-7; and Jon Nixon, "Reclaiming Coherence: Cross-Curriculum Provision and the National Curriculum," *Journal of Curriculum Studies* (March-April 1991), pp. 187-192.

71) Kenneth B. Boulding, *The World as a Total System* (Beverly Hills, Calif.: Sage, 1985).

72) Elliot W. Eisner, "Curriculum Ideologies," in Philip W. Jackson, ed., *Handbook of Research on Curriculum* (New York: Macmillan Publishing Company, 1992), pp. 302-326.

73) Elliot W. Eisner, "What Does It Mean to Say a School Is Doing Well?," *Phi Delta Kappan* (January 2001), pp. 367-372; Goodlad, "Kudzu, Rabbits and School Reform," pp. 16-23.

74) Referenced in Patrick Slattery, *Curriculum Development in the Postmodern Era* (New York: Garland Publishing, Inc., 1995). Also see William F. Pinar, *Contemporary Curriculum Discourses* (New York: Peter Lang, 1999).

75) Maxine Greene, "Interpretation and Re-Vision: Toward Another Story," in J. T. Sears and J. D. Marshall, eds., *Teaching and Thinking about Curriculum* (New York: Teachers College Press, Columbia University, 1990), pp. 75-78; Greene, *Variation on a Blue Guitar* (New York: Teachers College Press, Columbia University, 2002).

76) Paulo Freire, *Pedagogy of the Oppressed* (New York: Herder and Herder 1970), pp. 75 100 108; *The Politics of Education: Culture, Power and Liberation* (Westport, Conn.: Bergin and Garvey, 1985).

77) William Pinar, "Sanity, Madness, and the School," in W. Pinar, ed., *Curriculum Theorizing: The Reconceptualists* (Berkeley, Calif.: McCutchan, 1974), pp. 364-366, 369-373, 381; Pinar et al., *Understaning Curriculum* (New York: Peter Lang, 1995).

78) Michael W. Apple, *Idelolgy and Curriculum* (Boston: Routledge and Kegan Paul, 1979), p. 4; See also Apple, *Teachers and Texts* (Boston: Routledge and Kegan Paul, 1986).

79) Michael Apple and Nancy R. King, "What Do Schools Teach?," in R. H. Weller, ed., *Humanistic Education* (Berkely, Calif.: McCutchan, 1977), p. 30.

80) Illich, *Deschooling Society.*

81) Paulo Freire and Donaldo Macedo, *Literacy: Reading the Word and the World* (Westport, Conn.: Bergin and Garvey, 1989); Freire, *Pedagogy of the Oppressed.*

82) Macdonald, "Curriculum and Human Interests," p. 293; Also see Raymond A. Morrow and Carlos A. Torres, *Reading Freire and Habermas* (New York: Teachers College Press, Columbia University, 2002).

83) Greene, "Imagining Futures: the Public School and Possibility."

84) Horace Mann, *The Republic and the School,* rev. ed. (New York: Teachers College Press, Columbia University, 1957), p. 39.

85) David B. Tyack, *Turning Points in American Educational History* (Waltham, Mass.: Blaisdell, 1967), p. 114.

86) Henry M. Levin, "Equal Educational Opportunity and the Distribution of Educational Expenditures," in A. Kopan and H. J. Walberg, eds., *Rethinking Educational Equality* (Berkely, Calif.: McCutchan, 1974), p. 30.

87) See James S. Coleman et al., *Equality of Educational Opportunity* (Washington, D.C.: U.S. Government Printing Office, 1966); Christopher Jencks et al., *Inequality: A Reassessment of the Effect of Family and Schools in America* (New York: Basic Books, 1972). Also see Kathleen Bennett and Margarett D. LeCompte, *How Schools Work: A Sociological Analysis of Education* (New York: Longman, 1990).

88) James S. Coleman, "The Concept of Equality of Educational Opportunity," *Harvard Educational Review* (Winter 1968), pp. 7-22.

89) Nathan Glazer, "The Affirmative Action Stalemate," *Public Interest* (Winter 1988), pp. 99-114; also see Herman Belz, *Equality Transformed* (New Brunswick, N.J.: Transaction, 1992).

90) John W. Gardner, *Excellence: Can We Be Equal and Excellent Too?* (New York: Harper and Row, 1961), pp. 17-18, 83, 90.

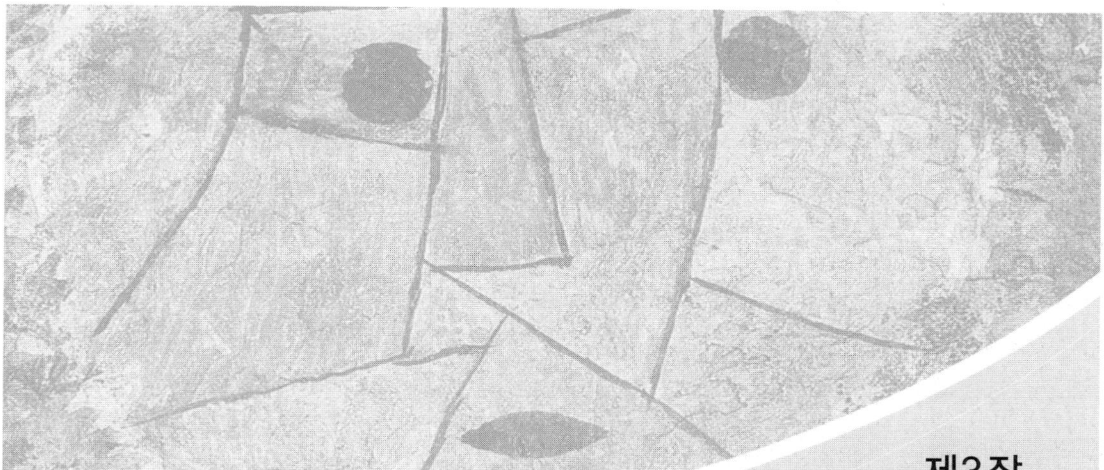

제3장

교육과정의 역사적 기초

핵심 질문

1. 교육과정의 역사적 기초를 아는 것은 왜 중요한가?
2. 미국 학교에서 유럽 교육학 사상은 어떻게 수정되었는가?
3. 미국의 민주주의 사상은 공립학교의 기원에 어떻게 공헌하였는가?
4. 19세기 전반의 미국식 국가주의는 교육과정에 어떤 영향을 주었는가?
5. 19세기 유럽의 개척자들의 교육은 미국 학교 교육과정에 어떤 영향을 주었는가?
6. 초(중)등학교 교육과정 개발에서 19세기에 나타난 특이한 문제는 무엇인가?
7. '15인 위원회' 와 '10인 위원회' 는 20세기를 위한 미국 교육과정에 어떤 영향을 주었는가?
8. 교육에서 과학주의는 교육과정 편성에 어떤 영향을 주었는가?
9. 미국 교육과정 분야에서 교육과정 역사학자들은 어떤 역할을 하였는가?
10. 교육과정에 대한 역사적 이해는 어떤 가치가 있다고 생각하는가?

교육과정 내에서 일어나는 것뿐만 아니라 모든 인간의 활동은 시간과 맥락 안에서 발생한다. 이에 대해서 많은 사람이 동의하는데도 교육과정 분야의 많은 학자, 특히 교육 실천가들은 교육과정 활동의 역사적 기초를 잊고 있거나 그와 같은 지식의 본질을 생각하지 않는다. 아마 이들은 역사를 살펴보는 것이 과거를 돌이켜보는 것 정도의 가치를 가질 뿐이라고 생각하는 듯하며, 교육과정 활동은 과거를 돌아보는 것이 아니라 미래의 가능성을 실현하는 일과 밀접하게 관련된다고 생각해 왔을 것이다. 그러나 사실 교육과정 분야에서 역사적인 이해가 절대적으로 필요하다는 인식을 가진 학자가 점점 증가하고 있다.

교육과정은 하나의 오래된 분야가 아니다. 학자들은 Franklin Bobbitt의 저서 『교육과정(The Curriculum)』이 출판된 1918년을 다수의 교육과정 학자가 탄생한 시기로 인정한다. 교육과정은 분명히 그 저서와 함께 학문적인 주목을 받게 되었지만, 그때까지 개념을 구체화하려는 노력이 없었을 뿐 항상 하나의 관심사가 되어 왔다. 오늘날 교육과정의 역사는 높이 평가되는 학문 분야 중 하나가 되었다. 이와 같은 학문적 관심은 교육과정을 과거에서 현재까지 우리가 이해하는 데 기여할 것이다. 미국 교육과정의 역사적 기초는 미국 교육사와 뒤엉켜 있기 때문에 먼저 그에 대한 조사를 소개하고자 한다.

미국 교육사와 교육과정 역사를 함께 분석한 것에 따르면, 교육과정은 주로 교과나 교육 내용 변화의 관점에서 이해되었다. 여기에서 지배적인 철학은 항존주의 철학이었다. 그러나 인식론적인 질문보다는 지식사회학에 관심을 두는 것이 과거와 현재의 교육과정 모두를 이해하는 데 생산적일 것이다. 교육과정의 역사 초기 200년(또는 그보다 더 오래) 동안 교육자는 학교 지식의 사회경제적 중요성에 대한 관심을 확대시켜 왔다.[1] 지식사회학은 교육에서의 행동주의와 과학주의의 초창기 뒤에 나타난 진보주의의 부각과 함께 견고한 토대를 마련하였다.

교육과정의 역사적 기초를 숙고하는 동안 우리는 교육과정 역사에 대한 명확한 개관을 얻을 수 있으리라 기대한다. 그러나 우리는 역사적인 분석을 통하여 교육과정 역사에 대한 다양한 관점과 해석의 복잡성을 인식하게 될 것이며, 교육과정 역사가 끊임없는 변화의 과정 속에 있다는 것을 이해하게 될 것이다. 여기에서 분명한 것은 맥락의 중요성을 인식하게 된다는 점이다. 다시 말해서, 우리는 교육과정의 역사적 기초를 공부하는 동안 교육과정이 시대적 · 정치적 · 사회적 · 경제적 · 문화적 맥락 속에 있는 인간에 의하여 창조되어 왔다는 사실을 알게 될 것이다.

이 장에서의 논의는 미국의 시민지 시대를 시작으로 하여 18세기, 19세기, 그리고 20세기에 걸쳐 진행된다. 논의의 대부분은 과거 100년에 초점을 두고 있으며, 이 장에서는 그 기간에 발생한 사실들을 중심으로 교육과정의 커다란 변화와 진화 과정을 제시하고자 한다.

1. 식민지 시대(1642~1776)

교육과정의 역사적 기초는 주로 매사추세츠 식민지 시절의 교육 경험에 근거를 두고 있다. 식민지 매사추세츠는 청교도들이 주로 거주하고 있었는데, 그들은 신학의 엄격한 원칙에 충실하였다. 그 당시 존재하였던 학교와 달리 뉴잉글랜드에 처음 설립된 학교는 청교도 교회와 밀접한 관계를 가지고 있었다. 교육사학자에 따르면 학교의 주요 목적은 아이들에게 성서와 정부에서 제공되는 공고문을 읽을 수 있도록 가르치는 것이었다.[2)]

그러므로 교리문답서와 보편적인 법을 이해하기 위해서는 읽기가 가장 중요한 과목이었으며, 쓰기와 철자법이 그 다음이었다. 그때 이후로 읽기와 그에 관련된 언어 능력은 미국 교육과 초등학교 교육과정의 기초가 되었다.

1) 세 식민 지역

매사추세츠에 설립된 식민학교는 두 가지 근거에서 유래되었다. 첫째는 1642년의 입법이다. 이것은 학부모나 아동의 보호자는 다음 내용을 확인할 것을 요구하였는데, 아동의 책무는 종교의 원리와 자치주의 법을 읽을 수 있고 이해할 수 있는 것이다. 둘째는 '현란한 늙은 악마(Old Deluder Satan)' 라고 하는 1647년의 법령이다. 이 법령에 의거하여 50가구 이상이 거주하는 읍 또는 도시 단위 행정 구역에서는 읽기와 쓰기 교사가 임명되었다. 또한 100가구 이상이 거주하는 읍 또는 도시 단위 행정 구역은 라틴어 교사를 임명하여 학생이 하버드 대학교에 입학하기 위한 준비를 시켰다.[3)] 로드아일랜드를 제외한 뉴잉글랜드의 다른 식민지들은 매사추세츠의 예를 따랐다.

이와 같은 초기 법은 청교도에게 교육이 얼마나 중요하였는지를 보여 주고 있다. 일부 역사학자는 이와 같은 법률을 미국 학교법과 공교육운동의 근거로 여겼다. 이것은 또한 청교도들이 식민 미국에서 문맹 계급의 성장을 원하지 않았음을 분명히 보여 준다. 이들은 문맹 계급이 남에 의지하는 빈민 집단이나 하위 계층으로 떨어지는 것을 두려워하였고, 그것을 피하고 싶어 하였다. 왜냐하면 그러한 상황은 청교도들에게 그 당시 영국과 다른 유럽 나라의 비참한 상황을 상기시켰기 때문이다. 또한 청교도는 아이들이 종교적인 교리에 전념하면서 성장할 것을 확실히 보증해 주기를 원하였다.

미국 중부의 식민지들은 뉴잉글랜드와 다르게 보편화된 언어와 종교가 존재하지 않았다. George Beauchamp는 '정치와 종교적인 집단 간의 경쟁이 교육 목적을 위한 공적 자금의 지출을 지연시켰다.' 고 지적하고 있다.[4] 심지어 하나의 교육 체제도 설립되지 못하였다. 그 대신 교구학교와 독립학교, 다른 민족과 종교적인 집단에 연계된 학교들, 그리고 작은 지역이나 공동체의 통제와 생각을 담은 학교들이 설립되었다(이것은 뉴잉글랜드의 중앙 또는 지역구 단위 학교 체제와는 반대적인 개념이다). 그러므로 현재의 문화 다원주의 개념은 이미 200년 전부터 형성되고 있었다고 볼 수 있다.

18세기 말까지 미국 남부 식민지들의 교육에 대한 결정권은 일반적으로 가족에게 있었다. 그러나 입법상의 집행을 통해 빈곤층의 아이, 고아, 사생아를 지원하였는데, 보호자들은 그들에게 교육적인 기술과 직업 기술을 제공할 것을 보장하였다. 그럼에도 불구하고 지주, 노예, 신사 계급으로 이루어진 플랜테이션 농장제도는 백인 아이(지주의 아이)로 이루어진 소수 특권 계급을 형성하였는데, 그들은 개인 교수의 혜택을 누렸다. 토지를 경작하는 대부분의 가난한 백인을 위한 정규 교육은 존재하지 않았으며, 글을 읽고 쓸 수 없는 문맹자였던 그들 대부분은 그들의 부모처럼 성장하여 영세농이 되었다. 아프리카에서 강제 이주되어 온 흑인 노예의 아이들에게는 글을 읽고 쓰는 것이 금지되었으며, 그들은 농장 체제의 최하층 계급을 이루었다. 간단히 말하여 초기 남부의 경제와 정치 체제는 '학교의 대규모 체제의 발전을 지체시키는 데에 일조하였다. 이러한 교육(지체)은 결국 시민전쟁 시대 이후까지 오랫동안 지속되었다.'[5]

뉴잉글랜드, 중부 대서양 식민지, 그리고 남부 학교 간의 지역적인 다양성에도 불구하고, 그들은 영국의 정치적인 이념에 영향을 받았다. 또한 언어, 종교, 경제 체제의 차이에도 불구하고 종교적인 신념은 학교와 사회 전체에 가장 우선시되었다. 가족은 아동의 사회화와 교육에 중요한 역할을 하였다. 이후에 읽기, 쓰기, 셈하기의 3R은 바로 이러한 학교에서 발전한 것이다.

'식민 학교들의 교육과정은 종교적 신념, 생활양식과 윤리를 고양시키기 위한 기초로서 읽기, 쓰기, 셈하기로 구성되었다.'[6] 이것이 전통적인 교육과정이었다. 여기에서는 학습 기초 기술의 습득, 영구적이고 절대적인 가치, 사회적이고 종교적인 순응, 권위에 대한 믿음, 지식 자체를 위한 지식의 추구, 그리고 기계적인 학습과 암기가 강조되었다. 이것은 아동의 본성을 타락이라고 보는 견해(아동은 원죄를 가지고 태어나며, 아동의 놀이는 어리석고, 아동은 횡설수설한다는 견해)에 기반을 두고 있다. 그렇기 때문에 교사는 아동을 지속적으로 훈육하는 것이 강조되었다. 교육과정을 위한 이러한 접근은 진보주의가 나타나기까지 미국 교육을 지배하고 있었다.

2) 식민 학교

오늘날에도 학교는 필요한 것과 마찬가지로 그 당시 미국의 식민 사회에서도 학교는 중요한 기관이었다. 다만, 오늘날과 비교하였을 때 한 가지 다른 것은 그 당시에는 학령기 아동의 작은 비율이 초등학교에 다녔고, 그것보다 더 작은 비율의 아이들이 중등학교에 다녔으며, 졸업하는 아이들은 그보다 더 작은 비율의 아이들이었다는 점이다.

지역 학교 뉴잉글랜드 식민지 내에서 지역 학교는 지역사회의 통제를 받는 일반 대중을 대상으로 하는 초등학교였다. 이것은 교실 하나에 교단이 앞에 놓여 있는 다소 조야한 형태의 학교였으며, 그 지역사회의 남자 아이와 여자 아이들이 함께 다녔다. 학생은 의자에 나란히 앉아 주어진 과제를 하였고 그것을 다 하면 교사는 한 명씩 불러서 외워 보게 하였다. 이 학교에 다니는 아이들의 나이는 5~6세에서 13~14세였다. 아이들의 출석 상태는 규칙적이지 못하였는데, 그것은 주로 날씨 상태의 영향을 받았고, 아이들이 가족 농장에서 일을 해야 하는 경우에는 결석할 수밖에 없었다.[7)]

교구학교와 사립학교 중부 식민지에서는 교구학교와 사립학교가 주도권을 쥐고 있었다. 초등학교는 선교 단체에 의해 설립되기도 하고, 다양한 종교와 민족 집단에 의해 각자의 아이들을 교육시키기 위한 목적에서 설립되었다. 뉴잉글랜드의 지역 학교와 마찬가지로 이 학교들은 읽기와 쓰기, 그리고 종교적인 설교에 초점을 두었다. 남부에는 상류층 아이들이 사립학교에 다니고 있었으며, 거기에서 읽기, 쓰기, 셈하기, 그리고 초급 독본을 익히고 성경을 공부하였다. 상류층에 속하지 않는 아이들은 운이 좋은 경우 자선 학교에 다녔다. 거기에서 그들은 3R을 배우고 찬송가를 낭송하였으며(이것보다 성경을 읽는 것이 더 요구되었다) 직업적 기술을 배웠다.

라틴문법학교 중등교육 수준에서 상류층의 남자 아이들은 라틴문법학교에 다녔다. 이 학교는 1635년 보스턴에 처음 설립되었으며, 대학 입학 준비를 목적으로 하고 있었다. 이 학교는 전문직을 원하는 학생들의 욕구를 채워 주기 위해 설립되었는데, 여기에서 전문직이란 의약, 법, 교수, 목회에 종사하는 사람들을 말한다. 또한 이 학교는 개인 사업이나 상업 등의 직업을 가지고자 하는 학생들을 위해 설립되었다.[8)]

8세 또는 9세의 남자 아이가 이 학교에 입학하면 8년 동안 수학한다. 교육과정은 고전 학습을 중심으로 구성되었다. '이러한 고전은 그리스어, 수사법, 논리학 등으로 구성되었으나, 실제로는 라틴어가 교육과정의 대부분인 3/4 또는 그 이상을 차지하고 있었다.'[9)] 그러나 예술이나 과학에는 거의 관심을 두지 않았다. '초등학교와 같이 종교적인 분위기도 대단하였다. 교사는 학생들과 함께 정기적으로 기도를 진행하였고 설교 내용에 대한 쪽지시험을 보기도 하였다.'[10)] 학습 관리는 소모적이고 재미없는 방식으로 진행되었으며, 학교는 교회의 시녀에 불과하였다. Samuel Morrison이 우리에게 상기시켜 준 것처럼 라틴문법학교는 유럽식 학교에 가장 근접한 미국의 식민 학교 중의 하나였다. 이 학교의 교육과정은 문예부흥기(이 시대 학교는 주로 상류 계층의 아이들을 대상으로 당시의 사회적 · 종교적 제도를 보조해 주는 역할을 수행하였다)의 고전 인문학자들의 것과 유사하였다.[11)]

아카데미 아카데미는 1751년 설립되었으며 중등교육을 제공하는 미국의 교육기관으로는 두 번째에 해당한다. 이것은 Benjamin Franklin의 사상을 기초로 하여 대학에 가지 못하는 아이들을 위하여 현실에 적용하기 쉬운 교육과정을 제공하고자 하는 의도에서 설립되었다. 아카데미는 영문법, 고전, 작문, 수사학, 대중 연설 등과 같은 다양한 교육과정을 가지고 있었다.[12)] 이 학교에서 라틴어는 더 이상 중요한 과목이 아니었다. 학생들은 그들이 원하는 직업에 근거하여 외국어를 선택할 수 있었다. 이를테면 성직자가 되고자 하는 아이들은 라틴어와 그리스어를, 사업가가 되고자 하는 아이들은 프랑스어, 독일어, 또는 스페인어를 배울 수 있었다. 수학은 추상적인 지적 연습으로서가 아니라 직업과 관련된 실제적인 목적에 의거하여 가르쳤다. 역사는 종교가 아닌 윤리 공부를 의미하였다. 아카데미는 실제적인 기술이나 수공 기술을 형식적 교육과정 속에 포함시켰다. 예컨대, 목공, 조각, 인쇄, 도장, 가구 제작, 농작, 부기 등 20세기에 나타난 직업 교육과정의 기초를 형성하였다.

대학 라틴문법학교를 졸업한 대부분의 학생들은 하버드나 예일 대학교에 진학하였다. 대학은 청교도의 개념에 기초를 두고 있었으며, 성직자의 직무를 수행할 사람들은 고전과 경전을 반드시 배워야 했다. 따라서 학생들은 라틴어, 그리스어, 고전 공부에서 자신의 능력을 발휘해야 했다.

하버드나 예일 대학교에 가기 위한 학생들을 준비시키는 라틴문법학교는 학문 중심 교육과정을 통하여 학생들의 대학 입학을 준비시키는 오늘날의 고등학교와 비슷하다. 중등 교육과정과 대학 입학 조건 사이의 밀접한 관련은 사실상 200년 전보다 훨씬 이전에 형성된 것이다. Ellwood Cubberley는 다음과 같이 말하고 있다.

> 학생은 '시험을 타고' 대학교에 입학한다. 학생들은 그 시험에서 자신이 결백하고 악의 없는 삶을 살고 있다는 것을 증명해 보여야 할 뿐만 아니라 Parce Tully, Vergil과 희랍 경전을 읽고 이해할 수 있는 능력, 라틴어로 산문을 쓸 수 있고 운율의 규칙과 일반 산술을 이해할 수 있는 능력을 보여 주어야 한다.[13)]

하버드와 예일 대학교의 교육과정은 라틴어, 문법, 논리학, 수사학, 산술, 천문학, 윤리학, 형이상학, 그리고 자연과학으로 구성되어 있었다. 성직자와 다른 전문직을 위한 교육과정은 그리스어, 히브리어, 그리고 고대사를 포함한다.

3) 구교과서, 구독본

어린이용 익힘책(hornbook), 초보 독본(primer), 시편(Psalter), 성서(Testament, Bible) 등은 교과서로 간주되었기 때문에 이것들은 학생의 읽기 능력을 고려하여 널리 읽혔다. 대체적으로 말하여 미국 혁명 시기까지 대부분의 초등학교 교과서는 영국에서 나온 것이거나 영국 교과서를 그대로 모방한 것이었다.[14] 아이들은 자모음, 주기도, 음절, 단어, 문장들을 '혼북' 이라는 익힘책을 암송하면서 배웠다. 혼북은 주걱 모양의 판에 양피지 한 장이 붙어 있고 그 위는 평평한 소의 뿔로 만든 투명한 덮개로 싸여 있는 익힘책을 말한다.

17세기 말에 출판된 『뉴잉글랜드 초보 독본(New Eng-land Primer)』은 영국 초보 독본을 대체하였다. 이것은 미국 최초 초보자 읽기 책일 뿐만 아니라 미국 식민지에서 100년 이상 동안 가장 널리 사용된 교과서로서 3백만 부 이상 팔렸다. 『뉴잉글랜드 초보 독본』에는 종교적이고 도덕적인 교리가 여기저기 스며들어 있었다. 학생들이 설교 내용을 외우고 다음의 인용과 같이 ABC를 기계적인 반복에 의거하여 익히는 것을 보면, 거기에는 청교도적 종교와 도덕의 음침한 폐쇄성이 그대로 드러난다고 할 수 있다.

A－In Adam's Fall
We sinned all
B－The Life to mend
This book attended
C－The Cat doth play
And after slay
Z－Zacheus he
Did climb the tree
His Lord to see[15]

1740년 Thomas Dilworth는 『영어로의 새로운 안내(New Guide to the English Tongue)』를 출간하였는데, 여기에는 문법, 철자법, 종교 자료 등이 복합적으로 담겨 있었다. 이 책에 이어서 몇 년 후, 그 당시 수학 교과서로 널리 사용되던 『교사의 보조(School Master's Assistant)』가 나왔다.

초등학교 교육과정이 얼마나 편협되고 교과서 사용이 얼마나 제한적이었나 하는 것은 수년 후 열렬한 문화국가주의자였던 Noah Webster가 당시 코네티컷 주의 교육위원인 Henry Barnard에게 보낸 다음의 편지에 잘 기술되어 있다.

> 혁명 전에 사용된 도서들은 주로 또는 전적으로 Dilworth의 철자법 교과서, 시편, 신약성서, 그리고 성서였다. 약 1786년 또는 1787년 Morse 박사의 지리학에 대한 소책자가 출간되기 전까지 사람들은 지리학을 가르치지 않았다. 내가 아는 한 미국의 역사에 대한 간략한 정리가 없었기 때문에 역사책도 읽히지 않았다. 앞에서 언급한 책들을 제외하고 읽기를 위한 책은 1785년 내가 소속된 기관의 『제3부(Third Part)』가 출판되기 전까지 아무것도 사용되지 않았다. …… 나의 철자법 책의 소개는 1783년에 처음 이루어졌고, 그것은 철자법에 커다란 변화를 일으켰다. …… 내가 어렸을 때 Dilworth의 문법을 가르치거나 순수하지 못한 목적에서 문법을 가르치는 경우를 제외하고, 영문법은 일반 보통학교에서 전혀 가르치지 않았다.[16]

2. 국가 형성기(1776~1850)

혁명기 이후 떠오르기 시작한 교육의 새로운 임무는 초기 국가 형성기에서도 계속되었다. 많은 지도자들은 자유 공립학교 교육을 대중 정부와 정치적 자유의 이념과 관련시켰다. Madison 대통령은 '대중에 관한 정보와 그것을 인식하기 위한 수단이 없는 대중 정부는 소극 또는 비극이거나 아마도 둘 다의 서막이다.' 고 하였다. Jefferson도 '만약에 한 국가가 문명에 대하여 무식하거나 그것에서 자유롭기를 기대한다면, 그것은 과거에도 미래에도 결코 없는 것을 기대하는 것이다.' 라며 이와 유사한 신념을 표현하였다.

삶, 자유, 평등에 대한 강조는 그 시대의 가장 위대한 문서인 독립선언문, 권리장전, 서북 지방의 법령에 명백히 나타나 있다. 1785년 이러한 법령은 서북부 지역을 군구로 나누었고, '공립학교를 유지하기 위한 모든 군구의 16개 구획을 마련해 두었다.' 1787년에 그들은 '학교와 교육의 수단은 영원히 모든 주의 격려를 받아야 한다.' 는 것을 재확인하였다. 연방 정부는 교육에 대한 헌신과 그것의 정당성을 기꺼이 인정하고 주 단위, 지역 단위 학교의 자율성을 보장하였다. 이것은 미국 헌법에 보장되어 있다. 이러한 법령의 결과로 39개 주는 학교 부지를 위하여 1억 5,400만 에이커 이상의 땅을 연방 정부로부터 받았다.[17)]

19세기가 되면서는 비종교적인 세력이 종교적인 영향에 도전할 수 있을 만큼 충분히 발전하였다. 이것은 초등학교와 중등학교에 대한 종교적 영향력이 퇴락하는 데에 궁극적인 원인이 되었다. 이러한 비종교적인 세속적 세력 중에는 민주주의의 발전, 강한 연방 정부의 발전, 문화적 국가주의의 부상, 종교적 자유 사상, 자연과학의 새로운 발견 등이 있었다.

1) Rush: 과학, 진보와 무상 교육

Benjamin Rush 박사(1745~1813)는 이 새로운 시대를 대표한다. 1791년에 그는 고전에 대한 강조가 대중에게 학습에 대한 편견을 심어 주었다고 주장하였다. 라틴어와 그리스어가 교육과정을 지배하는 동안 보편 교육의 실현은 오직 희망에 불과할 뿐이었다. 천연자원을 탐험하고 개발하며 민주주의를 촉진시키고자 하는 새로운 국가에서 교육은 이러한 관심의 실현에 기여해야 한다. '이러한 상황 속에서 두 개의 죽은 언어를 배우는 데 4, 5년을 소모하는 것은 나비를 잡는 즐거움을 누리기 위하여 금광을 스스로 저버리는 것이나 다름없다.' 이 최고의 실용주의자는 라틴어와 그리스어에 소비하는 시간을 과학에 바친다면 '인간 조건은 훨씬 더 개선될 것' 이라고 주장하였다.[18)]

Rush는 펜실베이니아와 새로운 공화국을 위한 교육 계획 설계를 단행하였다. 이 계획은 100가구 이상으로 구성되어 있는 각 군 · 구에 무상 초등학교를, 지역구에 무상 아카데미를 계획하였으며, 미래의 지도자 육성을 위하여 주 단위로 무상 단과대학과 종합대학교를 계획하였다. 학비는 대중의 세금으로 충당되었지만, Rush는 이러한 교육 체제는 생산적이고 잘 교육된 인력과 기업을 우리에게 가져다줄 것이기 때문에 결국에는 세금을 덜 내는 것과 같다고 주장하였다. (이것은 Horace Mann이 30년 후에 보통학교운동을 주도하였을 때 사용하였던 것과 동일한 논리다). Rush의 교육과정은 초등학교 수준에서는 읽기, 쓰기, 셈하기를 강조하였고, 중등학교와 대학교 수준에서는 영어, 독일어, 예술, 특히 과학을 강조하였다. 그리고 올바른 예절과 도덕의 원리는 교육의 시작부터 끝까지 강조되었다.

2) Jefferson: 시민을 위한 교육

농업 사회에 대한 신념과 도시 무산자 계급에 대한 불신이 Thomas Jefferson(1743~1826)의 민주주의 사상의 기초였다. 정치, 농업, 과학, 교육을 포함하는 거대한 포부를 가진 Jefferson은 국가는 민주주의 사회를 보장하기 위해서는 교육받고 자유로운 시민을 양성할 책임을 가지고 있다고 주장하였다. 1779년 버지니아 입법에 의해 소개된 '지식 포괄적 확산을 위한 법안(Bill for the More General Diffusion of Knowledge)'에서 Jefferson은 '모든 비용을 들여서라도'[19] 일반인이나 땅을 경작하는 사람 모두에게 교육의 기회를 제공한다는 계획을 주장하였다. Jefferson에게 공식적 교육은 종교 집단이나 상류 계층의 사람들에게 일임되는 문제라기보다는 주나 시 전체의 관심으로 생각되었다. 그러므로 학교는 공적 세금으로 충당되어야 하는 것이다.

Jefferson의 계획은 버지니아의 지역구를 보다 작은 구로 세분화하였고, 그 작은 구마다 읽기, 쓰기, 셈하기, 역사를 가르치는 무상 초등학교를 설립하는 것이었다. 그의 제안에는 중등교육 수준의 20개 문법학교를 설립하는 것도 포함되었으며, 영재이면서도 학비를 댈 여유가 없는 아이들을 위한 장학금 제공도 마련되었다. 또한 이곳에서 학생들은 라틴어, 그리스어, 영어, 지리학, 그리고 고급 수학을 배우는 것으로 계획되었다. 문법학교를 마치면 장학생 반은 초등학교와 선거구 학교 교사의 사회적 역할을 맡게 하였고, 학업 성적이 가장 우수한 10명의 장학생은 윌리엄 메리 대학에 다니도록 하였다. 이러한 Jefferson의 계획은 경제적으로 부족한 학생들에게 평등한 교육 기회를 제공한다는 학교의 전통적 이미지뿐만 아니라, 우수한 학생을 발굴하여 학업을 계속하도록 하기 위한 선택된 대리자로서 학교 이미지를 드높이는 데에 일조하였다.

버지니아를 위한 Jefferson의 제안과 펜실베이니아를 위한 Rush의 제안은 모두 실행되지는 않았다. 그럼에도 이 법안은 신흥국가에 맞는 교육 유형이 어떤 것이어야 하는가를 잘 보여 주고 있다. 이러한 법안은 전통적이고 종교적인 원리가 아닌 사업적이고 상업적인 원리를 바탕으로 하는 실제적 교육과정을 주장하는 Franklin의 아카데미와 함께 올바른 시민, 사회적 진보, 그리고 실용주의를 촉진시키기 위한 교육의 목적은 어떤 것인가를 잘 보여 주고 있다. 고전적 교육과정과 종교적 영향은 사실상 이미 쇠퇴하기 시작이었다. Rush와 Jefferson(그리고 다소 Franklin까지)은 모두 교육 기회의 평등에 관심을 가지고 있었다. 즉, 그들은 대중적인 아동과 청년을 위한 보편 교육과 우수한 학생을 발굴하여 공적 비용으로 무상 중등 및 대학 교육을 받을 수 있도록 하는 방법을 제안한 것이다.

3) Webster: 학교 지도자와 문화국가주의

미국은 공통으로 공유하는 문화와 민족문학이 없었기 때문에 다른 신흥국가와 다른 방식으로 정체성 문제를 경험하였다. '구식의' 문화와 '구식의' 사상 간의 투쟁 속에서 신흥국가인 미국은 영국과 차별화되기 위하여 대단한 노력을 기울였다.[20] Noah Webster(1758~1843)는 열정적으로 그의 동료 미국인에게 '마음의 자유를 얻고 독립된 존재처럼 행동하라. 너희는 그동안 통제에 복종하고 거만한 부모의 홍미에 일조할 뿐인 어린이로서 너무나 오랫동안 존재해 왔다. …… 너희는 너희 자신이 추대할 제국이 있고 …… 너희 자신의 지혜와 판단에 의거하여 확립하고 확장시켜야 할 국민 정신도 가지고 있다.'[21] 고 권고하였다.

1789년 미국 헌법이 발효되었을 때, Webster는 '미국은 자율적인 언어와 정부의 체제를 가져야만 한다. 대영제국의 언어는 더 이상 우리의 기준이 되어서는 안 된다. 왜냐하면 영국 저자의 취향은 이미 그 역할을 다하였고 영국의 언어는 이미 쇠퇴해 가고 있기 때문이다.'[22]고 주장하였다. 그동안 혁명을 통해 미국인들은 영국으로부터 정치적 독립을 선언해 왔다. 이제 그들은 문화적 독립을 선언할 필요가 있었던 것이다.

국가 정체성은 분명한 국가 언어와 문학을 통해 전달된다는 것을 인식하고 있던 Webster는 미국의 상용 영어를 재형성하기 위한 준비에 착수하였다. 그는 독특한 미국 언어는 ① 유럽식 사용의 잔재를 제거해야 하고, ② 지역 및 영역적 편향성이 없는 미국 유일의 언어를 창조해야 하며, ③ 자기 의식적인 미국의 문화국가주의를 촉진시킬 수 있어야 한다고 믿었다.[23] 미국 언어의 창조는 국가 통합의 언어적 기제가 되어야 했다. 또한 그것은 발음하기도 단순하여 일반 대중에게 적합한 것이어야 했다.

Webster는 언어 학습을 체계화된 교육에 직접 연계시켰다. 그들이 미국 언어를 배운 것처럼 아이들 또한 미국인처럼 말하고 행동하게 해야 한다. Webster가 제안한 미국 언어는 미국 전역 학교에 있는 젊은 학생들에게 숙지시키고 체계적으로 가르쳐야 한다. 미국식 학교의 교육과정은 결국 학생들이 읽는 책에 의해 형성될 것이기 때문에 Webster는 그의 삶 대부분의 시간을 철자법 책과 읽기 책을 쓰는 데 투자하였다. 그의 『영어문법 연습(Grammatical Institute of the English Language)』은 1783년에 출간되었다. 그것의 첫째 부분은 후에 『미국 철자법(The American Spelling Book)』으로 재출간되었는데, 이 책은 19세기 전반 미국에서 가장 널리 사용되었다.[24] Webster의 철자법 책은 여러 판으로 출간되었으며, 1837년까지 판매된 부수는 150만 부 정도로 추정된다. Webster의 위대한 책은 『미국영어사전(The American Dictionary)』인데, 이것은 정성어린 25년간의 연구 후인 1825년에 완성된 것이다.[25] 때때로 Webster는 공화국의 학교지도자로 불리며, 국가 형성 초기 교육의 정치적인 지도자로서 그의 연구는 미국의 언어, 정체성, 국가성의 의미를 창조하는 데에 많은 기여를 하였다.

4) McGuffey: 독본과 미국적 미덕

William Holmes McGuffey(1800~1873)는 그의 삶의 대부분을 오하이오 대학교에서 학생들을 가르치며 보냈으며, 미국 문화국가주의에 관한 논쟁에 참여하였다. 『독본(Readers)』으로 불리는 그 당시 가장 대중적인 교과서의 저자인 McGuffey는 과학, 예술, 법, 문학, 그리고 예의범절에서 미국이 '유럽에 빚지고 있다는 것과 영국 유산의 후계자라는 것'을 존경과 경애의 마음으로 인정하였다. 그러나 미국은 그들 나름대로 인류에 공헌한 것도 있다. 그들은 덜 문학적이고, 덜 문화적이지만 도덕적이고 정치적이었다. 미국이 뿌린 대중적 자유의 씨앗은 '영국에서 나온 것이지만 그것이 열매를 맺은 것은 미국 땅에서다.'[26] 미국은 '평등과 대표의 원리에 기초를 둔 대중적 제도가 정부를 운영할 수 있으며,' 유럽인이 '노동 계층이나 하층민이라 부르는 대중에게 자율적 정부의 위대한 권리와 의무를 부여하는 것이 실제적이라는'[27] 사실을 유럽인에게 입증해 보였다. McGuffey는 문화적인 면에서 유럽에 빚진 것을 미국의 정치적 · 사회적 전망, 즉 자유주의의 완전한 실현과 미국 서민의 전통으로 상쇄하고자 하였던 것이다.

McGuffey의 다섯 개 『독본』은 1836년과 1920년 사이 1억 2,000만 이상 판매된 것으로 추정된다.[28] McGuffey가 한 것은 청교도적 신의의 미덕을 애국주의, 영웅주의, 근면성, 성실성, 도덕적인 삶 등의 미국적 미덕과 결합시키는 것이었다. 이것은 도덕, 종교, 자본주의, 그리고 친미국적인 색채를 띠었다. 아닌 게 아니라 그의 미국문학 모음집에는 George Washington, Patrick Henry, Benjamin Franklin, Daniel Webster의 연설이 포함되어 있었다. McGuffey는 이 『독본』을 가지고 미국의 여러 세대를 가르쳤다. 그리고 그는 학교를 위해 1단계 독본을 제공함으로써 1840년에 시작되었던 독본 등급제를 위한 길을 마련하였다. 그의 『독본』은 매우 인기가 좋았으며, 가정, 직장, 교회, 국가 등의 미국식 제도에 대한 그의 애국정신과 신념은 너무나 생생하고, 시간의 제약을 받지 않는 것이었다. 따라서 그의 『독본』과 『그림 독본(Pictorial Primer)』은 지방에 위치한 보수적이고 근본주의적인 경향을 띤 학교에서는 현재도 여전히 소개되고 있다(교육과정 도움말 3-1 참조).

3. 19세기 유럽 교육자

유럽 사상에 대한 많은 비판이 제기되었는데도 미국 교육은 그 사상에서 지대한 영향을 받았다. 대학 수준의 자연과학, 심리학, 사회학의 영

교육과정 도움말 3-1

역사적인 관점의 필요성

교육과정 전문가를 포함한 모든 전문적인 교육자는 현재와 과거를 통합하기 위한 역사적인 관점이 필요하다. 역사에 대한 이해는 우리가 추상적 세계와 실제적 세계 모두에서 과거의 오류를 반복하지 않도록 해 줄 뿐만 아니라 현재를 위한 준비를 잘할 수 있도록 해 준다.

다음에 제시된 것은 역사에 대한 이해와 교육의 역사에 대한 이해가 왜 필요한가를 말해 준다.

① 교육에 관한 아이디어의 발전은 지적 문화유산의 일부다.
② 교육받은 사람(또는 전문지식인)에 대한 우리의 개념은 너무 편협되고 기술적인 것이다. 우리는 교육받은 사람(또는 전문지식인)의 개념을 인문학과 사회과학에 대한 이해가 높은 사람으로 확장시킬 필요가 있으며, 이러한 개념은 역사에서 나온다.
③ 교육과 관련된 다양한 이론과 실제의 논의는 역사(또한 철학, 심리학, 사회학)적인 기초의 이해를 필요로 한다.
④ 교육의 역사적 기초에 대한 이해는 교육과정과 수업과 교수를 통합적인 안목으로 볼 수 있도록 해 준다.
⑤ 역사는 현재 진행 중인 교육적 실제를 이해하기 위한 목적으로 연구될 수 있다.
⑥ 공통 또는 중핵 교육과정을 개발하는 데에서 역사적인 안목은 필수 조건이다.
⑦ 교육과정 전문가는 역사적인 관점에서 교과의 내용과 과정 사이의 관계를 더 잘 이해할 수 있다.
⑧ 역사, 특히 역사적 사례를 활용함으로써 우리는 학문적 지식 교육에 도덕적 차원을 첨가시킬 계기를 마련할 수 있다.
⑨ 교육의 역사는 교육 실천가가 학생들이 과거에 배웠던 것과 현재 배우고 있는 것 사이의 관계를 이해할 수 있도록 도와준다.
⑩ 교육의 역사에 대한 연구는 그 자체의 이론적 목적과 연구 목적을 위해 중요하다.

역은 독일 사상가의 영향을 받았으며, 연구 중심의 많은 미국 대학은 독일식 대학 교육의 모형을 따랐다. 유치원에서 12학년까지의 공교육 수준에서는 독일(또는 스위스)의 낭만적이고 진보적인 사상과 심리학적 이론에 기반하고 학생의 요구와 흥미를 고려하는 교육과정과 수업 방법이 도입되었다. 영국도 효율적인 것부터 낭만적인 것에 이르기까지 모든 것을 고려하는 학교교육 모형을 제공함으로써 미국 교육에 영향을 미쳤다.

미국의 애국자는 유럽과 차별화된 문화생활을 강력하게 갈망하여 왔지만, 상식과 학식을 갖춘 사람으로서 유럽의 풍부한 사상과 지혜에 등을 돌릴 수는 없었다. 더군다나 그 당시 유럽 대륙에서 부상하고 있는 교육사상 모두가 구시대적이고 고전주의적인 전통을 표방하는 것은 아니었다. 즉, 진보주의적이고 과학적인 원리에 입각한 사상들도 부상하고 있었던 것이다.

개혁이라는 주제는 그 당시 교육적 논의의 단골 메뉴였다. 당시 유럽과 미국에 있는 교육 지도자는 전통적 교육과정과 전형적 학교의 한계를 인식하고 있었으며, (교육과정) 이론과 실제 속에 확고하게 자리 잡은 많은 개혁적 특성은 그 당시 시대를 앞서 나가는 사람의 사고에서 그 흔적을 찾을 수 있다.[29] 라틴어, 그리스어, 고전 중심의 전통적 교육과정은 그 빛이 바랬다. 새로운 교육 실행은 기계적 학습, 암기, 체벌과 같은 전통적 교육 방법과 대조되는 새로운 교육 실천으로 발전하였다.

1) Pestalozzi: 일반적 방법과 구체적 방법

미국의 교육 역사 초기에 교육개혁자는 스위스의 교육자인 Johann Heinrich Pestalozzi (1746~1827)의 영향을 많이 받았다. 한 교육사학자는 '어떤 다른 교육개혁자보다도 Pestalozzi는 근대 초등학교의 기초를 마련하였으며, 초등학교 교육 실제의 개혁에 도움을 준 사람이다.'[30] 고 하였다. Pestalozzi는 교육의 과정은 아이들의 자연적인 발달과 그들의 감각적인 경향을 기초로 하여 이루어져야 한다고 주장하였다. 이것은 현재의 진보주의자나 환경주의자들의 생각과 유사하다. Pestalozzi 교육개혁의 핵심은 아이들은 단어를 가지고 학습하는 것이 아니라 감각을 통하여 학습한다는 주장에 있다. 그는 기계적 학습 방법을 어리석은 방법이라고 말하고, 교육과정을 집과 가족의 삶 속에서 아동의 경험과 연결시켜야 한다고 주장하였다.

Pestalozzi에 의하면 교육은 '일반적' 방법과 '구체적' 방법을 고려하여 이루어져야 한다. 일반적 방법은 교육자에게 사랑하는 마음을 가지고 아이들을 위해 정서적인 안정과 신뢰, 그리고 애정을 베풀 것을 요구한다. 구체적 방법은 아이들의 청각과 시각을 고려하여 가르칠 것을 요구한다. 결국 Pestalozzi는 아이들이 일상적인 환경에서 보고 경험하는 보통의 사물들, 즉 식물, 바위, 인공물 등을 배우도록 하는 '실물' 교육을 제안하고 있는 것이다. 실물 교육은 형태, 수, 소리라는 세 가지 유형의 학습을 강조한다. 아이들은 처음에는 실물의 형태를 결정하고 그것을 그린 후 이름을 정한다. 이와 같이 형태, 수, 소리 교육은 읽기, 쓰기, 셈하기의 3R과 같은 형식적 교육의 기초가 된다는 것이다.

Pestalozzi의 생각은 19세기 초 미국 교육에 커다란 영향을 주었다. William McClure, Joeseph Neef, 그리고 후에 Horace Mann, 나중에 미국 교육국장이 된 Henry Bernard는 모두 Pestalozzi의 생각을 미국 학교에 소개하기 위하여 노력하였다.[31] Pestalozzi의 교육에 대한 기본적인 개념은 진보적인 학교교육의 일부가 되었고, 후에 교육과정의 적합성과 인본주의 교육과정을 위한 운동에도 다시 나타난다.

2) Froebel: 유치원 운동

Friedrich Froebel(1782~1852)은 독일의 교육학자로서 유치원을 창시한 사람으로 유명하다. 실제로 그는 유치원을 아이들의 정원이라고 불렀다. Froebel은 3세에서 4세 아이를 중심으로 교육 원리를 공식화하였으며, 아이들의 학교 교육은 놀이, 개별 및 집단별 관심과 활동을 중심으로 조직되어야 한다고 주장하였다. 이것은 형식적이지 않고 틀에 박히지 않은 교육과정과 사랑, 신뢰, 자유, 그리고 아이들의 자기 계발을 기초로 하는 교육과정을 제안하는 것이다.

Froebel의 유치원은 Pestalozzi의 원리에 따라 아동의 자발적인 활동과 자기 계발, 그리고 신뢰와 애정을 기초로 하여 학습이 일어나는 준비된 환경이다. 전통적 교육과정의 옹호자들은 불필요한 것으로 여길 수 있는 노래, 이야기, 다채로운 자료, 놀이들이 형식적 교육과정의 일부로 존재한다. 아이들은 구, 육면체, 원과 같은 사물을 조작할 수 있고, 진흙, 모래, 판지와 같은 재료들로 모양을 구성하며, 성과 산을 만들고 달리고 뛰어노는 것과 같은 재미있는 놀이 활동에 참여할 수 있다.[32] 이러한 모든 것이 학습 환경을 구성하고 안전하고 즐거운 장소를 제공한다. 그 안에서 아이들은 자연스럽게 성장할 수 있는 것이다.

유치원의 개념은 독일 이민자에 의해 미국에 도입되었다. 최초의 미국 유치원은 Margaret Schurz에 의해 1855년 위스콘신 주의 워터타운에 설립되었다. 미주리 주 세인트루이스 학교의 장학사이며 후에 미국의 교육국장이 된 William Harris는 Froebel의 생각을 보다 폭넓게 적용하는 데에 기여하였다. 유치원은 지금 미국 공교육의 한 부분이다. 아이들의 경험과 놀이의 방법에 대한 Froebel의 대부분의 생각은 유아 교육과 진보주의 학교교육에 대한 현대적 이론 속에 녹아들어 있다.

3) Herbart: 도덕적 발달과 지적 발달

유명한 독일 철학자 Johann Freidrich Herbart (1776~1841)는 교육의 주요 목표는 도덕 교육에 있으며, 전통 교육과정은 너무 경직되어 있어서 이러한 목표를 달성하는 데에 한계가 있다고 주장하였다. 이러한 주장은 교육과정의 폭을 확장시켰고, 삶에 대한 다양한 관심과 균형 잡힌 안목을 가진, 도덕적으로 훌륭한 사람을 키우는 것을 교육으로 생각하도록 만들었다. Herbart는 교과를 지적 관심과 윤리적 관심이라는 두 측면으로 구분하여 파악하였다. 지적 관심은 경험 및 사실적 자료와 이론적 사고와 관련된다. 윤리적 관심은 개인적 신념, 자비심, 타인에 대한 배려와 사회적 복지에 대한 관심, 정의, 평등과 관련된다. Herbart는 역사, 영어, 수학, 과학을 전 학년 모든 단계의 교육과정에 통합할 것을 주장하였다. 그는 교육과정을 통합하기 위해 교과의 '상호 관련성' 이라는 아이디어를 도입하였는데, 이러한 아이디어는 1940년대와 1950년대 중핵 교육과정을 선호하는 교육과정 전문가에게 영향을 주었다.

Herbart는 수업 방법을 학습과 통합하는 데에 큰 영향을 미쳤다. 이에 의거하여 교사는 학생들의 요구와 관심에 입각하여 수업을 할 수 있다. 이것은 다음과 같은 심리적 과정을 의미한다.

① **준비**: 교사는 선수학습 경험을 고려하고 학습자의 준비성을 자극한다.
② **제시**: 새로운 수업 내용을 소개한다.

③ 연합: 새로운 수업 내용을 이전 학습 내용과 연결한다.
④ 체계화: 학습자는 새로운 아이디어에 대한 규칙, 원리, 또는 일반화를 학습한다.
⑤ 적용: 학습자는 새로운 학습 내용을 그와 관련된 다른 문제나 활동에 적용해 보고 검증해 봄으로써 그것을 의미 있게 받아들인다.[33)]

Herbart가 교수와 수업에 미친 공헌에 대하여 John Dewey는 다음과 같이 말하고 있다.

> 일반적인 원리에 의거하여 암송하는 방법을 공식화하고자 하였던 몇몇 시도가 있었다. 그러한 시도 중에는 매우 중요한 시도로서 그 밖의 모든 다른 노력을 다 합한 것보다도 교수-학습에 더 많은 영향을 준 것이 있으니, 그것은 바로 암송을 다섯 개의 연속적인 단계로 분석한 Herbart의 시도다.[34)]

Herbart가 제시한 수업의 형식적 단계는 교실 수업을 담당하는 교사에 의하여 활용되었을 뿐만 아니라 교사 교육에도 적용되었다. 이론적으로 말하여 교사들은 그들의 수업 준비를 위해 다섯 개의 단계를 생각하면서 다음과 같은 질문을 스스로에게 제기한다.

- 학생들은 무엇을 알고 있는가?
- 어떤 질문을 해야 하는가?
- 어떤 사건이 연계성을 가지고 있는가?
- 어떤 결론에 도달해야 하는가?
- 학생들은 어떻게 그들이 배운 것을 적용할 수 있는가?

이러한 수업의 원리는 Dewey가 그의 책 『사고의 방법(How We Think)』에서 제시한 교수-학습 원리에 상당한 정도로 영향을 미쳤다. 그것은 여전히 발달적 수업 접근 방식을 사용하는 교사들을 위한 안내로 기능하고 있다.

4) Spencer: 실용적이고 과학적인 교육

Herbert Spencer(1820~1903)는 영국의 사회학자다. 교육에 대한 그의 생각은 Charles Darwin의 생물학적 진화와 적자생존의 이론에 기초를 두고 있다. Spencer에 의하면 사회의 발달은 단순한 사회에서 복잡한 사회로 나아가는 진화론적 과정을 따라 이루어지며, 복잡한 사회는 전문화된 직업이 점점 다양하게 증가된다는 특징을 가진다.[35)] 자연법칙에 따라 지적이고 생산적인 사람만이 환경 변화에 적응할 것이고, 덜 지적이고 약하고 게으른 사람은 천천히 도태될 것이다. 이러한 원리에는 수월성을 기반으로 한 교육, 사회경제적 진보, 지적 발달은 유전에 의거하여 결정된다는 생각 등이 함의되어 있다.

Spencer는 종교적인 교리와 고전적 교과를 학교에서 가르치는 것은 비과학적이고 현실 사회와 아무런 관련성을 가지지 못한다고 비판하였으며, 교육과정은 과학적이고 실제적인(실용적인) 산업사회에 적합해야 한다고 주장하였다. 또한 전통적인 학교는 비실제적이고 장식적이며 상류 계층을 위한 사치라고 믿었으며, 이러한 것은 결국 현대사회에 살고 있는 사람들의 요구를 만족시켜 주는 데 실패하였다고 주장하였다.

Spencer에게 교육의 주된 목적은 '완전한 삶을 위한 준비'로 교육과정은 이러한 목적에 따라 설정될 필요가 있다. Spencer는 인간의 생존과 진보를 향상시키기 위한 활동 중심의 교육과정을 구성하였다. 그의 교육과정은 중요성의 순서에 따라 ① 삶을 유지하고, ② 삶을 발전시키고, ③ 아이들의 양육을 목적으로 하고, ④ 사회와 정치 관계를 유지하고, ⑤ 여가, 의무, 그리고 감정을 발전시킬 수 있는 활동을 포함하였다.[36)]

Spencer는 그의 유명한 에세이 「어떤 지식이 가장 가치가 있는가(What Knowledge Is Most Worth?)」에서 개인과 사회의 생존을 위한 가장 실제적인 교과인 과학이 비실제적이고 장식적인 전통의 지배 때문에 교육과정에서 최소한의 주목만 받고 있다고 주장하였다. 또한 그는 학생들에게 어떻게 생각할 것인가(문제 해결 방법)를 가르쳐야지 무엇을 생각할 것인가를 가르쳐서는 안 된다고 주장하였다.[37)]

종교, 진화, 사회적 진보에 대한 Spencer의 많은 생각이 각광을 받았지만(그것은 현재 종교적이고 정치적인 성향을 띤 사람들 사이에서 여전히 각광을 받고 있다), 무엇보다 그의 생각은 산업의 성장, 식민지의 확장, 유럽 국가와 미국이 처한 어쩔 수 없는 운명으로 특징지어지는 19세기 후반 사상가의 생각과 딱 맞아떨어지는 것이었다. Spencer의 발견 학습의 개념은 20세기 교육과정 학자들, 특히 Dewey식의 진보주의 교육과정 학자와 그 이후의 학문 중심 교육과정 학자 모두에게 영향을 미쳤다.

4. 보편 교육의 등장(1820~1920)

19세기 초기 미국은 서부로 영토를 확장하였다. 새로운 개척지에서의 삶은 새로운 국가를 건설한 보통 사람들에 대한 미국적 신념을 더욱 심화시켰다. 독립선언에 명시되어 있는 평등과 엄격한 개인주의가 중요한 개념으로 등장하였고, 이것은 모든 사람은 그 자체로 중요하며 어떤 배경에 있는 사람이든 누구나 직업을 가져야 한다고 믿었던 서부 개척자에 의하여 재천명되었다. 학벌과 상관없이 일반 대중이 다양한 정치적 업무를 맡았으며, 자신의 삶을 개선할 수 있는 인간의 역량에 대한 신념으로 가득하였다. 보통 사람과 미국 문화에 대한 이러한 신념은 개척지의 사람에게 학교의 필요성에 대한 인식을 강하게 심어 주었다.[38)]

동부에 있는 도시에서는 특히 이민자들이 보통 사람, 사회 유동성, 삶에 대한 미국적 꿈, 자유, 평등에 대한 신념을 가지고 있었다. 그러나 상류 계층의 사람은 이러한 신념을 가지고 있지 않았다. Franklin, Rush, Jefferson 이래로 이어져 내려온 전통적 신념, 즉 대중 교육 체제는 민주주의의 지적 성숙을 위하여 반드시 필요하다. 그것은 보통학교를 넘어서 고등학교, 대학교까지 확대되어야 한다는 신념으로 미국 국민이 무상 학교교육을 지원하도록 하는 데에 큰 역할을 하였다.

1) 학생감독학교

학생감독학교(the monitorial school)는 Joseph Lancaster의 교육 모형을 기초로 한 유럽의 고안물이다. 이것은 이주민이 증가하고 있던 미국 대도시 중심부와 학교 체제가 필요하였던 개척지에 빠르게 퍼져 나갔다. 1820년대와 그 이후 이것의 매력은 경제성과 효율성이었다. 총명한 학생감독은 수업을 하는 교수자로 일했다. 교사는 성취도 높은 학생감독관에게 수업 내용을 가르쳤으며, 학생감독들은 교실 동료에게 그 내용을 소개하였다. 학자들은 오늘날 이것을 협동학습이라 부르고 있다. 이 수업은 고도로 구조화되었으며, 기계화된 학습과 3R의 반복적인 연습을 기초로 하였다.

이러한 교수 방법의 제안자들은 그것의 경제성뿐만 아니라 교사가 다른 학생들을 지도하는 동안에도 잠재적으로 게으른 학생들을 공부에 열중하게 만들 수 있는 이점을 강조하고 있다. 교실의 학생들은 작은 모둠으로 나뉘었고 각 모둠에는 학생감독이 있었다. 학생들은 연습 활동에 적극적으로 참여하고 각자의 진도에 따라 학습해 나갈 수 있었다. 교사들은 수업에 관련된 작은 일에서 자유로워졌고 수업과 관련된 새로운 역할, 즉 장학관이나 관리자의 역할을 맡는 것이 허락되었다. 따라서 이러한 학생감독 체제는 '효율적인' 교육으로 인정되었다.[39]

학생감독제는 3R을 위한 전통적인 교육과 도덕 원칙 및 시민성을 위한 종교적인 이론을 약화시키는 결과를 가져왔고, 체제적인 수업을 위한 필요성과 가능성을 드러냈다. 또한 그것은 많은 사람을 형식 교육에 익숙하게 만들었고, 보다 많은 사람에게 교육의 기회를 열어 놓았다. 더욱 중요한 것은 그것이 대중 교육과 세금 지원을 받는 초등학교 설립을 촉진시켰다는 것이다.[40] 이 제도가 인기 절정에 있었던 1840년대에는 몇몇 고등학교에도 적용되었으며, 대학에서도 그 채택이 제안되었다.

그러나 학생감독제는 지나치게 기계적인 것으로 생각되었고, 지식이 부족한 학생을 그보다는 좀 낫지만 여전히 가르치기에는 부족한 학생이 가르친다는 점에서 비판을 받았다. 따라서 19세기 중반에 그 인기는 점차 줄어들었다.

2) 보통 학교

보통 학교는 모든 도시에 그 지역의 모든 학교를 책임질 학교위원회를 둔다는 주(州) 법이 통과되었던 1826년 매사추세츠에 설립되었다. 11년 후 매사추세츠 입법은 최초의 주립 교육위원회를 탄생시켰으며, 단일 권한 아래 공립 보통 학교들을 조직하였다. 매사추세츠 주에 이웃한 코네티컷 주도 빠르게 이러한 예를 따랐다.[41] 이 보통 학교들은 3R을 강조하면서 초등교육에 힘을 쏟았다. 이 운동은 Horace Mann에 의해 퍼져 나갔으며, 진보주의 사상에 그 뿌리를 두고 있었다.

매사추세츠 입법위원이며 나중에 최초의 매사추세츠 교육국장이었던 Horace Mann은 다양한 집단에 호소함으로써 보통 학교에 대한 대중의 지원을 능숙하게 이끌어 냈다. 기업체의 지원을 얻기 위하여 그는 '교육은 일종의 시장 가치를 가지며' '공동 금괴'와 유사한 산출물을 내기도 한다는 것을 입증해 보이려고 노력하였다. 또한 '산업의 목적과 국가의 부'는 지식이 확산되는 것에 비례하여 증대될 것이라고 주장하였다.[42] 그리고 그는 노동자는 더욱 부지런해야 하고 생산적이어야 한다고 하였으며, 상류 계층을 겨냥하여 공적 선은 공교육에 의하여 향상될 것이라는 책임 이론을 펼쳤다. 모든 아이를 위한 학교는 안정된 사회를 창조할 것이고, 그 안에서 사람은 법에 복종하고 국가 정치와 경제적으로 풍요로운 삶은 증대될 것이다. 그는 노동자와 농부에게는 보통 학교가 매우 효과적인 평등화 방안, 즉 그들의 아이들을 위한 사회적 계층 이동의 수단이 될 것임을 주장하였다. 또한 그는 청교도 공동체에게 보통학교는 아이들을 윤리적 · 종교적 집단으로 동화시킬 것이고 대중문화를 촉진시키며 이민자의 아이들에게 영어, 관습, 나라의 법을 배우도록 도와줄 것이라고 주장하였다.[43] 그는 보통 학교는 평등과 기회를 가치로 하는 미국 제도를 위하여, 모든 미국인이 공유하는 공동체 의식을 위하여, 그리고 국가 정체성 증진을 위하여 반드시 필요하다는 것을 확신하였다.

비록, 보통 학교의 설립이 주마다 다양한 유형에 의거하여 이루어졌고 교육의 질 또한 다양하였지만, 미국 공교육의 기초는 이 제도를 통하여 확립되었다. 이들은 다양한 사회 · 경제적, 종교적 배경을 가진 6세에서 14세 또는 15세 아이들을 수용하였고, 지역 공동체에 의해 소유되고 관리되었다는 점에서 공동체 공동의 것이었다. 보통 학교에서는 다양한 과목을 가르쳤기 때문에 교사는 하루에 10~20개의 다양한 수업에 대한 계획을 세워야 했다.[44] 그리고 교사는 겨울에는 교실을 따뜻하게 유지하기 위하여 나이 든 아이들과 함께 나무를 자르고 모아 왔으며, 여름에는 교실을 시원하게 유지하기 위해 노력하였다. 학교는 상당한 정도의 수리를 필요로 하는 경우가 많았으며, 교사들의 월급은 매우 낮았다.

뉴잉글랜드에서 주 입법은 학군의 설립을 장려하였고 학교위원회를 선출하였으며 학교를 통제하기 위한 법을 정하였다. 그곳은 보통 학교가 번창하고 보통 사람과 평범한 운명에 대한 신념이 있었던 접경 지역에 있었다. 교실이 하나뿐이었던 보통 학교는 대부분의 미국 공동체 속에서 미국의 감상을 자극하는 가장 오래된 그림인 '빨갛고 작은 학교(Little Red Schoolhouse)'를 연상시켰다. 그것은 나름대로 문제가 있고 비판을 받기도 하였지만 아이들에게 무상교육을 제공한다는 개척자 정신과 열망을 상징해 주었다. '그것은 학교는 미국 시민의 수준을 올리는 데 필수 불가결하다는 변방 지도자들의 믿음의 표명이었다.'[45]

겉보기에 빈약하고 불안정한 자금 조달과 불충분한 교사가 장애가 되었던 이 작은 학교는 확장과 평등을 가치로 내건 미국 개척지의 조건에 적합하였다. Abraham Lincoln에 의하면 그것은 '시끌시끌한' 학교였지만 보통 아이들이—심지어 통나무집에 태어난 아이라도—읽고, 쓰고, 셈하기를 시작할 수 있는 학교였으며, 무한

한 성취가 약속된 학교였다.[46)]

그것은 지역 시민이 선거, 농업협동조합 활동, 춤추기, 지역 공동체 활동 등의 장소로 이용될 수 있었고, 지역 공동체에 의해 통제되고 지원되었다.

보통 학교를 통해 형성된 전통—이웃 학교 아이디어, 학교에 대한 지역 통제와 정부 지원 등—은 미국인의 마음과 정신에 확고하게 자리를 잡았다. 보통 학교에 대한 미국인의 확신은 이후 19세기에 공립학교의 확산에 기여하였으며, 현재의 보편교육제도에도 영향을 미쳤다.

초등학교 교육과정의 진화 초등학교에 적합한 공통 교육과정은 무엇인가에 대한 합의는 없었다. 19세기를 통해서 보면 당시의 경향은 읽기, 철자법, 문법, 산술과 같은 필수적이고 기

〈표 3-1〉 1800~1900년의 초등학교 교육과정의 진화

1800	1825	1850	1875	1900
읽기*	읽기*	읽기*	읽기*	읽기*
	낭독	낭독	문학 선택	문학*
철자법*	철자법*	철자법*	철자법*	철자법
쓰기	쓰기	쓰기*	서법*	쓰기
교리	바른 행동	품행	품행	품행
성경*	예의와 도덕	예의		
산술	산술*	암기*	초급 산술*	산술*
		연산*	고급 산술*	
	부기	부기		
	문법*	문법*	문법*	문법
		초등 언어	말하기	말하기*
	지리	지리	국토지리	국토지리
			텍스트 지리*	텍스트 지리*
		미국 역사	미국 역사	역사 연구
			의회	
		실물 수업	실물 수업	자연
			초등 과학	초등 과학
	바느질		그리기	그리기
				음악
			신체 연습	체육
				연극
				바느질
				요리
				수공 연습

출처: E. P. Cubberley, *The History of Education* (Boston: Houghton Mifflin, 1920), p. 756.

* 가장 중요한 과목

초적인 과목에 여러 과정이 덧붙어 있었다. 종교적 교리는 1825년경에 '예의범절'과 '도덕' 수업으로 변화되었고, 교과서의 내용은 상당히 도덕적인 성격을 띠었으며(McGuffey의 인기가 그 이유 중의 하나다), 교사들은 인격 형성과 관련된 포괄적 교육을 제공하였다. 1875년경 도덕 수업은 품행 교육과정으로 대체되었으며, 이것은 20세기 교육과정의 흔적을 남기고 있다. 전통적 교육과정에 대한 강조는 점점 더 많은 과목이 추가되면서 천천히 변하였다. 1850년경에 지학과 역사, 1875년경에 과학, 예술(또는 그리기), 체육, 1900년경에 자연(또는 생물과 동물학), 음악, 가정, 수공 연습이 추가되었다. 〈표 3-1〉은 이와 같은 초등학교 교육과정의 진화 과정을 보여 주고 있다.

3) 중등학교

보통 학교는 교육에 대한 세금 지원과 초등교육에 대한 지역 분권적 통제의 원리를 확립하였다. 미국 고등학교는 이러한 기초 위에 설립되었다. 1900년까지 6~13세에 해당하는 아이들의 주요 인구는 공립 초등학교에 다녔다. 그러나 14~17세의 아이들은 단지 11.5%만이 공립 중등학교에 다니고 있었다(그리고 17세 아이들의 6.5%만이 졸업을 했다). 〈표 3-2〉에서 보여 주는 것처럼 1930년 전까지는 중등학교에 다니는 학생의 수가 50%를 넘지 못했다. 1970년까지 초등학교 대상 아이들의 학교 참여율은 98%가 되었고, 중등학교 대상 아이들의 학교 참여율은 94%였다(그리고 75%가 졸업을 하였다). 초등학교 참여율의 큰 증가는 1850년에서 1900년 사이에

〈표 3-2〉 1900~2000년의 중등학교와 대학교 학생 참여율

	14~17세의 중등학교 참여	17세의 고등학교 졸업	18~21세의 대학 참여
1900	11,5	6.5	3.9
1910	15.4	8.8	5.0
1920	32.3	16.8	7.9
1930	51.4	29.0	11.9
1940	73.3	50.8	14.5
1950	76.8	59.0	26.9
1960	86.1	65.1	31.3
1970	93.4	76.5	45.2
1980	93.7	74.4	46.3
1990	95.8	85.4	48.5
2000	97.9	87.5	53.7

출처: Allen C. Ornstein, Teaching and schooling in America: preand post-September 11 (Boston and Bacon, 2003) Table 5-1, p. 249. 원자료는 *Digest of Education Statistics, 1982, 1985, 1989, 1998, 2000*; *Projections of Education Statistics to 2008, 2111.*

발생하였다. 고등학교는 1900년에서 1970년 사이에 발전하였다. 1980년대부터 1990년대 학교 입학률은 이전 수준을 웃돌았다.

4) 아카데미

19세기 초기 아카데미는 라틴문법학교를 대체하기 시작하였으며 19세기 중엽에는 아카데미가 지배적이었다. 이것은 폭넓은 범위의 교육과정을 제공하였고, 졸업을 앞둔 학생들과 더불어 대학 준비 과정을 학습하는 학생들에게 실제적인 과정을 제공하기 위해 고안되었다. 1855년까지 6,000개가 넘는 아카데미에서 263,000명의 학생을 교육하였다(이것은 당시 전체 중등학교 학생의 2/3 이상인 수다).[47]

Ellwood Cubberley에 의하면 아카데미의 '주요 목적 중의 하나는 단순한 대학 준비를 위한 교과 이외에 근대적 성격을 띠고 젊은이를 변화하는 사회에 적응시키는 데에 유용한 교과를 정식 교육과정으로 확립하는 데 있다. 사물에 대한 언어적 표현보다는 실물을 공부하고, 대학 입학 준비를 위한 과목보다 유용한 교과를 공부하는 것은 새로운 교육과정의 두드러진 특성이다.'[48]

1828년까지 50개의 다른 과목이 뉴욕 주에 있는 아카데미에서 제공되었다. 서열상 상위 15개에 해당되는 교과는 ① 라틴어, ② 그리스어, ③ 영문법, ④ 지리, ⑤ 산술, ⑥ 대수학, ⑦ 작문과 낭독, ⑧ 자연철학, ⑨ 수사학, ⑩ 철학, ⑪ 미국 역사, ⑫ 프랑스어, ⑬ 화학, ⑭ 논리학, ⑮ 천문학이었다. 1837년까지 주위원회에서는 72개의 다양한 과목을 제시하였다.[49]

아카데미마다 다양한 교육과정이 존재하는 등 아카데미의 표준적인 형태는 존재하지 않았지만, 부지불식간에 학생의 대학 입학 준비를 시키는 것이 아카데미의 주요 기능으로 정착되었다. 전통적 교육과정, 또는 아카데미의 교육과정 중의 전통적인 부분은 새로운 형태로 지속되었다. Elmer Brown에 의하면 보다 우수한 아카데미에서는 '대학 준비 과정이 전체적 수업 체계의 중추였다.' 비록, 실제적인 교육과정이 제공되는 경우도 있었지만 '교육과정을 결정하는 기준은 무엇보다도 대학의 입학 요건이었다.'[50] Paul Monroe에 의하면 '교육의 핵심에는 여전히 고전적 교육과정이 남아 있었고, 단지 몇몇 인기 있는 아카데미의 핵심 학생들만 대학 준비 그룹으로 남아 있었다.'[51]

아카데미가 공립 고등학교로 대체되었을 때인 1870년대까지 아카데미는 계속 확장되었다. 아카데미는 젊은 여성을 위하여 고전과 근대 언어, 과학, 수학, 예술, 음악으로 이루어진 교양 교육과정을 제공하였다. 또한 고전 교육과정과 교육학의 원리 교수 과정을 결합하여 예비 보통 학교 교사를 위한 과정도 제공하였다. 몇몇 사립 사관 아카데미와 엘리트 학생을 위한 아카데미는 오늘날까지 존재하고 있다.

5) 고등학교

몇몇 고등학교가 19세기 전반기에 있었지만

(최초의 고등학교는 보스턴에 1821년에 세워졌다), 국민이 동의한다면 세금 재정으로 고등학교를 설립할 수 있다는 칼라마 주 결정이 미시간 주 법정에서 통과되었을 때인 1874년 후까지 고등학교는 미국의 주요 교육기관은 아니었다. 고등학교에 대한 세금 지원이 소수의 젊은이에게만 혜택이 돌아갈 수도 있다는 것을 우려하여 초기에는 약간의 반대가 있었지만, 법원의 결정 이후 고등학교는 빠르게 확산되었고, 고등학교 의무 입학 법률이 주 단위로 입헌되었다. 교육 기회의 평등에 기초하여 모든 젊은이가 고등학교에 입학해야 한다는 생각이 교육개혁의 골자였다.

학생들이 사립학교에 다니는 것도 허용되었지만 각 주에 사립학교 설립 수에 대한 제한을 두고 있었다. 1890년까지 미국 2,525개의 공립 고등학교에는 200,000명이라는 학생들이 다니고 있었는데, 이것은 1,600개의 사립 중등학교, 95,000명 미만의 정원과 비교된다. 1900년까지 고등학교는 6,000개로 갑자기 늘어난 반면, 아카데미는 1,200개가 감소하였다.[52] 공립 고등학교제도는 보통 학교와 연계성을 가지고 발전해 왔다. 비록, 1900년에 이르러서도 청소년 전체의 적은 비율만 고등학교에 다니고 있었지만, 고등학교만 졸업할 학생과 대학 진학을 목표로 하는 학생, 부유한 집의 학생과 가난한 집의 학생들이 한 지붕 아래에 있는 학교에 함께 다니고 있었다는 것은 미국인이 이중적인 유럽식 중등교육제도를 얼마나 싫어하였는가를 증명해 주고 있다. 1950년 이후 미국 고등학교가 완전히 확립되었을 때, James Conant는 모든 유형의 학생을 통합하고 계층의 차이를 없애기 위한 종합고등학교의 기초를 마련하였다. 이 종합고등학교는 모든 학생에게 교육과정의 선택권을 제공하였다.

고등학교는 대학 준비를 강조하였지만 고등학교만 졸업하고자 하는 학생을 위해서도 공식적인 교육과정을 제공하였다. 또한 고등학교는 학문적 교과로 이루어진 교육과정보다 더 다양한 교육과정을 제공하였다. 20세기가 되면서 고등학교는 직업과 산업 과정뿐만 아니라 상업과 사무직 훈련 과정을 제공하기 시작하였다. 그 자체의 문제와 비난에도 불구하고 공립 고등학교는 사회와 정치 개혁을 위해 민주적이고 종합적인 기관으로 발전하였다. 이들은 확장되고 있는 산업 경제 속에서 숙련된 노동력을 생산하였고, 수백만의 이민 아이들을 미국인으로 동화시켰다.

중등 교육과정의 진화 라틴문법학교의 교육과정은 사실상 식민지 시대의 시작부터 끝까지 한결같았다. 〈표 3-3〉은 당시 가장 대중적인 교육과정이 무엇이었나를 보여 준다. 표에 나타난 바와 같이 라틴어, 그리스어, 산술, 고전은 여전히 강조되었다. 아카데미는 다양한 실제적 교육과정을 제공하였는데, 1800년까지 25개의 다양한 과목을 제공하였다(〈표 3-3〉에는 가장 인기 있었던 17개 교육과정이 나열되어 있다). 1850년과 1875년 사이에는 아카데미가 최고 절정이었는데, 이때는 150개의 과정이 제공되었던 것으로 추정되고 있다.[53] 상위 15개의 가장 인기 있었던 과목은 ① 대수, ② 고급 산술, ③ 영어 문법, ④ 라틴어, ⑤ 기하, ⑥ 미국 역사, ⑦ 생리

〈표 3-3〉 중등학교 교육과정의 진화(1800~1900)

1800~1825	1825~1850	1850~1875	1875~1900
라틴문법학교			
라틴어	라틴어		
그리스어	그리스어		
산술	산술		
고전 문학	고전 문학		
	고대 역사		
아카데미와 고등학교			
라틴어	라틴어	라틴어	라틴어
그리스어	그리스어	그리스어	그리스어b
고전 문학	고전 문학	영문학	영문학
쓰기a	쓰기a	문장a	문장a
산술a	산술a	산술a	산술a
		고급 산술a	
기하학	기하학	기하학	기하학
삼각법	삼각법	삼각법	삼각법
	대수학	대수학	대수학
부기a	부기a	부기a	부기a, b
영문법	영문법	영문법	영어
수사학	수사학	수사학	수사학a
웅변술	웅변술b		
	토론	토론b	
측량학a	측량학a		
천문학a	천문학a	천문학	천문학a, b
항해학a	항해학a, b		
지리	지리	물리지리	물리지리b
	자연철학	자연철학b	
		기상학	기상학b
		화학	화학
		생리학	생리학
			건강교육
		식물학	식물학b
		동물학	동물학b
			생물학
			물리학
외국어a	외국어a	외국어	외국어
(프랑스어, 스페인어, 독일어)	(프랑스어, 스페인어, 독일어)	(프랑스어, 스페인어, 독일어)	(프랑스어, 스페인어, 독일어, 이탈리아어)

철학	철학	정신철학	
		도덕철학b	
	역사	일반 역사b	세계사
	그리스사	그리스사b	고대사
	미국사	미국사	미국사
			시민정부
			정치경제학
			수공연습a
			가정경제a
			농업a
			음악
			미술
			체육교육

출처: Calvin Davis, *Our Evolving High School Curriculum* (New York: World Book, 1927), p. 38; Committee of Ten, *Report of the Committee on Secondary Studies* (Washington, D.C.: National Education Association, 1893), p. 4; Newton Edwards and Herman G. Richey, *The School in the American Social Order*, 2nd ed. (Boston: Houghton Mifflin, 1963), p. 250; Gerald R. Firth and Richard D. Kimpston, *The Curricular Continuum in Perspective* (Itasca, III.: Peacock, 1973), pp. 102-104에서 인용.

a: 실제적인 학문의 일부로 생각되었던 것 b: 거의 사라졌거나 제한되어 등록되어 있는 것

교육과정 도움말 3-2

역사적 연구의 과정

연구자는 어떻게 역사적 연구를 진행하였는가? 학생, 교사, 그리고 역사가 모두를 위하여 다음에서는 역사 연구 방법과 관련하여 의미가 있는 여섯 가지 제안을 제시하고자 한다.

① 과거에 뿌리를 두고 있는 문제나 쟁점을 정하거나 역사적 사건을 재창조하여 그것에 의미를 부여하도록 하라.
② 사건이나 문제와 관련되고 그것이 발생한 맥락의 일부인 일차적 자료들(사실을 기록한 서류나 그 밖의 인쇄자료)을 이용하라.
③ 역사가들이 해당 사건이나 문제를 해석해 놓은 이차적 자료(사건 발생 이후의 문헌)를 사용하라.
④ 믿을 만한 일차적 자료와 이차적 자료에 기초하여 과거의 사건, 삶, 상황을 재창조하라. 현재의 사람들에게 의미 있는 것으로 만들기 위하여 사건을 해석하라.
⑤ 가르칠 때 도덕적 차원을 추가하기 위하여 역사, 특히 실제 사례나 사례 연구를 활용하라.
⑥ 역사를 다시 쓰려고 시도하지 마라. 역사를 설명하거나 재해석하는 것은 그것에서 의미를 끌어내기 위함이다.

출처: Gerald Gutek, unpublished materials (January 1992)에서 인용.

학, ⑧ 자연철학, ⑨ 물리지리, ⑩ 독일어, ⑪ 일반 역사, ⑫ 수사학, ⑬ 부기, ⑭ 프랑스어, ⑮ 동물학이었다.[54)]

아카데미의 근본적인 목표는 실제적인 교육과정을 제공하는 데에 있었고, 대부분의 과목이 대학 준비를 위한 것이었다는 것만 제외하면 이러한 교육과정에 일정한 철학이나 특정한 목적이 있었던 것은 아니다. 당시에는 다양한 과정으로 구성된 폭넓은 프로그램을 제공하는 것이 우수한 아카데미의 기준으로 생각되었다. 교육과정은 이와 함께 확장되었다.[55)]

1875년 이후에는 고등학교가 급속도로 성장하였고, 반대로 아카데미는 급속도로 쇠퇴하였다. 〈표 3-3〉에 나타나 있는 1875년부터 1900년 사이의 중등 과정은 고등학교 과정이다. 이 시기에도 교육과정은 계속 확장되었고, 다양한 교육과정을 제공하는 것은 학생들에게 자신의 관심과 능력이 어디에 있는지를 찾을 수 있는 기회를 제공한다는 데 그 목적이 있었다(교육과정 도움말 3-2 참조).[56)]

5. 과도기(1893~1918)

식민 시대에서 20세기 초까지 대학 입학을 목적으로 하는 학생들을 위한 고전 교과를 강조하는 전통적 교육과정이 초등교육과 중등교육에서 지배적인 위치를 차지하였다. 고전 교과가 강조되었던 이유는 고전은 어렵기 때문에 학생들을 지적으로 만들고 마음의 능력을 발달시키는 데에 적합하다는 것이다(이 관점은 정신도야 학습이론에 의하여 뒷받침되었다). 과목이 어려울수록 학생들의 정신은 더욱 단련이 되고 교과의 가치는 그만큼 커진다. 이러한 지식과 교과에 대한 생각과 정신적 열정은 모두 항존주의 철학에 그 뿌리를 두고 있다.

이러한 고전에 점점 더 많은 과목이 교육과정에 추가되었다. 그리하여 교육과정을 무질서하고 혼란스러운 상태에서 통합적인 상태로 만들어야 한다는 요구가 점증하였고, 이것은 과목 추가가 가장 심하게 일어났던 중등교육 수준에서 더욱 요구되었다. 두 교육학자에 따르면 '학교마다 서로 다른 교과를 가르쳤다. 과목당 시간 배당, 주제 또는 교과를 위한 등급 배치에 통일성이 전혀 없었다.'[57)]

이에 수반되는 다른 문제도 하나 있었다. 20세기에 들어서면서 대부분의 아이는 초등학교 수준의 공교육을 마쳤고, 중등학교에 진학하는 학생은 대부분 중등학교 졸업과 함께 공교육을 마쳤다. 1890년에는 14.5%의 학생이 대학을 준비하기 위한 고등학교에 다녔고, 그중 3% 미만의 학생만이 대학에 진학하였다.[58)] 이렇게 되면 상위 15% 학생을 위하여 85% 이상 학생의 요구가 간과되었던 셈이다. 대학에 진학하는 학생의 비율로 따지면 이러한 불합리성은 더욱 커진다. 개혁자들은 초등학교 수준부터 고등학교에 진학할 학생과 고등학교에 진학하지 않을 학생을 위한 두 가지 교육과정의 트랙을 둘 필요성을 고려하고, 고등학교 교육이 대학 진학에 의하여 좌지우지되는 현상, 정신도야이론에 입각한 고

전 교과에 대한 강조 등에 대하여 의문을 품기 시작하였다.

1) 전통적 교육과정의 재확인: 세 가지 위원회

이와 같은 미해결된 질문을 배경으로 미국 교육협회(National Education Association: NEA)는 1893년과 1895년 사이에 세 가지 중요한 위원회를 조직하였다. 그것은 초등교육을 위한 15인 위원회, 중등학교 교육을 위한 10인 위원회, 대학 입학 요건을 위한 위원회였다. 이 위원회들은 학교를 위한 특별한 교육과정을 결정하였는데, 이들의 보고서는 20세기 대부분의 교육과정을 '표준화' 하였다. Ellwood Cubberley의 표현에 따르면 '이 위원회는 교과 전문가에 의해서 지배되었다. 그들은 정신도야이론에 대하여 깊은 신념을 가지고 있었다.' 학생들의 '능력, 사회 요구, 흥미, 잠재 능력 등에 대한 관심은 그들의 숙의 어느 곳에서도 찾을 수 없었다.'[59]

15인 위원회 15인 위원회는 하버드 대학교 총장인 Charles Eliot과 William Harris의 영향을 크게 받았다. Eliot은 몇 년간 진행 중이던 학교 개혁의 요구에 대해서 격렬한 토론을 제기하였다. Harris는 충실한 항존주의자로서 미국의 교육국장이었고, 엄격한 교사의 권위와 훈육에 대한 믿음을 가지고 있었다. 이 두 사람은 전통적인 교육과정을 그대로 유지하기 원하였다. Eliot의 제안은 15인 위원회에서 채택되어 초등학교 학년을 10개에서 8개로 감소시켰다. 또한 15인 위원회는 3R과 함께 영어 문법, 문학, 지학, 역사를 강조하였다. 위생학, 문화, 성악, 그리기는 주당 60분이나 하나의 수업에 할당되었다. 수공, 재봉, 요리는 대수, 라틴어와 함께 7학년과 8학년에서 소개되었다.

일반적으로 이 위원회는 새로운 교과와 1800년대 초기 이래로 유럽의 교육개혁운동에 의거한 교육학이나 교수 원리를 거부하였다. 이 위원회는 유치원 아이디어, 그리고 교육과정 계획에서 아이의 요구와 관심을 고려해야 한다는 생각도 거부하였다.[60] 상호 통합적인 교과목이나 교육과정 통합과 관련된 어떤 생각도 거부하였다. John Dewey가 『민주주의와 교육(Democracy and Education)』에서, Ralph Tyler가 『교육과정과 수업의 기본 원리(Basic Principles of curriculum and Instruction)』에서 말한 '분과 학문적인 교과' 가 표준이 되었으며, 이것은 현재에도 대부분의 학교에서 여전히 지켜지고 있다.

10인 위원회 10인 위원회는 3개의 위원회 중 영향력이 가장 컸다. 이 위원회가 주장하는 교육과정은 Eliot에 의해 지원되었던 완고한 정신도야이론적 접근을 가장 잘 예시해 주고 있다. 이 위원회는 고등학교 교육과정의 핵심으로서 9개의 학문적 교과를 선정하였다. 〈표 3-4〉에서 보여 주는 것처럼 이 교과들은 ① 라틴어, ② 그리스어, ③ 영어, ④ 기타 현대 언어, ⑤ 수학(대수, 기하학, 삼각법, 고급 대수), ⑥ 물리과학(물리, 천문학, 화학), ⑦ 자연사 또는 생명과학(생

〈표 3-4〉 10인 위원회에 의해 제안된 중등학교 과정과 과목(1893)

1학년	2학년	3학년	4학년
라틴어 5p.	라틴어 4p.	라틴어 4p.	라틴어 4p.
영문학 2p. 영문장 2p. } 4p	그리스어 5p	그리스어 4p.	그리스어 4p.
독일어 또는 프랑스어 5p	영문장 2p. 영문장 2p. } 4p.	영문장 2p. 영문장 1p. 수사학 1p. } 4p.	영문장 2p. 영문장 1p. 문법1p. } 4p.
대수학 4p.	독일어 계속 4p.		
이탈리아, 스페인, 프랑스 역사 3p.	프랑스어 시작 5p.	독일어 4p.	독일어 4p.
응용지학(유럽의 정치적 · 대륙적 그리고 해양의 식물 · 동물군) 4p.	대수학 2p. 기하학 2p. } 4p.	프랑스어 4p.	프랑스어 4p.
합계 25p.	식물학 또는 동물학 4p.	대수학 2p. 기하학 2p. } 4p.	삼각법 고급 대수학 } 2p.
	1688년까지의 영국 역사 3p.	물리학 4p.	화학 4p.
	합계 33p.	영국과 미국사 3p.	역사(심화)와 시민 정부 3p.
		천문학 3p. 1st 1/2 yr 기상학, 3p. 2nd 1/2 yr } 3p.	지학 또는 자연지리학 2p. 1st yr 해부학, 생리학, 위생학, 2p. 2nd 1/2 yr } 4p.
		합계 34p.	합계 33p.

출처: Committee of Ten, *Report of the Committee of Ten on Secondary School Studies* (Washington, D.C.: National Educational Association, 1893), p. 4.
p.: 수업 시수

물, 해부학, 동물학, 생리학), ⑧ 사회과학(역사, 시민행정, 정치경제), ⑨ 지리, 지질, 기상학이다.

이 위원회는 네 개의 각기 다른 과정 또는 계열을 추천하였다. 그것은 ① 고전, ② 라틴 과학, ③ 근대 언어, ④ 영어다. 고전과 라틴 과학은 4년 동안 라틴어 학습을 필요로 했고, 고전은 대부분 영국 고전 문학과 수학, 라틴 과학은 수학과 과학을 강조하였다. 근대 언어 과정은 4년 동안 프랑스어나 독일어를 필요로 하였는데, 스페인어는 쉬울 뿐만 아니라 프랑스어나 독일어처럼 중요한 문화와 언어로 여기지 않았다. 영어 과정은 4년 동안 라틴어, 독일어, 프랑스어 중 하나를 학습할 수 있도록 허락하였다. 그리고 근대 언어와 영어 모두 문학, 작문, 역사를 포함하고 있었다.

10인 위원회는 입장이 분명했다. 라틴어를 필요로 하지 않거나 문학, 과학, 또는 수학을 강조하지 않는 근대 언어나 영어의 두 과정은 실행에서 다른 두 과정보다 구별될 정도로 열등하다고 주장하였다.[61] 이러한 입장을 취함으로써 위원회는 은근히 대학에 진학하려고 하는 학생들은 우수한 교육과정인 고전과 라틴 과학 과정을 따르게 하였고, 대학을 가지 않을 학생들에게는 열등한 교육과정인 근대 언어와 영어 과정을 따르게 하였다. 이러한 편향성은 위원회 구성의 성격을 어느 정도 그대로 나타내고 있다. 즉, 10명의 위원 중 8명이 대학이나 사립대학 준비 학교를 대표하고 있었던 것이다.

위원회는 미술, 음악, 체육, 그리고 직업교육에는 관심을 보이지 않았는데, 이러한 과목은 정신적인 훈육에 거의 도움이 되지 않는다고 주장하였다. 이 위원회 활동의 효과를 분석한 이후에 두 명의 교육과정 학자는 다음과 같이 쓰고 있다.

위원회는 '특정 교과만 선호하고 그 밖의 다른 교과를 배제함으로써 오랫동안 중등 교육과정을 결정하고, 간접적으로는 초등학교 교육과정에 영향을 주었다.' '예상되는 바와 같이' 위원회는 '9개 교과를 더 빨리 가르칠 것'과 라틴어와 그리스어를 제외한 다른 모든 과목을 초등학교에서 가르칠 것을 제안하였다.[62]

그 당시 일부 학생만이 대학에 진학하는데도 이러한 대학 준비 과정은 초등학교부터 대학교까지의 교육과정의 위계를 확립하였으며, 학문적 교과만 중요시하고 대학 진학을 목표로 하지 않는 대다수의 학생을 무시하였다. 오늘날에 우리는 직업, 산업, 기술 교육과정을 제공하고 있지만, 우리는 여전히 학문적 교육과정을 다른 교육과정보다 우월한 것으로 생각한다.

대학입학조건사정위원회 이 위원회가 1895년에 처음 회합을 하였을 때, 그것은 대학이 입학 요건이라는 이름 아래 고등학교 교육과정을 지배하고 있다는 사실과 고등학교와 대학의 수준에서 정신도야를 위하여 고전 교과가 중요시되고 있다는 사실을 재확인하였다. Eliot을 포함한 대학 총장들이 주요 구성원이었던 이 위원회는 대학 입학 준비를 위한 고등학교 교육과정의 성격을 강화할 것을 주장하였으며, 이렇게 하는 것이 모든 학생에게 가장 도움이 된다고 생각하였다. 이 위원회는 대학 입학 조건으로 다양한 과목의 이수 학점 수를 정하였다. 그것은 대학 입학 자격을 위한 중등학교 기준 수업 단위인 카네기(Carnegie unit) 모형으로 사용되었다. 이것은 1909년에 고등학교에 부과되어 현재까지 대부분의 고등학교에서 실시되고 있다.

2) 근대적 교육과정에 대한 요구

변화하는 사회의 요구를 만족시키기 위해 학교 내에서도 다양한 변화가 일어나야 한다는 요구가 점차적으로 형성되었다. 이민자의 급속한 증가와 산업의 급속한 발달로 말미암아 많은 교육학자들은 고전 교육과정, 정신도야, 끊임없는 훈련의 강조에 대하여 의심을 품게 되었다. 이러한 교육과정의 변화는 19세기 후기와 20세기 초기 심리학 및 교육에서 일어난 과학운동의 영향을 받았다. 특히, 교육학에서는 Charles Peirce와 William James의 실용주의, Darwin, Herbart, Spencer의 사회이론, 그리고 Pestalozzi, Froebel,

Montessori 등의 영향이 있었다. 이러한 움직임은 능력심리학(이것은 감각의 자극을 통하여 아동의 마음의 '능력'을 발달시킨다고 본다)뿐만 아니라 정신도야적 접근과 고전 교육과정(이 두 가지는 모두 특정 전통적, '문화적' 과목이 마음을 도야하는 데에 적합하다고 본다)을 거부하였다. 그 대신 새로운 과학주의는 직업, 기술, 과학 과목을 강조하였다. 이것은 산업주의, 식민주의, 물질주의가 함께 진행되던 시대에 가장 잘 들어맞는 것이었다.

전통 교육과정에 대항하는 세력의 증가는 20세기의 시작과 함께 나타났다. 그것은 John Dewey와 Francis Parker의 생각, 아동에 초점을 두었던 형태심리학과 아동심리학 운동, 자극과 반응의 연결을 포함하고 있는 행동주의와 전이학습 이론, 그리고 학교와 사회 내의 진보적인 운동과 함께 나타났다.

결국, 고전 과목이 다른 과목에 비하여 정신을 도야하는 데 더 적합한 것은 아니며, 기계적인 암기, 반복 연습, 그리고 단순 암기가 강조되는 정신도야는 과학의 귀납적 방법과 그 당시 교육 이론과 조화될 수 없다는 결론에 도달하게 되었다. 당시에 가장 큰 영향력을 가지고 있던 학습 심리학자인 Edward Thorndike는 다음과 같이 말하고 있다.

> 어떤 다른 교과보다 어느 하나의 교과를 공부하는 것이 정신의 일반적 능력을 발달시키는 데에 현격한 차이를 나타낸다고 보는 것은 실망스러운 생각이다. 특정 교과를 공부함으로써 우수한 사상가가 만들어지는 것처럼 피상적으로 보이는 것은 그 당시 위대한 사상가들이 그러한 교과를 공부하였기 때문이다. 우수한 사상가들이 물리와 삼각법을 공부한다면 이러한 교과 공부가 우수한 사상자를 만드는 것으로 생각될 것이다. 만약 능력 있는 아이들이 모두 체육과 연극을 공부한다면 이러한 과목이 우수한 사상가를 만드는 것으로 생각될 것이다.[63)]

라틴어에 대한 비판은 심지어 항존주의자들에 의해서도 이루어졌다. 예컨대, 1917년 라틴어의 옹호자였던 Charles Eliot까지도 라틴어는 고등학생이나 대학생에게 더 이상 강요하지 말아야 한다고 주장하였다.[64)] 고전 교사로서 미국 의과대학에 대한 비밀 폭로로 유명 인사가 되었던 Abraham Flexner는 라틴어는 아무런 교육과정적 목적을 가지지 못하며 고전 교과는 과학적 발달 도상에서 한참 벗어난 것이라고 주장하였다.[65)] 강력한 실용주의자인 Flexner는 전통은 교과 정당화 기준으로서 매우 부적절하다고 주장하였다. 결국, 사회가 변하고 사람들은 그들 주변의 환경을 변화시킬 수 있다. 심리학과 과학의 강조, 그리고 사회와 교육의 개혁에 대한 관심은 새로운 교육과정에 대한 요구를 명백히 드러내 주었다.

Flexner: 근대적 교육과정 「근대 학교(A Modern School)」라는 유명한 논문이 1916년에 출간되었다. 이 논문에서 Abraham Flexner(1866~1959)는 중등교육의 전통 교육과정을 거부하고 당시 사회에 적합한 근대 교육과정을 제안하였다. Flexner의 교육과정은 ① 과학(교육과정의 중심), ② 산업(직업과 산업 세계의 무역), ③ 시민학(역사, 경제, 행정), ④ 심미학(문학, 언어, 미술, 음악)[66]의 네 가지 주요 영역으로 이루어져 있었다. 라틴어와 그리스어는 근대 언어로 대체되었다. Flexner는 어떤 교과든 그것이 실용적인 관점에서 가치를 가지지 않는다면 그것이 아무리 전통적으로 가치 있는 것으로 인정되었다고 하더라도 교육과정에서 아무런 의미를 가지지 못한다고 결론지었다.

유용성과 근대 교과목에 대한 Flexner의 개념은 과학과 교과목에 대한 Spencer의 견해와 유사하다. 그 차이는 Flexner는 그 시대와 잘 맞아떨어진 반면에 Spencer는 시대를 앞서 나갔다는 데에 있다. Flexner는 변화하는 사회정치적 시대에 조율을 맞추고 당시의 많은 교육자는 그의 제안에 기꺼이 귀를 기울였다. 1917년 Flexner의 '근대 학교'는 컬롬비아 대학교 교육대학의 링컨학교에 설립되었다. 이 학교는 과학 탐구의 강조와 함께 네 개의 핵심 교과 영역을 결합하였다. 그리고 이것은 Dewey의 진보주의와 과학 교육의 형식을 나타내었는데, 이는 Dewey가 당시 컬럼비아 대학교에서 가르치고 있었다는 사실과 관련된다.

Dewey: 실용적이고 과학적인 교육의 원리 Flexner가 그의 근대학교 보고서를 간행하였던 같은 해에 John Dewey(1859~1952)는 그의 철학과 그것이 교육의 과정과 관련하여 가지는 모든 의미가 들어 있는 『민주주의와 교육(Democracy and Education)』을 출간하였다.[67] 이 책에서 Dewey는 교육과 민주주의 사이의 관계를 보여 주었으며, 민주주의는 사회적 과정으로서 학교를 통해 발전할 수 있다는 것을 주장하였다. Dewey에 의하면 학교는 자유의 목적에 기여할 수도 있고 억압이나 권위의 목적에 기여할 수도 있는 중립적 제도다. 그는 미국의 학교 제도를 민주주의의 도구로 생각하고자 하였다. 따라서 교육의 목적은 그것이 이루어지는 특정 유형의 사회와 손을 잡을 수밖에 없으며, 반대로 변화하는 사회는 교육의 목적에 영향을 줄 수밖에 없다.

Dewey에 의하면 각종 교과들의 가치는 위계적으로 파악할 수 없으며, 그렇게 하는 것은 잘못된 것이다. 어떤 학문이나 지식이든지 아이들의 경험을 확장시킬 수 있으며, '경험하게 하는 것', 즉 지적 능력을 발달시키고 내면화하도록 자극을 주는 것이 곧 아동을 교육시키는 과정이다. 라틴어나 그리스어와 같은 전통 교과는 더 이상 음악이나 미술보다 더 가치 있는 것으로 간주될 수 없다.

Dewey에게 가장 중요한 교과는 과학이었다. 그에게 과학은 지식의 다른 명칭이었다. 그리고 그것은 '학습의 완벽한 결과, 즉 학습의 완성이며 알려진 것, 확실한 것, 확립된 것'을 의미한다. 우리는 '과학이나 합리적 지식에 '대해서' 생각하는 것이 아니라 그것을 '가지고' 생각해야 한다.' 듀이에게 과학적 탐구는 사회를 위한 최상의 지식을 의미하였다. 과학적 탐구는 '반성적 사고를 수행하기 위하여 천천히 진행되는 특별한 방법이며, 반성적 사고가 일어나는 조건에 의거하여 탐구의 과정과 결과가 검증된다.'[68] 그리하여 그는 교육에서 과학의 위상을 드높였다.

Dewey에게는 개인을 자유주의 사회에서 자유로운 한 인간으로 기능할 수 있도록 교육하는 것이 항구적 과제였다. '지적 행위'와 거의 동의어로 쓰이는 '탐구 방법'에 대한 Dewey의 강조는 예전과 마찬가지로 지금도 여전히 가치가 있다.

Judd: 체계적 연구와 사회과학 Charles Judd(1873~1946)는 Dewey의 동료였다. 사실 그는 Dewey가 실험학교를 지도하고 있을 때 시카고 대학교 교육학과 학과장이었다. Dewey와 그 밖의 다른 사람들과 함께 그는 사실을 찾아내어 그 사실의 적용을 문제 해결과 의사 결정을 위한 기초로 삼는 방법에 기초한 교육 과학을 구성하였다. Charles Peirce와 William James는 이러한 방법을 실용주의라 불렀지만 Judd는 그것을 교육 과학으로 명명하였다.

Judd는 진화론자였고 자연의 법칙을 이용하여 젊은이들을 교육시킬 수 있다고 생각하였다. 그는 통계적 연구(초기 단계의 수준)를 사용하여 교육과정 내용의 가치 문제, 즉 어느 교과가 가장 잘 사고를 발달시키고 현재 삶의 문제를 가장 잘 다룰 수 있는가를 결정하였다. 그는 학생들에게 끝없는 지식이 아닌 문제 해결 능력을 가르침으로써 그들이 변화하는 세계에 대처하고 성인이 되었을 때 닥치는 문제들을 잘 해결하도록 할 수 있다고 주장하였다.

Judd는 그의 저서『교육에 대한 과학적 연구 입문(Introduction to the Scientific Study of Education)』에서 교육과정 결정 방법 정당화의 윤곽을 제시하였다. 이것은 그의 '교육과정에 대한 체계적인 연구'[69]와 관련된 것이다. 그는 통계학적으로 볼 때 성공한 성인이 주로 많이 사용하는 단어로 구성된 읽기, 쓰기, 철자법과 일상적이며 실제적인 문제에 적용할 수 있는 수학 문제를 강조하였다. 공리주의적이고 실용주의적인 관점에 입각하여 그는 초등학생들에게도 '직업교육'을 실시하여 직업 세계에 대한 그들의 사고를 발전시키고 변화하는 사회에 준비할 수 있도록 해야 한다고 주장하였다. 중등교육 수준에서도 그는 엘리트 위주의 '문화적' 교과보다는 직업적이고 기술적인 특성을 가진 실제적 교과를 추구하였다. 하위 수준의 학생에게는 영어, 기업 수학, 역학 또는 속기, 사무 경영을 가르칠 것을 제안하였는데, 이러한 과목은 나중에 상업고등학교나 직업 고등학교의 부분을 이루었다. 중간 혹은 그 이상 수준의 학생들에게는 과학, 수학, 근대 언어, 사회과학으로 구성된 교육과정을 가르칠 것을 주장하였다. 이것은 대학 진학 교육과정의 한 부분을 이루었다.

Judd는 다음 세대의 이론가들에게도 영향을 미쳤는데, 그들은 과학적 방법을 이용한 체계적인 교육과정 개발을 추구하였다. 이러한 새로운 이론가들은 때때로 기술자라고 부르기도 하였다. 이들은 1920년대의 Bobbitt과 Charters를 시작으로 1950년대의 Tyler까지를 말한다. 이들은 Judd의 교육적 유용성 개념과 사회과학적 연구 방법을 환기시켰다.

중등교육 재조직위원회 1918년에 미국 교육협회(NEA)의 중등교육 재조직위원회는 그 유명한 진보주의적 문서인 『중등교육의 주요 원리(Cardinal Principles of Secondary Education)』를 출간하였다.[70] Flexner의 '근대 학교'와 Dewey의 '민주주의와 교육'의 영향 아래에서 이 위원회는 학습의 인지 영역뿐 아니라 아이들의 전인적인 부분, 대학을 가기 위한 학생뿐만 아니라 모든 학생을 위한 교육, 고전적이고 전통적인 학습뿐만 아니라 다양한 분야의 학습, 그리고 종교, 우수 집단, 또는 정신도야 학습이 아닌 민주주의 사회를 위한 보통 문화, 사상, 이상을 강조하였다.

이 위원회는 다음과 같이 기록하고 있다.

① 다음과 같은 7개의 중요한 목적 또는 근본적인 원리가 교육에 제공되어야 한다. 그것은 건강, 원리의 활용, 가치 있는 가족 구성원, 직업, 시민 의식, 여가 선용, 그리고 윤리적인 특성이다.

② 고등학교는 국가의 대중으로 여기는 다양한 사회와 경제 집단을 기초로 하는 종합적인 기관이어야만 한다.

③ 고등학교 교육과정은 학생의 요구를 만나는 다양한 과정을 제공하여야만 한다. 이것은 농경, 경영, 상업, 직업, 그리고 대학 입학을 위한 모든 것을 말한다.

④ 현 교육심리학, 교육학의 원리, 측정, 평가에 대한 생각은 고등학교 교육과정과 수업에 적용되어야 한다.

⑤ 미국 교육은 사회의 각 구성원을 분리하는 것이 아니라 서로 연결해 주는 기능을 수행하는 기관이어야 한다.

실제로 고등학교는 근대 교육과정 유형을 지니고 있었는데, 이것은 학문적 교육과정과 비학문적 교육과정이 결합되어 있었다. 교과목의 선택은 영어, 수학, 과학, 사회과학, 근대 언어와 같은 다섯 개의 기초적 또는 근본적 과목이 강조되었다. 고전 언어와 고전 문학은 근대 언어와 근대 문학의 뒤에 위치하였다. 목적과 교과는 서로 분리되거나 구분되는 것이 아니라 서로 연관성을 가지고 있었다. 정신도야이론은 사고와 과학적인 탐구의 공리주의적인 이론으로 대체되었다. 교육과정은 또한 분과 학문적인 것이 아니라 간학문적인 것이어야 하며, 정적이지 않고 사회 변화에 따라 변할 수 있어야 한다고 생각하였다. 이제는 학생들의 요구와 흥미가 제대로 고려되었다. 가장 중요한 것은 대학 진학을 목표로 하는 학생뿐만 아니라 모든 학생과 젊은이에게 봉사해야 한다는 학교의 책임에 대한 인식이었다. 진보적인 교육의 시대는 기존의 학교에 영향을 미치기 시작하였고, 미국 교육을 오랫동안 지배해 왔던 전통적인 교육은 사라지기 시작하였다.

6. 연구 분야의 하나로서 교육과정 탄생(1918~1949)

20세기 초기는 교육적 발효의 시대였다. 과학적인 연구 방법, 심리학의 영향, 아동 연구의 움직임, 산업적 효율성, 머크레이커(muck-raker) 사건과 진보주의 운동 등이 모두 교육에 영향을 미쳤다. 여기에서 나오는 많은 생각이 그대로 교육과정에 적용되었는데, 이것으로부터 교육과정과 관련된 과정과 방법적 관점이 발전하였다. 이제 교육과정은 단순히 교육 내용이나 교과를 가리키는 것이 아니라 원리와 방법론을 가진 하나의 과학으로 생각되었다. 교육과정을 단순히 교과나 그것에 할당되는 수업 시수 정도로만 기술하는 것과 다른 방식으로 교육과정을 계획하고 기술하고자 하는 의도가 문헌으로 나타나기 시작하였다.

1) Bobbitt과 Charters: 행동주의와 과학적 원리

Franklin Bobbitt(1876~1956)과 Werrett Charters(1875~1952)는 경영과 산업 분야에서 권장하는 효율성과 Frederick Taylor의 과학적 경영 이론의 영향을 받았다. Taylor는 시간과 동작의 관점에서 공장 효율성을 해석하여 각각의 노동자는 그들의 개별적인 산출물을 기초로 임금을 받아야 한다는 결론을 내렸다(이러한 산출물은 특정된 시간 동안 산출되는 정해진 단위의 수로 측정되었다).[71] 때때로 사회학자와 경제학자가 '기계적' 이론이라 부르는 학교의 효율적 운영 아이디어는 1920년대의 주요 목표가 되었다. 효율성의 보장은 주로 규모가 작은 학급을 없애는 것, 교사 대 학생의 비율을 높이는 것, 교사의 월급을 낮추는 것 등을 의미하였으며, 이러한 모든 시도의 결과로 나타나는 낮은 비용은 그래프나 도표로 나타내었다. 후에 Raymond Callahan은 이러한 생각을 '효율성의 찬양'이라고 불렀다.[72] 그 결과 교육과정은 더욱 과학적으로 구성되었고, 교수-학습 경험은 정확히 측정할 수 있는 활동이나 학습 경험으로 축소되어 생각되었다. 이러한 생각은 Taylor의 충실한 추종자인 Bobbitt과 Charters에 의해 더욱 촉진되었다.

1918년에 출간된 Bobbitt의 저서 『교육과정(The Curriculum)』은 일부 학자들의 견해에 의하면 교육과정을 하나의 과학으로 만드는 데, 또는 교육과정을 과학의 다양한 측면에서 보는 데 기여한 최초의 책이다. Bobbitt은 활동 중심 접근 방법에 의거하여 교육과정 계획의 원리를 확립하였다. 그는 활동을 '아동이나 청소년이 일을 잘 처리하고 성인 생활의 일을 잘 수행할 수 있는 능력을 개발하는 데에 그들이 해야 하고 경험해야 하는 일련의 것들'[73]이라고 정의하였다. Bobbitt에게 교육과정 연구의 목적은 각각의 교과에서 중요한 지식이 무엇인지 윤곽을 그리고, 학습자를 훈련시키고 그들의 수행력을 향상시키는 데 필요한 활동을 개발하는 것이다.

Bobbitt은 교육과정의 구성 과정을 분석하는 일, 특히 성취하기를 원하는 것과 측정하기를 원하는 것을 구체화하고 상세화하는 것이 얼마나 중요한 일인지를 이해하고 있었다. 이것은 당시의 행동주의 이론뿐만 아니라 기계적 이론과 효율성의 숭배 경향을 그대로 반영하는 것이다. 교과 중심의 전통적 교육과정에 대한 집착은 교육학자들에게 교육과정 개발을 위한 방법을 전혀 제공할 수 없었다. Bobbitt은 초등학교 교육과정을 조직하면서 생각한 문제점을 다음과 같이 기술하고 있다.

> 우리는 교육과정 개발의 원리가 필요하다. 과거 우리는 사회적 요구에 대한 분석에서 교육 목표를 정해야 한다는 것을 알지 못했다. 우리는 교육을 단지 기존의 교과를 가르치는 일일 뿐, 학생들이 그들의 잠재 능력을 발휘하도록 하는 과정이라는 생각을 하지 못했다. 우리는 공부가 목적 그 자체가 아니라 어떤 것의 수단이라는 것을 알지 못했다. 학습이 목적이 아니라 수단이라는 것을 알지 못했다.[74)]

Bobbitt은 더 나아가 그의 목표 중심과 활동 중심 접근 방법을 더욱 발전시켜 1920년대 초 『교육과정 개발 방법(How to Make a Curriculum)』을 출간하였다. 여기에서 그는 학생의 요구와 일치하는 800개 이상의 목표와 그것과 관련된 활동을 제시하였다. 이러한 활동은 치아, 눈, 코, 목을 돌보는 것, 심장의 작용과 혈압을 정상적으로 유지하는 것, 가전제품을 다루는 것 등에서 철자법과 문법에 이르기까지 실로 광범위한 것이었다.[75)]

Bobbitt의 방법은 그 시대적 수준에 비하면 매우 복잡하고 정교한 것이었다. 더구나 교육 목표를 결정하는 다음과 같은 방법은 오늘날에도 적용할 수 있는 것이다.

> ① 실행할 수 없거나 정상적인 생활을 통해 수행할 수 없는 목표는 피하라.
> ② 사회적 성공과 성인 생활을 위해 중요한 목표를 강조하라.
> ③ 지역사회가 반대하는 목표는 피하라.
> ④ 목표 선택에서 지역 공동체를 고려하라.
> ⑤ 모든 학생을 위한 목표와 특정 학생만을 위한 목표를 구별하라.
> ⑥ 매년 학생이 어느 정도로 성취해야 하는지를 알기 위하여 목표를 계열화하라. 다시 말하여, 성취에 대한 준거를 확립하라.

그러나 Bobbitt의 목표와 활동의 목록을 맥락에서 떼어내어 보면, 그것은 그가 지지하였던 기계적 또는 공장 유추와 함께 비판의 여지가 많다.[76)] 그러나 교육과정의 구성은 과학적인 방법과 과정을 기초로 하는 전문적인 일이라고 하였던 Bobbitt의 강조는 교육과정을 하나의 학문 분야로, 그의 용어로는 '새로운 전문 분야'로 부상시키는 데에 중요한 역할을 하였다. 그에 의하면 교육자들은 자신의 방법을 더욱 개선하고 더 나은 것을 제안하면서 그것을 사용해야 한다. 그는 전문적인 훈련을 받는 교육과정 전문가라는 개념을 제안한 최초의 사람 중 한 사람이다.

Charters는 Bobbitt이 제안한 것과 동일한 행동주의적이고 명확한 접근 방법, 즉 그의 용어로

'과학적' 접근 방법을 옹호하였다. 그는 교육과정을 학생들이 일련의 학습 경험을 통하여 획득하게 될 일련의 목표로 보았다. 기계적 경영 이론의 영향을 받은 Charters는 그의 저서 『교육과정 구성(Curriculum Construction)』에서, 교육과정을 기계 작동에 포함되는 명확한 작업 기능을 분석하는 것으로 보고 있는데, 이를 그는 '직업 분석' 이라고 불렀다.[77)]

교육과정의 약점에 대한 Charters의 진술은 오늘날에도 여전히 의미가 있다. 즉, 그는 교육과정 저자 대부분이 '목표에 대한 진술에서 시작하지만 교육과정이 그러한 목표 진술에서 필연적으로 따라 나오는 것은 아니라고' 말하였다. 또한 그에 따르면 대부분의 경우에 '목적과 내용의 간격을 이어 주고 목표에서 내용 선정으로 우리를 안내해 주는 적절한 원리가 제시되지 않고 목표에서 내용으로 무작정 도약해 버린다.'[78)] Charters는 구체적 목표와 명확한 활동에서 나오는 교육과정을 제안함으로써 그 간격을 메우고자 시도하였다. 그에 의하면 교육 목표는 관찰 가능하고 측정 가능한 것이어야 한다. 이러한 생각은 행동 목표는 명확하게 정의할 수 있어야 한다는 오늘날의 생각과 유사하다. 그는 당시의 지식은 목표의 성과를 구체적으로 확인하는 과학적인 측정에 적합하지 않다고 생각하고, 사회적 합의를 기반으로 한 교육 목표 선정 방법과 교과와 학생의 활동을 분석하고 검증하는 방법을 개발하였다. 그 당시 Charters는 '평가' 라는 단어를 사용하지 않았지만, 그의 이론은 그로부터 20년 이후에 부상한 교육과정 평가의 초석을 놓았다고 볼 수 있다.

교육과정에서 행동주의적이고 과학적인 운동을 처음 시도한 Bobbitt과 Charters는 교육과정에 중요한 영향을 미쳤다. 이들은 ① 목적, 목표, 요구, 이들이 말하는 활동으로서 학습 경험을 포함하는 교육과정 구성을 위한 원리를 개발하였고, ② 행동 목표 제시를 강조하였다. 이것은 수업 목표와 교육과정 평가 같은 당대의 다양한 교육과정 아이디어의 영향을 받은 것이다. 또한 이들은 ③ 목표는 요구 연구(나중에 이것은 요구사정으로 부른다)에서 나와야 하며 목표와 활동은 분석과 검증(이것은 나중에 평가로 부른다)의 대상이 되어야 한다는 생각을 소개하였고, ④ 교육과정 구성은 교과를 가로질러 이루어져야 하며, 교육과정 전문가가 반드시 교과 전문가일 필요는 없지만 방법과 과정 전문가일 필요는 있다고 주장하였다.

Bobbitt과 Charters는 Tyler가 교육학과 대학원생으로 재학하고 있을 때 시카고 대학교에서 강의를 하고 있었다. 사실 Tyler는 Charters의 조교였다. Tyler는 그들의 행동주의적 생각, 특히 ① 목표는 학생의 요구와 사회에서 유래해야 하고, ② 학습 경험은 목표와 연관되어야 하며, ③ 교사에 의해 조직되는 활동은 교과안으로 통합되어야 하고, ④ 수업의 결과는 평가되어야 한다는 것에 큰 영향을 받았다. Tyler가 교육과정의 구성 요소로서 평가를 강조한 것은 Charters의 연구 배경에 근거를 두고 있다. Charters는 Tyler가 1929년 처음으로 오하이오 주 정부 교육 연구를 위한 검사 및 평가 담당국장으로 임명되는 데 도움을 주었다(바로 전 해에는 Charters가 국장이었다). Tyler의 교육과정과 수업의 원리, 특히 그의 네 가지 주요 요소(목표, 학습 경험, 조직방법, 평가)는 Bobbitt, 특히 Charters의 생각에 그 뿌리를 두고 있다.

2) Kilpatrick: 진보주의의 영향

진보주의 교육과 보편 교육의 부상, 즉 대중교육에 대한 요구의 증가는 전통적 교육과정의 엄격하고 기계적인 암기, 어려운 교과목에 대한 강조, 그리고 대학 준비의 기초 위에 표준화된 고등학교 교육과정에 대한 비판을 이끌었다. 진보주의 운동은 다양한 종류의 학자로 구성되었는데, 그중에서 가장 영향력을 가지고 있었던 것은 아동 중심 및 활동 중심 교육과정 학자였다. 교과 중심 교육은 학생 중심 또는 학습자 중심 교육으로 대체되었다. 그리고 아이들의 요구와 흥미는 새로운 사고의 핵심 고려 사항이 되었다. 또한 인지적 과정은 사회적 과정으로 대체되었다. 교육과정은 교실과 학교 사회 활동, 모둠 기획, 그리고 모둠 과제로 조직되었다(교육과정 도움말 3-3 참조).

창의적인 자기 표현과 자유는 아동 중심 운동의 주요 목적이었다. 이것은 엄격하고 거만한 전통적 교육과정에 대한 도전이었다. 이는 Dewey의 진보주의에 의존하고 있었지만, 1920년대와 1930년대에 일어난 이러한 새로운 교육운동에 대하여 비판적 태도를 취한 사람 또한 Dewey였다. Dewey는 그 당시 새로운 교육운동이 자신의 근본적인 생각을 변형시켰으며 아무런 목적과 방법도, 교사의 지향성도 없다고 생각하였다. Dewey에 의하면 아무런 목적과 계획 없이 학생들을 자료들로 둘러싸이도록 하는 것, 혹은 학생들이 자신의 흥미에 따라 자기 마음대로 하도록 내버려 두는 것은 '정말 어리석은 짓이며 언제나 어리석은 불가능한 어떤 것을 시도하는 것이다.'[79)]

William Kilpatrick은 Dewey가 컬럼비아 대학교 교육대학으로 자리를 옮겼을 때 그의 동료로서 그 당시 진행 중인 행동주의자들의 심리학, 특히 Thorndike의 연합주의와 Watson의 조건화 이론을 Dewey와 Judd의 진보주의 철학과 결합시켜 '프로젝트 학습법',[80)] 혹은 나중에 '유목적적 활동'이라고 부르는 교수 방법을 창안하였다. Kilpatrick은 방법론 속에 진보적인 것이라기보다는 행동주의적인 성격을 가지는 목적, 계획, 실행, 판단이라는 네 단계를 그의 프로젝트(교실, 학교와 관련된 것에서 공동체와 관련된 것까지)와 결합시켰다.

Kilpatrick의 두 명의 박사 과정 학생은 그의 생각의 많은 것을 미주리 학교에 적용하였다. 그중 한 사람은 Kilpatrick의 프로젝트를 '연구과목'이라고 칭한 Junius Merian이었는데, 그는 Kilpatrick의 프로젝트를 관찰, 놀이, 이야기, 어려운 작업이라는 네 개의 영역으로 조직하였다.[81)] 다른 학생인 Ellsworth Collings는 아동의 실제 삶의 경험을 위주로 하여 교육과정을 개발하였다. 그는 교사와 학생 모두에게 서로 관련되고 발달적인 성격을 가지는, 즉 한 활동은 다

교육과정 도움말 3-3

풍부한 교육과정 만들기

다음의 제안은 Kilpatrick의 활동 중심 교육과정과 Rugg의 아동 중심 교육과정을 결합한 것이다. 일반적으로 다음에 제시된 제안은 20세기 초반에 발전한 진보주의 철학을 초등교육에 적용한 것이다. 다음의 구체적 제안은 학생 중심 교육과정을 강조하는 오늘날의 학교와 교사에게도 여전히 유효하다.

① 아동에 대한 누적된 기록을 연구하라.
② 성취 점수와 능력 지표를 비교하라.
③ 자주 사용되는 단어, 상징, 주제와 관련하여 학생이 얼마나 창의적인 결과를 나타내는지 살펴라.
④ 학생이 자신에 대하여 이야기하는 것에 귀를 기울여라.
⑤ 활동을 선택할 수 있는 기회를 제공하라.
⑥ 가능하면 학생의 가정을 방문하라.
⑦ 각각의 아동이 자신의 가치, 태도, 목적, 기술, 흥미, 능력에 대하여 가능한 많은 것을 알 수 있도록 도와라.
⑧ 학생에게 자신의 생각을 말할 수 있는 기회를 기꺼이 허락하라.
⑨ 학생이 자신의 신념과 가치에 대하여 성찰하도록 고무시켜라.
⑩ 교실 안팎의 경험에 대한 학생의 해석을 함께 분석하라.
⑪ 개인에게 중요한 문제에 대한 개별 또는 모둠 연구를 중심으로 교실 활동을 조직하라.
⑫ 개별 학생이 단기적인 것이든 장기적인 것이든 자신의 인생 목적을 진술하는 것을 도와주어라. 학생의 현재 상태에 대해서 이용 가능한 정보를 학생과 공유하라.
⑬ 상황의 제한점(시간, 자료, 자원)을 학생과 함께 조사하라.
⑭ 각 학생이 학업 계획을 세우도록 하라.
⑮ 각 학생이 자료를 모우고 공유하도록 격려하라.
⑯ 교실 밖의 상황에서도 정보의 수집이 가능하도록 만들어라.
⑰ 각 학생이 자신의 학습을 조직하는 것을 돕는 방법의 하나로서 기록해 두기를 이용하라.

출처: Kimball Wiles, *Teaching for Better Schools* (Englaewood Cliffs, N.J.: Prentice Hall, 1952), p. 286.

음 활동으로 이어지는 몇 가지 유도된 경험과 활동을 제시하라고 하였다. '교육과정은 교사와 학생의 결합된 행위에 의거하여 그 즉시 끊임없이 만들어진다.' 이러한 경험의 결합은 '아이들에게 매우 의미 있는 것'[82]이라고 생각하였다. 그의 프로젝트는 Merian의 네 가지 연구 영역과 비슷한 것이었지만 그것은 현장학습과 지역 활동도 포함하고 있었다.

Boyd Bode와 John Childs 같은 옹호자들은 이러한 생각을 '혁신적이고' '참신하다고' 인정하였지만,[83] 유목적적 활동이라는 생각 자체에는 사실상 새로운 것이 아무것도 없었다. 이러한 생각은 목표, 그리고 목표와 관련된 활동을 강조하였던 Bobbitt과 Charters의 교육과정 아이디어, Dewey의 철학, 특히 '유목적적 활동'과 학생의 요구와 관심에 맞추기 위한 '행위의 양식' 에서 파생되는 성장의 원리에 그 뿌리를 두고 있다.

Kilpatrick의 프로젝트 학습법은 활동 중심 교육과정 운동과 마찬가지로 주로 초등학교에서 실행되었는데, 그것은 두 가지 모두 아동 중심적인 성격을 가지고 있었기 때문이다. 이것은 그의 저서 『방법의 기초(Foundations of Method)』에서 완벽한 형태로 발전되어 활동 중심 교육과정 운동의 일부가 되었다. 그럼에도 불구하고 그는 자신은 '사회적인' 목적을 가지고 있는 반면, 활동 중심 교육과정은 오로지 '아동의 목적' 만 가지고 있다는 점에서 다르다고 주장하였다. 아동과 교사 중 누가 교육과정을 계획해야 하는가를 결정해야 할 경우, Kilpatrick은 '아동에게 스스로 생각하고 계획하는 능력을 가르치려면 아동에게 자신의 계획을 세우도록 내버려 두라.'[84]고 말하며, 학생을 선택하였다. 이 점에서 Kilpatrick은 교사의 역할을 강조하는 Dewey와 달랐다.

Kilpatrick에 의하면 아동은 '찾고, 비교하고, 이유를 생각하면서 결국 스스로 결정을 내릴 수 있는 능력을 배워야 한다.'[85] 교사는 안내자는 될 수 있어도 정보 제공자나 지식 분배자가 될 수 없다. Kilpatrick의 프로젝트 학습법이 마침내 고등학교 교육과정에도 소개되었을 때, 그것은 사회 교과와 중학 교육과정과 결합되었다. 이러한 교육과정 경험은 교과목, 사회적 쟁점, 사회적 문제를 학생에게 중요한 것으로 만들었다.[86]

Kilpatrick은 나중에 재건주의라 불렸던 급진적 진보주의 운동의 한쪽 날개가 되었다. 재건주의는 사회적 쟁점에 관심을 가지고 전통적 교육(항존주의적 관점)을 반동보수적인 것으로 간주하였다. Bode, Caswell, Counts, 그리고 Rugg는 이러한 새로운 사회운동의 일익을 담당하였다. 이들 급진주의자들은 10인 위원회를 비판하고 그 위원이 전통적 교육제도를 합법화하였다고 생각하였지만, Kilpatrick은 위원회의 구성원과 마찬가지로 '다소 무관한 교과들로 구성된 황당한 다양함을 가지는 교육과정' 에 관심을 가지고 있었다. 새로운 교과는 철학적 성격과 목표와의 연계성이 부족한 것으로서 '수시로' 추가되었다.[87] 그러나 10인 위원회의 전통적인 교육과정 학자는 교육과정은 항존주의 철학에 기반을 두고 분과로 명확히 구분되며 라틴어, 언어, 과학 등의 어려운 학문적 교과를 강조한 반면, Kilpatrick은 진보주의 철학을 옹호하고 통합 교과, 가치 문제와 사회적 쟁점을 강조하는 교양 교육을 강조하였다. 10인 위원회는 학교를 주로 지식을 습득하러 다니는 장소로 생각한 반면, Kilpatrick과 그의 진보주의 동료들은 학교를 학생들이 '삶의 방식', 또는 '협동, 자기 통제, 지력을 현재 발생하는 문제에 적용하는 것' 을 연습하는 '이상적 공동체'[88]로 보았다.

전통적인 교육의 실제는 주로 특정 과목에 초점을 두고 초등 단계에서는 3R을, 중등 단계에서는 학문적 교과를 중심으로 이루어졌다. 이것은 곧 교과의 논리적 조직체를 중요하게 생각하는 것이다. 이러한 교과를 가르치기 위한 기초적인 방법은 기계적 연습을 통해서였다. Kilpatrick과 그의 동료는 이러한 교육 방법과 관련된 주장과 교과의 논리적 조직체와 관련된 생각 모두에 도전장을 내밀었다. Collings의 주장에 의하면 활동 중심 교육과정 운동은 개별 아동을 사회적 맥락 속에서 사고의 구심점으로 만들었다. 교과 내용에 대한 통달이 아닌 사회적 고려 속에서 이루어지는 아동의 성장이 곧 교육의 목적이 되었다.[89] 학교는 삶을 준비하는 장소며, 사회적 목적을 가지고 있는 것이다.

결국 교육의 강조점은 각자의 관심을 가지고 학교 친구 및 사회의 어른들과 적극적으로 상호작용하는 학생이다. 학생들은 동료 간, 가족과 공동체 속에서 그들의 경험에서 나오는 각자의 욕구, 관심, 문제를 가지고 있다. 그러므로 교육과정은 교과의 논리적 조직체에서 나오는 것이 아니라 실제 삶의 경험에서 나오며 유목적적 활동이라는 용어로 표현할 수 있는 것이다.

3) 26번째 연감

1930년에 시카고 대학교에 본부를 가진 우등생 단체인 미국 교육학연구회(National Society of the Study of Education: NSSE)는『교육과정 개발: 어제와 오늘(Curriculum Making: Past and Present)』과『교육과정 개발의 기초(The Foundations of Curriculum Making)』의 2부로 된 26번째 연감을 출간하였다.[90]

이 두 권의 연감을 출간한 연구회는 Harold Rugg(위원장), William Bagley, Franklin Bobbitt, Werrett Charters, George Counts, Charles Judd, William Kilpatrick 등 12명을 포함하고 있었다. 그 당시 교육과정 개발의 지도자들은 주로 과학 지향적(Bobbitt과 Charters)이고 진보주의적(Counts, Judd, Kilpatrick 등) 경향을 띠었으며, 대부분의 사람이 교육의 과학화를 강조하는 시카고 대학교에 적을 두고 있었다.

연감은 2부로 구성되었다. 1부는 전통적 교육과 그것의 교과목, 기계적인 학습, 훈련, 그리고 정신도야이론에 대한 강한 비판으로 시작하였다. 이것은 그 당시 전국의 공립학교와 사립학교의 20세기 이래 가장 훌륭하고 혁신적인 진보주의적 실제와 프로그램의 결합으로 평가된다. 2부는 하나의 이정표가 되었다. 이것은 그 당시 교육과정 구성이 어느 수준까지 와 있는가를 나타내었으며, 교육과정 구성의 성격에 관심을 가지고 있는 집단 간의 합의 사항을 포함하고 있었다. 이는 오늘날에도 여전히 의미를 가진다.

연구회는 교육과정 개정의 필요성을 인식하고 있었고, '학교 교육과정을 구성하는 사람들이' '교육과정 구성을 위한 전체 방향'을 결정할 필요가 있다는 것을 인식하고 있었다.[91] 이러한 생각에 입각하여 연감은 다음과 같이 이상적인 교육과정의 윤곽을 잡았다.

① 삶의 일상사에 초점을 두어라.
② 지역, 국가, 국제적 사회의 사실과 문제를 다루어라.
③ 다양한 형태의 정부에 대해 학생들이 비판적으로 생각할 수 있도록 하라.
④ 열린 마음의 태도를 제공하고 발전시켜라.
⑤ 토론, 논의, 생각의 변화를 위한 기회를 제공하고 학생의 관심과 요구를 고려하라.

⑥ 근대 사회의 쟁점과 사회의 문화적, 역사적 관점을 다루어라.
⑦ 대안을 선택하는 데에서 문제 해결 활동과 실제를 고려하라.
⑧ 문제와 연습을 등급별로 주의 깊게 조직하라.
⑨ 인본주의적인 주제와 유목적적이고 구성적인 태도와 안목을 다루어라.[92)]

이상적인 교육과정의 이러한 지침은 기본적으로 오늘날에도 따라야 할 지침이라고 할 수 있다. 동일한 맥락에서 Harold Rugg는 사람들은 위원회 또는 입법 집단을 통해 교육의 목적과 목표를 명확히 해야만 한다고 주장하였다. 또한 그는 '이와 같은 목적과 목표를 성취하기 위한 적절한 수업 자료와 교수 방법은 특별한 전문적인 준비를 요구하는 과학 기술적인 일' 이라고 말하였다. 훈련된 교육과정 전문가의 역할은 미리 교육과정을 계획하고 다음과 같은 네 가지 과제(이것은 나중에 Tyler의 네 가지 원리가 되었다)를 수행하는 데 있다.

① 목표의 진술
② 목표를 달성하기 위한 경험의 계열
③ 경험에 포함될 수 있는 최상의 수단이 되는 교과
④ 경험에서 얻은 즉각적인 성취 결과의 진술

Rugg에 의하면 교육과정은 과학적인 방법에 의거하여 연구되어야 한다. 그렇기 때문에 그것은 전문화와 전문적 훈련을 필요로 한다.[93)] 경험이 많은 교사와 교육과정 구성 전문가는 다양한 교과의 내용과 학습 자료를 조직하기 위하여 함께 협력해야 한다. 오늘날 많은 학교가 이렇게 하고 있다.

연감은 교육과정 연구자들이 대면하고 있는 문제를 뚜렷하게 하고 미래 교육과정 구성의 절차를 제시하는 데에서 큰 진보를 이루었다는 것을 나타낸다. 이 연감은 이후의 '8년 연구' 와 Ralph Tyler와 Hilda Taba가 20년과 30년 뒤에 그들의 고전적인 문서에 표명하였던 생각에 나타나는 바와 같이 크고 작은 많은 학군과 도시, 도시 변두리, 지방 학군에 중요한 영향을 주었다.

4) Rugg와 Caswell: 개발의 시대

1920년대 후기, 1930년대, 그리고 1940년대 초기에 교육과정 원리 및 과정, 교육과정 구성에서 교사를 돕기 위한 기술에 대한 많은 중요한 저서들이 출판되었다. Harold Rugg(1886~1960)는 미국 교육학연구회(NSSE) 연감의 위원장이었는데, 교육과정의 과학화라는 Bobbitt과 Charters의 신념을 같이 하고 있었다. Rugg는 교육과정의 전문적 훈련을 받은 기술자였지만, Dewey처럼 교육과정은 전인적 아동을 강조하고 아동이 변화하는 사회와 접촉할 수 있도록 하는 광범위한 관점을 가져야 한다고 생각하였다. 이러한 관점에서 볼 때 Rugg는 진보적 사상가일 뿐만 아니라 재건주의의 선구자라고 할 수 있다.

1928년에 Rugg와 Shumaker는 논란의 대상이 되었던 저서 『아동 중심 학교(The Child-Centered School)』를 공동으로 출간하였다. 교육과정을 계획하는 데 학생의 생각을 반영하는 것이 강조되던 시대에 이들은 교육과정은 교육과정 전문가에 의하여 구성되어야 할 필요성을 강조하였다.[94] 또한 이들은 교실 안과 교수 단계에서 교사의 역할을 강조하였다. 그러므로 교사는 사전 계획을 필요로 한다. 그러나 Rugg는 교육과정은 학생의 요구와 관심을 기초로 해야 한다는 생각과 마찬가지로 교육과정 구성에 학생의 생각을 포함시켜야 한다는 것에 반대하였다. 그 이유는 학생의 생각을 포함하는 교육과정은 방향과 논리에 약점을 가지고 있다고 보았기 때문이다. 사전에 계획되고 고정된 교육과정은 당시에 점점 많은 영향력을 가지고 있던 진보주의적 노선에 반대되는 논리였으나, Rugg는 진보주의 노선과 더욱 밀접하게 관련을 맺고 다양한 분야의 교육 전문가, 즉 교사, 행정가, 평가 전문가, 그리고 교육과정 전문가의 협력을 주장하였다.

1930년대와 1940년대에 Rugg의 관심은 일반적으로 사회 교과라 부르는 역사, 지리, 시민사회, 경제의 통합 문제로 이동하였다. 노동자의 역사와 집단주의에 대한 생각, 미국인의 삶에 대한 비판, 교직원 노조의 활동 등으로 말미암아 그는 기성 권력 집단에 대한 강한 비판 의식을 가지게 되었다. Counts와 Dewey와 마찬가지로 Rugg도 FBI 파일을 가지고 있었다.[95]

1920년대 중반과 1930년대 대부분의 학군과 주 교육국은 교육과정 지침서를 개발하였다. 그러나 방법과 활동의 선택은 교사에게 맡겼다. Hollis Caswell(1901~1989)은 이러한 방식에 한계점이 있다고 생각하였다. 그리하여 교수요목을 공식화하는 것보다 수업을 개선하는 것에 관심을 가졌다. 그에 의하면 교육과정 구성의 목적은 교사의 수업 활동을 교과와 학생의 요구와 관심에 맞추도록 하는 데에 있다. 그는 교수요목은 교사들이 매일의 수업 계획에 활용할 수 있는 안내나 자료일 뿐이지 교사들이 그대로 따라야 할 계획서는 아니라고 주장하였다. 그는 교육과정의 중요한 세 가지 요소인 내용과 교사의 수업, 그리고 학생의 학습을 종합적으로 파악하고자 하였다.

Caswell은 교육과정 구성을 단계별로 제시함으로써 교사들에게 도움을 주고자 하였다. Caswell과 그의 동료는 질문의 형식으로 다음과 같은 7개의 요점을 제시하였는데, 이것은 오늘날에도 여전히 의미가 있다.

① 교육과정이란 무엇인가?
② 교육과정 개정은 왜 필요한가?
③ 교과의 기능은 무엇인가?
④ 교육 목표는 어떻게 결정되는가?
⑤ 교육과정은 어떻게 조직되는가?
⑥ 교과는 어떻게 선택되는가?
⑦ 수업의 결과는 어떻게 평가할 수 있는가?[96]

교육과정을 '아동과 청소년이 행하고 경험해야 하는 일련의 것' 이라고 정의한 Bobbitt의 영향을 받아 Caswell과 Campbell은 그들의 고전적 저서 『교육과정 개발(Curriculum Development)』에서 교육과정은 학습자 경험 속의 모든 요소를 고려해야 한다고 주장하였다.[97] 그들은 교육과정은 철학, 심리학, 사회학 분야 모두—이것은 나중에 교육과정 학자가 교육과정의 기초로 명명한 것들이다—를 종합한 기초 위에 성립되어야 한다고 주장하였다. Caswell은 교육과정을 그 내용에서는 제한이 없는 분야로 보았고, 개발, 조직, 수업, 평가라는 과학적 단계를 종합하는 절차나 과정으로 규정하였다.

Caswell과 Campbell에 의하면 교육과정은 아동의 관심, 사회적 기능, 조직된 지식이라는 세 가지 기본 요소를 드러내야 한다. 교육과정은 학년별 교과의 범위와 계열을 제시해야 한다. '범위'는 천연자원의 보존, 이상적인 가족 구성, 민주주의적 삶 등과 같이 사회적 기능에 기반을 둔 폭넓은 주제(이것은 교육 목적과 비슷한 개념이다)를 가리킨다. '계열'은 아동의 관심에 따른 경험을 기초로 하여 이루어져야 하며, '교과'는 사회적 기능과 학습자의 관심에 맞게 구성되어야 한다. 교수의 대상으로서 지식은 수업의 결과로 평가할 수 있어야 한다.

8년 연구 전통적 교과와 교육 방법이 여전히 학교 교육과정을 지배하고 있었지만, 그 와중에도 진보주의 교육운동은, 특히 덴버, 세인트루이스, 위네카와 같은 특정 지역에서 여전히 그 영향력을 유지하고 있었다. 그 당시 대부분의 고등학교는 전통적 교육과정을 실행하고 있었지만, 초등교육 진보주의 교육학자들은 이에 대한 날카로운 비판과 노골적인 견해 차이를 드러내고 있었다. 대부분의 고등학교 교사와 교장은 진보주의적 변화를 실제에 적용하기를 꺼렸다. 그것은 교육과정이 시험 위주로 구성되어 있었고(이것은 오늘날도 마찬가지다) 대학 입학 조건의 지배를 받고 있었기 때문이었다.[98]

진보주의교육협회는 1932년부터 1940년까지 8년 연구에 착수하였다. 이것은 학생의 흥미와 요구에 적합하도록 설계된 새로운 교육과정이 전통적인 시험과 대학의 입학 조건에 의해 설계된 교육과정 못지않게 효과적이라는 것을 보여주기 위한 것이었다. 30개의 진보주의적 실험학교인 고등학교와 1,475명의 고등학교 졸업생들이 전통적 대학 준비 교육과정을 따르는 동일한 수의 고등학교와 학생들과 비교되었다. 진보주의적인 실험 집단은 인지적·사회적·심리적 면에서 전통적인 통제 집단에 못지않게, 또는 그보다 더 뛰어나다는 실험 결과가 발표되었다.

이러한 증거에 의거하여 진보주의 교육과정이 대학 준비를 위해 더 적절하고 더 우수하다는 사실이 드러났는데도 지배적인 것은 여전히 전통적인 학문적 교육과정이었다. 그러나 8년 연구는 미국 교육학연구회의 26번째 연감에 주장된 교육과정 구성의 근본적인 원리를 증명해 주고 있다. 8년 연구로 말미암아 Rugg와 그의 연감에 반영된 생각을 중심으로 하여 교육과정위원회가 설립되었으며, 몇 권의 책도 출판되었다. 그중에서 가장 잘 알려진 것은 Wilford Aiken과 Harry Giles의 저서들이었다.[99] 8년 연구의 참여자 중에서 중요한 한 사람은 Giles의 동료 Ralph Tyler였다. Tyler의 많은 생각은 나중에 『교육과정과 수업의 기본 원리(Basic Principles of curriculum and Instruction)』라는 저서로 출판되었는데, 이 책은 8년 연구를 가능하게 하였던 원리와 아이디어에서 비롯된 것이다(이 점에서는 미국 교육학 연구회 연감도 마찬가지다).

행동주의의 관점에서 교육 목표를 설정해야 한다는 생각은 20년 전에 소개되었지만, 국가 차원에서 이 생각을 처음 소개한 것은 8년 연구에 참여한 교육과정 전문가들이었다. 이 연구의 드러난 결과로 말미암아 그것은 그 이후 표준적인 접근 방법으로 남게 되었다. 8년 연구의 연구자들은 목표를 비슷한 종류나 상호 관련되는 유형으로 분류하고 모을 것을 강조하였다. Tyler와 Taba는 나중에 이러한 생각에 기초하여 교육 목표를 ① 지식의 습득, ② 지적 능력, ③ 태도와 느낌, ④ 학문적 능력이나 공부 습관 등으로 분류하였다[100](교육과정 도움말 3-4 참조).

8년 연구의 참여자들은 교육은 인간을 변화시키기 위하여 설계되어야 하고(이것은 Dewey와 Thorndike의 생각에 기반을 두고 있는 것이다), 목표는 바람직한 행동 변화로 분류되어야 한다는 것을 인식하였다. 또한 그들은 교육 목표는 성격상 목표가 성취되었는지, 성취되었다면 어느 정도로 성취되었는지를 결정하는 평가를 필요로 한다는 사실도 이해하였다. 8년 연구로 말미암아 교육과정 구성의 한 부분으로서 다음과 같은 자료와 함께 포괄적인 교육과정 평가의 필요성이 인식되었다. 교육과정 구성에 포함되어야 할 자료로는 ① 완전한 성취를 위한 기초 수준, 표준화된 시험, 사회적 · 심리적 기술, 창의성 등과 같은 '학생의 성취', ② 사회적 계층, 동료 집단, 집단 유형, 동기화 능력 등의 '사회 요인', ③ 학급 경영, 숙제, 교사와 학생의 상호 작용 등의 '교수-학습 과정', ④ 토론, 예시, 문제 해결, 발견 학습 등의 '수업 방법' 등에 관한 것이다.

Taba는 Tyler와 함께 8년 연구의 평가 부문에서 일하였고, 1940년대와 1950년대 ASCD의 평가위원회 회장으로 있으면서 포괄적인 교육과정 평가에 대한 생각을 확장시켰으며, 1962년에 『교육과정 개발: 이론과 실제(Curriculum Development: Theory and Practice)』를 출간하였다. Tyler도 8년 연구의 평가 부문에서 주요 역할을 하였는데, 그의 생각 중 일부는 8년 연구 평가의 기초로 사용되었다. 그리고 이 평가의 기초는 1949년 출간된 저서 『교육과정과 수업의 기본 원리(Basic Principles of Curriculum and Instruction)』에서 더욱 정교화되었다.

8년 연구에 의해 발전된 교육과정 구성에 대한 생각은 학교로 연결되지 못하였는데, 그 이유는 연구에 교사들이 적극적으로 참여하지 않았다는 데에 있었다. 이것은 Dewey가 25년 전에 경고하였던 것에 정확히 일치하는 것이었다. 학교에 대한 개혁자와 전문가의 헌신적인 노력에도 불구하고 '교사는 마치 자신이 학교 외부의 단순한 간섭 요소인 것처럼 연구의 외적 요소로 간주되는 점에 대하여 자주 분개하였다.'[101]

8년 연구의 대부분 교육과정 위원들은 연구에 교사를 적극적으로 참여시키는 것에 실패하였고, 교사의 역할을 교실 자료나 교육 자료를 조사하거나 중앙 부서에서 개발한 교육과정 지침

교육과정 도움말 3-4

교육 목표 분류

목표를 정해야 하는 사람들은 학교 목표를 교육 목표로 전환하는 데 주의를 집중해야만 한다. 그 과정은 두 가지다. 첫째, 목표를 교과목 영역과 학년 단위로 구분한다. 이것을 프로그램 목표라고 한다. 둘째, 목표를 관련된 유형 또는 군집으로 분류한다. 다음의 예는 초등학교 사회를 포함하고 8년 연구의 시대에 개발된 것으로서 사우스 벤드 학군에서 나온 것이다. 이것은 Tyler와 Taba가 목표를 군집화하는 방법으로 제시한 네 개의 분류 중 세 개를 포함한다. 흥미롭게도 이러한 목표는 오늘날에도 여전히 의미를 가진다.

① 아동은 다음과 같은 것을 이해해야(그것에 대한 지식을 가져야) 한다.
- 세상의 모든 사람은 어떤 식으로든 서로 의존하며 살아가고 있으며 그렇게 살아야 한다.
- 세상은 지속적으로 변한다.
- 사건, 발견, 발명은 삶을 개선할 수 있지만 그러한 명목하에 다른 사람에게 문제를 일으키지 말아야 한다.
- 공동체와 정부는 사람들이 그들 자신의 요구를 충족시키기 위하여 만들어 놓은 것이다.
- 각 집단은 전통, 가치, 행위 방식을 발전시키며 후대의 사람은 앞선 세대에게서 그것을 배운다.
- 장소의 지정학적 위치는 사람의 삶의 방식에 영향을 미친다.

② 아동은 다음과 같은 능력을 배워야 한다.
- 많은 출처에서 정보를 찾고 그것의 타당성을 판단하는 능력
- 사실을 조직하고 사실에 기초한 일반화 능력
- 사실에 대한 토론을 수행하고 사실을 일반화하고 결론을 도출할 수 있는 능력
- 계획하고 계획을 수행하며 작업과 계획을 평가할 수 있는 능력
- 책임감을 삶의 일부로 받아들이는 능력
- 옳고 그른 행동을 판단하기 위한 가치관을 발달시키는 능력

③ 아동은 다음과 같은 태도를 지녀야 한다.
- 작업을 착수하고 수행하며 끝까지 완성하는 의지
- 바람직한 집단 목표를 위해서 다른 사람을 돕고 함께 일하고자 하는 열망
- 다른 사람을 자신과 동일한 존재이면서도 다른 사람으로 인정하는 태도

출처: *For Our Time: A Handbook for Elementary Social Studies Teachers* (South Bend, Ind.: School City of South Bend, 1949), pp. 229-230.

을 수정하는 일에 한정시켰다. 학교교육의 목적과 프로그램의 목표를 정하고, 교과와 학습 경험을 조직하는 데에 교사를 배제했던 것은 당시의 전통적인 '위에서 아래로의' 교육과정 구성 방식을 그대로 나타내는 것이다.

5) Tyler: 기본 원리

하나의 분야로서 교육과정에 대한 논의는 Ralph Tyler(1902~1994)에 대한 언급 없이는 결코 완전한 논의가 되지 못한다. Tyler는 교육과정, 수

업, 평가에 대해서 700개 이상의 학술지 논문과 16권의 저서를 출간하였지만, 『교육과정과 수업의 기본 원리(Basic Principles of curriculum and Instruction)』라는 작은 책의 저자로 가장 잘 알려져 있다.[102] 원래 시카고 대학교 학생을 위한 강의 계획서로서 작성되었던 이 책은 1949년에 출간되었으며, 이미 35판을 넘고 있다.

128쪽에 불과한 이 책에서 Tyler는 다음과 같은 기본 질문을 다루고 있다. 그에 의하면 모든 과목과 모든 학년의 교육과정을 계획하거나 교육과정 책을 쓰고자 하는 사람은 이 질문에 답변해야 한다.

① 학교는 어떤 교육 목표를 달성해야 하는가?
② 그 교육 목표를 달성하기 위해서는 어떤 교육적 경험이 제공되어야 하는가?
③ 그 교육적 경험은 어떤 방식으로 효과적으로 조직할 수 있는가?
④ 교육 목표의 달성을 어떻게 평가할 수 있는가?[103]

Tyler는 Thorndike와 Piaget의 학습이론뿐만 아니라 Judd와 Dewey의 진보주의적인 사회이론의 영향을 받았다. 그는 또한 Bobbitt과 Charters 같은 행동주의적 교육과정 학자의 영향도 받았다. 그의 교육과정에 대한 철학과 원리는 George Counts(Tyler가 시카고 대학교에 있었을 당시)와 Boyd Bode(Tyler가 오하이오 주립대학교에 있었을 당시) 같은 당대 연장자들의 이론에도 영향을 받았다. Tyler 모형은 Rugg의 네 개 주요 과제의 정교화, 또는 미국 교육학연구회의 26번째 연감의 응축으로 간주할 수 있다. Tyler 모형은 교육과정 구성에 대한 합리적·논리적·체계적 접근을 나타낸다. 어떠한 과목도 이 모형에 의거하여 조직할 수 있다는 점에서 이것은 어떤 철학적·정치적 편견을 포함하고 있지 않다. 그렇지만 진보주의(학습자의 요구를 강조한다는 점에서), 과학적 절차(다양한 상황에 적용할 수 있는 원리라는 점에서), 행동주의(Tyler 자신의 말대로 목표가 가장 중요한 고려 사항이라는 점에서)에 그 뿌리를 두고 있다.

Tyler의 저서는 그것이 합리성, 의미성, 계열성을 가진 교육과정 개발 접근 방법을 제시한다는 점에서 높은 영향력을 가지고 있다. Tyler는 교육과정 개발의 기본적 절차를 100쪽 넘게 예를 들어 가며 알기 쉽게 설명하고 있다. 즉, Tyler는 교육과정 개발의 절차를 알기 쉬운 용어와 간결한 단계로 제시하고 있다.

Tyler는 교육과정 계획에서 교사, 교육과정 또는 교육과정과 수업의 차이에서 교사, 장학관, 교장의 역할을 명확하게 구분하지 않고 교육과정과 수업의 차이를 명확하게 설명하지 못했다. 그러나 학교 또는 학군이 특정 철학과 학습의 관점에서 어떻게 교육 목표를 정하며 교육과정을 구성할 수단과 자료를 어떻게 조직하는지, 그리고 어떤 방향으로 수업을 이끌어 가는지에 대한 청사진을 제시하고 있다. 대부분의 개혁과 변화의 노력이 산발적으로 파편화되는 경향이 있지만 Tyler의 접근은 실천가들이 쉽게 이해할 수 있고 쉽게 사용할 수 있는 사려 깊은 방법을 제시하고 있다. 그의 모형은 시간의 제약을 받지 않으며, 행동주의적이고 합리적이며, 기술적인 교육과정 모형(계획, 개발, 설계로 이루어진)은 모두 Tyler의 접근에 기초를 두고 있다.[104] 이러한 Tyler식의 사고방식에 동조하지 않는 사람은 이러한 접근 방식에 대하여 여러 가지 비판적인 말을 한다. 가장 완화된 비판에 의하면, Tyler식의 접근 방식은 기껏해야 교육을 경영, 형성, 통제의 대상으로 보는 교육적 사고를 지배하는 무감각하고 비감정적이며 비인간적인 접근 방법이라는 것이다. 가장 심한 비판은 Tyler식의 접근 방법은 중립적이고 기술적이라는 미명 아래 인종적 · 계층적 · 성적 차별을 양산함으로써 특정 집단의 지배와 그 밖의 다른 집단의 복종을 강화한다는 것이다.

비판가들은 Tyler의 모형을 부적절하고 원시적이며 지나치게 틀에 박힌 기계적인 것으로 비판하고, 교육과정 개발을 세밀하게 구분된 단계들의 결합으로 파악하는 단순화의 오류를 범하는 것으로 비판한다. 그럼에도 불구하고 그의 모형은 여전히 많은 부분에서 효력을 가지고 있다.[105] 그것은 파악하기 쉽기 때문에 교육과정 전공 학생에게 교육과정 공부의 시작으로 적당하다(사실상 이것이 Tyler의 본래 의도였다).

Tyler가 여전히 영향력을 가지는 가장 중요한 이유는 Taba 이외에도 Paul Diederich, Harold Dunkel, Maurice Hartung, Virgil Herrick, Joseph Schwab과 같은 그의 생각을 받아들이고 교육과정에 큰 영향을 미친 저명한 동료들과 함께 연구하였다는 데에 있다. 게다가 Edger Dale, Louis Heil, Louis Raths, Harold Shane 나 같은 오하이오 주립대학교의 그의 학생들, Elliot Eisner, Ned Flanders, Thomas Hartings, David Krathworhl, Malcolm Provus, Louise Tyler와 같은 시카고 대학교의 그의 학생 중 많은 수가 Tyler의 영향을 받았고 교육과정 분야에서 뛰어난 업적을 남겼다. 무엇보다 중요한 것은 John Goodlad, Ken Rehage, Ole Sand, Herbert Thelen을 포함한 Tyler의 많은 학생이 오랫동안 그의 동료였다는 점이다.[106] Eisner를 제외한 많은 동료는 전문적인 저서에서 끊임없이 Tyler의 연구를 찬양하고 있다. Tyler를 포함한 이론가들의 개관을 위해서는 〈표 3-5〉를 참고하라.

〈표 3-5〉 교육과정 이론가들의 개관(1918~1949)

이론가	목 적	원 리	내 용	주요 저서
Franklin Bobbitt (1876~1956)	• 과학으로서의 교육과정 • 학생들의 요구 강조 • 성인 생활을 위한 학생들의 준비 • 재정적 효율성을 가진 교육	• 목표를 그에 상응하는 활동과 함께 분류, 계열화 • 수업의 특성화와 작업의 명백화	• 초등학교에서의 기초적인 3R • 고등학교에서의 학문적인 교과 • 교사에 의해 계획되는 교과목과 그에 관련된 활동들	• *The Curriculum* (1918) • *How to Make a Curriculum* (1924)

Werrett Charters (1875~1952)	• 과학으로서의 교육과정 • 학생들의 요구 강조 (요구 평가) • 교육과정에서의 이론과 실제의 연결	• 직업 분석으로서의 교육과정 구성 과정 • 목표와 그에 상응하는 활동의 목록 • 평가를 통해 목표 성취 확인	• 목표에 관련된 교과 • 교사에 의해 계획되는 교과목과 그에 일치되는 활동들	• *Curriculum Construction*(1923)
William Kilpatrick (1871~1965)	• 사회적 · 공동체 경험으로서의 교육과정 • 유목적적 활동으로서의 교육과정 • 아동 중심 교육과정 • 아동의 발달과 성장	• 프로젝트 학습법, 행동주의와 진보주의의 혼합 • 학생에 주안점을 둔 교사와 학생의 계획 • 수업 활동에 대한 강조: 창의적 과제, 사회 관계, 소집단 수업	• 전문인이 아닌 일반인의 교육 • 통합 교과 • 문제 해결	• *Foundations of Method*(1926)
Harold Rugg (1886~1960)	• 사회적 맥락 안에서의 교육 • 아동 중심 교육과정 • 전인 • 기술자로서의 교육과정 전문가	• 학습 경험과 결과에 관련된 목표 진술 • 교사의 사전 교육과정 계획	• 사회 과목에 대한 강조	• *The Child Centered Curriculum*(Ann Shumaker와 공동 집필, 1928
Hollis Caswell (1901~1989)	• 교육과정의 기초(역사, 철학 등)가 교육과정 개발에 영향을 준다. • 교육과정, 수업, 학습의 세 가지 주요 요소의 관계 • 학생의 요구와 흥미 • 사회적인 기능을 중심으로 하고 지식과 학습자의 흥미에 의해 조직된 교육과정	• 경험의 집합으로서의 교육과정 • 교사 계획의 안내 자료로서의 교육과정 • 교육과정을 수행하기 위한 수업 활동의 조정자로서의 교사	• 학생의 요구와 흥미와의 관련 속에서 조직되는 교과 • 사회 기능과 학습자의 흥미에 의해 개발되는 교과	• *Curriculum Development*(Doak Campbell과 공동 집필, 1935)
Ralph W. Tyler (1902~1994)	• 과학과 학교 철학의 확장으로서의 교육과정 • 학습자와 동시대적 삶의 연구, 교과 전문가의 제안, 철학과 심리학적 지식에 의거한 목표 설정 • 학생의 요구와 흥미 • 교육과정과 수업의 관계	• 합리적 과정으로서의 교육과정 • 학습 경험의 선택과 조직의 기준으로서 목표 • 학습 결과(목표가 성취되었는지의 여부)를 결정하기 위한 평가 • 교육과정의 수직적, 수평적 관계	• 지식, 기술, 가치의 관점에서 조직되는 교과 • 문제 해결의 강조 • 전문인이 아닌 일반인의 교육	• *Basic Principles of Curriculum and Instruction*(1949)

7. 현재의 초점

Tyler 모형은 20세기 전반기에 교육과정 개발의 가장 중요한 원리를 요약해 놓은 것으로 생각된다. 많은 교육과정 학자가 이 모형을 채택하고 이용하였다. 사실 교육에서 많은 실천가가 Tyler 모형을 교육과정 개발을 위한 가장 기초적이고 실행적인 방법으로 인정하고 있다. 그러나 현재 전통적인 기술적 모형과 사회과학적 원리는 모두 비판의 대상이 되고 있다. 오늘날은 정치적·경제적·사회적 이론에 기초를 둔 학문적 전쟁이 일어나고 있으며, 대부분의 교육 실천가들(실제 세계의 사람들)은 이러한 논쟁에서 동떨어져 있거나 그에 대하여 무관심하다.

비전통적이고 비기술적인 관점을 가진 많은 학자들에 의하면 교육과정은 특정 이론, 계획, 정의로 환원될 수 없으며, 무엇을 받아들여야 하고 무엇이 가치 있는가도 합의될 수 있는 문제가 아니다. 과학적 이론 속에 들어 있는 원리나 개념에 대한 해석은 언제나 열려 있으며, 그것은 정치적이고 사회적인 렌즈, 즉 인종, 계층, 성의 정치학에 의거하여 걸러지는 것이다. '이것은 우리가 현재 살고 있는 포스트모던적 세계의 단면이며' 그 안에서 합리적 사고(즉, Tyler 모형)는 그것이 어떤 것이든 '상대성, 맥락성, (언어) 가치의 기준에 의거하여 의심을 받는다.' '철학, 이론, (그리고 원리)는 정적인 지식과 경험적 자료에 의해 결정되는 것이 아니다. 주관성과 예술의 세계도 또한 Aristotle의 논리와 Newton의 과학만큼 타당한 것으로 간주된다.'[107)]

포스트모던 세계의 논리에서는 일체의 과학적·합리적 사고와 모든 유형의 사실적 객관성이 거부된다. 이것은 사건, 추세, 이론에 관한 많은 해석 중에서 어떤 것이 받아들일 만하고 어떤 것이 가치가 있는가를 판단하는 확고한 기준이나 기반이 없다는 것을 의미한다. 인종, 계급, 성 이론은 급진적인 사상가들을 위한 중요한 거름종이 역할을 하며, 학교와 사회를 포함한 우리의 주변 세계를 해석하는 데에서 다른 수정적 관점(덜 급진적인), 즉 예술적·시적·전기적·인간적·실존주의적 관점을 섞어 세계를 비춰 주는 거울로서 기능한다.[108)]

학문적 세계는 두 가지로 나뉘어 있다. 그것은 과학적이고 기술적인 것 대 심미적이고 인본주의적인 것, 또는 정치적으로 보수적이고 전통적인 것 대 정치적으로 급진적이고 신마르크스주의적인 것이다. 한쪽은 보수적인 전통주의자들이다. 그들은 반대편 진영을 '전체적인 동의가 없는, 즉 대다수가 받아들일 만한 중간적 기반이나 균형이 없는 급진주의자들과 신마르크스주의자들의 주장은 단지 분노에 기반하고 있을 뿐이며 지식의 주변에 머물 수밖에 없다.' 고 비판하였다. 이것은 '소수 박사 과정 학생이나 대학 교수만 받아들일 뿐이다. 학교라는 실제 교육 현장에서 교사나 행정가(그때 그때 부딪히는 일상의 절박한 문제를 다룰 뿐)들은 그러한 어리석은 극단적 이론에 휘말릴 시간적 여유가 없다.'[109)]

반대편 진영에는 급증하는 재개념주의자들, 비판적 교육 이론가들, 다원적 문화주의자들,

페미니스트들, 신마르크스주의자들이 있다. 이들은 '학교는 제도적, 자본주의적, (인종적 · 성적) 교화에서 해방되어야 한다. 학습자는 더 이상 그들에게 부과된 교육과정을 강제적으로 배울 필요가 없다. 학교와 사회는 더 이상 자격증의 소유와 표준화 시험을 기초로 하는 계층적 차별과 계층 사회를 양산하지 말아야 한다.' 고 주장한다. 이들에 따르면 '불평등한 경제 자본이나 정치 권력의 분배' 와 마찬가지로 학교는 '문화적 · 교육적 자본의 불평등한 분배를 양산하고 있다.' [110)]

Michael Apple, Henry Giroux, Ivan Illich, Peter McLaren, William Pinar와 같은 오늘날의 교육과정 학자는 이러한 급진적인 입장을 가지고 있다. William Doll, Elliot Eisner, Maxine Greene, Herb Kliebard와 같은 학자는 다소 온건한 입장을 취하고 있지만, 과학적이고 합리적인 모형과 전통적이고 기술적인 사고 유형에 대해서는 대부분 비판적 태도를 취하고 있다. 이러한 온건주의자들은 급진적 정치학 이론에 대하여 토론하는 대신, 심미적 · 언어적 · 역사적 · 인본주의적 · 실존주의적 개념을 교육과정을 공식화, 더 적절하게는 재공식화하는 것과 관련시키는 데에 더 관심을 가진다.

마지막으로 우리는 교육과정 분야가 이제 다양한 정치적 · 사회적 해석을 포함하는 분야라는 점을 명심해야 한다. 이것은 Tyler가 옹호하고 다른 전통적 · 기술적 교육과정 학자들이 선호하는 과학적 · 합리적 세계와는 매우 다른 것이다. 담론, 대화, 다양한 상황과 맥락이 교육과정 분야를 형성하고 있다. 이것은 교육과정 분야가 역동적으로 변화하고 있으며, 다른 사회과학 분야(철학, 심리학, 사회학, 정치학 등)에서 다양한 내용의 지식을 필요로 하고 있다는 것을 의미한다. 또한 교육과정 분야는 인지적이고 물리적인 차원을 넘어서 초월적이고 영성적인 차원까지 확장되는 지식도 필요로 한다.

결국 이러한 새로운 지적 목소리는 흥미롭고 도발적이지만 이론가 사이, 이론가와 실천가 사이의 분열을 시사하고 있다. 특히, 실천가들은 새로운 정치학적 논의에 참여하고 있지 않으며, 포스트모더니즘, 해체주의, 맥락성과 주관성 등과 관련된 생각들에 상당히 무관심하다. 이 새로운 세계에서는 모든 것이 상황과 관련하여 생각되지 않는다면 '진리를 확립할 방법이 존재하지 않는다. 개인 혹은 집단이 진리 또는 실재로 인정하는 것은 무엇이든지 진리나 실재가 될 수 있다.'

8. 결 론

미국의 식민지 시대부터 제1차세계대전까지 교육과정은 교과를 변화시키는 것으로 생각되었다. 19세기 중 · 후반기 유럽의 영향과 부상하는 진보주의 교육운동의 영향으로 교육과정에 대한 몇몇 개혁적 생각은 교육적 원리와 관련되어 나타나기도 하였다. 그러나 이러한 생각들은 이론적인 토론이나 몇몇 산발적인 창의적 학교에 한정되었다. 항존주의적인 교육과정은 고전 교과와 종교적 · 도덕적 원리에 기초를 둔 항상적이고 절대적인 가치를 강조하였는데, 이것은 미국 역사 이래 150년 동안 지배적인 교육과정으로 군림하였다.

교육과정의 원리와 과정에 대한 생각은 과학적인 원리와 진보주의적인 철학의 강조와 함께 20세기 이후에 형성되기 시작하였다. 하나의 연구 분야로서 교육과정은 그것의 고유한 방법과 이론, 그리고 문제 해결 방법과 함께 1920년대 이후에 진정한 의미의 발전을 도모해 왔다. 이러한 발전의 대부분은 Tyler가 쓴 교육과정의 기초적 문헌 이후에 이루어져 왔다. 이에 관해서는 이 책의 다른 장에서 논의할 것이다.

미주

11) Herbert M. Kliebard, "Constructing a History of the American Curriculum," in Philip W. Jackson, ed., *Hand0book of Research on Curriculum* (Macmillan, 1992), pp. 157-184.

2) John S. Brubacher, *A History of the Problems of Education* (New York: McGraw-Hill, 1947); R. Freeman Butts and Lawrence A. Cremin, *A History of Education in American Culture* (New York: Holt, Rinehart and Winston, 1953).

3) Warren H. Button and Eugene Provenzo, *History of Education and Culture in America,* 2nd ed. (Englewood Cliffs, N.J.: Prentice Hall, 1989); Butts and Cremin, *A History of Education in American Culture.*

4) George A. Beauchamp, *The Curriculum of the Elementary School* (Boston: Allyn and Bacon, 1964), p. 34.

5) Allan C. Ornstein and Daniel U. Levine, *An Introduction to the Foundations of Education,* 6th ed. (Boston: Houghton Mifflin, 2003), p. 165; See also S. Alexander Rippa, *Education in a Free Society,* 7th ed. (New York: Longman, 1992).

6) Beauchamp, *The Curriculum of the Elementary School,* p. 36.

7) Paul Monroe, *Founding of the American Public School System* (New York: Macmillan, 1940); Samuel E. Morrison, *The Intellectual Life of Colonial New England* (New York: New York University Press, 1956).

8) Robert Middlekauff, *Ancients and Axioms: Secondary Education in the Eighteenth-Century New England* (New Haven, Conn.: Yale University Press, 1963).

9) Elmer E. Brown, *The Making of Our Middle Schools* (New York: Longman, 1926), p. 133.

10) Newton Edwards and Herman G. Richey, *The School in the American Social Order,* 2nd ed. (Boston: Houghton Mifflin, 1963), p. 102.

11) Morrison, *The Intellectual Life of Colonial New England;* Joel Spring, *The American School: 1642-2000* (Boston: McGraw-Hill, 2001).

12) John H. Best, *Benjamin Franklin on Education* (New York: Teachers College Press, Columbia University, 1962); Bernard Cohen, *Benjamin Franklin's Science* (Cambridge: Harvard University Press, 1990).

13) Ellwood P. Cubberley, *Public Education in the United States,* rev. ed. (Boston: Houghton Mifflin, 1947), p. 30.

14) R. Freeman Butts, *The American Tradition in Religion and Education* (Boston: Beacon Press, 1950); Gerald R. Firth and Richard D. Kimpston, *The Curricular Continuum in Perspective* (Itasca, Ill.: Peacock, 1973).

15) Paul L. Ford, *The New England Primer: A History of Its Origins and Development,* rev. ed. (New York: Dodd, Mead, 1897), pp. 329-330.

16) Henry Barnard, *Educational Developments in the United States* (Hartford, Conn.: Connecticut Department of Education, 1867), p. 367.

17) Cubberley, *Public Education in the United States;* Merle Curti, *The Social Ideas of American Educators* (New York: Littlefield, Adams, 1959).

18) Benjamin Rush, A Plan for the Establishment of Public Schools (Philadelphia: Thomas Dobson, 1786), pp. 29-30.

19) Thomas Jefferson, "A Bill for the More General Diffusion

of Knowledge," in P. L. Ford, ed., *The Writings of Thomas Jefferson* (New York: Putnam, 1893), p. 221.

20) Merle Curti, *The Growth of American Thought,* rev. ed. (New York: Harpar and Row, 1951).

21) Hans Kohn, *American Nationalism: An Interpretive Essay* (New York: Macmillan, 1957), p. 47.

22) Noah Webster, *Dissertations on the English Language* (Boston: Isaiah Thomas, 1789), p. 27.

23) Harvey R. Warfel, *Noah Webster: Schoolmaster to America* (New York: Macmillan, 1936).

24) Henry Steele Commager, ed., *Noah Webster's American Spelling Book* (New York: Teachers College Press, Columbia University, 1962).

25) Robert K. Leavitt, *Noah's Ark, New England Yankees and the Endless Quest* (Springfield, Mass.: Merriam, 1947); Richard M. Rollins, "Words as Social Control: Noah Webster and the Creation of the American Dictionary," *American Quarterly* (Fall 1976), pp. 415-430.

26) William H. McGuffey, *New Fifth Eclectic Reader* (Cincinnati: Winthrop Smith, 1857), p. 271.

27) William H. McGuffey, *Newly Revised Eclectic Fourth Reader* (Cincinnati: Winthrop Smith, 1853), p. 313.

28) James M. Lower, "William Holmes McGuffey: A Book or a Man?," *Vitae Scholasticae* (Fall 1984), pp. 311-320; John H. Westerhoff, *McGuffey and His Readers: Piety, Morality, and Education in Nineteenth Century America* (Nashville, Tenn.: Abingdon, 1978).

29) William B. Ragan and Gene D. Shepherd, *Modern Elementary Curriculum,* 7th ed. (New York: Holt, Rinehart and Winston, 1992), p. 23.; Also see Arthur W. Foshay, *The Curriculum: Purpose, Substance, Practice* (New York: Teachers College Press, Columbia University Press, 2000).

30) Edgar W. Knight, *Education in the United States,* 3rd ed. (Boston: Ginn, 1951), p. 512.

31) See Henry Barnard, *Pestalozzi and Pestalozzianism* (New York: Brownell, 1862).

32) Friedrich Froebel, *The Education of Man,* trans. W. Hailman (New York: Appleton, 1889).

33) Johann F. Herbart, *Textbook of Psychology* (New York: Appleton, 1894).

34) John Dewey, *How We Think* (Boston: D. C. Heath, 1910), p. 202.

35) Andreas Kazamias, *Herbert Spencer on Education* (New York: Teachers College Press, Columbia University, 1966); Valerie A. Haines, "Spencer's Philosophy of Science," *British Journal of Sociology* (June 1992), pp. 155-172.

36) Herbert Spencer, *Education: Intellectual, Moral and Physical* (New York: Appleton, 1860).

37) Michael W. Apple, "The Politics of Official Knowledge in the United States," *Journal of Curriculum Studies* (July-August 1990), pp. 377-383.

38) See Everett Dick, *Vanguards of the Frontier* (New York: Appleton-Century, 1940); William W. Folwell, *The Autobiography and Letters of a Pioneer Culture* (Minneapolis: University of Minnesota Press, 1923).

39) Glen H. Elder and Rand D. Conger, *Children of the Land: Adversity and Success in Rural America* (Chicago: University of Chicago Press, 2000).

40) John D. Pulliam and James J. Van Patten, *History of Education in America,* 8th ed. (Columbus, Ohio: Merrill, 2003); Monroe, *Founding of the American Public School System.*

41) Frederick M. Binder, *The Age of the Common School: 1830-1865* (New York: Wiley, 1974); Wayne E. Fuller, *One-Room Schools of the Middle West* (Lawrence: University Press of Kansas, 1994).

42) V. T. Thayer and Martin Levit, *The Role of the School in American Society,* 2nd ed. (New York: Dodd, Mead, 1966), p. 6.

43) Lawrence A. Cremin, *The Republic and the School: Horace Mann on the Education of Free Man* (New York: Teachers College Press, Columbia University Press, 1957); Jonathan Messerlie, *Horace Mann: A Biography* (New York: Knopf, 1972).

44) Andrew Gulliford, *America's Country Schools* (Washington, D.C.: National Trust for Historic Preservation, 1985). Also see Larry Cuban, *Why Is It So Hard to Get Good Schools* (New York: Teachers College Press, Columbia University, 2001).

45) James H. Hughes, *Education in America,* 3rd ed. (New York: Harper and Row, 1970), p. 233.

46) Carl Sandburg, *Abraham Lincoln: The Prairie Years* (New York: Harcourt, Brace, 1926), p. 19.

47) Theodore R. Sizer, *The Age of Academies* (New York: Teachers College Press, Columbia University, 1964).

48) E. P. Cubberley, *The History of Education* (Boston: Houghton Mifflin, 1920), p. 697.

49) Edwards and Richey, *The School in the American Social Order;* Jergen Herbst, *The Once and Future School: Three Hundred and Fifty Years of American Secondary Education* (New York: Routledge, 1996).

50) Brown, *The Making of Our Middle Schools,* p. 230.

51) Monroe, *Founding of the American Public School System,* p. 404.

52) Edward A. Krug, *The Shaping of the American High School: 1880-1920* (New York: Harper and Row, 1964); Daniel Tanner, *Secondary Education: Perspectives and Prospects* (New York: Macmillan, 1972).

53) Cubberley, *Public Education in the United States;* Edwards and Richey, *The School in the American Social Order;* and Monroe, *Founding of the American Public School System.*

54) Davis, *Our Evolving High School Curriculum;* David H. Kamens and Yun-Kyung Cha, "The Legitimation of New Subjects in Mass Schooling," *Journal of Curriculum Studies* (January-February 1992), pp. 43-60.

55) Krug, *The Shaping of the American High School.*

56) John H. Bishop, "The Productivity Consequences of What Is Learned in High School," *Journal of Curriculum Studies* (March-April 1990), pp. 101-126; William A. Reid, "The Educational Situation as Concerns Secondary Education," *Journal of Curriculum and Supervision* (Winter 2002), pp. 130-143.

57) Thayer and Levit, *The Role of the School in American Society,* p. 382.

58) *Report of the Year 1889-90* (Washington, D.C.: U.S. Bureau of Education, 1893), pp. 1388-1389. See also Table 3-2.

59) Cubberley, *Public Education in the United States,* p. 543.

60) William G. Wraga, "Left Out: The Villainization of Progressive Education in the United States," *Educational Researcher* (October 2001), pp. 34-39.

61) *Report of the Committee of Ten on Secondary School Studies,* book ed. (New York: American Book, 1894), p. 48.

62) Daniel Tanner and Laurel Tanner, *Curriculum Development: Theory into Practice,* 2nd ed. (New York: Macmillan, 1980), p. 233; See also Milton Gaithers, *American Educational History Revisited* (New York: Teachers College Press, Columbia University, 2002).

63) Edward L. Thorndike, "Mental Discipline in High School Studies," *Journal of Educational Psychology* (February 1924), p. 98.

64) Charles W. Eliot, "The Case against Compulsory Latin," *Atlantic* (March 1917), pp. 356-359.

65) Abraham Flexner, "Parents and School," *Atlantic* (July 1916), p. 30.

66) Abraham Flexner, "A Modern School," *Occasional Papers,* No. 3 (New York: General Education Board, 1916); Flexner, *A Modern College and a Modern School* (New York: Doubleday, 1923)

67) John Dewey, *Democracy and Education* (New York: Macmillan, 1916).

68) Ibid., p. 190.

69) Charles H. Judd, *Introduction to the Scientific Study of Education* (Boston: Ginn, 1918).

70) Commission on the Reorganization of Secondary Education, *Cardinal Principles of Secondary Education,* Bulletin No. 35. (Washington, D.C.: U.S. Government Printing Office, 1918).

71) Frederick W. Taylor, *The Principles of Scientific Management* (New York: Harper and Row, 1911).

72) Raymond E. Callahan, *Education and the Cult of Efficiency* (Chicago: University of Chicago Press, 1962).

73) Franklin Bobbitt, *The Curriculum* (Boston: Houghton Mifflin, 1918), p. 42.

74) Ibid., p. 283.

75) Franklin Bobbitt, *How to Make a Curriculum* (Boston: Houghton Mifflin, 1924), pp. 14, 28.

76) Elliot W. Eisner, *The Educational Imagination,* 3rd ed. (Columbus, Ohio: Merrill, 2002); Herbert Kliebard, *The Struggle for the American Curriculum: 1893-1951* (Boston: Routledge, 1986).

77) W. W. Charters, *Curriculum Construction* (New York: Macmillan, 1923).

78) Ibid., pp. 6-7. See also W. W. Charters, "Idea Men and Engineers in Education," *Educational Forum* (Spring 1986), pp. 263-272. Originally Published in *Educational Forum* (May 1948), pp. 399-406.

79) John Dewey, "Individuality and Experience," in J. Dewey, ed., *Art and Education* (Marion, Pa.: Barnes Foundation, 1929), p. 180. Also see Kathy Hytten, "The Resurgence of Dewey: Are His Educational Ideas Still Relevant?," *Journal of Curriculum Studies* (May-June 2000), pp. 453-466.

80) William H. Kilpatrick, "The Project Method," *Teachers College Record* (September 1918), pp. 319-335.

81) Junius L. Merian, *Child Life and the School Curriculum* (New York: World Book, 1920).

82) Ellsworth Collings, *An Experiment with a Project Curriculum* (New York: Macmillan, 1923).

83) Boyd Bode, *Modern Educational Theories* (New York: Macmillan, 1927); John L. Childs, *Education and the Philosophy of Experimentalism* (New York: Appleton, 1931).

84) William H. Kilpatrick, *Foundations of Education* (New York: Macmillan, 1926), p. 212.

85) Ibid., p. 213.

86) John McNeil, *Curriculum: A Comprehensive Introduction* (Glenview, Ill.: Scott, Foresman, 1990); Tanner and Tanner, *Curriculum Development.*

87) William H. Kilpatrick, ed., *The Educational Frontier* (New York: Century, 1933), pp. 4-5.

88) Ibid., p. 19.

89) Ellsworth Collings, *Project Teaching in Elementary Schools* (New York: Century, 1928).

90) Guy M. Whipple, ed., *Curriculum-Making: Past and Present,* Twenty-Sixth Yearbook of the National Society for the Study of Education, Part I (Bloomington, Ill.: Public School Publishing Co., 1930; Whipple, ed., *The Foundations of Curriculum-Making,* Twenty-Sixth Yearbook of the National Society for the Study of Education, Part II (Bloomington, Ill.: Public School Publishing Co., 1930).

91) Harold Rugg, "Forward," in Whipple, ed., *Curriculum-Making; Past and Present,* p. 1.

92) Harold Rugg, "The School Curriculum and the Drama of American Life," in Whipple, ed., *Curriculum - Making: Past and Present,* pp. 3-16.

93) Harold Rugg, "Three Decades of Mental Discipline: Curriculum-Making via National Committees," in Whipple, ed., *Curriculum-Making: Past and Present,* pp. 52-53.

94) Harold Rugg and Ann Shumaker, *The Child Centered School* (New York: World Book, 1928), p. 118.

95) David Pratt, *Curriculum: Design and Development* (New York: Harcourt, Brace, 1980). Also see Henry J. Perkinson, *The Imperfect Panacea: American Faith in Education, 1865-1990,* 3rd ed. (New York: McGraw-Hill, 1991).

96) Sidney B. Hall, D. W. Peters and Hollis L. Caswell, *Study Course for Virginia State Curriculum* (Richmond: Virginia State Board of Education, 1932), p. 363.

97) Hollis L. Caswell and Doak S. Campbell, *Curriculum Development* (New York: American Book, 1935), p. 69.

98) Ralph W. Tyler, "Curriculum Development in the Twenties and Thirties," in R. M. McClure, ed., *The Curriculum: Retrospect and Prospect,* Seventieth Yearbook of the National Society for the Study of Education, Part I (Chicago: University of Chicago Press, 1971), pp. 26-44; Tyler, "The Five Most Significant Curriculum Events in the Twentieth Century," *Educational Leadership* (December-January 1987), pp. 36-38; Also see Louis Rubin, "Educational Evaluation: Classic Works of Ralph W. Tyler," *Journal of Curriculum Studies* (March-April 1991), pp. 193-198.

99) Wilford Aiken, *The Story of the Eight Year Study* (New York: Harper and Row, 1942); H. H. Giles, S. P. McCutchen and A. N. Zechiel, *Exploring the Curriculum* (New York: Harper and Row, 1942).

100) Hilda Taba, "Evaluation in High Schools and Junior Colleges," in W. S. Gray, ed., *Reading in Relation to Experience and Language* (Chicago: University of Chicago Press, 1944), pp. 199-204; Taba, *Curriculum Development: Theory and Practice* (New York: Harcourt, Brace, 1962); Ralph W. Tyler, *Basic Principles of Curriculum and Instruction* (Chicago: University of Chicago Press, 1949); and E. R. Smith and Ralph W. Tyler, eds., *Appraising and Recording*

Student Progress (New York: Harper and Row, 1942).

101) John Dewey, "The Educational Situation," *Journal of Curriculum and Supervision* (Winter 2002), p. 108. Originally published in 1906 as "Contributions to Education, Number III."

102) Ralph W. Tyler, *Basic Principles of Curriculum and Instruction* (Chicago: University of Chicago Press, 1949).

103) Ibid., p. 1.

104) See Allan C. Ornstein, "Curriculum Planning and Development Model," in Fred Lundenburg and Allan C. Ornstein, eds., *Educational Administration: Concepts and Practice,* 4th ed. (Belmont, Calif.: Wadsworth, 2004), in process.

105) Henry Giroux, *Teachers as Intellectuals* (West-port, Conn.: Bergin and Garvey, 1988); Herbert M. Kliebard, "Reappraisal: The Tyler Rationale," in A. A. Bellack and H. M. Kliebard, eds., *Curriculum and Evaluation* (Berkeley, Calif.: McCutchan, 1977), pp. 34-69; and James T. Sears and J. Dan Marshall, eds., *Teaching and Thinking about Curriculum* (New York: Teachers College Press, Columbia University, 1990).

106) Marie K. Stone, *Principles of Curriculum, Instruction, and Evaluation: Past Influence and Present Effects.* Ph. D. dissertation, Loyola University of Chicago, January 1985. Also from conversations by one of the authors with John Beck, (April 12 1991).

107) Allan C. Ornstein, *Pushing the Envelope: Critical Issues in Education* (Columbus, Ohio: Merrill, 2003), p. 30.

108) Allan C. Ornstein, *Teaching and Schooling in America: Pre- and Post-September 11* (Boston: Allyn and Bacon, 2003).

109) Ornstein, *Pushing the Envelope,* p. 32.

110) Ibid., pp. 30-31.

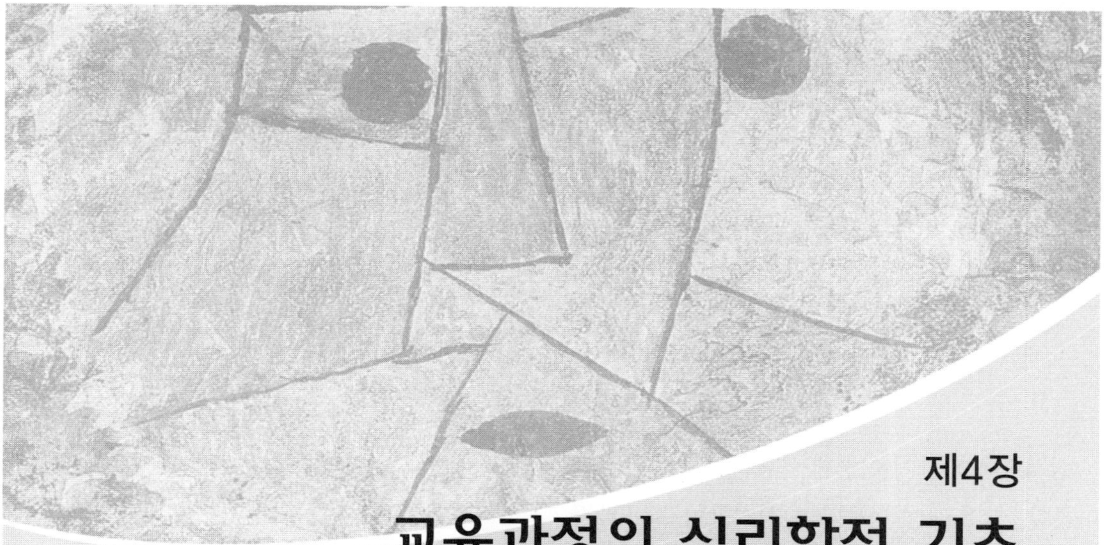

제4장

교육과정의 심리학적 기초

핵심 질문

1. 심리학적 기초는 교육과정 연구자들이 교육적 임무를 수행하는 데에 어떤 영향을 미치는가?
2. 학습의 세 가지 주요 이론적 입장은 어떻게 비교될 수 있는가?
3. 다중지능이론은 교육과정의 분야에 어떤 영향을 미치고 있는가? 다중지능이론에서 지능의 개념은 앞으로 교육과정 분야에 어떤 영향을 미칠 것인가?
4. 구성주의는 최근의 학습이론과 어떻게 통합될 수 있는가?
5. 학습 양식의 개념은 교육과정 개발과 전달에 어떤 영향을 미치는가?
6. 교육자는 사고의 다양한 유형에 관한 정보를 어떻게 이용해야 하는가?
7. 학교에서 인본주의 학습은 어떻게 정의되는가?
8. 감성지능에 관한 논의는 교육과정에서 어떻게 정당화될 수 있는가?

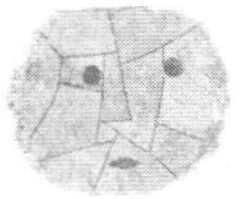

심리학은 인간이 어떻게 학습하는가의 문제를 다룬다. 교육과정 전문가는 심리학이 교육과정 설계와 전달에 어떻게 기여할 수 있는가를 묻는다. 교육과정 전문가는 학생의 학습 가능성을 증진시키기 위하여 심리학적 지식을 어떻게 활용할 수 있는가를 묻는 것이다. 심리학은 교수-학습 과정을 이해하는 데에 필요한 기초를 제공한다. 교수 과정과 학습 과정은 교육과정 전문가에게 중요하다. 왜냐하면 학생들이 교육과정을 배우고 이해하며, 그것을 활용할 수 있는 지식과 힘을 얻게 될 때 비로소 교육과정이 진정한 가치를 가질 수 있기 때문이다. 이 밖에도 심리학자와 교육과정 전문가는 다음과 같은 공통적인 문제에 관심을 가진다. 학습자는 교사의 노력에 왜 반응하게 되는가? 문화적 경험은 학습에 어떤 영향을 미치는가? 학습을 향상시키기 위한 교육과정 조직 방법은 무엇인가? 학교 문화는 학습에 어떤 영향을 미치는가? 다양한 교육과정의 학습에서 학습자의 참여는 어느 정도로 이루어지는 것이 가장 적절한가?

어떤 교육과정 학자나 교육과정 실천가도 이러한 심리학적 기초의 중요성을 부인하지 않을 것이다. 교육과정을 가르치는 일과 배우는 과정은 상호 관련되어 있으며, 심리학은 이러한 관련을 더욱 공고하게 만든다. 심리학은 교육과정의 맥락 속에서 교사와 학생의 행위에 영향을 미치는 이론과 원리를 제공한다. 그러나 교육과정을 개발하는 일과 가르치는 일에 종사하는 사람은 이러한 심리학 안에서도 다양한 이론과 원리가 서로 경쟁하고 있다는 것을 명심할 필요가 있다.

우리는 인간이 어떻게 학습하고 어떻게 사고하는지에 대하여 확실한 대답을 얻을 수 없다. 포스트모던적 관점을 가진 사람은 인간의 뇌에 관하여 확실한 지식을 가진다는 것은 불가능한 일이라고까지 말할 것이다. 인간의 뇌는 매우 복잡하고 신비한 기능을 가지고 있다. 20세기 후반부터 현재까지 이루어지고 있는 연구에도 불구하고, 우리는 인간의 뇌에 관하여 아는 것보다는 모르는 것이 훨씬 더 많다. 이것이 뇌의 비밀을 밝혀내는 데에 큰 발전을 보지 못하고 있다는 것을 의미하지 않는다. 심리학의 발달에 더하여 미생물학과 신경과학에서도 풍부한 연구 성과를 자랑하고 있다. 역사상 최초로 우리는 살아 있는 사람의 머릿속으로 들어갈 수 있게 된 것이다. 이것은 뇌로 들어가는 창문을 만들어 준 여러 가지 정밀 의학 도구 덕분이다. X선을 이용하여 뇌의 횡단면을 자세하게 밝혀내는 '컴퓨터 단층촬영기(CT, 과거에는 CAT로 명명되었다)', 사람의 혈액 속에 있는 당을 방사선으로 추적하여 당이 뇌의 어디에서 흐르는지를 밝힘으로써 특정한 뇌의 기능을 알아내는 '양전자 방출 X선 단층촬영 진단법(PET)', 전파를 이용하여 자기장 내의 인체 원자 배열에 영향을 줌으로써 뇌 분석을 가능하게 하는 '자기공명 이미지기법(MRI)', 혈액의 흐름을 측정하여 뇌의 활동을 알려 주는 기능적 MRI 기계 등이 있다. 이 기계는 보고, 읽고, 대화하는 등 뇌가 촬영하는 '영화'를 우리에게 보여 준다.[1)]

불과 얼마 전까지만 해도 이러한 일은 우리에게 불가능한 일이었다. 개인의 행동과 교육 상황에서 학습 행동을 관찰하고, 인간의 뇌에서 어떤 일이 일어나는가를 추론하는 것에 만족해야 했다. 이러한 일은 여전히 교실 상황에서 많이 하고 있는 일이다. 그러나 이러한 관찰이 가지고 있는 한계는 겉으로 드러나는 행동과 실제로 뇌에서 일어나고 있는 것이 일치하지 않는 경우가 많다는 점이다. 우리가 앞에서 언급한 놀라운 기계들을 가지고 있다고 해서 교육과정을 완벽하게 조직하고 그것을 정확하게 가르칠 수 있게 되는 것은 아니다. 이러한 기계를 구비하고 있는 학교도 없거니와 그럴 필요도 없다. 우리는 신경생물학자나 신경과학자들이 아니다. 교육자들이 그러한 전문가와 같이 일을 하게 된다고 해도 거기에서 획득한 정보를 어떻게 교육과정에 적용할 것인지에 대해서도 확실하게 알기 어렵다. 더군다나 그러한 과학자들은 교육적인 안목을 가지고 있지 않다. 뇌의 한 부분이 혈액을 많이 받아들이고 있다는 지식이 교육과정과 관련해서든, 수업과 관련해서든 특정 교육적 행위로 곧바로 연결될 수 있는 것은 아니다. 그렇다고 이러한 지식을 완전히 무시해도 된다는 것은 아니다. 교육자들은 신경과학에 주의를 기울일 필요가 있다. 뇌의 해부학과 생리학에 대해 많이 알수록 우리는 인간의 뇌와 거부 반응을 일으키지 않는 교육적 결정을 내릴 수 있게 된다.[2)]

뇌와 관련된 최근의 연구와 인지심리학 이론을 보면 심리학적 기초는 분명히 교육과정 사고와 행동의 중요한 근거가 될 것이다. 물론, 우리가 이러한 심리학적 기초의 중요성을 처음으로 인식한 사람들은 아니다. 예컨대, John Dewey는 심리학이 학습자 개인이 외부 세계의 사물과 어떻게 상호 작용하는가를 이해하는 데 기초가 된다는 것을 잘 알고 있었다.

학습자 개인과 외부 세계의 상호 작용은 평생 계속되는 일이며, 그 상호 작용의 질은 학습의 정도와 유형을 결정한다. Ralph Tyler에게 심리학은 교육 목표가 무엇이며 학습이 어떻게 일어나는가의 지식을 걸러 주는 일종의 '체'다.[3)] Tyler 이후 Jerome Bruner는 심리학을 활용하여 특정 학문 분야를 구성하는 다양한 지식 체계의 연구 방법이 어떤 사고 유형을 가정하고 있는가를 밝히고자 하였다. 그가 이러한 방법을 활용한 목적은 학문의 구조를 이루는 개념, 원리, 일반화를 구체화하는 데에 있다.[4)]

이상에서 살펴본 바와 같이 심리학은 학습 과정을 통합적으로 보여 준다. 그것은 학습 방법,

학습 자료의 요소를 통합하는 것이다. 그 결과 교육과정과 관련한 다양한 의사 결정에 힘을 실어 주기도 한다.

역사적으로 볼 때 학습이론은 다음과 같은 세 가지 부류로 구분되어 왔다.

① 자극-반응의 여러 측면과 강화에 관한 가장 오래된 학습이론으로서 '행동주의이론 또는 연합이론'
② 학습자를 환경과의 총체적 관계 속에서 보고 학습자가 정보를 적용하는 방식에 관심을 가지는 '인지-정보처리이론'
③ 아동을 사회적 · 심리적 · 인지적 발달을 포함하는 전인적인 관점에서 바라보는 '현상학적-인본주의적 이론'

행동주의이론은 학습을 조건화, 변형화, 강화와 보상에 따라 몇 가지로 구분한다. 인지-정보처리이론은 학습 과정을 문제 해결, 비판적 사고, 창의성뿐만 아니라 학생의 발달 단계, 지능의 다중적 기능 등에 입각하여 규정한다. 현상학적 관점에서 학습은 학습자의 요구, 태도, 감정, 그 밖에 다양한 요소와 관련하여 규정한다.

1. 행동주의

전통적 심리학을 대표하는 행동주의자들은 Aristotle, Descartes, Locke, Rousseau 등 학습의 본질에 관한 다양한 철학적 사고에 뿌리를 두고 있다. 이들은 행동을 조건화하는 것과 학습자의 특정 반응을 유도하기 위하여 환경을 변화시키는 것을 강조한다. 이러한 행동주의이론은 20세기 심리학의 많은 부분을 지배하였다.

1) 연합설

학습 과정에 대한 경험적 실험을 시도한 최초의 미국인은 Edward Thorndike다. 그는 행동주의 심리학의 창시자다. Thorndike는 하버드 대학교에서 다른 행동주의자들과 마찬가지로 동물을 대상으로 자신의 연구를 시작하였다.[5] 그는 연구 초점을 자극-반응(고전적 조건화) 관계를 측정하는 데 맞추었다. 즉, 그는 학습을 습관 형성의 과정, 즉 점점 더 많은 습관을 하나의 복잡한 구조 속에 연결하는 과정으로 정의하였다. 지식은 이 복잡한 구조 속의 자극-반응 관계가 축적됨에 따라 형성되는 것이다. 초보 단계의 지식은 기능적 지식의 단순한 요소의 집합으로 구성된다. 점점 더 복잡한 연합의 단위를 획득함에 따라 학습자는 점점 더 정교한 이해력을 획득하게 된다.[6] Thorndike는 이와 같이 학습을 정의한 후, 가르치는 일을 바람직한 연결과 연합을 견고한 결속체로 향상시키는 일로 정의하였다.

Thorndike는 다음과 같은 학습의 중요한 법칙을 개발하였다.

① '작동' 단위가 준비되었을 때 작동을 하면 만족스러운 결과를 나타내지만, 준비되지 않았을 때는 그렇지 않다는 '준비의 법칙'

② 연합은 그것이 일어나는 횟수, 그리고 평균 강도와 지속 기간에 비례해서 강화된다는 '연습의 법칙'
③ 만족스러운 반응은 연합을 강화하지만 불만족스러운 반응은 결합을 약화시킨다는 '효과의 법칙'[7)]

'준비의 법칙'에 의하면, 신경계가 작동할 준비가 되어 있을 때 만족스러운 결과를 나타낸다. 몇몇 교육자들은 이것을 읽기의 준비도와 같은 교육적 준비로 잘못 해석하기도 하였다. '연습의 법칙'은 훈련, 반복, 복습을 정당화하였으며, 오늘날에 와서는 행동 수정과 기초 학습 능력 접근 방법에서 가장 잘 드러나고 있다. Thorndike가 효과의 법칙을 학습의 법칙으로 공식적으로 내걸기 전에도 학교에서는 수세기 동안 보상과 벌이 사용되고 있었지만, 그의 이론은 이러한 기존의 교수 관행을 명확하게 설명해 주고 정당성을 부여하였다. 피드백에 의한 강화뿐만 아니라, B. F. Skinner의 조작적 행동모형과 프로그램 수업, 그리고 학습자에게 만족스러운 경험을 제공하기 위한 현재의 많은 학습 아이디어는 모두 Thorndike의 효과의 법칙에 근거를 두고 있다.

Thorndike에 의하면, ① 행동은 학습의 조건에 의해 더 많은 영향을 받으며, ② 학습자의 태도 및 능력은 적절한 자극에 의하여 시간이 경과함에 따라 변화될 수 있고, ③ 수업 경험은 설계되고 통제될 수 있으며, ④ 일관성 있게 통합되고 상호 간의 강화를 가능하게 하는 적절한 자극과 학습 경험을 선정하는 것이 중요하다. 그는 마음을 발달시키는 데에서 어느 한 교과가 다른 교과보다 더 낫다는 식의 생각은 성립되지 않는다고 보았다. 오히려 학습의 관건은 새로운 학습을 기존의 학습에 어떻게 연결하는가에 달려 있다는 것이다. 따라서 정신도야 '심리학'은 진정한 심리학으로서 성립될 수 없다. 이것은 곧 교과들 사이의 위계가 성립되지 않는다는 것을 의미한다.

2) Thorndike의 영향: Tyler, Taba, Bruner

Thorndike(1874~1949)의 이론에 동의하는 Tyler와 Taba는 학습은 적용력을 가지고 있으며 다른 상황에도 전이가 가능하다고 주장하였다.[8)] 이것은 기계적 학습이나 지식의 암기는 불필요하다는 것을 의미한다. 학생은 정보를 분류하고 조직하여 기존의 정신적 도식이나 유형 속에 넣어 두었다가 다양한 상황 속에서 그것을 활용할 수 있다는 것이다. Thorndike의 학습이론은 Tyler와 Taba에 의한 교육적 행동주의와 논리적 접근 방법에 많은 영향을 미쳤다.

그러나 Tyler와 Taba는 특수 자극과 특수 반응 간의 연합에 관한 Thorndike의 견해를 지지하지는 않는다. 오히려 그들은 학습에 관한 보다 일반적인 관점을 택하였는데, 그것은 인지적 접근 방법에 더 들어맞는 것이었다. Bobbitt과 Charters가 교육 목표를 획득 가능한 매우 구체적인 습관들로 보는 Thorndike의 이론을 따라 더 정교한 행동주의적 접근 방법을 채택하였던 반면, Tyler와 Taba는 Dewey의 접근 방법과 Judd의 접근 방법을 채택하였다. 이때 학습은 '일반화'와 구체적인 현상을 설명하기 위한 중요한 '원리'에 근거한 것이다.[9]

Tyler와 Taba는 자신들의 고전적인 텍스트에서 Thorndike를 신임하고 있었다. 그러나 Thorndike에 관한 Tyler의 인식은 미미한 것이었다. 그럼에도 불구하고 그는 연합설과 전이이론에 따라 학습 원리를 조직하는 데에 상당한 지면을 할애하였다. Taba는 하나의 장을 할애하여 Thorndike와 다른 행동주의자들이 학습이론에 어떤 영향을 미쳤는지와 '학습의 전이' 문제에 대하여 논의하였다. Thorndike와 마찬가지로 Taba도 연습이 반드시 기억력의 강화나 학습의 전이에 도움이 되는 것은 아니라고 주장하였다. 학습의 전이는 과거의 것을 기계적으로 암기하거나 반복적으로 훈련시켜야 하는 것에서 교육과정을 해방시켰다. '아무리 철저히 조직된 프로그램이라도 모든 것을 가르칠 수는 없기 때문에 교육의 최대 과업은 학습의 전이를 최대한도로 유발시키는 데에 있다.'[10] 즉, 일반화될 수 있고 광범위하게 전이될 수 있는 방법을 개발한다는 것이다. 그리하여 Taba는 문제 해결과 발견 학습의 방법을 옹호하였다.

'학습하는 방법의 학습'과 '탐구적 발견'이라는 개념은 Bruner에 의해 일반화된 것이지만 그 뿌리는 Thorndike에게 있다. Thorndike 이후 Bruner는 경험을 유의미한 방식으로 조직하여 가르치면 기계적 암기에 의한 학습보다 훨씬 쉽게 전이가 일어날 수 있다고 생각하였다.[11] 원리나 일반화가 추상적일수록 전이의 가능성은 훨씬 더 커진다(이것은 Dewey의 반성적 사고와 그가 제시한 문제 해결 과정의 단계에 상응한다).

Bruner에 의하면 학문의 구조를 학습한다는 것은 학습의 전이에 필요한 기초를 배운다는 것을 의미한다. 어떤 정보를 학습 · 회상 · 활용할 수 있는 능력은 그 정보를 새로운 상황에 전이시킬 수 있게 해 주는 구조적 유형을 가지는 것과 직접적으로 관련된다. 학습의 전이는 내용이 기초적이고 일반적일수록 더 잘 일어난다. 그러나 여기에서 Thorndike와 Bruner의 차이점에 주목해야 한다. Thorndike는 유의미한 학습을 위한 교과로서 어떤 하나의 교과가 다른 교과보다 더 중요하다는 식의 교과 간 위계를 설정하지 않았지만, Bruner는 구조를 가르치는 데에 중요한 학문으로서 과학과 수학을 크게 강조하였다.

3) 고전적 조건화

고전적 조건화 이론에서는 초기에 특정 반응과 아무런 관련이 없는 자극이 점차 그 특정 반응을 유발하게 되는 과정으로 학습을 규정하였다. 즉, 특정 반응과 전혀 무관한 중립적 자극이라도 그것이 그 반응을 무조건적으로 유발시키는 다른 자극과 연합되면 해당 반응을 유발시키는 능력을 서서히 획득하게 된다는 것이다. Ivan Pavlov에 의한 고전적 조건화 실험은 이미 널리 알려져 있다. 이 실험에서 개는 종소리를 들으면 침을 흘리는 것을 '학습' 한다. 종소리(침 흘리는 것과 생물학적으로 아무런 관련이 없는 자극)는 먹이(침 흘리는 것과 생물학적으로 밀접하게 관련된 자극)와 동시에 제시된다. 이 두 개의 자극 사이에 밀접한 연합이 형성되면, 종소리는 먹이의 대체물이 되며 개는 원래 먹이에 반응하는 것과 마찬가지로 종소리에 반응한다는 것이다.[12)]

이 실험은 인간 학습과 관련하여 큰 시사를 준다. 특정 반응(침 흘리기)에 중립적인 어떤 자극(종소리)은 그 반응의 무조건적 자극(먹이)과 함께 제시되면 중립적 자극은 해당 반응을 유발시키는 능력을 획득한다. 이러한 이론은 학습에 관한 매우 풍부한 실험실 연구를 가능하게 만들었고 사회적 · 정치적으로 중요한 이슈가 되었다.

미국에서는 James Watson이 행동주의에 근거를 두고 새로운 과학적 심리학을 구상하는 데 필요한 기초로 Pavlov의 연구를 이용하였다. 이 새로운 과학의 강조점은 학습을 인지적 과정이 아닌 관찰 가능하고 측정 가능한 행동과학에 근거를 둔다는 점에 있다. 행동의 법칙은 처음에는 동물 연구에서, 그 다음에는 인간 연구에서 추론되었으며, 과학적 법칙의 객관성을 가지고 있는 것으로 생각되었다.[13)]

Watson과 다른 사람들에게 학습의 관건은 Pavlov가 동물을 대상으로 하여 실시하였던 방법에 근거하여 인생 초년기에 아동을 조건화하는 데에 있었다. 그리하여 Watson은 다음과 같이 자랑삼아 이야기하곤 하였다.

> 만약 내가 영리하고 건강한 12명의 어린이들을 맡아서 내 마음대로 기를 수 있다면, 그들 중 어느 한 명을 선택하여 재능, 능력, 직업, 인종과 상관없이 그를 내가 원하는 어떤 유형의 전문가—의사, 법률가, 예술가 …… 심지어 거지나 도둑으로도 만들 수 있다.[14)]

4) 조작적 조건화

어떤 행동주의자들보다도 자신의 이론을 교실 상황에 적용하고자 노력한 사람은 B. Frederick Skinner일 것이다. 이론의 많은 부분을 쥐와 비둘기 실험에 근거를 두고 있는 Skinner는 반응을 다음과 같이 두 가지로 구분하였다. 즉, 특정 자극과 관련된 '유도된' 반응과 확인 가능한 자극과는 전혀 관련이 없는 '유출된' 반응이다. 유도된 반응의 경우 그 행동을 '응답적' 행동으로, 유출된 반응의 경우 그 행동을 '조작적' 행동이라 부른다. 이 경우에는 어떤 관찰 가능하거나 측정 가능한 자극으로도 그 반응을 설명하지 못한다.[15)] 조작적 조건화에서는 자극이 어떤 역할을 하는지 명확하게 알 수 없다. 유출된 행동은 특정한 구체적 자극과 결합되지 않은 경우가 많다.

강화물도 1차적인 것과 2차적인 것(혹은 일반적인 것)으로 구분된다. '1차적' 강화물은 음식, 물, 성(性)과 같이 기본적인 욕구를 만족시키는 데 도움을 주는 자극을 가리킨다(이것은 고전적 조건화에서 가장 중요한 것이다). '2차적' 강화물은 친구 혹은 선생님에게 인정받는 것, 돈을 받는 것, 학교에서 상을 받는 것과 같이 인간에게 중요한 것이다. 2차적 강화물은 1차적 욕구를 만족시켜 주지 못하지만 1차적 강화물로의 전환이 가능하다. 2차적 강화물의 선택과 범위 때문에 Skinner는 2차적 강화물을 '일반적' 강화물이라 부르기도 한다. 학급의 담임교사들은 칭찬, 웃음 등에서 훈계, 벌에 이르기까지 다양한 2차적 강화물을 자유롭게 사용할 수 있어야 한다.

조작적 행동은 강화가 뒤따르지 않으면 지속되지 않는다. Skinner는 강화물을 정적인 것과 부적인 것으로 분류하기도 한다. '정적' 강화물은 단순히 자극을 강화하는 기능을 한다. 학생이 A학점이나 '잘했어요' 라고 적혀 있는 시험지를 되돌려 받는 경우가 정적 강화에 해당된다. 부적 강화는 자극을 제거하거나 소멸시키는 기능을 한다. 교사가 반 학생들에게 '조용히 해.' 라고 소리 질러서 학생들이 조용하게 되는 경우, 학생들의 침묵은 교사의 소리를 강화한다. 반대로 벌은 불쾌하거나 해로운 자극을 불러일으키거나 정적 강화를 소멸시킬 수 있다. 그렇다고 해서 벌이 항상 부적 강화물인 것은 아니다.[16] Skinner는 정적 강화와 부적 강화를 모두 인정하고 있지만, 벌은 학습에 방해가 된다고 생각하기 때문에 반대한다.[17]

5) 새로운 조작적 행동의 획득

오직 바람직한 반응만이 강화된다고 보는 Skinner의 선택적 강화 접근 방식은 수업 및 학습 과정에 적용됨으로써 많은 교육자의 전폭적인 지지를 얻었다. 학습 강화에서 본질적 원리는 인간 행동의 가변성, 즉 인간 행동은 변화될 수 있다는 것이다. 개인은 '새로운 조작적 행동' 을 획득할 수 있다. 즉, 행동은 형성 · 수정될 수 있으며, 아무리 복잡한 개념이라도 학생들에게 가르칠 수 있다는 것이다. 개인이 바람직한 반응을 하도록 할 수 있다는 것은 행동의 형성이나 학습이 가능하다는 것을 의미한다. 행동의 형성과 학습은 바람직한 목표에 점진적으로 도달하도록 조직된 반응의 계열, 또는 계속적으로 연결된 단계에 의하여 이루어질 수 있다. 이와 같이 바람직한 반응을 강화하고 지속시키면 새로운 행동이 형성된다. 이것이 곧 '행동수정' 이다.

행동수정의 방법은 학생과 목표에 따라서 달라지지만 그것은 개별화 수업의 기법, 프로그램 학습, 그리고 학급 관리와 연결되어 폭넓게 활용되고 있다. 학생 활동은 구체화되고 구조화되며 보조를 맞추어 보상되고 강화된다. 또한 학습 성취 기준이나 바람직한 행동에 의하여 평가된다.

관찰 학습과 모방 Albert Bandura는 관찰과 모방을 통하여 어떻게 학습하는가의 문제를 해결하는 데에 많은 공헌을 하였다. 그는 연구를 통하여 아동들이 실제 상황이나 영화, 만화에서 성인들이 공격적으로 행동하는 모습을 보면 공격적인 행동을 학습하게 된다는 것을 입증하였다. 반대로 아동들이 침착한 분위기의 사람을 보면 비공격적인 행동을 학습할 수 있다고 하였다.[18]

주변의 다른 사람을 관찰하거나 영화를 관람

함으로써 어떤 행동을 형성하거나 학습할 수 있다(이 점에서 TV의 영향은 막대하다). 이것은 우리가 어떻게 학습하고 수행하는지, 군인이 되고 싶어 하는지 예술가가 되고 싶어 하는지 등 취향과 태도와 관련된 문제에 시사점을 준다. 이러한 생각은 행동주의자에게 인지적 요소가 불필요하다는 것을 의미한다. 학생은 모방을 통하여 섬세한 수준에서도 어떻게 수행할 것인가를 학습할 수 있다는 것이다. 학습자는 강화와 보상에 의하여 행동하면서도 관찰을 통하여 적절한 반응이 무엇인가를 알아내고 습득하며 나중에 그 행동을 모방한다(교육과정 도움말 4-1 참조).

위계적 학습　Robert Gagné는 학습 행동을 8개 유형으로 구분하여 위계적으로 제시하였는데, 이것은 학습 행동의 고전적 모형이 되고 있다. 처음의 5개는 행동적 조작으로, 그 다음의 2개는 행동적인 동시에 인지적인 것으로, 마지막의 것(가장 높은 형태의 사고)은 인지적인 것으로 정의된다. 이 8개 행동 유형은 이전의 것이 다음 행동의 선행 조건이며, 마지막 행동은 이전 행동의 학습이 축적된 결과로 나타나는 것이다. 이러한 학습의 8개 유형은 다음과 같다.

① **기호 학습**: 고전적 조건화에 해당. 특정 기호에 대한 반응. 예를 들면, 쥐를 볼 때 공포를 느끼는 것
② **자극 반응 학습**: 조작적 조건화에 해당. 특정 자극에 반응. 예를 들면, '앉아라' 라는 교사의 명령에 학생이 반응하는 것
③ **운동 연쇄 학습**: 둘 또는 그 이상의 자극과 반응의 결합을 통하여 더 복잡한 기술을 습득하는 것. 예를 들면, i와 t가 들어 있는 단어를 쓰기 위해 i를 찍고 t는 손가락을 가로질러 누르는 것
④ **언어의 연합**: 둘 또는 그 이상의 말이나 생각들을 연결시키는 것. 예를 들면, 외국어 단어를 모국어 단어로 번역하는 것
⑤ **다양한 차별에 대한 학습**: 동일한 분류 속에 들어 있는 요소에 대하여 각각 다른 방식으로 반응하는 것. 예를 들면, 풀과 나무는 모두 식물이지만 그 안에서도 풀과 나무는 구분된다는 것을 아는 것
⑥ **개념 학습**: 자극에 대하여 추상적인 방식으로 반응하는 것. 예를 들면, 동물, 문법 등
⑦ **규칙 학습**: 둘 혹은 그 이상의 자극이 일어나는 상황이나 개념을 연결시키는 것. 예를 들면, 동물은 새끼를 가진다거나 형용사는 명사를 꾸며 준다는 것
⑧ **문제 해결 학습**: 문제를 해결하기 위하여 이미 알고 있는 규칙이나 원리를 새로운 상황에 결합시키는 것. 예를 들면, 두 변이 주어진 삼각형의 면적을 알아내는 것[19)]

Gagné는 학습의 유형을 학습된 결과에 따라 관찰 가능하고 측정 가능한 다음과 같은 다섯 가지로 구분하였는데, 이것은 학습의 모든 영역을 포괄하는 것이다.

① **지적 기능**: 언어적 · 수학적 상징들을 어떻

교육과정 도움말 4-1

교실 학습 상황에서의 행동주의

행동주의 이론을 교실 상황에 적용할 때 활용할 수 있는 폭은 상당히 넓다. 다음과 같은 제안은 행동주의 관점에서 교수와 학습 상황에 많은 시사점을 준다.

① 행동은 특정 조건이 만들어 낸 결과라는 것을 고려하라. 따라서 바람직한 행동을 이끌어 내기 위해서는 조건을 변경하라.
② 원하는 행동을 촉진시키기 위해서 강화와 보상을 이용하라.
③ 바람직하지 않은 행동은 유발 횟수를 감소시킴으로써 소멸시킬 수 있다는 것을 명심하라.
④ 다음과 같은 바람직하지 않은 행동은 삼가라.
- 강화를 보류하거나 행동을 무시하는 것
- 바람직한 행동에 뒤따르는 보상에 집중시키는 것
- 벌에 대한 지나친 의존이나 벌 주는 것에 대한 특권 의식을 버릴 것

⑤ 학생들이 구체적인 자료를 학습할 때 피드백을 자주 제공하라. 추상적이거나 복잡한 자료를 학습할 때는 가끔씩 피드백을 주어라.
⑥ 연습과 훈련을 시키고 그 과정을 검토하라. 학생의 진보 상황을 점검하라.
⑦ 연습장, 프로그램화된 자료, 연속적인 계열로 이루어진 컴퓨터 프로그램을 고려하라.
⑧ 학생들이 흥미 없는 자료와 씨름할 때 특별한 강화와 보상을 사용하여 동기를 부여하라.
- 학생들이 즐거워할 것들을 선택하라(사탕, 풍선껌, 야구 카드 등).
- 특별한 보상이나 점수를 얻기 위해서는 어떤 일을 해야 하는지에 관하여 학생들과 계약하라.
- 빈번하고 즉각적인 보상을 제공하라.

⑨ 관찰 학습 기법을 사용하라.
- 가장 적절한 행동 모델을 선택하라.
- 어떤 행동인지 가장 정확하고 명확하게 제시하라.
- 학생들에게 행동 모델에 주의를 기울일 것을 요구하라.
- 바람직한 행동이 나타날 때 칭찬하라.
- 학습자가 관찰된 행동을 연습할 수 있도록 하라.
- 연습 기간 동안에 정확한 피드백을 제공하라.
- 필요하면 연습을 반복하라.
- 바람직한 행동을 강화하라.
- 새로운 기술을 사용하게 될 비슷한 상황을 설정하고 그 안에서 어떻게 행동할지를 직접 보여 주라.

⑩ 학습과 행동에서 변화를 측정하라.
- 학습장애를 진단하라.
- 숙달의 기준을 정하라.
- 피드백을 제공하라.
- 이전의 과업이나 기술을 새로운 것과 연결하라.
- 필요하다면 다시 가르쳐라.

게 개념화하고 이용하는지를 아는 것, 규칙에 의거하여 개념을 형성하는 것, 문제를 해결하는 것 등 '방법에 대한 지식'을 말한다.

② **정보**: 사실, 이름, 날짜 등에 대하여 아는 것 등 '내용에 대한 지식'을 말한다.

③ **인지적 전략**: 정보를 처리하고 조직하는 데에 필요한 기술을 말하며, 오늘날에는 '학습 전략' 혹은 '학습 기술'로 부른다.

④ **운동 기능**: 연습과 코칭이 포함된 간단한 근육 움직임이나 복잡한 움직임, 그리고 그것들을 조율할 수 있는 능력을 말한다.

⑤ **태도**: 긍정적인 혹은 부정적인 경험을 통하여 습득된 감정이나 기분을 말한다.[20)]

이러한 다섯 가지 학습 결과는 교육 목표 분류의 세 가지 영역(인지적 · 심동적 · 정의적 영역)과 겹치는 부분이 많이 있다(제9장 참고). 처음의 세 가지 능력은 인지적 영역에, 운동 기능은 심동적 영역에, 태도는 정의적 영역에 각각 상응한다. 다섯 가지 능력에 포함되어 있는 사고 작용과 조건은 각각 다르다. Gagné는 '지적 기능을 배우는 것은 언어 정보 학습을 위한 교수법과 달라야 하고 운동 기능이나 다른 기능을 습득하기 위한 교수법과도 달라야 한다.'[21)]고 하였다.

행동주의와 교육과정 행동주의는 교육에 여전히 중요한 영향을 미치고 있다. 행동주의자이면서 교육과정을 담당하고 있는 교육자는 새로운 프로그램을 창안하기 위한 지침으로 행동주의의 원리를 많이 이용한다. 학습에 영향을 주는 것이 무엇인가 하는 것은 학습자에 따라 달리 논의될 문제지만, 교육과정 전문가는 대부분의 학습자에게 적합하고 그들이 즐길 수 있는 가능성을 증진시키는 방법을 택해도 무방하다. 새로운 주제나 활동은 학생이 이미 가지고 있는 긍정적인 경험과 관련시켜 소개되고 교수되어야 한다. 대부분의 학생이 부정적인 감정을 가질 만한 내용은 삭제하고 가능하면 좋은 결과를 내는 쪽으로 수정되어야 한다.

행동주의에서 교육과정은 학생이 교과를 성공적으로 숙달하기 위하여 조직된 것이다. 이것은 모든 교육과정 관련자가 그들의 심리학적 배경과는 관계없이 가지고 있는 생각이다. 그러나 행동주의자들은 고도로 처방적이고 진단적인 접근 방법을 가지고 있으며, 학습을 단계적으로 구조화하는 방법을 따르고 있다. 학습을 어려워하는 학생들을 위해서 교육과정과 수업을 작은 단위로 쪼개서 적절한 계열에 입각하여 가르치며, 바람직한 행동에 대해서는 적절한 강화를 준다.

이미 알려진 바와 같이 행동주의 이론은 학습을 지나치게 단순하게 기계적으로 기술하며, 고전적인 동물 실험에 지나치게 의존하고 있다는 비판을 받는다. 인간의 학습은 응답적 조건화(회상이나 습관)나 조작적 조건화(유도된 행동이나 강화된 행동)를 능가하는 매우 복잡한 사고 과정을 포함한다.

오늘날의 많은 행동주의자들은 인지 과정을 고전적 이론이나 S-R이론이 말하는 것 이상의 것으로 생각한다. 최근의 행동주의 이론가들은 개인이 환경에 대하여 어떤 조치를 취하거나, 겉으로 확인 가능한 행동을 보이지 않는 상황에서도 학습이 일어날 수 있다는 사실을 인정하는 융통성을 보여 준다. 전통적인 행동주의 이론이 관찰 가능한 행동에만 지나치게 의존하였다는 비판점이 있기 때문에, 오늘날의 많은 행동주의자들은 인지 과정이 학습의 많은 측면을 부분적으로 설명해 줄 수 있다는 것을 인정한다.

일반적으로 학습과 관련된 행동주의는 학습자의 욕구와 행동을 자세히 분석하고 그것을 계열화하는 것과 밀접하게 관련되어 있는데, 측정, 점검, 훈련, 피드백의 원리가 특징이다. 성공적인 학습 결과를 내는 데에 필요한 학습 조건이 수업의 작은 단계와 바람직한 행동에 점진적으로 접근하는 반응의 계열을 통하여 주도면밀하게 계획된다. 이 기본적인 원리는 개별화 교수법, 직접 교수, 숙달 학습, 교수 훈련(설계), 그리고 능력 기반 교육뿐만 아니라 읽기와 언어의 기본 기술 습득을 위한 프로그램 개발(DISTAR, SQ3R, Continuous Progress 등)에도 사용된다. 이와 관련된 단계와 계열은 〈표 4-1〉에 잘 나타나 있다. 이러한 모든 과정은 사전에 계획되고 결정된 것이지만, 여기에도 역시 인지적 측면이 고려되었다고 주장하는 사람들이 있을 것이다.

20세기까지 행동주의자들이 심리학과 교육과정에 미친 공헌은 실로 지대하며, 앞으로도 교육과정 분야에 지속적으로 영향력을 행사할 것이다. 그러나 대부분의 행동주의자들은 인간의 학습에 대하여 알게 될수록 경직된 원칙을 더 이상 고수할 수 없다는 것을 잘 알고 있다. 정신과 심리검사를 허용하는 다양한 관점이 행동주의와 통합되고 있다.[22] 인지발달이론이 몇몇 행동주의 접근 방식과 통합되고 있는 것이다.

2. 인지심리학

어떤 현상을 개념화할 때 언제나 그것을 잘못 해석할 위험이 있다. 오늘날 대부분의 심리학자는 인간의 성장과 발달을 인지적 · 사회적 · 심리적 · 신체적 발달로 분류한다. 인간은 이러한 모든 측면의 발달에 따라 성장하지만, 대부분의 심리학자는 학교에서의 학습은 본질상 인지적인 성격을 가진다는 의견에 동의한다. 이러한 공동의 인식에도 불구하고, 발달심리학자는 인간 학습의 발달적 측면에 더 관심을 가지며, 인지심리학자는 학습 내용을 구조화하는 방식에 초점을 맞춘다. 또한 인지과학자들은 궁극적으로는 지식을 창출해 내기 위해 형성하는 다양한 인지 구조를 밝히는 데 관심을 가진다.

대부분의 심리학자는 인간의 학습을 외부 세계와의 상호 작용에 따른 총체적인 결과라고 주장한다. 그러나 한 개인의 다양한 특성(인지적 · 사회적 · 심리적 · 신체적)이 어느 정도 유전이나 잠재력의 결과인지, 아니면 환경 속에 존재하는 유해한 환경 혹은 이로운 환경의 결과인지를 정확하게 알 수 있는 합의된 방법은 아직 없다. 사실 학교에서 인지적 성취(지능지수와 학업 성취도)를 결정하는데 유전과 환경이 관련된 정도와 그 역할에 대해서는 상당한 논란이 계속되고 있다. 상당수의 교육자가 학교교육의 결과는 학습

〈표 4-1〉 수업의 구성 요소: 교수와 학습에 관한 행동주의 접근

직접 교수(Rosenshine 모형)	숙달 학습(Block and Anderson 모형)
① 학습 목표 진술: 목표에 관한 간단한 설명으로 수업을 시작하라. ② 복습: 전에 배운 내용에 대하여 간단히 복습하라. ③ 새로운 내용의 제시: 계열화된 세부 단계에 입각하여 새로운 내용을 제시하라. ④ 설명: 명확하고 자세하게 설명하라. ⑤ 연습: 모든 학생에게 적극적인 연습의 기회를 제공하라. ⑥ 안내: 처음 연습 시에는 학생을 친절히 안내하라. 학생에게 자습할 거리를 제공하라. ⑦ 이해 정도에 대한 검토: 여러 가지 질문을 하라. 학생의 이해 정도를 평가하라. ⑧ 피드백 제공: 체계적으로 피드백과 교정을 하라. ⑨ 수행평가: 연습 기간 동안 80% 이상의 성공률을 얻을 수 있도록 하라. ⑩ 복습과 평가: 총괄적인 복습과 평가를 실시하라.	① 명료화: 학생들에게 앞으로 무엇을 학습할 것인지를 설명하라. ② 전달: 반 전체를 대상으로 수업을 하라. ③ 사전 테스트: 무실점 형성평가를 실시하라. 학생들에게 스스로 자신의 시험지를 검사하게 할 수도 있다. ④ 집단화: 평가 결과에 따라 성취 집단과 비성취 집단으로 나눈다(성취 집단은 80%). ⑤ 심화와 보충: 성취 집단에게는 심화학습을, 비성취 집단에게는 보충학습(연습/반복훈련)을 실시한다. ⑥ 점검: 학생의 진보를 검토하라. 집단의 크기와 수행력에 따라 각 집단에 할애될 교사의 시간과 지원을 다양하게 하라. ⑦ 학습 후 평가: 비성취 집단에게 부가적인 퀴즈를 실시하라. ⑧ 수행평가: 적어도 75%에 해당하는 학생들이 부가적인 평가에 의하여 성취에 이르도록 해야 한다. ⑨ 재교수: 성취 학생이 75%가 되지 않으면 교수 방법을 달리하여(소규모 집단, 개인 교수, 다른 교수 자료, 추가적인 숙제, 독서 자료, 연습과 반복 훈련 등) 처음부터 다시 시작하라.
안내 교수(Hunter 모형)	**체계적 교수(Good and Brophy 모형)**
① 복습: 선행 학습에 초점을 두고 학생들이 핵심 개념을 요약하도록 하라. ② 동기 유발: 학생들이 새로운 학습에 관심을 가지도록 하라. 새로운 내용에 대한 흥미를 북돋워라. ③ 목표: 학습해야 될 것이 무엇인지 분명히 설명하라. 학습해야 할 이유나 왜 유용한지를 설명하라. ④ 투입: 새로운 학습을 위하여 필요한 지식과 기술이 무엇인지 밝혀라. 계열화된 단계에 따라 자료를 제시하라. ⑤ 모범 제시: 수업 중에 다양한 모범과 예시물을 제시하라. ⑥ 이해 정도 검토: 수업 활동에 참여하기 전에 학생들의 과업을 검토하라. 그들이 지시나 과업의 성격을 제대로 이해하고 있는지 검토하라. ⑦ 안내된 연습: 정기적으로 학생들에게 질문을 하고 그들의 대답을 검토하라. 이해를 위하여 다시 모니터링하라. ⑧ 독립적 연습: 학생들이 자신들의 과업을 아무런 혼동 없이 스스로 이해하고 있다는 확신이 들었을 때 독자적으로 과업을 수행하고 연습하게 하라.	① 숙제: 숙제와 관련된 개념이나 기술을 복습하라. 복습을 위한 연습을 제공하라. ② 발달: 학생의 이해를 증진시켜라. 예시, 설명, 실연을 제공하라. ③ 이해 정도 측정: 질문을 하고 통제된 연습 기회를 제공하라. ④ 자습: 방해받지 않고 자습을 할 수 있게 하고 모든 학생을 참여하게 하라. 공부의 탄력을 유지하게 하라. ⑤ 책임: 학생의 과업을 검토하라. ⑥ 숙제: 정기적으로 숙제를 내주고 복습을 위한 문제를 제공하라. ⑦ 특별 복습: 학습 정도를 검토하고 학습을 증진시키기 위하여 일주일 간격으로 복습을 시행하라. 학습 유지와 증진을 위하여 한 달 간격으로 복습을 시행하라.

성취도 이상의 것을 나타내는 것이라고 주장하기 때문에 이에 대한 논란은 앞으로 더욱 심화될 것이다. 이 논란은 교육과 교수 이론에 영향을 미치기 때문에 교육과정 전문가들은 이 논란을 주시할 필요가 있다.

1) 인지적 관점

인지심리학자는 개인이 어떻게 지식의 구조를 만들고 추론과 문제 해결의 전략을 창안하고 학습하는가에 관심을 가지고 있다. 인간은 인식, 발견, 창조된 지식을 어떻게 조직하는가? 인간은 어떻게 정보를 저장하는가? 인간은 어떻게 자료를 인출하고 결과를 산출해 내는가? 이러한 문제가 인지심리학자가 주로 관심을 가지는 문제다. 그러나 그들이 관심을 가지는 문제는 이것만이 아니다. 교육심리학자나 인지심리학자는 이러한 문제 외에도 개인이 기존의 정보를 사용하며 어떻게 새로운 이해를 획득하게 되는가에도 관심을 가진다. 또한 그들은 인간이 가지고 있는 정보와 지식의 양, 정보와 지식의 종류, 그리고 그것이 어떻게 앞으로의 인지 작용에 영향을 미치는지에 대하여 관심을 가지고 있다.[23] 다시 말하여, 그들은 개인이 어떻게 정보를 처리하고 자신들의 사고와 그 결과를 검토하고 관리하는지의 문제에 힘을 쏟는다. 인지심리학에는 두 가지 쟁점이 있다. 첫째는 인간의 정보처리 능력이며, 둘째는 학문적 지식과 직업적 지식의 조직화이다.

심리학 분야에 종사하는 사람이 정신 구조에 대하여 관심을 가지는 것은 필수적인 일이다. 이 책의 저자들은 대부분의 사람이 정신(mind)과 뇌(brain)를 분리된 것으로 보지 않는다는 가정하에 이 두 단어를 동일한 의미로 사용한다. 또한 뇌는 조직으로 구성된 실제적인 신체 기관이라는 것을 잘 알고 있다. 정신은 볼 수도 없고 무게를 달아볼 수도 없으며, 그것이 어디 있는지도 알지 못하는 개념이다. 뇌는 화학적 · 전기적 작용을 실제로 가지고 있지만 정신은 그렇지 않다. 그러나 정신은 인식을 가능하게 하며 의식을 부여해 준다.[24] 정신의 구조에 관해 분명하게 밝혀진 것은 뇌가 아닌 정신의 질서라는 점이다. 왜냐하면 학습과 관련되는 것은 뇌가 아닌 정신이기 때문이다.

정신의 구조는 두 가지 중요한 요소를 가지고 있다. 그것은 단기기억과 장기기억으로 알려진 기억의 기능이다. 물론, 이는 만들어진 개념이다. 이런 것들이 실제 뇌의 어느 지점에 존재하는 것은 아니다. 몇몇 교육자는 단기기억을 즉각적 기억과 작동기억으로 분류하기도 한다.[25] 즉각적 기억은 대략 30초 동안 입력된 내용을 보유하면서 의식적으로 혹은 잠재의식적으로 작동한다. 시간의 틀 안에서 사람은 인지된 정보가 중요한지 그렇지 않은지를 결정한다. 중요하지 않다면 폐기 처리되고, 중요하다면 작동기억 안에 자리 잡는다. 거기에서는 오직 의식적인 과정만 일어난다. 작동기억의 핵심은 개인은 자신 앞에 놓여 있는 즉각적인 정보나 상황에만 반응한다는 것이다. 작동기억은 한정된 초점과 처리할 수 있는 정보의 양과 관련하여 제한된 용량을 가지고 있다. 그러나 그 한계는 부동의 것이 아니다. 그것은 정보가 어떻게 조직화되느냐에 따라 달라진다. 개인은 따로따로 떨어진 정보를 자신에게 의미 있는 방식으로 덩어리나 묶음으로 배열함으로써 작동기억의 용량을 증가시킬 수 있다.[26)]

장기기억은 정신의 또 다른 '구조'라고 할 수 있다. 이 기억은 두 가지 종류의 정보를 다룬다. 그것은 '세상의 존재하는 방식'과 관련된 의미론적 정보와 '사물을 다루는 방식'과 관련된 절차적 정보다. 이러한 장기기억은 정보의 저장과 인출을 책임진다. 작동기억과 반대로 장기기억은 무한한 용량을 가진다. 그러므로 유능한 학습자는 작동기억 속에 있는 정보를 가능한 빨리 장기기억으로 전환하고자 한다.

결국, 인지 구조는 실제로 존재하지 않는 개념이지만, 인지신경과학자와의 공동 연구를 통하여 인지 구조를 뇌의 구조적 · 기능적 작용과 정확히 일치시킬 수도 있다. 그렇지 않아도 우리는 이미 좌뇌와 우뇌의 기능이 각각 다르다는 것을 신경과학 연구를 통하여 알고 있다. 또한 환경이 어떻게 뇌의 해부 구조에도 영향을 미치는가도 알아가는 중에 있다.[27)]

이제까지의 논의는 주로 이론적인 것이었다. 이론적인 논의는 어떤 질문에 대한 대답이 됨과 동시에 또 다른 질문을 야기한다. 그러므로 모두 그런 것은 아니지만 심리학적 연구에서 나온 인지이론은 발달 과정 중에 있는 것이다. 이것은 곧 성장과 발달이 점진적 단계 속에서 동시에 일어난다는 것을 의미한다. 그러나 이론적 문제가 아닌 인지적 문제의 경우 성장과 발달을 구분할 필요가 있다. 여기서 학습이라고 생각하는 것은 성장에 해당한다. 대부분의 경우 교육자는 발달보다는 성장, 즉 학습에 직접적인 영향을 미치는 것에 관심을 가진다. 발달은 가르쳐서 되는 것이 아니라고 주장을 하는 사람도 있다. 이것은 저절로 일어나는 것이라는 것이다. 예컨대, 정상적 아이들은 특별한 교육과정이나 가르치고자 하는 시도가 없어도 걷는 것을 학습한다.[28)] 그것은 유전적으로 이미 프로그램화 되어 있기 때문에 그냥 내버려 두면 된다. 또한 아동은 어떤 가르침을 받지 않아도 기초 수 개념을 저절로 획득한다. 연구 결과에 의하면 태어난 지 3~4일 된 영아들도 한두 개 항목의 묶음을 구별할 수 있다. 4개월 반이 되었을 때 영아는 하나 더하기 하나는 둘이 되며, 둘에서 하나를 빼면 하나가 된다는 것을 알 수 있다. 또한 앞에 놓여 있는 사물이 하나인지, 둘인지, 셋인지를 한눈에 알아볼 수 있다. 이것을 '순간 파악'이라고 하는데, 이러한 능력은 가르쳐서 되는 것이 아니라 인간 발달상 저절로 되는 것이다.[29)] 아동들은 어른에게 배우지 않아도 말하는 것을 '학습'한다. 물리적 세계와 관련된 개념을 이해하는 것도 어느 정도는 학교 수업 없이 저절로 이루어진다. 아동은 자신이 알고 싶은 흥미로운 문제가 있으면 그 나이에 알맞은 방식으로 추론하고 해결할 수 있다.[30)]

교육자는 이러한 자연적 발달 단계를 이용한다. 예컨대, 우리는 아동에게 걷는 것을 가르치지는 않지만 춤추는 것은 가르친다. 또한 타고난 수학적 능력을 고려하여 더 어려운 산수나 수학을 가르칠 것을 생각해 볼 수 있다. 나아가 타고난 발화 능력을 고려하여 문법, 쓰기, 말하기 등을 가르치거나, 문제 해결과 추론 능력에 따라 의도적 학습을 위한 특별한 전략을 가르칠 수도 있다.[31)]

2) Jean Piaget의 이론

가장 종합적인 인지발달이론을 제시한 사람은 스위스의 심리학자 Jean Piaget다. 사실 Piaget의 이론은 이제 확고한 교육적 사실로 받아들이고 있는 듯이 보인다. 그러나 이 책의 저자로서 우리는 여전히 그가 내린 결론은 사실이 아닌 이론으로 받아들이는 것이 더 유용하다고 생각한다. Piaget의 연구는 1950년대와 1960년대에 미국 교육자의 관심을 끌었다. 이 시기는 인지발달심리학, 환경주의이론, 보상교육운동 등이 점점 영향력을 확장하였던 시기다.

다른 이론가와 마찬가지로 Piaget는 출생에서 성숙에 이르기까지의 인지 발달 과정을 몇 단계로 구분하여 제시하였다. 그가 제시한 각 단계는 다음과 같다.[32)]

감각운동 단계(0~2세) 이 단계는 아동이 반사적 조작과 미분화된 환경에서 시작하여 점점 주변 환경과 관련된 복잡한 감각 운동까지 가능한 시기다. 이 단계의 아동은 모든 대상은 영속성을 가진다는 것을 이해한다. 즉, 대상이 잠시 눈앞에 사라져도 그것이 완전히 사라지는 것이 아니라 다시 나타날 수 있다는 것을 안다. 이 단계의 아동은 유사한 대상끼리 짝을 지어 관계를 만들기 시작한다.

전조작적 단계(2~7세) 이 단계에서는 아동이 대상과 사태의 상징적 의미를 파악하기 시작한다. 예컨대, 의자는 앉기 위한 것이고, 옷은 입는 것이다. 이 단계의 아동은 어떤 개념의 정의와 사용 기준을 예시해 주는 비슷한 사례를 많이 접하면 점점 더 복잡한 개념을 학습할 수 있는 능력을 가질 수 있게 된다(예컨대, 귤, 사과, 바나나는 과일이라는 것. 아동은 이것들을 만져 보고 먹어 볼 수 있어야 한다).

구체적 조작 단계(7~11세) 이 단계의 아동은 자료를 논리적 관계로 조직하기 시작하고 문제 해결 상황 속에서 자유자재로 활용하게 된다. 그러나 이것은 구체적인 대상이나 실제적인 과거 경험이 관련된 경우에만 일어난다. 이 시기의 아동은 가역성, 상호 관계(예컨대, 왼쪽과 오른쪽은 공간상 양쪽을 각각 가리킨다), 보존 개념(예컨대, 길고 좁은 유리컵에 든 물은 짧고 넓은 유리컵에 든 물의 양과 같다)에 입각하여 사물에 대한 판단을 내릴 수 있다.

형식적 조작 단계(11세 이후) 이 단계의 청소년은 형식적 · 추상적 조작이 발달한다. 이 단계의 청소년은 아이디어를 분석할 줄 알고 시간적 · 공간적 관계를 파악할 수 있다. 또한 추상적인 자료에 관해서 논리적으로 생각할 수 있고, 수용 가능한 준거에 따라서 자료를 평가할 수 있으며, 가설을 설정하고 가능한 결과를 추론할 수 있다. 이 단계의 청소년은 이론을 구성할 수 있고 해당 주제에 대한 직접적인 경험 없이도 결론에 도달할 수 있다. 이 단계의 청소년들이 학습할 수 없는 것은 아무것도 없다. 다만 그들의 학습은 개인의 지적인 잠재력과 환경적인 경험에 의존할 뿐이다.

발달은 연속적인 과정이며 다음 단계로의 발달은 이전 단계의 성장을 전제로 한다는 점에서, Piaget의 인지발달단계이론은 '성숙의 과정'을 전제로 한다. 정신적 작용은 연속적이며 지속적이다. 각 단계는 위계를 이루며 그 배열은 점점 정밀하고 통합적인 정신적 조작의 순서를 나타낸다. 각 단계의 진행 과정은 안정적인 것이지만, 그 성취는 유전과 환경의 작용에 따라 달라질 수 있다. 그러나 유전이나 환경의 요인이 발달 속도를 빠르게 하거나 느리게 할 수는 있지만 단계의 순서나 계열을 변경시킬 수는 없다.

환경적 경험은 Dewey의 학습 원리에서 중요시되었던 것과 마찬가지로 Piaget의 인지이론에서도 중요하다. 교육자의 역할은 '외부 환경 조건에 입각하여 실제 경험을 조형하는 일'과 '어떤 외부 환경이 경험적 성장에 도움이 되는가를 아는 것'에 있다.[33] 동화, 조절, 평형이라는 세 가지 기본적 인지 과정은 Piaget와 Dewey 모두 환경과 경험 이론의 기초를 이룬다.

Piaget에 의하면 '동화(assimilation)'는 새로운 경험이 기존의 경험으로 통합되는 것을 의미한다. 동화는 아동의 경험을 기존 인지 환경에 맞게 조정하는 것을 의미한다. 그러나 동화만으로는 새로운 상황과 문제를 처리할 수 있는 능력을 가지지 못한다. 그러므로 아동은 기존의 인지 구조—즉, 어떻게 생각하고 있는가—와 관련하여 새로운 인지 구조를 조직하고 개발하지 않으면 안 된다. 이것이 곧 '조절(accommodation)'이다. 조절은 아동의 기존 인지 구조가 환경에 대한 반응으로 변형되고 적응되는 것을 의미한다. '평형(equilibration)'은 사물에 대하여 이미 획득된 이해와 앞으로 이루어져야 할 이해 사이의 균형을 습득하는 과정을 의미한다. 평형은 환경에 대한 동화와 조절의 이중적 과정이다.[34]

이것은 Dewey의 계속성 원리를 구성하는 '서로 분리될 수 없는 두 개념, 즉 상황과 상호 작용의 개념'에 해당된다.[35] Dewey에게 '상황'은 아동에게 영향을 미치는 외부 환경에 대한 경험을 의미한다. 이것은 Piaget의 동화와 비슷한 개념이다. 상호 작용은 아동과 환경 사이에 일어나는 수평적 상호 작용, 의미 형성 능력 등과 관련된다. 이것은 Piaget의 조절과 비슷한 개념이다. Dewey의 계속성은 인지 구조의 수직적·질적 변화와 그에 따르는 상황과 상호 작용을 가리킨다. 이것은 Piaget의 평형과 유사한 개념이다.

3) Piaget의 영향: Tyler, Taba, Bruner, Kohlberg

Piaget(1896~1980)의 세 가지 인지 과정(Dewey에게는 세 가지 '교육적 경험')은 Tyler의 학습 경험을 조직하는 다음과 같은 세 가지 방법의 이론적 준거가 되었다.

① **계속성**: 교육과정은 수직적 반복의 원리에 따라 구성되어야 한다는 것을 의미한다. 즉, 기능과 개념이 '되풀이되어야 하며' '기능을 계속 연습할 수 있는 기회가 주어져야 한다.' 는 것이다.

② **계열성**: 교육과정은 이해가 점진적으로 발달될 수 있도록 구성되어야 하며, '이전 경험에 입각하여 다음 단계의 경험이 제시되고 경험이 점점 심화 · 확대되도록 해야 한다.' 는 것이다.

③ **통합성**: 교육과정 경험의 수평적 관계를 가리키는 개념이다. 경험의 조직은 이미 가르친 다른 요소와 유거적으로 통합되도록 이루어져야 하며, 교과는 '따로따로 떨어진 것으로, 즉 다른 교과와 분리된 내용으로 가르쳐서는 안 된다.' 는 것이다.[36)]

Taba는 Piaget의 인지 발달 4단계와 그것이 지능 및 정신 발달에 주는 함의를 검토하는 데에 상당한 노력을 기울였다. 또한 학습 경험은 특정한 사고 과정이 일어날 수 있는 특정 연령 수준에 맞게 계획되어야 한다.' 고 주장하였다. 이러한 생각은 복잡한 개념과 교과 내용은 학습자의 정신적 작용에 맞게 변형되어야 하며, '점점 더 사고를 깊이 있게 하여 결국 형식적인 사고' 를 가능하게 하도록 교육과정을 개발해야 한다는 것이다. '이러한 방식으로 교육과정을 구성하기 위해서는 개념 형성과 정신적 조작 과정의 위계(Piaget의 인지 발달 단계)와 사고 발달의 계열성을 더 잘 이해해야 한다.' [37)]

Taba는 Piaget의 세 가지 인지 과정—동화, 조절, 평형—을 이용하여 일반화와 추상적 사고가 어떻게 연결되는지 다음과 같이 설명하였다. 그녀는 새로운 교육과정을 조직하거나 새로운 경험을 가르칠 때 그것을 기존의 경험에 상응(동화)하도록 해야 하며, 구체적 경험에서 추상적인 개념과 원리로 나아가도록(조절) 하며, 분류와 새로운 관계에 대한 이해가 가능할 수 있도록(평형) 해야 한다고 주장한다. Taba가 말하는 '생산적 학습을 위한 교육과정 전략' 은 경험이 점점 복잡한 형태와 높은 수준으로 발달해 간다는 Piaget의 이론에 근거하고 있다.

Bruner에게 사물이 어떻게 관련되어 있는가를 학습하는 것은 지식의 구조를 학습하는 것을 의미한다. 지식 구조의 학습은 Piaget의 동화와 조절이라는 아이디어에 근거를 두고 있다.[38)]

하나의 교과 영역 안에 있는 개별 정보가 어떻게 관련되어 있는가를 이해한 학생은 어떤 정보를 대하더라도 독립적으로 그것을 해당 학문 분야와 관련 지을 수 있다. 어떤 것을 학습한다는 것은 해당 내용에 대한 학습으로 끝나서는 안 된다. Piaget와 Dewey가 제안하는 바와 같이 그것은 교과의 다른 측면과 연결되어야 하며, 다른 문제나 상황에도 적용될 수 있도록 일반화되어야 한다.

Piaget의 평형 개념은 Bruner의 '나선형 교육과정' 의 기초가 되었다. 나선형 교육과정은 이전의 학습은 다음 학습을 위한 기초가 되고 학습은 연속적이어야 하며, 교과는 (학년에 따라) 동일한 구조에 근거하여 조직되어야 한다는 원리다. Bruner는 이미 학습된 것은 '이후에 나오는 내용을 이해하고 효과적으로 이용하는 데 도구가 된다.'[39]는 것을 설명하기 위하여 '계속성' 이라는 용어를 사용한 Dewey의 영향을 받기도 하였다. Bruner는 Piaget, Dewey와 동일한 방식으로 계속성이라는 용어를 사용하면서 '교과와 정신적 작용은 그것이 점점 더 복잡한 형태로 사용됨에 따라 끊임없이 심화된다.' 는 나선형 교육과정의 원리를 설명하였다.[40]

Bruner는 학습 행위가 다음과 같은 세 가지 과정으로 구성된다고 보았는데, 이것은 Piaget의 세 가지 인지 과정과 비슷하다.

① 획득(acquisition): 획득은 새로운 정보를 파악하는 것으로, 동화에 해당된다. 새로운 정보는 학습자의 자료 저장고에 새로운 것으로 받아들이게 된다. 이것은 이전에 획득한 정보를 대체할 수도 있고, 이전의 정보를 정련하거나 더 나은 정보로 변화되기도 한다.

② 변형(transformation): 새로운 정보를 처리하여 그것보다 더 나은 것으로 받아들일 수 있는 능력을 가리킨다. 보간법, 보외법, 번역 등은 이와 같은 과정에서 사용되는 정보처리 방법이다. 이것은 Piaget의 조절에 해당된다.

③ 평가(evaluation): 정보가 특정한 과업이나 문제를 다루는 데 적절한 방식으로 처리가 되었는지를 결정하는 것을 의미한다. 이것은 Piaget의 평형에 해당된다.

Piaget는 아동의 도덕적 발달에도 관심을 가지고 있었다. 그에 대한 보다 자세한 분석은 Lawrence Kohlberg에게로 넘어갔다. Kohlberg는 아동의 도덕적 기준의 발달에 관해 연구함으로써 도덕적 쟁점과 관련하여 우리가 생각하는 방식은 단순히 사회적으로 학습되는 것일 뿐만 아니라 성장의 단계나 연령에 따라 결정된다고 결론을 내렸다. Kohlberg는 도덕적 판단의 유형을 여섯 가지로 나누고, 이것을 다시 세 가지 수준 또는 단계로 나누었다. 이것은 Piaget의 인지 발달 단계에 상응한다.

① 전인습적인 수준: 이 시기의 아동은 아직 옳고 그름에 대한 감각을 가지고 있지 않다. 이 수준은 두 유형으로 구분되는데, 첫째 아동은 벌을 두려워하기 때문에 시키는 대로 행한다. 둘째, 아동은 특정 행위가 보상을 가져온다는 것을 안다.

② 인습적인 수준: 이 시기의 아동은 다른 사람이 자신을 어떻게 생각하는지를 우선시한다. 이 수준에는 다음과 같은 두 유형이 있다. 첫째, 아동은 부모의 칭찬 때문에 착해지려고 한다. 둘째, 아동은 규칙에 의거하여 생각하기 시작한다.

③ 후인습적인 수준: 이 시기 아동의 도덕성은 다른 사람들의 느낌이나 권위 있는 규율에 근거를 둔다. 이 수준에도 두 유형이 있다. 첫째, 아동은 도덕성을 계약적 의무와 민주적 법에 의거하여 받아들인다. 둘째, 아동은 도덕성을 양심이라는 개인적 원리에 입

각하여 생각한다.

Kohlberg와 Piaget는 도덕성이 인지적 측면과 관련되어 있다고 보았다. 즉, 인지 발달과 도덕성 발달은 구체적 내용은 다르지만 도덕적 판단과 행동에 상당한 정도로 인지적인 요소가 개입되어 있다는 것이다. Piaget가 도덕성에 관한 아동의 사고방식이 연령에 따라 다르다는 사실에 주목하였다면, Kohlberg는 연령의 차이에도 불문하고 도덕성에 대한 사고에 상당한 정도의 유사성이 있다는 것을 주장하였다. 그러나 사회적인 요소가 중요한 역할을 한다는 점에서는 두 사람이 일치한다. 그렇지만 Piaget는 Kohlberg에 비하여 자연적 성숙을 더 강조하였다. Kohlberg는 다음과 같이 말하였다.

> Piaget의 주장과 달리 도덕적 발달의 '자연적' 측면은 연속적인 것이며, 말 그대로 특정 단계, 특정 개념, 혹은 사회적 규정의 산물이라기보다는 사회 전체에 대한 하나의 반응일 뿐이다.[41]

교육적으로 중요한 것은 교사가 (학습심리학자와 교육과정 전문가와 협력함으로써) Piaget의 인지 발달 단계의 각 단계와 인지 과정을 어느 정도로 강조할지를 결정하는 일이다. 교육자들은 Piaget의 인지 과정이 Tyler의 방법, Taba의 전략, Bruner의 과정, Kohlberg의 도덕적 단계와 일치한다는 것을 염두에 두어야 한다. 그뿐 아니라 Piaget의 연구는 의문의 여지가 있는 이론이며, 교육과정을 개발하고 가르치는 데에서 무조건적으로 따라야 하는 사실이 아니라는 것을 염두에 두어야 한다.

4) Lev Vygotsky의 이론

20세기 초기의 심리학자로서 활동하였던 Lev Vygotsky는 20세기 후반이 되어서야 서양 학자에 의하여 알려졌다. 그의 연구는 21세기에도 여전히 많은 의미를 가지고 있다. 1987년 Bruner는 '25년 전 Vygotsky의 발달 이론이 교육 이론이라는 사실을 알았을 당시만 해도 나는 이론의 절반도 이해하지 못했다. 사실상 그의 교육 이론은 발달이론일 뿐만 아니라 문화전달이론이기도 하다. 왜냐하면 Vygotsky에게 교육은 개인 잠재력의 발달을 의미하기도 하지만, 인류의 근원으로서 인간 문화의 성장과 역사적 표현이기도 하기 때문이다.' 라고 말하였다.[42] Bruner의 표현에 의하면 Vygotsky는 명백히 인지이론을 발달시켰을 뿐만 아니라 일반적인 교육 이론과 사회문화적 발달이론을 주장한 학자라고 할 수 있다.

Vygotsky의 주요 이론은 사회적 근원과 개인 발달의 문화적 기반에 관한 것이다. 아동의 심리적 과정의 발달은 바로 사회의 관습과 체제로 입문하게 됨으로써 가능한 것이다.[43] Piaget가 아동이 특정 인지적 과제를 성취하기 위해서는 특정 발달 단계로 들어가야 한다고 본 반면, Vygotsky는 이와 다소 반대되는 견해를 가졌다. 그는 아동이 어떤 특정 발달 단계에 도달하기 전에도 사회와의 상호 작용을 통하여 특정 인지적 행동을 행할 수 있다고 생각하였다. 예컨대, 어떤 특정 발달 단계에 이르기 전에도 아동은 언어 구사 능력을 얻을 수 있다는 것이다. 발달이 학습을 선행한다고 보는 Piaget와 반대로, 언어 발달의 경우에 Vygotsky는 학습이 발달을 선행한다고 보았다.

본질적으로 Vygotsky의 심리학 이론은 역사적 · 사회적 맥락 속에 위치 지어진 인간의 고유성에 대하여 논의한다. 인간의 심리적 기능은 동물의 심리적 과정과 다르다. 양자가 다른 중요한 이유는 인간의 심리적 과정은 문화에 의하여 중개되고 역사적으로 발달하며 실제적인 행동에서 생성된다는 데에 있다.[44] 인간은 사회적 학습의 결과로서 독특한 정신 활동을 소유하게 되는데, 그러한 사회적 학습은 진화 과정에 있는 문화적 맥락 속에서 일어난다. 본질적으로 인간의 정신 발달은 개인의 상호 작용, 대화, 문화와 함께하는 '놀이'에 의하여 형성되는 사회발생적 과정이다.[45] 개인은 이전 세대의 행동에 의해 변형되고 현재도 변형되고 있는 환경 내에 존재한다. 이전 세대는 후세대 사람이 물리적 세계의 요소와 세계를 구성하는 사람과 접촉할 수 있도록 해 주는 인공물을 만들어 낸다. 따라서 인간은 두 가지 세계, 즉 자연적 세계와 인공적 세계에 동시에 존재한다. 인공적 세계는 인간만이 가지는 매개체다. 동물은 오직 자연적 세계에만 존재한다. 기본적으로 인공적 세계, 즉 문화의 창조는 인간의 심리적 기능의 구조에 의하여 형성된다. 동물에게는 이러한 일이 일어나지 않는다.[46]

인공적 세계로서 문화는 진화한다. 그것은 인간의 사고와 행동을 형성하는 역사적 실체다. Vygotsky는 문화와 인간의 심리적 기능은 역사적 현상으로 간주되어야 한다고 보았다. 사람들의 지각 구조, 기억의 세부 사항, 사고, 언어, 문제 해결 수단, 특정 사건에 대한 반응 등은 그것이 일어난 역사적 시대와 형식 속에서 파악되어야 한다. 사람들의 행위와 기능은 그들이 사는 역사적 맥락에 대한 반응이다. 그들은 그 시대의 제도 속에서 그것에 들어맞는 여러 가지 관계를 가진다.[47] 이 사실을 받아들인다면 개인의 심리적 기능은 문화와 인간 행위가 시간의 흐름에 따라 움직이면서 지속적으로 형성된다고 볼 수 있다. 정신은 계속해서 진화한다. 그것은 정적인 실체가 아니다. 정신이 변화하면 행동의 가능성도 변화한다. 정신을 처리하는 독특한 수단이 나타나기도 한다. 정신의 수정은 사람들의 실제적 활동과 도구를 변화시키며, 이러한 변화는 다시 정신에 영향을 미친다. 따라서 개인은 이와 같이 상호적으로 영향을 미치는 체제 속에 존재하며, '개인의 활동은 사회적 관계라는 체제 속에 존재하는 또 하나의 체제다. 그러한 사회적 관계가 없으면 개인은 존재하지 않는다.'[48]

모든 인간은 하나의 체제나 여러 체제, 또는 하나의 문화나 여러 문화 속에서 기능한다. 이러한 기능은 개인에게 더 높은 수준의 사고 과정을 가능하게 한다. 이런 높은 수준의 사고 과정은 개인이 매우 섬세한 신경 활동을 하도록 해 주고, 다른 사람의 문화적 활동에서 연역되는 사회 · 문화적 의미를 형성할 수 있도록 해 준다. 이 사회문화적 의미는 기호와 도구에 의해 매개된다. 모든 개인은 다양한 사물과 특정 행위를 의미하는 다양한 기호의 세계 속에서 살고 있다. 사람의 행동과 사고는 대상에 붙은 특별한 기호에 의하여 조정된다. 교육받은 사람은 사려 깊고 개방적인 마음을 가진 사람으로 생각된다. 그리하여 그들은 존경을 받아야 한다. 교육받지 못한 사람은 충동적이기에 존경을 받지 못한다.[49] 사람은 기호를 사용하여 다른 사람의 행동과 사고에 영향을 미치기도 한다. 그들은 때때로 기호의 가치를 바꾸기 위해 언어와 같은 도구를 이용하기도 한다. 예컨대, 미국 성조기는 대부분의 미국인이 충성을 바치는 기호다. 그러나 미국의 어떤 특별한 행위에 항변하는 사람도 이러한 기호 또는 상징을 사용하며, 이때 그것은 반대로 반항을 의미한다. 이러한 사람은 다른 사람의 의식을 재구조화하려고 시도하는 것이다.

Vygotsky에 의하면 문화와 그 안에서의 사고는 숙련된 도구의 사용을 필요로 한다. 그는 언어, 다양한 셈하기 체계, 쓰기, 회화, 기계제도, 기억술 등과 같이 인간의 문화 안에서 도움이 되는 몇 가지 도구 유형을 구별하였다. 그에게 언어는 사고의 조직화를 가능하게 하는 인간이 발명한 가장 기본적인 도구다.[50] 만약, 인간에게 언어가 없었다면 현재처럼 사고하지 못하였을 것이다. 우리는 언어라는 수단 없이 생각을 토론할 수 없다. 만약 언어를 상징에 의미를 부여하는 것으로 정의한다면, 언어는 인간이 가지고 있는 유일한 도구라고 할 수 있다. 수학은 의미가 부여된 상징을 이용한다. 그러므로 수학도 언어다. 미술은 화폭이나 그 밖의 매체를 가지고 상징을 이용한다. 그러므로 미술도 언어다. 음악은 음악 기호나 소리 상징을 통하여 의미를 전달하므로 마찬가지로 언어다. 만약 언어가 사고를 가능하게 하고 그것을 유발시키는 특성을 가졌다면 이러한 수학, 미술, 음악은 그 기준에도 부합한다. 이러한 사실을 받아들이고 심리적 기초를 다룰 때 우리는 기본적으로 언어를 이해하며 학교와 학교 밖에서 언어의 효과에 어떻게 영향을 미칠지 이해하고자 노력해야 한다.

그리고 우리는 지금 특별한 맥락 속에 존재하는 언어 문화와 그 속의 언어를 고려하고 있다. 이 사실을 인식하는 것은 중요하다. 만약 우리가 교육의 맥락을 소홀히 한다면 언어의 효과성을 감소시키게 되기 때문이다. 효과적인 교육은 실제적인 활동을 허락하는 교육이다. 학교에 대한 개혁, 보다 희망적인 용어로 개선을 생각할 때 이것은 중요하다. 많은 도시의 상황이 Vygotsky의 학습이론에 함축된 '언어 학습' 에 도움이 되지 못하고 있다. 효과적인 교육은 학생들이 지적 기술을 개발하도록 할 수 있지만, 학생들은 그들이 새롭게 학습한 능력을 연습할 수 있는 상황을 필요로 한다. 만약 연습 상황이 제공되지 않는다면 그 기술들은 사용 부족으로 '녹이 슬' 것이다.[51] 학교와 교육과정만 변화시키고 학교가 존재하는 지역사회를 변화시키지 못한다면 그것은 교육 실패로 가는 지름길이다.

이상에서 Vygotsky의 생각을 대략적으로 살펴보았지만, 무엇보다 중요한 것은 Vygotsky는 일차적으로 교육자이며 부차적으로 심리학자라는 사실이다. 그는 아동의 높은 사고 기능은 주로 사회문화화(enculturation)에서 유래된다고 믿었다. 이 사회문화화를 주로 담당하는 제도는 공교육제도다. 그는 비공식 교육의 가치를 낮게 평가하지는 않았으나, 그에게 공교육은 인간의 사고와 활동을 연구하는 데에 유일무이한 최적의 실험장이다. 아동들이 교육자의 지도 아래 학교 환경 속에 참여하는 것은 사고 기능을 조직하고 다시 재조직하는 데에 도움이 되는 심리적 도구를 받아들이고, 그것을 완전하게 갈고 닦을 기회를 가지게 되는 것을 의미한다.[52] Vygotsky는 교육적 과정에서 가장 적극적인 활동의 주체는 다름 아닌 아동 자신이라고 믿었다.

앞에서 말한 바와 같이 Piaget와 몇몇 사람은 특정 학습이 가능하려면 생물학적 성숙이 전제되어야 한다고 믿었다. 개인은 특정 사실을 학습하고 특정 기술을 완벽하게 숙달하기 위해서 몇몇 발달 단계를 거쳐야 한다는 것이다. Vygotsky는 이러한 견해에 이의를 제기하면서 학습 과정이 발달 과정에 선행된다고 주장하였다. '교육학은 발달을 선도하는 학습 과정을 창조하는 것이며, 이러한 과정은 결국 근접 발달 영역을 만든다.'[53] 다시 말하여, 아동은 특정 발달 단계에 존재하지만 수업을 통하여 그것보다 더 높은 단계의 성취 수준으로 '끌어올릴 수 있다'는 것이다. Vygotsky는 이 두 수준 사이에 '근접 발달대'라는 영역이 있다는 것을 알아냈다. 그리고 그것을 독립적인 문제 해결 능력에 의거한 '실제적 발달 수준'과 어른들의 지도나 유능한 또래집단과의 협력을 통한 문제 해결에 의거한 '잠재적 발달 수준' 사이의 거리로 정의하였다.[54] 이 영역은 교육에서 중요하다. 왜냐하면 효과적인 교수와 또래 협동 학습을 통하여 아동이 혼자서 할 수 있는 것보다 더 높은 수준의 학습을 할 수 있다는 것을 시사하기 때문이다. 아동은 그러한 상호 작용을 통해서 그들이 실제 할 수 있는 것보다 '더 잘할' 수 있다는 것이다. 오늘날 이것은 의미 있는 수업이나 학습과 관련이 있다. 그러나 우리는 여전히 이에 대하여 비판의 끈을 놓지 말아야 한다. 능력 있는 교사들과 상호 작용하는 학생은 더 좋은 사고와 수행을 하겠지만, 능력이 없는 교사에게 배우는 학생은 어떠한가? 자신보다 더 능력 있는 또래 친구들과 협동하는 것이 언제나 학생들에게 자신의 발달 수준 이상의 것을 성취할 수 있게 해 주는가? 자신보다 못하는 친구들과 함께 공부하는 능력 있는 학생의 발달은 어떻게 되는 것인가?

교육자들이 근접 발달 영역의 최고점에 학생들이 도달할 수 있도록 노력해야 한다는 것은 명백하다. Vygotsky의 연구가 교육에 점점 더 큰 영향을 미치고 있다는 것은 주지의 사실이다. 교육과정과 수업에도 그렇게 되기를 바란다.

5) 사고와 학습에 대한 강조

대다수의 심리학자들은 개인이 지식을 이해하고 사고할 때 어떤 인지적 구조를 만들어서 사용하는가의 문제에 관심을 가진다. 인지심리학자들은 사고의 과정, 즉 사람의 머릿속에서 일어나는 것을 밝히는 데 전념한다.[55]

이들은 정신의 기능에 관심을 가진다. 개인이

다양한 유형의 사고를 할 때 그의 머릿속에서는 도대체 어떤 일이 일어나는 것일까? 이것은 사소한 문제가 아니다. 사고의 과정과 마찬가지로 인간의 뇌는 복잡하다. 우리는 사고와 인간 지능의 구조를 분류하기 위한 다양한 방법을 발달시켜 왔다.

다중지능 Howard Gardner는 다중지능 이론의 주창자다. 그는 지능과 관련하여 다양한 정신적 작용이 있으며, 지능의 유형도 다양하다고 주장하였다. 우리는(특히, 과학기술 사회에서) 말 또는 언어적 요소만 지나치게 강조한다. 그러나 Gardner는 지능을 다음과 같이 일곱 가지 유형으로 구분하였다.

① 말/언어적 유형
② 논리/수학적 유형
③ 시각/공간적 유형
④ 신체/운동 감각적 유형
⑤ 음악/운율적 유형
⑥ 개인 상호적 유형
⑦ 개인 내적 유형[56)]

2000년대 들어서 Gardner는 여기에 '자연주의' 지능을 추가하였다. 자연주의는 자연과 밀접한 관련을 맺는 사람으로서 해양생물학, 수의학 등과 관련된 직업을 추구하는 사람을 가리킨다.

Gardner의 생각을 학교교육과 관련시켜 보면, 학교 교육과정에는 3R, 핵심적인 학문적 교과, 음악, 미술, 연설, 심지어 대인관계기법(친구 사귀기, 영향력 행사, 협상 등) 등이 들어 있는데, 이러한 각각의 교육과정은 Gardner의 다중지능의 한 유형을 가리킨다고 볼 수 있다. 이러한 교과는 우리의 '타인 지향적' 사회의 한 부분을 차지하며, 학생들이 성인 생활의 경제적 성취와 성공을 이룰 수 있도록 여러 가지 사회적 상황을 해석하고 다룰 수 있게끔 도와준다.

Gardner의 생각에 동의하는 것은 단지 인지심리학자가 되는 것을 의미할 뿐 아니라 '실증주의적 인지심리학자'가 되는 것을 의미한다. 삶 속에는 다양한 기회와 계기가 존재한다. 노래, 춤, 연기, 야구나 골프를 할 수 있는 사람은 달인의 경지까지 올라갈 수 있다. 학생을 적절히 격려하고 기회를 제공한다면 낙제생을 많이 줄일 수 있다. 따라서 교육과정 개발과 적용을 책임지는 사람은 그들의 안목을 주지적인 학문의 추구 너머로 확장시켜 어려운 교과와 쉬운 교과라는 구분을 없애야 한다. 우리는 개인과 사회의 가치에 기여하는 모든 종류의 지능과 탁월성을 계발해야 한다. 우리는 합리성과 균형에 의하여 인도되어야 하며, 다재다능한 아동과 청소년을 육성하는 것을 고려해야 한다. 우리는 아동과 청소년이 다양한 힘과 능력, 사고와 학습의 다양한 방법을 가지고 있다는 것을 인식할 필요가 있다. 그들은 다양한 방법으로 로마로 가고, 무지개의 끝을 찾는다는 것을 명심해야 한다.

학습 유형 인간이 다양한 유형의 지능을 가지고 다양한 방법의 사고를 자유자재로 활용할 수 있다는 말이 맞다면, 사람마다 사고 방법과 학습 방법에서 다양한 방식과 취향을 가지고 있다는 것도 맞는 말일 것이다. 즉, 사람마다 자신에게 특별히 효과적인 사고 방법과 학습 방법을 가지고 있다는 것이다.[57] 강의를 듣는 것보다 책을 읽는 것이 더 효과적인 사람이 있는가 하면, 그 반대의 사람도 있을 것이다. 학생들은 대부분 언어적 설명보다는 신체적 활동을 통하여 더 효과적으로 배운다. 적극적인 신체적 활동의 가치에 대해서는 많은 논의가 있다.

다양한 학습 유형이 존재한다는 생각은 20세기 후반 30년 동안 주목을 받았다. 어떤 것을 배우는 데에 더 적합한 학습 유형이 있다는 생각은 현재에도 여전히 논쟁거리가 되고 있다.[58] 그러나 현재까지 이루어진 많은 연구에도 불구하고, 교육자들은 학습자나 학습 내용에 따라 그것에 맞는 다양한 학습 유형이 있을 수 있다는 주장이 교육에 어떤 이익을 줄 수 있는지에 대해서는 확신을 가지지 못하고 있다.[59] 학습 유형과 관련된 생각은 단지 신화일 뿐이라고 생각하는 사람들도 있다.[60]

학습 유형은 학습 양식이라는 말과 관련하여 주목을 받기도 한다. 학습 유형과 학습 양식은 다른 것이라고 생각하는 사람도 있다. Ross의 정의에 의하면 학습 양식은 학생이 감각 자료를 받아들여 처리하고 반응하는 데에 사용되는 감각적 체계다.[61] 세 가지 중요한 학습 양식은 시각, 청각, 운동감각이다. 좌뇌와 우뇌의 차별적인 정보처리 과정을 연구한 사람도 있다. 장 의존성(field dependence)과 장 독립성(field independence)과 관련된 Witkin의 초기 연구[62]는 이러한 관심을 촉발시켰다.

학습 유형과 관련된 다양한 주장을 확대 해석하지 않아도 우리는 그것에서 사고와 학습이 개인에 따라 어떻게 다양하게 나타나는지에 대한 통찰을 얻을 수 있다. 그러나 개인마다 가지고 있는 특정 학습 유형에 대한 선호는 타고나는 것이 아니다. 사람마다 취향이 다르지만 그러한 취향은 의식적 혹은 무의식적으로 '학습' 된 것이다.[63] 또한 우리는 좋아하는 사고 유형이나 학습 유형에 너무 의존해서도 안 된다. 개인은 다양한 종류의 학습 방법이나 사고 전략을 갖추고 있어야 한다. 만약 우리가 학생이 좋아하는 것에만 맞추어 가르친다면 그들의 능력을 그들이 좋아하는 학습 영역에만 가두는 것이 되고 만다.

R. M. Felder와 L. K. Silverman[64]은 학습 유형에 대한 이해를 돕기 위하여 다음과 같은 범주화를 시도하였다.

① 정보가 가장 잘 인지되는 방식은 무엇인가(시각적 방식인가, 청각적 방식인가)?
② 가장 좋아하는 정보의 유형은 무엇인가(감각적 정보인가, 직관적 정보인가)?
③ 어떤 방식으로 정보를 조직하는 것을 좋아하는가(귀납적인 방식인가, 연역적 방식인가)?
④ 어떤 방식으로 정보를 처리하는 것을 좋아하는가(적극적 방식인가, 반성적 방식인가)?
⑤ 어떤 방식으로 이해하는가(단계적인가, 총체적인가)?

시각적 방식으로 정보를 다루는 사람은 그림,

도표, 실례 제시를 좋아하고, 청각적인 방식을 선호하는 사람은 말이나 소리를 통하여 정보를 주고받는 것을 좋아한다. 감각적 정보를 좋아하는 사람은 보는 것, 듣는 것, 촉감으로 느끼는 것에 주의를 기울인다. 직관적 정보를 좋아하는 사람들은 Bruner가 학습에서 '직관적 도약' 이라고 부르는 통찰과 예감을 통해 정보를 처리한다. 귀납적 방식과 연역적 방식은 충분히 알려져 있으므로 설명이 필요하지 않다. 적극적인 학습자는 학습에서 신체적 활동을 좋아한다. 그들은 토론하는 것을 좋아한다. 반성적인 사람은 스스로 곰곰이 생각하는 것을 좋아한다. 단계적으로 이해에 도달하기를 원하는 사람들은 학습과 사고가 각 단계의 배열 속에서 점차적으로 일어난다고 생각한다. 총체적 이해를 좋아하는 사람은 정보를 총체적으로 활용하기 위하여 한꺼번에 급속히 처리한다. 이런 사람들은 '종합론자' 라고 부를 수 있다.

어떤 학생의 학습도 '단 한 권의 노트' 처럼 생각해서는 안 되며, 어떤 교사도 '단 한 권의 노트' 에 담길 교수 전략을 가져서도 안 된다. 인간은 복잡한 동물이며, 인간의 학습 유형도 복잡하다. 심리학자는 개인이 의미를 발견하고 지식을 창출할 때 사용하는 접근 방식, 유형, 선호, 처리 과정, 양식 등을 총체적으로 종합하는 데에 관심을 가져야 한다.

감성적 지능 심리학자를 포함한 대부분의 사람은 호모사피엔스를 생각하는 종족으로 여기고 그에 대해 자부심을 느낀다.[65] 대부분의 교육자는 이성적인 정신의 학습에 주의를 집중시킨다. 심지어 우리도 이 책에서 사고의 다양한 방법에 초점을 맞추어 설명하고 있다. 지능을 생각할 때에도 우리는 이성적인 지능, 즉 IQ를 생각한다. 그러나 Daniel Goleman이 주장한 바와 같이 인간의 본성에서 감성적 측면을 무시하는 견해는 근시안적 견해다.[66] 만약 우리가 인간의 감성적 '정신' 을 소홀하게 생각한다면, 이성적 정신을 소홀히 생각하는 것보다 훨씬 더 큰 부당성을 자행하는 셈이 된다. 분명히 개인의 이성적 측면과 감성적 측면은 완성된 삶에서 똑같이 중요하다. 개인은 자신이 어떻게 행할 것인지를 결정하는 데 인지적 지식에 의존하는 것과 마찬가지로 감성에도 의존한다.

현대사회에서 감성은 그 중요성이 충분히 부각되지 못하였다. 교육자는 학생이 어떤 주장을 할 때 언제나 '사실에 충실하라.' 며 그들을 몰아붙인다. '논리적인 주장을 펴라.' 는 언제나 교실 안팎에서 들려오는 나팔소리다. 그러나 감정이나 느낌을 완전히 배제한다는 것은 실제적으로 불가능하다. 어떤 견해든 그것에 대한 감정 없이 논리적 주장을 펼친다는 것은 불가능하다. 어떤 주제에 대한 강의나 연구에 대하여 중립적인 입장을 지킨다는 것은 불가능하다. 누구보다도 우리는 이것을 잘 알고 있다. 우리는 학생들의 '나는 이 주제가 좋다.' 혹은 '이것은 나를 질리게 만들어.' 라는 말을 심심찮게 듣는다. 학생은 자신이 좋다고 느끼지 않는 사실을 신뢰하지 않는다. 감성은 우리가 사람과 맺는 관계, 정보를 다루는 방식, 심지어 의미를 구성하는 방식에까지 강한 영향을 미친다.

Goleman은 감정(emotion)이라는 영어 단어의 라틴어 어원이 '움직이다(move)'라는 뜻을 가진 'motere'라는 사실에 주목한다. 접두사 'e'는 '떨어져서(away)'를 의미한다. 그리하여 감정은 '떠나다, 이전하다(move away)'를 뜻하게 된다. 감정은 행동에 영향을 미치는 특별한 힘을 가지고 있다. 특히, 처음으로 학교에 다니게 된 아동은 감정이 어떻게 그들의 행동에 영향을 미치는지 분명하게 보여 준다. 어른으로 성장해 가면서 우리는 행동에서 감정을 배제하거나 감추게 된다.

이성적 행동과 감성적 행동을 구분하는 데는 감성적 행동보다 이성적 행동이 우월하다고 보는 생각이 지배적이다. 우리는 감성적 행동을 부정적인 것으로, 혹은 적어도 부작용을 일으키는 것으로 생각하는 경향이 있다. 분노, 공포, 슬픔 등은 그다지 호의적으로 생각되지 않는다. 감정 중에서 우리가 긍정적인 것으로 받아들이는 사랑은 이성적 사고와는 잘 어울리지 않는다. 그러나 포스트모던적 사고를 하고 지식 세계에서 자기 자신을 분리하는 것이 불가능하다고 느끼는 사람이 많아짐에 따라 감정 또는 감성적 지능에 대한 관심이 증대되고 있다.

Gardner는 1985년『마음의 틀(Frames of Mind)』의 출판과 함께 지능을 일원론적 개념으로 보아서는 안 된다고 주장하였다. 그는 지능에 대한 폭넓은 관점을 가질 것을 제안하였다. 지능에 개인적·사회적 측면이 있다는 그의 인식은 사람이 감성적 지능에 대하여 생각하고 개인의 내적인 삶에 타당성을 부여할 수 있는 길을 열어주었다. Gardner는 개인 상호적 지능과 개인 내적 지능 모두에 대하여 설명한다. 그에 의하면 '개인 상호적 지능(interpersonal intelligence)'은 다른 사람을 이해하는 것, 즉 무엇이 다른 사람을 움직이게 만들고, 그들은 어떻게 일하며, 어떻게 그들과 함께 일을 할 수 있는지 등을 이해하는 능력을 의미한다. 그리고 '개인 내적 지능(intrapersonal intelligence)'은 자신과 세계 사이의 관계를 짓는 능력이다. 이러한 능력을 가진 개인은 자신의 내면을 보고 자아에 대한 정확한 감각을 가질 수 있으며, 삶에 효과적으로 대처하는 이해를 사용할 줄 안다.[67]

Gardner의 연구를 감정적인 영역으로 끌어들인 가장 잘 알려진 인물은 아마도 미국 심리학자이면서 예일대학교 교수인 Peter Salovey일 것이다. Salovey는 개인이 지능을 자신의 감정과 연결할 수 있는 방법을 설명하였다.[68] 그는 Gardner의 개인적 지능을 받아들여 이러한 능력을 확장시킬 수 있는 방법을 다섯 영역으로 제시하였다.

① 첫째 영역은 '자아 인식'이다. 이것은 어떤 감정적 반응이 일어날 때 그것을 알아차리고, 그것이 자신의 행위에 어떤 영향을 미치는지 깨닫는 데 초점이 있다. 감정적 영역에서 '너 자신을 알라.'는 감성적 지성을 활성화시키는 데 주춧돌 역할을 한다.

② 둘째 영역은 '감정 관리'다. 이것은 자신의 감정을 조절하여 자아에 도움이 되도록 하

는 일종의 학습 전략이다. 이 영역에 숙달된 사람은 스트레스를 덜 받고 인생의 굴곡을 잘 헤쳐 나갈 수 있다.

③ 셋째 영역은 '자기 자신의 동기화' 다. 자신의 감정을 잘 알고 잘 관리할 수 있는 사람이 자신의 에너지를 쏟을 수 있는 동기를 부여받지 못한다면 아무런 의미를 발견할 수 없을 것이다. 감정적인 자기 절제는 효과적인 삶에 필수적이다.

④ 넷째 영역은 '다른 사람의 감정 알아차리기' 다. 이것은 쉽게 들리겠지만, 대부분의 사람은 오직 자신만이 감정을 가지고 있다고 생각하기 때문에 그다지 쉬운 일이 아니다. 여기에 다른 사람의 감정과 감정적 필요에 맞추는 공감적 능력이 필요하다. 공감적 능력은 효과적인 사회적 관계에서 필수적이다.

⑤ 다섯째 영역은 '인간관계에 대한 조절' 이다. 이것은 다른 사람의 감정에 반응하고 관리하는 데 영향을 미치는 이해력과 기술에 관련되어 있다. 이 영역에 숙달된 사람들은 효과적인 대인관계 형성 능력을 가지고 있는 사람이다.

이러한 다섯 가지 영역은 결코 절대적인 것이 아니며, 이성적인 능력과 동떨어진 것도 아니다. 그러나 모든 사람이 이러한 비슷한 영역을 가지고 있고 사람마다 감정적 영역의 능력이 다르다는 것은 분명한 사실이다. 특히, 교육자는 이러한 영역에서 사람들의 능력은 유연하다는 사실을 명심해야 한다. 우리는 자신의 감성적 지능을 드러낼 수 있도록 사람들을 교육시킬 수 있고, 사람들은 자기 자신을 교육시킬 수 있다. 이러한 감성적 지능의 발달은 현대사회의 도전이 과학적 영역보다는 사회적 상호 작용의 영역에서 일어난다는 점에서 더욱 중요하게 생각된다.[69]

6) 구성주의

20세기의 마지막 20년은 '구성주의' 가 교육의 슬로건이 되었던 시기였다. D. C. Phillips는 독자들에게 구성주의를 서구 사회의 지적 창공을 떠도는 유행하는 마술이라고 경고하였다.[70] 교육학 연구자, 대학 교수, 교육과정 개발자, 학교 행정직원, 사회학자, 교육철학자들이 그 당시 뜨거운 논쟁에 가담하였다. 당시의 뜨거운 논쟁과는 상관없이 하나의 교육학적 개념으로서 구성주의는 금세기의 교육학적 사고에 매우 적합한 개념으로 자리 잡고 있다. 구성주의에 관하여 말을 할 때 우리는 그것이 두 가지 다른 영역과 관련되어 있다는 것을 알 수 있다. 그것은 지식의 본질과 학습의 본질이다. 이러한 두 영역을 구분하지 않고 구성주의를 논하는 사람은 혼란에 빠질 수밖에 없다. 게다가 개인은 지식과 학습의 본질과 관련해서 온건한 것부터 극단적인 것에 이르기까지 다양한 이론이 존재한다는 것을 인식해야 한다. 구성주의와 관련된 이러한 복잡성을 인식하고 나면 슬로건 수준에서 구성주의를 이해하는 것도 피해야 한다. 슬로건은 그것을 믿는 사람들이 무조건 믿도록 만들기만 하지 그 세부적인 근거를 이해시키지는 못한다. 여기에서 우리는 개인이 어떻게 학습하는가와 관련하여 구성주의를 논하려고 한다. 이것은 일차적으로는 수업과 관련을 가지며, 이차적으로는 교육과정과 관련을 가진다. 지식이 여러 세기를 거쳐 어떻게 형성되었는가의 문제와 관련하여 구성주의를 논의하는 것은 제12장에서 다룰 것이다. 왜냐하면 그 문제는 일반적으로 학교를 어떻게 볼 것인가, 구체적으로 교육과정을 어떻게 볼 것인가의 문제에 영향을 미치기 때문이다. 우리는 구성주의의 방향, 의미, 가치를 결정하기 위하여 현재 벌어지고 있는 교육적 대화에 주의를 기울일 필요가 있다. 왜냐하면 구성주의는 금세기 우리의 최대 관심사이기 때문이다.

개인이 어떻게 학습하는가의 문제와 관련된 구성주의는 개인을 사고, 학습, 이해 과정의 적극적 주체로 규정한다. 인지심리학자의 가장 중요한 질문은 '개인이 어떻게 인지적 과정에 스스로 참여하게 되는가' 다. 이것은 행동주의자의 문제, 즉 외부적 힘, 교사가 어떻게 개인의 반응을 이끌어 낼 수 있는가의 질문과 다르다. 학생을 학습의 적극적 주체로 보는 것은 그다지 새로운 생각은 아니다. 구성주의 학습이론은 Vygotsky와 Piaget의 연구까지 거슬러 올라간다. 게다가 지난 세기에 Dewey가 말한 많은 부분은 그를 구성주의자 진영에 포함시키기에 충분하다.[71] 구성주의에서는 학습자가 제일 중요하다. 학습자는 의미나 이해를 창출하는 데에 참여해야 하며, 다른 사람의 말이나 결론을 모방함으로써 수동적으로 정보를 받아들여서는 곤란하다. 또한 학습자는 적극적인 참여를 통해 정보를 내면화하고 변화시키며 재구성해야 한다.[72] 학습자는 외부적 자료가 아닌 내면에서의 이해를 구성해야 한다.[73] 이러한 이해를 구성하는 학습자는 새로운 지식을 기존의 지식, 즉 선행 경험과 연결시켜야 한다. 학습은 학생이 학습 과정을 구성하고 창조하며 이용하고 있다는 것을 인식할 때 최대의 효과를 거둘 수 있다. 자신의 인지 과정과 구조, 그리고 그것의 결과에 대한 자기 인식은 메타인식으로 정의된다. 메타인식은 지식을 창조·조정·사용하기 위해서 그 과정에 대한 지식이 필요하다는 것을 학생 스스로가 깨달아야 한다는 것을 의미한다. 또한 학생은 한 인간으로서 자신이 계속 성장하고 발달하며 진화하고 있다는 것을 깨달아야 한다. 또한 학생은 자신이 다양한 세계와의 상호 작용을 통하여 육체적·정신적 자아를 구성하는 데에 참여하고 있다는 것을 인식해야 한다.[74]

학습자가 자신의 내면에서 스스로 지식과 이해를 구성한다는 것은 구성주의, 특히 급진적 구성주의 진영의 핵심 주장이다. 학습하고자 하는 외부 세계는 우리 밖에 엄연히 존재하고 있지만, 그 세계의 의미는 우리와 독립적으로 존재하지 않는다. 의미는 세계에 관하여 생각하는 사람들, 그것을 숙고하는 사람들에 의하여 세상에 부여되는 것이다. 세계의 의미는 독립적으로 존재하지 않는다. 그것을 해석하기 위해 실재를 구성할 때 우리는 세계를 만드는 사람이 된다. 바꿔 말하면, 학습자는 지식을 외부 세계에서 자신의 기억 속으로 단순히 '저축' 하는 것이 아니다.[75] 그들은 이해를 선물로 받아들이지 않는다. 그들은 지식을 지속적인 노력의 대가로 받는 것으로 생각하지도 않는다. 오히려 그들은 억측에 빠지고 자신과 자신의 견해에 의문을 제기하며 자신의 견해를 기획하는 것에 대해 숙고함으로써, 자신의 과거 경험과 세상과의 상호 작용에 의해 형성된 세계에 대한 해석을 구성한다. 그들의 '세계에 관한 지식' 은 인지 과정 속으로 투입된다. 그들은 맥락에 대한 인식, 즉 과거와 현재에 대한 인식에 의존한다.[76] 학습을 행하는 특정 맥락에 대한 숙고는 예상하지 못한 돌출적인 이해를 가능하게 한다.

급진적 구성주의 옹호자들에 의하면, 실재에 대한 지식은 개인의 내부 구조에서 나오기 때문에 개인 간에 공유되는 궁극적인 실재는 있을 수 없다. 실재는 개인이 스스로 구성해 내는 것이다. 공동의 궁극적 실재가 없다는 견해는 어느 두 사람도 동일한 관점에서 실재를 볼 수 없으며 학습과 사고의 과정에서 동일한 역사를 쓸 수 없다는 것을 의미한다. 그러므로 구성의 결과에 대해서도 총체적인 합의가 있을 수 없다. 어떤 결론에 도달할지도 언제나 불확실하다. 개인이 어떤 문제에 대한 결론에 동의한다고 해도 그들의 이해는 결코 동일한 것일 수 없다. '동일한' 인지 과정을 사용한다고 하더라도 사람마다 가는 길은 다르다. 개인의 인지 과정은 상황에 따라 결정된다. 정보에 대한 개인의 해석은 상호 작용의 모든 경험에 의해 영향을 받는다. 이러한 견해에 따르면 학생이 창조하는 실재에 대한 견해와 이해는 언제나 객관적인 것이라기보다는 주관적인 것이다. 지식은 객관적인 진실이 아니라 해석적 활동이다. 이러한 견해의 많은 부분은 후기 실증주의와 포스트모더니즘의 숨겨진 의미의 한 부분을 이룬다(이것은 제7장에서 다시 논의할 것이며, 제12장에서 쟁점화시켜 논의할 것이다).

특별히 학습과 관련하여 구성주의를 교육 공동체 속에서 '유행하는' 교육 방법으로 보는 사람들이 있지만, 우리는 이것에 대하여 비판적 태도를 견지할 필요가 있다. 왜냐하면 구성주의를 학습이론으로 보는 견해는 널리 받아들이고 있지만, 그것을 수업이론으로 보는 데는 의심의 눈초리가 많기 때문이다. 실재를 구성하고 실재의 의미를 창조할 책임이 학생 자신에게 있다고 말할 수는 있어도, 학생들이 그러한 의미 구성에 참여하도록 할 수 있는 수업 방법을 교사들 스스로가 만들어야 한다고 제안하기에는 너무 기반이 미약하다. 구성주의에 가장 충실하자면, 학습을 구조화하고 수업 전략을 세우는 것은 바로 학생들 자신이라고 말해야 할 것이다. 교사들이 할 수 있는 것은 학생들이 적극적으로 참여할 수 있는 상황과 맥락을 제공하는 일뿐이다. 이것은 학생들이 배울 교육과정을 미리 결정하는 것도 어렵다는 것을 의미한다.

무비판적으로 구성주의를 수용하는 것은 그것을 단순화하여 파악하는 위험을 안고 있다. 그렇게 되면 우리는 오직 한 관점에서만 '구성주의적 세계' 를 보고 개념적 이해가 가지고 있는 그 밖의 다른 중요한 측면은 놓쳐 버리게 된다. 더구나 우리는 학습 과정과 그것의 중요성을 이해하려고 노력하는 다른 사람을 잘못 인도할 수 있다.[77]

철학자는 계속해서 학생들이 의미를 구성하는 장소인 실재의 본질에 대하여 숙고하고 논쟁할 것이다. 교육과정의 전달에 관심을 두는 교육자는 교육과정이 학생에 의하여 구성될 수 있다는 주장에 도전장을 내밀 것이다. 어쩌면 학생은 이 책에서 교육과정의 심리학적 기초를 다루는 것이 어떤 가치를 가지는가에 대한 토론에 참여하게 될 수도 있다. 많은 학생은 자신의 의미를 스스로 '구성해야 한다'는 것을 기존의 축적된 방대한 지식을 부정하는 것으로 받아들일 수 있다. '왜 그 방대한 지식을 그저 학습하지 않는 것일까? 왜 모든 결론을 자기 자신만의 의미의 물레에 돌려 그렇게 복잡하게 만들어야만 하는 것일까?' 교육과정 학자나 다른 분야의 교육학자는 의미의 구성에 가장 중요한 사고의 유형은 무엇인가에 대하여 숙고해야 한다. 또한 그들은 과연 모든 사람이 비슷한 사고 유형을 사용하는가에 대해서도 생각해 보아야 한다. 다음 절에서는 사고도 다양한 개념으로 정의될 수 있으므로 이것에 대해서도 자세히 살펴볼 필요가 있다.

7) 문제 해결과 창의적 사고

스푸트니크 시대 이래로 대부분의 교육과정 이론가는 문제 해결과 창의적 사고의 여러 측면에 관한 검토를 다시 시작하였다. 그들의 공통적인 신념은 문제 해결과 창의적 사고의 방법이 매우 정교한 형태의 정보 처리로 이루어진다는 것이다. 그러나 어떤 교육과정 학자, 특히 학문의 구조를 논의하는 학자는 양자가 상호 보완적인 것이라고 말한다. 즉, 학생들에게 그들이 여러 가지 다른 형태의 창의성을 계발할 수 있는 데 도움이 되는 조건을 제공해 주어야 할 뿐만 아니라, 자신이 설정한 가정의 정당성이나 정확성에 대한 확증 또는 불인정에 대해 책임을 지도록 해야 한다는 것이다. 문제 해결 절차는 후자에 좋은 수단이 된다. 왜냐하면 그것은 학생들이 창의적 발견에 이르도록 하지는 못해도 발견된 것의 타당성을 검증해 주기 때문이다. 이러한 맥락에서 볼 때 문제 해결과 창의적 사고는 학자와 과학자에게 도움이 되는 탐구 방법으로 생각된다.[78]

이와 대립되는 견해에 의하면, 문제 해결(과거에는 반성적 사고, 현재는 비판적 사고라고 하는 것)은 분석적 절차, 귀납적 사고, 수렴적 과정에 근거를 두고 있는 반면, 창의적 사고는 직관과 발견을 포함하고 있는 것으로서 연역적 사고, 독창성, 확산적 과정에 근거를 두고 있다. 이러한 견해에서 문제 해결은 합리적이고 과학적인 사고에 도움이 되며 어떤 과제의 해결이나 정확한 답을 얻기 위해 사용되는 반면, 창의성은 예술적이고 문학적인 사고에 도움이 되며 사고의 질적인 측면과 관련된다. 창의성이 최종의 목표일 때는 올바른 해결 혹은 해답은 없다.

실제로 문제 해결과 창의성은 제휴할 수도 있고 그렇지 않을 수도 있다. 어떤 사람은 창의적이지 못한데도 문제를 잘 해결하고, 또 어떤 사람은 상당히 창의적인데도 문제 해결에서는 서툰 경우가 있다. 그러나 두 개의 사고 과정이 구분된다고 해서 반드시 두 개의 사고 과정이 상호 독립적이라는 것을 의미하지는 않는다. 창의적인 사람은 훌륭한 문제 해결자가 될 수도 있고 아닐 수도 있으며, 반대로 훌륭한 문제 해결자는 창의적일 수도 있고 아닐 수도 있다는 사실을 여러 연구가 보여 주고 있다.[79)]

주목해야 할 가장 중요한 사실은 문제 해결이나 창의성과 같은 복잡한 인지적 과제가 모든 교과와 관련된 일반적인 기능과 원리에 의거하여 가르쳐져야 한다는 것이다. 이러한 생각은 학생이 많은 교육과정 영역과 자료로 전이시킬 수 있는 메타인지 전략을 개발해야 한다는 것을 의미한다. 이에 광범위한 다양한 강좌와 상황에 맞는 반성적 사고, 비판적 사고, 직관적 사고, 발견적 사고 전략을 개발하는 것이 필요하다.

반성적 사고 문제 해결은 Dewey의 전반적인 교육 개념 속에서 중요한 역할을 해 왔다. Dewey에 의하면 학교에서의 문제 해결 활동은 학생의 지적 · 사회적 성장을 촉진시킬 뿐만 아니라 그것을 통하여 개발된 기능은 사회적인 일상생활의 문제 해결에도 전이될 수 있다. 문제 해결에 관한 Dewey의 개념은 과학적 방법에 관한 그의 아이디어 속에 뿌리를 두고 있으며, 문제 해결 활동의 고전적 모형이 되고 있다.

① 어떤 어려움을 알게 된다(혹은 어려움을 느낀다).
② 어떤 문제인지 확인한다.
③ 자료를 수집하고 분류하며 가설을 설정한다.
④ 잠정적인 가설을 수용하거나 거부한다.
⑤ 결론을 내리고 평가한다.[80)]

Dewey의 문제 해결 방법은 추론을 통하여 일상적 경험을 체계적으로 해석하도록 도와준다. 이러한 문제 해결 방법은 교육의 과학화에 대한 그의 강한 신념과 일치한다(제2장 참조). Dewey에 의하면 학교의 주된 기능은 이러한 추론 과정을 향상시키는 것이기 때문에 문제 해결 방법을 모든 수준의 모든 교과에 적용해야 한다. 동기 유발이 어려운 학생은 문제 자체를 지각할 수 없기 때문에 문제 해결 학습을 위한 문제 선정은 학생의 흥미를 고려해야 한다.

그러나 문제 해결 방법은 과학자가 문제 해결의 궁극적 열쇠를 쥐고 있다는 오해를 불러일으킬 수 있기 때문에 반대하는 사람도 있다. 그러한 사람 중 한 사람인 James Conant는 실험실 내의 과학자나 일상생활 속의 일반인이 모두 이용할 수 있는 문제 해결 방법을 다음과 같이 6단계로 구분하여 제시한다.

① 문제를 인식하고 목표를 설정한다.
② 관련 정보를 수집한다.
③ 가설을 설정한다.
④ 가설에서 결론을 이끌어 낸다.
⑤ 실제적인 시행으로 검사를 실시한다.
⑥ 결과에 따라 가설을 수용하거나 수정하고 그렇지 않으면 폐기한다.[81)]

Conant는 문제 해결 능력이 과학에 의해서 신장된다고 생각하지 않는다. 과학적 방법은 그대로 일상적 문제에 적용할 수 없다는 것이다. 그는 과학은 과학자에게 단순히 가설 검증의 방법을 빌려 왔을 뿐이라고 말한다. 모든 교과에 적용되도록 개발된 Dewey의 문제 해결 모형은 사회적 문제 해결을 포함하고 있었지만, Conant의 모형은 스푸트니크 시대 동안 과학과 수학(사회적 사고가 아닌)을 지지하는 사람에 의해 이용되었다. 각 학문은 자체의 문제 해결 방법을 가지고 있다는 것이 스푸트니크 시대의 지배적인 생각이었다.

이러한 두 가지 모형과 거기서 파생된 모형은 몇몇 연구자에 의하여 불완전한 것으로 간주되었다. 그 이유는, 첫째 문제를 해결한 이후에 분석이 일어난다. 둘째, 비논리적이고 지극히 개인적인 직관, 통찰, 그리고 아이디어를 무시한다. 요컨대, 쉽게 관찰하거나 검증할 수는 없지만 문제 해결 과정에서 유용하게 사용할 수 있는 과정을 염두에 두지 않는다. 인지과정이론에 의하면 논리적이고 관찰 가능한 단계는 문제 해결에서 언제나 이용되는 것도 아니고, 문제 해결 과정과 반드시 관련되는 것도 아니다. 마지막으로 문제 해결 과정에서는 교과나 학문의 종류, 학년 수준에 따라 각각 다른 기법이 이용된다. 이러한 문제 해결의 기법은 공통적인 특징을 가지고 있지만 차이점도 가지고 있다.

비판적 사고 비판적 사고와 기술은 문제 해결과 관계 있는 용어로 사용된다. 비판적 사고는 가르칠 수 있는 지성의 한 형태다(물론, 고정된 실체로 존재하는 것은 아니다). 이 학파의 선두 제안자들은 Robert Ennis, Mattew Lipman, 그리고 Robert Sternberg다.

Ennis는 비판적 사고를 할 수 있는 사람의 속성을 다음과 같이 13가지로 제시하였는데, 그들은 ① 열린 마음을 가지고, ② 증거가 요구될 때 어떤 입장을 취하며(입장을 바꾸기도 한다), ③ 상황을 전체적으로 고려하고, ④ 정보를 구하며, ⑤ 정보의 정확성을 추구한다. 또한 ⑥ 복잡한 전체의 부분을 바른 순서대로 다루고, ⑦ 대안과 ⑧ 이유를 찾으며, ⑨ 쟁점을 분명하게 설명하고, ⑩ 처음의 문제가 무엇인지 항상 명심한다. 마지막으로 그들은 ⑪ 믿을 만한 자료를 사용하고, ⑫ 초점이 무엇인지 주시하며, ⑬ 다른 사람의 지성과 감성 수준에 민감하다.[82)]

Lipman은 '일상적 사고'와 '비판적 사고'를 구분하였다. 일상적 사고는 단순하고 일정한 기준이 없는 반면, 비판적 사고는 더 복잡하고 객관성, 유용성, 일관성의 기준에 근거한다. 그는 교사에게 학생이 ① 어림짐작에서 정확한 추정으로, ② 감정적 선호에서 이성적 평가로, ③ 묶음에서 분류로, ④ 단순한 믿음에서 논리적 가정으로, ⑤ 추정에서 논리적 추론으로, ⑥ 개념의 관련에서 원리의 포착으로, ⑦ 관계성 인지에서 관계성 메타인지로, ⑧ 단순한 가정에서 과학적 가설로, ⑨ 마구잡이식 의견 개진에서 정확한 이유에 입각한 의견 개진으로, ⑩ 비준거적 판단에서 준거적 판단으로 나아가는 것을 도울 것을 제안하고 있다[83)](교육과정 도움말 4-2 참조).

Stenberg는 앞에서 제시된 것과 동일한 지적 기술을 약간 다른 방식으로 제시하고 있다. 그는 비판적 사고를 향상시키기 위한 정신 과정을 다음과 같이 세 가지로 제시한다.

교육과정 도움말 4-2

비판적 사고 가르치기

교사는 비판적 사고를 구성하는 인지 과정을 이해하고, 그러한 과정이 적용될 수 있는 주제, 기술, 상황에 익숙한 다양한 교실 활동을 이용할 수 있어야 한다. Robert Ennis는 그러한 지침을 위해 하나의 틀을 제공한다. 그는 비판적 사고를 다음과 같이 4개 항목으로 나누고 각 항목을 다시 학생들에게 가르칠 몇 가지 구체적 기술로 세분화한다.

① 정의와 명료화
- 결론 파악하기
- 언급된 이유 파악하기
- 가정 파악하기
- 유사점과 차이점 인식하기
- 관련 자료 결정하기

② 명료화와 도전을 위한 적절한 질문 던지기
- 왜?
- 주요 요지는 무엇인가?
- 이것은 무엇을 의미하는가?
- 사례는 무엇인가?
- 이것은 사례에 어떻게 적용되는가?
- 사실들은 무엇인가?

③ 출처의 신뢰도 판단하기
- 전문성
- 관심의 일관성 여부
- 평판
- 적절한 방법의 사용

④ 문제 해결과 결론 내기
- 타당성을 추론하고 판단하기
- 결론을 유도하고 판단하기
- 가능한 결론을 예측하기

출처: Robert H. Ennis, "A Logical Basis for Measuring Critical Thinking," *Educational Leadership* (October 1985), p. 46.

① 메타 구성 요소: 우리가 행하고자 하는 것을 계획하고 검토하며 평가하는 데 이용되는 고차원적 정신 과정이다.

② 수행 구성 요소: 우리가 실제로 따르는 단계 혹은 전략을 가리킨다.

③ 지식-획득 구성 요소: 기존의 자료를 새로

운 자료와 관련시키고, 적용하고 활용하는 데 사용되는 과정이다.[84)]

Stenberg는 Lipman처럼 '방법'에 대해 설명하기보다는 프로그램을 개발하고 선별하는 데 필요한 일반적인 지침을 제시하였다.

어떤 사람에게 생각하는 것을 가르치는 것은 골프채나 테니스 라켓을 휘두르는 법을 가르치는 것과 같다는, 현상학자와 인간 중심 이론가의 주장에 주목해 보자. 이것은 Lipman, Ennis, 그리고 Sternberg가 암시하는 바와 같이, 생각하는 것을 가르치는 것은 단계적으로 접근할 수 있는 것이 아니라 총체적으로 접근해야 한다는 것을 의미한다. '사고 기술을 몇 개의 분리된 단위로 세분화하는 것은 아마 처방적 차원에서는 도움이 될 수 있으나' '사고 기술을 가르치고자 하는 교수적 차원에서는 올바른 방법이 아니다.' 비판적 사고는 매우 복잡한 정신적 조작이기 때문에 그것을 아주 작은 과정으로 세분화한다는 것은 어려운 일이다. 그것은 '세분화된 기술에 의존하는 것이 아니라 학생의 총체적인 지적 작용에 의존한다.'[85)]

비판적 사고를 가르치는 것과 관련된 중요한 비판은 바로 비판적 사고 방법의 제안자들에 의해 제기되어 왔다. Stenberg는 우리가 학교에서 강조하는 비판적 사고와 그것을 가르치는 방식이 오히려 '학생들을 그들이 일상생활 속에서 직면할 문제에 부적절하게 대처하도록 만들고 있다.'[86)]고 우려한다. 현재의 비판적 사고 개발 프로그램은 '정답'과 '객관적인 점수로 환산되는' 문항을 강조하기 때문에 실제 세계와 매우 동떨어져 있다. 실생활 속의 대부분의 문제는 사회적 · 경제적 · 심리적 함의를 가지고 있다. 이러한 함의는 대인 관계와 인간에 관한 판단, 개인적인 스트레스와 위기, 선택의 딜레마와 책임감, 그리고 생존에 관한 것들을 포함한다. 질병, 노화, 죽음(다른 사람 혹은 우리 자신의 죽음)을 어떻게 다룰 것인지, 새로운 직무를 시작하거나 새로운 사람과 회합하는 것과 같은 단순한 일을 어떻게 처리할 것인지와 같은 문제는 우리가 교실에서 배우는 것과 비판적 사고, 시험과는 거의 아무런 관계가 없다. 그러나 이것은 모두에게 중요한 문제다. 우리는 교실과 학교에서 인지적 기능을 강조한다는 명목으로 삶의 실재와 현실을 무시하고 있는지도 모른다.

창의적 사고 표준화 검사가 언제나 창의성을 정확하게 측정할 수 있는 것은 아니다. 사실상 창의성이 무엇이며, 누가 창의적인 사람인가에 관해서는 의견의 일치를 보기가 매우 어렵다. 예술적 · 음악적 · 과학적 · 기술적 등 많은 유형의 창의성이 존재하지만, 우리는 창의성을 모든 유형의 창의성을 포괄하는 용어로 사용하는 경향이 있다. 창의적인 학생은 종종 교사를 당혹스럽게 만든다. 창의적인 학생의 성격을 묘사하는 것은 어려운 일이다. 그들의 기이한 대답은 교사에게 위협적인 것으로 보이기도 하고, 그들의 행동은 정상에서 벗어나는 경우가 많다. 때때로 교사들이 학생들의 창의성을 방해할 때도 있고, 창의적인 학생을 처벌할 때도 있다. 교육과정 전문가는 창의적인 학생이 총 학생 인구의 아주 작은 비율(2~5% 정도)이기 때문에 교육과정 계획(교과목이나 과정 기술, 과목 안내, 교과 자료와 활동 등)에서 이들을 배제하는 경향이 있다. 또한 교육과정 전문가들은 창의적인 학생을 위한 특별 프로그램을 지원해 줄 재정이 부족하다. 지능과 창의성이 반드시 상관 관계가 있는 것이 아닌데도 흔히 교육자는 창의적인 아동을 높은 지능을 소유한 아동들과 동일시하기도 한다.

창의성이란 정신의 질과 관련된 개념이라는 데 의견의 일치가 있다. 그리고 창의성이란 학습에서 인지적 요소도 포함하고 인간적 요소도 포함한다. 어느 누구도 인지적 요소와 인간적 요소가 창의성 속에 어떻게 혼합되어 있는지 알지 못하지만, 창의성은 인간적 요소보다는 인지적 요소를 더 많이 포함하고 있다. 그것의 본질은 '기이함'에 있어서 그것을 판단하는 기준이 있을 수 없다. 창조는 자기 만족적이며, 그 결과는 자기 실현적인 성격을 가지기 때문에 개인은 창조에 몰두한다(이것이 곧 창의성에 포함된 인간적 측면이다. 창조에 포함된 사고와 그 과정은 본질상 인지적인 것이지만). Eric Fromm은 창의적 태도를 ① 기꺼이 당혹스러움에 당면하는 것—아무런 좌절감 없이 새로운 일에 자기 자신을 던지는 것, ② 집중력, ③ 자기 자신을 행위의 진정한 창시자로 경험하는 능력, ④ 창의적인 아이디어에 대한 다른 사람의 의견이나 그것을 허용하지 않는 분위기 때문에 갈등과 긴장을 기꺼이 수용하는 것으로 정의한다.[87)]

Robert Sternberg는 음악, 과학, 경영에 종사하는 보통의 미국인과 교수들이 말하는 131개의 목록에서 창의성과 연관된 여섯 가지 속성을 추출하여 다음과 같이 정의하였다.

① 틀에 박힌 사고 탈피
② 아이디어나 사물을 통합적으로 바라보기
③ 미적 감각과 상상력
④ 의사 결정 기술과 융통성
⑤ 통찰력(사회적 규범을 의문시할 때 발휘되는)
⑥ 성취와 인정에 대한 욕구[88)]

그는 창의성 안에서도 지능과 지혜 사이의 중요한 경계선을 만들었다. 창의성이 지혜와 가지는 상관성(r=0.27)보다 지능과 가지는 상관성(r=0.55)이 더 컸다. 하지만 논리적이고 분석적인 절대성을 추구하는 지능보다는 상상력과 인습에 얽매이지 않는 창의적 방법을 더 강조한다. 지혜와 지능은 매우 밀접하게 관련(r=0.68)되지만, 성숙한 판단과 다양한 상황 속에서 경험의 사용을 강조하는 정도는 각각 다르다.

창의적인 사람, 지적인 사람, 지혜로운 사람은 각각 다른 방식으로 문제를 해결한다. 창의적인 학생은 확산적 사고를 하는 경향이 있으므로, 교사는 창의적인 학생이 교실과 학교의 일상적 한계를 넘어서 비인습적이고 심지어 망상적인 방식으로 사고하고 행동하는 것을 이해해야 한다. 지적인 사람은 논리에 의존하고 훌륭한 언어 구사 능력을 가진 정보의 창고다. 그러한 학생은 수렴적 사고에 능하고 인습적인 시험에서 높은 점수를 획득한다. 학생들 사이에서 지혜로운 사람은 극소수에 불과하다. 지혜는 나이와 경험에서 나오는 것이기 때문이다. 그럼에도 불구하고 훌륭한 판단을 내리고, 정보를 적절히 사용하며, 자신의 경험이나 다른 사람의 조언을 활용하여 이득을 얻는 충분히 성숙한 학생들이 있다. 이들은 '행간의 숨은 뜻을 읽으며' 또래 친구와 성인들(그들의 선생님들을 포함하여)에 대한 좋은 이해를 가진다. 이들은 보통 우리가 전통적인 지능이라고 부르는 인지적 지능과 보통 '인간 관계 기술' 이라고 부르는 사회적 지능을 드러낸다.

교사들에게 창의성의 정의 문제는 창의적인 학생이 가지는 새로운 아이디어가 어디에서 나오는 것인가의 문제가 된다. 창의성은 논리적이고 관찰 가능한 과정으로 나타나기도 하지만, 무의식적이고 인식할 수 없는 과정으로 나타나기도 한다. 후자의 과정은 교실에서 교사들을 당황하게 만들고 교사와 창의적인 학생 사이에 오해를 불러일으키기도 한다. 어떤 학생들의 창의성은 Edison과 Einstein의 방법—이론적, 연역적, 발달적—과 같은 특성을 보이지만, 어떤 학생들의 창의성은 Kafka, Picasso, Bob Dylan 등의 통찰력과 독창성에 더 가깝게 나타나기도 한다.

창의성을 조절하는 사고는 저차원적인 과정이 아니다. 그것은 세계를 언제나 새로운 시각으로 바라보는 사람이 가지는 총체적 인격의 한 측면을 가리킨다. 이러한 사고 유형은 상상력을 북돋우고, 상상력은 창의적인 사고를 더욱 북돋운다. Maxine Greene이 지적한 것처럼 상상력은 '큰 깨우침', 즉 세상에 존재한다는 것이 무엇을 의미하는가에 대한 자각이다.[89] 이러한 자각은 학생들이 사물과 사고를 '재미있는' 방식으로 다루도록 하는 유희성을 북돋운다. 사물과 사고의 조작은 창의적인 학생들의 마음속에 호기심을 이끌어 낸다. 새로운 아이디어, 사고, 대상을 즐기는 것, 다시 말하여 기존의 아이디어, 사고, 대상을 새로운 방식으로 바라본다는 것은 사고에 유머, 즉 상황과 맥락을 즐길 줄 아는 능력을 부여한다. 실제 상황이나 상상 속에서 '사물들' 과 함께 노는 것은 사고의 과정에 유연성을 부여한다. 그리하여 고도로 창의적인 사고를 하는 사람들은 실재에서 상상으로, 진지함에서 숭고함으로, 즉각적인 것에서 먼 것으로, 그리고 사실에서 비유로 자유롭게 넘나들 수 있다.[90]

직관적 사고 직관적 사고는 새로운 것이 아니다. 그러나 이 사고 과정은 교수 실제가 사실과 암기에만 의존하기 때문에 간과되어 왔으며, 그 정의와 측정이 어렵기 때문에 무시당해 왔다. Bruner는 그의 책 『교육의 과정(Process of Education)』에서 직관적 사고의 개념을 널리 퍼뜨렸다. 훌륭한 사고를 하는 사람은 지식을 가지고 있을 뿐만 아니라 해당 주제를 직관적으로 파악할 줄 아는 사람이라는 것이다. 직관적 사고는 무엇인가를 발견하고 새로운 지식을 추가하기 위하여 육감적으로 추측하고 개념적으로 사고하며 개념 간 관계를 이해하는 전문적인 학자의 발견 과정이다.

Bruner의 다음과 같은 설명은 우리가 직관적 사고를 어떻게 활용할 수 있는가에 대하여 잘 말해 주고 있다.

> 직관적 사고는 용의 주도하게 정의된 단계에 따라 진행되지 않는다는 특징을 가진다. 실제로 직관적인 사고는 겉으로 보기에 문제의 총체성에 대한 함축적 인식에 근거를 두고 있는 듯이 보인다. 직관적으로 생각하는 사람은 해답에 이르는 과정을 거의 알지 못하거나, 그 해답이 맞는지 틀리는지를 분명히 인식하지 못하는 가운데 해답에 이르게 된다. 또한 그는 자신이 어떻게 해답을 얻었는지를 적절하게 설명할 수 없고, 그가 문제의 어떤 측면에 대해 반응을 보이고 있는지도 거의 알지 못한다. 대체적으로 직관적 사고는 관련 지식 영역과 그 구조에 대한 숙달에 의존하고 있기 때문에 직관적 사고자가 나중에 더 분석적인 수단을 사용하여 결론을 재검토함으로써 단계를 건너뛰고 지름길을 선택할 수 있도록 해 준다.[91]

직관적 사고는 수렴적 사고나 단계적 사고와 거의 관계가 없다. 즉, 그것은 단박에 아는 것을 말하지만, 지식을 활용하고 사물을 결합하는 새로운 방식을 발견하는 능력과 관련되기도 한다. 이렇게 보면 문제 해결과 자유로운 발견은 함께 온다. 지식은 따라야 할 특정 단계나 규칙 없이 발견의 과정 주위에 역동적으로 형성된다.

발견 학습 스푸트니크 시대 이래로 탐구-발견 학습 방법은 지식과 연구 방법을 통합하는 개념으로 학문 중심 교육과정과의 관련하에서 평가되어 왔다. Taba, Bruner, Phenix, 그리고 Inlow는 그 시대가 낳은 결과다.[92] Taba는 Bruner의 영향을 받았다. Phenix는 이들 두 사람에게서 약간의 영향을 받았으며, Inlow는 세 사람 모두의 영향을 받았다. 이 네 명의 교육자는 우리가 무엇을 생각하며, 어떤 지식을 소유하고 있는지의 문제보다 우리가 어떻게 생각하는지의 문제에 더 많은 관심을 가지고 있다.

Bruner가 과학과 수학에서 탐구-발견의 방법을 결합시키기 위해 상당한 노력을 한 반면, Phenix, Taba, Inlow는 발견 학습 방법은 탐구 학습 방법과 별개의 것이며, 두 가지 학습 방법은 모든 교과(과학과 수학뿐만이 아니라)에 영향을 미친다고 주장하였다. 예컨대, Phenix에 의하면 발견은 새로운 지식, 가설, 예측을 다루는 탐구의 한 형태다. 그의 대부분의 노력은 탐구의 정의를 내리는 데 있었다. 그는 탐구는 지식(문제 해결과 마찬가지로)을 도출하고 조직하고 분석하고 평가하는 하나의 방법이라고 주장하였다. 탐구는 각기 분리된 지식의 여러 측면을 일관성 있는 학문 속으로 통합하는 것으로 간주되었으며, 발견보다 더 중요한 것으로 생각되었다.

Taba와 Inlow는 발견 학습을 언어적 · 구체적 학습과 대비시켰다. 전통적 학습의 대부분은 언어적이고 구체적인 정보를 학습자에게 전달하는 과정으로 기술된다. 전통적 학습은 권위 중심적이고 교과 중심적이며 고도로 조직적인 것이지만 융통성도 있고 개방적인 성격을 가지고 있기도 하다. 그러나 발견 학습은 초등학교 수준에서는 구체적인 것에 대한 광범위한 탐색으로 이루어진다. Inlow에 의하면 초등학교 수준 이후의 학생에게 발견 학습은 '문제의 확인, 자료의 조직 및 적용, 추정, 평가, 일반화'로 이루어진다.[93] Taba에게 발견 학습은 '추상화, 연역 작용, 비교, 대조, 추리, 숙고'를 의미한다.[94] 이러한 모든 발견 학습의 과정은 합리적이고 논리적이다. 따라서 그것은 문제 해결이나 수렴적 사고와 관련된다. 그러나 Inlow와 Taba의 지적에 의하면 발견은 확산적 사고나 직관적 사고와도 관련된다. 또한 Taba는 발견 학습을 정의하는 데에 창의성과 무제한의 학습을 추가한다.

발견 학습의 아이디어를 정교화시킨 것으로 잘 알려진 Bruner에 의하면, 발견 학습은 교과가 교사에 의해서 조직되는 것이 아니라 학생들 자신에 의해서 조직되었을 때, 학생들에게 최종의 형태로 교과가 제시되지 않았을 때 일어나는 학습이다. 발견 학습은 학생들이 제시된 자료 간의 관계를 발견하도록 하기 위한 일종의 기호 체계의 형성 과정이라고 할 수 있다.

성공적인 발견 학습의 경험은 학습자가 새로운 경험을 더 많이 발견할 수 있도록 해 주며, 학습을 위해서 더 많은 것을 기꺼이 학습할 수 있도록 해 준다.

8) 인지 작용과 교육과정

대부분의 교육과정 전문가, 학습 이론가와 교사들은 다음과 같은 세 가지 이유에서 교육과정에 대한 인지적인 접근 방법에 관심을 갖는 경향이 있다.

① 인지적인 접근 방법은 학습을 조직하고 설명하는 데 필요한 논리적 방법을 제시해 준다.

② 인지적인 접근 방법은 교과의 전통 속에 뿌리박고 있다.

③ 교육자는 다양한 인지적인 접근 방법으로 훈련을 받아 왔고, 이러한 접근 방법을 잘 이해한다.

앞에서 말한 바와 같이 많은 현대적 행동주의자까지도 자신들의 학습이론 속에 인지적 제 과정을 통합하고 있다. 학교 내의 학습은 인지적 과정을 포함하고 학교는 인지적 영역의 학습을 강조하기 때문에 대부분의 교육자는 학습을 인지발달이론과 동일시한다.

구조화된 교수 유형을 가진 교사는 반성적 사고 또는 과학적 방법에 근거를 두고 있는 문제해결 방법을 선호한다. 대부분의 교육과정 학자는 학습에 대한 인지적 접근 방법을 선호하면서도, 그러한 학습 모형은 불안정하고 교실에 적용될 때 아무런 실제적 의미를 가지지 못하는 경우가 많다는 것을 잘 안다. 예컨대, 학교는 학생에게 여전히 즐거운 장소가 아니며, 교실 생활의 질은 개선되어야 한다고 생각하는 것이다.

현재의 교수-학습 과정의 대부분은 여전히 교사가 압도적으로 많이 말하고 학생은 그것에 반응하는 식으로 이루어져 있다. 연습장과 교과서는 교수의 주요 원천으로 계속 사용될 것이다.

교육과정 전문가는 학교는 더 이상 학생들이 질문을 던지는 것과 틀린 답을 하는 것을 두려워하지 않고, 선생님을 기쁘게 해 주지 못하는 것에 대해서도 두려워하지 않으며, 지적인 모험과 자유로운 의사 표현을 두려워하지 않는 장소가 되어야 한다는 사실을 명심해야 한다. 우리는 모든 인지이론을 가지고 학생들이 배움 자체를 원하도록 만들고 배우는 방법을 알도록 할 수 있는 것처럼 보인다. 그러나 사실상 각종 문헌이나 실제 학교 상황으로 판단할 때, 앞으로 몇 년 후가 되면 대부분의 학생은 공부하라고 억지로 떠밀어야 공부하고 어떻게 하면 공부를 하지 않을까를 궁리하게 될 것 같다. 소위 '성공적인' 학생은 제도를 타파하고 교사의 의도를 알아차리는 게임에서 매우 민첩한 전략가가 될 수도 있다. 이렇게 볼 때 확실히 학교는 학생이 자신의 인간적인 잠재 가능성을 충분히 발휘할 수 있는 더욱 인간적인 장소가 되어야 한다. 이러한 사실을 명심하면서 인간 중심적인 학습에 관한 다음 논의로 넘어가 보자.

3. 현상학과 인본주의 심리학

전통적 심리학자는 현상학 혹은 인본주의적 심리학을 하나의 심리학파로 인정하지 않으며, 더욱이 심리학의 한 분파나 견해로도 인정하지 않는다. 전통적 심리학자의 주장에 의하면, 심리학자는 본래 인간에 대해 관심을 가지고 사회를 개선하는 일에 관심을 가지고 있기 때문에 모두 인간 중심적이다. 게다가 전통적 심리학자들은 '인본주의'라는 용어가 얄팍한 지식과 '가벼운' 연구에 근거를 둔 일반화의 오류를 가리는 마스크로 사용되어서는 안 된다고 주장한다. 그럼에도 불구하고 많은 사람은 때때로 인본주의 심리학으로 부르기도 하는 현상학을 행동주의 이론과 인지발달이론 이후에 나타난 '제3세력'의 학습이론으로 간주한다. 현상학은 총체적인 유기체 혹은 인간을 강조하기 때문에 때때로 일종의 인지이론으로 간주하기도 한다. 그러나 학습의 인지적 측면과 정의적 측면 사이에는 분명한 차이가 있기 때문에 현상학적 이론과 인지이론은 구분해서 파악되어야 한다.

느낌과 태도를 가지고 있는 '나', 자극을 경험하는 '나', 그리고 외부 환경에 반응하는 '나'에 대한 각 개인의 자각을 중요시한다는 점에서 현상학적 학습이론은 행동주의의 기계론적이고 결정론적인 이론과 분명한 대조를 이룬다. 우리는 외부 환경에 대하여 스스로 어떤 조건을 만들기 위하여 어느 정도의 통제력과 자유를 가진다. 이러한 자각에 대하여 말할 때 우리는 자아에 관하여 이야기하고 있는 것이다. 자기 자신의 실재인 직접적 경험에 대하여 연구하는 것이 곧 '현상학'이다. 그것은 실존주의 철학의 영향을 받았고 실존주의 철학에 근거를 두고 있기도 하다. 대부분의 현상학적 아이디어는 병원의 임상적인 상황에서 유래되었다. 그렇지만 그 아이디어가 교실에 대해서도 시사해 주는 바가 많다는 것을 교육자들은 점점 인식하고 있다.

현상학자들은 우리가 우리 자신을 어떻게 보는가가 우리 자신의 행동을 이해하는 데에 필요한 기초가 된다고 지적한다. 우리 자신에 대한 관념은 우리가 하는 것, 심지어 우리가 학습하는 정도까지 결정한다.[95] 만일, 어떤 사람이 자기가 Napoleon이라고 생각한다면 Napoleon처럼 행동할 것이고, 그렇지 않으면 적어도 Napoleon에 관한 그의 생각을 드러낼 것이다. 또한 어떤 사람이 자기가 우둔하거나 어리석다고 생각한다면 그의 인지적 성취는 그러한 자아 개념에 의해 영향을 받을 것이다.

1) 게슈탈트 이론

현상학적 아이디어는 초기의 장(field)이론과 장-지(field-ground)이론에 기반을 두고 있다. 장이론은 '장'이라는 외부 환경과 그 환경에 대한 개인의 인식 및 의미와 관련하여 유기체를 총체적으로 바라보고자 한다. 학습은 반드시 문제의 총체적 견지에서 설명되어야만 한다. 인간은 따로따로 떨어진 자극에 대하여 반응하는 것이 아니라 자극의 조직체나 유형에 대하여 전체적으로 반응한다는 것이다.

장이론은 1930년대와 1940년대의 게슈탈트 심리학에서 도출되었다. 독일어 단어인 'Gestalt'는 모양, 형태, 형상을 의미한다. 이런 맥락에서 볼 때 여러 가지 자극은 하나의 장 속에 들어 있는 다른 자극과의 관계 속에서 인지되며, 우리가 지각하는 것에 따라 그 의미가 결정된다. 마찬가지로 어떤 문제에 대한 해결은 개별적인 자극과 전체 사이의 관계에 대한 인식에 달려 있다.[96] 이것이 곧 '장-지' 관계며, 개인이 이 관계를 어떻게 지각하는가에 따라 행동이 결정된다. 단지 지각만이 학습에서 중요한 요소는 아니다. 더 결정적인 요소는 장 관계를 구조화 · 재구조화함으로써 유형의 진화 과정을 아는 것이다.

이러한 관점에서 보면 학습은 복잡한 것인 동시에 추상적인 것이 된다. 학습자가 어떤 학습 장면에 부딪히면 먼저 문제를 분석하고 본질적인 자료와 비본질적인 자료를 식별하며 관계성을 지각한다. 환경은 계속해서 변화하고 있다. 그렇기 때문에 학습자는 계속해서 자신의 지각을 재조직하게 된다. 가르치는 관점에서 보면 학습은 학생에 의한 선택의 과정이다. 교육과정 전문가는 학습자가 무엇이든 전체와의 관련 속에서 지각하는 경향이 있다는 점을 이해해야 한다. 학습자가 무엇을 지각하고 또 그것을 어떻게 지각하는가는 전적으로 학습자의 선행 경험과 관련된다.

2) Maslow: 자아실현인

유명한 현상학자인 Abraham Maslow는 인간의 욕구에 관한 고전적 이론을 제시하였는데, 그것은 다음과 같이 중요한 순서에 따라 위계적으로 제시되었다.

① 생존의 욕구: 음식, 물, 산소, 휴식 등과 같이 생명을 유지하는 데 필요한 것에 대한 욕구
② 안전의 욕구: 일상을 위해 필요한 것에 대한 욕구와 위험을 피하고자 하는 욕구
③ 애정 및 소속의 욕구: 일반적으로 타인과 좋은 정서적 관계를 유지하고자 하는 욕구와 특정 집단 속에서 어떤 위치를 차지하고자 하는 욕구

④ **존중의 욕구**: 가치 있는 사람으로 인정받고자 하는 욕구
⑤ **욕구에 대한 지식과 이해의 욕구**: 낮은 지능의 소유자보다는 높은 지능의 소유자에게서 나타나는 욕구로 지적인 학습과 지적 관계 조직에 대한 욕구
⑥ **자아실현의 욕구**: 최대한 훌륭한 사람이 되고 싶고 자신의 잠재 가능성을 최대한으로 실현하고자 하는 욕구[97)]

이러한 욕구는 교수와 학습에 관련하여 시사하는 바가 많다. 기본적인 욕구—말하자면 사랑이나 자아 존중감—들이 충족되지 않은 아동은 세상에 관한 지식을 획득하는 일에 전혀 흥미를 가지지 않을 것이다. 애정 혹은 자아 존중에 대한 욕구를 만족시키려는 아동의 목표는 학습과 행동 방향의 설정보다 우선한다. 교실 수업과 관련된 함축적인 의미를 가지는 Maslow의 아이디어는 아동들의 인간적인 정서와 애정과 신뢰에 근거한 방법의 중요성을 제시해 주었다.

Maslow는 '인본주의 심리학'이라는 용어를 새로 만들어 냈다. 이것은 다음과 같은 세 가지 주요 원리를 강조한다.

① 현재 경험의 주체인 한 개인에게 주의를 집중하고, 학습의 일차적인 현상으로서 경험에 초점을 맞춘다.
② 기계론적(혹은 행동주의적) 용어로 인간을 생각하고, 인지적 용어로 학습을 생각하는 것에 반대하며, 선택, 창의성, 가치, 자아실현과 같은 인간적 자질을 강조한다.
③ 인간의 존엄성과 가치에 대해 최선의 관심을 보이고 학습자 개인의 심리적 발달과 인간적인 잠재 가능성에 대해 관심을 갖는다.[98)]

이러한 구도 속에서 교사와 교육과정 개발자는 학생을 '전인'으로 보아야 한다. 학생은 적극적이고 목적적이며, 활동적이고 인생 경험(자극-반응 경험이나 인지적 경험만이 아닌)에 적극적으로 참여한다. 학습은 평생의 교육과정이 되어야 한다. 학습은 실험적인 것이고 그 핵심은 자유이며, 목적은 인간의 잠재 가능성의 최대 실현과 사회 개혁에 있다.

Maslow에 의하면 교육의 목적은 인간적인 자아를 성취하고 성장시키며, 자아를 실현시킬 수 있는 건강하고 행복한 학습자를 길러내는 데에 있다. 자아실현과 그에 따르는 성취감은 학습자가 궁극적으로 추구해야 할 목적이며, 교사들이 교실 상황 속에서 반드시 강조해야 할 것이다. 자아실현을 추구하는 사람은 심리적으로 건강하고 성숙된 사람이다. Maslow는 건강하고 성숙된 사람의 특징을 다음과 같이 제시한다.

① 현실에 관한 효율적인 지각
② 자기 자신과 타인에 대한 편안하고 안정된 마음
③ 죄의식, 수치심, 걱정으로 인하여 괴로움을 당하지 않는 것
④ 상대적으로 자발적이고 자연스러운 성향
⑤ 자기 중심적이기보다는 문제 중심적인 성향[99)]

3) Rogers: 비지시적 학습과 치료적 학습

가장 저명한 현상학자인 Carl Rogers는 학습 촉진을 위한 상담 절차와 방법을 확립하였다. 그의 아이디어는 초기 장이론과 장-지이론의 아이디어에 근거를 두고 있다. 이러한 이론에서 실재는 개인이 지각한 것에 기초를 둔다. 즉, '사람은 실재 그 자체가 아닌 자신의 지각의 지도에 의거하여 살아간다.'[100)]

이러한 실재의 개념은 교사가 특정 경험에 대한 반응의 수준과 종류는 아동마다 천차만별이라는 사실을 인식하도록 한다. 아동의 지각은 지극히 주관적인 것이지만 교실에서의 학습과 행동에 영향을 미친다. 예컨대, 그것에 따라 아동은 교사에게서 배운 것을 이해할 수도 있고, 못할 수도 있는 것이다.

Rogers는 치료를 교육과정 연구자와 교사가 이용할 수 있는 하나의 학습 방법으로 본다. 그는 긍정적인 인간관계가 인간의 성장을 위한 자양분이 된다고 믿는다. 따라서 학습자 간 대인관계가 인지적 시험 점수 못지않게 중요하다.[101)] 비지시적 교수에서 교사는 촉진자의 역할을 담당한다. 그것은 전문가의 안목을 가지고 학생과 관계를 맺고 학생의 인간적 성장과 발달을 안내하는 실존주의자로서 교사의 역할과 비슷하다. 이러한 역할 속에서 교사는 학생들이 자신의 삶, 학업, 다른 사람과의 관계, 그리고 사회와의 상호 작용에 대하여 새로운 의미를 탐색할 수 있도록 돕는다. 상담 방법을 통하여 학생들은 자신의 행동과 학습에 기꺼이 책임을 지고 현명한 선택을 할 수 있게 된다. 또한 그들은 자기 자신의 삶과 일반적인 인간의 삶에 대한 결정에 기꺼이 직면하여 교사와 생각을 공유하고 솔직하게 의사소통할 수 있게 된다.

교육과정은 결과보다는 과정에, 교과보다는 개인적 욕구에, 시험 점수보다는 심리적 의미에, 그리고 예정된 환경보다는 변화하는 환경적 상황(시 · 공간적으로)에 관련된다. 학습은 어떤 제한이나 사전 계획에 의해서가 아니라 자유롭게 이루어질 수 있어야 한다. 환경의 심리적 · 사회적 조건은 개인의 심리적 장이나 생활 공간을 제한하기도 하고 향상시키기도 한다. 개인의 심리적 장이나 생활 공간은 교육과정에서 고려되어야 할 필수적인 요소며, 특정 시간에 특정 학습자에게 일어나는 모든 것은 개인적인 심리적 장에 의미를 부여하고 결국에는 학습에도 영향을 미친다.

4) 현상학과 교육과정

현상학자는 개인을 그가 활동하는 분야와의 관련 속에서 바라본다. 이 점에서 현상학자들은 구성주의자와 많은 공통점이 있다. 그러나 행동과 학습을 결정하는 것은 주로 심리적인 것으로 본다. 개인의 개별적 경험은 추리의 과정을 통해서만 접근이 가능하다. 따라서 그러한 경험의 자료는 과학적인 증거로 미루어 보면 매우 의심스러운 것이다. 그러나 현상학자에게 개인적인 생생한 경험은 학습을 이해하는 데에 매우 중요한 것이다. 이러한 생생한 경험은 정확하게 측정될 수 없고 모호한 것이지만, 그래도 그것들은 '바로 저기' 에 엄연히 놓여 있는 것이다. 그것에 대한 정의와 과정은 정확하고 실체적인 것이라기보다는 주관적이고 평가적이다. 인본주의 심리학이라는 개념 이외에도 현상학의 범위와 내용은 실존주의 심리학, 신진보주의, 창의성, 사랑, 고차원적 의식, 가치화, 선험적 철학, 심리적 건강, 자아 정체감, 정신 분석[102] 등 최고의 '자아성취', '자아 달성', '자아실현' 을 의미하는 거의 모든 개념과 동일한 의미로 사용된다.

현상학이 가지는 이러한 포괄적 성격은 그 용어에 관한 분명하고 일치된 정의를 내리는 일을 어렵게 하지만, 그러한 성격이 오히려 다양한 심리학적 성향을 가진 교육개혁자들에게 현상학을 받아들이게 만든다. 사람에 따라 현상학을 다른 의미로 받아들인다는 것은 그것을 사람들이 쉽게 수용할 수 있게 하는 이유가 되지만, 동시에 많은 비판을 받는 이유가 되기도 한다. 그럼에도 불구하고 현상학자들은 협소하고 경직된 행동주의자들로부터, 그리고 인지적 과정에 대한 지나친 강조로부터 학습이론을 해방시키고자 한다.

심리학자들과 교육자들이 학생들을 '정신' 이나 '반응기계' 로서 보는 좁은 관점에서 벗어나도록 하는 현상학적 시도는 교육에서의 '에로스' 에 대한 논의에서 명백히 드러난다. 본질적으로 인간은 자신의 정신이 실재와 어떻게 상호작용하고 실재를 어떻게 창조하는가뿐만 아니라 자신의 감정이나 영혼이 외부 세계에 대하여 어떻게 반응하고 그것에 어떤 영향을 미치는가에 관심을 가진다. 분명히 말하여 우리는 학생이 사고하는 사람이 되기를 바라지만 '사랑할 줄 아는 사람' 이 되기를 바라기도 한다. 또한 우리는 학생이 사랑할 줄 아는 사람뿐만 아니라 사랑받는 사람, 열정과 열망과 매력을 가진 사람이 되기를 바란다.

Kerry Burch가 주장하는 바와 같이 에로스는 지식에 대한 욕구에 동력을 달아 주는 창조적 힘이다. 그것은 의미를 탐색하도록 한다.[103] Rollo May에 따르면 '에로스는 존재의 상태다.'[104] 이 상태를 경험한 사람은 상상적 선을 향하여 나아갈 수 있는 강렬한 열망을 가진 사람이다. 이 '사랑의 힘' 에 의하여 인간은 무엇이 자신을 학습하도록 하는지, 무엇이 지혜를 추구하게 하고 자기와 타인의 선을 추구하도록 하는지 분별할 수 있게 된다. 에로스는 심리적 건강을 재는 척도다. 에로스는 물질적 세상과 정신적 세상 모두에서, 다시 말하여 현상학적 세상에서 삶에 대한 총체적 감각을 느낄 수 있게 해 준다. 그러나 이 '감정적 충동' 을 따르는 사람은 자신의 학습이든 다른 사람들의 학습이든 학습이 완성되는 경우는 없다는 것을 잘 안다. 거기에는 완성이 있을 수 없다. 사고는 완성될 수 없다. 그렇기 때문에 학습도 종결될 수 없다. 종결은 사고, 이해, 그리고 지식에 죽음을 가져올 것이다. 사고와 이해에서 오늘은 '좋은 날의 성과' 에 만족을 느낄 수 있지만, 다음날에는 완수해야 할 더 많은 일이 기다리고 있을 뿐이다.[105]

동기화와 성취 앞에서 말한 바와 같이 현상학자는 우리 내부에서 일어나는 것, 즉 우리의 소망, 욕망, 느낌, 지각과 이해의 방식 등을 이해하기를 원한다. 인지적 기능의 중요성은 많이 인식되었으므로 이제 교사와 학교는 학습의 사회적 · 심리적 요소를 다루는 일에 우선적으로 전념해야 한다. 좌절하고 마음이 산란하거나 감정적으로 혼란한 학생은 공부는 거의 하지 않으며 반항적이고 움츠러들고 자기 자신의 문제를 행동으로 나타내려고 할 것이다. 학생의 욕구는 반드시 충족되어야 한다. 마찬가지로 그들의 자아 존중감과 자아 개념은 학습과 관련하여 본질적 요소로 인식되어야 한다. 자기 자신에 관한 좋은 감정, 호기심, 동기 없이는 계속적인 인지적(심지어 심동적) 학습은 거의 일어날 수가 없다. 학습자는 어떤 기능이나 요구된 과제를 수행하는 데에서 자신감이 있어야 하고 학습하려는 의지가 있어야 한다. 또한 학습자는 그에게 요구되는 수행 과제를 심리적으로 만족스럽게 느껴야 한다. 이것은 ABC를 배우는 데에도, 야구나 춤 또는 다른 사람과의 사회적 상호 작용을 배우는 데에도 적용된다.

우리는 수업 일수나 숙제 양을 늘리거나 교육과정을 보강해서가 아니라 학교를 학생에게 보다 만족스러운 것으로 만들고 그들의 관심사에 일치시켜서, 그들이 교실에서 힘, 충만함, 존중감을 얻을 수 있도록 학교를 개혁해야 한다. 학습자들의 심리적 요구를 다루는 것을 배울 때, 학생들이 배우고 싶은 욕구를 가지도록 만드는 것이 무엇인지에 대하여 세심한 관심을 가지게 될 때, 비로소 우리는 그들이 진정 배울 필요가 있는 것에 초점을 맞출 수 있다. 감정적인 욕구는 인지적인 욕구보다 더 중요하다. 마찬가지로 학문적 문제의 해결과 성취는 학생들이 누군가가 자신들의 말을 들어주고 자신들을 생각해 주고 보살펴 주고 있다는 것을 느낄 때, 그리고 자신들이 진정 중요하다는 것을 느낄 때 비로소 가능하게 된다.

학습에 대한 인본주의적 접근은 아동과 청소년의 경우 따뜻함, 진실함, 성숙, 그리고 다른 사람에 대한 배려를 중요시한다. 그 초점은 학문적 성취가 아니라 전인적 측면, 즉 사회적 · 심리적 · 인지적 욕구에 있다. 진보주의 교육자들은 현상학적 아이디어가 Pestalozzi와 Froebel부터 Parker와 Washburne에 이르는 고전적 진보주의 사상가들과 일치하기 때문에, 현상학자들이 구체적으로 누구인지 알지 못하면서도 그들의 생각을 기꺼이 받아들일 것이다.

학교에서의 학습은 공식화된 교육과정에 따라 집단 속에서 일어난다(거기에는 비공식적 혹은 숨겨진 교육과정이 있다고 주장하는 사람이 있지만). 아동은 30~40명의 학생 사이에 있는 한 명의 학습자며, 그들 모두는 어느 정도 주의 집중을 하여 능동성보다는 수동성을 요구하는 교과서를 가지고 학습한다. 우리 주위에 있는 모든 것은 우리의 관심을 사거나 동기를 부여하기 위하여 경쟁한다. 우리가 어떤 것에 주목한다는 것은 동시에 다른 것을 관심에서 배제한다는 것을 의미한다. 학생들을 포함하여 우리 모두는 시간과 관심을 어떻게 쏟을지 선택해야 한다. 주의가 산만한 학생들이 과제에 정신을 집중하지 못하는 것은 그 과제가 너무 복잡하거나, 어떤 사회심리적 문제가 우리의 중재를 기다리며 신호를 보내고 있다는 것을 의미한다.

여기에서 다음과 같은 문제를 제기할 수 있다. 교육과정 연구자들, 특히 교사들은 학생들의 관심과 시간을 자주 빼앗는 욕구, 관심, 느낌들에 의하여 휘청거리는 학생들이 어떻게 긴 나눗셈 문제나 셰익스피어의 소네트에 주의를 집중하도록 할 수 있는가? 어떻게 우리는 학생의 욕구, 관심사, 기분을 교수–학습 과정과 관련시킬 수 있는가?

교육자로서 우리는 학생에게 다양한 학습 기회를 제공해야 하며, 인지적 영역 이외에도 다른 학습 영역이 있다는 것을 인식시킬 필요가 있다. 또한 우리는 노력, 개선, 상상, 직관, 개인성, 생명력, 열정, 성숙을 포함한 다양한 형태, 다양한 수준의 성취에 대하여 인정과 보상을 줄 필요가 있다. 이러한 것들은 표준적인 학업 성취 점수와는 전혀 관계가 없는 회색지대에 있는 것이지만 여전히 전인적 개인과 현대사회를 향상시키고, 결국 삶에서 진정한 차이를 만드는 데에 중요한 역할을 한다.

자유의 개념 개인적 자유의 개념은 현상학이나 인본주의 심리학에서 중요한 쟁점이 되는 문제다. 우리는 자유를 잘 활용하지 못하며, 때로는 그것을 잘못 사용하기도 하지만 자유는 엄연히 거기에 존재한다. 초기 인본주의 심리학자 중의 한 사람은 자유에 대하여 다음과 같이 말하고 있다.

> 사람들은 습관, 편견, 고정관념에서 벗어나는 것만으로도 그들이 경험해 본 적이 있는 것보다 훨씬 더 많은 자유를 가질 수 있다. 사람은 인간을 반응하는 존재로 규정하는 전통적 견해보다 훨씬 더 많은 자기 결정 능력을 가지고 있다. …… 우리는 오늘날 대부분의 심리학이 용인하고 있는 것보다 더 많은 자유를 가지고 있다.[106]

자유라는 아이디어는 Rogers 학습이론의 본질이다. 아동과 청년이 자신의 자유를 더 많이 알수록 그들은 자기 자신을 발견하고 인간으로서 충분히 발달할 수 있는 기회를 더 많이 가지게 된다.[107] 학습자들이 자유를 탐색하고 궁구하게 함으로써 현재 그들이 공부하고 있는 것에 대한 이해를 심화하도록 해 준다. 자유는 학습자에게 목적 달성의 범위를 허용해 주고, 목적과 성취, 과거의 학습과 새로운 학습을 적절히 조율할 수 있게 해 주며, 새로운 의미가 그 다음 학습에 방향을 설정할 수 있게 해 준다. 자유는 자기 자신과 환경을 인식하는 방식에 대한 학습자의 지식을 확대시킨다.

자유는 1960년대와 1970년대의 급진적 학교, 자유 학교, 대안 학교 운동의 표어였으며, 1980년대와 1990년대의 사립학교 움직임과 교육적 선택의 한 부분이 되었다. 이러한 운동은 학습과 학교교육의 다양한 가능성을 증진시키고, 학습자의 다양한 욕구, 감정, 태도, 그리고 능력과 조화를 이루는 학교 환경을 만드는 데 도움을 주고 있다. 자유 학교, 대안 학교, 급진적 학교운동은 서로 중복되는 면이 많다. 이러한 운동은 아동중심 교육과 인본주의 심리학의 자극을 받아 일어났다. 또한 기존의 교수 및 학교교육 실제에 대항하고 전통적인 교육에 반대하였지만 실제적 개혁을 위한 세부적인 계획은 세우지 못하였다.

교육과정 학자가 교사들의 권위를 떨어뜨리지 않으면서도 학생에게 학습의 기회와 대안을 마련해 주어야 한다는 것은 의심할 여지가 없다. 교육과정 학자는 '중용'을 찾을 필요가 있다. 방종 없는 학생의 자유와 통제 없는 교사의 권위는 실현하기 매우 어려운 이상이다. 그 기본적인 아이디어는 학습자가 학습의 모든 영역, 즉 행동적·인지적·인간적 영역에서 자신의 잠재력을 충분히 발휘할 수 있는 교육과정을 설계한다는 데 있다.

교육과정을 위하여 개인은 각자에게 고유한 자기 완성과 자아실현의 욕구와 관심을 가지고 있기 때문에 모든 사람에게 일반적으로 적용할 수 있는 인간 중심적인 교육과정은 없다. 오히려 학습자는 충만한 잠재력을 성취시키는 데 필요한 여러 가지의 경험, 교과 내용, 그리고 지적 기능에 의존할 수 있다. 인문학과 예술, 특히 철학, 심리학, 미학은 자기 성찰, 창의성 등을 촉진시키기 때문에 적절한 내용이 될 수 있다. 태도와 감정을 강조하는 정의적 교육과정도 역시 생각해 볼 만하다. 적절한 이름으로는 '적합 교육과정' '인간 중심 교육과정' '가치 교육과정' '실존주의 교육과정' 등 다양하다.

학생이 교과 내용에 관한 교사의 설명을 거부한다면, 그것도 바로 학생의 권리다. 학생이 교과에 대한 교사의 해석이 현명하고 존중할 만하다고 생각할 수 있도록 학생-교사 관계는 신뢰와 정직에 근거를 두어야 한다. 학생의 선택은 무엇보다 중요하다. 그것은 무엇을 하고 어떻게 할지를 결정하는 능력이며, 자신의 생각과 일에 대한 통제력을 의미한다. 학교 안에서 틀에 박힌 일과나 규칙은 최소화하는 것이 좋다. 학습자들이 다른 사람에게 해를 끼치거나 위험을 주지 않는 한, 그들이 행하고 싶은 것을 마음껏 할 수 있도록 하는 것도 좋다. 잦은 평가, 비평, 경쟁은 학습에 도움이 되지 않는다. 학구적 공부 시간, 직접적 수업, 숙달 학습(처방된 행동과 과제, 잘 정의된 절차와 성과, 반복적인 연습과 평가를 강조하는)과 같은 최근의 교수적 추세는 편협하고 경직되며 매우 강제적인 것으로서 거부되어야 한다.

대부분의 재개념주의자들은 학습에 관한 현상학적-인간 중심적 설명을 수용하고자 한다. 왜냐하면 재개념주의에 속하는 교육과정 학자들과 학습 이론가들은 개인이 가지는 성격의 고유성을 높게 평가하기 때문이다. 이들은 자유, 실존적인 교육적 경험, 그리고 딱딱한 자연과학보다는 인문 교과나 예술 교과로 이루어진 교실을 선호한다. 이들은 현상학적-인간 중심적 학습이론이 전통적 혹은 중교과적 교육과정 학자들이 따르는 합리적인 수단-목적 접근법을 거부하기 때문이다. 이들은 수단을 정당화하기 위하여 경험적 자료를 제시하는 대신에 제안된 목적의 타당성을 입증하기 위하여 심리학적이고 철학적인 기반에 의존한다.

교육과정의 효과성을 평가해야 할 상황에서 현상학자나 인본주의 심리학자(재개념주의자)는 학생과 교사에 의한 추천이나 주관적 평가에 의존한다. 더구나 그들은 학생의 그림, 시, 면담 내용, 보고서, 전기, 구안물, 학생의 태도나 개선에 관한 이야기 등의 자료를 제시하기도 한다.[108] 그들은 경험적 증거나 학업 성취 점수 등을 제시하지 않는다. 더구나 현상학자는 자아실현, 자기 결정, 인간적 노력 등을 어떻게 가르칠 것인가, 가치 있는 교과가 어떤 교과인가를 어떻게 결정할 것인가, 그림, 시, 개인적 전기를 학습 성과와 어떻게 일치시킬 수 있는가, 자신들의 교육적 아이디어를 어떻게 검증하고 확신할 것인가 등에 대해서 의견의 일치가 전혀 없다.

우리는 적합하고 인간 중심적인 교육과정을 검토하고 구성하여 자아실현적이고 자기 결정적인 학습 과정을 강화할 필요가 있다. 그러나 우리는 앞에서 제기한 쟁점들이 해결될 때까지 학습에 관한 현상학자의 영역 속에서 계속해서 혼란을 겪게 될 것이다. 교수 및 학습과 관련하여 행동주의 혹은 인지 발달 과정, 그리고 교육과정 개발과 관련하여 전통적 · 과학적 정신을 신뢰하는 사람들은 심리학의 '제3세력'과 교육과정에 대한 '가벼운' 접근 방법을 계속해서 불신할 것이다.

4. 결 론

심리학은 교육과정에 중요한 영향력을 행사해 왔으며, 그러한 영향은 앞으로 더 증대될 것이다. 심리학적 기초 안에서 혁명의 움직임이 증폭되고 있다. 학습의 본질과 학습자의 본질에 대한 핵심 신념들이 도전을 받고 있다. 우리는 이러한 교육과정의 심리학적 기초에 관한 논의를 더욱 복잡하게 만드는 다양한 정신이론을 만들고 있다.

혁명은 심리학의 세 가지 주요 영역에서 일어나고 있다. 행동주의는 더 정교한 연합주의 형태로 변환되고 있다. 그러나 이러한 현대 연합주의와 초기 행동주의 이론 사이에 직접적 연결고리는 없다. 많은 혁명이 일어나는 것은 확실히 인지심리학 영역에서다. 학자들은 정신을 외부 세계의 상황에 위치시키는 보다 확대된 인지 개념으로 연구하고 있다. 생태학적 인지과학이라고 부르는 하위 변혁운동도 일어나고 있다. 현상학–인본주의 심리학자들은 인간 본성을 실제적으로 다시 정의하고 재개념화하기 위해 서로 도전하고 있다. 생물학이 강조되며 생물학적 본성이 우리에게 어떻게 학습하게 하고, 어떻게 상호 작용하게 하는지의 문제와 관련하여 생물학적 본성에 대한 관심이 증대되고 있다.

우리는 기계가 아니며, 정신은 컴퓨터가 아니다. 이러한 말을 받아들이는 것은 컴퓨터와 관련된 것들은 조심스럽게 사용해야 하고, 인간의 사고와 학습을 설명하기 위해서는 기술적인 기계를 덜 사용해야 한다는 것을 의미한다. 인간은 생태와 문화에 의하여 영향을 받고, 또한 생태와 문화에 영향을 주기도 하는 생물학적 존재다. 우리의 지능은 지속적으로 변화하는 역동적 복합체다. 교육과정의 심리학적 기초는 이 복잡성에 관해 더 많이 알게 해 줄 것이다. 그리하여 교육과정 학자로서 더 진보되고, 더 통합적이며, 더 완전한 인간 학습을 육성할 교육적 프로그램을 창조할 수 있을 것이다.

미 주

1) David A. Sousa, *How the Brain Learns,* 2nd ed. (Thousand Oaks, Calif.: Corwin Press, 2001).
2) Ibid.
3) Ralph W. Tyler, *Basic Principles of Curriculum and Instruction* (Chicago: University of Chicago Press, 1949).
4) Jerome S. Bruner, *The Process of Education* (Cambridge, Mass.: Harvard University Press, 1959).
5) Edward L. Thorndike, *Animal Intelligence* (New York: Macmillan, 1911).
6) James W. Pelegrino, Naomi Chudowsky, and Robert Glaser, eds., *Knowing What Students Know: The Science and Design of Educational Assessment* (Washington, D.C.: National Academy Press, 2001).
7) Edward L. Thorndike, *Psychology of Learning,* 3vols. (New York: Teachers College Press, Columbia University, 1913); *The Fundamentals of Learning* (New York: Teachers College Press, Columbia University, 1932).
8) Tyler, *Basic Principles of Curriculum and Instruction;* Hilda Taba, *Curriculum Development: Theory and Practice* (New York: Harcourt, Brace, 1962).
9) John Dewey, *How We Think* (Boston: D. C. Heath, 1910); Dewey, *My Pedalogic Creed* (Washington, D.C.: National Education Association, 1929); and Charles H. Judd, *Education and Social Progress* (New York: Harcourt, Brace, 1934).
10) Taba, *Curriculum Development: Theory and Practice,* p. 121.
11) Bruner, *The Process of Education.*
12) Ivan P. Pavlov, *Conditioned Reflexes,* trans. G. V. Anrep (London: Oxford University Press, 1927). The experiment was conducted in 1903 and 1904.
13) John B. Watson, *Behaviorism* (New York: Norton, 1939).
14) John B. Watson, "What the Nursery Has to Say about Instincts," in C. A. Murchison, ed., *Psychologies of 1925* (Worcester, Mass.: Clark University Press, 1926), p. 10.
15) B. F. Skinner, *Science and Human Behavior* (New York: Macmillan, 1953).
16) Ibid.; B. F. Skinner, *Reflections on Behaviorism and Society* (Englewood Cliffs, N.J.: Prentice Hall, 1978).
17) B. F. Skinner, "The Science of Learning and the Art of Teaching," *Harvard Educational Review* (Spring 1954), pp. 86-97.
18) Albert Bandura, *Social Learning Theory* (Englewood Cliffs, N.J.: Prentice Hall, 1977).
19) Robert M. Gagné, *The Conditions of Learning,* 4th ed. (New York: Holt, Rinehart and Winston, 1987).
20) Robert M. Gagné, Leslie J. Briggs, and Walter W. Wager, *Principles of Instructional Design,* 3rd ed. (New York: Holt, Rinehart and Winston, 1988).
21) Gagné, *The Conditions of Learning,* p. 245.
22) Linda Darling-Hammond, and Jon Snyder, "Curriculum Studies and the Traditions of Inquiry: The Scientific Tradition," in Philip W. Jackson ed., *Handbook of Research on Curriculum* (New York: Macmillan, 1992), pp. 41-78.
23) Pellegrino et al., *Knowing What Students Know.*
24) Sousa, *How the Brain Learns,* 2nd ed.
25) Ibid.
26) Pellegrino et al., *Knowing What Students Know.*
27) Ibid.
28) Ibid.
29) George Lakoff and Rafael E. Nunez, *Where Mathematics Comes From: How the Embodied Mind Brings Mathematics into Being* (New York: Basic Books, 2000).
30) Pellegrino et al., *Knowing What Students Know.*
31) Ibid.
32) Jean Piaget, *Judgement and Reasoning in the Child* (New York: Harcourt, Brace, 1948); Jean Piaget, *The Psychology of Intelligence,* rev. ed. (London: Broadway, 1950). See also Hans Furth and Harry Wachs, *Thinking Goes to School: Piaget's Theory in Practice* (New York: Oxford University Press, 1974).
33) John Dewey, *Experience and Education* (New York: Macmillan, 1938), p. 40.

34) Jean Piaget, *The Child's Conception of Physical Causality* (New York: Harcourt, 1932). See also Piaget, *The Equilibrium of Cognitive Structure*, trans. T. Brown and K. J. Thampy (Chicago: University of Chicago Press, 1985).
35) Dewey, *Experience and Education*, p. 43.
36) Tyler, *Basic Principles of Curriculum and Instruction*, pp. 84-86.
37) Taba, *Curriculum Development: Theory and Practice*, pp. 118-119.
38) Bruner, *The Process of Education*.
39) Dewey, *Experience and Education*, p. 44.
40) Bruner, *The Process of Education*, p. 13.
41) Lawrence Kohlberg, "Moral Development and Identification," in N. B. Henry and H. G. Richey eds., *Child Psychology*, Sixty-Second Yearbook of the National Society for the Study of Education, Part 1 (Chicago: University of Chicago Press, 1963), pp. 322-323.
42) Jerome Bruner, cited in Luis C. Moll, ed., *Vygotsky and Education* (New York: Cambridge University Press, 1990), pp. 1-2.
43) Moll, ed., *Vygotsky and Education: Instructional Implications and Applications of Sociohistorical Psychology*.
44) Ibid.
45) B. Bain, cited in Moll ed., *Vygotsky and Education*, p. 44.
46) Michael Cole, "Cognitive Development and Formal Schooling: The Evidence from Cross-Cultural Research," in Moll, ed., *Vygotsky and Education*, pp. 89-110.
47) Moll ed., *Vygotsky and Education*.
48) Leontrev, cited in Moll, ed., *Vygotsky and Education*, pp. 46-47.
49) Moll, ed., *Vygotsky and Education*.
50) Ibid.
51) Cole, "Cognitive Development and Formal Schooling."
52) Guillermo Blanck, "Vygotsky: The Man and His Cause," in Moll, ed., *Vygotsky and Education*, pp. 31-58.
53) Blanck, "Vygotsky."
54) Jonathan Tudge, "Vygotsky, the Zone of Proximal Development, and Peer Collaboration: Implications for Classroom Practice," in Moll, ed., *Vygotsky and Education*, pp. 155-172.
55) Carl Bereiter and Marlene Scardamalia, "Cognition and Curriculum," in Philip W. Jackson, ed., *Handbook of Research on Curriculum*, pp. 517-542.
56) Elinor Parry Ross, *Pathways to Thinking: Strategies for Developing Independent Learners K-8* (Norwood, Mass.: Christopher-Gordon, 1998).
57) Jerrold E. Kemp, Gary R. Morrison, and Steven M. Ross, *Designing Effective Instruction* (New York: Merrill, an imprint of Macmillan College Publishing Co., 1994).
58) Ross, *Pathways to Thinking*.
59) Kemp, Morrison, and Ross, *Designing Effective Instruction*.
60) Kenneth W. Howell and Victor Nolet, *Curriculum Based Evaluation: Teaching and Decision Making*, 3rd ed. (Belmont, Calif.: Wadsworth, 2000).
61) Ross, *Pathways to Thinking*, p. 24.
62) H. A. Witkin, *Personality through Perception* (New York: Harper, 1954).
63) Crafton, *Challenges of Holistic Teaching: Answering the Tough Questions* (Norwood, Mass.: Christopher Gordon, 1994).
64) R. M. Felder and L. K. Silverman in Kemp et al., *Designing Effective Instruction*.
65) Daniel Goleman, *Emotional Intelligence* (New York, Bantam Books, 1995).
66) Ibid.
67) Howard Gardner, as referenced in Goleman, *Emotional Intelligence*.
68) Peter Salovey, as referred to in Goleman, *Emotional Intelligence*.
69) Daniel Goleman, *Emotional Intelligence*.
70) D. C. Philips, ed., *Constructivism in Education: Opinions and Second Opinions on Controversial Issues*. Ninety-Ninth Yearbook of the National Society for the Study of Education, Part I (Chicago: The University of Chicago Press, 2000).
71) Kenneth R. Howe and Jason Berv, "Constructing Constructivism, Epistemological and Pedagogical," in D. C. Philips, ed., *Constructivism in Education*, pp. 19-40.
72) Jacqueline G. Brooks and Martin G. Brooks, *The Case for Constructivist Classrooms* (Alexandria, Va.: Association

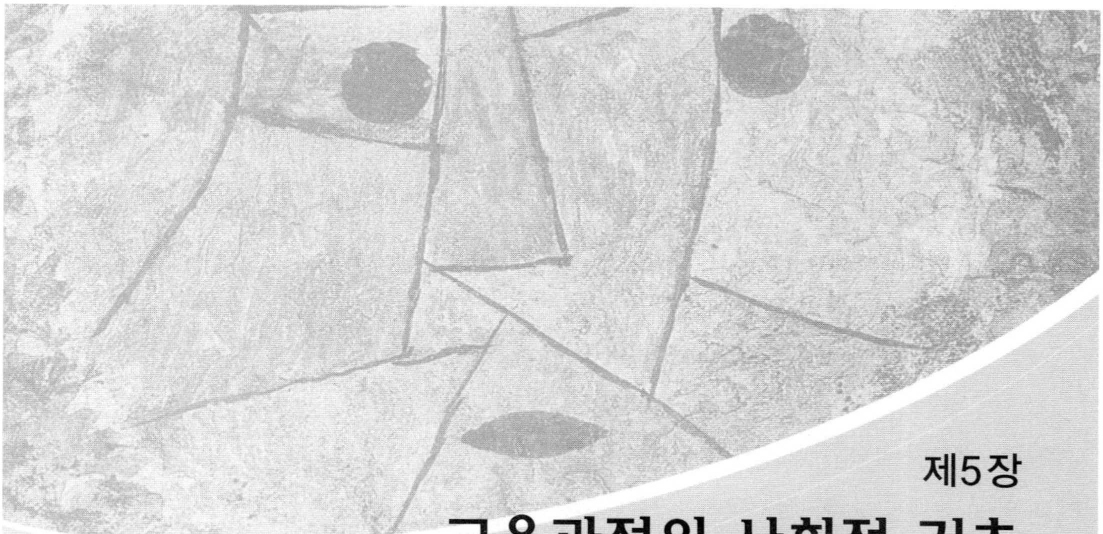

제5장

교육과정의 사회적 기초

핵심 질문

1. 교육과정을 책임지는 사람들이 학교는 사회적 맥락 속에 존재한다는 사실을 이해하는 것은 왜 중요한가?
2. 학교의 사회적 목적에 관한 관점에는 어떤 것이 있는가? 여러분은 어떤 관점을 지지하는가? 그 이유는 무엇인가?
3. 미국인이 공통된 가치관과 신념을 지닌다는 사실을 인정하는 것은 교육과정에 어떤 시사점을 던져주는가?
4. 지난 100년 동안 사회와 학교에 영향을 미친 주요 사건은 무엇인가?
5. 교육자들이 다양성 문제를 다룰 때 당면하는 주요 과제는 무엇인가?
6. 인종, 계층, 성의 개념은 교육과정 분야에서 왜 중요한가?
7. 교육자들, 그리고 일반 대중이 논의할 필요가 있는 사회적 현안에는 어떤 것이 있는가?

학교는 사회적 맥락과 분리되어 존재하지 않고 그 안에 존재한다. 학교는 교육과정을 통해서, 그리고 교육과정이 운영되는 학교 내의 문화를 통해서, 학교교육을 받는 사람들의 문화에 영향을 미친다. 마찬가지로 문화도 학교와 교육과정에 영향을 미친다. 학교와 문화는 따르거나 고려해 볼 만한 다양한 문화적 대본을 서로가 서로에게 제공하면서 영향을 미친다. 학교 밖의 문화는 개인적 행위와 집단적 행위를 이끌어가고 유지하며, 그들에게 의미를 부여하는 문화적 관습과 관례로 이루어진 대본을 가지고 있다.[1] 학교와 교육과정 또한 목적의 역할을 하는 대본을 가지고 있다. 어떤 사람은 학교 안과 밖의 문화가 가지는 대본은 재론의 여지없이 엄격하게 따라야 한다고 생각한다. 또한 이 대본에는 대본의 '작성자'와 '보유자'들이 그 대본의 '추종자'들로 하여금 알아차리거나 도전하지 않기를 바라는 숨어 있는 가정이 들어 있다.

그러나 우리는 학교와 학교가 소속된 문화는 점진성과 급진성을 동시에 가지는 유동적 요소를 포함하는 매우 역동적인 체제라고 생각한다. 학교와 교육과정은 그들의 사회적 · 문화적 맥락에서 분리될 수 없다. 교육은 그것을 둘러싼 시간, 장소, 그리고 관습과 분리된 실재를 소유하지 않는다. 교사는 교육을 과거의 그것과 나눌 수 없다. 교사는 과거를 인식해야 하고, 그들이 유지하기 원하는 것, 그들이 개선하기 원하는 것, 그들이 버리기 원하는 것을 선택하는 일에 적극적인 자세를 취해야 한다. 또한 교사는 미래의 교육적 실재와 사회 형성에 적극 참여해야 한다. David Purpel이 언급하였듯이, 교육자는 일반 대중과 함께 사회의 창조, 보존, 그리고 재창조에 책임을 져야 한다. 그들은 우리가 공동체 안에서 생산적으로 살 수 있는 방식을 모색할 과제를 안고 있다.[2]

우리 모두, 특히 교육과정 의사 결정자들이 이러한 책임을 져야 한다는 데 대하여 이론의 여지가 없다. 분명, 학교 안팎의 사람은 각각 다른 역할을 맡을 것이며, 각각의 영향력도 다를 것이다. 그 역할을 심각하게 생각하는 사람이 있는가 하면, 그것을 대수롭지 않게 생각하는 사람도 있을 것이다. 크든 작든 활동의 결과는 학교와 문화 각각에, 혹은 양자 모두에게 긍정적이거나 부정적인 영향을 끼칠 것이다. 중요한 것은 우리 자신을 우리의 세계와 분리할 수 없다는 사실이다. 아무런 행동을 하지 않는 것도 모종의 결과

를 초래할 수 있다.[3)]

그렇다면 교육자는 학교와 사회의 관계에 대한 숙고 없이 교육과정의 개발이나 적용에 관하여 의미 있는 논의를 하는 것은 불가능하다. 우리는 사회를 직시해야 한다. 사회는 사회적이고 인구학적 측면을 지닐 뿐만 아니라 인간 상호 작용의 정치적·경제적·공학적·도덕적/영성적·예술적 측면도 지닌다.[4)] 사회를 거시적으로 바라보는 것은, 교육적 의사 결정을 내리는 사람들에게 그들이 당면한 복잡한 과제를 보다 명쾌하게 이해할 수 있는 안목을 제공한다. 이미 언급하였듯이 사회의 여러 측면 중에서 어떤 것도 정적이지 않다. 시간의 시험을 견뎌 온 보편적인 측면도 다양한 집단에 의하여 다양한 렌즈로 비춰진다. 그렇기 때문에 어떤 한 집단이 개인과 사회의 효율적 기능을 증진시킨다는 점에서 중요하게 생각하는 것을, 다른 집단은 개인과 사회의 복지에 해로운 것으로 생각할 수도 있다.

금세기는 효율적인 사회적 존재가 된다는 것은 무엇을 의미하는가에 대한 다양한 목소리가 존재하고, 이러한 목소리가 주도권을 얻으려고 경쟁하는 시대다. 학교는 사회적 행동과 교육적 행동 이면에 들어있는 가정의 가치와 도덕성에 대한 논쟁이 날로 증가하는 시대적 상황 속에 존재한다. 어떤 사람(예를 들면, 비판적 사회심리학자)은 자신의 학문적 연구의 목적은 사회를 사회순응적 담론의 통합체로 보는 사람에게 대항할 수 있는 투쟁의 담론을 만들어 내는 데에 있다고 생각한다.[5)] 이런 학자는 스스로를 불행하고 억압받는 계층을 위해 현 사회의 특권을 지닌 '주도자' 에 대항하여 싸울 준비가 되어 있는 대변인으로 자처한다. 이러한 목소리는 매우 정치적인 성격을 가진다. 주류 교육자들은 이러한 '새로운 질서의 옹호자' 를 아무리 무시하고 싶어도 그럴 수 없다. 주류 교육자들은 그 급진적 목소리에 귀를 기울여야 한다. 왜냐하면 거기에는 현 사회에 대한 진실한 요구와 관점이 들어있기 때문이다. 물론, 급진적 사회심리학자와 사회비판가도 주류 교육자의 목소리를 들어야 한다. 대화는 필요하며, 역동적 사회 속에서 역동적 체제로서 교육이 존재하기 위해서는 다양한 목소리에 대한 존중이 필요하다.

교육과정의 사회적 기초를 더욱 복잡하게 하는 것은, 우리에게는 서로 경쟁하는 다양한 사회적·문화적 담론이 있을 뿐만 아니라 다양한 관점에서 세계와 사회를 바라보는 다양한 사람이 존재한다는 사실에 있다. 제4장에서 우리는 사람이 어떻게 지식을 습득하는가를 이해하고 분석하고자 하는 구성주의자의 견해를 논의한 바 있다. 이것은 심리학적 구성주의다. 이것과 다른 영역의 구성주의, 즉 사회적 구성주의도 있다는 점을 언급한 바 있다. 이러한 사회적 구성주의는 다음과 같은 두 가지에 초점을 맞춘다. 그 하나는 자연적 세계며, 다른 하나는 사회적 세계다. 자연적 세계를 다루는 사회적 구성주의는 오랜 인류 역사에 걸쳐 '창조된' 여러 학문 혹은 지식의 통합체를 고찰한다. 이 초점과 관련하여 학자들 사이에 의견이 분분하다. 지식의 본질은 무엇인가? 어떤 사람은 지식이란 외부적 실재에 존재하는 것을 인간이 발견한 결과라고 생각한다. 우리가 도달하는 종착점인 지식은 이러한 실재의 반영이라는 것이다. 다른 어떤 사람은 지식이란 발견되는 것이 아니라 이데올로기, 종교, 인간의 관심, 정치적 압력 등의 영향을 받는 사람들의 행위와 사고에 의하여 창조되고 구성되는 것이라고 생각한다.[6] 구성주의에 대한 이러한 논의는 교육자나 교육과정 학자의 논쟁거리가 될 수 있지만, 교육과정의 철학적 기초라는 주제 아래에서 다루는 것이 더 적절할 것이다.

교육과정의 사회적 기초라는 주제에 더 적합한 것은 사회적 구성주의의 둘째 초점이다. 이 초점은 사회적 세계가 어떻게 구성되어 있는가를 드러낸다. 사회적 세계에 주의를 기울이는 사람들 사이에서는 그다지 큰 논쟁은 일어나지 않는 것 같다. 사회적 세계, 사회 집단, 그리고 그런 세계를 규제하는 규칙이 인간에 의하여 구성되었다는 것은 이견의 여지가 거의 없기 때문이다. 그러나 급진적 구성주의자와 주류적 구성주의자 사이에는 여전히 많은 논쟁이 일어나고 있다.

지금까지의 논의를 생각할 때, 교육과정의 사회적 기초에 대해 아는 것이 지금만큼 중요한 시기는 없을 것이다. 미국의 역사에서 지금처럼 다양한 풍습, 신념, 가치관, 언어, 종교, 그리고 사회적 제도가 공존하는 시기는 없었기 때문이다. 현 시대와 장래에 교육과정 분야에서 활동하는 모든 사람은 교육의 본질과 목적이 가지는 사회적 기초와 그것의 사회적 함의를 이해하는 것이 필수적이다.

1. 사회, 교육, 그리고 학교교육

일부 교육과정 연구자는 교육은 중립적이라고 말한다. 이렇게 말하는 것은 약하게 말하여 스스로를 기만하는 것이며, 심하게 말하면 틀린 말이다. 교육은 개인으로 하여금 사회적으로 가치 있다고 여기는 것을 경험하고 수용하도록 하는 가치 개입적인 활동이다. 실제로 '교육'과 '학교'라는 단어는 사회적 구성물이다. 따라서 그런 단어는 가치가 들어있는 '가방'을 들고 다닌다. 그 가치 가방은 우리가 교육과 학교라는 단어를 사용하는 역사적 · 사회적 맥락의 영향을 받는다. 만약에 어떤 내용이 교육과정에 포함되고 다른 내용은 배제되는 것은, 그 내용을 선택한 사람의 눈에 그것이 가치 있게 보이기 때문이다. 그것은 또한 특정한 유용성을 지닌다. 문화 전달이 한 사회의 교육 체제가 수행해야 할 주된 업무라는 사실에 이의를 제기할 사람은 거의 없다. 한 사회의 가치관, 신념 체제, 그리고 규범은 그것을 직접적으로 가르치는 활동을 통해서, 혹은 그것을 교육 체제의 운영 과정에 구현하는 과정을 통해서 유지되고 다음 세대로 전달된다. 우리가 학교 건물과 교실의 구조를 결정하고 학생과 교사를 배치하는 방식은 우리의 문화적 관점과 가치관을 반영한다. 문화의 전달이라는 말은 부적절한 표현이며, 문화의 개혁이라는 말이 더 적합하다는 주장에 대해서는, 역동적이고 개방된 사회에서는 전달이 곧 개혁을 의미한다고 말할 수 있을 것이다. 사회적 지식과 풍습은 무기력한 것이 아니며, 그것들은 보다 많은 정보와 접하고 문화적 · 사회적 상호 작용 속에서 끊임없이 재구조화되는 것이다.

전달 속에 개혁을 포함시켜 생각하는 것은 Dewey의 사고에서도 나타난다. Dewey에게 교육은 사회의 유지(전달)와 개선(개혁)의 수단이다. 사회를 유지하고 개선하기 위해, 교육자들은 학습자의 경험을 선정하고 조직하는 데 매우 신중해야 한다. '교육적 환경을 마련하여 실제적 경험을 형성하는 일반적 원리를 알고 어떤 환경이 교육적 성장에 도움을 주는지를 이해하는 것은 ……교육자들의 일차적인 책임이다.' Dewey에 의하면, '경험은 욕구와 목적 형성에 영향을 미치기 때문에' 그것은 적절한 방법을 통해 형성되어야 한다.[7] 그러므로 교육자들은 사회의 다른 사람의 도움을 받아 어떤 내용과 활동(혹은 Dewey가 '경험' 이라고 부르는 것)이 개인의 인성과 사회성 발달을 돕고 사회의 개선에 기여하는지를 숙고하고 결정해야 하는 중요한 책임을 지닌다.

교육과정의 사회적 기초에 대한 숙고를 통해서 우리는 학교는 교육공학적 사회 속에서 시민을 교육하고 사회화하는, 단지 하나의 기관—주요한 기관이지만—에 불과하다는 것을 인식해야 한다. 공식적 교육 체제가 잘 정립되지 않은 사회에서 개인은 가족이나 공동체 혹은 부족 집단에 의해 교육된다. 그러나 세계가 점점 더 복잡해지고 상호 관련성이 커지면서, 이러한 사회도 구성원의 사회적 · 문화적 필요를 충족하기 위해 보다 공식적인 교육 체제를 수립해야 할 것이다. 분명히 학교는 현대의 교육공학적 · 산업화 · 정보화 사회에서 계속적으로 중요한 역할을 수행할 것이다. 정보의 양이 폭발적으로 증가하고 복잡해지면서 학교와 그 밖의 다른 공식적 교육기관은 다양한 교육과정에 대한 보다 많은 숙고의 필요성을 느끼게 될 것이다. 우리는 교육과정 연구자들이 교육 내용, 교육적 경험, 그리고 교육 환경을 결정함으로써 학생들의 삶을 형성하고 사회화하는 일에 주된 역할을 수행해야 한다는 것을 결코 잊지 말아야 한다.

1) 사회와 미국인의 전형적 성격

다양성과 문화적 다원주의는 현대 미국 사회의 특징이다. 민족적 집단과 문화적 집단의 관점에서 볼 때 미국 사회는 점점 더 다양하고 다원적으로 변화되어 왔다. 그러나 미국에 살면서 자신들을 캐나다인이나 멕시코인이라고 하지 않고 미국인이라고 하는 사람들이 있다. 미국에 온 지 얼마 되지 않은 사람도 즉시 자신이 미국인임을, 또는 미국인이 되어 가는 과정에 있음을 드러내는 태도나 행동을 취하는 경우가 있다. 이러한 미국화의 과정은 미국의 정치적 경계 안에 사는 모든 사람 간의 상호 작용에서 기인하는 것이다. 이들 상호 작용은 사람들로 하여금 사회적 의미를 형성하는 데 도움을 준다. 이러한 과정 중에 미국인의 전형적인 성격을 나타내 주는 행위, 태도, 그리고 사고방식 등이 형성된다.

분명히 미국인은 순전히 미국의 학교교육의 결과로서 유럽이나 다른 나라 사람과 구별되는 어떤 특징을 가진다. 미국 교육과정 연구자들은 미국인 사이에 다양한 차이가 있음에도 불구하고 그 사이에는 어떤 공통된 특징이 있다는 사실을 인식해야 한다. 즉, 하나의 국가적인 시민사회 문화가 미국인을 형성하고 있는 것이다. 이 국가적인 시민사회 문화는 미국인이 사회적 환경을 어떻게 형성하고 변형해 가는가에 대한 그림을 보여 준다. 공립학교의 주된 목적은 거시적 시민 문화에 영향을 끼치는 미시적 문화의 다양성을 인식하면서, 이 거시적 시민 문화에 대한 이해와 참여를 높일 수 있도록 교육하는 데 있다.

미국의 학교는 미국 문화의 건강과 복지를 향상시키기 위해 설립된 것이다. 그러나 Conrad Arensberg와 Arthur Niehoff의 '미국 문화란 무엇을 의미하는가?'[8)]라는 이 질문은 '도대체 미국인의 전형적인 성격이란 것이 존재하는가?'와 관련된다. Ruth Benedict는 '이때까지 존재한 어떤 문화도 미국을 구성하고 있는 사람들의 기질 차이를 완전히 제거할 수 없었다.' 고 말하였다.[9)] 그러나 한 사회의 구성원은 많은 공통점을 지닌다. 그들은 일정한 계획에 따라 양육되고 비슷한 방식으로 교육되며, 한 사람 혹은 여러 사람과 결혼을 하고, 노동으로 먹고 살거나 공통의 경제적 과제를 수행하며, 정신적 신념을 드러내며 살아간다. 이들 공유된 신념과 생활의 모습은 개인적 차이를 줄여 주며 개인은 완전히 동일하지는 않지만 비슷한 방식으로 행동한다. Benedict에 따르면, 사회의 규범은 대인 관계를 지배하며 전형적인 인성, 즉 대부분의 구성원이 공유하는 태도, 느낌, 그리고 행동 유형을 길러낸다.

문화적 다원주의에 대한 오늘날의 논의에도 불구하고, 미국에는 미국인의 전형적 성격이 존재한다. 심지어 최근에 미국에 도착한 이민자들도 대개 학교를 통해 이러한 인성을 획득하려고 노력한다. 미국은 구심체를 가지고 있으며, 이를 중심으로 미국의 사회적 실재를 구성한다. 이 나라에 사는 모든 사람은, 특히 이 땅에서 태어나고 자란 사람은 의식적으로 혹은 무의식적으로 국가적인 시민 문화의 영향을 받아 왔다. 심지어 미국을 비판하는 비평가들도 미국 시민과 다른 사람이 아니라 미국 시민과 똑같이 미국인 비평가일 뿐이다. 미국인의 전형적 성격을 인정한다고 해서 미국이 여러 하위문화로 엮어져 있는 사회적 조직이라는 사실을 부인하는 것은 아니다. 이것은 다른 나라에 사는 사람과 달리 미국에 사는 사람은 '종교, 출신 국가, 인종, 계층, 그리고 성별의 차이에도 불구하고 흔히 발견되는 유사점을 가지고 있다.' 는 것을 의미한다.[10)]

유사점 Arensberg와 Niehoff는 미국인의 전형적인 성격을 정의하는 작업을 매우 효과적으로 수행하였다. 이들은 미국인이 부, 교육, 예절, 그리고 취향에 다양성을 보여 준다는 사실을 부인하지 않는다. 이들이 지적하는 것은 인종 집단, 출신, 전통, 경제적 수준의 다양성에도 불구하고 미국인은 언어, 음식물, 위생, 의복, 기본 기능, 토지 이용, 공동체 거주, 여가 활동에서 놀라울 정도의 공통성을 지니고 있다는 것이다.[11)]

미국인은 도덕적 견해, 정치적 신념, 그리고

사회적 태도에 아프리카나 동아시아 여러 나라의 종족적 · 인종적 다원주의에서 발견되는 것보다 훨씬 더 많은 유사성을 보인다. 미국인은 어떤 사태나 쟁점의 세부 사항에 관하여 동일한 의견을 가지고 있지 않은 것은 분명하지만, 사회의 구성원이 된다는 것이 무엇을 의미하는지에 대하여 하나의 공통된 개념적 이해를 공유한다. 비록, 실현되기 어려운 이상이지만 미국인은 공통된 이상을 공유한다.

할 수 있다는 신념 대부분의 미국인이 지니는 하나의 특징은 어떤 것도 가능하다는 신념을 지녔다는 점이다. '열심히 일하라 그러면 성공할 것이다.' 이것은 아직도 아메리칸 드림의 숨겨진 의미다. '시도만 해 보라.' 는 슬로건도 이것을 암시한다. 대부분의 사람은 모든 사람이 대통령이 될 수 있다는 말을 들으며 성장한다. 어떤 사람은 '하늘의 별따기' 라는 말을 하겠지만, 미국의 전직 대통령 Clinton은 특권 계층 출신이 아니었다. 사실상 미국의 대통령 중에서 특권 계층 출신인 경우는 거의 없다.

미국의 학교는 그들이 교육과정을 제시하는 방식 속에 열심히 공부하고 노력하라는 메시지를 담고 있다. 학교는 학생을 억압에서 해방시켜야 한다고 주장하는 사회적 비판가조차도 누구나 자신의 환경적 제약을 벗어나 성공할 수 있다는 신념을 표출한다. 사람들은 열악한 도심지를 벗어나 성공할 수 있다. 심지어 열악한 도심지에서도 올바른 태도로 노력한다면 성공할 수 있다. 개인은 인간이 놀라울 정도의 유연성이나 변화 가능성을 보여 준다는 사실을 알고 낙관한다.

미국인의 전형적 성격의 하나는 어디 출신인가가 아니라 무엇을 하는가가 중요하다는 신념을 가지고 있다는 것이다. 한 사람을 평가하는 기준은 그 사람의 성취나 업적이다. 분명, 사람들은 지위가 서로 다르다. 사람들은 직업, 부, 그리고 교육받은 정도에서 서로 다르다. 그러나 미국인의 대부분은 세습보다는 성취를 통해 성공할 수 있다는 것을 믿는다. 그렇다고 사람들이 여전히 자신의 인종과 성 때문에 차별을 받고 있다는 사실을 부인하는 것은 아니다. 그것은 여전히 사실이지만, 그럼에도 사람들은 자신들이 타고난 것, 혹은 물려받은 배경에 의해 평가되는 것이 아니라 자신이 무엇을 할 수 있고, 무엇을 성취할 수 있으며, 무엇에 기여할 수 있는가에 따라 판단되어야 한다고 믿는다.

'가장 많은 장난감을 가진 사람이 이긴다.' 는 옛말이 있다. 이것은 어떤 사람이 많은 물질이나 고가의 물건을 가지고 있을 때 사람들은 그 사람을 성취한 사람, 혹은 성공한 사람으로 평가한다는 것을 의미한다. 물질적 재화는 성공의 척도라는 신념은 미국인의 국민적 정신에 내재되어 있다. 이것은 아메리칸 드림은 교외에 자신의 집을 소유하는 것이라는 등식을 성립시킨다. 미국은 많은 사람이 이것을 추구하여 도시와 근교로 이루어진 국가를 형성할 수 있었다. 미국은 시골풍의 국가가 아니다. 시골에는 학교가 거의 없으며, 사고방식도 도시적이다.

이와 같이 물질을 얼마나 가지고 있느냐로 성공이나 성취를 판단하는 것에 대한 비판도 있다.

사회비평가들은 교육의 가치는 경제적인 것이 아닌 다른 것에 비추어 판단되어야 한다고 말한다. 분명히 교육을 받는다는 것은 경제적 가치보다 더 고상한 가치로 판단되어야 한다. 그러나 교육을 경제적 가치로 판단하는 것은 이미 미국인 사이에 깊이 내재되어 있다.

미국인은 타인에 대한 관심, 다양성에 대한 인식, 그리고 높은 수준의 영성 등의 인간적 가치를 실현해야 한다고 생각한다. 다르게 표현하면, 미국인은 각자의 마음 안에 공감과 이해심을 키워야 한다고 생각하며, 다른 동료의 복지에도 관심을 가져야 한다고 생각한다.[12] 자신의 관심을 자기만족에서 타인의 복지로 돌릴 필요가 있다는 것이다. 경제문제가 더 이상 공교육의 추진력이 되어서는 안 된다.[13] 못 말리는 상업주의의 영향에 의해 성취를 물질의 획득으로 규정하든, 아니면 그것을 인류에게 기여하는 인간적 특성의 획득으로 규정하든지 간에, 성취에 대한 모든 대화에는 '우리는 할 수 있다.' 는 기본적인 신념이 들어 있다. 그것은 가능하다. 우리는 우리 자신을 통제할 수 있고, 공동체 형성이라는 목적을 달성할 수 있다는 것이다.

사회비평가는 교육자들이 '가능성의 주권(sovereign of possibility)' 이라는 의미를 파악할 필요가 있다고 말한다.[14] 이것을 총체적인 안목으로 주장하는 사람들은 그 안목은 좋은 삶을 사는 것 이상의 것을 의미한다고 말한다. 그것은 좋은 삶을 사는 좋은 사람이 되는 것을 의미한다. 이러한 의미의 가능성은 인간의 영성적 본질과 연결되어 있다. 사실상 인간의 가능성을 찬양한다는 것은 삶이 물질적인 것보다는 인간의 내면적 자아에 의해 판단된다는 신념을 강조하는 것이다. 사람은 그 사람의 인격적 속성에 의해 판단되어야 한다는 것을 철저하게 지지하는 사람들이 늘어나고 있다. 교육과정 연구자들은 이러한 사실을 명심해야 한다.

이원성에 대한 선호 사람들은 개념을 둘로 나누고 더 나은 것을 첫째에 두는 것을 '이것 아니면 저것 식' 의 사고방식으로 부른다. Arensberg와 Niehoff는 미국인이 가지는 이러한 전형적인 성격을 '원리에 입각한 이원적 판단의 취향' 이라고 부른다.[15] 미국인이 이런 종류의 사고방식과 그에 따르는 행동을 좋아하는 것은 인도-유럽어 전통의 영향이라는 점을 부인하기 어렵다.

미국인은 자신이 선호하는 범주에 속하는 하나의 상황이나 행동을 지정하고, 그것을 반대되는 상황이나 행동과 대비시킬 때 편안함을 느낀다. 예컨대, 현재의 교육을 해방적인 것으로 보거나 억압적인 것으로 본다. 교사를 학생의 요구에 민감한 교사와 그렇지 않은 교사로 나누어 생각한다. 어떤 행위를 옳은 행위와 그른 행위로 구분한다. 사람들은 성공을 하거나 실패한다. 사람들은 도덕적이거나 비도덕적이다. 학교는 공립이거나 사립이다. 모던한 사람이 있으면 포스트모던한 사람이 있다. 사람들은 종교적이거나 비종교적이다. 이런 이원적인 사고방식을 따르는 데는 모든 것을 절대적인 기준에 입각하여 생각하는 경향성이 들어 있다. 교육과 관련해서도 사람들은 어떤 내용을 알거나 알지 못한다고 생각한다. 교육과정을 숙달하는 사람이 있는가 하면 그렇지 못한 사람도 있다. 이것은 앞으로 변화시켜야 할 미국인의 전형적 성격 중의 하나다. 모든 것을 절대적인 것에 비추어 생각하는 것보다는 정도의 차이라는 관점에서 생각해야 한다.

올바른 행동을 위한 도덕적 기초에 대한 신념 미국에 사는 사람들에게는 그들을 여러 가지 측면에서 세계의 다른 민족과 구별하게 해 주는 도덕성이 있다. 이것은 다른 나라 사람들이 비도덕적이라는 말이 아니다. 이것은 미국의 정신을 형성하는 도덕주의가 특이하다는 것을 의미한다. 특히, 오늘날 미국인은 도덕성의 관점에서 적절한 행위는 무엇인가에 대해 숙고하는 경우가 많다. 개인의 힘을 키워 주는 교육을 받을 권리에 대한 토론에서 미국의 교육자는 각 개인은 자신의 인간성을 향상시키는 것에 대한 도덕적 권리를 가지고 있다는 신념을 자주 토로한다. 억압하는 사람들의 행위는 불법적인 행위는 아니지만 비도덕적인 행위로 규정하기도 한다. 차별 대우하는 것은 도덕적으로 잘못된 것이다. 사람들에게 선택을 허용하지 않는 것도 도덕적으로 잘못된 것이다. 미국인은 자신이 옳은 것에 대한 직관적 감각을 가지고 있다고 믿고 있다.[16] 옳은 것에 대한 직관적 감각을 인식하고 수용하는 것은 개인적이고 집단적인 행위를 올바른 방향으로 이끌어 준다.

현재 많은 사람이 다양한 집단의 행위와 관점에 이의를 제기하지만 그러한 논의는 여전히 도덕적인 분위기에서 이루어지는 경우가 많다. 특히, 마약, 성 문제, 범죄에 대한 토의는 도덕적 관점에서 이루어진다. 행위를 절대적인 기준에 의거하여 판단하는 특징은 여기에서도 명백히 드러난다. 성 문제나 마약 문제에 대하여 '단지 아니라고만 말하라.' 라는 표현은 이것을 보여 준다.

노동 윤리에 대한 신념 미국인은 세계에서 가장 열심히 일하는 사람이라는 말을 자주 듣는다. 미국인은 일을 쉬고 휴가를 보내는 시간이 거의 없다. 독일의 6주 유급 휴가 기간과 비교하여 미국은 대개 2주 정도만 휴가를 보낸다. 미국은 학교가 노동의 세계에 대해 준비시켜 줄 것이라고 말하면서, 젊은이들의 마음에 노동의 중요성을 심어 준다. 좋은 교육을 받으면 좋은 직업을 얻을 것이다. 심지어 '학교에서 공부를 열심히 하라, 최선을 다하여 공부하라.'[17]며 학습이 학생들의 일이라고 말한다. 이러면서 학생들로 하여금 교육과정을 잘 따라가도록 동기를 부여한다.

지금 공부를 열심히 하라, 그러면 나중에 놀 수 있다. 미국인은 일과 놀이를 구분하는 경향이 있다. 일은 필수적인 것이며, 목적 지향적인 것이다. 그것은 반드시 재미있을 필요는 없다. 그러나 근래에는 이것에 대한 생각이 다소 달라지고 있다. 일은 미국 문화에 뿌리 깊게 들어 있기 때문에 일의 성취 정도에 따라 사람을 구분하는 경향이 있다. 또한 다양한 종류의 일에 사회적 지위를 부여한다. 그녀는 의사다, 그는 변호사다, 그는 미용사다, 그녀는 버스 운전사다. 수입

이 많은 일은 그렇지 않은 일보다 가치 있다고 생각하기도 하며, 그들이 하는 일로 사람을 판단하기도 한다. 사람의 역할이 그들이 하는 일에 의해 결정되는 것이다.

일은 개인과 사회의 복지에 필수적이다. 간단하게 말하여, 일은 우리가 자신과 가족을 위하여 돈을 벌기 위해 종사하는 것이다. 그것은 필요하다. 일하지 않으면 주말에 임금은 없다. 우리는 한 국민으로서 대단히 과제 지향적이며, 일을 열심히 하면 성공할 것이라고 믿는다. 물론, 사회가 개인에 대한 편견을 가지고 있어서 개인이 아무리 열심히 일해도 충분한 보상을 받지 못한다고 말하는 사람들도 있다. 그러나 이 주장의 진의 속에도 여전히 일을 가치 있게 생각하는 신념이 들어 있다.

노동이 우리의 문화적 구조에 필수적이라는 것은 우리가 시간을 어떻게 보는지를 보면 더욱더 드러난다. 시간은 돈이다. 시간을 허비하지 마라. 학습 시간, 과제 수행 시간, 학생을 교육하기 위한 최대 가능한 시간 등의 교육적 개념 속에도 시간이 중요하다는 생각이 들어 있다. 우리는 노동 시간에 입각하여 국가를 경영한다. 노동 기간은 시간으로 환산된다. 노동 시간을 초과하여 일을 하면 추가 임금을 받는다. 자신을 전문가라고 생각하는 교사들도 방과 후에 열리는 학교 회의에 참석하는 것을 꺼린다.

시간에 대한 우리 생각의 많은 부분은 산업국가의 발전에 따라 생긴 것이다. 정보화 시대에는 당연히 이러한 시간 개념에 대한 도전이 이루어질 수밖에 없다. 우리는 정해진 시간이 아닌 각자가 가용한 시간에 인터넷에 접속할 수 있다. 우리는 스스로 정해진 시간 속에서 세계적인 인터넷망을 경험할 수 있다. 우리가 자는 동안 메시지가 인터넷으로 입력되고 우리는 그것을 깨어나서 확인할 수 있다. 그러나 우리는 여전히 과거의 시간 관념을 그대로 가지고 있다. 노동의 시간이 있고, 놀이의 시간이 있다. 방학이 있고, 학기가 있다. 심지어 어떤 사람은 학기 중의 시간을 늘리고 학습하는 시간을 늘려야 한다고 말한다. 어떤 학교는 학교에 다니는 일수를 늘리기도 한다. 어떤 학교 지역구는 1년 내내 학교에 다니는 방향으로 가고 있다. 그러나 이런 학교는 실제로 학생의 학습 시간을 늘리는 것이 아니라, 학습 시간을 1년 전체에 걸쳐 배열하는 일을 하고 있을 뿐이다.

학교가 그들의 학년 운영에 변화를 주고자 하는 것은 시간을 하나의 자원, 또는 돈으로 생각하는 것과 관련된다. 현재 일반 대중은 학교가 학생들의 성적을 올려야 한다고 요구한다. 이것은 학교가 시간을 보다 효율적으로 사용하기를 일반 대중이 원하고 있다는 것을 의미한다. 일반 대중은 교육 예산이 사용되는 학교에서 시간이 허비되지 않기를 바란다. 심지어 국회의원들은 대학 교수들이 시간을 어떻게 사용하고 있는지 기록하기를 요구하고 있다. 대학생들은 공부 시간을 보다 효율적으로 사용하여 그들의 학위를 보다 빨리 취득하기를 요구받고 있다. 대학을 빨리 마칠수록 시간, 즉 교육적 돈을 효율적으로 사용하는 것이다.

일정 기간 동안 미국에서 살아온 사람들은 노

동 윤리와 정확한 시간 관리에 대한 강한 신념을 가지고 있다. 미국인은 비행기가 정각에 출발하고 정각에 도착하는 것을 선호한다. 사람들이 약속 시간을 정확하게 지키는 것을 선호한다. 선생님과 학생들이 그들의 일을 위해 정각에 도착하기를 기대한다. 심지어 여가 시간도 정확하게 지켜야 한다. 미식축구 경기를 월요일 밤에 하는 것은 하나의 제도처럼 정착되어 있다. 목요일 밤 미식축구 경기는 왠지 이상하다고 느낀다. 대부분의 사람은 손목시계를 차지 않으면 벌거벗은 듯한 느낌을 가진다. 시계가 똑딱거리는 것은 미국의 맥박이 뛰는 것과도 같다.

평등에 대한 신념 미국인은 전체적으로 개인의 자질과 노력에 따라 그들이 할 수 있는 어떤 것이든 성취할 수 있다는 개인의 평등권을 믿는다. 어떤 사회비평가는 이것이 진실이 아니라고 주장한다. 확실히 미국의 역사에는 특정한 사람들이 아메리칸 드림을 성취할 평등한 기회를 누리지 못한 시기와 사례가 있다는 것이다. 그럼에도 그들은 기회의 평등은 존재해야 한다고 믿는다.[18] 사회비평가의 비판은 평등에 대한 미국적 신념을 뒤흔드는 것이 아니라, 사람들로 하여금 그러한 신념에 합당하게 살도록 고무시키는 데 그 목적이 있다.

어느 누구도 다른 어떤 사람보다 우월하지 않으며 그렇기 때문에 어느 누구도 특권을 누려서는 안 된다는 평등에 대한 신념은 미국의 독립선언문에서 나온다. 이 선언은 전 세계에서 유일하게 삶, 자유, 그리고 행복 추구를 '약속하는' 정부 문서다. 독립선언은 사람들이 삶을 누리고, 자유를 달성하고, 행복을 추구하는, 양도할 수 없는 권리를 지닌다고 천명한다.

평등은 모두가 같다거나 같은 것을 달성한다는 것을 의미하지 않는다. 사람들은 성공을 위한 평등한 기회를 가질 수 있고 성공을 추구할 자유를 누려야 하지만, 주로 개인의 노력에 의존한다. 여기에서 성공은 성취와 동일한 의미로 파악된다.

평등권에 대한 신념은 개인에 대한 신념과 개인에게 개인적 자유와 개인적 표현을 허용해야 한다는 신념과 관련된다.[19] 집단주의와 공동체를 강조하는 급진적 사회재건주의자들도 개인에게 자아 성취와 자기 이해를 목표로 하는 자아실현의 기회를 허용할 필요가 있음을 인정한다.[20] 물론, 그들은 어떻게 개인으로 하여금 자아를 실현하도록 할 것인가의 문제와 관련하여 주류 교육자들, 그리고 다른 재건주의자들과 의견을 달리한다. 그러나 자아라는 것이 진공 상태에서 성취되는 것이 아니라는 것은 누구에게나 공통된 생각이다. 그것은 과거, 현재, 예견되는 미래의 시간 속에서 경험하게 되는 환경 안에서 반성적 행위와 반응을 통하여 '창조되는 것' 이다.[21] 개인에게 자신의 자유와 표현을 발전시킬 수 있는 평등한 기회를 제공하는 것은 자기 자신과 공동체에 대한 개인적 책임의 함양을 필요로 한다. 자아는 오직 타인과의 상호 작용을 통해 발달한다. 평등한 권리는 올바른 행위에 대한 평등한 책임을 요구한다.

평등에 대한 신념과 개인의 주권에 대한 신념

은 독특하게 미국적인 것이다. 그것은 자아 건설의 주된 책임을 국가가 아닌 개인에게 지운다. 그것은 각 개인에게 자신의 인격의 설계자가 될 자유가 있음을 시사한다. 개인은 자신의 개인적 복지를 희생하면서까지 외부의 규칙에 복종할 필요는 없다. 미국의 각 개인은 자아 구성의 과정은 언제나 진행형이라는 사실을 명심하도록 교육한다. 개인의 삶은 죽기 전까지 끝나지 않는다. 그것은 계속 진행 중에 있다. 개인에 대한 존중은 자신의 삶과 발전의 토대를 마련할 책임을 개인에게 지운다. 이것은 각 개인이 자신의 꿈과 비전에 대한 책임을 진다는 것을 의미한다. 자신의 이야기를 쓰고 그 이야기를 살아야 할 책임을 지는 것은 바로 개인이라는 것이다.[22]

평등이라는 개념은 교육자에게 모든 것을 동일하게 만들 것을 요구하지 않는다. 교육의 기회균등은 모든 학생에게 동일한 교육과정을 경험하게 하거나 동일한 교수 방법으로 가르치는 것을 의미하지 않는다. 평등은 각 개인으로 하여금 자신의 이익과 국가 전체를 위하여 필요한 것을 경험할 권리와 기회를 가지도록 한다는 것을 의미한다. 평등이라는 개념은 자유라는 개념—남과 다를 자유, 남보다 더 성취할 자유, 자신을 타인과 구별할 자유—과 끊임없는 긴장 속에 놓일 것이다. 대부분의 미국인에게 평등은 제한된 순응 속에서 아메리칸 드림을 좇아 사는 것이 아닌, 그 드림에 참여할 수 있는 권리를 동등하게 가진다는 것을 의미한다.

이 책을 읽는 독자 중에서 어떤 사람은 미국에서 사는 사람이 어떤 유사점을 보여 준다는 말에 이의를 제기하기도 할 것이다. 미국인이 전형적인 성격을 지닌다는 주장에 이의를 제기하는 사람들도 있을 것이다. 사실상 미국은 한 국가로 묶기에는 너무나 많은 다양성이 존재한다. 포괄적인 시민 문화도 없다. 그러나 미국이 매우 다양한 사람이 섞인 나라지만, 공통된 관점과 신념으로 정의할 수 있는 측면도 있다. 이러한 공통된 관점과 신념이 미국의 교육과정에 반영되고, 학교 안팎에서 다른 사람과 학생을 대하는 방식에 영향을 미친다. 미국의 학교는 학생에게 특정한 지적 · 시민적 · 도덕적 이해와 행위에 대한 헌신을 드러내 보이고 지역, 국가, 그리고 세계 공동체에 적극 참여하는 데에 필요한 이해, 신념, 행동을 습득하고 발전시키도록 돕는다.[23]

2. 역동적으로 변모하는 사회

교육과정 연구에서 사회적 기초를 고려하는 것은 중요하다. 그 이유는 우선 사회의 모든 영역이 상당히 빠른 속도로 변화하고 있다는 데에 있다. 다양한 집단 모두에 적합하다고 확신할 수 있는 교육과정을 만드는 것은 불가능하다. 왜냐하면 집단은 변하고 다양한 인종적 요구가 생겨나며, 정보가 폭발하고 지식의 본질에 대한 철학적 관점이 더욱 다양해지기 때문이다. 또한 학습하는 것의 의미도 점점 확장되고 뇌의 본질에 관련된 새로운 영역이 점점 더 많이 발견되며, 학생과 교사의 행위도 변하고, 태도와 가치관도 바뀌고 있기 때문이다. 어떤 공통된 신념을 공유한다는 것이 사회의 세부 사항이 이렇게 변하고 있다는 사실을 가리지는 못한다.

교육자들이 자신이 살고 있는 이러한 사회의 역동성을 무시하면 자기 자신과 자신이 실행하는 교육 프로그램을 위험에 빠뜨릴 수 있다. 과거에는 교육자, 특히 교사와 교육과정 관련자들이 자신이 살고 있는 시대의 경향을 무비판적으로 수용하고 동시대의 사회적 · 정치적 힘을 반영하는 학교 프로그램을 개발하는 것으로 충분하다고 생각하였다. 그러나 오늘날은 단지 사회의 요구만을 반영하는 프로그램이 아닌, 개인이 사회의 지속적 형성 과정에 참여할 수 있도록 하는 프로그램을 개발할 것이 요구된다. 특히, Hendrick Smith는 미국에 대하여 다시 생각해 볼 것을 요구한다. 즉, 미국인은 한 나라의 국민으로서 자신들에 대하여, 자신들이 교육받는 방식에 대하여, 그리고 자신들이 사회적 · 정치적 · 경제적 활동에 참여하는 방식에 대하여 새롭게 사고하는 것이 필요하다는 것이다.[24)]

David Purpel은 사회적 · 정치적 · 경제적 체제에 시민의 권리, 책임, 보상 문제와 관련된 정보를 제공할 수 있는 도덕적 틀을 창출할 필요가 있다고 주장한다. 이러한 문제에 주의를 기울이는 것은, 각 개인과 각 집단이 정의의 체제 안에서 기능하도록 하기 위한 것이다.[25)] 그러나 우리 교육자는 정의의 체제 안에서 기능하는 개인을 너무 좁은 관점으로 생각해서는 안 된다. 우리는 인간의 삶의 모든 측면을 통합한 광범한 관점을 가질 필요가 있다. 우리는 한 인간이 무엇인가에 대한 편협한 관점을 가져서는 안 된다. 그렇게 하는 경우 우리는 우리의 제한된 관점만을 보상하는 교육 프로그램을 창출하게 된다.

이러한 요구와 제안에 모두 동의하지 않는다고 하더라도, 우리는 우리 자신을 한 국가의 국민이며 세계의 시민으로 재정의해야 한다는 것은 보수주의적, 자유주의적, 급진주의적 진영의 사람들 모두가 동의하는 사실이라는 것을 명심해야 한다. 자신을 끊임없이 재정의해야 한다는 이러한 요구는 미국인의 전형적인 특징 중의 하나다. 미국인은 전통을 존중하지만 우리는 그것에 언제나 도전하며 그것을 어떻게 발전시킬 것인가를 끊임없이 생각한다.

오늘날 다음과 같은 William Van Til의 말은 어느 때보다 중요하다.

> 무비판적으로 수용하고 분별없이 따라 하는 교육은 개인과 사회를 위험에 빠뜨린다. ……즉, 서로 상승작용을 하는 세력이 우리를 미국적 이상, 즉 자유롭고 도덕적인 책임감을 지닌 개인에 대한 이상과 반대되는 방향으로 이끌 수도 있다는 것이다. 금세기의 몇몇 징후 중에는 그것을 비판적으로 받아들이고 그것을 그대로 교육에 적용할 경우 힘 있는 사회에 힘 없는 개인이라는 기형적 결과를 초래할 수 있는 것들이 많이 있다.[26)]

1) 변화의 원천으로서 사회

현대사회는 매우 빠르게 변화하고 있기 때문에 우리는 그것에 대처하고 현재에 적응하며 미래를 대비하는 데 어려움을 겪는다. 우리는 사회변화를 이해하고 변화된 사회에 적응하며 살아가기 위하여 학교의 도움을 받아야 하지만, 불행하게도 학교는 일반적인 변화에 뒤처지는 보수적 기관이다.

사회의 분야에 따른 다양한 변화 속도는 '문화 지체' 라는 현상을 낳는다. 일반적으로 문화의 과학적 · 상업적 · 산업적 측면에서 변화가 먼저 오고, 다음에 사회의 제도 변화가 뒤따른다. 사람들은 제도적인 변화보다는 물질적인 변화를 더 쉽게 받아들이며, 이데올로기적인 근본적 아이디어의 변화에 대해서는 저항하는 경향이 있다.

사회 내에서 문화 지체가 어느 정도로 일어나는가 하는 것은 그 사회가 얼마나 많이 변하는가에 따라 다르다. 만일 사회적 변화가 없거나 거의 없는 경우 문화 지체라는 것은 조금 있거나 아니면 거의 없다. 서구 사회, 특히 미국에서는 사회의 여러 측면에서 지속적이고 근본적인 변화가 나타나고 있다. 미국 사회가 급속한 변화의 시기(제2차세계대전 이후 가속화된)로 돌입하면서, 그리고 이러한 급속한 변화가 일련의 다른 사건들을 불러일으키면서, 문화 지체 현상은 더욱 심화되었다.

변화의 속도와 방향 사회적 변화는 속도와 방향이라는 두 가지 기본적 측면에서 생각할 수 있다. 변화의 속도는 변화의 방향과는 별도의, 때로는 더 중요한 함의를 가진다.

'변화의 속도' 를 예시하는 하나의 방법은 인류가 존재한 과거 10만 년이라는 기간을 대략 75년(평균 수명에 해당하는) 간격으로 나누는 것이다. 이렇게 나누면 인류의 역사는 1333개의 생애로 구분된다. 인류가 문자로 한 세대와 그 다음 세대 사이에 의사소통할 수 있었던 것은 지난 60 생애 기간 동안에 불과하다. 인쇄물을 사용한 것은 6개의 생애 기간 동안, 자동차를 사용한 것은 단지 2개의 생애 동안, 전기를 사용한 것은 단지 1개의 생애 기간 동안에 불과하다.

Alvin Toffler는 지금부터 30년 전에 우리가 '충격적인 미래' 의 시대에 접어들고 있다고 경고하였다. 우리는 엄청난 양의 상품과 서비스 속에 파묻힐 것이며, 인간적 과부하 때문에 그중에서 어떤 것을 선택할지 헤매게 될 것이라는 것이다(예컨대, 어떤 통신회사의 장거리 전화를 사용할 것인지를 선택하는 상황을 생각해 보라).[27)]

변화의 속도를 느껴 볼 수 있는 다른 하나의 방식은 1940년에 출생하여 2000년에 60세가 된 사람에게 다음과 같은 사건이 일어났다고 생각해 보는 것이다.

① 원격 통신이 갑자기 일상적으로 사용되기 시작하였다.
② 정보 처리의 속도가 백만 배쯤 증가하였다.
③ 인구 증가의 속도가 백만 배 이상 증가하였다.
④ 제트 항공기, 레이다, 우주 미사일, 그리고 우주 위성 등이 일상사가 되었다.
⑤ 인간의 심장, 신장, 그리고 간장과 같은 주요 기관이 이식되었다.
⑥ 달과 화성에의 착륙이 성공적으로 달성되었다.[28)]

⑦ 허블 우주 망원경이 인류로 하여금 시간의 시작점으로 돌아가 볼 수 있게 하였다.
⑧ 동물의 복제가 일어났다.
⑨ 인류의 유전자 지도가 그려졌다.

이러한 목록에 다음과 같은 것이 추가된다.

① 유전공학, 시험관 아기, 그리고 성별의 선택이 현실화되었다(그리고 노화의 속도가 머지않아 늦춰질 것이다).
② 휴대용 원격 조정 장치(1파운드 이하의 무게)를 가지고 사람들은 순간적으로(빛의 속도로) 하나 혹은 100개 이상의 채널을 맞출 수 있고, 위성 통신 체제를 통해 세계의 어느 지역에도 실시간으로 연결될 수 있다.
③ 오늘날 슈퍼마켓 선반에 진열되어 있는 품목들의 75% 이상이 1940년에는 존재하지 않았다. 주요한 상품 교환 수단인 지폐가 플라스틱 화폐(신용카드)로 대체되었다.
④ 컴퓨터는 학교를 포함한 일상생활에서 일상적인 물건이 되었다. 로봇은 상업이나 산업에서 흔하게 사용되고, 가정에서도 곧 흔하게 사용될 것이다.
⑤ 1940년대에 산업에 고용된 미국인의 3/4이 제조업에 종사하고 있었지만, 지금은 60~75% 이상이 서비스업에 종사하고 있다. 산업사회에서 '후기산업사회', 혹은 '제3의 과학기술혁명' 이나 '제3의 물결' 로 변화되었다.
⑥ 미국 인구의 평균(중앙값) 연령은 1940년의 26%에서, 1980년에는 30%로 1990년에는 34.5%로, 그리고 2000년에는 37%로 높아졌다. 65세 이상 인구의 비율은 1940년의 7%에서 1980년에는 11.3%로, 2000년에는 18%로 증가하였다.

'변화의 방향' 을 드러내는 하나의 방법은 세계 인구의 성장을 생각해 보는 것이다. Phillip Hauser는 600,000년 동안 세계 인구는 1,000년마다 2%씩 증가한 것으로 추정하였다. [그림 5-1]과 같은 2차원적인 그래프상에서 보면, 이 세계 인구의 성장은 일직선의 수평선으로 나타나 있다. 그러나 과거 500년 동안의 세계 인구 성장선은 수평선에서 수직선으로 바뀌었다. 현재의 인구 성장은 1,000년마다 2%에서 매년 2% 이상—천배의 증가—증가하였다.[29)]

이러한 변동은 단순한 양적 변화로만 이해할 수 없는 매우 근본적인 변화를 나타낸다(양적 변화는 인구 성장에 들어 있는 변화의 한 차원을 의미할 뿐이다). 인구의 성장에 못지않게 중요한 방향의 사회 변화는 과학, 통신, 수송에서의 급속한 발전이며, 이것은 생활의 질에 영향을 미치고 전 세계적으로 영향을 미친다.

교육자들, 특히 교육과정 전문가들은 이러한 급속한 사회 변화와 관련하여 교육적 지체를 줄일 필요가 있다. 사회가 급속하게 변화한다는 사실은 다음과 같은 심각한 질문을 제기한다. 어떤 정책이 우리 사회를 지배하는가? 세계적인 수준에서 볼 때 무엇이 우리의 교육적 목적이 되어야 하는가? 우리는 어떻게 '좋은' 삶을 확인할 수 있

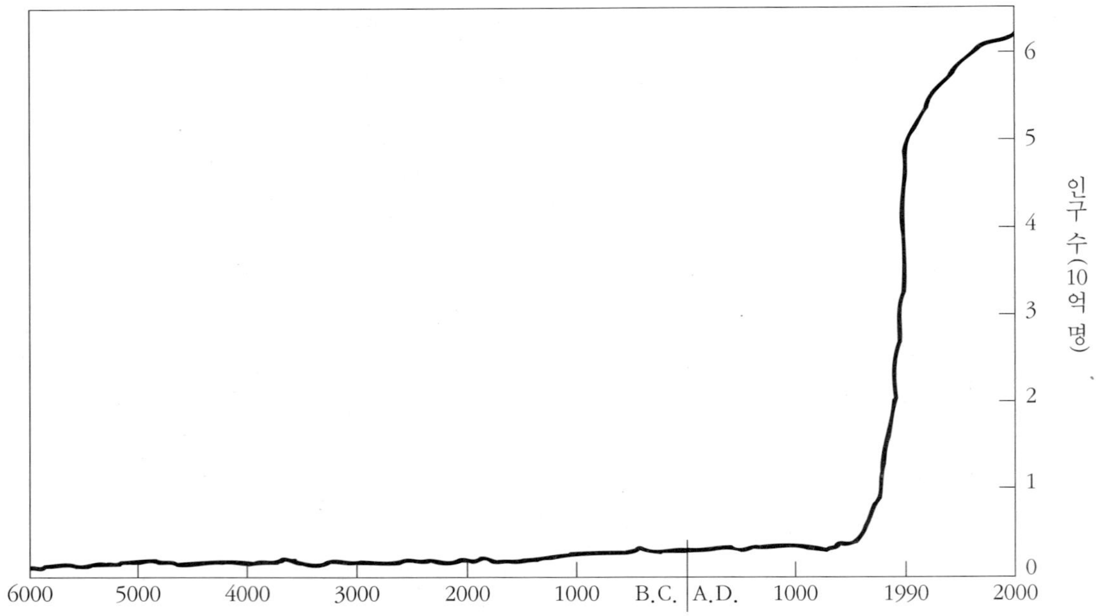

[그림 5-1] 세계 인구의 성장, B.C. 6000에서 A.D. 1990까지

으며, 학교는 어떤 역할을 해야 하는가? 학교는 어떻게 가진 자와 가지지 못한 자의 차이를 줄일 수 있는가? 학교는 미래의 세계를 위해 학생을 어떻게 준비시킬 것인가?

2) 변화의 주체로서 학교

만일 우리가 학교를 장기적 관점, 즉 '거시적' 관점에서 본다면, 오랜 기간에 걸쳐 일어난 두드러진 학교의 변화를 관찰할 수 있다. 단칸짜리 학교 건물 시절까지 거슬러 올라가면 그 대비는 극명하게 나타난다. 여러 연령의 학생이 하나의 교실에 모여 있었다. 교사는 (교회의 목회자처럼) 교탁 뒤에 서서 매일의 수업을 이끌어 갔다. 칠판이나 분필은 사용하지 않았다. 책상과 의자는 바닥에 볼트로 고정되어 있었다. 조명은 햇빛에만 의존하였다. 난방을 위해 장작을 사용하였다. 오늘날의 학교는 이와 현격하게 다르다.

한 세대의 관점, 즉 '미시적' 관점에서 학교를 보면 그 변화는 거의 감지되지 않는다. 오늘날의 학교 건물은 건축학적으로 훨씬 더 보기 아름답지만, 행정적 구조상의 주요 변화, 교육과정상의 주요 변화, 그리고 수업상의 주요 변화를 보면, 그 변화는 미미하다. 이것은 최근의 정보가 학교 교육과정에 반영되지 않고 있다는 것을 의미하지 않는다. 분명 우리의 과학 교과서에는 유전학, 양자물리학에 관한 최근의 발견이 포함되어 있다. 분명 우리의 문학 교과서는 학생들로 하여금 현대 소설을 읽게 한다. 교육의 미미한 변화라는 것은 목적, 목표, 교육과정 구조, 교수 방법적 접근이 거의 변화되지 않았다는 것을 의미한다.

이와 같이 학교에서 중요한 변화가 잘 일어나지 않은 것은 학교는 늘 현재 그대로 있기를 바라는 우리의 인식 때문이다. 그렇다고 우리가 학생을 가르치는 데에 항상 성공하고 만족하고 있는 것은 아니다. 그것은 우리의 학교가 기본적으로 올바른 방향으로 가고 있다는 것을 의미한다. 주류 교육자들의 사소한 불평이나 급진적 교육자들의 심각한 불만에도 불구하고, 우리는 학교가 성장, 성취, 성공, 그리고 개인주의라는 주류적 이데올로기를 잘 전달하고 있다는 것에 만족한다. 이러한 말에 대하여 급진적 교육자들은 특권 의식과 억압을 조장하는 교육적 목적에 우리가 만족하고 있다고 비판할 것이다.[30] 대부분의 미국인은 개인적 성취, 경쟁, 그리고 승리를 강조하는 교육 체제를 좋아한다. 대부분은 개인에 대한 신념이 개인과 공동체, 즉 전체 집단을 보상한다고 믿는다. 이것에 대한 대항 이데올로기로서 대부분의 사람이 수용할 만한 것을 제시한 사람은 없다. 교육과 미국 사회에 대한 몇몇 비평가들도 그러한 이데올로기를 제시하지 못하였다. 그들은 잘못된 것을 비판하지만, 무엇이 잘못되었는지를 꼭 집어서 말하지 않고 방대한 실패를 입증하는 '분위기' 나 이미지를 제시할 뿐이다.

학교의 변화가 느린 또 하나의 이유는 변화를 바라는 많은 사람이 총체적인 변화를 요구한다는 데 있다. 그들은 학교가 사회의 구성에 직접 개입하는 적극적인 주체가 되기를 원한다. 이러한 극단적인 요구는 학교와 교육자들이 방어적인 자세를 취하게 한다. 교육 비평가들은 건설적인 대화에는 관심이 없고 학교와 학교가 소속된 사회적 · 정치적 · 경제적 체제의 전복에만 관심을 가지는 것으로 생각된다.

셋째로 학교의 변화가 제한적인 수준에 머무는 것은 많은 비평가의 이분법적 자세 때문이다. 이것은 미국인의 전형적 성격인 이원성에 대한 선호를 예시하는 것이기도 하다. 많은 변화의 지지자는 학교가 개인적 이득, 자기만족, 경쟁, 그리고 소유를 강조하지 말고, 상호 의존, 평화, 즐거움, 그리고 사랑의 정신을 포용해야 한다고 말한다.[31] 이것은 전자의 것을 강조하는 사람들은 사악하거나 비도덕적이거나, 적어도 비윤리적이라는 것을 암시한다. 또한 이것은 전자의 것을 선호하는 사람들은 평화, 즐거움, 그리고 사랑을 가치 있게 여기지 않는다는 것을 암시한다. 반대로 후자의 것을 지지하는 사람은 도덕적이고 윤리적이며, 자신과 타인을 구제하고자 하는 안목을 가진 사람이라는 것을 의미한다. 반성적 교육자들은 학교가 학생들에게 타인에 대한 관심과 함께 개인에 대한 존중 의식도 함께 길러 줄 수 있다고 믿는다. 학생들은 경쟁과 협동은 효과적으로 융합될 수 있다는 것을 이해할 수 있다. 사회 내의 주요 변화는 하나의 신념 체제를 다른 것으로 대체하는 것에서 오는 것이 아니라, 진보적이고 혁명적인 아이디어와 이상을 모두 혼합하는 새로운 체제의 창출에서 온다.

교육에 관한 연구는 양적으로 상당히 많았지만, 지난 50여 년 동안 학교교육에는 큰 변화라고 할 만한 것이 거의 없었다. 이러한 현상에 대한 이유는 앞에서 논의한 대로다. 교수 방법에 관련된 많은 연구가 있었지만 수업에서의 큰 변화는 없었다. 예를 들면, 구성주의 학습에 대하여 많은 연구가 진행되었지만, 여러 가지 구성주의적 수업 방식을 확보하였다고 확신 있게 말할 수 있을 정도로 수업에 큰 변화가 일어나지 않았다. 이것은 구성주의적 학습이론에서 구성주의적 수업 이론으로의 직접적 전환이 없었다는 식으로 설명할 수 있다. 실제로 교육자는 학생들이 어떻게 학습하는가를 알게 되면 학생들을 어떻게 가르치는가를 알게 된다고 생각하는 오류를 자주 범한다. 결론부터 말하자면, 우리는 학습이 어떻게 일어나는지에 대하여 아는 정도에 비례하여 학생의 학습 과정에 어떻게 영향을 미칠 수 있는지에 대하여 알게 되는 것은 아니다.

수업에서도 큰 변화가 없었던 또 다른 이유는, 새로운 이론적 접근이 효과적인 수업 방법과 활동을 '그려내기' 위해서는 학생에 대한 상당한 정도의 이해를 필요로 한다는 데 있다. 구성주의적 학습이론에서는 학생이 주인공이다. 따라서 우리는 학생의 출발점에 대하여 대단히 많은 것을 알아야 한다. 이것은 단지 특정 교과 내용을 직접 교수법에 의하여 전달하는 것에 비하여 훨씬 어렵고 도전적인 일이다. 또한 학생의 성적을 올리라는 사회의 요구는 교사로 하여금 '말로만' 구성주의적 학습자를 얘기하고, 가르칠 때는 직접 교수법을 사용하도록 만들었다.

학교가 본질적으로는 변하지 않는 다른 원인은 우리가 이미 대부분의 학생에게 효과적인 교수 방법을 소유하고 있다는 데 있다. 직접 교수법은 효과적인 방법이다. 또한 우리는 이미 학생들이 반성적 사고와 협동적 학습을 하게 하는 토의법을 알고 있다. 또한 우리는 반드시 구성주의적인 것은 아니지만 소크라테스식 대화법을 이미 사용하고 있다.[32)]

대부분의 교육자가 수업과 관련된 급진적 교육자들의 주장에 깔린 정치적 토대를 수용하지 않기 때문에 수업에서 변화가 잘 일어나지 않는다. 많은 교육자는 비판적 교육학을 학생이 비판적 이론가의 세계관을 수용하도록 조건화하기 위한 경직된 이론으로 생각하기 때문에 배척한다. 물론 비판적 이론가들은 이러한 견해에 이의를 제기한다. 그들은 주류 교육자들은 권력자의 시녀이거나 권력자의 주류적 사고를 무의식적으로 수용하고 있다고 비판한다.

수업 방법을 획기적으로 변화시키는 것에 대하여 신중한 교육자들은 전통적인 교수법을 사용한다고 해서 학생들로 하여금 구성주의적 학습활동을 전혀 시킬 수 없는 것은 아니라고 주장한다. 그 반대도 역시 성립한다. 많은 교육자는 오늘날의 교육과정을 가르치기 위해서는 학습이론, 뇌 기능, 수업 이론, 그리고 교육과정 이론에 관한 최근의 지식을 나타내는 여러 접근의 조화로운 활용이 필요하다고 주장한다. 교육의 큰 그림을 생각할 때, 일반 대중에 속하는 우리는 특정 교수법상의 혁신이나 그들의 효과를 주목하지 않는다. 사실 이러한 변화는 일어나고 있으며, 단지 혁명적으로 일어나고 있지 않을 뿐이다.

우리는 학교가 표준화된 행위 규범, 명문화된 규칙과 규정, 그리고 행정가, 교사, 학생들 사이의 일사분란하게 분담된 과업에 따라 움직이는 대단히 관료적이며 보수적인 기관임을 이해해야 한다. 학교의 행위, 과업, 의례, 규칙과 규정이 과거와 크게 달라지지 않았기 때문에, 한때 학생이었던 학부모와 교사들이 지금 당장 학교로 돌아간다고 해도 즉시 적응하게 될 것이다.

학교의 운영 과정에서 교사, 교육과정 전문가, 행정가, 그리고 학생이 일상적으로 접촉하고 매일 상호 작용할 때 사회적 질서는 형성된다. 즉, 일련의 관례와 통례가 생기고 집단 규범과 조직의 가치가 정립되며, 이것이 개인의 성격과 행동을 조형한다. Hoy와 Miskel은 이 과정을 '학교는 하나의 사회적 상호 작용의 체제다. 학교는 서로 상호 작용하는 인격으로 구성된 조직체로서 이 안에서 인격은 유기적 관계로 함께 묶여 있다.' 고 기술하였다. 학교는 '여러 가지 부분의 상호 의존, 분명하게 정해진 구성원, 주변 환경과의 차별, 사회적 관계의 복잡한 네트워크, 그리고 그 자체의 독특한 문화로 특징지어진다.'[33] 그 결과 교사와 학생 간의 상호 작용, 그리고 교육과정 전문가들과 다른 직원 간의 상호 작용을 다스리는 수많은 제도적 규범과 행동 유형이 생기는 것이다. 외부 관찰자들은 이와 같은 사회적 특성과 상호 작용을 기술하기 위해서 '내재적 성격', '제도적 실재', '문화적 유형' 등의 용어를 사용한다.[34] 이러한 모든 것이 함께 작용하여 학교에 다니거나 근무하는 사람을 사회화하고 통제하며, 때로는 변화를 제지하기도 한다.

학교가 진정한 변화를 계획한다면, 교육은 더 이상 전통적인 학령기, 혹은 인생 초년기인 5세에서 16세까지에만 한정될 수 없다. 학교교육은 5세 미만으로 내려가야 하며(일하는 엄마의 문제를 해결하고 저소득층 학생에게 학교 갈 준비를 더 잘 시키기 위하여), 16세 위로 올라가야 한다(각 생애 단계에 맞는 다양한 교육적 자원을 제공하고, 제2, 제3의 직업에 대한 준비를 해 주기 위하여).[35] 즉, 자유롭게 '들어갔다 나왔다' 할 수 있는 평생교육 체제가 인기를 얻고 있다.

더 나아가 탈문맹, 혹은 문해(literacy)라는 아이디어는 기초적이거나 기능적인 문해뿐만 아니라 문화적 문해, 과학적 문해, 컴퓨터 문해, 공학적 문해, TV 문해(혹은 전자 문해), 그리고 연구 문해까지 포함하도록 확대되어야 한다.

다양성의 문제 하나의 국가로서 미국은 언제나 다양한 문화를 가지고 있었다. 미국은 영국의 식민지로 출발하였으며, 이 역사는 미국의 발전 과정에 큰 영향을 미쳤다. 그러나 독립 이후 미국은 여러 문화의 소수 민족들이 이제는 대부분 백인으로 분류될 정도로 스스로의 정체성을 형성해 나가도록 하는 일을 성공적으로 수행하였다. 물론, 처음에 노예로 미국으로 끌려온 아프리카인과 원주민인 인디언은 다른 역사를 경험하였다. 그러나 다양성을 논의할 때 미국인들은 이들을 하나로 묶어서 이야기한다. 예를 들어, 미국 내의 인디언 집단은 공식적으로 107개의 부족으로 구성되어 있고, 1억 5천 만 명에 달하는 데도 불구하고 이들을 모두 하나의 집단으로 묶었다.[36] 마찬가지로 라틴아메리카인에 대해서도 그들의 다양성을 무시하고 하나의 집단으로 묶었다. 아시아인들에 대해서는 이보다는 덜하지만 그래도 마찬가지였다. 이러한 집단 간의 다양성을 무시하는 것은 교육에 좋지 않은 결과를 초래한다.

20세기 후반에서 21세기에 이르기까지 점점 더 다양한 인종 집단이 미국으로 이주하였다. 역사적으로 미국 학교는 오늘날과 같이 문화적으로 다양한 학생 구성원을 가져 본 적이 없다. 미국의 교육자는 학생을 하나의 표준적인 혹은 통일된 집단으로 조직하거나 동질화하지 말아야 한다는 도전을 오늘날처럼 받은 적이 없다. 이것은 백인 집단에 대해서도 마찬가지다. 예를 들면, 많은 수의 러시아인, 우크라이나인, 그리고 다른 동유럽인이 미국에 살고 있다. 그들은 교육과정을 어떻게 구성하고 가르칠 것인지에 대한 특별한 도전을 학교에 던진다. 또한 많은 백인계와 흑인계 아프리카인이 미국에 들어오고 있는데, 이들은 다양한 문화뿐만 아니라 이슬람교도 가지고 있다. 흑인이라고 해서 모두 아프리카 출신 미국인인 것은 아니다. 이런 모든 변화 때문에 미국은 학급 전체 수업, 능력별 학급 편성, 동일한 교수법 적용의 교육적 관행을 버릴 필요성을 깊이 느끼고 있다.

교육자들이 직면하고 있는 도전은 많고도 다양하다. 교육과정 전문가들은 미국이라는 국가의 결집력으로 작용하는 시민 문화를 전달하고 개혁하면서도, 학생의 다양성에 부응하는 교육과정을 개발해야 한다. 우리는 학생들로 하여금 국가와 일반 사회에 도움이 되는 가치와 행위를 획득하게 하는 교육과정을 개발할 필요가 있다. 이 교육과정은 다양한 사회와 문화의 실로 모든 것을 포괄하는 하나의 국가적 직물을 짜야 한다.

교육자들은 서로 다른 여러 학습 목표, 서로 다른 여러 학교 프로그램, 서로 다른 다양한 교수법, 융통성 있는 교육과정, 심지어 모든 학생의 필요를 충족할 수 있는 다양한 교육 환경을 필요로 한다. 우리는 어떤 학생도 사회적으로나 경제적으로 소외하는 어리석음을 범할 수 없다. 교육과정은 학생이 역동적이고 새로운 사회에 적극적으로 참여할 수 있도록 개인적인 역량을 키워 줄 수 있어야 한다.

인종, 계층, 성, 그리고 성적 취향 다양성을 다룰 때, 어떤 교육과정 연구자는 학교가 사회의 불평등을 재생산한다고 비판하는 경우가 많다. 이 말은 학교는 사회에서 혜택을 받지 못하는 사람들을 소외하는 데 기여하였다는 것이다. 즉, 백인이 아닌 다른 인종 집단, 하류 계층에 속하는 사람, 여성, 그리고 남성 간 동성애자, 여성 간 동성애자, 양성애자, 성 전환자를 무시하였다. 인종, 계층, 그리고 성을 다루는 이러한 논의에 일리가 없는 것은 아니지만, 인종과 계층은 일차적으로 정치적인 개념이라는 것을 인식하는 것이 중요하다. 성(gender)은 사회적으로 구성된 개념이다. 인종(race)이라는 개념은 본질적으로 유색인을 지칭하기 위하여 사용되는 정치적인 용어다. 문화인류학자나 생물학자들은 '인종'이라는 용어를 인정하지 않는다. '생물학적 기준으로서 인종이라는 용어는 오래 전에 허구로 밝혀졌다.' [37] 그러나 우리는 피부색으로 구분되는 정치적 · 사회적 집단을 정의하기 위해 인종이라는 용어를 계속하여 사용한다.

민족 집단(ethnic group)은 언어, 종교, 신념, 그리고 관습과 같은 특정한 차이점에 비추어 다른 집단과 구별되는 것으로 생각하는 사람들의 집합체다. 민족 집단에는 백인은 물론 다양한 유색인종이 포함된다. 민족이라는 용어를 이러한 의미로 사용할 때, 특정한 인종 집단 내에는 다양한 민족 집단이 존재한다. 미국에 이민 오는 유럽인이나 아프리카인 집단 안에도 다양성이 존재하는 것과 마찬가지로 아시아에서 미국으로 오는 집단 안에도 다양성이 존재한다. 교육자들이 다양성 문제를 다룰 때 모든 유색인종은 동일하다고 생각한다면, 이것은 매우 심각한 오류를 범하는 것이다.

교육과정에서 다양성을 어떻게 다룰 것인가라는 문제는 계속하여 긴장을 야기할 것이다. 학교에 근무하는 교육자 중에는 여러 민족 집단의 동화(assimilation)를 주장하는 사람이 있는가 하면, 여러 민족 집단 간의 다원성(plurality)을 주장하는 사람도 있을 수 있기 때문이다. 동화주의자들은 민족적 다양성, 사회적 이질성을 함양하는 것은 결국 미국을 분열에 빠지게 할 것이라고 주장한다.[38] 다른 사람은 동화주의자들이 주장하는 '도가니'라는 개념은 신화라고 주장한다. 그것은 샐러드 안의 야채는 모두 샐러드를 구성하지만 각각의 맛은 유지되는 '샐러드 보울'에 더 가깝다는 것이다. 이러한 두 집단의 주장은 모두 일리가 있다. 민족 분류 체계 속에 백인이라는 범주가 포함되어 있는 만큼, 도가니는 신화가 아니다. 백인 사이에도 대단히 많고 다양한 민족적 유산이 있지만, 대부분의 사람이 보기에 그들은 섞여 있으며, 심지어 백인, 앵글로색슨, 신교도라는 세 가지 특징으로 정의되기도 한다. 대다수의 백인은 이러한 세 가지 특징 모두를 충족하지 못한다.

샐러드 보울이라는 개념을 받아들이는 사람들은 미국은 다양한 목소리와 다양한 민족 집단으로 구성되어 있다는 것을 상기시킨다. 때로 다원주의자라고도 부르는 이들은, 동화주의자는 하나의 주요한 단일 문화로의 융합에 초점을 두지만 그것이 한 집단의 지배와 다른 집단의 피지배를 암시한다는 사실을 간파하지 못한다는 점을 지적한다.[39] 다원주의자가 주장하듯이, 미국인이 모두 하나의 사고방식을 가지고 있는 것은 아니다. 미국이 전 세계에서 다양한 이민자를 받아들이는 한, 미국 사고방식의 다양성은 계속 심화될 것이다. 다원주의자에 의하면 미국은 다양성을 존중하고, 그것을 교육과정에 반영할 수 있으며, 하나의 사회 속에서 서로 협력하고 협동하는 일을 모두 성취할 수 있다고 주장한다. 이것은 미국의 학교 교육과정에 학생들의 다양성을 인정하고 반영해야 한다는 것뿐만 아니라 학생들로 하여금 교육과정을 경험함으로써 미국을 하나의 미국 사회로 만드는 공통된 가치와 실제에 헌신하도록 만들어야 한다는 것을 의미한다. 이는 미국이 단일한 사회이면서도 다양한 집단의 집합체이기 때문이다.

계층(class) 문제 또한 교육과정 전문가의 주된 관심사다. 미국 학교는 중류 계층을 겨냥하여 개념화되어 있으나, 실제 학교에 들어오는 학생 중에는 이러한 계층에 속하지 않은 학생이 많다. 그들은 중류 계층의 학생들과는 다른 가치관을 가지고 있다. 그들은 중류 계층의 것과 다른 언어 유형과 사회적 관습을 가지고 있다. 어떤 사람은 이러한 학생은 중류 계층의 학생들과 분명히 다르지만, 그들의 계층적 특성은 중류 계층 출신 학생의 그것과 동일한 가치를 지닌다고 주장한다. 1990년대에 캘리포니아 주에서는 흑인 영어의 정당성과 가치에 대한 논쟁이 일어났다. 특정 학교 공동체의 많은 구성원은 흑인 영어는 표준 영어와 동등하며, 그것도 학교에서 가르쳐야 한다고 주장하였다. 타인을 대하는 방법, 미래에 대한 관점, 성공에 대한 인식, 그리고 교육받는 것이 무엇을 의미하는지에 대한 생각은 모두 계층에 따라 다르다.

교육과정에 대한 논의에서 계층의 쟁점은 마르크스주의 이론에 의해 영향을 많이 받았다. 마르크스주의와 신마르크스주의 교육자는 프롤레타리아의 권리 옹호와 부르주아에 대한 도전에 대하여 논의하였다. 오늘날에는 가난, 질 낮은 교육, 그리고 차별이라는 위험에서 하류 계층을 어떻게 구출하느냐에 대한 논의가 많이 이루어지고 있다. 즉, 교육자들은 하류 계층의 어린이들에게 그들의 세계와 더 넓은 세계를 이해하는 데 필요한 비판적 도구를 어떻게 제공할 수 있는가?[40)]

가난한 아동들은 분명히 존재한다. 우리는 그들이 성공할 수 있도록 도와주고 가난의 대물림과 가난에 수반되는 폭력에서 벗어날 수 있도록 하는 도구와 태도를 제공하는 교육과정을 제공해야 한다.

그러나 가진 자와 가지지 못한 자에 관한 많은 논의에도 불구하고, 대부분의 미국 사람, 심지어 유색인종도 가진 자의 범주에 속한다. 현재 아프리카계 미국인의 대다수는 중류 계층에 속한다.[41)] 그러나 그렇지 못한 사람들도 반드시 존재하고 있으므로, 우리는 가난한 학생의 수를 줄이고 그들에게 적절한 교육과정을 제공해야 할 과제를 여전히 안고 있다.

미국에서 계층 간 이동은 언제나 가능하다. 사람들은 교육과 노력을 통하여 얼마든지 성공할 수 있다. 미국의 사회적 체제와 교육적 체제를 비판하는 사람도, 미국에는 성공한 사람들의 사례가 매우 많기 때문에 학교가 의식적으로든 무의적으로든 교육과정을 통하여 학생들을 억압하고, 소외하며, 시민의 권리를 박탈한다는 주장은 신뢰성이 없다는 것을 인정해야 한다.

만약, 학교가 모든 것을 포괄하는 교육적 경험을 제공하려면, 우리는 이것이 가치, 언어, 신념, 그리고 경제적 위치와 관계가 있다는 것을 인식할 필요가 있다. 학교가 모든 학생을 하나의 민족 집단으로 묶는 것은 불가능하다. 민족성은 바뀔 수 없다. 그러나 학교가 사람으로 하여금 공통의 가치, 공용 언어, 그리고 인간의 가족에 대한 비슷한 신념을 공유하고, 국가의 경제적 복지를 나누어 가지는 하나의 공동적 사회적 계층이 되도록 하는 것은 충분히 가능하다. 이것은 계층적 수준을 모두 동일하게 만드는 것을 의미하지는 않으나, 중류 계층으로 부르든 아니면 다른 것으로 부르든 상관없이 우리 모두가 그것의 구성원으로 인식할 수 있을 정도의 유사성을 지닐 수 있다는 것을 의미한다.

성(gender)은 급진적 논쟁에서 사용하는 또 다른 용어다. 앞서 언급하였듯이 성은 생물학적으로 주어진 것이 아니다. Sari Biklen과 Diane Pollard는 '성은 하나의 분석 범주며, 이는 성별(sex)과 관련하여 사회적으로 구성된 것을 일컫는다. 남자 혹은 여자의 행위, 태도, 자아의 표현 등으로 우리가 분별하는 것은 사회적 관계에 의해 만들어지고, 문화 속에서 지속적으로 타협되고 유지되는 것' 이라고 하였다.[42] 그러나 성의 쟁점에 관한 우리의 논의와 성의 쟁점이 교육과정의 숙고에 어떻게 영향을 미칠 수 있으며 미쳐야 하는지에 관한 우리의 논의에서 혼동을 일으키는 것은, 실제적 맥락 속에서 '성(gender)' 은 '성별(sex)' 과 동의어로 사용된다는 사실이다.[43] 성별은 생물학적으로 주어진 것을 가리킨다. 성은 그런 것이 아니다. 그것은 사회적 혹은 문화적 요인에 의해 창조된 것이다. 생물학적으로 말하여 여성과 남성은 미래에도 변하지 않을 것이다. 그러나 남성적인 것과 여성적인 것은 변화될 가능성이 높다.

교육과정 전문가에게 중요한 쟁점은 교육과정이 어떻게 성에 영향을 미치는가다. 우리가 교육과정을 개발하여 제시할 때, 우리는 하나의 성을 우대하고 다른 하나의 성을 경시하지는 않는가? 역사적으로 교육자는 남성을 높이고 여성을 구속하는 교육 프로그램을 개발하였다. 역사에는 소년과 남성은 높은 수준의 성취와 성공을 얻을 수 있도록 교육받고, 소녀와 여성은 교육 기회와 교육적 성장이 제한되는 사례가 넘친다. 물론, 이것은 역사를 특정 관점에서 구성하여 파악하는 것이다. 지난 60년 동안 많은 것이 변하였다. 그럼에도 이러한 해석에 이의를 제기하는 사람들도 있을 것이다. 그들은 남자와 여자는 생물학적 본성에 따라 서로 다른 목적을 위해 창조되었으며, 각각은 사회의 복지에 동등하게 중요하다고 주장할 것이다. 그래서 교육은 소년과 소녀로 하여금 전체 사회에 필요한 의무를 수행할 수 있도록 준비시켜야 한다는 것이다. 남자는 집 밖으로 나가 사냥을 하고 공급하는 역할을 수행하여야 한다. 여자는 화덕을 지키며 자녀를 양육하고 교육하는 역할을 수행하여야 한다. 이런 논의는 인류의 역사가 시작된 이래로 지속되어 왔다. 많은 사람이 이런 사고방식에 도전장을 던지고 있음에도 불구하고 논쟁은 여전히 진행 중이다.

소년이나 남자가 소녀나 여자와는 생물학적으로 다르다는 것은 누구나 다 알고 있다. 그러나 그렇다고 성이 달라지는가? 만약 그렇다면, 교육과정은 달라져야 하는가? 이 책에서 우리는 이 문제를 해결하려고 하지는 않는다. 우리는 단지 교육과정에 대하여 숙고하고 실행할 때 성 요인을 고려하여야 한다는 것을 지적하고 싶을 뿐이다. 교육은 모든 사람에게 골고루 혜택을 제공해야 한다. 어떤 사람도 성 때문에 특혜를 받거나 소외되어서는 안 된다. 소녀와 여자의 권리 향상을 위해 학문 활동을 하는 많은 페미니스트는 여성적 경험과 여성적 앎의 방식의 매우 중요한 측면을 모두가 경험할 수 있도록 기존의 교육과정을 재설계하고 재개념화하여야 한다고 주장한다. 때때로 문화적 페미니스트(cultural feminists)라고 부르는 이러한 페미니스트들은 이 새로운 내용이 전체 사회의 재건을 위한 초석이 되기를 희망한다.[44] 이들은 여성적 가치가 남성적 가치와 동등하게 존중될 수 있도록 학교와 교육과정이 재설계되어야 한다고 믿는다. 자유주의적 페미니스트들(liberal feminists)로 알려진 다른 페미니스트들은 교육과정에 대한 완전한 재개념화를 요구하지 않는다. 오히려 이들은 현재와 같은 형태의 교육과정을 제공하면서도 학생들로 하여금 성별에 대한 고정관념에 따라 행동하지 않도록 가르칠 수 있다고 주장한다. 이러한 수업을 통해서도 사회는 양성을 평등하게 다룰 수 있다는 것이다.[45]

성 쟁점 아래에는 평등이라는 쟁점이 놓여 있다. 이 평등은 공정성을 암시할 수 있으나, 공정함은 동일한 일을 하거나 동일한 교육과정을 경험하는 것을 의미하지는 않는다. 그러나 많은 사람은 우리의 현재 교육과정이 소녀와 여자들에게 공정하지 않다고 생각한다. 잠재적 교육과정에 포함된 숨은 의미는 어떤 교과, 특히 수학과 과학은 소녀들을 위한 것이 아니라는 강력한 메시지를 던져 준다. 실제로 어떤 급진적인 페미니스트들은 그러한 교과를 가르칠 때에도 그 내용은 주로 남성에 의하여 생산된 지식이라는 점이 강조된다고 한다. 여자는 이러한 학문의 발전에 어떤 역할도 수행하지 않은 것으로 인식된다. 더구나 그런 학문은 남성적 특성을 반영하는, 즉 객관적이고, 감정이 배제되고, 가치가 배제된 사고방식을 통해 발전한다는 것이다. 모든 영역에 걸쳐 여자에 의해 수행된 연구는 거론되지 않는다. 심지어 세상과 그 안에 사는 사람들에 관한 결론도 기본적으로 남자에 관한 연구에만 토대를 두고 있음에도 불구하고 그 결과는 남자뿐만 아니라 여자에게도 적용된다. 많은 페미니스트에게, 그리고 이 진영에 속하지 않은 다른 이들에게도, 교육과정은 여전히 가부장적이고 소녀와 여자를 부당하게 대우하는 것으로 생각된다.[46]

교육과정은 가부장적일 뿐만 아니라 성 차별적이며, 또한 성 차별적으로 운영된다. 교육과정 내용에는 여자와 소녀를 부당한 관점에서 묘사하거나 사회의 주요 구성원으로서 이들을 무시하는 편견이 내재되어 있다. 여자들과 소녀들은 열등한 성별을 가진 구성원이고 이들의 성 경계선은 이들의 진보를 방해하였다. 남성적인 것의 사회적 의미와 역사는 여성적인 것으로 보이는 모든 것을 경시하였다. 많은 교사가 여자와 그들의 공헌에 대한 공부를 거의 하지 않을 뿐만 아니라 그들의 교실에서 여학생을 불공정하게 대우한다고 비판가들은 주장한다. 많은 교사, 심지어 여자 교사도, 남학생을 선호하고 실제로 교실 내에서 그들과의 상호 작용에 더 많은 시간을 할애한다. 어떤 연구자는 표준화된 검사가 여학생보다는 남학생에게 유리하다는 사실을 발견하였다.[47]

이러한 인식이 과연 정확한 것인지에 이의를 제기하는 자료들이 21세기에 나타났다. 비록, 이것이 20세기 대부분의 기간 동안 진실이었을 지라도 이제는 더 이상 진실이 아니다. 2002년 10월에 CBS는 여학생이 수학과 과학의 우수반 대부분을 차지하였다고 보도하였다. 여학생의 보다 나은 성취는 고학년에서만 나타난 것은 아니었다. 여학생은 모든 학년에 걸쳐 모든 교과에서 남학생보다 우수하였다. 학업 수준이 높은 반에 여학생이 더 많았다. 최근에 실시한 표준화 검사에서도 여학생이 남학생을 앞질렀다. 여학생이 2년제와 4년제 대학에서 학생의 다수를 차지한다. 고등교육에서 이런 성별 분포는 20세기 후반에 나타나기 시작하였으며, 21세기에도 유지되고 있다. 마찬가지로 여학생은 의학, 법학, 그리고 심지어 공학 분야에서도 다수를 차지한다.[48)]

교사들, 심지어 여교사들도, 여학생보다는 남학생을 선호한다는 사실은 논쟁의 대상이 된다. 어떤 사람은 오늘날 남학생은 '단지 남학생'이라는 이유로 불이익을 당한다고 주장한다. 여학생보다 훨씬 많은 수의 남학생이 교장실에 불려가서 잘못된 행동에 대하여 꾸지람을 듣는다. 여학생보다 많은 수의 남학생이 정학을 당하거나 퇴학을 당한다.[49)] 여학생보다 많은 수의 남학생이 중도 탈락한다. 학교와 학습에 적절한 것으로 분류되는 행동은 보상을 받고, 부적절한 것으로 인식되는 행동은 처벌받는다. 조용히 앉아 있기, 교사의 말 청취하기, 교사의 권위 받아들이기, 수동적으로 복종하기, 단정하게 행동하기, 시간 엄수하기 등이 '모범적인' 학교 행동이다. 소란 피우기, 교사에 도전하기, 활동적이고 손을 꼼지락거리기, 단정하지 않게 행동하기, 과제를 제 시간에 끝내지 못하기 등은 '부정적인' 학교 행동이다. 여학생들이 모범적 행동에서 남학생보다 뛰어나다는 것은 이제 공공연한 사실이다. 어떤 사람은 남자 교사와 여자 교사 모두를 포함하여, 교사는 남학생으로 하여금 보다 적절하게 행동하도록 하기 위하여 남학생을 여성화하거나 적어도 그러한 것을 시도한다고 주장한다.

이런 내용에 대하여 여러 교육자 집단과 일반 대중은 뜨거운 논쟁을 벌일 것이다. 그러나 교육자들은 학교의 교육과정은 성 차별적인 것이어서는 안 되며, 그러한 것으로 인식되어서도 안 된다는 점에 동의할 수 있어야 한다. 누가 교육과정이 성 차별적이라고 여기는지 여부는 그 사람이 성을 어떻게 해석하는가에 따라서, 그리고 학교는 그것에 어떻게 반응하는가에 따라 달라진다. 우리는 학생 개인으로 하여금 높은 수준까지 성장하고 그들의 잠재력을 최대한 실현하도록 하는 교육과정을 제공하여야 한다. 만일 성이 사회적으로 형성되는 것이라면, 그것은 모든 사람에게 혜택을 줄 수 있도록 형성되어야 한다. 성은 남자와 여자 사이의 생물학적 차이에 대한 인식에서 나오는 것이지만, 그것은 어디까지나 사회적으로 정의된 것이다.

어떤 사람은 성은 사회적으로 정의되지만 그것은 실제로 그것에 부여된 사회적 의미 이전에 존재한다고 주장하기도 한다.[50)] 성은 우리의 생물학적 본성의 한 기능을 가리키며, 각각의 성을 가진 개인은 그 성에 맞는 특정한 방식으로 행동하고 사고한다. 예를 들면, 배려의 선천적인 특성은 여성적인 것으로 간주한다. 공격성은 선천적으로 남성적인 것이다. 우리는 여성이 가지는 배려의 특성을 고려하여 여성이 그러한 특성을 요구하는 일을 하도록 여성을 사회화한다. 마찬가지로 공격성을 고려하여 스포츠 혹은 국가 안보와 같은 분야에서 사회적으로 적절한 수준의 공격성을 발휘하도록 남성을 조형한다. Carol Gilligan은, 최소한 그녀의 초기 작품에서, 여성은 특정 사고방식 혹은 세상과 관계 맺는 특정한 방식을 선천적으로 타고 났다고 말한다.[51] 이런 논리 전개를 받아들이는 것은 위험하지만, 만일 그것이 진실이라면 교육과정 전문가들이 해야 할 일은, 남자의 앎의 방식과 여자의 앎의 방식을 동등하게 대우하는 것이다. 차이 자체에 문제가 있는 것은 아니며, 성차에 가치를 부여하고 낙인찍는 방식이 문제인 것이다. 차이는 전적으로 생물학적인 성향에 의해서만 결정되는 것이 아니다. 차이는 만들어지는 것이며, 그 차이에 대한 가치 부여는 사회에 의하여 이루어진다.

성 문제를 어떻게 적절하게 다룰 것인가 하는 것은 계속 쟁점으로 남을 것이며, 또 그래야 한다. 성 문제를 평등하게 다룬다는 것은, 지식의 획득에서 양성이 모두 평등해야 하고, 양성의 지식을 다루는 방식을 모두 정당한 것으로 받아들여야 하며, 지식의 발전에 대한 양성 모두의 기여가 인정되고 찬양되어야 한다는 것을 의미한다. 정보화 시대에 지식이 구성되고, 해체되고, 그리고 재구성되면서, 성의 개념 또한 변화를 경험하고 있다는 것을 우리는 깨달아야 한다. 성은 변할 수 없다고 말하는 사람이 있을지 모른다. 그러나 우리는 이미 물리적으로 개인의 성별을 바꿀 수 있는 시대에 살고 있는 만큼 성을 바꾸는 것은 분명 가능하다. 후기구조주의 사상가들은 사회에 의하여 구성된 성 정체성이 안정적이라는 가정에 도전하고 있다. 대신에 그들은 다양한 성, 유동적인 성의 개념, 복수적 자아의 관점을 제시한다.[52] 성 정체성이 유동적이라는 것과 그 외관적 징후에 대한 증거는 많이 있다. 남자와 소년들이 귀걸이를 착용하는 것은 더 이상 보기 드문 일이 아니다. 심지어 남자를 위한 스커트를 입고 손톱에 매니큐어도 바른다. 여자들도 문신을 새기고 담배를 피운다.

이 정보화 시대에 우리는 새로운 지식, 다양한 간학문적 학술 활동 영역, 그리고 정보 창출, 처리, 접근, 분배를 촉진하는 새로운 기술을 경험하고 있다. 교육과정 전문가는 새로운 정보와 새로운 기술이 기존의 사회적 · 정치적 · 경제적 질서에 도입되고 있다는 것을 깨닫는 것이 필요하다. 우리는 현재와 과거의 실제와 관점이 성 문제와 관련된 우리의 시각과 행위에 영향을 미치는 시대적 상황 속에 존재하고 있다는 사실을 부정할 수 없다.

과거에는 특정 지식과 교육과정 내용이 여자보다는 남자에게 더 적절한 것으로 간주되었다는 사실을 부인할 수 없다. 사실상 이런 지식과 내용은 소년과 남자를 우대하기 위하여 의식적으로 조직되었다고 말해도 과언이 아니다. 페미니스트는 사회적 · 교육적 가부장제 때문에 남자들이 그런 지식과 내용의 영역을 만들어 냈다고 말하였다. 분명, 어떤 이들은 여전히 수학, 과학, 그리고 공학의 영역을 '남자의' 영역으로 본다. 컴퓨터 과학도 마찬가지다. 그러나 앞서 언급하였듯이, 이것은 이미 변하였거나 현재 변하고 있다.

적어도 금세기에 어느 누구도 소녀들과 여자들에게 정보화 시대의 내용과 기술은 남자와 소년의 영역이라고 말할 수 없다. 이러한 교과와 영역은 모두에게 열려 있다. 그리고 앞서 언급한 바와 같이 기회가 주어지기만 하면 소녀와 여자는 이러한 '남자의' 영역에서 소년과 남자보다 더 우수하다. 만약 지식이 진정 힘이라면, 또한 지식이 진정 현재의 화폐라면, 교육자들은 남학생과 여학생 모두에게 자신과 사회를 위하여 그러한 힘과 화폐를 지혜롭게 사용할 수 있는 기능을 획득할 수 있도록 해야 한다.

'인종, 계층, 그리고 성'이 주류 교육에 대한 여러 비평가의 슬로건을 형성하였으나, 이러한 비판적 이론가들의 슬로건은 지난 20세기의 10여 년 동안 성적 취향(sexual orientation)을 포함하도록 확대되었다. 인종, 계층, 성, 그리고 성적 취향은 현재의 반차별 (국가, 주, 그리고 지역의) 법률의 일부가 되었다. 성적 취향을 보태는 것은 교육과정 전문가에게 분명한 시사점을 던져 준다. 어떤 교육자도 고의로 성적 취향 때문에 학생을 차별 대우하지는 않을 것이다. 그러나 성적 취향을 교육자의 고려 대상으로 포함하는 것은, 학교 문화 속에 그런 학생을 수용하게 해야 한다는 것을 의미한다. 현재의 사고방식 추세에도 불구하고, 지역사회에는 동성애를 일탈로 보는 사람들이 여전히 많기 때문에 여기에도 갈등이 생길 수 있다. 그들은 학교가 학생들에게 동성애도 이성애와 마찬가지로 타당한 삶의 방식이라고 가르치는 것에 반대한다.

20세기의 지난 30년 동안 어떤 사람은 동성애를 더욱 적극적으로 수용하게 되었다. 남성 간 동성애자, 여성 간 동성애자에 초점을 둔 연구는 그런 행동을 '정상' 또는 '유사 정상'으로 보기 시작하였다.[53] 오늘날 많은 이들은 동성애를 하나의 정상적인 대안적 생활양식으로 받아들인다. 물론, 그렇게 생각하지 않는 사람들도 여전히 많이 존재한다. 사회의 어떤 영역에서는 남성 간 동성애, 여성 간 동성애, 양성애적 취향을 가진 개인과 집단을 사회의 필요 불가결한 요소로 받아들이기도 한다. 많은 교육자는 그러한 사람들과 그들의 생활양식을 교육 체제의 일부로 받아들이기도 한다. 이런 수용은 부분적으로 동성애가 정상의 영역에 속한다는 결론을 지지하기 위해 수행된 연구의 성과였다. 이런 행위 혹은 취향을 정상적인 것으로 수용하는 데 문제가 있다면, 동성애 혹은 양성애 집단에 문제가 있는 것이 아니라 일반 대중과 오랜 시간에 걸쳐 만들어진 조직적 구속과 사회적 구성물에 있다.[54]

이런 사실의 발견은 교육자들에게 시사점을 던져 준다. 그들은 남성 간 동성애자와 여성 간 동성애자를 희생하는 학교 풍토를 만들지 않도록 해야 한다. 그리고 교육과정은 동성애 혐오증에 대하여 다루어야 하며, 그 안에 학생들로 하여금 모든 사람의 내부에 존재하는 성적 취향의 다양성에 대하여 배우도록 하는 자료를 포함해야 한다.[55] 또한 교육과정은 남성 간 동성애자와 여성 간 동성애자의 공헌과 양성애자와 성 전환자의 공헌도 포함해야 한다. 문학 내용도 이러한 성적 취향을 드러내 보여 주어야 한다. 구체적으로 어떻게 할 것인가는 학년 수준에 따라 달라져야 한다.

인종, 계층, 성, 그리고 성적 취향의 다양성을 다루는 문제는 극도로 복잡하다. 이것은 대체로 인종, 계층, 성, 그리고 성적 취향이 서로 뚜렷하게 분리될 수 있는 실체가 아니기 때문이다. 오히려 이것들은 서로 섞이며 상호 작용한다. 미국 학교의 교실에는 여성이면서 유색인종이며 하류 계층에 속하는 여성 간 동성애자인 학생들이 있다. 또한 미국 학교의 교실에는 유색인종이면서 상류 계층에 속하지만 동성애자가 아닌 여학생들도 있다. 유색인종이면서 상류 계층에 속하는 남학생도 있다. 백인이면서 중류 계층에 속하고 남성 간 동성애자인 남학생들도 있다. 이와 같이 매우 다양한 조합이 가능한 것이다.

아마도 미국의 교육자에게 중요한 것은, 미국인 모두가 특정 인종은 아니더라도 특정 민족의 구성원이라는 것, 모두는 다양한 계층과 사회 집단의 구성원이라는 것, 모두는 생물학적 성 정체성뿐만 아니라 사회적 성 또한 가지고 있다는 것을 깨닫는 것이다. 이러한 모든 특성은 미국인을 다양하면서도 독특하게 만들지만, 그들은 또한 자신들이 모두 하나라는 사실을 보여 준다. 각자가 지니는 특정한 차이점에도 불구하고, 우리는 인간이라는 동일한 가족의 구성원이다. 이것을 기억하는 것은 교육자들이 다양성이라는 쟁점을 다루는 데 도움을 줄 수 있다. 이것은 결코 사소한 과제가 아니며 결코 쉬운 과제도 아니다.

3) 변화의 원천으로서 지식

인간과 세계에 관하여 누적되고 체계화된 지식체는 당대의 사회에서 파생되어 나온 것이면서 그 자체가 당대 사회와의 상호 작용 과정이다. 사회가 변하면 지식도 변한다. 반대로 지식이 증가하면 사회에도 추가적인 변화가 일어난다. 서양 사회의 변화와 지식의 성장은 주변의 물리적 환경과 사회적 환경을 이해하고, 통제하고, 변화시키려는 서양인들의 노력의 결과다(다른 사회에서도 변화는 일어난다. 다만, 이들 사회에서 오늘날 일어나는 지식의 성장은 다소 느린 경향이 있다). 학교는 특별히 아동과 청소년을 위한 지식의 주요 공급처로서 이해되어야 한다. 이것은 학교가 ① 사회에 의하여 설정된 교육 목적에 비추어 지식을 가려내고, ② 어떤 지식이 중요한지를 확인하며, ③ 어떤 지식을 가르칠 수 있고 또한 가르쳐야 하는지를 결정하기 때문이다.

지식의 폭발 1950년대 이래 많은 교육자들은 지식의 폭발에 대해 계속적으로 주의를 촉구해 왔다. 매 15년 정도마다 중요한 지식은 배로 늘어나고, 이런 추세로 말미암아 현행 교육과정을 계속해서 재평가하고 개정하는 것이 중요한 것으로 부각되었다. Warren Ziegler는 다음과 같이 주장한다.

① 지금까지의 전 역사 기간보다도 1900년대 이래로 더 많은 수학적 계산 방식이 개발되었다.

② 오늘날 공학도가 대학원에서 배우는 것의 절반은 10년 내에 낡은 지식이 될 것이다.
③ 한 인간이 학습한 것의 절반은 그가 중년에 이르렀을 때 타당성을 상실할 것이다.[56)]

여기에 한 가지를 덧붙여, 오늘날 우리는 2200년경까지 과학이나 공학과 관련된 직업의 업무 수행을 위해서 무엇을 알아야 하는지 그 절반도 가늠하지 못할 것이다.

지식이 폭발적이고 기하급수적으로 증가하고 있다는 생각은, 여러 지식의 영역, 특히 과학과 공학에서 지식의 발전은 '가지치기', 즉 단순한 증가가 아닌 분야 내의 다양한 하위 영역이나 전문 영역의 탄생으로 이루어진다는 사실을 망각하게 한다. 실제로 특정 영역에서 지식의 발전이 이루어질 때마다 그 안에는 그것이 다른 가지치기를 할 가능성이 잠재되어 있다(교육의 영역에서는 교육과정과 수업이라는 영역을 포함하여 여러 연구 영역 혹은 가지가 증식되고 각 영역 내에서 다시 가지치기가 이루어지고 있다는 여러 지표를 발견할 수 있다. 이런 지식의 증가 때문에 새로운 교육과정 학술지, 논문, 연설들이 나타나 지식의 증식에 기여하였다). 믿을 수 없을 정도의 이러한 지식의 폭발은, 만일 이렇게 계속 증가하는 새로운 많은 정보를 다루는 방법이 발견되지 않는 한, 우리는 지식에 압도될 위험에 처할 것이다. 새로운 지식은 계속적으로 교육과정에 유입되어야 하고 상대적으로 그 중요성이 낮은 지식은 제외되어야 한다. 미래에 영향을 미치게 될 이런 지식의 폭발에 직면하여 교육과정 전문가들은 어떤 지식을 선정할 것인가와 어떻게 조직할 것인가라는 두 개의 주요 문제를 해결해야 한다.

어떤 지식이 가치 있는 것인가 100년보다 훨씬 이전에 Spencer에 의해 제기된 이 질문은 사회적 함의를 가지고 있다. 분명 이러한 질문은 사회의 복잡성과 사회에서의 변화 때문에, Spencer가 살아 있던 시기보다도 오늘날에 더욱더 시의 적절하다. 근래에 이러한 질문은 다양한 교육과정 학자에 의해 반복해서 제기되고 있다. 실제로 이러한 질문은 Plato와 Aristotle가 사회 및 정부 업무와 관련된 지식의 가치를 문제로 삼았던 고대 그리스로 거슬러 올라가고, Quintilian이 공적인 삶을 영위해야 할 시민들—즉, 상원 의원들, 법률가들, 교사들, 공무원들, 그리고 정치가들—의 교육을 위해 이상적인 교육과정으로 최초의 7자유학과—문법, 수사학, 논리학, 대수학, 기하학, 천문학, 그리고 음악—를 제창하였던 고대 로마까지 거슬러 올라간다. 현대의 학교교육에서는 이들 7자유학과 외에도 많은 다른 과목을 지도하게 되었다.

우리가 기술과 과학이 고도로 발달한 시대, 즉 지식이 우리의 삶의 수준에 지대한 영향을 미치고 단추 하나를 누르는 것이 우리의 삶에 대단한 영향을 미치는 세계에 살고 있다는 점을 감안할 때, 과학과 수학 교과를 배운다는 것은 국가의 장래에 시사하는 바가 크다. 우리의 삶의 수준이 급속도로 높아지고 있었던 50년 전에도 이와 비슷한 관심이 제기되었다.

우리의 지식이 매우 빠르게 변하고 있기 때문

에 우리는 어떤 지식이 가장 가치 있는 것인가라는 질문을 우리 자신에게 끊임없이 제기해야 하며, 가치 있다는 말은 무엇을 의미하는가에 대해서도 끊임없이 재평가해야 한다. 또한 우리는 세계, 국가, 지역사회에 온전히 참여하기 위해 필수적인 배경 지식은 무엇인지를 결정해야 한다.[57] 이런 노선을 따라 수많은 패러다임이 개발되었다. 예를 들어, Schwab은 변화라는 맥락에서 교육과정의 조직에 대하여 절충적인 접근을 취한다. 그는 여러 다양한 교육과정 유형을 기꺼이 수용하려고 하며, 어떤 접근에도 제한점이 있음을 지적한다. 우리는 변화를 수용하고 학자와 실천가로 하여금 함께 일하게 하고 사회적 문제와 쟁점들이 변화하는 맥락 속에서 자신의 생각을 검증하게 해 주는 교육과정을 조직할 필요가 있다.[58]

지식의 조직 어떤 방식으로 지식을 조직하는가의 문제는 하나의 지식체, 학문 영역, 탐구 분야, 혹은 교육과정 내용과 관련이 있다. 이러한 용어는 모두 기본적으로 동의어로 사용되며, 교육과정에 대한 교과 중심 접근(학생 중심 접근에 대비되는)과 교수-학습에 대한 인지주의적 접근(행동주의적 혹은 인본주의적 접근에 대비되는)을 가리킨다. Ruggiero와 Zais에 의하면, 이 접근은 학교 교과에 포함되는 정보, 개념, 일반화, 원리를 조직하기 위해 논리와 합리적 사고에 의존한다.[59] 정보, 개념, 기타 간의 상호 관계망이 지식체를 이루며, 이 지식체는 타당한 것으로 인정되고, 실제적 · 사회적 · 교육적 목적의 추구 과정에서 생긴 것이라고 가정한다. 그러나 이것은 교육과정의 분과 학문화를 초래하였다.

Harry Broudy는 지식을 분류하는 네 개의 기준을 제시한다. 그것은 ① 추상적인 아이디어를 나타내는 데 사용되는 합의된 용어와 개념, ② 타당한 것으로 받아들인 사실, 일반화, 그리고 규칙이나 원리의 네트워크, ③ 자체 내의 검증 방법, ④ 증거를 사정하는 규칙 등이다.[60] Phenix와 Schwab에 의하면, 지식은 새로운 지식을 창출하는 고유한 탐구 방법을 지니는 학문을 구성한다. 그러므로 이전 지식이 기존의 학문적 체계 속에 의미 있게 통합됨으로써 새로운 지식은 끊임없이 생성된다. 이러한 두 교육과정 학자들이 보기에, 학문은 탐구 방법, 증거와 사정의 규칙을 준수함으로써 새로운 지식을 창출하는 능력을 가지며, 이로써 그들의 가치를 증명할 수 있다.[61]

지식의 분류는 고정불변의 것이 아니다. 그것은 시간이 지남에 따라, 다양한 사회적 체제 속에서 변화한다. 그렇기 때문에 학교의 교과 내용은 정기적으로 개정되어야 한다. 오래된 지식은 정리되어야 하고 새로운 지식은 흡수되어 특정 지식 영역과 새로운 맥락 안으로 통합되어야 한다. 이상적으로 말하여, 새로운 지식은 도덕적 · 법적 맥락 안으로 통합되어야 한다.

지식의 영역 Plato와 Aristotle로부터 Whitehead와 Russell에 이르기까지 세계의 많은 사상가들은 여러 세기에 걸쳐, 지식을 어떤 영역이나 정보체로 조직하거나 분류하는 일과 씨름해 왔다. 예를 들어, Aristotle는 지식을 세 가지 등급, 즉 ① 과학과 수학 같은 '이론적' 지식, ② 정치학과 윤리학 같은 '실제적' 지식, 그리고 ③ 음악과 건축 같은 '생산적' 지식으로 나누었다. 이 분류 체계는 그가 살던 시기에는 유용하였다. 이러한 분류는 직접적이고 단순하며 이해하기 쉽다. 또한 이 분류에는 어느 한 영역의 지식이 다른 것보다 더 중요하다는 식의 위계적 관념이 들어 있지 않다.

Phenix는 지식을 여섯 개의 유형 혹은 '의미의 영역' 으로 구분하였다.

① 일상생활에서 쓰는 언어, 수학, 비언어적 상징(느낌, 가치관, 통찰을 표현하는)으로 구성되는 '상징적' 의미의 영역
② 물리학, 생물학, 심리학, 그리고 사회과학으로 구성되는 '경험적' 의미의 영역
③ 음악, 시각예술, 신체적 예술, 그리고 문학으로 구성되는 '심미적' 의미의 영역
④ 개인적 지식으로 구성되는 '실존적' 의미의 영역
⑤ 도덕적 지식과 법을 가리키는 '윤리적' 의미의 영역
⑥ 역사, 종교, 그리고 철학으로 구성되는 '개관적' 의미의 영역[62]

Phenix는 '각 개인은 가장 효과적으로 자신의 에너지를 쏟아 부을 수 있는 하나의 영역을 선택해야 한다.' 고 주장하면서, 이상적인 교육과정은 한 영역에 대한 '깊은' 이해와 '숙달' 로 구성된다고 하였다. 그는 '다방면에 걸쳐 지식이 풍부한 사람' 에 대해 반대하였는데, 이것은 '여러 방향의 지식을 추구하는 사람들은 에너지가 분산되어 피상적인 수준을 넘어서지 못하기' 때문이라고 하였다. 그래서 Phenix는 우리가 '전문가' 혹은 '학자' 를 길러 낼 것을 촉구하였고, 여러 분야를 두루 아는 '일반론자' 를 실제적으로는 쓸모없는 기인쯤으로 여겼다. Phenix가 오늘날 살아 있다면, '넓은 범위보다는 좁은 범위에 초점을 두는 이상적인 교육과정' 에 관한 그의 의견에서 확인할 수 있듯이, '공통' 혹은 '중핵' 교육과정을 지나치게 일반적이고 피상적인 것이라 비판할 것이다. 그의 관점에서 보면, '여러 영역과의 피상적인 만남보다는 깊이 있는 지식과 기능의 획득이 교육 목표가 되어야 한다.'[63]

마지막으로, Weinstein과 Fantini는 지식과 학습에 대한 인지적인 관점과 인본주의적인 관점을 통합하려고 한다. 이들은 지식을 '내용 전달 수단' 이라고 부르면서 내용은 '전통적 교과 영역(영어, 사회, 수학, 과학 등)뿐만 아니라' '심리학, 사회학, 인류학, 철학' 등과 같은 기초 학문을 포함하여야 하고, '교실 상황, ……학교 밖의 경험, 그리고 학생 자신들' 에 관한 것도 포함해야 한다고 주장하였다.[64] Fantini는 교과보다는 사람을 더 중요하다고 보았으나, 사람의 자아실현을 위해 교과도 역시 중요하다고 보았다. 이들은 '지식이 사람의 감정에 연결되지 않으면 행위에 조금의 영향도 미치지 못할 것이다.' 라고 주장하였다.[65]

3. 사회적 · 교육적 현안

20세기는 그 속도와 범위를 생각할 때 유례를 찾기 어려울 정도로 대단히 빠른 변화의 세기였다. 21세기에 이 변화의 속도는 점점 더 빨라지고 있으며, 이것은 부지불식 중에 사회에 커다란 영향을 미치고 있다. 공학은 지속적인 혁신을 부채질하고 있다. 그것은 변화의 본질 자체까지도 바꿀 것이다. 이 새로운 세기에 우리는 모든 학생을 교육해야 한다는 도전적 과제를 수행해야 한다. 우리는 교육의 정치학에 대처해야 한다. 우리는 국민 사이에서 계속적으로 증가하는 다양한 목소리와 대화할 수 있어야 한다. 우리는 교육과정을 설계하고 적용하는 과정에서 공학이 담당해야 할 역할이 무엇인지를 결정해야 한다. 우리는 즐겁게 학생들로 하여금 학습과 이해와 지식의 창조에 참여하도록 하는 일을 해야 하며, 이러한 과정을 통해 인간의 전반적인 삶의 조건을 다루는 방식에서 지식과 사회 공동체 모두가 발전하도록 해야 한다. 우리는 교육, 교육과정, 수업, 그리고 학교의 개념에 대하여 계속적으로 재고하여 이 새로운 세기에 교육이 지역, 국가, 세계 공동체의 필요에 부응하게 해야 한다.

사회적 · 정치적 · 경제적 맥락이 변화함에 따라, 우리는 학교가 우리에게 이러한 변화에 대처하고 변화를 관리하는 능력을 갖출 수 있도록 해 줄 것을 기대하였다. 하나의 사회로서 우리는 교육의 목적이나 우선 사항을 수정하면서 변화와 사회적 압력에 대응해 왔다. 학교는 프로그램을 바꾸면서 우리의 기대에 부응하고자 하였다. 학교는 각자의 이익 신장과 대의 확산을 도모하면서 종종 어떤 교과를 가르치게 하거나 가르치지 못하게 압력을 가하기도 하는 사적 · 공적 외부 집단 모두에게 학교 문을 개방하였다. 그들과 의견의 일치가 이루어진 경우도 있었으나 그렇지 못한 경우도 있었다. 교육과정에 관하여 완전한 의견의 일치를 보기는 어렵다. 특히, 교육 목적이나 우선 사항에 대해서는 상당히 오랜 기간 동안 의견의 일치를 보기 어려울 것이다. 교육자가 직면한 도전은 이러한 압력, 대중적인 수사, 당대의 슬로건, 그리고 여러 공공 집단의 관심과 요구를 어떻게 처리하며, 일반 대중과 국가 전체를 위해 무엇이 가장 좋은가를 생각하여 어떻게 그들 간의 균형을 유지하는가의 문제다.

1) 모든 학생을 위한 교육

교육은 모든 학생을 위한 것이어야 한다는 신념에 도달하기까지 2세기 이상 걸렸다. 하나의 사회로서 우리는 이제 모든 학생을 교육하여 이들이 정보화 시대에 대처하고 이에 참여하도록 해야 한다는 생각을 가지고 있다. Elliot Eisner는 오늘날 우리는 다음과 같은 두 개의 중요한 교육 목적을 가지고 있다고 말하였다.

> 우리는 아동이 충분한 지식을 갖추게 되길 원한다. 즉, 중요하고 유용하며 아름답고 강력한 아이디어를 잘 이해하기를 원한다. 우리는 또한 그들이 분석적으로, 그리고 비판적으로 사고하려는

> 욕구와 능력을 갖추고, 추론하고 상상할 줄 알며, 아이디어 사이의 관련을 파악하고, 자신의 삶을 향상시키고 문화에 기여하기 위하여 자신이 아는 것을 활용할 줄 알기를 원한다.[66]

우리는 항상 이 두 가지 목적만을 추구하지는 않았다. 실제로 지난 세기가 시작되기 이전의 교육은 다른 목적을 추구하였다. 교육은 항존주의의 관점을 강조하였고 전통적인 교과, 정신도야, 그리고 학업 우수 학생을 대상으로 하는 학교교육을 강조하였다. 그러나 이제 이러한 항존주의적 관점에서 Eisner가 언급한 목적을 추구하는 관점으로 이동한 사람이 많다.

지난 세기 진보주의 시대의 교육 목적과 교육과정은 당시 확산된 아동심리 연구 경향을 반영하였고, 모든 학생의 다양한 필요를 채워 주는 것, 교수를 위한 공통의 기반을 제공하는 것, 미국적 아이디어를 고양하는 것, 그리고 모든 시민으로 하여금 민주주의 사회에서 기능을 충실히 수행할 수 있도록 교육하는 것을 중요하게 여겼다.

20세기 초기에는 '중등교육의 기본 원리(Cardinal Principles of Secondary Education)'가 제시되었다.[67] 중등교육의 일곱 개 원리 혹은 목적 중 단 하나만이 인지적 학습의 원리와 관련이 있었다. 1918년에 제시된 목적은 여전히, 어떤 형태로든, 현대 교육의 주요 목적 혹은 목표로 남아 있다. 그 문서의 가장 중요한 측면은, 중등학교가 학업이 우수한 학생들과 같은 일부 학생만이 아닌 모든 학생을 대상으로 그들의 '완전한 삶'을 위해 교육하는 것을 목적으로 삼아야 한다는 것을 강조하였다는 점이다. 또한 그것은 교과 혹은 정신 능력을 강조하지 않는다. 그 위원회는 고등학교에 입학한 학생의 2/3 이상이 졸업 이전에 퇴학한다는 점을 지적하고, 점점 증가하는 이민 학생을 교육해야 하고 사회화해야 하며, 적절한 경제적 · 시민적 기능을 제공해야 한다는 것을 언급하였다.

20년이 지난 후에, 하버드 대학교와 코넬 대학교의 총장도 참여하였던, NEA의 교육정책위원회(Educational Policies Commission of the NEA)와 교육부 장관, 그리고 많은 진보주의 교육자들은 「미국 민주주의의 교육의 목적(The Purpose of Education in American Democracy)」이라는 보고서를 발간하였다.[68] 학교에 다니지 않는 학생의 문제와 대공황에 기인하는 실업 문제에 대하여 염려하던 이러한 교육자는 네 가지 목적, 즉 자아 실현, 인간관계, 경제적 효율성, 시민의 책임으로 구성된 하나의 종합적인 체제를 제시하였다.

1940년대 중반에 교육정책위원회는 교육 목적을 계속 수정하였다. 제2차세계대전의 영향을 받은 위원회는 아동과 청소년의 일반적인 필요에 관련된 목적뿐만 아니라 민주주의와 세계 시민권에 관련된 목적도 강조하였다. 「모든 미국 청소년을 위한 교육(Education for All American Youth)」이라는 다른 보고서에 따르면, 청소년은 '열 가지 절대적으로 필요한' 영역을 발달시켜야 한다.[69] 즉, ① 경제적 · 직업적 기능, ② 신체적 건강, ③ 공동체적 · 시민적 의무, ④ 가정적 의무, ⑤ 소비자 기능, ⑥ 과학적 기능, ⑦ 문학, 예술, 그리고 음악 기능, ⑧ 여가 활동, ⑨ 윤리적 가치, ⑩ 합리적 능력이다. 이 필요들은 대부분 본질적으로 사회심리적이고 육체적인 것이다. 오직 두 가지만 교과와 관련되고, 1/3은 인지적 학습 일반에 초점을 두었다.

1918년의 일곱 가지 기본 원리에서 1944년의 열 가지의 절대적인 필요까지 요약하면, 그 교육 목적은 진보주의가 지배하던 시기와 과학의 한 줄기였던 아동심리학을 반영하는 것이다. 이 시기에 '전인으로서 아동' 과 '생활 적응' 에 강조점을 두었다. 교과에 대한 강조는 줄어들었으며, 사회적 · 심리적 · 직업적 · 도덕적 · 시민적 책임이 강조되었다. 일반적으로 말하여, 교과의 집합체라는 교육과정에 대한 전통적인 개념이 진보주의자들의 공격을 받았다. 대신에 '아동 중심', '경험 중심', 그리고 '활동 중심' 교육과정이 크게 강조되었다.

2) 학업에 재능이 있는 학생에 대한 관심

제2차세계대전 이후 냉전 시대와 소련의 스푸트니크 시기 동안에 진보주의 교육 목적과 교육과정의 초점은 비판의 표적이 되었다. 미국인들은 자신들의 나라가 이제는 우주 경쟁에서 소련에 완전히 뒤졌으며, 자신들의 영공도 난공불락일 수 없게 되었다는 점에 큰 충격을 받았다.

제2차세계대전 말에 출간된 영향력 있는 하버드 대학교 보고서가 전인을 교육하고 자유로운 사회의 시민에게 필요한 공통의 이해를 개발하도록 하는 일반 교육의 중요성을 인정하였음에도 불구하고, 영향력 있는 세력은 학구적인 본질주의와 과거의 정신도야로의 복귀를 강력하게 요구하였다. 역사가였던 Arthur Bestor는, 초등학교에서 주요 교과는 읽기, 쓰기, 셈하기가 되어야 하며, 과학과 역사도 어느 정도 강조되어야 한다고 주장하였다. 고등학교 수준의 교육과정은 수학, 과학, 역사, 영어, 그리고 외국어를 강조해야 한다고 하였다.[70] Admiral Hyman Rickover는, 어떤 학생은 읽을 수 있는데 어떤 다른 학생은 왜 읽을 수 없는지에 대하여 의문을 제기하였다. 그는 국가를 위해서 기초 지식과 기본 기능에로의 복귀, 과학과 수학 교육의 강화, '생활 적응 교육과 진보주의 교육에 대한 강조의 약화' [71]를 주장하였다.

독일에서 교육을 받은 미사일 전문가 Werner von Braun은, 1958년에 '가족생활' 과 '인간관계' 교과의 종결을 촉구하고, 동시에 '기술적이고 과학적인 교과' 와 학업적 수월성을 강조하였던 유럽의 교육제도를 채택하도록 촉구하기 위해 미국의 한 상원 위원회에서 증언하였다.[72] 학업적 재능이 부족하거나 낮은 학생들에 대한 인식이나 관심은 von Braun에게나 교육 당국에는 거의 없는 것으로 보였다.

1952년에 교육정책위원회의 의장인 James Conant는, 학교교육에서 학생 중심과 전인적 아동 중심의 접근 방법을 촉구한 진보주의 교육정책 문서에 배서하였다. 1959년까지 Conant의 비전은 여전히 '모든 학생을 위해 훌륭한 일반교육을 제공하는 것' 이었다. 그러나 이제 그는

'상급의 교과를 다룰 수 있는 재능을 가진 학생을 교육할 것'을 강조하였다. Conant는 '좋은 명성'을 가지고 있던 전국의 55개의 고등학교를 방문한 후, '학업에 재능이 있는 학생이 충분한 지적 도전을 받지 못하고 충분히 열심히 공부하지 않는다. 이러한 학생의 교과 프로그램도 충분한 범위를 망라하지 못하고 있다.'고 결론을 내렸다.[73)]

각급 학교와 교직원에 대하여 강렬하게 비난을 하면서도, Conant는 교육 당국의 방어에 나섰고 학교를 급격하게 변화시킬 필요성을 거의 인정하지 않았다. Conant의 영향력 있는 책, 『오늘날의 미국 고등학교(The American High School Today)』는 온건한 개혁에 대한 청사진을 보여 준다. 이 책에서 그는 교육과정, 특히 수학, 과학, 그리고 외국어를 격상시키는 것, 보다 많은 학구적 교과를 필수로 지정하는 것, 학업 기준과 성적 등급을 강화하는 것, 학생들로 하여금 인지적 잠재력을 최대한 발현하도록 하는 것, 그리고 능력에 따라 학생 집단을 편성하는 것 등을 강조하였다. 비록, Conant가 느린 학습자와 평균 학습자도 어느 정도 고려하고 있었지만, 개혁을 위해 그가 주로 강조한 것은 높은 재능을 가진 학습자(전국의 학생 중 지적으로 최상인 3%)와 학업에 재능이 있는 학습자(학업적성검사로 미루어 상위 20%)의 요구를 충족시키는 것이었다.[74)] 사실상 Conant의 아이디어의 대부분은 현대판 본질주의 교육철학에 입각한 정신도야 접근법으로 복귀하는 것이라 할 수 있다.

이 기간 동안에 발표된 많은 정책적 방안은 학구적으로 우수한 학생들, 초등학교 수준의 3R, 그리고 고등학교 수준의 전통적인 학구적 교과에 중점을 둔 것이었다. 예를 들면, 1955년의 '교육에 관한 백악관 회의'는 교육의 질을 강조하면서 '교육 프로그램은 특별히 우수한 학생들의 제 능력을 충분히 연마하여 발달시키지 (않으면 안 된다)'고 주장하였다.[75)] 5년 후 '국가 목적에 관한 대통령 자문위원회'는 과학, 수학, 그리고 외국어에 최우선권을 부여하였으며, '그 이전은 아니더라도, 1학년에서 평가를 시작하고…… 그리고 저학년부터 능력별로 학습 집단을 편성할 것'을 요구하였다.[76)] 2002년에 Bush 대통령은 '낙오학생방지법(No Child Left Behind Act of 2001)'에 서명하였다. 이것은 학생에 대한 초점을 확대한 것이었다.

지난 세기에는 계속 학업에 재능이 있는 학생을 보호하는 데 관심을 기울였다. 지금의 세기에도 교육계는 여전히 이들 학생들의 필요와 요구를 충족시키기 위한 교육과정을 개발하고 있다. 우리는 많은 대학 과목 선 이수제(advanced placement) 프로그램을 가지고 있다. 우리는 전국에 걸쳐 국제 수준의 학사 학위 프로그램을 가지고 있다. 그러나 사회와 교육계는 학업에 재능이 있다는 개념의 외연을 확대할 필요가 있다는 신념이 깊어지고 있다. 그것에 대한 우리의 개념은 제한적이며 개인의 인지적 측면만을 다룬다. 그것은 개인의 정의적 영역과 영성적 영역을 다루지 않지만, 이러한 영역도 반드시 고려되어야 한다. 우리는 보다 나은 프로그램을 제공하여 학생들이 동정, 배려, 정의, 감정이입에 관련된 태도와 기능을 학습하고 배양하도록 할 필요가 있다.[77] 우리는 학업에 재능이 있는 학생들로 하여금 개인적이고 사회적인 심성뿐만 아니라 도덕적이고 종교적인 심성까지 골고루 갖추게 할 필요가 있다. 9·11 테러 사태가 발생한 이후 이것을 강조할 필요성은 더욱더 높아졌다. 학생들로 하여금 이러한 덕목을 충분히 갖추게 하여 새로운 세기의 초기에 있었던 기업의 부정부패가 후속 세대에는 반복되지 않도록 할 필요가 있다.

학업에 재능이 있는 학생을 위한 교육과정을 개발하는 것에 대해 우리가 지속적으로 관심을 기울이는 동안, 다른 한편에서는 모든 학생이 학업에 재능을 가지고 있고, 모든 학생이 도덕적·영성적 영역에서 그들의 재능을 발달시킬 필요가 있다는 관점을 점점 더 많이 받아들이고 있다. 학업에 재능이 있다는 개념의 외연을 확장하고자 노력하는 이유 중의 하나는, 1980년대와 1990년대를 풍미한 다중지능의 관점을 받아들이기 시작하였다는 점에 있다. 다른 이유는 우리가 단순히 교육을 잘 받아 성취도가 높아진다는 것이 우리의 현 사회 문제를 줄이는 데 기여하지 못한다는 것을 깨달았다는 데 있다.

소수만이 아니라 모든 학생이 학업에 재능을 가지고 있다는 관점은 교육학 분야의 연구 결과에 의해서도 지지를 받고 있고, 이를 지지하는 증언들도 교육계에서 나오고 있다. Deborah Meier에 의하면 학업적으로나 경제적으로 혜택을 입은 학생을 위한 학교와 동일하게 대중을 위한 학교를 설립하고 운영할 때, 그 학교의 학생은 학업에서 탁월한 성취를 보인다고 하였다.[78] Meier는 '30년 동안의 실험을 통하여 우리는 전통적으로 가장 부유하고 우수한 학생을 대상으로 세워진 학교와 비슷한 학교를 모든 학생을 위하여 세우고 운영할 수 있음을 확신하게 되었고, 우리가 그렇게 할 때 그 결과는 현재 학업에 실패하고 있는 학생들보다 훨씬 학업적 측면으로나 사회성의 측면에서 더 뛰어나다.' 고 하였다.[79]

Meier는 학교를 모든 학생이 성공할 수 있는 장소, 그리고 모든 학생이 그들 인격의 모든 영역에서 재능을 보여 주는 교육적 환경으로 만드는 것에 대하여 논의할 때, '상승(scaling up)' 이라는 용어를 사용한다. 그녀를 비판하는 사람과 의심의 눈초리를 던지는 사람도 물론 있다. 의심하는 사람이야말로 이러한 사고방식의 최대의 적이다. 의심하는 사람들에 의하면, 재능과 능력은 분명 존재하지만, 최적으로 개발될 수 없다. 학교의 현재 구조 안에서는 그런 일을 할 수 없다. 교육자와 일반 대중은 그런 일은 가능하지 않으며 가능하더라도 예산과 에너지가 너무 많이 든다는 식의 태도를 취한다. 더구나 많은 사람은 하류 계층 혹은 최하류 계층의 학생이 학업적 성공에 필요한 타고난 능력, 재능, 태도를 지니고 있다고 생각하지 않는다. 우리는 이러한 생각은 200년 전 특권 지주 계층 사이에서 일반적이었다는 사실을 지적하고 싶다. 오늘날 미국의 대중은 그런 생각이 올바르지 않다는 것을 증명해 주고 있다.

현재의 21세기에 상승이라는 용어를 좋아하는 사람은 많지만 그들은 그것을 성취 기준을 높이는 것과 관련하여 다소 협소하게 파악한다.

즉, 성취 기준을 높이는 것과 교육에서 이 성취 기준을 달성하는 것을 주로 교과와 관련지어 생각한다. 총체적인 인간의 학습 · 경험과 관련된 기준은 없다. 그러나 내용과 교과를 강조하는 것은 오랜 역사를 가지고 있다. 20세기에도 일차적인 강조점은 교과에 있었다.

교과에 대한 관심 스푸트니크호 발사 후 교과에 대한 강조는 크게 탄력을 받았다. 많은 국가의 정책 보고서의 영향을 받아 국방에 중요하다고 생각되는 교과 영역에서의 훈련, 장비, 그리고 프로그램을 지원하는 연방 정부의 법률이 제정되었다. 이에 따라 교과에 대한 관심이 고조되었다. 만약 교육이 효과적인 것이 되려면, 미국을 가장 우수한 국가로 만들 시민을 양성해 내려면, 학문적 지식에 초점을 맞추어야 한다고 생각하였다. 1958년에 '국방법(National Defence Act)' 이라 부르는 법률은 과학, 수학, 현대어, 그리고 진로지도(학생을 3개의 교과 영역에 입문하도록 하고 능력이 된다면 대학에 진학할 수 있도록 지도하는 교과)를 주요 교과로 뽑았다. 특정 교과와 학업에 재능이 있는 학생들에게 관심을 집중해야 한다는 것은, 공산주의가 확산되고 미국의 영공이 위험에 처해 있었던 세상에서 자유를 추구하는 사람들이 선택한 생존 전략이라는 표현으로 종종 포장되었다.

가장 중요한 것은, 사상 처음으로 정부와 여러 재단에서 교육과정을 수정 · 보완하기 위해 거액의 자금을 끌어올 수 있었다는 것이다. 스푸트니크 이후에, William van Til은 '결과적으로 국가의 이해관계와 (교육을 위해) 이용 가능한 재원의 합의점을 찾았다. 학자들은 자신들의 교과 내용을 재구성할 수 있는 진정한 기회를 가졌다.' 고 기술하였다.[80] 이러한 사실은 중등학교 수준에서 특히 두드러졌다. 이 시기의 많은 지도자에게 교과의 재구성을 추진해 가는 방법은, 방법론에 관해서 도움을 줄 수 있는 몇 명의 교육과정 전문가 외에도 특정 교과에 대해 아주 잘 알고 있는 과학계 인사 및 대학의 학자를 규합하는 것이었다.

이러한 과학자와 대학의 학자 간에 이루어진 대화를 통해, 과학과 수학에 중점을 둔, 많은 국가 수준의 교육과정 프로젝트가 나왔다. 이들 프로젝트에는 '생물학교육과정연구(BSCS)', '화학교육자료연구(EMS)', '물리학연구위원회(PSSC)', 그리고 '학교수학연구집단(SMSG)' 이라 부르는 것들이 있었다. 교육과정 개혁의 새로운 물결은 학생들의 필요나 흥미, 사회에 관한 문제보다도 교과를 강조하였다. 이 운동을 이끌어 간 대부분의 지도자는 소위 '새로운 과학', 그리고 '새로운 수학' 이라는 새로운 교육과정의 우월성에 대한 찬사를 아끼지 않았다.

교과는 특별한 탐구(즉, 주요 개념과 원리를 중심으로 한)의 방법을 지닌 학문을 중심으로 재구성되었고, Bruner와 Woodshole회의가 입증하듯이 과학과 수학은 학문적 가치가 가장 높은 교과로 인식되었다.[81] 이들 교과를 중심으로 하는 프로젝트가 증가함에 따라서 교육과정, 특히 중등학교의 교과 교육과정을 수정 · 보완하기 위한 프로젝트와 과학과 수학 영역에 적용되었던 학문적 접근 방법을 원용하는 프로젝트가 사회과학과 인문과학 영역에서도 나타났다. 그러나 영어, 역사, 외국어 등의 영역에서 학문적 구조는 확인하기 어려운 것으로 입증되었다. 심지어는 과학과 수학에서도 학문적 구조에 관한 아이디어는 결국 쇠퇴하였다.

교과를 학습하는 것이 교육의 유일한 목적은 아니지만 중요한 목적이라는 생각은 기준 운동이 일어나면서 1980년대와 1990년대에 다시 탄력을 받았다. 이 운동은 스푸트니크에 대한 미국의 반응, 그리고 후속되는 냉전 시대에 소련뿐만 아니라 나머지 선진국과의 비교를 통해 나타났다. 이러한 관심은 지속되었다. 국가 기준을 개발한 단체는 이 기준이 특정한 교육과정을 처방하기 위하여 개발된 것은 아니라고 주장하였다. 오히려 국가 기준은 교육과정의 개발과 교육 자료의 선정에 영향을 주기 위한 준거를 제공하기 위한 것이라고 하였다.[82] 분명, 국가 수준에서 개발된 기준은 어떤 내용이 선정되는지와 그 내용이 어떻게 조직되는지에 영향을 미쳤다. 국가 기준은 각 주 스스로 자신의 기준을 개발하도록 자극하였고, 이 기준은 본질적으로 국가 기준을 반영하게 되었다. 그리고 국가 기준은 학교 현장에서 다루는 내용과 수업에도 영향을 주었고, 평가와 총평을 위한 다양한 도구의 개발에도 영향을 미쳤다.

3) 불우한 학생에 대한 관심

1960년대와 1970년대 초기는 미국의 사회적 양심이 발동하기 시작하는 시기였으며, 이 양심은 가난, 인종 차별, 그리고 교육의 기회 균등에 대한 관심과 일치하였다. 변화의 풍토에 부응하는 새로운 목적과 교육적 우선 사항이 표면에 떠올랐다. 대부분의 학생이 대학에 진학하지 못하고, 상당히 높은 비율의 학생이 중도에 학교를 그만두거나 읽고 쓸 줄 모른 채 졸업하는 상황에서, 우수한 학생들만 겨냥하여 새로운 목적과 교육적 우선 사항을 고려한다면, 심각한 문제가 발생하리라는 인식이 확산되었다. 불우한 학생들로 관심을 전환하는 것은 이 집단에 대한 관심이 교육에서 제1의 우선순위를 차지할 때까지 가속화되었다. 이러한 변화를 예증하는 사례로 James Conant를 들 수 있는데, 처음에는 우수한 학생을 대상으로 보다 높은 학업 수준을 요구하였던 그가 그러한 자신의 견해를 점차적으로 바꾸어 갔다.

Conant는 1961년에 『슬럼가와 교외 지역(Slums and Suburbs)』이라는 책을 저술하였다. 바로 2년 전에, Conant는 고등학교 상위 20%의 학생에 대한 보다 많은 관심은 물론이고, 학구적인 엄격함, 그리고 학구적 교과의 격상을 제창한 바 있었다. 그러나 이제 그는 이 책에서 교육자와 정책 입안자에게 도심지의 저소득층 거주 지역의 불우 아동에게 보다 많은 주의와 관심을 기울일 것을 촉구하였다. 그는 슬럼가의 학교는 격상되어야 하고 능력이 부족한 학생들에게 보다 많은 주의와 관심을 기울여야 한다는 것을 주장하였다. Conant는 이 책에서 다음과 같이 말하고 있다.

> 우리는 대도시 중심으로 사회적 다이너마이트가 축적되고 있다는 사실에 깊이 우려하고 있다. ……인류의 온갖 비극은 차치하더라도 이런 상황(학생들이 학교에도 다니지 않고 일자리도 없는)이 계속되는 것은 대도시의 사회적 · 정치적 건강에 위협이 된다는 점을 지적하고자 한다.
>
> 슬럼가의 삶의 조건 개선은, 다소 부분적이기는 하지만 교육을 개선하는 것과 관련된다. 그러나 학교의 역할은 대단히 중요하다. ……그러나 책임의 증가는 자금의 증가를 필요로 한다. 국가는 대도시의 공교육에 대한 재정적 지원에 많은 관심을 기울여야 할 것이다.[83]

1960년대의 학생 소요와 도심지 폭동을 생각할 때, 학교와 사회에 위기가 만연해 있다는 그의 주장은 쉽게 수용할 수 있었다. 1960년대에 출간된 정부의 보고서들은 임박한 사회적 격변을 강력하게 암시하였다. 불우 집단의 요구는 학교에서뿐만 아니라 사회에서도 강조되었고, 이런 요구는 1967년 '시민의 무질서에 관한 국가자문위원회', 1970년에 '보건 · 교육 · 복지부 도시지역 특별전문위원회'에서 펴낸 것과 같은 보고서 속에도 반영되었다.

그 결과로 재단의 후원금은 말할 것도 없고 주나 지방의 자금도 역시 이용 가능하게 되었을 뿐만 아니라, 연방 정부의 예산 지원을 받는 많은 보상 교육 프로그램이 시행되는 성과를 얻게 되었다. 1965년에 통과된 '초 · 중등교육법(Elementary and Secondary Education Act: ESEA)'은 가난하고 소수 인종 집단에 속하는 아동의 교육을 보충하고 개선할 수 있도록 Title I 자금(때로 보상 자금으로도 부르는)으로 10억 불을 즉각 제공하였다. 10년 후에는, Title I 자금이 연간 20억 불에 달하였으며, 이것은 불우 아동 1인당 약 200불 남짓에 해당하는 자금이다. 1980년까지 Title I 지출은 연간 30억 불 이상이었고, 그 외의 연방 정부의 보상 교육 지출도 20억 불 이상이 되어서, 불우 아동 1인당 약 500불 남짓의 자금이 사용되었다. 이 15년 기간 동안에 350억 불 이상이 연방 정부에 의해 충당되었다.[84] 오늘날에 와서는 Chapter I 자금이 초기 ESEA 자금의 대부분을 대체하였고, 불우 아동을 위한 연방 정부의 자금 지원의 양은 계속하여 증가하고 있다.

4) 확장된 우선 사항: 새로운 불우 아동집단

불우 아동에 대한 관심은 1970년대에도 계속되었다. 사실 불우 아동의 정의는 확대되어 다문화적 학생, 이중 언어 학생, 그리고 장애 학생을 포함하였으며, 어느 정도까지는 여자들도 포함하였다. 미국의 다문화 교육과 이중 언어 교육에 관련된 노력은, 라틴아메리카계, 아시아계, 그리고 인디언 학생을 위한 연방 정부의 자금 지원을 증가시켰으며, 미국 내 학교의 이중 언어 교육 프로그램을 증가시킨 1968년의 '이중언어법'을 가능하게 하였다. 또한 그것은 1974년 Lau v. Nicholas 사건과 관련하여 학교는 영어를 이해하지 못하기 때문에 '교실에서 자신들이 어떤 경험을 하는지 이해할 수 없는' 학생을 도와주기 위한 조치를 취해야 한다는 미국 연방 대법원의 판결을 가능하게 만들었다. 정책 결정자들과 교육자들은 물론 법원도 제한된 영어를 구사하는(limited-English speaking: LES) 학생들과 영어 구사 능력이 없는(non-English speaking: NES) 학생을 위한 교육 기회의 제공에 적극적인 역할을 수행하였다.[85] 특정의 접근 방법과 프로그램, 그리고 직원의 채용에 관한 논란이 있었지만, 이중 언어 교육과 다문화 교육은 1970년대에 그 중요성이 더해졌다. 이중 언어 교육을 위해 미국 의회가 승인한 정부 지출은, 1970년의 610만 불에서 1980년의 1억 6천9백만 불로 증가하였다. 1990년의 정부 지출은 2억 3백만 불이었다. 이중 언어 교육과 제2외국어로서 영어 교육에 대한 요구 수준은 높다. 이런 요구는 주로 많은 이민자가 영어 구사 능력을 갖추지 못한 채 계속적으로 미국에 들어오기 때문에 생긴다. 이민자 자녀 중에는 어떤 형태의 형식적 교육도 받은 경험이 없는 자녀도 있다.

1970년대에는 특히 신체장애 학생과 학습장애 학생을 위한 특수교육에 대한 관심이 표출되고 많은 활동도 뒤따랐다. 새로운 정책과 프로그램뿐만 아니라, 새로운 압력 집단, 새로운 코스, 고급 학위, 새로운 자격 요건, 그리고 신임 교사 및 대학과 대학교의 신임 교수단이 특수교육에 대해 새로운 인식을 갖도록 자극하였다. 1975년의 '모든 신체장애 아동을 위한 교육법(Education for all Handicapped Children Act [PL 94-142])'은 이들 정책과 프로그램의 초석이 된다. 1986년에 통과된 개정법(PL99-457)은 이를 확대하였으며, 이 법이 규정하는 모든 권리와 보호 장치를 3세에서 5세의 장애 아동에게도 적용하도록 하였고, 이는 1990~1991학년도부터 적용되기 시작하였다.[86] 특수교육은 21세기에도 계속 주목을 받고 있다.

이 법에 의하면, 신체장애 학생이란 정신적으로 지체되고, 난청이며, 귀머거리며, 정형외과적인 장애가 있으며, 기타의 건강장애, 언어장애, 시각장애, 정서적 불안정, 학습장애가 있으며, 이 때문에 특수교육과 이에 관련된 서비스를 필요로 하는 학생이라고 정의된다. 이 법은 모든 신체장애 아동과 청소년을 위하여 무료이면서 적절한 교육을 제공할 것을 규정하고 있다. 신체장애 학생에게는 공공 기관의 감독과 지도하에 공적 자금으로 특수교육과 이에 관련된 서비스를 제공해야 한다. 학교는 모든 신체장애 학생에게 도움이 되는 정책을 채택할 뿐만 아니라, 이에 못지않게 이와 같은 학생을 찾아내고 변별하기 위한 노력을 기울여야 한다.

오늘날에도 신체장애 학생에 대한 관심은 매우 높다. 또한 법원도 장애 학생의 권리를 보호하고 장애 학생을 위한 교육적 기회를 제공하며 그 질을 향상시키는 데 적극적인 역할을 계속적으로 수행하고 있다. 1975년(장애아 교육법이 발효된 해)에 공교육을 받는 학생 중 5%이던 장애 학생의 비율이 이제는 대략 11%가 되었다. 이러한 증가는, 현재의 학생이 이전 세대의 학생보다 더 많은 장애를 가지고 있다는 것을 나타내는 것이 아니라, 이전에는 교육자와 정책 결정자의 주목을 받지 못하여 아무런 도움을 받지 못하였던 많은 학생이 특별한 도움을 필요로 한다는 것을 인식하게 되었다는 것을 나타낸다.

천재 학생과 수재 학생에 대한 관심은 1960년대와 1970년대에는 대단히 낮았다. 천재 학생과 수재 학생의 교육을 위한 노력은, 불우 학생 및 이중 언어 혹은 학습 장애 학생과 같은 특수한 학생의 교육을 위한 노력에 비하면 상당히 미미하였다. 이들을 위한 교육은 예산상의 우선순위에서 밀려났고 훈련받은 인력도 부족하였으며, 게다가 천재 학생과 수재 학생을 위한 압력 단체도 거의 없어 이들 학생들을 위한 교육 프로그램의 개발을 위한 노력은 극히 미미하였다. 이러한 상황은 21세기에도 계속되고 있다.

5) 학교 수준의 개혁

학교 개혁을 위해 이루어져야 할 필요가 있는 것 중에서 많은 것은 지역 수준에서 이루어져야 한다. 비록, 문제들이 크고 다차원적인 것들이고, 여러 수준에 걸친 정부 기관과 기업의 참여가 요구되지만, 문제는 바로 지역에서 해결되어야 한다. 변화를 부르짖고, 법제화하며, 심지어 변화의 요소를 한데 묶어 제시한다고 해서 실제적인 변화가 일어나는 것은 아니다. 학교를 개선하려는 과거의 노력을 분석해 보면, 개혁을 위한 노력이 중요하고도 지속적인 영향을 미치도록 하기 위해서 어떤 단계적 조치를 취해야 하는지를 훨씬 잘 이해하게 된다.

지역 수준을 강조하는 것은 단지 학교 지역구만을 가리키지 않고 그 이상을 포함한다. 그것은 곧 개별 학교다. Meier에 따르면, 가장 잘 운영되는 학교는 교사가 자율 경영에 참여하는 학교다. 교사는 자신을 어떤 독특한 문화 속에서 일하는 능동적인 시민으로 인정한다. 그들은 자신의 행위, 교육과정, 학생들의 학습에 대한 책무성을 인정한다.[87] 자신의 학교에 대한 책임을 지는 교사는, 학교는 어떤 생명력 없는 기계와 같이 기능하지 않고 하나의 무질서한 듯한 인간 집단으로 기능한다는 것을 깨닫는다. 교사는 학교의 많은 문제는 학교를 기계로 개념화하고, 교사와 학생을 교체 가능한 부품으로 여기는 데에 있다는 것을 알고 있다. 기계라는 개념보다는 생물학이라는 개념이 세계를 바라보는 조직자로서 계속적으로 인정을 받아 가고 있다. 아마도 우리는 학교와 그 교육과정을 페트리 접시와 같은 것으로 생각해야 할 것 같다. 그런 접시에서는 세균들이 배양균으로 자란다. '아이디어 세균(germ of an idea)' 이라는 구절을 마음 깊이 새길 때가 된 것 같다. 우리는 사물이 성장하고 번성하기를 바란다. 우리는 학교와 그 안에 있는 사람들을 살균함으로써 사물, 아이디어, 관점, 느낌 등을 '죽이는 것' 을 원하지 않는다.

성공적으로 개혁한 학교에 대하여 Meier가 언급한 둘째 특징은, 교육과 학습과 관련하여 학교 당사자들에게 선택권이 있다는 점이다. 선택권을 지닌 학교는 그들 나름의 고유 성격을 지닌다. 그들의 교육과정과 수업은 그들만의 독특한 특성과 차이점을 지닌다. 선택권을 지닌 학교는 담장 안에 열정적인 사람을 가지고 있다. 거기에는 학습을 향한 열정과 탐험을 향한 열정, 나눔을 향한 열정, 그리고 개정을 향한 열정이 있다.

Meier가 말하는 성공적인 학교의 셋째 특징은 작다는 것이다. 작은 학교는 공동체의 발전을 촉진하고, 교사와 학생 사이의 협력 관계를 함양한다. 작은 학교는 사회성이 높은 학교다. 그것은 학생과 교사가 함께 즐길 수 있는 장소다.[88]

이상적으로 말하여 학교가 작아지면 교사와 학생은 가르치는 자와 배우는 자뿐만 아니라 교육과정 개발자와 실행자로서 더 쉽게 효과를 높일 수 있을 것이다. 더구나 그러한 학교는 지역사회의 한 구성 요소로서 더 밀접하게 통합될 수 있다. 지역사회 사람은 '그것은 나의 학교다. 그들이 나의 자녀를 지도하는 나의 선생님이시다.' 라고

교육과정 도움말 5-1

학교 개선의 원리

여러 중요한 원리가 학교의 효과성과 수월성에 기여한다. 학교 개선을 위한 최근의 노력과 학교 개혁에 관한 일반 문헌에 토대를 두고, 학교 지도자들이 그들의 학교를 개선하기 위해 변용할 수 있는 여러 원리를 다음과 같이 제시하고자 한다.

① 학교는 명쾌하게 진술된 사명이나 일련의 교육 목적을 지니고 있다.
② 학교의 성취도가 철저하게 추적, 관리된다.
③ '모든' 학생을 위한 방침이 마련되고, 여기에 낮은 성취자를 위한 개별 지도와 높은 성취자를 위한 심화 학습 프로그램이 포함된다.
④ 교사들과 행정가들은 무엇이 좋은 교수고 학습인지에 대하여 합의를 이루며, 학습에 관한 하나의 일반적인 철학과 심리학의 지배를 받는다.
⑤ 인지 영역에 대한 강조와 학생의 개인적 · 사회적 · 도덕적 성장에 대한 관심이 균형을 이루며, 학생은 자신의 행동에 책임을 지도록 가르침을 받는다.
⑥ 교사와 행정가는 학생의 학습에 대한 기대 수준을 가지며, 이 기대 수준을 학생과 학부모에게 전달한다.
⑦ 교사는 학교 개선에 중요한 공헌을 하리라 기대된다.
⑧ 행정가들은 교사의 전문성 신장을 위한 많은 지원, 정보, 그리고 시간을 제공한다.
⑨ 팀 협력 정신이 지배하며, 간학문적, 그리고 학과 간 의사소통이 긴밀하다.
⑩ 학교 사명과 팀을 위한 노력에 대한 대가로 인센티브, 인정, 그리고 보상이 교사와 행정가에게 전달된다.
⑪ 개별 교직원의 관심과 필요가 기관의 기대와 일치한다.
⑫ 교직원은 도전적이고 창의적일 기회를 가지며, 전문성 신장과 갱신의 정신을 가진다.
⑬ 지속적인 교원 전문성 신장을 위한 기회를 제공하기 위하여 교원 연수 프로그램을 교사와 행정가가 개발한다.
⑭ 학교 환경은 안전하고 건전하며, 교실과 복도에는 (통제가 아닌) 질서의 정신이 감돈다.
⑮ 학부모와 지역사회 구성원은 학교를 지원하며 학교 활동에 참여한다.
⑯ 학교는 지역사회를 위한 학습 센터의 역할을 수행하며, 지역사회의 규범과 가치를 반영하고, 지역사회는 학교를 지역사회의 일부로 본다.

출처: Allan C. Ornstein, Reforming American Schools: The Role of the States, *NASSP Bulletin* (October 1991), Table 2, p. 52.

말할 수 있을 것이다(교육과정 도움말 5-1 참고).

협약학교운동 '이제 우리가 몇몇 커다란 도심지 교육구를 폐지하고 새로 시작할 시기가 도래하였다.'[89] 이 진술은 1996년에 이루어졌다. 이것은 여전히 타당한 것으로 들린다. 어떤 사람은 학교와 그 교육과정을 개혁하는 일은 부분적인 수선을 위해 만지작거리는 일뿐만 아니라 모두 새로 시작하는 것까지도 요구한다고 말하였다. 학교를 개혁하는 운동 중 하나는 협약학교운동(Charter School Movement)이다. 이 운동은 1992년 미네소타의 한 학교에서 시작된 것으로, 30여 주와 800여 학교로 확산되었다.[90] 협약 학교의 개념적 핵심은 무엇인가 다른 것을 하고 싶은 사람들이 공식적으로, 그리고 법적으로 그들이 원하는 혁신을 수행할 수 있도록 허용할 하나의 계약 혹은 '헌장(charter)'을 신청 및 체결하는 것이다. 즉, 이제 더 이상 교육청이 교육에 관한 배타적인 특권을 누릴 수 없다는 것이다. 다른 집단, 즉 주 교육위원회, 국 · 공립 대학 혹은 심지어 시 의회도 공립학교를 후원할 수 있다. 이런 협약 학교를 설립하는 사람은 대개 이런 학교의 설립과 후원을 위해 교육청에 신청서를 제출하지만, 오늘날 설립자는 어떤 다른 공공집단으로부터 그런 후원을 구할 수도 있다.

협약학교운동은 많은 학부모와 심지어 학교에 자녀를 보내지 않는 시민에게도 많은 관심을 불러일으켰는데, 그것이 학부모에게 선택권을 제공하고, 교육이 이루어지는 과정에서 학부모의 목소리를 들어주기 때문이다. 또한 협약 학교 설립 과정에는 사업가, 전문 교육자와 함께 지역사회 지도자도 참여한다. 각 협약 학교에는 위원회가 설치되는데, 이 위원들은 해당 협약 학교와 관계되는 학부모와 지역사회 구성원 중에서 선정된다.

협약 학교의 강점은 이러한 학교를 설립하는 개인으로 하여금 다양한 철학을 반영하는 교육과정을 개발하고 다양한 학생 집단을 대상으로 교육할 수 있게 한다는 것이다. 모든 학생을 대상으로 단 한 가지 유형의 교육과정을 제공하지는 않는다. 교수법이 개별화될 뿐만 아니라 프로그램도 개별화된다. 이러한 운동이 강하게 일어나고 있는 미시건 주에 있는 협약 학교의 규모는 상대적으로 작아, 대부분의 학교가 200명 이하의 학생을 지도한다.

협약 학교는 대개 어떤 특정한 유형의 교육과정을 제공하거나 특정한 학생 집단을 교육하기 위하여 설립된다. 예를 들면, 어떤 협약 학교는 수학-과학-컴퓨터에 초점을 두고 간학문적 수업을 강조하는 프로그램을 운영한다. 다른 학교는 예술을 강조할 수 있다. 어떤 학교의 교육과정은 기술 훈련과 산학 연계 프로그램을 강조한다. 어떤 다른 학교는 흑인 혹은 인디언과 같은 인종적인 측면을 강조하여 설립되기도 한다.

협약 학교가 이와 같이 특정한 유형의 교육과정을 강조한다는 점에서 마그넷 스쿨(magnet school)과 비슷하다. 마그넷 스쿨은 그 학교만이 강조하는 독특한 교육과정을 제공한다. 같은 교육구 내의 다른 학교는 그런 교육과정을 제공하지 않는다. 마그넷 스쿨에서 제공하는 교육과정을 원하는 교육구 내의 모든 학생은 그 학교에 입학하기 위하여 신청서를 제출하여야 한다. 어떤 마그넷 스쿨에서는 학생이 일 년 내내 등교하지 않아도 된다. 그들은 그들이 관심을 가지고 있는 교육과정이 운영되는 기간에만 등교할 수 있다.[91] 비록, 마그넷 스쿨이 협약 학교와 닮았다고 하더라도 그들은 협약 학교와 구별되는 차이점을 가지고 있다. 마그넷 스쿨은 교육구의 관리 감독을 받으며, 교육구 내의 소속 교사와 직원이 근무한다. 엄밀하게 말하여 협약 학교는 교육구 내에 위치하고 있더라도 그 교육구와 분리되어 있다. 교사, 행정가, 그리고 직원은 교육구에 소속될 수도 있고 그렇지 않을 수도 있다. 협약 학교가 '그들 자신만의 것' 을 할 수 있도록 허락을 받았지만, 주 교육부에서 설정한 교육과정 관련 지침은 따라야 한다. 미시건 주에서 모든 협약 학교는 주 정부에서 추천한 핵심 교육과정, 즉 수학, 과학, 공통사회, 그리고 영어를 강조하는 교육과정을 운영하여야 한다.[92]

협약 학교의 개념은, 학교로 하여금 혁신을 가로막고 진정한 개혁을 방해하는 불필요한 규칙, 규정, 그리고 각종 행정적 관행에서 자유롭게 한다는 것이다. 그러나 협약 학교의 교장들은 협약 학교가 교육청의 도움을 받지 않으면서도 여전히 기존의 학교와 동일한 정도의 행정적 관행의 간섭을 받고 있다는 점을 지적하는 경우도 있다. 협약 학교는 주 정부나 교육청으로부터 개별 학생을 위한 재정 보조금을 받는다. 학교를 경영하는 사람은 그들이 교육과정을 효과적으로 운영하기 위해 그 보조금을 사용하고 있다는 사실을 문서로 증명하여야 한다. 만일 학부모가 교육과정에 만족하지 못하면, 그들은 그들의 자녀를 학교에서 데리고 나올 수 있으며, 이때 학생에게 부속된 자금은 학생과 함께 이동한다. 그래서 전통적인 학교와 달리, 협약 학교는 그들의 프로그램을 계속적으로 운영하기 위해서 학생을 유치하여야 한다.

Paul Hill은 협약 학교가 교육을 충분히 혁신하는 방향으로까지 멀리 나아가지는 않는다고 말한다. 그는 교육개혁의 수단으로 계약 학교(contract school)를 제안한다. 본질적으로 이 아이디어는, 바람직한 결과를 가져올 교육과정의 운영을 위하여 법률적인 의무를 지는 독립된 계약자와 개별 학교의 관리 및 운영에 관한 계약을 체결하는 것이다. 독립된 계약자로 하여금 공립학교를 경영하게 하는 것은, 학교 교육과정의 운영을 창의적으로 운영하기 어렵게 하는 요인으로, 많은 사람이 지적하는 행정적 관행과 관료주의를 제거할 것이다.[93]

계약자들은 그들이 제공하는 서비스, 주요 사명, 교육과정, 재정 계획, 평가 절차, 그리고 채용 절차를 홍보하고 선전해야 한다. 그런 의미에서 하나의 외부 회사가 하나의 공립학교를 설립하여 경영하는 양상이 된다. 그 외부 회사는 학교를 운영하기 위하여 세워진 회사로서, 마치 호텔을 경영하기 위하여 프랜차이즈를 구입하는 회사와도 같은 것이다. 하나의 교사-학부모 단체도 하나의 학교 설립을 위한 계약을 신청할 수 있다. 그런 사례는 실제로 협약 학교와 크게 다르지 않다. 하나의 전문가 조직도 신청할 수 있다. 심지어 종교 집단도 계약을 신청할 수 있는데, 이런 경우에는 교회와 정치 간의 분리에 관한 흥미 있는 쟁점이 제기될 것이다. 하나의 기업이 계약을 신청한다면, 그 기업이 자신들의 생산품을 선전하기 위한 수단으로 학교를 이용하지 않겠는가? 하나의 정치 집단이 계약을 성사시킨다면, 그 집단이 학생을 교화하는 일을 못하도록 누가 나서서 막을 수 있겠는가? Hill의 아이디어는 학교 개혁이라는 사회적으로 복잡한 일을 더욱 복잡하게 한다. 그의 관점은 미래에 나타날 공교육의 사유화 과정에서의 첫 단계라고 볼 수 있으나, 사유화가 대규모로 발생할 것 같지는 않다.

계약 학교와 다소 비슷한 것은 기업과의 파트너십 학교(business partnership school)다. 어떤 경우에는 하나의 기업 혹은 기업가가 하나의 학교와 그 프로그램을 수용한다. 대개 그 기업 혹은 기업가는 그 학교의 교육과정이나 교수법의 세부 사항에 직접적인 영향을 미치지는 않는다. 다만, 학생의 학습 수준을 향상시키기 위하여 도입되는 특수 교사, 컨설턴트, 그리고 교육 자료를 위한 자금을 제공한다. 많은 경우 기업은 학교에 컴퓨터와 소프트웨어를 기부한다. 어떤 경우에는 기업이 자주 학생들이 자사의 사업체에서 이루어지는 인턴십에 참여할 수 있도록 도와준다.[94)]

많은 기업가와 기업이 학교와 파트너십을 형성함으로써 자신들을 선량한 기업가로 여긴다. 기업가들이 학교 프로그램을 지원하는 자금이나 최신의 교육용 소프트웨어를 구입할 자금을 제공하는 것은 창출된 이익을 지역사회에 환원하는 하나의 방법이다. 그런 관계를 두고 왈가왈부할 사람은 거의 없을 것으로 보인다. 그러나 어떤 사람은 그런 파트너십 관계를 형성하는 것은 학생들이 종국적으로 선량한 피고용인이 되게 하는 하나의 미묘한 방법이라고 생각한다. 분명 이러한 위험이 있지만, 만약 파트너십을 위한 이유가 학교와 기업가 혹은 기업 양자 모두에 의해 사려 깊게 설정된다면, 그 위험은 줄어들 것이다.[95)] 학교를 조직하는 새로운 방안, 학교가 다른 개인과 단체와 상호 작용하는 새로운 방안이 앞으로 보다 많이 제안될 것이다.

4. 교육에 관한 국가정책위원회 보고

1980년대 중반 모든 학생을 위한 교육적 수월성과 보다 높은 학력 기준의 필요성에 국가적인 관심이 쏠렸다. 이 필요와 관련된 교육적 측면은 1983년에서 2001년 사이의 여러 정책 보고서 속에 충분히 기술되어 있는데, 이 보고서는 모두 미국 교육의 질을 향상시키기 위해 개혁이 필요함을 역설하고 있다(〈표 5-1〉 참조).

미국 교육의 쇠퇴와 교육개혁의 필요성에 대한 이들의 경고적인 언설을 지지하기 위해, 정책 보고서들은 미국 교육의 쇠퇴에 관한 수많은 어두운 추세와 통계치를 상세하게 열거하였다.

① 각급 학교와 대학은 20년 전에 졸업을 위해

〈표 5-1〉 교육에 관한 주요 정책 보고서의 선별된 추천 사항 개관(1983~2001)

보고서와 후원 단체	교육과정 목표	강조하는 내용	학교 조직	정부-기업의 역할
대학진학을 위한 준비, 대학위원회	• 읽기, 쓰기, 말하기, 듣기, 추리하기, 수학, 그리고 학습 기능에서 학생의 실력 높이기 • 대학 입학 기준 높이기	• 영어, 수학, 과학, 컴퓨터, 외국어	• 공부 및 독립적인 학습 강조 • 학생들에게 인센티브 제공	• 국가 수준 중등교육 학업성취 기준 설정
수월성을 위한 방안, 국가 교육 위원회	• 읽기, 쓰기, 말하기, 듣기, 추리하기, 그리고 경제학에서 최소한의 역량 확립 • 천재 학생들을 위한 프로그램 강화 • 대학 입학 기준 높이기	• 영어, 수학, 과학, 외국어, 역사, 컴퓨터	• 1일 수업 시수 연장 고려 • 질서 및 훈육 강조 • 숙제의 증가 • 정기적인 테스트와 엄격한 성적 부여 • 독립 학습	• 교육과 사적인 부문과의 제휴 • 교육을 위한 연방 정부의 자금 증액
21세기를 위한 미국 교육, 국립 과학재단	• 초 · 중등학교에서 수학 및 과학에 더 많은 시간 배정 • 과학 및 수학에서 더 많은 상급 코스 제공 • 대학 입학 기준 높이기	• 수학, 과학, 기술, 컴퓨터	• 1일 수업 시수, 수업 주간, 1년 수업 일수 연장 고려 • 수학과 과학을 위한 12년간의 계획	• 국가 교육 목적 설정시 연방 정부의 참여 • 교육과정 개발과 교사 훈련에서 NSF의 역할 증가
고등학교 교육, 교원 전문성 신장을 위한 카네기 재단	• 읽기, 쓰기, 말하기, 그리고 듣기에서 언어 능력 완전 습득 • 기초적인 학구적 교육과정의 확장 • 직업 현장과 계속 교육으로의 학생 전이 • 졸업 자격 요건의 강화	• 영어, 역사, 공민, 수학, 과학, 기술을 포함한 공통 교육과정 • 컴퓨터 사용 능력	• 교사의 근무 조건 개선 • 충실한 교육과정 운영을 위한 공학의 활용 • 융통성 있는 스케줄과 시간 배당 • 학생들을 위한 하나의 트랙 제공 • 학교-지역사회 연계 학습 활동 • 교장의 지도력 강화	• 학교와 지역사회, 기업, 그리고 대학과의 더 많은 연계 • 학부모 및 지역사회와 학교의 제휴 및 학교에 대한 서비스의 향상 • 기업 및 대학에서 퇴직한 인사들의 활용 • 과학 및 수학 교사들을 위한 연방 정부의 자금 지원
성공을 위한 제언, 20세기 기금	• 기초 기능 프로그램 개선 • 영어, 수학, 그리고 과학에서의 실력 향상 • 학습 문제를 지닌 학생들을 위한 일반적인 프로그램과 불우 아동을 위한 바우처 프로그램 시행	• 기초 기능, 영어, 수학, 과학 • 컴퓨터 사용 능력	• 교사의 직무 수행에 대한 보상 • 가난한, 소수 인종, 신체 장애, 이중 언어 사용, 이민 학생을 위한 특별 프로그램	• 불우 학생 대상 특별 프로그램에 대한 연방 정부의 원조 증가 • 모든 학생의 과학적인 능력 계발과 학업이 우수한 중등학교 학생들을 위한 상급 수학 및 과학 프로그램 개발을 위한 연방 정부의 지원 증가

고등학교 교육에 관한 연구, 전국 중등학교 교장 협의회	• 전통적인 교과를 줄이기 • 고등 사고력 강조	• 간학문적 교육과정, 문제 해결 활동과 학습 경험하기	• 연령별 학급 편성 폐지 • 교사의 전공 담당 폐지 • 학생들에게 인센티브 제공 • 학교 외 학습활동	• 학습장애 학생과 천재아를 포함하는 특수 학생을 위한 연방 정부의 지원
위기에 직면한 국가, 교육에서의 수월성에 관한 국가위원회	• 교과서 및 기타 수업 자료의 개선 • 직업교육, 예술, 과학에서 더욱 엄격한 코스 제공 • 졸업 자격 요건 강화 • 대학 입학 요건 높이기	• 5개의 새로운 기초 과목: 영어, 수학, 과학, 공통사회, 컴퓨터	• 하루 7시간의 수업 고려 • 출석과 훈육 강화 • 숙제의 증가 • 보다 엄격한 성적 부여와 정기적인 테스트 • 연령보다는 수행 수준에 의한 학급 편성	• 연방 정부의 주 및 지방 정부와의 협력 • 천재 및 수재 학생은 물론이고 불우 학생의 필요도 충족시키기 • 교육에 관한 국가적 관심의 차원에서 전국 수준의 표준화 검사
첫 번째 수업: 미국 초등교육에 관한 연구 보고, 교육부 장관	• 초등학교 저학년 아동들의 기초 기능 향상 • 초등학교 고학년 아동의 학습 과제 질 제고와 수행 능력 향상 • 민주적인 사회와 국가의 정체성을 위해 필요한 지식 기반 제고 • 교과서와 학습지 집필 및 선정의 개선 • 학업 기준 높이기	• 기초 기능, 특히 발음 중심 교수법(phonics)을 통한 읽기 • 수학에서 문제 해결과 활동 위주의 학습, 그리고 과학에서의 발견 학습 • 역사, 지리, 공민이 통합된 교육과정 • 컴퓨터 사용 능력과 문화적 교양	• 1일 수업 시수 연장 • 숙제의 증가 • 보다 엄격한 시험 • 부모의 아동 학교 선택권 • 교사의 직무 수행에 대한 보상	• 교육에 대한 지역사회 및 학부모의 책무성 • 교사 및 학교의 책무성 • 교수 방법 코스보다도 예술과 과학을 강조하는 방향으로 초등 교사의 훈련 프로그램 개선
학교 초기, 교원 전문성 신장을 위한 카네기 재단	• 국가의 최하위 계층인 위기에 직면한 아동들의 처지에 관심 집중 • 기초 기능의 강조 • 아동기 교육에 우선권	• 읽기, 쓰기, 듣기에서 언어 능력 발달	• 변화하는 가족 및 근무 유형을 반영하는 융통성 있는 학교 스케줄 • 1일 학교 수업 시수와 연간 수업 일수 증가 • 교사의 직무 수행에 대한 보상, 우수 교사들의 유치 • 방과 후 학교와 여름 프로그램에 대한 부모의 선택권, 전통적인 여름방학의 폐지	• 위기에 직면한 아동 교육을 위한 연방 정부 보조의 증가 • 기업과 산업의 역할 증대 • 교사들의 의사 결정에의 보다 많은 참여와 보수 인상

투입 시간과 결과: 교육에 관한 주지사들의 1991년 보고서, 전국주지사협회	• 십 대의 임신, 학교 중도 탈락자, 성인 문맹, 그리고 마약 남용에 관심 집중 • 학교의 지도성 및 관리의 향상 • 교실에서 공학의 보다 나은 이용 • 교육에서 주의 역할과 책임의 증가 • 모든 학년 수준에서 학업 기준 제고	• 기초적인 기능, 수학, 과학, 기술 • 교육에 관한 연구 및 개발	• 모든 아동에게 유치원 교육 제공, 위기에 직면한 아동들을 위한 유아교육 프로그램 • 부모교육 프로그램 • 부모의 아동 학교 선택권 • 학생의 수행 행동에 관한 신뢰 있고 타당한 평가 • 연중 계속되는 학교 수업 • 학업이 부진한 각급 학교와 교육구를 재조직하거나 규제하기	• 교사 자격 인정을 위한 국가 수준 위원회 • 교사와 교장의 보수와 책무성 증가 • 교사 훈련 및 교육 지도성 프로그램 개선 • 교육에 대한 지역의 지도자, 교사, 학부모, 시민, 그리고 기업인의 보다 많은 참여 • 교육에서 주 정부의 역할, 규제, 지출 증대 • 교육개혁 실행에 관한 각 주의 연차적인 진행 보고서
사람에 대한 투자: 미국 노동력의 위기에 대한 대처 전략, 미국 노동부	• 기초 기능과 문해력에 대한 관심 집중 • 인력 자본에 대한 투자 • 교육과 인력 자본 프로그램에 대한 연방 정부와 기업의 지원 증대 • 노동력 질 제고 • 고등학교 졸업 요건, 대학 입학 요건, 노동시장 기준 강화 • 교육과 훈련을 개선할 국가적 목적과 일정표 개발	• 중도 탈락자를 위한 기초 기능 프로그램 • 문맹 성인을 위한 문해력 프로그램 • 평생교육과 훈련 • 직업 교육과 기술 교육의 통합	• 중도 탈락률 감축 • 출석률 증가 • 학부모 참여 제고 • 기업체의 학교에의 참여 제고 • 경쟁 학습 축소, 협동 학습 확대 • 보다 엄격한 교원 연수와 신임 교사 선발 시험	• 기업, 노동계, 정부 간의 긴밀한 파트너십 • 교사/학교 수행의 개선을 위한 인센티브 프로그램에 대한 기업의 재정 지원 • 사적인 부문과 노동계의 필요를 다룰 정부 프로그램 및 훈련 프로그램 증가 • 사적인 부문의 교육과 훈련 프로그램에 대한 세금 혜택
국가 수준 교육 목적, 미국 교육부	• 모든 학생에 관심을 두되, 위기에 처한 학생을 강조함 • 책임 있는 시민과 직업 세계에 필요한 기능 습득 • 학교생활 준비도 제고, 학교의 기준과 학생의 성취도 제고 • 성인의 문해력과 평생교육 증진 • 안전하고 마약 없는 학교 환경 조성	• 기본 지식과 기능 • 추리력과 문제 해결력 • 수학, 과학, 영어, 역사, 지리 • 마약과 주류 예방 프로그램 • 시민의식, 지역사회 봉사, 문화적 교양, 지구촌 공동체에 관한 지식	• 모든 불우한 아동을 위한 유아교육 프로그램 • 조기교육을 위한 부모교육, 학부모의 아동 학교 선택권 • 최첨단의 교수 공학 • 직업학교, 기술학교, 전문대학의 다층 체제 • 고등교육을 위한 학자금 대출, 장학금, 근로장학금 확대 • 예비 교사 교육 강화, 교사 보상과 그들의 책무성 강화	• 연방, 주, 지방 정부 수준의 개혁 자극 • 학부모, 지역사회, 기업, 시민 단체의 지원 확보, 사회 모든 부문의 참여 • 효과적인 도제제도, 직업훈련, 교사-고용인 교환, 학교 자원 봉사(adopt-a-school) 프로그램의 개발 • 융통성, 혁신, 책무성, 결과 제고 • 2000년을 위해 세워진 목표 달성

낙오학생방지법, 조지 부시 대통령의 계획(2001년 제정, 2002년 대통령 승인)	• 불우 학생 및 소수 인종 학생과 다른 동료 학생과의 성취도 격차 해소 • 3~8학년	• 읽기와 수학	• 안전한 학교 만들기 • 부모에게 자녀를 안전한 학교에 보낼 선택권 제공 • 지방자치 강화 • 학급당 학생 수 감축 • 우수 교사 유치	• 교육구는 연방 정부 지원금의 50%를 별도의 승인 없이 자유롭게 여러 교육 프로그램에 전환할 수 있음 • 지방의 학교가 연방 정부의 지원금을 어떻게 사용할지에 대하여 보다 많은 발언권을 지님 • 개인 교습, 방과 후, 여름 학기 등 여러 보충 교육 프로그램을 제공하기 위하여 연방 정부의 자금(500~1000불)을 사용할 수 있음

출처: 이 교재의 초판; Allan C. Ornstein, The National Reform of Education, *NASSP Bulletin* (May 1992); Allan C. Ornstein and Daniel U. Levine, *Foundations of Education*, 8판 (Boston: Houghton Mifflin, 2003).

요구하였던 표준적인 공통 교육과정—외국어, 수학, 과학, 영어, 역사—의 이수를 학생들에게 부과하지 않고 있다. 선택 교과와 보충학습 코스들이 여러 표준적인 주지 교과를 대체하였다.

② 성적 인플레이션이 증가하였으며, 학생들에게 부과되는 숙제는 경감되었다(고등학교 학생의 75%는 숙제를 하는 데 투자한 시간이 하루에 1시간 이내였다).

③ 대학수학능력시험(SAT)에서 평균 점수는 1963년에서 1988년 사이에 계속적으로 낮아졌다. 언어 영역 평균은 약 40점(466에서 428로) 낮아졌고, 수학의 평균 점수는 20점 정도(492에서 471로) 낮아졌다.

④ 1970년대에 실시된 학업 성취 국제 비교에 의하면, 19회의 검사에서 미국의 학생은 1위 혹은 2위를 차지해 본 적이 없으며, 다른 선진 국가와 비교하였을 때 일곱 번이나 최하위였다. 1988년에 그들은 수학에서 최하위였으며(1위를 차지하였던 한국보다 평균 94점이 낮았으며), 과학에서는 2위였다(1위를 차지한 한국보다 평균 71점 낮았다). 미국 학생들은 또한 지리 영역에서도 최하위였으며, 1위를 차지한 스웨덴 학생 점수의 1/3도 되지 않았다. 미국 학생은 21세기에도 여전히 다른 선진국에 비하여 뒤지고 있다.

⑤ 약 2천3백만에서 2천5백만 명의 미국 성인은 일상생활에 요구되는 읽기와 쓰기 검사에서 통과하지 못한 문맹이었다.

⑥ 미국에서 17세 청소년의 약 13%는 문맹으로 간주되었으며, 소수 인종 청소년의 문맹률은 40%나 되었다.

⑦ 기업과 군대의 지도자들은 자신들이 수백만 불의 비용을 들여가면서 기초 기능 혹은 3R 영역에서 교육과 훈련 프로그램을 운영해야 한다는 사실에 대하여 불만을 토로하였다. 1975년과 1995년 사이에 4년제 대

학에서 수학 보충학습 코스가 72%나 증가하였으며, 1995년까지 이들 기관에서 가르치는 모든 수학과 코스의 1/4을 차지하였다. 군대에서 모병한 사람들의 약 25%는 9학년 수준의 자료를 읽을 수 없었다.

⑧ 이 모든 어두운 숫자들은 쌓여 가고 있으며, 우리에게 매서운 눈초리를 보내고 있다. 이는 우리의 교사–학생 비율이 2000년에 16:1로 세계에서 일곱 번째로 낮았으며(일본과 한국은 교사 1인당 학생이 30명 이상이었으며), 학생 1인당 교육비가 세계에서 두 번째로 높았다(1위를 차지한 스위스보다 300불이 적었다)는 사실을 무색하게 하고 있다.[96]

이 문제들은 고도의 기술을 갖춘 군사 인력과 산업계의 노동자에 대한 요구가 급격하게 증가하고, 상업, 과학, 기술 영역에서 다른 선진국이 미국을 앞지르고 있다는 우려가 높아지고 있을 때 크게 부각되었다.

주요 정책 보고서와 후원 기관은 〈표 5–1〉에 요약되어 있다. 13개의 보고서 중에서 9개는 영어, 수학, 과학, 외국어, 그리고 공통사회라는 핵심 교과 영역의 교육과정을 강화할 필요성을 강조하였다. 그래서 초점은 '공통 교육과정'에 놓여 있었다. 기술과 컴퓨터 코스들이 과학이나 수학의 일부로서 혹은 별도의 교과 영역(때때로 4번째 R로 지칭되는)으로서 자주 언급되었다. 높은 수준의 인지적 기능과 사고력도 역시 강조되었다. 대부분의 보고서는 모든 학생에 대하여 관심을 보였다. 중간 수준과 중간 수준 이상의 학생들뿐만 아니라 불우한 학생과 학습장애를 지닌 학생을 위한 다양한 프로그램을 제공하는 데 관심을 보였다. '평등'이라는 개념이 항상 우선적이지는 않았지만 매우 중요한 개념으로 떠올랐다. 그럼에도 '수월성'이라는 테마는 여전히 학구적인 공부와 대학 진학을 강조하였으며, 재능 있는 학생을 강조하였다. 핵심적인 주지 교과와 고급 수학 및 과학이 강조되었다.

모든 보고서가 더욱 높은 기준과 더욱 힘든 코스를 강조하였고, 8개의 보고서는 대학의 입학 요건을 강화할 것을 제안하였다. 또한 대부분의 보고서는 더욱 엄격한 점수 부여, 시험, 숙제, 그리고 훈육을 시행하는 것은 물론이고, 숙제의 양, 학습을 위한 시간, 그리고 학교에 머물러 있는 시간을 늘릴 것을 제안하였다. 이러한 보고서는 교사의 자격 기준 강화, 교사의 봉급 인상, 과학 교사와 수학 교사의 수 증원과 대우 향상, 그리고 우수 교사를 위한 공로 포상금 지불에 대해서도 언급하였다. 전체적으로 이 보고서들은 (평등이 아닌) 수월성, (전인 교육이 아닌) 학업 성취, (적합성 혹은 인본주의가 아닌) 생산성의 증가를 강조하였다.

많은 보고서는 학교가 너무나 많은 사회적 역할을 수행하도록 압력을 받고 있다는 우려와 학교는 이 모든 기대에 부응하지 못할 것이라는 우려를 표명하였다. 그리고 학교는 학교 본연의 역할—즉, 기초 기능과 핵심 주지 교과, 컴퓨터 사용에 필요한 새로운 기능, 그리고 직업 세계, 기술, 심지어는 군사적인 방어에 필요한 고차적인 인지적 기능을 가르치는 것—을 간과할 위험에 놓여 있다는 우려를 표명하였다.

이들 보고서들이 제기한 여러 가지 문제점과 관심 사항은 오늘날에도 여전히 유효하다. 우리는 이들 문제점에 대한 토론을 지속해야 한다. 이는 교육에 관한 토론의 많은 부분이 바로 우리의 사고가 얼마나 다양한지에 의해 영향을 받는다는 것을 그들이 여러 방식으로 보여 주기 때문이다. 많은 사람은 자신의 사회적 · 문화적 집단을 반영하는 지식을 가지고 대화에 참여한다. 이것을 부정적으로 바라보아서는 안 된다. 우리의 사회 집단이 살아 있고 변화하는 실체임을 인정해야 하는 것과 마찬가지로, 우리는 학교가 살아 있고 계속하여 변화한다는 것을 인정하는 것이 중요하다.

5. 교육적 변화를 위한 계획

한 사회가 역동적이면서 동시에 여러 문화적 · 사회적 집단의 집성체로 구성되는 한, 교육의 목적에 관한 논의는 논쟁을 불러일으키고 변화를 가져올 수밖에 없다. 이러한 논쟁과 변화는 유익하다. 아마 이러한 논쟁과 변화가 사회에 생기를 불어넣고 사회가 쇠퇴하는 것을 막아 줄 것이다.

과거의 교육 목적, 우선 사항, 혹은 개혁을 검토해 보면, 상당한 반복이 있었음을 알 수 있다. 그러나 우리는 또한 거대한 사회적 변화와 관련되어 이루어진 상당한 진전이 있었음도 목격할 수 있다. 예를 들면, 20세기 초 정신도야이론의 신봉자들은 1950년대와 1980년대 중반, 그리고 1990년대 초의 본질주의적 비판자와 보수주의적 사상가들이 그랬던 것처럼 엄격한 지적 훈련을 주장하였다. 20세기로의 전환기에, 공립학교는 인문주의적 (교과 중심) 교육과정을 강조하였고, 이는 냉전의 시대와 우주 경쟁의 시대에도 반복하여 거듭 주장되었다. 이는 또한 외국과의 경제적 경쟁, 그리고 구소련과의 외교 관계에 관한 관심 때문에 1980년대와 1990년대에도 재등장하였다. 이것은 21세기에도 여전히 우리와 함께 있다. 1900년대 초에 진보주의 교육자들은 모든 아동과 청소년, 특히 비학구적이고 직업 지향적인 학생에게 도움을 주기 위해 학교의 목적을 넓히려는 노력을 하였다. 1960년대 초에 시작되어서 1970년대까지 계속된 이런 강조점은, 가난하고, 소수 인종 출신인 학생을 강조하면서 다시 나타났다가, 그 뒤로 이중 언어를 사용하는 학생과 신체장애 학생을 강조하면서 재등장하였다. 비록, 불우한 학생 집단에 대한 관심은 아직도 남아 있지만, 시계의 추는 지금 중심부로 이동하였다. 우리의 강조점은 더욱 넓혀지고 있으며, 우리는 다른 여러 집단의 학생에 대해서도 많은 관심을 가지고 있다.

교육의 목적은 이것을 설정하는 사람들 자체가 변하고 사회적 · 정치적 제 조건이 변하는 것처럼 변화 가능한 것이어야 한다. 교육 목적을 설정하기 위해 공개 토론회와 위원회가 자주 구성된다. 이 공개 토론회와 위원회는 여러 정부 수준 및 교육 행정 수준—연방 정부, 주 정부, 지역, 그리고 지방—에서 운용될 수 있다. 그러나 전국적인 수준의 공개 토론회와 위원회는 (전반적인 효과에 비추어) 그 영향력이 크지만 지방 수준의 공개 토론회와 위원회는 그 영향력이 작다.

교육 목적은 개혁의 필요성에 의해 수정되거나 위기 혹은 문제에 관련되고 이에 대처하기 위해 필요하다고 판단되는 것들에 의해 수정된다. 그러나 개혁에 관한 한, 미국인은 다양한 방안을 제시하는 경향이 있는데, 이들은 종종 문제가 어디에 있고, 그 해결책은 무엇인지에 대하여 갈등을 일으키기도 한다. Boyer가 언급하듯이 미국인은 학교 개혁에 중독되어 있고 '한쪽 극단에서 다른 쪽으로의 불규칙적인 움직임'을 보이는 것 같다.[97)]

의문의 여지없이 교육 목적, 특히 학교 개혁은 그 시대에 적절하거나 유의미한 것이어야 한다. 만일 학교가 변화하는 사회적 조건과 세력에 적응할 수 없다면, 그런 학교가 그러한 변화하는 조건과 세력에 적응할 사람들을 길러 내리라고 어떻게 기대할 수 있겠는가? 이 문제는 '검치 호랑이 교육과정(The Saber-Tooth Curriculum)'이라 제목이 붙은 교육에 관한 풍자에서 적절하게 설명되고 있다. 이것은 생존을 위한 주요 과업이 먹기 위해 고기를 잡고 말을 몽둥이로 때리며 호랑이에게 겁을 주어 쫓아 버리는 것뿐인 사회를 기술하고 있다.[98)] 이 사회 속에 있는 학교는 사회의 요구—즉, 이들 세 가지 생존 영역에 관한 코스를 가르치는 것—를 충족시킬 수 있는 교육과정을 편성·운영한다. 결국, 제 조건은 바뀌었다. 시냇물은 말라붙었고, 말과 호랑이는 사라져 버렸다. 사회 변화는 생존에 필요한 새로운 과업의 학습을 요청한다. 그러나 학교 교육과정은 고기를 잡는 것, 말을 몽둥이로 때리는 것, 호랑이에게 겁을 주어 쫓아 버리는 것에 관한 코스를 계속해서 강조한다.

우리는 지금 고도의 기술적이고, 자동화되어 있으며, 관료적인 사회 속에서 살고 있다. 우리는 절박한 사회적·경제적 문제—점점 다양해져 가는 인종 집단, 노후화되어 가는 도시, 수세기 동안 지속된 인종적·성적 차별의 영향, 인구의 고령화, 실업과 해고당한 노동 인구, 천연자원의 고갈, 그리고 환경의 오염 등—에 직면하고 있다. 우리는 또한 기업 세계 내부의, 그리고 어떤 이들에 의하면, 일반 사회 내부의, 도덕적 해이를 경험한 사회 속에서 살고 있다. 9·11 사건 이후에 우리는 우리의 국경이 막아 내고 보호할 수 없는 위험한 세계에 살고 있다는 것을 알게 되었다. 우리는 우리가 국제적·국내적 테러의 희생자들이라는 사실을 알게 되었다. 진실로 우리는 세계와 분리될 수 없다. '그곳'이란 없다. 오직 '여기'만이 있다. 좋든 싫든 우리는 세계 '안'에 살고 있다. 우리가 경험하고 있는 제 세력과 추세가 밀접하게 관련되어 있다는 사실을 우리는 인식해야 한다. 그들은 서로가 서로를 강화하며, 이를 더 가속화하고 있다. 우주공학, 원격 통신, 컴퓨터, 로봇 시대의 학교는 산업혁명에 적절하였던 기능을 계속해서 가르칠 수는 없을 것이다. 우리는 지식사회에서 성공에 필수적인 기능과 정보를 가르치고 태도를 길러 줄 수 있는 학교가 반드시 필요하다. 우리는 단지 우리에게 정보를 잘 제공하는 수준을 뛰어넘는 교육과정을 필요로 한다. 우리는 우리의 의식, 즉 우리가 추정하고, 상상하고, 감식하고, 강조할 수 있는 의식을 더욱더 발전시키는 데 기여할 교육을 필요로 한다.[99] 우리는 우리의 다양한 동료 시민과의 성공적인 교류를 허용할 성향들을 학교와 사회에서 길러 줄 필요가 있다. 새롭게 등장하는 우리의 정치적 · 사회적 · 경제적인 환경에서 성공은, 교육과정 전문가들이 적합성이 있는 교육과정을 개발하고 의미 있는 교육 목적을 설정하기 위해 사회적 기초와 맥락을 잘 이해하고 그로부터 자원을 얼마나 잘 추출해 낼 수 있는가에 크게 달려 있다.

6. 결 론

사회적 세력은 언제나 학교에, 그리고 교육과정 결정에 큰 영향을 미친다. 이러한 모든 세력 중 몇 가지는 사회 일반에 근거를 두고 있고, 또 다른 몇 가지는 지역사회에 근거를 두고 있다. 어떤 경우든 교육자들은 선택의 문제에 직면하게 된다. 즉, 그 시대의 세력을 수용하고 반영하거나, 아니면 그 시대를 평가하고 개선하는 선택의 문제에 직면한다. 전자의 견해는 교육에 대한 항존주의적 관점을 나타내고, 후자의 견해는 재건주의자의 관점을 나타낸다. 그러나 우리는 학교를 바라보는 '전통적인 방식' 대 '미래 지향적인 방식' 에 비추어 선택의 문제를 고려하고자 한다. 후자의 접근법은 교육자들이 사회 내에서 서서히 나타나기 시작하는 추세를 분석하고 평가할 수 있어야 한다는 것을 시사한다. 그렇게 할 때, 교육자들은 적절한 목적과 교육과정에 대한 결정을 내릴 수 있고, 학생들이 현명한 결정을 내리기 위해 필요로 하는 지식과 가치를 학생들에게 제공해 줌으로써 학생들이 내일의 세계에 대비할 수 있게 해 줄 수 있다. 교육과정 전문가들—사실상 교육과정 결정에 참여하는 모든 사람—은 이와 같은 목적을 달성하는 데 매우 중요한 역할을 수행해야 한다.

미 주

1) Thomas E. Barone and Donald S. Blumenfeld-Jones, "Curriculum Platforms and Moral Stories," in London E. Beyer and Michael W. Apple, eds., *The Curriculum: Problems, Politics, and Possibilities,* 2nd ed. (Albany: State University of New York Press, 1998), pp. 137-156.

2) David E. Purpel, *Moral Outrage in Education* (New York: Peter Lang, 1999).

3) Ibid.

4) Forrest W. Parkay and Ien Hass, *Curriculum Planning: A Contemporary Approach,* 7th ed. (Boston: Allyn and Bacon, 2000).

5) Barone and Blumenfeld-Jones, "Curriculum Platforms and Moral Stories."

6) D. C. Philips, ed., *Contructivism in Education: Opinions and Second Opinions on Controversial Issues.* Ninety-Ninth Yearbook of the National Society for the Study of Education, Part I (Chicago: University of Chicago Press, 2000).

7) John Dewey, *Experience and Education* (New York: Macmillan, 1938), pp. 39-40.

8) Conrad M. Arensberg and Arthur H. Niehoff, "American Cultural Values," in Joan H. Strouse, ed., *Exploring*

Themes of Social Justice in Education (Upper Saddle River, N.J.: Merrill, an imprint of Prentice Hall, 1996), pp. 32-45.

9) Ruth Benedict, *Patterns of Culture* (Boston: Houghton Mifflin, 1934), p. 253.

10) Arensberg and Niehoff, "American Cultural Values."

11) Ibid.

12) Barone and Blumenfeld-Jones, "Curriculum Platforms and Moral Stories."

13) James Moffett, *The Universal Schoolhouse* (San Francisco: Jossey-Bass, 1994).

14) Barry Kanpol, "Is Education at the End of a Sovereign Story or at the Beginning of Another? Cultural Political Possibilities;" and Lyotard, in Michael Peter, ed., *Education and the Postmodern Condition* (Westport, Conn.: Bergin & Garvey, 1995), pp. 147-165.

15) Arensburg and Niehoff, "American Cultural Values."

16) Philip Selznick, *The Moral Commonwealth* (Berkeley: University of California Press, 1992).

17) Arensberg and Niehoff, "American Cultural Values."

18) E. D. Hirst, Jr., *The Schools We Need and Why We Don' t Have Them* (New York: Anchor Books, 1999).

19) Moffett, *The Universal Schoolhouse.*

20) Barone and Blumenfeld-Jones, "Curriculum Platforms and Moral Stories."

21) Ibid.

22) Ibid.

23) Henry A. Giroux, "Educational Visions: What Are Schools for and What Should We Be Doing in the Name of Education?" in Joe L. Kincheloe and Shirley R. Steinberg, eds., *Thirteen Questions,* 2nd ed. (New York: Peter Lang, 1995), pp. 295-303. See also Arensberg and Niehoff, "American Cultural Values."

24) Hendrick Smith, *Rethinking America* (New York: Avon Books, 1995).

25) Purpel, *Moral Outrage in Education.*

26) William Van Til, "In a Climate of Change," in R. R. Leeper, ed., *Role of Supervisor and Curriculum Director in a Climate of Change* (Washington, D.C.: Association for Supervision and Curriculum Development, 1965), p. 16. See also John O' Neil, "Preparing for the Changing Workplace," *Educational Leadership* (March 1992), pp. 6-9.

27) Alvin Toffler, *Future Shock* (New York: Random House, 1970).

28) Damiel Bell, *The Third Technological Revolution* (New York: Basic Books, 1984); and Alvin Toffler, *The Third Wave* (New York: Morrow, 1980).

29) Philip M. Hauser, "Urbanization: An Overview," in J. K. Hadden, L. H. Masotti, and C. J. Larson, eds., *Metropolis in Crisis* (Itasca, Ill.: Peacock, 1971), pp. 51-74.

30) Purpel, *Moral Outrage in Education.*

31) Ibid.

32) Kenneth R. Howe and Jason Berv, "Constructing Constructivism, Epistemological and Pedagogial," in D. C. Philips, ed., *Constructivism in Education: Opinions and Second Opinions on Controversial Issues,* Ninety-Ninth Yearbook of the National Society for the Study of Education, Part I (Chicago: University of Chicago Press, 2000), pp. 19-40.

33) Wayne K. Hoy and Cecil G. Miskel, *Educational Administration: Theory, Research, and Practice,* 3rd ed. (New York: Random House, 1987), p. 51.

34) Allan C. Ornstein, "Emerging Curriculum Treds: An Agenda for the Future," *NASSP Bulletin* (February, 1989), pp. 37-48; Albert Shanker, "The End of the Traditional Model of Schooling," *Phi Delta Kappan* (January 1988), pp. 334-357.

35) Byrd L. Jones and Robert W. Maloy, *Schools for an Information Age* (Westport, Conn.: Praeger, 1996).

36) Donald A. Schon, *Educating the Reflective Practioner* (San Francisco: Jossey-Bass, 1990).

37) William F. Pinar, William M. Reynolds, Patrick Slattery, and Peter M. Taubman, *Understanding Curriculum* (New York: Peter Lang, 1995). Quote from H. Gates, Jr., "Introduction to Race, Writing and Difference," *Critical Inquiry, 12* (1), 1985, pp. 10-20.

38) A. M. Schlesinger, *The Disuniting of America* (Knoxville, Tenn.: Whittle Books, 1991).

39) Richard Pratte, "Social Heterogeneity, Democracy, and Democratic Pluralism," in Kenneth D. Benne and Steven Tozer, *Society as Educator in an Age of Transition,* Eighty-Sixth Yearbook of the National Society for the Study of Education, Part II (Chicago: University of

Chicago Press, 1987), pp. 148-185.

40) Paulo Freire and Donaldo P. Macedo, "A Dialogue: Culture, Language, and Race," in Pepi Leistyna, Arlie Wooddrum, Stephen A. Sherblom, *Breaking Free, the Transformative Power of Critical Pedagogy* (Cambridge, Mass.: Harvard Educational Review, 1999), pp. 199-228.

41) Joel Spring, "Equality of Educational Opportunity," in Joan H. Strouse, ed., *"Exploring Themes of Social Justice in Education* (Upper Saddle River, N.J.: Merrill, an imprint of Prentice Hall, 1996), pp. 224-256.

42) Sari Knopp Biklen and Diane Pollard, "Sex, Gender, Feminism, and Education," in Sari Knopp Biklen and Diane Pollard, eds., *Gender and Education,* Ninety-Second Yearbook of the National Society for the Study of Education, Part I (Chicago: University of Chicago Press, 1993), pp. 1-11.

43) Nel Noddings, "Gender and the Curriculum," in Philip W. Jackson, ed., *Handbook of Research on Curriculum* (New York: Macmillan, 1992), pp. 659-684.

44) Ibid.

45) Elisabeth Hansot, "Historical and Contemporary Views of Gender and Education," in Sari Knopp Biklen, and Diane Pollard, *Gender and Education,* pp. 12-24.

46) Pinar et al., *Understanding Curriculum.*

47) Joel Spring, "Equality of Educational Opportunity."

48) *Sixty Minutes,* CBS, October 13, 2002.

49) Ibid.

50) Deborah P. Britzman, "Beyond Rolling Models: Gender and Multicultural Education," in Biklen and Pollard, *Gender and Education,* pp. 25-42.

51) Carol Gilligan, *In a Different Voice* (Cambridge, Mass: Harvard University Press, 1982).

52) Elisabeth Hansot, "Historical and Contemporary Views."

53) William G. Tierney and Patrick Dilley, "Constructing Knowledge: Education Research and Gay and Lesbian Studies," in William F. Pinar, ed., *Queer Theory in Education* (Mahwah, N.J.: Erlbaum, 1998), pp. 49-72.

54) Ibid.

55) James Sears, *Lonely Hunters: An Oral History of Lesbian and Gay Southern Life, 1948-1968* (New York: HarperCollins, 1997), cited in Tierney and Dilley.

56) Warren L. Ziegler, *Social and Technological Developments, rev. ed.* (Syracuse, N.Y: Syracuse University Press, 1981).

57) E. D. Hirst, Jr., *The Schools We need.*

58) Joseph L. Schwab, *The Practical: A Language for Curriculum* (Washington, D.C.: National Education Association, 1970).

59) Vincent R. Ruggiero, *The Art of Thinking,* 2nd ed. (New York: Harper and Row, 1988); Robert S. Zais, *Curriculum Principles and Foundations* (New York: Harper and Row, 1976). See Jerome S. Bruner, *The Process of Education* (Cambridge, Mass.: Harvard University Press, 1960).

60) Harry S. Broudy, *Building a Philosophy of Education,* 2nd ed. (Englewood Cliffs, N.J.: Prentice Hall, 1961).

61) Phenix, *Realms of Meaning;* "Joseph J. Schwab, Problems, Topics, and Issues," in S. E. Elam, ed., *Education and the Structure of Knowledge* (Chicago: Rand McNally, 1964), pp. 4-43.

62) Phenix, *Realms of Meaning.*

63) Ibid., p. 268.

64) Gerald Weinstein and Mario D. Fantini, *Toward Humanistic Education: A Curriculum of Affect* (New York: Praeger, 1970), p. 50.

65) Mario D. Fantini, "Reducing the Behavior Gap," *NEA Journal* (January 1968), pp. 23-24.

66) Elliot W. Eisner, "Cognition and Representation," *Phi Delta Kappan* (January 1997), pp. 348-353.

67) Commission on the Reorganization of Secondary Education, *Cardinal Principles of Secondary Education,* Bulletin No. 35 (Washington, D.C.: U.S. Government Printing Office, 1918).

68) Educational Policies Commission, *The Purpose of Education in American Democracy* (Washington, D.C.: National Education Association, 1938).

69) Educational Policies Commission, *Education for All American Youth* (Washington, D.C.: National Education Association, 1944).

70) Arthur Bestor, *The Restoration of Learning* (New York: Knopf, 1956).

71) Hyman G. Rickover, *Education and Freedom* (New York: Dutton, 1959), p. 190.

72) *Science and Education for National Defense,* Hearings

before the Committee of Labor and Public Welfare, U.S. Senate, Eighty-Eighth Congress (Washington, D.C.: U.S. Government Printing Office, 1958), p. 65.

73) Conant, *The American High School Today,* p. 15.

74) Ibid.

75) *Proceedings, White House Conference on Education* (Washington, D.C.: U.S. Government Printing Office, 1955), p. 12.

76) *Goals for Americans: The President' s Commission on National Goals* (Englewood Cliffs, N.J.: Prentice Hall, 1960), p. 85.

77) Purpel, *Moral Outrage in Education.*

78) Deborah Meier, *In Schools We Trust* (Boston, Mass.: Beacon Press, 2002).

79) Ibid., p. 155.

80) Van Til, "In a Climate of Change," p. 21.

81) Jerome S. Bruner, *The Process of Education* (Cambridge, Mass.: Harvard University Press, 1959).

82) James W. Pellegrino, Naomi Chudowsky and Robert Glaser, eds., *Knowing What Students Know: The Science and Design of Educational Assessment* (Washington, D.C.: National Academy Press, 2001).

83) James B. Conant, *Slums and Suburbs* (New York: McGraw-Hill, 1961), p. 2.

84) Allan C. Ornstein and Daniel U. Levine, "Compensatory Education: Can It Be Successful? What Are the Issues?" *NASSP Bulletin* (May 1981), pp. 1-15; A. Harry Passow, "Urban Education in the 1970s," in A. H. Passow, ed., *Urban Education in the 1970s* (New York: Teachers College Press, Columbia University, 1971), pp. 1-45.

85) Carol D. Lee, "Literacy, Cultural Diversity, and Instruction," *Education and Urban Society* (February 1992), pp. 279-291; Diane Ravitch, "A Culture in Common," *Educational Leadership* (January 1992), pp. 8-11.

86) Allan C. Ornstein, Daniel U. Levine and Janet W. Lerner, "Education of Young Handicapped and At-Risk Children," *Illinois School Research and Development Journal* (Fall 1989), pp. 24-32.

87) Meier, *In Schools We Trust.*

88) Ibid.

89) Anne C. Lewis, "A Modest Proposal for Urban Schools," *Phi Delta Kappan* (September 1996), pp. 5-6.

90) Kenneth T. Henson, *Curriculum Planning: Integrating Multiculturalism, Constructivism, and Education Reform,* 2nd ed. (New York: McGraw-Hill, 2001); Larry Myatt and Linda Nathan, "One School' s Journey in the Age of Reform," *Phi Delta Kappan* (September 1996), pp. 24-25.

91) Ibid.

92) James N. Goenner, "Charter Schools: The Revitalization of Public Education," *Phi Delta Kappan* (September 1996), pp. 32-36.

93) Lynnell Hancock, "Bureaucracy Is Choking Public Education to Death," *U.S. News and World Report* (December 1996-January 1997), pp. 40-42.

94) Henson, *Curriculum Planning.*

95) Ibid.

96) *The Condition of Education 2000,* Chart 1.18, p. 107; *Digest of Education Statistics 2000,* Table 340, p. 385. Also see Allan C. Ornstein, *Teaching and Schooling in America: Pre- and Post-September 11* (Boston: Allyn and Bacon, 2003).

97) Ernest Boyer, "The Future Is Now," *Newsweek* (Fall-Winter 1990), p. 73. Special report.

98) Harold Benjamin, *The Saber Tooth Curriculum* (New York: McGraw-Hill, 1939).

99) Stephen L. Talbott, *The Future Does Not Compute* (Sebastopol, Calif.: O' Reilly and Associates, Inc., 1995).

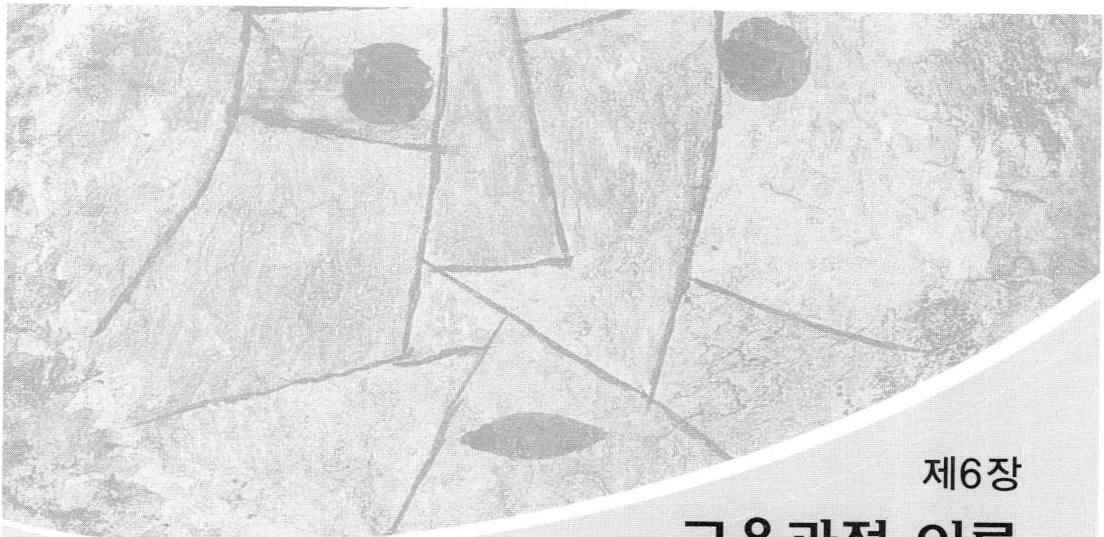

제6장
교육과정 이론

핵심 질문

1. 이론과 실제의 관계에 관해 설명해 보라.
2. 이론은 어떤 방식으로 교육과정 실행에 영향을 미치는가?
3. 이론의 의미는 무엇인가?
4. 이론의 역할은 무엇인가?
5. 재개념화주의나 포스트모더니즘 이론은 교육과정 전문가들에게 어떤 영향을 미치는가?
6. 교육과정을 다양한 유형의 텍스트로 보는 관점은 어떤 장점을 가지는가?
7. 주요 교육과정 이론 간의 차이는 무엇인가?

교육과정 기초 분야에서 가장 이해하기 어려운 것이 교육과정 이론이다. 많은 교육자와 일반 대중은 여전히 교육과정 이론은 교육과정 개발이나 실행과 무관하다고 본다. 이 책을 읽는 독자들도 이 점에 대해 동의할지도 모르겠다. 그러나 Bruner도 지적하였듯이 분명히 교육과정 이론은 교육과정이 어떻게 의미 있는 방향으로 개선될 수 있는지에 관한 정보나 방법을 제시해 줄 수 있으며, 또 그렇게 해야 한다.[1] 이론은 교육과정의 실제적 경영과 실행을 향상시킬 수 있는 안목에 방아쇠를 당겨 줄 정보를 제공해 준다.

그럼에도 불구하고 교육자들에게 교육 이론은 여전히 낯설게만 느껴진다. Ivor Goodson은 이러한 괴리감이 상당히 오랜 뿌리를 가지고 있다고 말하였다. 아마도 그 괴리는 이론과 실제 간의 괴리에서 오는 근본적인 문제와 연관되어 있을 것이다. Goodson이 지적하듯이 많은 이론들은 이상적인 것만을 추구하고 현실적이지 않다. 이론들은 당위성이나 규범에만 관심을 두고 실현 가능성에 대해서는 조금도 개의치 않는다.[2] 따라서 많은 교육과정 이론은 현상을 분석하고 설명하기보다는 무엇이 올바른 행위인지 특정 이데올로기를 전달하기에 급급하다.

확실히 교육과정 이론은 처방적이고 규범적이다. 이론이 가지는 이러한 처방적 기능은 많은 교육과정 이론이 기대고 있는 철학적 전통에서 나온다. 무슨 무슨 주의나 이데올로기는 세계를 철학적으로 읽은 결과다. 앞서 제2장에서 살펴본 바와 같이 교육철학에는 내용을 어떻게 선택하고 조직하고 가르치며, 어떻게 학습 여부를 판단할 것인지에 관해 수많은 처방책이 제시되고 있다. 이론은 실천가가 의식하든 그렇지 않든 간에 우리의 사고를 구성한다. 따라서 우리는 이론을 교육과정의 중요한 기초로 생각함으로써 보다 나은 교육과정과 관련된 사고와 행위를 할 수 있을 것이다.

만약 교육자나 일반 대중이 이론을 비실제적인 것으로 여기고 계속해서 이론에서 멀어진다면, 우리는 교육과정의 역동성을 완전하게 이해할 수 없게 될 것이다. 또한 우리는 현재와 미래의 요구에 맞는 교육과정을 개발하고 전달하고 평가하는 데 실패할 것이다. 몇 해 전 A. Wise는 '교육 정책은 불가피하게도 교육 실제에 대한 이론이나 가정에 기초를 두지 않을 수 없다. 만약 그러한 가정이 옳다면 교육 정책도 의도한 결과를 얻게 될 것이다.'[3]고 말하였다.

다양한 교육철학적 입장은 이론적 사고에 영향을 미쳤으며, 제1장에서 언급한 교육과정 개발의 다양한 접근 방법도 이론적 입장에서 그 기반을 마련하였다. 교육과정 개발에 대한 행동주의적 접근 방법은 학습에 대한 심리학적 지식에 기초를 두고 있다. 체제적 접근 방법과 관리적 접근 방법 또한 그에 상응하는 이론적 배경을 가지고 있다. 인본주의적 접근 방법은 철학과 다양한 정치 이론에 바탕을 두고 있다. 포스트모더니즘에 대한 논의는 그 운동이 뿌리를 두고 있는 다양한 이론적 토대에 대한 명확한 이해를 통하여 비로소 이해할 수 있다.

따라서 이론은 교육과정과 관련된 우리의 연구에서 결코 제외될 수 없다. 혹자는 교육과정 개발의 시대는 지나갔고 이해의 시대가 도래하였다고 말하기도 한다. 우리 역시 이러한 판단에 동의한다. 그러나 Pinar가 지적한 것처럼 이러한 변화가 개발에서 이해로의 변화를 의미하는 것은 아니다.[4] 이 두 접근은 현 시대에도 여전히 유효하다. 우리는 더 이상 교육과정 개발에 관한 지침서를 만드는 기술자가 아니다. 우리는 교육과정이 어떻게 개발되고 구성되며, 어떤 집단이 어떤 방식으로 교육과정 개발에 관여하는지를 이해해야 한다. 우리는 더 이상 기존의 개발 모형을 맹목적으로 답습하여 교육과정을 개발하는 단순한 기술자가 아니다. 그러나 반대로 교육과정을 개발하는 일반적인 방법을 만드는 일에 종사하는 사람들이라고 해서 교육과정 전문가들 중에서 '지적으로 떨어지는 집단'[5]이라고 할 수 없다. 그들 중에는 포스트모더니즘이나 페미니즘, 현상학 분야에서 일가견을 가지고 있는 학자들도 있다. 그들은 현대의 교육과정이 어떻게 생성되며 변화하는지, 특정 교육과정이 오늘날의 역동적인 시대에 어떻게 대처하고 변화하는지를 추적하기도 한다. 그들은 교육과정 분야와 일반적인 사회적 맥락 속에서 교육과 관련하여 사람들이 무엇을 하고 있는지를 설명하고, 처방하고, 안내하고, 기술하는 실제적 목적에 기여할 수 있는 이론적 지식을 창출하고자 노력한다.[6]

교육과정 의사 결정자는 이론을 가지고 다양한 상황에 의미 있게 적용할 수 있는 가장 진보된 타당한 지식에 의존할 수 있다. 우리는 세계관을 가지고 교육이 실제적인 것이 되도록 하기 위하여, 즉 교육을 실제와 관련을 맺고 실제 쟁점과 도전 과제에 적용할 수 있도록 하기 위하여 세계관이 어떻게 작용하는지를 알게 된다. 이러한 세계관은 유용한 이론을 창출하는 데 핵심적인 요건이다. Bruner가 말한 바와 같이 이론은 '안으로 뒤집기' 보다 '밖으로 뒤집을' 때 더 재미있고 적용 가능성도 더 커진다. '밖으로 뒤집는다' 는 것은 이론이 교육과 교육과정의 창출, 교육과정의 경험을 문화라는 맥락 속에서 보는 것을 의미한다. 이론은 어떤 유형의 세계가 인간의 마음의 사용을 가장 많이 향상시킬 수 있는지, 즉 학생의 지적 · 정서적 · 영성적 능력을 가장 효과적으로 사용할 수 있게 하는지를 고려해야 한다. 안으로 뒤집은 편협한 이론보다 밖으로 뒤집은 이론은 지역적 · 국가적 · 국제적 문화의 어떤 요소가 학교의 교육적 환경 속에 포함되어야 하는지를 연주하는 오케스트라의 지휘자가 될 것이다.[7] 이론적 지식을 가지고 있다는 것은 해당 분야의 자료를 분석 · 종합하고 개념과 원리를 조직하며 새로운 아이디어와 관계를 제안하는 능력을 보다 많이 가지고 있다는 것을 의미한다. 그것은 우리가 미래의 가능성까지도 주목할 수 있게 해 준다.

1. 이론적 관점

미래의 가능성에 주목하고 그것의 실현을 위한 첫 단추를 능숙하게 끼우는 것은 결코 사소한 일이 아니다. 교육과정은 끊임없이 확장되고 있는 정치적 · 사회적 역동체 속에 존재하는 하나의 복잡한 현상이다. 교육과정 이론가나 실천가는 모두 교육과정에 대한 타당한 '해석'이 존재한다는 사실에 동의할 것이다. 또한 그들은 모두 우리가 가치 있는 교육과정을 어떻게 창출할 수 있는가라고 묻는 순간 그보다 더 많은 질문을 제기할 수밖에 없다는 사실에 동의할 것이다.[8] 이러한 많은 질문은 교육과정 실재를 해석하는 부단한 시도로서 교육과정 이론화 작업을 안내한다.[9] 그 질문들은 의미의 체계를 창출하고 교육과정 활동의 모든 측면을 이해하는 수단, 즉 개인이 교육과정과 어떻게 관련되고 그것에 대하여 어떻게 반응하는지를 이해하는 수단을 제시한다.

만약, 이론이나 세계관, 의미 해석 방법이 단 하나만 존재한다면 실천가들은 그 교육과정 이론을 기꺼이 받아들일 것이다. 이론이 단순하다면 '나에게 그런 이론을 주지 마시오. 나는 내가 직접 사용할 수 있는 이론을 원합니다.' 라고 말하지 않을 것이다. 그러나 이론은 단순한 것이 될 수 없다. 왜냐하면 그것은 단순하지 않은 현상을 바라보고 그 의미를 구성하는 것이기 때문이다. 교육과정과 같은 복잡한 현상은 단순한 이론으로는 설명할 수 없다.

이론화는 어떤 현상이 어떻게, 왜 일어났는지를 상상하는 과정이라는 것을 알 때 우리는 이론을 더욱 잘 받아들이게 된다. 이론은 우리에게 교육과정이 왜 특정 학생을 위해 특정한 내용으로 개발되어야 하는지를 분석하도록 요구한다. 이론은 우리가 중요하다고 생각하는 것을 가르치는 방법을 제안하기도 한다. 물론, 이론은 우리에게 '이렇게 하라! 그러면 다음과 같은 일이 일어날 것이다.' 라고 말하지 않는다. 그렇기 때문에 과거의 실천가는 이론을 좋아하지 않았다. 이론은 일반화된 정보를 제공해 주지만 특정한 상황에 딱 적용되는 정보를 제공해 주지는 않는다. 그렇지만 교육 실천가나 교육 이론가들은 모두 우리가 보고 생각하고 아는 것은 모두 이론의 덕택이라는 점을 명심해야 한다.[10]

여러 가지 의미에서 이론은 신념의 표현이다.[11] 이론을 이렇게 생각하는 것은 이론적 사고를 철학적으로 생각하는 것과 세상을 바라보는 것을 연결하는 것이다. 이론은 우리가 교육에 대하여 중요한 질문을 제기하도록 만든다. 예컨대, 교육은 지역적 · 국가적 · 세계적 문화와 어떻게 관련되는가? Bruner에 의하면 교육은 문화라는 대륙의 한 부분으로 존재한다. 교육은 다양한 수준의 문화 속에서 어떻게 기능하는가? 교육과 교육과정은 학생의 문화적 욕구를 어떻게 충족시켜 줄 수 있는가? 교육은 다양한 문화 속에서 기능할 때 학생의 삶에 어떤 실제적 영향을 미치는가? 교육은 문화의 대류 안에서 어떤 위치를 차지하는가? 이 모든 질문은 교육과 학교가 교육의 목적과 목표를 실현하기 위한 힘을 어떻게 획득하며 그 지위를 어떻게 사용하는가와 관련된 질문을 다시 제기한다. 이러한 질문과 그 대답은 교육과정 연구에서 매우 중요하다. 이론은 이런 질문을 더 정확하게 만들어 주고 더 정확한 대답을 얻을 수 있게 해 준다.[12)]

교육과정 자체의 복잡성과 교육과정을 둘러싼 환경의 복잡성은 다양한 이론적 입장에 의해서만 이해할 수 있다. 몇 년 전 Hilda Taba는 '교육과정과 같이 복잡한 분야에서는 특히 이론이 필요하다.' 고 언급한 바 있다.[13)] George Posner는 이론을 통해 우리는 특정한 방식으로 교육 실천 전반을 조망할 수 있는 능력을 갖추게 될 것이라고 지적하였다.[14)] 교육과정 연구자는 학생에게 가치가 있는 교육과정을 개념화하고 개발하기 위해서 교육과정의 이론적 측면에 대한 이해를 갖추고 있어야 한다.

George Beauchamp는 모든 이론은 세 가지 범주의 지식, 즉 ① 인문과학, ② 자연과학, ③ 사회과학에서 도출된다고 주장하고 있다.[15)] 이러한 지식의 구분은 지식의 기본적 영역으로 인정되는 것이다. 예컨대, 하위 영역의 경우 인문과학에는 철학, 음악, 미술, 문학이 있고, 사회과학에는 역사, 사회학, 심리학, 인류학 등이 있으며, 자연과학에는 화학, 물리학, 식물학, 지질학 등이 있다.

Beauchamp는 이러한 기본적인 지식의 구분에서 건축학, 의학, 공학, 교육학, 법학 등의 응용 지식의 영역이 나온다고 설명한다. 비록, 교육과정 학자 가운데는 이들 범주의 타당성과 유용성에 대해 의문을 품고 있는 사람들도 있지만, 많은 교육과정 학자는 적어도 그 유용성만은 인정하고 있다. 응용 지식의 영역과 학문을 구별짓는 것은 전자가 그 내용과 근거를 학문의 이론에서 이끌어 낸다는 점이다. 예를 들면, 교육학은 심리학, 사회학, 역사학에서 나오고 인간 성장과 발달에 대해 언급할 때는 생물학을 활용한다. 또한 철학에서 많은 강조점을 취하기도 한다. 교육학을 지식의 한 분야로 만드는 것은 다양한 학문의 지식을 결합하고 그 지식을 활용하기 위한 절차와 규칙을 만드는 방식이다.

1) 이론의 의미

이론의 성격 및 기능, 그리고 이론과 실제 간의 차이에 관한 많은 연구가 있는데도 교육과정 전문가는 이론에 대한 보편적인 정의를 내리지 못하고 있다. 이러한 현상은 지식의 세 가지 기본 영역인 인문과학, 사회과학, 자연과학도 모두 실제를 다양한 방식으로 바라보고 각각의 관심에 입각하여 이론을 정의하고 있다는 점에서 그다지 놀랄 일이 아니다.

비록, 이론의 주요 유형 간에는 차이가 있지만 공통점도 있다. 이론에 대한 대부분의 정의에는 일련의 사건이나 현상, 그리고 이들 사상 간의 관계가 들어 있다. Abraham Kaplan은 다음과 같이 이론을 정의하는 데 도움이 되는 진술을 하고 있다.

> 이론은 어떤 혼돈된 상황을 명료하게 해서 우리가 습관에 영향을 주고, 더 나아가 그 습관을 고치거나 포기하여 상황이 요구하는 새로운 것으로 대체하도록 하는 하나의 방법이다.[16]

이론은 기존의 법칙을 해석 · 판단 · 통합하고, 이 법칙들을 그 구조 내의 '예기치 않았던 자료에 적합하도록 변형하며, 새롭고 강력한 통칙을 발견하는 일을 안내하는 한 방안이다.'

Richard Snow에 의하면 '이론은 본질적으로 일반화할 수 있는 사실이나 법칙을 체계적으로 관련시키도록 설계된 하나의 상징적 구조물이다.' 이론은 그 자체가 '사실, 개념 혹은 일부 변인들, 그리고 확인된 단위들 간의 관계를 나타내는 일련의 단위들'로 구성되어 있다.[17] Bruner는 우아한 이론의 정의를 제시하였다.

> 이론은 작용하는 것 자체가 기적이다. 그것은 세계에 대한 우리의 다양한 관찰을 쉽게 마음에 담을 수 있는 형태로 관념화하며, 우리가 너저분한 구체적 사건을 일반화의 사례로 알아볼 수 있도록 해 준다.[18]

2) 교육과정 이론의 주요 배경

Joseph Schwab은 교육과정에 관한 그의 후기 저작에서 교육과정 이론은 존재하지 않으며 하나의 이론을 세우기 위해 노력하는 것은 시간을 허비하는 것이라고 비판하였다.[19] 그러나 그의 이러한 지적과는 상관없이 교육과정에 관한 다양한 이론이 끊임없이 쏟아져 나왔다. 이러한 다양한 이론은 교육과정 분야라기보다는 다양한 학문 분야에서 나온 것들이다. 결국 교육과정 전문가들은 교육과정의 어떤 측면이 우리가 현재 운영하고 실행하고 있는 교육과정인지를 결정해야 한다. 교육과정 연구자는 교육과정 설계나 개발의 이론화에 참여해야 한다.

교육과정 설계의 본질에 관한 이론은 철학적 기초에 과도하게 의존해 있다. 지식과 실재의 본질에 관한 논의들은 종종 철학의 영향을 받는다. 학생들의 삶의 질을 고양하는 교육과정 개발에 관여하는 교육과정 전문가 역시 철학에 의존하지 않을 수 없다. 예컨대, 나중에 자세히 다룰 비판 이론은 학생들의 삶의 질 문제를 직접 다룬다. 또한 어떤 사회－정치 이론은 교사에게 현실을 다르게 인식하도록 하는 반성을 촉구하기도 한다. 그것은 학생을 해방시키고자 하는 목적을 가지고 교육과정이나 교육을 이해하는 것이다.

이러한 비판 이론은 가치 지향적이며 철학적 영향을 받은 것이다. Allan Glatthorn은 많은 가치 지향적인 이론가들이 교육적 문제에 관한 한 사람의 양심에 호소하는 경향이 있다고 지적하였다.[20] 그들은 우리가 교육 프로그램 이면에 들어 있는 가치 쟁점에 대하여 반성할 것을 촉구하며, 다양한 방식으로 철학적 이론이나 정치적

이론에 의존한다.

교육과정 개발에 대하여 숙고하는 사람은 특정 현상을 설명하는 데에 적합한 이론을 교육과정 이외의 분야에서도 얻을 수 있어야 한다. 교육과정 개발을 숙고하는 데 변화에 관한 많은 이론을 활용할 수 있다. 심지어 인지이론, 특히 형체화된 마음의 이론도 교육과정 개발을 설명하고 안내하는 데 활용할 수 있다.[21] 또한 조직이론도 교육과정 개발에 영향을 미친다. 계열과 단계의 논리에 기초한 이론은 교육과정 개발을 숙고할 때 우리가 고려할 수 있는 이론이다.

많은 이론은 어느 정도 정착된 연구에서 나왔다는 점에서 볼 때 여전히 전통적인 성격을 띤다. 물론 Frances Klein의 지적처럼 새로운 이론들이 눈에 띄기도 한다. 그렇지만 그것들조차도 대체로 다음의 두 가지 점에서 전통적인 이론과 어느 정도 의견을 같이 한다.

① 교육과정 이론은 교사나 학생에게 근본적으로 중요한 의미를 갖는다.
② 교육과정 개발은 가치관에 의해 결정된다.[22]

교육과정 이론화에 대한 대안적 입장을 취하는 사람들은 교육과정의 개발과 이해에 대한 전통적인 이론에 이의를 제기한다. 이들은 교육과정에 대하여 근본적으로 다른 신념과 가치관을 가지고 있다. 또한 이들은 학교와 교육과정의 미래를 주류적인 관점에서 멀리 떨어진 방식으로 바라본다. 이들은 자신들의 논의를 위하여 현재에는 아직 교육적 사고에 적합한 것으로 생각되지 않는 예술, 현상학, 정신분석학, 문학, 비판이론, 신마르크스주의 철학 등에서 이론을 빌려오기도 한다.[23]

2. 교육과정 이론화의 고전적 토대

교육과정 이론화에 대한 대안적 관점들이 많이 존재하는데도 교육과정 연구자들은 교육과정 이론을 과학적 이론과 인간 중심적 이론으로 구분하여 파악한다. 우리는 과학적 이론과 인간 중심적 이론을 이것 아니면 저것 식으로 받아들이지 않는 것이 중요하다. 두 이론 모두 교육과정 분야에 기여하기 때문이다. 교육자의 도전 과제는 두 이론 중 어느 것을 언제 사용할 것인가다.

1) 과학적 이론

금세기의 자연과학자들은 과학적 이론을 광범위하게 활용함으로써 그 분야의 지식 영역을 크게 발전시켰다. 과학적 이론은 이론 형성과 진술의 본보기가 될 정도의 많은 예를 보여 주었다.

자연과학 안에서 '이론'이라는 말은 경험적 사실에서 귀납적으로 도출되는 명제의 체계를 가리킨다. 이러한 일반화된 명제 속에는 다양한 사실, 법칙, 가정이 체계적인 방식으로 관련되어 총체를 형성하고 있다. 결국, 과학적 이론이란 서로 관련되는 일반적 사실, 법칙 혹은 가설들로 구성되어 있다고 볼 수 있다. 과학적 이론은 개인이 그 과학적 이론에 대하여 어떻게 느끼는가와 상관없이 장점과 진실을 가진 설명만을 제시한다. 이러한 이론은 '영원하거나 탈맥락적인' 성격을 가진다. Newton의 빛의 이론 혹은 법칙은 그가 그 이론을 발견하였을 때도 진리고 오늘날에도 진리다. 즉, 그것은 탈맥락적인 이론이다.[24] 철학적 · 정치적 신념이 다르다고 해서 빛에 대한 Newton의 이론을 부정할 수는 없는 것이다. 이것이 곧 과학적 이론과 인간 중심적 이론의 차이점이다. 물론, 과학적 이론이라고 해서 언제나 모든 시대에 받아들인 것은 아니다. 과학적 이론은 그것이 경험적으로 거짓임이 드러났을 때, 또는 그것이 더 이상 그 이론이 설명하는 현상에 적합하게 적용될 수 없을 때 부정되고 폐기된다.

아마 가장 널리 받아들이는 과학적 이론에 대한 정의는 Herbert Feigl의 정의일 것이다. 즉, 과학적 이론은 '경험적 법칙 체계보다 더 큰 일련의 가정 체계로서 순수한 논리수학적 절차에 의하여 도출된다. 이론은 경험적 법칙에 대한 설명을 제공하고 교과를 통합한다.'[25]

이 정의에 따르면 이론은 특수한 사례를 설명하고 일반화하는, 논리적으로 관련된 일련의 진술문이다. 언급된 다양한 사례에서 살펴보면 이론은 여러 가지 자료와 그 자료들과 관련된 명제들이라고 볼 수 있다.

Fred Kerlinger는 과학의 기본 목적은 자연적 사건을 설명하는 기본적인 진술을 확인하는 것이라고 주장하였다. 그에 의하면 이론은 과학자들이 탐구된 현상을 이해할 수 있도록 하는 일반적 설명이다.[26] 과학자들은 한 가지 활동에 참여하는 학생의 행동과 같은 독립된 사건을 모두 설명하려고 하는 대신, 많은 사건과 행동을 연결할 수 있도록 비슷한 사건이나 행동에 관해 일반적인 진술을 하고자 한다. 각 어린이가 특수한 과학 문제를 어떻게 해결하였는가를 기술하는 대신에 과학적 이론가들은 그 자신의 관찰에서 대부분의 문제 해결 유형에 맞는 일반적인 설명을 이끌어 낸다. 그래서 연구자들은 문제 해결의 이론으로서 일반적 진술을 제시한다.

2) 인간 중심적 이론

인문학자들은 세계 내 인간의 위치를 일관성 있고 논리적으로 설명하기 위하여 이론을 활용한다. 이러한 이론은 당위적인 것을 설명하는 일련의 가정이나 신념을 산출한다. 따라서 그 목적은 설명 자체에 있는 것이 아니라 이해와 처방에 있다. 이것은 설명과 해석을 목적으로 삼는 과학적 이론과 완전히 다르다. 철학적인 인간 중심적 이론에서 사람들은 각자의 철학적 입장을 기반으로 한 이해를 가지고 싸운다. 교육과 교육과정에 대한 이론은 언제나 논쟁에 대해 열려 있다. 명제와 가정은 절대적인 것이 아니다. 이것들은 세계에 대한 학자들의 전문적인 경험과 지식에서 귀납적으로 도출되며, 각 학자들은 자신의 생각을 특정 학문 분야의 다른 학자들의 생각과 비교한다. 철학자의 이론은 실재와 그 안에서 자신의 위치를 어떻게 보는가를 나타낸다.[27]

교육, 특히 교육과정과 관련 있는 상당수의

이론은 철학적 혹은 인간 중심적 입장에서 나왔다.[28] 실존주의에 따르면 개인은 더욱 완전한 인간이 되기 위하여 자신의 세계에 적극적으로 참여해야 한다. 세계와의 연대가 없다면 개인은 고립되고 소외될 뿐이다. 이러한 '연대' 이론의 타당성은 과학적 타당성이 아닌 철학적 문제다.

철학적인 인간중심이론은 Herbert Kliebard가 '관련된 개념과 문제에 대한 체계적 분석' 이라고 말한 것에 속한다.[29] 이 수준의 이론은 개념과 문제의 성격을 명료하게 하려는 시도의 결과며, 개념과 문제의 이해는 경험적인 뒷받침에 의해 좌우되지 않는다. 경험적인 고려는 크게 중요하지 않다. 오히려 이론의 '타당성' 은 다양한 명제의 논리성과 가치의 명료도에 의해 영향을 받는다.

철학적인 인간중심이론은 대체로 규범적(가치에 근거를 둔)이며, 본질적으로 어떤 행위에 무엇을 포함하고 포함하지 말아야 하는가 하는 당위의 문제를 나타낸다. 인간 중심적 이론은 정서적 · 육체적 측면이 인지적 측면과 결합될 것을 강조한다. 그것은 일관성을 중요시하며 생각과 행위가 함께 통합되어 있는 삶의 방식을 중요시한다.[30] 이러한 이론을 사용할 때 교육과정 연구자들은 교육과정 개발에서 해야 할 일과 하지 말아야 할 일에 대한 지침, 즉 교육과정에 무엇을 포함시키고 빼야 하는지에 대한 지침을 가지고 있어야 한다.

3. 이론의 기능

교육자는 '우리는 도대체 무엇 때문에 이론을 필요로 하는가?' 라는 의문을 제기한다. 이에 대하여 '나는 당신의 그 지겨운 이론을 필요로 하지 않아.' 라고 즉시 대답하는 사람도 있다. 그러나 우리는 이론을 피할 수는 없다. 우리가 이론을 인식하든 그렇지 않든 우리의 행위는 이론, 혹은 이론적 · 철학적 입장에 의하여 인도된다. 이론이 우리의 행위와 아무런 관련이 없다고 주장하는 것 자체도 따지고 보면 어떤 이론적 · 철학적 입장을 이론에 반대하는 논의에 활용하고 있는 것이나 다름없다. 교육과정을 이론화하는 것은 삶을 형상화하는 하나의 표현 방식이다.[31] 모든 사람은 알기를 원한다. 그들은 세계에 대한 자신의 설명의 근거를 가지고 싶어 하고 자신의 입장을 정당화하고 싶어 한다. 과학자든 철학자든 모든 사람은 이해를 추구하고 의미를 구성하도록 그 본성에 '프로그램화' 되어 있다. 과학의 목적은 현상을 이해하는 데 있다. 철학자들은 다음과 같은 질문에 대한 답을 추구한다. 지식은 무엇인가? 무엇이 실재인가? 무엇이 가치 있는가?

이론은 '마음의 각성' 을 뜻하는 'theoria' 라는 그리스어에서 유래하였다. 많은 학자들은 이론의 기능을 ① 기술(description), ② 예언(prediction), ③ 설명(explanation), ④ 안내(guidance)의 네 가지로 보고 있다.[32] 비록, 일부 학자 사이에서 어느 기능이 가장 중요한 것인가에 관해 의견의 일치를 보지 못하고 있지만, 대부분의 학자는 이 네 가지 기능이 모두 중요하고 서로 밀접하게 관련되어 있다고 본다.

기술 기술은 지식을 특수한 이론적 분야로 분류하게 하며, 복잡한 활동에 대한 각각의 해석을 입증할 수 있는 구조를 제공한다. 또한 지식을 조직하고 요약한다. 하나의 이론은 특정한 변인을 가지고 있는데, 그 변인은 독특한 방식으로 상호 작용하며 다른 변인과 어떤 관계를 가지고 있다는 것을 알려 준다. 그러나 이론은 그 독특한 변인이 왜 중요하며, 왜 상호 관련되어 있는지는 알려 주지 못한다. 이론은 사건을 설명하고 현상을 통합하며, 정보를 정리해서 그 범위와의 내적 관계를 드러낸다.[33)]

예언 이론의 둘째 기능은 다소 명백하다. 하나의 이론은 그 이론이 가지고 있는 원리를 토대로 해서 아직까지 관찰되지 않은 사상의 출현을 예언할 수 있다. 아마 이러한 기능이 이론의 궁극적인 기능일 것이다. 물론, 신중한 학자는 이론을 어느 정도의 잠정성을 가진 것으로 파악한다. 왜냐하면 이론은 그것을 뒷받침하는 자료가 얼마나 축적되어 있는가와 상관없이 모든 현상을 다 설명하지는 못하기 때문이다. 그렇게 된다면 그것은 이론이 아니라 법칙이 된다. 그럼에도 불구하고 이론이 설명할 수 있는 현상이 많을수록 사람들은 그것으로 현상을 예언하는 데 더 자신감을 가질 수 있을 것이다.

설명 설명은 '왜' 라는 문제와 관련된다. 그것은 현상들 간의 관계를 나타낼 뿐 아니라 그 관계에 대한 이유를 명시적으로나 묵시적으로 밝혀 준다. 가장 좋은 설명은 사람들이 알고 있는 것과 사람들이 잘못 믿고 있는 것을 대조적으로 제시해 주는 설명이다. 예를 들어, 학생들의 학습 곤란을 '악령' 의 소행으로 설명하는 것은 학생들의 동기와 흥미의 개념으로 설명하는 것보다 훨씬 더 신뢰할 수 없다.

안내 이론은 지침의 역할을 한다. 그것은 연구자가 분석을 위한 자료를 선택하고 그 자료를 잘 요약할 수 있도록 해 준다. 창출된 이론은 더 나은 연구에 도움을 준다. 본질적으로 이론은 발견적인 기능을 가진다. 많은 과학자는 이러한 이론의 기능, 즉 보다 높은 수준의 연구를 위한 지침으로 기여하는 것이 과학적 이론의 기본적이고도 올바른 책임이라고 주장한다. '중요한 것은 법칙은 그것이 이론 속에 통합될 때 확장된다는 것이다. 이론은 중매자, 산파, 대부의 역할을 모두 수행한다.'[34)]

이론가들은 이론의 발견적 기능을 언급할 때 그들 자신의 가치와 지식을 배제할 수는 없다. 가치는 이론가들이 취해야 할 행동에 영향을 주고 처방도 내린다. 사실의 수집은 이론 구성의 첫 단계다. 그러나 그 사실이 어떤 사실이며, 그것에 대한 해석자가 누구인가 하는 문제가 대두된다. 이론적인 입장이 없다면 사람은 어떤 사실을 수집하고 어떤 문제를 언급해야 할지에 대한 결정을 내릴 수 없다. 이론가들의 가치는 사실과 관계의 적절성을 검토하는 데 영향을 끼친다. 즉, 이론가가 어떤 가치를 가지고 있는가에 따라 이론화의 성격은 달라진다.

이론이 안내의 기능을 수행할 때, 그것은 이론가가 과학자인가 인간 중심주의자인가에 따라 달라진다. 실재에 대한 모든 사람의 생각은 이론적 · 철학적 입장의 영향을 받는다. Manen이 말한 바와 같이 이론은 상상의 행위다. 우리는 이론을 우리의 상상을 구성하고 어떤 것이 사실인지 아닌지를 정의하는 데에 사용한다. '이론이 지시하는 것에 도달하고자 희망하는 것도 이론을 통해서 가능하다.'[35] 이론은 신념의 표현이다. 이론적 입장에 대한 신념은 우리가 중요하게 생각하는 것에 영향을 미친다. 그리하여 교육과정을 해석하고 개발하는 우리의 행위를 결정한다. 우리가 생각하는 교육의 목적은 우리의 이론적 입장과 신념 체계의 영향을 받는다. 우리가 다양한 교육과정의 기초를 어떻게 보고 우리의 사고와 그것이 어떻게 관련되는지를 아는 것은 우리의 신념과 이론적 입장의 영향을 받는다.

이론의 안내적 기능을 받아들인다는 것은 이론을 우리 사고의 자원에 기여하는 수단으로 활용한다는 것을 의미한다. 그러한 자원은 우리가 교육과정 개발, 전달, 분석에 참여할 때 우리의 행위를 안내하는 가치 있는 질문을 제기한다.[36] 어떤 교육과정이 필요하다거나 교육과정을 특정 방법으로 조직할 필요가 있다고 말할 때 우리는 이미 이론적 논의에 참여하고 있는 것이다. 그러한 논의는 우리의 교육적 대화에서 필수적인 것이다. 우리 모두는 그러한 논의에 참여한다. 우리 모두는 신념을 가지고 있다. 그리고 우리는 모두 그 신념을 표현한다.

4. 이론의 구성

본질적으로 이론 구성의 과정은 연역적인 사고, 그리고 귀납적인 사고와 관련된다. 때때로 이 두 가지는 이론 형성에서 두 개의 상이한 접근 방법으로 생각되지만, 이론 구성에서 두 가지가 모두 활용되는 경우가 많다.

귀납적 방법은 다양한 탐구 결과를 축적하고 요약함으로써 이론을 구성한다. 이 방법을 활용하는 사람들은 경험적 자료에 크게 의존한다. 이들은 자신들이 검증하고 타당하게 만든 잠정적인 가설로서 시작한 연구를 토대로 하여 명제를 형성한다.[37]

연역적 방법은 귀납적 방법과는 대조적으로 진리이거나 진리인 것으로 가정되는 전제에서 필요한 결론을 추론하는 것을 말한다. 연역적 방법을 사용하는 사람은 논리적 계열을 구성함으로써 이론을 개발한다.[38] 이러한 논리적 계열은 일반적인 것에서 특수한 것으로 진행한다.

1) 이론 구성의 단계

이론을 구성하는 것은 보다 큰 개념으로 분류되고 일반화될 수 있는 상징, 사실, 단어 등을 다루는 것이다. 상징과 사실 사이의 관계를 보고 기술하는 능력과 그러한 생각을 말로 표현하는 능력은 이론 구성 과정의 한 부분을 차지한다. 이론과 관련하여 가장 중요한 문제는 그것을 언제 실제 세계에 적용해야 하는가다. 종이 위에서만 의미를 가지는 추상적 아이디어를 특정 상황에 적용하고 평가하는 것은 위험하다. 사람은 통제하고 조작하기 쉬운 존재가 아니기 때문에 이론은 실제 삶의 사태에 적용될 때 실패하는 경우가 많다(교육과정 도움말 6-1 참조).

용어의 정의　이론 구성의 기본적인 규칙의 하나는 용어를 명료하게 하는 것이다. Beauchamp는 용어에 관한 일치의 문제를 이론가의 연구에서 가장 본질적인 요소로 보고 있다. 이론가가 사용하는 용어와 그 용어가 암시하는 개념은 이론을 형성하는 요소다. 그러므로 용어는 ① 명확해야 하며, ② 일단 정의되면 일관성 있게 사용해야 한다는 두 가지 규칙에 의거하여 이루어져야 한다.[39)]

용어는 관찰된 것을 정의하는 것으로 개념이며 변인이다. 우리는 변인 사이의 경험적 관계를 찾아야 한다. 개념은 명목적이거나 조작적인 것으로[40)] 명목적 정의는 용어나 개념의 속성을 나타내며, 조작적 정의는 그 개념이 사용되는 맥락을 가리킨다.

어떤 용어는 명목적인 속성으로도, 다른 조작적으로 정의된 용어로도 정의할 수 없다. 그러나 이러한 용어도 이론에서 기본적인 중요한 요소다. 해당 이론에 관하여 연구하는 사람은 그러한 '원시적' 용어를 아무런 설명도, 이의도 없이 받아들여야 한다. 예컨대, 수학에서 사용하는 '점'이나 '직선'이라는 용어가 이에 해당된다. 이 용

교육과정 도움말 6-1

이론의 구성

이론 구성은 엄밀한 의미에서 과학이라고 할 수 없다. 우리 모두는 단순히 이론에 대하여 생각하는 것만으로도 이론화 과정에 참여하고 있다고 말할 수 있다. 다음에 제시된 것은 이러한 '이론화' 과정에 도움을 준다.

① 무엇을 해야 하고 왜 해야 하는지에 관해 생각해 볼 수 있는 시간을 마련하라. 그렇지 않으면 잡다한 일상 때문에 관심이 분산되고 시간이 낭비될 수 있다.
② 교육이나 교육과정과 관련하여 비유를 생각해 보라. 그 비유는 생각과 행위를 어떻게 형성해 주는가?
③ 일상생활에 대한 일지를 기록해 보라. 그리고 거기에 어떤 패턴이 있는지, 어떤 이탈이 있는지 탐색해 보라. 패턴과 이탈을 분석하고 결론을 이끌어 내라.
④ 수업을 어떻게 교과 계획에 맞출지에 집중하라. 할 일을 기술하라. 행위를 ②에서 정한 비유와 관련시켜라. 그리고 행위를 판단하라.
⑤ 앞의 ④에서 제안하는 일반적 질문에 집중하라.
⑥ 수업이 어떻게 교육과정 계획과 연결되는지 그 다양한 측면에 관해서 생각해 보라.
⑦ 6단계에서 살펴본 다양한 측면과 관련해서 해야 할 일은 무엇인지 생각해 보라.

어는 명목적으로도 조작적으로도 정의할 수 없다. 우리는 오직 '점'은 하나의 점이라고 말할 수밖에 없다. 물론, 오늘날 현대 수학에서는 선, 폭, 부분과 같이 아무런 특징이 없는 것도 0이라는 특징을 가지는 것으로 개념화된다. 평면 중의 어떤 부분도 차지하지 않는 점은 선, 폭, 두께에 비하여 0을 많이 가지는 매우 추상적인 대상이다.[41] 이것은 비유를 어떻게 사용하는가는 다양한 현상을 어떻게 생각하는가에 영향을 미친다는 것을 나타낸다. 그러한 용어의 예는 '느껴진 요구'나 '경험' 같은 용어들이다.[42] 이론가는 원시적 용어의 사용을 항상 피할 수 있는 것은 아니지만 그러한 용어의 사용을 가능한 자제해야 한다.

이론에 사용되는 또 다른 범주의 용어는 이론적 용어 혹은 조작적 구인(operational construct)이다. 정교화의 정도와 상관없이 어떤 이론이든 이러한 용어를 포함한다. 구인은 사물이나 사건, 그리고 그들의 속성 간의 관계를 나타내는 개념이다.[43] 이러한 용어는 특정 사건에 대한 직접적 관찰로 정의되지 않는다. 이것은 조작적으로 정의된 다른 용어와의 관계로 정의된다. 교육자는 그러한 용어를 매우 많이 쓰고 있다. 예컨대, 동기, 인지적 불일치, 태도, 지각적 구조화, 행동 태세, 사회적 욕구 등이 있다.

분류 이론 구성의 둘째 활동은 분류다. 이 단계에서 이론가는 이론화되고 있는 영역에 관해 자신이 알고 있는 것을 조직하고 통합하려고 한다. 그들은 두 가지 이상의 변인이나 개념 사이에서 발견되는 관계의 통일성을 요약하는 것에서 시작한다.[44] 이론가의 분류나 분류와 관련된 진술은 정확성의 정도가 다양하다. 하지만 그렇다고 이론 구성에서 그들이 차지하는 비중을 감소시키지는 않는다. 분류는 이론가가 연구 활동을 통해 보충해야 하는 자신들의 지식상의 부족을 발견하도록 한다.

정보를 분류할 때 이론가는 사실과 일반적 법칙을 동질 집단끼리 분류한다. 그러나 비록 유목이 구체화되는 것으로 보일지라도 그 유목들 간의 관계, 혹은 어떤 단일한 정보 체계 내의 사실이나 일반적 법칙 간의 관계에 대한 설명은 여전히 부족하다.

이론 생성의 각 단계는 모두 철학적 견해의 영향을 받는다. 용어를 어떻게 정의하는가는 실재를 어떻게 '읽는가'의 영향을 받는다. 우리는 실재를 우리의 외부에 존재하는 것으로서 조작할 수 있는 것으로 보는가, 아니면 특정 사람에 의하여 '창안되거나' 이론가에 의하여 구성되는 것으로 보는가? 더 나아가 정치적 · 사회적 · 심리학적 요인에 대한 견해도 이론을 구성하는 각 단계와 교육적 현상에 대한 이해에 영향을 미친다. 교육에 관한 정치적 논의는 인종, 계층, 성이라는 용어를 제시한다. 인종이라는 개념을 교육자가 사용할 때는 정치적 실재에 대한 이해의 영향을 받는다. 그것은 생물학자가 인종이라는 개념을 사용하는 것과 완전히 다르다. 사실상 생물학자는 인종이라는 개념을 타당한 개념을 인식조차 하지 못한다. 교육자가 인종과 학습의 특별한 관계를 언급할 때, 그 용어는 정치적이고 사회적인 강력한 영향하에서 사용되는 것이다. 우리의 맥락을 어떻게 해석하는가는 우리의 철학적 · 이론적 입장이 무엇인가에 의하여 그 색깔이 완전히 달라진다. 우리는 우리 자신 밖으로 나갈 수 없다. 모던적 관점을 가지고 있는 사람은 포스트모던적 관점을 가진 사람과 완전히 다른 방식으로 이론적 구성에 참여할 것이다. 이론 구상에서 어떤 비유를 사용하는가도 이론 생성에 영향을 미친다.[45] 학교를 공장이나 생산 작업 라인으로 생각하는 사람은 학교를 꼬마 학자의 공동체로 보는 사람과 다른 방식으로 이론을 구성할 것이다. 교육과정을 통제의 수단으로 보는 사람은 교육과정은 억압적 성격을 가진다는 교육 이론을 창출할 것이다. 교육과정을 일종의 도약대로 보는 사람은 해방적인 교육과정 이론을 구성할 것이다. 물론, 이러한 예들은 실재를 단순화하여 표현한 것에 불과하다. 우리가 이론화라는 지적 활동에 참여할 때 그 활동은 교육이라는 역동적 과정 속에 뿌리를 두고 이루어져야 한다.

5. 교육과정 이론

이상에서 살펴본 것처럼 교육과정 이론은 사람들 간의 의사소통의 수단으로, 그리고 교육과정 분야를 연구하기 바라는 사람들에게 방향을 제시해 주는 수단으로 활용되는 언어로 이루어진 일련의 진술문이다.

교육과정 학자가 당면한 문제는 교육과정 분야의 복잡성을 지각하고 자신이 직접 자신의 교육과정 이론을 구성할 것인가, 심리학 · 사회학 · 인류학 · 철학 등과 같은 다른 학문에서 이론을 차용할 것인가, 혹은 두 가지 다 할 것인가를 결정하는 것이다. 단일한 교육과정 이론을 기술하고 설명하려는 것은 비현실적인 소망이다. 왜냐하면 교육과정은 너무나 많은 교육적 측면을 망라하고 있기 때문이다.

교육과정 이론은 교육과정에 관심을 가지고 있는 많은 사람의 대화의 주제나 성찰의 초점이 되고 있다. 교육과정 분야가 정체성을 확보하기 시작한 초기 단계에서도 교육과정 학자들은 이론적 근거를 규정하는 데 관심을 가지고 있었다.

1) 초기의 교육과정 이론

Franklin Bobbitt의 『교육과정』의 출판은 교육과정 이론화의 첫 출발점이다. 이것은 또한 과학적 이론화의 초창기 책 중의 하나다. 교육에서 과학주의운동은 이론에 대한 중요한 접근 방법을 설정하게 하였다. Bobbitt은 그의 동료 교육자가 교육의 기능화를 위하여 새로운 공학을 이용할 것을 촉구하였다. 그는 경영의 원리와 이론의 적용이 교육자가 자신의 프로그램의 창안과 관리를 더욱 정확하고 능률적으로 하는 데 도움을 준다고 굳게 믿고 있었다.[46] 많은 사람은 과학적 이론은 객관성이라는 특징을 가지고 있다고 믿는다. 이론은 현상을 기술하고 설명하는 데 도움을 준다. 현상에 관한 이론은 교육자가 어떠한 현상을 실행에 옮겼을 때 나타나는 결과를 예측할 수 있도록 해 준다.

테스트 및 통계학에서 새로운 많은 발견은 교육과정 이론화 과정에 참여하고자 하는 사람들에게 수집된 자료를 더 명확히 처리하고 더 주의 깊게 연구를 수행할 수 있도록 하는 도구를 마련해 주었다. 교육과정 이론가는 그 시대의 맥락에서 어떤 지침을 이끌어 내었다. 특히, 대표적으로 Bobbitt과 Charters는 조사 연구와 평가 분야의 전문가였다. 이들은 활동 분석의 아이디어를 교육과정 의사 결정 공식화 과정과 연결하였다. 그것은 교과의 목표를 특정 활동, 즉 생산적인 삶을 준비하기 위하여 학생들이 배워야 할 과업이나 기술과 연결하는 것을 의미한다. 그러한 활동이 아무리 많더라도 교육자들은 어떤 활동이 학교에서 강조되어야 할 것인가에 관한 의사 결정을 내려야 한다.[47]

19세기 말과 20세기 초 Dewey는 교육과정 이론의 구성 활동에 직접 관여하였다. 비록, Dewey 자신은 그의 연구를 교육과정 이론으로 생각하지 않고 하나의 교육 과학으로 생각하였지만, 그것은 여전히 교육과정 이론가들의 관심을 끌고 있다.[48] Dewey의 이론은 개인의 발달과 인류의 발달을 전체적인 단계에서 비슷하다는 생각에 근거하고 있다. 그의 이론은 학교와 사회의 관계, 그리고 학습자에게 관련이 있는 경험과 교육의 제 측면을 보여 주고자 시도된 것이다.[49]

Dewey는 교육자들에게 교육과정의 지식을 아동과 관련된 인간적 경험과 연결할 것을 촉구하였다. 더 나아가 그는 아동은 다양한 활동을 통하여 지식을 경험한다고 주장하였다. 이 책의 제8장에서 논의할 경험 중심 교육과정은 Dewey의 '이론'에서 상당한 이론적 지원을 받았다. 그의 이론은 활동 중심 교육과정 운동을 일으키기도 하였다. Dewey는 사회적 생활의 실제적 조건을 시카고 대학교에 자신이 설립한 실험 초등학교에서 실현하고자 노력하였다. 아동들은 인간이 어떻게 환경과의 상호 작용 속에서 살아가는가를 학교에서의 여러 활동에 참여함으로써 배우게 된다.

어떤 교육자는 다음과 같은 질문을 제기할 것이다. 이렇게 Bobbitt과 Charters 같은 학자들은 교육과정을 여러 가지 이론적 관점에서 접근하고, Dewey는 그러한 이론을 자신의 학교에서 직접 검증해 보려고 시도하였는데도 왜 교육과정 이론은 오늘날 충분히 발달하지 못하였는가?[50] 그것은 학자들이 이론이라는 게임을 가지고 직접 '노는 것' 보다는 게임을 '더 좋은 게임'으로 만드는 데에 더 혈안이 되어 있기 때문일 것이다.

2) 20세기 중기의 이론

교육과정에 관한 상당수의 초기 논의는 이론 자체를 고려한 것은 아니었다. 그러나 1940년대에 이르러 교육과정에 관한 저술이 실제 이론을 논의하기 시작하였다. 이론에 관한 첫 번째 주요한 논의는 1947년 초 시카고 대학교에서 일어났다. 이 회의의 참석자들은 교육과정 이론을 언급한 하나의 보고서를 만들었으나, 이 회합에서는 어떠한 교육과정 이론도 출현하지 못하였다. 3년 후에 하나의 논문으로 나타난 그 보고서는 '관심 있는 사람 간의 의사소통을 촉진하고 더욱 적절한 이론의 개발을 위하여 더 많은 노력을 기울임으로써 사람은 이론의 성격, 과제, 주제, 평가, 활용 등을 기술하고자 노력하고 있다.' [51]는 문제를 언급하면서 결론을 맺었다. Tyler는 『교육과정과 수업의 기본 원리(presentation of the basic principles of curriculum and instruction)』라는 책을 내놓음으로써 도전장을 내밀었다. 그러나 Tyler의 접근 방법은 이론적인 것으로 간주할 수 있기는 하지만 교육과정에 관한 전반적인 이론이라기보다는 교육과정 개발에 더 적합한 것이다.[52] Beauchamp는 교육과정 이론의 분야를 확장시키는 데에 도구적인 역할을 수행하였다. 1950년에 출간된 그의 책 『교육과정 이론(Curriculum Theory)』은 이러한 주제를 취급하였다.[53] 이 책은 4판까지 계속되어 출판되었지만 아직까지도 여전히 교육과정 이론에 관한 의견의 일치를 보지 못한 채 남아 있다. 지금까지 발전되어 온 주요 이론의 일부를 살펴보면 다음과 같다.

Maccia의 이론 교육과정 이론의 '형성기' 인 지난 50년 동안 교육과정 이론에 대한 더욱 다양한 견해가 전개되어 왔다. 예를 들어, Ellizabeth와 George Maccia는 네 종류의 교육과정 이론을 제시하였다. 이들은 교육과정 전문가들은 형식(form), 사건(events), 가치(value), 실제(practices)에 관해 깊이 생각해 보아야 한다고 주장하였다. 그리하여 그들은 이론을 형식적 이론, 사건적 이론, 가치적 이론, 실제적 이론으로 조직하였다.[54]

① **형식적 이론**: 이 이론은 교육과정을 구성하고 있는 학문의 구조에 관한 고찰을 다룬다. 교육과정 학자는 이 이론에 대한 자신의 이해를 철학자나 각 학문의 학자에게서 구한다. 이 이론은 가치 지향적인 것이 아니며, 당위보다는 사실과 존재를 다룬다.
② **사건적 이론**: 흔히 과학적 이론이라는 것과 비슷한 이 이론은 사건의 발생에 관한 고찰을 다룬다. 이는 특정 상황 속에서 앞으로 일어날 일을 예언하기 위한 것이다.
③ **가치적 이론**: 이 이론은 가장 바람직한 목표를 달성할 수 있고 최상의 것이라고 판단되는 내용을 포함시킬 수 있는 적절한 수단에 관한 고찰을 다룬다. 사건적 이론과 달리 가치적 이론은 가치나 규범을 포함하고 있으며 당위의 문제를 취급한다.
④ **실제적 이론**: 이 이론은 가치 있다고 생각하는 것을 달성하기 위한 적절한 수단에 관한 고찰과 관련되는 것으로서 실제에 관한 것을 다룬다. 이는 교육과정 정책의 창출, 특정한 목표를 채택하기 위해 활용하는 수단, 구체적인 학교 실제를 뒷받침할 수 있는 것 등을 다룬다.

Maccia에 의하면 교육과정 학자는 교육과정의 입안 및 개발에서는 물론 교육과정의 정의의 구조를 안내하려고 할 때에도 이론을 이용한다.

Johnson의 모형 Maccia와는 달리 Mauritz Johnson은 교육과정 전문가는 먼저 교육과정을 정의하고 난 다음에 그들의 에너지를 이론 구성 쪽으로 돌려야 한다고 주장하였다. 그는 교육과정 이론 구성을 위한 대부분의 과거의 노력은 프로그램에 중점을 두었고, 결과적으로 교육과정 개발에 관심이 쏠렸다고 주장하였다.[55] [그림 6-1]에 나타난 바와 같이 Johnson은 교육과정 계획과 교육과정 개발의 과정은 구별되어야 한다고 주장하면서 교육과정 계획은 교육과정 개발의 결과라고 주장하였다. 그는 또한 교육과정, 수업, 교사 행동 간의 차이도 규명하였다. 목표에 대한 그의 관심 때문에 그는 행동주의적-합리적 진영으로 분류된다. 비록, 교육과정 학자들이 '의도된 일련의 학습 성과'라는 Johnson의 교육과정의 정의에 동의하지 않는다 할지라도, 그들은 하나의 계획으로서 교육과정에 관해 이론화하는 것과 그러한 계획이 산출되는 수단에 관해 이론화하는 것을 구별하는 것이 유용하다는 사실을 인식해야 한다.

Macdonald의 모형 저명한 교육과정 이론가인 Macdonald는 학교교육에서의 중요한 체제-교육과정, 수업, 교수, 학습-의 모형을 제시하였다.[56] 이 모형은 하나의 이론이 아닌 하나의 모형에 불과하지만 교육과정과 수업이라는 역동적인 관계 속에 포함되어 있는 가능한 주요 구성 요소를 지적해 주고 있으며 교육적인 장면의 주요 '특징'을 나타내는 하나의 지도로 기능한다.

그림에서는 교육과정이 상당히 크게 나타나 있지만, Macdonald의 모형은 네 가지 상호 작용 체제 중 하나로서 교육과정을 나타내고 있다. Macdonald는 교육과정을 수업을 위한 하나의 계획을 실제로 산출하는 사회 체제로서 정의하고, 수업을 형식적인 교수와 학습이 일어나는 또

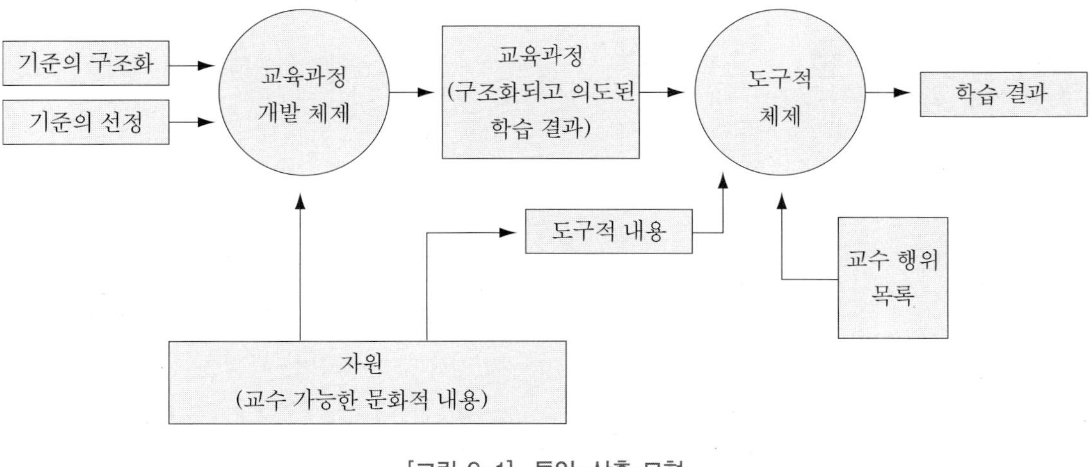

[그림 6-1] 투입-산출 모형

출처: Mauritz Johnson, "Definitions and Models in Curriculum Theory," *Educational Theory* (April 1967), p. 23.

다른 사회 체제로서 정의한다. 교수는 수업과는 다르게 학습을 촉진시키기 위하여 특별한 방식으로 행동하는 인적 제체, 즉 교사로 정의되며, 학습 또한 하나의 인적 체제로서 정의된다. 즉, 학생은 특수한 과제와 관련된 행동과의 관계 속에 위치한다. 이들 체제의 모든 요소는 [그림 6-2]에서 검은 얼룩점으로 나타나 있는 중심 지점에 모이게 된다. 이 접합점에서 교육과정 목표는 교사의 노력과 학생의 행동에 의해 수업상의 만남 속에서 작동한다.

Macdonald의 모형은 교수, 학습, 수업, 교육과정의 상호 관계를 명확하게 보여 준다. 각각은 그 자체로 하나의 체제지만, 학교라는 실재

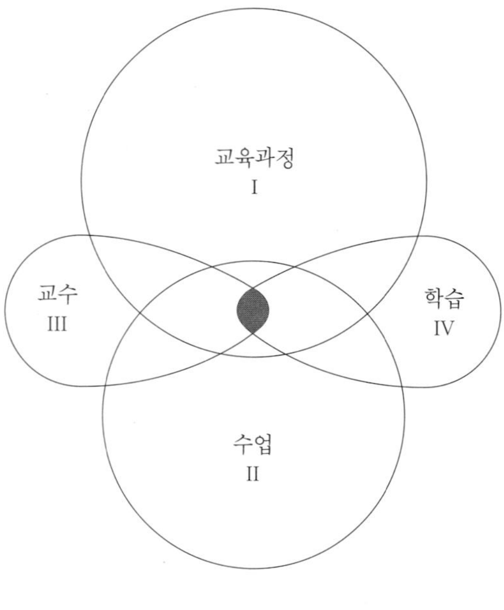

[그림 6-2] 네 가지 시스템의 상호 작용 모형

출처: James B. Macdonald, "Educational Models for Instruction," in J. B. Macdonald and R. R. Leeper, eds., *Theories of Instruction* (Washington, D. C.: Assoeiation for Supervision and Curriculum Development, 1965), p. 65.

속에서 그 체제는 특정 전문화된 하위 체제를 양산하기 위하여 상호 작용한다. 그러나 그러한 체제들은 교육과정의 성격과 범위를 어떻게 결정하는가의 문제에 대하여 해답을 제시하지는 못한다. 실행 중에 있는 교육과정은 이러한 모형으로 그릴 수 있는 것보다 훨씬 복잡하다.

교육자들은 이론은 여러 가정을 만들며 그러한 가정은 현실적인 구체적 경험에 비추어 평가될 수 있다고 믿는다. 또한 이론이 그들에게 실재를 기술하고 설명할 수 있게 해 준다고 믿으며, 이론은 무엇을 해야 하는가를 제안하는 정책적 지도를 제시해 준다고 믿는다.

그러나 여기에 대한 비판도 만만치 않다. Gail McCutcheon에 의하면 교육과정 현상을 분석하고 해석하며 이해한 결과로 나오는 자료들을 통합하는 진정한 이론은 실제 거의 없다.[57] 그녀에 의하면 교육과정 연구자는 다양한 학문에서 도출되는 교육과정에 명확한 가치를 가지는 실례를 더 많이 필요로 한다. 또 다른 교육과정 연구자는 이러한 쟁점을 다양한 심리학적 이론은 교육과정의 사고와 실행에 어떤 기여를 하는가에 초점을 맞추어 논의한다.[58]

일부 교육과정 이론가에 의하면 교육자들은 현재 활용 중인 교육과정의 분석에서 교육과정 이론을 도출해야 한다. Decker Walker는 교육과정이 어떻게 창출되며 프로그램의 성격은 무엇인가에 대한 충분한 관심을 기울이지 않은 채 오로지 교육과정을 창출하는 처방적 절차에만 관심을 가지는 오류를 지적한다.[59] 그에 의하면 교육과정 이론은 교육과정 학자들이 교육과정을

다양한 관점에서 보도록 하며, 교육과정에 대한 새로운 해석에 도움을 준다. 또한 이론은 다양한 목적과 형식을 가진 개념의 가족적 집단으로 파악할 수 있다. 이론은 실제를 합리적으로 설명하고 개념화하며 설명하는 데 그 초점이 있다. Walker에 의하면 어떤 이론은 현대사회에 별 문제 없이 적용될 수 있는 반면, 어떤 이론은 아직 실현되지 않았지만 앞으로 다가올 미래 사회에 적용될 수 있는 것으로 제기된다.

Ellizabeth Vallance는 교육과정 이론은 실제적이며 실제 상황에 기반을 두어야 한다고 주장하였다.[60] 이러한 의미의 교육과정 이론화는 모든 학교에서 일어난다. 이런 입장에서 보면 교육과정 학자들은 교육과정 문제와 관련하여 활용될 수 있는 지식을 조사 · 분석 · 종합 · 평가해야 한다. 그들은 가능한 자료를 조사하고 그 자료들을 이해하려고 노력하여야 한다. Vallance에 의하면 관찰된 자료는 새로운 교육과정의 일

교육과정 도움말 6-2

이론을 실제로 해석하는 것

이론과 실제의 통합은 오래된 이상이다. 교육과정에서 이 오래된 이상의 실현을 원한다면 다음과 같은 몇 가지 단계를 인식할 필요가 있다.

① **문헌을 읽어라.** 이론과 실제를 통합하려는 시도는 전문적인 지식에 그 근거를 두어야 한다.

② **주요 개념이 무엇인지 확인하라.** 교육과정 이론가와 실천가들은 주요 구성인 개념, 질문 등을 확인하고 합의할 필요가 있다.

③ **기존의 이론들이 얼마나 타당한지 검토하라.** 기존의 이론은 타당성, 입증성, 정확성, 전제된 가정, 논의의 논리성, 일관성, 일반화 가능성, 가치, 편견 등의 관점에서 분석되어야 한다.

④ **유행은 피하라.** 새로운 유행이나 뜨거운 쟁점은 새로운 이론 또는 개혁이라는 미명 아래 실천가에게 소개되어서는 안 된다. 새로운 프로그램이나 방법이 전문서적이나 학술회의에서 소개된다고 해서 그러한 시류에 편승해서는 안 된다. 또한 그것을 섣부르게 이론으로 부르지 말아야 한다. 오히려 뒤로 물러서서 그것에 대한 평가나 그것의 부작용 등을 지켜봐야 한다.

⑤ **이론과 실천을 서로 조율하라.** 이론은 교실과 학교라는 실제 세계의 맥락에서 검토되어야 한다. 그것은 실제적인 관점에서 받아들일 만해야 하고 적용 가능한 것이어야 하며 현실적인 것이어야 한다.

⑥ **이론을 검증하라.** 이론이 믿을 만하고 의미가 있다면 그것을 실천하고 결과를 측정함으로써 경험적으로 검증해야 한다. 처음에 그것은 실험 집단 또는 통제 집단 학교를 설정하여 소규모로 이루어져야 한다.

⑦ **이론을 해석하라.** 이론은 실제적 기간, 실제적 조건에서 검증되고 해석되어야 한다. 그것은 학교에 적용되어 최소한 1년에서 이상적으로는 3년 동안 그것이 '자체 사라질' 것인지 아닌지를 검증해야 한다.

⑧ **이론을 수정하고 복잡한 부분을 줄여라.** 이론은 언어나 양적 자료에 의거한 일반적으로 적용 가능한 구성체다. 그것은 종이에서 실제로, 추상적 세계에서 구체적 세계로, 그리고 복잡한 개념에서 문외한의 용어로 수정되어야 한다. 이론을 실제로 옮길 때 거기에는 많은 사람과 자원이 개입된다. 아이디어를 실행하기 위해서는 사람이 이론에게 맞추는 것이 아니라 이론을 사람에게 맞추어야 한다.

부가 되거나, 학교 지역구에 의해서만 구입되는 교과서가 되거나, 학교의 정치적 분위기를 형성하게 된다. 비록, 이론가들이 생각하는 자료와 학교 교사가 생각하는 자료는 다르지만 그 이론화 과정은 비슷하다(교육과정 도움말 6-2와 〈표 6-1〉 참조).

6. 비유와 이론적 진영

모든 것을 다 망라하는 교육과정 이론은 없지만 그것을 나타내고자 하는 다양한 비유나 이론적 진영은 존재한다. 이러한 비유들은 이론적 이해를 기반으로 한 것들이다. 이론적 진영들도 교육과정은 무엇이어야 하며 무엇이어서는 안 되는가에 대한 처방적 진술뿐만 아니라 교육과정 개발에 도움이 되는 다양한 이론에 의존하고 있다. 이러한 다양한 이론적 진영은 그들 나름의 교육안뿐만 아니라 정치안을 가지고 있다. 예컨대, 페미니스트 이론은 여성의 교육적 · 사회적 지위를 향상시키는 데에 그 목적이 있다. 동성애 이론(queer theory)은 다양한 성적 취향을 가진 사람들에 대한 이해와 수용을 기르기 위한 교육과정을 옹호한다. 비판 이론은 인간의 정신을 억압하는 전통적 교육과정 영향에서 학생을 해방시키는 데 목적 있다. 과거 40년 동안 나타난 '새로운' 이론적 진영은 주류적인 교육학적 사상이나 탐구에 도전장을 내밀고 있다. 이러한 진영의 사람들은 주류 교육과정 학자와 자주 충돌한다. 그들은 이론적 문제는 교육과정에 대한 잘못되고 비생산적인 개념 자체에서 나온다고 주장한다.

〈표 6-1〉 교육과정 이론 개관

이 론	학 자	이론 유형	배 경	기 능
체계적 관리와 경영으로서의 교육과정	Bobbitt, Charters	교육과정 이론	과학적	설명, 기술
인간 발달 단계의 반영으로서의 교육과정	Dewey	교육과정 이론	과학적	설명, 처방
실천으로서의 교육과정	Maccia	교육과정 이론	과학적	안내, 처방
의도된 학습 결과로서의 교육과정	Johnson	교육과정 이론	과학적	기술
상호 작용 체제로서의 교육과정	Macdonald	교육과정 이론	과학적	기술, 설명
비유로서의 교육과정	Kliebard, Freire	교육과정 이론	인간 중심적	처방
사회적 목적을 위한 경험으로서의 교육과정	Pinar	교육과정 이론	인간 중심적	처방
지식의 구조화 과정으로서의 교육	Bruner	수업 이론	과학적	설명, 처방
교육과정 실행으로서의 교육	Oliver	수업 이론	과학적	설명
변형의 과정으로서의 교수	Giroux	수업 이론	인간 중심적 (비판적 이론)	처방, 기술

예컨대, Dwayne Huebner는 교육자에게 학습의 효율성, 객관성, 행동주의적 원리를 강조하는 논리적 · 합리적 언어의 사용을 중단하고 교육에 영향을 미치는 경제적 · 정치적 정책에 중심을 둔 언어를 사용할 것을 촉구하였다.[61] 그는 교육자들이 다음과 같은 질문에 관심을 가지기를 바랐다. 학습자에게 교재의 선택권을 어떻게 부여할 것인가? 교육자는 학습자의 세계에 대한 의식을 고양시키기 위하여 학습자가 어떻게 세계의 다양한 문화에 접하도록 할 수 있는가? Huebner에 의하면 이때까지 교육자들은 학생의 해방보다는 통제를 조장하는 언어를 사용해 왔다.

Henry Giroux는 교육자들에게 학생들이 자신의 목소리와 다양한 문화 속의 다른 목소리를 찾을 수 있도록 하는 언어를 사용할 것을 촉구하였다. 그는 단일한 거대 서사에 대한 믿음 아래에서 논리적이고 합리적인 언어의 사용을 그만두고 개인적이고 감정적이며 윤리적인 것, 그리고 불확실한 것을 드러내는 언어를 사용할 것을 주장하였다.[62]

Kliebard에 의하면 교육자의 근시안적인 태도를 치료하는 방법은 현재 그들의 사고에 영향을 주는 것과는 다른 비유를 사용해야 한다.[63] 그동안 교육과정에 대한 공학주의적 입장이 금세기를 지배하였기 때문에 공장이나 생산품이라는 비유가 흔히 사용되었다. Kliebard는 그것을 학교와 학교의 교육과정에 관한 공학적 관점을 재개념화할 수 있도록 하는 비유로 대체할 것을 제안하였다. 또한 그는 일부 사회재건주의자들이 문화를 자본의 한 형태로 비유하고 있다는 것을 주시하였다.

Paulo Freire는 교육을 은행 업무에 비유하였다. 이 비유에서 교육은 예금 행위다. 그리고 학생은 금고이며 교사는 예금자다.[64] 그러나 이러한 비유는 상당히 위험스럽다는 점을 주의해야 한다. 예를 들어, 교육을 은행 업무에 비유하게 되면 학생은 수동적으로 예금을 받아들이는 사람으로 생각된다. 즉, 학생은 단지 받아들이고 기억하고 반복할 뿐이다. 더구나 이러한 비유는 교육자들은 '문화적 자본'을 모든 학생의 계좌에 평등하게 예금해야 한다는 것을 강조한다.

사람들은 자신들이 세계에 대하여 조직한 기념 체계에 관하여 의식적으로 생각하지 않는다. 교사들이 그렇게 하고 싶다고 해도 그들은 학교에서 그렇게 할 시간적 여유가 없다. 현재 많은 교사에게 교육과정 이론이나 이론의 구성은 다른 세계의 일일 뿐이다. 어떤 특정한 사정 기준에 입각한 특정 교육과정을 가르치는 권한이 교사에게 일임되어 있는 상황에서 교육과정 이론은 무슨 소용이 있는가? 어떤 교사가 자신의 교육과정 이론과 수업 이론을 스스로 구성할 사치를 부릴 수 있겠는가? 대부분의 교사들은 자신이 하고 있는 대부분의 일에서 자신들에게 편안하게 느껴지는 방식에 따라 자동적으로 행동하고 생각한다. 그러나 이것이 현실이라고 할지라도 모든 교육자가 시간적 여유를 좀 가지고 자신의 언어에 대해서 생각하며, 자신의 전문성에 영향을 미치고, 자신의 실재를 구성하고 있는 개념적이고 비유적인 관점에 관해 생각해 본다면 사태는 조금씩 변할 수 있을 것이다. 대중도 마찬가지일 것이다. 교육과 관련된 다양한 의사 결정을 수행하는 사람들은 교사다. 교사는 자신 안 깊숙이 내려가 자신이 내리는 의사 결정이 어떤 교육적 아이디어에 입각한 것인가를 알아야 한다. 그들을 조금만 더 밀어 주면 자신들이 어떤 유형의 교육자인지 알아차리게 된다. William Pinar[65]와 John McNeil은 교육과정 연구자를 세 진영으로 분류할 수 있는 개념적 분류를 제시하였다.[66] 교사는 조금만 생각해 보면 자기 자신이 다음 세 가지 중에서 한두 가지에 속한다는 것을 알게 될 것이다.

1) 전통주의자

전통주의자는 실천가에 대한 봉사를 가치 있게 여긴다. 그들은 교육과정을 계획으로 보고 그러한 계획이 산출되는 절차를 강조한다. 그들은 이론적인 관심보다는 교육과정의 실제적인 차원에 더 많은 관심을 가지고 있다. 그들은 교육과정 연구자들의 핵심 역할과 교육과정의 내용을 선정 · 조직 · 배열하는 데 필요한 지식에 관심을 가진다.

전통주의자와 학교 인사 사이에는 밀접한 관계가 성립된다. 그러나 이러한 밀접한 관계는 더 생산적인 교육 프로그램을 산출하는 데 필요한 새로운 관점의 논의를 방해하기도 한다.[67] 이 전통적인 입장은 체계화된 교육 내용을 강조하지만 몇몇 실천가는 교육과정을 조직하는 새로운 방식에 대하여 고민하기도 한다. 통합 교육과정, 중핵 교육과정, 과학-기술-사회 교육과정(STS 교육과정)은 교육과정에 대한 새로운 개념화와 이론화의 예를 보여 준다. John Dewey, Franklin Bobbitt, Ralph Tyler, Hilda Taba, George Beauchamp, Ronald Doll, John Goodlad 등이 이 진영에 속한다.

전통주의자는 교육과정 요소와 그들 사이의 관계를 분별하는 데에 초점을 맞추는 '구조적 이론화'에 주로 관심을 가진다. 구조적 이론화는 교육과정 계획과 관련이 있는 의사 결정과 의사 결정자(때로는 경기자 혹은 기술자로 부르기도 하였던)에게 중점을 둔다. 교육과정 개발이나 계획에 관심을 가진 사람들은 합리성과 논리를 중요시한다.[68]

구조주의적 이론가는 교육 실제가 예술이라기보다는 과학 또는 과학적인 것이라고 주장한다. 이런 관점을 수용하고 있기 때문에 그들은 교육의 역동성 속에서 일어나고 있는 것은 모두 확인, 기술, 그리고 어느 정도 통제까지도 할 수 있다고 가정한다. Frances Klein에 의하면 이러한 전통주의자는 교육과정을 생각할 때 과학적 · 기술적 · 합리적 과정에 입각한다. 그들은 교육과정은 행동주의적이고 환원주의적인 과정에 입각하여 개발될 수 있다고 본다. 그들은 또한 교육과정은 교실에서 실행되기 전에 먼저 개발되어야 한다고 생각한다. 목표, 내용, 수업 경험 등은 미리 계획할 수 있다. 더구나 교사는 그러한 교육과정을 효과적이고 효율적으로 가르치도록 교육되어야 한다.[69]

2) 개념적 경험주의자

개념적 경험주의자는 연구와 측정 지향적이며 이론을 만드는 연구에 종사하는 것을 그들의 주요한 임무로 생각한다. 그들은 교육과정을 포함한 인간 행위에 대한 과학적 이론이 가능하다는 입장을 취하면서 연구와 그 결과로서의 이론은 학교 실천가에게 그들의 행위에 대한 이유를 알게 해 주기 때문에 실제적 가치를 가진다고 주장한다. 또한 그것은 학교의 전통적 목적을 실현하는 데에도 도움이 된다고 주장한다.

이 진영에 속하는 학자로는 Benjamin Bloom, Jerome Bruner, David Berliner, George Posner, Robert Stake, Herb Walberg 등이 있다. 이들 학자는 교육과정 내용을 배열하고 교실에서 그것을 효과적으로 전달하도록 하기 위해 인지과학을 교육과정 및 수업 연구는 물론이고 인지와 학습에도 적용할 가능성을 활발하게 탐색하고 있다.

Dorothy Huenecke는 개념적 경험주의자 진영에 속하는 학자는 '내용적 이론화(substantive theorizing)'[70]에 종사하고 있다고 주장한다. 이러한 이론적 활동의 초점은 교육과정에 적합한 내용이 무엇인가에 있다. 그들은 현재의 상황을 분석하고 대부분의 교육과정을 구성하고 있는 현재의 경험과 내용 유형에 대한 대안을 제시한다. 그들은 교사는 왜 현재 가르치는 내용을 가르치고 있으며, 왜 그들의 방식대로 내용을 배열하는지에 대해 의문을 제기한다.

대부분의 개념적 경험주의자들은 인지과학적 심리학자들이기 때문에 내용 중심의 이론을 강조한다. 가장 유명한 내용 중심의 이론은 제8장에서 제시하게 될 지식의 구조이론이다. 이러한 이론적 경향에 의하면 지식은 핵심 개념에 따라 구조화될 수 있으며, 개념은 그 사이의 관계가 드러나는 방식으로 배열될 수 있다. 그러한 방식으로 배열된 교육과정은 학생이 지식의 근본적 개념을 쉽게 이해할 수 있도록 해 준다. 그러한 이해는 보다 정교한 이해로 발전한다.

3) 재개념주의자, 비판 이론가

이 진영에 포함된 교육과정 학자에 의하면, 만일 교육을 책임지고 있는 사람이 기존의 프로그램을 효과적으로 비판하고 이론화하려고 한다면 그들은 교육과정 실제의 지적 · 과학적 거리를 유지할 필요가 있다.[71] 이론의 재개념화를 시도하면서 그들은 실제로 이론과 실제의 분열을 조장한다. 즉, 그들에 의하면 이론화의 의도는 특정 시기의 특정 실제를 개선하는 데에 있는 것이 아니라 문제되는 현상의 본질에 대한 '지혜'를 얻는 데에 있다.

재개념주의자는 현행 교육 구조에 반대하면서 교육을 개선하고 그 목적을 달성하려면 교육과정을 개발하고 전달하는 것과 관련된 우리의 인식을 변화시켜야 한다고 주장한다. 그들에 의하면 우선 우리는 현재의 교육이 국가의 다양성을 말살하고 있다는 사실에 주목해야 한다. 그것은 개인적인 지식을 지배하고 착취하며 부정한다. 이러한 이론가는 기본적으로 교육과정 계획보다

는 사람들 자체와 경험된 교육과정에 관심을 가진다.[72)]

이 진영의 이론가들은 사람들에게 관심의 초점을 교육과정 개발에서 교육과정 이해로 돌릴 것을 촉구한다.[73)] 그들에 의하면 우리는 교육과정 개발에 대하여 많이 알고 있으나, 근본적인 관점에서 볼 때 교육과정 개발에 대하여 알아야 할 것을 모두 알고 있다고 볼 수는 없다. 다행스럽게도 교육과정 분야는 현행 교육과정을 이해하기 위하여 많은 활동을 하고 있으며, 이것은 매우 당연한 일이다. 이 책과 같은 개론서를 쓰는 우리조차도 우리가 무엇을 하고 있으며, 그 안에서 우리가 어떤 기능을 수행하는지에 대한 이해가 필요한 것이다.

재개념주의자는 현재의 교육과정 분야의 상황, 즉 실제적이고 기술적인 면에 치중한 접근방식에 비판적 입장을 취한다. 그러나 그들 사이에는 많은 혼란이 존재한다. 그 운동의 첫 주동자라고 할 수 있는 Pinar를 포함한 많은 사람은 자신을 현재의 주류적인 교육과정 연구자와 실천가라고 생각한다. 그리하여 Pinar는 '주류적인 교육과정 입장에 반대하여 내가 시작한 것이 이제는 다소 복잡하기는 하지만 몇 개의 초점을 가진 한 분야가 되었다.' 고 말한다.[74)] 물론, 교육과정 분야에는 다양한 목소리가 존재하지만, 재개념주의 진영에 많은 목소리와 연구 초점, 숙의, 실행이 존재한다고 해서 그 자체로 교육과정 실재가 모두 걸러지는 것은 아니다. 재개념주의의 주장을 그대로 따르자면 모든 교사가 이론화 과정에 참여하여 자신만의 이론을 창출하고, 자신의 목소리의 적합성을 사정해야 한다. 국가적 차원의 교육 지도자는 모든 학생이 무엇을 배워야 하는가에 대한 발언을 삼가야 한다. 물론, 학교와 국가에는 자신의 목소리를 가지고 스스로 연구하며 탄탄한 철학적 원리에 입각한 창의적인 교육과정을 만드는 교육자가 다소 존재한다. 그러나 그러한 교사들이 모두 재개념주의적 진영이나 비판적 이론의 진영에 속하는 것은 아니다. 또한 많은 전통주의자와 개념적 경험주의자들 중에도 창의적이고 비판적인 교육과정 활동에 참여하는 사람이 많이 있다.

이러한 재개념주의자의 주장이 교육과정 이론에서 어떤 위치를 차지하는가에 대해서는 논란이 있겠지만, 그들은 교육과 교육과정에 대한 진정한 이해는 심미적 · 인간 중심적 · 실존적 관점에서 나온다고 믿는다는 점에 대해서는 이론의 여지가 없다. 그들은 자아에 대한 이해에 초점을 맞춤으로써 고양된 진정한 의식을 추구한다.

Pinar는 재개념주의자들 가운데 가장 두드러진 학자지만 정작 '재개념주의' 라는 말은 그가 만든 것이 아니다. 그 공은 James Macdonald에게 돌아가야 한다. Macdonald는 교육과정 연구자가 자신의 연구 방법에 논리성과 합리성을 너무 많이 강조함으로써 가끔 교육과정의 심미적 측면을 전적으로 무시할 때가 많다고 주장한다.[75)] 그에 의하면 교육과정 학자들은 재개념화, 즉 새로운 관점을 취함으로써 새로운 방향을 제공하고 교육과정을 효과적으로 전달하기 위한 처방적인 공식을 교육 실천가에게 제공해야 하는 강박관념에서 벗어날 필요가 있다.

재개념주의자의 많은 연구에 들어 있는 공통적인 테마는 해방이다. 실존주의 및 현상학에 많이 의존하는 몇몇 학자는 해방은 인간의 내부에서 오는 것이라고 주장하였다. Pinar는 자서전적 이론(autobiographical theory)이라는 것으로 이 입장을 적극 지지하였다.[76] 이것은 '쿠레레(currere)' 라고 부르기도 한다. 쿠레레는 '제도라는 구조 내에 있는 실존적 경험이다. 그것은 자신의 경험을 더 많이 볼 수 있고, 더 명확하게 볼 수 있게 하는 방법을 지칭하기도 한다.' 이것은 자기 분석의 방법을 사용한다. 이러한 방법을 통하여 학습자는 삶에 대한 자신의 대응과 교육적 상황에 대한 대응을 탐색하게 되는 것이다.[77]

자기 분석 방법은 다음과 같은 네 단계로 이루어진다.

① 과거를 회상 · 기술하고 현재와의 심리적 관계를 분석하는 '후향적 단계(the regressive step)'
② 자신의 미래상을 상상하고 그것과 현재와의 관계를 결정하는 '전향적 단계(the progressive step)'
③ 전 단계에서 자신의 교육에 대한 분석적 이해를 문화적 · 정치적 맥락과 관련시키는 '분석적 단계(the analytical step)'
④ 이 세 단계의 과정을 거치면서 학습자는 고도로 개인적이고 독특한 학습을 하게 되는 '종합적 단계(the synthetical step)'

개인은 자신의 경험을 처리하는 방법을 습득하여 그것에서 의미를 끌어내고 자신의 삶을 스스로 통제할 수 있게 된다.[78] 이러한 자서전적 이론은 교육 내용을 어떻게 구성하는지에 대한 지침이라기보다는 학습자가 교육과정을 어떻게 경험하는가에 대한 일종의 지도라고 할 수 있다.

해방이라는 주제는 분명 교육과정 탐구와는 거리가 먼 정치 사회학적 영역의 주제다. 따라서 이러한 탐구 영역에서는 교육과정의 정치 사회적 측면이 부각되기 마련이다. Michael Apple, Paul Freire, Henry Giroux와 같은 학자는 힘, 통제, 영향력의 역동성을 의문시하였다. 그들은 교육 체제의 '책무자' 와 교육의 목적이 무엇인가에 관하여 의문을 제기한다. 학교에서 경험해야 하는 지식의 유형을 누가 통제하느냐? 다양한 학생 집단에게 제시할 지식의 양을 누가 통제하느냐? 성공 여부를 결정할 준거를 누가 만드느냐? 우리는 경제적 · 정치적 체제에서 학교와 사회를 어떻게 해방시키느냐? 이러한 교육과정 학자는 교육과정 연구에 소위 비판 이론을 끌어들이고 있다.

비판 이론가에게 해방 혹은 자유는 현재의 사회적 관습, 신념, 운용 양식에 관해 수용된 이데올로기에서 벗어나는 것을 뜻하며, 개인에게 현재의 상태를 성찰하게 하고 현재의 상태는 수정을 필요로 한다는 것을 인식하도록 하기 위해서 이론을 사용한다. 이러한 이론은 주로 마르크스주의나 신마르크스주의에서 파생된 것이다. Robert Young에 의하면 초기 비판 이론가는 학교를 그보다 더 큰 사회 질서의 한 부분으로 볼 것을 주장하였다. 예컨대, Marx는 사회적 질서를 노동자에게 억압적인 것으로 보고 하위 계층, 즉 프롤레타리아를 유지시키기 위한 수단으로 보았다. 이러한 노동자들에게 자신의 억압을 인식하게 하고 그러한 억압을 극복하기 위한 기제로 교육을 사용하는 것이 곧 교육의 목적이다.[79) George Counts와 Harold Rugg 같은 초기 재건주의자도 사회적 질서를 가난한 사람과 노동자에게 차별적이고 억압적인 것으로 보았다. 억압을 극복하는 것, 즉 해방을 강조하는 것은 현재의 비판 이론가에게도 계속 유지된다.

비판 이론가에게 해방은 자기 자신을 기존의 사회적 관습, 신념, 작용 체제에 대한 이데올로기에서 자유롭게 하는 것을 의미한다. 그것은 개인에게 기존의 것들에 대하여 숙고하게 함으로써 그것이 수정이 필요하다는 것을 자각하게 만든다. 사람은 새로운 세계와 사회를 창출할 수 있는 힘을 소유할 수 있도록 교육받아야 한다. 학생들은 기존의 사회적 · 정치적 의미에 대하여 의문을 제기하는 교육과정을 통하여 비판적 능력을 키워야 한다. 그들은 기존의 실제를 비판하고 기존의 신념과 아이디어를 반성해 봄으로써 그들의 삶에 기여해야 한다.

비판 이론가들은 사회 속의 개인의 위치는 자신의 자유로운 선택의 결과가 아니라, 오히려 경쟁적인 사회를 통제하는 경제적인 엘리트의 행동에 의해 결정되는 것이며, 개인은 고도의 자본주의 체제에 예속된다고 주장한다. 사람은 자신의 지성보다는 물화된 텍스트에 더 관심을 가지고 아무 의미도 없는 자격증 획득에만 힘을 쏟는다. 예를 들어, 학생은 지식을 획득하는 것보다는 시험 합격에 더 많은 관심을 가진다. 우리의 체제는 우리 모두를 보상의 수동적인 수령인이 되게끔 강요한다. 비판 이론가는 교육과정 개발자가 학생을 기존의 체제에서 자유롭게 할 수 있는 프로그램을 만들 수 있도록 해야 한다고 본다. 그러므로 주요 목적은 학생들이 사회가 개인의 자유와 집단의 자유를 동시에 허용하게끔 수정되어야 한다는 사실을 깨닫도록 하는 데에 있다.[80)]

비판 이론가는 개인에게 자신의 경제적 족쇄 이상의 것을 보게 만든다. 교육적 경험은 학생에게 자신이 사회적 존재라는 것을 깨닫게 한다. 그러한 인식을 가지고 학생들은 자신의 정치적 관점, 종교적 신념, 성 역할 관념, 의미의 성격에 대한 견해 등이 지배적 관념에 의해 형성된 것임을 깨닫게 된다.[81)] 이러한 지배적 관념이 자신에게 어떤 영향을 미쳤는지를 알게 되는 것은 곧 다른 사람과 공동체 속에서 살아간다는 것에 대한 자신의 관념을 변화시키고 그 책임을 가진 사람이 곧 자기 자신임을 깨닫게 되는 것을 의미한다. 지배 집단이 자신의 잠재력을 얼마나 제한하고 있는가를 알게 됨으로써 학생은 자기 자신을 해방시킬 수 있는 힘을 가지게 된다.

비판 이론가는 객관성이나 중립성을 신뢰하지 않는다. 기존의 세계에 대한 그들의 입장은 계속 부정적이다. 비판 이론가는 기존의 가치와 목적에 대하여 '항변한다'. 그들은 사회적 불평등, 집단 소외, 억압받는 자들의 고통을 덜 수 있는 교육을 실현하려고 애쓴다.[82)] 그들의 함성은 '인종, 계층, 성' 에 관한 것이다. 그들은 헤게모니, 문화적 자본, 문화적 재생산이라는 용어를 애용한다. 이러한 이론가들에게 헤게모니는 실제 권력자들이 그들의 신념과 관습에 의하여 대중을 지배하는 것을 가리킨다. 문화적 자본은 문화를 마치 돈처럼 축적할 수 있는 것으로 상품화하는 것을 가리킨다. 그리고 문화적 재생산은 어떤 문화적 변용도 없이 기존의 문화가 끊임없이 재생산되는 것을 가리킨다.[83] 비판 이론가는 이론을 처방과 안내의 목적으로 사용한다. 그들은 자주 자신들의 이론을 그들과 반대되는 입장을 비판하기 위하여 사용한다. 어떤 의미에서 그들은 특정 정치적 편견 속에서 세계를 바라보는 그들만의 독특한 거대 서사에 사로잡혀 있는 것처럼 보인다.

비판 이론과 완전히 동일한 것은 아니지만 밀접하게 관련된 것으로서 페미니즘 이론이 있다. 페미니즘 이론가들은 사회와 세상에서 여성이 경험하는 불평등에 대하여 관심을 가진다. 그들은 이러한 불평등의 원인을 규명하고 여성을 억압적 구조에서 해방시키기 위한 방안을 모색한다. 페미니즘 이론은 여성에게 더 나은 세계를 만들고자 한다. 그리하여 여성과 그 밖의 다른 사람을 위한 해방정치학의 이론을 필요로 한다.[84]

더불어 페미니즘 이론은 지식의 재통합에 관한 이해를 추구하여 지식을 끊임없이 재생산되는 것으로 이해하고자 한다.[85] 교육과정 분야의 전통주의자도 다양한 지식 영역 사이의 상호 관련성을 주장하고, 지식은 살아 있는 역동적 과정의 결과이기 때문에 끊임없이 적응되고 최신화되어야 한다고 주장한다는 사실을 상기할 필요가 있다. 이러한 정치적 진영의 이론가는 자신의 이론을 보다 매력적인 것으로 만들기 위하여 가끔 '허수아비'를 내세우기도 한다.

해방 정치학은 우리의 관심을 사회적 · 정치적 기초로 돌린다. 페미니스트가 제기한 질문에 대답하기 위해서 우리는 교육과정은 무엇이며, 어떻게 조직되어야 하는가 하는 질문 너머의 것을 보아야 한다. 이 질문은 누가, 어떤 목적으로 교육과정의 내용을 통제하는가와 관련된다. 여성은 교육과정에서 어떻게 그려지는가? 누가 교육과정에서 특권적 위치를 차지하는 교과를 공부하는가?

어떤 페미니스트는 페미니즘 이론이 성적 차별과 그 밖의 다른 차별을 명확히 드러내는 다양한 이론을 체계적으로 종합한 것이라면 그 궁극적 목적은 정의를 위한 이론을 창출하는 데 있다고 주장한다. 정의에 대한 관심은 사회적 · 정치적 기초뿐만 아니라 철학적 기초 위에서 우리 모두가 교육, 특히 교육과정에서 관심을 가져야 할 주제다.

비판 이론가와 마찬가지로 페미니스트는 근본적으로 부정적인 관점에서 바라볼 수밖에 없는 사회와 학교로부터의 해방에 대하여 관심을 가진다. 여기서 해방은 주어지는 것이 아니라 성취되는 것이다. Marilyn Frye는 페미니스트 해방의 핵심은 페미니스트들이 자신을 포함하기도 하고 배제하기도 하는 세계 속에서 자신의 상황을 인식할 수 있는 권위를 스스로 부여하는 데에 있다. 그러한 권위를 인식함으로써 페미니스트는 여성의 경험과 인식에 대한 모종의 합의에 도달한다. 페미니스트는 여성의 경험, 목소리, 지식이 세계를 다시 쓰고 다시 생성해 내는 수단이라고 생각한다. 그동안 축적된 여성의 경험을 분석함으로써 페미니스트 연구자들은 불평등을 드러내는 이론을 창출하고자 노력한다. 그리고 그들은 그러한 창출에 어느 정도 성공하였다. Frye가 말한 바와 같이 '우리가 하고 있는 것은 세계에 대한 비유를 새롭게 쓰는 것이다.' [86)]

세계에 대한 비유를 새롭게 쓴다는 것은 교육과정 영역에도 적용되었다. 교육과정을 새로운 시각으로 보는 것은 교육과정을 사람들이 어떻게 이론화하는가에도 영향을 미친다. 우리는 교육과정을 문학 극장으로 본다. 그러한 극장에서는 학생이라는 관중을 학습에 참여시키기 위한 의미 있는 생생한 장면이 상연된다. Pinar는 교육과정을 정치적 텍스트, 인종적 텍스트, 성적 텍스트, 포스트모던적 텍스트, 심미적 텍스트, 신학적 텍스트, 제도적 텍스트 등으로 보는 것이 매우 의미 있다고 주장하였다. 비판 이론가나 페미니즘 이론가는 교육과정을 정치적 · 성적 텍스트로 본다. 교육과정을 극장으로 보는 것은 심미적 텍스트로서의 교육과정을 부각시키는 것이다. 이러한 교육과정의 개별 비유와 관련된 이론은 아직 존재하지 않지만 그러한 비유는 우리의 이론적 논의 속에서 활발히 작용하고 있다.

4) 포스트모더니스트

교육과정을 다양한 텍스트로 보는 것은 포스트모더니즘의 관점에 잘 들어맞는다. 포스트모더니즘은 시대를 규정하는 범주이기도 하고 특정한 태도나 가치를 가리키는 개념이기도 하다. 그것은 세상을 한 가지 방식으로만 보려고 하지 않는다. 그리고 교육과정 역시 한 가지 방식으로 해석하거나 이론화하려는 어떠한 시도도 거부한다. 하나의 거대 담론은 존재하지 않는다. 패러다임 역시 하나가 아닌 다수다. 교육과정도 하나가 아닌 다수며, 그에 대한 이론은 객관적인 가설과 검증의 체제로 이루어져 있지 않다.

포스트모더니즘을 하나의 정의로 규정하기 어려운 것은 규정 자체가 그 정의를 고정시키기 때문이다. 포스트모더니즘이 무엇인가, 실제로 그런 것이 있는가에 대해서는 논쟁의 소지가 많다. 교육과정 연구자로서 우리는 포스트모더니즘을 교육과정과 그 맥락 속의 유동적이고 생성적이며 복잡한 실재를 받아들이고 이해하고자 하는 시도로 개념화하는 것이 유용하다. 계몽 시대에 나온 모더니즘은 세계를 두뇌를 가진 기계로 보았다. 반면, 포스트모더니즘은 유동적이고 생성적이며 혼란스럽고 개방적인 어떤 것으로 세계를 본다. 그것에는 오로지 진행만 있다. 마찬가지로 교육과정도 생성적이며 어떤 고정된 것이 아니다.

포스트모던적 관점은 거대 담론의 존재를 인정하는 모더니즘을 비판하는 것에서 시작한다. 이들은 남성, 진리, 정의, 미와 같은 개념에 대해 모더니스트들이 부여한 거대 담론을 거부한다. 이들은 교육과정, 수업, 교육학, 교육, 학생, 교사의 개념도 의심한다. 어떤 사람은 서양 문화 자체를 부정하기도 하지만 아이러니컬하게도 그들은 그러한 과정에 서양 문화의 방법론을 그대로 사용하기도 한다.

포스트모더니즘은 거대 담론의 합법성에 대해 의문을 제기할 뿐만 아니라 그것이 일상생활에 대하여 주장하는 공식성과 권력성도 의심한다. 그들은 교육의 공식적인 목적에 대해서도 반론을 제기한다. 학교의 공식적 견해는 백인의 특권을 영속화시키며 사회에 대한 지배 계층의 지배를 유지시킨다. 그들은 학교, 국가, 정부에 대하여 도전함으로써 대중의 사고를 지배하기 위하여 조작된 행위를 변화시키고자 한다. 또한 공통된 민족적인 문화적 이상을 주장하는 학교와 국가에 대하여 반대한다.[87] 대부분의 포스트모더니즘은 개인이 국가에 순응하는 것에 반대하는 것처럼 보인다.

새로운 용어나 개념 또는 패러다임은 흔히 사람들을 매혹시키는 경향이 있다. 포스트모더니즘은 일상적으로 흔한 용어는 아니지만 교육과정 이론가에 의해 흔히 사용된다. 또는 포스트모던 페미니스트, 포스트모던 비판 이론처럼 두 개 이상의 주장이 섞이는 잡종(hybrid)을 낳기도 한다. 이러한 잡종적인 형태의 생각은 계속해서 우리의 기존 관념을 바꿀 수도 있다는 점에서 생산적이라고 볼 수 있다. 이처럼 포스트모던 시대는 혼돈의 '수프'에서 끊임없이 새로운 질서가 나타나고 탄생하는 시대다.

포스트모던이라는 용어는 점점 더 많은 교육과정 저서에서 찾아볼 수 있다. William Doll은 교육과정에 대한 포스토모던적 관점에 관한 저서를 썼다.[88] Patrick Slattery는 포스트모던 시대의 교육과정 개발에 관한 저서를 펴냈다.[89] Michael Peters는 포스트모던의 조건과 교육에 관한 텍스트북을 저술하였으며,[90] Giroux와 그의 동료들은 포스트모던 공간에서 문화 연구와 비판적 교육학에 관한 저술을 편찬하였다.[91]

이들 저술은 단지 모더니즘에 대한 비판으로서가 아니라 다원주의를 지향하고 모더니즘에서 비롯된 오해나 편견에서 벗어날 수 있는 해법을 제시해 준다. Charles Jenckes의 지적대로 포스트모더니즘은 모더니즘에 대한 거부가 아니라 그것의 유지와 초월의 연속선상에 있다.[92]

우리는 Jenckes의 지적에 대해 대체적으로 동조할 수 있다. 모더니스트들도 인위적인 시대 구분을 옹호하지는 않는다. 그들 역시 지식을 유동적이고 생성적인 것으로 본다. 또한 모더니스트들은 누구도 어떤 거대 담론에 대해서 합의한 바가 없다. 마치 포스트모더니즘에서는 자신들의 주장을 내세우기 위해 모더니즘이라는 실제로는 존재하지도 않는 '허수아비'를 만들어 내고 있는 듯이 보이기도 한다.

포스트모더니즘은 장르의 혼용, 잡종의 생산, 다양한 의도에 대한 찬양, 관객의 다양화에 대해 강조하면서 다원주의를 지향한다. 그들이 보기에 세계의 모든 것은 애초부터 현존의 가치와 지위를 누린 것이 아니라 서로 경합하며 우월성과 합법성을 쟁취해 온 결과로 나타난 것이다. 이런 설명은 교육과정에도 그대로 적용된다.

포스트모더니즘에서 보면 세상사는 잡종적인 의도를 가지고 지속적으로 해체되고 재구성되는 과정에 있다.[93] David Harvey는 포스트모더니즘이 주변성이나 단절성, 파편화나 혼돈성을 모두 포용한다는 점에서 매우 파격적이라고 지적한 바 있다.[94] 혼돈의 규칙! 그는 Foucault의 말을 빌려 우리는 단일성보다는 다층성을, 고정된 시스템보다는 유연한 공간을 재구성해 내기 위해 '증식이나 병치, 분열 등의 기법을 이용하여 생각이나 행위, 욕망을 구성한다.'는 것을 보여주었다.[95] 모든 교육자는 교육과정 실행의 바탕이 되는 이해가 어떻게 구성되는지에 관해 뒤돌아볼 수 있어야 한다.

포스트모더니즘은 세상에 대한 단일한 표상체계가 존재한다는 신념에 대한 거부다. 현실은 처음부터 잘 짜인 각본이 아니라 지속적으로 구성되고 변화하는 단편이다.[96] 어떠한 사회 시스템도 그 자체로 완결되어 있는 것은 아니다. 그렇게 생각한다면 그것은 근대주의의 신념에서 나온 편견이나 구조주의의 영향에서 온 것이다. 이를 교육과정과 연관지어 본다면 그 어떠한 기초학문도 불변의 구조를 가지고 있다고 생각할 수 없다. 포스트모더니즘은 후기구조주의와도 일맥상통한다. 후기구조주의는 현상의 기저에는 어떠한 심층 구조도 없으며 지속적으로 재구성될 뿐이라고 주장한다.[97] 또한 그것은 언어 면에서 우리가 어떻게 언어를 사용하고 이해하는지를 자주 지적한다. 언어라는 상징을 통해 교육과정을 가르친다는 점에서 언어의 문제는 교육과정에서도 중요하다.

모더니즘에서는 기표와 기의 간에 일정한 관련성을 맺고 있는 것으로 파악된다. 예를 들어, 교사가 산에 관해 이야기한다면 그것은 일정한 대상을 가리킨다. 그러나 포스트모더니즘이나 후기구조주의자는 일정한 관계보다는 그 관계가 부단히 형성되고 발생되는 과정에 대해 의미를 부여한다. 마치 개념이 고착된 의미를 갖는 것이 아니라 토론의 과정에서 부단히 그 의미를 재구성하는 것과 같다. 이런 점에서 보면 결국 우리는 텍스트를 구성해 간다고 말할 수 있다. 독자들은 텍스트를 접할 때 그에 대해 자신에 맞는 의미를 재구성하기 위해서 텍스트를 해체한다.[98] 독자는 자신의 의미를 생산하기 위해서 온갖 은유를 생산하기도 한다.[99]

교육과정이 일종의 텍스트이고 언어로 이루어져 있다는 점에서, 포스트모던적 관점에서 후기구조주의를 이론화하는 작업은 매우 중요하다. 그러나 이론화의 결과를 그대로 받아들일 필요는 없다. 아닌 게 아니라 포스트모더니즘은 우리 자신이 선호하는 입장에 대하여 끊임없이 성찰해 보아야 한다고 주장한다. 성찰을 소홀히 할 때 우리는 거대 담론을 받아들이는 것이나 다름없다. 우리는 우리 자신의 이데올로기의 희생양이 될 것이다. 우리는 의미에 대한 추구, 의미의 유용성에 대하여 끊임없이 단절을 선언해야 한다.

우리는 우리의 세계와 교육과정에 대한 끊임없는 해체에 참여해야 한다. 이것은 단순히 파괴를 의미하는 것이 아니다. 오히려 그것은 특정 철학을 받아들이는 것이 아니라 하나의 텍스트 안에서 다른 것을 보고, 하나의 텍스트를 다른 것에 통합시키고, 기존의 텍스트에서 완전히 새로운 텍스트를 창출하게 하는 사고의 양식에 참여하는 것을 의미한다.

우리는 교육과정을 다양한 텍스트로 보고, 교육과정과 문화를 서로 영향을 미치고 새로운 텍스트를 창출하는 것으로 보며, 정치학을 우리의 관심을 끄는 다양한 텍스트로 볼 때 현재 이루어지고 있는 다양한 이론적 논의를 제대로 이해할 수 있다. 사람은 상호 작용하고 도전하는 다양한 텍스트를 보유하고 창출한다. 그 얽히고 설켜 있는 텍스트는 바로 우리 자신의 삶이다.

포스트모더니즘의 진영에서 이루어지고 있는 다양한 이론적 논의는 우리에게 교육과정의 기초를 다양한 눈으로 바라볼 수 있게 해 준다. 그 기초는 정적인 것이 아니며 우리 삶과 유리되어 있는 것이 아니다. 교육과정 문제에 대하여 숙고하는 것은 이러한 기초에 대해 부단히 탐구해 가는 것을 의미한다. Slattery는 다음과 같이 말한다.

> 포스트모던 시대의 교육과정을 통해 우리는 계획이나 설계, 실행, 탈맥락적인 평가나 가치중립적 학교교육, 파편화된 지식보다는 교육과정이 인간의 조건이나 사회 구조에 대해 미칠 수 있는 문화적이고 정치적이며 생태 환경적인 영향에 관해 음미해 볼 수 있게 되었다.[100)]

7. 교육과정 이론에 대한 균형적인 태도

20세기 동안에는 전통적인 교육과정 이론이 주로 지배적이었다. 특히, 연구 면에서 이러한 이론들은 양적인 탐구에 의존하였다. 경험적 연구가 규준이 되었고, 교실은 제 변인들이 통제된 분위기 속에서 조직되는 하나의 실험실로서 간주되어 왔다.

이런 유형의 연구는 교육과정 분야에서 타당성을 가지며 앞으로도 지속될 것이다. 그러나 교육과정을 학교에서 가르치는 교육 내용 이상의 현상으로 이해하고자 하는 교육과정 연구자는 교육과정과 관련된 많은 정보가 학교와 사회에 대한 질적 연구에서 획득될 수 있다는 사실을 깨달아야 한다. 많은 교육과정 연구자는 우리의 이론화 접근 방법과 분석 방법을 사회학, 언어학, 정치학, 인류학, 현상학, 정신 분석학, 신학 등 교육학 밖에서 이루어지고 있는 분야에서 빌려올 필요가 있다는 것을 인식하고 있다.

교육과정을 다양한 유형의 텍스트로 보고자 하는 사람도 이러한 많은 새로운 분야에 의존하고 있다. 후기구조주의와 포스트모더니즘을 옹호하는 사람은 이러한 분야에 의존할 뿐만 아니라 전통적인 탐구 영역을 새롭게 해석한다. 교육과정에 대한 과학적 이론과 연구도 지난 세기 초에 기존의 과학적 관점에서 많은 변화를 꾀하고 있다. 이들 모두는 교육과정의 성격과 본질에 대하여 이론화하고 있으며, 교육과정 실재를 그들만의 관점에서 접근하고 그들만의 이데올로기에 입각하여 보고 있다.

교육 실천가를 포함하여 교육과정 분야에 종사하는 사람들은 교육과정 현상을 이해하고자 한다. 우리는 우리의 이해 행위가 관련되는 것이라면 어떤 수단이든 사용하는 '다양한 가지를 가진 탐구'라는 것을 받아들여야 한다.[101)] 우리는 우리의 탐구를 특정 이데올로기에 입각하여 접근할 수도 있지만, 그것과는 다른 이데올로기도 있으며, 존재한다는 사실을 항상 명심해야 한다. 우리는 다양한 이데올로기의 진영에 기꺼이 참여할 수 있어야 한다.

균형은 중도가 아니다. 균형은 다양한 입장, 질문, 이론, 경향, 가치, 관점 모두에 우리가 어떤 비중을 부여하는가에 달린 문제다. 이렇게 볼 때 교육과정 이론화는 훨씬 복잡한 것이 된다. 이것 아니면 저것, 모더니즘 아니면 포스트모더니즘 하던 시대를 초월해야 한다. 우리는 양자 모두에 속한다. 우리는 모더니즘적이면서 동시에 포스트모더니즘적이다. 우리는 자유주의자이면서 보수주의자다. 우리는 구조주의자이면서 후기구조주의자다. 우리는 정적이면서 생성적이다.

교육과정 이론화에서 필요한 것은 교육 전문가 사이에서 이루어지는 교육과정에 관한 대화다. 학자들은 이론적 진영이 무엇이든 다른 학자와 대화해야 한다. 교사가 교육과정과 교육 목적의 이론화에서의 주된 참여자라는 점에서 학자들은 교사와 대화해야 한다.[102] 교사들은 그들의 일상적인 교육 실제와 관련하여 동료들과 이론적 대화를 나눌 수 있는 시간적 여유가 필요하다.

8. 결 론

이 장에서 우리는 교육과정 이론의 실상을 논의하였다. 우리는 가능한 다양한 유형의 이론과 그 이론이 기여할 수 있는 각기 다른 기능을 개략적으로 설명함으로써 이론의 성격을 제시하고자 하였다. 이론의 목적과 본질에 관한 전체적인 의견의 일치는 가까운 장래에는 이루어지지 않을 것 같다. 그러나 희망적인 것은 이론화에 필요한 단계에 관한 어느 정도 수준의 일치된 의견을 이룰 수 있다는 것이다. 그 첫 단계는 사용되는 용어에 관해 어느 정도 합의를 보는 것이다. 이것이 제일 중요하다. 이론가들은 교육과정에 사용되는 주요 용어의 의미에 관해 어느 정도 합의를 가진 후에야 비로소 고도의 유용성을 가진 많은 이론을 만들어 내도록 노력할 수 있다.

비록, 용어의 '불안정성' 이 교육과정 분야의 지배적인 이론의 출현을 막지만, 교육과정과 그 다양한 구성 요소를 나타내고 있는 모형은 부족함 없이 계속 나타날 것이다. 우리는 이 장에서 독자들이 교육과정 학자의 큰 관심을 끌고 있는 공통적인 요소에 주목하고 다양한 견해에 대한 '느낌' 을 가지도록 하기 위해 몇 가지 모형을 제시하려 하였다.

우리는 지금 어디로 가고 있는가? 교육과정 이론의 미래는 어떠한가? 거시적 관점에서 교육과정을 연구하는 사람도 있을 것이고, 미시적 관점에서 연구하는 사람들도 있을 것이다. 그러나 어떤 접근 방법을 택하든 균형은 반드시 필요하다. 접근 방법 사이의 균형뿐만 아니라 초·중등학교, 전문대학, 대학교에서 교육과정 이론화에 참여하는 전문가들 사이의 균형도 필요하다.

미 주

1) Jerome Bruner, *The Culture of Education* (Cambridge, Mass.: Harvard University Press, 2001).

2) Ivor F. Goodson, *Studying Curriculum* (New York: Teachers College Press, 1994).

3) A. Wise, *Legislated Learning: The Bureaucratization of the American Classroom* (Berkeley: University of California Press, 1979), as quoted in Ivor F. Goodson, *Studying Curriculum*, p. 26.

4) William F. Pinar, William M. Reynolds, Patrick Slattery, and Peter M. Taubman, *Understanding Curriculum* (New York: Peter Lang, 1995).

5) Ibid.

6) Goodson, *Studying Curriculum.*

7) Bruner, *The Culture of Education.*

8) Joe L. Kincheloe and Shirley Steinberg, "The More Questions We Ask, the More Questions We Ask," in Joe L. Kincheloe and Shirley R. Steinberg, eds., *Thirteen Questions* (New York: Peter Lang, 1995), pp. 1-11.

9) Bradley J. Macdonald, ed., *Theory as a Prayerful Act* (New York: Peter Lang, 1995).

10) Max van Manen, "Pedagogical Theorizing," Paper Presented at the annual AERA conference, April 1980, referenced in Macdonald, ed., *Theory as a Prayerful Act*, p. 181.

11) Macdonald, ed., *Theory as a Prayerful Act.*

12) Bruner, *The Culture of Education.*

13) Hilda Taba, *Curriculum Development: Theory and Practice* (New York: Harcourt Brace, 1962).

14) George J. Posner, *Analyzing the Curriculum* (New York: McGraw-Hill, 1992).

15) George A. Beauchamp, *Curriculum Theory*, 4th ed. (Itasca, Ill.: Peacock, 1981).

16) Abraham Kaplan, *The Conduct of Inquiry* (San Francisco: Chandler, 1964), p. 295.

17) Richard E. Snow, "Theory Construction for Research on Teaching," in R. M. Travers, ed., *Second Handbook of Research on Teaching* (Chicago: Rand McNally, 1973), p. 78.

18) Bruner, *The Culture of Education.*

19) Joseph Schwab, *The Practical: A Language for Curriculum* (Washington, D.C.: National Education Association, 1970).

20) Allan A. Glatthorn, *Curriculum Leadership* (Glenview, Ill.: Scott, Foresman, 1987).

21) George Lakoff and Rafael E. Nunez, *Where Mathematics Comes From: How the Embodied Mind Brings Mathematics into Being* (New York: Basic Books, 2002).

22) M. Frances Klein, "Approaches to Curriculum Theory and Practice," in J. T. Sears and J. D. Marshall, eds., *Teaching and Thinking about Curriculum* (New York: Teachers College Press, Columbia University, 1990), pp. 3-14.

23) Ibid.

24) Bruner, *The Culture of Education.*

25) Herbert Feigl, "Principles and Problems of Theory Construction in Psychology," in W. Dennis, ed., *Current Trends of Psychological Theory* (Pittsburgh: University of Pittsburgh Press, 1951), pp. 182-195.

26) Fred N. Kerlinger, *Foundations of Behavioral Research*, 2nd ed. (New York: Holt, Rinehart, 1976), p. 10.

27) Bruner, *The Culture of Education.*

28) Ira J. Gordon, ed., *Criteria for Theories of Instruction* (Washington, D.C.: Association for Supervision and Curriculum Development, 1968).

29) Herbert M. Kliebard, "Curriculum Theory: Give Me a 'For Instance'," *Curriculum Inquiry* (Summer 1977), pp. 257-268.

30) Richard D. Kimpston, Howard Y. Williams and William S. Stockton, "Ways of Knowing and the Curriculum," *Educational Forum* (Winter 1992), pp. 153-172.

31) Macdonald, ed., *Theory as a Prayerful Act.*

32) Max van Manen, "Edifying Theory: Serving the Good," *Theory into Practice* (Winter 1982), pp. 44-49.

33) May Brodbeck, "Logic and Scientific Method in Research on Teaching," in N. L. Gage, ed., *Handbook of Research on Teaching* (Chicago: Rand McNally, 1963), pp. 44-93.

34) Kaplan, *The Conduct of Inquiry*, p. 20.

35) van Manen, "Pedagogical Theorizing," referenced in Macdonald, ed., *Theory as a Prayerful Act.*

36) Ibid.

37) Kenneth R. Hoover, *The Elements of Social Scientific Thinking* (New York: St. Martin' s Press, 1984).

38) C. E. Noble, "Induction, Deduction, Abduction," in M. H. Marx and F. E. Goodson, eds., *Theories in Contemporary Psychology,* 2nd ed. (New York: Macmillan, 1976), pp. 300-308.

39) Beauchamp, *Curriculum Theory.*

40) Brodbeck, "Logic and Scientific Method in Research on Teaching."

41) Lakoff and Nunez, *Where Mathematics Comes From.*

42) Gordon, *Criteria for Theories of Insturction.*

43) M. H. Marx, "Theorizing," in Marx and Goodson, eds., *Theories in Contemporary Psychology,* pp. 261-285.

44) Francis P. Hunkins, "How We Frame Our Questions," unpublished paper, 1997.

45) Lakoff and Nunez, *Where Mathematics Comes From.*

46) Franklin Bobbitt, *The Curriculum* (Boston: Houghton Mifflin, 1918).

47) Bobbitt, *The Curriculum:* W. W. Charters, *Curriculum Construction* (New York: Macmillan, 1923).

48) Kliebard, "Curriculum Theory: Give Me a 'For Instance' ."

49) John Dewey, *The School and Society* (Chicago: University of Chicago Press, 1900).

50) Kliebard, "Curriculum Theory: Give Me a 'For Instance' ."

51) Beauchamp, *Curriculum Theory,* p. 35.

52) Ralph W. Tyler, *Basic Principles of Curriculum and Instruction* (Chicago: University of Chicago Press, 1949).

53) Beauchamp, *Curriculum Theory.*

54) Occasional papers by Elizabeth Maccia and George Maccia (Columbus: Bureau of Educational Research and Service, Ohio State University, 1963-1965).

55) Mauritz Johnson, "Definitions and Models in Curriculum Theory," *Educational Theory* (April 1967), pp. 17-32.

56) James B. Macdonald, "Educational Models for Instruction," in J. B. Macdonald and R. R. Leeper, eds., *Theories of Instruction* (Washington, D.C.: Association for Supervision and Curriculum Development, 1965), pp. 93-98.

57) Gail McCutcheon, "What in the World Is Curriculum Theory?," *Theory into Practice* (Winter 1982), pp. 18-23.

58) Bernice J. Wolfson, "Psychological Theory and Curricular Thinking," in A. Molnar, ed., *Current Thought on Curriculum* (Alexandria, Va.: Association for Supervision and Curriculum Development, 1985), pp. 53-72.

59) Decker F. Walker, "Curriculum Theory Is Many Things to Many People," *Theory into Practice* (Winter 1982), pp. 62-65.

60) Elizabeth Vallance, "The Practical Uses of Curriculum Theory," *Theory into Practice* (Winter 1982), pp. 4-10.

61) Dwayne Huebner, "Toward a Remaking of Curricular Language," in W. Pinar, ed., *Heightened Consciousness, Cultural Revolution, and Curriculum Theory* (Berkeley, Calif: McCutchan, 1974), pp. 36-37.

62) Henry A. Giroux, *Postmodernism, Feminism, and Cultural Politics* (Albany: State University of New York Press, 1991).

63) Kliebard, "Curriculum Theory as Metaphor."

64) Paulo Freire, *The Politics of Education, Culture, Power, and Liberation* (South Hadley, Mass.: Bergin and Garvey, 1985).

65) William Pinar, "Notes on the Curriculum Field 1978," *Educational Researcher* (September 1978), pp. 5-12.

66) John McNeil, *Curriculum: A Comprehensive Introduction,* 4th ed. (Glenview, Ill.: Scott Foresman, 1990).

67) William Pinar, "Heightened Consciousness, Cultural Revolution and Curriculum Theory: An Introduction," in W. Pinar, ed., *Heightened Consciousness, Cultural Revolution, and Curriculum Theory,* pp. 1-15.

68) Dorothy Huenecke, "What Is Curriculum Theory? What Are Its Implications for Practice?" *Educational Leadership* (January 1982), pp. 290-294.

69) Klein, "Approaches to Curriculum Theory and Practice."

70) Huenecke, "What Is Curriculum Theory? What Are Its Implications for Practice?"

71) Collin J. Marsh, and George Willis, *Curriculum: Alternative Approaches, Ongoing Issues,* 3rd ed. (Columbus, Ohio: Merrill, 2003).

72) Ibid.

73) Pinar et al., *Understanding Curriculum.*

74) William F. Pinar, "Farewell and Celebrate," in William F. Pinar, ed., *Contemporary Curriculum Discourses* (New York: Peter Lang, 1999), p. 489.

75) James Macdonald, "Curriculum Theory," in J. R. Gress and D. E. Purpel, eds., *Curriculum: An Introduction to the Field* (Berkely, Calif.: McCutchan, 1978), pp. 44-56.

76) Pinar et al., *Understading Curriculum.*

77) W. Pinar, ed., *Curriculum Theorizing: The Reconceptualists,* pp. 283-298; William Pinar, and Madeline Grumet, *Toward a Poor Curriculum* (Dubuque, Ia.: Kendell-Hunt, 1976); and Pinar, *Contemporary Curriculum Discourse* (Scottsdale, Ariz.: Gorsuch Scarisbrick, 1988).

78) Pinar et al., *Understanding Curriculum.*

79) Robert Young, *A Critical Theory of Education* (New York: Teachers College Press, Columbia University, 1990).

80) Klein, "Approaches to Curriculum Theory and Practice"; Schubert, *Curriculum: Perspective, paradigm, and Possibility* (New York: Macmillan, 1998).

81) Kincheloe and Steinberg, "The More Questions We Ask, The More Questions We Ask."

82) Ibid.

83) Marsh and Willis, *Curriculum.*

84) Regenia Gagnier, "Feminist Postmodernism: The End of Feminism or the End of Theory?" in Deborah L. Rhode, ed., *Theoretical Perspectives on Sexual Difference* (New Haven, Conn.: Yale University Press, 1990), pp. 21-30.

85) Charlene Haddock Seigfried, *Pragmatism and Feminism* (Chicago: University of Chicago Press, 1996).

86) Marilyn Frye, "The Possibility of Feminist Theory," in Deborah L. Rhode, ed., *Theoretical Perspectives on Theoretical Difference* (New Haven, Conn.: Yale University Press, 1990), p. 183.

87) Henry A. Giroux, Cohn Lankshear, Peter McLaren and Michael Peters, *Counternarratives: Cultural Studies and Critical Pedagogies in Postmodern Spaces* (New York: Routledge, 1996).

88) William E. Doll, Jr., *A Post Modern Perspective on Curriculum* (New York: Teachers College Press, 1993).

89) Patrick Slattery, *Curriculum Development in the Postmodern Era* (New York: Garland, 1995).

90) Michael Peters, ed., *Education and the Postmodern Condition* (Westport, Conn.: Bergin and Garvey, 1995).

91) Giroux et al., *Counternarratives.*

92) Charles Jencks, ed., *The Post-Modern Reader* (New York: St. Martin' s Press, 1992).

93) Ibid.

94) David Harvey, "The Condition of Postmodernity," in Jencks, ed., *The Post-Modern Reader,* pp. 302.

95) Foucault, cited in Harvey, "The Condition of Post modernity."

96) Harvey, "The Condition of Postmodernity."

97) Ibid.

98) Ibid.

99) Lakoff and Nunez, *Where Mathematics Comes From.*

100) Slattery, *Curriculum Development in the Postmodern Era,* p. 152.

101) Robert Cummings Neville, *The Highroad around Modernism* (Albany: State University of New York Press, 1992).

102) Marsh and Willis, *Curriculum.*

Curriculum

제2부

교육과정 개발

제7장
교육과정 개발

핵심 질문

1. 교육과정 개발에 대한 기술 · 과학적 접근은 어떻게 설명할 수 있는가?
2. Bobbitt와 Charters는 교육과정 개발 분야에서 어떤 역할을 하였는가?
3. 다양한 기술 · 과학적 접근들의 공통점은 무엇인가?
4. 교육과정 개발에 대한 비기술적 접근을 정의해 보라.
5. 교육과정 개발의 숙의 모형이 교육과정 개발에 대한 기술적 접근 및 비기술적 접근과 어떻게 연결되는가를 설명해 보라.
6. 교육과정 개발의 과정을 어떻게 대화의 과정으로 볼 수 있는가?
7. 후기실증주의적 교육과정 모형은 교육에서의 직관 또는 상상력의 가치를 어떻게 부각시키는가?
8. 교육과정 개발 과정에서 핵심적인 구성 요소는 무엇인가?
9. 교육과정을 개발하는 데 주요 핵심 참여자는 누구인가? 교육과정 개발에서 학생, 학부모, 지역사회 주민의 역할은 과연 증가되어야 하는가?

어떤 교육제도에서의 교육과정은 그 제도하에 있는 사람들의 지적 생활의 토대가 된다. 교육과정은 학생과 교사에게 깊은 이해와 보다 정교한 기능, 적절한 태도, 사회적 가치를 촉진시키는 생생한 경험을 제공한다.[1] 따라서 교육과정을 창출하는 데 매우 사려 깊은 주의가 필요하며, 그 다양한 과정과 이용 가능한 접근 방식에 대해 이해할 필요가 있다. 또한 그 다양한 과정에서 수반되는 여러 가정과 문제에 대해서도 이해할 필요가 있다. 그러면서 학교 수준, 지역 수준, 국가 수준에서 다양한 교육과정 계획의 접근 방식을 어떻게 활용할 것인지를 알아둘 필요가 있다. 교육과정 개발은 실천하는 가운데 존재하는 것이다. 이것은 교육과정 분야의 학자들이 사회 정책 및 문화적 관습, 정치 권력 등과 같은 쟁점을 다루어서는 안 된다는 것을 의미하는 것은 아니다. 그러나 교육자의 핵심적 활동은 학생들을 학습에 열중하게 만드는 교육 프로그램을 만들고, 학생들의 의욕을 북돋아서 그들이 그들만의 의미를 구성하고 다양한 학문적 지식의 의미를 이해하며 교육과정을 실제 프로그램의 안내로 받아들이도록 하는 데 그 목적이 있다.

교육과정 개발 영역은 고정되어 있는 것이 아니다. 포스트모던적 사고방식에 의거하여 현재 교육과정이 변함에 따라 새로운 절차가 제시되고 있다. 교육과정 개발을 위한 새로운 접근은 최근 인지이론에서 생겨나고 있다. 수업설계이론도 교육과정 개발을 접근하는 방식을 다양하게 만든다.

저자들은 성공적인 교육은 그것을 어떻게 정의하든 주의 깊은 계획을 필요로 하는 일이라고 생각한다. 계획이 없으면 교육과정 활동은 아마도 혼란과 갈등의 연속이 될 것이다. 교육자들은 교육과정 개발 전략을 세운다. 이들은 학생들에게 특정 프로그램을 적용하기 이전에 전체 계획을 세운다. 이러한 계획을 개념화하는 방식은 현재와 미래의 쟁점에 대한 인식에 따라 달라질 것이다. 목적 및 내용, 학습 경험, 방법, 자료, 평가에 대한 사고를 하지 않고 특정 교육과정을 구성하는 것은 불가능하다.

효과적인 교육과정을 계획해야 한다는 것은 누구에게나 명백한 일이지만, 문제는 교육과정 개발을 규정하는 방식이 하나가 아니라 여러 가지라는 데 있다. 또한 여러 교육과정 설계는 교과, 학생, 사회 중에서 어떤 요인을 중요시해야 하는가에 따라 달라진다. 보편적으로 정의되지 않는 것을 가지고 정확한 계획을 짜는 것은 매우 어렵다. 더구나 교육과정이 무엇이고, 교육과정 개발에 무엇이 포함되는지에 대하여 모든 사람의 의견이 일치하지 않는다. 이 책에서 우리는 다양한 관점과 해석의 차이를 인정하여 보다 광범위한 정의를 제시하고자 한다. 즉, 우리는 교육과정 개발은 종래의 기술 · 과학적 관점과 새롭게 부상하고 있는 포스트모던적인 비기술적 관점의 양자에서 도출되는 원리뿐만 아니라 교육과정의 개념과 목적에 대한 안목에도 근거한다는 입장에 있다. 교육과정 개발은 학교 및 학교 구성원들이 특정 교육 목적을 인식하도록 만드는 다양한 과정(예: 기술적, 인간적, 예술적 과정)으로 이루어진다.

이상적으로 교육과정에 의해 영향을 받는 모든 것이 교육과정 개발 과정에서 고려되어야 한다. 다양한 모형이 존재하지만 대부분의 모형은 기술적 모형과 비기술적 모형(또는 전체적 모형)으로 분류할 수 있다. 이러한 유형의 분류는 현재 교육과정학적 지식의 발달이 어느 단계에 와 있는가를 잘 나타내 준다. 많은 사회 · 교육 비평가에 의하면, 우리는 기술성, 정확성, 확실성 등을 강조하는 근대적 시기에 살고 있거나 살아왔으며, 비기술성, 의외성, 불확실성을 강조하는 포스트모던 시기로 들어가고 있다. 그러나 근대성 또는 기술성의 역사는 새로운 포스트모던성의 역사보다 훨씬 더 길다. 그렇기 때문에 우리는 기술적 교육과정 개발 모형을 훨씬 더 많이 가지고 있다. 우리는 현재 경험하고 있는 이 불확실성의 시대가 나타내는 새로움을 정확히 어떻게 규정해야 할지 모르기 때문에 그것을 '포스트모던적' 이라고 부른다. 우리는 이러한 새로운 시대의 교육과정 개발을 어떤 이름으로 부를 것인지도 잘 모른다. 우리는 그것을 단지 비기술적 모형으로 분류할 뿐이다.

이 책의 저자들은 교육과정 개발에 대한 접근을 기술적인 것과 비기술적인 것의 이원적으로 분리하여 생각하는 것이 위험하다는 것을 잘 알고 있다. 기술적 · 비기술적이라고 할 때는 기술적인 것이 비기술적인 것보다 더 좋다는 생각이 들어 있다. 예컨대, 높은 것과 낮은 것, 위와 아래, 교육과 훈련, 큰 것과 작은 것 등의 대조에는 전자의 것들(높은 것, 위, 교육, 큰 것)이 후자의 것들(낮은 것, 아래, 훈련, 작은 것)보다 더 좋다는 것이 가정되어 있다. 교육과정 개발의 시대는 지나갔다고 주장하는 사람은 개발보다는 이해가 더 낫다는 이원적 분리를 가정하고 이해와 개발을 대조한다.

우리가 교육과정 개발에 대한 접근 방법을 비기술적 또는 기술적으로 분류하는 것은 두 가지 중 어느 것이 더 좋다거나 나쁘다는 것을 보여주려는 의도에서가 아니다. 오히려 의도는 두 가지 기본 관점을 대조하는 데 있다. 교과목에 강조점을 두는 교육과정 설계를 신뢰하는 사람은 일반적으로 교육과정 개발에 대한 기술적 접근을 더 선호할 것이다. 교육과정에서 학습자 요소를 핵심으로 생각하는 사람들은 비기술적 또는 전체적 접근을 옹호할 것이다. 교육과정을 사회생활을 준비하게 하는 매개체로 생각하는 사람은 두 접근 중 어느 하나든 선택하게 될 것이다.

또한 저자들은 이 두 가지 접근이 상호 배타적인 것으로 보일 위험도 경계한다. 실제 교육과정 작업에서 사람은 교육 프로그램을 만들고, 수업을 위하여 단원을 계획하는 것을 늘 확실하게 하는 것은 아니다. 이렇게 접근 방법을 나누고 대조해 보는 것은 이론적 논의를 위한 것일 뿐, 실제 상황에서 양자 간의 경계는 불분명하며, 양자 간에 겹쳐지는 부분이 많이 있다.

1. 기술 · 과학적 접근

교육 및 교육과정에 대한 기술 · 과학적 접근은 하나의 사고방식이다. 이 접근을 신뢰하는 사람들은 이 접근이 비인간화 교육을 조장하는 것이 아니라 학습을 극대화하고 학습 성과를 높이도록 하기 위해 교육과정을 계획하는 하나의 방식이라고 생각한다. 이 관점에 따르면 교육과정 개발은 학습 환경을 구조화하고 인원, 자료, 시설 등을 적절히 조정하기 위한 계획 또는 청사진을 의미한다.

기술 · 과학적 관점은 우리가 교육과정을 거시적이고 보다 폭넓은 관점에서 인식하게 해 주고, 교육과정은 '개인의 교육' 이라는 공통된 목적 달성을 위한 부분들이 복잡하게 얽혀 있는 통일체라는 사실을 이해하게 해 준다. 그것은 또한 우리 마음속에 특정한 계획을 가질 수 있도록 해 준다.

기술 · 과학적 접근은 교육자들이 과제를 수행할 때 합리적 접근을 활용할 것을 요구하며, 교육과정 창출을 촉진하는 절차를 체계적으로 제시할 것을 요구한다. 기술 · 과학적 접근의 여러 모형은 수단-목적 패러다임을 채택하고 있다. 이 수단-목적 패러다임은 수단이 엄밀할수록 희망하는 목적을 더 잘 달성할 것이라는 생각에 근거하고 있다. 이 접근을 선호하는 사람들은 체계적으로 계획된 프로그램은 평가할 수 있다고 지적한다. 그러나 어떻게 정확하게 평가할 수 있는가의 문제는 별도의 문제다.

여러 기술 · 과학적 모형은 '심리적 합리성' 과 대조되는 것으로 James Macdonald가 제시한 '기술적 합리성' 을 나타낸다. Macdonald는 학교교육의 조직에서는 이러한 합리성이 강조되어야 한다고 주장한다.[2] 이러한 생각을 하는 사람들은 가르쳐야 할 거대한 지식 체계가 존재하며, 그러한 지식을 습득할 기회를 학생들에게 보장해 주어야 한다고 믿는다. 그는 기술적 정신을 가진 사람은 교육을 실행하는 데에서 최고의 성장, 최대의 효율성, 체제의 효과성을 높이 평가한다고 주장한다.

1) 기술 · 과학적 접근의 역사

교육과정 개발의 역사를 연구하는 학자들은 기술 · 과학적 모형의 기원을 19세기 전환기의 과학적 방법에 관료주의적 원리를 적용한 학교의 시도에서 찾는다. 초기 교육자는 인간 행위에 대한 조사와 분석 등의 경험적 방법을 통하여 무엇을 가르칠 것인가라는 교육과정의 질문에 답할 수 있다고 보았다. 교육과정 개발의 과학화라는 요구는 19세기와 20세기에 일어났던 생물학, 물리학, 화학 등의 과학 출현, 경영 및 산업계에서 나타난 시간과 운동 연구 등의 기계이론 개념과 병행하여 생겨났다. 교육, 특히 교육과정에서 이들 모형은 Bobbitt과 Charters의 연구와 더불어 발전하였다.

Bobbitt과 Charters Bobbitt은 교육과정을 창출하는 것을 철도를 건설하는 것에 비유하였다. 일단 일반적 노선이 계획되면 철도 건설자는 상세한 조사를 하고 최종적으로 트랙을 놓는다. 교육과정을 개발하는 것은 본질적으로 어떤 사람이 유아에서 출발하여 '그의 성장, 문화, 능력 등이 지향하는 목적으로 나아가야 하는 것과 같이 노선을 계획하는 것과 같다.'[3] 교육자는 철도 기술자와 마찬가지로 전체 분야에 대한 폭넓은 관점을 가지고 그 관점과 관련된 주요 요인을 보아야 한다. 이러한 과정 속에서 교육 프로그램에 대한 일반적인 계획을 세울 수 있다. 이 일반적인 계획을 위해서는 '학습자에게 필요한 내용과 경험을 결정하기 위한 구체적인 조사가 이루어질 수 있다.'[4]

Bobbitt에게 교육과정 개발의 첫째 과제는 '학생의 삶과 적절한 수행을 위해 필요한 능력과 개인적 특성이 어떤 활동으로 구성되는가를 발견하는 것이다.'[5] 이 활동 분석에서 교육 목표가 도출된다. Bobbitt은 이러한 활동 분석이 폭넓은 인간 경험을 구성하는 인간의 실제적 활동을 제시한다고 주장하였다. 이러한 접근은 과제 분석에 관한 다양한 접근 방법의 하나다.[6] 또한 이것은 몇몇 교육학자가 말하는 역방향 설계(backward design)와 많은 유사점을 가지고 있다.[7]

Bobbitt과 동시대 사람인 Werrett Charters 또한 활동 분석의 신봉자였다. 그러나 Charters는 '교육과정의 변화는 항상 교육의 목적에 대한 개념이 수정됨에 따라 이루어진다.'[8]고 지적하였다. 학교교육의 내용과 경험의 선정은 우리가 추구하는 이상으로서 목적에 의해 영향을 받는다.

Charters는 목적 또는 이상을 개인이 수행한 활동과 관련시킬 것을 기대하였다. Charters는 교육과정 구성을 위한 적절한 단계들의 계열성을 제안하였는데, 이것은 그가 동시대와 후세대의 교육과정 의사 결정자들에 대하여 어떤 근본적인 영향을 미쳤는가를 잘 보여 준다. 그는 교육과정 구성의 단계로 ① 목표 설정, ② 목표를 이상과 활동으로 분류하기, ③ 그것들을 활동단원으로 분석하기, ④ 달성 방법의 정리[9]를 제안하였다.

Charters에 의하면 철학은 목표나 기준과 같은 이상적 지향점을 제공한다. 그는 교육과정이 주요 교과(primary subject)와 유도 교과(derived subject)를 포함할 수 있다는 점을 주목하였는데, 주요 교과는 다른 교과에서 파생된 직업 분석의 항목 내에서 직접 발견되는 것들이다. 따라서 기상 리포터의 과제를 주시하는 교육자는 리포트의 다양한 유형을 용지에 기입하는 사람에게 요구된 활동을 기록할 것이다. 이것은 리포트를 작성하는 것이 영어 교과에 포함된다는 것을 의미한다. 기상통보의 작업 활동은 보고서 작성을 위한 요구를 나타내는 한편 물리학과 수학의 지식을 요구한다. Charters는 그러한 정보가 유도 교과를 형성하는 것으로 규정하였다. '이것은 도구 교과(service subjects)다. 이 도구 교과는 활동 수행에 직접 활용할 수 있는 것이기 때문이 아니라 실제적 도구 가치를 가진 자료에서 도출되는 것이기 때문에 중요한 것이다.' [10)]

Bobbitt과 Charters는 교육과정 결정에 대한 과학적 운동을 확립하였다. 이들은 교육과정 개발이라고 하는 것은 학생을 위해 유의미한 프로그램이 되도록 하는 하나의 과정이라고 지적하였다. 또한 이들은 목적 설정은 규범적 과정인 반면에 목표와 활동의 설정은 경험적이고 과학적인 것이라고 지적하면서 목적과 목표, 활동의 관련성에 관심을 가지기 시작하였다. 이들은 교육과정 활동은 계획될 수 있고 체계적으로 연구될 수 있으며, 평가될 수 있다고 하였다.

Bobbitt과 Charters 같은 학자의 노력에 의해 연구의 한 분야로서 교육과정에 대한 관심이 높아지게 되었다. 교육과정 분야는 1932년 '교육과정학회'가 설립되어 독립적인 지위를 확보하게 되었으며, 1938년에 컬럼비아 대학교 사범대학에 '교육과정 · 교수학과'가 설치되었다. 이후 20년여 년 동안 이 사범대학은 시카고 대학교의 초기 영향을 능가할 정도로 교육과정 분야의 핵심을 이루었다.

Tyler의 모형: 네 가지 기본 원리 의심의 여지없이 Tyler의 모형은 기술 · 과학적 모형 중 가장 잘 알려져 있는 것이다. 1949년 Tyler는 『교육과정과 수업의 기본 원리(Basic Principles of Curriculum and Instruction)』를 출판하였다. 그는 이 책에서 교육과정과 수업의 문제를 다루기 위한 합리적 원리를 제시하고 있다.[11)] 그는 교육과정 탐구에 관계하는 사람들은 ① 학교의 목적, ② 그 목적과 관련된 교육적 경험, ③ 이러한 경험의 조직, ④ 목적의 평가를 먼저 정의해야 한다고 언급하였다.

Tyler는 '목적'으로 목표에 관해 언급하였다. 그는 교육과정을 계획하는 사람은 교과, 학습자, 사회의 세 가지 원천에서 자료를 수집하여 일반 목표를 명료하게 해야 한다고 주장하였다. 교육과정 계획자는 수많은 일반 목표를 명료하게 한 후에 학교의 철학과 학습심리학 같은 두 가지 체를 통해 그것들을 여과시켜 정련되도록 해야 한다. 이러한 체를 통해 나온 것이 구체적 수업 목표다. 그렇지만 Tyler가 수업 목표라는 용어를 사용했어도 그는 최근에 주장되어 온 협소한 행동적 목표를 주장하지 않았다는 점에 유의해야 한다.

Tyler는 목표의 달성을 가능하게 하는 교육적 경험을 선정하는 방법에 대해 논의하였다. 학습 경험은 학습자의 이전 경험과 어떤 상황에 직면하여 가지게 되는 지각적 경험을 모두 고려하여 선정되어야 한다. 또한 그 경험은 학습과 인간 발달에 대한 교육자의 지식에 비추어 선정되어야 한다.

다음으로 Tyler는 이들 경험의 계열과 조직에 대해서 다루었다. 그는 경험을 순서화하는 것은 최대의 누적적 효과를 도모하기 위해 어느 정도

체계적이어야 한다고 주장하였다. 그는 아이디어 및 개념, 가치, 기능 등과 같은 요소를 조직하는 것은 실을 짜서 교육과정 구조를 만드는 것같이 되어야 한다고 생각하였다. 이들 핵심적 요소는 수업의 조직자와 수단 및 방법의 역할을 할 수 있으며, 다른 교과 속의 서로 다른 학습 경험과 관련을 가질 수 있다. 아이디어 및 개념, 가치, 기능들은 특정 교과의 내용을 연결할 수 있다.

Tyler의 마지막 원리는 계획과 실천의 효율성을 평가하는 문제를 다룬다. Tyler는 평가를 교육과정 개발에서 중요하게 생각하였는데, 그는 교육자들이 의도하였던 학습 경험의 결과가 실제로 나타났는지를 알기 위해 평가가 필요하다고 생각하였다. 이 평가는 어떤 프로그램이 효과적인 것이었는가 비효과적인 것이었는가를 결정하는 데 중요한 것으로, 모두 목표와 관련되어 있어야 한다.

Tyler는 교육과정 개발에 대한 그의 모형을 도표로 제시하지 않았지만 다른 여러 사람이 제시하고 있다. 이 절차의 도식은 [그림 7-1]과 같다.

Tyler의 생각이 교육과정, 특히 교육과정 개발 분야에 지대한 영향을 미쳤다는 것은 부정할 수 없다. Tyler가 제기한 네 가지 질문은 상당히 근거가 있는 것으로 보이기 때문에 대단히 설득력을 지녀왔으며, 지금도 여전히 그러하다. Posner가 지적하였듯이 Tyler의 합리적 원리는 학교, 특히 교육과정 개발에 대한 우리의 개념과 일치한다. 그는 우리가 교육과정 개발에 대한 Tyler의 관점에 너무 빠져서 다른 접근을 시도할 생각조차 못한다고 지적하였다.[12] 그렇다고 해서 오늘날 Tyler를 비판하는 사람이 없다는 뜻은 아니다. 그가 제시한 모형은 지나치게 직선적이고 원인-결과의 사고방식에 지나치게 의존한다는 비판을 받는다. 그의 모형은 교육과정 결정에서 결코 실현될 수 없는 객관성을 제시하고 있고, 모든 교육 경험이 사전에 정해진 교육 목표에 의거하여 정당화될 것을 요구하고 있다. Tyler에 대한 이러한 비판에도 불구하고 그의 아이디어는 지방 교육청 관계자들에게 계속 호평을 받고 있다. 심지어 대학 캠퍼스에서도 국가 교육과정위원회의 수사학 및 몇몇 교육과정주의자의 선언 등에도 불구하고 Tyler의 아이디어는 여전히 강

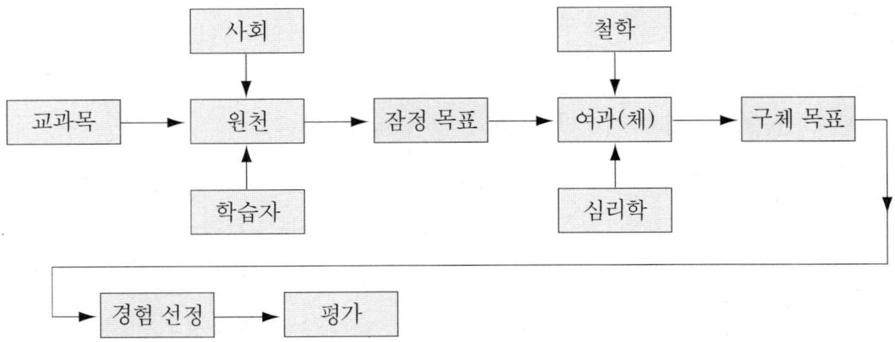

[그림 7-1] Tyler의 교육과정 개발 모형

력한 영향력을 가지고 있다. Tyler의 합리적 모형이 갖는 정당성과 실행 가능성 때문에 사람들은 계속 그의 모형을 참조하고 있다. Tyler의 사고는 그것의 맥락이나 철학적 동향에도 불구하고 여전히 효력이 있다.[13)]

Taba의 모형: 풀뿌리 합리적 모형 Tyler가 황무지에서 울부짖었다면 그의 메시지는 분명히 사라지고 말았을 것이다. 그러나 그는 그렇지 않았다. 그를 지지하는 사람들이 당시에 있었고 지금도 여전히 그러하다. 그의 동료 가운데 교육과정에 대한 그의 접근에 활력을 불어넣는 데 가장 큰 영향을 발휘한 사람은 Hilda Taba였다. 『교육과정 개발: 이론과 실제(Curriculum Development: Theory and Practice)』(1962)라는 책에서 Taba는 교육과정을 창출하는 데 명확한 순서가 있다고 주장하였다. 그러한 순서에 따르면 보다 사려 깊고 역동적인 교육과정 개발을 실현할 수 있다는 것이다.[14)] Taba가 Tyler와 다른 점은 그녀가 교육과정을 가르치는 사람, 즉 교사가 교육과정을 개발하는 데 참여해야 한다고 주장한다는 점이다. 그녀는 '풀뿌리 접근' 이라 부르는 모형을 주장하였는데, 이것은 단계 또는 국면 설정이 Tyler와 유사하다.[15)] Tyler는 그의 모형이 중앙관청에 있는 사람에 의해서만 이용되어야 한다고 주장하지 않았지만, 교육과정 개발 초창기의 교육자는 교육과정 개발 지식을 가지고 있는 사람은 중앙당국에 있는 사람이라고 생각하였다. 그것은 위에서 아래로의 하향식이며, 관리 모형 혹은 직계-참모 모형이라고 부른다. 교육과정 전문가들이 개발 아이디어를 교사들에게 수시로 전달하고 행정가들은 그 아이디어가 잘 적용되는지 감독하는 식이었다.

Taba는 이러한 관리 모형이 순서 측면에서 대단히 잘못되었다고 생각하였다. 교육과정은 프로그램의 실제 사용자에 의해 설계되어야 한다. 교사들은 학생들을 위해 구체적인 교수-학습 단원을 창출하면서 그러한 과정을 밟아 나가야 한다. Taba는 일반적인 설계에서 출발하여 구체적인 사실로 나아가는 전통적인 연역적 접근 방법과 대조되는, 교육과정 개발에 대해 구체적인 사실에서 출발하여 일반적인 설계를 구성하는 귀납적 접근 방법을 주장하였다.

Taba는 일찍이 교육과정의 창출과 평가에 교사의 적극적인 참여를 주장하였는데, 오늘날의 많은 교육 비평가들은 교육과정의 성공적인 변화가 일어나지 않은 것은 개혁자들이 교육의 변화 과정, 즉 교육과정 개발 과정에 교사가 적극적인 역할을 할 수 있도록 하는 데에 실패하였기 때문이라고 주장한다. 교사를 무시함으로써 외부 개혁기관들은 학교 또는 학군의 문화 특성을 경시하였다.[16)]

Taba는 교사들이 주요 투입 역할을 담당하는 풀뿌리 모형의 일곱 가지 주요 단계를 다음과 같이 제시하였다.

① **요구 진단**: 교육과정 설계자로서 교사는 교육과정 계획에 고려되어야 할 학생의 요구를 확인하는 과정부터 시작한다.
② **목표 설정**: 교사는 주의를 요하는 요구를

확인한 후 달성해야 할 목표를 구체화한다.

③ **내용 선정**: 선정된 혹은 창출된 목표는 교과목이나 교육과정 내용을 시사한다. 목표와 내용은 서로 관련성을 지녀야 할 뿐만 아니라 선정된 내용의 타당성과 유의성도 결정되어야 한다.

④ **내용 조직**: 특정 교사는 내용만 선정할 수 있는 것이 아니라 학습자의 성숙 및 학업 성취도, 흥미 등을 고려하면서 어떤 계열 유형에 따라 내용을 조직해야 한다.

⑤ **학습 경험 선정**: 내용은 학생에게 제시되어야 하며 학생들은 그 내용을 열심히 학습해야 한다. 이 시점에서 교사는 학생이 내용을 열심히 학습할 수 있도록 하는 수업 방법을 선정한다.

⑥ **학습활동 조직**: 내용이 계열화되어 조직되어야 하는 것과 마찬가지로 학습활동도 계열화되어 조직되어야 한다. 학습활동의 계열화는 대개 내용에 의해 결정된다. 교사는 앞으로 자신이 가르치게 될 학생도 염두에 둘 필요가 있다.

⑦ **평가와 평가 수단**: 교육과정 계획자들은 목표가 달성되었는가를 평가해야 한다. 평가 절차는 학생과 교사에 의해 고려될 필요가 있다.

Hunkins의 결정 모형 Hunkins는 얼핏 보아도 기술 · 과학적 모형의 하나로 보이는 교육과정 개발 모형을 제시하였다. 그것은 교육과정 개념화와 합법화, 진단, 내용 선정, 경험 선정, 실행, 평가, 유지라는 7단계로 이루어져 있다. 그의 모형의 구도는 [그림 7-2]와 같이 설명된다.

이 모형에서 보이는 특징적인 것은 교육과정 개념화와 합법화라는 교육과정 의사 결정의 첫 단계를 제시하고 있다는 점이다. 이 첫 단계는 참가자들이 교육과정 특성과 교육과정의 교육적 · 사회적 · 정치적 가치에 대해 숙의를 요구하는 단계다. 이 첫 단계는 교육과정 의사 결정자들이 단지 교육 프로그램을 창출하는 것뿐만 아

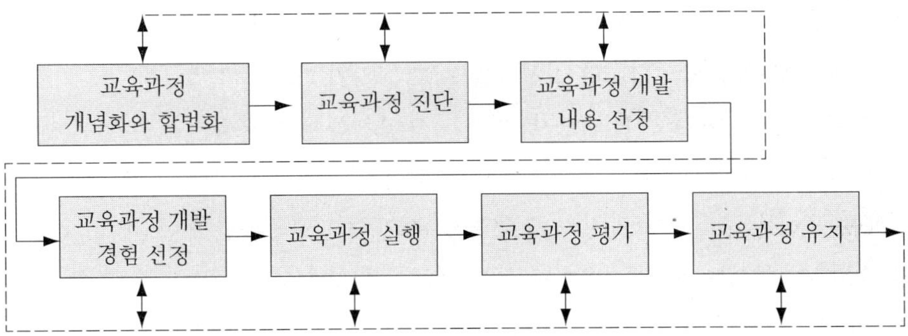

[그림 7-2] 교육과정 개발 모형

출처: Francis P. Hunkins, *Curriculum Development Program Improvement* (Columbus, Ohio: Merrill, 1980), p. 17.

니라 교육과정의 이해에 대해서도 탐색할 것을 요구한다. 이러한 것은 교육과정의 특성과 권력의 이해를 강조하는 재개념주의자들의 관심과도 일치한다.

이러한 단계에서 교육과정의 다양한 개념을 만나게 되며 교육과정의 분야가 매우 복잡하다는 것, 예컨대 학생이 무엇을 배우고 경험해야 하는가를 결정하는 것은 단순한 결정이 아니라는 것을 인식하게 된다. 이러한 결정은 이해와 복잡한 사고를 요구하는 사회문화적 관점뿐만 아니라 많은 숨은 의미와 강력한 정치적 관점으로 가득 차 있다. 개발 과정에 참여한 사람들은 그들의 학교나 학교 시스템에서 교육과정이 무엇을 의미하는가에 의견의 일치를 보기 위해 숙의해야 한다는 것을 알게 된다. 그들은 현재의 교육과정 담론에 대한 감각을 지니고 있어야 한다. 그들은 프로그램을 실행하는 것과 관련된 교육과정 의사 결정과 행위들은 어떤 사회적 맥락에서 이루어진다는 것을 알아야 한다. 교육과정 분야는 다양한 목소리로 가득 차 있다. 어떤 것은 조화를 이루고 있는 반면, 어떤 것은 제 각각이며, 심지어 의견이 상충되는 토론이 이루어지는 것도 있다. 이러한 첫째 국면에서 학자와 실천가들 양자에 의한 담론을 해석하기 위한 대화가 이루어진다.

또한 이때에 우리는 우리 교육과정의 관점과 그 목적을 정당화해야 한다. 가르쳐야 할 것이 가치를 가지고 있는 것은 확실하다. 그러나 그 가치는 협의되는 것이다. 우리가 교육과정 정당화 활동에 포함시키고 싶은 것은 무엇이며, 그것은 왜 그런가? 우리의 결정은 무엇에 근거를 두고 있는가? 이상적으로 진지하게 숙의를 하는 사람들은 교육과정의 성격, 그리고 제안된 내용과 권장된 실천 행위를 뒷받침하는 전제와 이유를 이해할 것이다. 교육과정 개발에서 Hunkins의 모형과 같이 사고와 숙의의 필요성을 명확히 강조하는 다른 모형은 없다.

이 모형에서 교육과정 진단이라는 둘째 단계는 두 가지 주요 과제, 즉 요구를 원인으로 해석하는 것과 그 요구에서 목적과 목표를 이끌어 내는 것을 포함한다. 이것은 교사를 포함하여 교육 계획자들이 다양한 유형의 요구 분석을 할 필요가 있다는 것을 말하는 것이다. 특정 교육과정과 관련하여 학생의 요구는 교육적 요구, 사회적 요구, 심리적 요구, 육체적 요구로 분류된다. 학생의 수준에서 분석되어 나오는 대부분의 요구는 교육적 요구다. 사회적·심리적 요구에 관심을 맞추는 몇몇 과정도 있다. 체육과 스포츠 프로그램에서는 대부분 육체적 요구에 대해 관심을 갖는다(어떤 요구 분석을 이끌어 내는 방식은 교육과정 도움말 7-1에 제시되어 있다).[17] 어떤 요구는 교육과정에 없기 때문이 아니라 교육과정에 있는데도 교사가 가르치지 않아서 생기기도 한다. 따라서 교사들에게 필요한 것은 어떤 새로운 프로그램을 만들어서 제시하는 것이 아니라 교사들이나 기존의 교육과정에 헌신하고 더욱 자세히 알도록 해 주는 현직 교사 교육의 실시다. 학생들의 요구에 적합한 새로운 교육과정이 만들어지면 목적과 목표는 안내 지침이나 때로는 기대되는 학습 성과가 무엇인지를 진술하기 위한 토대로 마

교육과정 도움말 7-1

요구 분석 시행을 위한 몇 가지 방법

① 요구 분석을 수행하기 위한 시간과 인적 자원을 확보해 두어라.
② 분석을 위한 자료를 제공할 인사, 즉 교사, 학생, 학부모, 행정가, 지역사회 구성원 등을 결정하라.
③ 자료를 수집하기 위한 도구(조사, 시민대회, 질문지, 검사 결과, 인터뷰 등)를 제작하거나 확보하라.
④ 일정을 세워라.
⑤ 채택된 다양한 도구를 활용하여 요구 분석을 수행하라.
⑥ 자료를 분석하라. 다양한 참여자가 교육과정 목표와 학생의 요구가 어디에서 차이가 난다고 보고 있는지를 알아내라.
⑦ 학교 교육과정에 반영될 수 있거나 반영되어야 할 요구나 차이가 어떤 것인지 결정하라.
⑧ 학교 및 지역사회 인사에 의해 중요하다고 결정된 요구를 우선시하라.
⑨ 우선적으로 고려되어야 할 요구들을 기반으로 목적과 목표를 설정하라.

출처: Peter F. Oliver, *Developing the Curriculum*, 5th ed. (Reading, Mass.: Longman, 2001).

련된다. 그러한 목적과 목표는 이 모형의 다음 단계인 내용을 결정하기 위한 틀로 제공된다.

내용 선정 단계는 교육과정에서 '무엇'을 다루는 것이다. 내용은 교육과정의 '원료'다. 그것은 가르쳐야 하는 '무엇'이고 학생이 학습해야 하는 그 '무엇'이다. 내용은 교육과정의 기반이다. 내용은 사실과 개념, 원리, 이론, 일반화를 나타낸다. 또한 내용은 학습자가 내용에 대해 사고하고 공부할 때 채택하는 인지적 과정을 나타낸다. 과정으로서 내용은 학생이 그들의 지식과 기능을 활용하여 적용하고 그들이 아는 것을 다른 사람과 의사소통하기 위해 학습하는 절차를 가리킨다.

이 모형에서 그 다음 단계는 경험 선정이다. 이 단계에서는 수업을 중요하게 다룬다. 여기에서 핵심적인 문제는 내용을 어떻게 학생들에게 전달하고 학생들이 경험하도록 하는가와 관련되어 있다. 어떤 교수 방법을 채택할 것인가? 효과적이고 즐거운 학습이 될 수 있도록 어떤 교육활동을 설계할 것인가? 학교 프로그램을 위해 선정된 목적과 목표를 달성하기 위해 교육과정의 내용을 학생들이 어떻게 경험하도록 할 수 있는가? 이 단계에서 교사는 교과서 및 소프트웨어 프로그램, 영화, 참고서, 주요 자료, 지도, 그림 등과 같이 어떤 수업 자료를 채택할 것인가를 결정한다.

경험이 선정 · 조직되고 프로그램 내용과 연결되면 교육과정은 자연히 적용을 준비하게 된다. 교육과정 적용은 프로그램에서 어떤 사소한 문제든 그것을 발견해서 해결하기 위한 교육과정의 최초 실험인 동시에 검증된 프로그램의 최종 보급이라는 두 가지 의미를 가진다. 설계된 교육과정이 학생에게 확실하게 전달되고 경험되도록 하기 위하여, 교사들이 새로운 교육과정을 친숙하게 만들고 그것이 잘 전개되도록 하기 위한 관리 시스템을 마련할 필요가 있다.

일단 프로그램이 적용되면 다음에는 평가에 참여한다. 이 단계는 프로그램을 지속할 것인가, 수정할 것인가, 중지할 것인가를 결정하는 데 필요한 자료를 얻기 위해 보통 교육과정 적용의 전체 기간에 걸쳐 이루어진다. 대체적으로 학교는 교육과정의 효과성을 평가하기 위해 학생 성취도 검사만을 계획한다. 그러나 정보를 얻기 위한 다양한 수단이 고려되어야 한다.

이 모형의 마지막 단계는 유지 단계다. 교육과정 유지는 어떤 실행된 프로그램의 효과를 지속적으로 보증하기 위한 방법과 수단을 포괄한다. 그것은 새로운 인원을 기존 시스템에 적응시키기 위한 교육에서 다루어야 하는 문제와 비슷하다. 즉, 필요한 자료를 재공급하기 위한 예산은 충분하게 확보되어야 한다. 이것은 곧 교사들이 새로운 전략을 세우거나 새로운 방식으로 내용을 조직하고자 할 때 교사들을 지원할 수 있는 시학관이 있어야 한다는 것을 의미한다. 또한 그것은 지역사회와의 의사소통이나 대화를 지속함으로써 학부모가 실행하고 있는 새로운 교육과정에 대한 소유 의식을 느끼도록 해야 한다는 것을 의미한다. 어떤 새로운 교육과정이 실행되면 학교는 프로그램의 지속을 위해서 그 프로그램의 목적과 목표에 대한 관심을 지속적으로 유지시키는 관리 체제가 필요하다는 것을 잊어버린다. 그리하여 이와 같이 지속적으로 유지되지 않는 교육과정은 교실의 판에 박힌 일상사에 묻혀 버리거나 교사가 그것을 독자적으로 해석함으로써 원래의 교육과정과 아무런 관련이 없는 것으로 변질시키는 경우도 있다.

이 기술적 모형의 독특한 특징은 [그림 7-2]에 나타난 바와 같이 직선으로 표시된 피드백 선과 조정 선이다. 이 선은 모형에서 의사 결정자들이 이전 단계로 되돌아가 필요한 수정을 하도록 하는 것을 의미한다.

이러한 선은 이 모형의 중요한 특징을 나타낸다. 그것은 이 모형에 교육과정 의사 결정의 체제적 관점을 부여한다. 피드백 선은 체제의 역동성을 나타낸다. 체제는 역동성의 원리에 입각하여 외부 환경에 통합된다.[18] 이러한 피드백과 조정 선을 사용하는 교육과정 개발은 주어진 환경에 의하여, 그것에 입각하여 이루어진다. Hunkins 모형의 이러한 측면은 교육과정 결정의 과정을 맥락화한다. 어느 누구도 실제 행위가 일어나는 공간을 무시할 수 없다. 어느 누구도 그러한 공간, 즉 교육과정 결정이 그동안 이루어져 왔고 또 지금도 이루어지고 있는 환경을 의식하지 않을 수 없다. 과거의 결정과 행위는 현재의 분석과 변화에 활짝 문을 열어야 한다.[19] 이 책의 저자인 우리의 관점에서 볼 때 이 모형에 제시된 이러한 단계는 기술적 모형에 대하여 비판적 시각을 가진 사람들의 우려, 즉 기술적 모형은 의사 결정이 이루어지는 시간과 공간을 무시한다는 우려를 그대로 대변하고 있다.

교육과정 개발의 인지사고 모형 우리는 종종 교육 이외의 다른 분야의 서적을 읽는다. 그러한 다른 분야에 대한 관심이 우리의 전공 분야에 대한 통찰에 불을 붙여 주는 경우가 많다. Hunkins의 경우가 바로 그러한 경우다. 수학적 아이디어 생성에 대한 인지이론을 연구하던 Hunkins는 우리의 신경운동 통제 시스템의 작용을 설명하는 한 모형[20]을 발견하였다. Srini Narayanan[21]은 모든 신경운동 통제 프로그램이 동일한 구조를 가지고 있다는 데 주목하였다. George Lakoff와 Rafael E. Nuñez는 이것이 사고 작용에도 들어맞는지를 숙고하였다. Hunkins는 이것이 교육과정 개발과 관련된 사고 구조에도 동일하게 적용될 수 있다고 생각하였다. 그리하여 그는 다음과 같은 단계로 이루어진 모형을 제시하였다.

① **준비**: 어떤 행동이나 사고를 하기 전에 준비를 해야 한다. 어떤 특정한 행동을 하기 전에 현재 하고 있는 것을 그만두어야 한다.

② **시작**: 어떤 행동이든 필요한 행동을 시작해야 한다. 그것에 의식적인 노력을 기울여야 한다.

③ **주요 과정**: 일단 시작을 했으면 주요 과정을 착수한다.

④ **중지와 재개 가능성**: 과정에 참여하는 동안 계속할 것인가 혹은 중지할 것인가를 선택한다. 중지한다고 해도 다시 시작하거나 그만둘 수 있다.

⑤ **목적**: 어떤 행위나 사고 과정을 시작하여 참여하고 있다면 이미 시작한 것을 끝까지 할지 안 할지를 결정할 필요가 있다.

⑥ **달성**: 성공적으로 수행되면 그때 행동이나 사고를 마지막까지 달성하기 위하여 요구되는 것을 착수한다.

⑦ **최종적 상태**: 완성된 과정의 결과나 성과가 존재한다(Lakoff and Nuñez, pp. 34-35 인용).

이 과정 모형이 가지는 매력은 그것의 명료성에 있다. 그것은 어떤 간단 명료한 흐름의 도식처럼 보인다. 그것은 또한 과제 분석 단계와 유사하다. 그것은 수업 설계의 단계와도 비슷하다. 가장 먼저 준비를 하고, 하고자 하는 것을 착수하는 것은 자연스럽게 들린다. 계속 할지 그만둘지의 선택권을 가진다. 그러나 Lakoff와 Nuñez에 의하면 이 모형은 단순한 흐름의 도식과는 다르다. 즉, ① 실제 인지 과정도 이러한 시간 순서대로 일어나며 교육과정 개발도 그러할 것이다. ② 그것은 자원과 맥락에 상당히 의존한다. ③ 그것은 다른 과정과 정보를 주고받으면서 그것들과 동시에 일어난다. 지금까지 이것은 교육과정 개발에 적용되어 왔다. 이 모형의 연구자가 말하고자 하는 것은 신체운동의 신경통제 시스템은 사건의 구조를 이해하는 데 요구되는 것과 동일한 특성을 지니고 있다는 점이다. 이것은 아마도 Tyler의 합리적 모형이 교육과정 사고에 견고한 영향력을 확보할 수 있었던 이유 중 하나일 것이다. Tyler 자신이 의도한 바는 아니지만, 그는 우리의 정신과 육체를 조정하는 것과 동일한 방식으로 교육과정 개발을 생각하는 모형을 창출하였다. 교육과정 개발에 대하여 어떤 접근 방법을 선택하든 간에 준비 없이 시작한다는 주장을 하기는 어려울 것이다. 이것은 트랙에서 달리기를 하는 사람이 맨 먼저 무엇을 해야 하는가를 말해 주며, 교육자가 교육과정을 개발하기를 원한다면 가장 먼저 무엇을 해야 하는가를 설명한다.

역방향 설계 모형 교육과정 개발 모형으로 잘 알려져 있는 또 다른 모형은 Grant Wiggins와 Jay McTighe[22]가 주창한 '역방향 설계(backward design)'다. 흔히 이 모형은 새로운 모형으로 생각되지만 그렇지 않다. 본질적으로 이것은 과제 분석의 한 변형이다. 이 모형은 Bobbitt과 Charters까지 거슬러 올라갈 수 있다. 또한 이 모형은 건축 및 기계, 교육 설계 분야에서 도출되기도 한다.

역방향 설계 과정(흔히 역방향 개발 과정으로 더 많이 부른다)은 논리적으로 개발의 마지막 지점인 바람직한 결과가 무엇인가에 대한 논의에서 출발한다. 달성하고자 하는 것이 무엇인가? 학생은 무엇을 알아야 하는가? 무엇을 알 수 있는가? 학생이 습득해야 할 가치와 태도는 무엇인가? 학생이 습득하고 드러내 보여야 하는 기술은 무엇인가? 결국, 이 첫 단계는 학교 프로그램의 목적이나 결과 혹은 기대하는 성과가 무엇인지를 구체화하는 것을 가리킨다고 볼 수 있다.

Wiggins와 McTighe는 이 모형의 첫 단계인 의사 결정을 다음과 같이 세 가지로 구체화한다. 의사 결정의 가장 일반적 첫 수준은 교육자가 목적이나 목표를 고려할 뿐만 아니라 국가 및 주, 지방 수준의 내용 성취 기준을 검토하는 단계다. 의사 결정의 둘째 수준은 학교 교실의 교사를 포함하여 교육과정 개발자가 학생이 정해진 목표를 성취하는 데에 도움이 될 만한 내용을 결정하도록 하는 단계다. Wiggins와 McTighe의 지적에 따르면 세상에 있는 모든 유용한 내용을 가르치는 것은 불가능한 일이다. 그러나 세상에는 학생에게 숙지시켜야 할 광범위한 지식과 기능이 존재한다. 그러므로 학생이 스스로 가치 있다고 생각하고 흥미를 가지는 지식과 정보를 접할 수 있는 기회를 학생에게 제공해 주어야 한다. 이 수준에서 우리는 교육과정 계획을 가능한 한 풍부하게 세워야 한다. 흥미를 가지고 있는 학생에게 보다 잠재 가능성이 넓은 지식을 제공해 주는 것이 필요하다. 이러한 폭넓은 잠재 가능성을 가진 지식은 학생이 반드시 습득해야 하는 지식은 아니지만 마지막 목표를 달성하는 데 여전히 중요한 역할을 한다.

말하자면 의사 결정의 둘째 수준은 진술된 목적과 목표를 고려하여 학생이 필수적으로 습득해야 할 지식이 무엇인가를 결정하는 것이다. 진술된 기준 및 지역사회의 기대, 연구 성과에 비추어 볼 때, 학문적 지식이든 비학문적 지식이든 학생이 습득해야 하는 기초적 지식과 기능은 무엇인가? 학문적 지식과 비학문적 지식의 차이점에 대해서는 나중에 다루도록 하겠다. 여기에서 다시 제기되는 질문은 학생들이 어떤 내용을 배우지 않거나 어떤 내용이 교육과정에 포함되지 않을 경우 학습에 어떤 점이 부족하게 되는가 하는 것이다. 본질적으로 우리는 미리 결정된 목적을 달성하기 위하여 필요한 내용을 선택할 수밖에 없다. 학생들이 그 목적을 성취하도록 하기 위하여 우리는 학생에게 어떤 일반화, 개념, 사실들을 가르쳐야 하는가? 학생을 자율적인 학습자로 키우기 위하여 그들에게 어떤 분석의 절차와 방법, 사고 전략을 가르쳐야 하는가?

의사 결정의 마지막 셋째 수준은 교육 내용의 범위를 좁혀서 구체적으로 제시하는 수준이다. 구체적으로 어떤 교육과정을 개발하여 가르칠 것이며, 어떤 진술적 내용이 어떤 절차를 통하여 제공될 것인가? Wiggins와 McTighe는 이 최종 수준을 '영속적 이해'[23]를 확인하는 단계로 규정한다. 이 수준에서 교육자는 정착시켜야 할 단원 혹은 코스가 무엇인지를 결정한다. 여기에서 '영속적' 이라는 용어는 학생이 교육과정의 세부 사항을 잊어버린 후에도 간직하기를 기대하는 포괄적 아이디어나 중요한 이해를 의미한다.[24] 역방향 설계 모형의 첫 단계인 의사 결정 단계는 기본적으로 목적 및 목표, 내용 선정과 내용 계열, 경험 선정과 경험 계열을 고려한다.

역방향 모형의 둘째 단계는 교육과정이 일단 실행되면 그것이 성공적인지 아닌지를 어떻게 평가할 것인가를 결정하는 단계다. 바꾸어 말하자면, 교육과정을 평가하는 수단은 무엇인가? 학생들이 성공적이었는지, 설정된 기준을 달성하였는지를 어떻게 확인할 것인가? 교육과정의 성공을 평가하기 위해 수집되는 증거는 무엇인가? Wiggins와 McTighe에 따르면 역방향 설계 모형은 교사와 교육과정 개발자가 평가자의 안목으로 특정 단원 혹은 코스를 생각하도록 한다. 교육과정과 학생 학습에서 다루고자 하였던 것이 실제로 일어났는지를 어떻게 증명하고 확인할 수 있는가? 그들은 교육과정 설계, 즉 교육과정 개발이 교사들에게 교육과정 단원을 설계하기 전에 평가에 대해 생각하게 해야 한다고 주장한다. 그러나 우리는 교육과정을 개발하기 이전에 의사 결정이 제대로 되었는지를 평가할 수는 없다. 이러한 역방향 개발 모형을 활용하려면 학습 내용은 미리 정해져 있어야 하며, 나아가 다양한 교육과정 개발 지침 및 학습이론에 따라 계열화되어 있어야 한다. 그러나 이것은 역방향 모형을 만든 사람이 의도하는 것 이상의 것을 요구하는 것이다. Wiggins와 McTighe는 비공식적 점검 및 학생과의 대화, 퀴즈와 테스트, 수행 과제와 프로젝트 등을 포함하여 이 단계에서 고려할 수 있는 다양한 평가 방법을 제시하고 있다.[25]

역방향 설계 모형의 마지막 단계인 셋째 단계는 학습 경험과 수업에 관련된 것이다. 교육자들은 교육과정의 결과 지점을 명확히 밝히고 그 결과 지점을 평가하는 방법을 결정하였을 때 수업 활동을 계획할 준비를 한다. Wiggins와 McTighe는 교육과정 개발자와 교사가 이 단계에서 제기할 필요가 있는 여러 핵심적 질문을 다음과 같이 제시하고 있다.

- 학생들이 코스를 성공적으로 달성하기 위해 이해하고 수행할 필요가 있는 지식과 기능은 무엇인가?
- 학생들이 필요한 지식과 기능을 습득하도록 하는 활동은 어떤 것이 있는가?
- 학생들이 내용 영역에 대해 통찰 있고 숙련되기 위해 교사는 무엇을 가르쳐야 하며 어떻게 가르쳐야 하는가?

- 학생이 해당 교육과정을 성공적으로 달성하도록 조장하기 위해 채택되어야 하는 자료는 무엇인가?
- 코스 또는 단원의 전체적 설계가 교육과정 개발 원리와 합치하는가?

[그림 7-3]은 이 역방향 설계 모형의 기본 단계를 나타낸다. 이 흐름의 차트는 Wiggins와 McTighe가 창안한 모형의 변형물 중 하나다.

교육과정 개발의 과제 분석 접근 역방향 설계 접근이 교육과정 개발의 과제 분석 접근의 한 변형물이라고 보는 것은 잘못이다. 왜냐하면 역방향 설계 접근이 과제 분석 접근의 한 변형물이라고 보는 것은 과제 분석을 단지 몇 개의 변형물로 이루어진 직선적 접근으로 본다는 것을 의미하기 때문이다. 그러나 과제 분석 접근은 그렇지 않다. 과제 분석은 개인이 의사 결정 과정에서 다양한 목표에 이를 수 있도록 안내하는 매우 융통성 있는 접근을 가리킨다. 다양한 목적을 위한 프로그램을 창출하는 데에 과제 분석 방법이 상용되는 수업 설계조차 과제 분석은 사람에 따라 다른 것을 의미한다. 사실 어떤 사람은 과제 분석이 수업 설계 분야에서 거의 이해되지 않는 요소라고 주장한다.[26)]

과제 분석의 모든 다양한 예를 다루는 것은 이 책의 범위를 벗어나는 일이다. 그러나 과제 분석의 과정을 어떻게 일반화하면 훌륭한 교육과정이 창출될 가능성을 높일 수 있는가를 보여 주는 것은 도움이 될 것이다.

우리는 과제 분석의 절차상 단계를 일반화할 수는 있지만 그 과정의 모든 측면을 일일이 다 설명할 수는 없다. 각 단계에서 무엇을 해야 하고 무엇을 할 수밖에 없는지, 무엇을 하게 될 것인지를 자세히 설명할 수는 없다. 과제 분석과 수업 설계를 연구하는 사람에 의하면 우리는 이러한 모호성을 견디는 것을 배워야 한다.[27)] 과학기술적 교육과정 개발 진영에 있는 사람들은 이러한 정확성 문제로 비판을 받을 때 이러한 점을 기억하면서 과학기술적 교육과정 개발 접근을 방어할 필요가 있다. 모든 것을 정확하게 해야 한다고 말하고 있는 것이 아니다. 우리는 과학기술적 접근의 한계를 인식하고 있다. 기술적 시스템에서 나오는 '소음'을 잘 알고 있다. 그러나 우리는 과제 분석을 사용하면 더욱 훌륭한 교육과정이 개발될 수 있는 가능성이 높아진다는 것 또한 잘 알고 있다.

교육과정 개발을 위해 과제 분석을 사용할 경

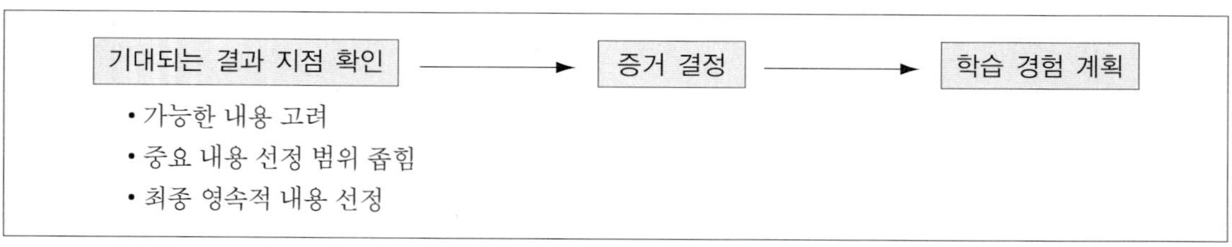

[그림 7-3] 역방향 설계 모형

우 우리는 과학기술적 접근을 따르고 있는 것이다. 기본적으로 우리는 교과목 분석과 학습 분석이라는 두 가지 과제 분석 유형을 사용한다. 이러한 분석들을 수행하는 데에는 다양한 방법이 있다. 먼저 교과목 분석을 살펴보자.

• *교과목 분석*: 교과목 혹은 내용은 교과목 분석의 출발점이다. 여기에서는 학생이 알아야 할 가장 중요한 지식이 무엇인가 하는 질문이 핵심이다. 이 질문에 대한 답은 시대에 따라 다르다. 또한 그것은 학생의 수준과 유형에 따라 다르다. 보통 우리는 이 질문을 교과 전문가에게 묻는다. 이상적으로 이러한 교과 전문가가 곧 교육과정을 창출하고 가르칠 책임을 지니고 있는 교육자다. 그러나 우리는 다양한 분야의 학자들의 전문지식에 의존하기도 한다. 어떤 직업 준비를 위한 교육과정을 개발할 때 제기되는 질문은 그 직업과 관련하여 특정 직무를 수행하기 위해 알아야 할 교과 혹은 내용은 무엇인가 하는 것이다. 즉, 사람들은 해당 직업의 직무를 수행하기 위하여 무엇을 알아야 하는가?[28)]

교과목은 하위 구성 요소로 분류되어야 한다. 예컨대, 우리는 정부가 어떻게 일을 수행하는가를 알 필요가 있을 때 정부와 관련된 모든 의미를 해체할 필요가 있다. 이것은 정부와 관련된 일반적 진술이 있고 학생은 그것을 알아야 한다는 것을 의미한다. 학생은 정부라는 말이 가지는 명백한 의미와 함축적 의미를 모두 알아야 한다. 즉, '정부' 라고 말하였을 때 그것이 정확히 무엇을 의미하는지 알아야 하고, '대표적 정부' 라고 하였을 때 그것에 들어 있는 함축적 의미를 알아야 한다. '시민' 과 '시민의 책임' 이라는 개념을 이해해야 한다. 또한 정부와 관련된 특정 사실, 예컨대 정부의 하위 조직이 몇 개가 있는지를 알아야 한다. 언제 헌법의 부가 조항이 통과되었는지 그 날짜를 기억할 필요도 있다. 정부와 관련하여 알고자 하는 것을 분류할 수 있으려면 그 지식 분야에 대한 구조를 파악하고 있어야 한다. 이 작업을 하는 한 방법은 숙련 설계 차트를 활용하는 것이다.

• *숙련 설계 차트 작성*: 숙련 설계 차트는 교과 전문가에게서 얻은 정보를 사용한다. 이 정보는 이들 전문가가 중요하다고 생각하는 사실뿐만 아니라 개념 및 규칙, 법률, 일반화, 이론 등도 포함한다. 본질적으로 숙련 설계 차트는 어떤 코스 또는 전체 교육과정에서 학습되는 주제와 정보를 담고 있다. 그것은 교과 전문가에게서 습득된 정보를 요약한다. 차트를 설계하는 한 방식은 학생의 학습에 중요하다고 생각되는 모든 주제를 종축에, 그 주제에 대한 강조 정도를 횡축에 목록화하는 것이다. 또한 학생들이 각 주제 및 개념, 일반화 등과 관련하여 드러내 보여야 하는 여러 학습 행동을 가리키기도 한다. 숙련 설계 차트의 예시는 [그림 7-4]를 참고하라.

• *내용 조직*: 일단 차트가 완성되면 내용 주제 및 개념, 일반화 등의 관계를 밝힐 필요가 있다. 관계를 결정할 때 교육과정 단원을 어떻게 구성할 것인가를 숙고함으로써 그 내용은 의미

		아는 것			분 석		적 용	평 가	
		사실 진술	개념 설명	일반화 제시	개념 해체	관계 결정	자료 수집을 위한 수행	분야 자료의 정확성 결정	불충분한 결론의 타당성 판단
내 용									
땅의 형태	산	3	2	2	2	2	0	0	0
	언덕	3	2	2	2	2	1	1	1
	고원	3	2	2	2	1	0	0	0
	평지	3	2	2	2	1	1	1	1
물의 형태	대양	3	2	2	2	2	1	0	0
	호수	3	1	1	0	0	0	0	0
	강	3	2	2	2	1	0	0	0
	바다	3	1	1	0	0	0	0	0

숫자는 내용과 활동에 주어진 강조 수준을 나타낸다.
3 : 강한 강조 2 : 보통 강조 1 : 약한 강조 0 : 언급하지만 강조되지 않음 – : 언급 없음

[그림 7-4] 숙련 설계 차트(지리)

있는 조직을 지니게 된다. 내용을 어떻게 조직하는가에 대해서는 나중에 더 논의할 것이다. 다만, 여기서는 먼저 특정 내용에 대해 예정된 지식 구조에 따라 내용을 조직할 수 있다는 점을 유의한다. 내용을 연대순으로 조직할 수도 있고, 활용되는 방식으로 계열화할 수도 있다. 또는 학생이 가장 잘 학습할 수 있는 방식으로서 심리학자가 제시한 것에 따라 조직할 수도 있다.

• *학습 분석*: 이상적으로 말하자면 학습 분석은 내용 조직 단계가 진행되는 동안 시작된다. 이것은 활동 분석이라고 부르는 것을 포괄한다. 여기에서 우리가 관심을 가지는 질문은 선정된 교육 내용을 학습하는 데에 어떤 과정이 필요한가다. 즉, 교육 내용을 학습하기 위하여, 다시 말해 특정 문제 해결 과정을 숙련하기 위해 학생들은 어떤 활동에 참여하게 되는가? 이 질문에 답하기 위해서는 전문가의 대답을 들어 봐야 한다. 그러나 이때 전문가는 교과 전문가가 아닌 수업설계 전문가 혹은 심리학 전문가다. 가장 이상적인 것은 교육자들이 교육 내용과 학습심리학 양자 모두의 전문가여서 다른 전문가에 의존할 필요가 없는 상태일 것이다. 그러나 교육자들에게 인지심리학은 새로운 분야이기 때문에 학습과 수업 이론에 대해서는 전문가의 도움을 받아야 한다.

학습활동의 계열화에도 관심을 가져야 한다. 어떤 순서로 학습하면 가장 잘 학습할 수 있는가? 이 단계에서는 내용보다는 학습자에 초점을 맞춰야 한다. 어떤 기능이나 내용을 숙달하기 위하여 학습자는 무엇을 할 수 있고 또 무엇을 해야 하는가? 바로 이때 우리는 교육 내용이나 학습 과정에서 학생들이 해당 교육과정의 목적을 성취하도록 하기 위한 교육적 · 수업적 접근을 선택한다.[29]

〈표 7-1〉 숙련 계획표 형식

목 표	내용/교과목	학습/활동/수업 접근	자료/평가 방법

• *숙련 교육과정 계획표 작성*: 프로그램 전체든, 전체의 한 부분과 관련해서든, 숙련 교육과정 계획표를 작성하는 것은 교육과정 개발과정에서 교육 내용과 교수-학습 접근 방법과 관련하여 수집되고 정리된 정보를 종합하는 단계다. 교육과정 계획표를 어떻게 만드냐는 과제 분석에 참여한 교육자들의 창조성에 달려 있다.

교육과정 연구팀은 주목되는 교육 내용이 무엇인가를 연구하고 무엇보다도 그 교육 내용을 대표할 만한 목표가 무엇인가를 구체적으로 결정해야 한다. 물론 이 일은 가치가 있는 지식이 무엇인가를 교과 교육 전문가가 제시한 후 대략적인 수준에서 이루어지기도 한다. 그러나 구체적인 목표가 교육 내용과 관련하여 설정되는 것은 숙련 계획표 작성에서다. 이 목표들은 인지적 영역과 정의적 영역 모두를 다루며 경우에 따라서는 심동적 영역도 다룬다. 목표의 계열성은 학습되는 내용의 계열과 그것을 학습하는 데 필요한 학습활동과 관련되어 있다. 평가의 자료와 방법도 숙련 계획표에 나타낼 수 있다. 다음에 제시되는 표는 숙련 계획표의 한 예다.

이상에서 제시된 것 이외에도 기술과학적 모형은 많이 있다. 이러한 기술과학적 모형은 전통철학적 경향과 과학기술적 경향을 강조하는 교과 중심 교육과정 설계를 옹호하는 사람들에 의해 활용되는 경향이 있지만, 이것은 또한 어떤 종류의 것이든 교육과정을 개발하고 설계하는데 활용될 수 있다. 교육과정 연구자는 이러한 기술과학적 모형을 활용함으로써 교과 중심, 아동 중심, 문제 중심 등의 어떤 교육과정이든 체계적으로 개발할 수 있다.

2. 비기술적 · 비과학적 접근

어떤 접근이 체계적이고 합리적이라고 말하는 것은 그것과 다른 접근은 비체계적이고 비합리적이라는 것을 의미할 위험성을 가지고 있다. 그러나 기술 · 과학적 접근과 다른 교육과정 개발방법을 옹호하는 사람들이라고 해서 무질서를 주장하는 것은 아니다. 오히려 그들은 기술 · 과학적 접근의 핵심적 가정에 이의를 제기하고 교육과정 개발에서 그러한 접근을 사용하였을 때 나타나는 몇몇 결과에 대하여 우려를 표명한다.

기술 · 과학적 교육과정 개발은 교육과정 개발의 과정이 고도의 객관성 및 보편성, 논리성을 지니고 있다는 것을 시사한다. 이것은 실재는 상징적인 형태로 정의될 수 있고 표현될 수 있다는 가정에 기반을 두고 있다. 말하자면 지식은 그것이 창출되고 학습되는 과정과 별도로 사실 그 자체로 존재한다는 것이다. 또한 그것은 교육의 목적은 명시될 수 있고 정확히 진술될 수 있으며 직선적으로 제시될 수 있다는 것을 시사한다. 교육과정에 대한 기술 · 과학적 접근은 모더니즘의 신념, 즉 합리성 및 객관성, 확실성을 지지하는 관점을 예시한다. 어떤 의미에서 이 접근은 세계를 복잡하지만 관찰할 수 있고 조작할 수 있는 |계로 보는 것이다. 그러나 과학 · 기술적 접근을 옹호하는 사람들도 그것이 가지는 정확성과 확실성이 완벽한 것이라고 생각하지 않는다는 점에 주목할 필요가 있다. 그 체제에도 항상 '잡음' 이 있다. 즉, 그 기계에는 모호성이 있다. 우리가 예견하거나 설명하거나 통제할 수 없는 변인이 늘 존재하는 것이다.

비기술적 · 비과학적 입장에 있는 사람들은 주관적인 것, 개인적인 것, 심미적인 것, 발견적인 것, 거래적인 것을 강조한다. 그들은 생산의 산출물이 아니라 활동 중심의 교수-학습 과정에서 학습자를 강조한다. 이러한 접근을 옹호하는 사람은 교육의 모든 목표가 명시될 수 있는 것은 아니며 명시될 필요도 없다고 생각한다. 이 접근은 교육과정은 사전에 명확하게 계획되기보다는 과정 속에서 진화해 가는 것으로 생각한다.[30)]

이 접근을 옹호하는 사람들은 스스로를 포스트모던적이라고 자처할 수도 있다. 여기에서 세계는 어떤 기계가 아니라 살아 있는 유기체로 간주된다. 개인은 이 유기체를 외부에서 객관적으로 볼 수 없으며, 자신이 바라보고 있는 바로 그 현상과 밀접하게 관련되어 있다. 이와 같이 스스로를 포스트모던적이라고 생각하는 사람은 교육과정 개발이 교육과정을 개발하는 과정 속에 있는 사람이나 교육과정을 경험하는 사람과 분리될 수 없다는 것을 깨닫는다. 이러한 과정에서 탈맥락화될 수 있는 사람은 어느 누구도 없다.

이 접근을 주창하는 사람들의 공통점은 교육과정 개발의 핵심은 내용 및 교과 자체가 아니라 개인에게 있다고 보는 점이다. 개발 과정에서 잠정적으로 선택되는 교과는 학생들이 스스로 그것을 얼마나 의미 있는 것으로 받아들이는가에 따라 그 중요성이 결정된다. 교과는 비판적 지식에 대한 반성의 계기를 마련해 주며, 학생들이 역동적으로 의미를 창출하도록 하기 위한 자료를 제공한다.[31)]

교육과정 및 교육과정 개발에 대한 이러한 관점을 취하는 사람들은 학습을 인위적 계열로 정렬된 개별 부분의 합으로 보는 것이 아니라 전체적인 것으로 본다. 실제로 학습은 인지적 · 정의적 · 심동적 등과 같이 명확한 단계나 구체적 영역으로 세분될 수 있는 것이 아니다. 교사는 학생이 학교에 오기 전에 교육과정을 개발하는 개발자가 아니라 학생과 더불어 공동의 흥미와 관심을 가지는 주제에 대하여 대화를 나누는 공동 학습자다. 그리하여 많은 비기술적 모형은 교육과정은 개발되는 것이 아니라 교사와 학생이 함께 상호 작용함으로써 진화해 나가는 것이라고 본다. 이 과정에서 학생의 도전이 허용되고 학생들은 그들이 배울 내용과 상호 작용하는 것이다.

본질적으로 교육과정 개발에 대한 기술 · 과학적 관점은 합리주의(사고)와 경험주의(감각)에 상당한 근거를 두고 있다. 비기술적 · 비과학적 경향은 직관주의(감정)와 Macdonald가 '기술적 합리성' 과 대비되는 것으로 말하는 '심미적 합리성' 에 상당 부분 근거하고 있다.[32)]

교육과정을 설계하는 데에서 비기술적 · 비과학적 접근의 옹호자들은 아동 중심적 설계, 또는 그것보다는 좀 덜하지만 문제 해결 중심의 설계를 지지하는 것으로 보인다. 그러나 다음의 비기술적 · 비과학적 설계의 몇몇 예들이 보여주고자 하는 것은 이러한 접근도 여전히 유목적적인 접근으로서 체계적으로 활용될 수 있다는 점이다.

비기술적 · 비과학적 접근의 옹호자들은 교육의 모든 목적을 명시적으로 나타낼 수 있다는 가정 자체에 의문을 제기한다. 이들은 논리실증주의자들의 입장, 즉 존재하는 것이면 지각할 수 있고, 측정할 수 있다는 입장을 수용하지 않는다. 이러한 생각은 학교와 사회에 관한 견해를 제시하는 데에도 동일하게 적용된다. 즉, 비기술적 교육과정 학자들이 분석하는 모든 교육적 관심과 교과는 기술공학적 또는 행동주의 교육자들이 규정하고 있는 것과 같은 수단-목적 논리를 가지고 있지 않다.

1) 숙의 모형

앞에서 논의한 기술 모형에서 사람들은 보다 정확한 사고와 실천 유형을 따른다. 그러나 이들 모형들조차 사고와 실천의 구체적인 것을 결정하는 것은 참여자들의 선택에 맡긴다. 내용 선정 단계에서 내용이 어떤 절차를 거쳐 선정되며 그 과정에서 구체적으로 어떤 질문이 제기되는지에 대한 구체적인 지침은 없다. 숙의 모형은 교육과정 개발에서 나타나는 이러한 간격에 주목한다. McCutcheon은 숙의는 교육과정 개발에서 필수적인 과정이라는 점에 주목한다.[33)] 개인은 숙의를 통해 교육과정과 관련된 의사 결정을 하게 된다. 숙의 과정을 통하여 교육자들은 학습 및 교수 내용과 교육 자체의 각 기능과 관련된 각자의 아이디어와 가치를 드러낸다.

숙의 모형은 교육과정에 무엇이 포함되어야 하는가와 같은 실제적 문제를 추론하는 수단이다. 그것은 일직선으로 연결된 행위를 따르지 않는다는 점에서 주로 비기술적이다. 즉, 그것은 1, 2, 3으로 순서가 정해진 단계를 맹목적으로 따를 필요가 없다. Senge의 주장에 의하면 실재는 순환적이고 중복적이며 상호 작용적인 체제로 구성된다.[34)] 숙의는 실재의 이 순환성을 표방한다. 그것은 사람들이 행위와 의사 결정 사이의 상호 관계성을 고려하도록 한다. 개인은 숙의 과정을 통하여 수단과 목적이 서로 영향을 미친다는 사실을 인식하고, 숙의 대상으로서 실재를 끊임없이 수정한다. 이러한 접근을 '비기술적' 인 것으로 규정할 수 있는 이유는 직선적 사고, 원인-결과, 수단-목적의 사고를 거부한다는 데에 있다. 그러나 그것은 기술적 접근과 비기술적 접근의 절충이라고 할 수 있다. 말하자면 그것은 후 근대적 사고와 관련된 것이라고 할 수 있다. 교육과정 의사 결정과 관련하여 이 접근의 핵심적 옹호자 중의 한 사람은 Schwab이다.[35] Reid에 의하면 숙의는 교육과정 개발 활동의 '골칫거리'인 실제적 문제의 불확실성을 다루는 가장 적합한 방법이다. 숙의는 체제적 사고, 피드백과 조정, 인공두뇌학적 원리에 의존하는 것으로서, 확실히 포스트모던적인 것은 아니지만 실재를 다루는 데 필연적으로 들어 있을 수밖에 없는 불확실성에 대한 높은 차원의 인식에서 나오는 것이다.[36]

Dillon은 숙의 활동은 문제에서 제안으로, 제안에서 다시 해결로 나아간다는 사실에 주목하여 체제적 사고 속에서 숙의의 기초를 세웠다.[37] 이 과정은 모두에게 인지되는 사회적 구성체의 맥락 안에서 일어난다. 즉, 숙의에 참여하는 사람들은 그 과정에 함께 참여하는 사람들을 잘 알고 그들의 관점, 아이디어, 정책 등을 잘 파악하고 있다.

숙의를 통한 교육과정 개발은 문화적 맥락에서 이루어진다. 현재 이것은 교육과정 개발자를 위협하는 도전 중의 하나다. 의미를 구성하고 세계에 대한 의미의 적용에 영향을 미치는 관습 및 신화, 의식, 가치, 상징 등을 고려한 견고한 교육과정을 어떻게 개발할 수 있는가?[38] 이렇게 역동적이고 다문화적인 사회에서 우리는 (적절한 교육과정을 가능하게 하는) 바람직한 행위가 수행되도록 하기 위해 어떻게 숙의할 수 있는가?

교육과정 숙의는 숙의에 참여하는 각 이해 집단의 생각에 주목하여 이루어져야 한다. 그것은 각 이해 집단이 가지고 있는 정치적 의도가 파악된 상태에서 이루어져야 한다. 교육과정 숙의는 관련된 모든 이해 집단 사람들의 심리 상태에 대한 파악이 제대로 된 상태에서 이루어져야 한다. 숙의에 참여하고 있는 사람들은 어떤 유형의 지식과 어떤 유형의 지식관을 가지고 숙의에 참여하는가? 우리는 어떤 근거에 입각하여 다른 사람의 의도, 아이디어, 가치 등을 신뢰하는가? 다른 사람의 관점과 우리의 관점을 어떻게 일치시킬 수 있는가?

효과적인 숙의는 단순히 '일정한 단계를 따라 진행되는' 감정이 배제된 활동이 아니다. 물론, 거쳐야 할 단계가 제시되기는 하지만, 그것은 순서대로 따라야 할 행위의 단계들이 아니다. 각 단계를 따라 나아가되, 그것은 숙의 과정 속에서 각 단계를 둘러싼 맥락과 다른 단계와의 상호 작용을 염두에 두고 이루어져야 한다. 그것은 교육과정에 어떤 것이 포함되어야 하는가를 정확하게 결정하고 이루어지는 것이 아니다. 숙의에는 의외성이 존재하기 마련이다. 사실 이러한 의외성은 오히려 환영되어야 한다. 개인은 기상천외한 것에 대하여 열린 눈을 뜨고 보아야 한다. 이 장에 제시된 숙의 모형은 Noye가 제시한 바에 따라 6단계로 이루어진다.[39]

6단계 숙의 모형 6단계 숙의 모형은 ① 공유, ② 일치와 불일치 부각, ③ 입장 설명, ④ 입장 변화 부각, ⑤ 일치점 협의, ⑥ 특정 결정의 채택으로 이루어진다.

• *공유*: 어떤 교육과정을 개발하기 위해서는 특정 집단의 사람들이 함께 작업을 해야 한다. 이 점은 얼핏 당연하게 들리지만, 교육과정을 개발하기 위하여 정작 각 집단이 모이면 그들은 서로를 설득하려고 할 뿐 합의점에 이르지 못하는 경우가 많다. 숙의가 일종의 설득술이라고 하더라도 어떤 교육과정을 개발해야 하는가를 논의하기 이전에 참여자 간에 공유해야 할 것들이 있다.

이러한 공적 공유의 과정은 '동시성' 과 '사회적 차원' 이라는 두 가지 특징을 가지는데, 이들 특징은 모든 단계에서 실지로 일어난다. '동시성' 은 그 공유의 과정에서는 동시에 고려해야 할 다양한 문제가 존재한다는 사실을 가리킨다. 동시성은 참여한 개인이 가지는 다양한 제안을 다루는 방식이다. 이러한 공적 공유의 과정 속에서 개인은 각 이해 집단 간의 요구가 상호 충돌한다는 것을 깨닫는다. '사회적 차원' 은 공적 공유의 과정 속에서 개인이 지속적으로 상호 작용을 하는 동안, 각 집단은 처음에는 개인의 단순한 집합에서 사회적 공동체로 발전해 나가게 된다는 사실을 지칭한다. 집단이 진화하는 동안 사람은 자신들이 쟁점과 욕구를 어떻게 논의하고 다양한 견해 중에서 어떤 것에 특권을 부여할 것인지, 어떤 것을 선호할 것인지를 결정한다.

이러한 과정 속에서 각 집단은 교육과정의 성격과 목적에 관련된 다양한 가정을 명확히 한다. 모두에게 인식된 요구가 무엇인지 제시되며, 잠정적 내용과 잠정적 교수법이 소개된다. 개인은 그들이 생각하기에 교육과정을 창출하는 과제와 관련이 있다고 보이는 정보를 확인한다. 사람들은 내용의 본질에 관하여 각자의 신념을 밝히면서 의사소통을 한다. 어떤 학생이 있고, 어떤 것이 최적의 학습 환경이며, 교사의 기능은 무엇인가? 이론들이 소개되고 각자의 희망 사항과 관심이 밝혀지며 숨겨진 의견들이 겉으로 드러난다.

이 단계의 결론에서 각 집단은 내용 및 학생, 교사, 학교, 교육과정 집단이 직면하는 문제에 대한 중요한 것들을 기록해야 하며, 숙의 과정이 진행되는 동안 언제든지 그것으로 다시 돌아가 생각해 볼 수 있다. 이제 집단은 일치점과 불일치점이 부각되는 두 번째 단계를 준비한다.

• *일치와 불일치의 부각*: 공유 단계에서 그룹은 이미 이 두 번째 단계의 기초를 마련하였다. 개인은 학교 및 교육과정의 특성과 그들이 생각하기에 가르쳐야 하는 것이 무엇이며, 교사와 학생의 역할에서 가장 가치 있는 수업 접근이 어떤 것인지에 대한 일치점과 공통적 관심사, 신념, 이해 등을 확인한다. 공유점을 염두에 두면서 개인은 자신의 핵심적 신념이 그 숙의 집단에 있는 다른 사람과 조화를 이루는 지점을 확인하는 것이다.[40]

두 번째 단계에서 개인은 일치된 것만 보아서는 불완전하다는 것을 알게 된다. 이는 학교 및 교육과정, 학교 환경, 교사, 학생 등에 대하여 일치하지 않는 점도 존재하기 때문이다. 어떤 특정한 문제에 대하여 모든 사람이 그것을 문제로 인식하지는 않는다. 이러한 불일치점을 인식하면서 숙의 집단은 앞으로 갈등이 생길 수 있다는 사실 인정한다. 어떤 사람은 갈등을 집단을 와해시키는 부정적인 것으로 생각한다. 이러한 관점을 지니고 있다면 그 사람은 갈등을 피하거나 감소시키려고 할 것이다. 그러나 특정 입장에 있는 사람과 그것에 상반된 입장을 가진 사람을 구별할 필요가 있다. 가장 중요한 것은 교육과정과 그 밖의 다른 중요한 부분에 대한 상반된 관점을 반드시 모두 수용해야 한다는 느낌 없이 객관적인 관점에서 바라보는 것이다. 일단 교육 문제와 교육과정 선택에 대한 공통적 관점과 대안적 관점이 부각되면 구성원은 각자의 입장을 설명하는 세 번째 단계로 넘어간다.

• *입장 설명*: 개인이 어떤 점에서는 일치하고 어떤 점에서 불일치하는가를 밝히는 것과 각 입장을 설명하는 것은 별개의 문제다. 그러나 입장에 대하여 설명하는 것은 매우 중요하다. 입장을 설명하는 동안 사람들은 교육과정 개발의 과정이 얼마나 복잡한 일인가를 알게 된다. 여기에서 교육과정 개발에 참여한 모든 사람은 다양한 입장을 명확하게 하기 위하여 자료를 탐색하고 정리한다.[41] 이러한 탐색은 교육과정을 개발하는 실제적 측면의 한 부분이다. 왜 이것이 문제인가? 사실로 드러난 결함을 실제로 뒷받침하는 자료는 무엇인가? 실패하고 있는 학생 집단은 어떤 집단인가? 학생들에게 이러한 유형의 교육과정 처치가 과연 필요한가?

입장을 설명하는 것은 단순히 자료를 수집하는 것 이상의 것이다. 그것은 개인이 교육과정 숙의 장면에서 특정 생각 및 철학적 견해 등을 상세하게 설명하는 것이다. 실재론자는 학교의 목적, 즉 교육과정이 어떤 것이어야 하는가에 특별히 골몰한다. 마찬가지로 실존주의자들은 자료를 그들의 특정 입장에 따라 해석한다. 오늘날 사회에 대한 입장을 지니고 있는 급진적 이론가는 오늘날의 현상에 대한 그들의 견해에 따라 그들의 입장을 정당화한다.[42]

입장을 설명할 때 교육과정 숙의 집단은 서로 다른 관점을 공유하고 설명하는 것도 중요하지만 교육과정 개발을 위한 공통된 목적이 존재한다는 사실 또한 숙지하고 있어야 한다. 교육과정을 창출하기 위해서 개인은 다른 사람을 전문가로 인정하며 동료를 반대자로 생각하지 말아야 한다. 이것은 사소한 것이 아니다. 이를 위해서 교육과정 개발자는 스스로를 학자 공동체의 구성원으로 생각해야 하며, 그 집단의 지도자는 집단을 이끌 수 있는 상당한 기능을 갖출 필요가 있다. 입장을 설명한 다음, 집단은 입장 변화를 부각시키는 네 번째 단계를 준비하게 된다.

• *입장 변화의 부각*: 숙의 과정의 네 번째 단계는 입장 설명의 전 단계 활동에서 자연적으로 따라 나오는 것이다. 사람들이 동료에게 자신의 관점을 설명하는 동안 제공되는 새로운 자료는 사람들이 교육과정에 대한 특정 관점을 다시 생각해 보도록 하는 충분한 계기가 되기도 한다. 사람들은 어떤 논쟁을 통해 설득되기도 한다. 자신의 생각을 바꾸는 데 부끄러움이 없다. 숙의

과정에 참여한 모든 사람은 서로 협조하여 이상적인 교육과정의 모습에 대한 가장 최적의 결정을 내린다. 이 과정에서 자신의 생각이 바뀌면 반드시 그러한 사실을 사람들에게 알려야 한다. 입장이 바뀌었다는 것을 드러내는 것은 실제로 집단의 협동을 공고히 하는 것이다. 이러한 공유는 일치점을 협의하는 다섯 번째 단계를 준비한다.

• *일치점의 협의*: 숙의 과정의 다섯 번째 단계에서 참가자들은 해결점을 찾는다. 이 단계에서 참가자는 어떤 교육과정이 개발될 것이고 학생이 경험하게 될 주제는 무엇이며, 어떤 수업 접근이 채택될 것이고, 어떤 교육 목적이 실현될 수 있을 것인지에 대해 잠정적으로나마 결론을 내리고자 한다. 숙의는 협상은 아니지만 협상적인 특정을 다분히 가지고 있다. Reid의 말대로 숙의의 궁극적 목표는 설득에 있다는 점에서 수사학적 성격을 가진다.[43] 사람은 적절한 교육과정을 만들고 제안하며 전달하는 것을 올바르게 하기 위하여, 다른 사람을 설득하고 심지어 자기 자신을 설득하기 위하여 숙의 과정을 활용한다. 입장의 공유와 부각, 그리고 설명에서 사람은 논의의 힘과 정보의 건전성 및 신뢰성이 올바른 교육과정을 결정하는 데에 관건이 된다고 믿는다.

이 단계에서 개인은 교육적 요구에 맞는 교육과정 해결이 어떤 것인가를 알고자 한다. 교육과정 의사 결정자는 개혁적이고 창의적이고 학생의 다양한 요구에 대응하는 교육과정을 함께 다룰 필요가 있다. 이 모든 것이 한데 어우러지는 것이 곧 숙의적 교육과정 결정의 여섯 번째 단계다.

• *결정의 채택*: 이 최종적 단계에서 개인은 구체적인 교육과정 주제 및 교수법, 교육 자료, 학교 환경, 실행 방법, 평가 방법 등을 제시함으로써 교육과정의 특성과 목적에 대한 합의점에 이른다. 교육과정 숙의 집단은 숙의의 초기 단계에서 확인된 교육적 요구를 다루기 위해 무엇을 해야 하는지를 결정한다. 이 교육과정이 어떤 모습을 띠는 것인지는 교육과정 숙의 집단의 사회적 · 정치적 · 철학적 성격에 상당히 좌우된다.

숙의의 핵심적 특징은 불완전성에 있다. 이러한 특징 때문에 사람들은 이것을 비기술적 접근으로 분류한다. 숙의를 통해 교육과정을 창출하는 사람들은 숙의 및 토론, 아이디어의 공유와 문제 등이 항상 미완성으로 남게 된다는 것을 알게 된다. 교육과정 숙의가 일어나는 환경은 역동적이다. 이 상황을 전체적으로 모두 이해할 수는 없다. 이해될 수 없고, 알려지지 않는 부분은 어떤 지점, 어떤 상황에서든 존재하기 마련이다.[44]

불확실성 또한 숙의 과정에 존재한다. 첫 번째 단계에서 개인은 문제와 초점이 무엇인지 정확히 알지 못한다. Reid는 Schwab의 견해를 참조하면서 '실제적 숙의 방법은 제기되는 문제에 대한 사전 진술이 아니라 ……일의 상태가 만족스럽지 못하다는 느낌에서 생겨난다.' 고 지적하였다.[45] 문제 또는 쟁점은 실제로 숙의 과정을 통하여 사회적으로 구성된다. 교육과정 개발의 비기술적 모형이 기술적 모형과 다른 점이 여기에 있다. 숙의 집단은 숙의 과정이 가지는 불확실성, 의외성, 불안정성을 잘 인지하고 있다. 사람들은 숙의 과정 속에 들어 있는 이러한 '골칫거리'를 싫어하기보다는 그것에 의하여 오히려 활기를 가지고 새로운 아이디어와 접근 방법을 사용하여 '당위적인' 교육과정을 드러내고자 한다.

대화적 접근 다양한 학교교육 수준에 있는 교육자들이 교육과정을 어떻게 인식하고 있느냐는 그들이 교육과정을 어떻게 창출하는가에 영향을 미친다. 교육과정을 어떤 결과물이나 계획으로 생각하고 있는 사람들은 대개 교육과정 창출이나 개발을 맥락에서 다소 동떨어진 상황에서 진행되는 일련의 합리적 과정으로 본다. 이와 달리 비기술적인 입장을 가진 사람들은 교육과정을 드라마나 대화로 본다. 그들은 어떤 대화를 개발하는 것이 아니라 대화를 위한 기회를 창출하고자 한다. Applebee의 지적에 따르면 교육과정 계획(개발 또는 창출)에서 가장 중요한 것은 대화적 장을 창출하고 그 장에서 적절한 대화가 일어날 수 있도록 하는 방법을 제시하는 데 있다.[46]

만약 우리가 교육과정이 특정 유형의 대화라는 점을 받아들인다면, 그것은 '지적 대화'를 창출하는 데 다소 정형화된 것이지만 융통성이 있는 대화 방식을 활용한다는 의미로 파악할 수 있다. 교육과정 개발을 대화의 활동으로 보는 것은 거기에 참여한 사람들이 교육과정 개발은 본질적으로 도덕적이고 정치적인 측면을 지닌 사회적 활동이라는 사실을 인식하게 한다.[47] 이러한 생각은 기술적 접근에서 무시되는 개념에 초점을 맞춘다. 대화적 모형에서 중요한 개념은 이데올로기 및 신념, 가치, 권한, 권력, 합의 등이다. 참가자는 다양한 영역에서 교육이 일어나도록 하기 위해서는 다양한 대화가 필요하다는 것을 알게 된다. 앎과 행위, 관계, 대화의 새로운 방식이 존재한다. 대화를 통해 교육과정을 창출하는 것은 절차나 특수한 도구 및 단계에 덜 의존하며, '진지한 대화와 논쟁의 밀물 썰물'[48] 속에서 화제가 도출되는 데에 더 관심을 가진다. 그렇다고 그것이 아무런 지침을 가지지 않는다는 것은 아니다. 이러한 지침은 엄밀하게 따라야 할 단계가 아니라 교육과정 대화가 이루어지는 단계(또는 국면, 시기)를 나타낸다.

대화적 접근의 다음 단계는 Hunkins가 개발한 질문 전략에서 번안된 것이다. 이것은 질문들이 대화를 구성하는 필수적 구성 요소인 것으로 이해된다. 교육과정 창출의 각 단계는 ① 자유연상, ② 흥미의 군집화, ③ 질문 또는 교육과정 핵심 형성, ④ 질문 또는 교육과정 핵심 계열화, ⑤ 핵심을 위한 맥락의 구성이다.[49]

• *자유연상*: 일반적으로 사람은 교육과정은 무엇인가에 대한 고정된 생각을 가지고 교육과정 대화에 참여하는 경우가 많다. 그들은 과학 및 수학, 인문학 등의 전통적 지식의 구분을 지지한다. 지식에 대한 전통적 규정에서 많은 것을 이끌어 낼 수 있지만, 때에 따라서는 무엇을 가르치고 배울 것인가의 문제에 대하여 다소 열린 마음을 가질 필요가 있다. 교육과정을 책임지고

있는 사람들은 마음을 활짝 열고 손 안에 닿는 어떤 정보든 의미 있게 받아들여야 한다. 이것은 다양한 지식 영역 간의 연결과 협력의 가능성을 탐구하는 일종의 인지 탐색 혹은 다양한 주제에 관한 자유연상 방법을 가리킨다.[50] 이 단계에서는 어떤 아이디어나 주제에 대하여 어떤 고정된 판단도 이루어지지 않는다. 이상적으로 이 단계에서 개인은 면, 군, 시, 국가 단위 등 다양한 수준의 사회적 맥락을 넘나들어야 하기 때문에 세계 수준까지 인식을 확장시켜야 한다.

• *흥미의 군집화*: 사람은 함께 대화하다 보면 전에는 드러나지 않았던 흥미나 관심, 희망, 바람, 선호 등이 튀어나온다는 것을 느끼게 된다. 여기서 흥미란 대화자가 무엇을 잠재적으로 중요하게 생각하는지, 그것이 교육과정에서 왜 중요하며 그러한 의견을 누가 공유하게 될 것인지 등과 관련된다. 자신과 다른 사람의 말을 듣는 동안 사람은 곧 이러한 흥미의 유형을 파악하게 된다. 이것을 대화와 연결할 수 있다. 다양한 흥미는 더 큰 흥미 속에 포섭된다.

• *질문 또는 교육과정 핵심 형성*: 이 세 번째 단계에서 참가자들은 명확하게 드러난 흥미 혹은 흥미군에 대하여 성찰하고 자신과 동료에게 다음과 같은 질문을 던진다.

'나 자신이나 다른 사람은 이러한 흥미에 대하여 무엇을 알고자 하는가?' '우리는 이러한 흥미나 주제에 대하여 무엇을 알아야 하는가?' '정보를 자유자재로 활용하기 위하여 개인이 제기해야 할 중요한 질문은 무엇인가?' '문화적으로 중요한 대화에 개인을 참여할 수 있도록 하기 위해 어떤 질문이 제기되어야 하는가?' '현재의 문화를 영위하고 더 발전시키기 위하여 어떤 중요한 대화가 이루어져야 하는가?'

• *질문 또는 교육과정 핵심 계열화*: 중요한 교육과정 핵심을 결정하고 관련된 질문에 답한 다음, 학생들이 그러한 대화에 참여하도록 하기 위해서 주제를 어떻게 적절히 배열할 것인가를 결정한다. 교육과정 핵심을 다룰 때 사용될 방법으로 제안된 것이 있는가? 이 단계에서 참가자는 학생들이 대화에 참여하게 될 때 전개될 교육과정을 어떻게 배열할 것인가를 생각한다.

• *핵심을 위한 맥락 구성*: 대화는 진공상태에서 일어나지 않는다. 이러한 대화적 접근에 따라 창출된 교육과정은 사회적 · 교육적 맥락과 분리되어서는 안 된다. 대화하는 동안 사람은 교육과정에 살을 덧붙이기도 한다. 참가자는 특정 자료에 관한 대화에 학생을 참여시키는 데에 필요한 환경의 유형을 염두에 두어야 한다. 교육과정이 활성화되는 데에 필요한 교수법 및 교육 자료도 염두에 둔다. '선수들', 즉 대화자가 교육적 공간을 만든다. 교육과정과 관련해서 이러한 대화를 해 온 사람은 학생이 무엇을 학습하고 무엇을 알아야 하며 어떻게 행동해야 하는지에 대한 견해를 지니게 된다. 나아가 그들이 어떻게, 무엇을 생각해야 하는지에 대해서도 견해를 가진다.

2) 후기실증주의적-포스트모던적 모형

오늘날 일부 교육과정 학자들은 Isaac Newton 시대 이후 수용되어 온 사고의 패러다임에 직접적으로 이의를 제기하고 있다. 이 새로운 사고는 교육과정 구성에 대한 우리의 행위를 기술적 접근에서 비기술적 접근으로 전환하는 것 이상의 것을 요구한다. 이들 교육과정 학자들은 교육과정 책임자들이 교육과정 창출에 대한 숙의적 접근 및 대화적 접근에서 제안된 것보다 더 나아갈 것을 주장한다. 그들은 '잘 만들어진 형태'를 따르는 것, 즉 사전에 설정된 규칙을 따르는 절차에서 벗어날 것을 강력히 주장한다. 또한 교육과정 개발 활동은 사전에 정해진 판단에 따라 결정될 수 없다고 주장한다.[51] 이는 낡은 기준은 새로운 교육과정을 사정하는 데 더 이상 채택될 수 없다는 것이다.

Newton 이래로 학자들은 세계를 잘 돌아가는 기계 정도로 인식해 왔다. 그들은 적어도 이론적으로 세계는 어떤 수준의 것이든 기본적인 법칙에 의하여 지배된다고 믿었다. 세계에 대한 이러한 믿음에서 우리는 질서와 확실성을 발견할 수 있다. Donald Schon에 의하면 이 기계적 합리성, 즉 세계를 방관자의 입장에서 객관적으로 연구하고 다룰 수 있는 기계적 관점은 주어진 상황에서 무엇이 일어나고 있는가를 상당한 정도의 확실성을 가지고 정확하게 맞출 수 있다는 것을 의미한다. 여기에 들어 있는 둘째 가정은 확실성에 대한 가정이 주어지면 사람들은 원인과 결과에 입각하여 해당 현상을 이해할 수 있다는 것이다. 셋째로 그것은 실재의 확실성을 검증해 볼 자료를 입수하는 수단을 만들어 낼 수 있다는 것을 의미한다. 마지막으로 그러한 실험과 연구 결과는 그 결과가 다른 상황에 일반화될 수 있을 정도로 평가될 수 있는 것이다.[52]

이러한 가정은 교육과정 개발에 대한 기술·과학적 접근을 뒷받침한다. 그렇지만 1990년대에 이들 가정은 많은 사회과학자에 의해 도전을 받는다. 그리고 이 도전은 오늘날에도 이어지고 있다. 이들 중 후기실증주의자로 알려져 있는 몇몇 사람들은 Newton이 도입한 실증주의적 사고방식에 문제를 제기한다. 이와 달리 포스트모던적 사고방식의 소유자로 분류되는 사람들은 모던적 사고방식의 출발점을 Newton으로 생각한다. 이름을 무엇으로 부르든 간에 많은 사람이 다양한 학문적 입장을 기반으로 하여 보다 역동적인 교육과정 개발 방법을 창출하고 그에 입각하여 보다 역동적인 교육과정을 개발할 것을 주장하고 있다.

교육자로서 우리는 모든 의미를 알 수 있고, 모든 지식을 명확한 명제로 표현할 수 있다는 생각 자체에 의문을 품어야 한다.[53] 교육과정과 교육과정 개발은 불확실한 체제와 그것을 다루는 불확실한 절차로 이루어져 있다. Elliott Eisner는 교육과정 개발은 교육에 대한 이미지와 열망을 프로그램으로 바꾸는 과정이라고 말한다. 그가 이미지와 열망이라는 단어를 사용한 것은 교육과정 개발의 조건은 어떤 차원에서든 교육과정 개발자에게 명확하게 나타나는 것이 아니라고 믿기 때문이다.[54] Eisner에 의하면 누구나 따라야 할 교육과정 개발 공식을 처방하는 것은 어느 누구에게든 불가능한 일이다.

포스트모던적 관점은 교육과정 개발자들이 과정에 대한 개방적 태도, 의외성에 대한 열린 눈, 체제와 개인의 상호 작용을 촉진하는 자발성 등을 가지도록 한다. 이러한 관점은 질서를 위한 무질서를 허용한다. 마찬가지로 그것은 실재를 구성하는 지식과 인식의 특별한 방법으로서 예술성을 제시한다. 예술성은 기술적 합리성의 적용 때문에 생긴 빈 공간을 채운다.[55] 종료 지점은 종료로서가 아니라 시작으로서 인식된다. 이것은 Dewey에 의해 옹호되었다. 종료 지점을 종료로서가 아니라 시작으로서 인식하는 것은 존재와 생성, 그리고 영속성과 변화 간의 관계를 검증하는 데 필수적인 것이다.[56]

교육과정과 교육과정 개발에 대한 기술적 접근을 적용하는 데에서도 전통주의자는 존재와 영속성을 주장한다. 교육과정에 대한 포스트모던적 접근을 지지하는 사람은 실제 교육과정 계획 과정도 그 자체의 일정한 법칙을 가진다고 믿는다. 종료 지점은 새로운 시작으로 전환되고, 그 과정에서 사람은 변화된다. 즉, 역동성과 혼란이 드러남으로써 학생, 교사, 심지어 자료조차 변한다. 이러한 교육과정에서 학습의 종료 지점은 합의나 일치가 없다. 오히려 그것은 학생이 불안정성을 추구하도록 하기 위한 것이다. 학생들은 그들에게 익숙한 아이디어나 정보를 제공받기보다는 스스로 틀을 찾고 새로운 이해를 생성하는 데 필요한 내용과 상황에 직면하게 될 것이다. 본질적으로 이러한 관점에서 설계되는 교육과정의 목적은 학생들이 특정 이해에 도달하게 하는 것이 아니라, 그들이 끊임없이 이해를 새롭게 하고 끊임없이 할 일이 있다는 것을 인식시키는 데 있다.[57] 이러한 활동의 동인은 외부에서 부과된 과정이 아니라 상당 부분 활동 그 자체에서 나온다.

포스트모던주의자들이나 후기실증주의자들에 의하면 교육과정 참가자들은 교육과정을 계획하거나 개정할 때 자기 자신과 다른 사람과의 비판적 대화에 참여한다. 이러한 상호 과정의 본질적 특성은 불확실성이다. Slattery가 지적하고 있듯이 실제로 포스트모던주의는 교육자들에게 교육과정 활동을 미학, 직관, 절충주의, 신비 등의 관점에서 볼 것을 권한다.[58] 이러한 관점으로 교육과정 활동을 보는 것은 포스트모던적 교육과정뿐만 아니라 교육과정 개발에 대한 포스트모던적 접근을 보편적으로 받아들일 수 있을 정도로 정확하게 표현할 수 없다는 것을 의미한다.

이러한 불확실성을 인식하면서 교육과정 계획자들은 새로운 아이디어 및 의외성, 예상하지 못했던 사건에 의해 새로운 방향으로 바뀌는 것 등에 대하여 열린 마음을 가진다. 균형을 이루어 고요한 상태에 있을 때조차 그들은 무질서하거나 혼란스러운 방식으로 활동한다. 이러한 사고방식을 수용하는 교육과정 계획자는 교육과정을 '박스에 담겨' 있거나 사전에 미리 계획된 것으로 생각하지 않는다. 그들은 교육과정의 의미는 개인 간의 상호 작용 속에서 생긴다고 생각한다. 의미는 상호 분리되어 존재하지 않는다. 의미는 지식과 사람들, 그리고 사회 정치적 실재들 사이에서, 또 그 속의 상호 관계에 대한 적절한 자각에서 생긴다.

요컨대, 교육과정 개발자나 계획자는 교육 상황의 역동성을 보아야 한다. 상황은 불안정하며 역동적이다. 그 체제에서 교사 및 학생, 학부모를 포함한 선수들은 정적 유형으로 정형화되지 않는다. 학교가 존재하는 사회는 변화한다. 교육학적 지식의 수준도 변화하고 있다. 이러한 지식은 개인 및 그들의 학습 특성에 대한 이해뿐만 아니라 교수에도 영향을 미치며, 매우 유동적인 상태에 있다. 일반적으로 체제는 어떤 정해진 유형으로 진화하지 않는다. 또한 개인과 상황이 다양하기 때문에 교육과정의 내용과 경험을 배열하는 방법으로 단 하나만 있는 것이 아니다. 실제로 계획자들은 교육과정과 관련된 일들이 불규칙적이고 상황이 변화함에 따라 달라지는 것을 있는 그대로 받아들인다. 그러나 일단 계획이 실행되면 거기에는 불가역성이 존재한다. 즉, 학생은 어떤 것을 몰랐던 이전의 시간으로 결코 되돌아갈 수 없다. 그들은 이전의 어린이로 돌아갈 수는 없다. 그 결과는 처방적이거나 수렴적인 것이 아니며 종료를 의미하지도 않는다. 그것은 새로운, 새롭게 진화하는 시작이다. 결국 우리는 그것을 '산일적 구조(dissipative structures)'로 부를 수 있다.[59]

후기실증주의자나 포스트모던주의적 모형에 관한 이 절을 마무리하는 시점에서 우리는 어떤 것이든 일종의 모형을 제시해야 할 것 같은 느낌이 든다. 포스트모던주의자들은 어떤 활동에 관한 거대 담론적 접근을 거부한다. 그리하여 우리가 교육과정 개발에 대한 모형을 제시한다면, 그것은 단지 한순간의 찰나에 존재할 뿐 상황의 역동성에 따라 곧바로 변화된다. 어쩌면 그것은 찰나의 작은 파편으로 존재하는 소미립자 같은 것이다.

포스트모던적인 것을 고수할 것을 주장하는 사람들도 교육과정이 실제로 어떻게 창출되는지를 주목할 것을 강조한다. 달리 말하여, 그들은 포스트모던적 교육과정 개발이 무엇에 초점을 두며 무엇을 지원하는가를 강조한다. 물론, 이러한 것을 어떻게 할지에 관한 상세한 지침은 존재하지 않는다. 설사 그 상세한 지침이 제시된다고 해도 그것은 곧바로 해체되고 사회적 맥락에서 출몰하는 변화에 맞추어 재구성된다.

교육과정 개발에 대한 이러한 접근은 교육과정 개발자들에게 그 과정을 공동체적 관점에서 접근할 것을 요청한다. 교육과정 개발은 사회적인 것이다. 교육과정 개발만 그런 것이 아니고 모든 인간 행위가 사회적인 것이며, 모던주의자들이 수행하는 행위조차도 사회적인 것이다. 포스트모던적 행위는 끊임없이 재해석되고 수정되는 것이다. 모던적 접근이라고 할 수 있는 체제 접근이나 숙의적 접근의 '피드백 및 조정'의 측면에 대해서도 이와 동일한 말을 할 수 있다. 포스트모던적 교육과정 개발은 또한 개인 간 또는 집단 간의 상호 작용을 존중한다.[60] 이것은 집단의 역동성을 중요하게 생각하는 숙의적 접근과 관련이 있으며 심지어 기술적 접근과도 관련이 있다.

단 한순간 존재하고 금방 사라질 것을 종이에

기록해 두는 것과 같은 이러한 딜레마에서 빠져나가는 길은 아마도 포스트모던적 교육과정 개발 모형은 그 개발 과정에 참여하는 개인들 수만큼 다양하게 존재한다고 말한다. 하나의 특정 모형을 가지는 것보다 오히려 교육과정 개발에 대한 이러한 접근은 참가자들에게 끊임없는 성찰을 요구하는 태도로 나타난다. 그러한 주장이 성립될 수 있다고 한다면, 그것은 오류(誤謬, paralogy)를 믿는 접근 방법이다. 즉, 그것은 우리가 의미를 구성할 수 있는 기본적 틀을 추구하기 위해 불안정성을 탐색하는 것이고 그러한 의미는 본질적으로 실재(實在, reality)가 아니라 우리가 진실이라고 믿는 어떤 허상이라는 것을 깨닫는 것이다.[61]

각 집단은 교육과정을 개발하는 데에서 다양한 유형의 틀을 사용한다. 그러나 그러한 유형은 표준적인 형태로 제시되지 않는다. 시간이 지남에 따라 어떤 유형이 지배적인 유형으로 나타나기는 하지만 그 또한 어떤 예기치 못한 시간의 간격 속에서 변화될 수밖에 없는 것이다.

아마도 독자들에게 줄 수 있는 가장 적절한 조언은 그러한 비모형적인 것에 대한 불신을 잠시 보류하고 그것을 시도하려고 노력해 보라는 것이다. 동료 교사, 교육과정 관계자와 함께 모여 대화를 시작하라. 그리고 어떤 일이 일어나는지를 살펴보라. 잠시 동안 자신을 불확실성 주위에서 머물게 하라. 그러면 어떤 관점이 드러나는 것을 보기 시작할 것이다. 그리고 숙의 과정과 같이 공유하는 것이 있을 것이다. 어떤 요구가 존재하고 어떤 지식이 학습되어야 할지에 대한 제안이 보일 것이다. 인간은 본래 그들의 환경을 스스로 조직하고 우선 사항을 결정하며, 주제와 그에 대한 접근 방식을 계획한다. 포스트모던적 접근 방법은 우리에게 교육과정 개발에 관하여 창의적이며 돌발적일 것을 허락한다. 거기에는 어떤 형태의 위안도 없다.[62] 행위를 지시하는 사전 절차도 없다. 그럼에도 불구하고 우리는 인간이 마음껏 창의적일 수 있을 때 비로소 존재를 깨달을 수 있다는 사실에서 위안을 느낄 수 있다.

〈표 7-2〉는 앞에서 다룬 교육과정 개발에 관한 기술적 접근과 더불어 이 절에서 다룬 비기술적 접근을 개관하고 있다.

3. 교육과정 개발에서 고려되는 구성 요소

교육과정 학자들은 '학습 목적에 무엇을 담을 것인가?' 하는 질문을 다룬다. 이것은 그렇게 간단한 문제가 아니다. 본질적으로 그것은 학생들은 다양한 지방 및 주, 국가, 세계 문화를 성공적으로 배우기 위해서 어떤 지식을 알아야 하는가를 다루는 것이다. 학습을 하는 데 어떤 교과목이 중요한가? 성공적인 국가 및 세계 시민이 되기 위해 필수적으로 알아야 하는 것은 무엇인가? 학생의 흥미와 요구를 가장 잘 제시하는 내용은 무엇인가? 이들 질문에 대한 답으로서 교육과정에 어떤 것을 담아야 하고 어떤 것을 배제해야 하는가를 결정한다.[63] 우리는 세상의 모든 지식

〈표 7-2〉 교육과정 개발 접근 방법 개관

접 근	주요 가정	교육과정 관점	주요 모형
기술 · 과학적 접근	• 주요 단계들이 밝혀지고 관리될 수 있다.	• 선정되고 조직될 수 있는 지식의 구성 요소	• Bobbitt, Charters: 교육과정 활동 • Tyler: 네 가지 기본 원리
	• 교육과정 개발은 상당한 정도의 객관성 및 논리성을 지니고 있다.	• 부분들의 개설	• Taba: 풀뿌리 합리성
	• 교육과정 개발은 핵심적 결정 지점을 가지고 있고 합리적이다. 최근의 인지이론을 끌어들인다.	• 교육과정은 내용과 경험의 조직과 전달이다. • 교육과정은 학생과 교사에 대한 특유의 인지적 경향을 끌어들인다.	• Hunkins: 의사결정 모형 • Lakoff와 Nunez: 인지사고 모형
	• 교육과정 개발은 핵심적 활동을 결정하는 것 및 과제 분석을 포함한다. 그리고 교육과정 핵심 요점을 주요 종료 지점에서 출발점까지 분리한다.	• 교육과정은 계획된 내용과 경험의 전달이다.	• Wiggins, McTighe: 역행 설계 모형
	• 교육과정은 개별적 부분과 과제들로 해체될 수 있다.	• 교육과정은 학생들이 개별적이고 유의미한 과제를 수행하도록 한다.	• Jonassen, Tessmer, Hannum: 과제 분석 접근
비기술적 · 비과학적 접근	• 교육과정 개발은 주관적이고 개인적, 심미적, 상호 작용적인 것이다.	• 질적 활동으로서 교육과정	
	• 교육과정은 '전문화된 대화'다.	• 대화 과정으로서의 교육과정	• 숙의 모형: 대화적 접근
	• 교육과정 개발은 많은 불확실성으로 가득 찬 역동적 과정이다.	• 교육과정은 인간이 상호 작용하는 의외적 현상이다. 그리고 그것은 역동적이고 불확실한 체제다.	• 후기실증주의 모형

을 교육과정에 모두 담을 수 없다는 것을 안다. 우리가 결정해야 하는 것은 학생들이 다양한 문화 속에서 살아가는 데에 어떤 지식, 내용이 필수적인가 하는 문제다. Bruner의 주장에 따르면 교육은 하나의 섬이 아니라 문화라는 대륙의 부분이다.[64] 교육과정은 그 문화라는 대륙을 반영해야 하고 반영할 필요가 있다. 교육과정 내용은 문화라는 대륙에 '봉사할' 필요가 있다. 그것은 학생이 다양한 문화 속에서 다양한 역할을 성공적으로 수행하는 데에 도움이 되는 것이어야 한다. 교육 내용을 문화의 매개체로 보는 것은 다문화 사회인 미국에서는 매우 어려운 과제다. 어떤 교육 비평가들은 미국은 결코 하나의 공통된 문화를 가진 적이 없으며 공통된 문화에 대한 믿음은 자유주의적 신화에 지나지 않는다고 지적한다.[65] 그러나 학교는 사람이 성공적이고 인간적으로 상호 작용할 수 있는 어떤 공통적 시민 문화에 대한 견해를 기반으로 하여 성립될 수 있

다. 미국의 경우 교육 내용은 학생이 미국인과 세계 시민이라는 역할을 모두 잘 수행하는 데에 도움이 되는 것으로 선정된다. 사람을 문화적 하위 집단으로 소외시키는 내용은 학교교육 내용으로 선정되어서는 안 된다.

교육과정 학자는 일단 교육 내용과 관련된 다양한 질문에 답을 한 이후에 그 내용을 학생들에게 가르치고 경험하게 하기 위하여 어떻게 제시하고 배열할 것인가를 다루어야 한다. 바꾸어 말하자면, 교육과정 학자는 처음에는 지식과 내용을 구체적으로 다루고, 다음에는 교수 및 학습 경험을 다룬다. 그들의 철학적 배경이나 이데올로기와는 관계없이 그들은 이 두 가지 요소를 무시해서는 안 된다.

1) 교육과정의 내용

모든 교육과정은 그것이 어떤 모형에 의하여 설계되거나 개발되었든 간에 모종의 내용을 가지고 있다. 개인이 내용을 어떻게 보느냐는 그들의 지식과 실재에 관한 견해, 즉 자기 자신의 철학적 배경에 영향을 받는다. 전통적인 철학을 신뢰하는 사람은 자신의 감각을 이용하여 지식을 '발견한다'. 또한 그들에게 지식은 '객관적인' 것이며 측정 가능하기 때문에 평가될 수 있다.

이러한 입장에 있는 사람들은 대부분 지식과 내용이 구조화된 학문에서 나온다고 생각한다. 이 장에서는 학문의 특성에 대해 더 말하고자 한다. 그렇지만 이러한 사람에 의하면 발견·발명되고 이해되어 온 모든 지식은 학문이라는 유용한 조직에 의하여 배열될 수 있다. 이 학문들은 그들에게 독특한 내용을 지니고 있으며 각 학문에 특성을 부여한다.[66]

진보주의자의 입장에서 세계를 보는 사람은 다른 사람들 및 환경과의 관계에 따라 지식을 '창출'한다. 오늘날 이 철학적 입장을 수용하는 사람들은 구성주의 옹호자들이다. 이들은 의미를 구성하는 데에 학습자가 진지하게 참여해야 한다고 주장한다. 지식은 간단하게 무엇인가를 그들에게 말로 할 수 있는 것이 아니다. 그들은 어떤 것에 대해 스스로 감각을 구성해야 한다. 학생의 경험이 가지는 의미와 진리는 그들이 행위하고 있는 상황과의 관계에 근거한다. 이러한 진보주의적 입장을 지니고 있는 사람들은 지식을 개인적 경험으로 생각한다. 지식은 각자의 개인적 경험에서 나온다. 그리고 지식은 인간의 상호 작용의 결과 생겨나는 어떤 유동적 성과다.[67]

낭만주의적 입장에 있는 일부 사람들은 지식과 내용을 실존주의적 또는 현상학적 인식론의 관점에서 본다. 이들 개인에게 지식과 실재는 그 자체의 즉시적인 내적 경험을 나타낸다. 이러한 관점에서 지식과 진리는 자각 또는 자기 통찰이다. 이런 형태의 진리는 한 인간이 다른 인간 존재를 이해하려고 할 때 자아를 초월하여 확대된다. 이와 같은 형태의 진리와 이해는 개인마다 독특한 특성을 지니고 있다. 지식에 대한 이러한 독특한 이해, 결과적으로 내용은 개인에게 무엇이 '실제적'이고 유의미한 것인가를 담고 있다.[68] 이러한 관점에서 학생은 어떤 것을 알고 사용하는 것이 중요한가에 대한 최종적인 판단자다.

포스트모던주의의 보다 개방된 경계선상에 있는 사람은 지식을 역동적이고 발전적인 것으로 본다. 그것은 고정되어 있지 않고 임상적 혹은 독립된 환경에서 관찰되고 다룰 수 있는 무엇이 아니다. 어떤 개인은 자신이 연구하고 있는 바로 그 지식 구조의 한 부분을 차지한다. 우리는 지식을 객관적으로 관찰하는 것이 아니라 실제로 그것을 만드는 과정에 참여한다. 지식은 학습자에게 영향을 미치는 한 과정이며, 그것은 또한 학습자에 의해 영향을 받는다. 지식은 인식되고 또 발명된 실재를 구조화하고 재구성하는 것에서 나온다. 지식은 인간이 스스로 발견한 환경에서 생기는 그것이다.[69)]

내용의 개념 교육과정 계획을 책임지고 있는 집단은 교육 내용의 선택권을 가진다. 이것은 그들의 철학적 관점의 영향을 받는다. 실제로 그들은 선택해야 할 내용을 너무 많이 가지고 있다. 교육과정에 포함시켜야 할 내용이 너무 많은 것이다. 그들은 이용 가능한 것이 무엇인지를 이해하고, 교육과정 설계나 개발 모형이 무엇이든 학생들이 가장 잘 학습할 수 있도록 하는 것이 어떤 것인지를 선택해야 한다. 교육과정 학자가 교육과정 내용을 어떻게 정의하고 그것이 무엇으로 이루어져 있는가를 생각해 본다면 아마도 이러한 과제는 보다 쉽게 이루어질 것이다.

어떤 교육자는 내용보다 과정을 배우는 것이 더 중요하다고 주장한다. 이와 같은 말은 학교 교육과정에서 내용과 과정이 똑같이 강조되어야 하는데도 양자를 이원적으로 분리한다. 사실상 과정이란 방법과 절차와 관련되는 일종의 전문적 내용을 가리키는 말이다. 이것을 사실, 개념, 일반화와 관련되는 서술적 지식과 대비하여 절차적 지식이라고 부른다. Parker와 Rubin에 의하면 과정은 '지식과 인간 활동에 관련되는 무작위적 또는 작위적 조작'을 가리킨다. 다양한 과정들은 지식의 의사소통과 활용뿐만 아니라 지식의 창출에도 기여한다.[70)]

과정을 강조하는 것은 학생의 지식 습득의 가치를 반감시키는 것이 아니라 학생의 능동적인 학습 참여의 필요성을 역설하는 것이다. 더 나아가 과정에 대한 강조는 학생에게 단순한 지식 획득을 넘어서야 한다는 것을 시사한다. 지식을 평가하고 이해하고자 한다면 지식을 활용할 줄도 알아야 한다.

내용은 교육 목표를 위해 학습해야 할 단순한 정보 이상의 것이다. 그것은 학습자의 관심과 관련되어 있는 정보여야 하며, 학습자가 유용한 정보를 발견하고 의미의 깊이를 더할 수 있도록 조직되어야 한다. 내용을 선정할 때 교육과정 계획자는 학생 개개인의 인지적 · 사회적 · 심리적 차원을 다룰 잠정적 내용을 고려해야 한다.

어떤 교육과정 학자는 내용은 실제로 지식의 다른 용어라고 결론짓는다. 내용(교과)은 학문적 지식과 유사한 사실, 개념, 일반화, 원리, 이론의 대요다. 나아가 학교교육의 내용은 정보 처리의 방법을 포함하고 있다. 그러나 화학과 같은 학문적 지식이든, 환경 교육과정과 같은 비학문적 지식이든, 지식이란 지금까지 알려지지 않은 미지의 영역에 대한 이해와 탐구를 촉진하는 것

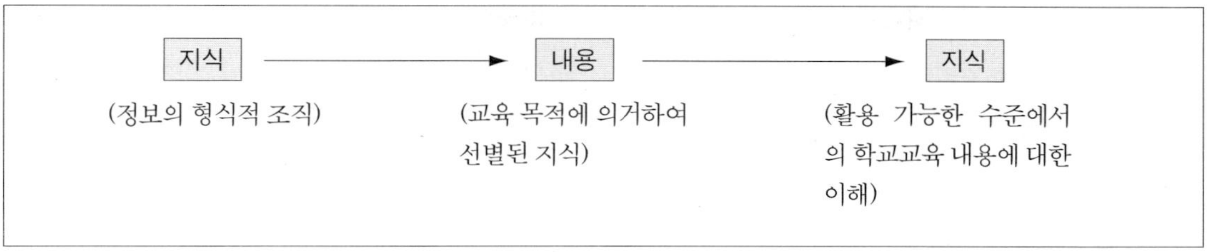

[그림 7-5] 세계 지식 대 학교 지식

과 관련되어 있다. 대조적으로 학교 교과에 배열되어 있는 내용과 과정은 학생에게 지식의 영역을 향상시킬 수 있는 기회를 제공하는 것이 아니라 학교 밖의 학자와 실천가에게는 알려져 있지만 학생에게는 새로운 것인 지식을 발견할 기회를 제공하는 것이다. 따라서 학교교육 내용은 목적으로서의 지식과 구별된다. [그림 7-5]는 이러한 특징을 밝히고 있다.

내용 조직 그림에서 앞에 있는 '지식'은 이해를 높이기 위해 학자들이 조직한 모든 정보를 말한다. 이와 같은 지식은 다양한 지식 이론에 따라 조직되는 것이다. Paul Hirst는 지식은 전문화된 관계 속에서 독특한 개념의 유형으로 형성된 구체적인 영역으로 조직된다는 '지식의 형식' 이론을 주장하였다. 예컨대, 그는 수학은 수, 정수, 행렬에 관한 독특한 범주적 개념을 가지고 있다고 말한다. 물리학은 물질과 에너지에 관한 독특한 개념을 지니고 있다. 이들 개념은 전문화된 연결망으로 조직되며, 그 연결망 속에서 개념 간의 관계는 거기서 나오는 특정 유형의 의미에 영향을 미친다. 이러한 전문화된 지식의 조직은 각 교과 영역에서 학습자가 사용하는 학습 과정이나 평가 유형의 다양한 차이에 의거하여 구분할 수 있다.[71]

지식을 실지로 어떻게 조직할 것인가는 학자의 철학적 견해에 달려 있는 문제다. 교과 중심의 설계를 선호하는 교육과정 계획자들은 Hirst의 주장에 대해 전부는 아니지만 대부분을 수용할 것이다. 그렇지만 학습자 중심 교육과정 설계를 수용하는 사람들은 학교 교육과정은 객관적 지식보다 개인적 지식을 중심으로 조직되어야 한다고 생각할 것이다. Hirst와 같은 사람은 대부분 지식을 외부 세계에서 발견되기를 기다리는 실재하는 사물 간의 관계로 본다. 그러나 학습자 중심의 설계를 선호하는 사람은 지식을 개인의 사적 · 사회적 세계 및 실재를 규정하는 방식과 관련이 있는 것으로 본다.

교육과정 설계자의 가장 바람직한 태도는 지식과 그 조직과 관련해서는 다양한 견해가 존재한다는 것을 인정하는 것이다. 우리가 발견하고 창출한 지식은 절대적인 지식의 관점에서 생각할 수 없다는 Bruner의 말을 기억하는 것이 현명한 일이다. 말하자면 '지식은 경험의 규칙성에 의미와 구조를 부여하기 위하여 우리가 구성하는 하나의 모형이다.' 지식의 조직 방식이라는 것은 경험을 '경제적이고 상호 관련된 것으로 파악하기 위하여 우리가 만들어 낸 것이다. 우리는 이해를 위한 수단으로서 물리학에서는 힘, 심리학에서는 동기, …… 문학에서는 스타일과 같은 개념을 창출한다.' [72]

교육과정의 내용을 배열하는 문제와 관련하여 프로그램 계획자들은 철학적 · 논리적, 심리적, 정치적, 실제적인 것과 같은 여러 가지 조직자를 가지고 있다. 처음의 두 조직자(철학적 · 논리적, 심리적)는 교육과정 결정자에 의하여 한동안 사용되어 왔다. 그러나 19세기 후반부터 지금에 이르기까지는 정치적 · 실제적 조직자가 중요하게 다루어지고 있다.[73] 논리적 조직을 따르는 데에서 교육과정 결정자는 어떤 규칙과 개념에 따라 내용을 조직한다. 예컨대, 경제학 분야에서 공급과 수요의 개념은 중요한 조직자다. 이들 개념이 없이는 자본과 노동 혹은 시장에 관한 개념을 분류할 수 없다. 이러한 방식으로 경제학의 내용을 배열하는 것은 의미가 있지만, 이것은 개인이 경제학을 배울 때 실제로 따르는 방식은 아니다.

이러한 과정을 상세하게 설명하기 위해 교육과정 학자는 심리적 조직을 고려한다. 즉, 학생이 어떻게 학습하고 정보를 처리하는가? 다소 단도직입적인 질문이기는 하지만 이 질문에 대해 내용의 조직과 제시 수단을 안내하기 위한 심리학적 원리는 다양한 관점에서 제시된다. 행동주의자들은 내용에 대한 정확한 반응이 강화되도록 하기 위해 내용은 선택되고 조직되어야 한다고 생각한다. 인지심리학자는 학생은 내용을 분석하고 결론을 구성하도록 하는 내용을 가지고 있다고 주장한다. 학생은 내용을 적극적으로 처리하고, 가설을 세우고, 조사 계획을 세우고, 연구를 수행하고, 형태를 밝히고, 그 절차와 결론에 대해 비평하도록 하는 내용을 경험해야 한다.[74]

최적의 심리적 내용 조직에 대한 다양한 관점에도 불구하고 대다수의 교육자는 내용이 학생들의 인접 환경에서 보다 떨어져 있는 환경으로 나아가는 방식으로 구조화되어야 한다고 믿는다. 구체적인 것이 먼저 경험되고 추상적인 것이 나중에 경험되도록 내용이 조직되어야 한다. 이러한 심리적 요인은 내용을 계열화하는 데 핵심적인 원리다.

정치적 조직자에 따라 내용을 조직한다고 하는 것은 현재 지역사회에서 많은 비중을 두고 이루어지고 있는 것이다. 지방 수준뿐만 아니라 국가 수준에서도 이해 집단의 수가 증가하고 있으므로 교육과정은 이해 집단 당사자의 주요 견해가 골고루 강조될 수 있도록 체계화되어야 한다. 각 이해 집단에서 중요시하는 주제와 인물이 적절히 강조될 수 있도록 교육 내용을 계열화해야 한다. 이것은 때로는 정치적이고 법적인 영향에 의하여 교육 내용이 특정 방식으로 조직되기도 하고, 어떤 주제가 특별히 강조되기도 한다는 것을 의미한다.[75]

예컨대, 역사 내용은 아프리카계 미국인 및 미국 원주민, 라틴 아메리카계 주민, 여성의 견해와 행위가 골고루 편재되도록 제시되어야 한다. 건강 문제를 다루는 과정에서 교육 내용은 보수적 크리스천과 회교도의 견해가 훼손되지 않도록 제공되어야 한다. 미국의 어떤 학군에서는 교육과정 학자가 '성적(性的)' 소수자의 견해가 충분히 반영되는 교육과정을 조직하도록 하고 있다. 문학은 동성애적 성향을 가진 남자나 여자 주인공이 들어 있는 작품뿐만 아니라 동성애적 작가의 작품도 학생이 골고루 접할 수 있도록 배열되어야 한다.

내용 조직을 위한 마지막 조직자는 실제성이다. 실제성은 어떤 특정한 방법으로 내용을 구조화하는 데 비용이 얼마나 소요되며, 현재의 사회적 · 경제적 · 정치적 상황에 비추어 어떤 주제를 강조해야 하는가와 관련된다. 특정 방식으로 교육과정 내용을 조직한 결과 어느 정도의 학습이 얼마나 일어날 것인가? 이러한 방식으로 내용을 조직하면 프로그램 목적을 충분히 달성할 수 있는가? 이러한 조직 방식을 뒷받침할 교재 및 기술, 여타 교육 자료를 찾을 수 있는가? 실제성이라는 조직자는 이 세 가지 질문을 통합한다. 이 조직자는 교육과정 학자가 주어진 방식으로 조직된 교육과정을 교사 및 학생, 학부모, 일반인이 얼마나 쉽게, 혹은 얼마나 어렵게 받아들일 것인가를 고려하도록 만든다. 관련 집단은 모두 이러한 교육 내용 조직을 용인할 것인가, 아니면 거부할 것인가?[76)]

내용 선정 기준 교육과정 계획자는 그들이 어떤 교육과정 설계나 철학적 입장을 선호하든 간에 교육과정 내용을 선정하는 데에는 모종의 기준을 적용해야 한다. 기준은 대부분의 교육과정 입장에서 공통적인 것이지만, 교육자는 그들의 다양한 철학적 입장에 따라 특정 기준을 더 강조하기도 한다.

• *자기 충분성*: Israel Scheffler는 내용 선정을 위한 중요한 안내 지침은 가장 경제적인 수단으로 학습자가 최대한 자기 충분성을 이룰 수 있도록 도와주는 것이라고 주장하고 있다. 그는 경제성의 세 가지 유형, 즉 교수 노력과 교육 자원의 경제성, 학생 노력의 경제성, 교과목 일반화 정도의 경제성을 제시하였다.[77)] 학생이 최대한의 자기 충분성을 달성하도록 돕는 이 기준은 많은 인간중심주의자 및 급진주의자, 재개념주의자에 의해 학습자가 그들의 잠재력을 실현하고 정체성을 구체화하도록 하는 수단으로 지지되고 있다.

• *중요성*: 학습되는 내용은 기본 아이디어 및 개념, 원리, 일반화, 교육과정의 전체적인 목적 등에 기여하는 정도에 따라서 중요성을 지닌다. 내용은 또한 특정 학습 능력 및 기능, 과정, 태도 형성의 개발을 고려해야 한다.

Taba는 학습자의 인지적 측면에 근거를 둔 내용만 선정하는 것이 아니라 학습자의 정의적 차원에 근거를 둔 내용도 선정해야 한다고 주장하였다.[78)] 비록, 대부분의 교육과정 계획자에게 중요성이 핵심적 위치를 차지하고 있지만, 정작 무엇이 중요한 것인가에 대해서는 의견이 일치하지 않을 때가 많다. 교과 중심의 설계를 선호하는 사람들은 어떤 지식이 학생에게 전달될 필요가 있는가 하는 측면에서 중요성을 고려한다. 학습자 중심 설계를 선호하는 사람은 지식이 어떻게 학생의 유의미한 경험에 기여하는가 하는 측면에서 중요성을 고려한다. 문제 중심 설계를 주창하는 사람은 특정 사회적 · 정치적 · 경제적 쟁점의 측면에서 중요성을 고려한다.[79)]

William Reid는 내용은 문화적 중요성을 중심으로 하여 선정되어야 한다고 주장한다. 학습되거나 구성되는 내용은 국가나 집단의 전체 문화를 반영하고 있는가? 학습되거나 구성되는 내용이 신참 시민인 학생이 그들 자신과 사회의 이익을 위해 그들의 정신과 마음을 효과적으로 활용할 수 있도록 하는가?[80)] 이러한 기준은 시민문화에 대해서는 합의된 것을 가정하고 있기 때문에 다소 논쟁의 여지가 있다. 또한 그 기준은 문화 자체의 의미에 대한 합의를 논리적으로 가정한다.

• *타당성*: 타당성은 선정된 내용이 얼마나 믿을 만한 것인가와 관련된다. 정보가 폭증하는 오늘날 학교교육 내용으로 선정된 지식은 급속하게 쓸모 없고 부정확한 것이 되어 버린다. 새로운 지식이 발견되기 때문에 타당하다고 생각되었던 내용은 잘못된 것이나 허위로 판명될 수 있다. 타당성은 교육과정 내용이 처음 선정될 때에 확인되어야 하지만, 원래의 내용이 계속 타당성을 가지는가를 결정하기 위해서는 교육과정의 프로그램이 진행되는 동안 정기적으로 검증될 필요가 있다.

타당성은 다른 것에 비하여 더욱 객관적인 기준이다. 그것은 어떤 것이 정확하거나 부정확하거나 둘 중의 하나다. 어떤 것이 일어났거나 일어나지 않았거나 둘 중 하나다. 그럼에도 불구하고 개인이 상황에 부여하는 이데올로기적 태도나 은유적 의미는 그들이 타당하다고 인식하는 것에 상당한 정도로 영향을 미친다. 이 점에서 다른 기준과 마찬가지로 타당성은 고안된 개념이다. 타당성 자체의 진실성은 개인이 부여하는 은유적 의미에 따라 달라진다.[81)] 은유는 우리가 다양한 상황과 현상을 어떻게 생각하는가에 영향을 미친다. 진실되고 타당한 진술이나 신념은 사고의 이면에 있는 은유에 의해 투사된다. 여기에서 중요한 것은 하나의 개념적 기준으로서의 타당성은 관찰된 실재에 의존하지 않는다는 점이다. 그것은 특정 은유에 의존한다. 예컨대, 사회가 가부장적인지 아닌지, 혹은 억압적인지 아닌지는 성적 위계나 물리적 힘의 경쟁적 역동체라는 은유를 사용할 때에만 타당성을 가진다. 특정 은유를 사용함으로써 사람들은 학교교육 내용에 있는 어떤 부분은 타당하고 믿을 만하지만 어떤 부분은 그렇지 않다는 말을 할 수 있는 것이다. 수정주의자들, 급진적 학교 비판자들, 재건주의자들, 후기실증주의자들은 학생에게 제공되는 많은 교육과정이 타당성이 없다고 지적하고 있다.[82)]

• *흥미*: 또 다른 기준은 흥미다. 흥미는 학습자 중심의 설계를 선호하는 사람에게는 핵심적인 기준이다. 이러한 사람은 지식이 자기 자신의 생활에 유의미할 때는 학습자 내부에 존재한다고 생각한다. 반대로 지식이 유의미하지 못할 때는 교육을 비인간적인 것으로 만든다.[83)] 홍미라

는 기준은 1920년대 아동 중심 교육 시대 이후로 우리와 함께해 왔다. 이 운동의 주창자는 아동이 교육과정의 자원이 되어야 한다고 주장하였다. 즉, 아동의 흥미가 교육과정을 결정해야 한다는 것이다.

오늘날 학습자 중심의 교육과정을 주창하는 사람도 교육과정의 내용은 학생의 흥미를 고려하여 선정되어야 한다고 지적하고 있다. 그러나 학교 경험은 학생의 흥미를 고려해야 할 뿐만 아니라 그것을 확장시켜 주어야 한다. 여기에서 제기되는 핵심적 질문은 다음과 같다. 현재 학생이 가지고 있는 흥미는 학생과 사회 양자에게 지속적인 가치를 가지는 것인가? 이러한 질문에 답하는 것은 매우 어려운 일이다. 왜냐하면 이 질문은 교육자가 미래 사회와 그 속에서의 학생의 위치에 대해 어느 정도 지각하고 있다는 것을 가정하고 있기 때문이다.

학생의 흥미라는 기준은 학생의 성장 및 이전 경험, 학생이 지니고 있는 교육적 · 사회적 가치, 그리고 학생이 사회 내에서 상호 작용할 것으로 기대되는 방식을 허용하도록 하는 데 역점을 두고 조정되어야 한다. 이러한 흥미의 기준에 관심을 가진다는 것은 내용 선정이나 경험 또는 내용의 배열에서 그 내용이 반드시 개인과 관련되어야 한다는 것을 의미한다. 교육 내용은 학생의 복지에 기여해야 한다.[84] 고객으로서 학생이 가지는 고유성은 존중되고 특별히 취급되어야 한다.

• *효용성*: 효용성은 내용의 유용성과 관계가 있다. 우리가 유용성을 어떻게 정의하는가 하는 문제는 우리가 지니고 있는 철학적 견해와 선호하는 교육과정 설계의 영향을 받는다. 교과 중심 설계를 선호하는 사람들에게 유용성은 학습된 내용이 직업 상황이나 그 밖의 다른 성인 활동에서 활용될 수 있도록 할 것인가의 관점에서 판단된다. 학습자 중심의 입장에 있는 사람에게 유용성은 학습된 내용이 개인으로 하여금 자신의 정체성을 정확하게 지각하도록 하고 자신의 생활에서 의미를 찾을 수 있도록 할 것인가와 관련된다. 내용은 학습자가 인간의 잠재 가능성을 개발하도록 하는 데에 유용한 것인가? 문제 중심의 설계를 주창하는 사람은 현재 생활과 사회적 · 정치적 쟁점에 직접 적용될 수 있는 내용이 효용성을 지닌 것으로 생각한다.

효용성의 기준과 관련하여 교육과정 의사 결정자들은 현재의 효용성과 미래의 효용성이라는 두 가지 효용성을 모두 고려해야 한다. 학생이 현재 성공적으로 생활하는 데 직접적으로 중요한 내용이나 과정이 있을 수 있다. 이러한 내용과 과정 중에는 학생의 희망이나 미래의 포부와는 관계없이 모든 학생에게 효용성을 가지는 것도 있을 수 있다. 또한 어떤 내용은 특별한 요구나 희망을 가진 학생들에게만 효용성을 가지고 있는 것도 있다. 따라서 효용성은 학생이라는 청중을 염두에 두고 고려되어야 한다. 현재의 효용성이나 직접적인 적용성을 지닌 내용도 있지만, 현재는 효용성을 가지지 않아도 학생들의 미래를 준비시키는 데 효용성을 가지는 내용도 있다. 이러한 내용은 학생들이 미래의 자신을 생각해 보도록 하고 미래를 계획하고 사건을 예견하며 현재의 추세가 미래에 어떤 결과를 가져올 것인가를 사정하도록 한다는 점에서 효용성을 가지고 있다.[85] 내용에 대한 현재의 효용성을 밝히는 것도 하나의 도전적 과제지만, 내용에 대한 미래의 효용성을 고려할 때 그것은 빛을 발한다. 다양한 방향으로 급격하게 전개되는 미래 속에서 학생에게 어떤 내용과 과정, 기능, 태도를 제공할 것인가? 이 점에서 교육과정 학자들은 미래학자가 되어야 한다.

• *학습 가능성*: 어떤 사람이든 이 분명한 기준을 고려하지 않고 내용을 선정할 수 있을까? 어떤 학교 비판자들은 이에 대해 '예' 라고 말한다. 어떤 내용은 특정 학생의 경험의 범위 밖에서 선정되기 때문에 전혀 불가능한 것은 아니지만 학습하기 어려운 것도 있다. 더욱이 선정된 내용들은 때로는 학생이 학습하기 어려운 방식으로 배열되어 제시되는 경우가 있다. 비판자들은 흔히 선정된 내용이 중류 계층의 편견을 반영하고 있고, 수렴적 사고에 익숙한 학습 유형을 지니고 있는 사람들에게 유리하도록 조직되어 있다는 점을 지적하고 있다. 학습 가능성의 기준은 내용의 최적 배치와 적절한 조직, 계열화와 관련된다. 나아가 그것은 학생과 관련하여 내용의 적절성 여부라는 쟁점을 제시하고 있다.

• *실행 가능성*: 마지막 기준인 실행 가능성은 교육과정 계획자가 할당된 시간과 활용 가능한 자원, 참가자의 전문성, 정치적 풍토의 특성, 현행 법규, 가용 공적 자금 등의 측면에서 내용을 고려하도록 한다. 교육자는 자신들이 내용 전체를 가지고 있다고 생각하겠지만 그들의 실행에는 한계가 있다. 예컨대, 학교 수업 일수는 가르칠 수 있는 내용을 제한한다. 교실의 크기와 학교 직원도 마찬가지다. 내용 선정은 보통 경제학과 정치학으로 요약되는 현 실재의 맥락 속에서 고려되어야 한다.

이와 관련하여 David Pratt은 '제한성' 이라는 측면에서 경제적 · 정치적 실행 가능성을 분석하고 있다. 그의 주장에 따르면 교육과정은 그러한 '제한성' 에 의해 지배되고, 실행 불가능성은 제한성의 크기에 기인한다. 여기에서 제한성이 변화될 수 있는지 없는지에 대해 물어보는 것이 필요하다.[86] 우리는 경제적 타협, 자금의 전환, 여론 변경, 압력 집단과의 타협 혹은 교섭, 학교–지역사회 정책에의 관여 등의 유혹에 끌린다. 실행 가능성의 기준은 McNeil이 제안한 실제성이라는 내용 조직 원리와 다소 유사하다.[87]

2) 교육과정 경험

교육과정 내용은 교육과정 계획의 '살' 이지만 학생을 위해 계획된 경험은 교육과정의 '심장' 이다. 경험은 내용에 대한 학습자의 경향성, 궁극적으로는 내용에 대한 학습자들의 이해를 결정하는 핵심적인 요인이다. Taba는 '광범위한 목표를 달성하는 데 가장 중요한 고려 사항으로 지식과 이해의 목표를 포함한 모든 목표를 달성하는 데 필요한 수단은 교육 내용 자체가 아닌 학습 경험이라는 사실이다.' [88]고 말하고 있다.

교육과정 경험에 초점을 둘 때 우리는 교육과정을 명사나 소유되는 어떤 것으로가 아니라 동사나 살아 있는 어떤 것으로 생각하고 있는 것이다.[89] 교육과정 경험을 다룰 때 많은 교육자는 학생들이 스스로 학습에 열중하도록 하고, 스스로 의미를 구성하도록 하며, 단순히 교육과정에 대한 다른 사람의 의미를 수용하는 것이 아니라 자기 자신의 의미를 만들 수 있도록 하는 데 중점을 둔다.

교육과정 경험은 수업의 구성 요소를 포함한다. 수업은 학교의 목적을 달성하기 위하여 설계된 방식으로 이루어지는 교사와 학생 간의 인간적인 상호 작용을 가리킨다. 수업은 특정 목표에 비추어 계획되고 구체화된 행동을 의미한다. 수업은 학교의 목적을 달성하기 위하여 교실에서 일어나는 교수 방법 및 교육 활동으로 이루어져 있다. 수업에는 수많은 교수 방법과 교육 활동이 있다. 교수 방법의 실례는 탐구 전략, 강의법, 토의법, 시범 학습법 등이 있다. 교육 활동의 실례로는 영화 보기, 실험하기, 비디오 보기, 컴퓨터 프로그램과 상호 작용하기, 현장 견학, 강연 등이 있다. 교수 방법과 교육 활동은 모두 교육과정의 필수적인 부분으로 선정된 내용에 비추어 주의 깊게 고려되어야 한다.

이론적인 수준에서 수업은 학생들의 행동, 궁극적으로는 학생의 학습에 영향을 미치는 데 필요한 교사의 모든 행위를 포함한다. 교사의 특정 행위는 교수 방법 및 교육 활동에 따라 다양하겠지만, 교사의 특정 행위는 모두 학생의 행동과 학습에 영향을 미치기 위한 목적을 가지고 있다.

• *경험 대 활동*: 교육과정에 대해 논할 때는 교수 방법과 교육 활동을 명확하게 구분하지 않는다. 오히려 우리는 학습 경험이라는 이름으로 교사와 학생의 행위를 하나로 묶는다. 그러나 이것은 항상 그런 것은 아니다. 20세기 전환기에 '학습활동'과 '학습 경험'이라는 용어는 교육적인 문헌에 들어 있지 않았다. 대신에 우리는 암송, 연습, 구안법을 볼 수 있었다. 그러나 심리학 분야의 발달 및 Kilpatrick, Ellsworth Collings (Kilpatrick의 박사 과정 학생)에 의해 주도되었던 진보주의 활동과 더불어 학습자들의 활동이 교육 평등보다 더 관심을 받았다.[90]

교육자는 학습활동이라는 용어가 교수-학습 상황의 역동성을 적절하게 기술하지 못하고 있다는 사실을 인식하기 시작하였다. 많은 아동이 동일한 학습활동에 참여하였지만 각 학생들이 드러내는 경험은 전혀 다른 것이었다. 1935년에 학습활동이라는 용어는 학습 경험이라는 용어로 대치되었다. Tyler의 『교육과정과 수업의 기본 원리』라는 고전적 문헌에서 그 용어가 사용된 이래, 오늘날 교육과정에 대한 대부분의 저술가는 학습 경험이라는 용어를 사용하고 있다.

• *전체성과 계속성*: 학생들의 교육과정 경험은 학생들이 활동 속에서 생활의 전체성과 계속성을 파악할 수 있도록 이루어져야 한다. 학생은 모든 구체적인 실체는 광범위한 관계성과 가능성의 맥락 속에서 놓여 있다는 것을 알아야 한다. 의식적 삶은 내포와 외현의 끝없는 망에 항상 열려 있다. 아무런 전망이나 연상 없이 지금

현재 단순히 나타나는 경험은 아무것도 없다.[91)]

모든 내용은 무질서의 끝자리에 있다. 모든 내용은 새로운 지식과 새로운 형태의 무한성으로 변화할 수 있는 잠재성을 가지고 있다. 그러므로 교육과정의 경험에서 다음 단계에서 무엇이 일어날 것인지 정말 알 수 없다는 사실을 즐길 수 있어야 한다.[92)] 지식은 창조적인 것을 추구하고 새로운 것에 개방되어 있는 사람들을 초대한다.

• *수단과 목표*: 학습자 중심 설계와 문제 중심 설계를 선호하는 사람들은 학습 경험을 그 자체로 가치 있는 수단으로 본다. 이러한 수단 중심의 교육과정 학자들은 효과라는 것도 개인적이고 개별적인 것으로 보고 인간적인 요구와 관련시켜 생각한다. 그들은 경험의 효과를 학생들이 자아실현의 감각, 자신의 삶에 대한 주체성, 책임 있는 행위에 대한 헌신 등을 획득하였는가의 여부에 따라 결정되는 것으로 생각한다.

그러나 교육과정 분야에서는 교육적 경험의 과정적 측면을 완전히 무시하는 것은 아니어도 교육의 목표를 더 강조하는 사람들이 많이 있다. 내용 중심의 교육과정 설계를 선호하는 사람들이 이 부류에 속한다.

교육과정 개발과 실행은 학교의 목적과 목표를 달성할 의도로 수행된다. 수업은 선정된 내용과 프로그램의 전체 목적을 달성하기 위한 수단이다. 목표 지향의 교육과정 학자는 학습 기회를 그 자체의 가치가 아니라 구체적인 성과를 달성하는 데 필요한 수단으로 본다. 이러한 사람들은 성과 지향적이다. 그들은 성과가 학생과 교사,

교육과정 도움말 7-2

의도된 교육의 바람직한 특성

내용 선정은 교육과정 개발 과정에서 중요한 한 국면이다. 이 선정 기준에 관심을 가지는 것 이외에도 선택된 내용에 어떤 경험이 수반될 수 있는가도 고려해야 한다. 다음의 사항들은 가치 있는 내용과 경험의 성취에 기여할 수 있는 교육과정을 조직하는 데 도움이 되는 사항들이다.

① 자료에 의하여 제안되는 활동은 학생과 사회 모두에게 교육적 가치를 가지는 아이디어, 기능, 인식과 사고방식의 개발을 신장시킬 수 있는 것이어야 한다.
② 내용과 경험은 지적, 사회적, 심지어 영적인 측면에서 학생들에게 도전감을 심어 줄 수 있는 것이어야 한다.
③ 내용과 경험은 학교 지식의 원천으로서 교과서에 대한 의존에서 학생들이 벗어나도록 하기 위하여 다양한 방식의 발표를 허용해야 한다.
④ 내용은 학생이 다른 교과에서 배운 내용과 지역사회에서 학습한 내용을 관련시킬 수 있는 것으로 선정되어야 한다.
⑤ 내용과 경험은 보다 나은 탐구 방법을 제시하고 그러한 탐구를 조장하기 위해 학생들의 정서적 수준에 영향을 줄 수 있는 것으로 선정되어야 한다.

출처: Elliot W. Eisner, "Creative Curriculum Development and Practice," *Journal of Curriculum and Supervision* (Fall 1990), pp. 62-73.

교육과정의 상호 작용에서 나오는 것으로 본다. 그들은 단순히 경험의 내재적 속성이 아닌 결과에 관심을 갖는다(교육과정 도움말 7-2 참조).

경험 선정의 기준 내용과 경험으로 선정될 가능성이 있는 것이 무엇인가를 고려하는 데에 몇 가지 기준이 활용된다. 타당성, 특히 목표와 목적의 일치라는 기준은 적절한 한 예다. 그 밖에도 기준은 다음과 같은 질문으로 표현되기도 한다. 경험은 프로그램의 전체적인 목적과 교육과정의 구체적인 목표에 비추어 우리가 원하는 것을 할 수 있는가? 다음의 질문은 이 질문을 더 구체화한 것이다.

① 교육적 경험은 지식과 기능이 학교 밖의 상황에 적용되는 방식에 비추어 볼 때 타당한 것인가?
② 교육적 경험은 시간 및 직원, 전문가, 학교 내외에서 활용 가능한 제반 시설 및 지역사회의 기대에 비추어 실행 가능한가?
③ 교육적 경험은 학생의 학습에 가장 적합한 것인가?
④ 교육적 경험은 학생이 사고 기능과 합리적 힘을 발달시키도록 할 수 있는가?
⑤ 교육적 경험은 학생이 개인으로서, 그리고 집단의 구성원으로서 자신의 존재에 대해 보다 면밀한 이해력을 가지도록 자극할 수 있는가?
⑥ 교육적 경험은 학생이 새로운 경험과 다양성에 대응하는 내성에 대해 열린 마음을 갖도록 길러 줄 수 있는가?
⑦ 교육적 경험은 학습을 촉진시키고 학습을 계속할 수 있도록 하는 동기를 학습자에게 부여할 수 있는가?
⑧ 교육적 경험은 학생이 자신의 요구를 드러내도록 허용하는가?
⑨ 교육적 경험은 학생의 흥미의 폭을 확장시킬 수 있는가?
⑩ 교육적 경험은 인지적, 정의적, 심동적, 사회적, 영성적 영역 모두에서 학생의 전인적 발달을 도모할 수 있는가?[93)]

내용과 경험의 관계 어떤 교육과정도 그것이 어떻게 설계되든지 내용과 경험을 무시할 수 없다. 교과 중심의 설계가 내용을 강조한다고 하더라도 경험의 전달을 염두에 두지 않을 수 없다. 학습자 중심 설계는 학생과 그들의 경험에 중점을 두고 있지만 이 역시 학습되는 내용과 관련지어 경험을 고려한다.

교육자들이 염두에 둘 필요가 있는 것은 내용과 경험은 실제로 따로따로 존재하는 것이 아니라는 점이다. 만약 학생이 어떤 책을 읽고 있다면 그들은 내용과 경험의 양자를 결부시키고 있는 것이다. 항상 내용과 학습 경험이 합쳐져서 교육과정의 통일체를 구성한다. 어떤 활동과 내용에 대한 경험 없이 단순히 학습 혹은 공부에만 열중할 수 있는 학생은 없다. 마찬가지로 교사도 어떤 내용을 다룰 때는 반드시 어떤 경험이나 활동에 참여하지 않을 수 없는 것이다.

교육과정 계획자들은 때로 내용과 경험을 구

분하기도 한다. 그렇지만 그들은 교육 프로그램의 실행에서는 두 가지 요소가 공존한다는 것을 잘 알고 있다. Taba는 '우리는 내용 및 과정이 모두 유익하고 유의미할 경우에만 비로소 효과적인 학습을 말할 수 있다.' 고 주장한다.[94]

3) 교육 환경

교육과정을 제공하는 데에서 내용과 경험이 분리될 수 없듯이, 경험이 일어나는 공간적 장소와 내용은 분리될 수 없다. 이것은 Patrick Slattery가 말했듯이 교육은 환경에서 큰 영향을 받는 인간 활동이기 때문이다.[95] 개인이 위치해 있는 공간은 내적 경험에 영향을 미친다. Slattery는 환경이 마음을 만든다는 Orr의 주장을 인용하였다.[96]

교육적 공간은 의미 있는 교육적 경험에서 매우 중요하다. 창의적인 환경을 경험한 아이들은 자극을 받고 잠재력을 발휘하며 학습에 열정적일 가능성이 훨씬 높다. 교육자가 설계하는 환경은 경험과 내용에 대한 학생의 관심을 촉진시켜야 한다. 환경은 학생의 유목적적 활동을 자극해야 한다. 그것은 학습의 폭과 깊이를 더해 줌으로써 학습을 촉진시킨다.[97]

교육 환경은 학생의 학습을 도모하고 자극시키며 그것에 도전감을 주어야 한다. 최근 교육개혁에 대한 논의가 활발하게 일어나고 있는데,[98] 그 논의는 대부분 교육과정 내용을 구성하는 새로운 방식에 대한 것이지만 교육과정을 경험하는 공간에 대한 논의도 있다.

특히, 교육 공간의 크기, 즉 학교의 크기에 대한 논의가 눈에 띈다. 일부 교육자는 크기가 작고 개인적인 학교가 더 좋다고 주장한다. 학생 수가 400명 정도인 학교가 1,000~2,000명인 학교보다 더 좋다는 것이다. 게이츠 교육재단은 미국 전역에 걸쳐 소규모 학교가 들어서도록 자금을 지원하고 있다. 소규모 학교를 설립할 수 없는 지역에는 학교 내에 새로운 학교를 지어야 한다고 촉구하고 있다. 즉, 교육 환경 내에 새로운 교육 환경을 만들어야 한다는 주장이다. 크기 이외에도 교육 환경 설계에 영향을 미치는 다른 요인도 있다. Goodlad는 교육 환경을 인간 중심적인 환경에서 자연 중심적인 환경으로 바꾸어야 한다고 주장하였다.[99] 교육 환경의 이러한 변화에 대하여 학교 및 학교 환경을 상식적인 수준에서 생각하는 일반 대중은 의혹의 눈길을 보낸다. Goodlad는 학교 및 학교 환경의 변화가 불화를 일으킬 소지가 있다는 점을 지적하고 있다. 학교 환경의 변화가 클수록 일반 대중이 좋은 학교라고 생각하는 관념을 위협할 가능성은 커진다.[100]

자연 중심적인 윤리를 표방하는 학교가 일반적인 사회의 모습을 그대로 비추지는 않는다. 오히려 이러한 학교는 사회 속에 그것의 이미지를 가지고 있지 않다. 자연 중심적인 학교 환경은 학교의 특정 문화에만 해당되는 것이다. 이러한 문화 또는 생태는 학교 환경 속에서 상호 작용하는 여러 요인의 영향을 받는다. 그 생태는 일종의 생물군계와 같은 것으로서 그 안에서는 학교의 핵심 선수인 학생과 교사의 정체성이 끊임없이 변화된다. 그 사이에는 시너지 효과가 일어나기도 한다. 또한 학교 환경 안의 문화 구성원 사이에는 공생관계가 존재한다. 학생 수 400명 정도로 크기가 적당한 학교에서는 학생들이 생생한 경험을 통하여 수동적인 시민 문화가 아닌 적극적인 학습자의 문화를 만들기도 한다. 적당한 규모의 학교에서는 학생들이 기존의 제도 및 사회 관행과 상호 작용하면서 믿음, 지식, 그리고 의사소통 유형을 공부할 수 있다.[101)]

최적의 교육 환경에 있는 학생은 문화의 조사자의 역할을 수행한다. 이들은 이들의 교실 문화, 학교 문화, 일반적인 시민 문화(군 단위, 시 단위, 국가 단위별) 등을 조사한다.

환경 기준 교육 환경은 사회적 욕구, 보안 욕구 및 소속 욕구를 만족시켜야 하며, 동시에 내적 인식, 식별력 및 타인에 대한 공감을 발달시켜야 한다. 또한 그것은 의도된 교육과정을 학생들이 완벽하게 배우는 데에 기여해야 한다. 환경은 목적에 따른 학생 활동을 자극하고, 학습을 촉진하는 깊고 다양한 활동을 가능하게 해야 한다.

교육 환경은 신뢰할 수 있는 활동을 권장하는 학습 문화를 발달시키는 데에 기여할 수 있어야 한다. 지식 생산과 지적 활동과 같은 신뢰할 수 있는 활동은 학교 밖에서 활동하는 학자들의 활동과 비슷하다. 예컨대, 학교 문화에서 역사를 공부하는 학생은 역사가와 비슷하게 신뢰할 수 있는 방식으로 역사를 공부할 것이다. 또 수학을 공부하는 학생은 수학자와 비슷하게 개념, 발견적 학습, 알고리듬 등을 공부할 것이다.

때로는 교육 환경이 교실이 아닌 다른 장소가 되기도 한다. Hawkings와 Vinton은 오래 전에 교실은 더 이상 유일한 학습 환경이 될 수 없다고 주장한 바 있다.[102)] Lang은 '교실에서 공부하는 학생은 반드시 창 밖을 내다봐야 한다. 깨달음을 얻고 새로운 관점을 갖기 위해서 세상을 내다봐야 한다.'[103)]고 주장하였다. 학생은 교실 창문을 내다보는 것 이상의 것을 해야 한다. 학생은 지역사회 내 여러 환경을 실제로 경험하고 신뢰할 수 있는 학습활동을 해야 한다. 즉, 지역사회 내 박물관이나 그 외 장소로 현장 학습을 가는 것만으로는 부족하다. 학생은 자신의 삶에 영향을 미치고 자신의 삶을 형성하고 있는 사회적 · 정치적 · 경제적 · 역사적 현실을 배우기 위해서 실제 지역사회로 뛰어들어 가야 한다. '진정한 공간'으로 뛰어들어 감으로써 학생은 학습의 밖이 아닌 안으로 들어갈 수 있게 된다. 그 진정한 공간 속에서 학생들은 새로운 의미를 찾고 현재와 미래에 적용되는 문화적 관습을 개발하게 된다.[104)]

소크라테스의 동굴 비유에 빗대어 보면 학교가 존재하는 실제 환경, 실제 지역사회 안으로 학생을 들여보내는 것은 학생을 동굴 밖으로 데리고 나오는 것, 즉 그림자보다 더 많은 것을 볼 수 있도록 하는 것과 같다. 학생은 학교 환경에서는 그림자로만 볼 수 있었던 것을 이제는 실제 모습으로 보고 관찰하고 이해할 수 있게 된다. 일단 학교라는 동굴 밖으로 나오면 학생은 지배적인 지식 및 경험 시스템에서 자유로워진다. 다른 사람에 의하여 주어지고 다른 사람에 의하여 유용하다고 판단되는 학습에서 자유로워진다. '학교 밖으로' 나온 학생은 자신만의 의미를 구성하고, 자신만의 '세상' 분석 및 해석 방식을 개발하게 된다. 즉, 학교에서 배운 것과 학교 밖에서 관찰하고 배운 것을 구분하게 된다.[105] 더불어 현 시대의 맥락 속에서 진정한 지식이 무엇인지를 파악하게 된다. 학교 밖 환경에서 학생은 문화적 사고방식을 개발하고 다듬게 된다. 혼돈스러운 현실에서 의미를 구성하고 자신이 속한 세상에 적응하게 된다. 심지어는 실제 세계에 기여하고 그것을 바꾸는 방식을 개발하기도 한다. Bruner가 지적하였듯이 학생은 실제 환경에 참여할 때 더 나은 건축가 및 건설자가 될 수 있다.[106] 물론, 모든 학습을 학교 밖에서 해야 하는 것은 아니다. 우리가 항상 자연에서만 혹은 구조물 안에서만 살 수 없는 것처럼 학생 역시 학교 공간 안에서 배울 시간도 필요하다. 중요한 것은 학습 공간이 오로지 학교 환경뿐인 것은 아니라는 점이다.

Brian Castaldi에 의하면 학교 환경의 설계를 담당하는 기획자는 적절성, 적합성, 효율성, 경제성이라는 네 가지 기준을 염두에 두어야 한다.[107] '적절성'은 기획된 공간과 관련된다. 학교는 학생을 수용할 정도로 크기가 적절한가? 그것은 환경 통제와도 관련된다. 학교의 조명은 학생이 공부하는 데에 적절한가? 시각 자료는 학생이 잘 볼 수 있을 정도로 크기가 적절한가? 자료가 학생의 학습 스타일에 맞는가? 오디오 장비는 학생이 잘 들을 수 있을 정도로 적절한가?

적절성 기준을 고민할 경우에는 학교 내 여러 공간 간의 관계를 따져 봐야 한다. 개별 학습에 맞도록 설계된 공간이 교육 자료의 보관 및 회수를 위해 설계된 공간과 어떤 관련을 지니는가? 소규모 학습 공간은 소집단 교육 매체 시청 공간과 어떤 관련을 지니는가? 학생들은 교실 안에서 서로에게 피해를 주지 않으면서 활동하고 생활할 수 있는가?

적절성과 밀접한 관계에 있는 것이 '적합성'이다. 환경 형태는 기획한 활동 유형에 적합한가? 학생들에게 보여 줄 정보가 있다면 환경은 모든 학생이 쉽게 그것을 볼 수 있을 정도로 적합한가? 학생이 발견 학습을 할 경우 환경은 그 활동을 돕는가, 아니면 방해하는가?

'효율성'을 확보하려면 교육 공간의 교육적 효과를 높이는 특징이나 작용적 특징에 신경을 써야 한다. 환경은 최소한의 노력으로 교육 활동을 할 수 있을 정도로 효율적인가? 환경은 학생 및 교사가 최소한의 노력을 들이고 최대한의 학습을 할 수 있도록 하는 데에 기여하는가? 학생이 책상에 앉아 오디오테이프를 들을 경우 소음이나 다른 학생에 의해 방해를 받지는 않는가?

마지막 기준인 '경제성'은 자본 절약과 관련이 있다. 자본 절약은 초기 건축 설계나 기존 환경을 수정함으로써 가능하다. 경제성은 주어진 환경에서 교육과정의 일부를 가르치는 데 드는 비용과도 관련이 있고, 학생과 교사의 노력이 가지는 경제성과도 일맥 상통한다. 시간은 하나의 자원이다. 교육과정은 기본적인 프로그램의 목적과 목표를 달성하는 데 시간을 최대한 활용하도록 설계된다. 예를 들어, 학생은 교사의 지시를 기다리며 하루를 보낼 수도 있고, 교사는 여러 학교 활동을 하느라 학교 이곳저곳을 바쁘게 다니며 많은 시간을 허비할 수도 있다. 기획가는 학생과 교사의 여러 활동에 필요한 적절한 공간들이 서로 인접하도록 교육 환경을 설계해야 한다.

Lang은 이상적인 교육 공간을 만드는 데 필요한 또 다른 핵심 기준을 제시하였다.[108) 바로 크기, 음향, 조명, 기온, 의사소통 및 마감재가 그것이다. 먼저 '크기' 를 살펴보면, 교육자는 교육 활동을 하는 공간의 규모 및 형태를 고려해야 한다. 인간의 태도 및 감정은 공간 인식에 영향을 미친다. 아이들이 조용한 책 읽기를 하도록 하려면 아늑한 공간을 조성해 주어야 하는데, 학생들에게 밀폐된 활동 공간이 필요한 경우도 있고 개방된 공간이 필요한 경우도 있다.

'모두 조용히 하고 잠시 생각해 보자.' 이런 말은 하루에도 수없이 하게 된다. 교육자는 교실이 조용하고 중요한 의미를 지닌 소리로 충만하기를 바란다. 하지만 교실 안팎에서 들려오는 소리로 수업이 방해를 받는 경우가 많다. 교실 환경의 '음향' 을 어떻게 바꾸면 소음의 방해를 받지 않을 수 있을까? 공간의 음향효과가 교육 활동에 방해가 되지 않도록 조절 가능하다면 오늘날의 많은 협동 학습은 모든 사람의 부담을 덜어주는 학습 방법이 될 수 있을 것이다.

'조명' 은 교육 환경의 빛 수준을 가리키는 말이다. 교육과정에 관련된 어떤 결정을 내릴 경우 많은 이들은 조명을 고려하지 않는다. 날씨가 음침한 경우를 제외하고는 낮에는 조명을 필요로 하지 않는다고 생각한다. 그러나 인간은 빛의 수준에 따라 다양한 반응을 보인다. 특히, 학생은 교실에서 잘 볼 수 있어야 한다. 시 쓰기 수업에서는 창 밖을 내다볼 필요도 생길 것이다. 학습 기회를 제공할 때는 교실의 경관도 생각해야 한다.

'기온' 은 수업 계획에서 좀처럼 고려 대상이 되지 못한다. 하지만 너무 덥거나 추울 때는 짜증이 나기 마련이다. 아이들마다 좋아하는 온도가 다르다. 학교는 개인 취향에 맞는 온도 환경을 제공할 수 없다. 하지만 교육자는 최소한 이 기준은 인지하고 있어야 한다.

'의사소통' 기준은 교실 공간을 어떻게 배치할 것이며, 교실 안과 밖을 어떻게 연계할 것인지의 문제를 가리킨다. 수업을 할 때 앞으로 인터넷을 사용하는 경우가 점점 더 많아질 것이다. 따라서 인터넷 접속이 용이하도록 교육 환경이 설계되어 있는지를 살펴야 한다. Lang에 의하면 교실 공간은 학교 내 개인 공간에 위치한 학습 장치 사이에 자료 및 음성 연계가 이루어지도록 해야 하고, 지역사회 및 세상과의 연계도 이루어지도록 해야 한다.

Lang이 논의한 마지막 기준은 '마감재' 다. '인간은 색깔, 질감 및 형태에 감정적인 반응을 보인다.' [109) 교육 환경을 기획할 때 교사 및 교육 관계자는 아이들이 주변의 색깔, 질감, 심지어 냄새에 민감하다는 사실을 고려해야 한다. 학생의 개인적인 역사 및 문화적 배경은 교육 공간 유형을 인지하는 방식에 영향을 미친다. 교육과정을 기획할 때 교사는 학습 분위기를 '잠시 여기에서 학습을 즐겨 보자.' 라는 말이 나올 정도로 누구나 환영하는 분위기로 만들기 위해 노력해야 한다.

거의 모든 교육자가 앞에서 제시한 기준을 어떻게 적용할지 잘 모른다. 그러나 그 필요성은 두말 할 나위가 없다. 교육자는 교육 환경에 주의를 기울이고 학생의 생산적인 학습에 기여할 수 있는 방식으로 공간을 변화시킬 수 있어야 한다.

4. 교육과정 개발의 참여자

교육과정을 개발하거나 설계할 때 학교 및 지역사회에서 여러 사람이 참여하게 된다. 그것은 다양한 차원의 계획을 포함한다. 즉, 교실 차원, 학교 차원, 학군 차원, 시 차원, 정부 차원, 심지어 국제적인 차원까지 고려해야 한다. 설계자들은 협동을 하는 경우도 있고 서로 반목하는 경우도 있다. 사실 특정 유형의 교육과정에 참여하는 여러 사람 때문에 교육과정 개발이 정치적인 성향을 띠기도 한다. 이 경우 권위와 통제, 부족한 자원, 특정 가치 등을 놓고 경쟁이 벌어지게 된다.

1) 정치 분야 참여자

대부분의 교육자는 자신의 특정 교육 관점이나 목표가 교육과정 개발에서 지배적인 관점이나 목표가 되도록 애쓴다. 교육의 정치학은 누가 이득을 보는가, 또는 그러한 이득을 어떻게 결정하는가의 문제와 관련된다. 교육과정은 학습자에게 교육 프로그램을 제공하기 위한 것이다. 교육자 혹은 비교육자로서 교육과정에 참가하는 사람들은 어떤 유형의 교육과정이 학생들에게 이득이 되는지, 어떻게 교육과정을 선택해야 하는지, 누가 특정 교육과정의 이득을 받는지, 이러한 이득을 어떻게 전달할지 등을 결정해야 한다.

2) 학교 분야 참여자

Macdonald에 의하면 교육과정과 밀접한 관계에 있는 사람들은 모두 교육과정의 본질과 목적을 결정하는 데에 참여해야 한다. 이 중 핵심 행위자들은 학자-전문가, 전문 교육자, 교사 및 학생일 것이다. 이 밖에 역할은 작지만 여전히 중요한 행위자로는 지역사회 구성원 및 학부모가 있다. 지역사회 구성원은 사업가 및 정치인으로 구분된다.[110]

교사 교사는 교육과정 의사 결정에서 핵심적인 역할을 한다. 사실 교사는 어둠 속에서 빛을 밝히는 존재라고 해도 과언은 아니다. 교사는 교육과정 기획 및 수업을 통해 학생들이 스스로를 뛰어 넘고, 그들의 시야와 행동을 제한하는 벽을 허물며, 다양한 렌즈를 통해 자신을 돌아보고, 적절한 자신감을 가지고 미래의 불확실성에 직면하도록 격려한다. 교사는 기존의 교육과정과 새로운 교육과정의 어떤 측면을 수행하고 어떤 측면을 강조할지를 결정한다. 또한 교사는 기본 학습 능력이나 비판적 사고 기술을 개발하는 데에 시간을 언제, 얼마나 투자할지도 결정한다. 교사가 어떤 결정을 내리는가에 따라 학생은 꿈을 가질 수도 있고 가지지 못할 수도 있다. 교사는 교육과정을 수행하는 데에서 가장 강력한 영향력을 행사한다. 그러므로 교사는 미래의 교육과정 결정 및 학생의 장래를 예견하는 예언자라 해도 과언이 아니다.[111)]

교사는 교실 차원에서 교육과정에 참여할 뿐만 아니라 교육과정위원회에도 참여한다. 교육과정위원회는 5학년 교육과정위원회와 같이 학년 단위로 구성되기도 한다. 또한 학생 유형에 따라 구성되는 위원회도 있다. 영재교육위원회나 학습장애아 교육위원회가 그 예다. 위원회가 어떤 형태로 구성되는가에 따라 교실 밖 교육과정 활동에서 교사의 참여 여부가 결정된다.

위원회 구성 형태는 일반적으로 잘 알려진 현장 기반 경영(site-based management: SBM)이나 학교 기반 교육과정 개발(school-based curriculum development: SBCD)에서 핵심적인 부분을 차지한다.[112)] SBM이나 SBCD의 절차 및 구성 형태는 동일하지만 초점을 어디에 두는가에서 차이가 있다. SBM에서는 교사가 모든 학교 측면(교육과정, 자금, 인사 문제, 지역사회와의 관계 등)을 관리할 때 학교행정가 및 지역사회 구성원과 협력한다. 한편, SBCD에서는 교육과정 개발 및 수행에 초점을 맞춘다. 인사 문제는 새로운 교육과정의 건전성 및 수행과 관련이 있는 경우에만 논의한다. 오늘날 교육자가 직면한 문제 중 하나는 다른 권력에 구애받지 않고 학교 및 교육과정 결정을 내릴 수 있는 자유를 지키는 것이다. 현재 수많은 교사들은 정부기관과 같은 외부기관들이 너무 많은 권위를 행사하는 나머지 SBM이 무너지고 있다고 생각한다.[113)]

교사는 모든 교육과정 개발 단계에서 학교 차원으로 관여해야 한다. 모든 교사가 전 단계에 참여하기를 원하는 것은 아니지만, 모든 교사가 교육과정 수행에 참여하는 것은 당연한 일이다. 가르치는 일은 교육과정을 수행하는 것과 같다. 교사는 목적 및 목표 설정부터 교육과정 평가 및 유지에 이르기까지 모든 교육과정 개발 활동에 참여해야 한다.

교사는 그 역할상 지적인 활동을 해야 한다. Henry Giroux는 교사를 특정한 사고를 하는 지적인 인물로 정의하였다. 교사를 '주어진 목적을 효과적으로 수행하는 전문인으로만 보아서는 안 된다. 교사는 지성적 가치 및 학생의 비판력 향상에 헌신하는 전문가로 봐야 한다.'[114)] Schon에 의하면 교사는 가르치는 일에 대한 주의 깊은 고민 속에서 활동하는 반성적 교육자다.[115)]

더 나아가 교사는 교육과정 및 교수를 향상시키고 교육과정 및 교수에서 지식 기반을 구성하며, 교육과정 개발에서 교수 및 교사의 역할을 전문화하기 위해 학교-대학 및 학교-지역사회의 제휴 관계 속에서 활동해야 한다.

학생 교육과정의 영향을 받는 모든 사람을 교육과정 기획에 참여시켜야 한다면 단연코 학생을 빼놓을 수 없다. 학생은 학습 내용 및 내용 경험 방식에 공식적으로 영향력을 행사하지는 못한다. 그러나 미국의 일부 학교에서는 이

점에서 변화가 일고 있다. 특히, 어떤 중등학교에서는 학생이 교육과정위원회에 참가하고 있다. 많은 학교에서 설문조사 및 욕구 평가에 중등학생을 참여시키고 있다.

교육자는 학습자가 생각하고 느끼는 바를 간과해서는 안 된다. 더불어 교육과정 단계에서 교사에게 힘을 실어 주려면 학생에게 나이에 적절한 학습 관련 통제권을 부여해야 한다. 교육과정이 관련자 간의 대화에서 비롯되기 위해서는 학습 내용을 기획하는 대화에서 학생을 배제해서는 안 된다.

교장 교장은 학교에서 교육과정 지도자로 인식되어 왔다. 사실 교육과정 기획이 학교 혹은 학교 제도 안에서 성공을 거두려면 교장의 참여와 헌신적인 노력은 필수적이다.[116] 그러나 교육과정 지도자로서 교장은 현실적인 사실이라기보다는 실현될 수 없는 이상에 가깝다. 왜냐하면 수많은 교장은 여전히 학부모와 교사 사이에 서 중계 역할을 하는 데 그치고 있기 때문이다. 더불어 수많은 교장은 교육과정 전문 지식 및 수업 지식이 부족하다. 최근까지만 해도 교장을 교육하는 대부분의 대학 프로그램은 교육과정 문제에 시간을 할애하지 않았다. 인사 문제, 의사 결정, 학교법, 학교 예산 및 조직 모형 등을 너무 강조한 나머지 교육과정 및 교수 문제는 등한시되었다. 그렇다고 해서 인사 문제나 다른 행정 문제가 중요하지 않다는 말은 아니다. 다만, 교육과정 및 교육과정 수행은 학교의 목적에서 핵심적이라는 말이다. 행정은 교육 프로그램인 교육과정을 위한 지원 시스템이 되어야 한다.

변화가 일어나고 있기는 하다. 신세대 교장 중에는 교육과정 및 수업을 더 잘 이해하는 사람들도 있다. 이러한 변화가 일어날 수 있었던 데에는 학교의 구조 조정 노력이 한몫하였다. SBM에서 교장은 교사와 협력하여 새로운 프로그램을 만들고 기존 프로그램을 향상시켜야 한다. 교장은 교사와 권위를 공유해야 한다. 의사 결정 과정은 점점 민주화되고 있다. 학교 구조 조정에서는 교사에게 프로그램 선택 및 개발 권리를 더 많이 부여하고 있다. 학교 현장이 교육과정 결정의 '핵심 장소'가 됨에 따라, 교장은 학교의 사명이 무엇인지 정확하게 파악해야 하고 자신의 전문적인 가치에 확고한 신념을 지녀야 한다.[117] 또한 교사 및 교육과정의 영향을 받는 사람들에게 사명감을 전달하고, 교사들이 학교의 사명 수행에 참여하도록 해야 한다. 또한 교장은 학교에서 교육과정 및 수업 지도자가 되기 위해서 노력해야 한다. 이제 교장은 단순히 학교의 관리 기능만을 책임지는 자리에 만족해서는 안 된다.

교장은 학교 관계자들이 가치와 이념을 공유하는 하나의 공동체를 형성해 나갈 때 비로소 학교 현장 관리 차원에서 효과적인 기능을 수행하고 관리를 변화시킬 수 있다는 사실을 깨달아야 한다. 이상적으로 교장은 SBM에 관여하는 위원회가 많아져서 이들 위원회가 지역사회 구성원 및 학생을 의사 결정 과정에 포함시킬 수 있다는 사실을 직시해야 한다. 그러한 학교위원회는 '재구조화된' 학교의 일부분인 것은 사실이지만, 지역사회 구성원이 학교 정책 수립에 자문을 제공하거나 결정력을 행사해야 하는 것이 과연 옳은지에 대해서는 의견이 분분하다. 어떤 경우든 교장은 학교와 교육과정 영역에서 활동하는 행위자들이 반생산적인 활동을 하는 일이 없도록 각별히 신경을 써야 한다.

규모가 큰 학교인 경우 교장은 교육과정 촉진자가 되어 교육과정 활동에 시간을 할애하고, 연수 기회를 제공하며, 교육과정 자문위원회에 참여하고 학교의 사명을 다듬어야 한다. 규모가 작은 학교인 경우 교장은 교육과정을 시작하고 개발하고 수행하는 등 보다 적극적인 활동을 해야 한다. 교장은 어떤 역할을 하든지 SBM을 통해 좀 더 강력한 권위를 행사하게 된다. 교사 및 지역사회 구성원은 교장을 주시하지 않을 수 없다. 또한 교장은 다른 참가자들과 교육과정 기획을 함께해야 한다.

교육과정 전문가 교육과정 전문가는 교육과정 개발 및 수행 활동에서 매우 중요한 역할을 한다. 교육과정 전문가는 회장, 감독관, 조정자, 이사 등 여러 이름으로 부른다. 이러한 개별 직함은 임무가 무엇인지를 말해 준다. 교육과정 조정자 혹은 이사라 부르는 이들은 주로 교육과정 전반에 관여한다.[118] 이들은 교육과정의 본질에 대해 방대한 지식을 보유하고 있으며 교육과정을 만들고 수행하는 데에서 전문가다. 학군 내에서 교육의 전반적인 부분에 관여하는 또 다른 인물로 초·중등교육 이사를 들 수 있다. 이들은 교육과정은 물론 행정 전문 지식을 보유하고 있지만 초등학교나 중등학교 중 하나에 초점을 맞춘다.

구체적인 교과의 전문성을 보유한 이들을 가리켜 특정 과목의 감독관, 회장, 혹은 책임자라고 부른다. 예를 들어, 과학 감독(회장, 책임자)이 그것이다. 이들은 교육과정 배경 지식을 보유하고 있으며, 특정 학과를 전공하였고, 교수 감독을 주로 담당한다.[119]

교육과정 전문가는 프로그램을 개념화하고 설계하며 수행한다. 이것은 교육과정에 대한 수준 높은 이해와 사람 관리 기술을 필요로 한다. 또한 이들은 교육과정 설계 및 개발 지식을 보유해야 하며, 이를 통하여 교육과정 이론을 실천하고 교수를 감독하고 평가해야 한다. 더불어 인간관계에 민감하고 인내를 보이며 뛰어난 기술을 발휘해야 한다. 마지막으로 교육과정 전문가는 의사 결정 및 리더십 능력이 뛰어나야 한다.

부교육감 많은 학군에서 교육과정 활동에 대해 일차적인 책임을 지는 인물은 부교육감이다. 부교육감은 현장 행정관으로서 일선에서 뛰는 교육감에게 직접 보고한다. 대규모 학군에서는 교육과정 이사나 조정관이 부교육감에게 보고한다. 이상적으로 부교육감은 다음과 같은 역할을 해야 한다.[120]

① 자문으로서 전반적인 교육과정 자문위원회를 이끌어야 한다.
② 교육감에게 현장 경향을 학교 시스템에 적용할 방법 등을 보고해야 한다.
③ 초·중등교육 이사 혹은 조정관과 협력하

여 교육과정 활동을 수행해야 한다.

④ 교육과정 활동 예산을 책임져야 한다.

⑤ 철학, 목적 및 목표를 설정하는 데 관여한다.

⑥ 목적 및 목표와 관련된 평가를 지휘한다.

⑦ 프로그램 강화를 위해 설계된 장기 및 단기 활동을 관리한다.

부교육감은 교육과정 혁신과 관련하여 정책 수립에 관여하기도 한다.

교육감 학교 제도의 수장인 행정관은 바로 교육감이다. 교육감은 학교 제도를 운영하는 책임을 진다. 또한 학교 이사회보다 앞서 문제를 파악하고 교육과정 활동을 시작한다. 더불어 교사 연수 프로그램을 제공하고 모든 직원에게 다른 학교에서 일어나는 변화를 알려 주며, 교육 변화 및 유지와 관련된 외부의 요구 사항을 처리한다.

훌륭한 교육감은 변화에 영감을 불어넣고 변화하는 요구에 맞춰 교육과정을 수정한다. 또한 학군 내 모든 교육 활동에 책임을 지고 교육과정 활동을 위한 수단을 강구한다. 학교 프로그램의 모든 측면을 학교 이사회에 설명하고, 시민들에게 정보를 제공하며, 교육과정에 관여할 수 있는 기회를 제공해야 한다.

교육위원회 교육위원회는 학교의 법률 기관이다. 시민 대표로 선출된 일반인으로 구성된 교육위원회는 학교 관리를 책임지는 지역사회를 대변한다. 또한 교육과정 영역에 대해 알고 있어야 하며 기존 교육과정을 학교 목표에 연계시켜야 한다. 학교위원회는 사실 새 프로그램에 자금을 지원할지, 혹은 전 학군에서 실행할지 여부를 최종적으로 결정한다. 더불어 새로운 교육과정 개발 및 수행을 촉진할 수 있는 정책을 입법화하기도 하고, 교육과정을 실행하는 데 필요한 자금을 지원하기도 한다.

미국의 경우 교육위원회는 중앙 행정부와 마찬가지로 학군 운영에서 점차 통제권을 잃고 있다. 기본적인 교육이 무엇인지를 정의하는 주 입법 기관에 통제권을 빼앗기는 경우도 있고, 특정 이익 단체에게 소송을 당해 빼앗기는 경우도 있다. 일부 지역사회에서는 분개한 시민이 이사회 임원을 해고하기도 한다. 수많은 학군에서 학교 이사회는 교육과정 및 정책을 결정하는 책임자라기보다는 부수적인 역할을 수행한다. 연방, 주 및 지역 전문가는 새로운 교육과정을 만드는 책임을 진다.

일반 시민 학교가 시민들의 것이라는 데에 반기를 제기할 사람은 없을 것이다. 그러나 일반 시민이 교육과정 활동에 점점 더 많이 참여하고 있기는 하지만 그 역할은 여전히 매우 낮은 수준이다. 대부분의 시민은 학교에 관심을 가지고 있기는 해도 교육과정 개발에 적극적으로 관여하는 데는 관심이 없다. 또한 강좌 내용과 설계 및 교육과정 개발에 필요한 지식을 갖춘 이도 거의 없다. 일반적으로 자녀가 중학교 및 고등학교에 진학하면 부모는 학교일에 별로 관여하지 않게 된다. 그에 따라 중등학교는 학교 업무는 물론 학생 교육에 부모를 참여시키는 것을 소홀히 할 수밖에 없다.

교육과정 정책에 시민을 참가시키는 일이 피상적이거나 수동적인 수준에 머문다는 연구 결과도 있다. 시민, 특히 학부모는 교육적 토론에 참가할 때 자신들의 배경, 자원, 권력 등을 드러내지 않는다. 그렇기 때문에 학교는 부모 참여를 별로 환영하지 않는다.[121] 그럼에도 불구하고 소수의 시민은 여전히 참여하고 있으며, 목표 설정 및 변화 전개에 적극적으로 관여한다.

시민이 학교 문제에 관심을 가지는 것을 바라지 않는 사람들도 많지만, 교육과정 활동에 지역사회가 참여해야 한다고 생각하는 사람도 많이 있다. 그러나 어떤 형태, 어떤 수준에서 참여하게 할 것인지에 대해서는 여전히 의견이 분분하다. 이상적으로 시민은 겉치레가 아닌 실질적인 역할을 수행해야 한다. 또한 학군이 설립한 공식적인 위원회나 단체의 회원으로 참가해야 한다. 학부모와 시민은 현장 기반 교육과정 관리에서 교육과정 문제에 더 큰 역할을 수행할 수도 있다.

3) 학군 밖의 참여자

교육과정의 본질 및 규모에 영향을 미치는 사람들 중 학군 밖에 있는 이들도 많다. 그들은 교육과정 기획에도 영향을 미치며, 미국의 다음과 같은 여러 차원에서 활동한다.

연방 정부 20세기에는 연방 정부가 주 및 지역 학군에 교육과정 문제를 맡기는 식으로 안주하는 경우가 있었다. 하지만 1960년대에 접어들자 연방 정부는 교육 자료의 종류 및 활용을 결정하는 데 점차 큰 힘을 발휘하기 시작하였다. 소련이 스푸트니크호를 발사하였고 빈곤과의 전쟁이 벌어졌다. 연방 재정은 지역 연구소 및 센터에 지원되었다. 처음에는 과학과 수학을, 다음에는 약자 및 소수 민족 집단에 초점을 맞추었다.

오늘날 연방 정부가 교육과정 문제에서 어떤 역할을 하고 어느 정도로 참여해야 하는지를 놓고 의견이 분분하다. 예를 들어, 연방 정부가 다음과 같은 다섯 가지 구체적인 역할을 해야 한다는 주장도 있다. 이들 주장은 오래 전에 제기된 것이지만 여전히 유효하다. 그 다섯 가지 역할은 다음과 같다.

① 교육과정과 관련된 중요한 교육 문제를 파악해야 한다. 기본적 학습 능력의 중요성 및 모든 학생을 위한 공통 교육과정 등이 그 예다.
② 교육, 특히 교육과정과 관련하여 방대한 지식을 종합해야 한다.
③ 교육과정 자료와 관련된 연구를 도모해야 한다.
④ 교육과정 관련 지식을 적용하고 전파하는 데 도움을 주어야 한다.
⑤ 교육과정을 포함하여 교육 분야에 관심이 있는 사람들을 격려해야 한다.[122]

주 정부 주 정부는 교육 정책에서 그 역할

을 확대해 왔다. 이 때문에 지역 학군의 영향력이 많이 축소되었다. 여러 주에서는 주 정부의 교육위원회가 교육과정 내용 및 구성 방식과 관련하여 공식적인 제안을 하고 지침을 마련한다. 주 정부가 이처럼 적극적으로 참여하게 된 것은 교육 관리가 주 정부의 책임이라는 입장 때문이다. 이 입장은 연방 재정 지원 감소로 더 큰 힘을 얻었다.[123]

주 정부는 여러 면에서 교육과정에 영향을 미친다. 주 법률은 교육 내용과 관련하여 지침을 마련한다. 또한 사회 문제를 해결하기 위해서 운전 교육 및 약물 교육과 같은 의무 교육을 마련하기도 한다. 주 차원에서 단체에 압력을 가하여 교육과정에 대한 관심을 높이기도 한다. 종종 로비를 통해 특정 내용이나 학생을 겨냥한 법을 제정하기도 한다. 교육개혁에 대한 보고서가 많이 출판되면서 주 정부는 학문적 내용과 학업 성취 기준을 높이기 위한 최소 능력 시험과 필수 능력 시험을 치르기도 한다.

주 정부의 교육위원회는 교사, 감독관 및 행정관의 역량 및 자격 요건을 결정하는 데에도 영향력을 확대하고 있다. 일부 주에서는 특정 교육과정과 관련하여 특별한 자격증을 따지 않으면 감독관이나 행정관이 될 수 없다. 주 의원들은 교육 재정에 적극적으로 관여하여 새로운 프로그램 및 기존 프로그램에 대한 재정 지원에 간접적인 영향을 미치고 있다. 그리고 주지사는 국가적인 교육개혁운동과 발을 맞추어 교육 혁신자 역할을 수행하고 있다.

지역 단체 주 정부는 교육과정 문제에 자발적으로 관여하기도 한다. 두 가지 지역 단체가 이를 위해 설립되었다. 하나는 지역교육연구소이고 다른 하나는 연구개발센터다. 지역교육연구소는 자료 생성 지침을 제공하고 기획 자문을 제공하는 전문가를 파견함으로써 교육과정에 영향을 미친다. 연구개발센터는 특정 교육과정 문제를 조사하여 그 결과가 교육과정 기획에 반영되도록 한다. 연구개발센터는 또한 특정 프로그램이나 접근법의 효과를 기록으로 남겨 교육과정 전문가에게 도움을 주기도 한다.

또 다른 유형의 지역 단체로는 중간 학군이 있다. 중간 학군, 교육 서비스군 혹은 교육 서비스 기관이라는 용어는 주 정부와 지역 학군 사이에서 매개자 역할을 하는 기관을 일컫는다. 약 40개 주에서 중간 학군을 운영하고 있다. 일반적으로 중간 학군은 50평방마일에 위치한 20~30개의 학군으로 구성된다.[124]

최근 중간 학군은 교육과정, 교수, 평가와 같은 일반 영역은 물론, 장애아동, 영재 및 2개 국어 아동 교육과 같은 특수 영역에 인적 자원을 제공하고 있다. 유치원 이전 교육, 직업교육, 자료 처리 및 컴퓨터 교육에도 인적 자원을 제공하고 있다.

4) 그 외 참여자

교육 출판사 출판사는 비공식적인 국가 교육과정을 제공한다. 대부분의 학교에서는 교과서가 교육과정을 결정한다. 교실 수업 중 75%

가 교육 자료와 관련되기 때문에 교과서의 힘은 엄청나다고 할 수 있다. 학생이 숙제를 할 때 교육 자료를 보는 시간은 90%에 달한다. 학생이 '아는 것' 은 주로 교과서 내용에서 비롯된다.[125)]

시험 기관 교육 출판사와 마찬가지로 교육평가기관(Educational Testing Service)이나 심리학협회(Psychological Corporation)와 같은 시험기관은 '국가' 교육과정을 만든다. 이들은 내용을 표준화함으로써 교육과정에 어떤 내용이 들어가고 특정 주제를 얼마나 강조할지에 영향을 미친다.

전문기관 교육과정 개발 및 관리협회(Association for Supervision and Curriculum Development), 영어교사 국가위원회(National Council of Teachers of English), 사회연구 국가위원회(National Council for the Social Studies), 미국교육학회(American Educational Research Association) 등과 같은 기관은 교육과정에 간접적인 영향을 미친다. 이들은 주 및 연방 회의에서 결정된 메시지와 목표를 지역 학교에 적용한다. 이들 전문기관은 교육과정 문제를 전달하고 교육과정 기획에서 지침 및 표준으로 활용되는 연구 보고서를 기록하기 위해 학교(그리고 학군) 연합을 형성하기도 한다.

그 외 집단 이 밖에도 교육과정에 영향을 미치는 학교 밖 사람과 단체는 많이 있다. 대학은 교육과정 개발에 직·간접적 영향을 미친다. 수많은 교육 자문가들이 대학 교수이기도 하다. 사업가들 역시 전문 인력을 제공하고 장비와 자료를 기부하며 특정 프로그램에 재정을 지원함으로써 학교와 밀접한 관계를 맺고 있다. 스스로를 소수로 규정하고 교육 내용과 프로그램에서 특별한 대우를 받는 사람의 집단이 교육과정에 영향을 미치는 경우도 있다. 행정관이나 일반 시민이 교육개혁을 하기도 하고 글을 통해 교육과정 개발에 영향을 미치기도 한다.

재정 지원을 통해 교육과정에 영향을 미치는 재단도 많다. 포드, 록펠러, 카네기, 케터링, 게이츠 재단은 시범 실험 프로그램을 통해 교육과정을 수정하고 있다. 게이츠 재단은 여러 측면에서 가장 눈에 띈다. 우선, 교육 문제에 엄청난 돈을 기부한다. 두 번째로 영향력이 엄청나다. 워싱턴 주에 위치하고 있지만 전국 및 국제적으로 영향을 미치고 있다. 세 번째로 교육적 문제 이상의 것에도 관여한다. 즉, 학생 수가 400명 정도인 소규모 학교 발전에 초점을 맞추고 컴퓨터를 이용한 기술 혁신에도 신경을 쓴다. 더불어 교육과정 및 기술 활용에서 교장이 핵심적인 역할을 맡을 수 있도록 교장 교육에도 힘을 쏟고 있다. 가난한 학생에게 대학 수업료를 제공하기도 한다. 게이츠 재단은 기부금이 엄청나다는 이유 외에도 핵심 결정이 단 네 명(그중 세 명이 빌 게이츠의 가족이다)에 의해 내려진다는 면에서 매우 특이한 재단이라고 할 수 있다.

5. 결 론

교육과정 기획자는 다양한 교육과정 개발 모형 중에서 하나를 선택하여 활용할 수 있다. 어떤 모형을 선택하느냐는 그들이 어떤 철학적 성향 및 교육과정 접근법을 가지고 있는가에 따라 달라진다. 교과 중심 모형은 교육과정 개발에서 기술·과학적 접근법을 취한다. 이것은 오늘날 교육과정 개발에서 여전히 중요한 접근 방법이다.

비기술적·비과학적 접근 방법도 있다. 이들 접근 방법은 '진화론적' 관점에서 교육과정을 파악한다. 학습자 중심 설계를 따르는 교육자들은 이러한 모형을 선호한다.

접근 방법의 다양성은 교육과정 개발의 한 특징이기도 하다. 그러나 모든 교육과정 개발자가 주의를 기울여야 하는 보편적인 요소도 있다. 예컨대, 내용, 경험, 환경은 어떤 모형의 설계나 개발을 선택하든 항상 주의를 기울여야 한다. 즉, 교육과정을 체계적으로 계획되는 것으로 보든, 자연적으로 진화하는 것으로 보든 간에 주의를 기울여야 한다는 말이다. 내용이 없는 교육과정은 교육과정이 아니다. 경험이 없는 교육과정은 학생에게 전달될 수 없고, 또 학생이 수행할 수도 없다. 그리고 계획된 환경이 없는 교육과정은 교사가 실행할 수 없다.

교육과정 개발 모형과 교육과정 요소가 다양하다는 사실은 지방, 시, 국가 등 여러 차원의 교육과정 관계자들에게 도전으로 다가온다. 교육과정의 의사 결정에서 누가 중요한 역할을 해야 하는지는 앞으로도 계속 논쟁거리로 남게 될 것이다.

미 주

1) Helen Simons, "Developing Curriculum through School Self-Evaluation," in Landon E. Beyer and Michael W. Apple, eds., *The Curriculum: Problems, Politics, and Possibilities* (Albany: State University of New York Press, 1998), pp. 358-379.
2) James B. Macdonald, "The Quality of Everyday Life in School," in J. B. Macdonald and E. Zaret, eds., *Schools in Search of Meaning* (Washington, D.C.: Association for Supervision and Curriculum Development, 1975), pp. 76-94.
3) Franklin Bobbitt, *How to Make a Curriculum* (Boston: Houghton Mifflin, 1924), p. 2.
4) Ibid., p. 9.
5) Franklin Bobbitt, *The Supervision of City Schools: Some General Principles of Management Applied to the Problems of City School Systems,* Twelfth Yearbook of the National Society for the Study of Education, Part I (Bloomington, Ill.: 1913), p. 11.
6) David H. Jonassen, Martin Tessmer and Wallace H. Hannun, *Task Analysis Methods for Instructional Design* (Mahwah, N.J.: Erlbaum, 1999).
7) Grant Wiggins and Jay McTighe, *Understanding by Design* (Alexandria, Va.: Association for Supervision and Curriculum Development, 1998).
8) W. W. Charters, *Curriculum Construction* (New York: Macmillan, 1923), p. 5.
9) Ibid., p. 101.
10) Ibid., p. 105.
11) Ralph Tyler, *Basic Principles of Curriculum and Instruction* (Chicago: University of Chicago Press, 1949).
12) George J. Posner, "Models of Curriculum Planning," in Landon E. Beyer and Michael W. Apple, eds., *The Curriculum: Problem, Politics, and Possibilities* (Albany:

State University of New York Press, 1998), pp. 79-100.

13) Francis P. Hunkins and Patricia A. Hammill, "Beyond Tyler and Taba: Reconceptualizing the Curriculum Process," *Peabody Journal of Education* (Spring 1994), pp. 4-18.

14) Hunkins and Hammill, "Beyond Tyler and Taba."

15) Hilda Taba, *Curriculum Development: Theory and Practice* (New York: Harcourt Brace, 1962).

16) Helen Simons, "Developing Curriculum through School Self-Evaluation," pp. 358-379.

17) Peter F. Oliver, *Developing the Curriculum,* 5th ed. (Reading, Mass.: Longman, 2001).

18) Dominique Genelot, "The Complex World of Deliberation," in J. T. Dillon, ed., *Deliberation in Education and Society* (Norwood, N.J.: Ablex Publishing Corp., 1994), pp. 81-98.

19) Arthur N. Applebee, *Curriculum as Conversation* (Chicago: University of Chicago Press, 1996).

20) George Lakoff and Rafael E. Nuñez, *Where Mathematics Comes From: How the Embodied Mind Brings Mathematics into Being* (New York: Basic Books, 2000).

21) Srini Narayanan, cited in Lakoff and Nuñez, *Where Mathematics Comes From.*

22) Wiggins and McTighe, *Understanding by Design.*

23) Ibid.

24) Ibid., p. 10.

25) Ibid., p. 12.

26) Jonassen, Tessmer and Hannum, *Task Analysis Methods for Instructional Design.*

27) Ibid.

28) Ibid.

29) Ibid.

30) Catherine Cornbleth, *Curriculum in Context* (New York: Falmer Press, 1990); George O. Posner, *Analyzing the Curriculum* (New York: McGraw-Hill, 1992).

31) M. Frances Klein, "Approaches to Curriculum Theory and Practice," in J. T. Sears and J. D. Marshall, eds., *Teaching and Thinking about the Curriculum* (New York: Teachers College Press, Columbia University, 1990), pp. 3-14; Robert Young, *A Critical Theory of Education* (New York: Teachers College Press, Columbia University, 1990).

32) James B. Macdonald, "Curriculum Theory," in W. Pinar, ed., *Curriculum Theorizing: The Reconceptualists* (Berkeley, Calif.: McCutchan, 1975), pp. 5-13; Macdonald, "Theory, Practice and the Hermeneutic Circle," in W. Pinar, ed., *Contemporary Curriculum Discourses* (Scottsdale, Ariz.: Gorsuch, Scarisbrick, 1988), pp. 101-113.

33) Gail McCutcheon, *Developing the Curriculum: Solo and Group Deliberation* (New York: Longman, 1995).

34) P. Senge, *The Fifth Discipline* (New York: Doubleday, 1990) cited in McCutcheon, *Developing the Curriculum.*

35) Joseph Schawb, *Science, Curriculum and Liberal Education: Selected Essays,* I. Westbury and N. D. Wilikof, eds. (Chicago: University of Chicago Press, 1978), cited in McCutcheon, *Developing the Curriculum.*

36) McCutcheon, *Developing the Curriculum.*

37) J. T. Dillon, "The Questions of Deliberation," in J. T. Dillon, ed., *Deliberation in Education and Society* (Norwood, N.J.: Ablex Publishing Corp., 1994), pp. 3-24.

38) Genelot, "The Complex World of Deliberation."

39) Didier Noye, "Guidelines for Conducting Deliberations," in Dillon, ed., *Deliberation in Education and Society,* pp. 239-248.

40) McCutcheon, *Developing the Curriculum.*

41) Reid, *The Pursuit of Curriculum.*

42) Noye, "Guidelines for Conducting Deliberations."

43) Reid, *The Pursuit of Curriculum* (Norwood, N.J.: Ablex, 1992).

44) Genelot, "The Complex World of Deliberation."

45) Reid, *The Pursuit of Curriculum.*

46) Applebee, *Curriculum as Conversation.*

47) Robert V. Carlson and Gary Akerman, eds., *Educational Planning* (New York: Longman, 1991).

48) Applebee, *Curriculum as Conversation,* p. 41.

49) Francis P. Hunkins, *Teaching Thinking through Effective Questioning* (Norwood, Mass.: Christopher Gordon, 1995).

50) Ibid.

51) Jean-Francois Lyotard, "What Is Postmodernism?," in Charles Jencks, ed., *The Post-Modern Reader* (New York: St. Martin' s Press, 1992), pp. 138-150.

52) Donald A. Schon, *Educating the Reflective Practitioner* (San Francisco: Jossey-Bass, 1990).

53) Mark Johnson, *The body in the Mind* (Chicago: University of Chicago Press, 1984).

54) Elliott W. Eisner, *The Educational Imagination,* 4th ed. (New York: Macmillan, 1998).

55) Johnson, *The Body in the Mind;* Schon, *Educating the Reflective Practitioner.*

56) William E. Doll, "Teaching a Post-Modern Curriculum," in James T. Sears and J. Dan Marshall, eds., *Teaching and Thinking about Curriculum* (New York: Teachers College Press, Columbia University, 1990), pp. 39-47.

57) Michael Peters, "Legitimation Problems: Knowledge and Education in the Postmodern Condition," in Michael Peters, ed., *Education and the Postmodern Condition* (Westport, Conn.: Bergin andGarvey, 1995), pp. 21-39.

58) Patrick Slattery, *Curriculum Development in the Postmodern Era* (New York: Garland, 1995).

59) Ilya Prigogine and Isabelle Stengers, *Order Out of Chaos* (New York: Bantam Books, 1984).

60) Slattery, *Curriculum Development in the Postmodern Era.*

61) Lyotard, "What Is Postmodernism?."

62) Ibid.

63) Collin J. Marsh and George Willis, *Curriculum: Alternative Approaches, Ongoing Issues,* 3rd ed. (Columbus, Ohio: Merrill, 2003).

64) Jerome Bruner, *The Culture of Education* (Cambridge, Mass.: Harvard University Press, 2001), p. 11.

65) Henry A. Giroux, Cohn Lankshear, Peter McLaren and Michael Peters, *Counternarratives: Cultural Studies and Critical Pedagogies in Postmodern Spaces* (New York: Routledge, 1996).

66) Forrest W. Parkay and Glen Hass, *Curriculum Planning: A Contemporary Approach,* 7th ed. (Boston: Allyn and Bacon, 2000).

67) Ibid.

68) Ibid.

69) Young, *A Critical Theory of Education.*

70) J. C. Parker and Louis J. Rubin, *Process as Content: Curriculum Design and the Application of Knowledge* (Chicago: Rand McNally, 1966), p. 2.

71) Paul Hirst, *Knowledge and the Curriculum* (Boston: Routledge and Kegan Paul, 1974).

72) Jerome S. Bruner, *On Knowing: Essays for the Left Hand* (Cambridge, Mass.: Harvard University Press, 1963), p. 120.

73) John D. McNeil, *Curriculum: A Comprehensive Introduction,* 6th ed. (New York: HarperCollins, 2000).

74) Ibid.

75) Ibid.

76) Ibid.

77) Israel Scheffler, "Justifying Curriculum Division," in J. Martin, ed., *Readings in the Philosophy of Education: A Study of Curriculum* (Boston: Allyn and Bacon, 1970), pp. 27-31.

78) Taba, *Curriculum Development: Theory and Practice.*

79) Asa G. Hilliard, "Why We Must Pluralize the Curriculum," *Educational Leadership* (December-January, 1992), pp. 12-15; John O' Neil, "Preparing for the Changing Workplace," *Educational Leadership* (March 1992), pp. 6-9.

80) Bruner, *The Culture of Education.*

81) Lakoff and Nuñez, *Where Mathematics Comes From.*

82) Henry A. Giroux, *Postmodernism, Feminism and Cultural Politics* (Albany: State University of New York Press, 1991).

83) James A. Beane, *Affect in the Curriculum* (New York: Teachers College Press, Columbia University, 1990).

84) Reid, *The Pursuit of Curriculum.*

85) Parkay and Hass, *Curriculum Planning.*

86) David Pratt, *Curriculum: Design and Development* (New York: Macmillan, 1980), p. 116.

87) McNeil, *Curriculum: A Comprehensive Introduction.*

88) Taba, *Curriculum Development: Theory and Practice,* p. 278.

89) Slattery, *Curriculum Development in the Postmodern Era.*

90) Allan C. Ornstein, "Curriculum Contrasts: A Historical View," *Phi Delta Kappan* (February 1982), pp. 404-408; Ornstein, "Components of Curriculum Development," *Illinois School Research and Development* (Spring, 1990), pp. 204-212.

91) Maxine Greene, *The Dialectic of Freedom* (Teachers College Press, Columbia University, 1988); Philip H. Phenix, "Transcendence and the Curriculum," in E. W. Eisner and E. Vallance, eds., *Conflicting Conceptions of Curriculum* (Berkeley, Calif.: McCutchan, 1974), pp. 117-135.
92) Roger Lewin, *Complexity: Life at the Edge of Chaos* (New York: Macmillan, 1992).
93) Ronald C. Doll, *Curriculum Improvement: Decision Making and Process,* 9th ed. (Boston: Allyn and Bacon, 1996); Ornstein, "Components of Curriculum Development." p. 206.
94) Taba, *Curriculum Development: Theory and Practice,* p. 290.
95) Slattery, *Curriculum Development in the Postmodern Era.*
96) David W. Orr, *Ecological Literacy: Education and the Transition to a Postmodern World* (Albany: State University of New York Press, 1992), cited in Patrick Slattery, *Curriculum Development in the Postmodern Era.*
97) Francis P. Hunkins and Patricia A. Hammill, "Quality Curriculum: Determining the Urban Vision," *Education and Urban Society* (May 1991), pp. 292-301.
98) Francis P. Hunkins, "Creating Outrageous Educational Spaces," speech given at University of Washington, 1995.
99) John I. Goodlad, *In Praise of Education* (New York: Teachers College Press, 1997).
100) Ibid.
101) Pepi Leistyna and Arlie Woodrum, "Context and Culture: What Is Critical Pedagogy?," in Pepi Leistyna, Arlie Woodrum and Stephen A. Sherblom, eds., *Breaking Free: The Transformative Power of Critical Pedagogy* (Cambridge, Mass.: Harvard Education Review, 1999), pp. 1-8.
102) Donald Hawkins and Dennis Vinton, *The Environmental Classroom* (Upper Saddle River, N.J.: Prentice Hall, 1973).
103) Dale Lang, *Essential Criteria for the American School Classroom* (Seattle: University of Washington, Masters Thesis School of Architecture, 1995), p. 42.
104) Leistyna and Woodrum, "Context and Culture: What Is Critical Pedagogy?."
105) Kerry T. Burch, *Eros as the Educational Principles of Democracy* (New York: Peter Lang, 2000).
106) Bruner, *The Culture of Education.*
107) Brian Castaldi, *Educational Facilities: Planning, Modernization, and Management,* 3rd ed. (Boston: Allyn and Bacon, 1987).
108) Lang, *Essential Criteria for the American School Classroom.*
109) Ibid.
110) James B. Macdonald, "The Quality of Every Day Life in School," in J. B. Macdonald and E. Zaret, eds., *Schools in Search of Meaning* (Berkely, Calif.: McCutchan, 1978).
111) Robert V. Bullough, Jr., Robert S. Patterson and Clifford T. Mayes, "Teaching as Prophecy," *In Curriculum Inquiry* (Fall 2002, Vol. 32, no. 3), pp. 311-329.
112) Marsh and Willis, *Curriculum: Alternative Approaches, Ongoing Issues.*
113) Ibid.
114) Henry A. Giroux, *Teachers as Intellectuals* (Granby, Mass.: Bergin and Garvey, 1988), p. 125.
115) Schon, *Educating the Reflective Practitioner.*
116) Marsh and Willis, *Curriculum: Alternative Approaches, Ongoing Issues.*
117) John Goodlad, *A Place Called School* (New York: McGraw-Hill, 1984).
118) James A. Beane, Conard E. Toepfer and Samuel J. Alessi, *Curriculum Planning and Development* (Boston: Allyn and Bacon, 1986).
119) Carl D. Glickman, ed., *Supervision in Transition* (Alexandria, Va.: Association for Supervision and Curriculum Development, 1992).
120) Roald F. Campbell et al., *The Organization and Control of American Schools,* 6th ed. (Columbus, Ohio: Merrill, 1990); Thomas J. Sergiovanni et al., *Educational Governance and Administration,* 3rd ed. (Boston: Allyn and Bacon, 1992).
121) Marsh and Willis, *Curriculum: Alternative Approaches, Ongoing Issues.*
122) Keith Goldhammer, "The Proper Federal Role in

Education Today," *Educational Leadership* (February 1989), pp. 350-353.

123) Michael Fullan, *The New Meaning of Educational Change*, 2nd ed. (New York: Teachers College Press, Columbia University, 1991).

124) Allan C. Ornstein and Daniel U. Levine, *Foundations of Education*, 8th ed. (Boston: Houghton Mifflin, 2003).

125) David L. Elliott and Arthur Woodward, eds., *Textbooks and Schooling in the United States*. Eighty-Ninth Yearbook of the National Society for the Study of Education, Part I (Chicago: The University of Chicago Press, 1990).

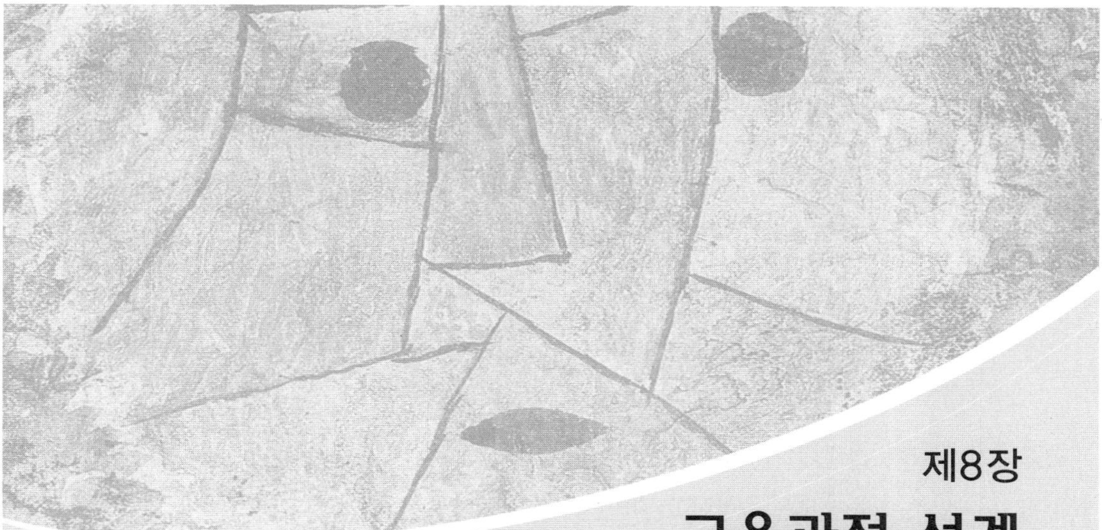

제8장

교육과정 설계

핵심 질문

1. 교육과정 설계의 자원은 무엇인가?
2. 교육과정 설계는 어떻게 정의할 수 있는가?
3. 교육과정 설계를 숙고할 때 고려해야 할 핵심적 차원은 무엇인가?
4. 여러 가지 설계 차원 중에서 오늘날 통합이 많은 관심을 끄는 이유는 무엇인가?
5. 지식의 통합성을 강조하는 설계는 어떤 설계인가?
6. 주요 대표적인 교육과정 설계 유형에는 어떤 것들이 있는가?
7. 미국 학교에서 가장 흔하게 이루어지는 교육과정 설계는 어떤 것인가?
8. 포스트모던적 사고방식과 가장 잘 조화를 이루는 설계는 무엇인가? 왜 그렇게 생각하는가?

교육과정 개발과 실행에 관심이 있고 책임이 있는 모든 사람은 교육과정은 무엇이고, 어떤 부분들로 이루어지는지에 대한 나름의 개념을 가지고 있다. 그리고 교육과정을 구성하는 부분이 어떻게 배열되고 그 부분이 서로 어떻게 관련되는지에 대해서도 일련의 어떤 생각을 가지고 있다. 교육과정 계획의 모양이나 형태, 보다 구체적으로는 교육과정 계획을 구성하는 부분의 실제적인 배열에 관하여 생각한다는 것은 교육과정 설계에 대하여 생각하는 것을 의미한다. 가끔은 '교육과정 조직'이라고도 부르는 교육과정 설계는 교육과정 요소를 독립적이고도 중요한 본체적 실체로 배열하고 조직하는 것을 말한다. 이 장에서는 교육과정 설계를 명사적 의미로 사용하고자 한다. 이것은 특정한 교육과정 구성 요소를 배열해 놓은 것을 부르는 명칭이다. 어떤 교육과정 전문가들은 설계라는 용어를 특정한 요소의 조직을 통하여 교육과정이나 수업 계획을 창안하는 실질적인 과정을 지칭하는 동사적 의미로 사용한다. 이 경우 동사적 의미로 사용되는 설계는 교육과정 개발과 유사한 용어가 된다. 설계는 개발되거나 선정된다. 어떤 사람이 실제로 어떤 설계를 선택하는 것은 그 자신의 교육과정에 대한 접근 방법과 철학적인 방향의 영향을 받는다고 볼 수 있다. 이 철학적 접근은 정치적·사회적 입장의 영향을 받기도 한다. 이것은 비판적 이론과 비판적 교육학을 주장하는 사람들에게 더욱 그러하다.

교육과정 설계 속에 배열되는 여러 가지 부분—때로는 구성 요소 혹은 요소로 부른다—은 다음과 같다.

① 목적(aims), 목표(goals), 그리고 명세적 목표(objectives)
② 교과
③ 학습 경험
④ 평가 방법

이들 구성 요소의 성격과 이들 구성 요소가 교육과정 계획 속에서 조직되는 방식이 곧 교육과정 설계다. 대부분의 교육과정 계획은 그 자체의 설계 속에 이러한 네 가지의 본질적인 요소를 가지고 있지만 네 가지 모두가 동일한 정도로 중요시되는 것은 아니다. 내용 요소나 교과 요소가 일차적으로 강조되는 경우가 많다. 그러나 각 학교에서는 기본적으로 목표 요소나 평가 방법 요소를 강조하는 경우가 많다. 학습 경험이나 활동에 일차적인 강조점을 두는 설계도 있다.

1. 설계의 요소

교육과정 설계를 고려할 때 교육과정 의사 결정자는 다음과 같은 질문에 직면한다.

'설계의 각 부분(요소)이 전체를 개선하고 전체에 통찰을 줄 수 있도록 하기 위하여 어떤 교육과정의 일반적 구조를 개발할 수 있는가?'

교육과정 구성의 배열, 즉 교육과정 설계에 대하여 생각해 보는 것은 우리가 생각하고 받아들이고 있는 교육과정에 대하여 어떻게 접근할 것인지에 관하여 성찰하도록 도와준다. 설계의 질문에 관심을 기울이고 주목하는 것은 어떤 합리적 근거에 기초해서 교육과정 구성 요소를 배열해야 하는지를 결정하는 데 철학적 문제와 학습 이론을 고려하는 것을 의미한다. 예를 들어, 설계에 대한 우리의 의사 결정이 사람들에 관한 기본적 신념과 일치하는가? 학습자들은 무엇을 어떻게 학습해야 하는가? 그들이 습득하고 창출해 낸 지식과 그들은 어떻게 상호 작용을 해야 하는가?

교육과정 설계는 교육과정의 네 가지 기본적 요소의 성격을 파악하고 그것을 배열하는 것을 가리킨다. 이러한 기본적 요소는 Harry Giles의 '8년 연구' 보고서에 나타난 그의 고전적 연구에 뿌리를 두고 있다. 그는 교육과정의 기본적 요소의 관련을 보여 주기 위해 '구성 요소'라는 용어를 사용하였고, '방법 및 조직'이라는 명칭 아래 학습 경험을 포함시켰다.[1] 그 구성 요소 사이의 관련은 [그림 8-1]에 나타나 있다.

교육과정 설계의 네 가지 구성 요소는 교육과정을 만드는 사람에게 ① 무엇을 행할 것인가, ② 어떤 교과를 포함시킬 것인가, ③ 어떤 수업 전략, 자료, 그리고 활동을 사용할 것인가, ④ 교육과정의 결과를 평가하기 위해서 어떤 방법 및 도구를 이용할 것인가의 질문을 제시한다. Giles에 의하면 네 가지 구성 요소는 서로 상호 작용한다. 하나의 구성 요소에 관하여 어떤 결정을 내릴 것인가는 다른 구성 요소에 관하여 어떤 결정을 내렸는가에 좌우된다. Giles가 이 패러다임을 제시하기는 했지만 이것은 Tyler가 몇 년 뒤에 개발하였던 모형과 아주 비슷하다. 그러나 Tyler의 모형이 교육과정의 주요 요소에 대한 직선적인 관심을 나타내고 있는 반면, Giles의 패러다임은 구성 요소 간의 지속적인 상호 작용을 나타내고 있다.[2]

교육과정 설계는 실천적 쟁점뿐만 아니라 다양한 철학적 · 이론적 쟁점을 포함한다. 철학적 입장은 목표에 관한 해석 및 선택에 영향을 미치

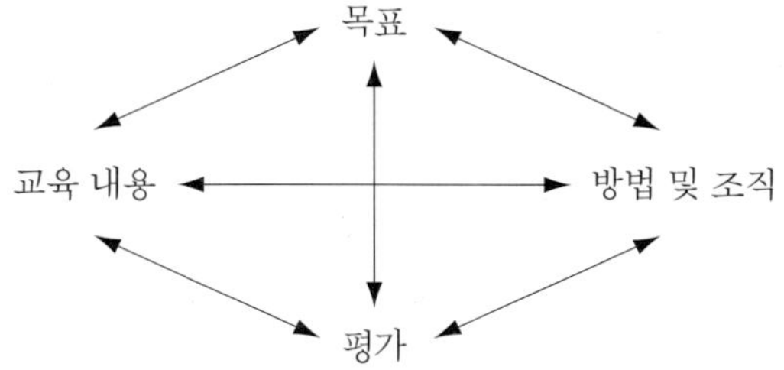

[그림 8-1] 교육과정 설계의 구성 요소

출처: H. H. Giles, S. P. McCutchen, and A. N. Zechiel, *Exploring the Curriculum* (New York: Harper, 1942), p. 2.

고, 내용 선택과 조직 방법에도 영향을 미친다. 또한 그것은 교육과정 내용을 가르치는 방법과 관련된 의사 결정에도 영향을 미치고 개발된 교육과정의 성공을 어떻게 평가할지에 대한 판단에도 영향을 미친다.

구성 요소에 대한 명칭을 모든 사람이 통일할 필요는 없다. 하나의 구성 요소인 목표에 대한 관심은 근대성을 추구하고 보다 생산적인 관점인 탈근대성을 거부하는 것이라고 많은 사람이 주장하기도 한다. 목표라는 구성 요소는 성과가 정확해야 하며, 그 성과를 성취하기 위해서는 학습자를 통제해야 한다는 아이디어를 나타낸다. 그러나 교육은 개인을 앞으로 미래의 불확실성으로 초대하는 것이어야 한다고 주장하는 사람들이 많이 있다. 목표는 오로지 정확성 그 자체만을 위한 것일 뿐이라는 것이다. 그러나 어떤 관점을 취하든지 하나의 교육과정을 창안한다는 것은 마음속에 모종의 목적을 가지고 이루어지는 일이다. 그것은 어떤 의도를 가진다. 개방된 탐색을 추구하는 것도 모종의 의도를 가지며, 그 의도는 목표를 진술하는 것과 유사한 기능을 수행한다. 그것은 개방된 탐색에 개인이 참여하는 '이유'를 나타낸다.

포스트모더니즘을 주장하는 사람들도 교육과정의 구체적 내용인 지식이나 내용에 대하여 성찰할 필요가 있다. 그것을 특정 사실로 보든, 창의적 이해로 보든 그것은 여전히 교육과정 설계의 주요 요소이면서 교육과정을 설계할 때에 늘 당면하게 되는 문제다. 교육과정 설계에서 교육과정의 '무엇'에 관한 문제는 언제나 빠뜨릴 수 없는 문제다.

현재 논의되는 많은 담론은 지식의 구성, 해체, 재구성에 학생을 참여시키는 데에 초점을 맞추고 있다. 이것은 방법과 조직이라는 구성 요소를 지칭한다. 교육과정을 여행으로 규정한다고 해도 거기에는 방법적 요소가 끼어들지 않을 수 없다. 그것은 아무리 화려한 수사학으로 가장한다고 해도 어쩔 수 없는 일이다.

평가나 사정이라는 요소에 대해서도 이와 동일하게 말할 수 있다. 지식을 정적인 것이나 동적인 것, 아니면 생성적이거나 창발적인 것 중의 어느 하나로 보든지 간에 우리는 언제나 학생이 과연 이해를 잘했는지를 알고 싶어 한다. 최종적 평가는 불가능하다고 주장하는 사람들도 여전히 이러한 평가의 요소를 피할 수는 없다.[3] 의미를 구성하는 작업 자체가 어떤 형태의 것이든 반드시 평가를 필요로 하게 된다. 정보를 더 잘 이해하기 위하여, 여기서 이해가 아무리 잠정적인 것일지라도 정보를 해체하고 분해하는 것은 여전히 평가를 요구하는 일이다.

모든 교육과정 설계가 Giles가 언급한 네 가지 구성 요소를 모두 가질 필요는 없지만 교육과정 설계는 모든 관심이 집중된 이러한 요소를 포함할 필요가 있다. 그 이유는 교육과정 설계가 무엇이 가치 있는 것이며, 어떤 것을 우선적으로 고려해야 하는지에 관한 틀을 제공해 주어야 하기 때문이다.

Ronald Doll은 사람들이 교육과정 설계와 수업에 관하여 생각할 때에 약간의 혼란이 있다는 점을 지적한다. 그는 교육과정 설계는 수업 설계의 부모라고 말한다.[4] 즉, 교육과정은 목표, 내용, 경험, 평가 등과 같은 교육과정의 구성 요소가 배열되어 있는 전체적 계획안이다. 수업 설계는 좀 더 구체적으로 학생에게 가르쳐야 할 잠재적인 경험, 그 하나의 요소에만 국한된다. 수업은 목표나 내용을 언급하지 않는다. 오히려 그것은 학생에게 교육과정의 내용을 가르치기 위한, 교수학적으로, 그리고 기술공학적으로 훌륭한 교수 방법이나 교육 활동에 대한 지도를 그리는 것을 가리킨다. 수업 설계에서 중요한 질문은 학습을 촉진시키는 데 어떤 교수 방법이나 자료를 사용할 수 있는가 하는 문제다. 교육과정 설계에 제시된 자원 중에서 어떤 것이 특정 수업에 적합한가? 학생 배치를 어떻게 할 것인가? 특정 활동에 어떤 학생을 참여시킬 것인가? 이상적으로 교육과정 연구자는 특정 교육과정을 숙고할 때 교육과정 맥락 내에서 이루어질 수업 설계에 대한 의사 결정을 동시에 수행해야 한다.

1) 교육과정 설계를 위한 자원

교육과정 설계에 책임이 있는 사람들은 교육과정의 자원으로 부르는 사회 및 학습자 개인에 관한 철학적 · 사회적 · 정치적 관점을 분명히 해야 한다. 교육과정 설계가 어떤 영향을 미칠 것인지를 결정하기 위해서는 이러한 교육과정의 자원들이 교육에 어떤 영향을 미치는지에 관심을 가져야 한다. 교육과정 계획자가 이러한 교육과정 자원과 관련된 문제에 어떻게 대답하는가는 교육과정 설계에 대한 관점에 영향을 미친다. 그렇기 때문에 교육과정 설계자들은 자신들의 철학적 · 사회적 · 정치적 입장을 밝히는 것이 중요하다. 만약, 교육과정 설계자들이 이러한 철학적 · 사회적 · 정치적 문제들을 무시한다면 그들의 교육과정 설계는 한정된 의미만을 가지거나 혼란을 야기할 것이다.

Ronald Doll은 교육과정 설계를 뒷받침하는 자원을 과학, 사회, 영원한 진리, 신의 의지의 네 가지로 기술하고 있다.[5] 이러한 자원은 Dewey와 Bode가 확인하고 Ty1er가 보급시킨 지식, 사회, 학습자라는 교육과정의 자원과 유사하다.[6]

과학 교육과정 설계의 자원으로서 과학을 주장하는 교육과정 연구자들은 과학적 방법이 교육과정 설계를 위한 의미를 제공해 준다고 주장한다. 설계는 관찰 가능하고 양화할 수 있는 요소만을 포함해야 한다는 것이다. 이런 입장에 기초한 설계에서는 문제 해결이 최우선의 위치를 점한다. 그러나 교육과정 설계를 위한 자원으로서 과학을 인용한다는 것은 잘못된 인상을 줄 가능성이 높다. 즉, 과학적 설계의 실질적인 강조점은 과학적인 절차뿐만 아니라 절차적 지식(혹은 과정의 지식)에 있다. 교육과정에서 학습하는 방법이나 사고하는 방법을 강조하는 설계는 지식을 처리하는 과학적 절차와 다양한 수단을 강조하게 된다. 그러나 Elliot Eisner는 교사들은 과학적인 앎의 방식 이외에도 미학적 앎의 양식, 대인 관계적 양식, 실제적 양식, 심지어 영성적 관념까지도 이해할 필요가 있다고 주장한다.[7]

사고 과정에 관한 많은 진술은 주로 인지심리학적 지식에서 나온 것이다. 문제 해결 절차와 관련된 것들은 과학이나 심리학과 같은 학문에서 도출된 것이다. 어떤 교육자들은 이러한 절차적 지식과 사고 전략에 관한 관념을 교육과정의 주요 일차적 자원으로 생각하기도 한다. 그러나 지식이 폭발적으로 증가하는 현재의 상황 속에서 변하지 않는 유일한 것이 있다면 그것은 우리가 여러 가지 다양한 절차에 의거하여 지식을 처리하고 있다는 사실 자체일 것이다.

교육과정 설계에 대한 이러한 관점은 과학적이고 합리적인 서구 문화의 세계와 일맥상통한다. 그러나 이제 우리는 다양한 문화가 공존하는 다원화된 세계에서 살고 있다. 이것은 세계는 정적인 것이 아니라 자기 발생적이고 복잡하며 진화한다는 것을 받아들이는 것이다. 이 세계는 과학적 관점으로 파악되기 위하여 우리와 객관적으로 동떨어져 존재하는 것이 아니라 우리와 함께 형성되고 있는 것이다.[8] 실재에 대한 이러한 새로운 견해는 몇 세기 동안 작용해 온 실증주의나 모더니즘과 대조가 되는 것으로서, 포스트모더니즘, 후기실증주의, 사고의 제3의 물결 등 다양한 이름으로 불리고 있다.

사회 사회를 교육과정의 자원으로 채택하는 교육과정 설계자는 학교는 사회의 대리인이기 때문에 반드시 교육과정에 필요한 아이디어를 사회적 상황의 분석에서 도출해 내야한다고 믿는다. 이 사회적 기초는 교육과정의 기초 중에서 가장 중요한 것으로 작용하고 있다. Dewey는 교육자는 사회의 요구를 잘 파악하고 있어야 한다고 주장하였다. 무엇이 의미가 있으며, 무엇이 오랫동안 가치를 가질 것인지를 결정하기 위해서는 사회에 대한 신중한 연구가 필요하다. 즉, 사회는 교육자에게 교육과정의 어느 부분을 수정할 것인지를 알려 주는 지표다.

사회가 어떻게 진보하고 발전되는가를 정확하게 읽는 것이 원래 쉬운 일은 아니지만, 다양하고 많은 정보로 무장한 박식한 사람들이 폭발적으로 증가하고 있는 금세기 정보화 사회에서 그것은 더욱 어려운 일이다. 학교는 학교가 위치한 보다 폭넓은 문화와 지역사회에서 분리되어서는 안 된다. 학교는 지역 공동체뿐만 아니라 사회의 광범위한 이익과 필요에 봉사하도록 설계되어야 한다. 우리는 또한 교육과정 설계에서 시민의 다양성, 특히 다문화, 다양한 민족 집단, 다양한 사회 계층의 문제를 무시하지 말아야 한다. 교육과정 설계는 사회적 · 경제적 · 정치적 맥락 속에서 파악되었을 때 비로소 제대로 이해할 수 있다. 이제 문제는 어떻게 학생의 독특한 요구와 다양한 사회 집단의 특정 요구를 존중하면서 동시에 학생이 사회에 대한 생산적 참여를 가능하게 하는 공통적으로 합의된 능력과 공통의 문화를 이해하도록 할 수 있는가에 있다. 사실 공통 교육과정에 대한 탐구는 모든 사람이 알아야 할 일반적이고 보편적인 것이 있다는 것을 전제한다. 또한 해결해야 할 필요가 있는 공적인 관심사나 공익이 있다는 것을 가정한다. 이 공적인 관심사는 특정 집단의 이익과는 다른 것이다. 오히려 그것은 모든 사람의 요구를 충족시키는 공통

된 이익의 복합체다.[9)]

효과적으로 교육과정을 설계하고자 한다면 교육자는 여러 사람과 집단 간의 협동이 필요하다는 것을 깨달아야 한다. 역동적인 민주주의 사회에서 교육과 교육자는 점증하는 다양한 사람과 함께 가야 한다는 것을 깨달아야 한다. 이제 배경과 문화가 서로 다른 사람들이 교육이 어떻게 조직되고 경험되는지에 관한 자신의 목소리를 주장하고 있다. 금세기에는 사회가 교육과정 설계에 영향을 미치는 가장 강력한 요인이다. 확실히 교육과정 자원으로서 사회는 금세기가 진행되는 동안 지속적으로 영향을 미치게 될 것이다. 협동적 대화를 기반으로 하는 교육과정 설계는 현재로서는 상상조차 할 수 없는 설계를 만들어 낼 것으로 기대된다.

영원한 진리와 신의 의지 어떤 내용이 적절한 내용인가에 대한 안내는 과거에서 찾을 수 있다고 생각하는 사람들도 있다. 이러한 입장을 주장하는 사람들은 교육과정 설계의 목적이 사회의 영속화에 있다고 생각한다. 항존주의 철학을 반영하는 이러한 전통적인 견해는 과거 위대한 사람들이 주장하였던 영원한 진리를 선택할 것을 제안한다. 이러한 설계는 내용 요소를 강조한다. 그렇기 때문에 특정 내용(교과)을 다른 요소보다 더 중요한 것으로 강조한다.

교육과정 설계를 뒷받침해 주는 한 요인으로서 신의 의지는 영원한 진리와 관련되며, 교육과정의 요소는 성경이나 기타 종교적인 문서에 나타나 있다는 생각을 반영한다. 교육과정 설계의 이러한 자원은 미국 식민지 초기의 학교에서 중요한 역할을 하였지만 그 이후로는 교회와 국가의 엄격한 분리 때문에 오늘날의 공립학교에는 거의 영향을 미치지 못하고 있다. 그러나 많은 사립학교나 교구학교는 교육과정 설계의 이러한 자원을 여전히 중요하게 생각한다. 이것은 미국에서 최근에 점증하고 있는 이슬람 학교의 경우에 더욱 그러하다.

현재는 영성적인 것과 그것이 지식과 맺는 관계에 대한 관심이 증가하고 있다. 이것은 종교학교나 사립학교에서는 그다지 놀랄 일이 아니지만 공립학교에서는 다소 놀라운 일이다. 영성적이라는 말을 들을 때 우리는 보통 종교를 생각하게 된다. 교회와 국가는 분리되기에 교육과정 설계의 자원으로서 신의 의지 같은 것을 경시하는 경향은 있지만, 사람들의 가치와 개인적 도덕성의 중요성은 무시되지 말아야 한다. 서구 사회의 비판 중 하나가 영성적이고 도덕적인 가치를 희생하면서까지 과학과 합리성을 강조하고 물질적 부를 강조하는 데에 있다는 점을 명심할 필요가 있다.

Dwayne Huebner는 교육에서 영성과 영성적인 것을 말한다고 해서 신성을 언급할 필요는 없다고 주장한다. '그것은 생생한 실재, 경험, 그리고 경험의 가능성에 관하여 말하는 것이다. 영성적인 것은 현 세계에 대한 것이지 다른 세계에 대한 것이 아니다. 그것은 현세의 삶에 대한 것이지 내세의 삶에 대한 것이 아니다.' Huebner에게 영성을 가진다는 것은 삶의 힘이나 에너지를 가지는 것이다.[10)] 영성을 가진다는 것은 우리에게 실재의 본질을 파악할 수 있게 해 주고, 지식을 보는 새로운 방식, 사람들 사이의 새로운 관계, 그리고 우리 존재를 지각하는 새로운 방식들을 창안하도록 해 준다.

Moffett은 영성적으로 되는 것은 가장 실제적인 것이라고 주장한다. 그것은 우리에게 우리 주위나 우리 안에 일어나고 있는 것에 대한 신중한 주의나 관심을 가지게 한다.[11] 영성적인 사람은 감정이입이 잘 되며, 계몽된 사고를 하는 사람이다. 교육과정 설계를 위하여 이러한 영성에 의존하는 것은 과학에만 의존하는 것보다 더 풍부하고 더 많은 것을 얻을 수 있게 해 준다. 또한 그것은 교육과정을 세계의 본질, 삶의 목적, 인간이 된다는 것과 안다는 것의 본질적 의미에 기초하도록 만들어 준다.

교육과정 설계의 자원으로서 영성적인 것은 그 어느 때보다 금세기에 더욱 중요한 것으로 부각된다. 교육과정과 교육과정 설계를 이러한 관점에서 검토하는 것은 영성적인 것의 새로운 의미와 통합된다. 사실 보다 완전한 앎의 추구에 대한 Moffett의 주장과 양립하여 Pinar는 종교적 텍스트로서 교육과정을 검토하는 것은 진리와 믿음, 지식과 윤리, 그리고 사고와 행위의 통합을 가능하게 한다고 설명하고 있다. 이러한 대립적 요소 중에서 전자가 후자보다 더 우월하다는 주장은 이제 더 이상 효력이 없다.[12] 분명 이러한 것을 교육과정 설계의 자원으로 생각하는 것에 반대하는 사람들도 있을 것이다. 사실 그들은 교육과정 연구자들의 사고 속에 그러한 것이 중요성을 가지는 것 자체에 반대할 수도 있다. 그러나 교육과정 유형은 교육과정에 영향을 미치는 영원한 진리나 신의 의지 등을 숙고해 봄으로써 보다 폭넓고 관용적인 관점을 허용할 필요가 있다.

지식 이미 지적하였던 것처럼 교육과정의 자원으로서 과학은 그것이 다른 학문 분야의 연구를 무시하기 때문에 너무 제한적이라고 주장하는 사람들이 있다. 지식 자체를 교육과정의 주요 자원의 하나로 생각한다면 특정 지식만을 옹호하고 어떤 것은 배제하는 식의 오류에서 벗어날 것이다. Hunkins는 지식이 교육과정의 유일한 자원이라고 제안하고 있으며, 사회와 학습자에 관하여 우리가 알고 있는 것은 내용 선정에서 여과기로 기능한다고 주장한다.[13]

그러나 Hunkins는 지식을 교육과정의 유일한 자원으로 생각한다고 해서 지식을 소유할 수 있는 정적인 것으로 생각해서는 안 된다는 점을 연이어서 강조한다. 사실 그는 지식의 본질, 조건, 지식의 사회적 구성과 재구성, 그러한 활동의 목적, 지식이 창출되고 활용되는 규칙 등의 문제에 관하여 논의해야 할 점이 많다는 것을 잘 알고 있다. 지식이 교육과정 설계의 유일한 일차적 자원이라고 말하는 것은 지식 자체가 비판이 더 이상 허락되지 않는 거대 담론이라는 것을 의미하지 않는다. 누구나 교육과정 설계에서 지식이 가지는 중심적 역할을 인정하면서도 거대 담론에 대한 포스트모던적 불신을 얼마든지 가질 수 있다.[14]

어떤 경우에도 지식은 무시될 수 없다. Spencer

는 '어떤 지식이 가장 가치 있는 지식인가?' 를 물었을 때 지식을 교육과정 구조 내에서 가장 중요한 것으로 새롭게 위치시켰다. 80년이 지난 후 Bellack이 지식을 다양한 학문과 교육과정의 구조 간의 관련 속에서 검토하면서 제기하였던 질문도 바로 이 질문이었다.[15)]

지식을 교육과정 설계의 핵심적인 자원으로 생각한 사람들은 지식이 전문화된 방식으로 조직된다는 점을 알고 있었다. 학문적 지식은 특정 구조와 특정 방법, 즉 그 학문에 종사하는 학자들이 해당 학문의 영역을 확장시키는 방법을 지니고 있다. 비학문적 지식은 독자적 내용을 지니고 있지 않으며, 탐구 초점에 따라 통합된 내용을 가지고 있다. 물리학은 독자적인 개념 구조와 탐구방법을 지니고 있다. 그러나 환경 교육학이나 가정학은 그 자체로 독자적인 내용이 아니라 특정 관심에 따라 다양한 다른 학문에서 도출된 내용으로 구성된다는 점에서 비학문적 성격을 지닌다.

학습자 교육과정은 학습자에 관해 우리가 알고 있는 것, 즉 학습자는 어떻게 학습하며, 어떻게 태도를 형성하고 흥미를 가지며, 어떻게 가치를 형성하는가에 대한 지식에서 도출되어야 한다고 주장하는 사람들이 있다. 교육과정 설계에서 학습자 요소가 핵심이 되어야 한다는 것을 우리 모두가 깨닫지 못했다고 말하는 것은 이상하게 들린다. 아닌 게 아니라 우리는 그동안 교육과정 설계에서 학습자 요소를 무시한 일이 없다. 그것은 언제나 핵심적 위치를 차지하고 있었다. 진보주의 교육과정 학자들, 인간주의적 교육자들, 그리고 포스트모던적 대화에 참여하는 많은 교육과정 연구자에게 학습자는 언제나 일차적인 주요 자원이다.

학습자를 교육과정 설계에서 핵심적인 요소로 강조하는 것은 심리학적 기초에 대한 의존을 더욱 강화한다. 오늘날 마음이 의미를 구성하는 방식에 관한 많은 학문적 연구가 이루어지고 있다. 인지에 관한 많은 연구는 교육과정 설계자에게 지각, 사고, 학습을 촉진시킬 수 있는 교육적 활동을 개발하는 방식을 제공하고 있다. 지난 세기 말부터 금세기까지 이어지는 뇌의 미생물학적 연구는 교육자에게 매우 큰 의미를 던져 주고 있다. 교육 환경이 아동 뇌의 해부학적 조직을 형성하는 힘을 지니고 있다는 것이다. 학습자의 뇌가 어떻게 형성되는가는 그 학습자의 뇌가 어떤 경험을 하며 얼마나 많은 경험을 하는가에 달려 있다.[16)] 그러므로 우리는 교육과정 설계의 자원으로서 학습자를 일반적으로 탐구해야 할 뿐만 아니라 특수하게 학습자의 뇌에 대해서도 탐구해야 한다.

이러한 설계의 또 다른 핵심적인 특징은 지식의 사회적 구성과 재구성, 그리고 그러한 과정에 참여하는 개인의 역량에 대한 강조다. 사실상 지식은 개인에 의해 만들어지는 것이며, 기존의 지식을 개인이 획득하는 것이 아니다. 어떤 구성주의자들에 의하면 어떤 두 학생도 동일한 방식으로 지식을 구성하지 않기에 그들 각자가 구성하는 지식은 서로 다르다. 그들은 주어진 질문에 답하기 위하여 동일한 개념을 사용하지만 그들의 심층적 이해에는 엄연한 차이가 존재한다.[17)]

여기에서 교육과정 설계의 한 자원으로서 학습자는 또 다른 자원인 지식과 연결된다. 또한 지식 처리를 위한 절차적 전략을 강조하는 과학이라는 자원과 학습을 위하여 개인이 정보를 처리하는 방식에 관하여 우리가 알고 있는 것을 강조하는 학습자라는 자원 사이에는 서로 겹치는 부분이 존재한다. 실제로 교육과정 설계의 모든 자원은 서로 겹치는 부분을 가지고 있다.

교육과정 설계를 위한 자원으로서 학습자를 염두에 둔다는 것은 사람을 학습자로 만드는 것이 무엇인지, 그리고 교육과정 조직에서 학습자를 강조하도록 만드는 것이 무엇인지를 중요하게 받아들인다는 것을 의미한다. 우리는 학생의 독특한 능력을 신장시키기 위하여 학습자에게 맞는 교육을 하고자 한다. 우리는 개인의 해방을 교육과정의 목적으로 받아들인다. 우리는 학생들이 그들의 내부와 외부 세계, 지적인 능력과 정신을 탐구하고 조정할 수 있도록 교육되어야 한다는 점을 깨달아야 한다.[18)] 우리는 학습, 반응, 상상 등의 활동이 얼마나 복잡한 활동인가를 깨달을수록 보다 정확한 교육과정 설계를 할 수 있을 것이다.

2) 개념적 구조: 수평적 조직과 수직적 조직

교육과정 구성 요소의 배열인 교육과정 설계는 두 개의 기본적 조직인 수평적 차원과 수직적 차원에 따라 이루어진다. 수평적 조직은 스코프(scope)와 통합(integration)의 개념, 즉 교육과정 요소를 나란히 배열하는 것과 관련된다. 예를 들어, 역사, 인류학, 사회학과 같은 분과 교과에서 '현대사회연구' 라는 강좌의 내용을 도출하여 배열하는 것이다. 수학과 같은 하나의 교과에서 내용을 선택하여 그것을 과학 등의 다른 교과의 내용과 관련짓는 것은 수평적 설계의 또 다른 예다.

계열성 혹은 시퀀스(sequence)와 계속성(continuity)의 개념과 주로 관련되는 수직적 조직은 교육과정 요소를 수직적 방향으로 배열하는 것을 말한다. 사회 과목에서 1학년에는 '가족' 을, 2학년에는 '지역사회' 를 배열하는 것은 수직적 조직의 한 예다. 동일한 주제의 내용을 모든 학년에서 동일하게 다루도록 조직되는 경우도 많다. 다만, 학년이나 수준이 올라갈수록 더욱더 상세해지고 난이도가 높아진다. 이것도 수직적 조직이다. 예를 들면, 초등학교 교육과정에는 수학에서 집합의 개념을 1학년에서 소개하였다가 매년 계속하여 다시 소개하거나 지속적으로 반복한다. 이것이 바로 Bruner의 '나선형 교육과정' 의 아이디어와 상응한다(광범위한 교육과정 설계를 창안하기 위한 방법에 대해서는 교육과정 도움말 8-1을 참고하라).[19)]

어떤 교육과정 설계를 선택할 것인지를 결정하는 것은 언제나 필요한 일이지만, 그렇다고 모든 학교의 교육과정이 설계에 대한 신중한 숙의에서 나오는 것만은 아니다. 대부분의 학교 지역구에서 전체적인 교육과정 설계는 거의 주목을 끌지 못한다. 교육과정은 특정 항목이 다른 항목과 중복되거나 갈등을 일으키듯이 서로 관련이 없는 내용을 묶어 놓은 것으로 존재하는 경우가 많다. 설계의 결정을 내리는 데에 가장 중

교육과정 도움말 8-1

광범위한 교육과정 설계 확립하기

교육과정 설계는 교육과정의 핵심 요소를 배열하는 것과 이들 요소를 서로 관련시키는 것을 가리킨다. 즉, 그것은 해당 코스의 교수 요목을 지도로 나타낸 것이다. 다음에서는 교육과정 설계를 위한 광범위한 관점, 흔히 '지도(map)' 라고 부르는 것을 개발하기 위한 몇 가지 유용한 권고 사항을 제시하고자 한다.

① 반드시 학교(혹은 학교 지역구)의 목표를 고려하면서 해당 코스의 합리적 이유를 제대로 이해하라.
② 반드시 주나 학교 지역구의 지침에 따라 코스의 목표를 제대로 이해하라.
③ 코스의 초점을 분명하게 하라. 교과, 학습자의 요구, 사회 요구에 강조를 두어 설계해야 하는가, 혹은 이 세 가지 요소를 어느 정도의 균형과 비중을 두어 설계해야 하는가?
④ 해당 코스에 대한 특정 요구, 특정 대상, 특정 프로그램이 있는지 확인하라.
⑤ 중요한 요소, 즉 내용, 기능, 태도, 가치 등을 확인하라.
⑥ 교육과정 지도의 요소를 검토하는 데 다음의 사항을 파악하라.
- 코스 목표의 충족 여부
- 모든 핵심적인 사고 요소를 다루고 있는지
- 학생의 능력은 요구 분석을 통해 획득된 자료와 일치하는지
- 학생의 흥미를 자극하고 있는지
- 할당된 학교 시간과 학교 자원이 충분한지
- 내용, 기능, 태도 면에서 균형을 이루는지 등

⑦ 단원 계획을 위한 틀로 사용될 수 있도록 구성 요소를 결정하라.
⑧ 교육과정 설계 지도를 능력 있는 동료나 감독자에게 보여 주어라. 그리고 필요하면 수정하라.

출처: Allan C. Oenstein, *Institutionalized Learning in America* (New Brunswick, N.J.: Transaction, 1990), p. 132.

요한 것은 교육과정에 포함되고 조직된 내용이 어떤 철학적이고 정치적인 입장을 반영하고 있는가의 문제다. 그러나 이러한 문제가 신중하게 고려되는 경우는 그다지 많지 않다. 교육과정을 수직적으로, 수평적으로 어떻게 조직할 것인가를 고려할 때, 그들의 선택이 교육적 요인뿐만 아니라 사회경제적 · 정치적 · 문화적 요인에 의해 영향을 받는다는 점을 인식하는 교육자는 그다지 많지 않다.[20] 설계와 관련된 결정이 우리가 소중하게 여기는 가치에 의해 주로 이루어진다는 점을 교육자들은 잘 인식하지 못하고 있다. 그러나 대부분의 교육자들은 다양한 교육과정 설계가 상호 배타적인 성격을 가지고 있다는 점은 잘 알고 있다. 그것들은 그것을 생각하거나 실행할 때 중복되는 점을 가지고 있다. 교육과정 설계에 다양한 목소리, 의미, 관점을 반영해야 한다는 것을 적극 옹호하지는 않더라도 어느 정도 받아들이는 교육과정 연구자들이 점점 늘어나고 있다.[21]

2. 교육과정 설계의 차원

이미 지적한 바처럼 교육과정 설계는 교육과정의 구성 요소 사이의 관계를 진술하는 것이다. 교육과정 학자는 설계를 스코프, 통합, 시퀀스, 계속성, 연계성, 균형 등의 다양한 차원에서 생각한다.

1) 스코프

교육자들이 어떤 하나의 교육과정 설계를 고려할 때는 반드시 그 교육과정 내용의 폭과 깊이, 즉 교육과정의 스코프(scope)를 다루어야 한다. Tyler는 자신의 고전적인 저서에서 스코프를 내용, 주제, 학습 경험, 그리고 교육 계획을 구성하는 조직 요소로 이루어진다고 보았다.[22) John Goodlad와 Zhixin Su는 스코프를 교육과정의 실질적인 내용에 대한 수평적 조직으로 보면서 스코프에 대한 이러한 정의를 자주 반복하고 있다.[23)]

여기에서 우리는 스코프를 학생들에게 제공되는 내용의 깊이와 넓이뿐만 아니라 학생을 학습에 참여시키기 위해서 만드는 학습 경험의 다양성과 유형을 가리키는 것으로 본다. 스코프는 인지적 학습뿐만 아니라 정의적 학습까지를 말하며, 어떤 사람은 영성적인 학습까지 포함시키기도 한다.[24)] 이따금 교육과정의 스코프는 좀 좁게 말하여 핵심 주제나 활동의 목록을 가리키기도 한다.

교사와 다른 교육자가 교육과정에 어떤 내용이 포함되어야 하고 그 내용을 얼마나 상세화해야 하는지의 문제를 결정하고자 할 때, 그들은 교육과정의 스코프 문제를 고려하고 있는 것으로 볼 수 있다. 현재 직면하고 있는 지식 폭발의 문제는 여러 다양한 방식으로 스코프 문제를 제기하고 있다. 또한 학생 사이에서 발견되는 다양성은 교사에게 교육과정에 포함시켜야 할 내용과 활동의 스코프에 관하여 생각하게 만든다. 어떤 교사는 교육과정에 포함시켜야 할 주제와 내용의 스코프가 단순히 너무 넓기만 하다고 생각한다. 어떤 교사는 교육과정에서 특정 내용을 무시하거나 새로운 내용을 포함시키지 않는 방식으로 내용 과부하 문제를 해결한다. 또 어떤 교사들은 여러 소주제를 관련시켜 교육과정의 대표 주제를 뽑아내기도 한다.

스코프를 고려할 때 우리는 학습의 인지적·정의적·심동적 영역 각각에 주목할 필요가 있다(여기에 도덕적이고 영성적인 영역을 추가할 수도 있다). 각 영역 내에서 무엇이 포함되어야 하고, 무엇이 상세화되어야 하는지는 물론 어느 영역을 가장 중요하게 강조해야 할지를 결정해야 하기 때문에 스코프 문제는 더욱 복잡해진다. 전통적으로 인지적 영역이 지식의 영역과 관련하여 가장 많이 강조되었다. 중등학교 수준에서 흔히 우리는 교육과정의 스코프를 결정하기 위하여 각 지식의 학문과 그 주요 개념에 의존하고 있다. 그러나 최근에 와서 가치와 태도를 다루는 정의적 영역과 운동적 기능 및 각 기능 간의 협응을 다루는 심동적 영역도 강조될 필요가 있다는 인식이 점점 관심을 끌고 있다.

2) 시퀀스

시퀀스(sequence) 혹은 계열성을 고려한다는 것은 교육과정의 누적적이고 지속적인 학습, 즉 교육과정의 요소 간의 수직적 진행이 교육과정 요소를 잘 배열한다는 것을 의미한다. 구체적으로 교육과정 전문가는 학생이 교육과정에 대한 그들의 이해를 연계하고 심화하는 기회를 가질 수 있도록 내용과 경험을 어떻게 구성하고 재구성하는가를 결정해야 한다.[25)]

내용과 경험의 계열은 교과의 논리적 구조에 따라 이루어져야 하는지, 아니면 학습자가 지식을 습득하는 방식에 따라 이루어져야 하는지의 쟁점은 오래된 논쟁거리다. 심리학적 원리에 근거한 계열을 주장하는 사람은 인간의 성장, 발달, 그리고 학습에 관한 이해 및 연구에 의존한다. Piaget의 연구는 내용과 경험(혹은 활동)을 계열화하고 학습자에 대한 우리의 기대를 개인이 다양한 인지적 수준에서 어떻게 기능하는가에 대한 경험적 지식과 연결하기 위한 개념적 틀을 제공해 주었다.[26)] 대부분의 학교 지역구는 학년별로 교육과정 목표, 내용, 경험 들을 형성할 때 학생들의 사고 단계를 고려한다. 그래서 교육과정은 Piaget의 인지발달이론에 따라 계열화된다.

비록, Piaget의 인지발달이론이 여전히 교육과정 경험을 계열화하는 방식에 영향을 미치는 주요 요인이지만, 현재 이루어지는 뇌 발달에 관한 연구도 교육과정 계열 방식에 그것 못지않게 영향을 미친다. 인간의 두뇌는 교육적 환경 속에서 어떤 경험을 하는가에 따라 그 발달이 좌우된다는 점은 익히 아는 사실이다. 인간의 두뇌는 시간이 흐르면서 발달한다. 우리가 교육과정을 통해 인간 두뇌에 제공하는 것, 즉 교육과정 경험은 두뇌의 발달을 최대화해 주는 데 많은 도움을 준다. 유아의 두뇌는 조기에 성인의 두뇌보다 시냅스 연결이 많고 뉴런 간의 연결도 많다. 또한 2~12세 동안에 이러한 연결은 감소하지만 기존의 연결을 견고하게 강화한다. 학교 경험의 영향을 받는 뇌의 발달에서 메시지를 받아들이는 신경세포의 일부분인 가장 단단한 수지상돌기만이 차후 생성되는 성인 뇌의 일부분을 이룬다.[27)] 그러므로 교육자들은 교육 프로그램에서 계열화되는 내용과 경험에 신중한 관심을 기울이는 것이 매우 중요하다. 이러한 내용과 경험은 인간 두뇌가 교육과정의 여러 차원을 스스로 프로그램화할 수 있게 해 준다.

뇌의 발달에 관한 이러한 점을 고려해 보면, 우리는 교육 내용을 생산적인 계열로 조직하고자 할 때 학습자 개인이 발달하고 학습하는 순서를 무시할 수는 없다. 그러나 내용의 본래적 구조나 논리 역시 무시할 수 없다. 역시 학습자들은 개인적이고 집단적인 흥미와 요구를 가지고 있다는 점과 이러한 흥미와 요구도 고려해야 한다는 점도 잊을 수 없다.

내용 계열화 문제를 안고 있는 교육과정 학자들은 보편적으로 수용되고 있는 다음과 같은 몇 가지 학습 원리에 의존하기도 한다. Smith,

Stanley, 그리고 Shores는 단순한 학습에서 복잡한 학습으로, 선행 필수 학습, 전체 학습에서 부분 학습으로, 연대순으로 배열된 학습과 같은 네 개의 원리를 소개한 바 있다.

① 단순한 학습에서 복잡한 학습으로의 원리: 내용이 간단한 하위 구성 요소 혹은 요소에서 이들 구성 요소 간의 상호 관계를 설명해 주는 복잡한 구성 요소로 진행해 가는 계열을 말한다. 이것은 개인에게 쉬운(때로는 구체적인) 내용을 제시하고 그 다음에는 더 어려운(때로는 추상적인) 내용을 제시해 줄 때 최적의 학습이 일어나게 될 것이라는 아이디어에 근거한 것이다.

② 선행 필수 학습: 부분 학습에서 전체 학습으로 진행해 가는 것과 유사하다. 이런 부류의 학습은 일부 학습이 다른 학습이 이루어지기 전에 반드시 이해되지 않으면 안 된다는 가정하에서만 효과를 발휘할 수 있다.

③ 전체 학습에서 부분 학습으로의 진행: 이 원리는 인지심리학자의 지지를 받고 있다. 그들은 우선 내용이나 경험을 개괄적인 형태로 제시함으로써 학생이 정보나 상황에 관한 일반적인 아이디어를 가질 수 있도록 교육과정이 배열되어야 한다고 주장한다.

④ 연대순 배열: 내용을 계열화하는 데 필요한 또 다른 조직자다. 역사, 정치학, 세계사는 이런 식으로 조직될 때가 많다. 교육과정 학자는 이러한 조직의 유형을 '세계 관련적'이라고 말한다. 내용이 세계 속에서 일어나는 순서대로 계열화되는 것이다.[28)]

Posner와 Strike도 개념 관련, 탐구 관련, 학습자 관련, 활용 관련 학습 등 계열을 결정하는 데 필요한 네 개의 조직자를 제시하였다.[29)] '개념 관련' 계열은 지식의 구조에서 많이 끌어낸다. 이 방법은 구체적 지식보다는 오히려 여러 개념 간의 상호 관계에 초점을 둔다. '탐구 관련' 계열은 해당 분야의 학자들이 사용하였던 탐구 절차의 순서에서 도출되는 것이다. 이러한 학자들이 학문적 연구에서 개념과 원리를 다루는 순서가 곧 교육과정 속에 들어 있는 주제들의 계열을 결정한다. '학습자 관련' 계열은 개인 학습자가 학습하는 순서, 활동하는 순서에 따른 계열을 가리킨다. 이것은 진보주의의 해묵은 주제다. '활용 관련' 계열은 실제 세계에서 어떤 특정 활동에 종사하는 사람들이 어떤 순서로 지식을 활용하는가에 따른 것이다. 이것은 몇 년 전 Bobbitt과 Charters가 제안하였던 '활동 분석법'과 유사하다.

3) 계속성

계속성(continuity)은 교육과정 구성 요소의 수직적 조직 혹은 반복을 가리킨다. 예를 들어, Tyler는 읽기 기능이 하나의 중요한 목표가 된다면 이 기능이 연마되고 발달할 수 있도록 순환적이면서도 계속적인 기회가 제공되어야 한다고 지적한 바 있다. 이러한 사실은 시간이 경과함에 따라 동일한 종류의 기능을 계속적으로 조직해

줄 필요가 있다는 것을 의미한다.[30)]

계속성은 학생들이 교육과정 전체에 걸친 지식의 깊이와 폭을 넓혀 가도록 하기 위해서는 어떤 주요한 아이디어 혹은 기능을 반복할 필요가 있다는 것을 의미한다. 학생은 가능한 많이 중요한 개념과 기능을 재학습할 기회를 가져야 한다.[31)] 예를 들어, 읽기를 능숙하게 잘하는 사람이 되려면 다양한 형태의 읽기 자료를 지속적으로 접해야 한다. 학생들은 교육과정의 다양한 지점에서 점차 정교화되도록 해 주는 실험적 활동에 지속적으로 참여하지 않는다면 실험적 활동의 수행 방법에 대해 학습하지 못할 것이다. 학생은 사고하는 것과 질문하는 것이 지속적으로 심화될 수 있게 해 주는 수많은 사례를 체험해 봄으로써 깊이 있게 사고하는 것을 학습한다.[32)]

계속성은 Bruner의 '나선형 교육과정'의 개념 속에 가장 분명하게 나타나 있다. Bruner는 교육과정은 각기 주요 학문에 관한 기본적인 아이디어 간의 상호 관계 혹은 구조에 따라서 조직되어야 한다는 것을 지적하였다. 학생들이 이들 기본적인 아이디어와 구조를 파악할 수 있기 위해서 기본적인 아이디어와 구조는 학생들이 학년을 진급해 올라가는 것처럼 깊이와 폭에서 '나선형으로 배열되고 재배열되어야 한다.'[33)]

4) 통합성

통합성(integration)은 교육과정 계획 내에 포함된 모든 형태의 지식과 경험을 연결하는 것을 말한다. 학습자 개인이 내용을 원자화된 것보다는 통합된 지식으로 이해할 수 있도록 하기 위하여 교육과정의 모든 부분과 요소를 밀접하게 관련시킨다는 것은 교육과정 설계의 근본적인 아이디어다.[34)] 그것은 모든 해당 지식 영역과 관련된 다양한 내용과 주제 간의 수평적인 관련성을 강조한다.

모든 설계 차원 중에서 통합성은 사상 유래 없이 금세기의 교육과정 이론가와 실천가 모두의 관심을 지속적으로 받고 있다. 사실 많은 교육과정 이론가는 근본적으로 표준적인 분과 교육과정과는 다른 통합 교육과정을 옹호하고 있다. 어떤 점에서 보면 교육과정의 통합은 단순한 하나의 설계 차원이라고 볼 수 없다. 그것은 학교의 목적, 교육과정의 자원, 지식의 성격과 활용 등과 관련된 하나의 사고방식이라고 볼 수 있다.[35)]

교육과정 통합을 옹호하는 사람은 본래 이와 같은 교육과정 설계의 한 차원에 해당하는 통합성을 교육과정 설계 그 자체로 격상시킨다. 그들은 학생들에게 내용을 따로따로 떨어진 방식으로 보게 하고 세상을 여러 칸막이로 보게 하는 다학문적 교육과정 설계, 즉 지식을 인위적으로 구분된 '상자들'로 보는 것을 지지하지 않는다.[36)] 이러한 사람들은 교육과정은 실생활의 관심사를 중심으로 세계의 주제를 활용하면서 조직되어야 한다고 주장한다. 여기에서 교과 간 혹은 학문 간 구분은 제거된다.

어떤 교육과정 이론가들이나 교육 실천가들도 서로 분리되고 무의미한 방식으로 교육과정이 조직되기를 바라는 사람은 아무도 없다. 그렇기 때문에 교육과정 통합은 설계의 기준이 된다. 그러나 그렇다고 모든 교과나 학문 간 구분을 무시해도 좋다는 뜻은 아니다. 다만, 통합에 대한 관심이 여러 해 동안 사려 깊은 모든 교육자의 관심사가 되고 있다는 점을 지적할 필요가 있다. 사실 1960년대에 Taba는 교육과정이 해체되고 단절되고 분절되고 분리되었다는 점을 지적하였다. 그녀는 교육과정이 정보의 조각이나 파편들만 제시한다면 그것은 학생들에게 지식을 통합된 형태로 이해시키지 못할 것이라고 지적하였다.[37)]

지식의 본질과 학습자 개인의 의미 구성 방식에 대한 이해가 깊어짐에 따라 통합성이라는 설계 차원은 금세기에도 일차적인 관심을 얻을 것으로 보인다. 또한 통합성 문제는 교육과정과 학교는 분과 학문적 지식에 의해서가 아니라 사회적이고 정치적인 쟁점에 입각하여 운용되어야 한다고 믿는 사람들의 지속적인 비판적 목소리 때문에 더욱 논의의 핵심이 될 것이다. 개인의 지력, 마음, 정신이나 영혼을 동시에 다루는 방식으로 교육과정 현상을 배열해야 한다는 Eisner의 지적에 많은 사람이 공감하고 있기 때문에 통합 문제는 앞으로도 계속 논의의 핵심 사항이 될 수밖에 없다.[38)]

포스트모더니즘, 구성주의, 후기구조주의에 대한 지속적인 논의 역시 교육과정 통합에 대한 지속적인 논의를 촉진시킬 것이다. 이 책의 앞부분에서 자세하게 논의한 바 있는 이러한 사상적 경향은 모두 지식은 실재와 분리되지 않는다는 점, 사람들은 자신의 탐구에서 그 자신을 분리시킬 수 없다는 점, 그리고 교육과정은 따로따로 분리된 부분으로 구성되지 않는다는 아이디어를 진척시키고 있다. 사물들은 연결되고 다시 결합된다. 사실, 세계와 그 참여자들, 그 참여자들과 교육과정 현상 사이에 있는 역동성 자체가 모든 것을 결합하고 통합하는 기능을 한다. 지식은 정적이지 않고 역동적이며, 분리되거나 객관화될 수 없으며 정확하게 양화될 수도 없다. 인식 주체와 대상은 분리되지 않는다. 만물은 통합되고 상호 연결되어 있다. 삶은 일련의 생성적 주제로 이루어져 있다.

능동적인 삶은 놀라움으로 가득 차 있다. 통합된 교육과정도 마찬가지다. 교육과정을 바라보는 우리의 관점은 정적일 수가 없다. 교육과정 속에서 주제나 관련된 주제군을 통하는 일은 결코 완성될 수 없는 일이다. 총체적인 의미의 통합성은 불가능한 일이다. 총체성은 완전한 상태로 완성될 수 없다. 그것은 늘 확장되고 생성적인 성질을 지니기 때문이다. Pratt은 '우리는 결코 지식의 총체적 통합성을 성취할 수 없다.' 고 말하고 있다. 하지만 우리는 '우리의 지식이 통합을 전혀 이루지 못하는 것은 아니다.' 는 점 또한 깨달을 필요가 있다.[39)] 부분적인 통합이나마 얻기 위해서 우리는 통합성이라는 설계 차원을 신중하게 검토하고 유념할 필요가 있다. 과학과 인문학을 연결하고 통합하기 위해서 우리는 의식적으로 이들 간의 통합을 계획해야 한다. 만약 수학과 예술을 연결하고자 한다면 의식적이고 숙련된 노력이 필요하다.

5) 연계성

연계성(articulation)이란 교육과정의 여러 가지 측면의 상호 관련성을 말한다. 이때의 상호 관련성은 수직적인 것일 수도 있고 수평적인 것일 수도 있다. 수직적 연계성은 어떤 교육과정의 측면이 해당 프로그램의 계열상 나중에 나타나는 과제, 주제, 코스와 맺는 관계를 가리킨다. 예를 들면, 교사는 대수 수업 시간에 있었던 개념이 기하학 코스에 들어 있는 주요 개념과 관련되도록 개론적인 기초 대수나 9학년 대수를 설계해야 한다. 연계성을 수직적으로 본다면, 우리는 흔히 그것을 한 학년 수준에서 다른 학년 수준으로 내용을 계열화하는 것을 말한다. 수직적 연계성을 말하는 핵심적인 이유는 학생들이 교육과정에서 후속 학습에 대해 선행 요건이 되는 학습을 받는 것을 보장하기 위해서다. 수평적 연계성이란 동시적으로 일어나고 있는 양자 요소 간의, 혹은 여러 요소 간의 관련성과 연합을 의미한다. 예를 들면, 수평적 연계성이란 교육과정 설계자들이 8학년 사회 과목과 8학년 영어 과목 사이의 상호 관련성을 밝히려고 할 때 일어난다.

수평적 연계성은 흔히 말하는 상관성과 동일한 개념이다. 수평적 연계성을 고려할 때 교육과정 의사 결정자들은 교육 프로그램의 한 부분을 그것과 비슷하거나 논리적인 관련을 가진 다른 내용과 혼합하고자 한다. 전체 교육과정에서 사고의 개발이 강조되는 경우, 우리는 수학에서의 사고와 과학에서의 사고를 수평적으로 연계시킨다. 오늘날 '교육과정을 통합하는' 데 많은 강조점을 두는 것은 실제로 이러한 수평적 연계성에 대한 노력을 의미한다.

연계성은 쉽게 달성할 수 있는 것이 아니며, 교과 내 혹은 교과 간 다양한 상호 관련성을 명확하게 정의하는 절차가 개발되어 있는 경우도 매우 드물다. 이러한 어려움에 대한 한 가지 이유는 여러 교과 간의 상호 관련성이 무엇인가를 결정하는 자체가 어렵다는 데 있다. 분과 학문으로 구성되어 있는 교육과정의 경우 우리는 교과 간 상호 관련성에 신경을 쓰지 않는 경우가 많다.

연계성을 달성하기가 어려운 또 다른 이유는 교육학적 논의에서 이루어지는 것처럼 실제로 협동적 교육과정 개발을 위하여 함께 작업하는 경우가 없기 때문이다. 예를 들어, 특정 학교 지역구 내에서 학교 간 연계성을 이룬다는 것은 어려운 일이다. 학교 지역구 내뿐만 아니라 지역구 간에서도 연계성이 이루어질 필요가 있다는 주장이 제기되기도 한다. 이것은 인구 이동이 급속하게 이루어지는 상황에서 특히 중요하다. 새로운 학교로 전학 간 학생이 이전 학교, 이전 학년에서 배웠던 내용을 단순히 반복해서 공부해야 하는 경우가 종종 생기기 때문이다. 어떤 경우에는 간격을 느끼기도 한다. 전학 오기 전에 이미 진도가 나가서 특정 개념이나 주제에 대한 학습의 기회를 놓치기도 한다.

6) 균형성

교육자가 교육과정을 설계할 때 교육과정 왜곡이 일어나지 않도록 설계의 각 측면이나 단계에 골고루 비중을 두어야 한다. 즉, 어느 한 측면만 과도하게 강조해서는 안 되며, 모든 측면을 골고루 중요하게 취급해야 한다. 균형 잡힌 교육과정이란 학생들이 지식을 완전히 습득하고 내면화하여 자신들의 개인적 · 사회적 · 지적 목적에 맞는 적절한 방향으로 그 지식을 이용할 수 있는 기회를 갖게 해 주는 교육과정을 말한다. 교육과정 설계의 구성 요소가 균형을 이루어야 한다는 것은 말은 쉽지만 실제 실행은 어렵다. Goodlad에 의하면 교육과정은 교과와 학습자 사이에서 균형을 유지해야 한다. 또한 그는 '교과와 학습자 중 어느 하나를 강조하고 다른 하나는 배제하는 설계는 고려할 만한 가치가 거의 없다. 그러나 조금만 주의를 기울여 보면 그중 어느 하나를 강조함으로써 다른 하나를 죽이는 경우는 학교교육의 실제에서 쉽게 발견할 수 있다.' [40]고 말한다.

교육과정에서 균형성(balance)을 달성하는 일이 복잡한 것은 오늘날에는 균형적인 것으로 해석될 수 있는 것이 미래에는 불균형적인 것으로 이해될 수도 있기 때문이다. 학교는 항상 변화의 시대에 놓여 있으며, 학교에서 강조되어야 하는 것들은 항상 유동적인 상태에 처해 있다. 또한 Doll에 의하면 현재 우리는 대중 교육 체제를 위한 전통적인 방식에 의거하여 교육과정을 설계하기도 하지만, 동시에 교육 내용과 경험을 지역화하고 개별화하기 위하여 노력하기 때문에 균형의 문제는 더욱 어려운 난제로 남는다.[41] 여기에서 개별 학생의 요구와 흥미, 그리고 모든 학생이 알아야 하는 공통적인 것 사이의 균형 문제가 생긴다.

교육과정 전문가들은 여러 압력이나 유행에 굴하지 않고 교육과정의 균형을 유지하도록 노력해야 한다. 교육과정의 균형을 유지하기 위해서는 특정한 사조나 유행 혹은 대중적 장단에 좌지우지하지 않는 철학과 학습심리학에 대한 균형 잡힌 견해를 가지고 있어야 할 뿐만 아니라 교육과정에 대한 섬세한 점검과 조정의 노력을 지속적으로 기울여야 한다(교육과정 도움말 8-2 참조).

3. 교육과정 설계의 대표적 유형

교육과정 구성 요소는 여러 가지 다양한 방식으로 조직할 수 있다. 그러나 지식에 대한 포스트모던적 견해가 다양하게 전개되고 있고 사회적 자각과 해방을 위한 교육과정 창안에 대한 논의가 전개되고 있어도, 모든 교육과정 설계는 다음과 같은 세 가지 기본적인 설계 유형을 수정한 것이거나 해석하여 통합한 것이라고 볼 수 있다.

① 교과 중심 설계
② 학습자 중심 설계
③ 문제 중심 설계

각 범주는 몇 개의 하위 유형의 예를 포함하고 있다. 교과 중심 설계는 교과형 설계, 학문형 설계, 광역형 설계, 상관형 설계, 그리고 과정형 설계를 포함한다. 학습자 중심 설계는 아동 중심

교육과정 도움말 8-2

교육과정 설계를 위한 지침

다음에 진술된 지침은 교육과정 설계와 관련한 몇 가지 단계를 명료화하는 데 도움을 줄 것이다. 이러한 진술은 학교 실제에 기초하고 있으며 모든 교육과정 모형에 적용된다.

① 교육과정을 설계하는 위원회에는 교사, 학부모, 행정가를 포함시켜야 한다. 어떤 학교에서는 학생을 포함시키기도 한다.
② 그 위원회는 초기 단계나 회의에서 임무나 목적을 분명히 해야 한다.
③ 요구와 그 우선순위는 학생 및 사회와 관련지어 다루어져야 한다.
④ 학교 목표와 명세적 목표는 재검토되어야 한다. 그러나 그것들이 교육과정을 설계하는 데에 기초가 되는 지침 준거로서 기능해서는 안 된다. 그러한 준거는 보통 교육과정 개발을 안내하는 폭넓은 교육철학을 내포한다.
⑤ 대안적인 교육과정 설계는 비용, 시간 계획, 학급 크기, 필요한 시설과 인사와 같은 장점과 단점, 그리고 기존 프로그램과의 관련성에 비추어 대조·분석되어야 한다.
⑥ 교사가 새로운 혹은 변경된 설계에 대한 통찰을 얻을 수 있도록 도와주기 위해서는 그 설계에 기대되는 인지적 기능과 정의적 기능, 개념과 성과들이 드러나 있어야 한다.
⑦ 교장은 학교 분위기 조성에 영향을 미치고 교육과정 개발 과정을 지원함으로써 교육과정 설계에 중요한 영향을 미친다.
⑧ 교육청 장학사, 특히 교육감은 그들의 안목과 관심이 오직 경영적인 활동에 있기 때문에 교육과정 설계에 주변적인 영향력을 미친다. 교육과정에 대한 그들의 역할은 사소하지만 그들의 지원과 승인은 필수적이다.
⑨ 다양한 부서가 정보로 활용할 수 있는 지침, 고시나 공보, 보고서를 발행하지만 주 교육 관료까지는 교육과정 설계에 영향을 거의 미치지 않는다. 그러나 이들 교육자는 교육과정과 수업에 영향을 미치는 정책, 규칙, 규정 등을 만든다.
⑩ 특수 이익집단과 지역 정당들의 영향력이 과소평가되어서는 안 된다. 양극적 대립이나 갈등이 교육 문제에 관한 교육자와 학부모 간의 유의미한 대화를 위한 합리적인 노력을 무색하게 만드는 경우가 많다.

출처: Francis P. Hunkins and Allan C. Ornstein, "Designing the Curriculum: A Challenge for Principals," *NASSP Bulletin* (September 1988), pp. 58-59.

설계, 경험 중심 설계, 낭만적/급진적 설계, 그리고 인간 중심 설계를 포함한다. 문제 중심 설계는 생활 장면 중심 설계, 중핵 설계, 그리고 재건주의적 사회 문제 중심 설계를 포함한다.

1) 교과 중심 설계

교과 중심 설계는 현재까지 가장 인기 있고 가장 널리 이용된 교육과정 설계다. 그 이유는 지식과 내용이라는 것이 교육과정의 통합적인 부분으로 마땅하게 수용될 수 있기 때문이다. 각 학교는 굳건한 학문적 합리주의의 역사를 가지고 있다. 더욱이 학교에서 사용되는 자료들 역시 내용 중심 조직을 반영한다.

교과 중심 설계는 어느 교육과정 설계보다도 가장 많은 하위 유형을 가지고 있다. 이것은 우리가 지식에 관하여 가장 많이 이해하고 있다는 점과 지식이나 내용이 우리 문화 속에서 강력한 전통을 가지고 있다는 점에서 그 이유를 찾을 수 있다. 문화 속에서 중심이 되는 개념은 주변적인 개념보다 더 고도로 정교화된다. 우리의 학교문화 속에서는 내용이 중심 개념이다. 그렇기 때문에 우리는 내용의 다양한 조직을 설명할 수 있는 많은 개념을 가지고 있다.

교과형 설계 교과형 설계는 가장 오래된 학교 설계인 동시에 교사들이나 일반인 모두에게 가장 잘 알려져 있는 것이다. 교과형 설계가 널리 알려진 이유는 교사와 일반인 모두가 이 교과형 설계를 사용하고 있는 학교에서 교육이나 훈련을 받았기 때문이다. 교과형 설계는 또한 교과서를 다루고 취급하는 문제와도 직접적으로 연결되어 있고, 교사가 교과 전문가로서 어떻게 훈련을 받는가의 문제와도 관련되어 있어서 대중적 인기를 누리고 있다. 교과형 설계는 인간을 독특하게 만드는 것은 인간의 지성이라는 신념에 근거를 두고 있다. 즉, 지식 추구와 지식의 성숙은 바로 그 지성의 자연적인 실현이라는 것이다.

Henry Morrison은 교과 교육과정의 초기 대표자인데, 그는 시카고 대학교로 가기 전까지 뉴햄프셔의 공교육 담당 장학사였다. Morrison은 교과 교육과정은 대개 개인의 읽고, 쓰는 능력에 공헌하였고, 이러한 읽고, 쓰는 능력은 초등학교 교육과정의 초점이 되어야 한다고 주장하였다. 이러한 교과 교육과정 방침은 학습에 대한 정신도야적 접근 방법과 교과에 대한 항존주의적 입장을 반영하고 있다. Morrison은 이러한 교육과정 설계는 중등학교 수준의 학생이 하나의 교과 영역에서 흥미와 역량을 개발할 수 있도록 하는 데에도 효과적이라고 생각하였다. 그러나 그는 다양한 학생의 요구를 겨냥하여 다양한 코스가 제공되어야 한다고 주장하였다.[42)]

1870년대에 세인트 루이스의 학교 장학사였던 William Harris 역시 이 교육과정 설계를 지지하였다. Harris의 지도하에 세인트 루이스의 각 학교는 교과 중심 교육과정을 설계하였으며, 이것은 20세기까지 확고한 영향력을 유지하였다. 어떤 사람들은 교과형 설계는 여전히 유효하며 훌륭한 것이라고 주장한다. 한 교육자에 의하면 이러한 교과형 설계는 보수적인 자유 교양 교육 설계며, 대부분의 미국인은 그것을 자신이 경험하였던 학교 교육과정으로 인식하고 있다. 1930년대 중반에 Robert Hutchins는 교과형 교육과정 설계에 포함될 수 있는 교과를 ① 언어와 언어의 사용(읽기, 쓰기, 문법, 문학), ② 수학, ③ 과학, ④ 역사, ⑤ 외국어 등으로 제시하였다.[43)]

교과형 설계에서 교육과정은 여러 가지 교과 영역 속에서 지식이 어떻게 발달해 왔는가에 따라 조직된다. 지식의 폭발적 증가와 그 결과로 나타난 여러 가지 지식 영역의 전문화와 더불어 교과는 많은 수의 교과로 분할되고 그 내용 또한 매우 세밀한 형태를 띠게 되었다. 예컨대, 역사는 문화사, 경제사, 지리로 분할되었다. 대학 수준의 영어는 훨씬 더 복잡하게 되어 문학, 쓰기, 구두 표현, 읽기, 언어학, 그리고 문법으로 분할되었다.

교육과정 내용에 대한 이러한 조직에서 교과는 교과서로 대표된다. 교과형 설계에서 능동적인 역할을 수행하는 사람은 대개 교사다. 강의, 암송과 반복, 대집단 토의 방법이 주요 수업 기법으로 활용된다. 보통 토의는 단순한 아이디어에서 복잡한 아이디어로 진행되며 논리가 강조된다.

교과형 설계를 지지하는 사람들은 언어적 활동을 크게 강조하며, 지식과 아이디어는 언어적인 형태로 가장 잘 전달되고 저장된다고 주장한다. 사실상 오늘날의 대다수 교육자는 학습이란 주로 언어적 활동이라는 데에 의견을 같이 한다. 이에 대한 지지자들도 역시 이 설계 방법의 일차적인 이점은 이 설계 방법이 학생에게 사회의 본질적인 지식을 소개해 주는 데에 효과적이라고 말한다. 또한 이 설계 방법은 보충 교재와 지원 자료를 시중에서 구입하여 이용할 수 있기 때문에 실행하기가 쉽다. 전통도 교과형 설계의 편에 선다. 각 학교도 대개 이런 설계를 이용해 왔기 때문에 대부분의 사람도 이러한 설계에 익숙하다.

그러나 비평가들은 교과형 설계 방법이 프로그램의 개별화를 방해하고 학습자의 입장이나 견해를 크게 강조하지 않는다고 말한다. 또한 학습자에게 가장 유의미한 내용을 선택할 수 있는 권리를 박탈함으로써 학생들을 무력화시킨다고 주장하기도 한다.[44] 동시에 이러한 설계는 교육적인 성찰에서 역사, 권력, 그리고 시민의 국가적 경험과 국제적 경험의 정치학을 제거한다.[45] 교육과정 내용은 맥락에 대한 고려 없이 제시된다. 또 다른 비평가는 교과를 지나치게 강조하면 사회적 · 심리적 · 신체적 발달을 조장해 주지 못하며, 학문적 엘리트와 지식에 기반을 둔 지배계층을 양산한다고 주장한다. 이 설계 방법의 또 다른 하나의 결점은 학습을 구획화하고 기억의 기능만 강조하게 된다는 것이다. 심각한 문제는 이 설계가 내용을 강조하고 학생의 요구, 흥미, 경험을 무시한다는 것이다. 또 다른 위험은 교사가 이러한 교육과정을 학생들에게 가르칠 때 학생들의 마음속에 학습에 대한 수동성을 길러 주는 경향이 있다는 것이다.

Dewey는 교과를 학습자의 실재에서 격리시키는 위험, 즉 지식이 학습자의 경험에서 분리되는 위험에 대한 우려를 가지고 있었다. 그러한 지식은 이차적 지식이며 자기 자신의 지식이 아닌 타인의 지식이라는 것이다. 이 지식은 주로 언어적인 것이며, 학습은 주로 타인의 생각을 암기하는 일이 된다.[46] Dewey에게 교육과정은 교과나 학습자 중 어느 하나를 강조할 필요는 없으며, 본질적으로 양자 모두를 강조해야 한다. 현재의 교육과정을 분석해 보면 교과와 아동의 경험을 통합하라는 Dewey나 다른 학자의 조언을 무시하고 있는 것 같다. 예컨대, 교육과정 개발에 관한 Tyler의 조언을 따르면서 대부분의 교육자들은 교과를 지나치게 강조하는 것은 대부분의 학생에게 '너무 기술적이고 너무 전문화된' 교육과정을 낳는다는 사실에 주목하지 않는다. 필요한 것은 내용과 학습자의 이전 경험을 통합하는 것이다. 이것이 유의미하고 새로운 경험을 창출하게 한다.[47)]

학문형 설계 제2차세계대전 이후의 시기에 나타났던 학문형 설계는 분과적인 교과형 설계에서 발전된 것이다. 이 새로운 설계 방법은 1950년대에 그 인기가 급속도로 상승하였고 1960년대 중반까지 그 인기가 절정에 달하였다. 이 설계 방법의 인기는 1970년대 학생의 저항과 주장이 강하였던 기간 동안에는 약간 변색되었다. 분과적인 교과형 설계처럼 학문형 설계의 기저는 내용의 내적인 조직이라고 볼 수 있다. 그러나 교과형 설계는 교과가 조직되거나 설정되는 근본적인 기초를 분명하게 밝히지 않는 데 반해, 학문형 설계의 방향은 학문적인 탐구와 훈련에 그 초점을 두고 있음을 명시하고 있다. 학문형 설계 방법은 초·중등학교, 특히 단과대학 및 종합대학의 많은 교육과정 조직 속에 여전히 존재하고 있다.

이 설계 방법의 주창자인 King과 Brownell은 학문은 하나의 인간 공동체, 인간의 상상력에 관한 표현, 영역, 전통, 탐구 양식, 개념적 구조, 전문화된 언어, 문학의 유산, 커뮤니케이션 네트워크, 평가적·정의적 입장, 교육적 공동체 등과 같은 본질적 특징을 가지는 명확한 지식 체계라고 설명한다.[48)]

이와 같이 학문적 지식을 강조하는 것은 오직 학문, 과학, 수학, 영어, 역사 등을 가르치라는 하나의 '명령'과도 같다. King과 Brownell의 주장을 지원하기 위해 옹호자들이 이용하는 가정은 학교는 지성 세계의 소우주이며, 학문은 그러한 지성 세계를 반영한다는 것이다. 이러한 사실은 학자들이 자신의 분야에서 사용하는 연구 방법은 그 내용을 공부하는 방법을 제시해 준다는 것을 의미한다. 즉, 학습 방식은 학자의 학문 탐구 방식과 동일하다는 것이다. 역사를 배우는 학생은 역사학자의 연구 방법과 동일한 방법으로 교과를 배우는 것이며, 생물을 배우는 학생은 생물학자가 주장하는 절차를 따르면서 생물학적 주제를 연구하는 것이다.

이 점은 매우 중요하다. 학문형 설계를 주창하는 사람들은 학교에서 학문에 대한 경험이 일어나도록 할 필요가 있다고 주장하지만, 무엇보다 그들이 강조하는 것은 학문의 개념적 구조와 탐구 과정에 대한 이해다. 이것이 학문형 설계와 교과형 설계의 본질적인 차이다. 학문형 설계에서는 학생들이 이해할 수 있고, 더 나아가 개념화할 수 있는 수준으로 학문을 경험하는 데 반해서, 교과형 설계에서는 학생이 지식과 정보를 획득하기만 하면 학습이 이루어진 것으로 간주한다. 사실 어떤 학급이 교과형 설계를 채택하고 있는지, 아니면 학문형 설계에 따라 운영되고 있는지를 결정하기 어려울 때가 가끔 있다. 양자를 명확하게 구분할 수 있는 가장 핵심이 되는 특징은 학생이 정보를 처리하기 위해 학문 탐구 방법을 실제로 활용하고 있는지의 여부다.

학문의 탐구 과정에 참여시키는 것은 아무리

강조해도 그 중요성을 제대로 드러내지 못한다. Bruner가 지적하듯이 '우리가 어떤 것을 알게 되는 것은 우리가 마주치는 수많은 것을 가능한 한 단순하고 우아한 방식으로 설명하는 방식을 알아가는 모험이다.'[49] 하나의 방법이나 여러 방법을 사용하면서 이렇게 알아 가는 것은 학습의 핵심적인 요소다. 제시된 학문의 방법에 따라 어떤 것을 알게 되는 것은 학문의 내용을 탐구하는 학생에 따라 고유한 형태로 이루어진다. 교육과정을 학문적 내용으로 경험하는 학생은 그 학문적 내용과 관련된 생생한 대화에 참여하거나 참여할 기회를 가지는 것이다.[50] 그러한 참여를 통하여 학생들은 학문적 내용의 요소를 분석해 봄으로써 이야기를 창안한다. 물론 그 이야기들, 그 결론들은 완전한 것이 아니다. 학생은 이야기의 모든 측면을 탐구하고, 그것에 대해 대화를 나누고, 그것을 다루는 기회를 가지지 못할 수도 있다는 점을 잘 알고 있다. 또한 학생은 그 이야기들, 결론들, 학문들이 지속적으로 규명되어야 한다는 점도 잘 알고 있다.

학문형 설계에서는 학생들에게 각 학문의 기본적인 논리 혹은 구조, 즉 핵심적인 관련성, 개념, 원리—Joseph Schwab이 '본체적 구조'라고 부르고, Phenix가 '의미의 영역'이라고 부른 것—를 이해하도록 격려한다.

구조나 의미를 이해하면 내용을 더 '깊이' 이해할 수 있고, 추가적인 의미를 생성하기 위하여 지식을 적용하는 방식을 알 수 있게 된다. 이것이 바로 Harry Broudy가 '응용적 지식'이라고 부른 것이다.[51] 이러한 지식은 문제 해결 절차에 대한 지식과 같이 우리가 직접 사용하고 적용할 수 있는 것이다.

탐구 양식에 숙달된 학생은 실제로 내용 영역을 완전하게 숙달하게 되며, 그 분야에서 자신의 학습을 독자적으로 지속할 수 있게 된다. 이러한 학생들에게는 교사가 항상 정보를 제시해 줄 필요가 없다. 이상적으로 학문형 설계의 지지자들은 학생들이 학교 교육과정의 각 교과 분야에서 꼬마 학자로 기능해 주기를 바란다. 수학을 학습할 경우에 학생들은 초보 수학자가 되는 것이다. 역사를 탐구하는 경우에 학생은 역사학적 방법을 사용하게 된다. 학문과 구조에 대한 강조는 결국 Jerome Bruner의 고전적인 저서 『교육의 과정(The Process of Education)』(1960)을 낳았다. 이 책의 제목은 교육, 보다 정확하게 학습은 과정이나 절차적 지식을 강조해야 한다는 점을 시사한다. Bruner는 '한 교과의 교육과정은 그 교과에 구조를 제공해 주는 기저가 되는 원리에 의해 결정되어야 한다.'고 지적한다.[52] 학문의 구조에 따라 교육과정을 조직하는 일은 관련성을 분명하게 해 주고, 초보적인 지식이 고차적인 지식과 어떻게 관련되는지 그 방식을 나타낸다. 또한 학습자 개인이 해당 교과 영역 내에서 의미를 재구성할 수 있도록 해 주고, 교과 영역을 통하여 지식이 향상되는 수단을 제공한다.

Bruner가 상세하게 설명한 학문형 설계 방법이 지니는 가장 큰 매력은 '어떤 교과든지, 어떠한 발달 단계에 있는 어떠한 아동에게도 효과적으로 정직한 형태로 가르칠 수 있다.'는 데 있다.[53] 많은 사람이 주장하였던 것과는 반대로,

Bruner는 학생은 어떤 연령에서도 어떤 교과의 근본적인 원리를 이해할 수 있을 것이라고 주장하였다. 아동은 어느 연령에서도 학문의 구조와 조작을 이해할 수 있으며, 이러한 이해를 위하여 청년기 혹은 성인기까지 기다릴 필요가 없다는 것이다.

Bruner는 '학자로서 학생'이라는 낭만적인 견해를 가진 것 때문에 많은 비판을 받아 왔다. 발달주의자들은 '지적 활동은 어느 단계에서나 동일하다.'는 Bruner의 논제에 대해서 이의를 제기한다. 즉, 어린 아동의 지적 활동 과정은 그 종류와 정도에서 청년과 성인의 것과 다르다는 것이다. 아동이 인지적 정보를 어떻게 처리하는가의 관점에서 보면 저학년에서는 성별 간에 약간의 차이가 있다. 포스트모더니즘에 관한 현재의 성찰은 이 학문형 설계와 관련되어 있다. 모더니즘이 죽었는지, 지나갔는지, 재탄생하였는지, 혹은 포스트모더니즘이 태어나고 있는 것인지, 그 생명을 잃고 있는 것인지에 관한 논의는 사실상 사람들이 학문적 지식의 본질을 어떻게 지각하는가와 관련되어 있다. (독자는 모더니즘과 포스트모더니즘에 대한 이해를 새롭게 하기 위해 제6장으로 되돌아가도 좋다.) 현재 학문형 설계를 받아들이는 대부분의 교사는 그런 대화에 참여하지 않는다. 그러나 지식의 본질은 무엇이며, 지식은 어떻게 구성되는지, 아니면 구성되지 않는지에 관하여 이론가들과 철학자들의 입장은 결국 학문의 본체적 구조와 지식이 구성되고 해체되는 절차에 영향을 미칠 것이다.

우리는 이러한 대화가 일찍 끝나는 것을 보지 못한다. 학문형 설계를 선호하고 자신들을 모더니스트라고 생각하는 사람들은 지식의 구조를 이루는 것이 무엇인지에 대해 모종의 합의에 도달할 수 있다고 생각한다. 그들은 학문형 설계가 학생들에게 그 게임의 규칙을 알게 함으로써 실재를 탐구하기 위한 체계적인 절차를 능숙하게 수행할 수 있도록 해 준다고 주장한다. 자신들을 포스트모더니스트라고 생각하는 사람은 학문적 지식은 정적이지 않고 그 게임의 규칙이나 우리가 사용하는 절차는 생성적인 것이라고 주장한다. 우리는 이러한 문제에 대하여 결론에 도달할 수 없다. 그러나 이전에 지녔던 신념을 무너뜨리는 지식에 대한 새로운 아이디어와 개념이 존재한다는 사실을 인식하고 있어야 한다.[54]

어떤 면에서 보면 모더니스트와 포스트모더니스트 간의 논쟁은 환상에 불과한 것일 수 있다. 지식이 정적인 것이라고 가정하는 학자들은 거의 없다. 대부분의 학자는 사회적으로 구성된 새로운 지식은 이전에 지녔던 관점과 이해를 바꾸게 된다는 것을 인정한다. 카오스 이론에 대하여 연구하는 사람은 실재는 역동적이며 생성적이라고 인식하고 있으며, 실재에 대한 우리의 이해와 지식을 구성하고 비판하는 데에 적용되는 규칙조차도 항상 변화한다고 생각한다.[55]

그러나 학문형 설계에 대한 대부분의 비판은 이런 식의 논의를 다루지 않는다. 그 비판들은 학문형 설계가 합리적인 마음의 개발을 촉진시킨다는 거대 서사를 수용한다는 근거가 아닌 다소 공공연한 특성에 근거하여 학문형 설계를 비판한다. 즉, 학문형 설계는 대학에 진학하려는 학생들의 흥미를 해결하려는 데에만 관심을 두고 있다는 것이다.[56] 다른 많은 교육자는 교육과정을 학생들의 요구 사항에 맞게 수정해야 한다고 가정하기보다는 오히려 학생들이 교육과정에 적응해야 한다고 가정한다는 점에서 학문형 설계를 비판하였다.[57] 게다가 어떤 사람들은 교육과정 지식이 학문적 지식을 반영해야 한다는 관점은 주류 교육과 사회의 현상 유지를 원하는 사람들의 편견과 가정을 지지해 준다고 주장한다.[58] 게다가 학문형 설계는 모든 학생은 공통적인, 혹은 적어도 유사한 학습 스타일을 지니고 있다고 가정한다는 점에서 비판을 받는다.

아마 학문형 설계의 최대 한계는 학교에게 학문적 지식으로 분류할 수 없는 방대한 정보를 무시하도록 한다는 데에 있다. 미학, 인간중심주의, 개인적 · 사회적 생활, 직업교육과 관련된 지식은 학문으로 범주화되기 어렵다.

광역형 설계 간학문적 설계라는 이름으로 부르기도 하는 광역형 설계는 교과형 설계의 또 다른 유형이다. 광역형 설계는 교과형 설계가 원인이 되어 발생한 단편화와 구획화의 잘못을 지적하고 개선하기 위한 하나의 노력으로 나타났다. 그 노력은 학생들이 모든 내용 영역에 대하여 전반적으로 이해하도록 하는 것이었다.[59] 그것은 논리적으로 합치될 수 있는 내용을 통합하기 위한 시도다. 사회과학의 분과 학문인 지리학, 경제학, 정치과학, 인류학, 사회학, 역사학 등은 사회과로 융합된다. 언어학, 문법, 문학, 작문, 철자법 등은 언어과로 통합된다. 생물학, 화학, 물리학은 일반 과학으로 융합된다. 이런 교과목들의 융합 때문에 교육자들은 융합된 교과형 설계를 광역형 조직으로 분류하기도 한다. 그러나 그 융합된 교과형 설계 자체를 독립적인 설계 형태로 보는 사람들도 있다.[60]

광역형 설계에 대한 아이디어는 대범하기도 하고 단순하기도 하다. 교육자는 학교에서 이미 잘 알려진 한두 개의 교과목을 하나의 연구 광역이나 융합된 분야로 통합하기만 하면 된다. 그러나 이 광역형 설계는 항존주의자와 본질주의자의 전통적인 교과 유형에서 변화된 것이다. 광역형 설계는 20세기 초에 대학 수준에서 먼저 일어났지만 초 · 중등교육에서 가장 큰 인기를 누렸으며, 오늘날까지도 지속되고 있다. 오늘날 대학 수준에서 광역형 설계는 개론적 강좌에서만 사용되지만 유치원에서는 12학년 교육과정에 이르기까지 널리 활용되고 있다.

Harry Broudy와 그의 동료는 스푸트니크 시대 동안에 특유한 광역형 설계를 제안하였다. 이들은 전체적인 교육과정은 다음과 같은 범주 속에서 조직되어야 한다고 주장하였다.

① 정보의 기호학: 영어, 외국어, 수학
② 기초 과학: 일반 과학, 생물학, 물리학, 화학
③ 발달적 연구: 우주의 진화, 사회제도의 진화, 인류 문화의 진화
④ 모범: 예술, 음악, 희곡, 문학을 포함하는 심미적 경험의 양식
⑤ 전형적인 사회적 문제를 제시하는 도덕적 문제[61]

여기서 마지막 범주인 도덕적 문제는 그 시대의 사회적 문제에 따라 매년 다양한 코스를 가질 수 있다.

광역형 설계는 학생들이 의미의 전체성뿐만 아니라 교육과정 내용의 다양한 측면 간의 관련성을 파악할 수 있도록 해 준다. 이 점과 관련하여 어떤 교육자는 광역형 설계를 교과의 구획화를 막고 교과의 총체적 통합을 촉진하는 미래의 물결이라고 불렀다. 비록, 전통적인 교과 간의 경계는 여전히 남아 있지만 교과 간 자료들이 많이 활용되고 있다. 지식은 이제 더 이상 분절되지도 않고 직선적이지도 않다. 그것은 오히려 '다학문적이고 다차원적이다.'[62]

현재 광역형 설계는 교과나 학문의 체계화된 내용을 통합하는 데에 기여한다. 학교에서 구성주의에 대한 강조는 교과나 학문을 간학문적 조직으로 통합하는 것보다는 관련되는 개념군을 중심으로 하는 광역형으로 교육과정을 구성할 것을 제안한다. 이러한 개념군은 특정 주제에 의하여 서로 묶일 수 있다. 어떤 교육자들은 통합형 주제 단원으로 교육과정을 조직할 것을 요구한다. 또 어떤 교육자는 '총체적 교육과정(holistic curriculum)'이라는 용어를 사용하기도 한다.[63]

교육과정 설계의 여러 차원 중에서 광역형 설계가 주로 의존하는 차원은 통합의 차원이다. 이것은 분과형 설계가 생명력을 잃었다는 메시지를 전달한다. 어떤 거대 담론도 설 땅을 잃는다. 우리는 생성적인 문제나 질문을 중심으로 교육과정을 설계함으로써 학생이 정보를 구성하고 재구성하는 과정에 참여하도록 해야 한다.[64]

광역형 설계에서 학생은 의미의 구성 과정을 통하여 전체의 의미를 파악하는 데에 참여하도록 초대된다. 학생은 개념망을 만드는 데에 참여하고 교사가 만든 개념망에서 스스로 실을 잣는 일에 참여한다.[65] 현재 이루어지는 통합 교육과정에 대한 많은 논의는 실제로 광역형 설계에 관한 것이면서 교육과정 개념망에 대한 논의이기도 하다. 이러한 개념망은 주제 내용과 느슨한 관련으로 이루어지기도 한다.[66] 어떤 경우에 그것은 두 개 또는 그 이상의 개념 간의 관련으로 이루어져 있다. 수 년 전에 Taba는 교육과정을 구성하는 데 교사가 인지적 지도를 창안하도록 독려하면서 개념망을 논의한 적이 있다.[67] 오늘날 그러한 인지적 지도망은 개념망과 동일한 것으로 파악된다.[68]

모든 교과형 설계 중에서 광역형 설계는 미래에 가장 활성화될 것이다. 그것은 다양한 형태의 내용과 지식이 역동적이고 생성적인 방식으로 창안될 수 있도록 할 것이며, 학생들이 자신의 개인적 지식을 구성하고 재구성하는 일에 참여하도록 할 것이다. 이 광역형 설계는 나중에 논의할 학습자 중심 설계와 중복되는 부분이 있다.

다른 설계와 마찬가지로 광역형 설계도 그 자체의 문제를 가지고 있다. 그중 하나는 '폭 대 깊이'에 관한 쟁점이다. 광역형 설계에 의거하여 학생들에게 1년 동안 사회과학에 대해서 공부를 시키면, 학생들은 분과형 설계에서 1년 동안 역사를 공부한 것보다 더 폭넓게 사회과학적 개념을 공부하게 된다는 것이다. 그러나 그들이 습득한 다양한 사회과학적 개념은 피상적인 지식에 불과한 것이 아닌가? 역사에 대해서만 1년간 공부하는 것은 1년 동안 사회과학을 공부하는 것보다 더 많은 역사적 지식을 습득하게 한다. 그렇지만 초등학교 수준에서 그렇게 깊이 가르칠 필요가 있을까? 교육과정의 목표가 과연 학생들이 사회과학 지식의 전 분야를 이해하도록 하는 데 있다고 할 수 있는가? 이러한 질문에 어떻게 대답할 것인가는 해당 학교가 어떤 철학적 입장을 채택하는가에 달린 문제다.

깊이의 문제는 광역형 설계를 통합 교육과정으로 분류할 때 더 핵심적인 문제로 부각된다. 학생들이 다양한 개념망을 배우거나 구성할 수 있도록 하기 위해서는 어느 정도 깊이 있게 설계해야 되는가? 공룡이나 휴일의 주제를 어느 정도로 깊이 있게 학습해야 그것을 통하여 과학을 이해하게 되는가? 언어에 대한 전반적인 이해를 통하여 학생은 과연 읽기, 쓰기, 듣기를 충분히 깊이 있게 학습할 수 있는가? 학교와 교사들이 어떤 철학적 입장을 가지는가가 이러한 질문의 대답을 좌우할 것이다. 또한 모던적 입장과 포스트모던적 입장 중 어디에 있는가에 따라 대답이 달라질 것이다.

상관형 설계 상관형 설계는 단편적인 교육과정의 폐단을 줄이기 위해서는 분과 교과들을 어느 정도 관련시켜야 하지만 광역 설계까지 진행하는 것을 원하지 않았던 사람들에 의하여 사용된 설계 방법이다. 상관형 설계는 분과 교육과정과 통합 교육과정의 중도적 지점에 있는 것으로서 각 교과의 독자성을 그대로 유지하면서 교과 간에 관련을 지으려는 시도다.

가장 빈번하게 나타나는 두 가지 상관형 설계는 중등 수준의 영문학과 역사, 그리고 초등 수준의 어학과 사회과학이다. 역사 시간에 한 시대를 공부하는 동안 영어 시간에는 그 시대에 나온 소설을 읽는다. 과학과 수학도 자주 상관되어 설계된다. 화학을 공부하는 학생은 수학 시간에는 화학 실험을 수행하는 데에 필요한 수학적 지식이 들어 있는 단원을 공부한다. 이때 교과 영역의 구분은 그대로 유지되고 교사들은 자신의 교과에 대한 전문성을 그대로 보유한다.

상관형 설계의 개념은 많은 사람의 관심을 끈다. Alberty 부부는 중등학교 수준에서 상관 교육과정(영국사 및 미국사, 혹은 초등학교 수준에서의 사회과와 국어과)에 대한 논의로 유명하다. 그들은 '총괄적 주제'를 사용하는 상관형 설계의 한 유형을 제시하였다. 이러한 중핵(core) 설계는 기본적인 교과의 내용은 그대로 유지하면서도 광범한 주제, 문제, 또는 단원에 의거하여 내용이 선정되고 조직된다.[69]

중핵 교육과정의 한 변형인 이러한 설계는 충분한 시간 확보로 수업 시간을 계획하고 운영해야 한다. 그러면 서로 관련되어 있는 여러 가지 내용 영역을 맡고 있는 교사들은 함께 연구하면서 학생들이 상관 내용 영역에서 도출되는 과제를 해결하도록 한다. 다양한 교과를 어떻게 결합할 것인가는 순전히 우리의 상상력에 달린 문제다. 문학이나 미술은 동일한 문제를 전자는 언어로, 후자는 그림으로 나타낼 수 있다는 점에서 결합될 수 있다. 현재 과학은 문학을 통하여 가르치고 있다. 그리고 컴퓨터 수업은 미술, 음악, 경제학 등의 교과와 결합될 수 있다.

현재 실제로 상관형 설계를 활용하고 있는 교사들은 거의 없다. 아마도 그 이유는 상관형 설계가 교사들의 협동 작업을 요구하는 데에 있을 것이다. 초등학교 수준에서는 학급 담임제이기 때문에 교사 간 협동 작업을 위한 시간적 여유가 거의 없기 때문에 더욱 어렵다. 중등학교 수준에서는 교사들이 과목별로 분리되어 있고 교사는 세분화된 수업 시간표에 맞추어야 하기 때문에 팀 티칭을 위한 시간적 여유가 없다. 더욱이 대부분의 수업 시간 계획은 학생들이 상관 교과를 의미 있게 공부할 수 있도록 충분한 시간을 허용하지 않는다. 상관 교육과정을 운영하는 데에 필요한 모듈식의 시간 계획(modular scheduling)과 융통성 있는 수업 시간 운영은 실제로 받아들이지 않고 있다.

과정형 설계 학문 중심 설계를 논의할 때 지적하였듯이 그 주된 관심은 개인이 지식을 습득하는 과정이나 절차에 있다. 따라서 생물을 공부하는 학생은 생물학적 지식을 다루는 방법을 배우고, 역사를 공부하는 학생은 역사나 사료 편찬의 방법을 배우며, 인류학을 공부하는 학생은 사회와 문화의 연구를 위해 적절하고 다양한 문화인류학적 절차를 배운다.

학문형 설계를 옹호하는 사람은 학생에게 각 학문에 해당하는 지식 습득 과정을 가르치는 것을 주장하지만, 다른 교육자는 특정 학문에만 해당되는 것이 아닌 모든 학문에 적용할 수 있는 학습의 일반적 절차나 과정을 가르치는 교육과정 설계를 제안한다. 비판적 사고를 가르치는 다양한 교육과정은 이러한 절차적 설계의 좋은 예다.[70)]

교육자들은 언제나 학교에서 학생에게 사고력을 가르쳐야 한다고 주장한다. 교육과정 설계는 절차나 학습하는 방법, 교과에 절차를 적용하는 방법을 다룰 필요가 있다는 것이다. Barry Beyer는 사고 전략에 대해 광범위하게 집필에 몰두해 왔다. 그녀의 교육과정은 세 가지 주요 사고 전략, 즉 문제 해결, 의사 결정, 개념화를 중심으로 조직된다. 이러한 사고 전략이 수반하는 것은 주요 사고 전략에 필요한 자료의 분석과 종합 등의 미시적 사고 기술이다.[71)]

Francis Hunkins에 의하면 교육자는 학생들이 특정 발문 전략을 통하여 질문하는 방법을 배우고 의미를 구성하는 방법에 참여하도록 해야 한다. 이러한 발문 전략은 정보화 시대에 지식을 구성하고 해체하고 재구성함으로써 효율적인 기능을 수행하는 데 필요한 핵심적인 의미를 습득해야 하는 학생들에게 반드시 필요하다.[72)] 과정형 설계는 교육자들에게 역동적이고 생성적인 시대에 교육받는다는 것의 의미가 무엇인지를 성찰하게 한다. 이러한 설계는 지식 사업에서 우리는 모두 학생인 동시에 교육자이며 지식, 더 나아가 지혜를 얻기 위하여 정보를 창출하고 조작하고 활용해야 한다는 사실을 널리 알린다. '훌륭한 사고를 하는 사람은 의미를 스스로 창조하고 활용하며 탐구 정신을 가지고 세계에 대하여 중요한 질문을 던지는 사람이다. 훌륭한 사고를 하는 사람은 실제적인 것이든, 이상적인 것이든 세계를 궁구하며 가치 있고 바람직한 것을 탐색하는 사람이다.'[73] 과정형 설계의 초점은 학생을 의미를 만드는 사람으로 만드는 데 있다.

Marilyn Adams에 의하면 사고를 촉진시키는 것과 관련된 모든 교육과정에 들어 있는 기본적 가정은 교과목, 영역, 목적의 종류와 상관없이 일반적으로 모든 사고에 공통적인 일련의 기술이나 과정이 존재한다는 사실이다. 이러한 과정 교육과정의 공통적인 목표는 일반적인 사고의 과정을 가르치는 것과 과정 중심 교육과정의 일반적 규정을 마련하는 데 있다.[74] 과정형 설계는 모든 지식 영역에 적용 가능한 사고의 과정을 강조한다는 점에서 각각의 절차적 지식은 해당 학문에만 적용된다고 보는 학문형 설계와 다르다. 비판적으로 사고하는 것은 역사나 물리학에서만 유일한 것이 아니다. 창의적으로 사고하는 것도 예술이나 문학 분야에서만 유일한 것이 아니다. 사고와 관련된 교육과정은 절차적 지식이 모든 교육과정을 관통하여 통합될 수 있도록 조직되어야 한다는 것이다.

과정형 설계의 한 가지 예는 컴퓨터 프로그래밍이다. 많은 교과 영역이나 학년 수준에서 유용한 프로그램이 많이 개발되어 있기 때문에 컴퓨터 프로그램 지식을 가질 필요는 없다. 그러나 컴퓨터 프로그래밍은 비판적 사고, 합리적 사고, 문제 해결 능력이 길러지는 적극적인 정신적 노력의 과정이다. 컴퓨터 프로그래밍은 과목의 종류에 상관없이 학생에게 과정적 사고를 가르치는 데 유용한 유일한 과목이다. 프로그램을 쓰고 디버깅하는 과정은 학생이 해당 주제에 대해 논리적이고 주의 깊게 생각하도록 만든다. 나아가 학생들은 공통적 업무나 복잡한 정신 활동을 수행하기 위해 템플릿 레퍼토리, 즉 한 가지 이상의 특징을 사용하는 코드 유형을 배울 수 있다.[75]

템플릿은 교사 사이에서 정보를 처리하는 방법으로 사용되는 인지적 스키마에 비유될 수 있다. 프로그램의 분석은 사용자에게 문제 해결에 어떤 사고가 사용되었는지를 말해 준다. 학생들이 컴퓨터 프로그램에 숙달되었을 때, 교사는 다양한 방법으로 학생을 가르치는 것이 가능하게 되고, 학생은 다양한 방법으로 사고하는 것이 가능해진다. 이러한 다양한 방법의 사고 능력은 전통적 교과의 학업 성취를 올리는 데에도 간접적으로 기여한다. 그렇기 때문에 학생들에게 컴퓨터 프로그래밍을 가르칠 필요가 있는 것이다.

지식의 폭발이 계속되고 컴퓨터 프로그래밍이 계속되는 한 과정형 설계의 교육과정, 즉 절차적 지식을 강조하는 설계는 점차 관심을 받을 것이다. 지식이나 과정에 대한 이러한 방법은 필수적으로 '학습하는 방법에 대한 학습' 설계 방법이라고 할 수 있다.

과정형 설계는 학생들이 스스로 실재를 분석하고 거기에서 나오는 지식을 조직하는 데에 사용되는 구조적인 틀을 만들 수 있도록 하는 절차와 행동 성향을 중요하게 생각한다. 이 구조적 틀은 관찰자에게 세상이 어떻게 보이는가에 따라 달라진다.[76] 학생들이 자신의 학습에 적극 참여하도록 하고 교실에서 적극적인 학습자로서 역량을 발휘하도록 만드는 것과 관련된 다양한 논의가 이루어지고 있다. 구성주의에 관한 논의는 과정형 설계를 강조한다. 그러나 많은 논쟁에서 더욱 강조되는 쟁점은 과정형 설계라고 할 때 이 과정이 어떤 과정이냐의 문제다. 과학적 방법에 의거한 많은 과정형 설계는 포스트모던 시대에는 적절하지 않은 것으로 비판을 받고 있다. 모던적 과정형 설계는 실재를 학생 밖에 객관적으로 존재하는 것으로 보고 그 실체를 파헤치는 데에 과학적 절차를 사용한다. 포스트모던적 관점은 이에 정면으로 도전한다. 탐구에서 사용되는 방법 자체가 세계를 구성하며, 그 세계는 필요하다면 우리가 다시 만들 수 있고, 다시 구성할 수 있는 세계라는 것이다.[77)]

모던적 관점이 반영된 과정형 설계에서 학생에게 절차적 지식을 가르치는 목적은 그들이 어떤 결론이나 합의에 도달하도록 하는 데 있다. 그러나 Lyotard와 같은 학자에 의하면 우리가 과정을 중요하게 생각하고 이해가 얽히고 풀리는 과정에 참여하는 것은 어떤 합의에 도달하기 위한 것이 아니라 불안정을 찾기 위한 것이다. 이러한 포스트모던적 태도는 과정형 설계도 다양한 도전에 개방적인 새로운 진술과 아이디어에 입각하여 이루어져야 한다는 것을 의미한다. 즉, 과정형 교육과정 설계는 학생이 그들의 이해를 계속해서 새롭게 할 수 있도록 하는 방향으로 이루어져야 한다는 것이다.[78)]

Bruner를 비롯한 몇몇 학자는 학생에 의한 이러한 계속적인 재이해를 해석학적 구성이라고 부른다. 해석학적 구성은 오직 한 가지 의미만 가지는 결과나 이야기는 존재하지 않는다는 것을 말해 준다. 의미는 다양하고 부분적이며 불완전하다. 게다가 의미에 도달하는 다양한 수단이 존재하며 각각의 수단은 의미의 한 부분을 우리에게 드러내어 보여 준다. 과정형 교육과정 설계에서 가장 중요한 것은 자신의 결론이 적어도 특정 시간, 특정 장소에서 타당한 것으로 여겨질 수 있도록 그것을 분석하는 일에 참여하는 것이다. 즉, 텍스트나 내용에 대한 자신의 이해나 해석의 '정당성'을 관찰된 실재에 의거해서가 아니라 다른 학자의 이해나 해석에 비추어 결정하는 것이다.[79)] 그러므로 이 책의 저자인 우리는 실재 속의 현상에 대한 관찰에 입각하여 내린 결론의 정당성도 이 해석학적 분석에 의거하여 결정할 수 있다고 생각한다.

그러나 포스트모던적 과정형 교육과정 설계는 학생들이 자신의 결론을 분석하고 이해하는 것 이상의 것을 할 수 있도록 만든다. 이러한 과정형 설계는 그 분석 과정, 결론에 도달하는 과정 자체를 풀어헤치고 해체하도록 만든다. 학생들은 지식이 어떻게 생성되는가에 대한 지식을 얻기 위해 정보 처리 방법을 학습해야 한다.[80)] 이러한 분석 과정을 통하여 학생들은 지식과 지식 생성 과정 자체에 대한 메타인지적 지식을 얻을 수 있다. 그리하여 학생들은 학습의 과정에 대한 학습을 점점 자신의 통제 안에 들어오게 만든다.

지식이 어떻게 생성되고 사람들이 지식을 어떻게 습득하는가를 이해하는 것과 더불어, 학생들은 확실한 것은 아무것도 없다는 것과 사람들이 질문을 하는 방식도 확실하지 않다는 것을 깨닫는다. 학생들은 이해를 얻기 위하여 실재를 처리하는 것과 지식을 현명하게 사용하는 것은 근본적으로 이야기를 만들어 내는 언어 게임이라는 것을 이해하게 된다. 몇몇 포스트모던주의자에 의하면 이러한 언어 게임에서 개인은 표현하기 위해서가 아니라 구성하기 위해서 언어를 사용한다. 분명히 이러한 언어 게임은 규칙이나 절차를 따른다. 그러나 그 규칙의 일부는 게임에 앞서 준비되는 것이 아니라 게임의 과정 속에서 생성된다. 이러한 구조적 틀로 과정을 가르치는 것은 매우 어렵다. 과정과 절차가 실질적인 의미 구성의 과정 속에서 끊임없이 생성되고 그 상황에 맞는 보다 적절한 접근 방법이 끊임없이 생성되기 때문이다.

과정형 설계는 미래에 가장 역동적인 방법이 될 것이다. 이 문제에 대하여 많은 토의와 토론이 있을 것이며, 이런 대화는 줄어들지 않을 것이다. 일부 포스트모더니스트들은 최종적인 합의가 있을 수 없다는 사실을 환영할 것이다. 그들은 교육과정을 조직하는 최선의 과정이 무엇인가에 대한 영구적인 합의는 결코 있을 수 없다고 생각한다. 우리는 우리가 살고 있는 세계에 대한 의미를 만들고 그것에 참여하는 방법에 관하여 새로운 아이디어를 발견하고 발명하며, 구성하는 방법에 따라 다양하고 잠정적인 합의에 도달할 수 있을 뿐이다. 과정형 설계는 학습자 중심 설계에 점차 통합될 것으로 보인다.

2) 학습자 중심 설계

모든 교육과정 전문가들은 학생에게 가치가 있는 교육과정을 만들어 내는 데 관심을 가지고 있다. 금세기 초 교육자는 가치가 있는 교육과정을 만들 때 교과를 강조해야 한다고 생각하는 교육 계획 입안자들에 대응하여 학생들이 프로그램의 중심이나 초점이 되어야 한다고 주장하였다. 주로 진보주의자인 이러한 입장의 지지자는 학습자 중심 설계를 옹호하였다. 학습자 중심 설계는 전인 교육을 강조하는 초등학교 수준에서 사용되는 경우가 많다. 반면에 중등학교 수준에서는 교과 중심 설계가 더 강조된다. 왜냐하면 학문이 교육과정 조직의 주요 요인으로 작용하는 대학이나 교과서의 영향 때문이다.

아동 중심 설계 아동 중심 혹은 학습자 중심 설계를 옹호하는 사람들은 우리가 학습을 최적화하고자 한다면 학습자가 자신의 환경에 능동적이어야 한다고 믿는다. 학습은 교과 중심 설계와 같이 학습자의 삶과 분리되어서는 안 된다. 학습은 학습자의 삶과 흥미, 그리고 요구를 기초로 하여 이루어져야 한다는 것이다.

이 관점을 가진 사람들은 지식을 개인적 경험으로 생각한다. 즉, 지식은 개인과 실재의 상호 작용의 결과다. 사람들은 자신의 목표를 이루기 위해 지식을 사용한다.[81] 사람들은 상호 작용에서 얻은 지식을 사용할 뿐만 아니라 실제로 이런 상호 작용에서 지식을 구성하기도 한다. 이와 같은 견해를 가진 사람들은 구성주의자에 속한다고 볼 수 있다. 즉, 학습자는 능동적으로 자신의 의미나 이해를 창조하고 구성한다. 지식은 단순하게 수동적으로 받아들인 정보의 복사가 아니다. 학습은 지식의 권위로부터 학생이 정보를 수용하는 것이 아니다. 아동 중심 설계는 학습자가 단순히 그것을 흡수하는 것이 아니라 지식을 능동적으로 구성하도록 한다. 그러나 이런 구성주의의 견해는 단지 하나의 견해에 불과하다는 점을 명심해야 한다. 모든 지식은 인간이 구성해낸 결과라고 생각하는 학자가 많이 있다. 그러므로 분과 학문적 지식 또한 인간의 구성체인, 즉 역사 속에서 창출된 인간 지식의 결과물이다. 최근 구성주의가 많은 주목을 받고 있지만 그것은 결코 새로운 견해가 아니다. 지식이 구성되고 조직되는 방식, 그리고 개인이 의미를 배우는 방법에 대한 구성주의의 논의는 수세기 전에 이미 제기된 것이다. John Locke에 의하면 개인은 자신의 경험에서 나오는 간단한 아이디어에 기초하여 지식을 구성한다. Immanuel Kant에 의하면 지식의 많은 부분은 인지적 작용의 결과다. 우리는 고유한 특성을 가진 세계를 구성한다.[82)]

강조점이 교과 중심의 전통에서 아동의 흥미와 요구로 이행한 것은 Rousseau가 1762년에 출간한 『에밀(Emile)』에 나타난 그의 교육적 견해에서 시작된다. Rousseau는 학생들이 자연스러운 환경에서 배워야 한다고 믿었다. 그러나 Rousseau는 아동들을 위한 무정부론자는 아니었다. 아동들은 교사의 지도가 필요하다고 하였다. 교사는 아동의 연령에 맞는 적절한 발달 수단을 사용함으로써 아동의 호기심을 불러일으키도록 해야 한다는 것이다. Rousseau는 교수와 학습에 대한 발달적 접근법을 진정한 의미에서 옹호한 최초의 학자였다.

이 학습자 중심 설계는 여러 초기 교육학 거장들의 사상에 빚을 지고 있다. Heinrich Pestalozzi와 Friedrich Froebel은 아동은 사회적 참여를 통하여 자기 실현을 달성할 수 있다고 주장하였다. 즉, 이들은 '행함에 의한 학습'의 원리를 주장하였다. 교육에 대한 이러한 사회적 접근은 Francis Parker의 연구에 대한 대부분의 기초를 마련해 주었다.

일반적으로 John Dewey의 업적으로 돌리는 아동 중심 설계는 사실 아동중심운동의 기초를 놓은 Parker에 의해 마련된 것이다. Parker는 독일에서 교육학을 공부하였기 때문에 Pestalozzi와 Froebel의 연구를 잘 알고 있었다. Rousseau와 마찬가지로 Parker는 효과적인 교육은 엄격한 훈육을 필요로 하지 않는다고 생각하였다. 대신 수업은 자유로운 상황에서 아동의 내면에 들어 있는 자발성에 기초하여 이루어져야 한다고 생각하였다. 아동과 대화를 해 본 교사는 아동 스스로 자신의 학습에 효과적으로 참여할 수 있는 능력을 가지고 있다는 것을 알게 된다. Parker는 가르치는 것에 대한 이러한 관점을 학교에서의 과학과 지리 교육과정을 개발하는 데 적용하였다. 지리를 가르칠 때 교사들은 지리학자가 현장에서 관찰하고 스케치북에 관찰한 것을 적어 놓고, 그것을 나중에 분석하는 것과 같이 학생들이 지리 교과의 내용을 직접 경험할 수 있도록 해야 한다는 것이다. Parker는 매사추세츠 주 퀸시 학교의 장학관이었으므로 교육과정에 대한 그의 접근 방법은 퀸시 시스템이라 부르기도 하였다.[83)]

Dewey는 이와 비슷한 생각의 영향을 받아 자

신의 초기 사상을 형성하였다. 1896년에 그는 자신의 아이디어를 시카고 대학교의 실험학교에서 실행해 볼 기회를 가졌다. 교육과정은 인간의 다양한 충동, 즉 사회화를 위한 충동, 구성을 위한 충동, 탐구와 질문과 실험을 위한 충동, 그리고 예술적으로 표현하거나 창조할 수 있는 충동을 중심으로 조직되었다.[84)]

아동에 관한 강조는 교과에 관한 강조를 대체하였다. 더 나아가 교과는 협소한 분할 속에 따로따로 분리된 것이 아니라 경험의 단위 혹은 사회적 문제를 중심으로 통합되어 제시되었다. 문제 해결은 몇 가지 교과 분야의 자료와 방법을 이용하여 이루어진다는 생각은 아동 중심, 경험 중심 교육과정 속에 내재되어 있다. 또한 학습자에 대한 이러한 새로운 강조는 지식체 및 교과를 조직하는 데에서 '생활의 필요', '생활 적응 교육', '항상적 생활 장면', '공통 학습', '중핵'[85)] 등의 개념을 대두시켰다. 당시의 교육과정 전문가는 학생의 발달적 요구를 충족시키는 것뿐만 아니라 사회적 문제를 이해하고 해결하는 데 필요한 다양한 분야의 내용을 통합하였다.

아동 중심 교육과정 설계는 1920년대와 1930년대에 주로 미주리 맥도날드 카운티의 공립학교에 아동 중심 교육과정을 도입한 Ellsworth Collins, 뉴욕의 링컨 학교에서 프로젝트 학습법을 학생들에게 도입한 William Kilpatrick과 같은 진보주의자의 연구에서 실질적인 전성기를 이루었지만 그 기초는 그보다 훨씬 일찍 마련되었다.[86)] 프로젝트 학습법은 많은 교육 문헌 속에 나타나 있지만 이 운동은 실제로 한정된 범위 안에서만 수용되었다.

오늘날 몇몇 학교가 아동 중심 설계를 채택하고 있다. 그러나 Goodlad와 Su가 지적하였듯이 이런 설계는 주로 내용을 중시하는 교육과정 설계와 갈등을 일으킨다.[87)] 아동 중심 설계는 학생의 흥미를 존중한다. 더 나아가 교육자가 이 설계를 학생과 교사 간의 협상 속에서 시행하도록 하는 시도가 이루어지고 있다. 말하자면 학생들이 교사와 함께 어떤 내용을 어떤 흥미와 연결할 것인가를 협상하게 해야 한다는 것이다. 교사와 학생은 목적과 단원을 계획하고 어떤 내용을 강조하고 어떤 활동을 할 것인지, 심지어 어떤 자료를 사용할 것인지를 결정하는 데에도 참여한다.[88)]

학생들이 교육과정의 협상 과정에 참여하도록 하는 것은 학생에게 지식의 소유 의식을 가지게 하는 것이다. 그것은 학생에게 힘을 준다. 그러한 소유 의식을 가진 학생은 구성주의를 강조하는 현재의 경향에도 잘 들어맞는다. Brooks와 Brooks가 지적하였듯이 구성주의가 세계를 아는 한 방법이라는 것을 받아들인다면 학생의 흥미와 요구에 맞추고 그들에게 교육과정과 학습을 구성하는 기회를 주는 것이 무엇보다 적절하다.[89)] 이러한 교육과정 설계는 미래에 더욱 많은 호응을 얻을 것이다.

경험 중심 설계 경험 중심 교육과정 설계는 아동에 관한 관심을 아동의 학교 세계를 조직하는 데 필요한 근거로 이용하는 아동 중심 설계와 매우 비슷하다. 그러나 경험 중심 교육과정 설계는 아동의 흥미와 요구는 쉽게 예상할 수 있는 것이 아니기 때문에 모든 아동에게 맞는 교육과정을 계획하는 것은 불가능하다는 점에서 아동 중심 설계와 입장을 달리한다.

교육과정은 미리 계획할 수 없으며 교사들이 그때 그때 아동의 요구에 반응함으로써 학습이 이루어진다는 아동 중심 설계의 아이디어는 실행하기 매우 어렵다. 그것은 또한 사람들이 아동의 인지적 · 정서적 · 감정적 · 사회적 성장과 발달에 대한 방대한 양의 정보를 무시하도록 만든다.

아동 중심, 경험 중심 교육과정을 옹호하는 사람들은 학습자의 홍미를 강조한다. 학습자의 홍미는 20세기 동안에 많은 주목을 받았다. 그러나 단지 아동의 홍미에만 의지하는 것의 위험성에 대한 문제 의식이 자주 제기되었다. 1928년 Harold Rugg와 Ann Shumaker는 '우리는 이제 몇몇 아동이 외현적으로 드러내는 홍미라는 우연성에 아동의 최대 성장을 위한 교육과정 구성이라는 중차대한 문제의 해결을 맡길 수는 없다.' 고 하였다.[90]

21세기가 시작될 무렵, Dewey는 '아동의 자발성, 즉 자기 표현 욕구는 억압되어서는 안 된다.' 고 주장하였다. Dewey가 보기에 아동의 홍미는 목적을 가지므로 교육에서 반드시 고려되어야 한다. Dewey는 『경험과 교육(Experience and Education)』에서 '교육은 학습자가 입학하기 전부터 가지고 있던 경험에서 시작되어야 한다.' 고 주장하였다. 필수적으로 경험은 모든 학습의 시작점이다.[91] 그는 아동은 개인적인 경험의 세계에 존재한다고 보았다. 아동이 가지고 있는 홍미는 무수한 사실, 개념, 일반화, 이론과 관련된 종합적인 지식이라기보다는 개인적인 관심사일 뿐이다.

Dewey는 경험이 그 다음 학습을 위한 시작점이고 학생의 홍미는 반드시 고려되어야 한다고 믿고 있었는데도, 아동의 홍미 자체가 교육과정이라고 하지 않았으며 아동에게 교육과정의 의사 결정자의 역할을 부여하는 데 찬성하지 않았다. 아동과 교육과정에 관련하여 그는 '무엇보다 쉬운 것은 아동의 본성 속에 들어 있는 어떤 것, 혹은 발달 과정에 있는 성인의 의식 속에 있는 어떤 것을 잡아서 그것을 전체 문제 해결의 열쇠로 삼는 것이다.' [92]고 하였다. 그러나 이런 식으로 한다면 우리는 이것 아니면 저것 식의 사고에 빠질 수밖에 없다. 우리는 상황을 '아동 대 교과' 혹은 '개인의 본성 대 사회적 환경' 식의 관점으로만 보게 된다는 것이다.

이상적으로 말하여 Dewey가 교육자에게 원하였던 것은 아동의 경험을 분석하고 그 안에서 사실과 진리에 대한 지식의 조직과 관련된 어떤 것을 찾아내는 것이다. 이것은 학습의 시작점, 즉 아동의 자연적인 홍미와 관심이 좀 더 형식화된 지식과 연결할 수 있는 곳을 찾는 것을 의미한다. Dewey는 교육자들이 아동의 경험을 생생하고 유동적이며 고정적인 것이 아닌 역동적인 것으로 생각하기를 원하였다. 따라서 그는 교육과정을 학생의 요구에 따라 끊임없이 변화되는 것으로 보았다.[93]

Dewey는 교육과정 속에 들어 있는 교과는 그 자체가 경험의 결과라고 주장하였다. 그것들은 아동의 경험에서 나온 것을 형식적으로 조직해 놓은 것이다. 교육 내용은 단순한 정보의 덩어리가 아니다. 그것은 주의 깊은 반성의 결과로 체계적으로 조직해 놓은 것이다.

최근 후기실증주의자들의 관점은 개인은 자신의 경험과 지식 산물의 일부라는 믿음을 지지한다. 개인은 세계와 동떨어져 있지 않다. 오히려 세계에 영향을 주는 역동적인 주체이면서 동시에 세계에서 영향을 받기도 한다. Dewey가 지적하였듯이 교과와 개인의 경험은 정말로 실재의 일부다.[94] 아동은 자신의 경험을 통해 지식과 상호 작용하고 지식을 수정해 나간다.

이런 특정한 교육과정 설계를 믿는 사람들은 완전히 학생의 독특성과 능력을 믿는다. 그들은 또한 학교 환경이 개방적이고 자유로울 때, 모든 학생이 각각 자신의 독특한 방법으로 배울 수 있게 된다는 것을 알고 있다. 최상의 학교 환경에 있는 학생은 자기 스스로 동기화된다. 교육자의 역할은 특정한 활동을 명령하는 것이 아니라 기회를 제공하는 것이다. Armstong은 교실에서의 온화한 분위기 조성에 관하여 언급하였다. 이런 환경은 축제적인 분위기, 명랑한 분위기를 발산한다. 그것이 학생들이 학습할 수 있는 자연스러운 상태고, 학생들에게 선택할 수 있는 자유를 준다. 그렇다고 그것이 성공하기 위해 학생들이 특정한 방법으로 생각하고 학습하는 것을 요구하는 것은 아니고, 학생들이 학문적으로 노력하지 않아도 된다는 것을 의미하는 것도 아니다. 경험 중심 교육과정을 설계한 교사는 학생들이 고려해야 할 선택을 설계한다. 중요한 것은 제공된 배열에서 선택의 권한을 가진 것은 학생이라는 것이다. 학생들은 교사에 의해 제공된 맥락 내에서 자신들의 학습을 형성하도록 권한이 주어져 있다.[95]

어떤 교육과정 전문가들은 경험 중심 교육과정 설계 아이디어를 촉감, 감각, 상상을 강조하는 교육과정으로 해석하기도 한다. 다른 교육과정 전문가들은 학생들에게 미래의 성인 생활을 준비시킨다는 목적으로 생활 경험과 직업 활동을 강조하기도 한다.

낭만적/급진적 설계 아동 중심 관점은 최근 급진적인 학교 개혁을 옹호하는 개혁자에 의해 강조되었다. 그들은 대부분 개인의 본성에 가치를 두는 Rousseau의 견해와 개인은 자기 자신의 본성을 들여다봄으로써 자신의 진정한 자아를 찾을 수 있다는 Pestalozzi의 생각에 의존한다. 이들은 독특하게 진보적인 사고를 가지고 있는데도 최근의 독일 철학자 Jurgen Habermas와 브라질 교육자 Paulo Freire의 견해를 받아들이고 있다. 급진적인 학교 개혁자는 학습자 중심 설계를 적극적으로 옹호한다.

급진적인 개혁자들이 기본적으로 가정하는 것은 현재 사회는 부정하고 억압적이며 자율적인 치유 능력을 상실하였다는 것이다. 학교는 교육하고 해방시키기보다는 통제하고 특정한 문화적 관점을 주입하기 위한 교육과정을 사용한다. 심지어 McLaren은 자본주의 학교교육은 대부분 잘못되었다고 주장한다. 학교교육과 교육과정은 학생에게 공통적인 문화를 주입시키도록 조직되어 있지만 사실상 그러한 공통적인 문화는 존재하지 않는다.[96] 그들에 의하면 학교 교육과정은 학생들이 차별에 대한 인내심을 키워 가도록 조직되어 있다.

Paulo Freire는 그의 책 『피억압자의 교육(Pedagogy of the Oppressed)』으로 현재의 급진적인 개혁자의 사고 형성에 영향을 주었다. Freire에 의하면 교육의 목적은 대중에게 자신들의 권리가 부정되는 현재의 상태에 대하여 알게 하고, 그러한 존재 상황을 인식하게 하는 상황을 설계하여 차별적인 불평등을 바로잡는 데 필요한 기능과 능력을 얻게 하는 데 있다.[97]

많은 급진적인 개혁자들은 해방이 곧 교육의 목적이라고 한, Habermas가 자세히 설명한 비판적 이론에 의존한다. 해방은 개인이 자신의 삶을 통제할 수 있는 의식과 능력, 태도를 얻는 것을 말한다. 더 이상 그들은 다른 사람의 통제하에 있지 않다. 즉, 더 이상 그들은 생각이나 반성 없이 사회적 관습을 따르지 않는다. Habermas와 그의 비판적 교육 이론에 대해 Robert Young은 해방이라는 테마는 로마 시대로 거슬러 올라가고 계몽 시대에 많은 철학자가 격렬하게 설명한 꽤 오랜 역사를 가지고 있다고 주장한다. 학생들은 자신을 교육하는 것에 대한 책임감을 수용해야 하고 자유에 대한 차별을 저항하기 위한 용기를 모아야 한다.[98]

급진적인 교육과정 이론가들은 개인이 지식을 비판하는 방법을 배워야 한다고 믿는다. 학습은 반성적인 것이다. 즉, 그것은 권한이 있는 사람에 의해 외부적으로 부과된 것이 아니다. 교육은 자유와 해방으로 이끈다. 급진적인 교육과정 설계에서 지식은 단원 계획이나 과정 요목에 있는 완제품이 아니다. 이런 문서는 주입식 교육과정이다. 학습은 사람 사이의 상호 작용의 결과물이다. 이는 교육과정에서 제시되는 정보의 목적에 대한 비판뿐만 아니라 내용에 도전하고 내용에 대한 다른 견해를 받아들임으로써 가능해진다.

학생들이 그들의 지식 세계를 능동적으로 구성하도록 하는 것의 가치를 받아들이기 위해서 반드시 비판적 이론가가 될 필요는 없다. 또한 교육과정에 대한 구성주의적 접근 방법을 옹호하는 대부분의 교육자가 모두 비판적인 정치 이론가는 아니다. 삶과 학습, 학교교육에 대해 포스트모던적 입장을 취하는 사람들은 자신들의 이데올로기에 의해 눈이 먼 많은 비판 이론가의 편협함을 비판한다.

Hunkins는 교육과정이 학생들의 현재 이해 상태를 '혼란시키는' 방식으로 설계될 수 있다고 주장하였다. 교육과정의 초점은 학생들이 내용의 역동적인 출현을 볼 수 있도록 하고 지식을 구성하는 과정에 임하도록 하는 데 있다.[99] '진정한 사고는 혼란스럽고 모순된 질문으로 생각에 혼란을 주는 것에서 시작된다.'[100] 개방 체제나 국지적 결정론에 초점을 두며, 그리고 특정 정치 이데올로기를 수용하지 않으면서 방법주의에 반대하는 방법론에 초점을 두는 포스트모던적이고 후기구조주의적인 교육과정을 설계하는 것은 가능한 일이다.[101] 포스트모던적, 후기구조주의적 관점을 가지는 것은 거대 서사로 제안되는 어떠한 이데올로기에 대해서도 의심을 가지는 것을 의미한다.

급진주의자들의 견해가 주류 교육자들의 견해와 다른 점은 급진주의자들은 일반 사회를 결점이 있는 것으로 보고 교육을 사회의 지배 집단이 젊은이들을 사회적 역할을 수행하는 데 적합하도록 교화시키는 것으로 본다는 것이다. 비판적 이론에 의하면 교육은 여러 교육과정 쟁점, 즉 인종, 성, 사회적 · 자연적 환경, 범죄와 폭력, 경제적 제국주의 문제 등을 의도적으로 무시한다.[102] 많은 비판적이고 급진적인 교육자는 오로지 그들의 타당한 교육과정을 실행하는 데에 전념한다. 따라서 주류 교육과정을 무너뜨린다. Slezak은 낭만적인 급진주의자들이 서양의 지적 전통에서 지식의 기초를 전복시키기 위해 굳게 결심한 사회재건주의자들이라고 주장하였다.[103] 많은 사람은 서양의 지적 전통을 사고와 행위에서 세계를 식민화하기 위한 의도를 가진 억압 체제로 생각한다. 페미니스트인 몇몇 급진적 교육자에게 주류적 교육과정은 여성에 대한 억압으로 비춰진다. 급진적 설계의 교육과정은 민주적 권력, 사회적 정의, 다양성에 대한 존중을 기르기 위해 개념화되고 전달되었다.[104] 분명 이 설계는 매우 정치적인 성격을 띤다. 그러나 전통적 교육과정 학자들은 이러한 그들의 견해의 많은 부분에 대하여 비판적 입장을 취한다. 전통적 교육과정 학자 중 일부는 여기에서 더 나아가 비판적 이론의 논의와 저술은 George Orwell이 '순수한 바람 속의 불순물'로 묘사한 것을 예시해 주고 있다고 주장한다.[105]

교육과정을 잘 설계하여 잘 가르친다면 그것은 교화가 아니다. 학문에 기초한 교육과정 설계도 절차적 지식을 강조한다. 학생들은 능동적으로 교사나 다른 학생과 대화하고 문제를 제기하며 지식을 평가한다. 전통적 교육과정이 하고 있는 것도 급진주의자들의 요구와 많은 부분 일치한다. 그것은 포스트모던적 관점, 후기구조주의적 관점과 결코 대립하지 않는다.

인간 중심 설계 이 설계는 1960년대와 1970년대, 부분적으로는 1950년대와 1960년대 초기에 학문을 지나치게 강조하는 경향에 대한 반향으로 나타났다. 진보주의 철학과 아동 중심 심리학 운동의 일환으로서 1920년대와 1930년대에 인간 중심 교육을 출현시킨 것은 교과에 대한 불균형적 강조 때문이었다. 제2차세계대전 후 인간 중심 설계는 교육철학에서 실존주의와 연결되었다.

대부분 이 설계의 토대는 '제3세력' 심리학과 인본주의 심리학이다. 1950년대에 개발된 인본주의 심리학은 지배적인 행동주의 심리학에 반대되는 것이다. 이 새로운 심리학적 경향은 인간 행동은 자극에 대한 반응 이상의 것이고, 의미는 방법보다 더 중요하며, 인간 존재의 객관적인 특성보다는 주관적 특성을 더 중요하게 생각해야 하고, 학습과 정서는 밀접한 관련이 있다는 것을 강조한다.

이러한 맥락에서 장학과 교육과정 개발협회(ASCD)는 1962년 『지각하기, 행위하기, 되어가기(Perceiving, Behaving, Becoming)』이라는 연보를 출간하였다.[106] 이는 개인이 완전한 인간으로 기능하도록 하는 교육과정 설계와 교수법 교육을 새롭게 강조하였다. ASCD 연보의 의장인 Arthur Combs는 몇 가지 주요 질문을 제기하였다. 즉, 궁극적으로 자아실현을 이루는 사람은 어떤 유형의 사람인가? 그러한 사람은 어떻게 그런 일을 할 수 있는가? 그런 사람을 만드는 데 필요한 요인은 무엇인가? 그에 의하면 교육과정은 인간의 잠재력을 강조하고 학생들이 생성의 과정에 참여하도록 설계되어야 한다.[107] 이것은 역량 있는 개인, 즉 후기실증주의적 사고에 강조점이 있다. 이러한 사고는 개인에게 자신의 실재에 참여하게 하며 생성의 의미를 알게 해 준다.

『감정, 가치화, 성장의 예술(Feeling, Valuing, and the Art of Growing)』이라는 ASCD의 1977년 연보도 인간 중심 교육과정 설계의 정서적인 면을 강조한다. 정서적인 면의 사례로 이루어진 이 연보는 인간의 잠재력을 이용하고 그것을 자유롭게 할 필요가 있다는 것을 보여 준다. 이는 교육자는 학생이 느끼고 평가하고 성장하도록 허락해야 한다고 주장한다.[108]

이러한 특정 교육과정 설계에 주요 영향을 끼친 것은 Abraham Maslow와 그의 자아실현이라는 이론적 개념이다. 자아실현된 사람의 특성에 대한 그의 목록은 교육자에게 이런 교육과정을 위한 기초를 쌓을 수 있도록 도움을 주었다. Maslow에 의하면 자아실현된 사람은 ① 자신과 타인, 그리고 자연을 수용하고, ② 자발성, 순박함, 자연스러움을 가지고 있으며, ③ 문제 지향적이고, ④ 평범함을 넘어서 다양한 경험에 대한 개방성을 가지고 있다. 그는 ⑤ 불행한 것에 대한 감정이입과 공감을 가지고 있고, ⑥ 세련된 인간관계에 대해 능통하며, ⑦ 의사 결정을 하는 데에서 사람의 참여를 믿고, ⑧ 철학적인 의미의 유머를 가지고 있다.[109]

Maslow에 의하면 생애 초기에 자아실현을 이루는 사람은 없다. 사람들은 보통 40대나 그 이후에 자아실현을 이룬다. 그러나 그런 상태에 도달하기 위해서는 학생 시절부터 시작해야 한다. 어떤 교육자는 이런 점을 간과하고 자신들의 인간 중심 설계가 학생들에게 최종적인 결과로서 자아실현을 이루게 한다고 생각한다.

Carl Rogers의 연구도 또 하나의 주요 세력이다. 그는 인간은 자기 이해를 향상시키고 자아개념과 기본적 태도를 배우며 자신의 행위를 이끌어 가기 위하여 자신만의 자원에 의지함으로써 자기 주도적 학습을 향상시킬 수 있다고 보았다. 교육자들의 과업은 이러한 개인적인 자원을 개발할 수 있도록 교육적인 환경을 설정해 주는 일이다. 이런 환경은 행동의 진실성, 감정이입(공감), 그리고 자기와 타인에 대한 존경심을 조장한다.[110]

이와 같은 환경이 주어진 개인은 Rogers가 말한 '충분히 기능하는 인간'으로 자연스럽게 발달해 갈 것이다. 자발적으로 행위를 하고, 그러한 자신의 행위에 책임을 질 수 있는 개인은 지혜로운 선택과 자주적인 방향 결정을 할 수 있다. 이러한 학습자는 문제 해결을 위한 지식을 스스로 획득한다는 점에서 비판적 학습자다. 그들은 문제 상황을 융통성 있고 슬기롭게 접근하고 다른 사람들과 협동하여 일할 수 있는 사람이다. 또한 그들은 자신의 사회화 과정에 내재적으로 안내받으며 다른 사람의 인정을 바라거나 그것을 위해서 일하지 않는다.

1970년대 인간 중심 교육은 '통합(confluence)'이라는 개념을 받아들였다. 본질적으로 통합 교육은 정의적 영역(감정, 태도, 가치)과 인지적 영역(지적인 인식과 능력)을 혼합하는 것이다. 이 접근 방법은 기존의 교과 교육과정에 정의적 측면을 보태는 결과를 가져왔다.[111] 이 설계를 지지하는 사람들은 내용이든 경험이든, 지력이든 감정이든, 그 어느 것도 좋아하지 않는다. 오히려 이들은 주관 혹은 직관을 객관과 혼합시키려고 노력한다. 이들은 학생들이 느끼는 것은 무엇이든지 선택할 수 있도록 보다 많은 대안을 학생에게 제공할 수 있는 교육과정을 설계해야 한다고 주장한다. 그렇게 함으로써 학생은 자신이 선택한 것에 대해 책임을 짐과 동시에 그것에 대해 평가할 줄 알며, 선택의 능력을 자신이 가지고 있다는 것에 대해 안정된 이해를 느끼게 된다.

통합 교육은 참여를 강조한다. 즉, 그것은 힘의 분담, 협상, 공동 책임을 강조한다. 이 교육은 본질적으로 비권위주의적인 것이다. 그것은 전인과 사고, 감정, 활동의 통합을 강조한다. 통합 교육은 학생의 기본적인 요구와 생활 상태에 비추어 교육의 적합성을 중요시한다. 교육과정을 배우는 동안 학생은 자기 발달이야말로 학습의 가장 정당한 목표라는 것을 깨닫게 해 주는 상황에 직면하게 된다.

인간 중심적 교육자들은 인지적 · 정의적 · 심동적 영역은 서로 연결되어 있고 교육과정 설계는 이들 차원을 겨냥해야 한다는 사실을 알고 있다. 인간 중심 설계 진영과 교과 중심 설계 진영에 속하는 몇몇 교육자들은 이러한 세 가지 영역 외에도 사회화와 영성이라는 두 영역이 추가되어야 한다고 주장한다.[112]

인간 중심 교육과정 설계는 긍정적인 자아 개념과 대인 관계 기능의 발달을 강조한다. 이 설계의 옹호자들은 학생들이 자기 연구와 자신과 사회의 발견을 위해 자신의 능력을 발휘할 수 있기를 바란다. 교육은 개인적인 여행이다. 교육과정은 학생에게 지식과 행동의 통합을 이룰 수 있게 하는 기회를 제공해 주어야 한다.[113]

인간 중심 설계와 관련되지만 이것을 한층 더 밀고 나가 인간 의식의 측면에 초점을 두는 초개인적 · 초월적 경향을 띠는 또 다른 설계 방법이 있다. 이러한 설계는 여전히 개인을 강조하지만 직관과 초월성을 더욱 부각시킨다. 인간은 직관을 통하여 자신의 창의적 사고에 접근할 수 있고 실재에 대한 총체적인 지각을 일으킬 수 있다. 개인의 내적 · 외적 세계는 자신의 내적 자아를 환경과 관련시킨다. 이러한 경향은 인간 개인이 가지는 고유성에 높은 가치를 두는 교육과정을 제안한다.

이 교육과정은 사람의 내적 삶과 영원성의 관계를 시사하는 인간의 영성적 측면으로 문을 열어 준다. 초월성과 영성은 질적 경험을 통하여 경험된다. Phenix가 언급하였듯이 그러한 교육과정에서 실재는 '상호 관련된 단 하나의 전체로서 경험된다. 어떤 실체를 완전하게 기술하기 위해서는 다른 실체에 대한 이해를 필요로 하기 때

문이다.' [114]

James Moffett은 '학생들이 각자에게 독특한 영성적 길에 들어갈 수 있도록 하면서도 인간과 자연의 광대한 세계의 일원으로서 참여할 수 있도록 하는' 영성적 교육과정을 제안한다.[115] 그는 사회가 도덕성이나 영성적인 것을 알맞게 발달시키지 않은 채 지식과 능력만을 기른다면 사회는 재앙에 빠질 것이라고 경고한다.

초월성 교육은 경험의 전체성이나 포괄성 개념에 의해 인도되었다. 교육과정에 어떤 내용을 집어넣을 것인가도 중요하지만, 더 중요한 것은 학생들에게 여행의 계기를 마련해 주고, 그 여행에 대해 숙고하게 하며, 그것을 다른 여행, 즉 과거, 현재, 미래와 관련지어 보도록 하는 것이다.[116] 그것은 희망, 창의성, 의식, 의심과 믿음, 의문, 경외심에 대한 인간의 일반적 성향을 강조한다(교육과정 도움말 8-3 참조).

인간 중심 설계를 매우 독특한 것으로 만드는 것은 열정, 관계, 에로스 등의 강조다. 어떤 인간 중심 교육의 옹호자는 전통적 교육을 아무런 감정이 없는 중립적 공간에서 이루어지는 무감정의 것으로 본다. 전통적 교육과정은 학생들에게 열정과 욕구를 버릴 것을 요구한다. 그러나 인간주의자에게 교육은 열정과 욕구를 더해 주는 것

교육과정 도움말 8-3

교육과정 매트릭스

교육과정을 설계할 때 교육과정의 내용 요소와 관련된 다양한 차원을 염두에 두는 것이 좋다. 다음에 제시한 여러 교육과정 차원은 교육과정의 내용 요소를 깊이 이해할 수 있게 해 준다.

① 내용의 인지적 차원을 고려하라. 이것은 교육과정의 차원에 대한 가장 일반적인 생각이다. 선택된 내용은 학생의 인지적 발달을 자극해야 한다.
② 내용의 정서적 차원을 고려하라. 우리는 이 차원에 대해서 잘 알지 못한다. 그러나 이것에 대한 이해가 현재 많이 이루어지고 있다.
③ 내용의 사회적 차원을 고려하라. 선택된 내용은 학생의 사회적 발달에 기여해야 한다. 인간관계를 강조하는 내용도 이 차원에 기여한다.
④ 내용의 육체적 차원을 고려하라. 이것은 일반적으로 지식의 심동적 영역으로 부른다. 선택된 내용은 학생의 육체적 기능을 발달시킬 뿐만 아니라 학생 스스로가 자신을 육체적 존재로 의식할 수 있도록 해야 한다.
⑤ 내용의 심미적 차원을 고려하라. 사람들은 심미적인 성격을 가지고 있지만 지식의 심미적 부분에 대한 이해는 거의 이루어지고 있지 않다.
⑥ 내용의 초월적·영성적 차원을 고려하라. 이 차원은 현재 우리의 교육적 이해에서 완전히 배제되어 있다. 이러한 교육의 차원은 제도화된 종교와 자주 혼동된다. 교육과정 내용의 이와 같은 차원은 합리적인 것과 특별한 관련이 없다. 그러나 학생들에게 인간의 본질에 대하여 반성하게 하고 현재의 지식과 활동의 수준을 초월하도록 하는 내용이 필요하다.

출처: Arthur W. Foshay, "The Curriculum Matrix: Transcendence and Mathematics," *Curriculum* (Autumn 1990), pp. 36-46에서 인용.

이다. 즉, 교육은 기능과 효율성의 지배를 벗어나 즐거움과 감각적인 것 아래에서 이루어져야 한다. 그것은 자연적 · 사회적 · 정신적 영역의 미를 강조해야 한다. 이런 강조와 함께 인간 중심 교육과정 설계는 학생들이 감정, 정서, 상상, 의문을 가지고 학습할 수 있도록 한다. 따라서 교육과정 학자들은 교육과정 내용에 대한 그들의 선택을 신중하게 생각할 필요가 있다. 교육과정 내용은 학생의 지적인 면뿐만 아니라 열정과 요구를 자극할 수 있는 잠재력을 가지고 있는가? 교육과정은 학생들이 감정적인 갈등을 경험할 수 있도록 계획되어 있는가? 교육과정의 경험은 학생들에게 개인적 · 사회적 세계에 대한 도전에 참여할 수 있는 존재 형태를 길러 주는가? 교육과정은 지식의 개념적 구조뿐만 아니라 공동선의 관점에서 지식의 사회적 함의를 묻는 질문을 포함하고 있는가? 교육과정의 내용과 경험은 학생들이 개인적 선이 무엇이고 사회적 선이 무엇인가를 스스로 개념화할 수 있도록 조직되어 있는가? 설계는 학생들의 사회적 참여를 용이하게 하는 방향으로 되어 있는가?[117)]

인간 중심 교육과정 설계는 많은 잠재력을 가지고 있지만 학습자 중심 설계와 동일한 약점을 가지고 있다. 이 두 설계는 교사에게 개인을 잘 다룰 수 있는 엄청난 기술과 능력을 요구한다. 또한 그것은 교사에게 학생의 사회적 · 감정적 · 영성적 영역이 가장 중요하며 인지적 측면은 부차적이라고 생각하는 사고의 근본적인 전환을 요구한다. 더불어 교사에게 이 책의 저자인 우리도 의심하는 많은 교육적 가정을 받아들일 것을 요구한다. 무엇보다 더 큰 약점은 좋게 말하여 교육 자료로 사용할 수 있는 것이 없는 경우가 많다는 점이다.

이 설계에 대한 하나의 심각한 비판은 인간중심주의자는 자신들의 방법과 기법에만 관심을 가지고 그러한 방법과 기법이 학습자에게 어떤 결과를 가져올지를 거의 염두에 두지 않는다는 것이다. 또 다른 비판은 그들은 개인의 고유성과 모든 학생이 경험하는 활동을 동시에 강조함으로써 비일관적인 경향을 보인다는 것이다. 또한 이러한 비판과 대조적으로 인간 중심 교육과정 설계는 개인을 지나치게 강조하고 전반적인 사회의 요구는 무시한다는 비판도 있다. 마지막 비판은 제3세력의 심리학 자체에 관한 것이다. 그것은 행동주의 이론, 정신의학적 지식, 인지발달 이론을 통합하는 것이 아니라 오히려 인간의 학습과 발달에 관한 지식의 토대를 분열시키고 있다는 것이다.

3) 문제 중심 설계

제3의 교육과정 설계의 주요 유형인 문제 중심 교육과정 설계는 개인과 사회 모두를 위한 삶의 문제, 즉 제도적 · 집단적 삶의 문제에 초점을 맞춘다. 그것은 문화적 전통을 강화하고 현재까지 해결되지 못한 제반 지역사회 및 사회의 요구를 겨냥하여 조직된다. 물론, 개인적인 문제도 강조된다.

비록, 문제 중심 설계가 사회적 배경 속에 있는 개인에 초점을 두고 있지만 중요한 한 가지 측면에서 그것은 학습자 중심 설계와 다르다. 문제 중심 설계는 학생이 학교에 입학하기 전에 미리 계획된다. 그러나 문제 중심 설계의 교육과정 학자는 진정한 삶의 문제에 관심을 가지고 있기 때문에 때로는 학생들의 관심과 상황을 고려해야 한다는 것도 잘 알고 있다.

이 설계를 이용하여 하나의 교육과정을 조직하는 방법은 주로 연구 대상인 문제 영역의 성격에 의존한다. 선정된 내용은 선정된 문제와 관련이 있어야 한다. 이런 이유 때문에 내용이 교과에 영향을 미칠 때가 많다. 또한 내용은 상당한 정도로 학생들의 요구, 관심사, 그리고 여러 능력에 근거를 두어야 한다. 내용과 학습자의 발달을 이중적으로 강조한다는 점에서 문제 중심 설계는 다른 설계와 뚜렷하게 구별된다.

문제 중심 설계는 사회적 문제와 학습자들의 요구, 흥미, 능력에 의지하기 때문에 다양한 변형이 가능하다. 항상적 생활 장면에 초점을 두는 것이 있는가 하면, 현대적인 사회 문제를 중심으로 하는 것도 있으며, 삶의 영역을 겨냥하고 사회의 재건에 관심을 가지는 것도 있다. 이러한 여러 가지 형태의 문제 중심 설계는 사회적 요구와 개인적 요구 중에서 어느 것을 어느 정도로 강조하는가에 따라 달라진다.[118)]

생활 장면 중심 설계 항상적 생활 장면 중심 설계는 아마 문제 중심 설계의 가장 잘 알려진 변형일 것이다. 이 교육과정 접근 방법에 대한 관심과 홍미는 19세기와 Herbert Spencer가 완전한 삶을 위한 교육과정에 관한 저술을 쓴 당시로 거슬러 올라갈 수 있다. 그의 교육과정은 ① 삶을 유지하는 것, ② 삶의 질을 높이는 것, ③ 아이를 기르고 교육하는 것, ④ 사람의 사회적 · 정치적 관계를 유지하는 것, ⑤ 여가와 임무, 감정을 강화하는 활동을 강조한다.[119)] 이와 유사한 창조적인 진술은 1918년에 중등교육의 재조직에 관한 전국교육연합회(NEA)에 의해 이루어진 것이다. 그것의 보고서에 대략적으로 나타난 임무는 교육과정이 건강, 본성의 요구, 가치 있는 가족 관계, 직업, 시민 의식, 여가, 윤리적 성격의 생활 장면을 다루는 것이다.

이러한 설계의 기초가 되는 세 가지 가정이 있다. 첫째, 항상적 생활 장면은 사회의 성공적 기능에 필수적이며 그것을 중심으로 교육과정을 조직하는 감각을 가능하게 한다. 둘째, 교육과정이 공동체적 삶의 측면을 중심으로 조직된다면 학생은 자신이 공부하는 것이 자신의 삶과 직접적으로 관련되어 있다는 것을 안다. 셋째, 학생은 사회적인 생활 장면을 공부함으로써 사회를 향상시키기 위한 방법뿐만 아니라 그러한 과정에 개인적으로 참여하는 방법을 공부하게 된다.

1947년 이 설계는 Florence Stratemeyer, Hamden Forkner, Margaret McKim이 쓴 『현대 생활을 위한 교육과정 개발(Developing a Curriculum for Modern Living)』이라는 책의 중심이 되었다. 그것은 사회는 교육과정 개발의 기초로 작용해야 하며 교육은 적극적인 사회적 힘으로 기능해야 한다는 실례를 보여 주었다.

Stratemeyer와 공동 저자들은 산업화 시대의 완성은 전통적인 삶의 유형을 완전히 변화시켰다는 사실을 생활 중심 교육과정 설계 논의의 기초로 삼았다. 교육과정은 경제적 · 사회적 · 영성적, 심지어 건강과 같은 육체적인 것들을 다루어야 한다는 것이다. 교육과정은 학생들이 새로운 세계에 효율적으로 기능하도록 해야 하고, 국내적으로든 국제적으로든 고도로 발달한 산업사회의 공통적인 생활 장면을 경험하도록 해야 한다. 이러한 도전에 대응하기 위하여 그들은 일상적인 생활 장면에 대한 방대한 목록을 만들었다. 학생이 직업 세계나 성인의 책임감에 입문하기 전에 학교에서 고려할 필요가 있는 것들이다. 이 설계의 핵심 요점은 〈표 8-1〉에 나타나 있다.

Stratemeyer는 '무엇보다도 교육과정은 학습자에 대한 이해를 중심으로 개발되어야 한다. 학습자의 목적은 인식되어야 하며 학습자의 요구는 충족되어야 한다.' 고 주장하였다.[120] 그러나 인식된 학습자의 모든 요구와 흥미가 교육과정 속에 포함되는 것은 아니라고 지적하였다. 어떤 요구와 흥미는 사회의 다른 기관, 즉 가족, 교회, 스카우트, 다른 공동체 조직에서 적절하게 경험할 수 있는 것이다. 학교는 이런 조직을 통해 경험하지 못한 요구를 충족시켜야 한다.

생활 장면 중심 설계의 강점 중 하나는 학습을 위한 문제 해결 절차에 초점을 두고 있다는 점이다. 과정과 내용은 교육과정적인 경험 속에 효과적으로 통합된다. 어떤 비평가들은 생활 장면 중심 설계에서 학생은 교과를 거의 학습하지 못한다는 점을 지적한다. 그러나 이 설계의 찬성자들은 이 설계가 교과 내용에서 많은 것을 뽑아내고 있다는 점을 들어 반격한다. 생활 장면 중심 설계를 독특하게 만드는 것은 학생들이 문제 영역을 확실하게 볼 수 있도록 교육과정이 조직된다는 점에 있다.

이 설계의 또 다른 강점은 그것이 생활의 기본적인 영역을 분석하는 데 필요한 수단으로서 학습자들의 과거 및 현재의 경험을 이용한다는 것이다. 이런 점에서 이 설계는 학습자가 느낀 요구와 흥미를 내용 및 경험 선정의 유일한 근거로 이용하는 활동 중심 설계와 매우 다르다. 생활 장면 중심 설계는 보다 큰 사회 속에 있는 긴박한 문제는 말할 것도 없고 하나의 출발점으로서 학생의 즉각적인 관심사도 이용한다.

이 설계는 분과된 교과를 가로질러 관련된 사회 생활의 범주에 중점을 둠으로써 교과를 하나의 통합된 형태로 제시한다는 점에서 강점을 가진다. 이 설계는 사회적 문제와 개인적 관심사에 중점을 두기 때문에 학생들이 문제 해결의 절차를 배워서 적용하도록 고무한다. 교과를 실제적인 상황에 연결하는 것은 교육과정의 적합성을 증가시킨다.

그러나 다른 설계와 마찬가지로 생활 장면 중심 설계도 도전 과제를 가지고 있다. 아마 가장 큰 도전은 본질적인 생활 영역의 범위와 계열이 무엇이냐를 결정하는 일이다. 과연 현재의 주요 활동이 미래의 본질적인 활동이 될 수 있을 것인가?

또 다른 비판은 이 설계가 학생들에게 문화유산에 대한 적절한 경험을 제공하지 못한다는 것이다. 더 나아가 이 설계는 청년에게 현재의 조건을 주입시킴으로써 사회의 현상 유지를 영속

〈표 8-1〉 현대적 삶을 위한 교육과정

Ⅰ. 개인 능력의 성장	Ⅱ. 사회적 참여의 성장	Ⅲ. 환경적 사실과 영향을 다루는 능력의 성장
A. 신체적 건강의 신장을 위하여 필요한 장면 ① 신체적 요구에 대한 만족 ② 정서적 · 사회적 요구에 대한 만족 ③ 병과 부상을 피하고 치료하는 것	A. 사회적 참여의 성장을 필요로 하는 장면 ① 다른 사람과의 효율적인 사회적 관계 수립하기 ② 다른 사람과 효율적인 작업 관계 수립하기 ③ 물리적 · 화학적 영향의 활용	A. 환경적 사실과 영향을 다루는 능력의 성장을 위하여 필요로 하는 장면 ① 신체적 현상 다루기 ② 식물, 동물, 곤충 다루기 ③ 물리적 · 화학적 영향의 활용
B. 지력 사용 능력의 성장을 위한 장면 ① 아이디어를 분명하게 하기 ② 타인의 아이디어에 대한 이해 ③ 동등한 관계 유지 ④ 일의 효율적 방법 사용	B. 책임감 있는 집단의 회원으로 참여하는 능력의 성장을 요구하는 장면 ① 언제 집단에 참여할 것인지 결정하기 ② 집단 구성원으로서 참여하기 ③ 지도자 의식 기르기	B. 과학기술적 현상을 다루는 능력의 성장을 요구하는 장면 ① 과학기술적 자료 사용하기 ② 과학기술적 진보에 공헌하기
C. 도덕적 선택에 대한 책임감의 성장을 요구하는 장면 ① 개인적 자유의 성격과 정도를 결정 ② 자신과 다른 사람에 대한 책임감 결정	C. 집단 간 관계 능력의 성장을 요구하는 장면 ① 다른 인종 집단이나 종교 집단과 함께 일하기 ② 사회경제적 집단과 함께 일하기	C. 경제적 · 사회적 · 정치적 제 구조와 제 세력을 다루기 위한 능력을 요구하는 장면 ① 직업 ② 재화와 서비스의 안정적 확보 ③ 사회복지의 제공 ④ 지역, 중앙 정부에 참여하기
D. 심미적 표현과 감상력의 욕구 능력 신장을 위한 장면 ① 심미적 만족의 원천 발견하기 ② 환경을 통해 심미적 만족감 느끼기		

출처: Florence Stratemeyer, Hamden L. Forkner and Margaret G. McKim, *Developing a Curriculum for Modern Living* (New York: Teachers College Press, Columbia University, 1947)에서 인용.

화시키는 데에만 공헌한다는 것이다. 학생들이 사회적 상황에 대해 비판적 안목을 가지도록 하려면 사회의 현상 유지를 넘어서 현 사회적 상황에 대한 비판의 과정을 경험할 수 있는 기회도 제공되어야 한다는 것이다.

교사들은 생활 장면 중심 설계에 대한 준비가 없기 때문에 그것이 교사들에 의하여 설계되기 어렵다는 비판도 있다. 이외에도 기존의 교과서나 기타 교수-학습 자료가 이 설계의 실행을 방해한다는 주장도 있다. 더구나 많은 교사는 이 설계가 자신들이 받은 교사 교육과 많이 동떨어져 있기 때문에 안정감을 느끼지 못한다. 마지막으로 생활 장면 중심 설계는 전문대학 및 종합대학에서 유지되고 있는 교육과정의 전통에서 너무 많이 이탈해 있다.

중핵 설계 때때로 '사회기능' 중핵이라고 부르는 이 특별한 교육과정 설계는 아주 조심스럽게 계획된다. 이 설계는 일반 교육을 중심에 놓고 있으며 공통적인 인간 활동에서 제기되는 제 문제에 근거를 두고 있다. 중핵 설계에도 몇 가지 변형이 있다. 예를 들어, 교과 중핵 설계는 교과 중심 설계로 분류할 수 있다. 생활 영역 중핵 설계는 진보주의 교육의 전통에 뿌리박고 있다. Dewey는 학습도 생활의 일부이므로 생활의 경험이 교육과정의 초점이 되어야 한다고 주장한다.[121] 삶을 철저히 반영한 것이 진정한 교육과정이라는 것이다.

이 중핵 설계 유형은 학습자 중심적이라기보다는 오히려 문제 중심적이다. 이 설계는 학생들이 학습을 시작하기 전에 주의 깊게 계획되어야 하지만, 필요한 경우 학생에 맞추어 이루어질 수도 있다. 이 설계는 중핵적 구성 요소를 가르치기 위해 둘 혹은 그 이상의 정규 시간을 함께 운영하는 블록 시간제로 가르치는 것이 일반적이다. 한 명의 교사가 이 기간을 책임지고 카운슬링 기능도 수행한다. 내용 요소도 이 설계의 한 부분을 차지하지만 학습자들의 공통적 요구, 문제, 관심사가 무엇보다 중심적인 부분을 차지한다.

어떤 문제에 초점을 맞출 것인가는 각 중핵 수업마다 각기 다른 방식으로 이루어진다. 그러나 중핵 설계를 옹호하는 사람들은 다음에서 제시한 바와 같이 문제 해결을 위한 일반적 과정을 권고한다. 이러한 권고 사항은 Faunce와 Bossing에 의해 중핵이 인기를 얻게 되었을 때와 마찬가지로 오늘날에도 상당한 의미가 있다.

① 교사 혹은 학생들에 의해서 문제가 선정된다.
② 중요한 문제와 학급의 흥미를 결정하기 위해서는 집단의 합의가 이루어져야 한다.
③ 개발된 선정 준거에 근거하여 문제가 선정된다.
④ 문제는 명백하게 진술되고 정의되어야 한다.
⑤ 학급을 개인적 흥미와 집단 흥미로 나누는 것 등을 포함하여 학습의 영역을 결정한다.
⑥ 필요한 정보를 목록으로 정리하고 논의한다.
⑦ 정보 획득에 필요한 자원을 목록으로 정리하여 논의한다.
⑧ 정보를 획득하여 조직한다.
⑨ 정보를 분석하여 해석한다.
⑩ 잠정적인 결론을 진술하고 평가한다.
⑪ 개인 혹은 집단을 근거로 하여 학급에 보고한다.
⑫ 결론을 평가한다.
⑬ 더 높은 문제 해결을 위한 새로운 탐색 방법을 검토한다.[122]

중핵 설계의 장점은 내용을 통합하고, 학생들과 관련된 교과를 제시하며, 적극적인 정보의 처리를 조장하는 데 있다. 더 나아가 이 설계는 관련 형태로 교과를 제시하기 때문에 학생들에게 내재적인 동기화를 촉진한다.[123] 이 설계는 학생들이 현대사회 속에서 자신들이 중요하다고 생각하는 문제를 직접 다루어 해결할 수 있도록 해 준다. 이 설계는 학생들에게 지역사회를 학습에 필요한 하나의 실험실로 보도록 격려한다. 또한 중핵 설계는 협동적인 학습을 조장하기 때문에 이 설계를 지지하는 사람들은 이 설계가 교실 안에서도 민주적 실제를 신장해 줄 수 있다고 주장한다.

그러나 중핵 설계 역시 약점을 가지고 있다. 아마 그 주된 약점—이것은 강점이 될 수도 있다—은 이 설계가 전통적인 교육과정과 너무나 판이하게 다르다는 것이다. 사람들은 이 설계가 근본적인 것을 경시하고 있다고 공격한다. 이 설계는 찾기 어려운 자료를 요구한다. 사실상 종래의 교과서는 중핵 설계를 지지하지 않는다. 또한 일반적 교육이 가치 있다는 생각을 수용하는 사람들이 많지 않기 때문에 중핵 설계는 보편적으로 이용되지 않는다. 더구나 중핵 설계는 교과, 문제 해결 기술, 일반적 지식 모두에 숙달된 매우 이례적인 교사를 필요로 한다.

재건주의적 사회 문제 중심 설계 Stratemeyer와 같은 교육자들은 아동의 흥미는 교육과정 내용 및 경험의 선정에 길잡이가 되어야 한다고 주장하지만, 어떤 교육자들은 교육과정은 현대적인 사회 문제와 사회 재건을 목적으로 하는 사회적 프로젝트를 겨냥해야 한다고 여전히 생각한다. 이러한 교육자들은 자신들이 사회 지향 진영 혹은 사회적 재건주의에 포함된다고 생각한다. 교육과정을 사회적 · 정치적 · 경제적 발달과의 관련 속에서 파악하려는 이들 학자들은 교육과정을 통하여 사회를 변화시키고 보다 정의로운 사회를 건설할 수 있다고 믿는다.

더 정의로운 사회를 건설한다는 것, 이것이 재건주의적 사회 문제 중심 설계를 옹호하는 사람들의 핵심 생각이다. 특히, 이들은 오늘날은 교육을 통하여 사회가 재구성되어야 한다고 생각한다. 우리는 학생들이 모더니즘적인 확실성에서 포스트모더니즘적인 불확실성으로 나아가고 있다는 것을 인식하도록 해야 한다. 이러한 생각을 하는 사람들은 극단적인 도덕적 상대주의, 반도덕주의, 냉소주의에 빠지기도 하고 무책임한 아이디어와 행위를 옹호하기도 한다. 그러나 반드시 이렇게 될 필요는 없다. 물론, 확신 없이 행동하는 것은 불가능하다. 그러나 재건주의자들에 의하면 우리는 그러한 교육을 완벽하게 성취할 수 없다는 것을 깨닫는 동시에 보다 나은 교육을 위해 여전히 노력해야 한다.[124]

재건주의적 사회 문제 중심 설계에 대한 강조는 최근에 나타난 것으로 대부분 생각하지만 전혀 그렇지 않다. 이것은 1920년대와 1930년대에 처음으로 나타났다. George Counts는 사회는 공동선에 맞게 완전히 새롭게 조직되어야 한다고 주장했다. 이 시기에는 새로운 사회 질서가 요구되었고 학교는 이러한 재설계에서 중요한 역할을 해야 했다. Counts는 '진보주의 교육은 과연 진보적일 수 있을까?' 라는 제목의 연설에서 새로운 사회 질서에 대한 그의 생각을 드러냈다.[125] 그는 현재의 사회 질서를 넘어서는 자신의 생각을 넓히기 위해 진보주의교육연합에 도전했다. Counts는 그의 연설 속에서 진보주의교육협회(PEA)의 회원은 중류 계층의 가치와 목적을 반영하는 교육과정만을 옹호하고 있다고 비판하였다. Counts는 그의 저서 『학교는 감히 새로운 사회 질서를 건설할 수 있는가(Dare the School Build a New Social Order?)』에서 재건된 사회에 대한 자신의 아이디어를 더욱 확장하였다. 그는 교육자들이 도전을 받아들인다면, 그들은 보다 정의롭고 평등한 사회의 참여를 위한 교육과정에 학생을 참여시켜야 한다고 주장하였다.[126]

Harold Rugg도 학교는 사회를 개선하기 위하여 사회에 대한 비판적인 분석에 아동을 참여시켜야 한다는 신념을 가지고 있었다. Rugg의 비판은 아동 중심적인 학교를 선호하는 사람을 향한 것이었다. 그는 프로그램 구성에 대한 그들의 자유방임식 접근 방법은 단지 혼란만 초래하였을 뿐이고 프로그램은 지리멸렬하게 되었으며 이론 정립에도 실패하였다고 진술하였다. '그들의 프로그램은 기존의 프로그램과 아동의 학교 활동에서 따라야 할 가장 효과적인 연간 프로그램에 관한 자세한 기록의 조사 없이 설계되었다.'[127] 1940년대에 Rugg는 진보주의교육협회는 여전히 아동을 지나치게 강조하고 있다고 비판하였다. 진보주의교육협회의 목표는 모두가 아동에 관한 것뿐이고, 그중 어느 하나도 '인간의 중대한 사회적 제 조건과 제 문제를 고려하지 않는다.'[128]

1950년대 초 재건주의자들의 견해를 잘 나타내는 Brameld는 재건주의자가 새로운 문화를 창출하는 일에 전념하게 되었다고 주장하였다. 시대는 새로운 사회 질서를 요구한다. 기존의 사회는 가난, 범죄, 인종 갈등, 실업, 정치적 억압, 환경오염 등 부패의 징후를 드러내고 있다.[129] Brameld에 의하면 학교는 사람들이 사회적 존재로서, 사회적 실제에 대한 유능한 계획자로서 발달하도록 도와주어야 한다. 사람들은 사회적 합의를 통해 개인적 요구를 만족시켜야 한다는 것을 배워야 한다. 그러한 사회는 최고의 사회다. 학교는 사회의 선을 위해 아동을 교육시켜야 할 의무가 있을 뿐만 아니라 변화의 절박함을 지적할 필요가 있다.

사회적 재건주의자들의 교육과정은 인류가 직면한 수많은 심각한 문제를 분석하는 것을 주요 목적으로 한다. 하지만 정확한 내용과 목표는 실제로 교육과정을 만드는 사람들이 결정한다. 교육과정은 학생들이 지역적 · 국가적 · 국제적 사회를 비판적으로 분석하도록 하기 위한 것이다. 또한 기업과 정부의 정치적 실제와 직업 세계에 대한 그들의 영향을 주목해야 한다. 그러한 교육과정은 궁극적으로 국가와 세계의 사회적 조직을 수정하게 될 산업적이고 정치적인 변화를 제안한다.

여전히 사회가 불공평하다고 믿는 교육과정 학자는 특권이 공정하게 분배되지 않는다고 생각한다. 최근에는 자신을 재건주의자라고 부르는 사람들이 거의 없지만, 교육과정 설계는 현대 사회의 주요 사회적 문제를 부각시키고 학생들에게 그러한 문제의 해결을 위한 책임을 가르칠 수 있도록 이루어져야 한다. Michael Apple은 인종, 성, 가난의 이슈를 가르치는 교육과정을 주장하면서 사회적 불공평이 재생산되지 않도록

교육과정이 설계되어야 한다고 하였다.[130)]

최근 사회적 문제와 그에 입각한 교육과정을 강조하는 많은 옹호자는 스스로를 재개념주의자로 부른다. 그들 중 몇몇은 이제 우리는 교육과정 개발과 설계와 같은 실제적인 일을 할 필요가 없다고 주장하기도 한다. 그것은 이때까지 충분히 해 왔다는 것이다. 현재 우리가 해야 할 것은 교육과정 현상을 이해하는 것이다.[131)] 분명히 우리는 사회적 맥락 속에서 교육과정과 그 의도를 이해해야 한다. 교육은 실제 개인이 의미를 구성하고 사회적 대화에 참여하며 그들이 존재하는 사회적 실제를 반성적으로 이해할 수 있도록 해야 한다.[132)] 그러나 교육자들은 여전히 다음과 같은 질문에 대하여 어떻게 대답할지를 알고 싶어 한다. 내용, 학생, 교사, 환경의 요소를 어떻게 조직할 것인가? 우리는 실증주의적인 교육과정 개발과 설계를 단순히 비판하는 것 이상의 것을 필요로 한다.

재건주의자와 현재의 재개념주의자 모두 교육과정은 학생에게 사회적 · 경제적 · 정치적 실제의 적응에 필요한 것을 제공해야 한다고 믿지만, 정치적이고 철학적인 동기를 적게 가진 다른 교육과정 학자들은 여전히 사회적 문제에 초점을 맞추는 교육과정 설계에 관심을 가진다.

4. 결 론

교육과정 설계는 교육과정의 부분적 요소가 하나의 문서 속에 산뜻하게 조직되는 것 이상의 것을 의미한다. 설계는 교육과정이 과연 가치를 가지고 있는가, 또는 교육과정이 학생들이 가치 있고 본질적인 개념, 태도, 기능을 학습하도록 하는 데 성공할 수 있는가에 대하여 교육자들에게 신중한 관심을 요구하는 복잡한 현상을 지칭한다.

설계에 관한 쟁점은 교육과정 전문가들과 일반론자들의 주의를 계속해서 끌고 있다. 그러므로 하나의 교육과정을 설계한다는 것은 대부분의 교육자들이 가지고 있지만 실제로 항상 적용되지는 않는 비전을 다루는 것이다. 설계와 관련된 개념들은 그러한 비전을 구체화하고 현실화할 수 있는 가능성을 높이는 데 기여한다.

교육과정 설계는 교과 중심 설계, 학습자 중심 설계, 문제 중심 설계 등 교육과정 학자가 선택할 수 있도록 다양하게 존재한다. 이 장에서 지적하였던 것처럼 각 설계는 그것과 관련된 역사와 철학을 가지고 있다. 각 설계는 지지자도 가지고 있다. 각 설계가 학교에서 실행될 때 그것은 학교에 특별한 성격을 부여한다. 그러나 많은 학교에서는 그 학교가 어떤 설계를 따르고 있는가를 분간하는 것이 불가능할 정도로 여러 가지 설계가 혼합되어 있다. 〈표 8-2〉는 주요 교육과정 설계의 개요를 나타낸다.

어떤 설계를 지지하든지 교육과정 설계를 담당하는 사람은 동일한 의사 결정 상황에 직면하게 된다. 특정 설계와 관계없이 그들은 교육과정 요소의 스코프와 시퀀스에 관심을 가져야 한다. 그들은 연계성, 계속성, 균형성에도 주의를 기울여야 한다. 결론적으로 교육과정 설계에 관한 이해는 교육과정 구성을 위한 필수적인 지식이다.

〈표 8-2〉 주요 교육과정 설계의 개요

설 계	교육과정상의 강조점	기저의 철학	원 천	대표자
교과 중심				
교과형 설계	분리된 교과목	본질주의, 항존주의	과학, 지식	Harris, Hutchins
학문형 설계	학문적인 학과목(수학, 생물학, 심리학 등)	본질주의, 항존주의	지식, 과학	Bruner, Phenix, Schwab, Taba
광역형 설계	간학문적 교과와 학문적 학과목	본질주의, 진보주의	지식, 사회	Broudy, Dewey
상관형 설계	각각의 특성을 유지한 채 연결된 분리된 교과목과 학문	본질주의, 진보주의	지식	Alberty and Alberty
과정형 설계	다양한 학문의 절차적 지식, 정보처리, 사고의 일반적인 방법	진보주의	심리학, 지식	Adams, Beyer, Dewey, Papert
학습자 중심				
아동 중심 설계	아동의 흥미와 요구	진보주의	아동	Dewey, Kilpatrick, Papert
경험 중심 설계	경험과 아동의 흥미	진보주의	아동	Dewey, Rugg and Shumaker
낭만적/급진적 설계	경험과 아동의 흥미	재건주의	아동, 사회	Feire, Habermas, Holt, Illich
인간 중심 설계	경험, 흥미, 개인과 집단의 요구	재건주의, 실존주의	심리학, 아동, 사회	Combs, Fantini, Maslow, Rogers
문제 중심				
생활 장면 중심 설계	생활(사회적) 문제들	재건주의	사회	Spencer, Stratemeyer, Forkner and McKim
중핵 설계	사회적 문제들	진보주의,	아동, 사회	Alberty and Alberty, Faunce and Bossing
재건주의적 사회 문제 중심 설계	사회와 사회의 문제 강조	재건주의 재건주의	사회, 영원한 진리	Apple, Brameld, Counts, Rugg, Shane

미주

1) H. H. Giels, S. P. McCutchen and A. N. Zechiel, *Exploring the Curriculum* (New York: Harper, 1942), p. 2.
2) Ralph W. Tyler, *conversation with one of the authors,* April 16 1986.
3) William F. Pinar, William M. Reynolds, Patrick Slattery and Peter M. Taubman, *Understanding Curriculum* (New York: Peter Lang, 1995).
4) Ronald C. Doll, *Curriculum Improvement: Decision Making and Process,* 9th ed. (Boston: Allyn and Bacon, 1996).
5) Doll, *Curriculum Improvement.*
6) Ralph W. Tyler, *Basic Principles of Curriculum and Instruction* (Chicago: University of Chicago Press, 1949).
7) Elliott W. Eisner, "Aesthetic Modes of Knowing," in E. W. Eisner, ed., *Learning and Teaching the Ways of Knowing,* Eighty-Fourth Yearbook of the National Society for the Study of Education, Part II (Chicago: University of Chicago Press, 1985), pp. 23-26.
8) William E. Doll, "Teaching a Post-Modern Curriculum," in J. T. Sears and J. D. Marshall, eds., *Teaching and Thinking about Curriculum* (New York: Teachers College Press, Columbia University, 1990), pp. 39-47; Henry A. Giroux, ed., *Postmodernism, Feminism, and Cultural Politics* (Albany, N.Y.: State University of New York Press, 1991).
9) William A. Reid, *The Pursuit of Curriculum* (Norwood, N.J.: Ablex Publishing Corp., 1992).
10) Dwayne E. Huebner, "Spirituality and Knowing," in E. W. Eisner, ed., *Learning and Teaching the Ways of Knowing,* p. 163.
11) James Moffett, *The Universal Schoolhouse* (San Francisco: Jossey-Bass, 1994).
12) Pinar et al., *Understanding Curriculum.*
13) Francis P. Hunkins, *Curriculum Development: Program Improvement* (Columbus, Ohio: Merrill, 1980).
14) Jean-Francois Lyotard, "Foreward: Spaceship," in Michael Peters, ed., *Education and the Postmodern Condition* (Westport, Conn.: Bergin and Garvey, 1995), pp. xix-xx.
15) Arno A. Bellack, "What Knowledge Is of Most Worth?," *High School Journal* (February 1965), pp. 318-332.
16) Thomas Armstrong, *Awakening Genius in the Classroom* (Alexandria, Va.: Association for Supervision and Curriculum Development, 1998).
17) D. C. Phillps, "An Opinionated Account of the Constructivist Landscape," in D. C. Philips, ed., *Constructivism in Education: Opinions and Second Opinions on Controversial Issues,* Ninety-Ninth Yearbook of the National Society for the Study of Education, Part I (Chicago: University of Chicago Press, 2000), pp. 1-16.
18) Moffett, *The Universal Schoolhouse.*
19) Jerome S. Bruner, *The Process of Education* (Cambridge, Mass.: Harvard University Press, 1959).
20) Richard A. Brosio, *Philosophical Scaffolding for the Construction and the Recovery of the Ecological Imperative* (New York: Peter Lang, 2000).
21) Forrest W. Parkay and Glen Hass, *Curriculum Planning: A Contemporary Approach,* 7th ed. (Boston: Allyn and Bacon, 2000).
22) Tyler, *Basic Principles of Curriculum and Instruction.*
23) John I. Goodlad and Zhixin Su, "Organization and the Curriculum," in Philip W. Jackson, ed., *Handbook of Research on Curriculum* (New York: Macmillan, 1992), pp. 327-344.
24) Ibid.
25) Goodlad and Zhixin Su, "Organization and the Curriculum."
26) Jean Piaget, *The Psychology of Intelligence* (Paterson, N.J.: Littlefield, Adams, 1960).
27) Armstrong, *Awakening Genius in the Classroom.*
28) B. Othanel Smith, William O. Stanley and Harlan J. Shores, *Fundamentals of Curriculum Development,* rev. ed. (New York: Harcourt, Brace, 1957).
29) Gerald J. Posner and Kenneth A. Strike, "A Categorization Scheme for Principles of Sequencing Content," *Review of Educational Research* (Fall 1976), pp. 401-406.
30) Tyler, *Basic Principles of Curriculum and Instruction,* p. 86.
31) Goodlad and Zhixin Su, "Organization and the Curri-

culum."

32) Francis P. Hunkins, *Teaching Thinking through Effective Questioning* (Norwood, Mass.: Christopher Gordon, 1995).

33) Bruner, *The Process of Education,* p. 52.

34) Goodlad and Zhixin Su, "Organization and the Curriculum."

35) James A. Beane, "Curriculum Integration and the Disciplines of Knowledge," in Forrest W. Parkay and Glen Hass, *Curriculum Planning: A Contemporary Approach,* pp. 228-237.

36) Ibid.

37) Hilda Taba, *Curriculum Development: Theory and Practice* (New York: Harcourt, Brace, 1962).

38) Elliot W. Eisner, *Cognition and Curriculum Reconsidered* (New York: Teachers College Press, Columbia University, 1994).

39) David Pratt, *Curriculum Planning* (New York: Harcourt Brace, 1994), p. 180.

40) John I. Goodlad, *Planning and Organizing for Teaching* (Washington, D.C.: National Education Association, 1963), p. 29.

41) Doll, *Curriculum Improvement.*

42) Henry C. Morrison, *The Curriculum of the Common School* (Chicago: University of Chicago Press, 1940).

43) Robert M. Hutchins, *The Higher Learning in American* (New Haven, Conn.: Yale University Press, 1936).

44) Moffett, *The Universal Schoolhouse.*

45) Henry A. Giroux, "Teachers, Public Life, and Curriculum Reform," in Parkay and Hass, *Curriculum Planning: A Contemporary Approach,* pp. 284-292.

46) John Dewey, *Experience and Education* (New York: Macmillan, 1938).

47) Tyler, *Basic Principles of Curriculum and Instruction.*

48) Arthur R. King and John A. Brownell, *The Curriculum and the Disciplines of Knowledge* (New York: Wiley, 1966).

49) Jerome Bruner, *The Culture of Education* (Cambridge, Mass.: Harvard University Press, 2001), p. 115.

50) Ibid.

51) Harry S. Broudy, "Becoming Educated in Contemporary Society," in K. D. Benne and S. Tozer, eds., *Society as Educator in an Age of Transition,* Eighty-Sixth Yearbook of the National Society for the Study of Education, Part II (Chicago: University of Chicago Press, 1987), pp. 247-268.

52) Bruner, *The Process of Education,* p. 8.

53) Ibid., p. 33.

54) J. M. Fritzman, "From Pragmatism to the Different," in Michael Peters, ed., *Education and the Postmodern Condition* (Westport, Conn.: Bergin and Garvey, 1995), pp. 59-74.

55) M. Mitchell Waldrop, *Complexity: The Emerging Science at the Edge of Order and Chaos* (New York: Simon and Schuster, 1992).

56) Goodlad and Zhixin Su, "Organization and the Curriculum."

57) Elliot W. Eisner, *The Educational Imagination,* 3rd ed. (New York: Macmillan, 1993).

58) Parkay and Hass, *Curriculum Planning.*

59) Kenneth T. Henson, *Curriculum Planning: Integrating Multiculturalism, Constructivism, and Educational Reform,* 2nd ed. (New York: McGraw-Hill, 2001).

60) Evelyn J. Sowell, *Curriculum, An Integrative Introduction* (Upper Saddle River, N.J.: Merrill, an imprint of Prentice Hall, 1996).

61) Harry S. Broudy, B. O. Smith and Joe R. Burnett, *Democracy and Excellence in American Secondary Education* (Chicago: Rand McNally, 1964).

62) Allan C. Ornstein, *Secondary and Middle School Teaching Methods* (New York: HarperCollins, 1992).

63) Linda Crafton, *Challenges of Holistic Teaching.: Answering the Tough Questions* (Norwood, Mass.: Christopher-Gordon, 1994).

64) Jacqueline Grennon Brooks and Martin G. Brooks, *The Case for Constructivist Classrooms* (Alexandria, Va.: Association for Supervision and Curriculum Development, 1993).

65) Eisner, *Cognition and Curriculum Reconsidered.*

66) Susanne Krogh, *The Integrated Early Childhood Curriculum* (New York: McGraw-Hill, 1990).

67) Hilda Taba, *A Teacher's Handbook to Elementary Social Studies* (Reading, Mass.: Addison-Wesley, 1971).

68) Brooks and Brooks, *The Case for Constructivist Class-*

rooms.

69) Harold B. Alberty and Elsie J. Alberty, *Reorganizing the High School Curriculum,* 3rd ed. (New York: Macmillan, 1962).

70) Allan A. Glatthorn, *Curriculum Leadership* (Glenview, Ill.: Scott, Foresman, 1987); Gene D. Shepherd and William B. Ragan, *Modern Elementary Curriculum,* 7th ed. (San Diego: Harcourt Brace Jovanovich, 1992).

71) Barry K. Beyer, *Practical Strategies for the Teaching of Thinking* (Boston: Allyn and Bacon, 1987); Beyer, *Teaching Thinking Skills* (Boston: Allyn and Bacon, 1991).

72) Hunkins, *Teaching Thinking through Effective Questioning.*

73) Ibid., p. 15.

74) Marilyn J. Adams, "Thinking Skills Curricula: Their Promise and Progress," *Educational Psychologist* (Winter 1989), pp. 25-77.

75) Allan C. Ornstein, "Making Effective Use of Computer Technology," *NASSP Bulletin* (March 1992), pp. 27-33.

76) William Bain, "The Loss of Innocence: Lyotard, Foucault, and the Challenge of Postmodern Education," in Michael Peters, ed., *Education and the Postmodern Condition* (Westport, Conn.: Bergin and Garvey, 1995), pp. 1-20.

77) Ibid.

78) Michael Peters, "Legitimation Problems: Knowledge and Education in the Postmodern Condition," in Michael Peters, ed., *Education and the Postmodern Condition,* pp. 21-39.

79) Bruner, *The Culture of Education.*

80) Joseph D. Novak and D. Bob Cowin, *Learning How to Learn* (Cambridge, England: Cambridge University Press, 1984).

81) Parkay and Hass, *Curriculum Planning: A Contemporary Approach.*

82) D. C. Philips, "An Opinionated Account of the Constructivist Landscape," in D. C. Phillips, ed., *Constructivism in Education: Opinions and Second Opinions on Controversial Issues,* pp. 1-16.

83) Francis W. Parker, *Talks on Pedagogics* (New York: E. L. Kellogg, 1894).

84) John Dewey, *The Child and the Curriculum* (Chicago: University of Chicago Press, 1902).

85) Frederick G. Bonser, *Life Needs and Education* (New York: Teachers College Press, Columbia University, 1932); Charles Prosser, *Life Adjustment Education for Every Youth* (Washington, D.C.: U.S. Government Printing Office, 1951); and Florence B. Stratemeyer et al., *Developing a Curriculum for Modern Living* (New York: Teachers College Press, Columbia University, 1947).

86) William H. Kilpatrick, "The Project Method," *Teachers College Record* (September 1918), pp. 319-335; Kilpatrick, *Foundations of Method* (New York: Macmillan, 1925).

87) Goodlad and Zhixin Su, "Organization and the Curriculum."

88) Garth Boomer, "Negotiating the Curriculum," in Garth Boomer, Nancy Lester, Cynthia Onore, and Jon Cook, *Negotiating the Curriculum: Educating for the 21st Century* (Washington, D.C.: Falmer Press, 1992), pp. 4-14.

89) Brooks and Brooks, *The Case for Constructivist Classrooms.*

90) Harold Rugg and Ann Shumaker, *The Child Centered School* (New York: World Book, 1928), p. 118.

91) John Dewey, *Experience and Education* (New York: Macmillan, 1938).

92) Reginald D. Archambault, ed., *John Dewey on Education* (Chicago: University of Chicago Press, 1964).

93) Daniel Tanner and Laurel Tanner, *Curriculum Development: Theory into Practice,* 2nd ed. (New York: Macmillan, 1980).

94) Dewey, *The Child and the Curriculum.*

95) Armstrong, *Awakening Genius in the Classroom.*

96) Peter McLaren, "Education as a Political Issue: What's Missing in the Public Conversation about Education?" in Joe L. Kincheloe and Shirley R. Steinberg, eds., *Thirteen Questions,* 2nd ed. (New York: Peter Lang, 1995), pp. 267-280.

97) Paulo Freire, *Pedagogy of the Oppressed* (New York: Herder and Herder, 1970); Freire, *The Politics of Education* (South Hadley, Mass.: Bergin and Garvey, 1985).

98) Robert Young, *A Critical Theory of Education* (New York: Teachers College Press, Columbia University, 1990).

99) Hunkins, *Teaching Thinking through Effective Questioning.*

100) Giles Deleuze, *Nietzche and Philosophy* (New York: Columbia University Press, 1983), cited in Peters, ed., *Education and the Postmodern Condition.*

101) Michael Peters, "Introduction: Lyotard, Education and the Postmodern Condition," in Peters, ed., *Education and the Postmodern Condition.*

102) Parkay and Hass, *Curriculum Planning: A Contemporary Approach.*

103) Peter Slezak, "A Critique of Radical Social Constructivism," in D. C. Phillips, *Constructivism in Education: Opinions and Second Opinions on Controversial Issues,* pp. 91-126.

104) Richard A. Brosio, *Philosophical Scaffolding for the Construction of Critical Democratic Education.*

105) George Orwell, "Politics and the English Language," in *The Penguin Essays of George Orwell* (Harmondsworth: Penguin Books, 1984), cited in Slezak, "A Critique of Radical Social Constructivism," in D. C. Phillips, *Constructivism in Education: Opinions and Second Opinions on Controversial Issues,* pp. 91-126.

106) Arthur W. Combs, ed., *Perceiving, Behaving, Becoming* (Washington, D.C.: Association for Supervision and Curriculum Development, Yearbook, 1962).

107) Arthur W. Combs, "What Can Man Become?" in Combs, ed., *Perceiving, Behaving, Becoming,* pp. 1-8.

108) Louise M. Berman and Jessie A. Roderick, eds., *Feeling, Valuing, and the Art of Growing: Insights into the Affective* (Washington, D.C.: Association for Supervision and Curriculum Development, 1977). Also see Louise M. Berman, et al., *Toward Curriculum for Being* (New York: State University of New York Press, 1992).

109) Abraham H. Maslow, *Toward a Psychology of Being* (New York: D. Van Nostrand, 1962).

110) Carl Rogers, "Toward Becoming a Fully Functioning Person," in Combs, ed., *Perceiving, Behaving, Becoming,* pp. 21-33.

111) Gloria A. Castillo, *Left-Handed Teaching,* 2nd ed. (New York: Holt, Rinehart, 1970); Gerald Weinstein, and Mario D. Fantini, *Toward Humanistic Education: A Curriculum of Affect* (New York: Praeger, 1970).

112) Ibid.

113) Johanna K. Lemlech, *Curriculum and Instructional Methods for the Elementary and Middle Schools,* 4th ed. (Columbus, Ohio: Merrill, an imprint of Prentice Hall, 1998).

114) Philip H. Phenix. "Transcendence and the Curriculum," in Eisner and Vallance, eds., *Conflicting Conceptions of Curriculum* (Berkeley, Calif.: McCutchen, 1974), p. 123.

115) Moffett, *The Universal Schoolhouse,* p. 36.

116) Francis P. Hunkins, "Sailing: Celebrating and Educating Self," *Educational Forum* (Summer 1992), pp. 1-9.

117) Kerry T. Burch, *Eros as the Educational Principles of Democracy* (New York: Peter Lang, 2000).

118) Jacqueline C. Mancall, Erica K. Lodish and Judith Springer, "Searching across the Curriculum," *Phi Delta Kappan* (March 1992), pp. 526-528.

119) Herbert Spencer, *Education: Intellectual, Moral, and Physical* (New York: Appleton, 1860).

120) Florence B. Stratemeyer, Hamden L. Forkner and Margaret G. McKim, *Developing a Curriculum for Modern Living* (New York: Teachers College Press, Columbia University, 1947), p. 300.

121) Goodlad and Zhixin Su, "Organization and the Curriculum."

122) Faunce and Bossing, *Developing the Core Curriculum,* 2nd ed. (Englewood Cliffs, N.J.: Prentice Hall, 1959).

123) Henson, *Curriculum Planning: Integrating Multiculturalism, Constructivism, and Educational Reform.*

124) Brosio, *Philosophical Scaffolding for the Construction of Critical Democratic Education.*

125) George S. Counts, "Dare Progressive Education Be Progressive?" *Progressive Education* (April 1932), p. 259.

126) George S. Counts, *Dare the Schools Build a New Social Order?* (Yonkers, N.Y.: World Book, 1932).

127) Harold Rugg, *Culture and Education in America* (New

York: Harcourt, 1931), pp. 302-303.

128) Harold Rugg, *Foundations for American Education* (New York: Harcourt, 1947), p. 745.

129) Theodore Brameld, *Toward a Reconstructed Philosophy of Education* (New York: Holt, Rinehart and Winston, 1956).

130) Michael W. Apple, "Conservative Agendas and Progressive Possibilities: Understanding the Wider Politics of Curriculum and Teaching," *Education and Urban Society* (May 1991), pp. 279-291.

131) Pinar et al., *Understanding Curriculum*.

132) Maxin Green, "Educational Visions: What Are Schools for and What Should We Be Doing in the Name of Education?" in Joe L. Kincheloe and Shirley R. Steinberg, *Thirteen Questions,* 2nd ed., pp. 305-313.

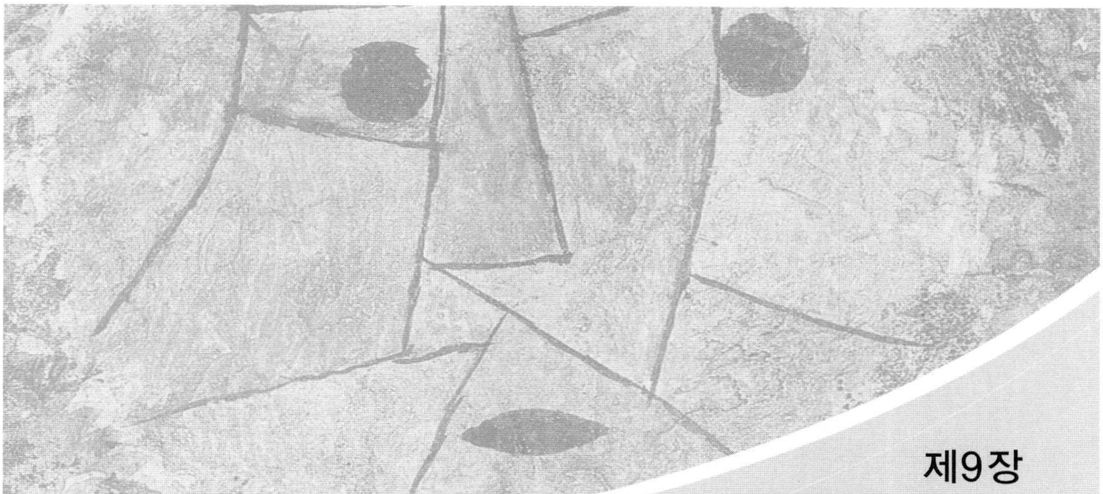

제9장

목적, 목표, 명세적 목표

핵심 질문

1. 의도의 개념은 교육 목적, 목표, 명세적 목표와 어떻게 관련되는가?
2. 교육 목적과 교육 목표는 어떻게 구별할 수 있는가?
3. 교육 목적의 중요한 원천은 무엇인가?
4. 교육 목표의 다양한 형태는 무엇인가?
5. 교육과정 전문가들은 명세적 목표를 어떻게 기술하는가?
6. 교육 목표를 기술하기 위해 교육 목표 분류학은 어떻게 이용될 수 있는가?
7. 행동적 목표와 비행동적 목표 간의 차이는 무엇인가?
8. 행동주의자와 인본주의 교육자들은 명세적 목표를 어떻게 다르게 기술하는가?
9. 재건주의자들은 명세적 목표를 어떻게 다루는가? 그들은 명세적 목표를 어느 정도까지 받아들이고 어느 정도까지 거부하는가?

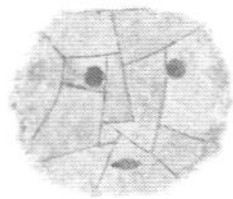

현 시대에도 교육 목적에 대한 논쟁은 계속 존재하지만, 교육이 목적에 입각한 활동이라는 견해에는 이견이 없을 것이다. 교육과정은 일반적 혹은 구체적 의도에 입각하여 다양하게 설계된다. 교육의 가장 광범위하고 일반적인 의도를 문해인(literacy person)을 키우는 것으로 규정하는 데는 누구나 동의할 것이다. 교육은 미래를 위해 학생을 준비시키는 것이라는 점도 누구나 받아들일 수 있을 것이다. 이와 같이 교육은 이유 혹은 특별한 의도에 입각하여 이루어지는 활동이라는 것을 알 수 있다. 이러한 의도는 불시에 계획 없이 나타날 수도 있다. 그러나 교육은 학생들이 특정 이해, 기술, 태도를 습득하도록 하고, 현재와 미래에 특정한 방식으로 세상에 적응할 수 있도록 하며, 더 나아가 세상 속에서 상호 작용의 방식을 직접 고안할 수 있도록 하는 특정한 의도에 입각하여 이루어지는 활동이다.[1)]

교육은 의도적 활동이기 때문에, 교육이 목적적이라는 것은 분명하다. 그러나 목적이 무엇을 의미하는가를 정확하게 아는 것은 쉽지 않다. Bruner는 혁명의 시대라고 할 수 있는 금세기 초, '학교 목적들이 이율배반적인 모순에 빠져 있다.' 고 주장한다. 이율배반적 모순은 교육자와 일반인에 의해 세심한 고려가 필요하다.[2)] 그러나 무엇보다 걱정스러운 것은 많은 사람이 이러한 이율배반적 모순을 교육이 이루어지는 현재의 맥락에 비추어 조심스럽게 진단하는 것이 아니라 조심성이 결여된 단순한 사고에 입각하여 바라본다는 점이다.[3)] 많은 사람은 학교의 목적을 단순하고 빠르게 결정짓기를 원한다.

학교의 목적과 관련하여 Bruner가 지적하는 첫째 이율배반은 교육의 목적과 기능은 학생들이 적절한 기능을 수행할 수 있도록 하는 지식, 기술, 태도를 길러 주는 것이라고 주장하면서도, 한편으로는 사회화의 도구로서 교육은 학교가 존재하는 문화를 재생산하는 데 기여하도록 구조화되어 있다는 점이다. 후자의 주장을 더 밀고 나가면 교육은 문화를 재생산할 뿐만 아니라 사회의 경제적 · 정치적 · 사회적 · 문화적 목표를 위해 기여한다는 주장으로까지 나아간다. 몇몇 학자는 이 두 가지 주장 사이에 아무런 모순이 없다고 주장하며, 학교는 이 두 목적을 동시에 달성할 수 있다고 말한다. 이에 대해 Bruner는 '긍정적' 은 아니지만 '어느 정도는 긍정적' 이라고 주장한다.[4)]

Bruner가 이렇게 말하는 데는 그만한 이유가

있다. 학교가 현재와 미래의 시민으로서 학생을 완벽하게 기능하는 개인으로 키우는 데 성공한다면, 그들은 현재의 문화를 비판할 수 있는 능력을 가지고, 더 나아가 사회의 건강과 성장을 저해하는 부분을 변화시키고자 하는 의지를 가지게 될 것이다. 두 번째 기능에 대하여 만약 학교가 사회를 재생산하는 기능만 한다면, 사회는 발전하지 않고 침체의 늪에 빠지며 이 때문에 권력주의와 관습주의의 위험에 빠지게 된다. 학교의 목적과 관련된 이러한 모순을 보지 못하고 단순하게 대응한다면, 학교교육의 두 가지 중요한 목적을 모두 달성하지 못할 수도 있다.

둘째 이율배반은 마음의 관점과 개인이 마음을 어떻게 운영하는가 하는 것과 관련이 있다. 하나의 관점은 학습을 근본적으로 두뇌에서 일어나는 것으로 보는 것이다. Amstrong이 언급하였듯이 인간의 소질은 각자가 타고난다는 것이다.[5] 교육을 각자 개인의 경험과 실제를 창조하도록 하는 것이라고 보는 입장은 학습 경험의 획득을 인간이 되어 가는 과정으로 본다. 학습을 심리 내적인 것으로 간주함으로써, 지식과 기술을 습득하고 배우는 것은 학생의 책임으로 보는 입장이다. 성공하기 위해 학생은 학교 교육과정의 경험을 활용하여 개인적 동기와 지능에 의존해야 한다. 교육은 학생이 이러한 기회를 이용하여 답할 수 있도록 기회를 제공한다. 학생이 학교에 출석한다면 이러한 정신력을 기를 수 있을 것이다.

마음과 마음을 활용하는 것에 대한 다른 대조적인 관점은 모든 정신적 활동은 개인이 속해 있는 문화에 의해 영향을 받는다고 보는 관점이다. 마음은 환경과 분리되지 못한다. 학생이 학교에서 얼마나 성공적인가는 학교의 문화와 학생의 학습을 지원해 주는 일반적 문화에 의해 영향을 받는다. 학습은 학생이 속한 또래집단, 부모, 교사와의 상호 작용에 의해 결정된다. 이러한 상호작용을 통하여 학생은 학습에 영향을 미치는 문화적 자원을 획득하게 된다.[6]

셋째 이율배반은 종종 일반적 논의로 남는 것으로서 교육은 학교를 엄격하게 규격화하고 기준을 상승시킴으로써 향상될 수 있다고 생각하는 사람들에 의해 제기된다.[7] 이러한 이중성은 교육자와 일반인이 어떻게 판단을 하는가, 즉 어떤 기준, 사고방식, 의미 구성 방식, 세계 존재방식에 입각하여 판단하는가의 문제를 불러일으킨다.[8] 교육자와 일반인 간에 누가 기준을 결정하는 데 관여하는가? David Tanner는 비록 기준을 세우는 단계는 단순해 보이지만 간단한 작업이 아니라고 말한다. 다양한 사회 구성원들 간에 합의점으로 찾는 데에는 어려움이 존재한다.[9] 누가 모든 사람 또는 특정 집단의 학생이 알아야 할 것, 혹은 특정 수준에서 알아야 할 것을 결정할 수 있는가? 역사를 '안다' 는 것은 무엇을 의미하는가? 어떤 역사를 배워야 하는가? 누구의 문학 작품이 가치를 가지며 누구의 것을 읽어야 하는가?

지역에 중대하고 독특한 문화 발전에 기여한 지역 유력 인사에 대한 지식인 '지역적 지식'을 환영하는 교육자와 일반인이 존재한다. 이러한 입장은 특정한 민족의 기여를 나타내는 지식을 포함시키고 싶어 하는 사람들에 의해 확대된다. 우리가 권위적이고 보편화된 지식만을 제시한다면, 학생들은 지역적 지식과 특정 인물의 기여도를 무시하고 그 나라의 집권 세력의 권력을 기르게 된다. Bruner는 이러한 자세는 포스트모더니즘의 명분하에 반근본주의(antifoundationalism)에 대한 모방이라고 주장한다. 이러한 자세는 지식 본질에 대한 태도일 뿐만 아니라 급진적인 비판론자들에 의해 자주 제기되는 정치적 태도다.[10]

이에 반대되는 관점에 의하면 사람들이 어떻게 생각하고, 어떻게 의미를 생성하며, 어떻게 세계를 경험하는지를 보면 지식과 문화는 보편성을 가지며 교육적 경험의 질을 판단하는 보편적 기준이 있다는 것을 알 수 있다. 전 인류에 보편적인 목소리는 존재한다. 사건과 인간 행동은 특정 시간, 장소, 환경 안에서 발생한다. 그러나 누군가는 명확한 보편성을 가진 사건, 행동, 결론의 연구에서 일반화를 감소시킬 수도 있다. 비록, 독특한 문화가 존재하가는 하지만, 세기를 통한 문화 연구에서 문화적 본성에 대한 일반화를 도출할 수 있다. 여러 장르의 문학에서 세계적 문학에 대한 일반화도 도출할 수 있다. 또한 우리는 다양한 사건과 인간 행동에 대한 연구에서 학생들이 사건과 인간 행동을 마음대로 구사할 수 있는지를 판단할 수 있는 적절한 기준을 일반화할 수 있다. Bruner가 지적하였듯이 무엇이 중요하고 알아야 할 것인가에 대해 각자 집단의 정의만을 강조한다면, 편협하고 심지어는 분열을 일으키게 되는 위험에 처하게 된다. 지엽적 지식과 경험은 큰 보편성 안에 존재한다는 사실을 이해해야 한다.[11]

교육학자들이 어떻게 교육 목적의 이러한 복잡성을 다루는가는 그들의 철학과 정치적 관점에 달려 있다. 이러한 관점이 다양하기 때문에 교육과정을 개념화하고 의도화하고 전달하는 수많은 관점이 존재하는 것이다. 교육의 의도는 몇 가지 다른 수준에서 표현된다. 가장 일반적인 수준은 목적(aim) 진술에 대한 수준이고, 가장 구체적인 진술은 명세적 목표(objective)와 기준에 대한 것이다. 의도에 대한 자세한 진술이 교육자의 철학과 정치적 관점에 의해 영향을 받지만, 이러한 모든 진술은 교육 프로그램을 발전, 실행, 평가하는 지침을 제공한다.

종종 사람들은 교육학자들이 중요한 교육적 문제에 대해 분명한 입장을 취하기를 원한다. 그러나 이 책의 목적은 특정 입장을 옹호하려는 것은 아니다. 오히려 독자들이 교육과정 문맥 내에 존재하는 여러 관점을 갖추기를 희망한다. 우리는 여러 가지 목적과 수단의 관점에 대해 논쟁하지는 않을 것이다. 학습자에 대한 철학과 우리의 관점이 현실을 대응하고 해석하는 데, 그리고 교육 프로그램을 생성하는 데 필요한 역할을 지적하고자 한다. 교육과정의 실행을 위해서는 철학적, 심리학적, 사회 정치적 토대에 대한 인식이 필요하다. 왜냐하면 학교는 사회적으로 기술적으로 급격히 변화하는 역동적인 사회에 존재하기 때문이다.

사람들이 추구하는 목적은 진정한 의미의 목적이 아니며 끊임없는 여정 속의 한 지점에 불과하다는 John Dewey의 말은 그가 처음 그 말을 했던 당시보다 지금의 역동적 시대에 더 큰 의미가 있다. 교육은 여행이며 한 지점에 대한 도착은 그 다음 지점으로 가는 수단이라는 사실을 학습자에게 알려 주어야 한다. 즉, 특정 지점에 대한 도착은 다른 의도에 의거한 다른 지점, 다른 종착점의 도달을 위한 수단이라는 것이다. Dewey의 말대로 '목적은 사실 끝이 없는 것으로서 새로운 활동이 새로운 결과를 생성하듯이 영원히 존재한다.'[12)]

1. 교육의 목적

커다란 변화의 시기에 직면하여 사회는 학교가 시민을 변화에 적응시킬 것이라고 기대한다. 사회는 학생들이 현 시대에 더욱더 효율적으로 기능할 수 있도록 만들기 위하여 학교 프로그램을 수정하기를 요구한다. 교육의 목적에 대한 언급 없이 학교에 쏟아지는 무수한 요구에 응답하는 교육자는 거의 없을 것이다. 그러나 교육자들은 교육적 언어를 정확하지 않은 의미로 사용하는 경우가 있다. 한국어로 흔히 목적으로 번역되는 영어 aim은 goal, end, function, general objective, purpose와 혼용하여 사용된다.[13)] 그러나 이들 용어 간에는 의미의 차이가 있으며, 이러한 차이를 분별할 필요가 있다. 목적(aim)은 미래의 성취나 행위를 위하여 구체적으로 계획된 활동에 형태와 방향을 제공하는 일종의 일반적 진술을 가리킨다. 목적은 선한 것이 무엇인가에 대한 이상과 영감적 비전을 제시하는 출발점이다. 목적은 교육과정의 방향이 의미하는 것을 일반적으로 제시한다. 그것은 일반인이 생각하기에 학교가 표방해야 하는 교육의 총체적 목적(purpose)을 제시한다. 예를 들어, 현 시대의 교육 목적은 학생들이 빠르게 발전하는 세계에서 효율적 시민으로 기능하기 위해 필요한 능력을 갖추도록 하는 것이다.[14)] 목적은 가치 판단의 진술로서 교육자들에게 교육과정을 위한 지침을 제공한다.

어떤 시대든 모든 교육자는 사회의 당대 목적을 해석해야 할 도전에 직면해 있다. 사회의 목적은 너무 광범위하기 때문에 몇몇 목적만이 교육을 이끄는 데 필요하다. 예를 들면, Ralph Tyler는 미국 학교의 목적을 ① 자아실현의 달성, ② 문해력 기르기, ③ 사회적 신분의 상승, ④ 고용에 필요한 지식과 기술의 제공, ⑤ 물질적 · 비물질적인 것, 서비스와 관련된 선택을 효과적으로 하는 데에 필요한 수단을 제공하는 것, ⑥ 평생 학습에 필요한 도구를 공급하는 것이라고 요약하였다.[15)] 이들 모든 것을 포괄하는 목적들은 진보주의 철학을 반영한다.

Ronald Doll은 교육 목적은 지적 혹은 인지적, 사회 · 개인적 혹은 감정적, 그리고 생산적이어야 한다고 주장한다.[16)]

① 지적 차원을 다루는 목적은 지식의 습득과

이해, 문제 해결, 기술, 다양한 수준의 사고 방법에 중점을 두고 있다.

② 사회 · 개인적 차원을 다루는 목적은 개인 대 사회, 개인 대 개인, 개인 대 자기 자신의 상호 작용과 관련되어 있다. 이러한 목적은 개인의 정서적 · 심리적 측면과 가정, 종교, 지역사회에서의 적응적 측면과 연계되어 있다.

③ 학교교육의 생산적인 차원과 관련된 목적은 개인이 가정에서, 직장에서, 시민으로서, 그리고 보다 큰 사회의 일원으로서 기능하도록 하는 교육의 측면을 강조한다.

이러한 차원에 다음과 같은 네 개의 차원을 추가할 수 있다. 그것은 ① 강인하고 건강한 신체의 발달 및 유지와 관련된 신체적 차원, ② 예술을 감상하고 가치를 이해하는 심미적 차원, ③ 적절한 행동을 할 수 있도록 하는 가치와 행동과 관련된 도덕적 차원, ④ 신성함과 초월성의 관점을 믿고 인식할 수 있는 영적 차원이다.

1) 목적의 원천

현대사의 모든 시기 동안 일반인, 특히 교육자는 교육의 목적을 공식화하였다. 이러한 목적은 시대의 최우선 관심이나 변화하는 사회의 문제와 관련하여 전국적으로 명성 있는 국가위원회나 특별전문위원회에 의해 일반적으로 개발되었다. 20세기 이후로 존재해 온 이러한 위원회는 프로그램 창안을 이끌기 위해 사회에 관한 기술적 연구를 수행하기도 하였다.

Spencer의 보고서 Herbert Spencer가 자신의 소논문 「어떤 지식이 가장 가치가 있는가(What Knowledge Is Most Worth?)」를 출간한 1859년을 한 보고서 출간의 시발점으로 보고 있다. Spencer는 현대사회에 대한 그의 분석에서 개인이 성공적인 삶을 이끌어 가기 위해서는 다음과 같은 다섯 가지 활동 영역에서 준비가 필요하다고 결론내렸다. 그것은 ① 직접적인 자기 보존, ② 간접적인 자기 보존(예: 음식과 휴식처 확보, 생활비를 버는 것), ③ 부모다움, ④ 시민다움, ⑤ 여가 활동이다.[17] Spencer 시대 이후부터는 파란 리본 위원단(blue-ribbon panels)에 의한 사회의 여러 측면에 대한 수많은 기술적 연구가 교육자들에 의해 교육 목적의 틀을 만드는 데 사용되었다.

근본적 원리 제1차세계대전이 끝나던 1918년에 중등교육 재조직에 관한 전국교육연합회가 「중등교육의 기본 원리(Cardinal Principles of Secondary Education)」라는 보고서를 출간하였다. 그 내용은 민주사회에서의 교육의 역할을 언급하고 있다. 학교 안에서나 밖에서나 민주주의 교육은 개인이 지식, 흥미, 아이디어, 습관, 힘을 길러서 '자신의 역할을 찾고, 더 고상한 목적을 위하여 자신과 사회를 만들어 가도록 하는 데 목적이 있다.'[18]

Spencer의 영향을 받은 위원회는 교육과정 목적의 범주를 조직하기 위하여 중요한 생활 활동을 조직하는 원리를 채택하였다. 일곱 가지 중요 영역은 다음과 같다.

① 건강
② 기본적 욕구의 충족
③ 바람직한 가족 관계
④ 직업교육
⑤ 시민 교육
⑥ 여가 시간의 바람직한 사용
⑦ 윤리적 인격[19)]

미국 민주주의의 교육의 목적 대공황 이후에 미국 교육협회의 교육정책위원회는 「미국 민주주의 교육 목적(The Purpose of Education in American Democracy)」이라는 보고서를 출간하였다. 이 위원회는 교육의 정의는 민주주의의 철학과 실천을 반영하여야 한다고 명시하였다. 교육은 도덕적 가치를 보존하고 가르쳐야만 하며, 민주주의 제도와 경제에 필수적인 지식을 강조하며, 창의적이고 끈기 있는 정신을 함양해야 한다는 것이다.[20)]

포괄적인 네 가지 목적과 그에 상응하는 몇몇 목표들(위원회는 이것을 명세적 목표라고 불렀다)은 다음과 같다.

① 자아실현
② 인간관계
③ 경제적 효율성
④ 시민적 책임

자아실현의 목적은 탐구심, 정신력, 말하기, 읽기, 쓰기, 수, 보고 듣기, 건강 지식, 건강 관리, 공중 건강, 레크리에이션, 지적 흥미, 심미적 흥미, 성격 형성을 증진시키는 것이다. 인간관계의 목적은 인간성, 우정, 다른 사람들과의 협력, 예의, 가정에 대한 인식과 보존, 가정 관리, 가정에서의 민주주의를 포함한다. 경제적 효율성의 목적은 노동, 직업에 대한 이해, 개인 경제, 소비자 판단, 구매 효율성, 소비자 보호 등을 포함한다. 시민적 책임의 목적은 사회 정의, 사회 활동, 사회 이해, 비판적 판단, 인내심, 자원의 보전, 과학의 사회적 적용, 세계 시민성, 관습법, 경제적 이해, 정치적 시민성, 민주주의에 대한 헌신과 관련된다.[21)]

모든 미국 청소년을 위한 교육 교육정책위원회가 교육의 목적에 대하여 관심을 가지고 있던 1944년에 몇 개의 교육 목적이 공식적으로 만들어졌다. 제2차세계대전에 영향을 받았던 교육정책위원회는 아동 및 청소년의 일반적인 요구와 관련된 목적은 말할 것도 없고, 민주주의와 세계 시민성과 관련된 중요한 목적들을 강조하였다. 「모든 미국 청소년을 위한 교육(Education for All American Youth)」이라는 보고서는 다음과 같은 열 가지 목적, 이른바 '청소년을 위한 열 가지 필수적 요구'를 제시하였다. 모든 청소년은 다음의 내용을 갖추는 데에 필요한 기술과 태도를 습득해야 한다고 주장하였다.

① 경제적 세계에서 지혜롭고 생산적인 참여

자가 되기 위해 필요한 적절한 기술, 이해, 태도

② 건강과 신체적 적합성

③ 민주주의 사회에서의 시민 권리와 의무를 이해하고 지역사회 구성원뿐만 아니라 주, 국가, 세계의 시민으로서 필요한 권리와 의무의 이해

④ 개인과 사회를 위한 가정의 중요성을 이해하고, 성공적인 가정 생활에 도움이 되는 조건들의 이해

⑤ 상품과 서비스를 현명하게 구입하고 사용할 수 있는 지식과 소비자로서 그들의 행위로 인한 경제적 결과에 대한 이해

⑥ 과학의 방법, 인간 생활에 미치는 과학의 영향, 세계와 인류의 본성에 관한 중요한 과학적 사실에 대한 이해

⑦ 문학, 예술, 음악, 자연의 미를 감상할 줄 아는 능력의 개발

⑧ 여가 시간의 활용과 여가 시간을 현명하게 보낼 수 있는 예산 짜기, 사회적으로 유용한 활동과 개인에게도 만족을 주는 활동과의 균형 유지

⑨ 다른 사람에 대한 존경, 논리적 가치와 원리에 대한 통찰, 다른 사람과 협력하여 일할 수 있는 능력

⑩ 합리적으로 자신의 생각을 분명하게 표현하고 이해하면서 읽고 들을 수 있는 능력의 신장[22)]

미국 교육의 핵심적 목적 스푸트니크의 영향을 통감하면서, 미국 교육연협회의 교육정책위원회는 1961년에 교육 목적을 발표하였다. 현대사회에서는 인간의 이성적인 능력이 필요하다. 이성적 능력이 이용하여 생활 공간, 시간의 난제들을 해결하는 데 지식의 활용도가 커진다.[23)]

교육자들은 미국 교육이 진정한 의미에서의 우수성, 즉 수학과 과학 분야의 우수성을 상실하고 있다고 걱정한다. 스푸트니크호는 미국을 놀라게 하였고, 미국이 세계 2인자로 격하된 것에 대하여 학교가 중요한 책임을 져야 한다는 인식이 팽배하였다. 미국은 우주 경쟁과 냉전의 요구에 대응해야 하였다. 교육정책위원회의 1961년 보고서는 근본적으로 지적인 수월성과 사고의 역량을 강조하였다. 그리하여 영재와 수재 학생들에게 관심을 가지기 시작하였다.

위기에 선 국가 1983년 교육수월성위원회(Commission on Excellence in Education)는 미국 교육의 질을 검토하여 결과를 보고하였다. 위원회는 미국의 교육은 교육 체제 면에서 낮은 수행을 하고 있으며, 학교가 교육의 근본적인 목적을 상실하고 있다는 점에서 위험에 처해 있다고 결론을 내렸다. 위원회는 '학습은 우리가 돌입하고 있는 정보화 시대의 성공을 위한 필수 불가결한 투자다.' [24)]라고 주장하였다.

위원회는 이러한 문제를 해결하기 위한 교육 방향에 대해 몇 가지 제언을 하였다. 그 첫째 제안은 교육 내용과 관련된 것이다. 위원회가 진술한 내용은 다음과 같다.

> 주와 지방 고등학교의 졸업 요건을 강화하여 졸업하려는 모든 학생은 4년간의 고등학교 재학 중 최소한 '다섯 개의 새로운 기초 과목' 을 수강하도록 해야 한다. 기초 과목은 ① 4년간의 영어, ② 3년간의 수학, ③ 3년간의 과학, ④ 3년간의 사회, ⑤ 반 년간의 컴퓨터다. 대학 진학을 위해서는 고등학교에서 2년간의 외국어를 수강하도록 강력하게 추천하였다.[25]

위원회는 교육자들에게 학문적 성취와 학생의 수행에 대한 좀 더 엄격하고 측정 가능한 기준과 높은 기대를 세울 것을 촉구하였고, 4년제 대학에게는 입학 요건을 보다 높게 설정할 것을 요구하였다.[26] 위원회는 새로운 기초 과목을 배우는 데 좀 더 많은 시간을 투자할 것을 권장하였다. 새로운 기초 과목은 현재의 수업 일수를 효과적으로 사용해야 하고 연장된 수업 시간과 수업 일수를 필요로 하였다. 마지막으로 위원회는 시민들은 교육자와 공무원이 이러한 개혁의 책임을 지고 필요한 지도력을 발휘하도록 지지를 보내고 제안된 개혁을 실행하는 데 필요한 안정적인 재정 지원을 제공하도록 촉구하였다.

미래를 위한 도전 광범위한 관점에서 미국 교육의 목적을 살펴보면, 우리는 학교가 실행할 수 있는 것 이상을 기대하고 있는 것은 아닌지 의심하게 된다. 학교는 종종 국가의 문제점을 해결할 수 있는 이상적인 기관으로 생각하지만, 학교가 실제적으로 그러한 일을 할 수 있는가? 많은 사람이 어린이의 잠재력을 발전시키고 사회에 적응하도록 돕는 책임이 자신들에게도 있다는 사실을 인정하지 않는다.

또한 여러 압력 집단의 중요성에 대하여서도 언급해야 한다. 사회가 변화함에 따라 다양한 집단이 그들의 이익을 추구하고 복지를 증진시키려고 하기 때문에 교육의 목적도 변화될 수 밖에 없다. 교육자들은 민족 집단, 여성 집단, 동성애 집단, 장애인 집단 등의 새로운 압력 집단과 직면해야 한다. 이들 집단은 그들 자신을 사회적 소수로 정의한다. 이러한 집단도 말하자면 새로운 권력 집단인 것이다. 교육자들은 전국총기협회, 노동동맹, 종교 집단과 같은 전통적인 압력 집단과 함께, 새로운 집단의 요구와 이해도 함께 고려해야 한다. 정보를 처리하는 데에서 교육자는 전문적인 통제를 유지하고 형성하며 그들의 요구에 부응하여야 한다. 교육의 목적은 현재와 미래의 시간과 관련되어야 하고 모든 사회의 이익을 도모하는 방향으로 설정되어야 한다.

2. 교육의 목표

목표(goal)는 마음에 두고 있는 어떤 결과에 대한 목적적 진술이다. Sowell에 의하면, 목표는 '특정 교육과정이나 과목과 관련하여 학습자가 무엇을 배워야 하는가?' [27]라는 질문에 대한 답이다. 목표는 의도된 목적지를 제시하고 있지만 구체적으로 특정 학습을 명시하지는 않는다. 어떤 면에서 목표는 이를 성취하려는 학습자의 특정 특성에 관해 언급하고 있다.[28] 학생이 문해력을 가져야 하고 시민으로서 행동해야 한다는 교육과정 목적은 학생이 비판적 사고 과정에 능숙하고, 문화적으로 다양한 사람을 이해하고, 본인의 학습에 책임감 있는 태도를 가져야 한다는 목표에 의해 가장 잘 표현될 수 있다.

목표는, 교육과정의 목표 혹은 교육과정을 경험한 결과로 학생들에게 바라는 성과를 의미한다. 목표를 성취하기 위해 교사가 학생들을 어떻게 가르칠지를 언급하지는 않지만, 교과 내용의 특성, 학생의 요구, 학생의 능력과 흥미와 관련하여 수업 방법이 선택되므로 수업은 교육과정과 관련된다.

학교의 목표를 분석함으로써, 전체 교육 프로그램의 범위를 파악할 수 있다. 목적과 달리 목표는 개방된 진술문은 아니다. 목표는 특정 목적을 달성하기 위한 프로그램을 만드는 데에 지침으로 사용할 수 있는 구체적인 진술이다. 목표는 여러 가지 목적에서 나오고, 교사와 교육과정 결정자에게 특정 교과나 교육적 프로그램과 관련하여 학생이 무엇을 학습해야 하는가에 대한 폭넓은 진술을 제공한다.

1) 목표의 수준

목표는 몇 가지 포괄성 수준에서 제시된다. 극단적인 경우는 목적과 비슷하게 진술되거나 철학적 기초를 반영하는 폭넓은 진술로 작성되기도 한다. 다른 극단적인 경우는, 구체적으로 무엇을 성취할 것인가를 조목조목 제시하는 식으로 진술되기도 한다.

교육 목적과 목표의 차이는 포괄성의 정도다. 목적은 '세계 지향 심성의 함양' 혹은 '과학기술적인 교양 기르기' 와 같은 일반적인 교육과정을 다룬다. 이러한 목적을 달성하는 데 딱 들어맞는 특정한 프로그램은 없다. 교육과정의 많은 측면을 고려하여 목적을 세울 수 있을 것이다. 목적이 좀 더 구체화되어서 특정 학교, 특정 학교 체제, 교육과정의 구체적 과목을 언급하게 되는 것이 곧 목표다. 예를 들어, '세계 지향 심성의 함양' 이라는 목적이 '학생은 세계 각국을 이해하고 세계 공동체에서 수행해야 할 역할을 알게 될 것이다.' 라고 진술된다면, 이는 사회과 목표가 될 수 있다.

교육 목표의 적절한 표현 방식에 대하여 많은 논의가 있어 왔다. 어떤 이는 문장을, 어떤 이는 구를, 어떤 이는 하나의 단어를 선호한다. 장학과 교육과정 개발위원회(The Association for Supervision and Curriculum Development)는 청소년을 위한 중요한 목표를 선정하였다. 그 목표는 ① 자아 개념(자아존중)의 학습, ② 타인의 이해, ③ 기초 실력의 계발, ④ 평생 학습의 능력과 흥미 진작, ⑤ 책임감 있는 사회 구성원 되기, ⑥ 정신적 · 육체적 건강 발달, ⑦ 창의성 증대, ⑧ 생산과 소비의 경제적 세계에 참여하는 데 필요한 정보 획득, ⑨ 세계를 이해하기 위한 축적된 지식의 활용, ⑩ 변화에 대처하는 능력 등이다.[29] 각각의 목표는 몇 개의 하위 목표를 포함하고 있다.

몇몇 교육학자는 동사의 명사형으로 목표를 진술하는 것을 선호한다. 이러한 학자는 앞의 목표들을 다음과 같이 바꿔 쓰기도 한다. 예를 들면, ① 학생에게 긍정적 자아 개념을 길러주기, ② 학생에게 다른 사람에 대한 이해력을 길러주기, ③ 학생에게 기초 실력의 능력을 길러주기, ④ 평생 학습에 대한 학생들의 흥미와 능력을 길러주기 등이다.

파이 델타 카파의 우등생협회(The Phi Delta Kappa honor society)는 다음과 같은 목표 목록을 만들었다.

① 훌륭한 시민이 되는 방법을 학습하는 것
② 각기 다르게 생각하고 다른 복장을 하고 다르게 행동하는 사람들을 존중하고 그들과 잘 지내는 방법에 대해 학습하는 것
③ 세계에서 일어나는 변화에 관해 이해하고 학습하는 것
④ 읽기, 쓰기, 말하기, 듣기의 기술을 발전시키는 것
⑤ 민주적인 생각과 이상을 이해하고 실천하는 것
⑥ 정보를 검토하고 이용하는 방법을 배우는 것
⑦ 특정 업무를 하기 위한 기술을 배우는 것
⑧ 현재와 미래의 학습에 대한 욕구를 개발하는 것
⑨ 건강과 안전에 대한 생각을 이해하고 실천하는 것
⑩ 세계의 문화와 미를 감상할 수 있는 것[30]

1990년에 Bush 대통령과 미국 정부는 미국 학교를 위한 6개의 목표를 발표하였다. 같은 해에 국가목표심사원단(The National Goals Panel)은 이러한 목표를 달성하기 위해 국가가 어떻게 해야 하는가를 결정하였다. 그 목표들은 1990년에 학교의 지침이 되었다.

① 2000년까지 미국에 있는 모든 아동은 학습하기 위하여 학교에 다닐 것이다.
② 2000년까지 고등학교 졸업률이 적어도 90%로 증가될 것이다.
③ 2000년까지 미국 학생들은 영어, 수학, 과학, 역사, 지리 과목에서의 능력을 평가할 수 있도록 4학년, 8학년, 12학년에 시험을 치를 것이다.
④ 2000년까지 미국 학생들은 과학과 수학 성취에서 세계 최고가 될 것이다.
⑤ 2000년까지 모든 미국 성인은 글을 읽을 줄 알고, 세계 경제에서 경쟁하는 데 필요한 지식과 기술을 가지며, 시민으로서의 책임과 권리를 행사할 수 있을 것이다.
⑥ 2000년까지 모든 미국 학교는 마약과 폭력에서 해방되어 규율이 잡힌 학습 환경을 제공할 것이다.[31]

이들 목표를 2000년까지 꼭 이루어야 하는 것은 아니다. 실제로 아직까지도 이러한 목표는 달성되지 못하고 있다. 이러한 실패에 어느 정도는 학교가 책임이 있을지도 모른다. 이러한 지적은 어느 정도는 진실이다. 그러나 이것은 교육자와 학교가 학생들의 학습 성공에 유일한 책임자라는 가정에서만 유효하다. 그러나 그렇지 않다. 예를 들어, 2000년까지 미국에 있는 모든 학생이

학교를 다녀야 한다는 진술은 가정, 일반 시민, 주와 연방 정부 모두가 교육에서 그들의 특별한 역할을 성공적으로 수행해야 한다는 것을 의미한다. 많은 부모는 게으름과 무지 때문에 자녀에게 학교에서 성공하는 데에 필요한 가정적 경험을 제공하지 못하고 있다. Goodlad가 지적하였듯이 미국의 교육 정책은 학생이 학교 경험을 준비하도록 도와주는 것이 대부분의 과학기술 개발도상국들보다 뒤처져 있다.[32)]

정부의 실패에도 불구하고, 학교, 가족, 일반 대중은 교육의 목표를 성취하기 위하여 매진하고 있다. 이들은 표준화 운동에 영향을 미친다. 이들은 '교육 정치인'으로 자청하는 정치 후보자들을 위해 정치 자금을 지원한다.[33)] 물론, 이러한 목표를 성취하는 데 완벽하게 성공하지는 못했지만, 다양한 학생을 위하여 우수하고 적절한 교육과정을 제공하기 위해 노력 중이라는 것은 인정해야 한다. 많은 정치가, 재계 지도자, 특정 급진적 교육학자들에 의해 유지되는 그릇된 신화는 우리 학교가 전체적으로 실패하고 있다는 것이다. Goodlad가 언급하였듯이, 일반 대중은 학교가 실패하였다고 믿고 있지만, 학부모는 지역 학교를 가장 효과적인 곳으로 평가하고 있다.[34)]

우리가 교육에서 전적으로 성공적이지 못하다는 사실과 더불어 우리를 불안하게 하는 것은 현재 제시되는 목표가 스푸트니크 이후 1950년대 후반에 여러 집단에 의해 제기된 목표들과 매우 유사하다는 것이다. 인본주의 정신은 온데간데 없다. 제시된 목표에 의해 구성된 교육과정은 전통적으로 강조되어 온 학문주의를 표방하고 있다. 앞에서 말한 2000년까지 달성할 목표 중에서 마지막 목표를 제외하고는 학생의 사회적 · 심리적 · 도덕적 발달에 대한 언급이 없다.

2) 목표 만들기

목적과 같이 목표는 시간을 초월하여 안정적인 것이어야 한다. 즉, 교육자들이 처한 특정 시대와 관련되어야 하지만 미래를 내다보는 적절한 내용도 포함해야 한다. 목표는 결과에 관해 언급하지만, 목표의 상세성을 진술할 수 있는 정도의 자유는 남겨 두어야 한다. 실제로 그 상세한 목표는 교육의 명세적 목표로 간주된다.

교육 목표를 만드는 것은 교육자들이 교육 목적을 분명히 하기 위하여 학교와 회사의 철학을 고려하는 끊임없는 활동이다. 사회, 학생, 특정 지역사회의 요구가 일반적으로 교육과정 목표의 초기 진술로서 제기된다. 지역 학교구에서는 현재 학생의 학습과 행동 수준을 파악하여 교육받은 사람이 행해야 하는 수준과 일치시킨다. 사람들은 그들의 철학과 학교의 목적을 분석하여, 교육적 활동의 성과로 기대되는 결과의 일반적 진술에 이른다. 그 다음 학생의 학습 및 행동과 그들이 만든 목표를 일치시킨다. 목표는 때때로 중요성과 가능성 혹은 둘 다의 측면에서 순위를 매긴다. 교사, 지역사회 구성원, 학생 등 목표 구성에 관련된 사람들은 이러한 목표가 그들이 원하는 것인지, 혹은 프로그램이 추구하는 결과인지를 결정할 것을 요구받는다. 만약 그들이 인정한

교육과정 도움말 9-1

학교 지역구 혹은 학교 수준에서의 목표 개발

학교 지역구와 학교를 위한 목표를 설정하는 것은 교육과정 전문가, 교사, 행정가, 때로는 학부모와 학생으로 구성된 학교위원회의 몫이다. 다음은 당신이 이것들에 익숙해지는 것이 필요하다. 지역구와 학교위원회의 임원으로서 목표를 설정할 경우, 도움을 줄 수 있는 몇 가지 제안을 제시한다.

① 연방과 주의 명령과 입법
② 목적과 목표와 관련된 국가와 주 위원회의 보고서
③ 목표와 관련된 전문위원회 보고서
④ 주와 지역 협회에 의해 주장되는 지역사회의 관심
⑤ 학부모회 집단과 교사협회의 모임에서 표명된 부모의 관심
⑥ 학습과 아동 발달 이론에 대한 전문 서적
⑦ 학생 요구와 직업 선택에 대한 전문 서적
⑧ 대학과 고용주의 요구에 대한 서적과 보고서
⑨ 교사의 보고서와 조언
⑩ 과목 전문가의 보고서와 조언
⑪ 학교 프로그램과 교육과정에 대한 평가 보고서
⑫ 학생, 교사, 학교, 학교구에 대한 지역적 요구에 대한 사정
⑬ 주 면허증 사무소나 지역, 국가 인증 발행처의 보고서
⑭ 지역사회, 주, 국가의 사회와 경제 흐름에 대한 보고서나 연구들

출처: Allan C. Ornstein, *Secondary and Middle School Teaching Methods* (New York: HarperCollins, 1992), p. 310.

다면, 이러한 목표는 교육과정을 개발하고 수행하는 사람들이 받아들인다(교육과정 도움말 9-1 참조).

3. 교육의 명세적 목표

교육의 목적과 목표 이외에 해당 프로그램이나 프로젝트의 결과를 보다 구체적인 용어로 제시하는 명세적 목표(objectives)를 설정하는 것이 필요하다. 역사적으로 살펴보면 명세적 목표는 종종 목표나 목적과 혼동하여 불분명하게 진술되어 왔다. 목적, 목표, 명세적 목표를 분명하게 구별하기 위해서는 목적을 먼저 세우고 목표를 설정한 다음 마지막으로 명세적 목표로 해석하는 것이 필요하다. 매우 일반적인 것에서 장기간의 기본 틀로 표현하고 단기간의 구체적인 결과로 진행시켜 나아가는 것이다. 이러한 체계는 다음과 같이 표현된다.

철학 → 목적 → 목표 → 명세적 목표

특정 과학 프로그램이나 프로젝트에서 교육과정 개발자들은 '과학 자료를 다루는 정보 처리 과정에서 학생의 기능을 향상시키는 것' 과 같은 목표를 진술할 수 있다. 이러한 목표에서 학생은 좀 더 구체적인 일련의 명세적 목표를 가지게 된다. 명세적 목표가 얼마나 구체적이어야 하는지는 교육자가 가지고 있는 교육과정에 대한 철학과 개념에 의해 결정된다.

1) 교육의 명세적 목표의 유형

앞에서 언급한 것처럼 가장 일반적인 진술에서 구체적인 진술로 전개되어 갈 때, 교육과정 입안자들은 몇 가지 명세적 목표의 유형 혹은 수준을 표시한다. 명세적 목표는 일반적 목표(교육과정의 구체적 영역, 종종 코스, 교과, 특정 학년 수준과 관련된 일반적 성과를 지칭)에서 시작하여 교실 수업의 결과에서 산출되는 구체적 성과로 나아간다.

Oliver는 가장 일반적인 명세적 목표를 교육과정의 명세적 목표로, 구체적인 명세적 목표를 수업의 명세적 목표로 구분하였다. 그는 교육과정과 수업은 별개의 것이지만, 실제로 관련되어 있다고 생각하여 각 영역에 대한 명세적 목표가 있어야 한다고 주장하였다.[35] Gronlund도 이러한 구별에 관하여 Oliver와 의견을 함께한다. 그는 교육과정 계획에서 일반적인 명세적 수업 목표를 써야 한다고 주장하였다.[36] Gronlund는 Oliver의 두 가지 명세적 목표에 대한 차이에는 동의하지만 수업의 명세적 목표의 구체성에 관해서는 의견을 달리한다. Gronlund의 일반적인 명세적 수업 목표는 Tyler가 잠정적인 일반 명세적 목표로 정의한 것과 유사하다.[37] Oliver는 Gronlund의 수업의 명세적 목표와 Tyler의 일반적 명세적 목표를 수업의 노력으로 얻어지는 일반적 종점인 근본적인 수업 목표(goal)로 간주하였다.

교육과정 목표에서 나온 Oliver의 수업의 명세적 목표는 학생이 해야 할 것, 행동, 성취 수준 제시, 기준과 기준 수준을 더욱 구체적으로 제시한다. 예를 들어, Oliver는 교육과정 목표에서 나온 교육과정의 명세적 목표를 다음과 같이 진술한다. 학생은 환경 지킴이가 되는 것에 관한 책임 있는 행동을 보여 줄 수 있다. 교육과정 목표의 한 가지 예는 '환경을 공부하는 모든 학생은 지역 환경에 도움을 줄 수 있는 긍정적 행동에 관여할 것이다.' 라는 것이다. 수업의 명세적 목표는 현장 분석과 같은 긍정적 행동이 무엇인지를 구체적 용어로 진술한다. 수업의 명세적 목표는 필요한 수행 기준이나 수준을 나타낸다. 교육과정 목표나 교육과정의 명세적 목표에서 나온 수업의 명세적 목표는 다음과 같다. 현장 분석에 참가한 학생은 환경에서 발견된 식물 주기를 정확하게 기술하고 이 지역에 특별한 식물의 일반적 외형에 대해 기술할 것이다. 이러한 스케치와 기록은 교사와 현장 식물학자에 의해 정확하게 평가될 것이다. 이런 방식으로 수업의 명세적 목표를 진술할 때, 수행 수준을 기준 수준 혹은 교육 성취 기준까지 정교화해야 한다.[38]

이 책의 저자들은 교육과정과 수업 영역이 따

로 존재한다고 진술하고 있지만, 학교 교실에서의 현실은 이 둘이 함께 공존한다. 교육과정은 수업을 통하여, 수업 과정이 활성화될 때 비로소 존재하는 것이 된다. 그러므로 명세적 목표는 실제로 이러한 두 영역이 복합되어 있다. 각각을 분리하여 명세적 목표를 진술하는 것은 불필요한 일이다. 그러나 여전히 몇몇 교육과정 학자들은 명세적 목표를 이러한 방식으로 분리하여 사용한다.

다른 학자들은 명세적 목표에 대한 우리의 논의에 정확성을 부여하려 한다. 예컨대, Hilda Taba는 오래 전에 교육적 목표는 학교 수준의 결과를 기술하는 것과 특정 단원, 과목, 학년 프로그램의 두 가지 종류가 있다고 주장하였다.[39)]

Ornstein은 명세적 목표를 다음과 같은 수준으로 기술하였다. 즉, ① 과목(과학, 수학)을 언급하는 프로그램 목표, ② 학년 안에서의 특정 과목과 관련한 과목 목표(생물학, 대수학), ③ 단원 목표와 수업 계획 목표로 더 세분할 수 있는 교실 목표로 나누었다. 처음의 두 가지 목표는 주정부나 학교 지역구 수준에서 일하는 교육과정 전문가에 의해 대부분 개발된다. 반면에 교실 목표는 프로그램과 과목 목표를 달성하려는 교사에 의해 계획된다.[40)]

George Posner와 Alan Rudnitsky는 명세적 목표를 학생들이 배워야 할 것에 대한 진술로 정의하면서, 의도된 학습 결과(intended learning outcomes: ILOs)라는 다른 용어로 규정하였다. 의도된 학습 결과는 사실, 개념, 원리, 과정, 기법, 일반화 등 학생이 배워야 할 것을 구체화한 것이다. Posner와 Rudnitsky는 의도된 학습 결과라는 것이 무엇을 의미하는지 성찰해 볼 필요가 있다고 강조하였다. 의도된이라는 것은 우연히 일어나는 학습은 제외된다는 것을 의미한다. 의도된 학습은 가치 있다고 판단되는 정보가 무엇인가에 대한 숙고의 결과다. 또한 의도되었다는 것은 교육과정이 특정 목표의 달성을 위하여 통제되고 있다는 것을 의미한다. 의도하지 않은 학습도 많이 존재하지만 교육과정 계획에는 일어나기를 의도하는 목표만을 진술한다. 학습이라는 용어 또한 중요하다. 학습은 교육과정 계획에서 가장 중요한 근본이 학생의 수행이라는 것을 의미한다. 결과 또한 중요한 용어다. 교육과정 개발자들은 학생들이 교육과정을 경험하고 상호 작용한 결과에 관심을 가진다. 즉, 학생은 이 교육과정에서 무엇을 성취하였는가?[41)]

교육의 결과는 현재 가장 주목을 받고 있는 주제다. 아마도 이러한 관심은 계속될 것이다. 결과 위주의 교육은 미국 대부분의 주에서 보편화되고 있다. 워싱턴 주의 경우 기본적인 학습의 목록을 개발하였는데, 이는 학생이 학습에서 성공하였음을 보여 주는 결과다.

모든 학생이 성취해야 할 것으로서 결과는 기준과 유사한 개념이다. 기준의 문제는 학생 수행의 최적의 수준뿐만 아니라 국가적 혹은 사회적 요구를 충족시키는 데 필요한 수행의 특정 수준과도 관련되기 때문에 활발히 논의되는 주제다. 기준은 정치적 측면도 포함하고 있다. 특정 학생만이 주 수준의 이해와 기술을 획득해서는 안 된다. 모든 학생에게 적절한 학문적 성취를 할 수

있도록 교육적 경험이 제공되어야 한다.[42)]

교육 결과에 대한 기준을 결정할 때, 모든 사람들이 성공의 표시로 학생들이 보여 주어야 하는 숙련도 수준이나 결과가 어떤 것인가에 대한 동의가 이루어진다면, 학생의 학습과 기술 능력은 결정하기가 쉽다. 사람들은 교육의 결과가 '훌륭한 시민' 이라고 할 때 분명히 동의한다. 그러나 기준에 대한 최소 수준을 세울려고 할 때 철학적 · 정치적 논의는 우리를 곤경에 빠뜨린다. 기준은 수행과 이해의 최소 수준만을 구체화한다는 것을 의미한다. 학생들에게 기준은 통과하거나 성취하거나 실패하는 것이다. 기준은 최대의 수행이나 이해가 되어서는 안 된다. 불가능하지는 않지만, 오늘과 같은 다양한 사회에서는 최소한의 이해와 수행에 대한 합의를 얻기도 어렵다.[43)]

교육자들은 교육의 명세적 목표에 대해 성찰하고 결정을 내리는 데 심사숙고해야 한다. 이러한 결정을 내리는 데 어려운 점은 교육의 명세적 목표를 결정하고 가르치는 데 교사의 요구가 충분히 반영되었는가를 입증하는 것이다. 교사는 일반적 교육과정 목표(과목, 학년수준), 단원의 목표(교실 수준), 수업 목표(또 교실 수준)에 대해 신중하게 결정하여햐 한다. 일반화 수준이나 구체화 수준의 교육과정 의도는 교육의 명세적 목표의 질에 달려 있다.

행동적 목표 앞서 설명한 바와 같이 교육의 명세적 목표는 기대되는 학습자 결과의 일반적 혹은 구체적 진술로 언급된다. 이 두 가지 형태의 명세적 목표의 옹호자는 그것의 가치에 대해 논란을 벌인다. 일반적으로 대부분의 교육자는 구체적 진술이 교육의 명세적 목표를 위해 더 효과적이라고 본다.

명세적 목표가 충분한 의미를 가지고 교육자에게 지침을 제공하는 데 유용성을 가지기 위해서는 (그것의 성취 여부와는 상관없이) 측정 가능한 것이어야 한다. 명세적 목표는 측정 가능한 것에서 멀어질수록 아무런 의미를 가지지 못한다. 다시 말하면, 수업 후 학생에게 기대되는 결과가 관찰 가능한 행동적 목표로 명확하게 진술되어야 한다는 것이다. 명세적 목표는 다음과 같은 질문의 답이다. 교육과정의 전달 과정에 들어있는 지식이나 기술을 획득하였다는 것을 확인시켜 줄 수 있는 학습자의 행동은 무엇인가?[44)]
몇몇 독자는 모든 가치 있는 학습은 행동적으로 진술되어야 한다고 생각하겠지만, 이 책의 저자인 우리는 학생들이 획득하는 가치 있는 학습과 태도 중에는 정확하게 행동적으로 진술될 수 없는 것도 많다고 생각한다.[45)] 여기에 더하여 비언어적인 일반적 목표도 언급되어야 한다. 예컨대, 다른 사람의 감정에 대한 학생들의 민감한 태도 증진을 정확한 행동적 용어로 목록화할 수는 없다. 좋은 사람의 자격을 갖추기 위하여 개인이 어느 정도로 타인에 대하여 민감한 태도를 지녀야 하는지를 결정할 수 있는 기준을 세우는 것은 불가능하다.

이러한 경고에도 불구하고 무엇이 좋은 행동적 목표를 만드는지를 알아야 한다. 가장 중요한 문제는 구문론적으로 정확하게 기술하는 것이 아니라, 언제 명세적 목표를 써야 하고 언제 비행동적인 일반적 목표를 사용해야 하는지를 파악하는 것이다. Mager는 교육 목표에 다음의 사실을 기술해야 한다고 주장한다. 그것은 ① 명세적 목표와 관련된 학생의 성취를 나타내는 학습자의 행동, ② 명세적 목표를 달성하기 위해 학습자에게 부과된 조건, ③ 수용 가능한 최소한의 숙달 수준 등이다.[46] Mager의 주장에 따르면 과학에서의 행동적 목표는 다음과 같이 표현되어야 한다.

> 에너지에 관한 단원을 학습한 뒤 학생은 과목에 대한 100문항의 선다형 시험에서 1시간 안에 75문항에 정확하게 응답해야 한다.

수학에 대한 예는 다음과 같다.

> 곱셈과 관련된 연습 문제가 주어졌을 때, 학생들은 세 자리 숫자의 곱셈 문제를 1분에 한 문제당 80%의 정확도를 가지고 풀 수 있다.

이러한 명세적 목표를 좋아하는 교육자들이라고 해서 모든 사람이 Mager의 충고를 따르는 것은 아니다. 그러나 교육의 명세적 목표는 학습자의 행동으로 기술되어야 한다는 것에는 동의한다. 또한 그들은 행동적 목표의 핵심적 부분은 행동 동사로 기술하고 그것과 관련된 기타 조건이나 숙달 정도 목록은 선택 사항으로 남겨 둔다. 덧붙여서 그들은 Mager가 핵심 부분으로 제시하지 않은 교과 내용에 관한 언급을 덧붙여야 한다고 주장한다. 이와 같이 두 가지 핵심 부분(행동 동사와 과목 내용 언급)을 포함하는 행동적 목표의 예를 들면, '학생은 20세기 후기 문학을 다룬 영어 작문에 대해 한 단락을 쓸 수 있다.' 혹은 '경제학을 듣는 학생은 2년간의 국가 상품의 총계를 나타내는 차트 자료를 비교할 수 있다.' 등이다.

항상 성취 수준과 수행의 조건을 포함할 필요는 없다. 그러나 어떤 과목의 최소 필요 조건을 말하고자 할 때는 성취 수준을 진술하는 것이 반드시 필요하다. 이러한 명세적 목표는 얼마나 잘, 얼마나 많이, 얼마나 정확해야 하는가의 수준을 제시해 준다. 수행의 조건은 지식이나 기술이 어디에서 어떻게 나타나고 발휘되는지를 명시해야 하는 경우에만 필요하다. 어떤 환경인가? 실제적 학습이 강조되는 경우, 교육자는 학습의 조건이 학교 밖의 조건과 비슷한지의 여부를 결정할 수 있도록 수행의 조건을 표시해야 한다. 다음의 명세적 목표는 핵심적인 부분과 선택적인 부분을 모두 포함하는 예시다.

> 지리학 현장 학습에 참여하는 학습자는 지리학 현장 매뉴얼에 제시된 지침에 따라 현장 노트를 정리할 수 있다.

이 예시는 핵심적인 부분과 선택적인 부분이 특정한 순서로 서술될 필요가 없음을 나타낸다. 예를 들면, 두 개의 핵심적인 부분이 두 개의 선택적인 부분 뒤에 제시되었다. '지리학의 현장 학습'은 조건을 의미한다. 그 뒤의 '정리할 수 있다'는 행동동사이며, '제시된 지침에 따라'는 성취 수준을 의미한다.[47]

비행동적 목표 행동적 목표의 가장 큰 이점은 의사 전달의 명료성이다. 명세적 목표를 읽는 사람들은 목표가 무엇을 의미하는지, 어느 수준까지 도달해야 하는지를 정확하게 알 수 있다. 그러나 '감상한다', '안다', '이해한다' 등의 단어를 사용하는 비행동적 목표를 지지하는 사람들은 행동적 목표가 목표를 너무 구체적으로 제한하여 측정을 요하는 상황으로 학습 기회를 제한한다고 지적한다. 고차원적 학습(예: 분석적 사고, 문학 감상)에 대한 명세적 목표는 정확한 측정이 필요하지 않기 때문에 예외일 수 있다. 행동적 목표를 반대하는 많은 사람들은 행동주의적 표현에 따른 정확한 명세적 목표를 거부한다. 그들은 대부분의 학습이 공개적이고 측정 가능한 학생 행동으로만 나타낼 수 있는 것은 아니라고 주장한다. 정의적 영역은 더욱 미묘한 형태의 학습이다.

행동적 목표는 Michael Polanyi가 묵시적 지식(tacit knowing)이라 부르는 것을 고려하지 않는다. 묵시적 지식은 말로 나타낼 수 없거나 구체적으로 제시할 수 없는 지식을 의미한다.[48] '군중 속에서 친숙한 얼굴을 알아볼 수는 있으나 그 사람의 외모를 자세하게 기술할 수는 없다.' 는 말은 묵시적 지식이 무엇인가를 말해 주는 한 예다.

비행동적 목표를 지지하는 교육자들은 행동적 목표 이외에도 교육적 성과가 얼마나 달성되었는가를 나타내는 많은 지표가 있다고 주장한다. 행동적 목표에서의 교육적 성과는 만약, 혹은 만약의 경우에만과 같은 행동이 나타나야 달성되었다고 간주한다. 예를 들어, 뺄셈의 지식은 학생이 20분 동안 10개의 뺄셈 문제 중에서 8개를 맞춘 경우에만 달성된다. 그러나 80%가 이 목표를 달성하였다는 유일한 지표라고 과연 말할 수 있는가? 10개 중 7개를 맞춘 학생은 어떠한가? 교육과정 설계자가 과연 이러한 협소한 해석을 내려도 되는가?

1980년대에 Galen Saylor와 동료는 행동적 목표와 관련된 많은 반대 의견을 정리하였다. 행동적 목표는 측정이 어려운 좀 더 복잡한 지적 행동은 무시하고 오로지 측정이 쉬운 사실을 가르치는 것만을 강조한다. 이러한 행동적 목표는 모든 사람은 같은 자료를 거의 같은 방식으로 습득할 것을 가정하면서 교육과정을 획일적으로 만든다. 명확한 목표는 학습에서 엄격함을 강조하고 학생의 독창적인 학습 결과를 부정하여 비슷한 결과를 내는 공장과 같은 교육과정을 만들게 한다. 엄격한 목표는 종종 인간미가 없거나, 개인적 결과를 무시하거나, 창의성과 자발성을 억제한다. 마지막으로 행동적 목표를 지나치게 강조하는 것은 학습은 개별적으로 학습한 구체적 사실의 축적이나 모음 이상이라는 것을 간과하고 있다.[49]

포스트모던주의의 교육자들은 행동적 목표의 사용을 옹호하지 않는다. 몇몇 이러한 교육자들은 교육이 일반적 수준의 목표를 가져야 한다는 주장조차 꺼린다. 목표가 종착점을 제시하지만, 발전 과정, 대화, 질문, 변형을 추구하는 세계와 교육적 계획하에서는 목표가 무엇인지 처음부터 정할 수 없다. 몇몇 포스트모던 교육과정 학자는 교육자는 학생들이 무엇을 알아야 하고 어떻게

행동해야 하며 좋은 기술은 무엇인지를 결정할 권리가 없다고 주장한다.[50)]

이것이 교육에 목적이 없다는 것을 의미하지는 않는다. 여행에 목적이 있듯이 교육도 목적을 가진다. 그러나 중간 지점에서는 무엇을 해야 하는지 명확하게 규정할 수 없으며, 수행의 수준도 미리 계획하거나 정확하게 기술할 수도 없다. 의도 정도만을 기술하되 더 중요한 것은 학생들이 원하는 것을 하도록 돕는 것이다. 의도는 학생들에게 선택권과 자신의 학습을 조정하고 자신의 수행 수준을 결정할 수 있는 기회를 제공하는 것이다. 많은 교육자의 의도는 가능성을 열고 학생이 불확실성을 경험하고 탐구하는 데에서 즐거움을 느끼도록 격려하는 것이다. 대부분의 교육자가 교육과정의 모든 측면에 행동적 목표를 적용해야 한다는 극단적인 주장을 하지 않는 것과 마찬가지로 그 반대의 의미로서 극단적인 교육자도 거의 없다.

앞서 설명한 것처럼 비행동적 목표를 선호하는 사람은 목표가 정확하게 진술되는 것에 대하여 우려를 표명한다. 모든 교육 목표는 학생이 무엇을 배워야 하는지를 분명하게 진술해야 한다. '안다', '이해한다', '할 수 있다', '즐긴다', '만나다' 등의 동사는 분명하지만 행동적이지는 못하다. '익숙하다', '알게 되다', '느낌이 있다'와 같은 단어들도 모호하기 때문에 거부된다.[51)]

비행동적 목표를 옹호하는 교사들은 학생들이 무엇을 해야 하는지를 포괄적이고 일반적으로 지시하는 목표를 제시한다. 그 몇 가지 예는 다음과 같다.

이 과정의 결과로서, 학습자는 다음과 같은 목표를 성취할 것이다.

① 특정 유형의 지도 도안에서 발견되는 여러 종류의 상징을 해석할 수 있다.
② 지역사회는 사람들이 함께 일하고 즐기는 곳이라는 것을 이해한다.
③ 명사와 동사의 기능을 이해한다.
④ 긴 나눗셈을 풀 수 있다.
⑤ 뒤집기 능력을 보여 줄 수 있다.
⑥ 민속 음악을 즐긴다.

수단과 결론 행동주의자들과 비행동주의자들 간에 일어나는 논쟁의 대부분은 언어의 성질과 관련된 것이다. 교육적 목표에 사용되는 언어는 얼마나 정확해야 하는가? Mauritz Johnson과 David Pratt은 교육적 의도와 의도 실현 간의 흥미롭고 유용한 구분을 시도하였다. 많은 교육자들이 명세적 목표는 실제로 성취를 측정하는 지표에 대한 진술이라고 굳게 믿고 있다.[52)] 그러나 그들은 교육 목표는 의도나 기대되는 결과에 대한 진술이지 실제 나타난 성과는 아니라고 주장한다.

이러한 논쟁에 근거하여 다음의 명세적 목표를 생각해 보자.

'학생은 주어, 술어, 구두점 형태의 각각 세 개의 평서문, 의문문, 명령문, 감탄문을 15분 내에 쓸 수 있고 적어도 10개의 문장을 쓸 수 있을 것이다.'

교육과정 개발자들은 '나는 왜 학생들이 이것

을 하기를 원하는가?' 라고 자문해야 한다. 이에 가능한 대답은 학생은 네 가지 형태의 문장과 구두점에 대한 기본적 이해를 갖추고 있어야 한다는 것이다. 그러나 이것이 질문에 대한 답이 될 수 있을까? 왜 학생은 이러한 형태의 문장을 이해해야 하는가? Johnson과 Pratt은 학생이 이러한 문장 형태의 지식을 적용하여 주제에 대한 자신의 감정 해석을 정확하고 효과적으로 표현할 수 있도록 하는 것이라고 주장한다. 진정한 명세적 목표는 세 개의 평서문, 세 개의 의문문, 세 개의 명령문, 세 개의 감탄문을 쓰는 것이 아니라 학생 자신이 선택한 주제에 관해서 효과적으로 쓰는 것이다.

2) 교육 목표를 진술하기 위한 지침

명세적 목표는 교육과정에서 중요한 성과나 지점으로 이끄는 종점, 기대되는 성과, 지점을 나타내기 때문에 교육의 명세적 목표를 진술할 때는 주의 깊게 고려해야 한다. 실제로 명세적 목표를 주의 깊게 생각하면 특정 프로그램이 성공할 가능성이 높아진다. 교육자들은 명세적 목표를 진술할 때 다음과 같은 점을 고려해야 한다.

일치 명세적 목표는 그것이 도출되어 나온 목표나 목적과 관련이 있어야 한다. 많은 교육과정 지침서는 그 나름의 장점에도 불구하고 목표와 관련이 없는 명세적 목표를 포함하고 있다. 예를 들면, 특정 과학 내용을 '이해하기' 라는 명세적 목표는 과학적 이해를 가능하게 하는 특정한 정보 처리 방법을 활용할 수 있다는 목표와는 합치되지 않는다.

가치 어떤 교육 목표가 가치가 있는지 없는지는 논란의 여지가 있다. 많은 학교는 특히 읽기와 수학과 같은 기초 교과에서 세부적인 것을 지나치게 강조한다. 그 결과 별 의미를 가지지 못하는 명세적 목표를 많이 제시한다. 사회 과목에서도 별로 중요하지 않은 명세적 목표를 볼 수 있다. 예를 들면, '학생은 미시시피강이 멕시코만으로 흘러 들어간다는 것을 안다.' 이러한 명세적 목표는 어떤 가치가 있는가? 이러한 정보를 아는 것이 왜 중요한가? 가치 요소는 명세적 목표를 달성하는 것이 현재와 미래에 학생들에게 어떤 가치를 가지는가와 관련되어 있다.

가치의 요소는 새로운 세기에 매우 중요하다. 정보가 폭발적으로 증가하고 사회가 세계로 확장됨에 따라 명세적 목표의 가치를 주의 깊게 성찰해야 한다. 점점 더 다원화되어 가는 사회 속에서 이 명세적 목표는 '누구를 위하여 가치가 있는가?' 라는 질문을 제기해야 한다.

표현법 명세적 목표를 교육과정 지침으로 이용하려면 그것을 만든 사람의 의도를 정확하게 전달해야 효과적이다. 명세적 목표는 간결하게 제시될 때 이해하기 쉽고 합의를 보기가 쉽다. 명세적 목표를 어떻게 표현하는 것이 적절한가는 목표의 수준과 범위에 달려 있다. 명세적 목표는 일반적인 교과나 학년 목표로 사용되기도 하고 단원 목표로 사용되기도 하며 수업 목표로 사용되기도 한다. 수업의 명세적 목표는 구체적으로 의도된 성과를 나타내야 하기 때문에 수행 수준에 대한 진술이 포함되어야 한다. 그러나 이러한 표현의 정확성이 교과, 학년, 단원 등의 모든 수준에서 반드시 필요한 것은 아니다.

명세적 목표는 정확하게 표현되어야 하는 동시에 구문론적으로도 바르게 진술되어야 한다. 즉, 명세적 목표는 문법에 맞게 진술되어야 할 뿐만 아니라 목표의 핵심적인 요소를 포함하고 있어야 한다. 다시 말하지만, 이 핵심적 요소라는 것은 학생이 배워야 하는 내용, 학생들이 배우고 난 후에 보여 주어야 하는 행동, 학생이 통과하기 위해서는 어느 정도 성취해야 하는지를 나타내는 기준이나 숙달 수준, 학습의 특정 조건을 의미한다.[53)]

적절성 모든 명세적 목표가 모든 학생에 의해 성취되어야 하는 것은 아니다. 교육과정 학자들은 다음과 같은 질문을 제기해야 한다. 학생의 요구는 무엇인가? 학생은 어떤 형태의 학습 성과를 성취해야 하는가? 적절성을 결정하기 위해서 교육자는 수업을 받으려는 학생과 교육과정 내에서 전달하려고 하는 내용을 반드시 고려해야 한다. 어떤 명세적 목표는 실행에 옮길 수 없는 학생들의 행동을 요구하기 때문에 적절하지 못하다. 학생 흥미에 영합하지 못하는 명세적 목표는 적절하지 못하다. 일반적 프로그램에 흥미가 있는 학생보다는 특정 과목에 관심이 있는 학생들에게 더 적절한 명세적 목표가 있을 수 있다. 이미 학생이 알고 있는 성과를 목록화해 놓은 명세적 목표도 있을 수 있다. Howell과 Nolet에 의하면 명세적 목표가 얼마나 적절한 것인가는 개인적 기준에 의해 고려되어야 한다.[54)] 이러한 개인적 기준은 특정한 명세적 목표가 학생에게 이익이 되는지에 대한 질문에 대답하는 것이다. 모든 명세적 목표가 모든 학생에게 적절할 수는 없기 때문이다.

논리적 분류 명세적 목표는 수업 단원과 평가가 언제 시행될지를 결정하기 위해 논리적으로 묶여야 한다. 명세적 목표의 진술은 조직적 일관성이 결여되는 경우가 흔히 있다. 많은 경우에 운동연습의 부족이 신체에 미치는 영향과 같은 자아에 대한 일반적 이해와 관련된 명세적 목표는 더 구체적인 목표들과 함께 분류된다. 정보처리 방법에 대한 학생의 이해와 같은 일반적 목표는 '완성된 문장을 쓰는 방법을 안다.' 와 같은 명세적 목표와 함께 분류된다. 명세적 목표는 공통된 맥락이나 아이디어에 따라, '영역' 으로 분류될 필요가 있다.[55)]

정기적인 수정 어떤 명세적 목표도 모든 시대를 대표할 수는 없다. 명세적 목표는 정기적으로 수정이 필요하다. 명세적 목표의 수정은 학생, 사회, 지식 영역, 수업 전략이 변하기 때문에 필요한 것이다. 교육자들은 기존의 프로그램이 여전히 가치가 있는지를 결정하기 위해서 명세적 목표를 자주 분석해야 한다.

일반적으로 명세적 목표는 목적이나 결론이 아닌 교육적 활동이나 학습의 수단으로 유용하다.

명세적 목표는 학생들이 다음 단계의 단원이나 수업의 다음 부분으로 진행하는 데 도움이 되는가의 여부에 의거하여 유용성이 판단된다. 이와 관련하여 권능적인 명세적 목표(enabling objective)는 최근에 나타난 용어다. 우리는 이 개념에 주목할 필요가 있다. 우리가 학생들에게 바라는 대부분의 행동은 학생 자신을 위한 것이 아니기 때문이다. 학생은 단순히 자기 자신만을 위하여 수학 응용 문제를 푸는 것이 아니다. 학생은 이러한 문제가 학교 밖의 생활에 도움이 되기 때문에 수행하는 것이다.

적법성 고려해야 할 마지막 요소는 명세적 목표의 적법성이다. 학교가 가르쳐야 할 것에 대한 많은 부분이 학교 외적인 힘에 의해 결정된다. 어떤 규정은 연방 정부에서 오고, 어떤 요구는 주 정부에서 시달된다. 이러한 규정은 모든 학생들에게 주 역사나 기본 수학과 같은 특정 자료를 가르칠 것을 요구한다. 어떤 규정은 특수교육 학생과 같이 특정 학생 집단의 독특한 요구를 언급한다. 교육자는 명세적 목표가 여러 합법적 기관에 의해 만들어진 법률적 요구와 일치하는지를 확인해야 한다.[56)]

4. 분류학적 수준

교육과정을 결정할 때, 특히 명세적 목표를 결정할 때 교육자들은 인지적 · 정의적 · 심리운동적 영역을 고려해야 한다. 다행스럽게도 교육자가 이용할 수 있는 몇몇 잘 알려진 학습 영역 구분이 존재한다. 이러한 구분은 학습의 여러 형태를 다양한 분류학 속에 조직해 놓은 것이다.

분류학은 물체나 현상을 체계적 순서로 정리하는 구분 틀이다. 교육에서 분류는 다른 형태의 학습과 제안된 학습 성과를 체계적인 순서로 배열하는 것이다. 각 학습 성과는 결과가 제시한 것을 성취하는 데 필요한 기술, 능력, 이해를 포함하고 있다. 그러므로 분류학은 학습을 다양한 형태로 분류할 뿐만 아니라 학습자에 의해 획득되는 내적 능력도 분류한다.[57)]

명세적 목표의 형태를 분류하는 가장 잘 알려진 분류학은 1956년에 Benjamin Bloom에 의해 개발된 분류학이다. 시카고 대학교 학생, 교육자, 교육과정 학자, 수업 설계자는 몇 개의 다른 분류학에 대해서도 계속 연구를 하고 있다. 이러한 몇 개의 새로운 분류학에 대해서도 살펴보겠지만, 먼저 Bloom의 분류학을 자세하게 살펴볼 것이다. 이는 가장 잘 알려져 있기 때문일 뿐만 아니라 교육과정 목표를 어떻게 분류하고 조직할지에 대해 여전히 중요한 영향을 미치고 있기 때문이다.

1) 인지적 영역

교육 목표에 대한 Bloom의 분류학 중 인지적 영역은 인지적 학습을 여섯 개의 중요 부분으로 유목화한다. 각각의 상위 부분은 하위 부분을 포섭한다. 여섯 개 부분은 지식, 이해, 적용, 분석, 종합, 평가다.[58)]

지식 이 수준은 ① 구체적 사실과 용어와 같은 상세적 정보에 대한 지식, ② 규칙, 경향과 계열, 분류, 목록, 기준, 방법과 같은 상세적 정보를 처리하는 방법이나 수단에 대한 지식, ③ 원리, 일반화, 이론, 구조와 같은 보편성과 추상성에 관한 지식 등과 관련된다. 예를 들면, 학생은 아시아에 있는 가장 높은 산맥의 이름을 말할 수 있을 것이다.

이해 이 수준은 ① 번역, ② 해석, ③ 정보의 외사법(extrapolation)을 다루는 명세적 목표를 포함한다. 예를 들면, 기하학적인 개념을 말로 하였을 때 학생은 정확한 기하학적 형태를 그릴 수 있을 것이다.

적용 이 수준은 특정 상황에서 추상적 사고를 사용하는 것과 관련된 명세적 목표를 포함한다. 예를 들면, 학생은 공기 함유량이 콘테이너에 미치는 영향을 예측할 수 있을 것이다.

분석 이 수준은 전체를 부분으로 나누는 것과 관련되며 ① 요소, ② 관계, ③ 조직 원리와 관련된 명세적 목표를 포함한다. 예를 들면, 읽기 자료가 주어졌을 때 학생은 의견과 사실을 구별할 수 있을 것이다.

종합 이 수준은 ① 독특한 의사 전달, ② 조작을 위한 계획, ③ 일련의 추상적 사실의 관련과 같이 부분을 새로운 전체로 묶는 것과 같은 명세적 목표를 포함한다. 예를 들면, 공해에 대한 보고서와 관련하여 학생은 다양한 가설을 검증하는 방법을 제안할 수 있을 것이다.

평가 이 수준은 복잡성의 기준에서 보았을 때 인지적 분류학에서 가장 높은 수준이다. 이 수준의 명세적 목표는 ① 내적 증거 혹은 논리적 일관성, ② 외적 증거 혹은 다른 곳에서 발전된 사실과의 일관성을 판단할 수 있어야 한다. 예를 들면, 학생은 주장 속에 들어 있는 오류를 평가할 수 있을 것이다.

2) 정의적 영역

Krathwohl과 그의 동료는 정의적 영역을 다섯 개의 주요 범주로 구성하는 명세적 목표의 분류학을 제시하였다.[59] 다음은 명세적 목표의 예와 함께 정의적 영역 범주를 목록화한 것이다.

수용 이 수준의 명세적 목표는 자극에 대한 학습자의 민감성을 언급한다. 이 명세적 목표는 ① 인식, ② 자발적 감수, ③ 선택된 주의 집중을 포함한다. 예를 들면, 동양 세계의 다양한 문화를 학습함으로써 학생은 의복, 가구, 건축의 심미적 요소를 인지할 수 있는 능력을 발전시킬 수 있다.

반응 이 수준의 명세적 목표는 ① 순종, ② 자발적 반응, ③ 만족감과 같이 자극에 학습자가 능동적으로 주의 집중하는 것과 관련된다. 예를 들면, 학생들은 연구 프로젝트에 능동적으로 참여함으로써 논의 주제에 흥미를 나타내게 된다.

가치화 이 수준의 명세적 목표는 가치에 대한 학습자의 신념과 태도를 언급한다. 이들 명세적 목표는 ① 수용, ② 선호, ③ 실행의 형태로 나타난다. 예를 들면, 학생은 원자력의 장점 혹은 단점에 대한 견해를 표명할 것이다.

조직화 이 수준의 명세적 목표는 ① 가치의 개념화, ② 가치 체계의 조직 등과 관련된 신념과 가치의 내면화를 가리킨다. 예를 들면, 학생은 자연 자원을 보존하기 위해 자신이 해야 할 것에 관한 판단을 내릴 수 있다.

인격화 이 수준은 분류학 중에서 가장 높은 내면화 수준이다. 이 수준의 명세적 목표는 ① 가치의 일반화, ② 인격이나 인생 철학을 반영하는 행동과 관련된다. 예를 들면, 학생은 윤리적 원리에 근거하여 개인적 및 시민적 생활에 관한 규율을 만들 수 있다.

3) 심리운동적 영역

심리운동적 영역은 인지적 혹은 정의적 영역보다는 덜 강조되어 왔다. 심리운동적 영역을 기술하는 학자 또한 드물었다. Anita J. Harrow는 몇 개의 범주로 심리운동적 분류학을 발전시켰다.[60)]

반사 동작 이 수준의 명세적 목표는 ① 분절 반사(하나의 척추 분절 반사 동작을 포함), ② 분절 간 반사(하나 이상의 척추 분절 반사 동작을 포함)를 포함한다. 예를 들면, 학생은 이러한 활동을 한 후에 근육을 수축시킬 수 있을 것이다.

기초적 동작 이 범주의 명세적 목표는 ① 걷기, ② 달리기, ③ 점프, ④ 밀기, ⑤ 당기기, ⑥ 조작과 관련된 행동을 의미한다. 예를 들면, 학생은 2피트 높이의 장애물을 뛰어넘을 수 있을 것이다.

지각 능력 이 영역의 명세적 목표는 ① 운동 지각, ② 시각, ③ 청각, ④ 촉각, ⑤ 협응 능력과 관련된다. 예를 들면, 학생은 건축용 블록을 모양에 따라 범주화할 수 있을 것이다.

신체 능력 이 수준의 명세적 목표는 ① 지구력, ② 근력, ③ 유연성, ④ 민첩성, ⑤ 반응시간, ⑥ 기민성과 관련된다. 예를 들면, 학생은 학기 말에 적어도 다섯 개의 팔굽혀펴기를 할 수 있을 것이다.

숙련 동작 이 수준의 명세적 목표는 ① 게임, ② 스포츠, ③ 무용, ④ 미술과 관련이 있다. 예를 들면, 학생은 연속적인 공중제비돌기를 정확하게 실행할 수 있을 것이다.

동작적 의사소통 분류학의 마지막 수준의 명세적 목표는 ① 자세, ② 몸짓, ③ 안면 표현, ④ 창의적 동작을 통하여 움직임으로 표현하는 것과 관련된다. 예를 들면, 학생은 자신의 동작을 창안하여 음악에 맞추어 실행할 수 있을 것이다.

이상의 세 가지 분류학 범주는 그 수준이 단순한 것에서 점차 복잡해져 가는 위계로 배열되어 있다. 인지적 영역에서 수준 2에서 6까지의 수준은 다양한 문제 해결 기능과 능력을 내포하고 있다. 각 수준은 전 수준에서의 기술 획득에 의존한다. 예를 들면, 학생이 문제를 분석하기 위해서는 정보를 적용하고 이해하고 특정 수준의 지식을 갖추어야 한다. 학생이 가치의 선호를 나타내기 위해서는 상황에 반응하고 정보를 기꺼이 받아들여야 한다. 즉, 학생은 특정 상황에 민감하여야 한다. 아동이 지각 능력에 숙련되기 위해서는 기초적 동작과 반사 동작에 먼저 숙달되어 있어야 한다.

4) 종합적 분류학

오늘날 교육학자들은 이상의 세 가지 분류학 이외의 것을 연구하고 있다. 다른 분류학이 몇 해 동안 연구되었으나 일반 대중보다는 소수의 교육학자들만이 관심을 보여 왔다. Robert Gagné는 1985년에 수업 설계 분류학을 개발하였다.[61] 분류 목록은 지적 기술(구별, 개념, 규칙), 문제 해결(복잡한 문제를 풀기 위해 개념이나 규칙 묶기), 인지적 전략(자신의 학습과 인지 과정을 조절하는 기술), 언어적 정보(사실 기억, 정보의 군집), 운동 기술(무용, 운동, 연장 사용과 같은 신체 수행 활동), 태도(행동의 특정 과정을 선택하는 감정적 · 인지적 성향)이다. Gagné의 분류학은 인지적, 정의적, 심리운동적 영역을 결합한 것이다.

Bloom, Krathwohl, Harrow, Gagné의 분류학이 유용하기는 하지만, 현재의 연구 결과인 두뇌, 인간 학습, 기술 혁신, 수업 이론, 급진적인 비판적 교육학, 교육과정 이론, 지식 이론, 정치 이론의 관점에서 볼 때 시대에 뒤떨어진 것이라고 볼 수 있다. 1996과 1997년에 David Jonassen과 Martin Tessmer는 인지적 영역 결과와 더불어 초인지, 동기적 학습을 강조하는 분류학을 개발하였다.[62]

그들의 분류학은 구조화된 지식, 정신적 모형, 비구조화된 문제, 추론 기술, 자기 지식, 실행 통제 전략, 동기화로 구분된다.

구조화된 지식 이 범주는 다양성을 반영하는 획득된 지식으로, 개념과 명제의 네트워크로 관련되어 있다. 이것은 지식이 어떻게 구조화되고 지식 요소 간에 어떻게 관련되어 있는가를 나타낸다. 이것은 또한 학습자의 의미망, 즉 개인이 언어를 통해 지식 구조의 요소를 어떻게 연결하는가와 관련된다. 예를 들면, 경제학에서 학생은 부족과 잉여의 개념이 중요하다는 것을 이해한다. 이것을 앎으로써 학생은 부족과 잉여를 나타내는 시장을 이해할 수 있다.

정신적 모형 정신적 모형은 구조화된 지식과 관련된 결과를 언급한다. 이것은 학생들이 특정 상황과 문맥에 대한 지식을 추론하고, 해석하고, 적용할 수 있도록 하는 지식의 깊은 이해를 의미한다. 예를 들면, 시장에 대한 이해를 통해, 학생은 북미에 영향을 미치는 자유무역 문제를 해결할 수 있다.

비구조화된 문제 대부분의 분류학처럼 문제 해결의 적용은 문제가 잘 구조화되어 있고 특정 단계를 정확하게 따라가는 것을 가정한다. 이것은 교과서에는 종종 존재하지만 실제 세계에서는 불가능하다. 실제 세계에 존재하는 문제는 특정 행동의 결과 혹은 해결책이 모호하고 불확실한 것들이어서 학생은 '실제' 문제를 정의하고 해결할 때 비약적으로 사고할 필요가 있다. 예를 들면, 학생은 일어날 것 같은 사건의 잠재적 측면을 기술하고 다양한 관점에서 특정 사건을 관찰할 수 있을 것이다. 학생은 사건의 다양한 측면과 관련된 문제를 풀 수 있는 가능한 전략을 개발할 수 있을 것이다.

추론 기술 이 기술은 가능한 정보를 뛰어넘는 사고를 할 수 있는 기법과 과정을 포함한다. 이러한 기술은 학생이 해석을 공식화하고 추론하고 논쟁을 만들고 유추할 수 있도록 한다. 근본적으로 이 기술을 가진 학생은 새로운 지식을 생성해 낼 수 있다. 예를 들면, 학생은 북미 자유무역협정의 측면에서 자유시장 경제를 공부하고 난 후에 미국 고용협정의 효과에 대한 방어적 예견을 할 수 있을 것이다.

자기 지식 이 지식은 학생의 지적 건강뿐만 아니라 정신적 건강에 매우 중요한 것으로 유일한 선언적 지식이다. 이것은 학생이 자신의 학습 스타일, 학습 장점, 개인적 가치의 근거, 태도, 지식에 대한 개인적 조절을 인식하는 것과 관련된다. 자기 지식은 학생이 자신을 파악하는 것이다. 예를 들면, 학생은 특정 학습 내용이나 과제가 주어졌을 때 자신이 가장 편하게 느끼는 접근 방법을 취할 수 있을 것이다.

수행 통제 전략 이러한 전략은 종종 초인지 전략으로 분류되는데, 학생이 학습 상황이나 과제에 직면하였을 때 적용 가능한 학습활동을 계획하는 것을 의미한다. 특히, 이러한 전략은 과제 난이도를 측정하거나 학습을 위한 목표를 세우고, 학습 과제를 완성할 수 있는 적절한 과정과 학습 과정에 꼭 필요한 자료를 선택하며, 특정 학습 측면과 관련된 사전 지식을 결정하고, 전략의 실행을 비판하며, 생성된 결과를 평가할 수 있는 활동 등을 포함한다. 수행 통제 전략은 학생이 자신의 이해 수준을 비판할 수 있도록 한다. 예를 들면, 학생은 북미 자유무역에 대한 정치적 도전을 받았을 때, 합리적인 정치적 해결책에 도달하기 위한 적절한 과정을 선택할 수 있다.

동기 이 수준의 분류학은 학습하고 행동하기를 원하는 것, 노력을 증진하는 것, 학습활동 중에 인내를 가지는 것과 관련된다. 예를 들면, 학생은 자유무역에 대해 일반화하라는 도전이 주어졌을 때, 과제를 끝낼 수 있는 충분한 에너지를 가지고 도전에 임할 수 있다.[63]

이러한 분류학의 제시는 교육 목표를 개발하고 명세적 목표를 분류하는 데 유용하다. 그러나 교육학자를 어렵게 하는 하나는 인접한 범주 간의 명세적 목표를 분류하는 것이다. 현실에서 지식과 기술을 분명하게 범주화하는 것은 불가능하기 때문이다. 지적 활동이나 사고는 구분이 불분명한 여러 인지적 기능이 합쳐져 있는 것이다. 인지는 심리운동적 영역뿐만 아니라 감정과 함께 존재한다. 학생은 부분이나 조각으로 분리될 수 있는 기계가 아니다. 인간은 다양한 영역과 여전히 알지 못하는 미지의 현상들의 혼합체다. 개인의 윤리적 · 도덕적 · 정신적 측면은 인간이 가지고 있는 가장 복잡한 측면이다. 명세적 목표는 적어도 그러한 측면까지 고려해야 한다.

인간 학습과 행동의 이러한 복잡한 측면을 포함하는 명세적 목표나 중간 지점은 협소한 관점의 명세적 목표보다 교육과정 활동에서 훨씬 강력한 힘을 발휘한다. 교육 목표는 앎, 행함, 감정의 모든 측면을 다룸으로써 학생들이 풍부하고 계몽된 정신을 높이는 경험을 할 수 있도록 해야 한다. 우리는 개인이 그들 자신과 일반 사회에 도움이 되도록 명세적 목표가 표현되고 제안되기를 원한다. 다양한 분류법을 사용할 줄 아는 것은 교육자들이 모든 학생에게 좀 더 효과적으로 교육하는 것을 가능하게 한다.

5. 교육적 목표에 대한 접근 방법

목표보다 좀 더 구체적으로 진술된 명세적 목표는 특정 활동의 의도를 학생, 교사, 일반인에게 알리기 위하여 설계된 것이다. 교육과정 목표에 접근하는 방법은 다양한 관점이 존재한다. 이러한 접근 방법에 대한 정의는 이미 제1장에서 제시한 바 있다.

1) 행동주의적 접근 방법

20세기의 마지막 30년 동안은 행동주의적 접근에 많은 관심을 가진 시기였다. 이러한 명세적 목표는 교육적 대화에서는 새로운 것일지 모르지만, 그 이론적 근거는 새로운 것이 아니다. 이론적 근거는 심리학의 행동주의 학습이론이나 과학의 조작주의 개념(특정 학습이나 인간의 성향에 대한 상황을 조작하고 실체화하고 관찰 가능하게 하는 것)에서 빌려온 것이다. 예를 들면, 당신은 좋은 미술 작품을 감상하고 표현할 수 있다. 그러나 누구도 '감상'이라는 것을 본 적이 없다. 당신이 해야 할 것은 '감상'의 의미를 실체화하고 관찰 가능한 행동 방식으로 나타내는 것이다. 이러한 실체화된 감상의 정의가 내려진다면 당신이 찾는 것이 무엇이고 명세적 목표가 의도하는 바가 무엇인지를 좀 더 잘 나타낼 수 있다는 것이다.

이와 관련하여 B. F. Skinner는 교육과정을 행동주의적 목표에 근거한 것으로 본다.[64] Skinner에 의하면 교사의 역할은 강화를 계열적인 단계에 입각하여 제시함으로써 학생이 종착점인 특정 행위를 하도록 조건화하는 데 있다. 명세적 목표에 대한 이러한 접근법은 교사나 교육과정 개발자들이 강화를 계획하는 방법으로 받아들인다.

행동주의 특성에 대한 높은 수준의 관심은 미국 경영과 교육계에서 짧지 않은 역사를 가지고 있다. 이것은 학생을 활동하는 하나의 생산품으로 보는 교육과정 관점과 밀접하게 관련되어 있다. 교육과정의 이러한 관점은 20세기 초기에 관심을 받았고, 교육학자들은 교육과 과학적 관리를 연결하려고 노력하였다.[65] 이와 같이 계획하고 의도된 것을 정확하게 진술하여 학생이 그것을 행하도록 하기 위한 노력은 현재까지도 계속되고 있다.

Popham과 Baker는 교육과정을 '학교가 책임을 지는 모든 계획된 학습 성과'로 정의하였다.[66] 그들은 교육과정을 목적으로, 수업을 수단으로 보았다. 교육과정과 수업을 목적과 수단으로 분리하여 보는 이러한 관점은 행동주의적 목표에 영향을 미쳤다. Popham은 '측정 가능한 수업 목표는 본인이 생각하기에 오늘날 미국 교육에서 가장 심각하게 부족한 것, 즉 결과에 대한 평가 없이 과정이 우선시되는 것을 중화시키기 위하여 고안되었다.'고 주장하였다. 그는 잠재력을 가지고 있다고 여기는 측정 가능한 명세적 목표를 세 개의 영역으로 목록화하였다. 즉, 교육과정(어떤 목표가 선택되는가), 수업(이러한 목표가 어떻게 실현되는가), 평가(수업의 명세적 목표가 실현되었는지를 결정하는 것)에서 영역을 목록화하였다.[67]

Gagné, Briggs, Wagner도 이와 유사한 점을 지적하였다. 그들은 명세적 목표의 정의를 좀 더 정확하게 하기 위해서는 수업 목적에 대한 의사소통 요구와 수업 평가에 대한 요구의 두 가지 요구가 충족되어야 한다고 주장하였다.[68] 명세

〈표 9-1〉 목적, 목표, 명세적 목표의 개관

교육적 진술	특 징	근 원	예	교육과정 적용
목 적	교육적 행위의 의도나 방향을 제공하는 일반적 진술	국가위원회, 특별 전문위원회, 패널	중등교육의 기본 원리들, 미국 민주주의 교육의 목적, 국가적으로 위기에 처한 교육	교육과정의 전체 방향 확인
목 표	• 목적의 진술 • 목적보다는 좀 더 구체화됨	전문협회, 정부기관, 주 교육부나 학교 지역구	ASCD, 교육의 목표 유지와 측정, PDK, 교육 계획 모델의 국면 III, 교육의 국가적 목표	교육과정의 구체적 내용 영역 확인
명세적 목표	• 일반적이고 구체적인 성과를 나타내는 진술. 행동적 목표는 학생이 학습의 결과로 보여 주어야 하는 구체적 행동 • 비행동적 목표는 알기, 이해하기 등의 좀 더 일반적인 용어를 사용	학교 지역구, 학교, 개인적 집필자	교육 목표의 분류학, Posner, Gronlund, Mager	• 행동적 목표는 교육과정을 좀 더 체계적이고 정확하게 만듦 • 비행동적 목표는 교육과정을 변경할 수 있으며 과목의 통합이 가능함

적 목표를 정확하게 진술하기 위해서는 '인간 수행(인간 행동)의 용어로 명세적 목표를 정의해야 한다.' 고 지적하였다. 명세적 목표가 그렇게 진술될 때, 개인은 과정의 목적을 성취하였는지를 결정하기 위해 '무엇이 관찰되어야 하는지에 대하여 알려 주어야 하는 것' 이다.[69]

명세적 목표에 대한 이러한 접근 방식은 교육과정에서 나오는 모든 중요한 학습과 행동을 파악할 수 있어야 한다는 것을 가정한다. 이 접근 방식을 따르려는 교사는 종종 수백 개의 명세적 목표 목록을 만들어야 한다. 그러나 이 접근 방식의 중요한 한계는 교육으로 파생되는 모든 기본적 행동과 구체적 능력을 그런 방식으로 나열할 수 없다는 것이다. 혹시 할 수 있다고 하더라도 그러한 과정에서 교사는 교육의 방향 설정에서 학생을 제외할 수밖에 없다. 이러한 접근 방식은 특정 수행의 기술이나 훈련과 관련이 있는 교육과정 영역을 정의하는 데 효과적이다. 그러나 내용과 가치에 대한 감상이나 태도를 보여 주기 위한 지침을 제공하는 데는 한계를 가진다.

2) 체제 관리적 접근 방법

관리적 접근 방식과 체제적 접근 방식은 밀접하게 관련되어 있다. 그래서 명세적 목표를 개발하는 데 이 두 가지를 결합한 하나의 접근 방식을 사용한다. 이러한 접근 방식은 교육적 의사 결정에 대한 초기 과학적 운동과 행동주의적 접근에 뿌리를 두고 있다. 학교 관리자나 체제적 접근자들도 조직이론에 의존하고 조직 부서나 조직 단위의 밀접한 관계에 민감하다. Roger Kaufman에 따르면 그들은 목표와 명세적 목표를 확인하고 수행하고 프로그램을 평가하는 수단으로서 문제의 확인과 문제 해결에 의존한다.[70]

문제 확인은 주로 문제의 정확한 성질을 확인하고 이 문제를 해결하기 위한 실현 가능한 방법들을 고려한다. 문제를 구체화하는 것은 명세적 목표가 무엇인지에 대해 확인해 주는 과정이다. 예를 들면, 문제가 부진한 읽기 수행과 관련이 있다면 학생이 효과적으로 읽기 위해서 필요한 행동이 무엇인가를 밝히게 될 것이다. 문제 확인 단계가 특정한 문제를 확인하고 가능성을 생성하고 고려하는 것이라면, 두 번째 중요 단계인 문제 해결은 명세적 목표에 적합한 교수 절차를 선택하고 실제로 결정하는 단계다. 문제 해결 단계는 또한 선택된 이러한 전략이 실제로 수행되었는지와 명세적 목표를 가르치기 위한 전략의 효과성을 평가하는 특정 행동을 언급한다.

체제 관리적 접근자는 임무 분석, 기능 분석, 과제 분석의 다양한 수준의 활동에 참여한다. 임무 분석은 Charter가 그의 고전적 서적에서 언급한 것과 유사한 것으로서, 교육 목적에 대한 윤곽을 그리는 것과 매우 흡사하다. 기능 분석은 Bobbitt이 언급한 활동 수준과 유사한 것으로 일반적 활동과 관련이 있다. 과제 분석은 무엇을 행해야 하는가에 대한 성과와 특정 학습에서 획득해야 할 것이 무엇인지를 나타낸다. 이러한 접근법의 대표적 학자는 Gagné다.

때때로 체제 관리적 접근법은 명세적 목표에 의한 관리라는 미명하에 교육기관에 나타난다.

명세적 목표에 따른 관리(management by objectives: MBO)는 모든 학교 구성원이 목표 획득 수준을 평가하기 위한 성공적인 기준을 결정할 수 있는 기초로서 일반적 목적과 일반적이지 않은 목적을 확인하는 철학적 접근 방식이다. 몇몇 사람들은 이러한 접근 방식을 행동주의적 접근이라고 부른다. MBO는 학교 수행이 논리적이고 효과적인 형태로 수행될 수 있다는 가정에 근거한다. 사람들은 방향, 행동 계획, 행동 수행, 수행 성공에 대한 평가를 확인할 수 있다.[71)]

MBO는 복잡한 과정은 아니지만, 관리적이고 체제적인 자세를 요구한다. 학교는 하나의 체제로 기능할 때, 다양한 특정 수행 기능으로 구분되는 요소로 이루어지며, 모든 요소는 조직의 목적 실현에 고유 방식으로 기여한다. 더 나아가 체제라는 용어는 그 안의 다양한 요소가 상호 의존적이고 규칙적이며 질서와 예측 가능성의 특징을 가지고 있다는 것을 의미한다.

3) 인본주의적 접근 방법

모든 교육자는 교육과정을 만드는 것은 인간을 위한 것임을 인식하고 있다. 인본주의자들에 의하면, 교육과정의 기능은 각 학습자에게 좀 더 완전한 삶과 참된 삶을 살 수 있도록 내적으로 보상되는 경험을 제공하는 것이다. 인본주의자는 교육의 목표를 개인적 성장, 통합, 자율성으로 본다. 목표와 명세적 목표는 교과보다는 개인을 강조한다. 인본주의적 목표에 입각한 교육과정은 개인이 인간다워지고 열정을 가지고 남을 보살피는 것에 대한 인식을 확장해 가는 경험을 포함한다. 이러한 인간적 표현은 나이지리아의 수도를 아는 것이나 일산화탄소의 화학적 공식을 아는 것보다 훨씬 더 중요한 것으로 생각된다.[72)]

인본주의자들은 무엇이 진실이고, 무엇이 인간적인 것이며, 무엇이 선한 것인가라는 질문을 제기한다. 이러한 질문의 과정에서 교육자들은 학생의 개인적 존엄성과 자기 가치를 느낄 수 있는 교육적 목표와 경험을 진술할 수 있다.

자아실현의 개념은 교육의 인본주의적 접근법에서 핵심적인 위치를 차지한다. 인본주의적 접근 방법의 대표적인 학자인 Carl Rogers에 의하면, 이러한 교육과정의 목표와 명세적 목표는 학생 개인이 경험에 대한 개방성을 획득하고 삶을 과정으로 바라보도록 하며 자신의 경험을 신뢰할 수 있도록 하는 것이다. 그리하여 각 학생들이 자신을 좀 더 쓸모 있는 인간으로 느끼도록 한다.[73)]

인본주의 심리학 발전에서 중요한 인물인 Abraham Maslow는 자아실현을 다차원적인 것으로, 삶의 성취와 관련이 있는 것으로, 계속적으로 변화하는 것으로 보았다. 그리하여 교육과정 또한 끊임없이 변화한다. 모든 학습자는 부분적으로는 '자기 자신의 프로젝트'이고, 교육과정을 자신의 요구에 맞추어야 한다.[74)] 인본주의자들이 선호하는 명세적 목표와 목표는 개방성을 주장하고 있으며, 행동주의나 합리적인 용어보다는 인간중심주의적인 용어로 진술된다. 여기에서 중요하게 생각하는 기준은 명세적 목표가 자아실현을 격려해야 하고 경험을 절정으로 끌어올리는 것이어야 한다는 것이다. Maslow에게 이러한 경험은 사랑, 미움, 불안, 의기 소침, 기쁨을 불러일으키는 것이다. Maslow는 공포, 회의, 놀라움의 절정 경험은 학습의 끝도 되고 시작도 된다는 사실을 지적하고 있다.

Philip Phenix는 Maslow의 사고의 일부분을 확대하였다. Phenix는 교육과정은 학문적 지식에 집중하는 것 이상을 다루어야 한다고 주장하였다. 교육과정은 초월성, 즉 경험의 무제한성을 강조해야 한다. 경험의 초월성을 강조할 때 학생은 보다 넓은 관계와 가능성 속에서 모든 사건을 경험할 것이다. Phenix는 희망, 창의성, 자각, 의심과 믿음, 놀라움, 두려움, 외경 등의 어떤 특성은 초월성과 관련이 있다고 하였다.[75] 이러한 측면에 강조를 둘 때 최적의 개인적 발전이 가능해진다.

인본주의의 명세적 목표는 교사들로 하여금 학습자들이 스스로 인간으로 성장하고 학습 과정의 통제력을 획득하며 실존의 복잡성을 이해하도록 하는 기회를 제공한다. 그리하여 이것을 따르는 교사는 명시적이거나 정확한 명세적 목표를 기술하지 않는다. 이들 교사들은 학생들이 가지고 있는 경험에서 '전개되어 나오는' 명세적 목표만을 허용한다. 예를 들면, 인본주의 교육과정을 위한 교육과정 지침서를 보면 다음과 같은 명세적 목표를 발견할 것이다.

① 학생은 자기 주도적으로 학습 과정에 개입할 수 있도록 도움을 받는 경험을 할 것이다.
② 학생은 자신감을 갖게 될 것이다.
③ 학생은 다른 사람을 좀 더 배려할 수 있을 것이다.

이러한 명세적 목표는 학생이 보여 주어야 할 구체적 행동과 수행의 기준을 나타내는 것과는 거리가 멀다. 그러나 이러한 '모호한' 진술이 교육적 성과를 제시하고 있다는 점에서 여전히 명세적 목표라고 할 수 있다.

4) 재개념주의, 급진주의

William Pinar에 따르면 교육과정의 주류적인 사고와 발전에 대하여 반대 입장을 취하는 재개념주의는 그 자체로 하나의 분야가 되었다.[76] 이 책의 저자인 우리는 이러한 결론에 대해 이의를 제기한다. 재개념주의자들의 사고가 현재 교육과정 학자의 사고 속에 많은 부분 반영되고 있지만, 명세적 목표를 기술할 때는 다른 접근 방법이 사용되어 왔다. 대부분의 학교를 위해 개발되는 교육과정과 명세적 목표는 체제 관리적 접근법에 의거하고 있기 때문이다.

재개념주의자가 새로운 주류의 실체가 되었다는 Pinar의 관점을 받아들이는 사람은 그들 자신의 정체성을 급진적 교육과정 학자, 비판적 교육학자, 포스트모던 학자, 후기구조주의 학자, 후기식민주의자, 후기포디스트(post-Fordist) 등의 이름으로 규정한다. 이러한 사람을 어떻게 부르느냐에 대해 의견 일치를 보는 것보다는 그들의 공통된 관점, 관심, 신념, 안건 등을 이해하는 것이 더 중요하다. 이러한 입장의 교육과정 학자들에게는 지금까지 논의된 접근 방법의 옹호자들에 의하여 제기된 관심과 질문은 아무런 의미가 없다. 재개념주의자에 의하면 전통적인 교육과정 진영의 사람들은 이해와 행동을 파악하는 실제적이고 기계적인 양식에 사로잡혀 있다. 더구나 재개념주의자들은 대부분의 교육자들이 국가와 세계의 사회, 정치, 경제 영역에서 현재의 불평등을 유지하기 위하여 명세적 목표와 교육과정을 개발한다고 비판한다.

어떤 측면에서 보면 재개념주의자들은 인본주의자들과 같다. 그러나 급진적 재개념주의자들은 훨씬 더 비판적인 교육관을 가지고 있고, 교육 영역이 정치적, 사회적 성향을 가지고 있는 것으로 간주할 뿐만 아니라 실존주의적, 심미적, 정신적 틀에서 나온다고 보고 있다. 그렇기 때문에 재개념주의자에게 명세적 목표가 존재한다고 하더라도 그것은 잠정적인 것에 불과하다. 재개념주의자는 명세적 목표에 대한 접근 방법조차 가지고 있지 않다. 그들의 주요 관심사는 현행 학교 제도의 정치적 · 사회적 비판을 반영하는 것이다. 그들은 현 시대의 사회적, 정치적 문제를 해결할 수 있도록 학교를 재조직하고 재혁신할 것을 촉구한다.

Henry Giroux는 기존 학교의 명세적 목표를 극복하는 것이 필요하다고 주장하였다. 그는 이러한 주장을 1980년 후반부터 현재까지 하고 있다. Giroux에게는 명세적 목표의 단점이 학교의 단점과 일치한다. 예를 들면, 편협한 초점, 표준화된 행동, 일차원적 수업, 강압적인 요구, 목표를 향한 기계적인 성향 등이다. Giroux에게 교육과정의 기계적인 과정은 표준화, 효율성, 구체화된 결과의 강조인 반면에, 무엇을 하고 있고, 왜 하고 있고, 왜 이 지식을 배워야 하고, 왜 이러한 형태의 교육이 지식을 전달하는 데 사용되어야 하는지에 대한 질문들은 무시하는 것이다. Giroux에 의하면, 행동주의자들은 일반적으로 목적에 대한 질문을 회피하고, 인본주의자는 즉각적으로 교실 환경과 관련된 목적으로만 질문을 제한한다. 또한 그는 인본주의자는 학생이 일상의 경험을 벗어나서 그들에게 주어진 것을 뛰어넘도록 도와주는 일은 외면하고 있다고 주장하였다.[77]

Giroux는 신마르크스주의의 입장에서 교육을 비판한다. 그는 일반 교육과정 학자들은 사회구성체인 지식과 교실에서 전달되는 방식 사이의 관계를 이해하고, 그것을 토론하는 것을 방해하는 것에 대해서는 관심을 가지지 않는다고 비판한다. 교육과정 학자는 교재에 대한 비판적 분석과 정치적 지식의 중요성을 강조하는 명세적 목표를 개발해야 한다. 이러한 연결이 이루어지고 학생들에게 알려진다면 학생은 그들 자신과 다른 사람, 혹은 좀 더 큰 사회의 실체와 연결할 수 있게 된다는 것이다. Giroux는 학생이 정보를 관찰하고, 사실을 선택하고, 현실을 고려하며, 문제를 형성하고, 문제에 대한 해결책을 생성하는 데 여과지로 사용할 수 있는 이론적 틀을 가져야 한다고 주장한다.

Giroux는 포스트모더니즘을 신뢰한다. 그는 교육자와 문화적 비판가들에게 포스트모더니즘의 독특한 시대적 징후에 참여할 것을 요구한다.

교육적 목표는 이러한 관심을 반영해야 한다. Giroux의 관점은 매우 비관적이다. 그는 전 세기와 금세기의 시작은 희망을 감소시키고 사회의 분열을 증가시키며 불확실성이 커진 시기로 보고 있다. 금세기는 소수 문화 출신의 학생뿐만 아니라 주류적인 백인 문화의 특권을 가진 학생에게도 부정적인 영향을 미치고 있다는 것이다.[78)]

David Purpel은 교육과 교육 목표를 Giroux의 관점과 유사하게 보고 있다. Purpel은 '교육은 세계의 정의, 열정, 배려, 사랑과 기쁨을 창조하는 데 참여할 수 있는 인간을 기를 수 있다는 믿음 아래에서 문화적 신화를 창조 · 배양 · 개발할 수 있도록 노력해야 한다.' 고 주장하였다.[79)] 이러한 세계는 학생의 지적 영역뿐만 아니라 사회적 · 정치적 · 경제적 · 영적 영역도 포함한다. 이러한 세계와 관련된 명세적 목표를 분별하는 것은 불가능하다. Purpel은 우리가 존재하는 세계는 총체적이고 상호 의존적인 세계로 이원론과 소외를 거부한다고 주장한다.[80)]

재개념주의자와 비판적 이론가들에 의하면, 이러한 세계의 총체성과 상호 의존성은 교육자들이 학생에게 이런 세계에 대한 통찰력을 이해시키는 데 필요한 과정을 개발하고 북돋을 것을 요구한다. 사실 학습은 학생이 세계, 지식, 사람이 통합되어 있다는 것과 그러한 통합 속에서 상호 의존성을 알지 못한다면 어떤 의미도 가질 수 없다. 이러한 학습 능력을 학생들에게 가르치기 위해서 학습은 교실 수준을 넘어서야 한다고 주장한다. 학생은 특정 교과에서 정의된 교재와 교실 수준을 넘어서야만 한다. 효과적인 교육은 학교를 주류 문화를 만들어 내는 사회 정치적, 사회 경제적, 영적 힘 사이의 관계 속에서 파악된다.

〈표 9-2〉 교육적 목표에 대한 주요 접근법의 개관

접근법	강조점	대표 학자	교육과정의 함의
행동주의	• 기계적-과학적 강조, 구체화에 관심 • 가정: 근본적인 학습을 확인할 수 있음	Bobbitt, Charters, Gagné, Mager, Popham, Tyler	교육과정의 구획, 정의된 범위와 계열, 교육과정 학습의 수렴적 강조
체제 관리주의	• 체제이론, 구조이론, 조직 부서 간의 상호 관련성 • 명세적 목표는 의사결정과 교육과정 수행에서 전체 과정의 부분으로 인식 • 명세적 목표에 의해 관리	Hunkins, Kaufman, Pratt, Saylor	교육과정은 관련된 요소 간의 체제로서 인식
인본주의	인간의 중점: 인간의 성장, 다른 사람에 대한 존경, 학습의 기쁨	Eisner, Maslow, Phenix, Purpel, Rogers	교육과정은 확산적인 것, 학생들에게 자기 방향으로 갈 수 있도록 기회를 제공
재개념주의, 급진주의	• 이론적 비판과 함께 정치적 · 사회적 태도를 취함 • 개인이 완전한 인간이 되기 위해 사회적으로 민감하고 현존하는 권한을 갖는 것을 강조	Apple, Giroux, Pinar, Purpel	교육과정은 자신의 학습을 통제할 수 있는 과정을 배양하는 데에서 시작되었다고 봄

대부분의 재개념주의자와 급진주의자들은 명세적 목표를 개발하는 데 구체적 조언을 하지 않는다. 그러나 그들은 적어도 수업의 구체적 부분을 위해서는 행동적 목표를 사용하고, 수업의 거시적 강조점에는 좀 더 광범위하고 잠정적인 명세적 목표를 사용하는 혼합된 접근법을 취할 수 있다고 주장한다. 그러나 여전히 재개념주의자들의 주요 공격 목적은 교육과정 영역을 비판하는 것이고, 학교의 사회정치적 틀을 재해석하는 것이다.

6. 도 전

교육자들은 명세적 목표에 대한 다양한 접근법과 그로 인한 교육과정에 의해 도전을 받고 있다. 많은 교육학자가 이러한 접근법 중에 어떤 하나를 결정하지 못한다 하더라도, 명세적 목표에 대한 접근법이 존재하고 각각은 학교, 교육, 교육과정, 학생, 교사에 대한 다양한 가정을 만든다는 것을 이해하고 있어야 한다. 명세적 목표에 대해 결정을 내려야 하는 사람은 각각의 접근법에서 각기 다른 측면에 의존할 것이다. 결국 각자가 가지고 있는 가정에 입각하여 명세적 목표를 결정할 것이다.

목표와 명세적 목표를 학습의 결과에 대한 진술로 생각하는 것은 명세적 목표 속에 들어 있는 묵시적 혹은 명시적 능력이 제대로 진술되었는가를 어떻게 결정할 수 있는가라는 쟁점을 불러일으킨다. 행동적 목표는 명확성이 장점이지만 주로 학습의 관찰 가능한 수준에서 진술되기 때문에 교육과정의 사소하고 저급한 수준의 결과만을 언급한다고 비판받는다.

명세적 목표가 중요한 문제를 사소한 것으로 만든다는 점을 지적하면서, Joseph Schwab은 무한한 명세적 목표에 지나치게 의존하는 교육과정 개발자들은 통합적으로 생각해야 할 것을 분리시키는 오류를 범한다고 주장한다. 그는 '그들은 교과뿐만 아니라 교과에 대한 교사의 사고, 교과 전달을 위해 사용되는 수업의 유형, 교과서의 조직, 시험의 분석과 구성 문제까지도 지나치게 세분화하고 있다.'[81]고 비판한다.

많은 교육과정 전문가는 행동적 목표는 고차원적인 과제와 기능에 중점을 두지 않는다고 생각한다. 그러나 다른 교육자들은 정확하고 간결한 명세적 목표를 강조하는 것은 교육과정에 긍정적 혹은 부정적 영향을 미칠 수 있는 의도되지 않은 결과를 무시하게 된다는 데 관심이 있다.[82]

명세적 목표를 개발하는 모든 접근법은 단점을 가지고 있다. 행동주의적 접근법은 너무 구조화되고 사소한 것에 관심을 두는 단점이 있다. 체제 관리적 접근법은 기술적이며 행동주의의 지류로 생각된다. 인본주의의 가장 큰 장점은 동시에 가장 큰 약점이 된다. 인본주의의 명세적 목표는 애매하게 표현되기 때문에 여러 가지로 해석되고 잘못 해석될 여지가 많다.

재개념주의자의 접근은 어떻게 명세적 목표를 기술해야 하는지에 대한 구체적인 안내가 없다는 점에서 비판을 받는다. 이러한 명세적 목표가 교육적 관심보다는 정치적이거나 사회적인 현실

을 지향하고 있다는 데에도 잘못이 있다.[83)]

인본주의적-심미적 접근과 재개념주의는 접근하기가 쉽지 않다. 우리는 언제 도달점, 즉 기대되는 결과를 성취할 것인가? 도달점이 존재의 연속선상에서 다른 도달점으로 이끄는 지점이라고 생각한다고 하더라도, 교육자는 궁극적 목적과 관련하여 적어도 자신이 올바른 길을 가고 있다는 것을 나타내 주는 어떤 증거가 필요하다. 인본주의나 재개념주의를 옹호하는 사람들은 명세적 목표를 표현하는 것뿐만 아니라 교육의 근본적 목적에 대해서도 논쟁하고 있고, 그들의 다양한 철학적 경향으로 인하여 서로 상이한 대답을 하고 있다는 점에서 가까운 미래에 어떤 합의에 도달하게 될 것 같지 않다(교육과정 도움말 9-2 참조).

명세적 목표 개발의 본질, 목적, 의미를 둘러싼 도전은 앞으로도 계속될 것이며, 또 그렇게 되어야 한다. 교육은 삶을 드러내는 역동적 과정이다. 정보화 시대의 삶은 흥미롭고 역동적이며 의외적이고 불확실하다.

7. 결 론

우리는 목적, 목표, 명세적 목표에 관하여 상세히 살펴보았다. 이 장은 목적의 본질에서 논의를 시작하였다. 그리고 우리는 다양한 집단과 위원회에서 개발된 목적을 제시하였다. 목적은 근본적으로 교육적 노력을 안내하면서 방향을 제시하는 것이다. 목적은 특정 시대에 일반적인 사

교육과정 도움말 9-2

현재 상황 평가하기

학교는 학생, 부모, 지역사회 구성원, 정책 입안자 등의 많은 구성원으로 구성된다. 각 집단은 자신이 중요하다고 생각하는 것을 목적, 목표, 명세적 목표, 실제 내용과 교육적 경험 계획 등에 반영하기를 원한다. 다양한 요구에 맞추기 위해 교육과정 결정자는 현 상황을 평가하고 학교 프로그램 전달에 영향을 미치는 요소를 파악하는 것이 필요하다.

① 지역사회의 기본적 특성을 나타내는 큰 그림 찾기
② 학교 프로그램의 전달을 잠재적으로 제한하는 요인 결정하기
③ 지역사회의 저력을 극대화할 수 있는 장점 확인하기
④ 전달해야 할 약점 확인하기
⑤ 구성원이나 지역사회의 묵시적, 명시적 요구 확인하기
⑥ 의사 결정에 참여하는 학교 구성원과 지역사회 구성원의 현실적 수준 결정하기
⑦ 이용 가능한 물리적 시설을 올바르게 이해하기
⑧ 선택된 목적, 목표, 명세적 목표가 필요한 전문적 협의와 행정적 관리의 형태 파악하기

출처: Lawrence Rodes and David Pearlman, "Starting on the Right Foot," *NASSP Bulletin* (October 1989), pp. 76-77.

회적 관심에 대한 반응으로 생성되는 것이다.

목표는 목적보다는 좀 더 구체적인 진술이다. 목표는 교육의 종점이나 결과를 나타낸다. 목표는 전문적인 협회에 의해 창안되는데, 교육자들은 목표를 개발하는 데 좀 더 활동적인 역할을 수행할 수 있다. 목표를 창안하는 것은 계속적인 활동이다.

이 장에서 중요한 부분은 교육의 명세적 목표를 다루는 부분으로 행동적 목표와 비행동적 목표에 많은 부분을 할애하였다. 논의는 주로 명세적 목표의 다양한 형태 속에 들어 있는 공통적 요소를 드러내는 데에 중점을 두었다. 이것은 명세적 목표가 종류보다는 수준에서 더 달라진다는 것을 드러내기 위한 것이다.

명세적 목표의 개발을 안내하는 분류학에 관한 논의를 통해서는 명세적 목표에도 다양한 수준이 있다는 것을 알 수 있었다. 이러한 분류학은 교육자가 명세적 목표를 기술하는 것을 도와준다. 또한 다양한 철학적 접근도 도움이 된다. 우리가 이러한 접근을 제시한 것은 실제로 명세적 목표를 기술할 때 고려해야 할 다양한 관점이 있다는 것을 보여 주기 위한 것이었다.

미주

1) Forrest W. Parkay and Glen Hass, *Curriculum Planning: A Contemporary Approach,* 7th ed. (Boston: Allyn and Bacon, 2000).

2) Jerome Bruner, *The Culture of Education* (Cambridge, Mass.: Harvard University Press, 2001).

3) John I. Goodlad, "Kudzu Rabbits, and School Reform," in *Phi Delta Kappan* (September 2002, Vol. 84, No. 1), pp. 16-23.

4) Bruner, *The Culture of Education.*

5) Thomas Armstrong, *Awakening Genius in the Classroom* (Alexandria, Va.: Association for Supervision and Curriculum Development, 1998).

6) Bruner, *The Culture of Education.*

7) Goodlad, "Kudzu, Rabbits, and School Reform."

8) Bruner, *The Culture of Education.*

9) David E. Tanner, *Assessing Academic Achievement* (Boston, Mass.: Allyn and Bacon, 2001).

10) Bruner, *The Culture of Education.*

11) Ibid.

12) John Dewey, *John Dewey on Education; Selected Writings,* D. Archambault, ed. (New York: Random House, 1964), p. 74.

13) Allan C. Ornstein, "How Do Educators Meet the Needs of Society?" *NASSP Bulletin* (May 1985), pp. 36-47; George J. Posner, *Analyzing the Curriculum* (New York: McGraw-Hill, 1992).

14) Armstrong, *Awakening Genius in the Classroom.*

15) Ralph W. Tyler, "Purposes of Our Schools," *NASSP Bulletin* (May 1968), pp. 1-12.

16) Ronald C. Doll, *Curriculum Improvement: Decision Making and Process,* 9th ed. (Boston: Allyn and Bacon, 1996).

17) Herbert Spencer, *Education: Intellectual, Moral and Physical* (New York: Alden, 1885).

18) Commission on the Reorganization of Secondary Education, *Cardinal Principles of Secondary Education,* Bulletin 35 (Washington, D.C.: U.S. Office of Education, 1918), p. 9.

19) Ibid., pp. 11-16.

20) Educational Policies Commission, *The Purpose of Education in American Democracy* (Washington, D.C.: National Educational Association, 1938), p. 89.

21) Ibid.

22) Educational Policies Commission, *Education for All American Youth* (Washington, D.C.: National Educational Association, 1944), pp. 225-226.

23) Educational Policies Commission, *The Central Purpose*

of American Education (Washington, D.C.: National Educational Association, 1961), p. 11.

24) Commission on Excellence in Education, *A Nation at Risk* (Washington, D.C.: U.S. Government Printing Office, 1983), p. 1.

25) Ibid., pp. 13-14.

26) Ibid., p. 24.

27) Evelyn J. Sowell, *Curriculum: An Integrative Introduction* (Upper Saddle River, N.J.: Merrill, an imprint of Prentice Hall, 1996), p. 20.

28) George J. Posner, *Analyzing the Curriculum* (New York: McGraw-Hill, Inc., 1992).

29) ASCD Committee on Research and Theory, *Measuring and Attaining the Goals of Education* (Alexandria, Va.: Association for Supervision and Curriculum Development, 1980).

30) *Phase III of the Educational Planning Model* (Bloominton, Ind.: Phi Delta Kappa Educational Foundation, 1976).

31) *National Goals for Education* (Washington, D.C: U.S. Department of Education, 1990).

32) Goodlad, "Kudzu, Rabbits, and School Reform."

33) Ibid.

34) Ibid.

35) Peter F. Oliver, *Developing the Curriculum,* 5th ed. (Reading, Mass.: Longman, 2001).

36) Norman E. Gronlund, *Stating Objectives for Classroom Instruction,* 2nd ed. (New York: Macmillan, 1978), cited in Oliver, *Developing the Curriculum.*

37) Ralph W. Tyler, *Basic Principles of Curriculum and Instruction* (Chicago: University of Chicago Press, 1949), cited in Oliver, *Developing the Curriculum.*

38) Tanner, *Assessing Academic Achievement.*

39) Hilda Taba, *Curriculum Development: Theory and Practice* (New York: Harcourt, Brace, 1962).

40) Allan C. Ornstein, *Strategies for Effective Teaching* (New York: Harper and Row, 1990).

41) George J. Posner and Alan N. Rudnitsky, *Course Design,* 2nd ed. (New York: Longman, 1990).

42) Tanner, *Assessing Academic Achievement.*

43) Ibid.

44) Jerrold E. Kemp, Gary R. Morrison and Steven M. Ross, *Designing Effective Instruction* (New York: Merrill, an imprint of Macmillan, 1994), p. 83.

45) Kenneth T. Henson, *Curriculum Planning: Integrating Multiculturalism, Constructivism, and Educational Reform,* 2nd ed. (New York: McGraw-Hill, 2001).

46) Mager, *Preparing Instructional Objectives,* 2nd ed. (Belmont, Calif.: Fearon, 1984).

47) Kemp, Morrison and Ross, *Designing Effective Instruction.*

48) Michael Polanyi, *The Tacit Dimension* (New York: Doubleday, 1966).

49) J. Galen Saylor, William N. Alexander and Arthur J. Lewis, *Curriculum Planning for Better Teaching and Learning* (New York: Holt, Rinehart and Winston, 1981).

50) William E. Doll, Jr., *A Post Modern Perspective on Curriculum* (New York: Teachers College Press, Columbia University, 1993).

51) David Pratt, *Curriculum Planning* (New York: Harcourt, Brace, 1994); Richard D. Kimpston, Howard Y. Williams and William S. Stockton, "Ways of Knowing and the Curriculum," *Educational Forum* (Winter, 1992), pp. 153-172; Allan C. Ornstein, "A Look at Teacher Effectiveness Research," *NASSP Bulletin* (October 1990), pp. 78-88.

52) Mauritz Johnson, "Definitions and Models in Curriculum Theory," *Educational Theory* (April 1967), pp. 127-130; Pratt, *Curriculum Planning.*

53) Kenneth W. Howell and Victor Nolet, *Curriculum Based Evaluation: Teaching and Decision Making,* 3rd ed. (Belmont, Calif.: Wadsworth, 2000).

54) Ibid.

55) Saylor, Alexander and Lewis, *Curriculum Planning for Better Teaching and Learning.*

56) Howell and Nolet, *Curriculum-Based Evaluation: Teaching and Decision Making.*

57) David H. Jonassen, Martin Tessmer and Wallace H. Hannun, *Task Analysis Methods for Instructional Design* (Mahwah, N.J.: Erlbaum, 1999).

58) Benjamin S. Bloom, ed., *Taxonomy of Educational Objectives, Handbook I: Cognitive Domain* (New York: McKay, 1956).

59) David R. Krathwohl, ed., *Taxonomy of Educational Objectives, Handbook II: Affective Domain* (New York: McKay, 1964).
60) Anita J. Harrow, *A Taxonomy of the Psychomotor Domain* (New York: McKay, 1972).
61) Robert Gagn, cited in Jonassen et al., *Task Analysis Methods for Instructional Design.*
62) Jonassen et al., *Task Analysis Methods for Instructional Design.*
63) Ibid.
64) B. F. Skinner, *The Technology of Teaching* (New York: Appleton, 1968).
65) Raymond E. Callahan, *Education and the Cult of Efficiency* (Chicago: University of Chicago Press, 1962).
66) W. James Popham and Eva L. Baker, *Systematic Instruction* (Englewood Cliffs, N.J.: Prentice Hall, 1970), p. 48. Also see Merlin C. Wittrock and Eva L. Baker, *Testing and Cognition* (Boston: Allyn and Bacon, 1991).
67) W. James Popham, "Practical Ways of Improving Curriculum Via Measurable Objectives," *NASSP Bulletin* (May 1971), p. 48. Also see popham, *Modern Educational Measurement,* 2nd ed. (Boston, Mass.: Allyn and Bacon, 1990).
68) Robert M. Gagn, Leslie J. Briggs and Walter Wagner, *Principles of Instructional Design,* 3rd ed. (New York: Holt, Rinehart, 1988).
69) Ibid., p. 56.
70) Roger A. Kaufman, *Educational System Planning* (Englewood Cliffs, N.J.: Prentice Hall, 1972).
71) Robert V. Carlson and Gary Awkerman, *Educational Planning: Concepts, Strategies and Practices* (New York: Longman, 1991); Gerald C. Ubben, *The Principal: Creative Leadership for Effective Schools,* 2nd ed. (Boston, Mass.: Allyn and Bacon, 1992).
72) Gerald G. Duffy, "Let' s free Teachers to Be Inspired," *Phi Delta Kappan* (February 1992), pp. 442-447.
73) Carl R. Rogers, "Toward Becoming a Fully Functioning Person," in Arthur W. Combs, ed., *Perceiving, Behaving, Becoming* (Washington, D.C.: Association for Supervision and Curriculum Development, 1962), pp. 21-33.
74) Abraham H. Maslow, "Some Basic Propositions of a Growth and Self-Actualization Psychology," in Combs, ed., *Perceiving, Behaving, Becoming,* pp. 34-49.
75) Philip H. Phenix, " Transcendednce and the Curriculum," in E. W. Eisner and E. Valance, eds., *Conflicting Conceptions of the Curriculum* (Berkeley, Calif.: McCutchan, 1974), pp. 117-135.
76) William F. Pinar, "Farewell and Celebrate," in William F. Pinar, ed., *Contemporary Curriculum Discourses* (New York: Peter Lang, 1999), pp. xi-xx.
77) Henry A. Giroux, *Teachers as Intellectuals* (Granby, Mass.: Bergin and Garvey, 1988), p. 45.
78) Henry A. Giroux, "Doing Cultural Studies: Youth and the Challenge of Pedagogy," in Pepi Leistyna, Arlie Woodrum and Stephen A. Sherblom, *Breaking Free: The Transformative Power of Critical Pedagogy* (Cambridge, Mass.: Harvard Educational Review, 1999).
79) David Purpel, *The Moral and Spiritual Crisis in Education* (New York: Bergin and Garvey, 1989), p. 150.
80) David E. Purpel, *Moral Outrage in Education* (New York: Peter Lang, 1999).
81) Joseph Schwab, "The Practical Four: Something for Curriculum Professors to Do," *Curriculum Inquiry* (Fall 1983), pp. 239-266.
82) Bruce W. Tuckman, *Educational Psychology: From Theory to Application* (San Diego: Harcourt Brace Jovanovich, 1992); Wittrock and Baker, *Testing and Cognition.*
83) James T. Sears and J. Dan Marshal, eds., *Teaching and Thinking About Curriculum* (New York: Teachers College Press, Columbia University, 1990).

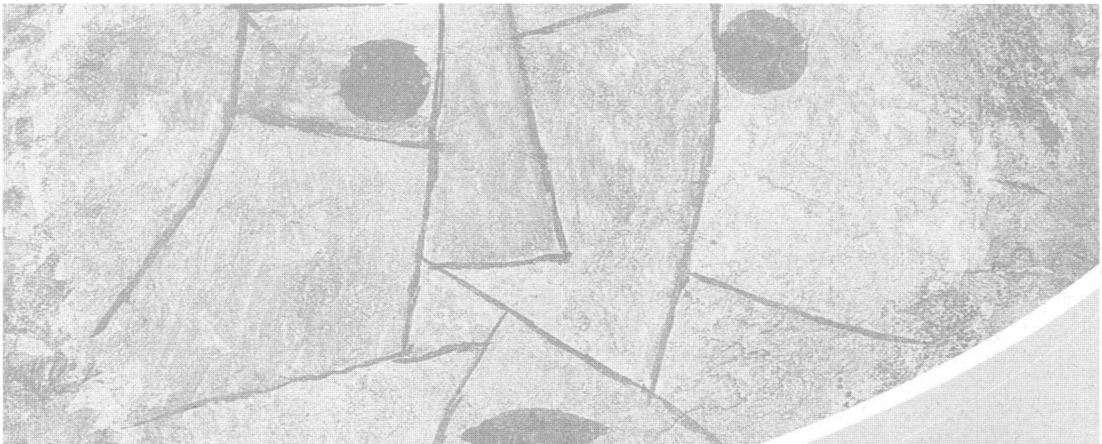

제10장

교육과정 실행

핵심 질문

1. 교육과정 실행이 재구조화 활동으로 생각되는 이유는 무엇인가?
2. 교육과정 계획은 실행과 어떻게 관련되는가?
3. 의사소통은 실행 활동에서 어떤 역할을 하는가?
4. 변화라는 개념은 교육과정 실행에 어느 정도 부합되는가?
5. 다양한 교육과정 실행 모형 속에 들어 있는 공통된 단계는 무엇인가?
6. 사람은 왜 변화에 저항하는 경향이 있는가?
7. 우리는 변화에 대한 사람의 수용 가능성을 어떻게 개선할 수 있는가?
8. 실행 과정에 영향을 미치는 요인은 무엇인가?
9. 교육의 변화 과정에서 사람은 어떤 역할을 수행할 수 있는가?

아무리 적절하고 가치 있는 교육과정이 개발된다고 하더라도 그것이 실행되지 않고 서가에 꽂혀 있기만 한다면 전혀 쓸모없는 것이 될 것이다. 학생을 위하여 가장 최선의 교육과정이 설계된다면 그것은 반드시 전달되어야 한다. 학생의 학습에 영향을 미치기 위해서 그것은 학교교육을 통하여 반드시 실행되어야 한다. 계획되고 개발된 많은 교육과정이 학교 전체에 걸친 보급 계획의 부족으로 말미암아 실행되지 않는 경우가 많으며, 새롭고 혁신적인 프로그램이 교실 문 바로 앞에서 사장되는 경우가 많다.

새로운 교육과정이 실행되지 않는 하나의 이유는 실행 문제가 교육과정 개발에서 중요시되지 않기 때문이다. 학교의 구성원은 일단 새로운 계획을 세우고 새로운 자료를 구입하며 학교의 변화와 재구조화에 대한 많은 토론이 이루어지면 그것으로 교육과정에 대한 노력이 완전하다고 믿는다. 사실상 이러한 토론에서 교육과정 자체에 대한 논의는 제외되는 경우가 많다. 즉, 교육과정의 변화보다는 교육과정의 조직과 경영의 문제에 대한 논의에 주로 관심을 기울인다. 교육과정을 책임지고 있는 많은 사람은 교육과정에 대한 거시적 관점을 가지지 못하며 교육 혁신은 매우 주의 깊은 계획과 모니터링이 필요하다는 사실을 깨닫지 못하고 있다. 사람들은 교육과정 실행을 '예' 아니면 '아니요'의 문제로 생각하는 경우가 많다. 즉, 그것은 새로운 프로그램을 실행하느냐 안 하느냐의 문제라는 것이다.

성공적인 실행은 새로움을 수반하는 과정이어야 한다. 실행은 그것에 참여하는 사람들을 창의적이 되도록 고무시켜야 한다. 실행이 어떻게 이루어지는가는 교육과정과 교육과정 개발에 대한 사람들의 접근 방식에 따라 달라진다. 기술적 진영에 있는 사람은 어떤 교육과정 설계든 성공적인 실행은 개발 과정의 초기 단계에서 얼마나 각 단계를 정확하게 기술해 놓았느냐에 달린 문제라고 생각한다. 비기술적이며 포스트모던적인 입장을 취하는 사람들은 실행은 매우 불확실하고 예측 불가능한 것이라고 생각한다. 이러한 사람들은 실행을 기계적인 합리성과 관련시키는 것에 반대한다. 어떤 사람들은 실행보다 덜 비기술적인 용어인 '상연(enactment)'이라는 용어를 사용하기도 한다. 교육과정 상연은 교육과정 실행보다 덜 복잡한 과정이라고 생각한다. 왜냐하면 상연된 교육과정은 학교와 교실 맥락에서 창조되는 것이기 때문이다.[1]

이 책의 저자인 우리는 교육과정 용어 목록에 '상연' 이라는 용어를 추가할 필요는 없다고 생각한다. 실행은 기술적인 것에서 유연하고 심미적인 것, 즉 비기술적인 것으로의 연속선을 가리키는 것으로 생각할 수 있다. 무엇보다 중요한 것은 실행은 교육과정 활동에서 간과할 수 없는 중요한 요소라는 점이다. 이 실행 단계는 단지 교육과정 관련자들만을 위한 워크숍만이 아닌 다양한 집단에 의한 활동을 포함한다. 실행은 개인의 지식, 행위, 태도의 변화를 꾀한다. 실행은 프로그램을 창안한 사람들과 그것을 전달할 책임이 있는 사람 간의 상호 작용 과정이다.

1. 교육과정 실행의 성격

수년 전 Leslie Bishop은 교육과정 실행은 재구조화와 재배치의 과정이라고 말하였다. 그의 진술은 현재에도 여전히 유효하다. 교육과정 실행은 개인적 습관, 행동 방식, 프로그램의 강조점, 학습 공간, 현존하는 교과과정과 시간 계획 등에 대한 조정을 필요로 한다. 실행은 현재의 프로그램에서 새로운 프로그램으로 이동하는 것, 말하자면 큰 저항에 부딪힐 수도 있는 수정의 과정을 의미한다. 교육과정 지도자가 교사나 행정가의 행위를 얼마나 수월하게 변화시킬 수 있는가는 초기의 교육과정 계획이 얼마나 잘 이루어져 있는가, 교육과정 개발의 각 단계가 해당 시점까지 얼마나 정밀하게 달성되어 왔는가에 달려 있다.[2)]

실행이 교육과정 개발의 본질적 측면의 하나라는 점은 몇몇 경험 있는 교육과정 지도자들에 의하여 인식되고 있었지만, 실행이 중요한 교육적 관심을 끌기 시작한 것은 불과 20세기 초반의 일이다. 그러한 관심이 일어난 이유는 많은 비용이 교육과정 프로젝트, 특히 읽기나 수학 교육과정 개발에 투입되었는데도 성공하지 못하였다는 데에서 찾을 수 있다. 오늘날 몇몇 교육 비평가는 새로운 교육과정 중에는 모든 학생에게 성공적이지 않은 것이 많이 존재한다는 점을 지적하고 있다.

혁신적인 교육과정이 성공적으로 실행되지 않는 데에는 여러 가지 이유가 있다. 아마도 그 주요한 이유는 Seymour Sarason이 언급한 다음과 같은 이유에서다. 즉, 많은 교육개혁은 사람들의 노력이 미흡하거나 학교 문화에 대한 이해가 왜곡되기 때문에 실패한다.[3)] 많은 혁신적인 프로그램은 학교 문화를 모르는 학교 외부의 전문가에 의해 설계된다. 그러나 학교 문화에 대한 무지는 학교 교육자들 사이에서도 나타난다. 교육자가 신속한 해결을 원하는 입법자나 대중의 구미에 맞는 결과를 성급하게 마련하려고 하기 때문에 새로운 혁신은 실행되기 어렵다.

Sarason은 교육과정 실행에 있어서 기본적으로 두 가지 사항을 이해할 필요가 있음을 언급하였다. 첫째는 조직 변화의 이론과 지식의 이론, 그리고 아이디어를 실제 맥락 속에 어떻게 적용할 것인가와 관련된 이론적 이해다. 둘째는 특정 사회-제도적 맥락의 변화와 관련한 이해다. 혁신적인 교육과정을 성공적으로 실행하는 사람은 새로운 교육과정이 도입되는 맥락의 본질을 이해한다. 이들은 조직 구조, 종교적 전통, 권력 관계, 구성원이 자기 자신과 자신의 역할을 어떻게 정의하는지 등을 이해한다. 노련한 실행자는 이러한 모든 요인이 지속적이고 생성적인 역동적 과정 속에 존재한다는 것을 알고 있다.

사회·제도적 상황에 대한 관점은 교육을 기술적인 것으로 보는가, 비기술적인 것으로 보는가에 따라 달라진다. 어떤 사람은 교육과정 실행은 구체적으로 기술될 수 있다고 생각하지만, 어떤 사람들은 그것은 유동적이고 생성적인 과정이기 때문에 이해되고 조작되기보다는 평가되고 격려되어야 한다고 생각한다.

교육과정 실행을 논의할 때 우리는 특정 단계 혹은 여러 단계에 필요한 다양한 가정을 고려해야만 한다. 우리는 교육과정 실행을 단순히 교육과정 계획 혹은 개발의 한 단계, 즉 다른 단계보다는 상대적으로 쉽게 진행되지만 시간이 지남에 따라 예기치 않은 복잡한 것들이 수반되는 단계로 생각할 수 있다. 어떤 입장에 있든 우리는 기술적 입장과 비기술적 입장과의 조화를 이루도록 해야 하며, 실행이 잘 이루어지도록 하기 위해서는 교육과정 게임 속에서 각 선수들이 어떤 역할을 해야 하는지를 제시할 수 있어야 한다. 즉, 우리는 '큰 그림'을 가지고 있어야 한다.[4] 교육과정 개발자들, 행정가들, 교사들, 관리자들은 혁신의 목표, 의도, 본질, 실제적이고 잠재적인 이득을 명료화해야 한다. 비록, 구체적인 목표를 진술하기 어렵다 할지라도, 우리는 최소한 혁신의 의도에 대해서는 합의할 수 있어야 한다. Fullan과 Pomfret은 다음과 같이 말한다.

> 혁신의 효율적 실행은 시간, 인간적 상호 작용과 접촉, 현직 연수, 그리고 다른 형태의 인간에 근거를 둔 지원을 필요로 한다. 한 연구에 의하면 오래된 역할이 아닌 새로운 역할을 학습하는 어려운 과정이 제대로 이루어지도록 하기 위해서는 교육과정 실행 담당자들 사이, 실행자와 계획자/자문가 사이의 인간적 접촉만큼 중요한 것은 없다.[5]

교육과정 실행은 시간이 요구된다. 왜냐하면 교육과정 활동의 단계에서 우리는 사람들을 설득하고 그들이 자신의 방식을 변화시키도록 태도에 영향을 미쳐야 하기 때문이다. 사람들을 설득하기 위해서는 새로운 교육과정을 실행 혹은 상연하고자 하는 노력이 어떤 인정 혹은 이익을 가져다주는지를 그들에게 확신시켜야 한다. 우리는 가치 있다고 생각하는 것을 실행한다. 교사가 하고 있는 것을 가치 있게 생각하지 않는 사람이 있는가 하면, 교사들이 새로운 교육과정을 실행하는 혁명가가 되는 데에 충분한 보상이 주어지지 않는다고 말하는 사람도 있다. 그러므로 우리는 가치 있다고 생각하는 것을 실행하여야 한다.

교사들이나 다른 전문가에게 그들의 추가 노력에 대한 금전적 보상을 반드시 제공할 필요는 없다. 교육과정 변화나 실행의 동기를 순전히 금전적인 면에서 찾는 것은 새로운 것에 대한 최소한의 노력만을 보장할 뿐이다. 새로운 교육과정을 제도화하기 위해서는 내적 동기가 필요하다. 외적 동기에 너무 많이 의존하는 것은 사실상 강요나 마찬가지다. 사람들은 새로운 프로그램을 기꺼이 받아들일 때, 그것에 참여하는 것에 좋은 느낌을 가지게 될 때, 그리고 자신들이 학생의 교육의 질을 높이는 데에 기여하고 있다고 생각할 때 비로소 최선을 다한다.

1) 계획과 실행의 관계

교육과정의 성공적 실행은 세심한 계획의 결과로 생긴다. 계획 과정은 의도한 행위를 수행하는 데 필요한 요구와 자원을 제시한다. 계획 과정은 계획적인 행위를 조정하는 정책을 관리하는 방법을 설정하고 결정하는 것과 관련된다. 계획은 프로그램의 설계와 실행보다 먼저 이루어진다.

Matthew Miles와 Karen Louis는 계획을 시작하기 위해서는 비전 구상이 있어야 한다고 말한다. 그들의 연구에 의하면 학교 프로그램을 개선하고 변화된 교육과정을 실행하는 데에서 성공을 거둔 학교에는 반드시 학교의 이상적 모습에 대한 열정을 품고 있는 교육자들이 있다. 교사는 새로운 프로그램의 실행을 위임받고 혁신에 대한 열정을 불사른다. 새로운 프로그램을 실행하는 것은 비전을 실제로 바꾸고 비전을 실제 눈에 보이는 형태로 바꾸는 것을 의미한다.[6] 이상적으로 교육과정 지도자는 교육과정 개발의 시작부터 교육자가 그러한 태도를 가지도록 하는 방안을 제공해 왔다.

1990년대에 '비전'이라는 용어는 경영학 용어가 되었다. 이전에 경영자들은 비전이 아닌 목표를 논의하였지만 1990년대에 이르러 비전은 관심의 대상이 되었다. 비전은 훨씬 더 강력한 용어다. 그것은 이미지와 형상을 암시하기 때문이다. 그것은 역동적인 미래를 제안한다. 비전은 인간의 창의적인 차원을 끌어낸다. 교육과정은 상연되기 위하여 만들어지는 연극과도 같은 것이다. Collin Marsh와 George Willis는 교육과정을 상연되는 연극에 비유한다.[7]

교육과정에 대한 우리의 입장이 어떤 것이든 교육과정 실행 혹은 상연은 계획을 요구하며, 계획은 사람, 프로그램, 과정이라는 세 가지 요인에 초점을 둔다는 것을 부정해서는 안 된다. 이 세 요인은 분리될 수 없는 것이지만, 세 가지 중에서 어느 하나에 초점을 맞추는 것이 때로는 실행을 촉진시킬 수도 있다. 어떤 사람은 주요한 변화의 실행을 촉진하기 위해 사람을 주로 다루어야 한다고 생각한다. 사람이 변화하면 결과적으로 프로그램과 과정은 저절로 변한다는 것이다. 어떤 사람은 프로그램에 초점을 두어야 한다고 생각한다. 사람에게 학교 프로그램의 목표를 충족시키는 다양한 방법을 제공한다면 그들은 거기에 적응하게 된다는 것이다. 학교의 조직적인 과정이 중심이 되어야 한다고 생각하는 사람도 여전히 많이 있다. 여러 부문이 재조직되고 공간이 재구조화되면 사람은 성공적인 실행에 필요한 방향으로 적응한다는 것이다.

어떤 교육과정 지도자는 하나의 요인을 다른 요인보다 더 강조하기를 원하지만, 숙련된 교육과정 지도자는 그중 어느 하나도 전적으로 무시하지 않는다. 단지 프로그램 혹은 과정을 수정하기 위해 인간 요인을 무시하고 모든 시간과 재정을 프로그램이나 조직을 수정하는 데 낭비함으로써 프로그램의 실행에 실패한 많은 교육구가 있다. 많은 교육과정 프로젝트가 실패하는 하나의 이유는 교육과정 개혁자, 특히 대학의 학자들이 프로그램을 변경하는 데에만 에너지의 대부분을 소모하고, 교사들의 요구나 학교 조직에는 거의 관심을 가지지 않는다는 데 있다.[8)]

2) 점진적 변화

사람들은 변화를 원한다. 그러나 그들은 변화가 너무 빨리 온다거나 그 변화에 대한 통제 또는 영향력을 거의 행사할 수 없다고 생각할 때 변화를 두려워한다. 사람은 현상 유지에 익숙해져 있으며, 변화하더라도 조금씩 점진적인 단계로 수정하는 것을 선호한다. 사람이 변화에 대해 이야기 하거나 변화를 환영한다고 말할 때, 그들은 대부분 자신이 아닌 조직 내의 다른 사람들이 먼저 변화하기를 바란다.

교직 세계는 변화에 대한 수용력이 약한 세계다. Fullan과 Goodlad는 교사의 일상생활에는 동료와의 상호 작용 기회가 거의 없다고 기술하고 있다. 이러한 고립화는 담임 전담제의 학급 조직과 수업 시간표 때문에 생긴 결과다.[9)] Seymour Sarason도 학교 조직에서 나타나는 교사의 고립화가 변화에 어떻게 부정적으로 영향을 주느냐에 관하여 언급하였다. 그에 의하면 학교의 현실은 교사가 자신들을 전문적으로 독립적이라고 느끼도록 만든다. 교사의 문제를 해결하는 것은 교사 자신의 책임이며, 교사는 그러한 문제를 해결할 수 있다는 것이다.[10)] 이러한 인식은 교사가 프로그램의 변화 문제도 개인적인 문제로 생각하도록 만든다. 자신의 투쟁을 외로운 싸움으로 생각하는 교사는 심리적 고독감을 느낀다. 이 때문에 그들은 행정가나 외부 개혁가는 자신의 처지에 둔감하다고 생각하고 그들을 적대시한다.

Sarason은 교육과정 개정을 포함한 교육개혁에 대한 처방으로서 '우리가 지금까지 해 왔던 것, 우리가 하고 있어야만 하는 것, 그리고 더 잘하게 되는 것' 을 제시한다.[11)] 만일, 교사가 과거와 동일한 방식으로 교육과정 실행에 관여한다면 학교의 성격 자체를 바꿀 수 있는 새로운 교육과정이 개발되거나 실행될 가능성은 거의 없다. 교육과정을 계획된 문서로서의 교육과정이 아닌 삶의 경험으로서의 교육과정으로 받아들이는 맥락 또는 체제는 전면적인 변화를 요구한다. 공간과 시간에 대한 전통적인 운영 체제 속에서 교육과정의 '새로운 게임' 을 가동하는 것은 너무나 어려운 일이다.

새로운 교육과정을 실행하는 데에서 주요한 문제는 일반 대중이 학교와 일상생활의 환경을 동일한 것으로 생각하도록 하는 일이다. '학교는 그 자체로 학교일 뿐이다.' [12)]라는 생각은 일반 개인과 교육자가 교육과정 실행의 수단은 어느 학교나 일반적으로 동일하다고 생각하도록 만든다. 특정 학교에 맞는 특정 실행 절차가 있다고 생각하지 않는다. 그러나 몇몇 교육자는 각 학교는 고유한 문화를 가지고 있다고 주장한다. 즉, 각 학교는 고유한 문화를 가진 정치적 · 사회적 · 교육적 기관이라는 것이다.[13] 중요한 것은 이러한 학교의 하위 문화는 학교가 위치하는 공동체의 일반 문화와 배치되는 것이 아니라는 것이다. 학교의 외부에서 들어오는 새로운 교육과정에 대한 요구는 종종 문화 충돌을 일으킨다. 이러한 충돌은 종종 혁신에 대한 교사의 저항으로 해석되기도 한다.

학교의 교육 환경을 전면적으로 수정할 필요가 있다는 것을 말하기는 쉽다. 실제로 새로운 교육적 환경에 대한 사람들의 의식을 변화시키는 것은 또 다른 문제다. 교육자에게 그러한 개념의 변화를 교육하는 것은 어렵다. 일반 대중에게 그렇게 하는 것은 더욱 그러하다. 일반 대중은 학교는 무엇이며, 그것은 무엇을 닮아야 하며, 학교 환경에서 교육과정이 어떻게 기능해야 하는지에 관한 매우 고착되고 경직된 개념을 가지고 있다. 이러한 경직된 개념은 교육 환경에 대한 다른 이미지를 구체화하는 것을 매우 어렵게 한다.[14]

학교 환경 및 학교 교육과정에 관한 경직된 개념은 기존의 교사의 역할과 새로운 교육과정과 관련된 교사의 역할에도 영향을 미친다. 그리하여 일반 대중과 몇몇 교육 전문가조차도 학교를 위한 새로운 목적을 받아들이기는 하지만, 아무리 무기력해진 기존의 수업 전략일지라도 그대로 고수하기를 원한다. 가장 도전적인 과제는 이러한 교육자들에게 어떻게 교육과정을 개발하는 새로운 방법과 고유한 학교 문화 내에서 가르칠 수 있는 새로운 방법을 생각하게 만들 수 있는가 하는 것이다. 우리는 교사가 새로운 역할을 기꺼이 채택할 수 있도록 동기를 유발시켜야 하며, 새로운 교육과정이 실행되거나 상연되도록 해야 한다. 우리는 교사들이 스스로를 새로운 교육 프로그램의 극작가, 제작자, 배우로 생각하도록 격려해야 한다. 그리고 그러한 새로운 교사의 역할에 대한 일반 대중의 인정과 지원을 얻을 수 있는 방법을 고안하여야 한다.

우리는 어떻게 그것을 달성할 수 있는가? 우리는 이 문제에 대한 통찰을 끌어낼 수 있는 문헌들을 가지고 있다. 성인기 동안의 성숙에 관한 조사에서 우리는 성인의 행동 변화를 안내할 수 있는 몇 가지 원리를 끌어낼 수 있다. 이러한 원리로는 다중적 관점의 제시, 관점의 통합에 필요한 시간의 제공, 학습을 자율적인 것으로 만드는 지원적 환경의 조성 등이 있다.[15] 이들 원리를 활용하는 교육과정 실행자는 경험적 학습을 허용하는 교사들의 적극적인 참여를 촉진하고, 개방심과 신뢰감을 조장하는 환경의 창출을 조장하며, 참여자들이 자신들의 기여가 평가받을 만하고 또 자신들의 재능도 가치 있는 것으로 고려된다는 것을 인식하도록 피드백을 준다.

교사는 새로운 프로그램을 시행해 볼 시간을 필요로 한다. 교사는 새로운 목적과 목표에 대하여 숙고하고, 새로운 내용과 학습 경험을 고려해 보며, 새로운 과제를 사용해 볼 시간이 필요하다.

교사는 학교의 사명과 관련하여 새로운 프로그램을 숙고하는 시간이 필요하다. 어떤 새로운 프로그램이 성공적으로 실행되기 위해서는 그 프로그램이 학교의 사명과 관련하여 의미를 가져야만 한다. 이러한 조화는 혼란의 시대에 특히 중요하다. '변화가 학교의 중심 사명과 관련될

수록 그 변화의 생명은 더욱 길어지고 그 사이에는 주도권 다툼이 일어나지 않는다.' [16)]

실행은 모든 교사에게 동시에 일어나지 않는다. 이상적으로 실행의 과정 자체가 새로운 교육과정을 실행하고자 하는 교사에게 충분한 시간을 허용해야 한다. Loucks와 Lieberman은 교사가 새로운 교육과정을 여러 수준으로 활용한다는 사실을 발견하였다. 먼저, 교사는 새로운 교육과정을 위한 자료를 준비하는 것부터 시작한다. 새로운 교육과정을 처음 사용할 때 그들은 기계적으로 한다. 교사는 지침서를 거의 그대로 따른다. 입안은 주로 매일 이루어진다. 교사의 교육과정 전달은 기존의 방식대로 이루어지며 교육과정상의 변화를 만드는 데 주도적이지 않다. 그러다가 새로운 교육과정에 익숙해짐에 따라 교사는 교육과정을 자신의 교육철학이나 학생의 요구에 맞게 수정하기 시작한다.[17)]

3) 의사소통

하나의 새로운 프로그램이 설계될 때는 그 프로그램이 하나의 충격으로 보이지 않기 위하여 언제나 의사소통의 통로가 열려 있어야 한다. 교사들, 교장들, 교육과정 연구자들 간의 새로운 프로그램에 관한 빈번한 논의는 성공적인 실행의 열쇠가 된다.[18)]

그러나 의사소통은 하나의 복잡한 현상이다. 의사소통은 한 개인 혹은 집단에서 다른 개인 혹은 집단에게 사실, 아이디어, 가치, 감정, 태도를 전달하는 것으로 정의된다. 간단하게 말하면, 의사소통은 메시지의 송신자와 수신자 간에 메시지의 처리를 다루는 일이다. 수신자는 그 메시지를 수용할 수도 있고 그렇지 않을 수도 있다. 의사소통은 일방 통신이 아니다. 그것은 양방향 통신이다.

의사소통이 메시지의 송신과 수신을 다루는 것이라는 것을 아는 것만으로는 의사소통의 효과성, 정확성, 높은 질을 보장할 수 없다. 의사소통 통로가 종합적인 것이며 메시지 송신 통로가 적절하다는 것을 보장하기 위해서 교육과정 전문가는 학교 혹은 학교 체제 내의 공식적이고 비공식적인 의사소통 채널을 이해하고 있어야 한다. 공식적인 의사소통 채널은 조직 수준의 정돈된 배열을 따른다. 의사소통은 동료 사이에 수직적으로(위로 혹은 아래로) 이루지기도 하고 측면으로(수평적으로) 이루어지기도 한다.

수평적 의사소통은 훨씬 더 많이 보급되고 있다. 동료 간의 수평적 네트워크는 재구조화의 노력을 시도하는 여러 학교에서 많이 장려된다. 의사소통은 그들 스스로 동등하다고 생각하고, 어떤 변화 혹은 교육과정 실행에 동등하게 관여하고 있다고 생각하는 사람 사이에서 훨씬 더 쉽게 이루어진다. 조직 내의 공동 작업에 대한 관심도 더 많아진다. 교과를 결합하거나 교육과정의 주요 부분을 통합하는 것과 관련된 여러 교육과정 활동도 효율적인 수평적 의사소통을 필요로 한다.

비록, 수평적 의사소통을 위한 공식적인 방침이 학교에 존재할지라도, 많은 수평적 메시지 송신과 수신은 비공식적으로 일어난다. 이상적으로 효율적인 교육과정 지도자는 정보 의사소통의 다양한 채널을 허용한다. 비공식적인 의사소통 네트워크는 교사의 행위에 의하여 주로 생성된다.

의사소통이 공식적이든 비공식적이든, 수직적이든 수평적이든, 메시지는 말로 전달되거나 문서로 전달된다. 새로운 프로그램에 관한 정보는 편지, 메모, 논문, 책, 회보, 연구 보고서, 연설과 같은 수단에 의해 전달된다. 우리는 의사소통을 위해 사용할 수단을 얼마든지 생각해 낼 수 있다. 팩스나 전자메일을 사용하여 시간을 절약할 수 있다. 화상 비디오는 서로 만날 시간이 없는 사람에게 만남의 장소를 제공한다.

면대면으로 이루어지는 의사소통은 여전히 중요하다. 그것은 어떤 다른 방식의 의사소통보다 효과적이다. 왜냐하면 그것은 메시지 수신자가 질문을 제기하고 적절한 피드백을 제공하도록 허용하기 때문이다. 또한 직접 만나면 추가로 비언어적인 여러 정보를 얻을 수 있다. 예컨대, 상대방 말의 고저, 신체적 움직임, 얼굴 표정에서 많은 것을 얻을 수 있다. 새로운 프로그램을 논의하기 위해 사람들이 직접 모였다는 사실 자체가 그 새로운 프로그램이 중요하다는 것을 증명해 주기도 한다. 또한 구성원 사이의 피드백과 정보 교환이 새로운 프로그램의 성공에 중요하며, 개인과 전문가로서 사람들이 중요하다는 메시지를 전달한다.

4) 지 원

교육과정 설계자는 권장된 프로그램의 신속한 실행을 위하여 프로그램 자체와 그것의 수정에 대한 지원을 제공할 필요가 있다. 교육과정 설계자는 프로그램과 관련된 사람들에게 자신감을 심어 주기 위하여 지원을 아끼지 말아야 한다. 교육자는 새로운 프로그램에 익숙해지기 위한 현직 연수나 전문성 개발의 시간이 필요하다.

몇몇 독자는 교사에게 현직 연수 혹은 전문성 개발 시간이 필요하다는 말을 의아하게 생각할 수도 있다. 그러나 많은 교사는 교육과정이 무엇이며, 그것이 어떻게 창안되는지에 관한 깊은 이해가 부족하다. 이러한 교육과정 이해 능력의 부족은 많은 교육 행정가에게도 마찬가지다.[19] 이 이해의 부족에는 여러 가지 이유가 있다. 그 하나는 교사가 교사 교육 프로그램에서 여러 가지 교과 영역과 관련된 강좌를 듣는 데 있다. 이러한 강좌는 주로 수업 방법에 초점이 맞춰져 있다. 그것은 오직 가르치는 방법에 관한 것이다. 이러한 강좌들은 교사들로 하여금 교육과정은 교사에게 이미 주어져 있는 것이라고 생각하도록 만든다. 교사의 유일한 책무성은 그러한 정해진 교육과정을 가르치는 것으로 생각된다. 확실히 이와 같이 생각하는 것도 중요하다. 그러나 교사가 교육과정 개발과 실행에 영향력 있는 의견을 제시하기를 원한다면, 교사는 교육과정의 개념을 정교하게 이해하여야만 하며 교육과정이 어떻게 개발되는지를 이해해야 한다. 비록, 교사가 교육과정 개발에 적극적으로 참여하지는 않더라도 교사는 그러한 지식을 필요로 한다.

그동안 효과적인 현직 교사 연수 프로그램의 특성을 범주화하는 연구들이 이루어져 왔다. 그러한 프로그램들은 그것이 목표로 하는 조직에 맞게 설계되어야 하며 그 조직에 의하여 지원되어야 한다. 현직 교사 연수 프로그램은 공동 노력의 결과며, 새로운 교육과정의 영향을 받는 사람들의 요구를 목표로 한 것이다. 효과적인 현직 교사 연수는 실행자들의 변화하는 요구에 따른 유연성을 가져야 한다. 현직 교사 연수의 모든 세부 사항을 실행 이전에 계획할 수 없으며, 모든 문제와 관심사를 예상할 수 있는 것도 아니다.

현직 교사 연수 프로그램은 현직 교사에게 전달되어야 하기 때문에 그들에게 맞추어 계획되어야 한다. 새로운 프로그램에 대한 공개적인 논의는 실행 과정의 전체에 걸쳐서 계획되어야 한다. 이러한 논의는 실행자들이 반대하는 것이나 관심을 가지고 있는 것을 말할 수 있도록 한다. 그렇게 함으로써 프로그램에 대한 반대를 다소 줄일 수 있다. 효과적인 현직 교사 연수 프로그램은 그 프로그램이 목표를 달성하고 있는지의 여부와 해당 교육구가 가정하고 있는 철학적 접근 방법과 조화를 이루고 있는지의 여부에 의거하여 평가되어야 한다.

적절한 재정적 지원 없이는 프로그램을 전 교육구에 걸쳐서 시행되도록 하려는 노력은 실패하게 될 것이다. 미국의 경우 연방 정부의 재정이 많이 지원될 때에는 많은 교육구가 대단히 혁신적인 경향을 띠었다. 그러나 그러한 교육구는 혁신에 필요한 자금 지원을 그들의 정규 학교 예산 속에 추가시키는 것은 실패하였다. 근본적으로 착수 자금임을 의미하였던 연방 정부의 자금이 떨어지면 필요한 자금의 부족을 들어서 새로운 프로그램을 계속하지 않는 교육구도 많았다. 만일 교육구가 비정규 보조금으로 새로운 교육 프로그램을 창안해 낸다면 이후에는 정규 보조금, 즉 학교 예산 중에서 정기적으로 할당되는 재정으로 프로그램의 실행이 이루어질 수 있도록 하는 방안이 모색되어야 한다.

새로운 프로그램의 제도적 정착을 위한 자료와 시설을 위해서도 재정이 필요하다. 흔히 간과되기 쉬운 인적 지원을 위해서도 재정은 필요하다. 지역 수준에서 볼 때 새로운 프로그램을 위한 예산 편성에는 준비, 제출, 채택, 실행, 평가라는 다섯 단계가 필요하다. 셋째 단계인 채택에는 세부 항목에 대한 구체적인 재정의 양을 결정하는 데 학교위원회가 개입된다. 다른 네 단계에는 학교 지역구 수준의 장학관이나 학교 수준의 교장이 개입된다.[20]

학교의 모든 당사자들, 특히 행정가와 교사 사이에 신뢰 있는 관계가 형성되어야 한다. 학교장은 교육과정의 성공적인 혁신과 실행을 보증하는 핵심적인 사람이다. 그러나 학교장이 인적 지원을 어떻게 제공할 것인가에 대해서는 의견이 다양하다. 성공적인 교장은 교육과정을 잘 알고 있으며 교육과정 문제에 전념한다. 학교장은 자신의 역할을 한쪽으로는 교육과정의 지도자의 역할로, 다른 한쪽으로는 교육과정의 격려자의 역할로 생각해야 한다.

교육과정 실행은 협력적이면서도 감정적인 활동이다. 실행이 성공하려면 동료의 지원이 매우 중요하다. Dan Lortie에 의하면 교사는 대부분의 시간을 교실에서 학생과 함께 보내며 자신의 동료와는 최소한의 의사소통만 한다. 대체로 교사는 어떤 위급한 상황이 발생하지 않는 한 동료나 상사의 도움을 전혀 필요로 하지 않는다.[21) 교사가 함께 일하고 아이디어를 공유하며 문제를 공동으로 해결하고 자료를 협력하여 만들 수 있는 기회를 얼마나 가지는가가 교육과정의 성공적인 실행을 결정한다.

2. 변화 과정으로서 교육과정의 실행

수준에 관계없이 교육과정 개발의 목적은 학생들이 학교와 사회, 그리고 가장 중요하다고 생각되는 자신의 목적과 목표를 달성할 수 있도록 하는 데 있다. 교육과정 개발의 필수적인 단계인 실행은 예상되는 변화를 실제 실현하는 단계다. 간단히 말하면, 교육과정 활동은 변화를 추구하는 활동이다.

그러나 변화가 일어날 때 어떤 일이 일어나는가? 변화의 원천은 무엇인가? 우리는 변화의 결과를 예언할 수 있는가? 교육자들은 자신들에게 직접적으로 영향을 주는 변화를 통제할 수 있는가? 사람들은 변화의 과정을 어느 정도는 통제할 수 있지만 그렇게 하기 위해서는 변화를 이해할 필요가 있다. 변화의 개념과 다양한 변화의 유형을 이해하게 되면 개개인은 변화의 원천을 결정할 수 있게 된다. 또한 그것은 개인이 변화의 결과를 확실하게 예측할 수는 없어도 결과에 대해 '가장 훌륭한 추측' 을 할 수 있도록 한다.

변화의 개념을 이해할 때 교육자들은 변화와 그 과정인 실행에 대한 사람들의 태도는 실재에 대한 그들의 일반적 견해의 영향을 받는다는 것을 깨달아야 한다. 기술적인 교육과정 개발 모형을 수용하는 사람은 변화를 정확하게 조작할 수 있는 것으로 간주하며, 실행은 계획을 정해진 순서대로 집행하는 것으로 간주한다. 즉, 실행은 연속적인 변화 과정의 한 부분일 뿐이다.[22)

비기술적인 입장을 취하는 사람들은 변화를 엄격하게 통제하기 힘든 어떤 것으로 인식한다. 교육과정 활동의 어떤 국면에서든, 교육과정 실행 혹은 상연은 직선적인 순서에 따라 일어나는 것이 아니다. 실행을 상호 작용으로 보는 것은 객관성과 수량화에 대해 동의하지 않는 것을 의미한다.[23) 변화에 대한 이러한 견해는 개인과 그들의 신념, 태도에 의하여 조명되는 과정 자체를 존중한다. 판단은 삶의 실제와 태도에 대한 개개인의 사적인 해석과 그들이 신성하다고 믿는 가치와 결합되어 이루어진다.[24)

어떤 입장을 취하든 변화가 여러 방향으로 일어난다는 점은 부정할 수 없다. 변화가 일어나는 방향은 다음의 두 가지다. 그것은 느린 변화(수업 계획에 최소한의 조정이 이루어지거나 몇 권의 책이 도서관에 새롭게 비치될 때, 혹은 단원 계획이나 수업 설계가 교사들에 의해 갱신될 때 등)와 빠른 변화(컴퓨터가 교실에 도입될 때처럼 새로운 지식이나 사회적 추세가 각 학교에 영향을 미칠 때)다.

현재 학교는 느린 변화보다 빠른 변화에 의해 더 많이 영향을 받고 있다. 우리는 뇌가 어떻게 기능하며 학습이 어떻게 일어나는가에 관한 우리의 지식 기반뿐만 아니라 나라의 인구 통계상의 변화 및 대중 사회 내의 증가하는 집단의 다양성 속에서 빠른 변화를 경험하고 있다. 빠른 변화는 가족의 배경 및 구조, 하위 문화, 그리고 공동체에서도 일어나고 있다. 문화다원주의가 널리 퍼지고 경쟁의 목소리가 힘을 얻고 있다.[25)]이외에도 교육공학은 교육과정 및 교육과정 실행에 영향을 미치면서 널리 확산되고 있다.

한 연구에 따르면 느리건 빠르건 교육과정 변화가 성공적으로 실행되기 위해서는 과거의 과오를 피하는 데 도움이 되는 다음과 같은 다섯 가지 지침을 따라야 한다는 것이다.

① 학생의 성취를 향상시키기 위해 설계된 혁신은 기술적으로 건전해야 한다. 이것은 향상에 필요한 설계가 당장 혹은 조만간 인기를 얻게 될 것인가가 아니라, 변화가 유효하게 작용할 것인가 그렇지 않을 것인가에 관한 연구를 반영해야 한다는 것을 의미한다.

② 성공적인 혁신은 전통적인 학교 구조 자체의 변화를 필요로 한다. 여기에서 구조적 변화라는 것은 학생과 교사가 수업에 임하고 수업에서 상호 작용하는 방식의 근본적인 변화를 의미한다.

③ 혁신은 일반 교사에게 실행 가능한 것이어야 한다. 학생이 기본적인 읽기도 쓰기도 못하거나 교실에 있는 것 자체를 거부하는 상황에서는 비판적 사고, 문제 해결 등과 같은 혁신적인 아이디어는 아무런 의미가 없다.

④ 성공적인 변화에 대한 실행은 관료주의적이 아니라 유기적으로 이루어져야 한다. 엄격한 복종, 조정 절차, 규칙들은 변화를 유도하지 못한다. 이러한 관료주의적 접근 방법은 그것과 다른 접근 방법, 즉 원래의 계획에서 약간 이탈하는 것을 허용해 주며 학교의 근본적인 문제와 조건을 인정하는 유기적이고 허용적인 접근 방법으로 대체되어야 한다.

⑤ '어떤 것이든, 무엇이든 하라.' 증후군을 피해야 한다. 건전하고 합리적인 내용 및 활동에 사람의 노력, 시간, 자금을 집중시키는 명확한 교육과정 계획이 필요하다.[26)]

이 다섯 가지 지침은 '체계적으로 상호 관련되어 있으며, 구조적 변화에 관한 예외 지침이 있음을 감안하더라도 모든 지침은 교육의 모든 수준에 적용될 수 있다.' 교육과정 연구자는 '학교와 교육구라는 특정 맥락에서 이러한 지침이 어떻게 적용될 수 있는가를 생각해 봄으로써 도움을 받을 수 있다.'[27)]

1) 변화의 이론

변화는 새로운 지식의 결과로 일어난다. 그러나 새로운 지식의 출현은 변화의 충분 조건은 아니다. 사람들이 변화의 필요성을 인식해야 한다. 사람들은 변화가 어떻게 일어나는가를 이해하게 될 때 그 필요성을 더 잘 인식할 수 있다. Lovell

과 Wiles는 다음과 같은 다섯 가지 과정을 통합하는 변화의 이론을 제안한다. 그것은 ① 리더십, ② 의사소통, ③ 인간 잠재력의 발현, ④ 문제 해결, ⑤ 평가다. 이러한 과정은 체제(즉, 학교)에 긴장이나 갈등을 가져올 수도 있고 협력과 결집을 가져올 수도 있다. 모든 체제는 이러한 선택을 할 수 있으며, 그 선택은 변화에 관여하는 참여자에게 달려 있다.[28)]

이 두 체제 전문가에 따르면, 더욱 복잡하게 만드는 것은 체제의 변화 과정이 외부 요인의 영향을 받는다는 사실이다. 그러므로 교육과정 변화를 실행하고자 하는 사람은 자신이 존재하는 환경적 상황을 이해해야만 한다. 교육과정 개발의 초기 단계에서는 공동체의 인구 통계 및 그것의 사회 문화적 · 정치 법적 · 경제적 측면에 관한 정보를 수집하고 평가하기 위한 외부 조사가 이루어진다.[29)] 이러한 외부 요인에 관한 자료는 교육과정 실행의 특정 단계가 공동체의 태도 및 기대에 맞게 이루어질 수 있도록 하기 위하여 참조되어야 한다. 예를 들면, 외적 환경에 관한 정보는 새로운 정보를 제공하고 새로운 기대를 확인하게 해 주며, 실행 과정에 참여한 사람들을 보상 혹은 문제에 주의를 갖게 해 준다. 외적 환경에 관한 자료의 참조는 교육 체제 안에서의 긴장을 야기할 수 있으며, 결과적으로 학교 체제 내 구성원 간의 불균형을 유발할 수 있다. 이러한 상황은 새로운 균형을 성취하기 위한 실행자의 시도를 불러일으킨다.

따라서 변화는 문제 해결 활동을 통한 불균형과 재균형의 연속적 과정을 통하여 이루어진다. 요컨대, 교육과정 지도자는 다섯 가지의 변화 과정을 통해 외적 요인뿐만 아니라 내적 요인에 반응해야 한다. 이러한 과정에서의 지도 역량, 의사소통, 인간 잠재력의 발현 등은 변화가 생산적인 것인지 비생산적인 것인지를 결정한다.

Lovell과 Wiles의 이론과는 반대로, 변화이론의 아버지라고 일컫는 Kurt Lewin은 훨씬 더 간결한 아이디어를 제안하였다. 그의 이론적 모형은 [그림 10−1]에 나타나 있다.

Lewin에 의하면 모든 사람은 충동적 힘과 제

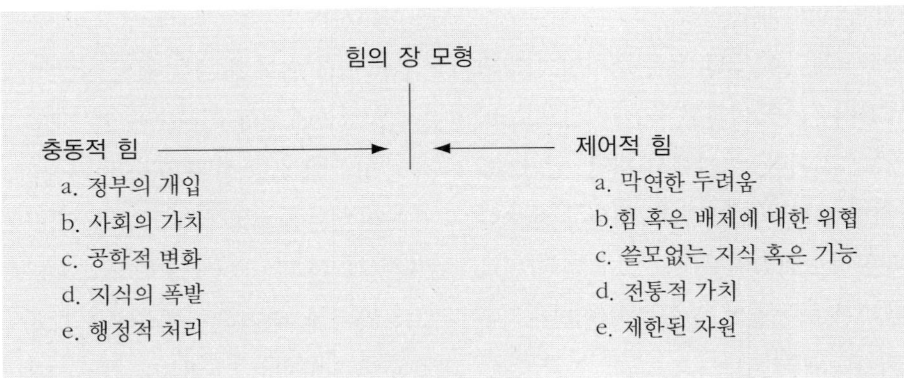

[그림 10−1] 힘의 장 모형(Force Field Model)

어적 힘이라는 두 가지 경쟁하는 힘으로 구성된 환경에 존재한다. 이러한 두 가지 힘이 동등할 때는 균형 혹은 평정이 나타나며 안정적이고 현상 유지 상태가 된다. 이러한 현상 유지 상태는 사람의 행위, 집단의 행위, 혹은 조직의 기능에 모두 적용된다. 그러나 때때로 충동적 힘이 제어적 힘을 압도하여 변화 행위를 일으키기도 한다. 충동적 힘이 더욱 강력하게 작동하는 한 변화는 지속된다. 제어적 힘이 탄력을 다시 회복하면 변화는 천천히 진행된다. 그리고 일단 제어적 힘이 재정립되면 그것은 변화를 방해하는 데 기여한다.[30)]

Lewin은 변화 과정을 세 단계로 개념화하였다. 첫째 단계는 다음 그림에 나타난 A지점, 즉 해빙의 상태로서 우리가 인식하고 있는 현재의 상황을 변화시키는 것이다. 해빙의 상태는 충동적 힘을 증가시키기 위하여 제어적 힘이 축소된 것을 의미한다. Lewin에 의하면 변화를 촉진하기 위해서는 충동적 힘을 증가시키는 것보다는 제어적 힘을 감소시키는 것이 더 낫다는 것이다. 이렇게 되면 충동적 힘이 상황 내에서 더 자연스럽게 작용할 수 있기 때문이다.

둘째 단계는 개인적 집단 혹은 조직이 해빙의 A지점에서 B지점, 즉 예정된 목표 지점으로 이동하도록 하는 것이다. 여기에서 개인, 집단, 체제는 이상적인 변화를 얻기 위한 행위에 몰두한다. 일단 성공적으로 B지점에 이르게 되면 변화의 셋째 단계인 재동결의 상황이 일어난다. 이 과정은 대략 다음과 같다.

현재 ——————→		이상적인 것
상황 A		상황 B
해빙 ——→	노력 ——→	재동결
(제어적 힘의 축소, 충동적 힘의 증대)		(제어적 힘의 증가, 충동적 힘의 감소)

Lewin은 감수성 훈련, T집단, 집단 감수성 훈련 그룹 등과 같은 실험실 훈련의 발달에 기여하였다. 국가훈련실험실(The National Training Laboratories: NTL)은 1950년대와 1960년대에 이러한 프로그램을 정교화하였다. 그리고 이 프로그램들은 조직의 변화를 자극하기 위해 폭넓게 활용되었다. 훈련은 10~15명의 소그룹으로 이루어졌다. 이러한 훈련의 주요 아이디어는 참여자가 자기 자신과 서로를 잘 이해하도록 하고, 집단의 과정을 인식하도록 하며, 생산적인 변화를 촉진하도록 하는 것이다.[31)] 자기 자신의 행동과 타인의 행동을 분석함으로써 조직 내의 의사소통, 개인 간 관계, 부하-상사 관계를 향상시킨다. 이러한 분위기가 조직 내의 건설적인 변화를 야기한다.

Lewin은 변화에 관한 힘의 장 모형을 주창한 반면, Kowalski와 V. Reitzug는 교육 변화를 외적인 힘과 내적인 힘 중 어느 하나에서 발생하는 것으로 보는 모형을 창안하였다.[32)] 더 나아가 그들은 이러한 두 가지 원천에서 나오는 변화의 유형과 각각에 해당하는 상이한 시간의 구조에 대하여 언급하였다. [그림 10-2]는 그들의 생각을 나타낸 것이다.

외적 원천	내적 원천
압력 집단의 요구, 연구 결과, 법적인 판결	지역 교육과정위원회 현지 학교 교육과정위원회
자발적 변화	**심사숙고한 변화**
갑작스러운 변화	신중한 변화의 결과
혁명적인 시간 구조	**진화적인 시간 구조**
갑작스러운 고강도의 변화	느리고 장기간에 걸쳐 일어나는 약한 강도의 변화

[그림 10-2] 교육 변화의 원천/유형

출처: T. J. Kowalski and V. C. Reitzug, *Contempory School Administration* (New York: Longman, 1993) as presented in Kenneth T. Henson, *Curriculum Planning: Integrating Multiculturalism, Constructivism, and Educational Reform*, 2nd ed. (New York: McGraw-Hill, 2001), p. 289.

혹자는 이 그림을 얼핏 보고 외부에서 오는 변화는 언제나 빠르고 예상하지 못하며, 내부에서 오는 변화는 언제나 느리고 주의 깊은 사고의 결과라고 결론지을지도 모른다. 이러한 해석은 쉽게 할 수는 있지만 매우 잘못된 것이다. 우리는 장기간에 걸쳐 일어나는 외적 변화와 외부의 압력 집단이 매우 기대하는 행동의 결과를 경험할 수 있다. 외부에서 오는 변화지만 장기간에 걸쳐 주의 깊은 숙고를 통한 변화 때문에 교육적 기준을 정하고 적용하며 학교의 책무성을 증가시키는 예를 얼마든지 찾을 수 있다. 그리고 우리는 교육 체제 내에서 예기치 않게 일어나는 혁명적인 변화도 경험할 수 있다. 급진적 교육학과 급진적이고 다양한 교육과정 내용을 반영하는 교육과정 변화에 대한 요구가 바로 그러한 예다.

2) 변화 유형학

교육과정 책무성을 가진 인사, 특히 교육과정 실행에 책임이 있는 인사들은 변화의 본질을 이해할 필요가 있다. 이러한 이해와 함께하는 변화 과정은 실행에 관계된 사람을 자극하고 격려할 수 있다. 변화의 복잡성을 이해하지 못하는 인사들은 학교 수준과 지역 수준 각각에서, 혹은 두 수준 사이에서 일치하지 않는 행위를 주도할 가능성이 있다. Warren Bennis는 다음과 같이 여러 가지 형태의 변화를 확인하였다.

① **계획된 변화**: 관련된 사람이 동등한 힘을 가지고 처방된 것에 따라 기능할 때 나타나는 변화다. 사람은 기꺼이 활동과 관련된 절차를 확인하고 정확하게 따른다. 계획된 변화를 지향한다.

② **강제된 변화**: 한 집단에 의하여 목적이 결정되고 다른 집단은 의도적으로 배제된 상황에서 이루어지는 변화다. 통제 집단이 주요한 힘을 가지며 불평등한 힘의 균형을 유지한다.

③ **상호 작용적 변화**: 상호 공동적 목적의 설정과 집단 간에 동등한 힘을 배분하는 것을 그 특징으로 한다. 그러나 이 경우 흔히 심사숙고하는 노력이 결여되어 있는 사람이 많다. 그들은 개발 및 실행 계획을 어떻게 수행할 것인가 하는 방법에 자신을 갖지 못한다. 세심한 주의에 입각하여 개발된 절차들도 거의 없다.[33)]

계획된 변화의 반대는 자연적 혹은 무작위적 변화다. 이런 유형의 변화는 참가자 쪽에서 보면 명백한 사고와 목표의 설정 없이 일어난다. 흔히 자연적인 변화는 학교에서 일어난다. 교육과정은 주의 깊은 분석의 결과가 아닌 예기치 못한 사태에 대한 반응으로서 조정되거나 수정되고 실행된다. 예컨대, 어떤 프로그램을 실행해야 한다는 입법부 혹은 압력 집단의 요구는 일관성이 없으며 일시적이거나 과장된 말에서 시작된다.

Robert Chin은 변화 유형학이라고 할 수 있는 다음과 같은 세 가지 유형의 변화 전략을 제시하였다.

① **경험적-합리적 전략**: 변화의 요구를 인식하고 변화를 실행할 능력을 가지는 것이 중요하다는 것을 강조한다. 학교는 이런 변화 접근법을 가지지 못하는 경우가 많다. 학교가 변화의 필요와 변화를 실행할 기능을 가지고 있지 못하기 때문이다.

② **규범적-재교육적 전략**: 인간의 합리성과 지식에 근거를 둔다. 이는 합리적으로 접근하게 된다면, 그리고 인간의 가치, 태도, 이해, 기능 등을 수정할 필요가 있다는 것을 알게 된다면 인간은 변화하게 된다는 것이다.

③ **힘 전략**: 개인이 자기보다 상위 지위에 있는 사람의 요구에 일치되기를 요구한다. 비록, 노골적인 강제 전략을 학교에서 사용하는 경우는 극히 드물지만, 힘이 있는 사람은 일반적으로 새로운 프로그램을 수용하는 대가로 물질이나 상징적 보상을 제공하여 사람들에게 순응하게끔 '강제한다'.[34)]

우리는 변화를 그 복잡성의 정도에 따라 구분할 수 있다. John McNeil은 이러한 복잡성 정도를 기준으로 하여 변화를 다음과 같이 구분하였다.

① **대체**: 이것은 한 요소가 다른 요소로 대체되는 변화를 의미한다. 예를 들면, 교사는 한 교과서를 다른 교과서로 대체할 수 있다. 지금까지 이것은 가장 쉽고 가장 흔한 형태의 변화다.

② **변경**: 이것은 어떤 사람이 기존의 자료와 프로그램에 최소한의 새로운 내용, 항목, 자료, 절차를 도입할 때 일어나는 변화다. 이

경우 변화가 작기 때문에 쉽게 받아들인다.

③ **동요**: 이러한 변화는 처음에는 프로그램의 혼란을 가져올 수 있지만 교육과정 지도자에 의하여 짧은 시간 내에 기존의 프로그램에 적용할 수 있다. 이러한 변화의 예로 교장이 학급 시간 계획을 조정하는 것을 들 수 있다. 이것은 교사의 특정한 교과 수업을 위해 허용된 시간에 영향을 주게 된다.

④ **재구조화**: 이런 변화는 체제 자체, 즉 학교나 학교 지역구의 수정을 가져온다. 교수 분담이나 팀 티칭과 같은 교수 역할의 새로운 개념화가 재구조화된 변화의 한 예다.

⑤ **가치 지향 변화**: 이것은 참가자의 기본 철학이나 교육과정 지향성에 일어나는 변화를 의미한다. 학교의 실제 권력자나 교육과정 참여자는 이러한 변화를 받아들이고 이런 수준의 변화가 일어나도록 노력해야 한다. 그러나 교사들이 자신들의 가치 영역을 조정하지 않는다면 현재 이루어진 변화조차도 그 생명을 오래 유지하기는 힘들 것이다.[35)]

학교에서 일어나는 변화가 이러한 여러 변화 중에서 어떤 것에 해당하는지는 정확하게 알 수 없지만, 교육과정 연구자들은 변화에는 여러 유형이 존재하며 반드시 계획된 변화가 이상적이라는 것을 깨달아야 한다. 그러나 변화는 개선과 동의어가 아니다. 교육은 규범적인 활동이다. 사람이 변화를 지지하고 도모한다는 것은 자신이 가치 있다고 생각하는 것에 관하여 말하고 있다는 것을 의미한다.

3) 변화에 대한 저항

성공적인 교육과정 활동과 실행의 열쇠가 곧 사람에게 있다는 것을 인정하는 교육과정 지도자는 사람이 자기 자신과 변화 노력 사이에 놓아둔 장애물을 인식할 수 있다. 아마도 가장 큰 장애물은 교직원, 행정, 지역사회에 존재하는 타성일 것이다. 많은 사람은 현상을 유지하는 것이 더 쉽다고 생각한다. 우리 자신을 하나의 체제로 생각한다면 우리는 안정을 좋아하는 체제다. 우리는 우리가 고수하는 전통과 좋아하는 제도를 가지고 있으며, 그러한 전통과 제도를 변화시키기를 원하지 않는다. 많은 사람은 관료제로 되어 있는 현재의 학교 조직에 만족한다. 우리는 전통적인 해결책에 의존한다. 우리가 너무 복잡하다고 생각하는 그러한 문제와 변화 과정을 피한다. 상식적으로 우리는 우리의 상상에 장애물을 설치하는 것이다.[36)] 게다가 많은 사람은 현재의 학교 조직에 만족하기까지 한다.

현상 유지를 원한다는 것은 현상은 변화될 필요가 없다는 생각, 또는 제안된 변화는 현명한 것이 아니며 학교의 목표를 충족시키는 데에 적절하지 못하다는 생각으로 귀결되는 경우가 종종 있다. 교육자 자신도 이 점을 지적한다. 어떤 사람들은 학교의 현재 상태는 괜찮으며, 단지 간단한 수정을 필요로 할 뿐이라고 말한다. 어떤 사람은 학교가 시대에 민감하지 못하며, 주요한 수정이 요구된다고 지적하기도 한다. 변화를 제안하는 사람이 새로운 프로그램의 정확한 목적을 제시하지 못하는 경우, 현상은 그대로 유지되는 경향이 있다. 즉, 그들은 새로운 프로그램이 어떤 것인가를 정확하게 제시하지 못하거나 새로운 것이 기존의 것보다 더 낫다는 것을 제시하지 못하는 것이다.

현상 유지는 학교의 새로운 프로그램이 수행하는 임무가 명확하지 못한 경우 전폭적으로 지지된다. 새로운 교육과정이 어떤 임무를 수행하고자 하는가는 교육과정 개발 초기에 고려되어야 한다. 하지만 실행 단계에서 실행자는 그 임무로 다시 돌아가 그 프로그램이 실행될 교육 조직의 사람들에게 그것을 홍보해야 한다. 그러나 그 임무가 평이한 일반적인 선언문으로 작성되어 새로운 교육과정과 기존의 교육과정이 어떻게 다른지가 확연하게 드러나지 않는 경우가 많다.[37]

흔히 교사는 학문적 발달을 따라잡지 못하거나 따라잡고 싶지 않을 때가 종종 있다. 교사는 교육과정 변화와 새로운 프로그램의 실행에 전념하게 하는 지식의 폭발에 뒤떨어진다. 교사는 변화를 단순히 과중한 업무 부담, 즉 이미 포화상태의 업무 계획에 다른 것 하나를 더 추가하는 일로 생각한다. 대개 이렇게 추가된 업무에는 보수나 보상이 주어지지 않는다. 사실상 많은 교육자는 어떤 변화가 제안되면 그것에 미리 압도당하는 경우가 많다. 새로운 교육과정이 제안되면 흔히 교육자는 그것을 새로운 교수 기술이나 교육과정 개발 능력, 혹은 대인 관계의 새로운 기술의 획득을 요구하는 것으로 받아들인다.

교사는 시간에 대한 부담이 엄청나기는 하지만 새로운 교육과정 문서를 따라잡으려고 많은 노력을 기울인다. 그러나 교사는 새로운 교육과정이나 교육 실제가 자신의 기존의 이해나 안목을 위협할 경우에는 그것에 저항하는 경우가 많다.[38] 그들은 그것이 자신의 견해나 관점에 변화를 요구하는 경우 기존의 프로그램이나 수업 전략을 바꾸는 것을 거부한다. 교사는 기존의 이해에 부합하지 않는 자료를 무시하는 식으로 자기방어기제를 가동시킨다.

Edgar Friendenberg에 따르면 교육과정 지도자들이 교사들로 하여금 혁신을 수용하도록 하는 데 어려움을 겪는 또 다른 이유는 원래 혁신적이지 않은 체제 순응적인 성향을 띠는 사람들이 주로 교직에 몸담는다는 데 있다. 이런 사람들은 원래 기존의 학교 체제를 성공적으로 마친 사람들이다. 이들은 '파도'가 이는 것을 좋아하지 않는 행정가에 의한 학교의 관료주의 체제 속에서 안전하게 저자세로 살아가는 것을 배운 사람들이다.[39] 이들은 그러한 체제 속에서 학생으로서 성공한 인생을 살았으며, 이제는 교사로서 성공하였다. 그렇기 때문에 이들은 체제가 변화되어야 할 이유를 찾지 못하는 것이다. 많은 초임 교사에게 관료주의는 환영과 친숙의 대상이다. 그래서 그들은 관료주의를 변화시키는 데에 느릴 수밖에 없다.

거의 40년 전 Friendenberg는 교사의 이러한 체제 순응적 특성에 대하여 언급하였다. 교사의 이러한 특성은 여전히 사실인가? W. Nelson에 따르면 그 대답은 '예'다. 교사는 체제의 변화에 관여하는 것을 여전히 싫어한다.[40] 또한 Maxine

Greene은 많은 교사는 교육과정 표준과 학교 자체에 대하여 아무런 생각 없이 살아간다는 사실을 지적하였다.[41] Arendt를 인용하면서 Green은 그러한 교사의 사고 부재를 '경박하고 무모하면서도 희망 없는 혼란, 혹은 시시하고 공허한 진리의 체제 순응적 반복'[42]으로 정의하였다.

교사는 그들의 사고 부재를 과연 거부할 수 있는가? 교육자는 새로운 역할에 대한 많은 요구에 과연 잘 대처할 수 있는가? 불확실성은 불안전성을 촉진한다. 흔히 현재에 만족을 느끼는 교육자는 자신이 명확하게 이해할 수도, 볼 수도 없는 미래를 위하여 변화를 일으키는 것을 주저한다. 사람은 변화가 틀림없이 개선을 가져올 것이라고 믿으면서도 불확실한 미래에 대한 모험을 감행하기보다는 이미 알고 있는 확실한 결핍에 머무르는 것을 좋아하는 경우가 많다. 교육과정 영역에 새로운 학생, 부모, 내용을 가져오거나 프로그램을 새로운 방법으로 조직하는 것은 많은 교사를 불안하게 한다. 그러나 교육을 제2의 인생으로 생각하는 혁신적인 사람이 있을 때 비로소 교육에 새로운 변화의 바람이 일어난다. 이러한 사람들은 종종 변화의 소용돌이 속에 있는 기업이나 첨단 기술 영역에서 올 수 있다. 그들은 어떤 제도의 지속적 발전을 위해 반드시 필요한 사람이다. 그들은 경영 조직을 재개념화한 화려한 경력을 가지고 교육계로 들어간다.

사람들이 변화에 저항하도록 만드는 또 다른 요인은 변화 자체의 급속성이다. 새로운 것이 나타났을 때 많은 사람은 '이번 해에 이것이 시행되면 기존의 것은 폐기되고 거기에 바쳤던 나의 노력은 허사가 되겠지.' 라고 생각한다. 교사는 단기간 내에 이루어지는 변화를 지지하지 않는 경향이 있다.[43] 교사는 그다지 오래 지속되지 않을 교육과정 변화나 학교의 재구조화에 에너지를 쏟을 생각을 하지 않는 것이다. 교육계에는 교육자들에게 '혁신을 기피하게' 만드는 '바람잡이' 가 존재하는 것 같다.

때때로 사람들은 지식의 부족 때문에 혁신과 그 실행에 저항하기도 한다. 그들은 혁신에 관하여 전혀 모르거나 그에 관한 정보를 거의 가지고 있지 않다. 교육과정 지도자는 모든 교육 당사자들, 즉 교사, 학생, 학부모, 지역사회 구성원에게 프로그램의 본질 및 그 이론적 근거에 관한 정보를 제공해야 한다. 이상적으로 볼 때, 모든 당사자는 학교 대표자들에게서 새로운 프로그램에 대한 이유를 직 · 간접적으로 제공받아야 한다.

몇몇 교사가 교육과정 변화에 관여하는 것을 거부하는 또 다른 주요한 이유는 그들이 학교의 혁신에 대한 새로운 제안에 대하여 알고 있다 하더라도 최근의 연구에 대해서는 알지 못하며, 혹시 안다고 하더라도 그것을 자신의 교육적 실천의 안내자로 삼지 않는다는 데에 있다.[44] 교사가 최근의 연구를 모른다는 것은 학교의 일상 속에서 연구의 결과를 접할 기회가 부족하다는 것을 의미한다. 일반적으로 학교에는 연구 도서관이 없다. 또한 대부분의 학교에서 교사는 교실에만 주로 있기 때문에 최근 연구에 대하여 동료와 논의할 수 있는 시간적 여유가 없다.

비록, 교사가 동료 교사와 최근 연구에 대하여 논의할 수 있는 시간을 가진다고 하더라도 연구가 모순된 결과를 제공하는 경우가 많다는 것을 알아차리게 된다. 연구 결과를 보고 교사는 '그래서 도대체 교사에게 무엇을 하라고 하는 것인가?' 라고 묻는다. 연구 결과가 명확한 경우에도 교사는 그 결과를 학생에게 직접 적용하는 것을 주저한다.[45]

사람들은 노력에 대한 대가로 재정적 혹은 시간적 지원이 없는 경우에도 변화에 저항한다. 예산 지원이 없는 프로젝트는 거의 실행되지 못하는 운명에 놓인다. 학교 지역구는 자료에 필요한 예산은 책정해도 교육과정 계획의 구상, 교실 내에서 교육과정의 실행, 현직 연수에 필요한 예산의 할당에는 실패하는 경우가 많다.[46]

변화의 본질에 관한 글을 쓴 Thomas Harvey는 변화에 대한 사람의 적극적인 참여를 막는 장애, 즉 사람이 변화에 저항하는 이유를 다음과 같이 분석하였다.

① 주인 정신의 부족: 개인은 변화를 낯선 것으로, 혹은 그들 조직의 외부에서 오는 것으로 생각할 경우 변화를 수용하지 않는다. 흥미롭게도 학교에서의 개혁 및 재구조화에 대한 현재의 많은 요구는 외부 요인, 즉 국가위원회 또는 지역 의회에서 온다.

② 이익의 부재: 교사가 새로운 프로그램이 학생의 학습과 교사의 명성, 보수, 존경에 좋은 이익을 가져다준다고 생각하지 않는 경우에는 새로운 변화에 저항할 가능성이 있다.

③ 책임의 증가: 변화는 업무 부담의 가중을 의미하는 경우가 많다. 오늘날 교사는 자신의 과중한 업무에 아랑곳없이 교사가 해야 할 일을 처방하기만 하는 외부의 행정가 집단 때문에 좌절하는 경우가 많으며 그들에게 적대감을 품기도 한다.

④ 행정적 지원의 부족: 사람은 공식적이고 법적인 책임자들이 새로운 프로그램에 대한 지원을 해 주지 않는 경우 그 변화를 수용하지 않는 경향이 있다.

⑤ 소외감: 사람은 혼자만 변화하는 것을 바라지 않는다. 협동적 작업은 새로운 프로그램의 성공적 실행에 필수적이다.

⑥ 불안: 사람은 그들의 안전을 위협하는 것처럼 보이는 것에 저항한다. 생존의 본능은 강하며 위험도가 높은 프로그램에 대해서는 모험을 하지 않는다.

⑦ 규준 불일치: 새로운 프로그램의 역할과 가정은 그 체제의 사람이 기존에 가지고 있는 규준과 기대에 일치해야 한다. 새로운 프로그램이 체제의 사람들에게 맞지 않는 철학적 입장을 제시하는 경우가 종종 있다.

⑧ 지루함: 새로운 변화의 경험을 즐길 수 없을 때 사람들은 그것에 저항한다. 변화가 성공하려면 거기에는 매력, 유혹, 도발성이 내재되어 있어야 한다.

⑨ 혼란: 변화를 통제의 결여, 혼란의 야기로 인식할 경우 사람들은 그것에 저항한다. 우리는 현상을 잘 조절할 수 있고, 더 많은 통제를 가능하게 하며, 효과적으로 기능할 수 있게 해 주는 변화를 원한다.

⑩ 차별적 지식: 변화를 옹호하는 사람이 우리보다 엄청나게 많은 정보를 가지고 있는 것처럼 보이는 경우 그 사람이 가지고 있는 과도한 힘에 저항하게 된다.

⑪ 갑작스러운 전반적 변화: 사람은 갑작스러운 완전히 다른 변화에 저항하는 경향이 있다.

⑫ 저항의 사각지대: 변화는 잘 알려지지 않고 예기치 않은 것에 의하여 지체되기도 한다. 모든 것은 미리 계획될 수 없다. 조직의 외부에 있는 사람이나 사건이 혁신적인 사고를 약하게 할 수 있다.[47)]

이러한 장애를 모두 고려해야 한다는 것은 교육과정 전문가가 극복할 수 없는 문제에 직면하고 있는 것처럼 보인다. 그러나 그것은 그렇지 않다. 이러한 장애를 생각하고 변화와 관련된 사람들의 요구를 염두에 둠으로써 그들은 좀 더 용이하게 새로운 교육과정을 소개하고 실행할 수 있는 것이다. 또한 우리는 변화에 대한 저항은 변화의 주체가 그 변화에 대하여 주의 깊게 생각하고 프로그램 실행과 관련된 역동적인 인간적 조건을 고려하게 해 준다는 사실에 주목할 필요가 있다. 변화에 대한 저항 세력과 싸운다는 것은 마구잡이식 변화나 유행을 따르는 변화로부터 조직을 보호해 준다.

4) 변화에 대한 수용 능력의 개선

교육과정 활동은 인간의 사고와 활동을 수반한다. 교육과정 활동은 개인에게 학습, 모험 감행, 동료와의 의미 있는 협동에 적극적으로 참여할 것을 요구한다.[48)] 교육과정 활동에 생산적으로 참여하는 사람은 교육의 변화나 그 밖의 다른 일반적인 변화에 중요한 사람이다. 인간적 요소는 교육의 변화에서 매우 중요하다. 교육과정 개발의 지도자들, 특히 교육과정 실행의 지도자들은 이 점을 인식하고 있어야 한다. 이들은 사람이 변화에 어떻게 반응하는지를 알고 어떻게 변화를 수용하도록 할 수 있는가를 이해하고 있어야 한다.

사람은 함께 일을 함으로써 공동체를 만든다. 여기에서 중요한 것은 함께 일한다는 것이다. 각 교사는 다른 교사와 함께 일을 하지만 실제적으로 협동은 하지 않는다. 그들은 사회적 역동성과 교육의 목표에 의해 연결되어 있는 개인이 아닌 '군집 단위' 로 고립되어 있다. 교육과정 개발 및 실행은 교사에게 진리 공동체의 구성원이 될 것을 요구한다. 그러한 공동체에서 교육과정의 의사 결정에 참여하는 교사는 교육과정과 수업에 공통의 에너지를 보다 많이 집중시켜 그 미지의 영역을 탐구할 수 있다.[49)] 교사는 이러한 점과 관련하여 자기 자신에 대하여 반성한다.

이러한 진리 공동체를 이루는 교사는 각 교사가 단지 학교 건물만을 공유하고 교실 문을 닫고 들어가면 완전히 고립되는 기존의 학교 체제에 도전장을 내민다. 진리 공동체에 참여하는 교사들은 모든 교사들이 참여하도록 위임되어 있는 프로그램을 구상하기 위해 신뢰로운 관계를 형성한다. 여기에서 신뢰감은 필수적이다. 그러한 공동체를 이루는 교육자는 의미 있는 전문적 권위를 서로에게 행사함으로써 학교 교육과정의 방향을 잡아나가기 때문이다. 교육과정의 창안과 실행은 언제나 도전적인 실험실 상황 속에서 행한다. 교사는 자신의 다양한 생각을 자유롭게 교환한다. 교사는 상호 비판과 의견 충돌의 과정과 관련된 기술을 가지고 있어야 한다.[50] 이러한 기능과 태도를 소유하고 있는 교사들이 유능한 교사며, 교육적 변화의 과정 속에서 동료를 배려할 수 있는 교사다.

교사가 동료를 배려하고 그들과의 생산적으로 협동 작업을 수행할 수 있는 유능한 시민이 되도록 하는 것은 쉬운 일이 아니다. Deborah Meier는 학교에서 교사 간의 효율적인 협동을 도모하고 유지하는 것보다는 차라리 뗏목을 타고 급류에 휩쓸려 내려가는 것이 더 쉽다고 말하였다.[51] 그것이 어려운 것은 앞 절에서 언급한 '변화에 대한 저항' 때문이다. 그 밖의 다른 이유는 앞서 말한 것처럼 교사는 실험적 상황에서 일하는 것을 정말로 좋아하지 않는다는 데 있다. 그들에게 교육과정은 실험되는 어떤 것이 아니라 주로 실행되고 유지되는 어떤 것이다. 결국, 교육과정이 실행된다는 것 자체가 그것은 좋은 것이며 잘 조직되어 있다는 것을 의미한다. 여기에 실험은 그야말로 불필요한 것이다. 유일하게 필요한 것은 교육과정을 잘 가르치고 학생의 성취 정도를 평가하는 것뿐이다.

이렇게 생각하고 믿는 교육자는 스스로를 기만하는 것이다. 교육자는 우리의 행위가 가져오는 교육적 변화가 학생의 학습에도 확실한 변화를 가져올 수 있다고 잘못 믿는 경향이 있다. 진리 공동체를 이루는 교사는 공동체가 우리에게 근본적인 확실성을 제공할 수 없다는 것을 잘 알고 있다. 이것은 우리의 실행 능력이 떨어지기 때문이 아니라 확실성이라는 것이 한정적인 것만 파악할 수 있는 우리의 정신과 마음의 능력에서 벗어나는 것이기 때문이다.[52] 이러한 사실을 깨닫는다는 것은 교육과정 실행이 가지는 실험적 성격을 이해하는 데 매우 중요하다. 자발적이고 서로가 서로에게 정직한 동료들이 있다는 것은 우리에게 이러한 사실을 항상 일깨워 주며 교육과정 실행 방법에 대해 지속적으로 의문을 가지고 도전하도록 만든다. 진리 공동체 속의 동료들은 각자가 교육과정의 실행자뿐만 아니라 교육과정을 공부하는 학생으로 머무를 수 있도록 서로를 격려한다.

오늘날의 교육자와 교육과정 의사 결정자들이 당면한 도전 과제는 그러한 잠재력을 가진 사람들로 이루어진 매력적인 진리 공동체를 어떻게 만드느냐 하는 것이다. 공동체의 가치와 아이디어에 맞는 교육적 변화가 제안되어야 한다. 개인은 제안된 변화의 가치와 아이디어가 각자에게 어떤 영향을 미치는가를 이해해야 한다.[53] 그들은 어떤 기반 위에서 교육과정을 개발하고자 하는지를 명확하게 이해하고 있어야 한다. 더불어 그러한 공동체가 학생과 교사 모두를 풍부하게 만들 수 있는 잠재력을 가지고 있다는 사명 의식과 자신감을 동시에 가지고 있어야 한다. 진리 공동체에 들어가는 개인은 다양한 역할을 받아들여야 한다.

3. 교육과정 실행 모형

금세기 우리는 어떤 상품을 고를 것인지, 어떤 행위를 할 것인지, 어떤 모형에 따라 행위를 할 것인지 등 다양한 선택의 상황에 끊임없이 직면해 있다. 교육과정 활동의 전 과정을 고려한다는 것은 교사들이 실행에 대한 특정한 접근 방법 혹은 몇 가지 방법의 조합을 선정하는 데에 도움을 준다는 것을 의미한다. 이러한 선택은 선호하는 철학적 입장에 따라 달라진다.

Ben Harris는 교육적 제안을 개선하는 데 필요한 전략을 확인하는 일은 쉽지 않다는 점을 지적하고 있다. 그러나 학자들과 실천가들은 교육과정과 그 실행을 개선할 수 있는 효과적인 수단의 필요성에 관하여 계속 대화를 하고 있다. Harris에 의하면 현재의 대화에서 변화의 전략과 관련된 다음과 같은 공통적인 시사점을 찾아낼 수 있다. 그것은 ① 권위의 계통을 분류하는 것, ② 목표 설정, 직원 선정, 그리고 평가에 영향력 있는 단체를 참여시키는 것, ③ 교사의 역할과 책임을 구체화하는 것, ④ 변화 전략과 갈등 해결 기법에 관하여 관련자들을 교육하는 것, ⑤ 관련자에게 필요한 지원을 제공하는 것 등이다(교육과정 도움말 10-1 참조).[54]

어떤 조직이나 학교든 변화를 실행하는 데에

교육과정 도움말 10-1

교육과정 변화를 실행하기 위한 체크리스트

교육과정 지도자들, 특히 교장과 장학사는 변화에 대한 관심과 학교의 교육자와 어떻게 반응할 것인지에 관해 관심을 가지고 있다. 사람들은 자신이 잘 알고 만족하는 현상을 좋아한다. 다음의 체크리스트는 교육과정 지도자들이 교육자에게 새로운 변화에 대하여 설명할 때 의사 결정과 그 과정과 관련하여 포함시켜야 할 질문을 보여 준다.

① 변화는 교사의 일상적인 하루를 어떻게 변화시키는가?
② 변화는 추가적으로 어느 정도의 시간 투자를 요구하는가?
③ 변화는 학습자들에게 이미 익숙한 내용과 어느 정도로 부합되는 것인가?
④ 어떤 유형의 새로운 교수 자료가 제공될 것인가?
⑤ 어떤 유형의 새로운 학습 자료가 학습자에게 제공될 것인가?
⑥ 어떤 유형의 교사-학습자 상호 작용이 요구될 것인가?
⑦ 요구되는 수업 절차 중에 교사들이 아직 습득하지 못한 교수 방법이 포함되어 있는가?
⑧ 어떤 유형의 현직 교사 교육 프로그램이 제공될 것인가?
⑨ 변화는 학습자들이 당면해야 할 표준화 검사와 어떤 관련을 가지는가?
⑩ 중앙 행정부는 새로운 프로그램을 어느 정도로 강력하게 지원하는가?
⑪ 새로운 프로그램에 관해 학부모는 어느 정도로 알고 있으며, 어느 정도로 지원하는가?

출처: David G. Armstrong, *Developing and Documenting the Curriculum* (Boston: Allyn and Bacon, 1989), pp. 213-214.

서 다양한 접근 방법을 취해야 한다는 것은 예외가 없다. 어떤 접근 방법을 취하든 일반적으로 실행은 본질적으로 초기화, 실행, 유지라는 세 단계로 이루어진다. 변화의 초기화는 실행 과정을 위한 단계를 설정하는 것, 계획된 혁신에 수용적인 학교 문화를 받아들이는 것과 관련이 있다. 이 단계에서는 입안자들로서 누가 참여하고, 기대된 지원 수준이 무엇이며, 혁신에 대한 개인의 준비 단계가 무엇인가에 관한 본질적인 질문이 나오게 된다. 이상적으로 초기화 단계와 관련된 이런 질문은 관련 당사자들이 교육과정 개발 활동에 참여할 때 이미 제기되어야 한다.

실행 단계는 혁신을 제시하고 사람들이 교실이나 다른 적절한 교육 상황에서 수행하도록 하는 것을 포함한다. 이것은 실행을 '하는' 단계다. 이것은 실행에 대한 다양한 모형 혹은 접근을 따르는 것이다. 이러한 모형 및 접근에 관한 것은 지속적으로 논의될 것이다. 물론, 앞에서 지적한 바와 같이 적절한 교육적 공간에서 교사가 혁신을 실행할 수 있도록 하기 위해서는 변화의 주체, 즉 교육과정 실행자들이 새로운 교육 공동체, 즉 서로 간에 책임 있고 성실한 시민으로 이루어진 공동체를 구성하도록 하는 것이 필요하다.

실행의 세 번째 단계는 유지 또는 제도화다. 제도화는 제도가 도입된 이후 그것을 모니터링하는 것을 의미한다. 만약, 유지가 계획되지 않았다면 도입된 혁신은 사라지거나 존재 가치가 없을 정도로 변형된다. 어떤 면에서 보면 혁신은 결코 제도화되지 않는다. 교사는 교실 문을 나올 때 그것을 무시하거나 새로운 교육과정이 더 이상 초기의 의도대로 실행될 수 없을 때 그 내용을 바꾸기도 한다. 몇몇 교사는 새로운 프로그램은 고정적인 것이 아니라 시간이 지남에 따라 학생과 사회의 요구 변화에 적응할 수 있어야 하기 때문에 그러한 현상을 좋게 받아들인다. 그러나 그렇다고 하더라도 새로운 프로그램의 지속적인 유지를 위하여 필요한 압력과 지원을 계속해서 제공하는 방안을 교육과정 실행 계획 속에 포함시킬 필요는 있다. 교사는 새로운 교육과정에 대한 지속적인 지원이 없을 때 '그 가방을 들고 다니는 것' 을 그만두어도 된다고 생각한다. '다했으면 저기로 가라.' 는 입장은 교육과정 실행자의 입장이 될 수 없다. 우리는 '다했어도 여기에 계속 있어야 한다.' 고 말할 수 있어야 한다.

새로운 프로그램을 실행하는 데 관여된 사람들은 지난 수십 년간의 많은 연구가 학교에서 변화를 일으키는 방법에 관한 전략을 제공하였다는 사실에 고무되어야 한다. 사실 Jon Snyder와 다른 학자는 교육과정 실행에 대한 연구가 전체 실행 과정을 촉진하였거나 제지하는 조건에 관한 결과물을 낳았다는 점을 지적하였다.[55)] 사실상 우리는 실행 과정에 대해서 많은 것을 알고 있으며, 몇몇 연구자는 이제 변화 과정으로서 실행에 관심을 덜 가지고, 교사와 학생에 의한 실행이 어떻게 상연되고 경험되는가에 더 관심을 가진다.

1) 변화 저항 극복 모형

Neal Gross에 따르면 변화 저항 극복 모형

(overcoming resistence to change: ORC)은 계획된 조직적 변화 노력의 실패 혹은 성공은 기본적으로 혁신의 도입 이전 단계나 도입 단계에서 나타나는 변화에 대한 직원의 저항을 극복할 수 있는 지도자의 능력이 어느 정도인가에 달려 있다는 가정에 근거를 두고 있다.[56)]

새로운 프로그램을 실행하기 위해서, 즉 변화를 일으키기 위해서 우리는 새로운 프로그램에 대한 지지를 얻어야 한다. 우리는 어떤 새로운 것에 참여하고 경계를 없애고 새로운 영역을 기꺼이 탐색하는 사람이 필요하다. 우리는 사고와 사상의 다양성을 받아들이고, 시각 차이의 모호성을 수용하며, 특정 교육과정의 본질과 가치에 관한 현재의 관점을 수정할 수 있는 창의적인 갈등을 받아들이는 개인이 필요하다.[57)] 새로운 프로그램에 대한 지원자 공동체를 설립하기 위해서 우리는 지원자의 두려움, 불안, 오해, 그리고 변화의 수용을 방해하는 다른 요인을 고려해야 한다. 우리는 그들의 가치, 가설, 신념, 진정한 희망이 제안된 새로운 프로그램에 포함되어 있다는 것을 전체적으로 확신시켜야 한다. 우리는 그들과 그들의 아이디어를 정직하고 겸손하게 취급할 것이라는 것을 그들에게 확신시켜야만 한다.[58)]

변화에 대한 저항을 극복할 수 있는 하나의 전략은 관리자와 조직 구성원 사이, 즉 학교 행정가와 교사 사이에 힘의 균등화를 이루는 것이다. 혁신의 지도자는 하급자는 처음에는 혁신에 대하여 부정적인 경향을 나타내 보이다가 결국 그것에 저항하게 될 수도 있다는 사실을 받아들인다. 이러한 저항은 교사들이 프로그램을 처음으로 만들어 내고 개발하는 숙의의 과정에 참여하게 함으로써 피할 수 있다. 이러한 사실을 알고 있는 교육과정 지도자는 프로그램 변화에 관한 결정에 하급자가 참여하는 것을 허락해 줌으로써 하급자와 자신들의 힘을 분담하게 된다. 교육과정 지도자가 이러한 전략을 취할 때, 교사는 혁신을 자진해서 받아들이게 되고 혁신에 대한 사명 의식과 헌신적 태도를 취하게 된다. 따라서 힘의 균형화는 여러 조직변화이론의 주요한 개념이 되어 왔다. 힘의 균등화는 창의적인 변화에 필요한 전제로서 초기의 하위 목적으로 구성된다.

ORC 모형을 사용하는 교육과정 지도자들은 교사들의 관심을 확인하고 동시에 다룰 수 있어야 한다는 사실을 깨달아야 한다. 사실 어떤 사람들은 ORC 같은 모형을 이후에 다룰 '관심 기반 채택 모형(concerns-based adoption model)'으로 분류한다. 이런 접근의 가설은 조직들이 변화할 수 있기 전에 개인을 변화시켜야 한다는 것이다. 또한 변화는 매우 개인적인 경험이며, 변화 혹은 실행 과정을 통해서 발현되는 개인적 인격이 반드시 고려되어야 한다. 게다가 도입된 변화는 당사자들이 해석하는 것처럼 교사나 다른 교육과정 실행자들의 요구를 고려한다.[59)]

학교와 대학에서의 혁신의 실행에 관한 연구에서 Hall과 Loucks는 관심은 다음과 같이 네 개의 광범한 발달 단계로 나뉠 수 있다고 밝힌 바 있다.

- *단계 1. 무관한 관심*: 이 수준에서 교사는

자기 자신과 제안된 변화 간의 관계성을 인식하지 못한다. 예를 들어, 새로운 과학 프로그램이 학교에서 만들어지고 있다면, 이 단계에서 교사는 그 노력을 알고는 있지만 자기가 그 노력에 의해 영향을 받거나 그것과 관련될 것이라는 사실을 전혀 고려하지 않는다. 교사는 그 변화에 저항조차 하지 않는다. 왜냐하면 그는 실제로 그 변화가 자신의 개인적 혹은 전문적 영역에 영향을 미친다는 것을 인식하지 못하기 때문이다.

• *단계 2. 개인적 관심*: 이 단계에서 개인은 자기의 개인적 상황과 관련지어 혁신에 반응하게 된다. 교사는 새로운 프로그램을 기존의 프로그램, 특히 자기가 행하고 있는 것에 비교하는 데 관심이 있다. 과학의 예에서 교사는 자기가 새로운 프로그램과 관련이 있다는 것을 깨달으며 자신이 그 혁신에 맞게 얼마나 훌륭하게 가르칠 수 있을까라는 의문을 품게 된다.

• *단계 3. 과제 관련 관심*: 이 수준에서 관심은 학급에 혁신을 실제적으로 사용하는 일과 관련된다. 계속해서 과학의 예를 들면, 교사는 이제 새로운 프로그램을 교실에서 실제로 실행하는 방법에 관심을 가지게 된다. 이러한 새로운 프로그램을 가르치는 데 얼마나 많은 시간이 필요할까? 적절한 자료는 준비되어 있는가? 새로운 프로그램을 가르치는 데 필요한 최선의 전략은 무엇인가?

• *단계 4. 영향 관련 관심*: 이 단계에 도달하면 교사는 혁신이 다른 사람, 즉 전체적인 조직에 어떤 영향을 줄 것인가에 더 많은 관심을 가진다. 교사는 새로운 프로그램이 학생, 동료, 공동체에 어떠한 영향을 미칠 것인가에 관심이 있다. 교사는 또한 자기가 가르치고 있는 프로그램의 영향을 결정하기를 원하기도 한다. 예를 들면, 새로운 과학 프로그램은 학생이 미래 세계에서 잘 살 수 있도록 할 것인가?[60)]

ORC 모형으로 일을 할 때 교육자는 2, 3, 4단계의 관심을 직접적으로 다루어야 한다. 만약, 교육자가 그 단계에 대한 관심을 무시한다면, 사람은 그 혁신을 받아들이지 않거나 그 프로그램의 개념이 의도하지 않은 방향으로 프로그램을 다루게 되는 일이 벌어진다. 그러한 관심은 교육과정 지도자가 모든 교사진에게 혁신에 대해 알려 주고, 그 혁신의 초기 결정 단계에 그들을 참여시키는 노력 속에서 실제 드러난다. 관심을 분담하기 위해, 그러한 관심을 다루는 데 필요한 전략을 구상하기 위해 교사를 소집할 때도 있다. 때로는 자유 응답 질문을 허락하는 질문지를 통해 정보를 얻을 수도 있다. 관심을 분담하였을 때 프로그램에 불안을 느꼈던 교사는 실제로 두려워할 것이 아무것도 없다는 것을 알게 된다. 이것은 그들이 변화를 도모할 필요가 없다는 의미가 아니다. 아마도 교사는 그러한 과정에서 자신들의 전략을 바꾸어야 하고, 앞으로 다른 내용을 가르치게 될 것이라는 사실을 알게 될 수도 있다. 그러나 교사는 관심을 분담함으로써 그들 자신이 의도된 방향으로 새로운 프로그램을 실행하기 위하여 필요한 변화를 꾀할 수 있다는 생각을 하게 된다.

2) 조직적 발달 모형

Schmuck과 Miles는 교육적 개선에 대한 많은 접근은 지도자가 합리적 과정을 통하여 그것이 채택되어야 한다는 생각을 견지하기 때문에 성공하지 못한다는 입장을 지지하였다. 이러한 입장은 지도자가 혁신과 보급의 기술적 측면에 지나치게 의존하게 만든다는 것이다. 이러한 지도자들은 지역 교육구의 체제적 속성은 항상적이라고 생각한다. 지도자는 조직은 자기 갱생을 필요로 한다거나 해당 교육구는 환경과의 상호 작용을 통하여 변화되었다는 사실을 인식하지 못한다. Schmuck과 Miles은 조직적 발달(organizational development: OD)을 보다 나은 접근 방법으로 제안하였다.[61] 조직적 발달은 조직 내에서 변화와 개선을 유발하기 위한 특별한 접근을 가리킨다. 그것은 특히 협동적인 진단과 관리를 통해서 조직의 문제 해결과 갱생의 과정을 개선하기 위한 장기간의 노력으로 팀워크와 조직 문화가 강조된다.

French와 Bell은 조직에서 방해가 되는 전통적인 방식과는 대조되는 조직적 발달의 특징을 다음과 같이 일곱 가지로 제시한다.

① 문제를 알리기 위한 작업 팀에 대한 강조
② 집단과 집단 간 과정에 대한 강조
③ 실행 연구의 사용
④ 협동을 지배적 문화로 강조
⑤ 전체 체제의 한 부분으로서 문화에 대한 인식
⑥ 상담자-촉진자로서 조직 책임자의 개념
⑦ 지속적으로 변화하는 환경 속에서 조직이 발달하는 역동성에 대한 인식[62]

조직적 발달 모형은 교육과정 실행 과정을 지속적인 상호 작용 과정으로 본다. 조직적 발달 모형의 이러한 강조는 현재 교육과정을 '상연되는' 것으로 보는 비기술적인 교육과정 접근 방법과 일맥상통한다. 이러한 역동적이며 생성적인 특징 때문에 조직적 발달 모형은 S유형 전략 계획으로 인식되기도 한다.[63] Kaufman은 이런 유형의 전략 계획은 교육과정에 관한 현재와 미래의 요구와 기회를 알려 주며 개인 및 조직의 요구를 알려 준다는 점을 지적한다. 여기에서 S는 사회를 뜻한다. 이런 접근을 적용하고자 할 때 설계자들은 '무엇인지'와 '무엇을 할 수 있는지'의 질문을 제기할 뿐만 아니라 다가오는 역동적인 미래에 '무엇이 적절한지'에 관한 질문도 제기한다. 실행은 무엇을 할 수 있는가가 아니라 무엇을 해야 하는가를 다루는 것으로 인식된다.

교육과정 실행에 대한 이런 접근의 주요 가설은 미래가 개인에게 달려 있다는 것이다. 따라서 개인은 교육 체제를 설계, 개발, 실행, 평가하는 데 적극적으로 참여해야 한다. 개인은 학생과 교사가 그들의 목적과 목표를 달성하게 해 주고, 궁극적으로는 그들이 사회의 개선을 위한 새로운 사명을 인식할 수 있도록 하는 혁신적인 교육

과정을 실행하기 원한다.[64)]

어떤 사람들은 미래는 오직 개인에게 달린 문제며, 사람은 조직의 목적, 다시 말하여 학교와 교육과정을 위하여 서로 협력하도록 운명지어졌다는 조직적 발달 모형의 가정에 이의를 제기한다. 조직적 발달 모형을 비판하는 사람은 학교는 그 구성원 간의 협력과 조화가 지원되도록 설계되어 있지 않으며 협력과 조화가 언제나 좋은 것은 아니라고 말한다.[65)] 갈등이 언제나 조직을 분열시키고 불건전하게 만드는 것은 아니다. 갈등은 교사들에게 그들이 선호하는 신념에 직접 대면할 수 있게 해 준다. 물론, 그런 갈등이 생산적인 것으로 되는 것은 모든 교육자가 상호 신뢰감을 가지고 상호 비판과 대립 속에서 다른 사람의 의견과 행위를 존중해 주며 자신과 대립하는 사람의 좋은 의도를 인식할 수 있는 진리 공동체로서 학교가 존재하는 한에서만 가능한 일이다.[66)] 조직적 발달 모형은 사람이 자신의 생각을 솔직히 말하거나 진심으로 경청하는 것을 두려워하는 환경을 만들지 않는 전문적인 경쟁의 규범이 작용하는 학교 환경을 필요로 한다.[67)]

학교 또는 체제에서 '모든 것이 옳다.' 는 태도를 가지고 교육과정 실행에 접근하는 것은 전체와 개별 교사 모두를 존중하는 것을 의미한다. 교육과정 지식은 교사와 학생에 의해 개인적으로 경험되며 공유된다. 성공적인 교육과정 실행 혹은 상연에서 사람은 그들의 주관적인 차원을 이해하고 받아들이게 된다.

교육과정 개발과 마찬가지로 교육과정 실행은 인간적 활동이며, 사람을 바퀴 속에 있는 톱니처럼 취급하는 기계적 과정이 아니다. 교육과정을 조직적 발달 또는 교육과정 상연으로 보는 것은 실행은 결코 종료되지 않는다는 사실을 받아들일 것을 요구한다. 실행하고자 하는 새로운 프로그램, 새로운 자료와 방법을 구안하는 새로운 아이디어와 호기심으로 가득 찬 학생은 언제나 존재한다. 교육과정 실행은 본질적으로 교육과정이 상연되는 극장이다. 교육과정을 지속적으로 상연하는 것은 전인적 발달과 관련된 경험을 제공함으로써 교사와 학생을 각자의 성장에 참여시키는 것을 의미한다. '새로운 프로그램을 가르치는 동안' 일어나는 다양한 장면은 학습이 최적으로 일어날 수 있도록 구성된다.

3) 관심 기반 채택 모형

관심 기반 채택 모형(concerns-based adoption model)은 조직적 발달 모형과 매우 밀접하게 관련된다. 한 가지 주요한 차이는 학교와 학교 체제 내의 개인을 어떻게 보는가와 관련된다. 관심에 기초한 채택 모형은 모든 변화의 바탕을 개인에게 둔다. 즉, 개인이 변하고 개인의 변화된 행동을 통해서 제도도 변한다. 변화는 개인의 관심사가 드러날 때 일어난다. 모든 변화는 개인적이며, 개인에게 변화가 일어나기 위해서는 개인이 관심과 그 변화 과정에 대한 소유 의식을 가지고 있어야 한다. 더구나 그들은 실행의 결과를 자신의 전문적 영역에 대한 자신의 영향의 결과로 볼 수 있어야 한다. 변화는 개별적으로 일어나며 변화의 전 과정에 걸쳐 개인이 관련되기 때문에 개인은 변화가 느린 과정이라는 것을 깨달을 필요가 있다. 즉, 그것은 형태를 갖출 시간이 필요하다는 것이다. 개인은 새로운 기술을 배우고 새로운 태도를 형성할 수 있는 시간이 필요하다.[68)]

이러한 실행 모형의 다른 중요한 차이점은 채택이라는 개념에 있다. 이 모형은 채택의 국면, 즉 실행의 국면에 초점이 맞추어져 있다. 이것은 교육과정 활동에서 교육과정의 개발이나 설계에 초점이 있는 것이 아니다. 이것은 교육과정은 교사와 교육 관련자에 의하여 이미 개발되고 선정되었다는 것을 가정한다. 이러한 상황에서 초점은 교사가 그 교육과정을 '자기 자신의 것으로' 채택하도록 하는 데 있다.[69)] 말하자면 이 모형은 말 그대로 '실행' 모형이다. 이 모형은 교육과정을 사용할 준비가 완료된 자료로 간주하며, 교사를 사용자 체제의 일원으로 간주한다. 사용자가 자료와 교육과정을 가르칠 준비를 하도록 하기 위해서 교육과정 실행을 책임지고 있는 사람은 교사의 관심사를 찾아야 하고 그것을 부각시켜야 한다. 이를 위해 자료 수집이 필요하다.

경험 있는 현직 교사에게 예비 교사들의 진화하는 과정을 연구하게 한 F. F Fuller의 연구 결과는 이 모형의 개념적인 토대를 제공해 주었다. 그녀의 연구에 의하면 예비 교사의 관심은 자기 자신에서 시작하여 가르치는 일을 거쳐 학생에게로 이동하는 계열을 따른다.[70)] Lieberman과 Miller는 교사와 함께한 연구에서 교사의 관심의 변화가 비슷한 경로를 따른다는 사실을 알아냈다.[71)] 자기에 대한 관심 이전에 두 단계의 관심이 있다는 사실을 밝혀낸 연구자도 있다. 첫째 관심은 혁신에 대하여 인식하는 단계며, 둘째 관심은 혁신이 자기 자신에게 영향을 미칠 것이라는 것을 알지 못하면서도 그것에 대한 학습을 자극할 정도의 정보를 가지고 있는 단계다. 이런 두 단계를 인정한다면 Fuller의 첫째 단계는 단계 3이 된다. 이 단계에서 교사는 혁신을 실질적으로 실행할 수 있는 지식과 기능을 자신이 가지고 있는지 스스로 의심하게 된다. 단계 4에서 교사는 프로그램을 성공적으로 실행할 수 있는 시간과 자료를 다룰 수 있는 방법과 프로그램을 실제로 가르치는 방법에 관해 계획을 하게 된다. Fuller의 3단계, 즉 우리가 취하는 모형의 마지막 단계인 5단계는 교사가 그들의 관심을 새로운 교육과정이 학생의 학습에 어떻게 영향을 미치는가에 초점을 맞추는 단계다. [그림 10-3]은 이것을 보여 준다.

이미 언급한 바와 같이 이 모형은 관심과 채택에 초점을 맞추고 있다. 일단 교사의 관심사가 성공적으로 드러나면 교육과정은 실행된다. 그러나 사람들은 이 모형을 어떻게 활용할 것인지에 관심을 가진다. 교사는 새로운 교육과정이 채

① 혁신에 대한 인식
② 정보 수준의 인식
③ 자신에 대한 관심
④ 교수에 관한 관심
⑤ 학생에 대한 관심

[그림 10-3] 혁신의 실행과 관련된 관심의 단계

출처: Collin J. Marsh and George Willis, *Curriculum: Alternative Approaches, Ongoing Issues*, 3rd ed. (Columbus, Ohio: Merrill, Prentice Hall, 2003).

택되지 않아서 새롭게 할 일이 없기를 희망한다. 동시에 교사는 새로운 교육과정을 단순히 받아들여 기계적으로 그것을 가르치는 것도 바라지 않는다. 교사는 교육과정과 관련하여 창의적이어야 하고, 필요하면 그것을 고치기도 하며, 특정 학생에게 적합하도록 만들어야 한다. 더 나아가 교사는 새로운 교육과정에 대하여 주도권을 가져야 하고, 전체 학교 프로그램의 이익에 전적으로 부합하는 교육과정이 무엇인가를 동료와 창의적으로 협력하여 논의할 수 있는 기회를 가져야 한다. 교사는 새로운 교육과정이 수업에서 실행되는 것을 참관하기 위해 교실을 방문하는 교장, 장학사, 다른 일반 교사에게 문의함으로써 활용의 수준과 유형에 관한 자료를 수집한다. 부차적인 자료는 교사와 학생의 면담으로 얻을 수 있다. 다양한 교육과정 구성 요소의 활용 수준과 유형이 평가될 수 있을 뿐 아니라, 학교의 의사 결정자는 새로운 교육과정의 어떤 측면이 무시될 수 있는지를 결정할 수 있다. 그런 자료는 앞으로의 현직 교사 교육에 필요한 것이 무엇인지, 혹은 혁신적인 교육과정에서 어느 정도의 수정이 필요한지를 결정하는 데에도 중요하다.[72)]

4) 조직의 구성 요소, 구성 단위 및 연결 고리

조직적 발달 모형과 관심 기반 채택 모형은 둘 다 체제적 사고에 의존한다. 이 두 모형은 관계의 체제로 정의할 수 있는 조직 내에서 수행되는 것으로 간주한다. 다양한 구성 요소를 하나의 전체로 이끌어 가는 체제가 없다면 조직체는 있을 수 없다는 것이다. 다시 말해, 단지 자유롭게 둥둥 떠다니는 구성 요소만이 있을 뿐이라는 것이다. 학교나 학교 지역구에 있는 사람은 서로 연관되어 있다. 조직의 구성 요소인 사람들의 책임 영역 사이에는 중복되는 영역이 있다. 상호 작용이나 중복은 이런 집단 간에 존재한다. Rensis Rikert에 의하면 이렇게 중복되는 영역 속에서 일하는 사람들은 '연결 고리'의 역할을 수행한다. 연결 고리라는 개념은 팀워크와 조직 발달의 개념과 일치한다. 연결 고리라는 말이 시사하는 바와 같이 이러한 작업 팀의 역동적인 상호 작용은 양쪽 집단에 속한 사람들의 태도와 행동에 막강한 영향을 미친다.[73)]

이것은 상위 팀에 속하는 사람들이 하위 팀에 속하는 사람과 같이 일하는 방식이 하위 팀의 사람에게 영향을 미친다는 것을 의미한다. 만약 혁신의 주된 책임을 맡고 있는 사람이 그들 팀의 실천가들을 존경하고 후원하며 신뢰감을 가지고 대한다면, 그들 또한 자신의 조직 내에서 다른 사람들과 상호 작용할 때 그와 유사한 태도를 보인다는 것이다. 이것은 상시적 집단이든 임시적 집단이든 모두에게 적용되어 문화 전체에 영향이 미친다.

교육자들은 학교는 실질적으로 느슨하게 연결된 구성 단위들, 즉 부서, 교실, 사람들로 이루어지는 하나의 조직체라는 사실을 깨닫고 있다. 또한 이러한 부분은 유연한 관계를 가지고 있다. 중앙 행정부가 정해져 있지만 중앙에서 모든 학교를 통제하는 것은 어려우며, 특히 교실에서 일어나는 일에 대해서는 더욱 그렇다. 이러한 이유로 교육과정 변화가 중앙 부서에서 나오는 칙령처럼 실행되는 것은 어렵다.

조직체 내의 계획된 변화, 즉 우리가 처한 현 상황에서 학교는 어느 한쪽 팀이 지거나 이기는 경기가 아니라 양쪽 팀 모두가 이길 수 있는 경기로 인식되어야 한다. 변화를 실행할 때 사람과 집단 간, 심지어 부서 간에 갈등의 가능성이 생긴다. 비록, 갈등이 일어나더라도 그것은 반드시 해결되고, 결과적으로 사람들은 그들 모두가 승자라는 사실을 깨닫게 된다. 학교에서 실행되고 있는 새로운 프로그램은 관련된 사람들, 즉 학생, 교사, 간부, 교장 모두에게 이익을 얻을 수 있는 기회를 제공한다. 그러나 성공적인 실행은 에너지, 시간, 인내를 요구한다. 실행이 성공적이기 위해서는 장기간의 시간과 많은 참여, 그리고 사람과 부서 간의 협조를 요구하는 노력이 필요하다(교육과정 도움말 10-2 참조).

5) 교육적 변화 모형

비록, 여러 가지 실행 모형이 있다고 하더라도, 그 모형을 활용하는 효율성은 우리가 실행의 전체 개념을 얼마나 잘 이해하느냐에 상당 부분 달려 있다. Michael Fullan은 실행에 영향을 끼치는 주요 요인에 대해 논의하였다.[74] 〈표 10-1〉은 이러한 요인을 열거하고 있다. 그것은 교육과정 연구자에게 많은 도움을 줄 것이다.

새로운 교육과정을 실행하고자 하는 사람들은 고려 중인 변화의 특성을 이해할 필요가 있다. 사람들은 종종 변화에 대한 '요구'가 알려지지 않고, 설령 알려진다고 하더라도 변화에 의해 영향을 받을 사람들이 그것을 수용하려 들지 않기 때문에 혁신에 저항한다. 요구는 우리가 가지고 있는 가치에 의해서 영향을 받는다. 사람이 변화를 자신의 가치와 일치시킬 때 그들은 제안된 혁신을 훨씬 더 기꺼이 수용하고자 할 것이다.

그 프로그램이 무엇을 할 것인지, 그리고 무엇을 포함하고 있는지는 혁신과 관련해서 제기되는 두 가지 질문이다. 사람들은 혁신의 목표가

〈표 10-1〉 실행에 영향을 끼치는 요인

A. 변화의 특성
- ① 변화에 대한 요구와 적절성
- ② 명료성
- ③ 복잡성
- ④ 프로그램의 질과 실용성

B. 학교 지역구 수준에서의 특성
- ⑤ 혁신적 시도의 역사
- ⑥ 채택 과정
- ⑦ 중앙 행정부의 지지와 관여
- ⑧ 교사의 능력 개발(현직 연수와 참여)
- ⑨ 시간과 정보 체계
- ⑩ 위원회와 공동체의 특성

C. 학교 수준에서의 특성
- ⑪ 교장의 특성과 지도력
- ⑫ 교사의 특성과 동료 관계
- ⑬ 학생의 특성과 요구

D. 지역 체제 외부의 특성
- ⑭ 정부 기관의 역할
- ⑮ 외부 기금

출처: Michael Fullan, *The New Meaning of Educational Change*, 2nd ed. (New York: Teachers College Press, Columbia University, 1991).

교육과정 도움말 10-2

변화를 증진시키기 위한 창의적 지혜

인간 평등은 교육과정 실행에서 중요한 고려 사항이다. 변화의 대리인과 변화의 지도자는 사람을 이해해야 하며 그들이 어떻게 변화에 반응하는지에 대해서도 알아야 한다. 다음에 고려해야 할 몇 가지 틀에 박히지 않은 아이디어를 제시한다.

① **확실함에서 모호함으로 나아가라.** 당신이 실행을 시작하기 전에 모든 것이 제자리에 있다고 확신하는 대신에 몇 가지 기대되지 않은 일들이 일어날 것이라고 인식하라.

② **질서 속에서 몇 가지 무질서를 허락하라.** 실행이라는 여행을 할 때 뜻밖의 횡재나 놀라움, 약간의 무질서에 대한 시간을 허락하라. '계획된 무질서'를 다룰 때 우리는 우리의 실행 순서를 창의적으로 수정하도록 자극하거나 결코 가능하리라고 상상하지 못하였던 관계를 가능하게 할 수도 있다.

③ **사적인 것을 뛰어넘어 행동으로 보여 주어라.** 우리가 개인적인 의견 차이를 드러내는 것보다는 행동이나 실제적 쟁점을 보여 준다면 사람들은 새로운 아이디어를 적극적으로 개진하려고 할 것이다. 어떤 사람이 전문가답지 않게 행동하고 변화에 저항하고 있다고 말하는 대신에 그가 해당 쟁점과 관련된 이의를 제기하고 있다고 말하라.

④ **변화에 저항하는 것은 피해자들이 그렇게 한다는 것을 명심하라.** 사람은 변화 과정에서 동조하거나 피해자가 되기를 원하지 않는다. 사람들을 혁신의 파트너로 만들어 주는 것은 자신이 희생이 될 수도 있다는 피해의식을 줄일 수 있다.

⑤ **자신의 진실성을 구축하기 위해 자신의 오류 가능성을 이용하라.** 변화를 효율적으로 관리하는 사람은 자신도 인간이고 오류를 범할 수 있다는 사실을 깨닫는다. 모든 일을 알고 있는 사람은 다른 쪽에 대해서 알고 있는 더 현명한 사람에게 미소를 보낼 수 있다. 그러나 여전히 나쁜 것은 박식한 사람에게 화를 내는 것이다. 자신의 실수를 인정하고 심지어 미래의 수행 과정에서 일어날 수 있는 실수를 예시하는 사람은 혁신의 강력한 지도자로 받아들일 수 있다.

⑥ **민감하라.** 자신의 오류 가능성을 깨닫는 사람은 다른 사람에게 더욱더 민감해지기 쉽다. 그들은 사람들과 허심탄회하고 정직한 방식으로 상호 작용하며 사람을 진심으로 대한다. 그들은 자신의 공간과 다른 사람들의 개인적인 영역을 인정한다.

⑦ **일시성을 영속성으로 한 단계 높여라.** 어떤 새로운 프로그램은 특정 기간 동안 특정 관객을 위해 설계된다. 시간과 관객은 변하며, 아무리 최고의 프로그램도 변하고 폐기될 수도 있다.

⑧ **유머를 가져라.** 교육과정 실행 과정에서 시간 낭비와 실패가 삶에 치명적인 영향을 미치는 것은 아니라는 사실을 기억하라. 교육은 진지한 과정이지만 어느 정도의 유머는 허락된다. 놓친 기회에서 유머를 찾을 수 있는 사람과 스스로에 대하여 웃을 수 있는 사람은 연속적 과정으로서 실행에 훨씬 더 적극적으로 참여하게 될 것이다.

출처: Thomas L. Quick, *Unconventional Wisdom* (San Francisco: Jossey-Bass, 1989).

무엇인지, 어떻게 그 목표가 실행될 것인지에 대해서 알기를 원한다. 목표와 수단의 '명료성' 은 어떤 변화 활동에서 언제나 제기되는 문제다.[75] 만약 우리가 제안된 혁신이 가치가 있다고 다른 사람을 설득하려 한다면, 우리는 처음부터 목표가 무엇인지 명료하게 밝혀야 하며 사람이 어떻게 관련되는지를 명확하게 상술해야 한다. 사람은 왜 특정 혁신이 실제로 기존의 것과 다른지에 대해 명확하게 제시하지 못하는 경우가 많다.

'복잡성' 은 어려움과 관련되며 많은 요소와 연관되어 있다. 교육과정 개발에 경험이 있는 사람에게는 광범위한 변화가 오히려 쉬운 것으로 인식될 수도 있다. 경험이 없는 사람에게는 동일한 변화도 상당한 도전으로 인식될 수 있다. 대부분의 조직에서 이상으로 삼는 것은 'KISS', 즉 '변화는 짧고 간결하게 하라.' 다. 그러나 간결한 변화는 덜 만족스러울 수 있다. 간결한 변화는 종종 많은 차이를 만들어 내지 못한다. 우리는 혁신을 있는 그대로 받아들이고 혁신의 어려움의 정도를 실제적으로 인식할 필요가 있다.

혁신을 받아들이기 위해서 사람들은 혁신의 '질, 가치, 실용성' 을 인지할 필요가 있다. 어떤 교육과정 혁신이든 명백한 질적 성격을 가지고 있지만 대부분의 교육과정 개발자들은 실용성 때문에 이 점을 흔히 간과한다. 생각은 건전하나 교사는 제안된 것을 실행할 시간을 가지지 못한다. 만약, 교육과정 실행의 책임자가 교사들에게 필요한 자료를 준비할 수 있다는 확신을 가지는 경우 교육과정이 우연적으로 실행되는 경우도 종종 있다. 그러한 새로운 프로그램 속에서 교사는 종종 질문에 답해 줄 기술 또는 지원 인력이 없다는 것을 깨닫게 된다.

교육과정 실행은 '거리의 쇼' 나 마찬가지다. 우리는 모두 안타를 치기를 바란다. 변화의 특성을 인식하는 것은 안타를 보장해 주지는 못해도 그 가능성을 높일 수 있다. 우리는 〈표 10-2〉에서 언급한 주요 실천가뿐만 아니라 학교 지역구와 학교의 특성, 그리고 경기가 이루어질 공동체의 특성을 기억해 둘 필요가 있다.

새로운 교육과정의 성공 여부는 그것의 개발과 실천을 계획한 사람들이 얼마나 교사와 학생들의 요구를 인식하고 있는가에 주로 달려 있다. 어떤 접근 방법에 입각하여 교육과정을 개발하든 간에 개발된 프로그램이 학생의 어떤 요구를 반영하고 있는가를 이해하는 데에 관심을 가져야 한다. 교육과정 실행에서 사람은 교사가 새로운 교육과정을 수용하기 위해 무엇을 요구하는지에 대해서도 주의를 기울일 필요가 있다.

요구라고 하는 것은 가치 있는 일이 일어나기 위해서 개인이 필수적으로 가져야 할, 배워야 할, 또는 이해해야 할 것이다. 요구는 사람이 채우고 싶어 하는 결핍을 가리킨다. 요구를 결핍으로 인식하는 것은 요구를 지나치게 부정적인 것으로 보는 것일 수도 있다. 요구는 사람들에 의하여 인정되고 수용되는 현재의 상태와 지향하는 상태 사이의 불일치로 정의할 수도 있다. 요구는 일단 현재의 상태를 기술하고 이후에 그것을 지향하는 것과 비교하게 만든다.[76]

교육과정 개발을 완벽하게 마무리 지을 수 없는 것처럼 교육과정 실행 또한 완벽하게 이루어

〈표 10-2〉 교육과정 실행 모형의 개관

모 형	저 자	가 정	주요 실천가	변화 유형과의 관계
변화에 대한 저항 극복 모형	Neal Gross	• 변화에 대한 저항은 혁신 활동의 초기에 저항을 극복하기 위한 자연적인 요구다. • 직원들의 관심은 알려져야 한다.	• 경영자들 • 감독자들 • 교사들 • 장학사들	• 힘 전략 • 경험적 전략 • 계획된 변화
조직적 발달 모형	Richard Schmuck & Matthew Miles	• 하향식 접근(수직적 조직)은 조직 문화를 강조한다. • 실행은 지속적인 상호 작용 과정이다.	• 경영자들 • 감독자들 • 장학사들	• 경험적 · 합리적 변화 • 계획된 변화
관심 기반 채택 모형	F. F. Fuller	• 변화는 학교 문화를 개인적으로 강조한다.	• 교사들	• 경험적 변화 • 계획된 변화
조직의 구성 요소, 구성 단위, 연결 고리	Rensis Rikert Chris Argyris	• 조직의 부분, 구성 단위, 그리고 부서는 전체로 구성되어 있다. • 사람들과 집단 실행을 연관시키는 것은 조정 행위에 있다.	• 경영자들 • 감독자들 • 교사들 • 장학사들	• 규범적 · 합리적 변화 • 계획된 변화
교육적 변화 모형	Michael Fullan	• 성공적인 변화는 요구, 명료성, 약간의 복잡성 그리고 프로그램의 질을 포함한다.	• 경영자들 • 교사들 • 학생들 • 학교위원회 • 공동체 및 정부의 구성원	• 중앙 집중적 정책 • 외적/내적 요인들

진 적이 없다. 체제는 역동적이고 사건들과 인간의 행위는 생성적인 것이기 때문에 사람은 무엇을 알리고 지속시키며 변화시켜야 할지를 결정하기 위해서 요구 분석에 대한 자료를 끊임없이 수집해야 한다. 요구 분석은 교육과정 개발이나 실행 이전에 이루어지는 것이지만, 그 또한 평가 과정의 일부다. 이 점에 대해서는 다음 장에서 논의하겠다.

요구 분석은 간헐적인 과정보다는 지속적인 과정으로 이루어질 때 교육과정 개선에 기여하게 된다. 요구 분석은 교육과정 계획과 변화 과정에 필수적이다. 그러나 수집된 자료의 질은 자료의 수집 방법과 처리된 자료의 유형에 의해 어느 정도 결정된다. 이상적으로 자료는 학생과 교사의 수행을 보여 주는 것이어야 한다. 요구 분석은 의견과 이해, 욕구에 대한 정보를 제공해야 한다. 그것은 개발자와 실행자가 새로운 프로그램에 활기를 불어넣은 사회적 상황에 대한 그림을 그릴 수 있도록 해 주어야 한다.[77)]

프로그램 계획자와 실행자가 결정을 내릴 수 있게 만드는 자료를 수집하는 방법은 다양하다. 시험 결과의 분석이 교육과정 개발의 초기 단계에서 요구 분석으로 사용된다. 질문지법, 전화 인터뷰, 경청 또한 계획의 시작 단계에서 자료를 제공해 준다. 자료 수집의 이러한 방법은 실행 단계에서도 적합하다.

실행의 조정 단계에서 사람들은 학생들이 새로운 교육과정과 얼마나 잘 상호 작용하고 있는지에 대한 자료를 제공하기 위해서 상업용, 또는 교사가 직접 만든 다양한 시험지를 사용할 수 있다. 교사들이 새로운 교육과정을 가르칠 때 반응을 얻기 위해 간단한 보고 발표회를 할 수도 있다. 이러한 노력은 단기적인 노력의 하나다. 새로운 프로그램이 발표되었을 때 논의할 수 있고 분석할 수 있는 이야기 자료를 제공하기 위하여 비디오카메라를 사용할 수도 있다.

요구 분석은 교육과정 실행과 관련된 사람, 즉 교사, 학생, 지원 인력, 그리고 심지어 공동체 구성원의 의향을 알아볼 수 있게 해 준다. 대다수 실천가의 취향을 점검하는 것은 실행자가 그 프로그램이 살아 있고 계획대로 혹은 예기치 않은 것에 대해서도 잘 작동하고 있는지를 결정할 수 있는 최적의 심장 박동 수를 알게 해 준다. 교육과정의 전체적인 계획과 실행 과정에서 요구 분석을 포함시키라는 주장은 결코 기술적인 접근 방법에 의거한 것이 아니다. 그것은 실행에서 일들이 어떻게 진행되고 있는지에 대한 감각을 우리가 가져야 한다는 것을 의미한다. 즉흥적인 재즈 연주에서 연주자들은 그들 자신뿐만 아니라 다른 연주자의 연주에도 귀를 기울일 필요가 있다. 그들은 다른 사람의 공연과 비교해서 자신들의 공연을 평가할 필요가 있다. 요구 분석은 그것을 가능하게 해 준다. 요구 분석은 우리가 훌륭한 재즈 연주가가 될 수 있도록 해 주며, 지식인을 일깨우고 마음을 흥분시키는 즐거운 음악을 만들 수 있도록 해 준다.

4. 교육과정 변화 촉진자의 역할

변화에 대한 시도는 어떤 것이든 주요한 역할을 하는 사람을 필요로 한다. 이러한 역할을 하는 사람은 학생, 교사, 행정가, 상담자, 공무원, 대학 교수, 학부모, 일반 시민, 교육에 관심을 가진 정치인 등이다. 흔히 이런 사람은 자신의 능력에 따라 변화 과정에서 다양한 시기에 다양한 역할을 수행할 수 있다. 또 어떤 사람은 상담가, 연구자 혹은 체제 전문가로서 특별한 역할을 떠맡도록 공식적으로 교육을 받게 된다. 흔히 어떤 사람이 가지는 직무는 변화 과정에서 역할을 수행하는 데 필요한 전문적 지식을 획득할 수 있게 해 준다.

어떤 사람은 변화 과정을 주도하고 특정 요구에 대한 반응을 유발하는 것을 담당해야 한다. 교육계에 있는 사람은 누구든지 발의자가 될 수 있다. 행정적 위계의 상위자일수록 그 역할 때문에 발의자로 봉사할 기회가 많아진다.

때때로 학교 지역구는 내적 발의자나 변화 촉진자가 될 수 있는 1인 이상의 사람을 고용한다. 이런 사람은 문제, 요구, 주의를 요하는 결핍을 찾아내기 위하여 현재의 상황을 조사할 책임을 진다. 그들은 논문을 쓰거나 특별한 쟁점을 분석하기 위하여 특별위원회를 구성하는 일, 제안을 제출하거나 교사에게 어떤 행위에 관심을 표명하도록 간단한 메모를 보내는 일 등을 통하여 다른 사람이 변화에 대하여 생각하도록 할 수 있다.

어떤 경우에 발의자는 변화의 노력 전반에 걸쳐서 계속 참여하기도 한다. 발의자가 조직 내의 구성원일 때에는 이런 일이 생긴다. 또 어떤 발의자는 촉매자의 입장에 서지만 교육과정 변화 단계의 어디에도 적극적으로 참여하지 않는 경우도 있다. 가장 성공적인 변화 프로젝트는 발의자(개인이나 집단)에 의한 착수 단계를 가진다.

1) 학 생

교육자는 학생을 변화의 대리자로 전혀 생각하지 않는다. 우리는 초등 수준의 학생이라도 의미 있는 교육적 변화에 기여할 수 있다는 것을 깨닫기 시작하였다. 변화에 학생을 어떻게 개입시킬 것인가는 그들의 성숙 정도뿐만 아니라 우리가 고려하고 있는 변화의 범위와 복잡성에 따라 결정된다. 교사들이 새로운 교육과정을 성공적인 것으로 생각해야 하는 것과 마찬가지로 학생들도 프로그램에 적극적으로 참여해야 한다. 학생이 계획된 교육과정 활동이 자신에게 적합하지 않다고 생각한다면 그들은 참여하고 싶은 욕구나 동기를 가지기 어렵다. 이상적으로 우리는 학생들이 교육과정에 고도의 관심과 열정을 가지고 반응해 주기를 바란다.

우리는 학생이 학습을 스스로 잘 통제하도록 그들에게 권한을 부여해야 한다고 자주 생각하지만, 학습자에게 그들의 학교 경험의 본질을 결정하는 데 좀 더 적극적인 역할을 하게 할 능력을 획득할 수 있는 기회를 제공하는 문제에 대해서는 상대적으로 소극적이다. 학생들을 어떻게 개입시킬 것인가에 관한 연구는 여전히 미비하다. 학생이 혁신에 어떻게 반응하는가에 대한 정보가 많이 부족하기 때문이다.

변화의 노력 속에 학생을 개입시킨다는 것이 변화와 관련하여 일하는 교사와 학생이 학교의 교육과정에 대한 공부를 중단해야 한다는 것을 의미하지는 않는다. 자신들이 '무엇을', '어떻게' 배워야 하는지를 결정하는 행위에 참여하는 것은 학생들의 실제적 교육과정의 중요한 한 부분이다.

2) 발의자로서 교사

우리는 변화 과정에 교사들을 지속적으로 관련시키는 개혁의 시대에 살고 있다. 과거에 우리는 교사의 적극적인 참여를 말로만 주창하여 왔다. 이제 우리는 지식과 능력을 가진 교사가 교육과정 개선의 노력에 중심이며, 앞으로도 계속 중심이 되어야 한다는 사실을 깨달아야 한다. 교육철학적 견해와 상관없이 교사가 학생의 학습에 영향을 미치며 좋은 교사가 좋은 학습자를 육성한다는 사실에 대해서는 이견의 여지가 없다.

교육과정 실행에 공식적으로 관련되어 있지 않는 경우에도 교사는 그 실행에 관련된다. 교사는 어떤 경우에도 배제할 수 없다. 왜냐하면 교육과정 실행의 많은 부분이 교실에서 이루어지기 때문이다. 이제 우리는 이러한 교사를 교육과정 변화의 전체 과정과 관련시키고자 한다.

Henry Giroux에게는 교사는 프로그램의 개발과 실행의 추진을 생각하는 데에서 가장 필수적인 요소다. 교사는 반성적이어야 한다. 교사는 교육과정의 뒤에 있는 가정을 잘 알고 있으며, 교육과정 개발과 실행의 과정을 훨씬 더 효율적으로 만드는 데에 관여한다. 교육 조직 안에 있는 사람 가운데 가르치는 일의 실제에 대하여 가장 많이 알고 있는 사람은 교사다. 교사는 최상의 임상 전문가를 대표한다.[78)] 물론, 모든 교사가 개혁 혹은 변화에 적극적으로 관여하려는 것은 아니다. 그러나 교사는 교육과정 개발에 참여해 왔던 자신들의 동료와 외부 전문가들의 수행 결과를 수정하고 세밀하게 조정하는 데 참여한다.

앞에서 제시한 것처럼 교사를 변화에 헌신하도록 만드는 열쇠는 참여에 있다. 좋은 교육과정 개발은 협동적인 모험이다. 그러나 여기서 참여는 교사가 교육과정 개발 자문위원회에 참석하는 것 이상의 의미를 지닌다. 실행이 일어나기 위해서 많은 교사는 기능-훈련 워크숍을 경험할 필요가 있을 것이다. 진정한 교육적 개혁을 위해서는 전문성 개발이 필요하다. 교육개혁에 관한 모든 과대 선전에도 불구하고, 우리는 효율적인 교육과정과 수업을 위한 교사의 학습을 증진시키려는 노력은 하지 않는다. 우리는 여전히 하루 동안의 워크숍이나 연수 기간에만 의존한다. 우리는 여전히 연수 마지막 시간에 교사를 '전문가'로 만들어 준다고 거짓된 약속을 하는 '전문가'를 더 선호한다.

교사들이 새로운 교육과정을 실행하도록 하는 것은 패러다임의 전환을 요구한다. 현재 우리는 교사들에게 '속도를 올리게끔 하는' 인지 코칭 모형(cognitive coaching model)에 열중하는 것으로 보인다. 하지만 코칭은 훈련을 의미하는데, 좋은 교육, 혹은 새로운 교육과정에서의 효율적인 교수법은 훈련이 아니다. 교사는 자신들이 실행하는 새로운 게임은 새로운 형태의 축구 게임을 의미하는 것이 아니라는 것을 깨달아야 한다. 새로운 교육적 게임은 변화하는 실제의 불확실성과 교육과정 체제 내에서 발생하는 해체적 측면을 처리할 수 있는 탐구적이고 창의적인 자세를 필요로 한다. 교사는 교육체제 안에서 교육과정, 교수, 지식에 관한 다양한 관점을 개발하기 위한 지속적인 기회를 필요로 한다. 교사는 지적으로 확장될 필요가 있으며, 학교 교육과정의 본질, 목표, 범위에 도전하는 아이디어를 가지고 실행에 참여해야 한다.

3) 장학사

교육과정 개발과 실행의 과정은 감독을 받아야 한다. 누군가가 무엇이 일어나고 있는지를 조정해야 하며, 이들 행위가 적절한지의 여부를 결정해야 한다. 흔히 장학이라는 단어는 수업과 관계가 있다. 수업 장학은 중요하며, 특히 실행의 수준에서 그러하다. 그러나 장학은 교육과정 개발의 전 과정에 걸쳐 필요하다. 더욱이 실행 단계의 과정에서 교수 방법뿐만 아니라 실제로 전달되고 있는 내용에 대해서도 장학이 필요하다.

장학사는 방향과 안내를 제공하며 교사가 변화를 실행할 수 있는 기능을 가지도록 도와야 한다. 교육과정 개발과 실행을 감독하는 책임을 지고 있는 사람은 다른 사람의 일을 감독하거나 지도할 책임도 가진다. 여기에는 어떤 의사 결정, 특정 행위에의 참여, 변화의 노력에 관련된 사람과의 상호 작용 등이 요구된다.[79]

유능한 장학사들은 상황과 참여자에 따라 자신의 전술을 변경해야 한다는 것을 잘 알고 있다. 장학사는 능숙하고 경험 있는 교사에게는 많은 책임을 부과할 수 있다. 그러나 신임 교사들에게는 더 많은 구조적 도움을 제공해야 한다. 장학사들은 신임 교사진이 새로운 교육과정을 실행할 수 있도록 하기 위해 더 많은 장학사-교사 협의나 현직 연수를 계획할 필요가 있다.

Ronald Doll은 장학사들이 다음과 같은 세 가지 주요 과제를 가진다고 지적한다. 그것은 ① 교육 목적을 결정하고 그러한 목적이 프로그램의 전달 과정에서 잘 반영되는지를 보는 전문가의 행위에 대한 감독을 돕는 일, ② 민주적인 수업 지도성을 제공하는 일, ③ 학교 조직 내에서, 그리고 학교와 지역사회 간에 의사 전달의 통로를 열어 놓는 일이다.[80]

장학사들은 여러 가지 방법으로 자신들의 책임을 수행할 수 있다. 몇 가지 보편적인 방법은 교실 관찰, 시범 수업, 장학사-교사 협의, 직원 개발 모임, 교부금 등이다. 장학사들이 유능하다면 그 체제 내의 교사는 실행 예정인 새로운 프로그램에 전념하면서도 편안함을 느끼게 될 것이다. 교사는 만족하게 될 것이고, 조직은 원활하게 운영될 것이다.

4) 발의자로서 교장

교장은 프로그램의 개선에서 주요한 역할을 한다. 그야말로 교장의 지도성은 어떤 교육과정 개발과 실행이든 그 성공에 결정적인 요인으로 작용한다.[81] 교장은 조직의 분위기를 결정하며 변화에 관련된 사람들을 지원한다. 교장이 교사 사이에서 좋은 업무 관계를 조성하고 교사들이 새 프로그램을 만들고 실행하는 데 필요한 노력을 아끼지 않는다면 프로그램의 변화는 훨씬 쉽게 실행될 수 있다.

효율적인 교장은 교육 환경의 상호 관계를 조율한다. 교장은 새로운 프로그램에 대한 높은 관심과 열정이 일어나는 분위기를 촉진한다. 이상적으로 교장은 모든 교사와 지원 인력 간의 역동적인 조화를 도모한다.[82]

우리는 교장이 혁신적인 프로그램 실행의 성공에 중요한 요인임을 알고 있었지만, 수업 지도자뿐만 아니라 교육과정 지도자의 역할을 교장에게 부여한 것은 최근의 일이다. Berman과 McLaughlin은 자신의 수많은 혁신적인 프로젝트 연구에서 교장의 역할을 다음과 같이 지적하였다.

> 혁신적 프로젝트의 장단기적 성과에서 교장의 중요성은 아무리 말을 해도 지나치지 않을 것이다. 교사는 교장들이 어떤 프로그램을 싫어한다

는 것을 알게 되면 어떤 프로젝트든 좋은 성과를 거두기 어렵다는 것이다. 중립적이거나 무관심한 교장과 함께하는 어떤 프로젝트가 성취 목표 비율에서 좋은 점수를 받는 경우도 있다. 그러나 그러한 프로젝트에는 전형적으로 …… 미온적인 교장의 빈 자리를 대신해 주는 대단히 효율적인 프로젝트 책임자가 있었다. 무엇보다 교장의 적극적인 지원을 받는 프로젝트가 가장 잘 운영되는 것으로 보인다.[83)]

Barney Berlin 등은 중등학교 교장에 관한 연구에서 교장들이 교육과정 지도자로서 일을 한다는 것을 동의하는 상위 10개의 교육과정 기능을 결정하였다. 순위대로 제시하면 다음과 같다.

① 새로운 교사를 위한 오리엔테이션 프로그램을 개발한다.
② 명확한 목적 및 목표 체계를 개발한다.
③ 교육과정 개발에 개별 부서를 참여시킨다.
④ 교육 구 내 학교 간의 의사소통을 촉진한다.
⑤ 교육과정에 관한 쟁점을 다룬다.
⑥ 교실의 교사를 방문한다.
⑦ 직원 개발 프로그램을 계획한다.
⑧ 교육과정 혁신에 대하여 보상한다.
⑨ 교사에게 도서관 및 매체 서비스의 활용을 격려한다.
⑩ 수업을 개선하기 위해 학교 환경을 수정한다.[84)]

이 목록은 10년보다 훨씬 전에 만들어졌지만 지금도 여전히 적절하다.

5) 교육과정 감독자

교육과정 감독자는 실행과 평가를 포함한 교육과정 개발의 전 과정에 관심을 갖는다. 대규모 학교 지역구는 교육과정 활동을 감독하는 종일제 감독자를 가지고 있다. 어떤 감독자들은 전체 유치원에서 12학년까지의 프로그램을 감독하지만, 어떤 학교 지역구에서는 초등교육의 방향과 중등교육의 방향이 분리되어 있다. 소규모 학교 지역구에서는 감독자 또는 보조 감독자가 교육과정 문제에 대한 책임을 떠맡고 있다.

성공적인 변화를 도모한 학교들에서 교육과정 감독자는 교육학적 · 교육과정적 지식을 제공하는 방식으로 교사와 교장을 지원한다. 교사는 이러한 교육과정 감독자가 최근의 연구와 이론을 섭렵하여 그러한 결과를 학교의 관리자들에게 전달해 주기를 기대한다. 교육과정 감독자들은 관리자들에게 영감을 주며 필요한 지원을 제공함으로써 교사, 장학사, 교장을 지원할 수 있다. 예를 들어, Edward Pajak에 의하면 교육과정 감독자는 ① 교육구의 목적과 가치를 명료화하고, ② 교육과정 조사를 수행하며, ③ 지역의 정책 및 지침을 전하고, ④ 기금을 얻기 위해 지역의 사업 집단과 협동적으로 작업하며, ⑤ 국가 프로그램을 조정하고, ⑥ 교육과정/수업 개선 교사 모임 혹은 위원회를 조직하며, ⑦ 교육자들과의 개발 활동을 조정하고, ⑧ 수업 장학에서 장학사를 지원하는 등의 일을 통해 학교의 구성원을 지원한다.[85)] 교육과정 감독자는 선택된 프로그램과 학교를 위한 자원의 대리인, 정보의 대리인, 그리고 상담자의 역할을 한다. 감독자는 중앙 관청과 학교 사이, 감독 관청과 학교 교장(감독자로서의) 사이의 '연결 고리' 역할을 수행한다. 또한 감독자는 개인적인 협의회와 위원회의 참여, 교직원 개발 활동을 통해 변화와 실행을 촉진해야 한다.

6) 교육과정 상담가

어떤 학교 지역구는 외부 촉진자 또는 조정자를 초빙할 필요성을 가진다. 작은 학교 지역구에서는 변화 혹은 혁신에 관해 상담을 해 주는 내부의 전문가가 없다. 그러나 대규모 학교 지역구에서는 이러한 외부 촉진자가 있는 경우가 종종 발견된다. 학교 지역구는 장기간에 걸쳐 이러한 교육과정 상담가를 채용하지는 않는다. 오히려 학교는 하루 내지 이틀간의 워크숍을 하기 위해 상담가를 초빙한다. 하지만 그러한 워크숍은 교육과정 개발과 실행에서 실질적으로 효과적이지 못하며, 그런 활동은 더 많은 시간을 요구한다. 상담가는 또한 프로그램을 분석하거나 평가하는데, 그리고 기금 교부를 지원하는 데 필요하다. 이런 상담가의 대부분은 단과대학과 종합대학에 토대를 두고 있으며, 소규모 학교구에서는 구비하지 못한, 교육과정과 관련된 세부 사항을 처리할 수 있는 특정 기능을 가지고 있다.

많은 교육 상담가가 교육부에 의해 고용되며, 교육과정 개발과 실행 활동을 지원하기 위해 여러 학교나 학교 지역구에 배치된다. 많은 상담가는 중간 학교 지역구의 정규 구성원이며, 그런 조직에 의해 도움을 받는 학교 지역구와 긴밀하게 일을 한다. 교육자 또한 교육과정 활동의 도움을 받을 수 있는 공인된 개인 상담가를 활용한다.

명성은 그것이 있든 없든 상담가의 작업을 도울 수도 있고 방해할 수도 있다. 또한 그들의 전문성을 교사에게 강제하는 것은 그다지 좋지 않다. 성공적인 상담가는 어떤 개발 혹은 실행의 쟁점을 제기할 때 교사와 기꺼이 협력할 자세가 되어 있는 사람이다. 상담가는 지원해 주는 사람이지 판단하는 사람이 아니다.[86]

몇몇 상담가는 전체 교육과정 개발과 실행 과정에 걸쳐 교사와 함께 일을 하기 위해 고용된다. 그러나 대부분의 상담가가 전 과정에 걸쳐서 학교 지역구와 일을 하지는 않는다. 그럴 시간이 없는 것이다. 또한 교사는 그들 자신을 '구속' 하는 상담가를 필요로 하지 않는다. 상담가는 입력, 안내, 분석, 비평을 제공할 수 있지만, 그 일을 위해 하루 혹은 일주일 동안 학교 지역구에 머무를 필요는 없는 것이다. 또한 상담가는 동료 지원체제, 동료 코칭, 내부 촉진자와 일을 하기 위한 네트워크를 구축할 수 있으며, 교사가 혁신에 대해 편안함을 느낄 수 있도록 하고, 혁신에 대해 전문성을 획득하도록 하는 정보를 제공할 수 있다.

7) 학부모와 지역사회 구성원

지역사회의 통제가 대도시에서 큰 논쟁거리가 되었던 1960년대 이래로 학부모와 지역사회의 구성원은 학교 문제에 참여하여 변화의 대리인이 되기를 지속적으로 희망하였다. 확실히 학교 위원회는 변화의 노력을 승인하고 감독하는 법적 책임을 맡아 왔다. 그러나 교육과정 개발과 변화 노력에 참여하기 위한 지역사회 구성원과 학부모의 모임인 일시적인 위원회가 계속 구성되고 있다. 이렇게 하여 학교는 지역사회에 속하는 것으로 인식되었다. 즉, 학교는 교육자들의 소유가 아니다. 사실상 몇몇 비평가는 교육은 교육자에게만 맡겨 놓기에는 너무나 중요한 과업이라고 주장한다. 지역사회의 학부모나 구성원을 학교로 불러들이는 것은 변화의 과정에 지역사회의 다양한 관점을 반영할 수 있는 계기를 마련해 준다.

5. 결 론

실행은 새로운 자료나 교수 요목을 전달하는 일 이상의 것이라고 이해하고 있는 사람은 다음을 주장한다. 하나의 새로운 교육과정을 성공적으로 실행하려면, 관련된 사람들은 그 프로그램의 목적, 체제 내에서 사람들이 수행하는 역할, 그리고 새로운 교육과정과의 상호 작용을 통해 어떤 유형의 인간이 형성되는가를 시각화할 수 있어야 한다. 계획이 교육과정 변화와 실행 과정의 중심이지만 그 과정은 고정적으로 계획되지 않는다. 인간은 유연한 계획을 필요로 한다. 우리는 실행의 노력 속에서 일어나는 의도하지 않는 결과에 그 계획을 맞출 수 있어야 한다. 변화는 특정한 시점에 발생하는 하나의 사건이 아니라 진행형 과정이기 때문에 그 실행이 원칙상 종결될 수 있는 것이 아니다. 어떤 프로그램 혹은 절차의 성공적인 실행은 지속적인 조정을 필요로 한다.

새로운 교육과정 혹은 코스를 만드는 일에 함께 연구해 온 모든 사람은 학교 혹은 학교 지역구의 모든 관계자에 의해 열광적으로 그것이 수용되고 실행되기를 기대한다. 그러나 새로운 교육과정은 학교에 정착되지 못하는 경우가 많다. 왜냐하면 실행 단계의 중요성과 복잡성이 충분히 인식되지 못하였기 때문이다.

우리 저자들은 교육과정 실행이 중요하다는 사실을 상기하기를 희망하면서 이 장을 서술하였다. 우리는 교육과정 연구자들이 교육과정 실행을 다양한 시각에서 볼 수 있으며 다양한 전략을 사용할 수 있다는 것을 확인하였다.

우리는 성공적인 실행은 신뢰 공동체를 필요로 한다는 사실도 확인하였다. 우리는 실행을 변화 과정으로 제시하였다. 우리는 변화의 복잡성을 지적하였으며, 혁신적인 변화가 학교에서 체계적으로 일어나도록 하려면 계획된 변화는 필수적이라는 사실을 확인하였다. 변화 전략을 책임지고 있는 사람은 계획과 변화와의 관계, 개인, 집단, 그리고 체제 간의 상호 작용을 이해해야 한다.

미주

1) Evelyn J. Sowell, *Curriculum: An Integrative Introduction* (Upper Saddle River, N.J.: Merrill, an imprint of Prentice Hall, 1996).
2) Leslie J. Bishop, *Staff Development and Instructional Improvement: Plans and Procedures* (Boston: Allyn and Bacon, 1976).
3) Seymour B. Sarason, *The Predictable Failure of Educational Reform* (San Francisco: Jossey-Bass, 1990).
4) Jon Wiles and Joseph Bondi, *Curriculum Development: A Guide to Practice,* 6th ed. (Columbus, Ohio: Merrill, an imprint of Prentice Hall, 2002).
5) Michael Fullan and Alan Pomfret, "Research on Curriculum and Instruction Implementation," *Review of Educational Research* (Winter 1977), pp. 391-392.
6) Matthew B. Miles and Karen Seashore Louis, "Mustering the Will and Skill for Change," *In Educational Leadership* (May 1990), pp. 57-61.
7) Collin J. Marsh and George Willis, *Curriculum: Alternative Approaches, Ongoing Issues,* 3rd ed. (Columbus, Ohio: Merrill, 2003).
8) Michael Fullan, *The New Meaning of Educational Change* (New York: Teachers College Press, Columbia University, 1991).
9) Fullan, *The New Meaning of Educational Change;* John I. Goodlad, *The Dynamics of Educational Change* (New York: McGraw-Hill, 1975).
10) Seymour B. Sarason, *The Culture of the School and the Problem of Change,* 2nd ed. (Boston: Allyn and Bacon, 1981); Sarason, *Human Services and Resource Networks* (San Francisco: Jossey-Bass, 1988).
11) Sarason, *The Predictable Failure of Educational Reform,* p. 13.
12) John I. Goodlad, *In Praise of Education* (New York: Teachers College Press, 1997).
13) Ibid.
14) Ibid.
15) David Heath, *Maturity and Competence: A Transcultural View* (New York: Gardner, 1977).
16) Thomas R. Harvey, *Checklist for Change* (Boston: Allyn and Bacon, 1990), p. 112.
17) Susan Loucks and Ann Lieberman, "Curriculum Implementation," in F. W. English, ed., *Fundamental Curriculum Decisions* (Alexandria, Va.: Association for Supervision and Curriculum Development, 1983), pp. 126-141.
18) David P. Crandall et al., *People, Policy and Practices: Examining the Chain of School Improvement* (Andover, Mass.: The Network, 1982).
19) Marsh and Willis, *Curriculum: Alternative Approachs, Ongoing Issues.*
20) Harry J. Hartley, "Budgeting," in R. A. Gorton, ed., *Encyclopedia of School Administration and Supervision* (New York: Oryx Press, 1988), pp. 40-41.
21) Dan C. Lortie, *School Teacher: A Sociological Study* (Chicago: University of Chicago Press, 1975).
22) Robert V. Carlson and Gary Awkerman, eds., *Educational Planning* (New York: Longman, 1991).
23) Ibid.
24) Ibid.
25) Forrest W. Parkay and Glen Hass, *Curriculum Planning: A Contemporary Approach,* 7th ed. (Boston: Allyn and Bacon, 2000).
26) Daniel U. Levine, Rayna F. Levine, and Allan C. Ornstein, "Guidelines for Change and Innovation in the Secondary School Curriculum," *NASSP Bulletin* (May 1985), pp. 9-14.
27) Ibid., p. 14.
28) John T. Lovell and Kimball Wiles, *Supervision for Better Schools,* 5th ed. (Englewood Cliffs, N.J.: Prentice Hall, 1983).
29) Carlson and Awkerman, eds., *Educational Planning.*
30) Kurt Lewin, *Field Theory in Social Sciences* (New York: Harper and Row, 1951).
31) Chris Argyris, *Reasoning, Learning, and Action* (San Francisco: Jossey-Bass, 1982).
32) T. J. Kowalski and V. C. Reitzug, *Contemporary School Administration* (New York: Longman, 1993), cited in Kenneth T. Henson, *Curriculum Planning: Integrating Multiculturalism, Constructivism, and Educational Reform,* 2nd ed. (New York: McGraw-Hill, 2001).

33) Warren Bennis, *Changing Organizations* (New York: McGraw-Hill, 1966); Bennis, *On Becoming a Leader* (Reading, Mass.: Addison Wesley, 1989).

34) Robert Chin, "Basic Strategies and Procedures for Effecting Change," in E. L. Morphet and C. O. Ryan, eds., *Planning and Effecting Needed Changes in Education* (Denver: Designing Education for the Future, 1967), pp. 39-57.

35) John D. McNeil, *Curriculum, A Comprehensive Introduction,* 6th ed. (Glenview, Ill.: Scott, Foresman, 2000).

36) Maxine Greene, "Art and Imagination: Reclaiming the Sense of Possibility," in Parkay and Hass, *Curriculum Planning: A Contemporary Approach,* pp. 241-247.

37) Carlson and Awkerman, eds., *Educational Planning.*

38) Sarason, *The Predictable Failure of Educational Reform.*

39) Edgar Z. Friendenberg, *Coming of Age in America* (New York: Random House, 1965).

40) W. W. Nelson, "The Emperor Redux," *Phi Delta Kappan, 80* (5), 1999, cited in Henson, *Curriculum Planning: Integrating Multiculturalism, Constructivism, and Educational Reform.*

41) Henry A. Giroux, "Teachers, Public Life and Curriculum Reform," in Parkay and Hass, *Curriculum Planning: A Contemporary Approach,* pp. 284-292.

42) Hannah Arendt, cited in Maxine Greene, "Art and Imagination: Reclaiming the Sense of Possibility," in Parkay and Hass, eds., *Curriculum Planning: A Contemporary Approach,* pp. 241-247.

43) Nelson, cited in Henson, *Curriculum Planning: Integrating Multiculturalism, Constructivism, and Educational Reform.*

44) Henson, *Curriculum Planning: Integrating Multiculturalism, Constructivism, and Educational Reform.*

45) Ibid.

46) Sarason, *The Predictable Failure of Educational Reform.*

47) Harvey, *Checklist for Change.*

48) Dennis McFaden, Barbara A, Nelson and Chip M. Randall, "Redesigning the Model: A Successfully Integrated Approach to Teaching and Learning," in Parkay and Hass, *Curriculum Planning: A Contemporary Approach,* pp. 49, 264-267.

49) Parker J. Palmer, *The Courage to Teach: Exploring the Inner Landscape of a Teacher's Life* (San Francisco: Jossey-Bass, 1998).

50) Deborah Meier, *In Schools We Trust* (Boston: Beacon Press, 2002).

51) Ibid.

52) Palmer, *The Courage to Teach: Exploring the Inner Landscape of a Teacher's Life.*

53) C. Schwahn and W. Spady, "Why Change Doesn't Happen and How to Make Sure It Does," *Educational Leadership, 55* (7), 1998, pp. 45-47, cited in Henson, *Curriculum Planning: Integrating Multiculturalism, Constructivism, and Educational Reform.*

54) Ben M. Harris, *Supervisory Behavior in Education,* 3rd ed. (Englewood Cliffs, N.J.: Prentice Hall, 1985); Harris, *Inservice Education for Staff Development* (Boston: Allyn and Bacon, 1989).

55) Jon Snyder, Frances Bolin and Karen Zumwalt, "Curriculum Implementation," in Philip W. Jackson, ed., *Handbook of Research on Curriculum* (New York: Macmillan, 1992), pp. 402-435.

56) Neal Gross, "Basic Issues in the Management of Educational Change Efforts," in R. E. Herriott and N. Gross, eds., *The Dynamics of Planned Educational Change* (Berkely, Calif.: McCutchan, 1979), pp. 20-46.

57) Palmer, *The Courage to Teach: Exploring the Inner Landscape of a Teacher's Life.*

58) Ibid.

59) Sowell, *Curriculum: An Integrative Introduction.*

60) Gene E. Hall and Susan Loucks, "Teacher Concerns as a Basis for Facilitating and Personalizing Staff Development," *Teachers College Record* (September 1978), pp. 36-53; Hall and Loucks, "The Concept of Innovation Configurations: An Approach to Addressing Program Adaptation." Paper presented at the annual meeting of the American Educational Research Association, Los Angeles, April 1981.

61) Richard S. Schmuck and Mattew Miles, eds., *Organizational Development in Schools* (Palo Alto, Calif.: National Press Books, 1971); Schmuck et al., *The Second Handbook of Organizational Development in Schools* (Palo Alto, Calif.: Mayfield, 1977).

62) Wendell L. French and Cecil H. Bell, *Organization*

Development, 4th ed. (Englewood Cliffs, N.J.: Prentice Hall, 1990).

63) Roger Kaufman and L. W. Harrell, "Types of Functional Educational Planning Models," *Performance Improvement Quarterly, 2* (1), 1989, pp. 4-13, cited in Carlson and Awkerman, eds., *Educational Planning.*

64) Ibid.

65) Marsh and Willis, *Curriculum: Alternative Approaches, Ongoing Issues.*

66) Meier, *In Schools We Trust.*

67) Palmer, *The Courage to Teach: Exploring the Inner Landscape of a Teacher' s Life.*

68) Marsh and Willis, *Curriculum: Alternative Approaches, Ongoing Issues.*

69) Ibid.

70) F. F. Fuller, "Concerns of Teachers: A Developmental Conceptulation," *American Educational Research Journal, 6* (2), 1969, pp. 207-226, cited in Marsh and Willis, *Curriculum: Alternative Approaches, Ongoing Issues.*

71) Ann Lieberman and Lynn Miller, *Teachers-Their World and Their Work* (New York: Teachers College Press, Columbia University, 1991).

72) Marsh and Willis, *Curriculum: Alternative Approaches, Ongoing Issues.*

73) Rensis Likert, *New Patterns of Management* (New York: McGraw-Hill, 1961), p. 113; Rensis Likert and Jane G. Likert, *New Ways of Managing Conflict* (New York: McGraw-Hill, 1976).

74) Fullan, *The New Meaning of Educational Change.*

75) French and Bell, *Organizational Development.*

76) Belle Ruth Witkin, "Setting Priorities: Needs Assessment in a Time of Change," in Carlson and Awkerman, eds., *Educational Planning,* pp. 241-266.

77) Witkin, "Setting Priorities: Needs Assessment in a Time of Change."

78) Henry A. Giroux, *Teachers as Intellectuals* (Granby, Mass.: Bergin and Garvey, 1988).

79) Carl Glickman, *Supervision and Instruction,* 2nd ed. (Boston: Allyn and Bacon, 1990); Peter F. Oliva, *Supervision for Today' s Schools,* 3rd ed. (New York: Longman, 1989).

80) Doll, *Curriculum Improvement: Decision Making and Process,* 9th ed. (Boston: Allyn and Bacon, 1996).

81) Marsh and Willis, *Curriculum: Alternative Approaches, Ongoing Issues.*

82) Patrick Slattery, *Curriculum Development in the Postmodern Era* (New York: Garland, 1995).

83) Paul Berman and Milbrey W. McLaughlin, *Federal Programs Supporting Educational Change: Implementing and Sustaining Innovations* (Santa Monica, Calif.: Rand Corporation, 1980), p. 95.

84) Barney M. Berlin, Jack A. Kavanugh and Kathleen Jensen, "The Principal as Curriculum Leader: Expectations vs. Performance," *NASSP Bulletin* (September 1988), pp. 43-49.

85) Edward Pajak, "A View from the Central Office," in C. Glickman, ed., *Supervision in Transition* (Alexandria, Va.: Association for Supervision and Curriculum Development, 1992), pp. 126-140.

86) Marsh and Willis, *Curriculum: Alternative Approaches, Ongoing Issues.*

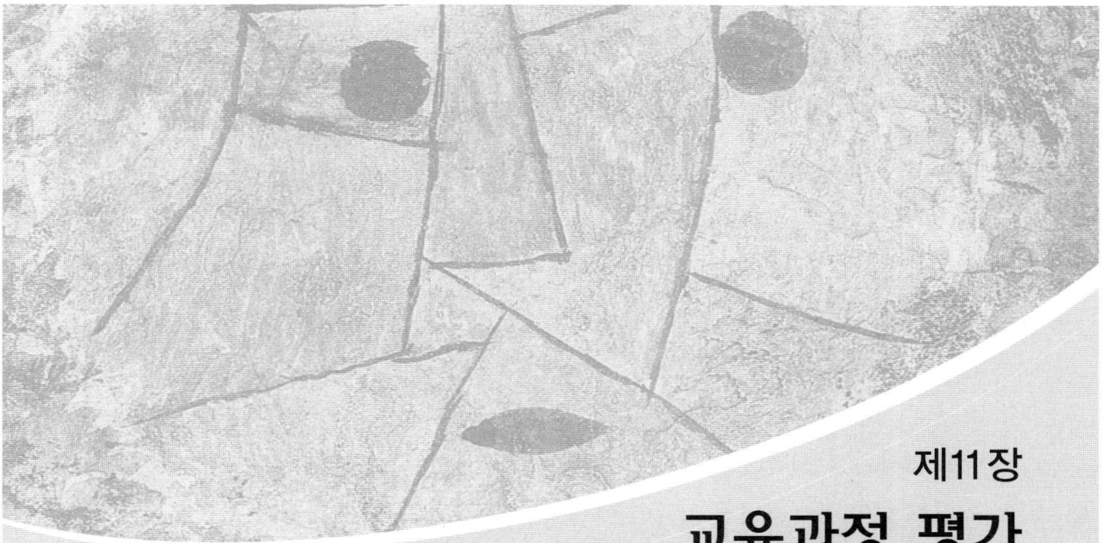

제11장

교육과정 평가

핵심 질문

1. 평가는 어떻게 정의할 수 있는가?
2. 평가에서 고려해야 할 중요한 질문은 무엇인가?
3. 측정과 평가는 어떻게 비교할 수 있는가?
4. 형성평가와 총괄평가 간의 차이점을 설명하라.
5. 두 가지 주요 접근 방법의 각각에 해당하는 평가 모형은 무엇인가?
6. 질적 평가에 대한 주요 접근 방법을 설명하라.
7. 대안적 평가는 무엇을 의미하는가? 이 평가 유형에 관심이 집중되는 이유는 무엇인가?
8. 실증주의자들은 평가를 어떻게 보는가?
9. 자연주의자들은 평가를 어떻게 보는가?
10. 평가와 관련된 주요 쟁점은 무엇인가?
11. 고부담 평가는 교육에 어떤 영향을 미치는가?
12. 평가에서 교육자의 역할은 무엇인가?

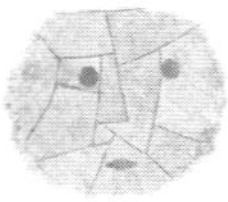

모든 사람은 교육과정 평가가 교육과정의 개발, 실행, 유지에 있어 본질적인 것이라는 데에 동의한다. 그러나 평가란 무엇이며, 어떻게 평가하며, 평가 활동의 결과를 어떻게 활용할 것인가를 정의하는 데에 이르러서는 합의가 이루어지지 않는다. 실제로 평가를 어떻게 정의할 것인가에 대해서도 합의하기가 어렵다. 평가에 내재되어 있는 주요 개념은 가치다. 가치는 개인의 철학적 입장에 따라 다르며, 장점과 유용성의 개념을 포함한다. 평가의 장점은 성취 수준에 비추어 한 개인이나 프로그램, 또는 활동이 어느 정도로 성취하였는가를 알 수 있게 해 준다는 데 있다. 평가의 유용성은 한 개인의 수행이나 프로그램과 활동의 영향이 특정 철학적 입장에 들어 있는 명시적이거나 암시적인 가치에 비추어 중요한 것인가, 그렇지 않은가를 결정해 주는 데 있다.[1)]

'평가(evaluation)'와 '사정(assessment)'이라는 용어를 비교해 보면 평가를 정의하는 데 있어 생기는 갈등을 어느 정도 감지할 수 있다. 혹자는 우리와 마찬가지로 평가와 사정을 동의어로 본다. 또 다른 사람은 평가를 사람이 한 개인이나 과정, 또는 결과에 대하여 가치 판단을 내리는 활동에만 관련된 것으로 생각한다. 이러한 가치 판단은 자료 수집 과정에서 수집된 자료에 기초한다.[2)] 평가와 사정을 구분하는 사람들에게 있어 사정은 교수와 교육과정 경험의 결과로서 학생들이 얼마나 학습하였는지를 판단할 목적으로 행하는 자료 수집 과정만을 가리킨다.[3)]

평가와 사정을 동일하게 보는 것은 당연한데, 이는 어떤 것의 장점과 가치에 대한 판단의 과정, 즉 평가의 과정은 실제로 학교나 다른 조직의 일상적 업무에서 서로 분리할 수 없는 것이기 때문이다. 용어를 명확하게 구분하여 사용하려는 사람에게 사정은 자료를 수집하는 것이고, 그것이 가치를 가지게 되면 평가가 된다. 우리는 가치 있다고 간주하는 대상이나 사건, 행동에 대하여 자료를 수집한다. 우리는 오늘날 가치 있다고 생각되는 학생의 수행을 결정하기 위하여 검사를 개발하며, 우리가 가지고 있는 가치에 비추어 학생의 전문적 지식에 대한 자료를 수집한다. 가치가 개입되지 않은 상태에서는 자료 수집이 이루어지지 않는다. 본질적으로 사정은 가치의 맥락에서 판단이 이루어지도록 자료를 제공하는 핵심 과정이다. 비록, 판단에는 각각 구체적인 핵심 사항이 포함되지만 이는 각각이 상호 작용하는 상황에서만 의미가 있다. 자료 수집 도구를 설계하는 데는 우리가 소중히 여기고 우리의 행위와 의사 결정에 반영하는 가치가 영향을 미친다. 사정과 평가는 본질적으로 우리가 활동이나 프로그램을 유지할지 또는 개선할지 또는 중지할 것인지를 결정하는 데 도움을 주는 총체적 노력이기 때문에 사정과 평가 모두 교육과정 평가라는 동일한 과정의 일부로 간주하는 것이 더 생산적이다.

교육과정 평가라는 범주 안에서 사정과 평가를 고려하는 것은 평가를 더 수월하게 만드는 것이 아니다. 실제로 오늘날 교육과정 평가는 이전 어느 때보다 훨씬 더 도전을 받고 있다. 여기에는 수많은 이유가 존재한다. 오늘날 학교와 교육자는 학교의 목적, 학생에게 가르쳐야 할 지적 능력 · 기술과 관련하여 다양한 개념이 양산되는 사회적 · 정치적 · 경제적 · 기술적 변화의 시대 속에 존재하고 있다. 오늘날 어떤 지식과 과정이 가치가 있는지 뿐만 아니라 학생의 성공을 위해 요구되는 수준은 무엇인가에 대하여 끊임없는 논쟁이 일고 있다. 보다 높은 기준에 대하여 말을 하고 있지만 기준은 얼마나 높으며, 그것은 누구를 위한 것인가?[4] 높은 기준을 설정하는 것에 동의한다면, 그러한 기준에 도달하는 것이 미래 학생의 성공을 과연 보장할 수 있는가? 수학 시험에서 고득점을 받은 학생은 10년 후 사회에서 과연 성공할 수 있는가? 어떤 학생이 역사 시험에서 높은 점수를 획득한다면 15년 후 그 학생은 과연 사회에서 효과적으로 기능하는 능력 있는 시민이 되는가?

오늘날 뇌는 어떻게 기능하고 사람은 어떻게 학습하며, 정치적 영역이 어떻게 학교교육에 영향을 미치고, 새로운 교육학이 다양한 학생 집단의 다양한 욕구를 어떻게 다룰 수 있으며, 다양한 방법을 이용한 교육과정이 어떻게 개발될 수 있고, 학습의 핵심 부분에 도달하기 위하여 어떤 평가 방법이 개발되고 수정될 수 있는지에 대한 지식이 폭발적으로 증가하고 있기 때문에 교육과정 평가는 훨씬 더 복잡하다. 오늘날 교육자에게 있어 가장 도전적인 과제는 최신의 사고에 입각한 가장 현대적인 교육과정 평가 방법을 사용하는 것이다. 어떤 사람에 의하면 20~21세기 교육과정 평가에 대한 접근 방법은 현재와 매우 다른 시대에 형성된 학습이론과 평가 모델에 의존하고 있다.[5] 그도 그럴 것이 우리가 최근에 사용하고 있는 검사들은 19세기 심리학에 기초한 것이다.[6] 최초의 표준화 성취기준검사도 19세기 중반에 만들어졌으며, 그것의 목적은 학교 체제를 비판하고 보다 효율적인 학습을 위하여 학생을 분류하는 데 있었다. 친숙하게 들리지 않는가?[7]

Pellegrino, Chudowsky, Glaser는 평가에 대한 현재의 접근 방법이 뇌가 어떻게 기능하는지에 대하여 지금까지 축적된 지식을 고려하지 않고 있다고 지적한다. 현재의 평가 방법은 기본적 사실에 대한 학생의 지식과 학습 과정을 측정하는 데에 알맞고, 특정 교육과정 영역에 있어서 학생이 가지고 있는 전문 지식에 대한 일반적인 추정치를 제공해 준다. 그러나 이러한 방법은 학생의 지식과 인지에 대한 깊이와 폭을 정확하게 제시해 주지는 못하며, 교육적 의사 결정자나 교육자들에게 학습에 요구되는 복잡한 지식과 기술의 관점을 제공하지 못한다.[8] 또한 교육자들이 평가적 판단을 내리는 데 충분할 정도로 창의성, 상상력, 동정심, 참여도, 열정 등을 다루지 못한다.[9]

현재 우리는 한정된 시점에서 학생의 지식에 대한 성취도를 '스냅사진' 찍듯이 단편적이고 짧게 처리하는 것에 만족하고 있다. 미국 워싱톤(Washington) 주에서 4, 7, 10학년 학생의 성취도에 대한 데이터를 수집하였다. 그러나 우리가 필요로 하는 것은 시간의 경과에 따른 학생의 이해력과 기술의 진보에 대한 견해다. 한 학년에 세 번 검사를 실시함으로써 이것을 얻을 수 있다는 주장도 있지만 다른 사람은 추론의 타당성을 의심하기도 한다. 점수가 향상되고, 더 많은 학생이 시험에 통과하는 것이 반드시 향상된 학습을 의미하는 것은 아니기 때문이다.[10]

다양한 학생에게 적합하고 공정하며, 공평성을 가지고 있는 평가 방법에 대한 요구가 점차 늘고 있다는 것은 교육과정 평가를 더 어렵게 한다. 사회 일부에서는 검사, 특히 표준화 검사는 특정 학생 집단에 유리하게 작용하는 것은 아닌가 하는 우려가 있다. 성취도 검사가 학교에서 가르치지 않은 교과, 주제, 과정에 초점을 맞추기 때문에 공정하지 않다는 주장도 제기된다. 또한 시험 합격 기준이 학교에서 소외되는 학생에게 상처를 줄 수도 있다는 불만이 제기되고 있다. 심지어 기준이 반드시 필요한 것인가에 대한 의문이 제기되기도 한다.[11]

이러한 난점은 교육자가 교육과정 평가를 신중하게 생각하도록 자극한다. 평가는 교육과 교육 프로그램의 건강을 위해 결정적으로 중요하다. 개인, 집단, 조직, 교육부 모두 교육 프로그램의 효과성에 대한 증거를 원하며, 사용되는 교육 내용, 자료, 교수법에 대하여 판단을 원한다. 학생이 무엇을 학습하며 어떤 기술을 습득하였는지, 새로운 프로그램의 비용과 비용의 효과성은 무엇인지를 알고 싶어 한다. 일반인은 지역, 국가 수준의 교육의 질과 심지어 자국의 학생이 다른 나라의 학생과 비교하여 어느 정도 성취하고 있는지를 알고 싶어 한다.

이러한 요구는 교육의 중요성에 대한 새로운 각성과 관련되며, 학교의 책임을 더욱 중요하게 부각시킨다. 교육자는 그러한 요구에 부응하기 위하여 평가를 효과적으로 수행하고 평가 과정을 보고해야 한다. 이를 위해 교육자는 평가의 본질과 목적에 대한 심도 있는 이해가 필요하다.

1. 평가의 본질과 목적

앞에서 밝힌 바와 같이 평가는 어떤 교육과정이나 교과서를 받아들일지, 그것을 개선할지, 또는 폐기할지를 결정하기 위하여 자료를 수집하고 해석하는 과정이다. 이를 위해 평가자는 우선 평가 의사 결정에 반영할 교육철학과 가치를 비판적으로 검토해야 한다. 또한 사고를 뒷받침하는 교육 이론과 교육과정 이론에 대해서도 알고 있어야 한다. 의사 결정자로서 평가자는 프로그램이 끝날 때나 학년 말뿐만 아니라 프로그램 개발과 실행 같은 전 과정의 여러 시점에서 교육과정 평가에 참여해야 한다는 사실을 알고 있어야 한다.

교육과정 개발의 초기 단계에서 프로그램의 아이디어나 개념은 반드시 평가되어야 한다. 가르칠 만한 가치가 있는 교육과정인가? 장점을 가지고 있는가? 만일 이 두 가지 질문에 대한 답변이 '아니요' 라면 그 교육과정은 첫째 단계를 통과하지 못한다. 교육자는 선정되고 조직된 교육과정 내용과 경험의 장점과 가치에 대해 의사 결정을 하기도 한다. 교육과정의 교수를 통해서 교육자는 학생들의 학습을 평가하기 위한 최선의 방법을 결정하기 위해 계속해서 평가를 한다. 교사는 기대하거나 의도한 학습이 일어났는지를 알아보기 위해 평가를 한다. 교육과정에 대한 평가는 설계되고 개발되어 실행된 교육과정이 의도하는 결과를 낳았는지를 밝히는 데 초점이 있다. 교육과정이 학생으로 하여금 성공의 기준에 도달하도록 하는가? 평가는 교육과정이 실행되기 전에 교육과정의 강점과 약점을, 교육과정이 적용된 후에는 전달의 효과성을 확인시켜 준다. 또한 교육자는 평가를 함으로써 해당 프로그램의 성공과 실패를 다른 프로그램과 비교할 수 있다. 이것이 오늘날 평가의 핵심적인 용도다. 왜냐하면 사람은 학생들이 지역, 국가, 심지어 국제적 수준에서 다른 학생과 어느 정도 견줄 만한지를 알고 싶어 하기 때문이다.

Pellegrino, Chudowsky와 Glaser는 사정, 즉 교육과정 평가를 증거에서 추론해 나가는 과정으로 생각한다.[12] 이들에 의하면 사정의 특징은 학습자의 학습에 대한 추론의 연쇄에 있다. 우리는 이러한 추론의 연쇄는 교육과정과 그것의 본질, 개발과 전달에 관한 지식을 고려해야 한다고 생각한다. 학생은 진공 상태에서 학습하는 것이 아니기 때문에 학습뿐만 아니라 교육과정에도 초점을 두어야 한다. Pellegrino, Chudowsky, Glaser가 말했듯이 추론의 과정에 대한 사정에 있어서 제기할 수 있는 첫째 질문은, '무엇에 대한 증거인가?' 다.[13] 데이터는 고려하고 있는 무엇인가와 관련되어 있어야만 한다. 데이터는 그 자체로 의미를 가지는 것이 아니다. 의사 결정 과정의 투입 변인으로서 데이터의 가치는 해석적 맥락을 통해서만 밝힐 수 있다. 점수 자체를 안다거나 어떤 행동을 묘사하는 것만으로는 그것이 어떤 가치가 있는지 알 수 없다. 우리가 의도하는 바가 무엇이며, 우리와 우리의 학생이 성취하기를 원하는 행동 기준이 무엇인지에 대한 이해가 있을 때 비로소 해석과 가치 판단이 가능해진다.

교육과정 평가의 증거로부터의 추론 과정은 모래시계 형태로 개념화할 수 있다. 이러한 도식은 인지, 관찰, 해석이라는 세 가지 요소[14]로 이루어진 Pellegrino, Chudowsky, Glaser의 사정 삼각형을 확장시킨 것이다. 모래시계의 상층부는 교육과정과 인지가 들어가고, 모래시계의 중간 지점에는 관찰이 들어간다. 모래시계의 하층부는 해석을 나타낸다. 이것을 그림으로 나타낸 것이 [그림 11-1]이다.

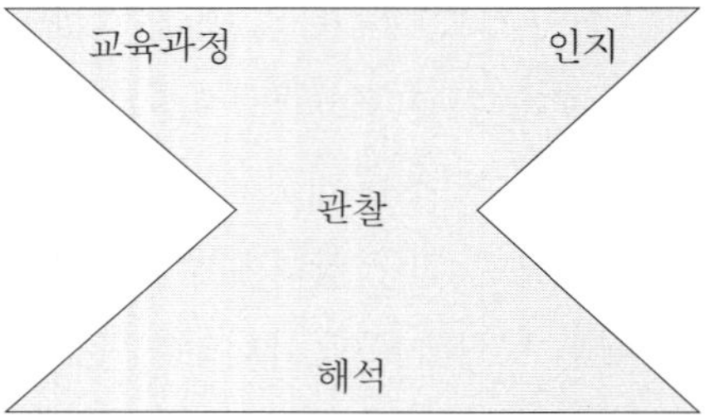

[그림 11-1] 교육과정 평가의 증거로부터의 추론 과정

출처: Modified from James W. Pelligrino, Naomi Chudowsky and Robert Glaser, eds., *Knowing What Students Know: The Science and Design of Educational Assessment* (Washington, D.C.: National Academy Press, 2001)

1) 교육과정

교육과정은 학교 프로그램에서 교과를 총칭하는 표현으로 교사가 가르치고 학생이 배우는 것을 말한다. 또한 학습을 위하여 교과를 특정 범위와 계열로 조직해 놓은 것이다. 교육과정 개발에서 평가적 판단은 교과의 가치에 관한 것이다. 이 단계에서 교육자는 교육과정에 대한 그들의 철학적 견해를 평가하고 교육과정의 개발과 전달이 이루어지는 정치적 · 사회적 환경에 대한 판단도 함께 하여야 한다. 여기서 교육자는 다음과 같은 문제를 다룬다. 의도하고 계획하여 전달된 교육과정이 가치를 가지고 학생의 요구와 일반적인 사회의 요구에 부응한다는 것을 어떻게 증명하는가? 지금 현재의 교육과정이 다양한 교육과정 이론과 일치되는지의 여부를 결정하기 위한 증거는 무엇인가? 교육자는 교육과정 실행을 안내하기 위하여 어떤 다른 이론을 활용할 수 있는가? 사회적 · 경제적 · 인지적 · 도덕적 이론 등을 활용해야 하는가?

2) 인 지

모래시계 상층부의 다른 한쪽에는 인지가 들어간다. 이 영역은 자료 수집에 정보를 주는 다양한 인지이론을 말해 준다. 학생은 어떻게 지식을 배우고 의미를 구성하는가? 학생은 어떻게 능력을 계발시키는가? '안다는 것' 과 '이해한다는 것' 은 무엇을 의미하는가? 유용한 증거 중에서 학습과 이해에 대한 우리의 견해에 영향을 받는 것은 무엇인가? 지식은 발견되는 것인가, 아니면 발명되거나 구성되는 것인가에 대한 철학적 관점은 다양한 데이터를 사용하고 수집하는 절차에 영향을 미칠 것이다. 인지를 다룬다는 것은 교수, 수업과 밀접한 관계가 있다. 인지적 교수 모델은 교사가 수업 방법을 설계하는 데 도움을 주고 학생의 학습을 평가하는 방법에 영향을 준다. 그러나 인지적 영역이 교수나 수업에 영향을 주는 유일한 부분은 아니다. 지식이 어떻게 구성되는지에 대한 이해도 수업 영역에 영향을 줄 수 있다. 이러한 이해는 학생의 수행이나 교과의 숙달 정도를 평가하는 방식을 결정하는 데에도 영향을 줄 수 있다. 이것은 특히 참평가(authentic assessment)와 관련하여 중요성을 가진다. 각 학생들이 지식 사용 능력을 얼마나 보여 주는가는 필요한 지식이나 기술을 얼마나 학습하였는가보다 전문가가 실제 세계에서 지식을 어떤 방식으로 사용하는가에 더 영향을 받는다.

3) 관 찰

모래시계의 중간 지점인 관찰은 교육과정과 인지에 비추어 자료를 수집하는 모든 방법이 포함된다. 관찰은 다양한 유형의 지필검사, 포트폴리오 작성과 같은 학생의 산출물에 대한 검토, 특정 교육 활동에 대한 학생 관찰을 포함한다. 질문지, 체크리스트, 면담 스케줄, 비디오 녹화 등이 포함된다. 또한 교사의 관찰, 비디오 수업 보기, 수업 계획의 분석, 면담 등 교사의 자료 수집 방법도 포함된다.

4) 해 석

관찰 단계에서 수집된 자료는 해석 단계로 들어간다. 여기서 교육자, 특히 교육과정 평가자는 교육과정과 인지에 대한 가정이나 모형의 영향을 받는다. 이 해석 단계를 교육과정 평가자는 자료를 개발, 전달된 교육과정의 가치와 성공 여부에 대한 증거로 삼는다. 교실 수준의 해석은 비공식적이고 질적 경향을 띠는데, 교사의 수업 방법을 평가할 경우 더욱 그러하다. 교육구 수준의 해석은 보다 형식적이지만 여전히 질적 경향을 나타내며, 이것은 통계 모델을 적용하는 양적 방법과 상반된다.[15] 종종 교육구 수준의 해석은 질적 경향을 띠기도 하고 양적 경향을 띠기도 한다. 해석 단계는 검사이론, 자료 분석에 대한 통계 모형, 의사 결정이론 등의 영향을 받는다.

교육과정 평가를 모래시계 그림에 나타난 추론 과정으로 생각하는 것은 교육과정 평가자가 평가를 교육과정 활동 전체에서 분리하지 않도록 도와준다. 우선, 평가자는 자신이 평가하고자 하는 교육과정 측면이 무엇인가를 물어야 한다. 나아가 어떤 유형의 학습에 관심을 집중시킬 것인지 자문해 보아야 한다. 그 다음에 관찰 단계에서 교육과정의 특정 목적에 가장 적합한 자료 수집 방법이 어떤 것인지 결정해야 한다. 어떠한 질문이 해석을 위한 바람직한 자료를 제공해 줄 것인가?[16]

평가의 이러한 단계는 교육자가 교육과정의 질을 결정하고 해당 프로그램에서 학생의 성공에 대한 판단을 내리도록 도와준다. 그러나 모든 평가의 노력이 이러한 초점을 가지는 것은 아니다. 특별한 형태의 평가나 학생 또는 교육과정을 평가하는 절차의 적합성을 분석하는 경우도 많다.[17] 또한 현직 교직원의 연수 방안을 수정하기 위하여 평가를 하기도 한다. 때때로 평가는 교육자가 지역사회와 어떻게 의사소통하며, 어떻게 교육할 것인지에 대한 판단을 내리기 위해서 행하기도 하며, 학교 환경이나 생태계의 효과성을 결정하기 위해 행하기도 한다. 이 책에서는 주로 교육과정과 수업에 초점을 두는 평가에 대하여 언급하고자 한다.

5) 평가와 관련된 문제

증거에 대한 추론 과정으로 평가를 개념화하는 것은 평가를 진행하는 동안 교육자가 핵심 문제를 제기해야 한다는 것을 의미한다. 1980년대 중반 Harriet Talmage는 교육과정 평가에 대하여 교육자가 고려할 수 있는 다섯 가지 유형의 문제를 제안하였다. 이러한 문제는 책무성이 증가하고 기준이 높아진 오늘날에 훨씬 더 타당한 것으로 받아들이고 있다. 각 문제의 유형은 평가에 대한 접근 방법에 영향을 줄 수 있으며, 여러 유형의 문제를 강조하는 것은 증거로부터의 추론 과정에 영향을 줄 수 있다.[18)]

내재적 가치 문제 이 문제는 교육과정의 장점과 적합성에 대한 것이며, 계획된 교육과정과 실행되고 완료된 교육과정과 관련된다. 만일 학교에 새로운 언어 과목 교육과정이 개설된다면, 그 교육과정은 언어 교과의 내용, 내용의 배열, 내용의 제시 방법에 관하여 기존의 것에 비하여 최선의 것을 구현하고 있는가를 물을 수 있다. 언어학, 작문, 문법, 커뮤니케이션 전문가들은 과연 그 계획된 교육과정에 '높은 점수'를 줄 것인가?

그러나 이러한 문제를 제기하는 것은 단순히 전문가들로 하여금 교육과정 문서를 분석하도록 하기 위한 것이 아니다. 사람은 이런 내재적 가치의 문제에 자기 자신의 철학적 · 심리학적 견해를 반영한다. 사람은 자신이 가장 중요하다고 여기는 교육 목적(비판적 사고, 시민정신 또는 취업 준비의 강조 등)과 그들이 선호하는 학습이론(행동주의자, 인지주의자, 인본주의자들은 교육과정 내용과 제시 방법에 대하여 서로 다른 견해를 가지고 있다)에 비추어 교육과정을 지각한다.

내재적 가치의 문제를 정확하게 다룬다는 것은 어려운 일이다. 왜냐하면 학교 교과 중에는 교과의 기본 원리가 확실하게 공식화되어 있지 않은 교과도 있기 때문이다. 과학 교과의 경우 대부분의 과학자와 과학 교육자가 동의하는 과학 교과의 기본 원리가 있지만, 이중 언어 교육자는 이중 언어 교과 영역에 대한 기본 원리에 대하여 아직도 다양한 견해를 가지고 있다.

도구적 가치 문제 도구적 가치 문제는 '교육과정이 무엇을 위한 것이며, 누구를 위한 것인가?'와 관련된다. 교육자는 이 문제에 대답하기 위한 첫 단계로서 계획된 교육과정을 프로그램의 목적과 목표와 연결한다. 교육자는 해당 프로그램에 계획된 것이 진술된 목적이나 목표에 부합하는지의 여부를 판단한다. 교육자는 완성된 문서를 참조하여 이러한 평가 판단을 내릴 수 있다. 교육과정 전달이 완료될 때 이 문제를 제기하기도 한다.

도구적 가치 문제는 교육과정에 계획된 것을 과연 성취할 수 있는지, 어느 정도로 어떤 학생이 성취할 수 있는지의 여부와 관련된다. 이때 성취의 정도는 기준과 관련되어 있는데, 성취 기준의 수준에는 모종의 가치 선호도가 들어 있다는 것을 명심해야 한다. David Tanner는 R. M. Jaeger의 말을 인용하면서 다음과 같이 말하고 있다.[19)]

> 기준을 설정한다는 것 자체가 모종의 판단을 내리는 것을 의미한다. 자료 수집, 자료 분석, 모형 구축을 아무리 많이 해도 그것만으로는 어떤 수행이 가치 있으며 수용할 만하고, 어떤 수행이 받아들일 수 없으며 부적절한지를 궁극적으로 결정할 수 없다.

수용 가능 여부를 판단한다는 것은 상당 부분 우리의 철학적 · 심리학적 견해의 영향을 받는다. 만일, 우리가 인본주의자라면 교육과정을 위해 계획된 구체적인 사항이 학생이 자신이나 다른 사람을 인간 중심적 관점에서 볼 수 있도록 하는 데 얼마나 도움이 되는가를 물을 것이다. 그러나 행동주의자는 프로그램에 계획된 것이 학생에게 특정 능력 수준의 특정 행동을 하도록 하는 데 얼마나 도움이 되는가를 묻는다.

누가 평가받는가 하는 것은 처음부터 정해져 있어야 한다. 도구적 가치 문제의 두 번째 단계는 이와 같이 평가 대상에 초점을 맞춘다. 모든 계획된 교육과정이 모든 학생에게 가치가 있는 것은 아니다. 평가는 계획 중인 교육과정에서 가장 큰 도움을 받을 학생은 어떤 유형의 학생인지를 밝혀야 한다.

학생 경험의 질에 관한 질문뿐만 아니라 교육과정이 누구를 위한 것인가를 묻는 질문은 비판적 이론가들의 평가에 대한 비판적 · 해방적 접근 방법의 핵심이다. 비판적 이론가들은 교육과정이 기존의 사회나 교육과정에 의하여 억압받는 학생을 해방시켜야 한다고 주장한다. 그리하여 그들은 교육과정이 '억압받는' 학생을 기회와 자유의 장으로 이끄는 데 얼마나 효과적인가를 나타내는 평가적 자료를 수집하는 데 큰 관심을 가진다.[20)]

비교적 가치 문제 이 문제는 새로운 프로그램의 실행 여부에 직면한 사람들에 의하여 제기된다. 새로운 프로그램이 기존의 프로그램보다 더 나은 것인가? 일반적으로 새로운 프로그램은 기존 프로그램이 부적절하기 때문에 새로 개발된다. 이 문제를 다룰 때 사람들은 각각 다른 목적을 가진 프로그램을 비교한다. 기술 훈련을 강조하는 프로그램이 세계의 현안을 다루는 프로그램보다 더 나은 것인가? 분명히 이 둘은 서로 다르다. 하나의 프로그램이 다른 프로그램보다 더 나은 것인지의 여부는 교육자가 어떤 가치를 가지고 있는가에 달린 문제다. 새로 제안된 프로그램이 기존의 프로그램과 동일한 유형의 것일 때 비교적 가치 문제는 반드시 고려되어야 한다.

사실 교육자는 이러한 문제를 학생의 학업성취의 관점 이외의 다른 관점에서도 고려할 필요가 있다. 교육자는 두 프로그램의 실행 용이성, 비용, 자원에 대한 수요, 기존 학교 조직 안에서의 역할, 해당 지역사회의 기대에 어느 정도 부응하는지를 비교할 필요가 있다.

이상적 가치 문제 평가를 다룰 때, 교육자는 실제로 계획한 것이 일어났는지의 여부를 결정하는 데에만 관심을 가지는 것이 아니다. 교육자는 해당 프로그램이 최상이 되도록 하는 방법을 찾아내는 데 도움이 되는 자료 마련에도 관심을 가진다. 이들은 프로그램 실행 방법에 대한 정보 수집과 프로그램을 보다 좋게 만드는 방법, 즉 학생의 학업 성취도를 향상시킨다거나 학생을 자신의 학습에 보다 충실히 참여시키기 위한 방법이 있는지 물어야 한다. 이 문제는 새로운 프로그램이 실행되는 동안에도 계속해서 제기되어야 한다. 교육자는 학생들이 프로그램을 경험함으로써 최고의 이득을 얻을 수 있도록 프로그램의 내용, 자료, 방법 등을 어떻게 세밀하게 조정해야 할지 끊임없이 자문해 보아야 한다.

의사 결정 가치 문제 앞의 네 가지 문제가 정리된 이후에는 어떤 종류의 의사 결정을 내릴 것인가를 결정해야 한다. 이제 평가자와 교육과정 의사 결정자에게는 새로운 프로그램을 존속시킬 것인지, 수정할 것인지, 아니면 폐기할 것인지 여부를 결정할 수 있는 종류의 문서화된 증거가 필요하다. 이 문제는 증거에서 추론하는 과정 전체와 관련된다.[21] 이것은 이전의 모든 문제가 평가의 과정에서 수행하였던 역할을 종합적으로 다룬다. 그러나 의사 결정에는 반드시 결과가 있다. 의사 결정 가치의 문제는 교육과정 평가자로 하여금 의사 결정의 가치는 해당 교육과정이 학교 교실 안에서 실행될 때 평가되어야 한다는 것을 깨닫게 한다.

또한 평가자는 이러한 문제를 평가의 전 과정에 적용할 때 그 결과는 언제나 '최선의 추측' 이거나 추정임을 명심해야 한다. 우리가 관찰한 결과는 교육과정의 특정 측면이거나 교육과정을 가르친 결과라고 백 퍼센트 확신할 수 없다. 관찰한 결과에서 교육과정의 특정 요소로 이루어지는 직선 코스는 존재하지 않는다. 우리는 학생의 마음으로 직접 연결할 수 없다. 이러한 문제를 제기할 때 우리가 하는 것은 그럴 듯하고 믿을 만한 추론을 만들어 내는 것뿐이다.[22]

6) 평가의 정의

앞 절에서 제시한 문제는 평가란 의사 결정을 위해 평가자가 자료를 수집하는 일련의 과정이라는 것을 나타낸다. 교육 분야의 다른 대부분의 개념처럼 평가의 의미도 일치된 의견은 없다. Worthen과 Sanders는 평가를 '프로그램, 성과, 프로젝트, 절차, 목표 또는 교육과정의 질, 효과성 또는 가치에 대한 형식적 의사 결정' 으로 정의한다.

평가에는 다음과 같은 판단 방법도 포함한다.

① 질 판단을 위한 기준 설정과 그러한 기준이 상대적이어야 하는지 절대적이어야 하는지의 여부를 결정하는 것
② 관련 자료의 수집
③ 질 판단을 위한 기준의 적용[23]

Bruce Tuckman은 평가를 '프로그램이 목표를 달성하였는지의 여부, 즉 일련의 수업 활동이 의도하거나 명시된 성과에 부합하는지 등의 여부를 결정하기 위한 방법' [24]으로 정의한다.

Daniel Stufflebeam은 평가를 '의사 결정에 유용한 정보를 기술, 획득, 제공하는 과정' 으로 정의한다.[25] Collin Marsh와 George Willis는 평가는 교육과 관련되든, 아니면 일반적 삶과 관련되든 모든 인간 활동에 침투해 있는 행위라고 지적한다. 평가는 '할 만한 가치가 있는 것인가? 얼마나 잘 되고 있는가? 내가 좋아하는 것인가? 차라리 다른 것에 시간을 투자해야 하는가?' 와

같은 질문과 관계가 있다.[26)]

연구와 평가의 차이점은 무엇인가? Stake와 Denny에 의하면 그 차이는 일반화 가능성이냐, 적용 가능성이냐의 차이이다. '연구자들은 일반화 가능성을 얻기 위하여 연구의 모든 단계를 인위적으로 조작하고 실천가의 눈에 적합하지 않은 것을 얻는 경향이 있다. 평가자는 상황을 조작하거나 통제하지는 못하지만 당장의 상황에 적합한 자료를 얻는다.'[27)]

연구자는 결론을 도출할 수 있는 자료를 수집함으로써 보다 진보된 지식에 관심을 가진다. 이러한 결론은 평가되는 현상의 가치에 대한 판단을 내릴 때 안내자의 역할을 한다. 많은 교육자가 일반화될 수 있는 결과를 도출하려 하기보다는 프로그램 개선을 위해 새로운 프로그램의 변인을 조작하는 실행 연구(action research)에 참여하고 있기 때문에 이러한 결론도 유용하다.

평가란 무엇인가에 대한 논의를 더욱 풍성하게 하는 것은 평가를 비판적 연구로 보는 관점이다. 어떤 면에서 이것은 평가를 학문적 연구, 즉 정보에 근거한 판단을 내리기 위하여 현상을 연구하는 것으로 보는 것을 의미한다. 평가를 비판적 연구로 보는 관점에서 무엇보다 강조되는 것은, 대부분의 평가 모형과 그것의 활용은 평가라는 단어에 들어 있는 핵심 개념인 '가치'를 무시한다는 것이다. 이 장에서 논의할 많은 평가 모형도 이러한 공통된 특성을 가지고 있다. 즉, 이것들은 모두 가치 문제에서 자유로운, 객관적 모형이다. 이와 달리 어떤 평가자는 해당 프로그램에 명시적으로, 또는 묵시적으로 진술된 가치가 실제로 실현되는지의 여부를 결정하고자 한다. 해당 프로그램은 가치 또는 의미를 가지고 있는가? 프로그램이나 교육과정의 목표가 달성되었다고 하였을 때 그것은 무엇을 의미하며 어떤 가치를 가지는가? 그들은 목적 자체의 가치, 혹은 학교 또는 사회에서 목적 달성을 위하여 설정된 목표 그 자체의 가치를 판단하려고 하지 않는다.

Kenneth Sirotnik와 Jeannie Oakes는 이러한 비판적 연구로서 평가의 개념을 더 확장한다. 이들은 우리가 추구하는 가치, 우리가 옹호하는 입장, 우리가 행하는 행위를 뒷받침하는 가정을 탐구해야 한다고 주장한다.[28)] 현재의 많은 평가 모형은 평가 활동에서 무엇이 '바람직한 것' 인가를 명시하는 데에 실패한 것처럼 보인다. 대부분의 평가자는 가치의 존재와 중요성이 무시될 수 없다고 생각하더라도 그러한 것들은 특정 맥락 안에서만 고려할 수 있다고 주장한다. 이들은 프로그램이 가치를 실현하였는지, 그리고 교육과정 담당자가 그러한 가치를 명시하고 있는지의 여부를 판단한다. 오로지 목적이 달성되었는지만 평가한다. 즉, 평가자는 가치 중립적 입장에서 평가하는 것이다. 그러나 어떤 연구도 가치 문제에서 자유로울 수는 없다. 이것은 평가에서도 마찬가지다.

7) 측정 대 평가

때때로 교육자는 측정과 평가를 혼동한다. 어떤 때는 가치 판단의 일반적 과정을 나타내기 위해 이 두 가지 용어를 혼용하기도 한다. Fred

Kerlinger는 측정을 어떤 규칙에 따라 대상이나 사태에 숫자를 부여하는 것으로 정의한다. 그에 의하면 숫자란 1, 2, 3등 형태를 가진 상징이다. 누군가가 숫자에 의미를 부여하지 않는다면 숫자는 그 자체로 양적 의미를 가지지 않는다.[29] 사람은 딸기 상자 또는 학습 꾸러미와 같이 대상을 지칭하기 위하여 상징을 사용한다. 숫자에도 이와 같이 가치와 의미를 부여해야 한다는 것을 아는 것이 중요하다. 예를 들어, 70점에 '합격선' 또는 '성공적인 수행' 이라는 의미를 부여하지 않는다면 70점은 평가에서 아무런 의미를 가지지 못한다.

측정은 사람들이 쉽게 말로 표현할 수 있는 가치의 함축성을 피하기 위하여 숫자로 상황이나 행위를 기술하는 것에 지나지 않는다. 본질적으로 측정이란 다양한 수단으로 자료를 수집하는 것을 가리킨다.[30] 측정 행위에 있어 우리는 관찰을 하고 관찰된 현상의 여러 측면에 숫자를 부과한다. 예를 들어, 체육 교사는 학생이 팔굽혀펴기를 하는 횟수를 측정할 수 있고, 읽기 교사는 시간당 학생이 읽는 페이지 수를 기록할 수 있으며, 학급 담임교사는 철자법 시험과 같은 언어기능검사에서 받은 학생의 점수를 매길 수 있다. 어떤 아동이 20개 단어 중 18개를 정확하게 쓴다면 정확한 단어의 수를 기록하기만 하면 된다. 그것이 곧 측정이다.

측정은 교육자로 하여금 특정 능력에 대한 학생의 성취 정도를 기록하게 해 준다. 그러나 교육자는 측정에 의하여 수집한 자료를 가지고 다음과 같은 것을 해야 한다. 즉, 엎드려 팔굽혀펴기를 많이 하는 것이 바람직한 것인지, 시간당 많은 페이지를 읽는 것이 독서 능력을 나타내는 것인지, 어떤 점수가 과연 성공과 실패를 설명하는 것인지의 여부를 결정해야 한다. 그들은 자료를 평가해서 가치 판단을 내려야 한다. 18개의 단어를 정확하게 쓴 것이 A인지 A－인지, 아니면 B－인지를 결정해야 한다. 측정은 항상 평가에 선행한다. 그리고 평가에서 내려지는 가치 판단은 교육 프로그램의 목적과 일반적인 교육 목적에 대한 교육자의 이해에 의하여 언제나 영향을 받는다.

2. 평가에 대한 접근 방법

평가란 실제로는 특정 내용이 없는 방법론적인 활동이다. 어떤 교육과정이든 그 효과를 평가하는 데에는 동일한 절차를 이용할 수 있다. 본질적으로 평가는 사람들로 하여금 가치 판단을 내릴 수 있도록 하기 위하여 결정된 목적 또는 척도와 관련하여 자료를 수집하고 정리하는 과정으로 이루어진다. 어떤 교육과정을 계획할 때 교육자는 그 교육과정이 성취하고자 하는 결과는 그것을 실행하는 데에 드는 비용을 상쇄할 만큼의 가치를 가지는 것인가를 물어야 한다.[31]

사람들이 자료를 특별히 어떻게 처리할 것인가 하는 것은 그들의 철학적 · 심리학적 입장의 영향을 받는다. 만일, 그들이 행동주의자이거나 처방적 또는 계열화된 것을 지향하는 입장에서 평가에 접근한다면, 그들은 아마도 교육과정 및 수업의 구체적인 요소를 상세히 설명하기를 원할 것이다. 그들은 해당 프로그램의 의도대로 그들, 또는 학생들이 성취하였는지의 여부를 정확하게 알려 주는 지표를 얻을 수 있도록 목표를 명확하게 진술하고자 한다. 만일 그들이 인본주의자라면 계획된 상황이 학생들로 하여금 자아를 개선하도록 해 주었는지의 여부를 결정하는 것에 더 많은 관심을 가지려고 할 것이다. 그들은 특별한 객관적 검사가 보여 주는 학생의 구체적인 성취에는 별로 주의를 기울이지 않을 것이다.

일반적으로 평가는 다음의 세 가지 영역 중 하나나 그 이상에 초점을 두고 의사 결정을 내린다. 그 세 가지는, 첫째 교육과정을 유지할 것인가, 개선할 것인가, 아니면 새로운 것으로 대치할 것인가 등과 같은 교육과정이나 교과와 관련된 의사 결정, 둘째 수업과 학습에 초점을 두는 교사·학생과 관련된 의사 결정, 셋째 기존의 학교와 프로그램의 운영에 초점을 두고 기존의 학교 조직을 그대로 유지할 것인가, 아니면 개선할 것인가와 관련된 행정적 규제와 관련된 의사 결정이다. 특히, 셋째는 학교 환경과 학교가 존재하는 공동체 환경에 주된 관심을 가지는데, 이것을 Schwab은 환경(milieu)이라고 하였으며, Goodlad는 생태계(ecosystem)라고 하였다.[32]

1) 평가에 대한 과학적 접근법과 인본주의적 접근법

Lee Cronbach는 평가에 대한 과학적 접근법과 인본주의적 접근법을 평가의 연속선상에 있는 정반대의 양극단으로 제시하였다. 과학적 접근법을 주창하는 사람은 임상적 또는 객관적 실험을 선호한다. 인본주의적 접근법을 옹호하는 사람은 실험은 잘못된 정보를 제공해 줄 수도 있다고 가정한다. Cronbach는 '과학적인' 사람을 진정한 실험의 신봉자로 표현하였다.

> 진정한 실험은…… 결과나 영향에 집중하면서 다음과 같은 세 가지 절차를 구현한다. 첫째, 두 개 혹은 그 이상의 조건이 있는데, 적어도 이 중 하나는 신중한 중재의 결과다. 둘째, 동등한 집단을 만들 수 있도록 사람이나 기관이 이 조건에 배치된다. 셋째, 모든 참가자는 동일한 성과 측정 기준에 의거하여 평가된다.[33]

이러한 진영에 속하는 사람은 학습자에게 자신의 노력을 집중시킨다. 흔히 점수로 환산되는 자료는 서로 다른 상황에서 학생의 성취도를 비교하기 위해 이용된다. 수집된 정보는 양적인 것이고 따라서 통계적으로 분석할 수 있다. 평가 노력으로 얻은 비교 정보에 기초하여 프로그램 또는 프로그램에 대한 결정을 내린다.

대부분의 평가에 대한 과학적 접근법은 자연과학자가 사용하던 방법을 적용한다. 교육과정 전문가들 사이에서 교육과정에 대한 보다 전체적인 관점을 가지는 평가 절차를 사용할 것에 대한 요구가 많음에도 불구하고 대부분의 학교는 여전히 이와 같은 전통적인 절차를 사용한다.[34] 전통적 접근법의 특징인 객관적 검사는 여전히 교육자들이 자료를 수집하는 주요 수단이다. 많은 교육과정 프로그램의 질이나 학생 이해 수준은 아직도 표준화 검사의 수치나 점수로 판단한다.

전통적 평가 방법이 실제 학교에서 우위를 점하고 있음에도 불구하고 Cronbach가 제기한 인본주의적 접근법에 대한 관심은 날로 늘고 있다. 교육과정의 보다 완성된 그림을 얻기 위해서 교육자는 전통적 평가 절차에 대한 대안을 탐색하여 사용할 필요가 있음을 깨닫기 시작하였다. 이러한 대안적 방법은 이 장의 후반부에서 논의할 것이다.

Cronbach가 기술한 것처럼 점차 대중화되고 있는 이 접근법은 과학적 접근법에 내재되어 있는 것과는 매우 다른 이상에 기초하고 있다.

> 극단적인 인본주의자는 실험을 받아들일 수 없는 것으로 본다. 이들에게 있어 자연주의적 사례 연구는 만병통치약이 된다. 인본주의자들은 평가자가 부여한 프로그램이 아니라 제자리에 있는 프로그램을 연구하려 한다. 만일 어떤 사람에게 어떤 처치가 과해지면 그것은 현재 연구 중인 정책이 어떤 과제를 요구하기 때문이다. 이때의 과제는 연구 때문에 만들어진 것이 아니다. 해당 프로그램은 프로그램의 개발자와 수혜자의 눈을 통해 나타나는 것이다. 자연주의적 연구자는 각기 다른 프로그램에 대하여 각기 다른 질문을 하기도 한다. 이때 획득되는 이득은 어떤 성질로 환원되는 것이 아니라 기술된다. 관찰은 미리 구조화되는 것이 아니라 현장 그 자체에 대한 즉각적인 반응이어야 한다.[35)]

인본주의적 또는 자연주의적 입장에서 평가에 접근하는 사람들은 과학적 평가에서 발견한 방법과는 분명히 다른 방법으로 수집된 자료를 분석한다. 자연주의적 연구에서 수집된 자료는 본질상 양적이라기보다는 질적이다. 평가자는 관찰한 것에 대한 인상에 더 많이 의존하며, 평가하는 기간 동안 관찰한 실제적인 사건에 관하여 소위 '심층적' 기술에 열중한다. 참가자와 면접 및 논의에서 얻은 데이터가 평가에 포함되며, 많은 관찰에서 나타난 패턴이 대부분의 분석 데이터가 된다.

평가에 대한 인본주의적 접근을 지향하는 사람들은 다양한 목소리와 복합적인 현실이 존재하는 이 시대에 이러한 접근법이야말로 필요한 것이라고 주장한다. 우리는 교육 체제와 일반 사회에서 발견하는 복합성에 대한 판단을 내릴 필요가 있다. 그리고 이러한 판단은 시험 삼아 하는 것이 되어야 한다. 과학적 접근을 주창하는 사람들이 우리로 하여금 믿도록 하는 것처럼 추상적이고 일반화된 확실성을 가지고 판단이나 결론을 내릴 수는 없다.[36)]

물론, 전적으로 양극단에 치우치는 것은 위험하다. 안전한 길은 상황이 요구하는 것에 따라 두 가지 접근법을 이용하는 것이다. 교육에서 우리는 평가의 단일 개념에 대한 문하생으로서가 아니라 평가의 복수 개념에 대한 신봉자로서 평가에 종사할 필요가 있으며, 다양한 청중을 효과적으로 다루기 위하여 다양한 방법, 다양한 범주에 대한 관점을 활용할 필요가 있음을 깨달아야 한다. 이제는 양적 방법과 질적 방법을 취하는 평가에 대한 두 접근법 모두 데이터를 처리하는 적절한 수단으로 간주된다. 이 두 접근법은 서로 갈등하지 않는다. 현재 수집된 데이터에 대한 정확한 가치 판단을 위해서는 보다 다양한 접근법이 필요하다는 것을 깨닫는 사람이 점점 많아지고 있다.[37)]

그러나 아직도 과학적 방법이나 인본주의적 방법 하나만을 고집하는 사람도 있다. 이러한 사람은 본질적으로 세상을 바라보는 관점이 다르다. 양화된 진영에 속하는 사람은 세상을 보는 관점이 실증주의적이다. 질적 접근을 선호하는 사람은 후기실증주의나 포스트모더니즘의 관점을 가지고 있다.

비록, 전통적인 양적 접근법의 진영에서 다양한 모형을 이용하고 있지만 대부분 특별한 이름을 가지고 있는 것은 아니다. 그러한 것은 질적 평가나 질적 연구와는 다른 사례가 된다. 여기서 질적 진영의 다섯 가지 주요 접근법, 즉 해석적(interpretive), 예술적(artistic), 체계적(systematic), 이론 기반(Theory driven) 평가와 비판적-해방적(critical-emancipatory) 방법을 살펴보자.[38)]

'해석적 방법'은 평가자가 교육 장면을 여러 명의 배우가 하는 연극처럼 생각할 것을 요구한다. 평가자는 배우들이 하는 연기의 의미와 중요성을 해석해야만 한다. 이때 연극의 사회적 맥락에 주의를 기울이는 것은 필수다. 또한 평가자는 배우들의 연기를 해석하는 것뿐 아니라 교육적 드라마 안에서 배우들이 사회적으로 의미를 구성하고 주관적으로 해석하고 있음을 받아들이는 것도 필요하다. 배우들이 그들의 연기에 부여하는 의미는 각 개인의 해석적 과정을 거쳐 수정된다. 교육과정 프로그램 실제의 질은 연기자의 마음에서 만들어진다. 본질적으로 연기자는 교육과정과 무관한 사람이 아닌 바로 평가자들이다. 개인적 지각과 분리된 객관적 세계란 없다.[39)] 이러한 접근법에서 교육과정이나 학습의 질에 대한 중요한 판단은 주로 교육과정이라는 드라마 속의 교사와 학생에 의해 결정된다.

'예술적 방법'에서 평가자는 심미적 탐구를 한다. 훌륭한 와인의 맛을 보고 관찰하는 감식가처럼 평가자는 교육과정의 장점이 무엇인지 관찰하고 이를 공적으로 알린다. 이 방법은 경험으로 연마된 개인의 직관에 의존한다.[40)] 이 방법을 따르는 주요 인물은 스탠포드 대학교 예술과 교육과정 교수인 Elliot Eisner다(이 방법의 상세한 것은 이 장의 후반부에 제시되어 있다). 지금은 평가자의 관심이 주로 교사와 학생 간의 관계의 질에 집중되어 있다는 것만 말해 두겠다. 주요 열쇠는 바로 지각이다. 평가자가 더 많은 교실과 교육과정을 경험할수록 프로그램의 질에 대한 보다 더 유의미한 판단을 내린다.

질적 연구와 평가에 대한 다섯 가지 접근법 중에서 '체계적 방법'은 우리에게 가장 익숙한 방법이다. 전통적 평가자나 연구자처럼 이 진영에 속하는 사람은 실재 세계가 존재한다는 현실적 인식론을 받아들인다. 현실은 교사와 학생의 마음 안에 있는 것이 아니다. 그러나 이와 같은 질적 연구자들은 외부 세계는 전적으로 발견할 수 있으며 일단 발견하고 나면 실재의 진실을 완전하게 드러낸다는 주장에 대하여 그다지 호의적이지 않다. 세상이란 우리가 세상을 바라보는 방식과 별개로 존재하는 것 그 이상의 것이다.

사람은 가능한 한 객관적으로 기술하려 하고, 사실에 기초하여 평가나 판단을 하려고 노력한다. 그러나 이들은 과학적 · 실증적 접근의 상징인 통계기법에 주로 의존하기보다는 대개 관찰된 현상을 기술하고 논리적으로 분석한다.

수많은 접근법이 '이론 기반' 영역에 포함될 수 있다. 교육과정 전문가 사이의 최근 화제는 많은 사람이 이론적 또는 철학적 틀에 기초하여 평가를 하고 있다는 명백한 증거를 보여 준다. 어떤 사람들은 학교 프로그램의 질을 특별한 정치적 이론에 기초하여 판단하기도 한다. 또 다른 사람들은 학급 구조에 대한 다양한 사회적 이론에 기초하여 판단을 내린다. 사회 구조와 힘은 개인 간, 우리의 경우라면 교육과정 개발자, 교사, 학생 간의 작용에 있어 핵심적인 영향 요인으로 간주된다.

이론 기반 평가와 밀접한 연관이 있는 방법에는 '비판적-해방적인' 것으로 알려진 것들이 있다. 평가에 대한 이와 같은 접근법을 따르는 사람은 대개 가장 급진적인 교육과정 전문가에 속한다. 이들은 개인의 발달과 만족을 제한하는 사회적 힘을 얼마나 잘 제거할 수 있느냐로 질과 효과성을 판단한다. 이와 같은 교육과정 전문가는 지식과 의미의 구성에 대한 Habermas의 연구에 주로 의존한다. 또한 비판적 이론에도 의존하는데, 그 상당 부분은 Marx의 내용을 담고 있다.[41]

교육자는 이상의 다섯 가지 주요 접근법 중 하나에 얽매일 필요는 없다. 사실 이러한 구분 이외에도 평가에 대한 접근 방법을 구분하는 다양한 방법이 존재한다.

평가는 공리주의적인 것과 직관주의적인 것으로 구분할 수 있다. '공리주의적인 것'은 과학적인 접근과 밀접하게 연결되어 있는 반면, '직관주의적인 것'은 인본주의적 접근과 관계가 깊다. 공리주의적 평가는 최고의 선은 가장 많은 사람에게 이익을 줄 것이라는 가정하에 이루어진다.[42] 이 평가 방법은 학교 전체 또는 학교 지역구와 같이 대단위 집단을 대상으로 한다. 관심사는 전체 집단의 수행에 있다. 프로그램의 효과성은 규모가 더 큰 학교 학생 집단에 영향을 미치는 방법을 고려함으로써 판단된다. 가장 많은 수의 학생이 목표를 달성하도록 하는 프로그램은 가치가 있고 유지할 만한 것으로 판단된다.

연속선상의 또 다른 끝은 직관주의적 평가다. 이 방법을 취하는 평가자는 각 개인에 대한 프로그램의 영향을 판단하기 위해 데이터를 모으는 데 관심이 있다. 이러한 접근법은 인본주의적, 질적 평가를 지지하는 사람들이 선호하는 것을 반영한다. 이 방법을 취하는 사람은 개별 학생과 각 개인의 하위 집단이 어떻게 하는가에 관심을 가진다. 개개인이나 소집단에 관심을 두기 때문에 '좋은 것'의 기준은 존재하지 않는다. 그보다는 프로그램의 가치를 판단하기 위해 수많은 범주가 이용된다. 외부 평가자가 아니라 각 개인이 프로그램의 질에 대한 가장 훌륭한 심판이 된다. 또한 프로그램의 영향을 받는 모든 사람이 프로그램에 대한 판단을 내릴 수 있다. 이는 프로그램의 임상적 분석보다 그들의 의견이 더 중요하게 간주되기 때문이다.[43]

2) 내재적 평가와 결과 평가

평가를 양적-질적 또는 공리주의적-직관주의적인 선상에서 보는 것 외에 '내재적(intrinsic) 평가'와 '결과(pay-off) 평가'로 볼 수도 있다.

평가자들은 교육과정 계획 그 자체에 대하여 연구할 수도 있고, 교육과정이 학생에게 실행된 후 나타나는 결과에 대하여 연구할 수도 있다. Michael Scriven은 전자를 '내재적 평가'라고 한다. 평가의 준거는 조작적으로 설정되지 않는다. 평가자는 '교육과정이 얼마나 좋은가?'라는 질문에 답하려고 시도할 뿐이다.[44] 내재적 평가의 준거는 교육과정 그 자체와 직접적인 관계가 있다.

교육과정을 내재적으로 평가하기 위하여 평가자는 교육과정에 포함된 특정 내용, 내용을 계열화하는 방식, 그 내용의 정확성, 그 내용을 다루기 위해 제시된 경험의 유형, 사용된 자료의 유형을 연구한다. 만일 교육과정 계획이 정확한 내용과 그 내용의 특별한 조직에 대한 확고한 근거를 가지고 있다면 평가자들은 그 교육과정 계획은 특정 학생의 학습을 자극하기에 효과적일 것이라고 가정한다.

이러한 내재적 평가, 즉 교육과정 그 자체가 얼마나 가치 있는가를 결정하는 것이 필요한 일임에도 불구하고, 그러한 필요를 무시하는 사람들이 있다. 이들은 '교육과정이 얼마나 좋은가?'라고 묻기보다는 '교육과정이 그 목적을 얼마나 잘 달성하는가?'라고 질문한다. 만일, 교육자가 목적 및 목표의 가치와 그에 따르는 내용에 대한 견해를 가지고 있지 않다면, 어떤 특정 교육과정을 통해 목표를 달성한다는 것이 바람직한 일인지 아닌지를 확신할 수 없다는 것이다.

일단 교육과정의 기본적 가치가 평가되고 나면, 그것이 실행되었을 때의 결과도 점검하여야 한다. Scriven은 이를 '결과 평가'라고 부른다. 흔히 성과는 조작적으로 정의된다. 평가자들은 학생에게 미치는 교육과정 실행의 영향뿐 아니라 교사, 학부모, 행정가에 대한 것까지도 고려할 수 있다. 결과 평가에는 사전 검사와 사후 검사 간의 차이나, 하나 혹은 그 이상의 준거가 되는 모수를 근거로 하여 실시한 실험 집단 검사와 통제 집단 검사 간의 차이에 대하여 판단을 내리는 것이 포함되기도 한다. 결과 평가는 교육자에게서 가장 많은 관심을 끌고 있다. 결과 평가를 옹호하는 사람들은 결과 평가가 학습자에 대한 교육과정의 영향을 판단할 수 있는 정보를 제공해 주기 때문에 결과 평가야말로 유일하게 가장 중요한 평가라고 주장한다.

결과 평가 지지자는 평가자들이 현재 자신이 가지고 있는 지식을 바탕으로 단지 '탁상공론식'의 내재적 평가만 하고 있다고 주장한다. 결과 평가 지지자가 어떤 내용이나 경험의 가치를 명백하게 변호할 수는 없지만 실제로 학습자가 진술된 목표를 달성하였는지의 여부에 대한 증거를 제공할 수는 있다. 내재적 평가 방법을 지지하는 사람은 실제로 중요한 가치는 교육과정에 제시된 성과에 나타나는 것이 아니며 결과 평가의 성과는 오히려 사람들 스스로를 제한한다고 항변할 것이다. 이것은 상당 부분 현재의 검사 도구와 채점 절차의 결함 때문이라고 내재적 평가 지지자는 주장한다. 또한 결과 평가 연구에서 보고되는 결과는 대개 교육과정의 단기적 결과다. 특정 프로그램의 장기적 성과에는 거의 주의를 기울이지 않는다. 만일, 교육자가 교육과정의 타당성을 알고자 한다면 학생의 검사 점수가 아니라 데이터를 직접 보는 것이 최선의 방법일 것이다.

3) 형성 평가와 총괄 평가

평가를 보는 또 다른 방법은 형성 평가와 총괄 평가를 구별하는 것이다. 형성 평가는 프로그램을 개선하기 위해 취해지는 모든 활동을 포함하고 있다. 의도하는 프로그램의 개선이라는 목적에는 학생의 학습을 극대화하려는 목적이 내재되어 있다.[45] 이런 유형의 평가는 새로운 프로그램이 개발되는 동안, 또 그 프로그램이 적용되는 동안 모두 이루어진다. 교육과정 개발 단계에서 형성 평가는 개발 중인 프로그램을 개선하기 위한 방법에 대한 의사 결정을 내릴 수 있도록 증거를 찾아야 한다. 즉, 교육과정이 학교나 교육구에 완전히 적용되기 전에 프로그램을 수정할 수 있도록 프로그램 개발 단계에서 데이터가 수집되어야 한다. 교육과정 개발 단계와 초기 시험 단계에서 평가의 노력은 프로그램 개발자에게 안내가 되도록 빈번하고도 상세하며 구체적인 정보를 제공한다. 형성 평가는 프로그램 개발 과정 중 여러 시점에서 이루어지며, 프로그램이 점차 개발됨에 따라 프로그램을 수정하거나 폐기하거나 수용할 기회를 준다.

교육자가 형성 평가를 수행하는 방법은 매우 다양하다. 만일, 그들이 한 단원 계획만을 평가하고 있다면 그들의 평가 방식은 매우 비형식적인 것이 되어서 아마 그 단원을 가르치고 있는 사람들만을 포함하게 될지도 모른다. 그러나 만일 전체 학군을 위한 새로운 프로그램을 개발하는 데 관계된다면 형성 평가의 절차는 보다 형식적이고 체계적인 것이 될 것이다.

또한 형성 평가는 새로운 교육과정이나 기존의 교육과정이 운영되는 동안 교사와 학생 모두에게 초점을 맞추어 실시되기도 한다. 교사의 교육학적 접근의 효과성을 판단하기 위해서 형성 평가가 이루어질 수도 있으며, 학생의 학습 과정의 생산성을 알리기 위해서도 사용할 수 있다.[46] 그러나 이러한 평가는 주로 학생의 학습 정도를 알아보기 위한 것이라는 견해가 있다. 학생들이 학교에서 경험해야만 하는 검사 유형이나 평가 경험에 대한 모든 논의가 이러한 견해를 확실하게 뒷받침한다. 형성 평가가 교사에게 초점을 맞추든 학생의 활동에 초점을 맞추든, 형성 평가는 교육과정과 개인 행동의 조정이 가능하도록 데이터를 제공한다. 또한 피드백과 조정의 과정을 통해 교수와 학습 모두 '개방적' 인 것이 되도록 한다.

총괄 평가는 교육과정의 개발 및 운영의 질에 대한 전체적인 그림을 얻는 것을 목표로 한다. 새롭게 개발된 교육과정에 총괄 평가를 적용할 때는 일반적으로 교육과정 개발 프로젝트가 완전히 종결되고 나서 학교 전체 또는 전체 교육구에 적용된 후에 수행되며, 전체 학과 또는 교육과정 전체의 효과성에 초점을 둔다. 일단 적용되고 나면 이 평가 유형은 학생이 교육과정의 최종 목적을 성공적으로 달성하였는지를 결정하기 위해 사용한다. 학생이 학교나 국가의 교육 기준에 도달하였는가? 이와 반대로 교사가 최소한의 책무성 기준에 성공적으로 도달하였는지의 여부를 가리기 위해서 시행되기도 한다.[47] 종합적으로 총괄 평가는 '교육과정이 잘 실행되었는가?' 를 묻는다. 총괄이라는 이름은 특별한 방법을 이용해서가 아니라 이 평가 유형이 다양한 구성 요소나 특정 교육과정 단원의 '종합적인' 효과에 대한 증거를 수집하기 때문이다.

3. 과학적-실증주의적 평가 모형

형식적 평가는 매우 긴 역사를 가지고 있다. 고대 중국은 일찍이 B.C. 2000년에 공무원 지망자들에게 공무원 시험을 실시하였다. 초기 그리스의 교사도 수업에서 구술 평가를 시행하였다. 그러나 첫 번째 대규모의 공식 평가는 미국에서 1897년부터 1898년까지 도시 학교 체제에 있는 3만여 학생의 철자 수행에 대한 Joseph Rice의 비교 연구로 보고되고 있다. 또한 1900년대 초기에 평가 논쟁에 대한 Robert Thorndike의 공헌도 무시할 수 없다. Thorndike는 교육자들이 인간의 변화를 측정할 수 있도록 도구적인 역할을 하였다.[48] 마지막으로 1933년부터 1941년까지 수행된 '8년 연구' 는 교육 평가의 전환점이 되었다.[49] 우리의 관점에서 볼 때 8년 연구는 현대 프로그램 평가의 시작을 나타내는 것이다. 평가 계획은 다음 일곱 단계로 조직된다. 이것은 프로그램의 목적과 목표에 초점두기, 목표 분류하기, 목표를 행동적인 용어로 정의하기, 성취 정도를 확인할 수 있는 상황 찾아내기, 측정 기법을 개발하거나 선별하기, 학생 수행에 대한 데이터 수집하기, 수집한 데이터를 목표와 비교하기 등이다.

1) Provus의 불일치 평가 모형

평가에 대한 과학적-실증주의적 접근법의 좋은 예는 Provus가 개발한 불일치 평가 모형(Discrepancy Evaluation Model)인데, 이는 평가를 체제-관리이론과 연결한 것이다. 이것은 네 개의 구성 요소와 다섯 개의 평가 단계로 구성되어 있다. [그림 11-2]에 제시된 네 개의 구성 요소는 다음과 같다.

① 프로그램 '기준' 을 결정하는 것
② 프로그램 '수행' 을 결정하는 것
③ 수행과 기준을 '비교' 하는 것
④ 수행과 기준 간에 '불일치' 가 존재하는지의 여부를 결정하는 것[50]

불일치 정보는 각 단계에서 결정을 내려야 하는 의사 결정자에게 보고된다. 의사 결정의 선택은 다음과 같다.

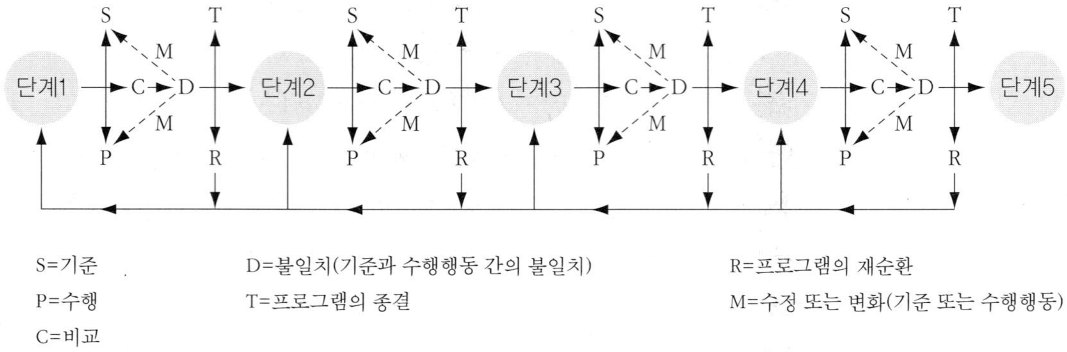

[그림 11-2] Provus의 불일치 평가 모형의 구성 요소

출처: Malcolm Provus, "The Discrepancy Evaluation Model," in P. Taylor, and D. M. Cowley, eds., Readings in Curriculum Evaluation (Dubuque, la.: Brown, 1972), p. 118; provus, 'Evaluation of Ongoing Programs in the Public School System," in R. W. Tyler, ed., Educational Evaluation: New Roles, New Means. Sixty-Eighth Yearbook of the National Society for the Study of Education, Part II (Chicago: University of Chicago Press, 1969), pp. 252-253.

① 다음 단계로 넘어가기
② 전 단계로 되돌아가기
③ 프로그램을 반복 시행하기
④ 수행 행동이나 기준 수정하기
⑤ 프로그램 종결하기

이때 평가자의 임무는 의사 결정자에게 보고하고 들어난 문제점이 무엇인지 밝히며, 어떠한 교정적 행위가 가능한지를 제안하는 것이다. 불일치가 있을 때 의사 결정자는 의사 결정을 하는 데 있어 주요 인물이 된다.

Provus 모형에는 다섯 단계가 있다. 이 다섯 단계는 〈표 11-1〉에 상세히 기술되어 있다. 모든 단계에는 프로그램의 수행이 프로그램의 기준, 즉 이미 설정되어 있는 준거와 비교되어 있다.

〈표 11-1〉 Provus의 불일치 평가 모형의 다섯 단계

단 계	수행 행동	기 준
1	설계	설계 준거
2	설비	설비의 충실도
3	과정	조정 과정
4	성과	성과 사정
5	비용	비교 및 비용-효과

출처: From Malcolm Provus, "The Discrepancy Evaluation Model," p.118; Provus, "Toward a State System of Evaluation." *Journal of Research and Development in Education* (September, 1971), p. 93.

• *설계*: 이것은 프로그램 설계와 설계 기준 또는 준거를 비교하는 것을 의미한다. 해당 프로그램이 내적으로 건전하고(공간, 인사, 자원, 자료 등의 적합성) 외적으로도 건전한지(실행될 것으로 보이는 유사한 프로그램과의 비교)를 결정하기 위해 검토하여 프로그램의 초기 문제를 확인한다. 프로그램 설계와 설계 기준 간에 존재하는 불일치는 의사 결정자에게 보고되며, 의사 결정자는 프로그램을 거부해야 할지, 수정해야 할지, 또는 수용해야 할지를 결정한다.

• *설비*: 프로그램의 실제적인 운용은 설비 기준 또는 충실도의 준거와 비교된다. 시설, 매체, 방법, 학생의 능력 및 직원의 자격을 포함한 프로그램의 특성이 평가된다. 의사 결정자가 적절한 조치를 취하도록 프로그램 설비와 설비 준거 간의 불일치가 알려지거나 보고된다.

• *과정*: 학생과 직원의 활동, 기능과 의사소통을 포함하여 구체적인 프로그램 과정이 평가된다. 만일, 제 과정이 부적절하다면 의사 결정자가 적절한 조치를 취할 수 있도록 보고되어야 한다.

• *성과*: 본래 목적에 비추어 프로그램 전체의 효과가 평가된다. 평가되는 성과는 학교와 지역사회에 관계된 성과뿐 아니라 학생과 직원에 관계된 것이 될 수도 있다. 여기서 얻을 수 있는 정보는 그 프로그램이 가치 있는지, 그리고 현재대로 계속되어야 할지, 수정되어야 할지, 아니면 종결되어야 할지에 대하여 의사 결정자에게 도움이 될 것이다.

• *비용*: 프로그램의 성과는 유사한 프로그램의 성과와 비교되어야 한다. 또한 비용-효과의 측면에서도 평가되어야 한다. 비용-효과의 방법은 분명히 설명되어 있지 않다. 그러나 우리는 항상 그 결과가 비용—금전적 차원뿐만 아니라 정신적 · 시간적 차원을 포함하여—을 들일 만큼 가치가 있는지 물어보아야 한다. 이에 대한 답은 경제적 · 사회적 · 정치적 함의를 갖는다.

Provus는 그의 평가 계획이 입안 단계에서부터 실행 단계에 이르기까지 어떤 단계에서도 진행 중인 프로그램을 평가하는 데 사용할 수 있다고 주장하였다. 이것은 학교 수준, 학교 지역구 수준, 지역이나 국가 수준에서도 이용할 수 있다.

Provus 모형은 대규모 평가의 보기가 된다. 이것은 주로 교육과정 효과성에 대한 '큰 그림'을 얻기 위해 정책 입안자나 교육과정 전문가들이 사용한다. 이 모형은 전체 학생 집단을 다루게 되며, 그와 같은 평가 결과는 전 교육구 간에 교환할 수 있다. 또한 모든 학생과 교사에게 적용된다. 그러나 구체적인 교사나 학생에게 적용되는 것은 아니다. 이런 이유로 많은 교사가 대규모 평가가 구체적인 교육과정 개발이나 그들 수업에서 수업 개선을 위해 유용한 것이라고 생각하지 않는다. 매일 매일 또는 년 단위로라도 교사에게 도움을 주기 위해서는 평가가 소규모이거나 구체적으로 교실에 기초한 것이 될 필요

가 있다. 물론, 학교는 대규모 평가와 소규모 평가 모두가 필요하다.[51)]

2) Stake의 합치-유관 모형

Robert Stake는 합치-유관 모형(Congruence-Contingency Model)을 제시하였다. 그는 평가에 대한 논의에서 공식적인 제 평가 절차와 비공식적인 평가 절차를 구별하면서 교육 평가가 우연적 관찰, 내재적 목적, 직관적 규준, 주관적 판단에 계속해서 의존한다는 사실을 인정하면서도 교육자들이 보다 더 공식적인 평가 절차를 설정하기 위해 노력해야 한다고 주장한다. 공식적 절차는 주관적이기보다 객관적이며, 평가받고 있는 프로그램에 대하여 기술하고 판단을 내릴 수 있도록 데이터 제공을 목적으로 한다.[52)]

물론, 인문학적 진영에서는 Stake의 입장에 이의를 제기한다. 그들은 평가 방법이 주관성을 추구해서는 안 된다는 것뿐만 아니라 주관성의 불가피성에 대해 인식해야 한다고 주장한다. 또한 우리는 프로그램과 학습의 질에 대한 많은 자료를 수집하여 판단을 내릴 수 있는 수많은 방법을 가지고 있을 수 있다고 주장한다. 비공식적 평가는 공식적 방법보다 훨씬 더 계속적으로 이루어지고 전체 교육 경험으로 고르게 통합될 수 있다고 지적한다.[53)]

Stake는 평가 전문가가 충분하게 객관적으로 기술하고, 어려운 데이터를 수집하여 보고하는 것을 점점 더 강조하며 또 그렇게 하는 것이 정당하다고 지적한다. Stake는 평가자가 보다 광범위한 유형의 데이터를 수집해서 처리해야 하며 교육과정 관련 과정에 연루된 사람의 역동성을 고려해 줄 것을 요구한다. 평가자는 여러 사람이 수행하는 역할을 평가해야 할 뿐만 아니라 그들이 프로그램 판단에 보다 광범위하게 참여하도록 해야 한다. 더 나아가 교육과정 평가에 참여하는 사람들은 데이터를 보고하는 것 외의 것에 대해서도 판단을 해야 한다고 주장한다. 또한 평가되는 프로그램의 가치에 대한 입장도 표명해야 한다.

Stake는 데이터가 선행 조건, 상호 작용, 성과의 세 가지 정보체로 조직될 수 있다고 주장한다. '선행 조건' 이란 성과에 영향을 미치는 교수-학습 이전에 존재하는 조건이다. 이 선행 조건은 학생들의 적성, 이전의 학업 성취도, 심리학적 프로필 점수, 석차, 훈육 문제, 출석률과 같은 수업 이전의 학생의 위치 또는 제 특성과 함께 교사의 경력 기간, 교육 유형, 교사 행동 평정과 같은 교사 특성도 포함한다. 이러한 선행 조건은 '출발점 행동' 이며 때로는 다른 평가자들이 '투입' 이라고 기술하기도 한다.

Stake는 '상호 작용' 이란 학생과 교사 간에, 학생 간에, 또 학생과 다른 사람 간에 일어나는 것이라고 말한다. 또한 학생들이 어떤 교육과정 자료와 시간 배당, 공간 배열, 커뮤니케이션의 흐름을 다루는 교실 환경과 맺게 되는 교호 작용이며, 보통 교수-학습 '과정' 이라고 부르는 것을 의미한다.

평가에 대한 접근법에서 우리는 프로그램의 '산출물', 특히 학업 성취도나 태도 및 운동 기능과 같은 '성과' 에 관심을 가져왔다. 또한 평가자는 새로운 프로그램이 교사 자신의 역량에 대한 지각에 미치는 영향과 같은 성과에 주의를 기울일 필요가 있으며, 행정가의 행위에 미치는 프로그램 성과의 영향을 평가할 필요가 있다. 어떤 프로그램의 결론에 대하여 직접적이지 않은 성과도 고려할 필요가 있으며, 장기적 영향력까지도 주의를 기울여야 한다. 성과에 대해 Stake는 즉각적이면서도 장기적인, 인지적이면서 정의적인, 개인적이면서 전 지역사회에 걸친 교육의 결과라고 주장한다.[54]

평가 연구를 계획하는 데 있어 Stake의 모형은 고려해야 할 데이터를 알려 주고 계획한 것과 시행된 것을 대조할 수 있는 조직적 구조를 제공한다. 이 모형은 대규모 평가 모형으로서 세 가지 유형의 데이터를 하나의 매트릭스 안에 배열한다. [그림 11-3]에 매트릭스가 제시되어 있다. 이 모형은 의도된 것이든 관찰된 것이든 선행 조건, 상호 작용, 성과 등 평가의 제 요소를 나타낸다. 평가자가 해볼 만한 것은 선행 조건, 상호 작용과 성과의 유관성을, 그리고 나중에는 합치를 확인하는 것이다. '유관성' 은 선행 조건, 상호 작용, 성과와 같은 세 범주에 포함되는 변인 간의 관계다. 학습 성과는 선행 조건과 상호 작용의 결과라고 표현하는 것이 이상적이다. 만일 상호 작용이 이전의 선행 조건과 관계가 있다는 것을 보일 수 있다면 그때의 상호 작용은 논리적으로 선행 조건에 유관되는 것이다. 마찬가지로 학습 성과는 논리적으로 상호 작용에서 유관된 것이어야만 한다. 요약하면 한 범주는 다른 범주에 속한 관찰 가능하고 측정 가능한 변인으로 이어지는 것임을 예상할 수 있다.

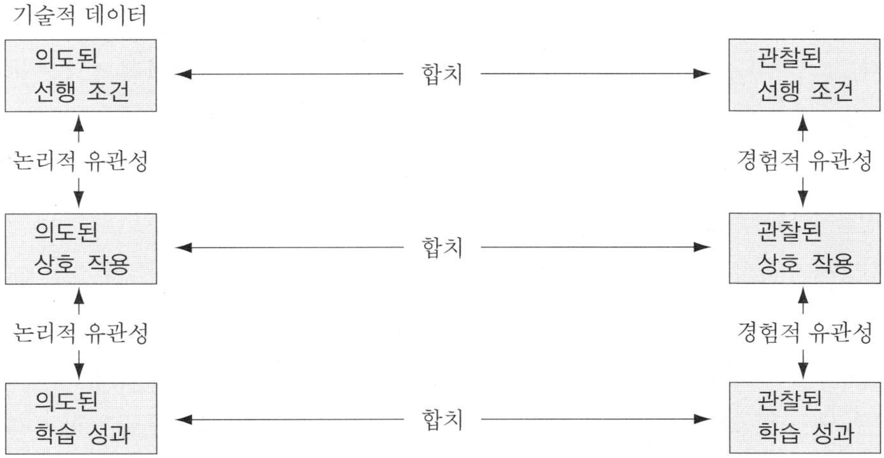

[그림 11-3] 합치-유관 모형

출처: From Robert E. Stake, "Language, Rationality, and Assessment," in W. H. Beatty, ed., Improving Educational Assessment and an Inventory of Measures of Affective Behavior (Washington, D.C.: Association for Supervision and Curriculum Development, 1969), p. 20. Used with permission.

이 모형은 평가자 역시 의도된 학습 성과와 관찰된 학습 성과 간의 '합치'에 관심을 가져야 한다는 것을 보여 주고 있다. 합치 문제를 다루는 데 있어 평가자는 누구든 의도된 것과 관찰된 것을 결합시키려고 노력한다. 의도된 것이 실제로 일어났는가? 완전히 합치가 되기 위해서는 의도된 모든 선행 조건, 상호 작용, 성과가 일어나야만 한다.

3) Stufflebeam의 맥락, 투입, 과정, 산출 모형(CIPP)

아마도 Daniel Stufflebeam이 제시한 모형이 교육 평가에 대한 의사 결정-관리 지향적인 접근법에 가장 중요한 기여를 했을 것이다. 평가에 대한 그의 접근법은 CIPP(context, input, process, product) 모형으로 알려져 있다.[55] 이 종합적 모형은 평가가 계속적인 과정이 되어야 하는 것으로 간주한다.

의사 결정을 위해서는 정보가 제공되어야 하는데, 이는 다음과 같은 세 단계의 과정을 거친다. 즉, 수집을 요하는 정보에 대한 기술, 정보의 획득, 관련 당사자에게 정보 제공이다. 어떤 평가 연구든 반드시 이들 세 단계를 포함해야 한다. 이들 결정 유형에 상응하는 네 가지 평가 유형은 ① 맥락, ② 투입, ③ 과정, ④ 산출이다.

맥락 평가 맥락 평가란 프로그램 환경을 연구하는 것이다. 맥락 평가의 목적은 관계있는 환경을 정의하고, 그 환경에 관하여 바람직한 조건과 실제 조건을 묘사하고, 충족되지 못한 요구와 상실한 기회에 초점을 맞추어 요구가 충족되지 못한 원인을 진단하는 것이다. 맥락 평가는 실제로는 하나의 '상황 분석'이다. 즉, 현실에 대한 판독으로, 개인은 현실 속의 자신과 자신이 원하는 것에 비추어 실재를 사정하는 것을 말한다. 평가에 대한 이와 같은 진단의 단계는 일회적 활동이 아니다. 맥락 평가는 전체 시스템의 운용과 완성에 대한 기본 정보를 제공하기 위하여 계속된다(교육과정 도움말 11-1 참조).

투입 평가 CIPP 모형의 두 번째 단계인 투입 평가는 프로그램의 목적 달성을 위해 정보를 제공하고 자원을 어떻게 활용할지를 결정하기 위해 고안된 것이다. 투입 평가자는 평가의 과업을 실행하는 학교의 역량을 평가한다. 그들은 프로그램의 목적 달성을 위해 제안된 전략과 선택된 전략을 적용할 수 있는 방법을 확인한다. 이 단계에서 우리는 대안적 설계가 자원, 시간, 예산의 측면에서 목표 달성에 얼마나 기여할 것인가를 고려할 수 있으며, 실행 가능한 것에 초점을 둔다.

투입 평가는 교육과정 계획 또는 교육과정 계획의 구체적인 구성 요소를 평가하며 다음과 같은 문제를 다룬다. 즉, 교육과정 목표가 적절하게 진술되었는가? 그 목표들은 학교 목적과 합치되는가? 내용은 프로그램의 목적 및 목표와 합치되는가? 수업 전략은 적절한가? 목표 달성에 도움이 되는 다른 전략이 존재하는가? 이와 같은 내용과 수업 전략을 이용하는 것이 교육자들로

교육과정 도움말 11-1

교육과정 맥락에 대한 평가

대부분의 교육과정 활동은 사회화된 맥락 안에서 일어나며, 대부분의 교육과정 시행 또는 제정 과정은 사회화된 맥락 안에서 발생한다. 전체적인 프로그램을 담당하는 사람들은 그들이 교육과정을 개발하여 시행하는 과정을 평가할 필요가 있다. 다음 조언은 교육과정 활동의 맥락을 평가하는 데 도움이 될 것이다.

① 교육과정을 조정하는 가치, 목적, 신념을 알아본다.
② 주요 인물에 주목하면서 지역사회를 파악한다.
③ 지난 교육과정 활동사를 알아본다.
④ 교육과정 제정을 위해 이용 가능하면서도 필요한 물리적 설비를 알아본다.
⑤ 지역사회와 학교 지역구 안팎에서 가해지는 교육과정 활동을 위한, 교육과정 활동에 반하는 압력을 알아본다.
⑥ 필요한 예산과 배정된 예산을 알아본다.
⑦ 어떤 수행 결과가 학교나 지역사회를 위하여 중요한가 알아본다.
⑧ 교사와 행정가의 지각, 기대, 판단이 무엇인지 알아내어 그들이 평가를 통해 기대하는 바가 무엇이며, 평가를 어떻게 사용하려고 의도하는지를 알아본다.

하여금 성공적으로 목표를 달성하도록 할 것이라는 믿음의 근거는 무엇인가?

과정 평가 이 단계는 프로그램을 통제하고 관리하는 교육과정 실행에 대한 의사 결정을 다루며, 계획된 것과 실제 활동 간의 합치성을 결정하는 데 이용된다. 과정 평가는 세 가지 전략으로 이루어져 있다. 첫째는 절차상의 설계 또는 프로그램 실행 시에 발생하는 결점을 찾아내거나 예언하는 것이며, 둘째는 의사 결정을 위한 정보를 제공하는 것이고, 셋째는 현재 진행되고 있는 제 절차에 관한 기록을 유지하는 것이다.[56]

프로그램의 결함을 다루는 첫째 전략에서 교육자는 해당 프로젝트가 실패할 수 있는 잠재적 자원을 계속해서 찾아내고 점검하는 것이 중요하다. 교육자는 전체적인 운용의 세부 계획에 주의를 기울이고 모든 당사자 간의 의사소통의 통로를 유지해야 한다. 둘째 전략에는 프로젝트의 시행 기간 동안 프로젝트 관리자가 내리는 의사 결정이 포함된다. 예를 들면, 어떤 결정 사항은 프로그램이 실제로 시행되기 전에 어떤 현직 활동을 계획하여 실행할 것을 요구하기도 한다. 셋째 전략은 프로젝트 설계의 주요 특징을 다룬다. 예를 들면, 선정된 특정 내용, 새로운 수업 전략 또는 혁신적인 학생-교사 계획 단원 등이다.

세 가지 전략을 포함하는 과정 평가는 교육과정 개발의 시행 단계 동안 일어나는 데, 이는 해당 프로그램이 전 교육구에 적용되기 전에 '결함을 고치기 위하여' 수행되는 시험적인 과정이다. 이와 같은 평가를 통해서 프로젝트 의사 결정자는 절차상의 난점을 예견하고 극복하기 위하여,

또 의사 결정을 내리기 위하여 필요한 정보를 얻는다.

산출 평가 결과 평가자는 현재 사용하고 있는 최종적인 교육과정의 산출물이 자신이 희망하였던 것을 성취하고 있는지의 여부를 결정하기 위하여 데이터를 수집한다. 산출 평가는 평가자들에게 새로운 교육과정을 유지할 것인지, 종결할 것인지 아니면 수정할 것인지에 대한 의사 결정을 내리는 데 도움이 될 정보를 제공한다. 결과 평가는 평가자들이 CIPP 모형의 이 단계에서 이루어지고 있는 행위들을 전체적인 변화 과정의 다른 단계에 연결할 수 있게 해 준다. 예를 들어, 산출 평가는 재능이 뛰어난 과학도를 위해 계획된 과학 교육과정은 그 학생들로 하여금 프로그램의 목표를 성공적으로 달성할 수 있게 해 준다는 것을 입증할 데이터를 제공한다. 이제 그 프로그램은 다른 학교에도 적용될 수 있다.

4. 인문학적 평가 모형과 자연주의적 평가 모형

이전의 평가 모형은 양적 · 기술적 평가 방식에 치중하였다. 그러나 일부 평가 이론가는 이러한 과학적 접근 방식에 문제를 제기한다. 그들은 평가자들이 특정 행동 목표를 관찰하거나 측정하고 프로그램의 성공 여부를 수치화할 수 있는 정교한 평가 모델을 짜는 데 너무 집착했다고 생각한다.[57] 이러한 비판은 종종 교육자들이 세계가 평가 가능한 능력과 체크리스트 및 작은 여러 행동으로 구성되어 있다는 기계론적 세계관과 실증주의적 패러다임에 너무 집착한다는 최근의 지적을 반영한다.

이런 가운데 평가에 대한 새로운 접근법이 등장하였다. 이 방식에서 평가자는 평가 대상의 중점에 위치한다. 평가자는 평가 장소를 찾아갈 뿐만 아니라 평가 대상의 가치 및 사례를 논할 때 그들과 개인적으로 동화된다. 평가자들은 시스템에서 분리되어 객관성을 띠고 바라보는 것이 아니라, 평가 과정에 깊숙이 동화되어 평가 대상과 하나가 된 것처럼 보인다. 이들은 조사에 있어 인문학적 또는 자연주의적 탐구 방식을 보다 신봉한다.

인문학적 평가 방식에는 다양한 접근 방식이 있다. 그러나 실재하는 것은 여러 가지며, 평가자의 가치에 따라 영향을 받는다는 믿음을 공통적으로 발견할 수 있다. 본질적으로 이들 평가자들은 평가 대상의 '복잡함'을 깨닫고 인정하고 평가한다. 이러한 인문학적 또는 자연주의적 과정은 보다 전체주의적 접근을 요구하며 이를 통해 더 많은 세부 사실을 얻을 수 있다. 이를 통해 평가 대상의 상황을 파악할 수 있는 것이다. 평가 보고서는 숫자보다는 오히려 발견되었거나 발생한 사실에 대한 기술들로 채워진다. 이러한 접근법은 결과보다는 구성원의 상호 작용에, 교실과 학교 생활의 측정 가능한 양보다는 질에 초점을 맞춘다.

과학적 접근법은 사람의 행동 내용을 보여 주는 자료를 제공한다. 반면 자연주의적 접근법은 이들 자료에도 관심이 있지만 현상의 이면에 깔려 있는 이유를 파악하는 데 주력한다. 즉, 현상에 대한 객관적 설명보다는 해석을 통한 이해에 중점을 둔다.[58)]

과학적 평가자들이 단순히 학생들이 무엇을 배웠는지 물을 때 인문학적 또는 자연주의적 평가자들은 교육과정을 통해 학습되거나 제시되는 지식의 가치가 무엇인지를 탐구한다. 이들은 정치적 · 사회적 관점에서 교육과정을 관찰하며, 내용 자체만이 아니라 그것이 내포하고 있는 사회적 중요성을 파악하고자 한다.

즉, 프로그램 내용 및 성취하고자 하는 목표가 함의하는 도덕적 의미를 판단하기 시작한다. 이러한 접근법은 탈가치적 · 전통적 접근법에서 크게 벗어난 것이다.

1) 실행 연구

실행 연구(Action research)는 과학적 접근법과 인문학적 접근법 두 가지 모두를 취하는 평가 방법이다. 둘 중 어느 쪽에 더 가까운지 여부는 교사나 교사 집단이 연구를 수행할 때 가정하는 초점에 따라 달라진다. 실행 연구는 연구와 평가라는 두 가지 방식을 모두 취하기도 한다. 실행 연구가 과학적인지 인문학적인지 여부는 평가자의 세계관에 따라 갈린다. 과학적 접근법을 더 취하는 평가자는 세계를 작게 보며, 개인에게 거리를 둔 채 객관적 대상으로 관찰함으로써 인간을 통계나 측정 가능한 시스템의 일부로 간주한다. 이들은 검사 점수, 학습 몰두 시간 비율, 수업 이수 비율, 성취 기준 도달 학생 비율 등에 초점을 맞춘다.[59)] 반면에 인문학적 접근법에 입각한 교사는 세계를 좀 더 크게 본다. 이들은 학생이나 교육에 연루된 다른 사람을 수량으로 측정이 가능하고 분류 가능한 대상으로 보지 않으며, 오히려 감정, 능력, 열망, 두려움, 사랑, 편견 및 배움과 삶이 하나임을 이해하고 있는 복잡한 존재로 간주한다. 이러한 관점의 교사는 학생들이 학교에 오는 목적에 집중한다. 이들은 학생이나 교사 스스로가 평가 또는 연구에서 자유로울 수 없음을 알고 있다. 또 학교 및 지역사회에서 일어나는 행동 하나하나가 새로운 시작을 의미함을 알고 있다. 이 책의 저자인 우리는 이를 현장 연구에 있어 필수적인 태도로 본다. 왜냐하면 실행 연구는 모든 교육 사태에 새로움과 신선함을 주기 위하여 교육적 경험을 계속해서 수정하고 적응시키는 것에 깊은 관심을 두기 때문이다.[60)]

그러나 실행 연구가 과학적인지 인문학적인지를 구별해 주는 요소가 있는데, 그것은 평가 현장에 실제로 가 있는지 여부다. Parker Palmer는 매우 다양한 종류의 좋은 교수와 좋은 학습을 평가할 수 있는 유일한 방법은 교육 현장에 함께 하는 것이라고 말한 바 있다.[61)] 현장 연구에 참여하는 교사는 연구/평가 과정에서 핵심 역할을 수행한다. 실행 연구는 외부인에 의해 이루어지지 않으며, 학습 환경에 실제로 가 있다는 것은 교육과정 및 교육과정이 실행되는 환경을 평가하는 과정에 기꺼이 참여하려는 교사의 의지를 보여 준다. 즉, 교사는 실행 연구를 통해서 갖가지 시행착오, 기회를 받아들이고, 시도하고, 보다 중요한 것은 실패하고, 이를 교육과정과 교수의 개선에 필요한 피드백으로 삼는다는 것이다.

앞에서 언급하였듯이 실행 연구는 연구와 평가의 성격을 동시에 지니지만, 평가 쪽에 좀 더 무게 중심을 둔다. 연구 성격을 좀 더 가질 때는 교실 안에서 이루어지는 특정 행동의 결과를 수량적으로 측정하는 데 집중한다. 이때 초점은 그와 같은 결과를 비슷한 교실 환경의 비슷한 아이들에게도 적용 가능하도록 일반화할 수 있는 방법을 찾아내는 것이다. 연구에서 도출된 결론은 대규모로 교사들에게 제공될 의도를 가지고 만든다. 즉, 교육과정 개발과 실행에 대한 일반적인 방법을 제공할 수 있는 자료를 만드는 것이 목적이다.

또한 실행 연구를 연구에 대한 접근법으로 인식하는 것은 가르친다는 것은 무엇인가에 대한 성찰로 이어진다. 실행 연구의 결과는 교육자들에게 교수가 무엇이며, 교육과정 개발 및 실행이 수반할 결과를 보여 준다. 이는 교사가 교육의 틀 안에서 교수와 교육과정을 인식하도록 도와주며,[62] 또 교사들이 교실 및 학교에서 연구 수행에 적극적으로 참여하면서 교사라는 존재를 어떻게 재설정하는지에 대한 정보를 제공한다. 또, 교사의 태도와 편견이 학생들의 학습에 어떤 영향을 끼치는 지도 잘 보여 준다.

한편, 평가에 초점을 맞춘 실행 연구는 보편적인 교육적 전문성에 관심을 두기보다는 각 교사들이 처해 있는 개별 교실의 특수성에 초점을 맞춘다. 즉, 다른 교사나 학생, 교실에 일반적으로 적용할 수 있는 데이터를 수집하기보다는 특정 교사가 특정 시간에 특정 학생의 학습을 극대화하는 문제 해결에 관심을 갖는다. 여기서 장점을 보유한 특정 교육과정이나 교수법을 계속 적용할지 아니면 교육과정과 교수법을 수정하여 학생의 학습이 보다 성공적으로 이루어지도록 할지를 결정하기 위하여 데이터를 수집한다. 평가 방식의 실행 연구에서 교사는 주요 교육 변인, 즉 내용, 교수법, 교육 경험 등을 끊임없이 조정한다. 이러한 끊임없는 '비틀기' 나 조정이 실행 연구에 힘을 실어 주는 요소다.

이러한 조정은 문제 해결 과정에서만 일어나는 것은 아니다.[63] 다양한 주요 단계를 끊임없이 반성하고 되짚어 보며, 교사와 학생의 행동 결과를 고찰한다. 이를 위한 첫 번째 단계는 특정 교육과정 영역과 다양한 교수법을 통해 교사가 성취하고자 하는 것을 파악하는 것이다. 이 단계에서는 교육과정을 이수함으로써 학생이 얻고자 하는 것도 분명해진다. 두 번째 단계에서는 첫 번째 단계의 결과를 바탕으로 교육과정이 실행되면 발생하게 될 것을 모니터링 할 방법을 모색한다. 세 번째 단계에서는 모니터링을 통해 수집된 데이터 및 '사진' 들을 어떻게 해석할 것인지를 연구한다. 마지막 네 번째 단계에서는 실행 연구 과정을 활성화하고 계속 진행해 나간다. 이 단계는 교육과정이 실제로 운영되는 동안 자료를 수집하는 교사만이 진행할 수 있다. 교사는 수업 내용을 비디오로 녹화하거나 동료 교사들이 그들의 수업을 참관하도록 하거나 수업 중간중간에 시간을 내서 특정 행동 및 그 행동의 결과를 기록하거나 특정 교육 활동 후 참여 학생과 면담하거나 시험을 보는 등의 방법을 사용할 것이다.

네 번째 단계에서 제시된 방법은 교수가 완결된 후의 결과에 대한 데이터를 모으는 방법으로 혼동할 가능성이 있다. 그러나 실행 연구를 실시하는 교사는 교실 현장에서 교육과정과 교수의 성공 여부에 대해 끊임없이 성찰한다. 즉, 상황을 파악한 후 교수를 진행해 나가면서 어떤 내용을 소개하고 강조할지 등을 포함한 그들의 교수법을 다시 검토한다. 교사는 학생의 언어적 · 비언어적 의사소통을 파악하여 이후의 활동을 결정한다. 이들은 학생들에게 귀 기울이고, 교실에서 어떠한 학습 자료가 이용되는지 관찰하며, 해당 수업의 애초 목표에 비추어 이 모든 것을 계속해서 점검한다. 이러한 순환 과정이 매일 매일 반복된다. 매일 매일은 수정된 활동 계획을 도입할 수 있는 새로운 시작이며 기회가 된다. [그림 11-4]는 실행 연구의 일반적 순서 및 피드백 과정을 도표화한 것이다.

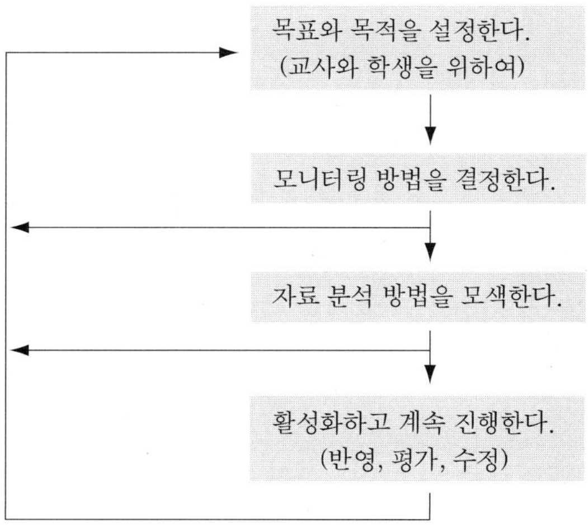

[그림 11-4] 실행 연구의 일반적 순서 및 피드백 과정

출처: Model influenced from comments by Collin J. Marsh and George Willis, Curriculum: Alternative Approaches, Ongoing Issues, 3rd ed. (Columbus, Ohio: Merril, 2003).

어떤 이들은 실행 연구의 각 범주는 정교하며 서로 동떨어져 있다고 생각한다. 그러나 실제 학교교육을 들여다보면 이는 사실과 다르다. 즉, 교육 현장에서는 인문학적이면서 연구 지향적 경향을 가진 실행 연구를 동시에 이행할 수 있다. 또 과학적이면서 평가 지향적 경향을 가진 실행 연구를 동시에 이행할 수도 있다. 실행 연구를 더 '복잡하게' 만드는 것은 교사가 실행 연구의 강조점을 매 시간, 혹은 매일 수시로 바꿀 수 있기 때문이다. 그렇다고 너무 걱정할 필요는 없다. 중요한 것은 실행 연구를 통해 교사는 교실과 학교에서 교육과정에 영향을 끼치는 존재로서 입지가 더욱 더 두터워진다는 점이다. 교실 내에서 교육과정과 수업 개선을 통제할 사람은 바로 교사이기 때문이다.

2) Eisner의 감식안 평가 모형

Elliot Eisner는 교육 감식안 평가 모형(Connoisseurship Evaluation Model)을 제시하였으며, 이는 확실히 인문학적 진영에 기반을 둔 것이다. 이 모형은 예술에 기반을 두고 있는데, 그도 그럴 것이 Eisner가 그의 교육과정 연구물에 소개한 바와 같이 그는 예술과 예술 비평에 근간을 둔 사람이기 때문이다. Eisner의 모형은 교육 비평과 감식에서 비롯되며, 이는 새로운 프로그램의 결과로 도출된 교육적 삶을 풍부하게 또는 질적으로 기술하는 것을 목적으로 한다.[64] Eisner에 따르면 교육 비평의 절차를 도입하기 위해 평가자는 다음과 같은 질문을 해야 한다. 즉, 새로운 프로그램의 결과로 특정 학교에서는 무슨 일이 일어났는가? 핵심 사건은 무엇인가? 그 일은 어떻게 발생하였는가? 학생과 교사는 어떻게 이 사건에 참여하였는가? 참석자들의 반응은 어떠하였는가? 그 사건을 더욱 효과적으로 만들 방법은 무엇이었을까? 새로운 프로그램을 통해 학생들이 배운 것은 과연 무엇인가? 이러한 질문은 과정과 학교 생활 및 학교의 질에 초점을 맞추며, 이는 양적 연구 진영에서 제기되는 질문과 성격이 다르다.

앞에서 언급하였듯이 Eisner의 교육 비평 및 감식안 모형은 예술에 그 기반을 두고 있다. 한 개인이 회화, 오페라, 연극, 영화, 심지어 와인을 비평하고자 한다면, 그는 우선 감정 평가사가 되어야 한다. 즉, 그는 비평 대상에 대한 지식과 경험을 지녀야 하며, 일어나고 있는 현상을 식별하고 비평할 만한 기술을 겸비해야 한다. 예를 들어, 훌륭한 와인 감별사는 와인에 대한 지식은 물론이고, 냄새와 풍미에 대한 뛰어난 감각을 가져 특정 와인의 향기 및 전체에 대해 감별할 수 있어야 한다. 또 와인을 시음하고 바라보면서 무엇에 초점을 맞춰야 할지를 알아야 한다. 마찬가지로 교육 감정 평가사는 교육과정과 수업에 대한 지식을 가지고 있어 무엇을 관찰하고, 어떻게 조사할 것인지, 어떻게 가치를 판단하거나 감상할지를 알 수 있어야 한다. 훌륭한 비평가는 대상의 질에 대한 미묘한 차이를 구분하고 알 수 있다. 그는 상황의 뉘앙스를 구별하고 정리할 수 있으며, 이를 통해 다른 사람이 신중하게 상황을 파악할 수 있도록 돕는다.

Eisner는 교육 감식안이 '교육적으로 의미 있는 것을 이해하고 식별하는 예술'이라 칭한 바 있다.[65] 그러나 이것은 상황을 묘사하고, 해석하고, 사정하는 비평을 통해 이루어진다. Eisner의 평가에 대한 방법론을 보면, 그는 과학적 타당도보다는 개인적 관찰, 전문가 의견 및 단체의 협력에 보다 의지한다.

Eisner는 이러한 질적 활동에 관여하는 평가자들이 교실에서 관찰하는 사람이며, 학교와 교육과정의 질에 대해 많은 질문을 던져야 한다고 본다. 또한 Eisner의 모형을 따르는 평가자는 학생들의 과제물을 자세히 분석한다. 그는 관련된 학생 및 교사의 영화, 비디오테이프, 사진, 오디오 자료를 참고할 것이며, 무엇을 말하고 실행하였는지와 더 중요하게는 무엇을 말하지 않고, 행하지 않았는지에 주목할 것이다. 평가자는 무엇보다 실행 중인 교육과정의 격조와 톤을 파악하는 데 주력할 것이다.

Eisner는 평가를 함에 있어 학교에서 일어난 일과 진행되고 있는 일에 대해 부모, 학교운영위원회, 지역 기관과 같은 관련자들과 일정한 형태의 커뮤니케이션이 이루어져야 함을 강조한다. 평가자는 교육 현장을 제시하고 묘사한다. 이러한 평가는 어느 정도까지는 주관적이고 미학적 관점에서 이루어질 것이다. 바로 이 때문에 객관적이고 과학적인 문서를 중시하는 사람들은 Eisner의 방법에 의문점을 제기한다. 결국, 감식안 모형은 반응 평가(responsive evaluation)라고 부르는 모형과 많은 공통점을 가진다.

3) Stake의 반응 평가 모형

반응 평가(Responsive Evaluation)는 Robert Stake에 의해 보급된 용어로, 의도나 결과물보다는 교육과정이나 프로그램 활동 및 과정을 평가하는 데 초점을 두는 모형이다. 즉, 공식적이고 표준화된 커뮤니케이션보다는 비공식적으로 이루어지는 자연스런 의사소통에 보다 의존한다.[66] Eisner의 감식안 평가 모형과 마찬가지로 반응 평가 모형은 표준화된 자료, 검사 점수, 목적 등 방법론적이거나 객관적 데이터보다는 프로그램의 세부 내용에 초점을 맞춘다. 반응 평가 모형 또한 기획과 개발이 필요하지만, 기술적-과학적 평가 모형보다는 공식적 문서나 연구 지향의 정보에는 덜 의존한다. 반응 평가 모형을 통해 평가자는 프로그램의 내용을 파악하고 전달하며, 특징을 제시하고, 고객과 교직원을 묘사하고, 주요 이슈 및 문제점을 파악하며, 성취 결과를 보고한다. 평가자는 연극 평론가나 풍경화가의 자세를 취한다.

Stake는 반응 평가를 위해 평가자가 프로그램의 범위와 내용을 다루는 계획을 수립해야 한다고 주장한다. 즉, 평가자는 사람을 선정하여 관찰하고, 설명 및 묘사 자료를 준비하며 결과물을 보여 주어야 한다. 사람은 누구나 편견을 가지고 있기 때문에 보고를 들을 사람이 누구인지를 파악해야 한다. 즉, 그들의 감정과 가치 있고 중요하다고 여기는 것에 대한 표현을 잘 파악하고 있어야 한다. 보고된 자료는 청중이 편견을 가지고 있을 수 있다는 관점에서 분석해야 한다. 또, 청중(뿐만 아니라 프로그램 참여자)에게 결과물에 대해 반응을 표출할 기회를 주어야 한다. 이를 위해 평가자는 면밀히 조사하여 질문을 던질 것이다. 다양한 부류의 참석자 및 청중은 방어적이 되어 평가자와 대면하는 것을 피하려 하거나 맞설지도 모른다. 그러나 교육의 질에 대한 주요 사안에 대해서는 반드시 점검하여야 한다.

Stake는 교육과정을 평가할 때 적용되는 반응 평가 모형의 단계를 다음과 같이 제시하였다(다음의 10단계가 제시되었으며, 그중 네 번째 단계는 전체 모형에 대한 해석을 바탕으로 저자가 임의로 추론하였다).

① 평가의 큰 틀에 대해 스폰서와 의논하라.
② 스폰서의 관심 사항을 바탕으로 주제, 쟁점, 질문 사항 등을 도출하라.
③ 평가를 이끌어 나갈 질문 사항을 만들어라.
④ 교육과정의 범위 및 실제 활동을 파악하라. 그리고 고객 및 구성원의 요구 사항이 무엇인지 파악하라.
⑤ 관찰하고 면담하고 문제점 및 사례 연구를 준비하라.
⑥ 정보의 범위를 줄여라. 가장 중요한 이슈와 질문 사항이 무엇인지 파악하라.
⑦ 임시 보고서에 최초 결과를 제출하라.
⑧ 반응을 분석하고 주요 관심 사항을 더욱 심도 있게 조사하라.
⑨ 결과를 더욱 확고히 할 증거뿐만 아니라 결

과와 대치되는 증거를 찾아라.

⑩ 결과를 보고하라.[67]

이 단계의 상당 부분은 탈목표 평가와 관련이 있는데, 탈목표 평가는 교육 프로그램의 목표를 앎으로 인해서 평가가 편향될 것을 염려한다. 탈목표 평가에서 평가자는 프로그램의 목표 및 목적이나 프로그램 개발자 및 스폰서의 가치에 의해 영향을 받지 않는 객관적 입장을 견지해야 한다.

4) 조명적 평가 모형

또 다른 인문학적 평가 모형으로 조명적 평가 모형(Illuminative Evaluation Model)이 있다. 어떤 이들은 이를 해설(explication) 모형이라 부르기도 한다. 이 모형에서는 교육 프로그램에 대한 완전한 그림을 제공하고자 노력한다. M. Parlett와 D. Hamilton에 의해 처음 개발된 이 모형은 교육 프로그램의 문제점과 주요 특징을 설명하고자 한다. Parlett와 Hamilton은 특정 문제 및 특징이 무엇인지를 파악하기 위해서는 문서화된 공식적 교육과정보다는 교육과정이 개발되고 실행되는 실제 교육 환경에 주된 관심을 둘 필요가 있다고 지적한다. 즉, 교육과정이 원래 의도하고 개발된 대로 적용되고 지속되는 경우는 거의 없다는 것이다.

조명적 평가 모형을 통해 평가자는 교육 생태계 내에서 전체 프로그램이 어떻게 존재하고 기능하는가를 파악할 수 있으며, 프로그램의 특별한 운용에 대한 데이터를 수집할 수 있다. 즉, 교육과정이 주어진 환경 내에서 어떻게 작용하는지에 초점을 둠으로써 교육과정 평가자는 교육과정 실행의 결과뿐만 아니라 교육과정을 실행하면서 분명해지는 의미를 발견할 수 있다. 즉, 교사, 학생, 대중의 태도 및 기질, 프로그램에 도움을 주거나 방해하는 개인적이거나 물질적인 요소를 파악할 수 있다.[68] 조명적 평가 모형에는 관찰, 심층 조사, 설명의 세 단계가 있다.[69]

① **관찰**: 이 단계에서는 우선 프로그램을 관찰함으로써 교육과정이 실행되는 맥락을 파악한다. 또한 프로그램에 영향을 미치는 모든 요소에 초점을 맞춘다. 따라서 교과목, 교수 유형, 학습 양식, 사용 교재, 교사가 취하는 평가 방법의 유형 등에 대한 자료를 수집한다.

② **심층 조사**: 이 단계에서 평가자는 평가에 초점을 두며, 사소한 사실에서 중요한 부분을 분리한다. 이 단계에서 평가자는 프로그램에 영향을 받은 개인을 찾아내어 프로그램을 이해하려 노력하는데, 이때 프로그램이 작동하는지 여부뿐만 아니라 작동하게 된 원인 또한 파악하고자 한다. 심층 조사는 진행 중인 프로그램을 계속해서 관찰하면서 이루어진다. 이는 평가자가 실제 현장에서 많은 시간을 보내야 함을 의미한다. 평가자는 학교 문서와 학생들의 학습 결과물을 조사하고, 학교 직원 및 부모와의 면담이나 질문지를 통해 관련 자료를 수집한다.

③ **설명**: 조명적 평가 모형의 평가자는 프로그

램에 대해 가치 판단을 하려 하지 않는다. 오히려 진행 중인 프로그램의 내용이 무엇이며, 왜 이루어지고 있는지에 대한 데이터를 제공하려 한다. 평가자는 프로그램의 영향을 받는 사람에게 설명하며, 이러한 정보를 전해 들은 사람은 의사 결정 과정에 참여할 수 있다.

조명적 평가 모형은 예술적 관점을 가정하며, 교육은 복잡하고 역동적인 형태의 상호 작용임을 강조한다. 이러한 상호 작용은 전체주의적이고 주관적 차원에서 관찰되고 평가되어야 하는데, 이는 객관적 측정이 가능하도록 인공적인 방법으로 분리할 수 없기 때문이다. 조명적 평가를 통해 의도하지 않은 범주와 부분까지 다룰 수 있으며, 소위 객관적 관찰자라 부르는 사람들이 종종 지나치거나 무시하는 환경의 미묘한 요소까지 파악할 수 있다.

조명적 평가 모형을 사용하는 평가자는 특정 관점이 옳다는 태도를 취하지 않는다. 이들은 과학적 · 인문학적 평가 모형 모두 타당성이 있음을 받아들이고자 한다. 즉, 두 모형 모두 강점 및 약점을 가지고 있다고 본다. 따라서 다른 인문학적 · 과학적 모형을 보다 쉽게 받아들인다.

5) 묘사 모형

묘사 모형(Portraiture Model)은 반드시 평가 모형이라 볼 수는 없지만, 조명적 평가 모형이나 Eisner의 감식안 평가 모형과 같은 의미에서 사용할 수 있다. 최초 개발자는 Sara Lawrence Lightfoot이며, 인류학에서 그 유래를 찾을 수 있다.[70] 묘사 모형을 사용하는 평가자는 학교 및 현장으로 들어가서 교육과정과 관련하여 벌어지는 현상을 관찰한다. 평가자는 교실 안의 학생, 교사, 학교 문서와 학생들의 학습 결과물을 관찰한다. 또 면담을 하거나 질문지 조사를 할 수도 있다. 이를 통해서 평가자는 벌어지고 있는 상황을 간단하게 기록하는 단층 기술(thin description)을 만든다. 만일, 교사가 교육과정의 특정 주제를 가르치거나 교사와 학생이 특별한 방식으로 행동하면 평가자는 이를 관찰일지에 기록한다.

이렇게 완성된 설명 자료를 바탕으로 평가자는 심층 기술(thick description)을 만든다. 이는 단층 기술(간단한 설명 자료)에 기록된 내용을 해석하려는 노력에서 비롯된다. 이렇게 설명 자료를 만들기 위해 평가자는 조명적 평가 모델의 설명 단계에서 거쳤던 비슷한 과정을 거친다. 이렇게 만든 설명 자료는 학교 및 교육과정 평가를 담당하는 책임자에게 전달된다.

묘사지(Portrait)는 축약된 문화기술지로서 이를 통해 평가자는 무엇을 가르쳤는지뿐만 아니라 교육 활동의 근본이 되는 사상을 제공하기 위해 학교 프로그램의 근간을 파악하고자 한다. 묘사지를 작성하는 사람은 과학적 능력뿐 아니라 창조적이고 미학적 능력에도 크게 의존한다. 대개 심층 기술에는 다음의 다섯 가지 요소, 즉 ① 교육 활동 및 환경에 대한 묘사, ② 시스템 내부 사람에 대한 기록 및 평가, ③ 대화 내용, ④ 상황에 대한 해석, ⑤ 인상주의적 기록이 포함된다.

묘사지를 작성할 때 평가자는 감정을 이입할 수 있다. 그러나 묘사지는 보는 이들이 자신 및 자신들의 프로그램에 대한 것임을 알 수 있도록 만들어야 한다. 가장 이상적인 것은 묘사지가 주제나 행동 패턴을 파악할 수 있도록 만드는 것이다. 잘 만들어진 묘사지에는 교육과정 실행에 있어 가장 중요하다고 생각되는 것에 대한 내부자의 관점이 담겨 있다. 〈표 11-2〉는 과학적 접근법과 인문학적 접근법을 대조하고 있고, 〈표 11-3〉은 전체 평가 모형을 개괄적으로 담고 있다.

5. 평가의 실제와 쟁점

앞에 제시한 모형은 다양한 실제를 포함하고 있다. 평가가 이루어지는 정확한 단계에 대해서

〈표 11-2〉 과학적-실증주의적 접근법 VS 인문학적-자연주의적 접근법

원 리	과학적-실증주의적 패러다임	인문학적-자연주의적 패러다임
실재의 본질	실재는 하나고, 실체가 있고, 세분화가 가능하다.	실재는 하나 이상이고, 구성되는 것이며, 전체적이다.
주체와 대상과의 관계	주체와 대상은 분리된 2개의 다른 존재다.	주체와 대상은 상호 교류하며 분리될 수 없다.
일반화 가능성	시간과 맥락에 관계없이 일반화가 가능하다.	시간과 맥락에 따라 적용 가능한 가설이 가능하다.
인과 관계의 가능성	결과에 일시적으로 선행하거나 동시에 존재하는 인과 관계가 존재한다.	모든 전체가 상호 동시적으로 형성되므로 원인과 결과를 구별한다는 것은 불가능하다.
가치의 역할	조사는 탈가치적이다.	조사는 가치와 관계가 있다.

출처: Yvonna S. Lincoln and Egon Guba, *Naturalistic Inquiry* (Beverly Hills, Calif.: Sage, 1985), p. 37. Used with permission.

〈표 11-3〉 평가 모형에 대한 개관

모형	개발자	접근법	실재에 대한 관점	일반화 가능성	가치의 역할
Provus의 불일치모형	Provus	과학적	실재는 하나며, 실체가 있다.	있음	탈가치
합치-유관 모형	Stake	과학적	실재는 하나며, 실체가 있다.	있음	탈가치
CIPP 모형	Stufflebeam	과학적	실재는 하나며, 실체가 있다.	있음	탈가치
실행 연구 모형	Wolf	인문학적, 과학적	실재는 다양하며, 전체적이다.	없음 (있음)	가치와 관계있음, 탈가치
감식안 모형	Eisner	인문학적	실재는 다양하며, 전체적이다.	없음	가치와 관계있음
반응 평가 모형	Stake	인문학적	실재는 다양하며, 전체적이다.	없음	가치와 관계있음
조명적 모형	Parlett & Hamilton	인문학적	실재는 다양하며, 전체적이다.	없음	가치와 관계있음
묘사 모형	Lightfoot	인문학적	실재는 다양하며, 전체적이다.	없음	가치와 관계있음

는 약간의 의견 차이가 있지만 평가 과정을 어떻게 속행할 것인가에 관한 몇 가지 견해는 유용해 보인다. 다음에 제시하는 것은 교육자가 따를 수 있는 평가 단계다. 이 단계는 교육과정에 대한 기술적-과학적 접근 방법에 크게 의존한다. 그러나 평가에 대한 인문학적 접근 방법이라 하더라도 평가되는 교육과정 현상에 초점을 두어야 한다. 또한 평가자들은 객관적이든 주관적이든 정보 수집 방법을 필요로 한다.

1) 평가의 제 단계

앞서 언급한 바와 같이 평가자는 평가를 하기 위해 활동 계획을 세워야 한다. 이를 위해 어떠한 단계가 필요한가에 대해서는 많은 글이 있다. 다음의 단계는 대부분의 평가자들이 공통적으로 논의하는 것들이다.

① 평가받아야 할 교육과정 현상에 초점두기: 이 단계에서 평가자는 평가하려고 하는 것이 무엇이며, 어떻게 설계할 것인지를 결정해야 한다. 또한 평가의 초점을 결정해야 한다. 평가의 초점이 전체 학교 시스템이 될 것인가 아니면 특정 학교가 될 것인가? 해당 학교의 특정 교과 영역에 초점을 둘 것인가 아니면 학년 수준에 둘 것인가? 이와 관련하여 평가자는 그들의 평가 활동 목표를 상세히 설명하고, 평가가 수행될 조건하의 제약과 정책을 확인해야 한다.

② 정보 수집: 평가자는 고려해야 할 필수적인 정보의 출처와 그러한 정보의 수집 방법을 확인해야 한다. 또한 자신들의 시간표에 맞추어 정보 수집 단계를 설정해야 한다.

③ 정보 조직: 평가자는 정보를 조직하여 최종적으로 의도된 청중이 해석하고 이용할 수 있도록 해야 한다. 따라서 정보를 부호화하고, 조직하고, 저장하며 인출하는 데 관심을 둔다.

④ 정보 분석: 평가자는 적절한 분석 기법을 선택하여 사용한다. 평가자들이 선택하는 특수한 기법은 평가의 초점에 따라 달라진다.

⑤ 정보의 보고: 평가자는 보고받을 청중을 염두에 두고 보고서의 성격을 정해야 한다. 그것은 의견을 제공하고 일반적인 지각에 근거한 판단을 내리는 것과 같이 비형식적 보고가 될 수도 있다. 그러나 평가자들은 그들의 평가가 보다 엄격하게 자료를 수집하고, 처리하고, 보고하고 있는지 결정해야 한다. 최종적인 보고는 상세한 통계적 데이터를 포함한다.

⑥ 정보의 재순환: 현행 정보에 대한 요구에는 계속적인 교육과정의 개선을 위한 계속적인 재평가와 재사정이 포함된다. 교육과정이 적합한 것으로 보인다 해도 학교에 영향을 주는 요소가 항상 변화하고 있기 때문에 계속적인 피드백, 수정과 조정이 필요하다.

의도된 청중에게 정보를 전하는 데 있어 평가자는 결과를 말하는 것과 같은 단순한 보고 이상을 할 필요가 있다. 또한 분석 단계에서 도출된 데이터에 대한 해석과 행동에 필요한 권고도 전달해야 하며, 정보와 결과를 어떻게 사용할 것인지를 결정하는 데도 도움을 줄 필요가 있다. 평가자는 판단을 내릴 필요가 있다. 만일 그들이 교육과정 전반에 책임을 지고 있는 사람을 위해 일해 왔다면 교육과정 의사 결정자에게 그들이 바라는 대로 할 것을 제안할 수도 있다. 때때로 평가자는 그들의 제안이 이행되었다는 것을 보증해 줄 책임을 질 때가 있다. 이런 사실은 평가자가 학교의 중앙 행정부를 위해 직접적으로 일할 때 특히 적용된다. 이와 같은 상황에서 평가자는 자신의 제안이 이루어질 수 있는 방법을 제시할 수도 있다.

물론, 어떤 사람은 이와 같은 평가 단계를 책임져야 한다. 또한 스케줄과 예산도 결정해야 한다. 이상적으로 평가의 관리 측면은 평가의 시작부터 주의 깊게 계획되어야 한다. 그것에 따라 시간표, 노동력의 배분, 과제당 비용 배정, 총 비용과 함께 평가의 제 단계의 윤곽이 드러난다.

2) 대안적 평가

교육과정 평가에 있어 교육자는 교육과정의 질과 가치뿐 아니라 교육과정의 결과로 학생들의 성공을 결정지을 데이터를 모으는 데도 초점을 맞춘다. 교육자는 증거를 통해 추론하고자 자료를 수집하기 원한다. 20세기 이래로 이러한 자료는 교사 제작 검사나 표준화 검사를 통해 학생들에게서 수집하였다. 그러나 교육개혁운동에서는 평가의 대안적 형태, 즉 보다 진정한 형태의 평가를 요구하는 목소리를 높이고 있다.

보다 믿을 만한 형태의 대안적 평가(Alternative Assessment)를 요구하는 이유는 전통적 표준화 검사에 지나치게 의존함으로써 나타나는 단점을 보완하기 위해서다. 대안적 평가를 요구하는 사람들은 관련 학교 교육구로 하여금 각각의 기준에 맞도록 최대한 검사와 평가에 대한 노력을 기울이도록 하고, 또 현재의 많은 검사가 파악하지 못하는 학생의 지식과 기술을 제대로 파악할 수 있는 평가 방법을 찾고자 한다.[71] 이러한 새로운 접근법에는 종종 자유 응답형 과제가 포함되는데, 여기서 학생은 자신의 지식과 기술을 사용하여 결과물을 생성하거나 문제를 해결해야 한다. 이러한 평가를 수행평가라고 부른다. 학생에게 요구되는 수행은 반드시 실제로 일어난 자료여야 한다. 즉, 진정한 것이어야 한다.

많은 교육자가 수행평가와 참(authentic)평가를 동격으로 취급한다. 물론, 선다형 검사나 객관적 검사와 유사한 형태의 검사를 사용하지 않는 평가 방식은 모두 대안적 평가 범주에 포함된다. 또 모든 대안적 평가에서는 학생이 수행하도록 하거나 수행을 평가하는 일원으로 참여한다. 그러나 Carol Meyer는 수행평가와 참평가는 다른 개념이라고 말한다. 대안적 평가가 참평가가 되기 위해서는 학생들이 실생활의 행동 과제에 실제로 참여하거나 적어도 실생활의 모습을 반영해야 한다. 즉, 테스트가 교사가 의도적으로 고안한 것일 수는 없다.[72]

참평가가 아닌 수행평가의 좋은 예가 학생들이 쓰기 평가 연습을 하는 것이다. 학생은 짧은 작문을 하고, 이를 통해 쓰기 능력을 평가받게 된다. 교사는 쓰기를 준비하도록 또 실제로 단편을 쓰도록 작문 관련 공식과 예시문을 일러 준다. '매뉴얼' 을 받은 학생들에게는 3일 동안 각각 50분의 시간이 주어진다. 첫 날에는 이야기의 주제를 정하고 둘째 날에는 대략의 줄거리를 잡고 마지막 날 최종본을 제작 및 수정한다.[73] 이 경우 학생들은 확실히 쓰기 과정에 참여하지만, 실제 작가들이 실생활에서 짧은 작문을 하면서 이렇게 꽉 짜인 스케줄이나 제한된 매뉴얼, 즉 단편 쓰기와 같은 것을 정확히 따르는 경우는 거의 없다.

짧은 작문을 하는 과정이 보다 실제에 가까우려면 교사는 꽉 짜인 스케줄 속에서 순서에 따라 움직이도록 요구하지 않아야 한다. 어쩌면 참평가에서는 교사가 학생에게 짧은 작문을 할 것조차 요구하지 않을지 모른다. 오히려 교사는 학생들에게 일 년 동안 작문을 하고, 이들을 모은 포트폴리오를 제출하라고 할 것이다. 학생은 언제 글을 쓸지 스스로 정하게 되며, 교사 및 다른 학생과 초고를 함께 검토하고, 각각 스케줄에 따라 글을 수정할 것이다. 이 경우 학생은 실제 작가들이 글을 쓸 때 겪는 과정을 체험한다. 이것이 진정한 참평가다.

세상에는 여러 종류의 대안적 평가 방식이 있으며, 교사는 이런 다양한 평가 방식이 최대한 참평가가 되도록 해야 한다. 이러한 접근법에는 실제 문제의 해결, 실제 문제에 대한 실험 설계 및 시행, 토론에 참여, 모형 제작, 성과를 보여주는 비디오 촬영, 실제 현장 학습의 수행, 전시회 개최, 시범 자료 개발, 일지 작성, 새로운 결과물의 창작, 컴퓨터 시뮬레이션 시행, 포트폴리오 제작 등이 포함된다. 그 밖에도 수많은 것이 포함되겠지만, 핵심은 참평가는 학생을 실생활의 상황과 조건에 연결하는 전략과 방법론이 포함된다는 점이다.[74]

참평가에서는 학생들의 결과물을 모으는 데서 한걸음 더 나아가 교사가 학생을 관찰하고 평가 관련 코멘트를 제공하는 목록을 작성한다. 또 교실 안의 개인 및 집단에 대해 어떻게 평가가 내려졌는지를 설명한다.

〈표 11-4〉는 대안적/참평가와 전통적인 지필 평가를 비교하였다.

이렇게 평가 방법에 대한 비교표를 만들다 보면 항상 어떤 방법이 나은지에 대한 의문이 생긴다. 이에 대하여 대안적 평가와 전통적 평가 방식 모두 유용하다고 주장할 수도 있다. 때로 우리는 새로운 방식을 너무 빨리 받아들인다. 일찍이 Wolf와 Reardon이 지적한 대로 '새로운 평가 형태가 적용되려면 상당한 도입 기간이 필요' 하다.[75] 교육자는 지능에 대한 기존의 개념을 재정비해야 한다. 즉, 안다는 것의 의미, 수월성에 대한 정의, 기존의 측정 행태를 재고해야 한다.

교육자는 새로운 평가 방법을 전통적인 마음가짐으로 해석하려고 해서는 안 된다. 즉, 참평가를 하면서 학생에게서 특정 결과가 도출되기를 '기대' 해서는 안 된다. 진정한 수행 활동에 참여하였던 학생이 실제로는 교육과정 기준이나 목표에 명시된 사고 과정대로 움직이지 않는 경우가 꽤 있다. 또 인간이 아직 뇌의 기능에 대해

〈표 11-4〉 대안적 사정 VS 전통적 사정

대안적 사정	전통적 사정
표본: 학생 실험, 토론, 포트폴리오, 학생들의 결과물	**표본**: 선다형 검사, 배합형 검사, 진위형 검사, 완성형 검사
주관적이지만 전문적인 판단과 관찰을 통해 이루어진다.	평가 판단은 검사 점수의 객관적 기록과 해석에 기초하여 이루어진다.
개별 학생의 학습 정도에 초점을 맞춘다.	한 학생의 점수를 다른 학생의 점수와 비교하는 데 초점을 맞춘다.
평가자가 개인이나 집단이 평가되는 과정을 설명할 수 있다.	평가자는 점수로만 학생의 지식을 표현할 수 있다.
평가는 개인별로 다른 형태를 띤다.	평가는 일반화된 성격을 띤다.
교육과정 실행을 가능하게 하는 자료를 제공한다.	교육과정이나 수업 활동을 제한하는 방식으로 자료를 제공한다.
학생이 평가 과정에 참여하도록 한다.	평가가 교사나 외부 인사에 의해 이루어진다.

출처: Adapted from Denis Palmer Wolf and Sea F. Reardon, "Access to Excellence through New Forms of Student Assessment," in Baron and Wolf, eds., Performance- Based Student Assessment: Challenge and Possibilities. Ninety-Fifth Yearbook of the National Society for the Study of Education (Chicago: university of Chicago Press, 1966), pp. 52-83.

완전히 파악하지 못하고 있다는 사실을 교육자는 인지하여 평가 결과에 대해 판단할 때 판단의 여지를 남겨야 한다. 우리 교육자는 인지 및 측정 이론에 있어 아직도 모르는 부분이 많음을 반드시 명심해야만 한다.[76)]

또 한 가지 기억해야 할 중요한 사실은 새로운 평가 방법을 사용할 때는 새로운 기준을 함께 사용해야 한다는 점이다. 이와 관련 Glasser는 '교육 기회에 대한 접근' 을 처음으로 제시한 바 있다. 그가 제안하는 새로운 기준은, 첫째 교사는 학생의 성장을 촉진할 수 있는 자료를 수집할 수 있도록 평가를 설계해야 한다는 것이다. 즉, '의도된 평가 방법을 통해 학생들이 학습에 있어 성장할 수 있는 방법을 발견할 수 있는가?' 라는 질문을 계속 던져야 하는 것이다. 둘째, 새로운 기준은 '결과의 타당성' 이다. 즉, 새로운 평가 방법을 통해 수업 효과를 확인할 수 있어야 하며, 어떤 최선의 교육적 실천이 학생들의 학습 및 행동에 긍정적으로 작용하였다고 말할 수 있는가라는 질문을 던져야 한다는 것이다. 셋째, 기준의 '투명성과 개방성' 이다. 즉, 채택된 평가 방법은 학습 과정 및 결과물이 평가자 눈에 확실히 확인될 수 있어야 한다. 넷째 기준은 '자기 평가' 다. 즉, 개인이 스스로의 성취 정도를 측정할 수 있어야 한다. 실제로 평가 모형에 있어 최근 등장한 쟁점 중의 하나가 학생들을 평가 과정에 적극적으로 참여시키는지의 여부다. Glasser가 제안하는 다섯째 기준은 '사회적 상황 평가' 다. 대안적 평가는 단체 행동이 통합된 형태로 나타나야 한다. 평가 자료를 통해 교육자는 학생이 무엇을 아는지 뿐만 아니라 학생이 다른 학생과 얼마나 잘 협동하며 집단 역동성에 잘 적응하는지를 파악할 수 있어야 한다. 여섯째 기준은 '확장된 과제 및 맥락에 맞는 기술'이다. 즉, 평가 자체가 의미있는 과제를 내포해야 한다는 것이다. 본질적으로 대안적 평가는 그 자체로 학습 기회를 제공한다. 평가를 통해 배울 수 있고, 전체 교육과정 목표에 함축되어 있는 지식이 무엇인지를 확인할 수 있는 것이다. 마지막 기준은 '범위와 포괄성'이다. 대안적 평가 행위는 학습과 수행에 대해 어느 정도의 범위는 포함할 수 있어야 한다. 즉, 평가 행위가 특정 내용만을 국소적으로 이해하는 데 그쳐서는 안 된다.[77)]

이러한 기준을 통해 알 수 있는 것은 대안적 평가는 지속적인 행위로서 교육과정을 이행하고, 이를 학생들이 경험하는 과정이 통합되어 평가된다는 사실이다. 즉, 대안적 평가는 학생의 지식 및 진보 과정에 대한 정보를 얻기 위해서 특정 시간에만 행하는 것이 아니다. 대안적 평가는 계속 진행형이다. 교사와 학생은 계속해서 교육이 얼마나 잘 진행되고 있는지에 대한 질문을 던지며, 교육과정이 얼마나 잘 운영되고 있으며, 학생 학습의 질이 어느 정도인지에 대한 그림을 그릴 수 있도록 문서 기록을 만든다.

포트폴리오 포트폴리오는 대안적 평가 모형에 있어 가장 잘 알려진 기법일 것이다. 포트폴리오는 오랜 시간에 걸친 학생들의 결과물을 모은 것으로 이를 통해 학생의 이해도, 기술 및 특정 분야에 있어 학생의 행동 성향 등에 대한 정보를 얻을 수 있다. 포트폴리오에는 학생 활동의 결과물 및 학생의 생각과 느낌에 대한 기록이 포함되어 학생 활동에 대한 포괄적 그림을 그릴 수 있다. 포트폴리오에 포함되는 표본은 오랜 기간(주로 학업 기간)에 걸쳐 만들어진 것이다. 이를 통해 학생, 교사, 부모는 오랜 기간에 걸친 학생의 성장에 대한 구체적인 증거를 얻을 수 있다. 예컨대, 학생은 학년 초와 학년 말에 각각 중간보고서나 작문을 제출하였을 경우, 학생과 교사는 두 자료를 각각 비교함으로써 발전이 있었는지를 파악할 수 있다. 또 학생은 작문에 담긴 사상과 생각에 변화가 있는지를 비교하고, 이를 통해 어떤 배움의 과정이 있었는지를 파악할 수 있다.

포트폴리오를 사용함으로써 얻을 수 있는 중요한 이점은, 학생은 자신의 전체적인 모습을 나타낼 수 있고, 교사는 전체적 관점에서 학생을 평가할 수 있다는 것이다. 학생은 포트폴리오를 만드는 작업을 통해 자신의 결과물, 지식 및 이해 정도를 돌아볼 수 있다는 점 또한 하나의 중요한 장점이다. 즉, 학생은 점수표나 등급만을 얻는 것이 아니며, '올해 어떻게 살아 왔는가'에 대해 평가할 수 있는 자료를 갖게 되는 것이다. 또 포트폴리오를 통해 학생, 교사, 부모는 대화할 소재를 찾게 된다. 포트폴리오 내용에 대해 이야기하는 과정에서 학생, 교사, 부모는 학생의 성취도, 성장 및 발달 정도에 대해 개인 및 학생이라는 관점에서 파악할 수 있다.

포트폴리오에 포함될 내용에 대해서는 교사와 학생의 논의가 반드시 필요하다. 정해진 리스트가 있는 것은 아니다. 즉, 학생은 자신의 활동 및 연구 보고서에 대한 요약본을 첨가할 수도 있고,

찍은 사진이나 제작한 비디오, 디자인한 컴퓨터 프린트물이나 그림 및 예술 작품을 첨부할 수도 있다. 또 자신이 치른 시험지를 첨가할 수도 있고, 숙제로 제출한 과제물도 포함시킬 수 있다.

효율적인 포트폴리오를 만들려면 다양한 자료가 첨가되어야 하지만, 그렇다고 학생이 만든 모든 자료를 다 첨부하라는 의미는 아니다. 포트폴리오에 첨부되는 자료에 대해 교사와 학생 공히 학생의 성취도를 평가할 그림을 '그리는' 데 있어 상대적 비중을 파악해서 첨부해야 한다. 또 학생과 교사 공히 포트폴리오 내 각 아이템을 평가하는 데 있어 일정 기준을 가져야 한다.[78] 또 교사는 전체 포트폴리오에 일정 숫자나 점수를 매길 기준을 가지고 있어야 한다. 교사는 일정한 절차를 따른 평가가 신뢰성을 가짐을 입증해야 한다. 이를 위해 가능한 방법은 해당 교육과정 및 수업 목표에 친숙하고, 평가 수단으로서 포트폴리오에 대해 잘 알고 있고, 학교에서 점수 산정 과정을 잘 알고 있는 다른 교사로 하여금 포트폴리오를 평가하게 하는 방법이 있다. 물론, 대부분의 학교에서 이것이 실제로 이루어지기에는 한계가 있을 수 있다. 그러나 교사에게 팀티칭 하는 동료가 있고, 특정 교육과정이나 그중 일부를 가르치고 지속하게 하는 데 있어 공동 책임을 갖는 사람이 있는 한 이는 크게 어려운 일이 아닐 것이다.[79]

포트폴리오에 의거하여 학생의 성취도를 측정해야 하는 상황에 직면한 교사는 포트폴리오 내의 모든 자료 각각에 점수를 매긴 후 이를 종합하여 종합 점수를 매기는 경우가 있다. 이렇게 하면 신뢰도가 높아질지는 모르지만 이와 같이 전체적 점수를 매기는 것은 올바른 평가 방식이 아니다. 종합 점수 하나만 있으면 포트폴리오 전체가 하나의 기술이나 능력만 보여 준다는 느낌을 주기 때문이다. 이러한 평가법은 우리가 추구하는 바가 아니다. 왜냐하면 이 평가 방식은 학생의 다양한 사고방식과 성과에 대해 다양한 예시를 제공하는 것을 목적으로 하기 때문이다. 또한 이 평가법은 학생의 태도와 정서까지도 표현한다. 따라서 우리는 모든 자료에 대해 다양한 점수를 낼 필요가 있다. 심지어는 포트폴리오 내 개별 아이템에 대해서도 다각도의 평가 기준을 가져야 한다. 예컨대, 학생의 작문 예시를 평가함에 있어 독창성, 정확성, 문장의 수준 등 여러 기준을 고려할 필요가 있다. 각각의 기준에 대한 비중은 글의 성격에 따라 달라진다. 어떤 글을 평가할 때는 모든 기준을 적용하지 않을 수도 있다. 각각의 기준에 대한 비중은 교육과정 내에서 작문의 목적이 무엇인가에 따라 달라진다.[80] 중요한 사실은 포트폴리오에서 얻은 자료와 기록된 서류 속의 '증거'를 통해 내린 판단은 학생의 능력, 이해도, 활동 성향, 정의적 특성 등을 평가할 수 있는 완전한 그림을 그릴 수 있어야 한다는 점이다.

3) 고부담 평가 (High-Stakes Assessment)

교육에는 돈이 든다. 우리는 지출한 교육비를 통해 최선의 결과를 얻는 데 점점 많은 관심을 가지고 있으며, 학교가 책무성을 가지고 높고도 도전적인 학문적 기준을 제공할 것을 계속해서 요구하고 있다. 전국교육내용 및 학문전문가협회(National associations for content and discipline specialists)는 학생이 습득해야 할 특정 지식, 기술, 절차에 대한 기준을 제시한 바 있다. 이 협회들에는 수학과 기준 설정을 위한 전국수학교사협의회(National Council of Teachers of Mathematics), 과학과 기준 설정을 위한 전국과학교사협의회(National Research Council), 사회과 기준 설정을 위한 전국사회과협의회(National Council for the Social Studies), 영어과 기준 설정을 위한 전국영어교사협의회(National Council of Teachers of English)가 있다.

이런 협의회가 제시한 기준은 평가 실제뿐만 아니라 교육과정 내용 및 수업 방법 자체에도 큰 영향을 끼쳤다. 미국 내 대부분의 학교 지역구는 물론 교육부 또한 이러한 기준에 주목하고 있으며 대중의 요구에 부응하고 심지어는 충족해 넘치도록 하려고 노력한다. 이러한 기준은 교육과정과 교사의 수업 활동의 기준이 되고 학생이 학문적 성과를 보여 주기 위해 달성해야 할 수행수준을 가늠하는 기준이 되었다.

정치적 조직이건 사적 조직이건 구분 없이 이러한 전문협의회가 제시하는 기준은 공립학교에서 시험의 중요성을 강화하는 결과를 낳았다. 이렇게 시험이 강화됨에 따라 특정 기준을 다룬 검사 결과와 그에 대한 믿음이 과연 건전한지에 대한 무수한 논쟁을 낳았다. 2001년 현재, 미국의 48개 주가 주 전체에 걸친 검사 프로그램을 보유하고 있으며, 또 무수한 학교 지역구에서 자체의 검사 프로그램을 보유하고 있다. 시험은 학교의 교육 활동 중 가장 중요한 부문을 차지하고 있고, 이에는 큰 문제가 없었다. 성적이 좋은 학생에게는 상이, 그렇지 못한 학생에게는 그 대가가 주어졌다. 학생에게 있어 성공이라 함은 상위 학년으로의 진급 혹은 고등학교 졸업을 의미하였고, 시험에 실패하였다는 것은 상급 학년으로 진급 실패 혹은 졸업 불가, 심지어는 고등학교 졸업장 대신 수료증을 받을 수도 있었다.[81] 시험을 통해 졸업장 수여 여부를 결정하는 것에는 법적 문제도 걸려 있다. 즉, 학생과 학부모는 이러한 중요한 시험에 통과하도록 '가르치지 못한' 책임으로 학교 지역구를 책무성에 대하여 고소할 수도 있다.

가르치고 있는 학생의 성적이 좋으면 교사 또한 성공적이라고 평가받는다. 그러나 반대로 학생의 성적이 나쁘면 교사 또한 좋은 평가를 받을 수 없다. 심지어 계속해서 효과적인 교사, 즉 가르친 학생이 시험에 통과하고 성취 기준에 도달한 교사는 특별 보너스를 받기도 한다. 또 이러한 교사가 많은 학교는 추가의 자금 지원을 받기도 한다. 반대의 학교는 자금 지원이 줄거나 사회적으로 좋지 않은 평판을 받게 된다. '학교 운영을 잘 관리하지 못하는' 학교는 지역사회나 정부가 개입할 여지가 있다.

종종 교사나 학교 행정가들이 그들의 직무와 학교의 명성이 학생의 시험 성적에 달려 있다는 것을 인식하고 있으며, 특히 교사는 행정가의 압력에 따라 실제로 교수 목적을 시험에만 두기도 한다. 어떤 이들은 검사가 잘 만들어지고 타당하다면 시험 위주의 교수가 그렇게 나쁜 것만은 아니라고 말하기도 한다. 그러나 원래 시험은 학생의 수행, 교육과정의 적절성, 수업 방법의 효과성을 판단할 수 있는 자료를 제공하는 것이 목적이어야 한다. 많은 교사가 교육과정의 목적이나 목표보다는 이해가 얽혀 있는 고부담 평가의 목적이나 목표 위주로 가르친다. 그리고 학생의 성취는 교육과정 목표보다는 시험 목표와 더 밀접한 관계에 있다. 교사는 실제로 시험을 가르치기도 하는데, 즉 샘플 문제를 뽑아서 가르치는 것이다. 이렇게 하면 보통 시험 성적은 높아지지만 이것이 학생들이 더 많이 학습하였다는 증거인지 또는 보다 양질의 교육과정에 대한 증거인지는 알 수 없다. 그러므로 학생과 교사를 제대로 평가해야 한다는 목소리가 커지게 된다. 이미 기업은 교사와 학생이 시험이라는 게임을 잘 헤쳐나가는 데 도움이 되는 교재를 만들고 있다. 상업적으로 개발된 이런 교재를 통해 학생은 시험 형태, 채점 규칙, 추측 전략 등에 익숙하게 된다. 이들은 시험 불안을 없애도록 도와주며, 그 자체로는 크게 부적절한 것은 아니다. 그러나 학생들이 '시험에 숙달될수록' 시험 결과를 해석해 내기가 어려워진다. 즉, 학생의 좋은 성적이 시험 훈련을 잘 받았기 때문인지 아니면 진짜로 평가 내용을 이해하고 있기 때문인지 파악하기가 어려워진다. 이해가 얽혀 있는 고부담 평가를 잘 치른다는 것은 21세기에는 소용 없을 지식과 기술에 대한 잘못된 생각을 하게 하는 것은 아닐까? 이러한 시험에 대한 우리의 생각이야 어떻든 간에 이해가 얽혀 있는 고부담 검사의 비중은 교사가 고안한 평가를 포함하여 이해 관계에 덜 얽매인 저부담 시험에 대한 비중보다 커질 것이다.

4) 규준참조측정과 준거참조측정

검사 실시에 대한 두 가지 기본적인 접근 방법이 교육과정 평가를 지배한다. 그중 규준참조측정(Norm-Referenced Measurement)이 가장 흔한 형태라고 할 수 있다. 이 방법에서 특정 시험에 대한 학생의 성적은 같은 시험을 치른 다른 학생의 성적과 비교된다. 한 그룹 속의 학생이 모여 규준을 이루는 것이다. 이러한 규준은 연령, 학년, 인종, 성별, 사는 지역, 그 밖에 쉽게 범주화가 가능한 요소에 의해 만들어진다.

표준화 성취도검사가 가장 잘 알려진 규준참조검사의 예가 될 수 있다. 이를 통해 학생 및 학생 집단이 비슷한 조건의 학생에 필적할 만한 성과를 보이는지를 보여 주는 자료를 제공받을 수 있다. 시험을 치른 학생이 동료 집단과 비슷한 수준으로 발전하고 있는가? 그러나 이러한 평가 형태로 교육과정이나 수업의 질을 제대로 평가할 수 있을지는 의문시 된다. 예컨대, 표준화 학력검사는 특정 교육과정의 목적 혹은 내용을 겨냥하고 있지 않다. 무엇을 가르쳤는지 효과적으로 측정하지 못하며, 학생들이 무엇을 할 수 있고 할 수 없는지를 알려 주지 못한다. 심지어 학생이 구체적인 내용 지식을 아는지 모르는지에 대한 증거를 제공할 수도 없다. 게다가 학생의 지식 및 능력 수준 향상을 위해 교사나 학생이 할 일이 무엇인지에 대한 정보도 제공해 주지 못한다.[82] 이러한 약점에도 불구하고 표준화 검사는 교육과정의 성과를 가리고 교수 효과성을 평가하는 데 사용되고 있다.

규준참조검사의 대안으로 제시된 것이 준거참조검사(Criterion-Referenced Test)다. 준거참조검사는 학생의 수행이 어떠하며 학생의 기술과 과제, 개념 이해 정도 등을 특정 준거와 기준에 따라 보고하도록 고안되었다. 현재 이러한 기준은 상당 부분이 외부에서 만들어진다. 종종 이 기준은 구체적인 목표로 세분화되어 행동적 용어로 진술된다. 예를 들면, 준거참조검사에서 학생은 지도에서 위도 및 경도를 확인하고, 두 자리 수의 곱셈 능력을 보여 주도록 요구받는다. 학습 정도를 자세히 묘사하는 것이 이 평가의 핵심이다. 이를 통해 교육자는 묻고 있는 특정 교육과정과 관련하여 학생이 아는 것과 모르는 것, 할 수 있는 것과 없는 것을 정확하게 알 수 있다. 이러한 자세한 정보를 통해 교사는 어떤 내용과 기술을 조정해야 하며, 다시 가르쳐야 할 필요가 있는 것은 무엇인지, 그리고 특정 학생들에게는 어떤 내용과 기술이 보다 필요한지를 파악하게 된다. 물론, 준거참조검사에서도 전체 점수는 나온다. 그러나 이는 각 문항이나 평가자가 관심 있는 문항별로 매긴 점수다. 교사는 학생이 모든 문항을 이해하고 내포되어 있는 기술과 태도 내용을 숙달하기를 바란다. 교사와 학생 모두 성공할 때까지, 즉 학생이 특정 문항에 '옳은 답을 할 때' 까지 끈기 있게 노력한다.[83]

준거참조검사를 통해 학생이 특정 내용, 기술, 태도를 이해하고 있는지를 알 수 있기 때문에, 특정 시간의 학생을 비교하고 학습을 측정하는 규준검사와는 달리 준거참조검사에서는 시간 경과에 따른 학생 학습의 변화 정도를 파악할 수 있다. 준거참조검사는 교육과정을 경험함으로써 학생이 무언가를 하도록 배웠는지 그렇지 않은지, 무언가를 이해하였는지 아니면 그렇지 않은지, 또는 이해력이 향상되었는지를 보여 주는 증거를 제공한다.

학생 평가에 있어 준거참조 평가 방식을 택할 때는 기준 및 준거가 적절해야 한다. 즉, 어떤 내용이 습득할 가치가 있는지 확인하고, 또 기준에 내포되어 있는 행동이 학생에게 적절한 난이도 수준이어야 한다. 대부분의 교육자는 검사에서 받아들일 수 있는 수행 준거로 80%를 말한다. 이는 숙달된 것(완전 학습이 이루어진 것)으로 보인다. 그 이유는 정확히 알 수 없으나 어쨌든 이것이 높은 수행 수준임은 확실하다. 그럼에도 불구하고 평가 문항에 대한 적정 연령을 고려할 필요가 있다. 이를 무시할 경우 평가 문항이 너무 쉬워서 모두가 80% 이상의 숙달을 보이거나 아니면 너무 어려워서 아무도 이와 같은 숙달 수준에 도달하지 못하는 일이 생긴다.[84]

또 우리는 80% 목표가 교육과정의 모든 영역 및 모든 학생에게 적용되어야 할지를 자문해야 한다. 예컨대, 어떤 책을 이해함에 있어서는 80% 목표가 적절할지 모르나 80% 정도만 숙달되었다는 것은 폭발로 이어지는 과학 실험과 같은 항목에서는 그와 같은 수행 준거가 적절하지 못할 수 있다. 또 수학 과목에서 계산 문제를 풀

때 80% 목표는 적절하지 못하다. 왜냐하면 계산 문제에 대한 답은 100% 정확해야 하기 때문이다. 이는 운전 교육을 할 때도 똑같이 적용된다. 즉, 도로 규칙에 대해서는 100% 정확한 지식 및 정확성이 필요하다. 이때 80%를 받는다는 것은 자신뿐만 아니라 다른 사람을 위험에 빠뜨릴 수 있음을 의미하기 때문이다. 또 자동차 공학에 있어서도 80% 목표는 부적절하다.[85)]

준거참조검사가 가치를 가지는 가장 큰 이유는 교육과정과 관계가 깊은 것으로서 교육과정 평가자들이 학교에서 새로운 교육과정을 평가할 수 있다는 점이다. 또한 평가자들은 수업의 효과성을 파악하고 특정 내용 및 기술을 가르쳤는지를 파악할 수 있다. 이를 통해 평가자들은 교육과정 전체의 전반적인 효과성을 판단할 수 있다. 이미 지적하였듯이 준거참조검사를 통해 학생이 특정 내용을 완전히 숙달하였는지 판단할 수 있다. 즉, 준거참조검사는 학생의 학습 정도와 교사의 교수법적 접근을 측정할 수 있는 훌륭한 수단이 된다.

준거참조검사를 통해 규준참조검사의 단점을 극복할 수 있지만 교육자는 준거참조검사에도 문제점과 단점이 있음을 주지해야 한다. 그중 하나는 준거참조검사가 특정 목표만을 다룬다는 점이다. 따라서 교육과정 전체를 파악하기 위해서는 10~15개 정도에 상당하는 검사가 필요하다. 또 이미 지적하였듯이 수용 가능한 수행 기준을 결정하는 것이 쉬운 일이 아니다. 즉, 특정 목표를 숙달하였다는 준거가 되는 점수를 과연 몇 점으로 설정할 것인가의 문제다. 그러나 교육자는 합격 점수를 자의적으로 설정함으로써 이 난점을 해결하곤 한다.

그러나 이보다 더 큰 문제는 정보에 대한 신뢰도가 떨어진다는 점이다. 대부분의 준거참조검사는 신뢰도에 크게 신경을 쓰지 않고 제작된다. 그러나 준거참조검사는 교육과정 타당도를 갖는다(검사 문항이 대개 교육과정 목표에 부합하는 것이다).[86)]

규준참조검사와 준거참조검사를 비교하면 〈표 11-5〉와 같다.

5) 평가에 있어서 인간적 문제

많은 훌륭한 평가 보고서는 기술적인 세부 사항이 타당함에도 불구하고 인간관계나 인종, 민족 및 정치적 성향에 대한 배려가 부족하여 좋은 결과를 얻지 못했다.[87)] 교사는 평가가 사람에게서 분리된 단순한 기술적 차원의 문제가 아님을 점차 인식하고 있다. 평가 보고서는 주요 관련자에게 보고되고 피드백을 받아야 한다. 또 보고하는 방식을 통해 보고서가 사장되거나 잘못 사용되거나 잘못 해석되거나 또는 무시당할 수도 있다. 교육과정 평가에서 인간, 인종, 정치적 성향이 상당 부분을 차지한다.

Ernest House는 사회적 갈등이 생기면서 가치의 문제가 최우선적으로 대두되었다고 지적한다. 즉, 평가 과정에서 가치를 발견한다면 이러한 가치의 기원은 무엇인가? 누구의 가치가 가장 가치 있는 것인가? 대개 프로그램은 목표와 목적이라는 관점에서 이들이 실제로 충족되었는지를

〈표 11-5〉 규준참조검사(NRT)와 준거참조검사(CRT)의 비교

특 징	규준참조검사	준거참조검사
비교 부문	집단 평균 점수	최소 기준 점수
목적	조사 및 성취도 검사	숙달 및 수행평가
타당성	내용, 준거 또는 구인	내용과 교육과정
타당도	수업에 따라 다름	보통 높음
신뢰도	보통 높음	보통 알 수 없음
검사 신뢰도의 중요성	중요	중요하지 않음
측정 특징	다양한 수준에 존재	있거나 없음
유용성		
진단	낮은 일반화 가능도	특정 문제
수행 예측	넓은 범위	특정 영역
의사 결정의 기본	얼마나 배웠는가?	무엇을 배웠는가?
문항 난이도	중간	쉬운 문항
행정	표준화 되어 있음	다양함
피험 집단 규모	큼	작음
다루는 내용 범위	넓음	좁음
평가하는 기술	통합적	개별적
내용 통제 주체	출판사	교사나 학교
한계	학교 구성원이 학교 내에서 결과를 해석할 수 없음	양질의 검사 제작이 어려움
다양성	다양함	한정됨
학교 간 결과 비교	가능	아직 개발되지 않음
점수 분포	일반적(1개)	직사각형(2개)
점수 범위	높음	낮음
시험에 불합격했을 때 재평가 여부	불가	숙달될 때까지 반복 가능
내용의 기초	전문가 견해	자체 교육과정
문항의 질	높음	검사 제작자의 역량에 따라 다양함
모의검사	가능	없음
문항 질의 기초	높은 변별도	문항 내용
학생 준비	시험 공부가 큰 도움이 되지 못함	시험 공부가 도움이 됨
시험을 위한 교수	어려움	권장됨
기준	평균	수행 수준
점수	순위, 표준점수, 정답 수	합격/불합격
측정 방식	상대평가	절대평가
목적	학생 등수 매기기	수업 개선
검사의 수정	불가	때로 필요
검사 내용에 관한 학생 정보	거의 불가	사전에 알 수 있음
학생이 갖는 동기	실패하지 않도록	성공을 위해
경쟁	학생 대 학생	학생 대 준거
수업 영역	인지적	인지적 또는 심동적

출처: Allan C. Ornstein and David A. Gilman, "The Striking Contrasts between Norm-Referenced and Criterion-Referenced Tests," Contemporary Education (Summer 1991), p. 293.

기준으로 평가한다. 그러나 설정된 목표와 목적이 가치 있는 것인가에 대한 물음도 점점 커지고 있다. 어떤 가치가 장점을 가진다면 그 이유는 무엇인가?[88]

책략을 사용하면서까지 자신들의 관점을 관철시키려고 노력하고 있는 여러 집단은 교육과정 평가가 점점 정치화되고 있다고 지적한다. 세월이 흐르면서 평가는 정치 과정의 일부가 되고 있다. 때때로 학교가 시험 성적을 발표하는데, 그 목적이 프로그램을 개선하기 위함이 아니라 지역사회 내 영향력 있는 집단에게 영향력을 행사하거나 정치인들에게 교육 프로그램이 효과적임을 보여 주기 위해서다. 때로 시험 결과를 방송에 내보냄으로써 소수 집단 소속의 학생도 학교 시스템 안에서 평등하게 대우받고 있음을 홍보하기도 한다.

다양한 관심사를 평가 과정에 어떻게 반영할 것인가를 고려하는 것은 우리로 하여금 사회 정의 분야를 생각하게 한다. 어떤 교육자는 평가 집단이 어떤 면에서는 교육 시스템 내 사회 정의 문제를 다루기를 꺼려한다고 고백하기도 한다. 이는 평가 과정의 목적을 잘못 이해하고 교육의 정치성을 고려하기를 꺼려하기 때문이다.[89] 평가자는 수많은 평가 대상자의 심기를 불편하게 할 평가를 수행하거나 그 결과를 보고하기 꺼려한다. 왜냐하면 특정 자료를 보고함으로써 불만 세력의 불만을 가열시킬 수 있기 때문이다.

평가의 사회 정의 영역은 교육의 공정성 문제와 관련이 있다. Pellegrino, Chudowsky, Glaser는 공정성의 핵심은 비교 가능성 여부라고 주장한다. 즉, 공정한 평가란 인간 대 인간, 단체 대 단체 사이의 비교 가능하면서 유효한 추론을 가능하게 하는 데이터를 공급하는 일이라는 것이다.[90] 그렇지 못할 경우 그 평가는 왜곡된 것이라고 할 수 있다. 사회 내 많은 단체는 실제로 많은 평가가 사회 지배 세력 출신 학생에게 유리하게 이루어져 있다고 주장한다. 즉, 지배 세력이 사용하고 소수 집단에게 친숙하지 않은 언어 및 용어를 사용한다는 것이다. 게다가 평가자 및 검사 설계자는 평가 상황에 학생들의 문화적 배경 및 세계관 등이 반영됨을 깨닫고 있다. 즉, Deborah Meier가 말한 대로 '주제 선정, 어휘, 구문, 비유, 문장, 단어 구성 및 가치관 등을 통해 개인의 사회적 · 개인적 역사를 추론할 수 있다. 사람은 저마다 나름의 어휘를 사용하나 이는 모두 다르며, 개개인의 문법 사용에는 일관성이 있고 용인되고 있을지 모르나 이것이 반드시 학계에서 사용하는 표준화된 문법은 아니다.'[91]

이를 인식하고 나면 평가자 및 검사 설계자들은 비록 모든 학생이 평가받을 지식이나 특성에 있어 비슷한 능력을 소유하고 있을 때조차도 어떤 검사 문항은 특정 집단 출신의 학생에게는 상이한 결과를 낳을 수 있음을 알게 된다. 예컨대, 미국 대륙의 발견을 묻는 검사 문항에 대하여 학생들의 대답은 그들의 문화적 배경이 유럽인들의 행동을 발견으로 보느냐 아니면 정복으로 보느냐에 따라 달라질 것이다. 습지대의 가치를 묻는 질문에 주류의 학생들은 '정답'을 말할 것이고, 습지대를 한 번도 보지 못한 빈민가의 아이들은 '오답'을 말할 것이다.

또 공정성의 관점에서 보면 각각 다른 분야에서 부진을 보이는 학생을 결함이 없는 학생과 같거나 비슷한 규준으로 평가하게 된다. 이를 극명하게 보여 주는 것이 장애아동을 일반 체육 교육 규준에 맞춰 평가하는 사례다. 이보다는 약하지만 읽고, 쓰는 능력이 부진한 학생에게 상급 학교 진학 및 졸업을 위해 필요 규준을 충족하도록 요구하는 것도 또 다른 예가 될 수 있다.[92] 그렇다면 이런 학습 부진 학생의 읽기를 돕기 위해 컴퓨터 시스템이라도 지급해야 하는가?

공정성의 문제는 주류에 있는 학생에게도 영향을 끼친다. 특히, AP반을 이야기할 때 적용할 수 있다. 재능 있다는 기준이 무엇인가? 확실히 성취 기준을 들겠지만 학생의 성과를 과연 어떻게 평가할 것인가? AP반이나 고등학교 내 대학 수준의 학급에서 공부하는 학생은 자신들이 받은 A학점과 일반 정규반에서 받은 A학점이 별 차이 없이 취급된다고 불평한다. 이것은 정당한 것인가?

평가자는 다양한 평가 방법을 살펴봄으로써 평가의 공정성 문제를 해결하고자 한다. 이 경우 분명히 대안적 평가 방법이 유용하게 쓰인다. 또 다양한 준거에 기초하여 등급을 매기는 것도 한 방법이다.[93] 몇몇 평가자 및 평가 전문가는 공정성의 문제를 진정으로 해결하기 위해서는 평가할 때 학생의 배경 및 학생의 개인사까지 고려해야 한다고 주장한다. 이를 통해 평가자들은 분석된 자료에서 적절한 추론을 할 수 있을 것이다.

어떤 학생에게 있어 어떤 과제는 상대적으로 쉽다. 왜냐하면 이들은 과제와 직접적으로 관련되는 지식 구조를 창출할 수 있는 경험을 하였기 때문이다. 선천적 능력이 유사한 다른 학생에게 동일한 과제가 어렵게 느껴질 수 있는데, 이는 그들의 배움 과정 중 그 문제를 해결하는 데 도움이 될 만한 경험이 없었기 때문이다. 현재의 학습에 대한 지식에 비추어 볼 때 우리는 그 지식과 지식의 이해 정도가 무(無)에서 창출된 것이 아님을 안다. 그것은 첫째 맥락 속에서 창출된다. 그러고 나서 다양한 상황에 적용 가능하도록 확장되고 탈맥락화 되는 것이다. 새로운 형태의 교육과정이나 문제 상황에 직면한 학생은 우선 관련된 배경 지식이 있는지를 먼저 자문한다. 그러한 배경 지식을 가진 학생이 내용이나 문제를 성공적으로 해결할 가능성이 높다. 그러나 그러한 배경 지식을 가지고 있지 않은 학생은 교육과정이나 문제가 '능력 밖의 문제'라고 생각하게 된다. 따라서 우리는 어떤 학생은 성공하였고, 어떤 학생은 실패하였다고 간단히 말할 수 없다. 그보다는 학생의 배경을 파악하고 그 결과를 반영하여 평가적 판단을 내려야 한다.[94]

확실히 평가와 관련하여 제기할 수 있는 인간적 문제는 끝이 없다. 인간 존재의 복잡성에 대해 알면 알수록 깨닫게 되는 것은 언제나 새로운 또는 반복되는 이슈들이 끊임없이 생긴다는 점이다. 그러나 이 변화기의 시점에서 한 가지 중요한 사실은 평가가 인간의 인지 영역 이상의 것을 겨냥할 필요가 있음을 깨달을 필요가 있다는 것이다. 검사 및 다른 형태의 평가는 총체적 인간에 대한 총체적 자료의 수집이 필요하다. 즉, 인지적 · 정의적 · 정서적 · 영적 측면을 모두 파악할 수 있어야 한다. 또 '평가자의 시선' 은 단순히 학생과 교사에만 머물러서는 안 되며, 교사와 학생이 다양한 상황 및 환경에서 다르게 기능함을 이해해야 한다. 교사와 학생은 학교 안팎에서 상호 작용하며, 이러한 상호 작용의 양과 질을 평가하여 그 상호 작용이 교육과정 및 그 교육과정을 가르치는 교사와 그것을 배우는 학생에게 어떻게 영향을 미치는지를 평가해야 한다.

6. 평가 활동에 참여하는 주체의 다양한 역할

평가는 교사, 행정가, 평가자 심지어는 학생과 학부모까지 개입하는 협동적 활동이다. 때로 교육부와 영리 목적 단체 같은 학교 지역구 밖의 단체가 관여하기도 한다. 이렇듯 공동으로 내린 결정은 교육과정의 한 측면에 대해서만 이루어지는 것은 아니다. 그보다는 전체 교육과정과 교육과정을 전달할 책임을 지고 있는 모든 사람에게도 관계되는 것이 일반적이다. 또한 교육과정을 경험할 학생들의 모든 다양성도 고려한다.

1) 학 생

이 책 곳곳에서 언급하였듯이 학생은 적극적 학습자가 되어야 한다. 같은 맥락에서 학생은 자신의 학습뿐만 아니라 교육과정을 평가할 때도 한 역할을 담당해야 한다. 학생은 다양한 교육과정 요소의 가치 및 효율성을 결정하는 데 있어 교실과 교육과정위원회의 교사와 함께 일할 수 있다. 물론, 학생의 이러한 참여도는 학생의 성숙도 및 연령에 따라 달라진다.

어떤 교사는 학생이 평가에 있어 적극적인 역할을 하기에 결코 어리지 않다고 말한다. 오레곤의 한 학교 구에서는 유치원 학생이 학생 주재의 학부모회의를 책임진다.[95] 학생 주재 학부모회의는 자녀가 얼마나 잘하고 있는지를 학부모가 파악할 수 있을 뿐만 아니라 학생으로 하여금 무엇을 배우고 있는지 돌아보고 그 결과를 학부모 및 교사와 공유하는 방법을 배우게 한다. 또 오레곤 주 포틀랜드에 있는 평가 훈련 기관의 장인 Stiggins 씨는 "학생 주재 학부모회의는 지난 40년 간 학생 성취도에 대한 의견을 교환하는 데 있어 가장 주목할 만한 변화다. 이를 통해 학생이 갖게 되는 책임감과 이를 통해 좋은 결과를 얻었을 때 느껴지는 성취감은 이전에 경험해 보지 못한 것이다."라고 말한다.[96]

평가 과정에 학생이 개입하는 것은 단순히 학부모회의를 주재하는 것보다 보다 광범위한 의미를 지닌다. 이상적으로 말하자면 어떤 평가 과정에 학생이 참여한다는 것은 자신의 학습을 평가하는 주체가 된다는 뜻이다. 스스로의 평가 과정에 참여하고 교육과정 자체를 평가하는 것은 학생의 대표성을 높이는 것이 된다. 즉, 사회적으로 용인 가능하고 개인적으로 의미 있는 방식으로 자신의 삶을 운영하고 수행하게 되는 것이다. 이러한 자기 평가는 학생과 교사 모두에게 가치 있는 자료를 제공하며, 학생의 의존성보다는 자립심을 키우는 데 한 몫 하게 된다. 배우는 주체로서 학생은 학습의 수준 및 중요성에 대해 판단을 하여야 한다.

학생들은 또 학습량을 측정할 때 어떠한 평가 절차가 적용되어야 하는지를 결정하는 데 있어서도 보다 많은 비중을 차지해야 한다. 이제 교사는 학생에게 자신의 포트폴리오를 짜고 교육과정을 얼마나 좋아했는지, 또 특정 교육과정 분야에서 무엇을 배웠는지에 대해 답할 책임을 부여한다.

또 학생은 학생 자신의 행위에 대해서만 평가하지 않는다. 학생은 동료의 학습의 질을 서로 협동하여 평가할 기회를 얻고 있다. 어떤 학교에서는 학생이 교사 평가에도 참여하며, 이는 종종 교사들의 장단점과 임기를 고려하는 데 사용되기도 한다. 향후 평가를 통해 학생 스스로의 학습을 개별화 하고 교육과정 운영에서 파트너로서 기능하기 위한 학생의 역할이 커질 것으로 기대된다.

2) 교 사

교사는 평가 역할을 맡는 가장 확실한 전문가 집단이다. 어떤 교사는 교실 내에서 일어나는 교수 행위 및 교육과정에 대해서 홀로 평가를 내리기도 한다. 또 다른 경우 교사는 동료 교사와 함께 협력하여 다른 교사가 가르치는 학생, 교수법 및 교육과정을 관찰하고 평가하는 중요한 동료로서 기능하기도 한다.[97] 또 어떤 경우에는 수집된 자료를 바탕으로 학교 전체 교육과정 개정 여부를 판단하기도 한다. 분명한 것은 오늘날 교사는 평가에 있어 여러 가지 역할을 담당할 수 있고 또 담당해야 함을 깨닫고 있다는 사실이다.

평가에 있어 인문학적 · 자연주의적 접근을 할수록 교사는 교육과정 평가에 깊이 관여하게 될 것이다. 교사는 시도된 다양한 교육과정의 성공 및 실패 여부에 대한 기록을 남길 수 있으며, 학생들이 오랜 시간 동안 교육과정에 어떻게 반응하는지를 비교하기 위하여 자신의 수업을 묘사할 수도 있다. 심지어 실행 중인 프로그램에 대한 자신과 학생의 느낌을 평가할 수도 있다. 궁극적으로 교사는 확장된 형태의 평가 과정에서 핵심 역할을 담당하게 된다. 그들은 평가에 있어 교사의 참여가 갖는 성격 또한 결정하게 된다. 교사가 시험 문제만 출제하고 평가자가 만든 질문에 답만 해 주던 시대는 지난 것이다.

3) 평가자

교육과정 개발 및 운영에 관련된 모든 주체는 반드시 서로 협력하여야 한다. 비록, 전체 평가에 있어 다양한 사람이 각자의 특정 역할을 담당하긴 하지만, 그중 책임자를 선정하면 일이 한결 수월하다. 이 사람이 바로 평가자다. 평가자는 교육과정을 운영하는 학교 중앙 부서와 협력해서 일을 해야 한다.

평가자는 학교 시스템의 일원이 될 수 있다. 여기에는 여러 가지 장점이 있다. 우선, 학교 시스템 내의 일원인 평가자는 시스템과 교육 목적을 주지한다. 또 평가자가 학교의 일원이면 평가를 수행하는 데 경제적으로 이득이다. 평가자가 학교 내부에 있기 때문에 평가 결과를 더 쉽게 받아들일 수 있기 때문이다. 그러나 핵심 평가자가 학교 내부에 있어서 오는 단점도 있다. 즉, 내부 인사가 시스템에 치명적인 결과를 불러올 평가 결과를 보고한다는 것은 쉽지 않은 일이다. 또 수행해야 할 중요한 평가 행위나 그에 따른 책임감을 동시에 너무 많이 가지고 있을 수도 있다. 게다가 학교 밖 전문가가 가진 전문성과는 수준이 다르다고 치부할 수도 있다.

평가자는 평가 집단의 한 구성원이며, 대개 관찰자가 된다. 이들은 데이터를 수집할 방법을 강구함으로써 관련 지식이 의사 결정자에게 제대로 전달되도록 한다. 주의할 사실은 평가자가 수집된 자료의 사용 가치를 전달하지는 않는다는 것이다. 그보다 평가자는 의사 결정자가 자신의 가치를 분명히 함으로써 일을 잘 해결할 수 있도록 도움을 준다.

이론상으로 평가자는 의사 결정자의 눈과 귀 역할을 해야 한다. 이를 수행하기 위해 평가자는 교육과정이 학교에서 어떻게 기능하고 있는지를 관찰한 후 수집된 자료를 제공해야 한다. 이러한 자료를 수집하고 가치를 판단하며 내린 결론을 바탕으로 행동을 취하는 것은 교육과정 코디네이터, 교육과정 자문위원회 및 학교행정 운영자들의 몫이다. 평가자의 핵심 역할은 교육과정 개발 및 실행에 도움을 주는 것이다.[98)]

4) 외부 컨설턴트

때때로 학교에서 외부 컨설턴트를 고용하여 평가 방법을 구체화하고 평가 활동을 조정하는 것은 현명한 일이다. 규모가 작은 학교의 경우 잘 훈련된 구성원을 구비하지 못한 경우가 많은데, 평가의 경우 더욱 그러하다. 따라서 이들이 평가활동을 할 때 보통은 외부 인사를 고용한다. 사실 새로운 프로그램을 평가할 때는 반드시 외부 인사를 참여시켜야 한다고 주장하는 교육자도 있다. 이때 외부 인사 란 수호해야 할 '전문자기 구역' 이 없어서 사실을 보고하는 데 있어 훨씬 객관적이고 충실할 수 있다.

교육자는 학교구의 자원 보유 정도, 평가 활동의 범위 및 교직원의 전문성 수준 등을 고려하여 평가 활동에 외부 인사를 개입시킬지를 결정해야 한다. 외부 컨설턴트는 반드시 전문 지식을 보유하고 있어야 하지만 잘못하면 시스템 외부의 침입자 및 평가 과정을 방해하는 중앙기관의 대표자쯤으로 인식할 수도 있다. 따라서 교육과정 개발 책임자는 이 요소를 반드시 고려해야 한다.

5) 학부모 및 지역사회 구성원

교육에 정치적 요소가 개입된다는 사실은 의심의 여지가 없다. 따라서 교육과정 문제를 포함하여 교육 관련 의사 결정을 하는 데 있어 이들도 일정 부문에 개입되어야 한다. 즉, 학부모, 심지어는 자녀가 없는 지역사회 구성원도 교육과정 평가 활동에 관여해야 한다. 교육 평가에 관여하는 구성원은 반드시 학교 관계자와 협력해야 한다. 여기서 핵심은 학부모가 단순히 평가 보고서를 읽거나 시험 결과를 받아들이기만 해서는 안 된다는 점이다. 학부모 및 지역사회 구성원은 평가를 포함한 교육과정의 모든 부문에 관여하는 교육과정 평가 팀의 구성원으로 기능해야 한다.

7. 결 론

평가의 성격과 목적은 교육과정 문제에 대하여 의사 결정을 내리는 것과 밀접한 관계가 있다. 이 장에서는 평가의 가치와 관련된 여러 가지 주제를 다루고 정의를 내렸다. 이 중 대부분의 과학적 정의에는 투입과 산출이라는 개념이 포함되거나 목표 설정에 따른 결과를 평가하는 등의 내용이 포함된다. 반면, 인문학적 정의의 경우 평가 과정에서 드러나는 우리의 가치 및 편견에 초점을 맞추었다. 우리는 이를 통해 평가가 교육과정 개발의 핵심 측면이며, 교육과정 개발의 다른 주요 부문만큼이나 전문성과 자원을 필요로 함을 역설하였다.

평가는 복잡한 과정이다. 이 장에서는 여러 평가 모형을 살펴봄으로써 이 복잡한 평가에 대해 서술해 보았다. 이들 평가 모형은 크게 과학적 접근법 및 인문학적 접근법으로 구분할 수 있다. 이러한 교육과정 평가 분야에 논쟁의 소지가 없는 것은 아니다. 교육과정 평가 연구 분야의 역동적 연구 성과를 보여 주기 위해 우리는 평가 관련 방법론적 쟁점도 소개하였다. 여기에는 목표 설정에서 자료 수집 시 사용 가능한 검사 유형을 선택하는 것까지 다양한 쟁점이 포함된다. 마지막으로 평가 활동에 참여하는 주체의 다양한 역할을 소개하였다.

미 주

1) Collin J. Marsh and George Willis, *Curriculum: Alternative Approaches, Ongoing Issues,* 3rd ed. (Columbus, Ohio: Merrill, 2003).
2) David E. Tanner, *Assessing Academic Achievement* (Boston: Allyn and Bacon, 2001).
3) Marsh and Willis, *Curriculum: Alternative Approaches, Ongoing Issues.*
4) James W. Pellegrino, Naomi Chudowsky and Robert Glaser, eds., *Knowing What Students Know: The Science and Design of Educational Assessment* (Washington, D.C.: National Academy Press, 2001).
5) Ibid.
6) R. J. Mislevy, "Test Theory Reconceived," *Journal of Educational Measurement, 33* (44), 1996, pp. 379-416, cited in Pellegrino et al., eds., *Knowing What Students Know: The Science and Design of Educational Assessment.*
7) Pellegrino et al., eds., *Knowing What Students Know: The Science and Design of Educational Assessment.*
8) Ibid.
9) Maxine Greene, *Releasing the Imagination, Essays on Education, the Arts, and Social Change* (San Francisco: Jossey-Bass, 1995).
10) Pellegrino et al., eds., *Knowing What Students Know: The Science and Design of Educational Assessment.*
11) Tanner, *Assessing Academic Achievement.*
12) Pellegrino et al., eds., *Knowing What Students Know: The Science and Design of Educational Assessment.*
13) Ibid., p. 43.
14) Ibid.
15) Ibid.
16) Tanner, *Assessing Academic Achievement.*
17) George F. Madaus and Thomas Kellaghan, "Curriculum Evaluation and Assessment," in Philip W. Jackson, ed., *Handbook of Research on Curriculum* (New York: Macmillan, 1992), pp. 119-154.
18) Harriet Talmage, "Evaluating the Curriculum: What, Why and How," *National Association for Secondary*

School Principals (May 1985), pp. 1-8.

19) R. M. Jaeger, "Measurement Consequences of Selected Standard-Setting Models," *Florida Journal of Educational Research,* 18, (1976), p. 2, cited in Tanner, *Assessing Academic Achievement.*

20) Madaus and Kellaghan, "Curriculum Evaluation and Assessment"; William F. Pinar, William M. Reynolds, Patrick Slattery and Peter M. Taubman, *Understanding Curriculum* (New York: Peter Lang, 1995).

21) Pellegrino et al., eds., *Knowing What Students Know: The Science and Design of Educational Assessment.*

22) Ibid.

23) Blaine R. Worthen and James R. Sanders, *Educational Evaluation: Alternative Approaches and Practical Guidelines,* 2nd ed. (New York: Longman, 1987), pp. 22-23.

24) Bruce W. Tuckman, *Evaluating Instructional Programs,* 2nd ed. (Boston: Allyn and Bacon, 1985), p. 1.

25) Daniel L. Stufflebeam, *Educational Evaluation and Decision Making* (Itasca, Ill.: Peacock, 1971), p. 25.

26) Marsh and Willis, *Curriculum: Alternative Approaches, Ongoing Issues,* p. 266.

27) R. E. Stake and T. Denny, "Needed Concepts and Techniques for Utilizing More Fully the Potential of Evaluation," in R. W. Tyler, ed., *Educational Evaluation: New Roles, New Means.* The Sixty-Eighth Yearbook of the National Society for the Study of Education, Part II (Chicago: University of Chicago Press, 1969), pp. 370-390.

28) Kenneth A. Sirotnik and Jeannie Oakes, "Evaluation as Critical Inquiry: School Improvement as a Case in Point," in K. A. Sirotnik, ed., *Evaluation and Social Justice: Issues in Public Education* (San Francisco: Jossey-Bass, 1990), pp. 37-60.

29) Fred N. Kerlinger, *Behavioral Research: A Conceptual Approach* (New York: Holt, Rinehart and Winston, 1979).

30) Tanner, *Assessing Academic Achievement.*

31) Michael Scriven, "The Methodology of Evaluation," in J. R. Gress and D. E. Purpel, eds., *Curriculum: An Introduction to the Field,* 2nd ed. (Berkeley, Calif.: McCutchan, 1988), pp. 340-412; Blaine R. Worthen and Vicki Spandel, "Putting the Standardized Test Debate in Perspective," *Educational Leadership* (February 1991), pp. 65-69.

32) Kenneth T. Henson, *Curriculum Planning: Integrating Multiculturalism, Constructivism, and Educational Reform,* 2nd ed. (New York; N.Y.: McGraw Hill, 2001).

33) Lee J. Cronbach, *Designing Evaluations of Educational and Social Programs* (San Francisco: Jossey Bass, 1982), p. 24.

34) Madaus and Kellaghan, "Curriculum Evaluation and Assessment."

35) Cronbach, *Designing Evaluations of Educational and Social Programs.*

36) Greene, *Releasing the Imagination, Essays on Education, the Arts, and Social Change.*

37) Ernest R. House, "Trends in Evaluation," *Educational Researcher* (April, 1990), pp. 24-28.

38) Madaus and Kellaghan, "Curriculum Evaluation and Assessment."

39) Ibid.

40) Ibid.

41) Pepi Leistyna, Arlie Woodrum and Stephen A. Sherblom, *Breaking Free: The Transformative Power of Critical Pedagogy* (Cambridge, Mass.: Harvard Educational Review, 1999).

42) Ernest R. House, "Assumptions Underlying Evaluation Models," in G. F. Madaus, ed., *Evaluation Models: Viewpoints on Educational and Human Services* (Hingham, Mass.: Kluwer Publishers, 1983), pp. 45-64.

43) I. E. Seidman, *Interviewing as Qualitative Research* (New York: Teachers College Press, Columbia University, 1991); Worthen and Sanders, *Educational Evaluation: Alternative Approaches and Practical Guidelines.*

44) Scriven, "The Methodology of Evaluation."

45) Henson, *Curriculum Planning: Integrating Multiculturalism, Constructivism, and Educational Reform.*

46) Ibid.

47) Ibid.

48) Robert L. Thorndike, *Applied Psychometrics* (Boston: Houghton Mifflin, 1982).

49) H. H. Giles, S. P. McCutchen and A. N. Zechiel, *Exploring the Curriculum* (New York: Harper and Row,

1942); R. E. Smith and Ralph W. Tyler, *Appraising and Recording Student Progress* (New York: Harper and Row, 1942).

50) Malcolm Provus, *Discrepancy Evaluation for Educational Program Improvement and Assessment* (Berkeley, Calif.: McCutchan, 1971).

51) Pellegrino et al., eds., *Knowing What Students Know: The Science and Design of Educational Assessment.*

52) Robert E. Stake, "The Countenance of Educational Evaluation," *Teachers College Record* (April 1967), pp. 523-540.

53) Marsh and Willis, *Curriculum: Alternative Approaches, Ongoing Issues.*

54) Stake, "The Countenance of Educational Evaluation."

55) Daniel Stufflebeam, *Educational Evaluation and Decision Making* (Itasca, Ill.: Prosuch, 1971).

56) Ibid., p. 229.

57) Sigrun Gudmundsdottir, "Story-maker, Story-teller: Narrative Structures in Curriculum," *Journal of Curriculum Studies* (May-June 1991), pp. 207-218; Gene I. Maeroff, "Assessing Alternative Assessment," *Phi Delta Kappan* (December 1991), pp. 272-281.

58) Sirotnik and Oakes, "Evaluation as Critical Inquiry: School Improvement as a Case in Point."

59) Greene, *Releasing the Imagination, Essays on Education, the Arts, and Social Change.*

60) Ibid.

61) Parker J. Palmer, *The Courage to Teach: Exploring the Inner Landscape of a Teacher's Life* (San Francisco: Jossey-Bass, 1998).

62) Henson, *Curriculum Planning: Integrating Multiculturalism, Constructivism, and Educational Reform.*

63) Ibid.

64) Elliot W. Eisner, *Educational Imagination: On the Design and Evaluation of School Programs,* 3rd ed. (New York: Macmillan, 1993).

65) Ibid., p. 226.

66) Robert E. Stake, *Evaluating the Arts in Education* (Columbus, Ohio: Merrill, 1975).

67) Robert E. Stake, *Program Evaluation: Particularly Responsive Evaluation* (Kalamazoo, Mich.: Evaluation Center of Western Michigan University, 1975); Robert E. Stake and James A. Pearsol, "Evaluating Responsively," in R. S. Brandt, ed., *Applied Strategies for Curriculum Evaluation* (Alexandria, Va.: Association for Supervision and Curriculum Development, 1981), pp. 14-28.

68) Marsh and Willis, *Curriculum: Alternative Approaches, Ongoing Issues.*

69) M. Parlett and D. Hamilton, "Evaluation as Illumination: A New Approach to the Study of Innovative Programs," in G. V. Glass, ed., *Evaluation Studies Review Annual* (Beverly Hills, Calif.: Sage, 1976).

70) Sara Lawrence Lightfoot, *The Good High School.* (New York: Basic Books, Inc. 1983).

71) Pellegrino et al., eds., *Knowing What Students Know: The Science and Design of Educational Assessment.*

72) Carol A. Meyer, "What's the Difference between 'Authentic' and 'Performance' Assessment?" *Educational Leadership* (May 1992), pp. 39-40.

73) Ibid.

74) Bruce Frazee and Rose Ann Rudnitski, *Integrated Teaching Methods* (Albany, N.Y.: Delmar Publishers, 1995).

75) Dennie Palmer Wolf and Sean F. Reardon, "Access to Excellence through New Forms of Student Assessment," in Joan Boykoff Baron and Dennie Palmer Wolf, eds., *Performance-Based Student Assessment: Challenges and Possibilities,* Ninety-Fifth Yearbook of the National Society for the Study of Education, Part 1 (Chicago: University of Chicago Press, 1996).

76) Pellegrino et al., eds., *Knowing What Students Know: The Science and Design of Educational Assessment.*

77) Darling-Hammon and Ancess, "Authentic Assessment and School Development," in Baron and Wolf, eds., *Performance-Based Student Assessment: Challenges and Possibilities.*

78) David J. Martin, *Elementary Science Methods, A Constructivist Approach* (Albany, N.Y.: Delmar Publishers, 1997); June R. Chapin and Rosemary G. Messick, *Elementary Social Studies,* 3rd ed. (New York: Longman, 1996); Tanner, *Assessing Academic Achievement.*

79) Tanner, *Assessing Academic Achievement.*

80) Ibid.

81) Pellegrino et al., eds., *Knowing What Students Know: The Science and Design of Educational Assessment.*

82) Ibid.

83) Marsh and Willis, *Curriculum: Alternative Approaches, Ongoing Issues.*

84) Tanner, *Assessing Academic Achievement.*

85) Kenneth W. Howell and Victor Nolet, *Curriculum Based Evaluation: Teaching and Decision Making,* 3rd ed. (Belmont, Calif.: Wadsworth, 2000).

86) Allan C. Ornstein, "Comparing and Constructing Norm-Referenced and Criterion-Referenced Tests," *NASSP Bulletin* (1993); Allan C. Ornstein and David A. Gilman, "The Striking Contrasts between Norm-Referenced and Criterion Referenced Tests," *Contemporary Education* (Summer 1991), pp. 287-293.

87) Worthen and Sanders, *Educational Evaluation: Alternative Approaches and Practical Guidelines.*

88) Ernest R. House, "Trends in Evaluation," p. 281.

89) David P. Ericson, "Social Justice, Evaluation and the Educational System," in K. A. Sirotnik, ed., *Evaluation and Social Justice: Issues in Public Education,* pp. 5-22.

90) Pellegrino et al., eds., *Knowing What Students Know: The Science and Design of Educational Assessment.*

91) Deborah Meier, *In Schools We Trust* (Boston: Beacon Press, 2002), p. 109.

92) Pellegrino et al., eds, *Knowing What Students Know: The Science and Design of Educational Assessment.*

93) Henson, *Curriculum Planning: Integrating Multiculturalism, Constructivism, and Educational Reform.*

94) Pellegrino et al., eds., *Knowing What Students Know: The Science and Design of Educational Assessment.*

95) Northwest Report (Portland, Oreg.: Northwest Regional Educational Laboratory (February, 1997).

96) Ibid., p. 18.

97) Meier, *In Schools We Trust.*

98) Rebecca K. Hawthorne, *Curriculum in the Making* (New York: Teachers College Press, Columbia University, 1992); Peter F. Oliva, *Developing the Curriculum,* 4th ed. (New York: Longman, an imprint of Addison Wesley, 1997).

Curriculum

제3부

교육과정의 쟁점

제12장
교육과정의 쟁점과 추세

핵심 질문

1. 교육자가 학교와 교육과정을 언젠가는 실질적으로 개혁할 수 있을 것이라고 생각하는 데에는 어떤 위험이 도사리고 있는가?
2, 학생과 성인 간의 상호 작용을 의미 있게 만들 수 있는 방법은 무엇인가?
3. 학교를 '오락실'로 재개념화하면 어떤 좋은 점이 생기는가?
4. 협약학교운동 이면에 들어 있는 주요 이론적 근거는 무엇인가?
5. 영성적인 측면을 다루는 교육과정 개발에 관심을 가지는 교육자가 점점 많아지는 이유는 무엇인가?
6. 학생에게 도덕성을 가르치는 주된 개념적인 접근 방법은 무엇인가?
7. 도덕 교육이 교육자에게 도전적인 쟁점이 되는 이유는 무엇인가?
8. 다문화적 교육이 교육과정의 중심적 쟁점이 되는 이유는 무엇인가?
9. 교육적 의사 결정에 관한 정치적인 행위가 증가하는 이유는 무엇인가?
10. 보다 높은 성취 기준을 옹호하는 주장은 무엇인가? 보다 높은 교육적 기준을 세우려는 노력에 반대하는 주장은 무엇인가?
11. 학교 교육과정에서 교육공학을 이용하는 잠재적인 이점은 무엇인가? 학교 교육과정에서 교육공학을 점점 더 많이 이용하는 데 따른 잠재적인 책임은 무엇인가?

이 책의 3판 제12장에서 우리는 교육과정 분야에 영향을 미치는 몇 가지 쟁점과 추세를 제시한 바 있다. 그러한 쟁점과 추세는 빠른 사회 변화, 많은 교육학 서적의 출판, 지식의 급속한 증가, 교육자와 관련 시민과의 빈번한 모임 등을 고려할 때, 결코 놀라운 것이 아니었다. 그러나 금세기에 들어 우리는 사회의 모든 영역에서 더욱더 급속한 변화와 지식의 폭발적인 증가를 경험하고 있으며, 더욱 많은 교육자 집단과 시민 집단은 삶의 실재와 그 안에서 교육의 기능을 이해하고자 노력하고 있다. 또한 미국 사회는 세계 각지에서 온 다양한 국적의 사람에 의해 점점 더 복잡해지고 있다. 다양한 국적의 사람은 사회와 그 안에서 교육의 본질과 목적에 관한 다양한 생각을 던져 주고 있다. 이것은 학교 교육과정의 구체적 내용은 무엇이며, 그것은 누구에게, 어떤 방식으로 가르칠 것인가 등의 문제에 영향을 미친다.

이 책의 3판에서 언급한 쟁점과 추세는 현재에도 여전히 의미를 지니고 있다. 그중에는 현재에도 뚜렷하게 인식될 수 있는 형태로 존재하는 것도 있고, 동일한 쟁점과 추세로 존재하지만 명칭만 달리하여 부르는 것도 있다. 이것은 우리가 살고 있는 사회의 변화무쌍한 성격을 생각할 때 그다지 놀라운 일이 아니다. 삶은 끊임없이 진화하고 있으며, 이에 따라 우리도 진화하지 않을 수 없다. 스스로 전통을 확고하게 고수하고자 하는 개인조차도 이러한 변화에서 예외일 수는 없다. 생각은 성숙되고 변하며, 자신의 생각을 변호하는 방식도 변화한다. 변하지 않는 것은 아무것도 없다. 세월은 어김없이 흐르고 사람은 사회적 맥락 속에서 끊임없이 상호 작용하기 때문에 이러한 변화가 생긴다. 확고한 관점을 견지하고 있는 사람조차 새로운 정보를 접하게 되면 자신의 관점을 수정하지 않을 수 없다.

변화의 영속성에 대한 인식은 우리에게 학교는 역동적이고 생성적인 사회 안에 존재한다는 사실을 일깨워 준다. 모든 유형의 교육자도 이러한 생성적 사회 내에서 스스로를 변화시키며 존재한다. 이러한 사실은 학교와 학교가 존재하는 사회에 영향을 미친다. 사회적 실재 안에서 우리 자신과 다른 현상이 가지는 역동성에 대한 인식은 우리에게 주위의 환경을 평가하고 학교의 교육과정을 수정할 필요가 있는지의 여부를 결정할 것을 요구한다. 교육과정이 적절한 것인지에 관한 의문은 계속해서 제기된다. 교육과정 연구자와 이론가로서 우리는 이러한 사회적 추세와 관련 쟁점에 대해 항상 주의를 기울여야 한다.

우리는 교육과정의 쟁점과 추세를 다루는 이 마지막 장을 현재 지향적인 것뿐만 아니라 미래 지향적인 것으로 만들기 위하여 앞으로도 계속 노력할 것이다. 당연한 말이지만, 우리는 여기에서 제시된 쟁점이 이 책이 출판되기 전이나 출판된 직후에 지나간 역사가 되기를 바라지 않는다. 여기에서 제시된 쟁점이 기존의 추세를 바꿔 버릴 수 있을 정도로 장수하기를 바란다. 이러한 장수의 기준은 이 마지막 장의 존립을 정당화할 뿐만 아니라 세월이 흘러도 여전히 항구적인 의미를 가지며, 중요한 논쟁거리로서 끊임없이 거론되는 미래의 도전적 쟁점을 확인하는 데 이용할 수 있을 것이다.

3판에서 제시하였던 몇몇 쟁점이 삭제되었다고 해서 그 쟁점이 이제는 아무런 의미를 가지지 않는다는 것을 의미하지는 않는다. 쟁점은 서로 섞이고 서로가 서로의 한 부분이 된다. 이 책에서는 교육과정의 검열에 대해서는 논의하지 않았다. 이것은 교육과정에서 검열 문제가 사라졌다는 것을 의미하는 것은 아니다. 그것은 현재 교육정치학과 사회학의 다른 쟁점과 얽혀 있다. 그렇기 때문에 검열 문제는 교육자에게 더욱더 강도 높은 도전적 문제로 제시된다. 옷감 전체를 보는 것보다 옷감 속에 들어 있는 실 하나 하나를 식별해 내는 일이 더 어렵다.

또한 이 책에서는 교과서 교육과정 문제가 포함되지 않았다. 이것은 이 문제가 완전히 사라졌다는 것을 의미하지 않는다. 그것은 여전히 쟁점으로 남아 있지만, 학교 개혁, 성취 기준, 교육정치학과 사회학 등의 쟁점과 얽혀 있다. 그것은 성취 기준이나 평가와 관련된 논의 속에 포함될 수도 있다. 보상 교육과정 문제도 마찬가지다. 이것은 교육정치학과 사회학의 본질적 문제로 흡수되어 있다.

이 새로운 시대에 다른 쟁점과 섞여 있지 않고 단독으로 존재하여 교육자와 일반 대중의 관심의 초점이 되는 쟁점도 있다. 이러한 쟁점은 토론의 장에서 중심 자리를 차지하고 있지만, 우리는 이러한 쟁점에 관한 다양한 토론이 어떤 가정 위에서 이루어지고 있는가를 밝힐 필요가 있다. 이러한 독립적 쟁점으로서 여기에서 논의하고자 하는 것은 교육개혁, 교육정치학과 교육사회학, 도덕 교육과 영성 교육, 성취 기준과 평가, 교육공학과 교육과정 등이다.

우리는 현재 우리가 안전하고 관리하기 쉬운 시대에 살고 있다는 느낌을 전혀 가질 수가 없다. 전 세계적인, 또는 자국 내의 사건으로 말미암아 우리는 현시대를 전례 없는 혼란, 부조화, 불균형의 시대로 인식하지 않을 수 없다.[1)] 예컨대, 9·11 사태와 같은 사건은 선(善)뿐만 아니라 악(惡)에 대한 우리의 집단적 의식까지도 마비시켜 버렸다. 그 사태와 그것을 둘러싸고 있는 쟁점은 우리에게 교육적 문제 해결과 의사 결정에 대한 전통적 접근 방법을 재고하고 재구성하며, 심지어 변형할 것을 요구하고 있다. 폭력적으로 불안정하고 경제적으로도 불안정한 현시대는, 인공적인 것이든 자연적인 것이든 사회적 실재의 모든 영역에서 혼란과 예측불허의 특징을 계속해서 드러낼 것이다. 따라서 우리는 세계의 혼란과 예측불허의 특징을 가능한 한 줄이는 방향으로 우리의 소임을 다해야 한다.

한 시민인 동시에 교육자로서 현 쟁점과 추세를 다룰 때, 각 쟁점에 대하여 적절한 반응을 할 수 있으려면 우리는 많은 것을 이해하고 있어야 한다. 우리 모두가 직면하고 있는 쟁점이 무엇인가를 합의할 수 있는 수단도 필요하다. 복잡한 쟁점을 다룰 때 우리는 쟁점의 모든 측면을 겨냥하는 해결책을 찾으려고 하는 경향이 있다. 특히, 혼란의 시기에 사람들은 두려움을 달래 주고 매일 매일의 실천을 크게 요구하지 않으며, '세상의 모든 일이 다 잘 될 것이라는' 것을 보장해 줄 수 있는 해결책을 바란다.

그러나 세상의 모든 일이 잘 될 수는 없으며, 이것은 교육제도와 관련해서도 마찬가지다. 이 사실을 인식하는 것은 매우 중요하다. 왜냐하면 그러한 인식이 우리로 하여금 생각하고 재고하며, 추구하고 협력하며, 공조하도록 만들기 때문이다. 또한 그것은 우리로 하여금 최후의 심판자처럼 행동하지 않기 위하여 사고를 끊임없이 갈고 닦을 것을 요구한다. 세상의 모든 일이 잘 될 수는 없다는 것은 세상에 어떤 일도 잘되지 않는다는 것을 의미하는 것은 아니다. 세상을 분석하는 데는 균형이 필요하며, 교육을 분석하는 데도 역시 균형이 필요하다. 우리가 살고 있고, 교육이 기능하는 이 세상은 역동적이기 때문에, 우리는 필요하면 언제든지 우리의 사고방식을 바꿀 수 있는 긴장감과 자발성을 끊임없이 유지하고 있어야 한다. 만약, 우리가 교육적 조직과 전달에 대하여 재고할 필요도, 누가 교육적 결정을 내려야 하는가의 문제에 대해서도 이의를 제기할 필요도, 어떤 지식이 가장 가치 있는 지식인가를 결정할 필요도, 교육 활동의 진보를 측정할 필요도, 과학기술과의 관계를 개선할 필요도 전혀 없다고 생각한다면, 그것은 인간의 삶과 문화, 그리고 자연이 역동적인 것이 아니라, 고정적인 것이라는 사실을 받아들이는 것이다. 그러나 인간의 삶과 문화, 자연은 결코 그런 것이 아니다. 따라서 이 장에서 제시할 쟁점은 사상, 반작용, 순작용, 창조, 분석, 그리고 때로는 변형의 세계로의 초대인 셈이다.

1. 교육의 재창조

3판에서는 학교 개혁의 문제를 하나의 쟁점으로 논의하였다. 그러나 학교 개혁이라는 용어는 우리에게 매우 제한적인 용어로 들린다. 개혁은 학교교육에 대한 일종의 개조, 예컨대 학교 일수를 늘리거나 교육과정을 어렵게 만드는 것, 교사들을 숙련시키거나 학생들을 더 잘 준비시키는 것, 교과서를 더 정확하고 포괄적으로 만들거나 교육공학을 더욱 교육적으로 의미 있게 만드는 것 등을 의미한다. 그러나 학교의 개념에는 아무런 변화가 없다. 아무리 성공적인 학교 개혁도 그 개혁의 주창자들이 의도하는 대로 되지 않는 것은 개혁을 제안할 때 지나치게 소심하기 때문이다. 즉, 학교를 재개념화하는 것이 아니라 학교 건물을 '리모델링' 하는 것에만 만족하기 때문이다.

우리가 말로만 개혁을 주장하고 있는 한, 학교 내부의 조직, 수업, 교육과정에는 어떤 의미 있는 변화도 일어나지 않을 것이다. 20세기 거의 전 기간 동안 우리는 학교 개혁을 말하고 비판하고 동조하고 법령도 제정하였음을 상기해 보라. 이것은 21세기에도 계속될 것이다. 그것은 많은 전문가에게 고용의 기회를 제공하는 대대적인 사업이 될 것이다. 그러나 하늘은 우리가 학교 개혁에서 진정한 성공을 거두는 것을 막는다. Beymer는 하늘은 우리가 기도하는 대로 들어주기 때문에 무엇을 들어 달라고 기도할 것인지 신중하게 결정해야 한다고 농담조이지만 진지한 어조로 말한다. 그는 이것을 〈하얀 옷을 입은 사나이(The Man in the White Suit)〉라는 영화와 관련지어 말한다. 이 영화는 닳지 않고, 찢어지지도 않으며, 얼룩도 지지 않는 옷감을 만들어 낸 남자의 이야기다. 이러한 놀라운 옷감의 발명은 직물, 유행, 옷 소매상, 세탁 산업 등으로 하여금 그와 그의 발명품을 매장시키도록 만드는 결과를 초래한다. 하늘은 우리가 학교 개혁에 진정 성공하고 모든 학생이 국가 수준의 성취 기준을 달성하는 것을 막을 수도 있다. Beymer의 이야기는 학교를 개혁하지 말아야 한다는 것을 의미하는 것이 아니라, 기도를 할 때 말 하나 하나를 신중하게 선택하고 학교 개혁과 관련하여 우리가 기도하는 그것이 나중에 어떤 결과를 가져올 것인지까지도 신중하게 생각해 보아야 한다[2]는 것을 의미한다.

사실을 말하자면 학교 개혁에 대한 우리의 기도는 어느 경우에도 즉시 응답을 받기 어렵다. 아닌 게 아니라 교육의 재창조를 위해 기도하는 사람들은 한 줄로 길게 서서 순서를 기다리고 있다. 개혁이나 재창조에 대한 기도가 적극적이고 분명한 응답을 받는 것이 그다지 좋은 일이 아니라는 것을 깨달아야 한다. 왜냐하면 그것은 우리에게 완벽한 교육과정과 교수법, 완벽한 학교 교육행정과 인력 구성, 공동체의 완벽한 구성을 성취함으로써 구원을 받은 것으로 착각하게 만들기 때문이다. 교육은 너무나 복잡한 것이기 때문에 그것을 완벽하게 이해하는 것은 불가능하며 그것을 완벽하게 통제하는 것은 더욱 불가능한 일이다. 교육에 관심을 가지고 교육에 관련된 사람이 너무나 많기 때문에 개혁의 쟁점을 분명하게 드러낼 수 있는 어떤 단순한 해결책도 존재하지 않는다.

많은 사람이 교육을 개선하고자 하지만 반대로 그들 자체가 자신들이 살고 있는 역동적인 사회에 의하여 재조형되기도 한다. Phillip Schlechty에 의하면 지난 50년의 세월 동안 미국 사회는 심한 지각 변동을 경험하였으며, 이러한 지각 변동은 미국 학교교육의 기반과 조직을 둘러싼 다양한 가정에 계속 도전장을 내밀고 있다. 그는 미국 공교육의 성격과 목적에 상당한 변화를 가져올 이동을 다음과 같이 여덟 가지로 정리하여 제시하고 있다.[3]

첫째 이동은 문화적 · 지적 엘리트들만이 학교나 사회에서 성공할 수 있다는 보편적인 믿음에서, 기본적으로 모든 학생에게 자신과 사회의 복지에 기여할 수 있도록 각자의 수준에 맞는 지적 이해와 기술을 성취하도록 해야 한다는 생각으로의 이동이다.

둘째 이동은 부모가 교육에 있어서 다수의 영향력을 미치는 상태에서, 그들이 교육에 소수의 영향을 미치는 상태로의 이동이다. 또한 부모의 민족적 · 인종적 구성은 이제 그 구분이 뚜렷하지 않다.

셋째 이동은 학교가 지역 공동체 생활의 중심으로서 지역사회의 통제를 받는 상태에서, 학교가 주 정부와 국가의 권익과 권력에 의하여 통제되고 운영되는 정부 기관으로 기능하는 상태로의 이동이다.

넷째 이동은 자신이 살고 있는 지역 중심의 공동체 의식에서, 자신이 속해 있는 이익 집단이나 생계를 위한 직업, 인종적 · 민족적 정체성 중심 등의 공동체 의식으로의 이동이다.

다섯째 이동은 청소년을 지역 공동체에서 분리하여 성인과의 의미 있는 상호 작용이 결여된 청소년 공동체로 이동시키는 것이다.

여섯째 이동은 대지진과도 같은 것으로 전통적 가족 개념의 쇠퇴, 즉 양부모 가족이 편부모 가족, 또는 혼합 가족으로 변하는 것을 가리킨다.

일곱째 이동은 아동의 정신이나 정서의 돌봄이라는 학교교육의 기능 상실이다. 현재 학생들의 지적 에너지를 이끌고 거기에 영향을 미치는 것은 강력한 상업적 이익뿐이다.

여덟째 이동은 효율성 및 표준화 기준이 상품의 질과 선택, 그리고 주문 생산에 대한 욕구로 대체되는 것을 가리킨다.[4)]

이러한 모든 지각 변동은 교육자와 학교 모두에 함축적인 의미를 지니고 있다. 분명히 이러한 변동은 개혁 이상의 것을 요구한다. 이것은 교육의 재창조와 변형을 가져온다. 또한 이러한 변동은 상당한 정도로 수정된 미국 문화의 일단을 보여 준다. 물론, 모든 사람이 이러한 변동이 최선이라고 환영하는 것은 아니다. 많은 사람이 전통적 가족제도의 붕괴에 대해 탄식하고, 또 많은 사람이 사는 지역 중심의 지역 공동체 의식의 죽음에 대해서도 애도하고 있다. 학생들의 관심을 학교교육에서 제공하는 학습과 기능에서 멀어지게 만드는 바람잡이 같은 기업의 상업적 전술에 대한 비방도 만만치 않다. 그러나 우리는 손만 비틀고 있을 수는 없다. 우리는 이러한 변화에 맞게 학교를 재창조해야 한다. 교육자는 옛날의 가족제도에 맞게 가정을 재구성하지 않을 것이며, 다양한 공동체의 인구 구조와 태도를 재편하지 않을 것이다.

교육자는 교육과정을 생각하되 다르게 생각하고 또 크게 생각할 필요가 있다. 학교교육에 대한 지속적인 논의에서 방해가 되는 것은 논의의 편협성이다. 예컨대, 대부분의 논의는 교육과정 그 자체에 관한 것이라기보다는 행정적인 단위의 학교에 관한 것이다. 아무도 교육과정에 관한 개혁을 논의하는 사람은 없는 것 같다. 대부분의 사람은 학교의 보다 효과적인 경영 방식에 대하여 목소리를 높인다. Clinchy는 만일 '위에서 아래로' 보다는 '아래에서 위로' 의 방식으로 교육을 개혁한다면 그러한 개혁적 노력의 결과가 무엇이 될 것인지를 생각해 보라고 권고하고 있다.[5] 교육과정 개혁을 교육 안에서 일하는 사람에게 맡기는 것만으로도 학교를 재창조하고 교육과정을 개혁할 수 있다고 생각하는 것은 너무나 단순한 생각이다. 교육을 '위에서 아래로' 혹은 '아래에서 위로' 중에서 어떤 방식으로 경영할 것인가의 문제는 그동안 수없이 많이 논의되어 온 문제다. 그러나 이러한 논의는 교육과정에 대한 논의가 아니라 교육행정에 관한 논의일 뿐이다. 무엇을 가르칠 것인가를 결정하는 절차나 방식을 더 효과적인 것으로 개혁해야 하지만, 우리는 무엇보다도 우리가 가르치는 것을 어떻게 개념화할 것인가의 문제를 신중하게 생각할 필요가 있다. 즉, 우리는 교육과정의 내용과 교육방법을 실질적으로 개혁하거나 개조할 필요가 있는 것이다.

만일, 모든 학생이 학문적인 성공을 거둘 수 있다고 믿는다면, 우리는 교육과정의 내용을 주의해서 선택하고 선택된 내용을 지혜롭게 조직하며, 창의적인 교수법을 창안하고 학생의 학습이 어디서 일어나는지를 알기 위하여 심지어 '상자(학교) 밖' 도 생각할 필요가 있다. 만일 기업이나 오락 기관과 경쟁하여 학생들의 학습 시간을 확보할 필요가 있다면, 우리는 교과의 성취 기준을 높이는 일만 할 것이 아니라, 교육과정을 재미있는 방식으로 구성하거나 학생들이 학습에 전념할 수 있도록 만드는 기발한 방법을 개발할 필요가 있다. 즉, 우리는 학생이 '우리는 디즈니랜드로 갈 것이다.' 라고 말하는 것이 아니라 '우리는 학교로 갈 것이다.' 라고 말할 수 있도록 교육과정을 구안할 필요가 있다.

만일, 국가의 통제와 국익에서 학교를 보호하고자 한다면, 아니면 학교를 국가의 이익에 부합하는 방향으로 운영하고자 한다면, 교육자는 학교의 목적과 목표가 국가의 이익에 상반된 것이 아니라는 사실을 명백하게 밝힐 필요가 있다. 학교는 산업체라는 수레의 한 톱니바퀴처럼 학생들을 훈련시키는 사업이 아니며, 수동적인 목소리만 내는 정치 단체가 아니다. 학교를 개혁하는 데 있어서 교육자는 학생들이 권위 있는 몇 사람이 가치 있다고 생각하는 집단적 사고를 앵무새처럼 따라 하지 않도록 자신의 목소리를 찾을 수 있게 할 필요가 있다.

실지로 전통적인 이웃의 개념을 되돌릴 수는 없지만, 학교는 학생이 교육과정을 경험함으로써 자기 자신을 학습 공동체의 한 일원으로 볼 수 있는 문화를 만들어야 한다. 즉, 학생은 자신을 학문 공동체의 한 시민으로 여길 수 있도록 가르침을 받아야 한다. 그 한 가지 방법은 학생에게 자신이 공부할 교육과정의 세부 내용을 결정하는 과정에서 자신의 실질적인 목소리를 낼 수 있도록 허용하는 것이다. 학생에게 자기 자신의 학습 시간을 조절하는 책임을 지도록 허용해야 하는 것이다. 봉사활동을 활용하여 학생은 학교와 지역사회를 연결하는 일을 실질적으로 행할 수 있다. 학생으로 하여금 학교 밖의 여러 집단 간의 관계를 정리하게 하고 학교 밖의 학습활동, 더 나아가 현장 학습에 참여하게 하는 것은 청년을 성인과의 유의미한 상호 작용을 경험할 수 있도록 해 주는 방법이다.

효율성과 표준화로부터 질, 선택, 주문 생산

으로의 획기적인 변화도 교육이 끌어안아야 할 변화다. 학교 밖에서 보면 재창조된, 학교 안에서 '표준화된' 개별성을 창출하는 것이 가능한 것으로 생각된다. 신발회사가 해 온 것도 바로 이것이다. 대량으로 신발을 생산하지만 각각의 신발은 그 나름대로의 개성을 가지고 있으며, 적어도 그렇게 보이도록 하고 있다. 수백 개의 러닝신발, 수백 개의 스포츠 신발, 수백 개의 워킹과 하이킹 신발이 있는 것이다. 이와 마찬 가지로 수백 개의 읽기 교육과정은 불가능한 것일까? 수백 개의 과학 교육과정은 어떤가? 수백 개의 수학 교육과정은? 어떤 사람은 그것이 가능하지 않다고 생각할지 모른다. 이와 같은 선택 교육과정을 개발하기 위하여 교사는 얼마나 많은 시간을 확보해야 하는가? 그러나 이것은 학교 안에서 생각할 때 드는 생각이다. 왜 교사가 교육과정에 대한 선택권을 가져야 하는가? 스포츠 신발을 선택하는 청소년도 어떤 결정권을 가질 수 있는 사람이다. 학생도 교육과 관련된 선택을 할 수 있다. 교사의 주된 책임은 학생이 고려할 수 있는 여러 가지 선택 사항을 제공하는 데 있다. 이것은 신발을 만드는 회사가 하는 일과 같다. 가장 근본적인 것은 무엇인가? 여러 가지 모양의 다양한 신발이 있지만, 그중에서 우리는 하나의 신발을 분간해야 한다. 신발에 대해서도 몇 가지 기본적인 것이 있다. 교육과정도 마찬가지다. 교육과정은 모두 내용과 경험을 가지고 자료를 제시한다. 그러나 무엇보다 교육과정은 고객의 주문에 맞는 것이라야 한다.

학생에게 자신에게 특유한 교육과정을 선택할 기회를 허용한다면, 우리는 다양한 교육과정의 수송로를 갖추고 있어야 한다. 즉, 언제든지 수중에 넣을 수 있는 다양한 교육 자료를 가지고 있어야 한다는 것이다. 이것은 맞는 말이며, 여기가 교육공학이 끼어드는 지점이다. 교육공학에 의거하여 우리는 학생들이 그들의 학습 경험을 맞춤형으로 만들 수 있게 하는 다양한 소프트웨어 프로그램을 마련할 수 있다.

학교 밖에서 생각한다고 해도 우리는 다양한 교육 내용을 언제나 준비할 필요는 없다는 것을 알 수 있다. 그 대신 우리는 학생이 학습 자료와 어떻게 상호 작용하며, 어떻게 학습하는가의 방법 속에 다양성을 듬뿍 실어 줄 수 있다. 학습활동을 학생 개개인의 희망에 맞출 수 있게 해야 한다. 더욱 중요한 것은 학생에게 자신의 활동을 통제할 수 있는 권한을 주어야 하는 것이다. 학생이 어떻게 과업에 접근할 것인가 하는 것은 학생의 결정에 달려 있다. 학생이 어떤 접근 방법을 선택할 것인가 하는 것은 학생이 과제에 참여할 때 가지고 있는 목표에 의해 결정될 것이다. 모르는 정보를 알고 싶은 욕구에서 학습을 시작하는 학생도 있고, '어떤 일이 일어나는가?'를 알려고 하는 것 이외에 어떤 다른 특별한 목적 없이 단지 즐거워서 학습을 하려는 학생도 있을 것이다. 또 비슷한 관심을 가진 친구와 함께하는 것이 좋아서 학습활동에 참여하는 학생도 있을 것이다.[6]

이러한 생각은 한낱 몽상에 불과하다는 비판을 받을 수도 있지만, 이것이 '과거라면' 환영을 받았을 생각이라고 치부해 버려서는 안 된다.[7]

Moffett는 20세기에 두드러졌던 학교 개혁 노력의 대부분은 잘못된 생각에서 비롯되었다고 주장하였다. 그의 지적은 매우 적절하다. 그는 지금까지 이루어진 교육개혁의 노력은 다음과 같은 두 가지 가정에 기반하고 있으며, 그것은 앞으로 도전받을 필요가 있다고 주장하였다. 그 첫째 가정은 학교 공부는 시험에 의거하여 평가되어야 하기 때문에 고질의 평가 방안을 개발할 필요가 있다는 것이다. 둘째 가정은 공교육은 본질적으로 말하여 일종의 사업이기 때문에 학교 개혁의 최상의 노하우를 잘 알고 있는 것은 기업이나 정부라는 것이다. 정부는 기업체의 경영간부와 함께 원탁회의를 주최하여 훌륭한 시민과 노동자를 배출하기 위해 교육을 가장 적절하고 비용 면에서도 가장 효율적인 것으로 어떻게 만들 것인가를 제시한다. 교육을 조형, 재조형하고 교육을 이끌어 갈 목표를 제시하는 데 도움을 주는 주지사 자문위원회도 있다.

기업이 교육개혁에 대한 해답을 가지고 있다는 생각의 이면에는, 학교가 자유시장의 경쟁 원리에 의해 지배될 때 비로소 공교육은 개선될 수 있고, 발전할 수 있다는 믿음이 자리 잡고 있다. 기업은 살아남기 위해서 경쟁해야 한다. 기업은 시장이나 고객의 요구에 반드시 부응해야 한다. 이러한 생각에 너무 사로잡혀 교육적 배경은 없고 기업 경영적 배경을 가진 사람들에게 학교 운영을 맡기고 있는 지역도 있다.

기업이 학교 개혁의 방법을 잘 알고 있다는 이러한 생각은 학교가 그것을 가장 잘 알고 있다는 반대의 가정과 합치되는 경우가 많다. 이 두 가지 가정이 가지고 있는 위험은 어느 한 전문가 집단만이 학교에 생산적인 변화를 일으킬 수 있는 지혜를 가지고 있다고 가정하는 데 있다. 그러나 이 두 가지 가정은 모두 잘못된 것이다. 확실한 것은 학교는 기업체의 단순한 축소판이 아니라는 것이다. 교육자는 각 기업의 다양한 분석 결과를 참고함으로써 학교 개혁과 관련된 통찰을 얻을 수 있을 뿐이다. Schlechty가 지적하였듯이 성공적인 기업체의 지도자는 시장에서 계속해서 살아남기 위해서는 고객의 요구에 부응하는 서비스와 상품을 생산해야 한다는 것을 누구보다 잘 알고 있는 사람이다. 이러한 일을 하기 위해서 기업체의 지도자는 어떤 상품을 생산해야 하는가 뿐만 아니라 고객의 욕구와 필요를 이해하고 있어야 한다. 즉, 고객이 무엇에 가치를 두고 있는가를 잘 '읽을 줄' 알아야 한다. 또한 고객의 욕구나 필요에 영향을 미칠 수 있는 전략도 가지고 있어야 한다.[8)]

학교, 그리고 그것의 개혁이나 재창조와 관련된 논의를 보면, 학생이 소비자라기보다는 오히려 생산품으로 간주되는 경향을 자주 목격한다. 기업체, 지역 또는 국가 행정부에 종사하고 있는 많은 사람은 학교가 불량품을 생산해 내고 있다고 비난하는 것이다. 기업은 학교가 좋은 상품을 생산하는 데 실패하였기 때문에 이제는 기업이 생산품(학생들)을 잘 교육시키는 데 투자를 해야 한다고 주장한다. 학생을 일종의 상품으로 보는 기업의 관점도 일면 타당한 면이 있다. 기업은 '상품들'의 서비스를 구입하려는 것이고 그 상품들이 그들에게 완성된 수준의 서비스를 제공해 주기를 원한다. 그들은 학교에서 나온 학생들(상품)이 기업의 일터에서 효율적으로 기능할 수 있는 지식과 기술을 소유하고 있기를 바란다.

학생들을 상품으로 간주하는 것이 기업의 입장에서 어느 정도 의미를 가지고 있는 것은 사실이지만, 교육자까지 학생을 오로지 상품으로 취급하는 것은 매우 해롭다. 그 이유는, 첫째 학교를 공장에 비유하는 생각을 가속화시킨다. 둘째, 효율성과 표준화의 가치만을 계속 부각시켜, 결과적으로 학습의 즐거움, 지적인 활동의 창의성, 민감성, 상상력, 경외감, 즐거움 등의 가치를 경시하는 풍조를 조장한다.[9] 그리고 무엇보다도 학생을 상품으로 간주하는 것은, 모든 혹은 대부분의 교육과 관계되는 문제는 실제로 학생, 즉 상품 그 자체 때문에 생긴다는 생각을 조장한다. Schlechty가 지적하듯이 '학생을 상품으로 간주할 때 교육자, 정책 입안자, 그리고 일반 대중은 수행을 설명하는 원천을 학생의 특성에만 집중하여 찾는다. 학생이 상품이라면 그 상품의 원재료는 학생이 가지고 있는 조건—선천적 능력이나 부모의 사회경제적 지위 등과 같은—을 의미할 것이다. 따라서 학생의 수행 능력에 차이가 있다면 그것은 그러한 원재료의 차이에 의거하여 설명되어야 한다.'[10] 우리 저자 중의 한 사람은 얼마 전 어떤 교육회의에서 학교가 불량품을 생산하고 있다고 개탄하면서 자동차 생산업체인 자신의 기업에서는 자신이 직접 양질의 원재료가 공급되도록 철저히 통제한다는 어느 기업체 간부에게 어느 한 교사가 한 말을 기억하고 있다. 교사에게는 원재료 공급에 대한 통제권이 없다. 교사는 자신에게 공급되는 원재료 그대로를 가지고 상품을 만들 수밖에 없다. 다시 말하여, 금강석이 공급되면 그것을 황금으로 바꿔 달라고 요구할 수 없는 것이다.

학생을 상품으로 간주하는 교사는 순종과 통제를 강조하는 경향이 있다. 교사는 표준에 맞도록 하기 위해서 자신에게 온 학생을 주조한다. 그들은 상품이 그것을 '구입할' 사람들의 기준과 요건에 충족되는지를 확인해야 한다. 이것은 자동차 생산자가 강철, 플라스틱, 유리, 그리고 기타 자동차 재료가 고속도로의 안전과 휘발유의 효율성이라는 기준에 맞게 '조형되었는지'를 확인하는 것과 마찬가지다.

학교를 기업에 비유하는 것이 타당성을 가지려면 학생을 상품이 아닌 고객으로 보는 편이 훨씬 낫다. 이 경우 교육자가 생산하고 관리하는 상품은 학생이 아니라 교육과정이나 교육적 경험이다. 이러한 상품을 '소비'하는 사람은 학생이다. Schlechty가 지적하듯이 '학생은 학업에 대하여 고객이고, 학업은 학교의 일차적인 상품이다.'[11] 교육자가 관리의 책임을 져야 할 것은 교육과정과 교육적 경험의 성격이다.

1) 학교 밖에서 생각하기

기업의 비유, 그리고 학교를 기업 모형에 입각하여 바라보는 것이 가치 있다는 믿음 안에는 비디오 게임방 모형이 자리 잡고 있다. 비디오 게임방은 일종의 사업이며, 원할 경우 게임이나 오락을 전문으로 할 수 있는 곳이다. 여기까지 말하면 교육자는 오락 사업에 종사하는 사람들이 아니라고 말하면서 말을 가로막으려고 할지 모른다. 교육자는 각 개인을 교육하는 엄숙한 일에 종사하는 전문인이라는 것이다. 이런 반응은 우리가 가지고 있는 이중성을 그대로 드러낸다. 우리에게는 교육도 있지만 오락도 있다. 교육은 진지한 것으로서 노동을 요구하지만, 오락은 시시한 것으로서 놀이를 요구한다. 만약, 우리가 진정으로 학교를 재창조하기를 원한다면 얼핏 보아서 우리에게 아무런 시사를 주지 않을 것 같은 영역에서 무엇인가 얻으려고 해야 한다. 확실히 우리는 비디오 게임방에 관하여 알 필요가 있다. 왜냐하면 그것은 학생들의 시간과 에너지를 상당히 많이 빼앗는다는 점에서 학교의 직접적인 경쟁 상대이기 때문이다. 비디오 게임이 엘리트 대학 졸업생이나 심지어 교육학 학위를 가지고 있는 사람에 의하여 만들어지고 있다는 것은 매우 흥미로운 일이다. 모두 그런 것은 아니지만 대부분의 게임은 게임이론에 입각하여 개발되며, 이 게임이론은 의사결정이론의 주요 영역의 하나가 된다. 게임을 하는 것이나 게임을 즐기는 것은 즐기기 위해 고안된 진지한 활동이다. 아마도 우리는 학교를 '오락실'이 될 수 있도록 재창조해야 할지도 모른다.

만일, 우리가 학교를 오락실로 만들 생각을 조금이라도 진지하게 해 본다면 학교를 재창조하는 데 매우 유익한 통찰을 얻을 수 있을 것이다. 누구의 강요에 의하여 게임방에 들어가는 학생은 없을 것이다. 거기에는 강제 출석 같은 것이 없다. 청소년은 자유롭게 거기에 들어간다. 일단 들어가면 그들은 자신들이 원하는 게임을 마음껏 즐긴다. 게임 선택권은 그들에게 있다. 거기에는 그들이 마음껏 선택할 수 있는 다양한 게임이 있다. 게임을 즐기는 청소년을 지켜보면, 게임 선수의 관심을 '사로잡는' 것은 게임의 구체적인 내용이나 구조보다는 게임을 하면서 겪게 되는 경험이나 도전감이라는 사실을 알 수 있을 것이다. 게임을 한다는 것 그 자체가 목적이며 덫이다. 게임의 내용은 부차적인 것이다.

게임은 그것을 즐기는 사람들, 적어도 초보자에게는 도전으로 다가온다. 사실 사람의 시선을 사로잡는 게임은 최고도의 도전감을 주며, 이것으로 사람의 흥미를 끄는 것이다. 게임 선수는 패배해도 실망하지 않는다. 왜냐하면 거기에는 놀 수 있는 또 다른 게임이 있기 때문이다. 게임 선수는 자기 자신을 상대로 하는 게임도 즐긴다. 이들은 이번 게임에서 얻은 성적을 이전 게임 성적과 비교하기도 한다. 자신의 '점수'를 알게 된다는 것은 학생들에게 실망감을 주는 것이 아니라 자극을 주는 것이다. 게임방의 손님은 너무 쉬운 게임은 그냥 지나친다. 우리 교육자는 이 사실에서 어떤 중요한 것을 배울 수 있다. 즉, 학생은 쉬운 것을 원하는 것이 아니라, 도전감을 주는 어떤 것을 원한다는 사실이다.

대부분의 게임은 '실패'를 교육적 계기로 만든다. 이번 것이 제대로 되지 않으면 이러저러한 시도를 해 보도록 만든다. 게임을 설계하는 사람은 게임을 하는 사람들은 실패 그 자체를 꺼리는 것이 아니라 실패에 따르는 '벌'을 두려워한다는 사실을 잘 알고 있는 듯이 보인다.[12] 게임에서는 실패해도 C나 D를 받는 것이 아니다. 게임에서는 잘못을 해도 불명예스럽지 않다. 중요한 것은 게임을 했다는 것이며, 실수나 실패는 학습을 위한 자료로 받아들여야 한다는 것이다. 실패는 교훈적인 것이며 회피할 것이 아니다. 게임의 스릴은 바로 실패 가능성, 즉 실패와 성공의 엇갈린 가능성에 있다. '실패'에 대해 낮은 점수를 주지 않는 교육 상황에서 우리는 실패에 대한 긴장감이 없는 교육적 게임, 즉 교육과정을 구조화하고자 노력해야 한다. 때로는 모든 사람에게 성공을 보장하기 위하여 성취 기준을 낮추기도 한다.[13] 그것이 바로 이 장의 뒷부분에서 논의할 성취 기준 논쟁의 실질적 쟁점이다.

비디오 게임과 그것을 즐기는 게임자는 비디오 게임방에서 벌어지는 것의 한 부분만 보여 준다. 우리는 게임방에서 벌어지는 것을 총체적으로 볼 필요가 있다. 게임방, 그 공간, 그 놀이 및 학습 공간은 확연히 분별되는 동질적인 분위기를 가진 일종의 환경이며 문화다. 사람들은 그곳에 있기를 좋아하고, 게임을 즐길 뿐만 아니라 친구와 함께 있으면서 성공과 실패를 공유하고 협동하고 경쟁한다. 이러한 놀이-학습 환경은 활기차고 즐거운 축제 분위기다. 이 분위기는 놀이뿐만 아니라 사회성, 학습 모두의 성장에 도움이 된다. Thomas Armstrong은 천재성의 발달을 북돋울 수 있는 쾌적한 교실 분위기의 모습을 기술하고 있다. 비록, 그가 비디오 게임방에 대해 기술하지는 않았지만, 그가 쾌적한 교실로 기술하는 특징은 비디오 게임방의 특징과 흡사하다. 즉, 그것은 '선택의 자유, 개방적인 탐구, 판단의 자유, 모든 학생의 경험을 존중하는 것, 그리고 모든 학생의 천재성에 대한 믿음'[14] 등이다. 게임방 설계자들은 이러한 특징을 자신들의 공간을 구성하는 데 필요한 주요 특성으로 받아들이는 반면, 왜 교육자는 학교 교실 공간을 설계하고 경영하는 데 있어서 이러한 특성을 활용하지 않는 것일까?

우리가 아직도 학교 개혁을 근본적인 의미에서의 재창조가 아닌 부분적인 개혁이나 개조로 생각하고 있기 때문이라는 것이 앞의 질문에 대한 대답이 될 수 있다. 개혁에 대한 강조는 교육이란 무엇인가, 교육이 이바지 하고 있는 목표는 무엇인가와 관련된 우리의 견해를 안내한다. 학교를 재창조하기 위해서는 학교라는 개념과 학교로 포괄되는 모든 개념을 재구성할 필요가 있다. 우리에게는 패러다임의 변화가 필요하다. 즉, 우리의 사고를 안내해 줄 수 있는 새로운 모형이나 유형이 필요하다. 우리는 지금까지 진리 그 자체, 혹은 진리에 가까운 것으로 생각되었던 이론적 모형이 도전받는 시대에 직면해 있다.[15] 우리는 과거에도 이와 같은 도약을 해 왔으며, 그에 따르는 혼란을 경험해 왔다. Copernicus (1473~1543)는 지구가 우주의 중심에 있다는 모형에 도전하였고, 그 대신 지구와 다른 행성이 태양의 주위를 돌고 있다고 제안하였다. Galileo (1564~1642)는 그의 연구에서 지구가 태양의 주위를 돌고 있다는 Copernicus의 이론이 옳다는 것을 인정하였다. Galileo는 이것을 제안한 이유로 교회에 의해 체포되고 감금당했다. 물론,

지금 우리는 이런 일은 거의 염두에 두지 않는다. 현재 우리는 Hubbard 망원경으로 우주에 관한 더 많은 것을 알게 되었다.

그러나 중요한 변화는 서서히 이루어지며, 그런 변화는 교육제도를 포함한 여러 제도 내에서 천천히 일어난다. 우리가 패러다임의 적합성에 대해 의문을 가지기 시작하는 것은 예외적인 것에 의해 공격을 받을 때다. 오늘날의 경우도 마찬가지다. 우리가 지금 현재 경험하고 있는 교육적 위기는 낡은 개념적 모형과 낡은 사고에 대한 집착이 불러온 문화적 위기임을 깨닫고 있다.[16)]대부분의 사람은 아직도 이 세상—우주—은 각각의 부품으로 이루어진 거대한 '기계'라고 믿고 있다. 이러한 믿음에 의하면 인간은 세상이라는 기계를 알 수 있다. 기계의 부품을 하나하나 발견한다면 우리는 기계 전체를 알 수 있게 되고, 심지어 수리도 할 수 있게 된다. 그러나 현재는 Issac Newton(1642~1727)의 수학적인 이론, Rene Descartes(1596~1626)의 철학, 그리고 Francis Bacon(1561~1626)의 과학적 방법론에 근거를 두고 있는 이러한 견해에 반대하는 사람들의 수가 점차로 증가하고 있다. 이러한 천재들의 이론에 기대어 우리는 지금까지 환원주의적 패러다임을 채택해 왔다. 이것은 모더니즘의 보증 마크다(이것에 대해서는 이 책에서 이미 논의한 바 있다). 현재 우리는 포스트모더니즘—이것보다 더 좋은 용어가 아직 없다—이라고 일컫는 새로운 국면 속에 살고 있다. 이 새로운 국면 속에 살고 있는 우리는 총체적 접근 방법(holistic approach)의 타당성과 유용성을 수용하는 쪽으로 접근해 가고 있는 것 같다. 우리는 실재를 구성 요소로 환원하거나 교육을 여러 세부 사항으로 나누어 파악하는 대신, 실재를 총체적인 관점으로 통합한다. 이러한 실재 속에서는 현상 간의 구분과 교과의 구분이 사라진다.[17)]

현상, 특히 교육적 현상을 이해하고 '관리하기' 위하여 새로운 패러다임을 받아들이고 활용하는 일은 어려운 일이다. 모든 사람을 동승시키는 데는 시간이 걸린다. 또한 오래된 패러다임을 기꺼이 버릴 수 있는 사람들은 많지 않다. 개혁을 받아들이더라도 사람들은 그것을 절차적 · 기술적 변화로 받아들인다. 절차적 변화는 우리가 직무를 실행하는 방식과 관련된다. 때때로 그것은 절차상에서는 아무런 변화를 일으키지 못하고 자료상의 변화를 가져오기도 한다. 예컨대, 학교에서 쓰던 교재를 새로운 교재로 대체하는 경우가 이에 해당한다. 아니면 교과목의 계열을 바꾸는 것, 예컨대 세계지리를 세계 역사보다 먼저 가르치거나 그 반대의 경우를 말한다. 지금까지의 학교 개혁은 많은 부분 절차상의 변화와 관련되었다. 학년 학업 일수를 늘리는 것은 교사와 행정가의 근무 시간, 학생의 학업 시간을 늘리는 것에 불과한 것이다. 교육과정이나 교육학적 접근 방법상의 변화는 일어나지 않는다. 각 교과목의 성취 기준을 올리는 것 역시 절차적 변화의 한 예다. 일반적으로 절차적 변화는 그다지 많은 갈등 없이 이루어질 수 있다. 또한 학년 학업 일수도 그렇게 많은 도전을 받지 않고도 연장할 수 있다.

기술적 변화도 학교 개혁의 노력 속에서 흔히

발견되는 것이지만, 진정한 의미의 학교 재창조 노력과는 아무런 관련이 없는 것이다. 기술적 변화는 과업을 수행하는 수단을 바꾸는 것을 의미한다. 초등학교 수준에서 사회과 수업에 컴퓨터를 추가로 활용하는 것이 하나의 사례가 될 수 있다. 그러나 이것은 교과를 겉만 번지르르한 '워크북' 으로 만드는 것일 뿐이다. 새로운 내용은 하나도 없고 내용을 경험할 수 있는 새롭고 혁신적인 방법 역시 학생들에게 제공되지 않는다. 그래서 교육개혁의 풍경은 교육공학적 변화의 쓰레기들로 어질러져 있게 된다. 이러한 개혁은 교사와 행정가의 재교육을 필요로 하기 때문에 대부분 실패한다. 컴퓨터를 이용하여 통합 교육과정을 실현하고자 하였던 시도도 실패로 끝났다. 물론, 성공한 몇 가지 선례도 있다. 예를 들면, 학생 평가에 포트폴리오를 사용한 것, 혹은 교과 내용이 바뀌었을 때 컴퓨터를 사용한 경우다.[18]

학교를 개혁하는 것이 아니라 재창조하기 위해서 우리는 구조적 · 문화적 변화를 일으켜야 한다. 이때 구조적 변화는 학교 건물에만 관련된 문제가 아니다. 구조적 변화는 우리가 개념, 행위, 사고, 심지어 감정을 구성하는 방식과 관련된다. 이러한 변화의 예로 알려진 것은 그다지 많지 않다. 이러한 변화는 학교 밖에서는 실제 일어나지만 그렇게 많이 연구되지는 않는다. 따라서 이러한 변화를 도모하고자 하는 교육자는 좋은 선례나 연구 결과에 의존하기 어렵다. 그들은 모험을 감수해야 하고 불확실성에 직면하며, 부분적인 성공에 만족해야 한다. 심지어 실패를 학습의 기회로 환영하기도 한다. Schlechty가 지적하고 있는 것처럼 교육을 재창조하기 위한 변화에 손발만 담그든지 아니면 아예 푹 젖고 싶은 사람들은 '최첨단의 무지'[19] 위에 서는 것을 즐길 수 있어야 한다. 그 대신 그들은 비전을 가지고 있다는 사실에 기뻐해야 한다. 좀 더 심하게 말하여 그들은 '희미한 견해' 를 가지고 있다는 것을 즐거워해야 한다. 그들은 '음, 좋은데 다시 해 보자. 그리고 어떤 일이 일어나는지 두고 보자.' 고 즐겁게 말한다. 이러한 변화에 참여하기를 원하는 사람은 반드시 인내심을 가져야 한다. 구조를 바꾸는 데는 시간이 걸린다. 더욱이 문화를 바꾸는 데는 더 많은 시간이 필요하다. 이와 같은 변화는 교육을 통해 이루어지며 명령에 의해서 이루어질 수 없고, 또 강제에 의해서도 이루어질 수 없는 것이다. 교육을 재창조하기를 바라는 사람은 과거와 단절하고 문화적 단절에 대한 책임을 져야 하기 때문에 앞으로 일어날 일에 대하여 현기증을 느낄 수밖에 없다. 그럼에도 불구하고 이러한 일에 자진해서 참여하는 사람에게는 많은 성과와 보상이 주어질 것이다. Schlechty에 의하면 '구조적 · 문화적 변화는 조직 생활과 사회 생활에 있어서 신기원적인 사건이다.'[20] 이러한 변화는 학교와 같은 사회적 조직체를 재창조할 기본적 틀을 마련한다. 만일 교육자와 관련 인사들이 구조적 · 문화적 변화를 통하여 학교를 재창조하는 데 성공할 때, 학교는 단순히 개혁되는 것이 아니라 근본적으로 재창조될 것이다.

2) 학교 문화의 재창조

학교 문화를 재창조하는 것은 간단한 작업이 아니다. 즉, 이 작업은 일 년 안에, 혹은 10년 안에 할 수 있는 일이 아니다. 아마 우리 모두가 이 작업에 참여해야 한다는 생각을 일반인이 수용하도록 만드는 데는 더 많은 시간이 걸릴 것이다. 그러나 우리는 현재의 학교 문화는 그 안에 있는 우리가 생산적이고 적극적인 행동을 하도록 만드는 문화인가를 묻는 것에서 시작할 필요가 있다.

문화는 모든 사람에게 친숙한 개념이지만 대부분 우리는 그 의미에 대해서 그다지 깊게 생각하지 않는다. 문화란 무엇이며, 그것은 무엇으로 구성되어 있는가? 교육을 개선하기 위하여 문화의 세부 사항을 조작하는 것을 시작해야 한다면 우리는 이러한 질문에 대답할 필요가 있다. 단순하게 표현하면, 문화는 사람의 전체적 삶의 방식이다. 보다 더 구체적으로 표현하면, 문화는 생각, 대상, 그리고 집단이 발명해 낸 일을 행하는 방식 모두를 의미하는 것이다. 문화는 신념, 태도, 관습, 언어, 예술, 과학기술, 그리고 다양한 전통을 포함한다. 우리는 과학기술의 변화를 통해 과학기술을 다소 쉽게 변형시킬 수 있다고 이미 언급한 바 있다. 절차적 변화를 통하여 그것을 행하는 방식을 바꿀 수 있다고 말하기도 하였다. 그러나 현재 우리가 직면하고 있는 최고의 도전은 생각, 신념, 태도, 그리고 관습을 변형시키는 데 있다.

학교는 학습 문화며, 그것은 반드시 그렇게 되어야 한다. 학교 개혁, 심지어 재창조를 주장하는 사람들은 현재 존재하는 학교 문화는 더 이상 이상적인 학습 문화가 아니라고 말한다. 학교 문화는 학생들이 학교라는 경계 속에서뿐만 아니라 학생이 생활하고 있는 전체적인 문화 속에서도 생존하고 발전할 수 있도록 하기 위해서 존재한다. 이상적으로 말하면 학교 문화는 그 구성원인 학생과 교사가 '위험할 정도로 안전한' 환경 속에서 지식을 추구하도록 도와주어야 한다. '위험할 정도로 안전한' 환경이라는 것은, 학생이 학교를 신뢰하여 마음껏 모험을 감행하고 시행착오를 경험하며, 심지어 '학자인 체' 할 수 있는 환경을 의미한다.[21] 학생은 위험한 생각을 가지고 '놀 수 있으며', 아무런 상처도 입지 않고 위험한 생각에서 무엇인가를 배운다. 어린 초등학생은 이러한 환경을 의식조차 하지 못한다. 그들은 모험을 감행한다는 인식 없이 단순히 편안함을 느낀다. Meier의 지적에 따르면, 언어 학습이나 보행 학습을 하는 유아는 모험을 감행하기 위한 용기를 의식적으로 낼 필요가 없다. 유아는 편안하게 자연적으로 우러나오는 것을 행할 뿐이다.[22] 어른은 방 안에 예리하고 날카로운 물건이 없는지, 그러한 환경이 유아가 소리를 내도록 만들 정도로 흥밋거리가 많은지 등을 살필 필요가 있을 뿐이다. 이와 같은 환경 속에서 학생은 발달상 자연스러운 것을 배운다. 우리는 가르치는 것이 아니라 그러한 발달을 조장해 주는 것이다.

학교 문화는 학습, 앎, 행위의 문화다. 이런 행위는 학교 문화의 모든 구성원인 학생과 교사 모두에 의해 이루어진다. 재창조된 학교에서는 이러한 행위는 개별적으로 이루어지는 것이 아니라 다른 사람 간의 관계 속에서 이루어진다. Parker Palmer의 지적에 따르면, 이러한 문화 공동체의 특징은 '실재는 공동 사회적 관계의 망이며, 우리는 그러한 공동 사회에 존재함으로써 진정으로 알 수 있게 된다.'[23] 재창조된 학교 문화는 사람과 사람 아닌 것 사이의 관계의 문화다. 우리는 우리 자신을 다른 사람 혹은 '사물'과 분리할 수 없다. 사실상 그러한 문화 속에 있는 학생은 앎의 주체와 앎의 대상도 분리될 수 없다는 것을 깨닫는다. 대상은 없다. 오직 주체만 있을 뿐이다. 학생과 학생의 상호 작용은 주체와 주체 간의 상호 작용이다. 상호 작용하는 교사와 학생은 모두 주체다. 콩과 식물을 조사하는 학생은 주체를 탐색하는 것이지, 대상을 탐색하는 것이 아니다. 이러한 지적인 입장을 받아들이는 것은 관계성의 성격을 변화시킨다.

이와 같이 학생을 콩과 식물 혹은 어떤 것을 공부하는 주체로 생각하는 것은, 안다는 것, 가르친다는 것, 그리고 학습한다는 것을 개념화하는 방식을 재조형한다. Palmer가 지적하듯이 '주체는 관계성을 이용할 수 있지만, 대상은 그렇지 못하다. 우리가 다른 한쪽을 주체로 파악할 때, 우리는 그것을 단순히 가까운 곳에 두는 것이 아니다. 우리는 그것을 우리 안에 두고, 그것과의 관계 속에서 파악한다.'[24] 이런 입장을 취하면, 좋은 관계란 열정, 측은지심, 공감, 그리고 동정심을 가지고 있는 관계라는 것을 깨닫게 된다. 이와 같은 학습, 앎, 그리고 수업은 학교 문화 속의 인간애를 강조하는 것이다. 여기에서 우리는 관찰과 해석을 공유한다. 교사와 학생은 서로의 교정을 공유함으로써 앎의 깊이에 보살핌의 깊이를 더한다. 나아가 이런 학교 문화 속에서 학생은, 바위의 말소리를 듣는 지질학자로, 오래 전에 죽은 사람들과 대화를 나누는 역사학자로, 과거 사람들의 음성과 음악을 듣는 젊은 문학자로, 수학자들의 음성과 숫자의 아름다움에 귀 기울이는 수학자로 행동하게 된다.[25]

이것은 교육자들이 가지는 접촉하기 어려운 망상이 아니다. 근대, 근대 후기, 포스트모던 중 어느 용어로 부르든, 현 시대의 다양한 부류의 학자는 '앎은 앎의 주체와 앎의 대상의 분리를 전제로 하여 성립된다.'[26]는 생각을 뒤엎어 버렸다. 소립자를 연구하는 원자물리학자는 앎의 행위 그 자체로 소립자를 바꾸어 버린다. 현미경으로 미생물을 관찰하는 것 그 자체만으로도 미생물을 간단하게 수정할 수 있다. 앎의 주체와 앎의 대상은 분리될 수 없다. 우리가 앎의 대상으로서 세계의 본질에 대하여 말하는 것은 곧바로 앎의 주체의 본질에도 영향을 미치고, 그것을 반영한다.

이러한 재창조된 학교 문화 속에서 교사와 학생은 학교 안팎의 세계 모두를 이해하고 변경하며 개선할 목적을 가지고 인지적 · 정의적 · 영성적 관계에 서로 참여한다. 이러한 학교 문화는 인간적 목적이 추구되고 실현되는 장소다.[27]

학습 공동체로 재창조된 학교는 공통적인 특징을 가진다. Meier는 이러한 특성을 다음과 같이 기술하고 있다.

첫째, 이러한 학교는 정신적 · 신체적 손상에서 안전하다. 분명히 각종 모험이 감행되지만 학생은 지적 실패 때문에 조소를 당하거나 당황해할 필요가 없다.

둘째, 학습 공동체는 학습을 성공적으로 만들기 위하여 초보 학생 속에 충분한 수의 전문가를 포함하고 있다. 이것은 학급을 소규모로 만든다는 것 이상을 의미한다. 즉, 이 말은 교사들이 지역사회 내의 다른 성인의 전문적 견해를 인정하고, 그러한 전문가를 정식 학교 환경의 일부가 되도록 한다는 것을 의미한다. 더 나아가 나이가 많은 학생은 나이가 어린 학생을 위한 상임전문가로 참여한다.

셋째, 학습 공동체는 공동체의 개념에 어긋나지 않도록 학생 사이, 그리고 초보자와 '전문가' 사이의 협력을 권장한다. 학습은 혼자 하는 것이 아니다. 아이디어와 해답을 공유하는 것은 부정행위가 아니라 생산적인 학습이다. 이러한 학교에서 협동 발표는 흔히 볼 수 있는 현상이다.

넷째, 재창조된 학교는 다양한 지식 영역에 대한 다양한 접근 방식을 권장한다. 게다가 학생들은 교과가 다양한 변형을 가지고 있다는 것을 이해하고 있다. 학생은 여러 가지 역사를 배우는 것이지 단순히 하나의 역사를 배우지 않는다. 또 학생은 여러 가지 과학을 배우는 것이지 단순히 하나의 과학을 배우는 것이 아니다. 학생은 논리학적 기술을 습득하는 것이지 단순히 하나의 논리를 획득하는 것이 아니다. 지식은 다양하다. 즉, 지식은 학문적 지식과 비학문적 지식에 관한 많은 해석의 결과인 것이다.

다섯째, 이러한 학교는 아이디어가 구체화될 시간을 허용한다. 초기의 관점과 이해로 되돌아갈 시간과 또 그것들을 수정할 시간도 있다. 내용은 고정된 시간표에 따라 가르치지 않는다.

여섯째, 재창조된 학교는 학습이 매력적이고 즐거운 것이 되도록 조직되어 있다. 이러한 공동체 속에는 즐거움이 있다. 학습은 열정적인 것이며 에로스는 학문의 필수적 요소라는 인식이 존재한다.

일곱째, 학습 공동체인 학교는 동일한 지역 내의 다른 학습 공동체와 관련을 맺고 있다. 교실도 학교 밖의 공동체와 분리된 것이 아니다. 학교 학습은 일상생활과 관련이 있다. 학교 학습은 학교 밖의 생활에도 적용할 수 있는 내용으로 이루어져 있다.[28]

개혁되고, 재개념화되고, 재창조된 학교는 사회적 장소며 인간적 장소다. 이러한 장소는 활기 넘치는 대화의 장소다. 해석과 관찰이 이루어지고 검증되며 수정되고 진보된 이해와 지식이 창출되는 것은 바로 이러한 대화를 통해서다.

완벽하게 재창조된 학교는 거의 없다. 그러나 이러한 아이디어와 특성이 분명하게 드러나고 있는 학교는 많이 있다. 재창조가 아닌 개혁을 하고 있는 학교에서도 이러한 생각이 부분적으로 나타나고 있다. 학교가 스스로를 재창조하기 위해서 학교는 학군 내의 표준적인 학교 대열에서 '벗어날' 필요가 있다. 협약학교운동은 이러한 생각의 구체적인 한 예다.

3) 협약 학교와 계약 학교

교육을 '향상시킬 수' 있는 실행 가능한 방식으로 협약 학교(charter school)를 생각하는 사람들은, 이러한 학교는 시장 원리에 따라 기능해야 하고 시장에 적합한 정신 구조를 가지고 있어야 한다고 생각한다(독자는 협약 학교를 다루는 제5장의 해당 절을 다시 읽어 보아도 좋다). 협약 학교의 개념이 학교 개혁과 관련된 논의의 한 부분을 차지하고 있음에도 불구하고, 협약 학교는 무엇인가, 협약 학교가 실지로 교육을 개선하는 하나의 수단인가에 대한 논란은 여전히 계속되고 있다. 협약 학교는 학교 경영을 개선할 수 있는 유일한 수단인가? 그것은 교육과정과 수업을 더 좋은 방향으로 실지로 변화시킬 수 있는가? 그것은 공교육을 보호하는 수단인가, 아니면 사립학교를 늘리는 수단인가? 협약 학교와 계약 학교(contract school)의 차이는 무엇인가? 협약 학교와 계약 학교는 표준, 책무성, 평등, 그리고 선택과 같은 쟁점들에 어떠한 영향을 미치는가?

협약 학교의 개념에는 공교육 체제 속에 들어 있는 관료주의적 구조가 공교육의 적절한 교육의 제공과 높은 성취 기준의 달성을 방해한다는 생각이 가정되어 있다. 현재 학군 내 학교의 조직 방식은 한 가지 교육과정을 모든 학교에 적용한다는 생각을 조장하며, 이것이 개혁적 노력의 숨통을 조이고 있다. 대체로 교육개혁은 전 학군에 걸쳐서 이루어진다. 그렇기 때문에 어느 한 학교가 특정 학생의 요구에 부응하는 다른 교육과정을 인가받는 것은 불가능한 것은 아니지만 매우 어렵다. 학부모에게 선택권을 주는 학군은 많이 있지만, 그것은 다양한 교육과정에 대한 선택권이 아니라 학교에 대한 선택권, 즉 더 좋고 더 잘 가르친다고 알려진 학교 중에서 하나를 선택할 권리일 뿐이다. 교육과정은 언제나 동일하다. 학교 운영 설계도 전혀 변함이 없다.[29)]

협약 학교는 새로운 종류의 기관으로 공표되었고, 적어도 행정적인 문제에서는 그렇게 보인다. 협약 학교가 교육철학, 교육과정, 수업 면에서 기존의 공교육 체제 내의 학교와 얼마나 다른가 하는 것은 여전히 논쟁의 대상이다. 협약 학교도 정규 학교와 같이 학생 개인당 정해진 양의 공적 자금을 지원받는다. 그러나 주된 차이는 협약 학교는 지원된 재정을 어떻게 쓸 것인가를 결정할 수 있는 권한을 가지고 있다는 데 있다. 협약 학교는 누구를 채용할 것인지, 어떤 행정가를 고용할 것인지, 어떤 교육 자료를 구입할 것인지, 그리고 어떤 교육과정을 제공하고 어떤 조직을 가질 것인가에 대한 통제권을 가진다. 이러한 협약 학교는 일일 시간표를 어떻게 구성할 것인가 등과 같은 공립학교에 적용되는 규정을 일부 면제받기도 한다. 또한 협약 학교는 자신들만의 교육헌장을 창안해야 하며, 그 안에는 수용 가능하면서도 높은 수준의 학생 수행에 대한 설명을 포함하고 있어야 한다.

협약 학교는 무엇을 행할 것인가를 약속한 대로 충실히 이행해야 한다. 또한 지역 학교위원회, 혹은 기타의 주 정부 기관과의 수행 협약에 동의해야 한다. 협약 학교는 관련 교육과정과 교육과정 경험에 관해 전달할 수 있는 것은 모두 전달해야 하며, 진학을 하는 학생들이 기대하는 특정 학습과 학습의 수준을 보장해 주어야 한다. 만일, 협약 학교가 자신들의 약속을 충실히 이행하는 데 성공하지 못할 경우, 학부모는 자녀를 다른 학교로 전학시키려고 할 것이다. 만일, 교사가 학교의 직무를 충실하게 이행하지 못한다면, 교사는 해고될 수도 있다. 만일, 교사가 학교가 운영하는 방식에 불만을 가지고 있다면, 그들은 학교를 떠날 수도 있다. 협약 학교가 그 학교의 직무 설명 내용을 충족시키지 못한다면, 자금 지원은 철회될 것이다. 이것이 협약 학교에 작용하는 시장 원리다. 즉, 성공하느냐, 아니면 사라지느냐의 문제인 것이다. 시장의 정신 구조는 협약 학교가 자신들의 학생 및 교사와 경쟁하지 않으면 안 된다는 사실에서도 나타난다. 협약 학교는 학습자를 충분히 유인할 수 있는 교육과정을 가지고 있어야 한다.[30] 그러나 Hill과 그의 동료에 의하면 협약 학교는 완전한 시장 체제는 아니다. 협약 학교는 이 책의 제11장에서 논의한 교육과정 평가가 적용되지 않는다. 이러한 협약 학교의 수행은 공립학교 체제의 학교위원회 혹은 주 정부 기관에 의한 공적인 평가를 받지 않는다. 이러한 공적 감독위원회는 학교의 설립을 취소할 수는 있지만 새로운 학교를 다시 인가할 수도 있다.

Hill을 비롯한 여러 사람에 의하면 협약 학교는 학생을 효율적으로 교육하는 방식을 찾는 데에는 그다지 성공하지 못하였다. 20세기 이후부터 지금까지 Hill은 협약 학교 개념을 계약 학교 개념으로 확대할 필요가 있다고 계속 제안하고 있다. 계약 학교는 공적 자금 지원은 계속 받으나, 공립이든 사립이든 교사와 행정가로 이루어진 자립적인 집단이 기관과의 계약하에 운영되는 학교를 말한다.[31)]

어떤 조직이나 개인은 학군과 계약 · 협정을 맺을 수 있다. 심지어 어떤 학군은 그것과 이웃하는 학군 안에 있는 학교와 계약을 맺을 수도 있다. 대학이나 대학교도 새로운 교육과정과 교수법을 실험해 보기 위해 계약을 맺기도 한다. 주 정부와 연방 정부도 학교 운영을 위한 계약을 지원하기도 한다. 기업체도 학교 운영을 위한 계약을 제안하고 있다.

Hill을 비롯한 여러 사람은 학군은 수많은 조직에 대해 조직 수대로 일일이 계약을 맺으려고 해서는 안 된다는 점을 지적하고 있다. 그들은 하나의 영리 혹은 비영리 조직이 대표로 계약을 맺고 학군 내 몇 개 학교를 운영하도록 하는 방식을 환영한다. Hill은 이러한 체제를 '경영 및 원조 제공자(Management and Assistance Providers: MAPs)' 라고 부른다.[32)] MAPs는 학교 운영의 계약뿐만 아니라 교육과정 개발, 교사 교육, 평가도구 개발, 심지어 여론 형성 매체를 창안해 내는 것까지도 책임을 지고 있다. 만일, 어떤 조직이 독특한 교육적 상표를 만드는 데 성공한다면, 그러한 조직은 소비자의 인정과 신뢰를 획득할 수 있는 '교육적 상품' 을 만들 것이다. 어떤 면에서 보면 이것은 교육 프랜차이즈라고 할 수 있다. MAPs는 학습 자료 개발과 교사 교육에 있어서 규모 경제의 이익을 얻게 될 것이다.

Hill과 다른 주창자에 따르면, 계약 학교는 기

존의 공립학교 체제의 학교에 비하여 다음과 같은 몇 가지 이점을 가지고 있다.

첫째 이점은 계약의 관심과 자원 제공의 초점이 학교 그 자체에 있다. 그렇기 때문에 학교를 학습의 주요 무대로 본다. 둘째 이점은 계약 자체가 각 학교들로 하여금 자신의 학교 학생이 학습에서 뛰어나도록 만드는 데 관심을 가지도록 하는 유인책이 된다. 셋째 이점은 이러한 학교는 학생의 선택 가능성을 크게 확대할 수 있다는 것이다. 이 이점은 각 학교들이 직면하고 있는 다양성 쟁점을 부각시킨다. 또한 이 이점은 모든 학생이 적절한 교육에 동등하게 접근할 수 있도록 해야 한다는 평등 쟁점에 초점을 맞추고 있다. 앞서 제안한 것처럼 계약 학교는 학교를 학습활동의 주요 무대로 여기고 있다. 또 의사 결정을 위해 본부 교육청의 눈치를 볼 필요도 없다. 실질적인 학습 공동체로서 계약 학교는 이제 더 이상 학군 내에 있는 '많은 학교 중의 하나'가 아니다.

계약 학교의 아이디어에 의하면 공립학교는 더 이상 공립학교가 아니라 MAPs의 '판매 대리점'이 될 것이라는 시나리오가 가능하다. 다양한 경영 및 원조 제공자(MAPs)들이 교육 프로그램의 개발과 전달에 대해 책임을 지는 상황 속에서 기존의 공립학교의 본부 교육청—만일 이러한 본부 교육청이 있다면—은 단지 '거래'에 서명만 하면 되는 위치로 전락할 것이다. 얼마 후에는 거래에 서명하는 책임도 주 공교육국으로 넘어갈 것이다. 이렇게 보면 계약 학교는 기존의 학교를 재창조한 결과가 아니라, 단지 시장 중심의 사립 교육 체제를 도입한 것에 불과하다고 볼 수 있다. 즉, 계약 학교는 공교육 체제를 재창조한 것이 아니라, 공교육 체제를 대치한 것이다. 물론, MAPs가 모든 학교를 인계받을 수 있다고 생각하지는 않는다. 교육 프랜차이즈에 의하여 관리받기를 거부하는 학교도 있을 것이다. 최상의 프로그램과 교사를 가지고 있는 MAPs를 유인할 수 있을 정도의 충분한 재정을 가지고 있지 않는 학군도 있을 것이다.

계약 학교는 또 다른 문제를 제기한다. 즉, 종합 교육, 보통 교육에는 어떤 일이 발생하는가? 계약 학교 교육과정의 다양성은 시민 문화를 어떻게 다룰 것인가? 민주시민 교육은 어떠한가? 학부모와 일반 대중은 다양한 MAPs가 제공하는 계약에 어떤 방식으로 관여할 수 있는가? 다양한 MAPs의 교육과정 제공에서 나타나는 교육 불평등 문제는 어떠한가? 어떤 학생은 '고급 요리'를 제공받고 어떤 학생은 '패스트푸드'만 먹게 되지는 않을까? 일부 학부모가 자녀에게 최상의 교육 프로그램을 제공하기 위해 많은 비용을 아낌없이 쓰는 동안 교육 기회의 불평등은 더욱 심화되지 않을까?[33]

학교 개혁의 후원 아래 이루어지는 교육의 사립화는 협약 학교 혹은 계약 학교 그 이상의 형태를 취한다. 가장 논쟁의 대상이 되는 교육의 사립화는 장학금이나 보조금(voucher plan)이라는 형태로 학부모에게 선택권을 주는 것이다. 학부모는 이런 장학금이나 보조금을 받아 그것을 공립이든 사립이든 다양한 유형의 학교교육에 쓸 수 있는 것이다. 보조금 계획과 관련하여 우리는 적어도 다음과 같은 두 가지 관점에서 학교 개혁을 바라볼 수 있다. 그 한 가지는 학교가 이러한 보조금을 받은 학부모를 끌어들이기 위하여 스스로 개혁을 단행하리라는 것이다. 또 다른 하나는, 학교는 현행의 교육과정을 그대로 유지하고 있더라도 학부모는 자신의 자녀를 학부모와 학생의 목적에 맞는 교육과정을 가진 학교에 보내기 때문에 결국은 학부모가 '학교와 교육과정을 개혁하게' 되리라는 것이다.[34)]

Bast와 Walberg는 이런 유형의 선택을 포괄적 선택이라 부른다. 왜냐하면 이것은 학부모에게 단순한 공립학교 선택 이상의 것을 주기 때문이다. 포괄적 선택에서는 현재 공립학교로 들어가는 각종 자금이 자격증이나 장학금이라는 형태로 학부모에게 되돌아간다. 이것은 교육저축계좌라는 유형으로 은행에 예치된다. 학부모는 필요할 때 이 계좌에서 인출하여 사립학교나 공립학교에 참가하는 수업료로 지불한다. Bast와 Walberg의 지적에 따르면, 이와 같은 계획은 전혀 새로운 것이 아니다. 버몬트 주에서는 1세기 이상 교육 바우처 계획 프로그램을 운영해 왔다. 버몬트 주의 246개 공동체의 95%가 공립 고등학교를 가지고 있지 않다. 학부모는 지역 내의 사립 고등학교나 공립 고등학교에 자녀를 보내기 위하여 이러한 교육 보조금을 받는다. 35개의 마을이 유치원에서 6학년까지의 부모에게 이와 유사한 선택권을 제공한다. 이 프로그램은 1869년에 출발하였다. 학교를 개혁하기 위한 아이디어는 그만큼 오랜 역사를 가지고 있다.[35)]

학부모는 포괄적 선택을 가짐으로써 교육의 과정에 대하여 권위와 정당성을 요구할 수 있다. 이러한 부모를 보는 학생은 결과적으로 학습의 동기를 부여받는다. 이것은 또한 성취 기준을 향상시킬 수 있는 학교의 능력을 증가시키기도 한다. 실제로 학부모에 의해 선택된 학교는 그렇지 않은 학교보다 학생의 태도에 훨씬 더 효율적인 영향을 미칠 수 있다. 학부모가 많이 선택하는 학교는 학생이 살고 있는 지역사회를 가장 잘 반영하는 교육과정을 제공한다. 따라서 학생은 자신들이 학교에서 학습한 내용을 지역사회의 생활에 직접 적용할 수 있다. 또한 그들은 실세계의 성인이 어떻게 생활하고 일하는지를 알게 된다. 따라서 학교는 자신들의 교육 프로그램의 목표와 성격을 분명히 밝혀야 한다.[36)] 이와 같이 학부모와 학생들에게 교육 프로그램의 선택권을 제공하는 것이 여러 가지 장점을 가지고 있지만 이것도 학교를 근본적으로 재창조하는 것이라기보다는 교육 프로그램의 관리 방식을 수정하는 것에 불과한 것으로 보인다. 아닌 게 아니라 교육자와 기타 사람에 의한 교육개혁 행위는 대부분 교육과정 그 자체의 변화보다는 학교, 경영이나 재정 처리 방식을 수정하는 쪽으로만 이루어지는 것이 사실이다.

시대적인 적절성이 거의 없는 교육과정을 효과적으로 전달하는 방법을 개혁하는 데에만 관심을 기울이는 것은 정말 어리석은 일이다. 여전히 학교 교육과정의 대부분은 19세기 수준에 머물러 있다. 이것은 현 정보화 시대의 근심거리가 아닐 수 없다. 우리는 학교 구조와 행정적인 문화에 도전해야 할 뿐만 아니라 정보화 시대에 교육과정이 무엇을 의미하는지에 관해서도 다시 생각해 보아야 한다. 우리는 교육과정 내부에서 물리적인 변화가 아니라 화학적인 변화가 일어나도록 해야 한다. 우리는 이와 같은 변화가 결코 완수될 수 없는 과제임을 깨달음과 동시에 학교 개혁에 관한 질문을 계속적으로 제기해야 한다. 즉, 단지 일부분만 땜질하는 땜장이 노릇을 하는 것 이상으로 교육과정, 학교, 그리고 교육의 개념에 대한 새로운 시각과 이해를 가지도록 요구해야 한다.

2. 정치학과 교육사회학

우리는 3판에서 교육과정이 점점 정치화되는 것에 관하여 논의한 바 있다. 교육적 대화와 행위를 더욱 정치적인 것으로 만드는 것에 대한 강조는 21세기에도 여전히 주된 추세다. 이러한 교육적 대화는 학교 문화 개혁, 그리고 미국과 전 세계의 개조와 밀접하게 관련된다. 정치적 대화와 행위는 사회의 성격과 목표에 관한 대화와 분리될 수 없다. 이것은 고도의 긴장감이 맴도는 대화다. 즉, 이것은 현재, 그리고 미래 시민의 마음, 정신, 영혼을 사로잡는 것을 목표로 하는 대화며 행위다. 이것은 미국인의 생활 방식과 미국 사회를 유지하고, 수정하고, 변화시키는 데 학교를 어떻게 이용할 것인가에 관한 이야기다.

교육은 가치 중립적이며 비정치적인 것이라는 것을 믿고 우리 스스로 그렇게 말하면서 20세기를 시작하였지만, 오늘날 실지로 그렇게 믿는 사람은 우리 중 어느 누구도 없다. 교육은 정치적 드라마며, 모든 교육과정 프로그램은 정치적 무대 속에 존재한다.[37] 교육은 정치적 측면을 가지고 있으며, 최근에는 교육의 거의 모든 측면이 식자층과 비식자층 모두의 도전을 받고 있다. 교육의 정치적 측면은 비록 정부가 높은 성취 기준과 목표 설정에 관여함으로써 가시적인 역할을 보여 주고 있지만, 교육과정을 결정하는 데 있어서 지방, 주, 국가가 직접적인 역할을 하는 것은 아니기 때문에 상당 부분 은폐되기 마련이다.

정치적 이야기와 행위, 그리고 사회적 이야기와 사회적 계략은 정부의 관저에 존재하는 것이 아니라 학문적 전당 속에 존재한다. 대학의 세미나실에, 초등학교와 중 · 고등학교에, 회의실에, 휴게실에 존재한다. 이러한 이야기와 행위는 전문 학술지나 교과서 속에서 논의되고 주장된다. 이러한 이야기에 참여하는 사람은 우리로 하여금 어떤 바람직한 정치적 · 사회적 목표로 향하도록 종용하며 변화의 요구에 저항하도록 만들기도 한다. 어떤 입장을 취하는 척하면서 어떤 정치적 · 사회적 측면의 변화를 지지하지만 실제로는 그것과 다른 측면을 고수하고 있는 사람도 있다.

이러한 논의에도 불구하고, 행위에 대한 요구, 그리고 저항에 대한 요구는 그 이면에 다양한 이데올로기와 철학에 의거한 특정 신념이나 태도를 가정하고 있다. 이러한 이데올로기와 철학은 개인의 과거와 현재 경험의 영향을 받는다. 그러나 다양한 진영의 개인과 사고방식은 오로지 한 가지 동일한 것을 원한다. 그것은 곧 각자의 견해를 주류적 견해로 만들기 위한 권력을 획득하는 것이다. 즉, 이들은 자신의 견해가 지배적인 것이 되기를 원한다. 다양한 무늬의 사람은 자기 입장의 정당성을 믿는다. 그들은 자신들의 견해와 비판, 그리고 해결책이 이 세상—그것이 어떠한 세상이든—의 죄악을 겨냥하는 표적에 있다는 것을 '연구 결과가 보여 주고 있다.' 고 말하면서 자신들의 견해를 지지하기도 한다.[38)]

모든 논의, 모든 일방적 대화는 그 속에 다른 사람을 제압하기 위한 힘을 이용하고 또한 그러한 힘을 얻으려는 시도가 들어 있다는 점에서 정치적이다. 사람들은 정부가 운영하는 방식, 사회가 조직되는 방식, 사회의 성격, 사회 내에서 학교의 기능을 변화시키기 위하여, 그리고 교육과정과 교육 이론이 누구의 이익에 봉사하는지, 누가 특권적 지위를 차지하며, 누가 그것을 차지해야 하는가를 결정하기 위하여 '힘의 이야기' 에 참여한다. 심지어 지식의 성격, 지식을 구성하는 방법, 지식을 활용하는 방법에 관한 이야기도 있다. 실재가 무엇인가에 대한 이야기는 정치적이면서 사회적인 이야기인 것이다.

이러한 정치적이고 사회적인 대화를 더욱 복잡하게 만드는 것은, 우리가 모든 사람을 사회적 평등 속으로 끌고 들어가야 한다는 것이다. 우리는 미국 사회에서 스스로 소외되었다고 주장하는 다양한 인종적 · 문화적 집단도 염두에 두어야 한다. 다문화 교육은 이 새로운 세기에도 계속 정치적 · 문화적 운동으로 인식되고 있다. 여성의 목소리도 정치적 · 사회적 · 교육적 평등 논의의 일부를 차지한다. 이러한 여성의 목소리는 다양한 경로의 이야기에 흡수되고 있으며 페미니즘은 그 한 예가 될 수 있다. 정치적 · 사회적 대화 속에서 다양한 성적 지향성의 사람의 관심과 불만이 계속 제안되고 논의되고 있다.

정치적 · 사회적 대화와 행위 속에 '모든 사람' 과 '모든 것' 을 담으려는 이러한 시도는, 권력에 관한 우리의 이중적 사고방식을 '지우려는' 시도다. 어떤 사람이 권력을 가지고 있다는 것은 권력을 가지고 있지 않은 사람이 있다는 것을 의미한다. 권력을 가진 사람을 생각하면 권력을 가지지 못한 사람을 반드시 생각하게 된다. 우리가 사람을 특권층이라는 이름으로 묶으면 나머지 다른 사람은 비특권층으로 묶는 것이나 다름없다. 이것은 우리가 가지고 있는 언어의 이중성 때문에 생기는 결과다. 우리는 권력을 가진 사람들을 압제자로, 권력을 가지지 않는 사람들은 피압제자라고 생각한다. 우리의 대화 속에서 이러한 언어의 이중성을 인식하더라도 우리는 우리 모두가 권력을 원하며, 우리 자신을 누를 권력, 그리고 지역사회에 공헌하는 데 필요한 권력을 원하고 있다는 사실을 받아들일 필요가 있다. 우리 모두는 학생이 교육과정을 경험한 결과로 사회적 · 정치적 민주주의의 유능한 일원이 될 수 있는 권력을 가지기를 원한다.

20세기 후반부에 교육 프로그램의 창출과 공동체 내의 사회적 행동의 참여와 관련하여, 청소년에게 사회적 · 정치적 민주주의에 동참할 수 있는 권한을 부여하자는 대화가 많이 이루어졌지만 행동보다 말이 더 많은 감이 없지 않았다.[39)] 21세기인 지금은 말보다는 행위가 더 많이 요구된다. 그러나 행위가 일어나도록 하기 위해서는 정치적 민주주의와 그 안에서 교육의 개념이 무엇인가가 분명하게 규명되어야 한다.

민주주의의 개념을 성찰해 보면, 그 안에는 깊이 있는 이해를 필요로 하는 다양한 의미가 혼란스럽게 섞여 있다는 것을 알게 된다. 즉, 비평적 이론가, 여성평등주의자, 다문화주의자, 자본주의자, 친미주의자, 전통주의자, 중도파, 사회주의자, 그리고 기타의 '~주의자' 의 문헌을 한 번이라도 읽어 보면, 민주주의가 얼마나 다양한 의미로 쓰이는지를 알 수 있다. 그러나 민주주의의 의미의 다양성은 다음과 같은 두 개의 중심적인 신념의 하나로 모아지는 것으로 보인다. 그 하나는 개인을 최우선시하는 것이고, 다른 하나는 집단 혹은 지역사회를 최우선시하는 것이다. 전자는 각 개인이나 모든 인간의 근본적인 가치를 긍정하는 데 집중되어 있고, 후자는 집단, 지역사회, 단체를 인정하는 데 집중되어 있다. 정부가 개인의 요구를 존중하고 사회가 개인에게 각자의 요구와 소망을 충족시키는 방법을 스스로 결정하도록 한다면, 전체 사회도 그만큼 좋아진다는 것이 전자의 관점이다. 스스로 만족하는 개인이 집단과 사회의 전반적인 건강과 부에도 공헌하게 된다는 것이다. 집단을 우선시하는 후자의 관점은 각 개인이 집단을 일차적으로 생각하고 다른 사람의 복지를 위해 일할 때 각 개인은 그 집단의 구성원에 의해서 권리와 특권을 부여받는다고 주장한다. 이러한 두 가지 관점은 두 가지 기본적 신념 체제며, 이러한 두 신념 체제는 교육의 목적과 기능을 어떤 방식으로 고려하는가에 주로 영향을 미친다. 또한 이러한 신념 체제는 각 개인이 정치적 · 사회적 이야기와 행위에 관여하는 방식에 영향을 미친다.

개인을 우선시하는 첫째의 신념은 미국에서 오랜 역사를 가지고 있다. 그것은 독립선언으로까지 거슬러 올라간다. Robert Hoffert가 알려 주고 있는 바와 같이, 독립선언은 미국 국가의 '국민됨' 의 전형을 보여 준다.[40] 이 정치적 문서는 미국 국민의 탄생을 가능하게 하였다. 미국인은 정치적 · 사회적 창조물이다. '미국인' 이라는 개념의 진화는 대부분의 다른 국민의 국가 정체성과는 다르다. 독일인은 언어, 종교, 문화적 의식 때문에 독일인이다. 프랑스, 라트비아, 스페인, 중국도 마찬가지다. 그러나 미국인의 경우는 그렇지 않다. 미국인은 공통적인 언어, 종교, 혹은 문화 의식을 가지고 있지도 않았고, 공유하고 있지도 않다. 미국인은 자신을 공통의 정치 목표, 공통의 사회적 정체성으로 묶여 있다고 생각한다.[41] 만일, 이러한 정치적 목적과 사회적 정체성을 받아들인다면 누구나 미국인이 될 수 있다. 그것을 수용하지 않는 사람은 비미국인이거나 반미국인이다. 비미국인은 미국 내에서 불명예에 직면하지 않는다. 단순히 그는 프랑스인, 폴란드인, 러시아인, 케냐인, 혹은 중국인일 뿐이다. 그러나 반미국인은 부정적인 의미를 가진다. 현재 반미국적인 것이 무엇인가에 관한 논쟁이 한창이다. 기존 사회에 대한 많은 비평가가 반미국적인 것으로 간주된다. 그러나 그들도 역시 미국 시민이 국가 혹은 세계 공동체의 복지에 공헌할 수 있는 개인과 집단의 구성원으로 발전하기를 바라는 사람들, 즉 새로운 미국인으로 간주할 수 있다.

대다수의 미국인은 개인, 특히 책임 있는 개인을 우선시해야 한다는 생각의 신봉자다. 책임 있는 개인이란 자신의 도덕적 · 시민적 선택과 행위에 대해 책임을 지는 개인이다. 대다수의 집단, 단체, 혹은 정부는 인간의 자유를 선점할 수 있는 권리를 가지고 있지 않다. 선택과 책임은 개인의 양도될 수 없는 권리다. 정부의 역할은 각 개인으로 하여금 각자 자신만의 계획을 적극적으로 세워 성공적으로 실행해 나갈 수 있는 능력을 신장시켜 주는 데 있다. Hoffert는 '자유로운 개인에게 가장 큰 위협은 집단의 원칙이 직접적으로 그들에게 강요되는 경우에 나타난다. 다수의 결정은 언제나 집단의 원칙, 즉 다수의 권위에 근거하고 있다.'[42]고 말한다.

개인의 존엄성에 대한 강조는 엘리트를 지지하고 특권을 가진 개인에게 부가적인 혜택을 주는 것으로 해석되어서는 안 된다. 이상적으로 말하자면 개인의 복지에 도움이 되게 하는 것은 정치적 · 사회적 체제 속에서 균형을 이루도록 하는 것이다. 개인을 우선시하는 것은 모든 인간의 진정성과 공적 적합성을 드높이는 것이다. 개인을 사회적 · 정치적 행위의 일차적 이유로 생각하는 것은, 교육은 발달 과정에 있는 각 개인의 고유의 인간성을 함양할 책임을 지고 있다는 것을 의미한다. 그렇기 때문에 교육자와 사회는 교육의 기회가 모든 사람에게 평등하게 분배되도록 만들어야 한다.[43]

교육, 그리고 미국의 정치적 · 사회적 배경에 대해 비평가들은, 미국은 모든 개인이 성공할 수 있도록 그들에게 교육 및 사회적 기회를 제공해 주지 못하고 있다고 하였다. 즉, 미국은 소속 집단에 의거하여 특정 개인을 평가 절하해 왔다는 것이다. 성별에 의거하여 특정인을 무시하고 계층에 의해 사람을 무시해 왔다. 또한 미국은 현 시대에 새롭게 부각되는 성적 지향성을 나타내는 사람들의 권리와 요구를 존중하는 것을 거부해 왔다.

1) 다문화적 교육

많은 다문화주의 교육자에 의하면 미국은 다양한 인종과 소수 민족 문화가 존재하는 다문화적이고 다원적인 국가라는 사실을 인정하는 속도가 매우 느린 나라다. 미국은 다양한 사람의 정치적 목소리에 대한 인식이 느린 나라라는 것이다. 과거에 미국이 행한 많은 것으로 미루어 볼 때 미국은 다양한 사람의 적절성과 존엄성을 인정하는 데 실패해 왔다고 볼 수 있다. 물론, 과거에 미국이 자발적으로든 강제적으로든 다른 나라에서 미국으로 이주해 온 다양한 사람을 인식하지 못하였던 것은 아니다. 미국의 대부분의 역사를 통해 볼 때 미국은 스스로를 다양한 배경을 가진 사람들이 이주해 와서 즉시 미국인, 즉 '새로운' 인종으로 흡수되는 나라로 인식한 것도 사실이다.

이것은 '용광로 이론'으로 알려져 왔다. 대부분은 아니더라도 많은 문화 집단은 미국인 혹은 영국계 미국인이라고 부르는 주류적이고 공통적인 시민 문화의 흡수에 성공하였다. 대부분의 유럽계 미국인은 그들이 어떤 특별한 민족·문화적 배경을 가지고 그들이 고향에서 어떤 언어를 사용하였든지 간에 백인으로 분류되었다. 이러한 용해에는 상당한 대가가 뒤따랐다. 즉, 사람은 대부분 자신의 역사, 관습, 언어를 잃어버렸고, 더구나 지금은 미국 공통의 역사를 자신의 역사로 수용하였다.

우리는 학교가 이러한 용광로 과정, 즉 이민 학생을 미국식으로 사회화시키고 동화시키며, 그들에게 영어를 가르침으로써 그들의 원래 문화를 소멸시키는 과정에 공헌할 것으로 기대해 왔다. 그러나 이러한 용광로 개념은 현재 일부 사람에게 비호의적인 것으로 인식되고 있다. 왜냐하면 용광로 개념은 다양한 민족 집단에서 그들만의 문화와 정체성을 빼앗는다고 생각되기 때문이다. 이것과 대조적으로 문화적 다원성 혹은 문화적 다양성이라는 개념이 미국 사회를 위한 새로운 개념으로 제안되고 있다. 이 개념은 사람들 사이의 차이를 이해하고 존중함으로써 민족적 집단이 각자의 관습, 사회적 관행, 언어를 유지하면서도 공통의 시민적 주류 문화에 참여할 수 있도록 할 것을 요구한다. 미국인이 되는 대가로 자신의 민족적·문화적 뿌리를 잊어버리거나 부정하도록 해서는 안 된다는 것이다. 이상적으로 말하여 문화적 다원주의는 각 집단의 힘에 근거하여 사회 내부에 일체감을 증진시킬 수 있으며, 민족 집단의 이익이 국가의 이익과 일치될 수 있다고 주장한다.

다문화적 교육은 많은 사람에게 문화적 다원성 혹은 문화적 다양성을 이해하고 받아들이도록 교육하는 중요한 접근 방법으로 인식되고 있다. 이상적으로 말하여 교육은 다문화적인 것이 아닌 다른 것이 될 수 없다. 많은 민족 집단이 미국의 문화에 기여해 왔고, 앞으로도 계속해서 기여할 것이다. 미국 국경 내에 있는 소수 민족 문화는 세계의 문화에서 온 것이다. 이것이 다문화적 교육에 관한 광의의 관점이다.

그러나 이 운동의 많은 사람은 다문화적 교육의 협의의 관점을 택하고 있다. 또한 이들은 일차적으로 정치적인 관점을 택한다. 다문화적 교육은 다양한 민족 집단—특히, 주류 시민 문화에 의해 소외된 사람들—이 자신들의 경제적·정치적·사회적 지위를 향상시킬 수 있는 정치적인 힘을 획득할 수 있게 해 주어야 한다. 때때로 이러한 집단은 아프리카계 미국인, 순수 미국인, 아시아계 미국인, 히스패닉계 미국인으로 확인된다. 금세기에는 '귀화' 미국인이라는 또 다른 집단이 있다. 다문화적 교육의 이런 관점을 반영하면서 Grant와 Sleeter는 다문화적 교육의 사회적 목표는 '피압박 집단에 대한 편견을 감소시키고, 모든 집단에게 균등한 기회와 사회적 정의가 실현되도록 하며, 다른 문화적 집단의 구성원 간에 동등한 힘의 분배가 이루어질 수 있게 하기 위한 것'[44]이라고 주장한다.

더 나아가 이들 두 사람은 다문화적 교육의 목표는 '모든 집단—특히 유색인종, 가난한 사람, 여성과 장애자—의 이익을 더 잘 보장해 줄 수 있는 사회를 재건할 수 있도록 미래의 시민을 준비시키는 데'[45] 있다고 주장한다. 이들은 '모든 집단의 이익'을 위해서라고 진술하고 있지만, '피압박 집단', '특히'라는 단어가 시사하는 바와 같이 그 시각은 매우 협소하다. 그렇다고 해서 학교가 이러한 피압박 집단 학생의 요구를 존중하지 말아야 한다거나 그들의 문화적 다양성과 국가 및 세계 공동체에 대해 찬양하지 말아야 한다고 말하려는 것이 아니다. 학교는 그 교육과정과 교수 활동 속에 과거에 소외되었고 계속 그렇게 될 가능성이 있는 학생들을 끌어 들여야 한다. 그러나 교육자는 이러한 실질적인 관심을 드러내고자 하는 열정 속에 반드시 모든 사람을 포함시켜야 하며, 다문화적 교육에 대한 논의 속에 현재 지배적인 시민 문화를 형성하고 있는 민족 집단에 대한 언급은 나타나지 않는다는 사실을 깨달아야 한다. 우리는 국가적인 거대 문화 속의 다원성은 인정하면서도 각 민족 집단은 동질적이라고 가정함으로써 모든 집단을 정형화할 위험이 있다. 성별 집단이나 장애인 집단에 대해서도 마찬가지 위험이 존재한다. Erickson은 다른 사람의 문화적 실제에 대하여 생각하거나 가르칠 때, 그것을 정형화하거나 잘못 해석할 위험이 존재한다고 경고한다.[46)]

다문화 교육은 1960년대의 시민권리운동에서 개혁운동으로 성장하였다. 그것은 정치적 권리, 사회적 기회, 그리고 다양한 집단에게 제공되는 교육에 영향을 미치기 위하여 설계된 정치적 운동이었고, 앞으로도 계속 이러한 성격을 유지할 것이다. 시민 권리 주창자들은 사람들로 하여금 공공 시설, 주택 문제, 일 자리, 그리고 교육에서의 차별을 종식시키기 위해 투쟁하도록 조직화한다. 시민권리운동은 아프리카계 미국인이 최선봉장이었다. 해를 거듭하면서 다른 집단도 이 운동에 합세하였고, 각 학교는 각 집단 특유의 요구와 유산을 전달하고 찬양하기 위해 교육과정과 교육 방법을 개혁해야 한다고 요구하였다. Banks가 설명하고 있는 것처럼 '시민권리운동의 명백한 성공은…… 다른 피해자 집단으로 하여금 자신들에 대한 차별을 제거하고 자신들의 요구, 포부, 문화, 그리고 역사에 부응할 수 있는 교육제도를 요구하도록 자극하였다는 데에서 찾을 수 있다.'[47)] 여성의 권리운동도 이와 비슷한 요구로 시작되었다. 여성 운동가들은 각종 교과서에 여성과 그녀들의 공헌이 나타나 있지 않다는 점을 지적하였다. 또한 교육과정과 교육과정 자료가 모두 가부장적 성격을 가지고 있다고 주장하였다. 과거 25년이 넘는 동안 다양한 사람이 학교가 현존하는 문화적 다원성을 인정해야 한다는 외침에 합류하였다. 따라서 장애를 가지고 있거나 다양한 성적 지향성을 가진 사람도 주목을 받게 되었다.

많은 교육자가 다문화적 교육을 생각할 때, 그들은 특정 민족적 · 인종적 · 문화 집단, 특히 주류적인 거대 문화에 의하여 주변화된 집단과 관련된 교육과정을 생각하는 경향이 있다. 이것은 다문화주의 교육운동 역사의 영향 때문이다. Banks는 이러한 교사는 다문화주의 교육을 특정 교과, 대개 사회 과목이나 문학을 다루는 교육으로 생각한다고 지적하였다. 과학이나 수학 같은 교과는 다문화적 성격을 가지지 않는 교과로 간주된다. 또한 그러한 교사는 그러한 다문화적 성격을 가진 교과는 오로지 주변화된 집단의 학생에게만 의미를 가지는 것으로 생각한다.[48] 즉, 그것은 아프리카계 미국인 어린이나 유색인종 학생이 문화적 자부심이나 자기 존중감을 가질 수 있도록 하고 억압에 도전할 수 있는 능력을 가질 수 있도록 하는 데에만 의미가 있다는 것이다.[49] 그리하여 우리 학군 내에는 그러한 학생들이 없다는 말이 때때로 들린다.

다문화 교육은 근본적으로 교육, 교육과정, 교수에 대한, 그리고 교육과정을 가르치는 것에 대한 일종의 방향 제시다. 선언적 지식(사실, 개념, 규칙, 통칙, 이론, 원리, 법칙 등에 관한 지식)을 다룰 때, 우리는 다양한 가족의 실례와 내용을 활용할 필요가 있다. 핵심적 개념, 원리, 일반화에 관한 예는 풍부한 문화적 기초에서 이끌어 낼 필요가 있다.[50] 예를 들면, 수학이나 미술에서 디자인을 가르칠 때 순수 미국식, 아프리카식, 덴마크식, 동인도식 디자인 등을 모두 활용해야 한다. 그렇게 되면 학생은 디자인을 다루는 데에도 다양한 문화적 방식이 있다는 것을 알게 된다. 학생은 다양한 문화적 렌즈를 통한 다양한 관점에서 디자인을 생각함으로써 소위 다초점적 디자인을 개발할 수 있게 된다. 본래 학생은 풍부한 교육적 경험을 가지고 있다. 교사는 모든 교과 교육에서 이러한 다초점성을 활용할 수 있다. 예를 들면, 과학 시간에 천문학에 대한 현재의 지식을 다룰 때, 교사는 과학의 역사를 기술하고 현재의 지식에 대한 다양한 집단과 개인의 공헌을 드러내어 제시한다. 철저히 서구적인 것이라고 간주할 수 있는 지식의 분야도 다양한 집단의 노력과 공헌에서 나온 것임을 드러낸다. 적절한 지점에서 교사는 그들의 교육과정 계획에 민족적 · 문화적 내용을 통합시켜야 한다.

다문화적 교육은 절차적 지식과 지식을 구성하는 절차를 어떻게 이용할 것인가의 문제를 다룬다.[51] 더 나아가 다문화적 교육은 학생들로 하여금 우리가 절차에 어떻게 관여하고 지식을 어떻게 구성하는가 하는 것은 우리의 문화적 가정, 참조 체제, 우리가 의미를 구성하고 자료를 처리하는 바로 그 절차에 의하여 영향을 받는다는 것을 깨닫도록 가르친다. 문제를 해결하고 논문을 쓰는 절차를 아는 것도 중요하지만, 우리가 왜 특정한 자료 처리 방식을 선호하는지를 이해하고, 다른 절차를 사용하거나 다른 관점을 취한다면 당연히 다른 결론에 도달한다는 것을 이해할 때, 과정에 대한 지식이 더욱 풍부해진다는 것을 아는 것도 중요하다.

다문화적 교육의 옹호자는 교육과정이 모든 지식의 문화적 다양성, 즉 지식의 다초점성을 실제로 나타낼 수 있도록 총체적으로 교육과정을 변화시키고자 노력한다. 실제로 이러한 노력은 교육과정 학자들의 목표가 되어야 한다. 지식과 관련하여 채택할 수 있는 다양한 관점이 존재한다. 지식과 그 구성 과정을 보는 방법이 많으면 많을수록 학생의 이해는 더욱더 완벽해진다. 또한 학생은 자신의 지식이 불완전하다는 것을 이해하기 시작한다. 따라서 이러한 교육은 학생으로 하여금 자신이 살고 있는 세계가 얼마나 복잡한가를 스스로 학습하도록 만든다.

다문화적 교육을 옹호하는 경향은 국가적 수

준의 전문적 학회, 주 및 지역 교육기관, 그리고 모든 대학에서 이루어져 왔으며, 앞으로도 계속 지속될 것이다. 일반적으로 이러한 기관은 교육과정 자료와 수업 기술을 강조해 왔다. 그들이 구체적으로 제안하고 있는 것은 다음과 같다.

첫째, 다인종, 다민족, 그리고 성적 차별이 없는 자료를 소개하는 것, 둘째 문화적 다양성과 개인성을 증진시키는 가치를 가르치는 것, 셋째 교실 및 학교–지역사회 프로그램 속에 다양한 문화적 · 민족적 활동을 통합하는 것, 넷째 다언어주의와 다중적 방언을 장려하는 것, 다섯째 다문화적 교사 교육 프로그램을 강조하는 것 등이다.[52)]

다문화적 수업 교육자 역시 다양한 인종적 · 민족적 배경을 가진 학생을 가르치는 데 효과적인 교수 방법을 밝히려고 노력한다. 보다 중요한 접근 방법은 학생의 학습과 관련된 것으로서, 학생의 학습에 대한 '생물인지적' 접근 방법이라 부르는 것이다. 예를 들면, Ramirez와 Castaneda는, 히스패닉 학생은 주류 집단 출신의 어린이보다 더 '장(場) 지향적(field sensitive)' 이라고 결론을 내린다. 장 지향적 어린이는 추상적인 사고를 잘하는 '장 독립적인(field independent)' 학생보다 교사와 같은 권위 있는 사람에게 칭찬 혹은 불인정, 그리고 개인적인 관계의 영향을 더 많이 받는다. 장 지향적 교육과정은 '이야기, 유머, 드라마와 판타지의 사용을 통해 인간화되어야 하며, 어린이가 다양한 활동 속에서 동년배, 혹은 선생님과 상호 협조적으로 일할 수 있도록 구조화되어야 한다.'[53)]

학생의 민족적 배경에 적절한 수업 접근 방법을 확인하기 위한 또 하나의 노력은 순수 미국인에 대한 연구를 해 왔던 연구자에 의해 이루어졌다.[54)] 이들 연구자에 의하면, 순수 미국인 어린이를 위한 학교교육은 교육과정이 그들의 '일차적인 학습' 유형(학교 밖에서 이루어지는 학습)을 더 많이 고려하고, 그러한 학습 유형에 맞게 수업을 조직할 때 성공할 가능성이 높다. 또한 그러한 일차적 학습은 정서적인 유대가 강한 사람과의 개인적 의사소통 과정에서, 그리고 학습의 적용력이 높은(지역사회의 관심과 요구와 관련된) 개인 지도(일대일) 상황에서 더 잘 일어난다. 일차적 학습에는 언어 수업, 탐구 놀이, 구체적(추상적인 것과 반대) 학습이 포함된다. 일차적 학습에는 연장자, 즉 어린이에게 특별히 중요한 아저씨나 아주머니의 활동을 모니터링 하는 것도 포함된다.

여기에서 몇 가지 주의가 필요하다. 장 지향적 접근 방법과 일차적 학습 접근 방법의 가치는 문서로 잘 정리되어 있지 않다. 몇몇 관찰자에 의하면 무엇보다 중요한 것은 기초적이고 오래된 접근 방법, 말하자면 친절, 이해, 민주적인 교사의 행동, 긍정적인 교사의 기대, 유창한 언어, 학생에 대한 부모의 지지 등이다.[55)]

Banks는 다문화적 수업에 대한 이와 같은 다양한 접근 방법을 '평등 교육학' 이라고 부른다. 평등 교육학이란 다양한 인종, 문화, 성별, 그리고 사회 계층 집단 출신 학생이 학업 성취에서 성공할 수 있도록 교사들이 자신들의 수업을 수정하는 것을 의미한다. 평등 교육학은 학생이 가

지고 있는 민족 특유의 앎과 의미 구성 방식에 맞는 수업 방법을 사용한다.[56)]

2) 정치적 과정으로서 교육학

일부 다문화주의자와 많은 비판적 이론가는 교육학 분야를 정치적인 장으로 만들어 왔다. 그들은 자신이 특별한 비판적 교육학을 발견하였다고 확신하고 있다. 그러나 Maxine Greene과 같은 다른 교육학자는 그것은 계속 탐색 중이라고 말한다. 교육학이 정치적 논의의 한 부분, 사회적 대화의 한 부분이 된 것은 사실이다.[57)]

정치적 과정, 비판적 이론으로서 교육학은 반성과 행위의 두 가지 특징을 가진다.[58)] 좋은 교육은 학생에게 반성적 사고를 허락하고 그 반성의 결과를 행위로 옮기거나 적용할 것을 요구하는 교육이다. 정치적 · 사회적 성향을 가진 많은 비판적 이론가들은 자신들이 그러한 교육의 '핸들' 을 잡고 있다고 믿고 있는 듯하다.

비판적 교육자는 획일적인 담론에 불과하고 세상을 보는 한 가지 특정 방식일 뿐이라는 비판적 교육학에 대한 비판에 이의를 제기한다. Leistyna와 Woodrum에 의하면 비판적 이론에도 상당히 많은 종류의 견해가 있기 때문에 비판적 이론을 포괄적인 의미로 정의하는 것이 매우 어렵다.[59)] 그러나 비판적 이론에는 그것에 수반되는 일종의 통찰과 실제가 들어 있으며, 우리가 정치적인 영역 내의 교육을 둘러싸고 있는 쟁점과 조건을 인식할 수 있도록 해 주는 지식이 들어 있다.

어떤 교육자는 비판적 교육학이라는 명칭 자체가 잘못되었다고 주장한다. 그것은 특별한 교수 방법이라기보다는 모든 교수 방법이 지향하는 목표를 가리킨다는 것이다. '비판적 교육학'의 구체적인 내용은 일반적인 좋은 수업이 가지는 특성일 뿐이다. 즉, 비판적 정신, 결론에 대한 의심, 독창적인 적용 등은 모든 좋은 수업과 학습의 공통점이라는 것이다.

비판적 교육학을 특이한 것으로, 혹은 정치적인 것으로 만드는 것은, 그것이 교사나 학생들로 하여금 이데올로기, 권력, 문화 사이의 관계를 분석하고 해석하도록 하기 위한 교육적 이론과 실제를 담고 있다는 데 있다. 이것은 '교육학' 을 사회학적 분석의 영역 속에 위치하게 한다. 뿐만 아니라, 비판적 교육학은 기존의 지배적 이데올로기, 권력 구조, 지배적 시민 문화를 공격하려는 의도를 가지고 있고, 이와 동시에 이러한 이데올로기, 권력, 문화를 새롭고 더 정당한 것으로 대체할 수 있도록 학생을 '안내한다' 는 점에서 독특한 것이다. 비판적 교육학은 비판적인 정치적 · 사회적 패러다임에 맞게 현재의 세상을 변화시키려는 정치적 전략이다. 이것은 학생들로 하여금 개인보다는 전체를 우선시하는 사회적 · 정치적 문화를 먼저 받아들이고 그런 다음 그것의 실행을 권장하는 전략으로 이루어져 있다.

비판적 이론가와 비판적 교육자는 학교 문화를 포함하는 현재의 문화는 인종, 성별, 계층, 민족성, 연령, 성적 지향성 등의 측면에 따라 권력이 불평등하게 분배되는 문화라고 확고하게 믿고 있다. 탐구-발견 학습 방법에서 구성주의로 이어지는 현재의 지배적인 교육은 학생들, 특히 인종, 민족성, 성별 등의 측면에서 하류 계층의 학생을 세뇌시켜, 지배 문화의 지식, 의사소통의 유형, 그리고 편견들을 받아들이도록 하고, 피압박 집단으로서 자신의 권력과 목표를 빼앗겼다는 사실을 수용하도록 하기 위한 것이다.[60)]

비판적 정치교육학의 목표는 이러한 '세뇌 작용'을 바꾸려는 데 있다. 이 비판적 정치 교육은 학생으로 하여금 이러한 문화적 정치학과 그 속에서 학교의 역할을 연구하도록 한다. 비판적인 교육은 현재의 문화적 광경은 조화의 광경이 아니며 공동의 기억과 전통을 기반으로 한 광경도 아니라는 생각을 가정하고 있다. 오히려 현재의 문화적 광경은 정치적· 사회적 권력을 가진 사람이 자신의 목소리를 내려고 다양한 집단의 사람을 침묵시키려고 하는 갈등 상황이라는 것이다.[61)] 우리는 지금 가치와 전통이 경쟁하고 있는 갈등의 시대에 살고 있다는 비판적 교육자의 진술은 확실히 옳은 말이다. 그러나 주류적인 교육자는 학교, 그리고 학교가 표현하는 문화를 공격하여 전복시키기 위해 학생을 교육(훈련 혹은 세뇌)시키는 데 교육학적 접근이 이용되어서는 안 된다고 주장한다. 교육자는 학생이 다양한 관점을 형성하고 그러한 다양성 속에서 가치를 인식할 수 있도록 가르쳐야 한다. 교육자는 사회를 전복시키고 그것을 독립 선언과 양립할 수 없는 가치로 대치시키는 혁명가가 되어서는 안 된다. 극단적인 비판적 교육자에서 극단적인 보수적 교육자에 이르기까지, 다양한 무늬의 교육자 사이에서 일어나는 논쟁은 당분간 사라지지 않을 것이다. 비판적 정신, 사고와 활동의 변형, 마음과 정신의 해방에 기여할 수 있는 새로운 의미 구성과 새로운 사회적 실제의 생성을 학생에게 가르쳐 준 비판적 교육학의 가치는 모든 교육자에게 인정을 받을 것이다.

페미니스트 비판적 교육학 비판적 교육학 진영에는 대부분의 비판적 이론의 내용을 받아들이면서 교육과 교육의 목적에 대한 대화에 새로운 차원을 더해 준 이론적 교육자의 진술 대부분을 받아들이고 있으면서도, 교육과 그 목표에 관한 대화에 새로운 차원을 부가해 왔던 비판적 페미니스트가 존재한다. 현재 페미니스트 교육학에 대한 논의는 대부분 대학 강단에서 이루어지지만 일반적 학교 문화 속으로 조금씩 새어들고 있다. 이것은 사회적 · 정치적 · 문화적 · 교육적 무대에서 점점 더 그 세력 범위를 넓혀 가고 있는 쟁점이다.

수업 영역에 있어서 새로운 변화는 페미니즘에 의한 지위의 교육학 개념의 도입이다. 포스트모던 페미니스트 이론가에 의하면 '전후 관계의 의존성(positionality)' 이라는 개념은 어떤 맥락 속에서 지식의 주체가 차지하는 위치 혹은 지위를 의미한다. 이런 관점에 따르면 지식은 학습자의 지위와 관련하여 생각될 때 비로소 타당성을 가진다. 그리고 지식은 학습자가 자신의 상황을 인식하고 있을 때, 어떤 학습이나 지식의 구성이 일어나는 특정 환경 혹은 여러 환경을 인식하고 있을 때에만 타당성을 가진다. 무엇보다 중요한 것은 우리의 지위는 언제나 성별, 인종, 계층, 그리고 성적 지향성에 의해 규정된다는 것이다. 또한 지위는 이해의 정도와 지식의 수준과 관련하여 어떤 사람이 있는 '장소'에 의해 영향을 받는다. 이러한 지위에 영향을 미치는 또 다른 사회적 요인도 있을 수 있다.

대부분 교육자가 학생의 학습은 그들이 누구며, 그들이 무엇을 경험해 왔으며, 그들이 그것을 어디서 경험하였는지에 의해 영향을 받는다는 사실에 동의하지만, 페미니스트처럼 이러한 '지위' 개념에 기초한 새로운 교육의 개념을 만드는 데까지 나아가지는 않는다. 비판적 교육학도 마찬가지지만, 지위의 교육학이 무엇이며 어떤 것인가에 대한 명확한 정의가 없다. 대신 그것은 학교와 일반 사회에서 교사와 학생이 차지하는 지위가 어떻게 그들의 학습과 삶의 질을 향상시키기도 하고 지체시키기도 하는가를 결정하는 문제로 생각되기도 한다. 비판적 교육학과 마찬가지로 지위의 교육학이 가지는 목적은 정치적이고 사회적 성격을 가진다. Frances Maher, Mary Kay, Thompson Tetreault는 다음과 같이 진술하고 있다.

> 모든 교실에서 지위는 큰 영향력을 발휘한다. 교사와 학생은 자신이 살고 있는 사회적 구조를 품고 열망하고, 때로는 직접 도전해 보기도 하고 부수기도 한다. 그들은 그 밖으로 완전히 나오지는 못한다. 교실 환경이 학생들로 하여금 자신의 삶 속에서 작용하는 지위의 역동성을 이해할 수 있도록 만든다면, 그때 그들은 자신들의 사회적 구조에 도전하고 변화를 창출하고자 할 것이다.[62]

이러한 지위의 교육학을 옹호하는 사람은, 이러한 이론에 맞는 수업을 교사가 어떻게 구조화할 것이며, 학생으로 하여금 자신의 학습을 어떻게 구조화하도록 할 것인가의 문제에 대하여 적극적으로 대답하는 것이 아니라, 지위의 교육학이 당면한 장애를 거론함으로써 소극적으로 대답한다는 점에서 매우 특이하다. 지위의 교육학은 대학에 이르기까지 모든 수준의 학교 교실 설계 그 자체에 의해 방해를 받는다. 즉, 많은 페미니스트에 의하면 학생이 불평등한 사회 구조 속에서 자신의 지위를 잘 이해하지 못하는 것은, 학생은 이미 사회적 계층이나 물질적 특권에 의해 균질적으로 결정된 교육 환경으로 격리되어 생활하기 때문이다.[63] 이것은 대학 수준에서는 어느 정도 진실이지만, 대학 이하 공립학교에서는 여전히 의심의 여지가 많다. 왜냐하면 많은 빈민가의 학교는 대다수의 학생이 주로 유색인종으로 구성되어 있기 때문이다.

지위의 교육학이 뿌리를 내리는 데 장애가 되는 것은 이데올로기다.

> 제도적 · 학문적 체제는 모두 개인의 의식을 형성하는 우리 문화의 지배적인 이데올로기의 힘을 반영한다. 자본주의의 가혹한 불평등을 견딜 수 있는 능력은 시장의 논리를 얼마나 받아들이는가에 달려 있다. 시장의 논리를 강력하게 뒷받침하는 것은 개인주의라는 강력한 이데올로기다. 사람들은 시장 속에서 원자화된 개인으로서 경쟁하고, 한 개인으로서 정치적 권리를 누리며, 사회 속에서 개인적 능력에 따른 각기 다른 지위를 차지한다. 그러나 이와 같이 기회와 권리의 평등을

개인주의에 의거하여 개념화하는 것은 권력, 지위, 그리고 가능성과 관련된 뿌리 깊은 구조적 불평등을 은폐한다.[64]

이것은 명백히 개인에 대한 믿음과 집단에 대한 믿음 사이의 갈등을 의미한다. 비판적 · 페미니스트적 교육학은 앞으로도 계속 교육적 무대에서 목소리를 높일 것이다. 그러나 그들은 새로운 수업 이론을 구체적으로 제시하지는 못할 것이다. 오히려 교수-학습과 관련하여 새롭게 발견되는 것을 그들의 정치적 · 사회적 목적에 활용하려고 할 것이다. 따라서 우리는 자신의 주장을 더 진전시키기 위한 그들의 논의를 점점 더 많이 보게 될 것이다.

2개 언어 병용 교육 2개 언어 병용 교육은 정치적 · 사회적 논의의 문제지만 그것은 교육학적으로 접할 수 있는 교육의 문제이기도 하다. 교육학적 접근은 제공된 프로그램을 어떻게 조직하고, 어떻게 가르칠 것인가에 관한 몇 가지 구체적인 사항을 제시한다. 영어가 모국어가 아닌 학생에게 그들의 모국어로 수업을 하는 2개 언어 병용 교육은 1960년대 후반 이래로 미국의 각급 공립학교에서 이루어졌다. 연방 정부와 주정부가 아시아어, 인도 · 유럽어, 그리고 아메리칸 인디언어 등 다양한 언어로 말하는 60개 이상의 집단을 위한 2개 언어 병용 교육 프로젝트에 재정 지원을 하고 있기는 하지만, 이러한 프로젝트의 혜택을 받고 있는 어린이의 대다수(70%)는 라틴아메리칸이다.

2개 언어 병용 교육은 다음과 같은 여러 가지 이유에서 확장되어 왔다. 첫째, Lau 사건에서 미국 대법원이 내린 결정 때문이다. 이 결정은 학교에서 특정 학년 수준에서 일정한 언어를 사용하는 집단이 20명 이상일 경우, 어떤 유형이든 2개 언어 병용 프로그램을 실시하도록 요구하였다. 둘째, 연방 시민인권위원회(OCR)의 계속적인 압력 때문이다. 이 압력은 제한된 영어 사용(limited-English-speaking: LES) 학생과 영어를 전혀 사용하지 않는(non-English-speaking: NES) 학생들에게도 교육의 기회가 주어져야 한다는 것이다. 셋째, 다른 프로그램에 대한 재정 지원은 포괄적 보조금 속에서 이루어지지만 2개 언어 병용 교육에 대한 재정 지원은 연방 정부에 의하여 지속적으로 이루어졌기 때문이다.

2개 언어 병용주의는 이민자들에 대한 미국의 태도, 즉 적은 돈을 벌기 위해 미국 시민을 대신하여 일하는 합법적 또는 불법적 이민자를 과연 받아들여야 하는가, 아니면 거부해야 하는가의 문제, 어떤 사람을 미국에서 받아 주어야 하는가, 정치적 망명자는 어떤 사람이고 경제적 난민은 어떤 사람인가를 결정해야 하는 민감한 문제와 복잡하게 얽혀 있다.

2개 언어 병용 교육에 대한 논쟁은 연방과 주 차원에서 다양한 프로그램의 편성을 허락함으로써 감정적인 싸움으로 번져 갔다. 처음부터 영어를 모국어로 사용하는 환경 속에 어린이를 넣어야 한다고 주장하는 사람은 최초의 수업은 어린이의 모국어로 시작하는 것이 더 효과적일 것이라고 주장하는 사람과 부딪혔다. 또 이 두 부류의 사람은 모두 영어와 모국어를 섞어서 가르쳐야 한다고 주장하는 사람들과도 부딪혔다. 민족적 공동체의 지도자들은 각급 공립학교에서 2개 언어 병용 프로그램을 편성하는 일과 관련된 치열한 투쟁에 참여하고 있다.

NES와 LES에 관심을 가진 교육자와 비전문가도 장기간 계속 모국어로 가르칠 것인지(유지), 아니면 당분간 모국어로 가르치다가 가능한 한 빨리 영어로 전환할 것인지(전환)의 문제를 두고 싸운다. 즉, 한쪽에는 종족 혹은 인종적 소수자 간에 건설적인 정체감을 형성하고 유지하는 데 도움이 된다는 점에서 모국어 수업 유지를 선호하는 사람이 있다. 다른 한쪽에는 문화 유지 프로그램은 집단 간의 분리를 조장하고 주류 사회에서 성공할 수 있을 정도로 학생들의 영어 숙달을 방해한다는 점에서 해롭다고 생각하는 사람이 있다.[65]

2개 언어 병용 교육을 둘러싼 또 다른 주요 논쟁은, 과연 이 접근 방법이 저성취 학생의 수행을 향상시키는 데도 효과적인가에 대한 것이다. 연구 결과를 검토한 대다수의 학자는 2개 언어 병용 교육은 참가 학생의 수행 향상에 거의 영향을 미치지 못하였다는 데에 동의하고 있다.[66] 사실상 다문화적 교육과 2개 언어 병용 교육은 현재의 이민자들이 아니라 대도시 학교와 대학에 근무하는 흑인과 히스패닉계(흑인보다는 다소 적지만) 교육 지도자들이 그들 학생의 학업적 실패를 가리기 위하여 주장하고 있다는 비판도 있다.

그러나 이러한 연구 결과에 부분적으로 동의하지 않는 학자들도 있다. 이들에 의하면 잘 실행된 프로그램은 개인에게 의미를 주고 집단의 자기 존중감, 학업 성취의 증가, 심화된 문화적 경험을 가능하게 한다.[67] 일반적으로 말하여 대부분의 교육자는 경제적으로 불리한 위치에 있는 LES와 NES 학생의 수행력을 향상시키기 위해서는 2개 언어/2개 문화 교육 이상의 것이 필요하다고 주장한다.

2개 언어 병용 교육 내에서 언어에 관한 논의는 때때로 열정적인 성격을 가진다. 이것은 언어는 개인이 자신의 문화적 자아를 표현하는 중요한 수단이라는 점에서 결코 놀라운 일이 아니다. 언어의 일차적 기능은 의미의 구성과 안목의 공유에 있다. 인간 정신과 관련하여 언어가 가장 중요하기 때문에 사람들은 영어 이외의 다른 언어 사용의 종용 때문에 자신들의 개성과 문화가 공격당했다고 느꼈다. 1980년대 2개 언어 병용 주의자들, 특히 학교에서 제2의 언어 사용을 주장하는 사람에 대한 반격으로 '영어만 쓰기 운동'이 나타나기도 하였다. 이 운동, 즉 영어를 미국의 공식적인 언어로 만들려는 헌법 수정안을 통과시키기 위한 국가적인 노력은 근본적으로 시민권자든 비시민권자든 급부상하는 스페인어 사용자의 정치적 권력에 대한 대응이라고 할 수 있다.

캘리포니아, 플로리다, 일리노이의 3개 주는 영어단독상용법안을 통과시켰다. 이들 3개 주는 언어 소수자 학생이 가장 많은 5개 주에 속한다. 또한 1980년대 이후로 이들 주는 상당히 많은 이민자를 받아들였다. 애리조나 주는 영어를 공식적인 언어로 만들기 위해 주 헌법을 수정하였지

만 그것은 1991년에 위헌으로 판결되었다.[68]

캘리포니아, 플로리다, 텍사스 주는 영어를 사용하지 않는 '소수 민족'이 빠르게 주류 사회의 지위를 획득하고, 정치적 평등과 교육(일반적 교육과 2개 언어 병용 교육 동등화와 같은 특수교육)에 영향을 미칠 수 있을 정도로 충분히 수적으로 증가하고 있다는 대다수 사람의 인식과 함께 21세기를 시작하였다. 소수 민족 집단은 현재 유타 주(히스패닉계), 워싱턴 주(히스패닉계), 그리고 오래곤 주(히스패닉계)에서 많이 살고 있다. 뉴욕시에는 포르투칼인의 수가 가장 많다. 러시아인과 우크라이나인은 중서부에 많이 정착해 있다. 이들은 모두 2개 언어 병용 교육의 필요성을 인정하고 있다.

영어가 공식적 언어로 되는지 어떤지에 상관없이, 영어는 미국에서 사실상의 공식적 언어라는 것은 부정할 수 없다. 그러나 학교에서 영어 이외의 다른 언어를 일차적 언어로 사용하는 어린이가 많이 증가하고 있다는 사실도 부정할 수 없다. 2개 언어 병용 교육은 지금처럼 미래에도 계속 존재할 것이다. 그러나 2개 언어 병용 교육이 이러한 학생들의 학업적 성공을 변화시키기 위한 만병통치약은 아니다. 그것만으로는 자국어를 사용하는 소수 어린이의 학습 경험을 근본적으로 변화시킬 수는 없을 것이다. 언어와 관계없는 많은 다른 요인이 그러한 어린이가 왜 학교에서 낮은 성취를 하는지를 설명해 주고 있다. 소수 언어 사용 어린이가 모두 학교에서 성취도가 떨어지거나 빈곤의 구렁텅이로 빠지는 것도 아니라는 것 역시 이러한 사실을 입증한다.

많은 요인이 학업 성취, 자기 존중, 그리고 경제적 성과와 관계가 있다. 많은 사회 · 문화적 요인이 학교에 대한 어린이들의 인식, 교육의 가치와 목적에 영향을 미친다. 언어적 소수의 어린이를 다루는 데 있어서 우리는 언어 학습과 관련된 것뿐만 아니라 적절한 교육과정 내용과 효과적인 수업 접근 방법과 관련해서도 신경을 써야 한다는 것을 인식해야 한다. 우리는 다양성을 찬양하고 모든 시민을 포용하는 것을 권장해야 한다. 사회의 건강은 그러한 관용의 정도에 달려 있다. 2개 언어 병용주의와 일반적인 교육과정에 관한 논의 속에는 많은 시각—즉, 아프리카계 미국인, 히스패닉, 그리고 아시아계 미국인의 시각, 그리고 또 아르메니아인, 크로아티아인과 이라크인의 시각 등—이 있다는 것을 이해해야 한다. 특히, 이러한 인종적 요소를 가지고 있는 학생을 가르칠 때는 이러한 시각을 정당화할 필요가 있다. 또한 우리는 다양한 학생이 거대 문화의 한 일원으로 기능해야 하며, 영어는 필수적이라는 사실 또한 기억해야 한다.

3. 도덕적 · 영적 교육

이 세기에도 도덕 교육은 여전히 우리의 총체적인 관심을 끌고 있으며, 교육자는 이러한 쟁점을 영성적인 측면으로 확대하여 논의하고 있다. 도덕적 관심이 영성적인 측면으로까지 확대된 것은, 우리 사회에 대한 도전은 단순히 경제적이고 학문적인 것 이상의 것을 의미한다는 교육자와 일반 대중 사이의 인식에서 비롯된 것이다. 우리 사회의 많은 문제점은 도덕성과 품성의 결함, 혹은 적어도 우리가 옳다고 생각하는 것을 행위로 옮기는 데 있어서의 자발성 부족과 관련된다. 그리고 우리의 도덕적 결함에 관한 인식은 공동체적 세계 속에서 일어나는 여러 사건, 그리고 지적으로 뛰어난 행정 관료의 도덕성 결여에 의해 더욱 심화되고 있다.

그러나 인간의 도덕성이나 인격성, 그리고 정신적 차원에 대한 관심은 우리의 도덕적 결함에 관한 명료한 인식에서만 비롯된 것이 아니다. 2001년 9월 11일 있었던 사건은 이 세계에 도덕성과 인격성이 부재한다는 사실을 폭력적으로 명확하게 보여 주었다. 그날 우리는 영성이라는 것이 각 나라마다 다르게 이해된다는 사실을 똑똑히 목격하였다. 우리는 인격성의, 도덕성의, 영성의 종말을 목격하였다. 그러나 우리는 미국에서, 세계 방방곡곡에서 도덕성, 인격성, 영성적 자질을 소유하고 있는 사람이 여전히 존재하고 있다는 것도 목격하였다.

9·11 사태와 이 새로운 세기에 계속 일어나고 있는 사건들은 도덕적·영성적 쟁점의 지속적 부각을 자극하는 유례없는 공포감을 조성한다. 여기에 더하여 최근의 몇몇 사건은 미국인의 도덕성과 영성뿐만 아니라 세계 전체의 도덕성과 영성에 대한 도전을 이해할 필요가 있다. 시험 점수를 올리는 것은 쉽다. 세계 경제 활동 무대에서 더 많은 능률을 촉진하기 위해 학업 성취의 기준을 올리는 것은 비현실적인 일이 아니다. 그러나 미국과 세계 각국에 걸쳐 개인의 인격과 도덕성을 변화시키고 향상시키는 것은 실현 불가능한 것으로 보인다. 과연 인간의 정신적인 차원은 변화될 수 있는가? 사람들 마음속에 믿음을 길러 주고, 정의, 신앙, 희망, 그리고 자비심을 길러 주는 교육적 계기를 과연 만들 수 있는가? 과연 학교가 이런 일을 할 수 있을까? 과연 학교가 이런 일을 해야 하는가?

사회, 특히 교육이 이 문제에 대하여 '책임을 지고' 그것을 드러내야 한다고 말하는 사람들이 있다. 테러리스트의 공격, 저격수의 공격, 조직적 염문, 고속도로에서의 총싸움, 도시의 갱들 간의 전쟁, 종교인에 의한 성적 학대, 교사와 학생 간의 성 관계 등으로 말미암아 얼룩진 채로 21세기가 시작되었다. 도덕성과 영성을 고려하는 것이 건전함과 희망으로 가는 유일한 길이라는 사실이 점점 더 분명해지고 있다. 도덕성과 영성에 대한 이러한 시각은 종교적 근본주의와 새로운 시대의 영성주의 활동과 목소리와 함께 사회 속에서 명확하게 자리를 잡아 가고 있다. 또한 1990년대와 계속되는 2000년대에는 해방신학, 페미니스트 신학, 재생 유태교 등과 같은 운동이 있다.[69)]

도덕적·영성적 교육에 주의를 기울이는 것은 하나의 도전이다. 그 한 가지 이유는 미국 사회가 가지고 있는 다양성에 있다. 다양한 인종적, 그리고 문화적 집단은 선한 도덕성, 높은 인격, 깊은 영성의 의미를 각각 다르게 생각한다. 미국 내부의 문화적 다원주의와 사회적 유동성은 일관된 개인적 신념과 행동을 정립하려는 사람들에게 도전으로 다가온다. 게다가 현대의 통신 매체는 선한 도덕성, 좋은 인격, 뛰어난 영성에 대한 이해를 훼손하거나 적어도 거의 이해하지 못하도록 만드는 메시지를 폭탄처럼 사람들에게 퍼붓는다.[70] 개인은 국가 안의 다양성에 의해서만 영향을 받는 것이 아니다. 모든 사람은 세계의 다양성에 의하여 은근히 영향을 받는다. 우리는 점증하는 세계화 추세, 다국적 자본주의의 시대, 문화의 세계화 시대에 살고 있다. 이러한 현상은 우리를 흥분시키고 세계 참여의 의식을 고양시키지만, 또 한편 우리를 공포의 분위기로 몰아가고 불확실성을 조장한다. 이러한 분위기 속에서 개인은 자신이 누구인가에 대하여 성찰할 수 있는 기회를 가지지 못한다. 삶의 목적은 무엇인가? 역사는 무엇인가? 어떤 공동체에서 가치, 신념, 도덕성, 올바른 행동을 그려 내야 하는가?[71]

아마 대부분의 교육자는 일반 대중뿐만 아니라 자신들도 도덕성과 영성에 대한 지식과 이해를 가지고 있지 않기 때문에 도덕성, 인격, 그리고 영성을 함양할 수 있는 교육과정을 개발하는 일에 참여하기를 꺼린다. 혹은 만일 그러한 교육과정을 개발하려고 생각한다고 해도, 그들은 학교교육과 관련된 다양한 집단의 도덕성, 인격, 그리고 영성을 모두 존중하는 교육적 환경을 조성해야 한다고 믿는다.

금세기에 우리는 도덕성과 영성의 발달에 대한 통찰력을 얻었다. 그 결과 도덕성과 영성을 가르치는 방법을 제안하거나 찾아내는 데 있어서 더 많은 목소리를 낼 수 있게 될 것이다. 또한 우리는 도덕성과 영성을 가르쳐야 할 정치적 · 사회적 이유뿐만 아니라 어떤 도덕성과 영성의 개념이 논의에서 주도권을 잡게 될 것인가와 관련된 정치적 대화에도 참여해야 할 것이다. 최근 도덕성과 영성의 발달에 관한 지배적인 신념은 심리학적 신념이다. 이 신념은 모든 개인은 그들 내부에 도덕적 선에 필요한 천부적인 역량을 지니고 있다고 가정한다. 인격은 우리 내부에 존재한다. 인격은 원래 발달의 결과로 나타난다. 도덕성과 인격은 사람들 사이의 관계나 사람들이 살고 있는 공동체 사회와 독립적으로 존재한다. 교육자들이 해야 할 일은 학생들로 하여금 그들 안에 자연스럽게 존재하는 것을 발휘하도록 '코치' 하는 것이다.[72] 현재 학교가 특별히 할 수 있는 일이 없기 때문에 이러한 견해가 나타난 것이다. 실제로 학교는 누구의 도덕성도, 누구의 가치도 가르치지 않아도 무방하다. 학교는 도덕적으로나 정치적으로, 그리고 종교적으로 중립을 지켜도 된다. 따라서 어느 누구도 감정이 상하거나 도전을 받지 않는다. 이러한 견해는 문화적 차이에 민감한 사람 사이에서 더욱 완벽한 형태를 띤다. 그러나 도덕성과 지성은 서로 떨어질 수 없는 문제다.[73] 만일 우리가 이 두 가지를 별도의 문제로 생각한다면, 학생에게 학교교육의 내용을 깊게 숙고해 볼 기회를 주지 않는 것이나 다름없다.

도덕성과 영성을 개발하는 방법에 관한 또 다른 견해는, 시대가 지나도 가치가 영원한 공통된 덕목을 찾아내어 그것을 가르치자는 것이다. 이 견해의 옹호자는 서양 문명의 고전적 덕목을 믿는다. 이러한 가치는 세월의 검증을 견딘 것이다. 정직, 관용, 감정이입, 청렴, 인내, 그리고 자기 신뢰 등이 그 예다. 심리학적 견해와 반대로 이 견해는 인간의 내부에 도덕적 이상을 표현할 수 있는 천부적인 능력을 가지고 있다는 것을 믿지 않는다. 도덕성과 이에 수반되는 가치는 외부에서 가르쳐야 하고 함양되어야 한다. 여기에 학교는 반드시 참여해야 하지만 지금 우리는, 누구의 가치를 주입시킬 것인가라는 질문에 사로잡혀 있다. 각 학교는 교육과정에서 누구의 도덕성을 강조할 것인가? 여기에 대한 하나의 대답은 학교나 일반 사회 내에 있는 모든 사람이 신봉해 왔던 도덕성을 가르친다는 것이다.[74] 확실한 것은 각 학교는 정직성과 관용과 같은 공통적인 가치를 가르쳐야 한다는 것이다. 어느 누구도 개인적인 책임감이라는 가치에 반대할 수 없다는 것이다. 그러나 우리 모두가 신봉해 온 가치와 도덕성만을 가르친다면, 우리는 학생에게 도덕과 가치가 갈등하는 상황을 경험할 수 있는 기회를 줄 수 없게 된다. 이것이 도덕성과 영성 교육 논쟁에 들어 있는 사회적 · 정치적 차원이다.

셋째 견해는 한 지역사회 혹은 전체 지역사회의 범위 안에서 도덕성과 가치의 학습을 공평하게 다루자는 것이다. 도덕성, 가치, 윤리적 행동, 영성적인 것 모두는 우리의 공유된 경험에서 나오는 것이다. 둘째 견해와 같이 이것은 직접적으로 교수할 수 있는 것이 아니다. 이것은 지역사회의 능동적인 한 일원이 됨으로써 간접적이고 비형식적인 교수에 의하여 학습되는 것이다. 우리가 지역사회 내에서 겪게 되는 실제적인 일상적 일과가 우리의 도덕적 이해력을 길러 주는 것이다.[75] 직접적인 교수 방법이 필요할 때도 물론 있을 것이다. 그러므로 모든 사람의 공동체를 관찰하라. 모든 사람의 가치를 가르쳐라. 학생들로 하여금 모든 관점을 고려하도록 격려하라.[76] 학교를 전문화된 공동체로 보는 사람은 이러한 견해를 지지한다. 학교를 훌륭한 시민을 배출하는 곳으로 보는 사람은 그것의 실현 여부와 상관없이 이 견해를 지지한다.

James Hunter에 의하면 도덕성과 영성과 관련된 이러한 세 가지 '이해'는 특정 정치적 · 사회적 철학을 지지하는 후원자를 가지고 있다. 지배적인 심리학적 견해는 자유주의자의 후원을 받고 있다. 가치관과 도덕성은 세월의 검증을 견딘 아이디어와 인식 속에서 가치 있는 것으로 입증된 것으로 보는 견해는 보수주의자와 신보수주의자의 관심을 끈다. 도덕성과 가치는 공동체 안에서 사람 간의 사회적 상호 작용의 결과로 보는 셋째 견해는, 대부분 신자유주의자와 급진주의자의 지지를 받는다.[77]

Hunter는 앞의 세 가지 견해 중에서 하나를 택할 경우 도덕성과 가치가 발달하는 방법을 적절하게 이해할 수 없다고 주장한다. 그는 모든 도덕성과 가치의 발달은 역사적 시간, 역사적 기억, 그리고 열망 속에 위치하고 있다고 설명한다. 도덕성은 특정한 지역사회 내에 사회적으로 위치하고 있다. 즉, 도덕성은 도덕적 추론과 도덕적 행위의 특정 구조 속에 문화적으로 위치한다. 도덕성이 발달하는 것과 마찬가지로 인격도 발달한다.[78] 이 견해를 수용하면 도덕성 교육, 인격 교육, 그리고 영성 교육을 다루는 교육 프로그램 창안을 더욱 어렵게 만든다. 현재 도전이 증가하는 한 가지 이유는, 다양한 사회적 · 정치적 · 교육적 · 심리학적 진영에 사는 사람들이 자신들의 신념과 이해를 적절한 교육과정의 창안을 안내해 줄 새로운 기초 속에 혼합시키려고 하는 것이 아니라, 자신들의 입장을 견고하게 만드는 데 필요한 지지를 모으는 데만 혈안이 되어 있다는 것이다. 이것은 놀라운 것이 아니다. 20세기 후반부터 사람들은 자신과 반대되는 관점을 공격하기 위한 정보를 수집하면서 자신들의 주장을 정의하고 방어하는 데만 관심을 가지고 있다. 공동체를 옹호하면서 분열을 조장하고, 차이의 수용을 소리 치면서 불관용을 드러내고, 거대 담론에 대항하면서도 새롭게 인식된 것에 압도되고, 모든 사람을 위한 목소리를 옹호하면서도 다수의 목소리를 제거하려고 하고, 사람에게 자신의 문화를 찬양하도록 종용하면서도 서구 문화에 대한 공격은 멈추지 않는, 이러한 역설 모두가 이 세기의 징후다.

도덕성과 인격 개발 방법에 관한 심리학적 견해를 지지하는 사람들은, 우리가 학생들에게 반드시 전달해야 하는 구체적인 도덕적 내용을 무시하는 경향이 있다. 그들에 의하면 학생에게 도덕성과 인격을 가르치려고 할 때, 교육은 학생으로 하여금 자신이 직면한 다양한 윤리적 주장 속에서 적절한 것을 스스로 선택할 수 있는 능력을 습득하도록 해 줄 필요가 있다. 사회적 관계 같은 것은 필요 없으며, 한 개인의 도덕적 확신과 관련된 역사적 결론을 제시해 줄 필요도 없다. 특정한 도덕적 이해나 인격을 함양하는 데 있어서 종교적 · 철학적 · 윤리적 정당화가 끼어들 자리는 없다. 이러한 목소리는 학교에서는 어떤 특정한 도덕성이나 가치를 가르쳐서는 안 된다고 선언하는 사람 속에서 분명하게 들린다. 미국 시민자유연합과 미국식 생활 방식을 지지하는 사람의 모임과 같은 조직이 이러한 심리학적인 견해를 찬성하는 것으로 보인다. 강요하지 마라. 자연적 발달의 자유를 조장하라.

이러한 '도덕적 심리학자' 와 분명한 대조를 이루는 사람으로서, '세대를 통하여 정련된 도덕' 을 강조하는 진영, 즉 때때로 '도덕적 신고전주의자' 라 부르는 사람들이 있다. 이러한 사람들은 공립학교에서 반드시 가르쳐야 할 도덕적 · 영성적인 내용이 존재한다고 믿는다. 미국의 교육은 그 교육과정 속에 도덕적 행위의 기초로서 유대교와 그리스도교의 공통적인 전통을 반영해야 한다. 도덕 교육은 '전통적인 가치, 가족의 가치' 를 강조해야 한다. 여기에서 우리는 보수적인 동시에 극단적 보수주의의 우파를 확인할 수 있다. 20세기의 마지막 10년 동안 이러한 사람이 미국 사회 전반과 특히 학교교육과 관련된 권력을 획득하였으며, 이러한 추세는 앞으로도 계속 지속될 것이다. 실제로 2002년 선거는 도덕성과 영성 교육뿐만 아니라 교육 전체에 대한 그들의 영향력에 정치적 힘까지 실어 주었다. 정치적 권력의 획득은 자유주의자와 급진주의자 양쪽 모두에게 중요하다.

20세기 후반과 금세기에 걸쳐 급진주의자들은 도덕성과 영성의 학습 방법은 권력의 획득과 사회적 교섭의 참여를 통해 이루어진다고 확신하고 있다. 우리는 사람과 상호 작용을 하는 동안 그들에게서 도덕적 나침반을 획득한다. 도덕성과 영성적인 측면은 개인이 경험하는 문화에 따라 독특하게 나타난다. 그렇다면 거대한 공동체에 의해 공유되는 이상이나 도덕성 같은 것은 없다. 신성한 의무도 없다. 집단적 기억도 없다. 영위되어야 할 전통도 없다. 아닌 게 아니라 우리는 다른 사람의 전통, 특히 지배적 문화의 전통에 저항해야 한다. 여기에서 우리는 모든 사람의 도덕성과 영성을 무엇이 선이며, 무엇이 올바른 것인가에 대한 자신의 관점에 맞추기 위해 교육에 대한 통제권을 획득하고자 하는 급진적인 비판적 이론가, 혹은 비판적 페미니스트의 잔영을 발견하게 된다. 사람은 이러한 견해의 옹호자들이 그리는 이상향으로 들어갈 수 있는 가치와 원리를 학습하게 될 것이다.[79)]

Hunter는 도덕적 · 영성적 발달이 어떻게 일어나는가의 질문에 대하여 자유주의자와 급진주의자에게는 분노를, 보수주의자에게는 기쁨을 주는 설명을 제시하고 있다. 우리는 자유주의자, 급진주의자, 보수주의자로 분류하는 것은 사람과 그들의 견해를 단순화하는 것이라는 것을 깨달아야 한다. 그러나 이러한 경고와 함께라면 Hunter의 견해는, 개인적 목적과 집단적 목적 모두에 공헌하는, 능력 있고 착하며 선의를 가진 인간을 만들기 위한 교육 프로그램을 개발하고자 하는 일반인이나 교육자에게 매우 특별한 가치를 가진다.[80)]

Hunter에 따르면, 도덕적 · 영성적 발달은 항상 시간과 장소와 문화 속에 자리 잡고 있다. 도덕적 · 영성적 발달은 상황 맥락적인 것이다. 이러한 상황 속에서 사람은 다른 사람과 함께 특별한 도덕적 신념과 영성적 이해를 선택하고 발달시키며, 그들이 보기에 자신의 복지와 공동체의 복지 모두에 기여할 수 있는 특정 행위를 선택하고 발달시킨다. 포함되어야 할 것에 대한 선택과 함께 제거되어야 할 것에 대한 선택이 있다. 이 견해는 논쟁의 여지를 잠재적으로 가지고 있다. Hunter가 언급한 바와 같이 독자성은 본질적으로 배타성을 의미한다. 이러한 배타성은 기존 사회적 구조의 포괄성과 마찰을 일으킨다. 배타성은 다양성을 다루는 우리의 견해를 정중하게 방해한다. 우리는 우리가 지지하지 않는 이상이나 도덕성, 또는 행동에 대해 인내심을 가져야 한다고 설득당해 왔다. 그러나 Hunter의 견해에 의하면 우리는 이제 더 이상 그렇게 할 필요가 없다. 어떤 다른 것보다 더 유익한 가치와 도덕성이 존재한다. 다른 것보다 더 생산적이고, 더 발전적이고, 사회적으로 더 유의미한 영성적 견해가 존재한다. 금세기의 기준에서 볼 때 이러한 견해는 정치적으로 옳은 견해가 아니다. Hunter에 의하면 어떻게 사람에게 도덕성과 인격, 그리고 영성을 가르칠 것인가에 대한 설명이 모든 사람을 기쁘게 해 주고, 어느 누구의 기분도 나쁘게 하지 않으려는 노력 속에서 마치 '방향타가 없는' 배 속에 우리를 싣고 떠도는 것 같다. 그러한 배를 타고는 어디에도 갈 수 없다.[81)]

포괄성을 옹호하는 도덕적 · 영성적 프로그램이냐, 아니면 독자성을 옹호하는 도덕적 · 영성적 프로그램이냐에 대한 논쟁과 반론은 계속 이루어질 것이다. 이것은 결코 나쁜 것이 아니다.

왜냐하면 교육자나 일반 대중이 개인의 복지와 다른 사람의 복지 모두에 기여할 수 있는 인간의 올바른 행동, 올바른 도덕적 사고, 그리고 훌륭한 인격을 어떻게 가르치고 길러 줄 수 있을 것인가의 질문을 계속 제기하도록 만들기 때문이다. 또 그것은 다른 생명체, 생명이 없는 지구의 모든 것에 대한 존경과 감사를 보내는 행위의 '당위성' 을 강조한다.[82)]

'올바른 행동' 에 대한 강조와 함께 학생은 다양한 프로그램을 통하여 자신의 복지를 유지하는 데 필요한 도덕적 가치와 습관을 이해하고 내면화한다. 이렇게 보면 많은 것이 복지에 개인의 이해에 달려 있다는 것을 알 수 있다. Selznick에 따르면, '복지가 행복, 만족, 선호 혹은 유용성을 의미할 때, 진짜 도덕적으로 가치 있는 것을 획득할 기회를 놓친다. 덜 능률적인 것에 비해 더 능률적인 것이, 질 낮은 상품에 비해 질 높은 상품이, 더 적은 욕망의 충족보다는 더 많은 욕망의 충족이 도덕적으로 더 좋은 것은 아니다…….'[83)] 그는 '행복이나 유용성과 같은 단어는 복지의 본질적인 의미를 덮어 버리며, 자발적 자기 희생, 다른 사람의 이익에 대한 관심, 동료 인간에 대한 책임감의 실현과 무관한 행위나 성과를 의미할 가능성이 많다.' 고 말한다.

도덕적인 사람은 자기 자신과 다른 사람에 대한 따뜻한 감정 이상의 것에 의하여 이끌리는 사람이다. 도덕적인 사람은 다른 사람과 생산적인 관계를 맺고, 동시에 자기 자신을 의미 있고 진정한 사람으로 만드는 데 필요한 가치와 아이디어를 감지하고, 이해하며, 평가하는 사람이다. Selznick의 지적에 따르면, 도덕적인 사람은 헌신과 지적 능력을 모두 가지고 있는 사람이다. 여기에서 우리는 교육과정 학자를 위한 도전을 발견하게 된다. 우리는 학생들이 도덕적 가치와 윤리학적 지식, 즉 능력의 측면을 학습하게 하고, 이와 동시에 학생들의 마음의 불을 지펴서 학습한 지식을 의미 있는 행위로 옮길 수 있도록 하는 교육과정을 필요로 한다. 교육과정 학자가 이런 일을 하기 위해서 학교는 그 존재 자체로 도덕적 의미를 구현해야 하고, 학교에서 제공하는 교육과정과 경험은 인간적 행위의 도가니가 되어야 한다.[84)]

Jackson, Boostrom, 그리고 Hansen은 학교와 교육과정의 도덕적 측면을 인식하면서 학교가 어떤 방식으로 도덕적 · 인격적 방안을 드러내는가를 찾고자 하였다. 그들은 민족지학적 절차를 이용하여 학교는 무의식적이든 의식적이든 도덕적 행위를 제시하며, 선이 무엇인가를 학생 스스로 알도록 해 준다는 사실을 발견하였다. 또한 그들은 학교가 학생에게 도덕적으로 영향을 미치고자 하는 다섯 가지 명시적인 노력을 확인하였다. 그것은, 첫째 학교가 개발한 것이든 아니면 상업적으로 준비된 것이든 도덕 교육으로 규정할 수 있는 구체적인 교육과정 내용을 이용하려는 노력, 둘째 문학에서 몇몇 영웅의 선한 품성에 관해 논의하는 것처럼 교육과정 속에 도덕적 주제를 직접 소개해 넣으려는 노력, 셋째 예를 들면 '훌륭한 시민' 이라는 상을 주는 것과 같은 올바른 행동과 올바른 행위를 강조하는 다양한 의식과 의례를 실행하는 노력, 넷째 '아니요라고 말하세요.' 혹은 '기다리세요.' 라고 말하는 신호와 같이 학교 환경 내에 신호 표지판이나 게시판을 세우려는 노력, 다섯째 학급 토론 중에 교사나 학생에 의해서 도덕적 발언을 자발적으로 끼워 넣으려는 노력이다.

또한 그들은 학교의 교육과정이 부지불식 중에 도덕성을 전달하게 되는 다음과 같은 무의도적인 세 가지 방식을 연구하였다는 사실을 발견하였다. 그것은, 첫째 학생과 학생, 그리고 교사와 학생의 상호 작용을 지배하는 학급의 규칙과 규제, 둘째 교육과정 주제(교육과정의 하위 구조)의 범위와 계열에 영향을 미치는 교사들이 가지고 있는 가정, 셋째 만일 어떤 사람이 의도적으로 도덕적 의미를 찾지 않는다면 명백한 형태로 드러나지 않지만 그럼에도 불구하고 여전히 도덕적 의미를 가지는 교육과정의 표현적 차원이다.[85)]

명시적인 것이든 묵시적인 것이든 이러한 수단을 통하여 각 개인은 도덕성을 발달시킨다. 도덕적인 사람은 '선(善)' 을 알게 된다. 여기에서 '선' 은 절대적인 선을 의미하지 않는다는 것을 아는 것이 중요하다. 절대적인 선을 아는 것은 아마도 불가능할 것이다. 신학자는 이 쟁점에 대해 논란을 벌여 왔으며, 교육과정을 다루는 우리가 이 문제에 대하여 논쟁하는 것은 우리를 청소년의 복지에 관심을 두는 교육자로서 일차적인 책임에서 멀어지게 할 가능성이 있다는 것을 명심해야 한다. 또한 다양성 때문에 선한 것에 대한 합의는 사실상 불가능하다.

'선' 에 관해 동의하는 것이 가능하지 않다는 것은 많은 사람의 발언이 지지해 주고 있다. 그러나 Hunter는, 많은 사람의 지지를 얻어 우리는 현재, 그리고 다가오는 시간의 특별한 상황에 의해 정의되는 '선' 을 찾아야 한다는 입장이다. 이렇게 우리가 찾으려고 하는 '선' 은 누군가의 감수성이나 전통을 방해하지 않는 모든 차이점을 능가하는 무해한 선은 아니다. 오히려 이 선은 인식되거나 예견되는 시대와 연결된 선이다. 이것은 길들여지지 않은 도덕성 내부에 존재하고 있는 선이다. 교육자와 일반 대중은 'The Good' 의 개념을 '발명' 하거나 받아들여야 하고, 이런 개념을 '읽는 것' 이 왜, 어떻게 해서 적절한지를 이해해야 한다. 만약, 이것에 실패한다면, 독자는 학생이 '왜 사람은 선해야 하는가? 선의 의미는 무엇인가라고 질문하였을 때 어색한 침묵만 있을 것' 이라고 Hunter는 지적하고 있다.

많은 사람은 모든 것을 포용하고 누구도 방해하지 않을 도덕적 선에 대한 일반적인 정의를 만들고자 노력한다. 많은 사람은 미국의 모든 집단은 아니지만 대부분의 집단에 의해 '도덕적 사실로서 수용할 수 있는 도덕성의 목록을 획득하여 실행하려고 노력하고 있다. Wynne과 Ryan이 바로 이와 같은 목록을 제시하였다. 그들의 목록은 故 C. S. Lewis의 책, 『The Abolition of Man』(1972)에서 인용한 것이다. 그리고 Lewis는 그의 아이디어 중 대부분은 많은 세월을 거쳐 내려온 문화, 즉 바빌론이나, 고대 이집트, 고대 북유럽, 그리스, 로마, 중국, 고대 인도, 기독교, 히브로, 이슬람, 앵글로색슨, 그리고 미국인의 사고를 반영하고 있음을 지적해 주었다.[86)] 우리는 이러한 문화의 목록에다 유럽, 아시아, 그리고 아프리카에서 전해 내려온 무수한 문화를 첨가하였다. Wynne과 Ryan의 목록 적용은 다음과 같다.

① 효과적으로 기능하는 사회는 구성원에게 인간적 친절성을 요구한다.
② 개개인은 자신의 부모에게 특별한 사랑과 헌신적인 애정이라는 빚을 지고 있다.
③ 개개인은 자신의 가족에 대한 특별한 사랑과 동시에 이들을 위한 책임감이라는 빚을 지고 있다.
④ 사회가 번영하기 위해서 시민들은 어느 정도의 정직성을 나타내야 한다.
⑤ 사회의 모든 구성원은 가난하고, 병들고, 불행한 사람을 도울 의무를 가지고 있다.
⑥ 능률적인 사회는 시민에게 기본적인 재산권을 존중하도록 요구한다.
⑦ 능률적인 사회는 시민에게 다른 사람의 개인적 권리를 존중하도록 요구한다.
⑧ 우리 자신의 개인적인 삶과 우리 자신의 죽어야 할 운명에 관한 관점이 우리의 삶과 그 의미를 성찰하는 방법에 영향을 미친다.

민족과 문화의 다양성에 민감한 부분이 존재하지만, 교육과정은 이와 같은 기초적이고 도덕적인 사실을 가르칠 수 있다. 우리 사회의 모든 구성원이 각각의 원리를 같은 수준으로 따르지는 않더라도, 미국에서 우리는 높은 수준의 여론적인 합의를 가지고 있으며, 이는 매우 중요하다. 사람은 이러한 안내문이 국가 핵심 가치를 대변한다고 말하고 있다.

이와 같은 포괄적인 도덕성은 이 절의 앞부분에서 논의하였던 것으로 Hunter가 신고전적인 도덕 교육으로 정의한 것을 의미한다. 왜냐하면 이것은 모든 전통적인 문화에서 결론을 얻었기 때문에 합법적이며 누구에게도 불쾌감을 주지 않는다. 이것은 안전한 도덕성을 나타낸 것이다. Hunter는 이와 같은 도덕성은 논쟁적일 수도 없을 것이고, 경쟁적일 수도 없다고 설명한다. 실제로 이 말의 덤덤함이 우리가 도덕성이라고 부르는 삶의 매우 변덕스러운 범주를 따르게 하였다. 여기에는 어떠한 논쟁도 존재하지 않는다. 그와 같은 도덕성의 수업은 근본적으로 현재 배우고 있는 도덕성에서 의미, 중요성, 권위를 배제한다.[87]

이것은 사람이 다소 일반적인 수준에서는 동의하지만, 특수한 수준에서는 동의하지 않는 것 같다. 이와 같은 긴장은 계속될 것이다. 예컨대, 개개인이 올바른 행동에 전념하면서 지혜로운 도덕적 판단을 내려야 한다는 필요성에 이의를 제기할 사람은 거의 없을 것이다. 사실 개개인은 민감한 도덕적 가치를 반드시 소유해야 한다는 것은 우리의 차이 때문이다. 즉, 세상은 복잡하고 동시에 모든 행위는 도덕적인 잠재적 요소를 지니고 있다는 것이다.[88] 그러나 행위의 정의를 내려야 할 때, 우리는 어떤 기초 위에서 정의를 이끌어 낼 것인가? 다른 사람과 함께 다룰 때, 어떤 권위 있는 자가 민감해야 할 필요성을 지지할 것인가? 무엇이 우리의 도덕성을 정착시킬 수 있을까? 우리의 행위는? 그리고 우리가 다른 고정

장치를 발견하였을 때 해야 할 일은 무엇인가? 이와 같은 질문은 계속적인 토론 속에 점점 더 많이 소개되기를 기대하는 것이다.

모든 개인적인 행동은 도덕적 내용을 담고 있다는 가정에 동의한다면, 우리 모두는 좋은 도덕적 인성의 소유자를 원하고 있다는 것이 분명하다. Selznick에 의하면, 인성은 세 가지 결합된 부분, 즉 도덕적 앎, 도덕적 감정, 그리고 도덕적 행동으로 이루어진다는 것이다. 인성은 습관, 의존성, 흥미, 그리고 가치의 합성물이다. 이들의 대부분은 무의식적으로 발달된다. 이와 같은 지식과 행위는 초기의 삶에 기원을 두고 있다. 대부분 우리의 습관은 명칭과 종목이 붙기 전에 쉽게 배운다. 그러나 습관, 의존성, 흥미, 그리고 가치는 변할 수 있다. 실제로 습관, 의존성, 흥미, 그리고 가치는 도덕적 규칙과 서로 갈등을 일으킨다는 것을 알게 될 때 이것은 과장되거나 거부된다.[89)]

도덕적 교재로서 교육과정의 목적은 학생들이 도덕적 자각을 발달시켜 그들의 행동을 형성하는 더욱 신중한 방법과 함께, 그들의 도덕성과 인성을 인정받지 못하면서 무분별한 발달과 대체할 수 있도록 하는 데 있다. 사람들이 믿고 행동하는 이유를 깨닫지 못하는 사람은, 비록 그들의 신념과 행동이 올바를지라도, 진정한 도덕적 인간은 아니다. 도덕적 인간, 즉 좋은 인성의 소유자는 올바름과 그릇됨 사이의 차이를 알고 있고, 그들의 행동을 위한 기초를 알고 있으며, 그릇됨을 넘어서 올바름을 선택하게 되는데, 이는 사람과 사회에 이익이 되지 않는 것을 넘어서 이익이 될 수 있는 행동을 말한다. 사람들이 올바르게 행동하는 것과 도덕적으로 행동하는 것 간에는 차이가 있다. 후자(도덕적으로 행동하는 것)는 행위와 비행위의 근거를 지각하는 것을 뜻한다. 도덕적인 사람은 도덕적인 역량을 소유한다. 이 도덕적인 역량은 행위에 관한 의식과 그 행위를 안내해 주는 가치와 연관성을 가진다. 또한 도덕적인 역량은 도덕적인 탐구를 위한 역량을 제공하는 절차적 지식의 기능을 지닌 사람임을 의미한다. 도덕적인 역량이 있는 사람은 피상적인 것도 일시적인 것도 아닌, 진정하면서도 지속적인 선(善)을 추구하려는 의지와 능력을 가지고 있는 사람이다.

이 책의 다른 절에서 이미 논한 바 있는 비판 이론가의 대부분은 학생의 도덕적 인성을 표적으로 삼으면서, 동시에 학생에게 진정하면서도 지속적인 선을 달성하여 이용할 수 있는 능력을 부여하려고 노력한다. 그러나 비판 이론가는 도덕적인 교재로서 교육과정을 강력하게 주장하는 유일한 사람은 아니다. 실제로 학생들에게 도덕성을 탐구하고, 의식적으로 자기 자신의 도덕성을 발달시킬 수 있도록 해 주는 교육과정을 요구하는 데 목소리를 크게 내는 교육자의 숫자가 점점 더 증가하고 있다.

1) 도덕-인성 교육 프로그램

도덕과 인성 계발을 가르치기 위한 다양한 교육과정의 시도 중에서 좋은 행동이 좋은 인성과 동일어가 되고, 좋은 인성을 소유한 사람이 좋은 도덕을 지니고 있다는 다소 혼동되는 지시가 있다. 많은 과정이 자주 좋은 행동의 결과를 가져올 것으로 가정되는 규칙만을 가르치고 있다. 이러한 과정에는 왜 이와 같은 규칙이 적합한지에 대한 성찰은 거의 없다. Kohn은 다음과 같이 기록하고 있다.

> 도덕 교육 또는 인성 교육을 강조하는 많은 사람은 아이에게 올바른 행동을 하는 방법을 주입하는 것을 근본적으로 주장하고 있다. 이와 같은 경향의 교육과정은 도덕적으로 행동하는 도덕적인 개인이 되는 것을 의미하는 것을 대상으로 비판적인 반성에 학생을 참여시키기보다는 그 교육과정이 원하는 행동을 하는 숙련된 학생을 강조한다.[90]

대부분의 조직화된 프로그램 방법은 그와 같은 비판적인 반성을 방해한다고 Hunter는 지적하고 있다. 옹호된 도덕성과 인성의 의미, 중요성, 권한을 세척해 왔다.[91] 시도하고 있는 것처럼 보이는 가장 최근 프로그램은 전체적으로 다음과 같이 전환되고 있는데, 학생이 소속된 공동체에 가장 나은 가치와 윤리적인 생각을 가장 존중할 수 있도록 판단할 수 있게 하고 있다.[92] 이러한 생각은 학생이 '일반적인' 가치를 살 수 있도록 한다.

도덕과 인성 교육 내의 최근 활동의 대부분은 내용에 대한 주제보다 교육 방법적인 주제에 더욱더 관심을 가지고 있는 듯하다. 그곳에는 다음과 같은 내용을 기본적인 지식의 초점으로 인정하고 있는 듯하다. 일반적인 생각은 가르쳐야만 하고, 가치는 강조되어야만 하며, 태도는 발달되어야만 한다. 내용을 간주하는 열정적인 논쟁의 부족은 아마도 다음과 같은 다양한 사회 안에서 이미 인정되고 있는 것 같다. 교육과정 안에는 모든 사람이 불쾌함 없이 수용할 수 있는 그들의 가치, 도덕, 행동이 포함되어야 한다. 교육학자가 요구하는 모든 것은 정교한 효율적인 교수 방법론이다. 이는 학생이 일반적인 도덕-인성적 윤리를 가질 수 있도록 할 것이다.

1997년에 Kohn은 인성 교육에 비판적인 견해를 보여 주었다. 그의 언급은 아직까지도 적절성을 가지고 있다. 그는 「가치를 가르치지 않는 방법(How Not to Teach Values)」이라는 학술지 논문에서 다음과 같은 사례를 발전시켰는데, 지나치게 많은 상업적으로 준비된 도덕-인성 교육 자체는 행동적인 훈련, 외적인 보상, 그리고 학생들이 행동하기 위한 주입에 따르고 있다.[93] Kohn은 그 당시의 교육과정 자료는 아동에 더 많은 노력을 하고 그들이 말하는 것을 실행하기 위한 훈계와 외압적인 유도의 모임이 근본적인 것이었다고 말하고 있다. 실제적으로 그러한 교육과정 자료는 도덕 교육 프로그램이라기보다는 학급 경영 프로그램이었다. 이 프로그램들이 인기를 끌게 된 이유 중 하나는 다음과 같다. 즉, 이 프로그램들은 실제로 아이가 프로그램의 목표를 달성할 수 있도록 교사의 압력, 동료의 압력, 그리고 외적인 보상을 이용하여 행동하도록 하는 것이었다.[94]

이러한 인성 교육 프로그램의 문제에 대한 Kohn의 비판 중 일부는 보수적인 관점의 도전에서 나온 것이다. 좋은 행동의 관례적인 규준에 초점을 두고 있는 프로그램은 어떤 것이든 보수적인 것으로 분류된다. 그리고 이와 같은 관점에 따르면, 개개인의 어두운 면에 초점을 두고 인간의 본성을 회의적으로 보는 것으로 보인다. 아동들에게는 무엇이든 마음에 새기는 습관이 필요하다. 그리고 도덕 교육은 그것을 마음에 새기도록 하는 것이다. 사람은 본래 선하지 않다. 그러므로 우리는 아이들이 선한 행동을 하고 싶어 하도록 조건을 형성시켜야 한다. 보수주의를 반대하는 사람들은 시민적 도덕성에 필요한 목록의 유형은 어떤 것이든 개개인이 생각하는 도덕적인 사람으로 되는 것을 방해하기 위한 시도로 보고 있고, 더욱이 이와 같은 프로그램들은 가치의 일치성과 행동의 동일성을 바라고 있다. 일부 프로그램은 곡물과 같은 덕행을 판매하려 한다고 Kohn은 말한다. '너의 영혼에 좋은 이 곡물을 먹어라! 그러면 너 또한 미덕을 갖출 것이다. 특정한 미덕이나 도덕적인 행동을 하는 영웅을 보여 주어라! 그리고 학생들로 하여금 그것들을 모방하도록 해 주어라.' 다문화주의적인 교육에서의 역할모델에 관한 이야기도 이와 같은 곡물의 '맛'을 풍기고 있다.[95)]

물론, 인간은 본질적으로 악하다는 것을 인정하지 않으려는 사람들도 있다. 인간은 생득적으로 선하다. 그리고 격려해 주고 교육시키면 우리 인간은 개인과 공동체 모두의 복지를 조장할 수 있는 도덕성을 발달시킬 수 있을 것이다. 이런 관점을 취하는 것은 이와 같은 프로그램의 목표가 인간성에 관한 애매한 관점에 따라 만들어진 프로그램과는 목표와 교수법 양쪽 모두에서 각각 다른 가능성이 있다. 개개인으로서, 그리고 공동체로서 우리의 복지에 필수적인 것이기 때문에, 이 쟁점은 계속해서 논의의 대상이 되어야 하고, 동시에 우리의 교육과정 담론의 일부가 되어야 한다.

2) 도덕-인성 교육의 정치학

만약 모든 교육이 도덕적인 주제라고 말할 수 있다면, 우리는 또한 모든 도덕-인성 교육은 정치적인 주제라고 할 수 있다. 도덕-인성 교육에 대한 토론에 참여하고 있는 여러 사람은 그들의 정치적인 관점에 대한 토론에서 '이기려고' 시도하고 있다는 사실은 앞에서 논의한 내용 중의 일부에서 분명히 드러난다. 실제로 타협과 합의를 이끌어 내려고 시도하고 있는 사람들까지도 자신의 위치를 지키려고 시도하고, 또 학교에서 배운 것과 수업의 방향에도 영향을 미치려고 시도하고 있다. 정확하게 말하자면, 교육자는 이와 같은 토론에 관여해 왔으나, 일반 대중은 더 많이 참가해 왔다.[96)]

우리는 사람이 자유주의자인지, 보수주의자인지, 혹은 급진주의자인지에 따라서 도덕 교육의 성격에 관한 그들의 관점을 확인할 수 있을 것이라고 앞에서 언급하였다. 이것은 현 세기의 시초에 나타났으며, 이 집단의 구성원은 자신들의 집단 속에서보다는 다른 집단 속의 사람들이 내놓은 안건 때문에 점증적으로 지치게 되었다. 이 때문에 신보수주의가 확고한 지반을 쌓아가게 된다. 이 일 때문에 자유주의자와 급진주의자는 난처해지게 된다. 보수주의와 신보수주의자는 도덕-인성 프로그램을 가지고 있는 학교라 하더라도, 실제로는 가치를 가르치지 않고 있다고 말하고 있다. 일부는 이것의 의미를 보수주의자가 소중하게 여기고 있는 가치를 학교에서는 가르치지 않는다고 해석하고 있다. 자유주의자와 급진주의자는 각급 학교에서는 자유주의자와 급진주의자에게 소중한 가치에 손상을 입히는 보수적인 도덕과 가치를 실제로 가르치고 있다고 주장하면서 반격하고 있다. 이는 모든 진영이 시도하는 것은 모든 사람이 그들의 분명하면서도 특별한 도덕적 지향성을 포용하도록 하는 것처럼 보인다. 이 모든 것은 특정한 도덕적 관점과 문화적 전망을 정치적 구성체에 '팔기 위한' 노력이다.[97] 현 세기에서는 모든 집단의 대변인은 자신들이 무엇을 하려고 하는가를 분명히 밝힘으로써 정직해질 것을 희망하고 있다.

비록, 경쟁 집단이 그들의 관점과 경향을 도덕-인성 교육에 관해 따르도록 사람들에게 강요하더라도 소수 또는 일부 집단만이 자신들의 이데올로기적인 주장을 솔직하게 보이고 있다. 어떤 사람의 정치적 자세를 이해하는 것은 결국에는 관찰자의 몫이다. 마찬가지로 산출된 미사여구와 자료들에 관한 이데올로기적인 분석은 없는 것이다.[98]

만일, 우리가 도덕 교육과 인성 교육에 관한 견해 혹은 인간 정신을 겨냥하는 수단에 관해 더욱더 개방적이고 정직해질 경우에는 살펴볼 여지로 남는다. 도덕 교육과 인성 교육에 관한 담론은 확실히 증가할 것이다. 이 일은 우리 시민들의 역동적인 혼합성 때문에 가능할 것이다. 하나의 문화로서 살아남기 위해서는 우리는 도덕적으로 배려할 줄 알아야 하고, 동시에 유능해야 한다는 것을 알게 될 것이다. 우리의 혼합성과 함께 무엇이 도덕적인가, 무엇이 높은 인성인가, 무엇이 영적인 것인가에 관한 진지한 질문을 제기하는 것은 매우 중요하다. 금세기에는 자유에는 책임이 반드시 따르고, 이런 책임은 어려운 문제를 제기하여 도전적인 행위에 계속 참가해야 할 책임임을 더 많은 사람이 알게 될 것이다.

4. 표준과 시험

표준에 관한 쟁점은 1980년대 이래 미국적인 배경의 일부가 되었다. 이것은 그 당시의 논쟁에 불꽃이 튀게 하였고, 계속해서 지금까지도 논쟁에 불꽃이 튀게 하고 있다. 여기서의 쟁점은 학교 개혁 또는 학교 개조라는 보다 큰 운동 속에 복잡하게 얽혀 있다. 이 쟁점은 또한 평가운동도 포함하고 있다. 일부 사람에게는 표준의 전체 쟁점은 시초부터 애매한 상황이었다. 다른 이들에게 이 쟁점은 교육적인 표준을 제기하도록 하기 위한 행동 개시를 알리는 큰 소리를 의미하는 것이었다.

높은 표준과 학교 개혁을 위한 요청은 레이건 대통령의 인식에서 나온 것인데, 그는 미국 학생과 학교에 대한 기대가 너무 낮다고 보았다. 이와 같은 인식은 「A Nation at Risk」라 부르는,

1983년 4월 24일의 보고서를 레이건 대통령이 수용함으로써 합법화되었다. 이 보고서는 미국 학교의 질, 혹은 그에 관한 부족을 냉철하게 보고한 보고서로서 많은 사람이 수용하였고, 또 해석하였다. 비록, 이것이 학교는 그동안 어느 정도 성취해 왔다고 기록하고 있지만서도, 현재 학교는 그들의 교육적인 목표에 맞지 않다고 하였다. 이 보고서는 다음과 같이 시작하고 있다.

> 즉, 우리 국가는 위기에 놓여 있다. ……우리 사회의 교육적인 기초는 평범한 사람의 상승하는 조류에 의해 침식되고 있다. 이와 같은 평범한 사람은 국가와 국민으로서 우리의 미래를 위협하고 있다. ……만일, 현재 존재하고 있는 미국의 평범한 교육적 수행을 적대적인 외국의 권력이 미국에 부과하고자 시도한다면, 우리는 그 시도를 전쟁 행위로 간주해야 마땅할 것이다.[99]

이 보고서는 사실은 교육자를 실제로 일방적인 교육적 무장 해제에 종사하게 하였다고 비난하였다.

이 보고서가 정확하다고 인정하였던 사람, 그리고 아직까지도 그렇다고 생각하는 많은 사람이 학교에 요구되는 변화를 가져오는 행위로 도약하고, 교육적인 표준을 세우고, 교육적인 성취의 방책을 세우기 시작하였다. 이 보고서가 확실한 자료 없이 지원되었고, 그것은 또한 병적 흥분의 외침이라고 생각하는 사람에게 하나의 잘 짜인 저항으로 부르게 되는 계기였다. 동시에 오늘날까지 우리는 이러한 사람들과 함께 있다. 사람의 다수는 이것의 중간에 있었고, 이러한 다수는 아직도 존재한다. 중간에 있는 사람들은, 교육은 높은 학생 성취의 결과를 가져올 수 있는 교육과정과 수업의 질을 개선할 수 있다고 동의하였다. 어쨌든 어떻게 사람들은 교육 개선에 대항할 수 있을까? 교육은 역동적인 기관이었고 지금도 그러하다. 그러므로 표준을 위한 지속적인 주의가 요구된다. 세계는 점차적으로 복잡하게 되어 가고 그렇지 못한 시기에 적합한 표준은 더 이상 적합하지 않다. 지식 시대에 학생들은 산업 전 시대의 국가에서 그들의 상대가 그랬던 것보다 높은 지식과 능력 수준에 대한 요구와 부딪혀야만 한다.

국가와 지역 대부분의 교육자와 정책 입안자는 학생과 교사 모두를 위한 표준을 높이기 위해 일해야만 했다.[100] 심지어 교사 교육의 필수 요건도 높였다. 이 표준운동은 「Goals 2000」의 1990년 출판과 함께 후원을 받았는데, 그 목표는 다음과 같다.

① 2000년까지 모든 아이는 학교를 시작하고 배울 준비가 될 것이다.
② 2000년까지 고등학교 졸업률을 최소 90%까지 늘릴 것이다.
③ 2000년까지 미국 학생은 도전적인 교과 과목 내에서 증명된 역량을 가지고 4, 8, 12학년을 떠날 것이다.
④ 2000년까지 미국 학생은 과학과 수학 분야에 최고가 될 것이다.
⑤ 2000년까지 모든 성인 미국인은 문해 능력을 가질 것이며, 세계 경제 안에서 경쟁할

수 있는 지식과 능력을 갖출 것이다.

⑥ 2000년까지 미국의 모든 학교는 마약과 폭력에서 벗어날 것이다.

우리는 이와 같은 목표가 현재 달성되지 않았다는 것을 알고 있다 하더라도 이 목표들은 계속해서 많은 표준운동의 안내를 계속할 것이다. 이와 같은 표준운동은 교육이 좇아야 하는 방향과 표준의 적절한 수준에 관한 많은 토론을 가열시킬 것이다.

오늘날 표준은 모든 주요 전문적인 학문적 연합에 의해 발전되어 왔다. 수학교사전국위원회(The National Council of Teachers of Mathematics)는 이와 같은 길을 이끌었고, 심지어 'Goals 2000: Educate American Act' 의 통과 전에 수학의 국가적인 표준을 만들었다.[101] 우리는「Goal 2000」문서에 누락되어 있는 미술교육과 관련된 표준까지도 가지고 있다.

표준에 관한 지속적인 대화는 그 표준에 대한 다양한 관점뿐만 아니라 지식과 현실의 다른 해석에 의해서 가열되어 왔다. 많은 교육학자와 일반 대중의 구성원을 위한 하나의 표준은 사람들은 무엇을 알아야만 하고 수행해야만 하는지를 지시하는 하나의 진술이다. 이와 같은 표준은 내용 표준이라고 부르며 선언적 지식(declarative knowledge)과 절차적 지식(procedural knowledge) 모두에 관련되어 있다. 표준은 결과물과 관련있으며, 학교가 주목할 만한 결과를 성공적으로 초래해 왔는지의 여부를 결정하는 방법을 제안한다.[102]

전국연구위원회(The National Research Council)뿐 아니라 수학교사전국위원회는 표준들에 대해서 보다 넓게 해석한다. 이러한 기관들은 표준은 모든 학생이 지식과 문해의 적용에서 역량을 발휘하는 데 필요한 비전을 제공해 준다고 지적하고 있다. 이와 같은 넓은 개념의 표준이 함축하는 것은 교육학자가 학생의 성취 수준의 증가된 기대를 가질 것이라는 것이다. 그리고 학교는 모든 학생에게 그 표준 안에 진술되어 있는 높은 수준의 성취와 수행의 기회를 제공할 수 있을 것이라는 것이다.[103]

이들과 다른 전문적인 기관에 의해 개발된 이러한 표준은 기초 개념의 이해, 특정한 지식 범주의 중요한 개념 구조뿐 아니라 영재 학생 수준의 지식과 이해가 요구되는 수행 또는 방법론을 강조한다. 학생은 그들의 지식, 기능, 그리고 이해력을 학교 내 · 외에서 사용할 수 있는 능력이 필요하다. 다른 말로 표현하면 그들은 문해력을 지닌 시민이 되어야만 한다.

이러한 표준은, 이들의 기관에 의해 창조되었으며, 또한 주와 연방 정부에 의해 제안되었는데, 교육에서 가르쳐야만 하는 내용(what)을 지적하고 있을 뿐만 아니라 가르쳐야만 하는 방법(how) 또한 제안하고 있다. 그러므로 표준은 교육과정과 수업 모두를 표현한다. 그리고 결과적으로 표준은 교사들이 소유해야만 하고 교육적인 행위에 포함해야 하는 지식과 기능의 수준에 영향을 미쳤다.

그러나 외부 기관이 교육과정의 내용뿐 아니라 수업 방법까지도 결정하고 있다는 사실에 분개하는 사람들도 있다. 이들은 또 표준, 특히 국가 수준에서 수용하는 표준이 국가 교육과정을 유도하게 된다는 사실에 분개한다. 이들은 교육적인 출판사에 영향을 미치는 국가적인 표준의 개념을 지닌 쟁점을 택하고 있는데, 그 때문에 교과서는 그 출판사가 포함하고 있는 내용에만, 또 출판사가 제공하고 있는 경험에만 한정된다. 그래서 그들은 표준을 근거로 한 책무성과 평가의 정치화 요구에도 분개한다.

1) 표준과 평가의 정치화

David Kearns와 James Harvey는 최근 출간된 그들의 저서에서, 첫 번째 Bush 대통령 외에는 아무도 기술하지 않았던 내용을 담고 있다.

> 교육이란 단순히 자국의 중요한 일들 중의 하나가 아니라 가장 중요한 사항이다. 우리의 경제적 성공에도 불구하고 세계는 위험하고 매우 경쟁적인 곳으로 남아 있다. 우리는 체계적인 학교교육 없이는 이러한 환경에서 성공할 수 없다. 체계적인 학교교육은 기초 교육을 일부가 아닌 모든 젊은 학생에게 제공되어야 한다. 이러한 기초 교육은 학생들이 정보에 근거한 결정을 내릴 수 있고, 그들의 공동체를 개선하고, 부모와 이웃으로서 책임감을 이해하고, 세계 속에서 그들의 삶의 방식을 획득할 수 있도록 해 준다.[104)]

또한 앞선 그의 저서에서 그는 그 책의 핵심적인 메시지를 믿는다고 적고 있다. 이 핵심적인 메시지는 학교는 일하는 곳이 아니고, 그들은 우리 국가를 위해 기능할 것인가에 대한 여부가 되어야 한다. 우리의 학교는 무엇이 잘못되어 있는가? 그 문제를 왜 해결할 수 없는가? 어떻게 미국 학교는 이와 같은 학교로 가고 있는가? 왜 학생이 학년이 더해 갈수록 그들의 수행 정도가 낮아지는가? 이와 같은 진술은 「Nation at Risk」 보고서와 함께 그 당시에 곤경에 빠져 있었던 것 같다. 그러나 Kearns와 Harvey는 2000부의 저작권을 가진 저서를 출간하였다.

1980년대보다 이 신세기가 더 나쁜 형편이라는 것이 사실일 수 있을까? 개발되고 실행된 표준이 학교가 더 효율적이지 않다고 할 수 있을까? 교육 서적의 내용에 전 대통령이 추가한 것이, 일부가 주장하는, 표준에 정치적인 특성을 주입한 것의 예다. 현재 우리가 가지고 있는 75%의 재학 비율이 세계에서 가장 높다는 기록은 무시한 채(일본은 70%의 재학생 비율을 가지고 있으며, 30%의 중퇴자 비율을 가지고 있다) 수치스러운 현 25%의 높은 중퇴자 비율의 강조가 잘못 이끌고 있다. 또한 다음의 내용이 무시되었는데, 20대 초반의 개개인을 살펴볼 때, 우리는 99%의 고등학교 졸업 비율을 발견할 수 있었다. 일부는 '확실히 이와 같은 언급은 현실의 다른 관점, 교육받는다는 것에 대한 의미의 다른 이해, 높은 표준의 의미에 대한 다른 관점에 의해서 영향을 받는다는 것으로 설명된다.' 고 말하는데, 이것은 기만의 경기다.

이것은 첫 번째 Bush 대통령이 교육을 정치적 안건으로 만들었음이 분명하다. Clinton 대통령도 유사하였다. 실제로 그는 두 가지 목표를

「Goal 2000」 목록에 추가하였다. 그리고 2000 대통령 선거운동에서 두 번째 George Bush는 정치적 개혁과 표준을 만들었고, 국민의 의식 속에 있는 정치적인 내용을 평가 문항에 많이 추가하였다. 1999년 10월 그는 Manhattan Institute Forum에서 '교육개혁의 미래(The Future of Educational Reform)' 라는 제목으로 연설을 하였다. 이 연설에서 그는 현재의 교육 체계에 관한 감소된 희망은 슬프고 심각한—낮은 기대의 부드러운 고집— 일이라고 주장하였다.[105)]

이것의 함축적 의미는, 학교는 개선될 것이고, 교육자가 높은 기대를 가지고 있고, 교육의 방향이 높은 표준에 의해 방향지어지고, 책무성을 느낄 때 성공할 것이라는 것이다. 누가 이것에 동의하지 않겠는가? 우리는 모두 높은 표준을 원한다. 우리는 모두 모든 학생이 높은 성취를 달성할 것이라고 믿기를 원한다. 선거운동자 Bush는 간단한 원리를 믿었다고 기록되어 있다. 정부 자금은 실패하는 학교에 더 이상 공급하지 않는다. 학교는 변해야만 한다. 그들은 책임질 수 있어야만 한다. 그렇지 않은 학교와 이에 저항하는 교육자의 생존은 멈춰질 것이다. 이것은 가혹한 언급이지만, 이들은 진정 가르치는 학생의 진지한 일을 다루기 위해 학교를 규합하고자 제안된 것이다.

교육의 정치화에서, 일반적인 대중의 논쟁에서 많은 사람은 '높은 표준은 높은 교육적인 성취와 동일하다!' 는 표어를 인정하는 것이 나타났다. 교육에서 주지사와 주 감독관은 이 표어를 다 같이 외치고 있는 것 같다. 사업을 이끄는 사람들 또한 이에 동조하는 것으로 나타났다. 전미국 도시의 시장들은 그들 스스로 '교육 시장(市長)' 으로 선언하였다. 심지어는 일부 전문적인 교육 연합은 이 표어를 수용하였다.

교육과 표준의 토론을 정치적인 이야기로 만드는 것에는 아무런 잘못이 없다. 실제로 권력을 다루기 때문에 모든 언급은 정치적인 측면을 가지고 있다. 그러나 현 세기에 다양한 소리가 있는데, 모든 사람이 그들이 말하는 것에 반응하여 도전하는 목소리, 정치적 · 교육적인 언급에 숨어 있는 가정을 분석하고 비판하는 사람들의 요구 목소리가 그것이다. 첫째, 그곳에는 학교에서 잘못된 것은, 우리가 모두 이것에 동의한다면 표준을 세우고 높은 기대를 가지는 것에 의해서 개선될 수 있다. 학교 교과를 더 어렵게 하라, 시험을 더 어렵게 하라, 그리고 모두 잘 될 것이라는 신임이 있다.

Deborah Meier가 지적한 것처럼 더 높은 표준의 경향은, 많은 부분에서, 새로운 시험을 개발하는 경향을 나타내었다. 시험의 목적은 학교를 변하게 하였고, 동시에 우리의 노력은 학교를 개선하는 것에서 단순히 시험 방식을 개정하고 새로운 것을 구성하는 것으로 바뀌었다.[106)] 우리는 다음을 결정하기 위한 시험이 필요한데, 그것은 학교는 학생이 높은 성취의 표준을 증명할 수 있도록 성공을 달성할 수 있는가에 대한 것이다. 학교가 책임질 수 있는 표준에 관해 이 진술은 많은 현재의 활동을 이끌어 왔다. 교육과정과 수업 방법에 특별한 변화를 일으키려는 것에는 거의 관심이 없었다.

학교의 책임을 시험에 지우는 것에 대한 매력은 다음과 같은 신념에 의해서 유도된 것이다. 즉, 시험 점수는 학교의 성공 또는 실패 여부에 대한 '실제로' 정확하고 객관적인 정보를 준다. 시험은 우리, 정부 사무관, 부모, 사업 리더, 조합장, 학교 사무관, 그리고 일반 시민 등에게 얼마나 잘 또는 학교가 잘못하고 있는지를 알려 줄 수 있다. '여러분은 이에 관해 반론할 수 없다. 시험 점수는 최저 선을 의미하기 때문이다.' [107] 현재의 새로운 세기에 더 많고, 더 어려운 시험을 치르게 하는 것은 국가적인 흐름에 잘 맞는 것 같다. 그것은 우리 환경을 정량적으로 되기를 원하는 미국인의 생활 방식의 역할을 한다. 우리가 그것에 숫자를 할당하면 그것이 더 나은 것이라는 것을 알 수 있다. 그리고 우리는 그것을 조작할 수 있다. 우리는 숫자의 정확함에 커다란 믿음을 가지고 있다. 기온이 간단히 '덥다' 고 기술하는 것보다 섭씨 35도라고 기록하는 것이 그 하루를 더 잘 읽을 수 있다. 특히, 정치가들은 다음을 생각한다. '역량을 달성했다.' 는 진술보다 학생들이 88%의 점수를 가지고 있다면 학생들의 성취의 질을 더 쉽게 알 수 있다. 그러나 시험에 중점을 두고, 더욱더 어려운 시험에 갈망하고, 점수에 대한 간단한 해석을 원하는 것에 의문을 가지는 사람은 그들의 목소리를 듣기 시작한다. 그들은 시험은 자료를 제공해 주는 평가도구라는 것을 지적하였다. 그래서 교육자와 다른 사람이 결정을 내릴 수 있다. 읽기에 88%의 점수를 획득했다는 것은 학생이 읽을 수 있는지를 나타내지는 않는다. 또한 이것은 학생이 읽기에 있어서 어디에 문제가 생길 수 있는지에 대해서도 말해 주지 않는다. 평가는 우리 문제의 해결책이 아니다. 그러나 사람들은 시험에 매혹되어 있고, 높은 표준은 이것을 생각하게 하는 것 같다.[108]

비록, 높은 표준이 진정으로 교육 문제의 해결책이라 할지라도, 다른 질문을 제기해야 한다. 심지어 정치가는 다음과 같은 질문을 요구한다. 즉, '단지 표준이 어디에서 왔는가? 높은 표준이 안내에 유용한가? 말 채찍으로서 표준을 사용하는 것이 현명한가?' [109] 첫 번째 질문에 대한 답변은 표준은 표준을 선호하는 분야의 권위에서 나온다. 내용 중심 학자, 교사, 그리고 다른 이익 집단으로 구성된 전문연구회는 표준의 목록을 만들었다. 주 교육부는 이러한 목록을 인정하고 수정하여 그들의 주를 위해 사용한다. 이러한 주 표준은 흔하게 정치적이고 경제적으로 가장 강력한 힘이 되어 실제 학교에 영향을 미친다. 그리고 만약 이와 같은 활동을 보면 그들은 '예' 라고 대답할 것이다. 그리고 그 표준은 채찍으로 사용될 것이다. 확실히 George W. Bush는 대통령 선거운동에서 표준을 채찍으로서 고려하였다. 연방 지원금을 바꾸거나 잃을 수도 있었다. 많은 주는 그들의 경계 내의 교육 공동체에게 다음과 같은 사실을 알렸다. 즉, 만약 주에 지원된 자금을 이용하여 성공할 수 없다면, 그 주는 자금 지원을 받지 못할 것이고, 그래서 그 지원금은 성공하는 학교에 지급될 것이다. 이는 실로 강력한 채찍인 것이다.

높은 표준의 근원을 찾는 다는 것은 일부 또는

많은 사람에게 표준은 높다는 것을 가정하도록 허락하는 것이다. 전문적인 교육자와 훈련된 학자들은 확실히 높은 표준이 무엇인지 알 것이다. 그러나 일부는, 특히 오늘날 높은 표준을 정의할 수 없다고 논쟁하기 시작한다. 아마도 최소 표준만을 정의할 수 있을 것이지만 본질적으로 상한선의 확실성을 정의할 수 없다. 만약 할 수 있다면, 또 만약 대부분의 학생이 그와 같은 표준을 달성하도록 하는 데 성공한다면, 우리는 그것에 바로 '높은' 표준은 '모범' 표준으로 바로 감소하는 것이다. 정의에 따른 높은 표준은 평균치, 중앙치, 그리고 최빈치보다 상위여만 한다. 우리는 우리의 언어에 갇히게 된다. 모든 사람이 높은 표준에 도달해서 성공을 한다면 그것은 정의대로 더 이상 높은 표준은 아니다.

또한 높은 표준에 관한 논의에서, 그 논쟁은 다음과 같다. 만약, 높은 표준을 정의한다면 지식과 실행을 경직시키는 것이다. 그들은 더 이상 역동적이지 않고 더 이상 개선할 수 있는 여지가 없다. 훈련에서 높은 지식과 실행은 간단히 달성하기 위한, 점수를 얻기 위한, 그리고 아마도 보상받기 위한 '것' 이 된다. '높은 표준' 을 수량화하는 것은 사회를 정적인 것으로 가정하는 것이다. 그래서 현재의 높은 표준은 영원히 높은 표준이 될 것이다. 우리는 이것이 그런 사례가 아님을 알고 있다. 현 세기 초 지식의 높은 표준은 확실히 25년 후에는 높은 표준은 아닐 것이다. 20세기 초로 되돌아가 생각하면 그 당시의 통계에 의한 높은 표준은 그 세기의 후반부의 높은 표준의 요소를 만족시킬 수 있을까? 높은 표준에서 과학이라고 알고 있다는 의미는, 과연 과학을 완전하게 알고 있다고 자격을 부여할 수 있을까? 높은 표준은 수평선과 같다. 우리는 그 수평선을 향해 배를 저어 간다. 그 표준은 방향과 방위를 제공한다. 그러나 그 표준은 결코 달성할 수 없다. 그 표준은 항상 우리의 도착지보다 저 멀리에 있다. 이것이 수평선의 좌절과 매력이다. 또한 높은 표준의 좌절과 매력이기도 하다.[110)]

표준들은 유용한 안내로써 행동을 요구한다. 그러나 정치적인 수사임에도 불구하고, 그들은 지원되는 자금의 손실이라는 벌칙 아래 따라야 되는 명령은 아니다. 그러나 만약 표준이 정확하면서도 법적 구속력이 있는 지시보다도 단지 학교를 하나의 지침으로 생각하게 한다면 전국주지사연합(The National Governor's Association)이 소위 말하는 '현실적 타협' 에 종사하게 된다고 믿는 사람들이 있다. 즉, 학교에 너무 많은 융통성을 주어 왔다는 것이다.

일반적으로 정치인은 전국주지사연합의 관점을 공유하는 것으로 보인다. 대부분의 사람은 지배적 요구로서 표준과 함께 분명한 기대를 학생과 학교를 위해 설정해야 한다고 주장한다. 그리고 지배적 요구와 함께 책무성 체제에 동의하도록 자료를 제공할 수 있다. 지배적인 요구로서 표준과 함께, 표준이라고 정의되는 것 내에서, 학교는 성공의 대가로서 인센티브를 제공받을 수도 있다. 이 인센티브는 보상이 될 수도 있고 벌이 될 수도 있다.[111)]

이러한 사고방식은 성문화되어 있다. 즉, '미국 학교법 개선의 조항 1(Title of Improving America's School Act)' 은 모든 주는 적어도 읽기와 수학 과목에 높은 표준을 설정하도록 요구하고 있다. 더 나아가서 모든 주는 이러한 표준에 어긋나는 수행 행동을 결정할 수 있는 평가 도구를 개발하여 저성취 학교를 가려내기 위해 평가를 실시한다. '학습불능교육법(The Disabilities Education Act: DEA)' 은 모든 주는 각 주와 지역 평가 프로그램 속에 이들 학습 불능 학생을 포함시켜, 적절한 수정 조치를 취해야 한다고 주장하고 있다. 부가적으로 이들 학생의 성적 점수는 세밀하게 분석할 수 있도록 요소별로 분리하도록 하였다.[112] 연방 정부의 정치적인 간섭이나 영향력은 분명하다. 따라서 모든 주와 학구도 연방 정부와 행동을 같이 해 왔거나, 아니면 행동을 같이 하려고 노력하고 있다.

표준과 평가에 관한 정치적 조망 표준과 평가의 정치화에 관한 생각은 단순히 정치인은 행동하고 시민은 반응을 나타내는 하향식 접근 방법에 관한 것이 아니다. 여기서는 표준이 어디서 나오고, 어떻게 그 표준을 평가할 것인가에 관한 것뿐만 아니라 지식과 성취에 관한 누구의 견해가 표준 속에 명시적으로 또는 묵시적으로 나타나 있는 것인가에 관해 계속해서 토론을 하게 된다. 누가 이러한 표준의 달성에서 이익을 얻는가? 누가 표준의 달성을 알려 주는 데 사용되었던 도구에 대해 성공적이라고 평가받기를 원하는가?

교육과정의 표준화와 표준 설정을 위한 현재의 압력은 권력 상류층이 학생을 그들의 사회적 · 정치적 · 경제적 장소에 적합하도록 준비시키는 것으로 보는 일부 사람도 있다. 이러한 사람의 대부분은 급진적 비판주의자로서 학교는 본질적으로 최고 경영자와 지도자에 의해 강압되어 왔다고 믿는다. 이들은 정부의 다양한 분야에 있으며, 그들이 할당하는 일터와 사회의 장소에 학생들을 보내기 위해 교육해 왔다고 믿고 있다. 학교는 백인의 특권을 유지하기 위해 높은 표준을 설정한다. 물론, 표준과 평가의 대화에서 많은 목소리가 비판 이론가는 아니다. 그러나 그들은 최고 경영자와 정부의 그룹에 의해 지나치게 많은 영향을 받는 표준 때문에 지쳐 있다.

다른 집단은 표준과 평가에 관한 수단은 도시 빈민층, 다른 피부색을 가진 인종, 여성의 요구에 부응하지 않을 것이라는 것에 관해 목소리를 높이고 있다. 현재의 조치가 지적할 수 있는 모든 관심사는 유색인종의 아이들과 상대자인 백인 아이들 간의 성취 간격이다.[113] 또 다른 일부의 사람은 시험과 표준까지도 성적 편견을 묘사하고 있다고 주장한다.[114] 표준과 평가의 수단은 편견을 가지고 있을 뿐 아니라, 소수 민족과 도시 빈민층의 중퇴율을 실제로 높이고 있다. 그리고 학생이 학교에 재학 중이거나 고등학교를 졸업하는 경우에는 많은 '경계선에 있는' 학생들의 시험 점수가 그들을 더 상급의 교육을 받는 데 방해가 될 수도 있다.

아직은 확실한 정치적인 목소리는 아니라 하더라도, 일부 사람은 현재 주창하고 있는 표준은 세계의 다양한 역동적인 체제와 조화를 이루면서 유식하고 문명화된 세계 시민에게 필요한 표준은 아니라고 주장한다. 옹호된 표준은 더 나아가서 사람의 정신 자세를 세계 안의 지식의 본성과 존재의 본성에서 분리되게 할 수 있다. 이 표준은 각 개인을 삶의 목적이 사람, 동물, 자원을 통제하는 것이라고 믿도록 이끌 것이다. 그에 반대되는 정신 자세를 강조하는 사람들도 있다.[115) 현재 제시된 표준은 사람들이 현실의 전체를 의식하게 하고, 그와 연결되는 다양성의 수단을 이해할 수 있는 가능성을 희박하게 할 수 있을 것이다.

표준과 시험에 관한 논의는 쉽게 끝날 것 같지는 않다. 우리 대화의 정치성도 아마 사라지지 않을 것 같다. 그리고 이런 일은 반드시 그렇게 되어야만 한다. 만약, 우리 스스로가 완벽한 교육에 도달하였다는 착각에 빠지지 않게, 이와 같은 쟁점은 계속해서 떠오르게 해야 되고, 자주 도전 받아야 하며, 항상적으로 논쟁의 대상이 되어야 한다.

5. 교육공학과 교육과정

우리는 공학의 세계에 살고 있다. 공학의 세계란 사람들이 좋은 것은 우리의 삶 속에서 공학의 이용이 증가함에서 만 올 수 있다고 기대하는 그런 세계다. Kerr는 '우리는 공학에 매혹되어 있다. 우리는 그것이 우리 삶 속에서, 그리고 교육에서 다른 것을 만들 것이다. ……우리는 이전에 도래하였던 것은 개선되고 변화될 것을 기대하고 있다.' 고 언급하고 있다.[116)

공학의 초기에 우리는 먼저 과학과 연결지었고, 다음으로 수학과 연관지었다. 우리는 공학의 주제를 교육과정에 소개해야만 한다고 생각하였다. 교육과정의 주제로서 공학의 관점은 아직까지 분명하다. 그리고 과학과 수학 실험실 대부분은 아직까지 컴퓨터를 가지고 있다. 그러나 오늘날 컴퓨터와 관련된 공학은 학교에서 유비쿼터스다. 우리는 공학, 특히 컴퓨터는 이 확장되는 정보화 시대에 중심적인 학습 도구가 되어야 한다고 주장한다. 1997년 Clinton 대통령의 취임사에서 그는 모든 학교에 인터넷을 연결하겠다고 하였다. 이와 같은 연결은 좋은 것이다. 사실 많은 사람은 무엇이든 가능하다면 반드시 이루어져야 한다고 믿어 왔다.[117) 이것은 학생이 어떤 것을 발전적으로 배울 수 있다면 가르쳐야만 한다는 일부 교육학자의 관점과 매우 유사하다.

의심할 것도 없이 학교는 계속해서 공학을 위해 선을 연결할 것이다. '정보공학은 학생에게 거대하게 생산된 정보를 가져올 뿐만 아니라 그와 같은 모든 정보는 그들의 학습 습관, 문화 배경, 교육 관심, 학문적 목표에 의해 주문 생산될 것이다.' 라고 말한 Bill Gates의 말은 사실이다.[118) 정보공학은 교사를 도와 본질적으로 25명의 학생에게 25개의 교육과정을 가질 수 있도록 하는 것을 가능하게 할 것이다.

그러나 일반적으로 교육과정 학자와 교육자는 어떻게 정보공학이 현재, 그리고 미래에 사용될지에 대해서 생각할 필요가 있다. 확실한 것은 우리가 교실에 공학이 이용되는 것의 새로운 방법에 대해 생각을 계속할 것이라는 것이다. 그러나 교육은 근본적으로 인간적 활동이며, 공학적 활동은 아니다. 기계에 너무나 매료되어 아이들을 잊게 될 수는 없다.[119] Talbott은 우리에게 컴퓨터에 대한 열의는 다음과 같은 인식과 함께 냉정해져야 한다고 경고하고 있다.

> 만일, 우리가 아무런 생각 없이 컴퓨터와 다른 정보공학을 수용한다면, 학생을 마치 그들이 사용하는 기계처럼, 그리고 원래의 독특한 개인의 모습이 아닌 것으로 주조할 수도 있을 것이다.[120]

Talbott은 오늘날 도전은 어떻게 컴퓨터를 인간의 최종 도구로 만드는가에 대한 발견을 위한 것이다. 이것은 우리 스스로를 기계의 주조에 적합하게 만드는 것이 아니다. 진정한 위험은 정보지식이 우리에게 지식이나 현명함을 달성할 수 있도록 할 수 있다고 생각하는 것 속에 놓여 있다. 정보공학은 인터넷을 통해서 우리에게 정보를, 거대한 양의 정보를 접속할 수 있도록 허락하고 있다. 그러나 개개인은 그것의 의미를 이해할 수 있는, 그리고 그 정보에서 의미를 구성할 수 있는 전략을 가져야만 한다. 개개인은 정보의 타당성과 사회적 가치를 평가할 수 있는 방법을 지니고 있어야 한다. 또 개개인은 컴퓨터를 사용할 때는 실제로 인간 대 인간의 상호 작용 속에 있다는 것을 인식해야 한다고 선언한다.[121] 우리는 정보에 대해 어떻게 반응하고 처리할 것인가에 영향을 미칠 수 있는 분명한 방법으로 정보를 프로그램화하고 조직해 왔다. 도구로써 컴퓨터를 사용하여 과학 실험을 하는 학생은 컴퓨터에 의해 촉진되는 실험 방법은 문제를 해결하고 정보를 처리하는 누군가의 접근 방법(전략)의 결과라는 사실을 반드시 알아야 한다는 것이다. 그 실험 방법을 학생들이 적용하는 것은 괜찮지만, 학생은 그 사실을 반드시 깨달아야만 한다.

또한 Talbott은 다음과 같이 주장하고 있다. 즉, '기계는 그 기계의 제한점을 우리가 충분히 알지 못하고 우리의 한계를 구체화할 때 위협이 된다.'[122] 컴퓨터 프로그램이 하나의 접근 방법에서 정보의 처리를 가능하게 할 때, 그 프로그램들은 실제로 그 문제에 관해 여러 가지 방법으로 생활하게 하는 것을 방해할 수도 있다. 프로그래머의 언어는 분명히 우리에게 이득을 주지만, 분명한 한계를 나타내기도 한다. 공학을 다루는 데 진정한 위험은 공학이 우리를 이끌어 미래로 가는 것이고, 그와 같은 이끌림을 진보로서 축하하도록 하는 것이다. 한 사람 또는 특정한 모집단의 컴퓨터 과학자에 의하여 설계되고 컴퓨터화된 프로그램 안에 담긴 방법이 쓰이는 것이, 학생이 그들의 의미 구성을 조직할 수 있는 유일한 방법이 되기를 원하는가?

정보공학을 주장하는 Bill Gates는 다음과 같이 이야기 하고 있다. 즉, 정보고속도로 위의 컴퓨터는 모조된 세계의 표현과 그와 같은 세계에 대한 설명을 제공하는 능력을 지니고 있다. 컴퓨터는 진정한 세계의 설명을 또한 제공할 것이다.[123] 그러나 학생들은 그 컴퓨터에 의한 설명은 이해할 수 있는 유일한 방법은 아니며, 또한 진정으로 현실처럼 보이는 모조된 세계와 가상된 세계를 표현하는 컴퓨터와 함께 교육자는 학생들이 두려움과 경의감을 불러일으키는 경험을 거부하지 않도록 주의할 필요가 있음을 알아야 한다. 과학 실험에서 한 학생이 컴퓨터 프로그램을 사용하여 특정한 식물에게 화학물질을 사용하는 결과를 결정하는 것은 아마도 그 학생에게 불이익을 가져다줄지 모르는데, 그 이유는 진정한 콩나무의 성장 기회를 가질 수 없으며, 실제로 땅과 그 식물의 잎 조직을 느낄 수 있는 기회를 갖지 못하기 때문이다.

확실히 컴퓨터는 학생들에게 어떤 주제를 공부할 것인지를 소개하고 학생에게 눈부실 정도로 상세하게 또 마음을 날려 버릴 정도로 그림을 퍼부을 수 있다. 그러나 만약 학생들이 그들의 창의적인 참여에 종사하는 것, 진정한 현장 경험을 갖는 것, 그리고 그들 스스로의 문제에 관한 답변을 찾는 기회를 거부한다면, 그때는 우리가 공학을 잘못 사용했는지도 모른다. 그래서 우리는 학생들이 교육적 상호 작용에 종사하도록 하기보다는 오히려 오락을 원하도록 조건화시킬 수 있을 것이다.

교육과정 내에서 공학의 도전은 현명한 사용이다. 물론, 현명한 사용이란 다양한 시간에 다양한 사람에 의해 다르게 이해될 것이다. 학생들을 이메일에 접속하도록 하는 것은 자동적으로 가치를 갖게 하는 것은 아니다. 학생들은 반성적인 담론보다는 이메일을 잡담에 이용할 수 있다.[124] 마찬가지로 인터넷은 교육과정과 관련된 정보를 제공할 수 있거나 교육과정에 거의 가치가 없는 정보를 제공할 수 있고, 또한 그 정보는 실제로 개인의 도덕적 발달에 위험할 수도 있다. 학생들이 상호 작용적인 컴퓨터 프로그램에 종사하도록 하는 것은 도전하는 것보다는 차라리 즐거움을 받도록 기대하는 것으로 조건화하는 것 이상이 아닐지도 모른다. 물론, 좋은 교육은 반드시 오락적인 가치가 있어야 한다.

공학은 우리와 함께 있다. 우리의 미래는 우리 일상에서 더 많이 이용되는 공학을 보게 될 것이다. 학생들은 이미 컴퓨터 사용에 능숙한 기능을 가지고 학교에 올 것이다. 교육자는 스스로 계속해서 다음과 같이 질문을 해야 한다. 즉, 어떻게 공학을 사용해야 교육적인 목적에 초점을 맞출 수 있을까? Kerr는 우리에게 네 가지 특성을 제시하고 있는데, 우리는 교육에서 공학을 이용할 때 이것을 고려해야 한다.

① 공학은 인간의 가치와 교육적 목적을 교육을 위한 경제적 또는 사회적인 수단 위에 자리 잡게 해야 한다.
② 교육자는 공학을 이용할 때 교육적인 의도를 분명히 밝혀야 한다. 그리고 소프트웨어와 하드웨어는 학생들이 지속적으로 교육에서 그들 스스로 전념하도록 하기 위해 도전적이 되어야 함을 인식하도록 격려해 주어야 한다.
③ 공학의 이용을 고려할 때, 수업 문제에 재빨리 고정시키는 것으로 보여서는 안 된다. 만약, 학생들이 연구 보고서를 작성하는 방법을 모른다면, 그것이 하나의 문제이기 때문에 그들에게 그 과정이 그려져 있는 프

로그램을 제공하지 말아야 한다. 보고서를 쓰는 것은 이와 같은 접근 방법으로는 매우 복잡한 것이다. 또한 우리는 다음과 같은 사실을 이해할 필요가 있다. 즉, 우리가 교육과정에서 더 많은 공학을 이용할 때, 교사와 학생들은 모두 저마다의 역할을 재정의해야만 할 것이다.

④ 주의 깊게 생각한 후에 학교에 관한 정보를 수집하고 분배해야 하는 방법에 관한 수단을 개발할 필요가 있다. 이 마지막 지적 사항은 학생보다는 교사를 지향하고 있다.[125)]

Gates가 지적한 것처럼 지금같은 정보화 시대는 매우 흥미로운 시간이며, 교육에서도 매우 흥미로운 시간이다. 정보공학의 이용에서 얻게 될 힘이 더욱더 강력하다. 그러나 그와 같은 공학의 힘 때문에 우리는 그것의 이용자로서 더욱 현명해져야 한다. 현명한 사용이 무엇인가를 결정하는 것은 아마도 우리의 가장 커다란 도전일 것이다.

교육공학과 교육과정은 계속해서 하나의 쟁점이 될 것이다. 동시에 쟁점이 되어야만 한다. 우리는 공학의 이용과 교육과정, 그리고 교육과정으로서 공학을 재개념화하려 할 때는 항상 도전을 받게 될 것이다. 우리는 스스로에게 공학이 학교 안팎에서 우리의 학습 환경에 어떻게 영향을 미치는가를 물어야 한다. 우리는 감히 이러한 공학이 어떻게 진짜 사람으로 조형할 것인가를 물어야 한다. 우리의 기계를 더욱 우리처럼 만들 것인가? 아니면 우리를 기계처럼 되게 할 것인가? 우리의 기계가 우리에게 보다 광범한 인간 가족과 상호 작용하도록 허락할 것인가? 아니면, 우리가 컴퓨터를 제외하고 실질적인 인간 접촉과 분리되어 있는 사람을 고립시키려고 하는 개개인을 길러 낼 것인가?

6. 추세, 교훈, 발전하는 미래

교육을 개혁하는 것, 정치학과 교육사회학, 도덕적 및 영적인 교육, 표준과 시험, 그리고 교육공학과 교육과정에 관해 성찰하는 데서 나타난 이들 문제점은 아주 복잡하고, 고도로 세련된 이해를 요구한다. 이들 추세를 조사 · 분류하고, 교육에 적용할 수 있는 단시 수업을 계획하기 위해서 교육자는 교육과정의 기초에 관한 포괄적인 이해와 교육과정 개발 및 그와 관련된 행위를 뒷받침하는 원리의 포괄적인 이해를 동시에 요구하고 있음을 분명히 알아야 한다.

학교에 관한 대화와 행위에 영향을 미치기 위해서 각자가 추구하는 주장이 있는데, 특별히 이런 주장은 현 세기에 일어난 골치 아픈 사건과 함께 존재한다는 사실이다. 민주주의에서는 토론을 할 때나 해결책을 찾으려고 할 때에는 많은 사람을 포함시키는 것이 필요하다. 그리고 그 목소리가 잘 알려지는 것도 필요하다. John Goodlad와 다른 사람들에 의하면, 이러한 추세에 관한 많은 대화, 특히 학교 개혁에 관한 대화는 당황스럽고도 무서운 특성을 지니고 있다는 것이다. 즉, 세심한 진단과 목표에 근거를 두지 않은 아

주 간단한 처방을 하려는 선입관을 지니고 있는 것으로 보고 있다는 것이다.[126)]

학교 개혁과 개조를 추구하고 있는 많은 사람은 학교의 목적은 미국을 세계 제1위로 만드는 것이라고 생각한다. 그리고 최고가 아니면, 적어도 다른 선진국보다 비교 우위에 있어야 한다. 학교는 국민을 교육하여 좋은 급료를 주는 일자리를 얻을 수 있도록 하기 위한 경제적 목적을 위해 존재한다. 이것을 어떻게 해야 하는가? 우리는 어떻게 최고가 될 수 있는가? 어떻게 우리는 경쟁적인 시장에 대비해 학생을 준비시킬 수 있을까? 많은 사람은 이를 위해서는 표준을 높이고, 학업 성취의 상한선을 높여라. 그런 다음 학생으로 하여금 학업 성취의 상한선을 뛰어넘도록 가르치고 있다는 것을 보장할 수 있는 시험 제도를 만들어야 한다고 말하고 있다. 이 목적의 타당성에 대해 의문을 제기하는 사람은 거의 없는 것 같다. 이런 사실의 일부는 기업 공동체의 커다란 영향 때문이다. 심지어 우리의 정치적 지도자까지도 최고 경영자의 논리에 매혹당하고 있는 것으로 보인다. Goodlad는 최근 정치 지도자는 교육과 민주주의, 그리고 우리나라에서 교육의 역할 간의 관계를 옹호하는 사람이 없다고 진술하였다.[127)] 그는 1992년, 1996년, 그리고 2000년의 선거에 앞서 있었던 대통령감에 관한 논쟁은 '모든 아이는 학교에 갈 준비가 되어 있고, 모든 아이는 학습이 가능하며, 뒤처진 아이는 아무도 없다.'[128)]고 하는 공허한 설교의 증거라고 비판하고 있다. 2002년의 중간 선거에 분명히 나타난 논의는 표어, 교활한 해결책, 간단한 시나리오, 그리고 피상적인 결과에 사로잡혀 있던 많은 사람을 들추어 내었다. 심지어는 그와 같은 단순함에 관한 비판은 흔히 동일한 죄에 관한 죄의식으로 된다. 간단하게 체제를 바꿀 수 있고, 포괄적이고, 시험을 개정하고, 공학을 더 많이 이용하고, 교사 교육을 개선하고, 학교에 더 많은 재정을 지원하고, 교사에게 더 많은 급료를 주고, 학년도를 더 길게 하고, 학교를 사기업 공동체에 맡겨 운영하도록 하고, 사회는 인간에 의해 창조된 것이라는 착각을 수용하고, 현재 행하고 있는 것은 무엇이든 정지하는 것이다.

지식이 폭발하고, 우리 사회가 점증적으로 빠른 속도로 형태화되는 동안 많은 사람은 이러한 추세와 쟁점을 다루는 데에는 분석을 위한 시간, 실험을 위한 시간, 수용을 위한 시간이 필요하다는 것을 인정해야 한다. 만일 Goodlad의 주장이 옳다면 미국인은 학교는 읽기, 쓰기, 그리고 셈하기뿐만 아니라 그들의 자식을 문명화할 수 있는 내용, 기능, 그리고 태도를 가르치기를 원할 것이다. 학부모는 '전체적으로 지원하는 학교, 즉 개인적 · 사회적 · 직업적 · 학문적 속성을 발달시킬 것' 을 원할 것이다.[129)] 오늘날 학부모는 심지어 더 많은 것을 원한다. 학부모는 학교가 그들의 아이를 도덕적이고 윤리적인 존재가 되도록 도와주기를 원한다. 또한 학부모는 자신의 아이가 지구의 민감한 지배자가 되기를 원한다. 학부모는 자신의 아이가 근대적, 그리고 포스트모던적 르네상스인이 되기를 원한다. 이러한 요청을 해결하기 위해서는 깊은 생각과 주의 깊고 시간이 많이 걸리는 행위가 요구된다.

7. 결 론

이 장은 20세기의 마지막 10년 동안에 교육자들이 관심을 가지고 있었던 쟁점 중 일부는 새로운 쟁점 중에 흡수되었다고 진술하면서 시작하였다. 이들 쟁점을 새로운 쟁점 속에 이렇게 엮어 넣음으로써 현재는 물론이고, 예상되는 시대에 부응하려고 노력하는 교육자에게는 훨씬 더 강한 도전감을 갖게 해 줄 것이다. 이 장에서 논의한 새로운 쟁점과 추세는 교육을 개혁하는 일, 정치학과 교육사회학, 도덕 및 영적 교육, 표준과 시험, 그리고 교육공학과 교육과정이다. 이들 쟁점과 추세의 모두는 철학적 · 사회적 · 문화적 · 영적 · 정치적 틀을 반영하고 있다. 그러나 이들 추세와 쟁점 모두는 논쟁의 대상이다. 이들 추세에 대한 논쟁은 미래에도 계속될 것이고, 또 이런 추세에 관한 논쟁은 반드시 그렇게 되어야 한다.

논의된 쟁점은 분명한 해결책, 즉 간단하면서도 모든 것을 포괄하는 해답을 가지고 있지 않음은 분명하다. 교육과정 연구자는 자신이 연구하고 있고, 동시에 각급 학교가 존재하고 있는 사회적 · 문화적 · 정치적 · 공학적인 맥락에 대해 기민해야 하고, 또 자발적인 청취자가 되어야 한다. 일반적으로 교육과정 연구자들과 교육자는 현존하는 쟁점은 역동적이고 항상 가변적이라는 사실을 알아야 한다. 왜냐하면 민주주의에서는 이와 같은 역동성과 변화를 장려하기 때문이다.

일반적인 교육자와 특수한 교육과정 학자는 우리가 본래 우리의 국경 안에 모든 세계를 가지고 있다는 사실을 분명히 이해해야 한다. 우리는 이런 사실을 인정하면서, 모든 문화와 집단은 그들대로의 장점을 지니고 있고, 동시에 전체적인 인간 모집단에서도 가치 있고 학습 가능한 것들이 있다는 것을 근거로 하여, 계속해 나아가야 한다. 물론, 이 말은 우리가 다양한 집단 혹은 특별한 이익 단체가 제안한 모든 것을 반드시 수용해야 한다는 뜻은 아니다. 이 일은 교육과정 의사 결정을 더욱 복잡하게 만들 수도 있으나, 한편으로는 교육과정 의사 결정을 더욱 자극하기도 한다. 이들 쟁점에 관한 논의에서, 교육과정 의사 결정자는 유동성과 인간의 복잡성을 진실로 인정하는 교수법으로 특징지어 교육 프로그램을 창출해 내야 한다.

미 주

1) John L. Brown and Ceryle A. Moffett, *The Hero's Journey* (Alexandria, Va.: Association of Supervision and Curriculum Development, 1999).
2) Lawrence Beymer, "The School in the White Suit," *Phi Delta Kappan* (December 1993), p. 341.
3) Phillip C. Schlechty, *Shaking up the School House: How to Support and Sustain Educational Innovation* (San Francisco: Jossey-Bass, 2001).
4) Ibid.
5) Evans Clinchy, "Reforming American Education from the Bottom to the Top: Escaping Academic Captivity," *Phi Delta Kappan* (December 1996), pp. 268-270.
6) Schlechty, *Shaking up the School House: How to Support and Sustain Educational Innovation.*
7) James Moffert, *The Universal School House* (San

Francisco: Jossey-Bass, 1994).

8) Schlechty, *Shaking up the School House: How to Support and Sustain Educational Innovation.*

9) Thomas Armstrong, *Awakening Genius in the Classroom* (Alexandria, Va.: Association for Supervision and Curriculum Development, 1998).

10) Schlechty, *Shaking up the School House: How to Support and Sustain Educational Innovation*, p. 89.

11) Ibid., p. 90.

12) Ibid.

13) Ibid.

14) Armstrong, *Awakening Genius in the Classroom.*

15) Alex Gerber, Jr., *Wholeness* (Kirkland, Wash.: Gerber Educational Resources, 2001).

16) Ibid.

17) Ibid.

18) Schlechty, *Shaking up the School House: How to Support and Sustain Educational Innovation.*

19) Ibid., p. 164.

20) Ibid., p. 164.

21) Deborah Meier, *In Schools We Trust* (Boston: Beacon Press, 2002).

22) Ibid.

23) Parker J. Palmer, *The Courage to Teach: Exploring the Inner Landscape of a Teacher's Life* (San Francisco: Jossey-Bass, 1998), p. 95.

24) Ibid., p. 103.

25) Ibid.

26) Ibid., p. 97.

27) Thomas A. Romberg and Garry G. Price, "Curriculum Implementation and Staff Development as Cultural Change," in Margaret J. Early and Kenneth J. Rehage, eds., *Issues in Curriculum: A Selection of Chapters from Past NSSE Yearbooks, Ninety-Eighth Yearbook of the National Society for the Study of Education*, Part II (Chicago: University of Chicago Press, 1999), pp. 199-222.

28) Meier, *In Schools We Trust.*

29) Paul T. Hill, Lawrence C. Pierce, and James W. Guthrie, *Reinventing Public Education* (Chicago: University of Chicago Press, 1997).

30) Paul T. Hill and Robin J. Lake with Mary Beth Celio, *Charter Schools and Accountability in Public Education* (Washington, D.C.: Brookings Institution Press, 2002).

31) Hill, Pierce, and Guthrie, *Reinventing Public Education*; Paul T. Hill, "Reinventing Urban Public Education," *Phi Delta Kappan* (January, 1994), pp. 396-401; Lynne Hancock, "Bureaucracy Is Choking Public Education to Death, So Contract Out the Schools," *U.S. News and World Report* (December 1996-January 1997), pp. 40-41.

32) Ibid.

33) Ibid.

34) Joseph L. Bast and Herbert J. Walberg, "Free Market Choice: Can Education Be Privatized?," in Chester E. Finn, Jr., and Herbert J. Walberg, *Radical Educational Reforms* (Berkeley, Calif.: McCutchan, 1994), pp. 149-171.

35) Ibid.

36) Hill, Pierce, and Guthrie, *Reinventing Public Education.*

37) Timothy A. Hacsi, *Children as Pawns: The Politics of Educational Renewal* (Cambridge, Mass.: Harvard University Press, 2002).

38) Ibid.

39) Robert W. Hoffert, "Education in a Political Democracy," in Roger Soder, John I. Goodlad, *Timothy J. McMannon eds., Developing Democratic Character in the Young* (San Francisco: Jossey-Bass, 2001), pp. 26-44.

40) Ibid.

41) Ibid.

42) Ibid., p. 37.

43) Ibid.

44) Carl A. Grant and Christine E. Sleeter, "Race, Class, Gender, and Disability in the Classroom," in James A. Banks, and Cherry A. McGee Banks, *Multicultural Education: Issues and Perspectives*, 3rd ed. (Boston: Allyn and Bacon, 1997), p. 62.

45) Ibid., p. 71.

46) Frederick Erickson, "Culture in Society and in Educational Practice," in Banks, and Banks, *Multicultural Education: Issues and perspectives*, pp. 5-6.

47) James A. Banks, "Multicultural Education: Characteristics and Goals," in Banks, and Banks, *Multicultural Education: Issues and Perspectives*, pp. 30-48.

48) Ibid.

49) Hillis, "Multicultural Education as a Moral Responsibility," *Educational Forum* (Winter, 1996), pp. 142-148.

50) Banks, "Multicultural Education: Characteristics and Goals."

51) Ibid.

52) *Relating Knowledge to Teacher Education* (Washington, D.C.: American Association of Colleges for Teacher Education, 1989); *Toward High and Rigorous Standards for the Teaching Profession,* 2nd ed. (Washington, D.C.: National Board for Professional Teaching Standards, 1990).

53) Manuel Ramirez and Carlos Castada, *Cultural Democracy: Biocognitive Development and Education* (New York: Academic Press, 1974), p. 142.

54) Paul E. Greenbaum, "Nonverbal Differences in Communication Style between American Indian and Anglo Elementary Classrooms," *American Educational Research Journal* (Spring 1985), pp. 101-116; Lindra Grant, "Regenerating and Refocusing Research on Minorities and Education," *Elementary School Journal* (May 1988), pp. 441-448.

55) James A. Banks, *Multiethnic Education: Theory and Practice*, 5th ed. (Boston: Allyn and Bacon, 2000); Pamela L. Tiedt and Iris M. Tiedt, *Multicultural Teaching*, 3rd ed. (Boston: Allyn and Bacon, 1990).

56) Ibid.

57) Maxine Greene, "In Search of a Critical Pedagogy," in Pepi Leistyna, Arlie Woodrum, and Stephen A. Sherblom, eds., *Breaking Free: The Transformative Power of Critical Pedagogy* (Cambridge, Mass.: Harvard Edu-cational Review, 1999), pp. 13-30.

58) Pepi Leistyna and Arlie Woodrum, "Context and Culture: What Is Critical Pedagogy," in Leistyna, Woodrum, and Sherblom, eds., *Breaking Free: The Transformative Power of Critical Pedagogy*, pp. 1-8.

59) Ibid.

60) Ibid.

61) Ibid.

62) Frances A. Maher and Mary Kay Thompson Tetreault, *The Feminist Classroom: Dynamics of Gender, Race, and Privilege* (New York: Rowman and Littlefield, 2001), p. 203.

63) Ibid.

64) Ibid., p. 217.

65) Joshua A. Fishman, *Language and Ethnicity in Minority Sociolinguistic Perspective* (Bristol, Pa.: Taylor and Francis, 1989).

66) Keith Baller, "The Effectiveness of Bilingual Education," Paper Presented at the annual meeting of the American Educational Research Association, New Orleans, April 1988; Epstein, *Language, Ethnicity, and the Schools*; and Martin Ridge, *The New Bilingualism: An American Dilemma* (New Brunswick, N.J.: Transaction, 1990).

67) Asa G. Hillard, "Why We Must Pluralize the Curriculum," *Educational Leadership* (December-January 1992), pp. 12-15; Ann C. Willig, "Examining Bilingual Education Research," *Review of Educational Research* (Fall 1987), pp. 363-376.

68) Ursula Casanova and M. Beatrice Arias, "Contextualizing Bilingual Education," in M. Beatrice Arias and Ursula Casanova, eds., *Bilingual Education: Politics, Practice, and Research, Ninety-Second Yearbook of the National Society for the Study of Education*, Part II (Chicago: University of Chicago Press, 1993), pp. 1-35.

69) David E. Purpel, *Moral Outrage in Education* (New York: Peter Lang, 1999).

70) James Davison Hunter, *The Death of Character* (New York: Basic Books, 2000).

71) Ibid.

72) Ibid.

73) Katherine G. Simon, *Moral Questions in the Classroom* (New Haven, Conn.: Yale University Press, 2001).

74) Ibid.

75) Hunter, *The Death of Character.*

76) Simon, *Moral Questions in the Classroom.*

77) Hunter, *The Death of Character.*

78) Ibid.

79) Ibid.

80) Ibid.

81) Ibid.

82) Simon, *Moral Questions in the Classroom.*

83) Philip Selznick, *The Moral Commonwealth* (Berkeley:

University of California Press, 1992), p. 34.

84) Philip W. Jackson, Robert E. Boostrom, and David T. Hansen, *The Moral Life of Schools* (San Francisco: Jossey-Bass, 1993).

85) Ibid.

86) Edward A. Wynne and Kevin Ryan, *Reclaiming Our Schools,* 2nd ed. (Upper Saddle River, N.J.: Merrill, an imprint of Prentice Hall, 1997).

87) Hunter, *The Death of Character.*

88) Howard B. Radest, *Can We Teach Ethics?* (New York: Praegar, 1989).

89) Radest, *Can We Teach Ethics?*

90) Alfie Kohn, "How Not to Teach Values: A Critical Look at Character Education," *Phi Delta Kappan* (February 1997), pp. 428-439.

91) Hunter, *The Death of Character.*

92) Edward A. Wynne and Kevin Ryan, *Reclaiming Our Schools*, 2nd ed. (Upper Saddle River, N.J.: Merrill, an imprint of PrenticeHall, 1997).

93) Kohn, "How Not to Teach Values: A Critical Look at Character Education."

94) Ibid.

95) Ibid.

96) Purpel, *Moral Outrage in Education.*

97) Ibid.

98) Ibid.

99) David T. Kearns and James Harvey, *A Legacy of Learing* (Washington, D.C.: Brookings Institution Press, 2000).

100) Susan H. Fuhrman, "Introduction," in Susan H. Furhman, ed., *From the Capitol to the Classroom: Standards-Based Reform in the States, One Hundredth Yearbook of the National Society for the Study of Education,* Part II (Chicago: University of Chicago Press, 2001), pp. 1-12.

101) Kathleen L. Spitzer, with Michael B, Eisenberg, and Carrie A. Lowe, *Information Literacy: Essential Skills for the Information Age* (Syracuse, N.Y.: Syracuse University, Clearinghouse on Information and Technology, 1998).

102) Iris R. Weiss, Michael S. Knapp, Karen S. Hollweg, and Gail Burrill, eds., *Investigating the Influence of Standards: A Framework for Research in Mathematics, Science, and Technology Education* (Washington, D.C.: National Academy Press, 2002).

103) Ibid.

104) George H. W. Bush, cited in Kearns and Harvey, *A Legacy of Learning, p. viii.*

105) George W. Bush, cited in George Hillocks, Jr., *The Testing Trap* (New York: Anchor Books, 1999).

106) Meier, *In Schools We Trust*; Meier, "Standardization versus Standards," in *Phi Delta Kappan* (November 2002, Vol. 84, no. 3), pp. 190-198.

107) Meier, "Standardization versus Standards."

108) Peter Behuniak, "Consumer-Referenced Testing," in *Phi Delta Kappan* (November 2002, Vol. 84, no.3), pp. 199-207.

109) Weldon F. Zenger and Sharon K. Zenger, "Why Teach Certain Material at Specific Grade Levels?," in *Phi Delta Kappan* (November 2002, Vol. 84, no.3), p. 214.

110) Francis P. Hunkins, *Education: Raising Questions within Interesting* (Horizons speech presented at the national convention of the American Association of Teaching and Curriculum, Indianapolis, Ind. 1999).

111) Margaret E. Goertz, "Standards-Based Accountability: Horse Trade or Horse Whip?," in Fuhrman, ed., *From the capitol to the Classroom: Standards-Based Reform in the States*, pp. 39-59.

112) Ibid.

113) Meier, *In Schools We Trust.*

114) David E. Tanner, *Assessing Academic Achievement* (Boston: Allyn and Bacon, 2001).

115) Gerber, *Wholeness.*

116) Stephen T. Kerr, "Visions of Sugarplums: The Future of Technology, Education and the Schools," in Stephen T. Kerr, ed., *Technology and the Future of Schooling, Ninety-Fifth Yearbook of the National Society for the Study of Education*, Part II (Chicago: University of Chicago Press, 1996), pp. 1-27.

117) Ibid.

118) Gates, *The Road Ahead* (New York: Viking, 1995).

119) Kerr, "Vision of Sugarplums: The Future of Technology, Education and the Schools."

120) Stephen L. Talbott, *The Future Does Not Compute* (Sebastopol, Calif.: O' Reilly and Associates, Inc.,

1995).

121) Ibid.

122) Ibid., p. 33.

123) Gates, *The Road Ahead.*

124) Gavriel Salomon and David Perkins, "Learning in Wonderland: What Do Computers Really Offer Education?," in Kerr, ed., *Technology and the Future of Schooling*, pp. 111-130.

125) Kerr, "Visions of Sugarplums: The Future of Technology, Education and the Schools."

126) John I. Goodlad, "Kudzu, Rabbits, and School Reform," in *Phi Delta Kappan* (September 2002, Vol. 84, no. 1), pp. 16-23.

127) Ibid.

128) Ibid., p. 23.

129) Ibid., p. 23.

찾아보기

인 명

내 용

저자 소개

❖ Allan C. Ornstein

미국 뉴욕 세인트존스 대학교 교육행정 및 수업지도력 담당교수

〈주요 저서 및 논문〉

미국의 학교수업: 9 · 11 이전과 이후(Teaching and Schooling in America: Pre-and Post-September 11) (Allyn & Bacon, 2004)

교육과정의 최근 쟁점(Contemporary Issues in Education)(Allyn & Bacon, 2006)

❖ Francis P. Hunkins

미국 시애틀 워싱턴 대학교 교육과정 및 수업 담당교수

〈주요 저서 및 논문〉

초등학교의 사회교과(Social Studies in the Elementary School)(Merrill, 1982)

효과적인 질문을 통한 사고력 교수법(Teaching Thinking through Effective Questioning) (Christopher-Gordon Publishers Inc., 1989)

역자 소개

❖ 장인실 미국 노스캐롤라이나 대학교 교육학과 졸업(교육학 박사, 교육과정과 수업 전공)

현재 경인교육대학교 교육학과 교수

〈주요 저서 및 논문〉

미국 다문화 교육과 교육과정

특별활동과 재량활동의 탐구

❖ 한혜정 서울대학교 사범대학원 교육학과 졸업(교육학 박사, 교육과정 전공)

현재 건국대학교 교직과 강사

〈주요 논문〉

교육과정 연구의 질적 연구에서 '자서전적 방법'이 가지는 의의

과학적 지식과의 '관계' 속에서 파악되는 이야기적 지식의 의미

❖ 김인식 경북대학교 대학원 교육학과 졸업(교육학 박사, 교육방법 전공)
현재 경남대학교 교육학과 명예교수
〈주요 저서〉
교육과정 및 평가
수업설계의 원리

❖ 강현석 경북대학교 대학원 교육학과 졸업(교육학 박사, 교육과정 전공)
현재 경북대학교 교육학과 교수
〈주요 저서〉
선택중심 교육과정의 이론과 실제
Bruner의 교육의 문화

❖ 손민호 미국 오하이오 주립대학교 대학원 졸업(교육학 박사, 교육과정 전공)
현재 인하대학교 교육학과 교수
〈주요 저서〉
구성주의와 학습의 사회이론
실천적 지식의 일상적 속성에 비추어 본 역량의 의미: 지식기반사회? 사회기반지식!

❖ 최호성 경북대학교 대학원 교육학과 졸업(교육학 박사, 교육과정 및 방법 전공)
현재 경남대학교 교육학과 교수
〈주요 저서〉
교육과정 평가론
교육과정 이론과 분석

❖ 김평국 펜실베이니아 주립대학교 사범대학원 교육학과 졸업(철학 박사, 교육과정 전공)
현재 경인교육대학교 교육학과 조교수
〈주요 저서 및 논문〉
Synoptic curriculum texts: Representation of contemporary curriculum scholarship (공저)
초등학교 교사들의 교과 내용 재구성 실태 및 그 활성화 방안

❖ 이광우 경상대학교 대학원 교육학과 졸업(교육학 박사, 교육과정 전공)
현재 한국교육과정평가원 교육과정 · 교과서연구본부 부연구위원
〈주요 논문〉
외국의 특별활동 교육 운영 동향의 비교 분석 및 그 정책적 함의
초등학교 방과 후 특기 · 적성 교육에 대한 교사 및 학부모의 인식과 요구분석

❖ 정영근 일본 쓰쿠바 대학교 대학원 교육학연구과 졸업(교육학 박사, 교육과정 전공)
현재 한국교육과정평가원 교육과정 · 교과서연구본부 부연구위원
〈주요 저서 및 논문〉
現代カリュラム研究
한국의 학교수준 교육과정개발(SBCD) 유형 특징의 연구

❖ 이흔정 고려대학교 대학원 교육학과 졸업(교육학 박사, 교육과정 및 교수학습 전공)
현재 전주대학교 교수학습지원센터 객원교수
〈주요 논문〉
내러티브의 교육과정적 의미 탐색
교사의 중간 언어 넘어서기

❖ 정미경 고려대학교 대학원 교육학과 졸업(교육학 박사, 교육과정 전공)
현재 한국교육개발원 학생 · 학부모연구실 부연구위원
〈주요 논문〉
교사의 교육과정 변화능력 함양을 위한 적응적 전문성 신장방안
학교폭력 예방교육을 위한 초등학교 도덕과 교육과정 및 교과서 분석

❖ 허창수 미국 플로리다 주립대학교 교육대학원 중등교육학과 졸업(철학 박사, 교육과정 전공)
현재 인하대학교 교육학과 강사
〈주요 논문〉
성인(gedner-sensitive) 관점의 양성평등 교육과정 운영과 교사양성제도에 대한 제언
젠더놀이(gender play): 초등학교 학생들의 이분법적 젠더 정체성 경계 넘기

교육과정 -기초, 원리, 쟁점-

Curriculum: Foundations, Principles and Issues(4th ed.)

2007년 7월 15일 1판 1쇄 발행
2010년 4월 10일 1판 2쇄 발행

지은이 • Allan C. Ornstein · Francis P. Hunkins
옮긴이 • 장인실 · 한혜정 · 장인실 · 강현석 · 손민호 · 최호성 ·
김평국 · 이광우 · 정영근 · 이흔정 · 정미경 · 허창수
펴낸이 • 김진환
펴낸곳 • (주) 학지사
121-837 서울시 마포구 서교동 352-29 마인드월드빌딩 5층
대표전화 • 02-330-5114 팩스 • 02-324-2345
등록번호 • 제313-2006-000265호

홈페이지 • http://www.hakjisa.co.kr
커뮤니티 • http://cafe.naver.com/hakjisa

ISBN 978-89-5891-481-5 93370

정가 23,000원